中国民法典
适用大全

商事卷·企业破产法（一）

最高人民法院民法典贯彻实施工作领导小组　编著

人民法院出版社

图书在版编目（CIP）数据

中国民法典适用大全. 商事卷. 企业破产法 / 最高人民法院民法典贯彻实施工作领导小组编著. -- 北京 : 人民法院出版社, 2022.12
ISBN 978-7-5109-3589-3

Ⅰ. ①中… Ⅱ. ①最… Ⅲ. ①民法－法典－法律适用－中国②破产法－法律适用－中国 Ⅳ. ①D923.05

中国版本图书馆CIP数据核字(2022)第170852号

中国民法典适用大全（商事卷·企业破产法）

最高人民法院民法典贯彻实施工作领导小组　编著

策划编辑　陈建德　姜　峤
责任编辑　王　婷
执行编辑　高　晖
装帧设计　天平文创视觉设计
出版发行　人民法院出版社
地　　址　北京市东城区东交民巷27号（100745）
电　　话　（010）67550673（责任编辑）　67550558（发行部查询）
65223677（读者服务部）
客 服 QQ　2092078039
网　　址　http://www.courtbook.com.cn
E－mail　courtpress@sohu.com
印　　刷　天津嘉恒印务有限公司
经　　销　新华书店

开　　本　787 毫米 ×1092 毫米　1/16
字　　数　1132 千字
印　　张　67.25
版　　次　2022 年 12 月第 1 版　2022 年 12 月第 1 次印刷
书　　号　ISBN 978-7-5109-3589-3
定　　价　238.00 元（全 2 册）

“民法典适用大全”小程序使用图示

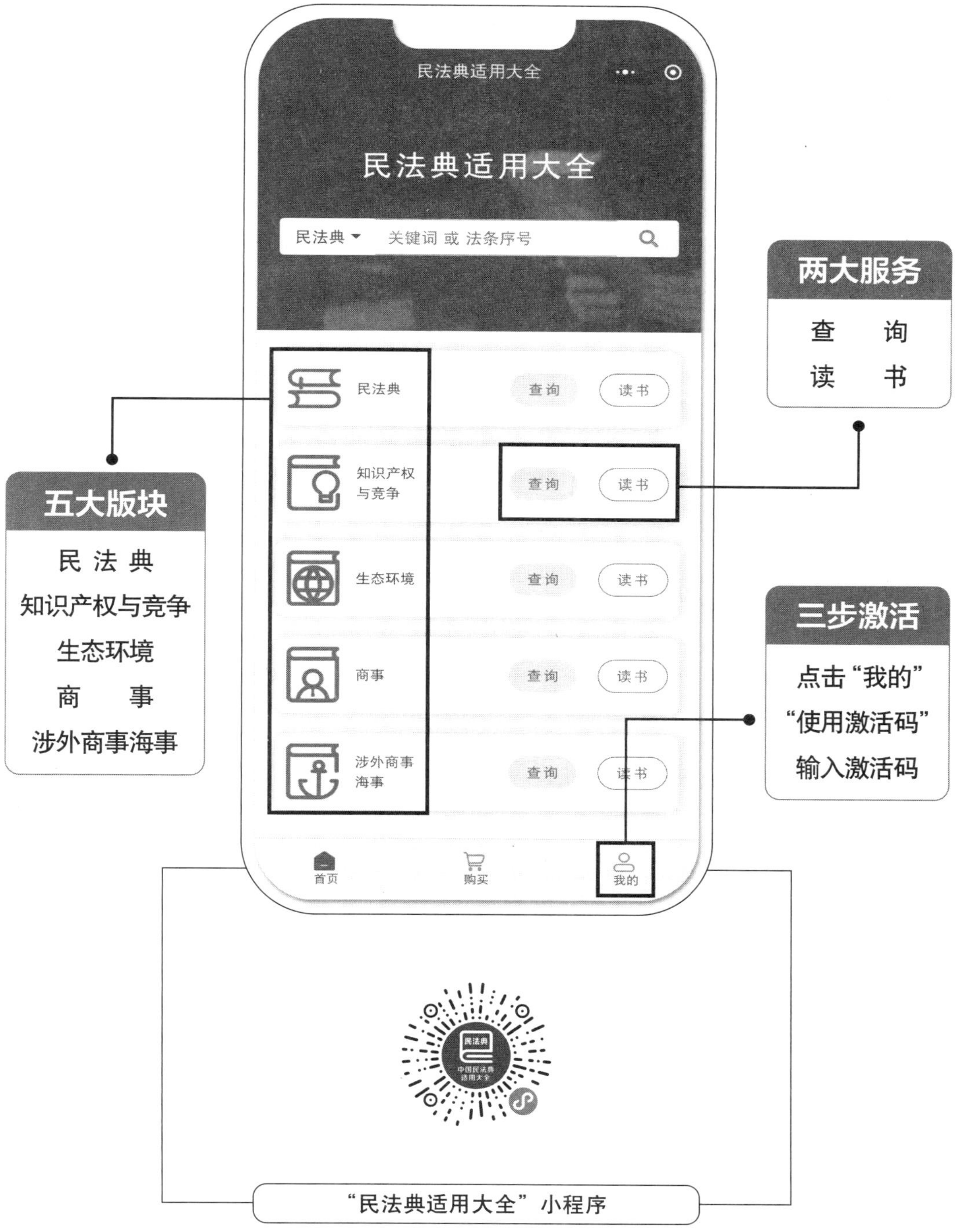

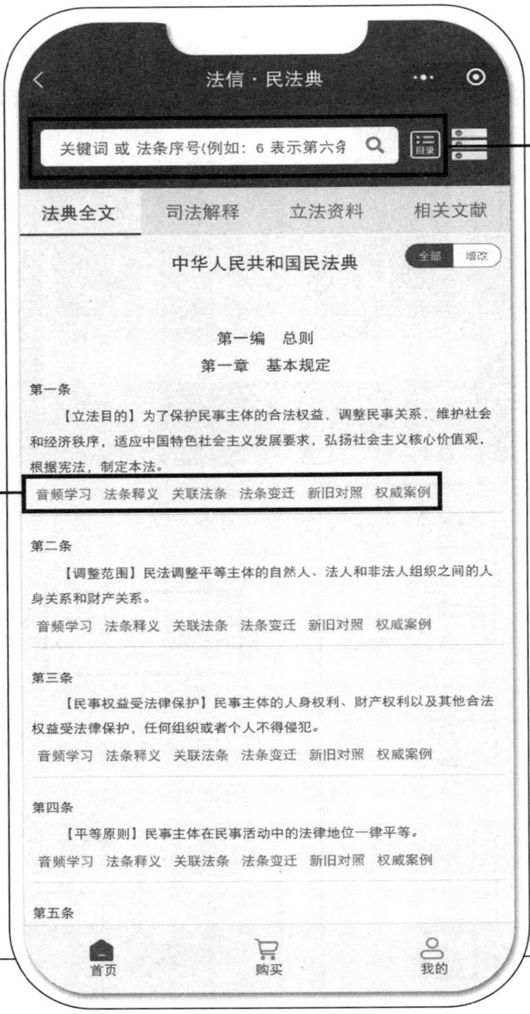

三种检索方式

关 键 词

条文序号

目录导航

六大功能

音频学习

法条释义

关联法条

法条变迁

新旧对照

权威案例

"民法典适用大全"小程序

最高人民法院
民法典贯彻实施工作领导小组

组　　长　周　强
常务副组长　贺　荣
副 组 长　陶凯元　杨万明　杨临萍　贺小荣　刘贵祥
成　　员　（按机构排序）
郭竞坤　董文濮　钱晓晨　郑学林　林文学
林广海　王淑梅　刘竹梅　于厚森　韩维中
孔　玲　何东宁　郭　锋　赵晋山　李广宇
胡仕浩　祝二军　马　岩　陈宜芳　郝银钟
高晓力　郜中林　孙晓勇

办 公 室

主　　任　杨万明　刘贵祥
副 主 任　郭　锋　杨永清
成　　员　丁广宇　周伦军　陈龙业

《中国民法典适用大全（商事卷·企业破产法）》

执行编委　林文学　郭　锋　杨永清　周伦军
编　　审　付金联　杜　军　商　敏　孙德昌　苏　双
庄馥源　王丽菊

全面深化民法典贯彻实施 为推进中国式现代化提供有力司法服务

民法典是中华人民共和国成立以来第一部以“法典”命名的法律，是党的十八大以来全面推进依法治国的标志性立法成果，在中国特色社会主义法律体系中具有重要地位。以习近平同志为核心的党中央高度重视民法典贯彻实施工作，作出一系列重大部署。2020年5月29日，十九届中央政治局就“切实实施民法典”举行第二十次集体学习，习近平总书记主持学习时强调，全党要切实推动民法典实施，以更好推进全面依法治国、建设社会主义法治国家，更好保障人民权益，指出“各级司法机关要秉持公正司法，提高民事案件审判水平和效率。要加强民事司法工作，提高办案质量和司法公信力。要及时完善相关民事司法解释，使之同民法典及有关法律规定和精神保持一致，统一民事法律适用标准。要加强涉及财产权保护、人格权保护、知识产权保护、生态环境保护等重点领域的民事审判工作和监督指导工作，及时回应社会关切”。习近平总书记的重要讲话为贯彻实施民法典指明了方向，提供了根本遵循。党的二十大报告明确指出，必须更好发挥法治固根本、稳预期、利长远的保障作用，在法治轨道上全面建设社会主义现代化国家，并对统筹法律立改废释纂、严格公正司法提出明确要求，对深入贯彻实施民法典具有重要指导意义。

最高人民法院坚持以习近平新时代中国特色社会主义思想为指

导，深入贯彻习近平法治思想，认真学习贯彻习近平总书记关于切实实施民法典的重要论述，深刻领悟“两个确立”的决定性意义，增强“四个意识”、坚定“四个自信”、做到“两个维护”，全面落实党中央决策部署，深刻理解和把握民法典的核心要义和重要制度，积极推动贯彻实施好民法典。专门成立民法典贯彻实施工作领导小组，党组书记、院长周强担任组长，研究制定一系列措施，就贯彻实施民法典提出具体要求。全国各级人民法院严格依据民法典公正审理案件，深入研究民法典司法适用理论和实践问题，分析总结典型案例，推动民法典贯彻实施取得显著成效。

为深入学习宣传贯彻党的二十大精神，贯彻党中央关于坚持全面依法治国、推进法治中国建设的重大决策部署，系统反映人民法院贯彻实施民法典举措成果，全面总结新时代民商事审判经验，最高人民法院民法典贯彻实施工作领导小组组织编写了《中国民法典适用大全》(以下简称《适用大全》)，为学习宣传贯彻民法典、推进法治中国建设提供权威审判指导。

一、《适用大全》的编辑背景

民法典颁布后，人民法院深入推动民法典学习宣传和贯彻实施，取得一系列经验成果，为《适用大全》的编辑出版提供了丰富素材，奠定了坚实基础。

一是全面清理已有司法解释。最高人民法院完成中华人民共和国成立以来最为全面系统规范的司法解释清理工作，对中华人民共和国成立以来至2020年5月28日有效的全部591件司法解释逐一清理，废止116件，修改111件。其中，直接废止司法解释89件，另有27件废止后重新整合出台新的司法解释；修改的司法解释包括民事类27件、商事类29件、知识产权类18件、民事诉讼类19件、执行类18件。完成清理工作后，作出司法解释废止、修改决定，自2021年

1月1日起与民法典同步施行。

二是及时制定配套司法解释。最高人民法院坚持以问题为导向、以审判执行需求为出发点、以准确理解和适用法律为原则，构建多层次民法典配套司法解释。制定适用民法典时间效力的司法解释，整合制定民法典物权编解释、担保制度解释、婚姻家庭编解释、继承编解释、建设工程施工合同解释、劳动争议解释等，出台民法典总则编解释、人脸识别解释、生态环境侵权惩罚性赔偿解释等，有力配合民法典贯彻实施。

三是广泛开展学习宣传。最高人民法院统筹部署全国各级人民法院学习培训宣传工作。举行"人民法院大讲堂"活动，分层次、全覆盖培训干警120余万人次。以人民群众喜闻乐见的方式开展民法典普法宣传，会同中宣部等组织开展"美好生活·民法典相伴"主题宣传，推出"一分钟带你了解民法典"系列普法动漫等栏目。发挥典型案件示范引领作用，配合民法典总则编司法解释颁布，同步发布第一批13件人民法院贯彻实施民法典典型案例。

据不完全统计，自2021年1月1日至2022年9月30日，全国各级人民法院根据民法典及相关司法解释的规定，共审结一审民商事案件2737万件。人民法院统一法律适用工作成效更加彰显，人民群众司法获得感、满意度持续提升。尤其是根据民法典新规，办理人格权侵害禁令、人身安全保护令案件8067件，让人民生活更加安全、更有尊严；审结环境侵权类案件3502件，促进发展更加和谐、更可持续。

二、《适用大全》的重大意义

《适用大全》是人民法院深入学习贯彻党的二十大精神，深入贯彻习近平法治思想，切实贯彻实施民法典、确保民法典统一正确适用，推动新时代新征程人民法院民事审判工作高质量发展的最新成果和重要举措，编辑出版《适用大全》意义重大。

第一，编辑出版《适用大全》是人民法院深入学习贯彻党的二十大精神、深入贯彻习近平法治思想的实际行动。党的二十大报告对坚持全面依法治国、推进法治中国建设作出专题论述、专门部署。民法典作为党的十八大以来全面推进依法治国的标志性立法成果，体现社会主义性质、符合人民利益和愿望、顺应时代发展要求，闪耀着习近平法治思想的光芒。编辑出版《适用大全》，有利于各级人民法院深入贯彻落实党的二十大精神，严格公正司法，深化司法体制综合配套改革，全面准确落实司法责任制，加快建设公正高效权威的社会主义司法制度，努力让人民群众在每一个司法案件中感受到公平正义，确保习近平总书记关于切实实施民法典的重要讲话和重要指示精神不折不扣落到实处，以正确贯彻实施民法典的生动实践坚定不移推进法治中国建设。

第二，编辑出版《适用大全》是人民法院正确贯彻实施民法典，推进司法为民、公正司法的应有之义。人民性是中国特色社会主义司法制度的本质属性，实现好、维护好、发展好最广大人民根本利益是我国司法工作的出发点和落脚点。编辑出版《适用大全》，有利于各级人民法院正确理解掌握民法典的核心精神、基本原则和具体制度，切实把民法典对生命健康、财产安全、交易便利、生活幸福、人格尊严等各方面权利的平等保护贯彻落实到审判执行工作的全过程、各方面，不断提高运用民法典维护人民权益、化解矛盾纠纷、促进社会和谐稳定的能力和水平，更好地满足和保障人民美好生活需要。

第三，编辑出版《适用大全》是人民法院提高司法能力、服务全面建设社会主义现代化国家、以中国式现代化全面推进中华民族伟大复兴的必然要求。民法典将庞大的民事法律规范按照完整逻辑体系予以整合，健全充实了民事权利种类，充分展现我国多年来关于市场经济体制改革的一系列重要制度成果，积极回应新时代人民司法关切，是高质量发展的助推器和法治保障。编辑出版《适用大全》，有利于各级人民法院统一裁判尺度，完整、准确、全面贯彻新发展理念，构建新发展格局，助力营造稳定公平透明、可预期的法治化营商环境；有利于各级人民法院围绕满足人民群众多元司法需求，深化司法体制综合配套改革和智慧法院建设，全面准确落实司法责任制，推进审判体系和审判能力现代化，充分发挥审判职能作用，服务全面建设社会主义现代化国家，以中国式现代化全面推进中华民族伟大复兴。

三、《适用大全》的编辑目标

《适用大全》作者群体主要为最高人民法院法官，同时吸收部分地方法院法官和高等院校中青年学者参加。编辑基本要求是以民法典条文为中心，体系化编辑相关法律法规、司法解释、司法指导性文件、权威释义、指导性案例、典型案例等内容，并基于我国民商合一的立法模式，将有关商事、知识产权、涉外民事关系等法律的具体适用纳入其中，形成民法典司法适用的逻辑体系，方便法律适用参考和普法宣传。通过编辑《适用大全》，力图实现以下目标：

一是推动民商事案件裁判尺度统一。向广大法官阐释好民法典关于坚持主体平等、保护财产权利、便利交易流转、维护人格尊严、促进家庭和谐、追究侵权责任等基本要求，阐释好民法典关于见义勇为、紧急救助、好意同乘、高空抛物、情势变更、保理合同等一系列创新性规定，指引广大法官强化法典化体系化思维，准确把握基本原则与具体规定、总则与分则、民法典与民商事特别法之间的适用关系，不断提升法律适用的系统性、科学性、准确性。

二是总结新时代民商事审判经验。系统梳理相关司法解释和司法指导性文件，深入挖掘民事案例“富矿”，全面总结和展示新时代各级人民法院坚持以习近平新时代中国特色社会主义思想为指导，深入贯彻习近平法治思想，认真履行司法职能，推进全面依法治国探索形成的新经验、新举措、新成就，为人民法院服务保障中国式现代化奠定坚实基础。

三是助力更高水平的法治中国建设。整理汇编相关规定、释义、案例，既帮助广大法官准确理解民法典条文的精神要义，准确把握司法适用中的重点难点问题，提高办案质量和司法公信力，又帮助人民群众提高找法用法效率，促进民法典普法宣传和贯彻实施。

四、《适用大全》的体例结构

《适用大全》共计12卷33册，分为三大部分：

第一部分为法典卷。以民法典七编制结构为基础，分为总则卷、物权卷、合同卷、人格权卷、婚姻家庭卷、继承卷和侵权责任卷（含附则）。本部分将民法典的1260个条文全部收录，并围绕每一个条文编辑关联规定、条文释义、典型案例等内容。

第二部分为扩展卷。在法典卷的基础上增加知识产权与竞争卷、生态环境卷、商事卷、涉外商事海事卷。本部分主要是针对相关法律中与审判工作密切相关的条文开展编辑工作。

第三部分为索引卷。本部分旨在方便检索查阅（平装版不设索引卷）。

在体例安排上，以民法典具体条文为中心，设置关联规定、条文释义、适用指引、指导案例、典型案例、类案检索等栏目。其中，关联规定栏目主要收录与民法典或有关法律条文密切相关的法律、行政法规、司法解释、部门规章及司法指导性文件。条文释义栏目主要介绍目标条文的条文主旨、条文演变和条文解读。适用指引栏目侧重分析目标条文在审判实践中的重点难点问题。指导案例栏目主要收录目标条文涉及的相应指导性案例。典型案例栏目主要收录党的十八大以来的最高人民法院的公报、工作报告中列举的案例，以及最高人民法院各部门发布评选的典型案例、优秀案例。类案检索主要收录其他相关案例。全书共收录案例3000余件，包括指导性案例、典型案例800余件。

五、《适用大全》的指导价值及其他说明事项

《适用大全》是一部服务审判执行、普法宣传、研究教学、生产经营、社会生活的法律适用工具书。各级人民法院和法官在阅读参考《适用大全》时，主要用途有三：一是可以民法典条文为基础，一揽子查找到相应的法律规定、司法解释、典型案例等，快速全面了解相关法律规定和政策精神，更加准确地把握民法典立法精神、条款含义。二是可借鉴《适用大全》汇集的理论成果、关联规定、裁判观点，结合具体实际总结典型案例，提炼裁判规则。三是可利用《适用大全》提供的丰富素材，组织业务培训和普法宣传，弘扬社会主义法治精神，推动尊法学法守法用法在全社会蔚然成风。

广大法官在使用《适用大全》时，应当注意以下两方面问题：一是严格法律规定引用。本书关联规定部分收录的法律、行政法规、司法解释、部门规章及司法指导性文件等规范性文件，并非均可作为裁判依据援引，裁判文书在引用法律、法规等规范性文件时，应当严格遵照《最高人民法院关于裁判文书引用法律、法规等规范性法律文件的规定》。二是区别使用参考案例。本书收录的指导性案例应严格参照适用，典型案例可作为裁判适用参考，类案检索中的案例仅在于提示法官有相关裁判存在，便于检索查找。

各级人民法院要坚持以习近平新时代中国特色社会主义思想为指导，深入学习贯彻党的二十大精神，深入贯彻习近平法治思想，切实把思想和行动统一到习近平总书记关于切实实施民法典的重要论述精神上来，深刻领悟“两个确立”的决定性意义，增强“四个意识”、坚定“四个自信”、做到“两个维护”，以学好用好《适用大全》为抓手，全面深化民法典贯彻实施，增强服务保障高质量发展的司法能力，夯实推进审判体系和审判能力现代化的实践基础，服务大局、司法为民、公正司法，在坚持全面依法治国、推进法治中国建设的伟大

实践中不断开辟司法事业发展新天地，为全面建设社会主义现代化国家、以中国式现代化全面推进中华民族伟大复兴提供有力司法服务！

本书的编辑出版得到了各级人民法院、有关单位和社会各界的大力支持。在此，向为本书编辑出版提供帮助支持的全国人大常委会法工委、最高人民检察院、司法部，其他有关中央和国家机关、法学理论界的专家学者，以及广大人民群众、新闻媒体和社会各界表示衷心的感谢！

最高人民法院民法典贯彻实施工作领导小组

二〇二二年十一月

凡 例

一、本书有关条文释义和典型案例中法律、行政法规名称一般用简称，例如《中华人民共和国企业破产法》简称《企业破产法》。

二、本书有关条文释义和典型案例中下列司法解释及司法指导性文件一般也使用简称：

文件全称	简称	相关信息
《最高人民法院关于适用〈中华人民共和国担保法〉若干问题的解释》(已失效)	《担保法解释》	发文字号：法释〔2000〕44号 公布日期：2000年12月8日 施行日期：2000年12月13日 失效日期：2021年1月1日
《最高人民法院关于审理企业破产案件若干问题的规定》	《企业破产规定》	发文字号：法释〔2002〕23号 公布日期：2002年7月30日 施行日期：2002年9月1日
《最高人民法院关于适用〈中华人民共和国企业破产法〉若干问题的规定（一）》	《企业破产法规定（一）》	发文字号：法释〔2011〕22号 公布日期：2011年9月9日 施行日期：2011年9月26日
《最高人民法院关于适用〈中华人民共和国企业破产法〉若干问题的规定（二）》	《企业破产法规定（二）》	发文字号：法释〔2013〕22号 公布日期：2013年9月5日 施行日期：2013年9月16日 修正施行日期：2021年1月1日
《最高人民法院关于适用〈中华人民共和国企业破产法〉若干问题的规定（三）》	《企业破产法规定（三）》	发文字号：法释〔2019〕3号 公布日期：2019年3月27日 施行日期：2019年3月28日 修正施行日期：2021年1月1日

文件全称	简称	相关信息
《全国法院破产审判工作会议纪要》	《破产审判会议纪要》	发文字号：法〔2018〕53号 公布日期：2018年3月4日 施行日期：2018年3月4日
《全国法院民商事审判工作会议纪要》	《民商审判会议纪要》	发文字号：法〔2019〕254号 公布日期：2019年11月8日 施行日期：2019年11月8日
《最高人民法院关于适用〈中华人民共和国民法典〉有关担保制度的解释》	《民法典担保制度解释》	发文字号：法释〔2020〕28号 公布日期：2020年12月29日 施行日期：2021年1月1日
《最高人民法院关于执行案件移送破产审查若干问题的指导意见》	《执行案件移送破产审查意见》	发文字号：法发〔2017〕2号 公布日期：2017年1月20日 施行日期：2017年1月20日
《最高人民法院关于审理上市公司破产重整案件工作座谈会纪要》	《审理上市公司破产重整案件纪要》	发文字号：法〔2012〕261号 公布日期：2012年10月29日 施行日期：2012年10月29日
《最高人民法院关于适用〈中华人民共和国民事诉讼法〉的解释》	《民事诉讼法解释》	发文字号：法释〔2022〕11号 公布日期：2022年4月1日 施行日期：2022年4月10日 修正施行日期：2020年12月23日（第一次修正） 2022年3月22日（第二次修正）
《最高人民法院关于依法妥善审理涉新冠肺炎疫情民事案件若干问题的指导意见（二）》	《新冠疫情民事案件意见（二）》	发文字号：法发〔2020〕20号 公布日期：2020年6月8日 施行日期：2020年6月8日
《最高人民法院关于审理企业破产案件指定管理人的规定》	《企业破产案件指定管理人规定》	发文字号：法释〔2007〕8号 公布日期：2007年4月12日 施行日期：2007年6月1日
《最高人民法院关于〈中华人民共和国企业破产法〉施行时尚未审结的企业破产案件适用法律若干问题的规定》	《企业破产法施行时尚未审结案件规定》	发文字号：法释〔2007〕10号 公布日期：2007年4月25日 施行日期：2007年6月1日

文件全称	简称	相关信息
《最高人民法院关于企业破产案件信息公开的规定（试行）》	《企业破产案件信息公开规定（试行）》	发文字号：法发〔2016〕19号 公布日期：2016年7月26日 施行日期：2016年8月1日
《最高人民法院关于推进破产案件依法高效审理的意见》	《破产案件高效审理意见》	发文字号：法发〔2020〕14号 公布日期：2020年4月21日 施行日期：2020年4月21日
《最高人民法院关于审理企业破产案件确定管理人报酬的规定》	《企业破产案件确定管理人报酬规定》	发文字号：法释〔2007〕9号 公布日期：2007年4月12日 施行日期：2007年6月1日

三、本书中关联规定中的“法律、行政法规、司法解释”栏目收录了国务院及国务院办公厅发布的行政规范性文件。

四、本书部分案例中引用的法律法规、司法解释等为案件审理当时所适用，在参照过程中应注意以法律法规、司法解释等文件的最新规定为准。

总目录

目 录

（第一册）

《企业破产法》

第一章 总 则

第二章 申请和受理

第一节 申 请

第二节 受 理

第三章 管理人

第四章 债务人财产

第五章 破产费用和共益债务

第六章　债权申报

第七章　债权人会议

第一节　一般规定

第二节 债权人委员会

第一章 总 则

第一条 为规范企业破产程序，公平清理债权债务，保护债权人和债务人的合法权益，维护社会主义市场经济秩序，制定本法。

关联规定

司法指导性文件

1.《全国法院破产审判工作会议纪要》

一、破产审判的总体要求

会议认为，人民法院要坚持以习近平新时代中国特色社会主义经济思想为指导，深刻认识破产法治对决胜全面建成小康社会的重要意义，以更加有力的举措开展破产审判工作，为经济社会持续健康发展提供更加有力的司法保障。当前和今后一个时期，破产审判工作总的要求是：

一要发挥破产审判功能，助推建设现代化经济体系。人民法院要通过破产工作实现资源重新配置，用好企业破产中权益、经营管理、资产、技术等重大调整的有利契机，对不同企业分类处置，把科技、资本、劳动力和人力资源等生产要素调动好、配置好、协同好，促进实体经济和产业体系优质高效。

二要着力服务构建新的经济体制，完善市场主体救治和退出机制。要充分运用重整、和解法律手段实现市场主体的有效救治，帮助企业提质增效；运用清算手段促使丧失经营价值的企业和产能及时退出市场，实现优胜劣汰，从而完善社会主义市场主体的救治和退出机制。

三要健全破产审判工作机制，最大限度释放破产审判的价值。要进一步完善破产重整企业识别、政府与法院协调、案件信息沟通、合法有序的利益衡平四项破产审判工作机制，推动破产审判工作良性运行，彰显破产审判工作的制度价值和社会责任。

四要完善执行与破产工作的有序衔接，推动解决“执行难”。要将破产审判作为与立案、审判、执行既相互衔接、又相对独立的一个重要环节，充分发挥破产审判对化解执行积案的促进功能，消除执行转破产的障碍，从司法工作机制上探索解决“执行难”的有效途径。

2.《最高人民法院关于执行案件移送破产审查若干问题的指导意见》

推进执行案件移送破产审查工作，有利于健全市场主体救治和退出机制，有利于完善司法工作机制，有利于化解执行积案，是人民法院贯彻中央供给侧结构性改革部署的重要举措，是当前和今后一段时期人民法院服务经济社会发展大局的重要任务。

3.《最高人民法院关于在中级人民法院设立清算与破产审判庭的工作方案》

一、总体思路

一是落实党中央关于推进供给侧结构性改革的决策部署，健全公司强制清算与企业破产案件审判组织，配齐配强专业审判力量，加快公司强制清算与企业破产案件审理。二是提高公司强制清算与企业破产案件审理的专业化水平，统一裁判标准，提高案件审判质效。三是与司法责任制、人员分类管理、职业保障制度和内设机构改革有效衔接、同步推进。四是立足各地经济社会发展情况和法院实际，因地制宜，分类指导，稳步推进。

4.《最高人民法院关于审理上市公司破产重整案件工作座谈会纪要》

一、关于上市公司破产重整案件的审理原则

会议认为，上市公司破产重整案件事关资本市场的健康发展，事关广大投资者的利益保护，事关职工权益保障和社会稳定。因此，人民法院应当高度重视此类案件，并在审理中注意坚持以下原则：

（一）依法公正审理原则。上市公司破产重整案件参与主体众多，涉及利益关系复杂，人民法院审理上市公司破产重整案件，既要有利于化解上市公司的债务和经营危机，提高上市公司质量，保护债权人和投资者的合法权益，维护证券市场和社会的稳定，又要防止没有再生希望的上市公司利用破产重整程序逃废债务，滥用司法资源和社会资源；既要保护债权人利益，又要兼顾职工利益、出资人利益和社会利益，妥善处理好各方利益的冲突。上市公司重整计划草案未获批准或重整计划执行不能的，人民法院应当及时宣告债务人破产清算。

（二）挽救危困企业原则。充分发挥上市公司破产重整制度的作用，为尚有挽救希望的危困企业提供获得新生的机会，有利于上市公司、债权人、出资人、关联企业等各方主体实现共赢，有利于社会资源的有效利用。对于具有重整可能的企业，努力推动重整成功，可以促进就业，优化资源配置，促进产业结构的调整和升级换代，减少上市公司破产清算对社会带来的不利影响。

（三）维护社会稳定原则。上市公司进入破产重整程序后，因涉及债权人、上市公司、出资人、企业职工等相关当事人的利益，各方矛盾比较集中和突出，如果处理不当，极易引发群体性、突发性事件，影响社会稳定。人民法院审理上市公司破产重整案件，要充分发挥地方政府的风险预警、部门联动、资金保障等协调机制的作用，积极配合政府做好上市公司重整中的维稳工作，并根据上市公司的特点，加强与证券监管机构的沟通协调。

5.《最高人民法院关于人民法院为防范化解金融风险和推进金融改革发展提供司法保障的指导意见》

9. 完善金融企业市场退出机制。各级人民法院要妥善审理金融企业的重整和破产案件，规范金融企业和投资者的行为，建立合理的金融企业市场退出机制，维护金融市场稳健运行，夯实金融市场规范发展的基础，为金融企业破产立法奠定扎实的实证基础。要以优化证券市场优胜劣汰机制为导向，根据国家关于稳步推进上市公司退市制度改革的部署，加强对上市公司破产案件的受理和审理的调研工作，不断提高审判能力，最大限度地保障投资者合法权益，保障上市公司破产重整过程规范有序，促进证券市场法制环境的不断优化。

11. 依法制裁逃废金融债务行为。在审理金融纠纷案件中，要坚持标准，认真把关，坚决依法制止那些企图通过诉讼逃债、消债等规避法律的行为。对弄虚作假、乘机逃废债务的，要严格追究当事人和相关责任人的法律责任，维护信贷秩序和金融安全。针对一些企业改制、破产活动中所存在的“假改制，真逃债”“假破产、真逃债”的现象，各级人民法院要在党委的领导下，密切配合各级政府部门，采取一系列积极有效的措施，依法加大对“逃废金融债务”行为的制裁，协同构筑“金融安全区”，最大限度地保障国有金融债权。

条文释义

一、本条主旨

本条是关于本法立法目的的规定。

二、条文演变

我国1986年制定了适用于全民所有制企业的《企业破产法（试行）》，1991年4月通过的《民事诉讼法》第十九章专门规定了“企业法人破产还债程序”，适用于除国有企业以外的所有企业法人。《企业破产法（试行）》第1条规定：“为了适应社会主义有计划的商品经济发展和经济体制改革的需要，促进全民所有制企业自主经营，加强经济责任制和民主管理，改善经营状况，提高经济效益，保护债权人、债务人的合法权益，特制定本法。”《企业破产法（草案）》（2004年3月A版）规定：“为公正审理破产案件，公平清理债权债务关系，保护债权人和债务人的合法权益，维护经济秩序，促进社会主义市场经济的发展，制定本法。”《企业破产法（草案）》（2004年10月版）调整为本条规定的内容。

三、条文解读

本条是关于本法立法目的的规定。

（一）规范企业破产程序

为了适应经济体制改革的需要，促进全民所有制企业自主经营，保护债权人、债务人的合法权益，第六届全国人大常委会第十八次会议通过了《企业破产法（试行）》，该法只适用于全民所有制企业。《企业破产法（试行）》的制定和施行，填补了我国破产法律制度的空白，在中国体制转轨的时期，起到了重要的历史作用。1991年4月第七届全国人民代表大会第四次会议通过的《民事诉讼法》，在第十九章规定了“企业法人破产还债程序”，这一程序适用于除全民所有制企业以外的所有企业法人。这两个破产法律规范初步形成了我国的破产法律制度，对推动经济体制改革，完善社会主义市场经济体制起到了积极的作用。但是，随着改革的不断深入，我国的经济及社会生活发生了巨大的变化，有关企业破产的法律所体现和贯彻的指导思想以及所设立的基本原则和程序制度，在相当大的程度上已不能适应时代发展的需要，现行《企业破产法》在此背景下制定出台。

从我国诚信建设的实际和司法制度建设的现状出发，《企业破产法》的调整范围以企业法人为限是适宜的，有利于集中力量，抓主要矛盾，解决当前经济运行中的突出问题。因此，本法第1条将《企业破产法》的适用范围限定为企业，暂不涉及其他主体的破产问题。[①]

（二）公平清理债权债务

破产程序是在法院的主持下对具有破产原因的债务人的财产进行清理分配，或者对其进行重整，或者由债务人与债权人就债权清偿达成和解，使全体债权人获得公平受偿的机会。破产以公平清偿债务为宗旨，债务人不能清偿到期债务时，通过破产程序可以合理地协调众多债权人之间就债务人的有限财产如何受偿的利益冲突。公平是破产应当实现的最为重要的目标，也是破产程序贯穿始终的基本原则。

（三）保护债权人和债务人的合法权益

债权人的合法权益是《企业破产法》所关注的重点。对债权人合法权益的保护，就是使债务人以其最大的偿还债务能力，最大限度地满足债权人的利益。在保护债权人合法权益的同时，也应注意保护债务人的合法权益。

（四）维护社会主义市场经济秩序

市场经济是竞争经济，维护正常的市场经济秩序，才能使社会资源的配置有序化。制定《企业破产法》，可以使优胜劣汰的市场机制得以发挥作用，让丧失经营能力的市场经济主体及时被淘汰，并有序地退出市场：使得欺诈财产、恶意逃废债务等行为能够受到法律的制裁，以维护公平竞争，保证市场主体间的交易安全；依法妥善处理破产财产，有助于减少对社会的消极影响。因

---

① 参见吴高盛主编：《〈中华人民共和国企业破产法〉条文释义与适用》，人民法院出版社2006年版，第2~4页。

此，维护社会主义市场经济秩序，也是本法的立法目的之一。[1]

类案检索

上海上蔬永辉生鲜食品有限公司等十五家公司实质合并破产清算案

关键词： 实质合并破产清算　资产分类处置　化解社会稳定风险

裁判摘要： 上海上蔬永辉生鲜食品有限公司（以下简称上蔬永辉）于2013年12月设立，注册资本人民币4.2亿元，其通过下属十四家子公司在全市开设32家商超菜场，经营面积近10万平方米，以经营蔬菜水果、肉蛋禽等生鲜农产品、食品为主。因陷入严重债务危机，形成巨额负债，引发200余件诉讼、执行及仲裁案件，账面负债8亿余元，涉及供应商、职工、出租方、承租方、施工方等债权人2000余户，银行账户及公司股权被查封冻结，并出现哄抢货物、集体讨债等严重影响属地治安稳定等情形。2020年12月，经债权人申请，上海市第三中级人民法院依法裁定受理上蔬永辉破产清算，并依法指定上海市汇业律师事务所为管理人。

经调查，债务人名下32家门店尚处于营业状态的共24家，普遍大量拖欠租金水电费，商品严重缺货，随时面临闭店风险。如不尽快集中通盘分类处置，店内资产及附着的租赁经营权等无形资产将进一步丧失殆尽，还将引发租赁小摊贩、职工、农民工等群体维稳风险，并严重损害债权人利益。而上蔬永辉作为核心控制企业，与各家子公司在经营、财务、人员、管理等方面出现高度混同。为维护全体债权人公平清偿利益，提高资产处置效益，法院依法裁定上蔬永辉等十五家公司实质合并破产清算。审理中，合议庭指导管理人维持保供商超菜场经营，累计销售收入1000余万元；以租赁经营权整体出售为核心分类处置门店；制订职工安置方案，妥善安排500余名职工再就业；通过公开拍卖、线下促销、打包出售等多种方式灵活处置数十万件商品；共集中清理2000余户债权人的5.7亿余元债务。经依法审理以及相关职能部门联动配合，2021年12月，《破产财产分配方案》获债权人会议表决通过，法院在主要财产分配完毕后依法裁定终结本案。

---

① 安建：《中华人民共和国企业破产法释义》，法律出版社2006年版，第11~12页。

【案　　号】（2020）沪03破359号
【审理法院】上海市第三中级人民法院
【来　　源】上海破产法庭三周年代表性案例

第二条　企业法人不能清偿到期债务，并且资产不足以清偿全部债务或者明显缺乏清偿能力的，依照本法规定清理债务。

企业法人有前款规定情形，或者有明显丧失清偿能力可能的，可以依照本法规定进行重整。

关联规定

一、法律、行政法规、司法解释

1.《最高人民法院关于适用〈中华人民共和国民事诉讼法〉的解释》

第五百一十一条　在执行中，作为被执行人的企业法人符合企业破产法第二条第一款规定情形的，执行法院经申请执行人之一或者被执行人同意，应当裁定中止对该被执行人的执行，将执行案件相关材料移送被执行人住所地人民法院。

2.《最高人民法院关于适用〈中华人民共和国企业破产法〉若干问题的规定（一）》

第一条　债务人不能清偿到期债务并且具有下列情形之一的，人民法院应当认定其具备破产原因：

（一）资产不足以清偿全部债务；

（二）明显缺乏清偿能力。

相关当事人以对债务人的债务负有连带责任的人未丧失清偿能力为由，主张债务人不具备破产原因的，人民法院应不予支持。

第二条　下列情形同时存在的，人民法院应当认定债务人不能清偿到期债务：

（一）债权债务关系依法成立；

（二）债务履行期限已经届满；

（三）债务人未完全清偿债务。

第三条　债务人的资产负债表，或者审计报告、资产评估报告等显示其全部资产不足以偿付全部负债的，人民法院应当认定债务人资产不足以清偿全部债务，但有相反证据足以证明债务人资产能够偿付全部负债的除外。

第四条 债务人账面资产虽大于负债，但存在下列情形之一的，人民法院应当认定其明显缺乏清偿能力：

（一）因资金严重不足或者财产不能变现等原因，无法清偿债务；

（二）法定代表人下落不明且无其他人员负责管理财产，无法清偿债务；

（三）经人民法院强制执行，无法清偿债务；

（四）长期亏损且经营扭亏困难，无法清偿债务；

（五）导致债务人丧失清偿能力的其他情形。

二、司法指导性文件

1.《全国法院破产审判工作会议纪要》

四、破产重整

会议认为，重整制度集中体现了破产法的拯救功能，代表了现代破产法的发展趋势，全国各级法院要高度重视重整工作，妥善审理企业重整案件，通过市场化、法治化途径挽救困境企业，不断完善社会主义市场主体救治机制。

14. 重整企业的识别审查。破产重整的对象应当是具有挽救价值和可能的困境企业；对于僵尸企业，应通过破产清算，果断实现市场出清。人民法院在审查重整申请时，根据债务人的资产状况、技术工艺、生产销售、行业前景等因素，能够认定债务人明显不具备重整价值以及拯救可能性的，应裁定不予受理。

2.《最高人民法院关于执行案件移送破产审查若干问题的指导意见》

2. 执行案件移送破产审查，应同时符合下列条件：

（1）被执行人为企业法人；

（2）被执行人或者有关被执行人的任何一个执行案件的申请执行人书面同意将执行案件移送破产审查；

（3）被执行人不能清偿到期债务，并且资产不足以清偿全部债务或者明显缺乏清偿能力。

条文释义

一、本条主旨

本条是关于破产原因和重整条件的规定。

二、条文演变

《企业破产法》实施之前立法和司法解释中与破产原因和重整条件相关的规定包括：(1)《企业破产法（试行）》第3条第1款规定："企业因经营管理不善造成严重亏损，不能清偿到期债务的，依照本法规定宣告破产。"(2)当时生效的《民事诉讼法》第199条规定："企业法人因严重亏损，无力清偿到期债务，债权人可以向人民法院申请宣告债务人破产还债，债务人也可以向人民法院申请宣告破产还债。"(3)当时生效的《公司法》第189条规定："公司因不能清偿到期债务，被依法宣告破产的，由人民法院依照有关法律的规定，组织股东、有关机关及有关专业人员成立清算组，对公司进行破产清算。"第196条第1款规定："因公司解散而清算，清算组在清理公司财产、编制资产负债表和财产清单后，发现公司财产不足以清偿债务的，应当立即向人民法院申请宣告破产。"(4)《企业破产规定》第31条规定："企业破产法第三条第一款规定的'不能清偿到期债务'是指：(一)债务的履行期限已届满；(二)债务人明显缺乏清偿债务的能力。债务人停止清偿到期债务并呈连续状态，如无相反证据，可推定为'不能清偿到期债务'。"

《企业破产法》改变了过去对不同的企业法人适用不同的破产原因的做法，而采对不同的企业法人适用统一的破产原因，即不能清偿到期债务，并且资产不足以清偿全部债务或者明显缺乏清偿能力。

三、条文解读

破产原因是提起破产程序的前提，是判断破产申请能否成立、能否受理以及能否作出破产宣告、重整、和解等裁定的法律依据。本条规定的破产原因，包括破产清算、和解与重整的原因。

本条第1款规定的破产原因，包括两种情况：

（一）企业法人不能清偿到期债务，并且资产不足以清偿全部债务

这里所讲的“企业法人不能清偿到期债务”，是指企业法人债务的清偿期限已经届至，债权人要求清偿，但作为债务人的企业法人无力清偿。“资产不足以清偿全部债务”，是指企业法人的资产总和小于其债务总和，即资不抵债，一般要根据企业的资产负债表确定。企业法人的债务清偿能力是由其财产、信用、产品市场前景等因素综合构成的。只有在用尽所有手段仍不能清偿债务时，才真正构成清偿能力的缺乏。企业在经营过程中，由于各种原因，有时会发生短期的资金周转困难，这种暂时的财务困难会随着企业的正常运营而逐步化解。因此，暂时的、短期的不能清偿或者仅仅是资产负债表上的资不抵债都不能作为认定一个企业法人是否已经构成破产的标准。据此，本款将这两者同时规定为破产原因。

（二）企业法人不能清偿到期债务，并且明显缺乏清偿能力

这一破产原因的规定也是以不能清偿到期债务作为主要的依据，因为这是破产构成的一般原因；同时辅之以明显缺乏清偿能力。企业法人不能清偿到期债务，如果属于暂时资金周转不灵，不宜宣告其破产，但如果实际上已经丧失清偿能力，即使其资产负债表上的资产可能还略大于负债，也可以启动破产程序清理债务，不一定要等其继续亏损到资不抵债时再宣告破产，这对债权人和债务人都更为有利。此外，从程序上说，如果债务人在债务到期后，经债权人催告并在相当的时期内停止向债权人清偿，即不能清偿到期债务处于连续状态的，可以推定该债务人明显缺乏清偿能力，债权人有理由提出破产申请，这就减轻了债权人提出破产申请的举证负担，有利于破产程序的有效运用。这一破产原因的规定与国际上破产立法的通例是相符的。

本条第 1 款从我国的实际出发，考虑到企业破产对社会经济生活影响较大，关系到债权人的利益，也关系到破产企业职工的权益和社会安定，对企业破产原因作了比较严格、又具有实用性的规定。一方面，使法院可以据此从严掌握，以避免欺诈性破产和破产的恶意申请；另一方面，可以提高破产程序的实施效率。企业法人只要具备本款规定的破产原因，就可以依照本法规定的有关程序清理债务。

本条第 2 款是对重整原因的规定。重整是在企业无力清偿债务但又有复苏

希望的情况下，经债务人或债权人申请，法院依法定条件许可，允许企业继续经营，实现债务调整和企业重组，使企业摆脱困境、走向复兴的一项法律制度。为了使面临困境但有挽救希望的企业避免破产清算，恢复生机，企业破产法借鉴国外经验，引入了这一新的制度。重整原因是启动重整程序的事由，也是法院裁定债务人进行重整的法定依据。依照本款规定，重整原因也包括两种情况：

1. 企业法人不能清偿到期债务，并且资产不足以清偿全部债务或者明显缺乏清偿能力的，可以依照本法规定进行重整。这就要求企业法人必须具备破产原因才能进行重整。

2. 企业法人有明显丧失清偿能力可能的，可以依照本法规定进行重整。由于建立重整制度的目的主要在于使企业法人能够避免破产、起死回生，因此，企业法人进行重整除了已经具备破产原因外，还包括虽然尚不具备破产原因，但存在丧失清偿能力可能，有可能导致破产的情况。当企业法人出现财务困难，有可能破产时，及时提出重整申请，有助于提高重整的成功率，更好地发挥重整程序的作用。

适用指引

破产原因，是指申请债务人破产的事实根据，是适用破产程序所依据的特定的法律事实。就破产清算程序而言，破产原因既是法院宣告债务人破产的原因，又是法院启动破产程序的原因。破产原因构成的判断基准由法律规定。为了确保社会安全而使得破产率适度，破产法对破产原因的规定，不仅要充分考量债权人利益之保护，亦应当考量债务人利益之合理保护，以维持社会经济秩序的稳定。

一、不能清偿到期债务

不能清偿到期债务是债务人进入破产程序的一般原因。债务人以其现有的财产、信用以及技术手段等客观上不能偿付已届期的债务，为不能清偿债务。不能清偿的构成要件如下：

（一）债务人不能清偿的债务为到期债务

在债务人进入破产程序时，债务人不能清偿的债务必须为已到清偿期的债务。已到期的债务，包括约定清偿期的债务、法定清偿期的债务、推定清偿期的债务和催告清偿期的债务。如果债务人所负债务未届清偿期，债务人只负有将来的清偿义务而没有即时清偿债务的责任。在债务未届清偿期的情形下，由于不发生债务人的清偿责任，纵使债务人的财产额已不足以清偿债务总额，也不能认定债务人不能清偿债务。

（二）债务人持续不能清偿到期债务

构成债务人进入破产程序的原因，必须是债务人持续地不能偿付已到清偿期的债务，而非债务人暂时地不能清偿到期债务。债务人持续不能清偿到期债务包括两种情形：其一，债务人客观上已长期不能清偿到期债务，事实上也经过了一定连续期间，债权人的清偿要求不能满足已经呈现出持续状态。其二，债务人有持续不能清偿到期债务的其他客观事实。债务人不能清偿到期债务虽然未呈持续状态，但是综合评价债务人的偿债能力，足以说明债务人停止清偿到期债务的行为必然会发展为持续不能清偿的，仍可构成持续不能清偿。上述构成不能清偿债务的两个条件，是法院据以认定债务人是否已达破产原因的客观标准。不论债务人还是债权人向法院申请债务人破产，法院在认定事实上必须考虑这两个条件，才能做到认定事实准确无误。

二、资产不足以清偿全部债务（债务超过）

债务超过是指债务人的负债超过实有资产，即“消极财产（债务）的估价总额超过了积极财产（资产）的估价总额的客观状况”，在我国通称为资不抵债。各国立法例为保护善意第三人及法人社员（股东）的利益，专门规定法人有债务超过的情形时，法人的董事应当立即向法院申请破产。

这里需要注意的是，债务超过与不能清偿不可混为一谈。就两者的内涵而言，债务超过更侧重于对债务人的资产和负债从量上的直接对比，而不能清偿则是对债务人的清偿能力从质上的综合判断。从适用范围来看，债务超过作为特殊的破产原因，只适用于特定的主体。不能清偿作为一般的破产原因，适用于所有具有破产能力的主体。一般地，债务人达到债务超过的情形，并不一定必然导致不能清偿；同时，债务人不能清偿，也并不一定必然达到债务超过的情形。

三、明显缺乏清偿能力

明显缺乏清偿能力即不能以财产、信用或者能力等任何方法清偿债务。支付货币及财产为通常的债务清偿方法；以信用方法清偿债务，主要是指债务人借新债还旧债，或协议延期还债；以能力方法清偿债务，主要是指债务人以提供债权人接受的劳务、技能服务等折抵货币清偿债务。当债务人以所有方法均不能清偿债务时，即构成丧失清偿能力。债务人的清偿能力，由债务人的财产现有状况、信用高低程度、知识财产拥有程度等各种可供抵偿债务的手段或者因素予以综合评价，而不能只凭其拥有的财产数额的多少来认定。一方面，如果债务人的财产相当有限或者资产额已不足以清偿债务，但是其商业信用良好、劳动生产率高、资金周转快，可利用的支付手段足以应付各种债务清偿，或者通过其他办法足以保证债务清偿的，不构成丧失清偿能力。如我国《企业破产法》第 108 条规定："破产宣告前，有下列情形之一的，人民法院应当裁定终结破产程序，并予以公告：（一）第三人为债务人提供足额担保或者为债务人清偿全部到期债务的；（二）债务人已清偿全部到期债务的。"另一方面，如果债务人的现有财产或者资产额从数额上足以清偿其债务，但是其可以变价的财产并不充足，不能确保债务的清偿，则于此种情形，也应认定为丧失清偿能力。总之，债务人凭借自己的资产、信用、知识财产等不能清偿或者不能保证清偿到期债务，又无他人代为清偿或者保证清偿的，就构成丧失清偿能力。

四、停止支付

《企业破产规定》第 31 条第 2 款规定："债务人停止清偿到期债务并呈连续状态，如无相反证据，可推定为'不能清偿到期债务'。"停止支付是指债务人以其行为向债权人作出不能支付一般金钱债务的主观意思表示。债务人常以口头或者书面形式表示不能支付债务或者请求延期偿付债务。但在有些情形下，债务人则以不作为或者躲债的形式表明不能支付债务。不论债务人停止支付的情形如何，停止支付都只是债务人不能清偿债务的主观行为，与债务人客观上缺乏清偿能力而达到破产界限有质的区别。所以，债务人停止支付只能推定为不能清偿债务。各国法均将其规定为推定原因，以解决债权人申请破产时的举证责任问题。所谓推定原因，即是指可以用事实和证据推翻的原因。在此情形下，债务人停止支付而债权人向法院申请其破产的，债务人欲对此进行抗辩，则负有推翻法律推定以证明其有偿债能力的举证责任。以停止支付作为破产原因，是对债务人采取了更为严厉的态度。停止支付的要件包括：（1）债务人依主观意思作出的外部行为，而不是其财产客观状况，这是其与不能清偿的主要区别。（2）停止支付包括明示、暗示等形式表示的各种行为。（3）对到期要求清偿的金钱债务停止支付。（4）停止支付应是长期的停止支付，而非一时的中止支付。

通常，停止支付是债务人丧失清偿能力的最典型的外在行为表现，即债务人丧失清偿能力必然出现停止支付。但债务人停止支付，却不一定已达到不能清偿的地步。不过，由于停止支付的状况客观上已经损害了债权人的利益，故法律允许债权人在无相反证据的情况下据此提出破产申请。由于停止支付的地位仅在于推定债务人不能清偿，从而不能成为债务人破产的当然事由。只要债务人能够证明，其停止支付不具有上述要件中的任何一个，法律推定便失去意义，法院不能认定债务人具备破产原因。

指导案例

1. 指导案例163号：江苏省纺织工业（集团）进出口有限公司及其五家子公司实质合并破产重整案

（最高人民法院审判委员会讨论通过　2021年9月18日发布）

关键词：民事　破产重整　实质合并破产　关联企业　债转股　预表决

裁判要点：

1. 当事人申请对关联企业合并破产的，人民法院应当对合并破产的必要性、正当性进行审查。关联企业成员的破产应当以适用单个破产程序为原则，在关联企业成员之间出现法人人格高度混同、区分各关联企业成员财产成本过高、严重损害债权人公平清偿利益的情况下，可以依申请例外适用关联企业实质合并破产方式进行审理。

2. 采用实质合并破产方式的，各关联企业成员之间的债权债务归于消灭，各成员的财产作为合并后统一的破产财产，由各成员的债权人作为一个整体在同一程序中按照法定清偿顺位公平受偿。合并重整后，各关联企业原则上应当合并为一个企业，但债权人会议表决各关联企业继续存续，人民法院审查认为确有需要的，可以准许。

3. 合并重整中，重整计划草案的制定应当综合考虑进入合并的关联企业的资产及经营优势、合并后债权人的清偿比例、出资人权益调整等因素，保障各方合法权益；同时，可以灵活设计“现金＋债转股”等清偿方案、通过“预表决”方式事先征求债权人意见并以此为基础完善重整方案，推动重整的顺利进行。

相关法条：

《中华人民共和国企业破产法》第1条、第2条

基本案情：

申请人：江苏省纺织工业（集团）进出口有限公司、江苏省纺织工业（集团）轻纺进出口有限公司、江苏省纺织工业（集团）针织进出口有限公司、江苏省纺织工业（集团）机电进出口有限公司、无锡新苏纺国际贸易有限公司、江苏省纺织工业（集团）服装进出口有限公司共同的管理人。

被申请人：江苏省纺织工业（集团）进出口有限公司、江苏省纺织工业（集团）轻纺进出口有限公司、江苏省纺织工业（集团）针织进出口有限公司、江苏省纺织工业（集团）机电进出口有限公司、无锡新苏纺国际贸易有限公司、江苏省纺织工业（集团）服装进出口有限公司。

2017年1月24日，南京市中级人民法院（以下简称南京中院）根据镇江福源纺织科技有限公司的申请，裁定受理江苏省纺织工业（集团）进出口有限公司（以下简称省纺织进出口公司）破产重整案，并于同日指定江苏东恒律师事务所担任管理人。2017年6月14日，南京中院裁定受理省纺织进出口公司对江苏省纺织工业（集团）轻纺进出口有限公司（以下简称省轻纺公司）、江苏省纺织工业（集团）针织进出口有限公司（以下简称省针织公司）、江苏省纺织工业（集团）机电进出口有限公司（以下简称省机电公司）、无锡新苏纺国际贸易有限公司（以下简称无锡新苏纺公司）的重整申请及省轻纺公司对江苏省纺织工业（集团）服装进出口有限公司（以下简称省服装公司）的重整申请（其中，省纺织进出口公司对无锡新苏纺公司的重整申请经请示江苏省高级人民法院，指定由南京中院管辖）。同日，南京中院指定江苏东恒律师事务所担任管理人，在程序上对六家公司进行协调审理。2017年8月11日，管理人

以省纺织进出口公司、省轻纺公司、省针织公司、省机电公司、无锡新苏纺公司、省服装公司等六家公司人格高度混同为由，向南京中院申请对上述六家公司进行实质合并重整。

法院经审理查明：

一、案涉六家公司股权情况

省纺织进出口公司注册资本5500万元，其中江苏省纺织（集团）总公司（以下简称省纺织集团）出资占60.71%，公司工会出资占39.29%。省轻纺公司、省针织公司、省机电公司、无锡新苏纺公司、省服装公司（以下简称五家子公司）注册资本分别为1000万元、500万元、637万元、1000万元、1000万元，省纺织进出口公司在五家子公司均出资占51%，五家子公司的其余股份均由职工持有。

二、案涉六家公司经营管理情况

1. 除无锡新苏纺公司外，其余案涉公司均登记在同一地址，法定代表人存在互相交叉任职的情况，且五家子公司的法定代表人均为省纺织进出口公司的高管人员，财务人员及行政人员亦存在共用情形，其中五家子公司与省纺织进出口公司共用财务人员进行会计核算，付款及报销最终审批人员相同。

2. 省纺织进出口公司和五家子公司间存在业务交叉混同情形，五家子公司的业务由省纺织进出口公司具体安排，且省纺织进出口公司与五家子公司之间存在大量关联债务及担保。

为防止随意对关联企业进行合并，损害公司的独立人格，损害部分债权人等利益相关者的合法权益，在收到合并重整申请后，南京中院对申请人提出的申请事项和事实理由进行了审查，同时组织债权人代表、债务人代表、职工代表、管理人、审计机构等进行全面的听证，听取各方关于公司是否存在混同事实的陈述，同时对管理人清理的债权债务情况、审计报告，以及各方提交的证据进行全面的审核，并听取了各方对于合并破产重整的意见。

裁判结果：

依照企业破产法第一条、第二条规定，南京中院于2017年9月29日作出（2017）苏01破1、6、7、8、9、10号民事裁定：省轻纺公司、省针织公司、省机电公司、无锡新苏纺公司、省服装公司与省纺织进出口公司合并重整。

依照企业破产法第八十六条第二款之规定，南京中院于2017年12月8日作出（2017）苏01破1、6、7、8、9、10号之二民事裁定：一、批准省纺织进出口公司、省轻纺公司、省针织公司、省机电公司、无锡新苏纺公司、省服装公司合并重整计划；二、终止省纺织进出口公司、省轻纺公司、省针织公司、省机电公司、无锡新苏纺公司、省服装公司合并重整程序。

裁判理由：

法院生效裁判认为：关联企业成员的破产亦应以适用单个破产程序为原则，但当关联企业成员之间存在法人人格高度混同、区分各关联企业成员财产成本过高、严重损害债权人公平清偿利益时，可以适用关联企业实质合并破产方式进行审理，保障全体债权人能够公平受偿。

本案中，案涉六家公司存在人格高度混同情形，主要表现在：人员任职高度交叉，未形成完整独立的组织架构；共用财务及审批人员，缺乏独立的财务核算体系；业务高度交叉混同，形成高度混同的经营体，导致六家公司收益难以正当区分；六家公司之间存在大量关联债务及担保，导致各公司的资产不能完全相互独立，债权债务清理极为困难。在此情形下，法院认为，对人格高度混同的关联企业进行合并重整，纠正关联企业之间不当利益输送、相互控制等违法违规行为，保障各关联企业的债权人公平实现债权，符合破产法关于公平清理债权债务、公平保护债权人、债务人合法权益的原则要求。在关联企业法人人格高度混同的情况下，单独重整将可能导致普通债权人公平受偿的权利受到损害。进行合并后的整体重整，部分账面资产占优势的关联企业债权人的债权清偿率，虽然可能较分别重整有所降低，使其利益表面上受损，但此种差异的根源在于各关联企业之间先前的不当关联关系，合并重整进行债务清偿正是企业破产法公平清理债权债务的体现。

依照企业破产法第一条、第二条规定，南京中院于2017年9月29日作出（2017）苏01破1、6、7、8、9、10号民事裁定：省轻纺公司、省针织公司、省机电公司、无锡新苏纺公司、省服装公司与省纺织进出口公司合并重整。

合并重整程序启动后，管理人对单个企业的债权进行合并处理，同一债权人对六家公司同时存在债权债务的，经合并进行抵销后对债权余额予以确认，六家关联企业相互之间的债权债务在合并中作抵销处理，并将合并后的全体债权人合为一个整体进行分组。本案因全体职工的劳动关系继续保留，不涉及职工债权清偿问题，且税款已按期缴纳，故仅将债权人分为有财产担保债权组和普通债权组。同时设出资人组对出资人权益调整方案进行表决。

鉴于省纺织进出口公司作为省内具有较高影响力的纺织外贸企业，具有优质的经营资质及资源，同时五家子公司系外贸企业的重要平台，故重整计划以六家公司作为整体，引入投资人，综合考虑进入合并的公司的资产及经营优势、合并后债权人的清偿、出资人权益的调整等，予以综合设计编制。其中重点内容包括：

一、引入优质资产进行重组，盘活企业经营。本案引入苏豪控股、省纺织集团等公司作为重整投资方，以所持上市公司股权等优质资产对省纺织进出口公司进行增资近12亿元，盘活关联企业的整体资源，提高债务清偿能力，恢复企业的经营能力，为重塑企业核心竞争力和顺利推进重整方案执行奠定了坚实基础。同时，根据外贸企业特点，保留全部职工，并通过职工股权注入的方式，形成企业经营的合力和保障，从而保障重整成功后的企业能够真正获得重生。

二、调整出资人权益，以“现金+债转股”的方式统一清偿债务，并引入“预表决”机制。对有财产担保的债权人，根据重整程序中已处置的担保财产价值及未处置的担保财产的评估价值，确定其优先受偿的金额，进行全额现金清偿。对无财产担保的普通债权人，采用部分现金清偿、部分以股权置换债权（债转股）的方式清偿的复合型清偿方式，保障企业的造血、重生能力，最大化保障债权人的利益。其中，将增资入股股东的部分股权与债权人的债权进行置换（债转股部分），具体而言，即重整投资方省纺织集团以所持（将其所持的）省纺织进出口公司的部分股份，交由管理人按比例置换债权人所持有的债权的方式进行清偿，省纺织集团免除省纺织进出口公司及五家子公司对其负有的因置换而产生的债务。清偿完毕后，债权人放弃对省纺织进出口公司及五家子公司的全部剩余债权。同时，本案引入了“预表决”机制，在重整计划草案的制定中，由管理人就债转股的必要性、可行性及清偿的具体方法进行了预先的说明，并由债权人对此预先书面发表意见，在此基础上制定完善重整计划草案，并提交债权人会议审议表决。从效果看，通过预表决较好地保障了债权人的知情权和选择权，从而使“债转股”清偿方式得以顺利进行。

2017年11月22日，案涉六家公司合并重整后召开第一次债权人会议。经表决，有财产担保债权组100%同意，普通债权组亦93.6%表决通过计划草案，出资人组会议也100%表决通过出资人权益调整方案。法院经审查认为，合并重整计划制定、表决程序合法，内容符合法律规定，公平对待债权人，对出资人权益调整公平、公正，经营方案具有可行性。依照《中华人民共和国企业破产法》第八十六条第二款之规定，南京中院于2017年12月8日作出(2017)苏01破1、6、7、8、9、10号之二民事裁定：一、批准省纺织进出口公司、省轻纺公司、省针织公司、省机电公司、无锡新苏纺公司、省服装公司合并重整计划；二、终止省纺织进出口公司、省轻纺公司、省针织公司、省机电公司、无锡新苏纺公司、省服装公司合并重整程序。

2. 指导案例164号：江苏苏醇酒业有限公司及关联公司实质合并破产重整案

（最高人民法院审判委员会讨论通过 2021年9月18日发布）

关键词：民事 破产重整 实质合并破产 投资人试生产 利益衡平 监督

裁判要点：

在破产重整过程中，破产企业面临生产许可证等核心优质资产灭失、机器设备闲置贬损等风险，投资人亦希望通过试生产全面了解企业经营实力的，管理人可以向人民法院申请由投资人先行投入部分资金进行试生产。破产企业核心资产的存续直接影响到破产重整目的的实现，管理人的申请有利于恢复破产企业持续经营能力，有利于保障各方当事人的利益，该试生产申请符合破产保护理念，人民法院经审查，可以准许。同时，投资人试生产在获得准许后，应接受人民法院、管理人及债权人的监督，以公平保护各方的合法权益。

相关法条：

《中华人民共和国企业破产法》第1条、第2条、第26条、第86条

基本案情：

江苏苏醇酒业有限公司（以下简称苏醇公司）是江苏省睢宁县唯一一家拥有酒精生产许可证的企业，对于地方经济发展具有重要影响。2013年以来，由于企业盲目扩张，经营管理混乱，造成资金链断裂，并引发多起诉讼。徐州得隆生物科技有限公司、徐州瑞康食品科技有限公司系苏醇公司关联企业，三家公司均是从事农产品深加工的生物科技公司。截至破产重整受理前，三家公司资产总额1.25亿元，负债总额4.57亿元，资产负债率达365.57%。2017年12月29日，三家公司以引进投资人、重振企业为由，分别向江苏省睢宁县人民法院（以下简称睢宁法院）申请破产重整。睢宁法院经审查认为，三家公司基础和发展前景较好，酒精生产资质属于稀缺资源，具有重整价值，遂于2018年1月12日分别裁定受理三家公司的破产重整申请。因三家公司在经

营、财务、人员、管理等方面出现高度混同，且区分各关联企业成员财产的成本过高，遂依照《破产审判会议纪要》第32条规定，依据管理人的申请，于2018年6月25日裁定三家公司实质合并破产重整。

重整期间，投资人徐州常青生物科技有限公司在对苏醇公司的现状进场调查后提出：苏醇公司已经停产停业多年，其核心资产酒精生产许可证已经脱审，面临灭失风险，还存在职工流失、机器设备闲置贬损以及消防、环保等安全隐患等影响重整的情况。同时，企业原管理层早已陷于瘫痪状态，无能力继续进行相关工作，公司账面无可用资金供管理人化解危机。在此情况下，管理人提出由重整投资人先行投入部分资金恢复企业部分产能的方案。

裁判结果：

2018年6月25日，江苏省睢宁县人民法院作出（2018）苏0324破1号民事裁定书，裁定江苏苏醇酒业有限公司、徐州得隆生物科技有限公司、徐州瑞康食品科技有限公司实质合并破产重整。2019年7月5日，江苏省睢宁县人民法院作出（2018）苏0324破1号之四决定书，准许投资人徐州常青生物科技有限公司进行试生产。2019年11月30日、12月1日，江苏苏醇酒业有限公司第二次债权人会议召开，各代表债权组均表决通过了江苏苏醇酒业有限公司管理人提交的重整计划草案。江苏苏醇酒业有限公司管理人向江苏省睢宁县人民法院提请批准江苏苏醇酒业有限公司重整计划草案。江苏省睢宁县人民法院依照企业破产法第八十六条之规定，于2019年12月2日作出（2018）苏0324破1号之一裁定：一、批准江苏苏醇酒业有限公司重整计划；二、终止江苏苏醇酒业有限公司重整程序。同时，依法预留两个月监督期。

裁判理由：

法院生效裁判认为，管理人所提出的债务人面临的相关问题真实存在，如企业赖以生存的酒精生产许可证灭失，则该企业的核心资产将不复存在，重整亦将失去意义。因债务人目前没有足够的资金供管理人使用，由投资人先行投入资金进行试生产可以解决重整过程中企业所面临的困境，亦能使企业资产保值、增值，充分保障债务人及债权人的利益，维护社会稳定，更有利于重整后企业的发展。管理人的申请，符合破产保护理念，亦不违反法律法规的相关规定，应予以准许。

关于是否允许投资人试生产的问题，法院在作出决定前，主要考虑了以下因素：

一、试生产的必要性

首先，破产企业面临着严峻的形势：一是苏醇公司面临停产停业后酒精生产许可证脱审、生产资格将被取消风险，且该资质灭失后难以再行获得，重整也将失去意义；二是该企业还面临环保、消防验收、机器设备长时间闲置受损等外部压力；三是原企业内部技术人员流失严重，职工因企业停产生活困难，极易产生群体事件；四是企业管理层陷于瘫痪状态，无能力继续进行相关工作，公司账面无可用资金供管理人化解危机。

其次，投资人参与重整程序最大的风险在于投出的资金及资产的安全性，投资人希望通过试生产全面了解企业实际状况及生产活力与动能，为重整后恢复经营提供保障。

再次，苏醇公司作为当地生物科技领域的原龙头企业，对区域产业链的优化、转型及发展起到举足轻重的作用，在经济高质量发展的需求下，当地党委、政府亟需企业恢复产能，带动上下游产业发展，解决就业问题，维护社会稳定。

综上，如不准许投资人进行试生产，则会给企业造成不可挽回的巨大损失，一旦失去酒精生产许可证，该企业的核心资产就不复存在，即便最后重整成功，企业也失去了核心竞争力。因此，允许投资人试生产是必要而迫切的。

二、试生产的利益衡平

成熟的破产重整制度应具有以下良性效果：通过重整拯救处于困境但又有存在价值的企业，使其恢复盈利能力，继续经营，使企业职工就业生存权得到保障，债权人的债权得到合理的清偿，投资人的收益得到实现，各方的利益得到公平保护，从而实现社会安定、经济的稳定和发展。因此，在进行利益衡平时，一些核心的价值理念是公司重整时必须充分考虑的，这些理念就是公平与效率，灵活性与可预见性。允许企业试生产可以均衡各方利益，一是在投资人试生产前，债务人现有资产已经审计、评估后予以确认，根据管理人与投资人达成的投资协议，重整企业的偿债资金数额、来源也已确定，投资人进场试生产与重整企业清偿债务之间并不产生冲突；二是投资人投入部分资金进行试生产，有利于投资人充分了解企业情况及运营能力，为重整后企业发展打下基础；三是试生产能够恢复重整企业部分产能，使企业优质资产保值、增值；四是可以保障债权人的债权不受贬损，提高受偿比例；五是重整企业恢复一定规模的生产亦能解决破产企业因停产而面临的环保、消防安全、职工稳定等迫切问题，对企业重整有利无害。

三、试生产的法律及理论依据

首先，虽然企业破产法及相关司法解释对于投资人能否在接管企业前，提前进场进行试生产，没有具体法律规定，但为了实现破产法的拯救功能，在特定情况下，准许投资人进场试生产，通过市场化、法治化途径挽救困境企业，是符合我国破产审判需要的。

其次，虽然投资人试生产可以解决投资人接管企业前，企业面临的上述问题，但为了避免投资人不合理的生产方式，损害破产重整中其他权利主体的利益，其试生产仍应以取得法院或债权人的批准或同意为宜，并接受法院、管理人以及债权人的监督。

再次，由于我国现行破产法律规定尚不完善，在破产审判工作中，人民法院应强化服务大局意识，自觉增强工作的预见性和创造性，用创新思维解决破产重整过程中遇到的新困难、新问题，探索为企业破产重整提供长效保障机制。

综上，为了维护各方主体的利益，确保重整后的企业能够迅速复工复产，实现企业重整的社会价值和经济价值，睢宁法院在获得各方利益主体同意的前提下，遂允许投资人提前进场试生产。

四、试生产的社会价值

一是法院批准企业在重整期间进行试生产，通过破产程序与企业试生产同步进行，可以保证重整与复工复产无缝衔接、平稳过渡，全力保障尚具潜质企业涅槃重生。二是在疫情防控背景下，试生产为企业复工生产排忧解难，使消毒防疫物资迅速驰援一线，体现了人民法院的司法担当，为辖区民营企业，特别是中小微企业的发展营造了优质高效的营商环境，用精准的司法服务为企业复工复产提供了高质量的司法保障。三是该企业系区域生物科技领域的潜质企业，对经济产业结构优化、转型、升级具有显著推动作用，适应经济高质量发展的大局要求。

3. 指导案例165号：重庆金江印染有限公司、重庆川江针纺有限公司破产管理人申请实质合并破产清算案

（最高人民法院审判委员会讨论通过 2021年9月18日发布）

关键词：民事 破产清算 实质合并破产 关联企业 听证

裁判要点：

1. 人民法院审理关联企业破产清算案件，应当尊重关联企业法人人格的独立性，对各企业法人是否具备破产原因进行单独审查并适用单个破产程序为原则。当关联企业之间存在法人人格高度混同、区分各关联企业财产的成本过高、严重损害债权人公平清偿利益时，管理人可以申请对已进入破产程序的关联企业进行实质合并破产清算。

2. 人民法院收到实质合并破产清算申请后，应当及时组织申请人、被申请人、债权人代表等利害关系人进行听证，并综合考虑关联企业之间资产的混同程度及其持续时间、各企业之间的利益关系、债权人整体清偿利益、增加企业重整的可能性等因素，依法作出裁定。

相关法条：

《中华人民共和国企业破产法》第1条、第2条

基本案情：

2015年7月16日，重庆市江津区人民法院裁定受理重庆金江印染有限公司（以下简称金江公司）破产清算申请，并于2015年9月14日依法指定重庆丽达律师事务所担任金江公司管理人。2016年6月1日，重庆市江津区人民法院裁定受理重庆川江针纺有限公司（以下简称川江公司）破产清算申请，于2016年6月12日依法指定重庆丽达律师事务所担任川江公司管理人。

金江公司与川江公司存在以下关联关系：1. 实际控制人均为冯秀乾。川江公司的控股股东为冯秀乾，金江公司的控股股东为川江公司，冯秀乾同时也是金江公司的股东，且两公司的法定代表人均为冯秀乾。冯秀乾实际上是两公司的实际控制人。2. 生产经营场所混同。金江公司生产经营场地主要在江津区广兴镇工业园区，川江公司自2012年转为贸易公司后，没有生产厂房，经营中所需的库房也是与金江公司共用，其购买的原材料均直接进入金江公司的库房。3. 人员混同。川江公司与金江公司的管理人员存在交叉，且公司发展后期所有职工的劳动关系均在金江公司，但部分职工处理的仍是川江公司的事务，在人员工作安排及管理上两公司并未完全独立。4. 主营业务混同。金江公司的主营业务收入主要来源于印染加工及成品布销售、针纺加工及产品销售，川江公司的主营业务收入来源于针纺毛线和布的原材料及成品销售。金江公司的原材料大部分是通过川江公司购买而来，所加工的产品也主要通过川江公司转售第三方，川江公司从中赚取一定的差价。5. 资产及负债混同。两公司对经营性

财产如流动资金的安排使用上混同度较高，且均与冯秀乾的个人账户往来较频繁，无法严格区分。在营业成本的分担和经营利润的分配等方面也无明确约定，往往根据实际利润及税务处理需求进行调整。两公司对外借款也存在相互担保的情况。

2016年4月21日、11月14日重庆市江津区人民法院分别宣告金江公司、川江公司破产。两案审理过程中，金江公司、川江公司管理人以两公司法人人格高度混同，且严重损害债权人利益为由，书面申请对两公司进行实质合并破产清算。2016年11月9日，重庆市江津区人民法院召开听证会，对管理人的申请进行听证。金江公司、川江公司共同委托代理人、金江公司债权人会议主席、债权人委员会成员、川江公司债权人会议主席等参加了听证会。

另查明，2016年8月5日川江公司第一次债权人会议、2016年11月18日金江公司第二次债权人会议均表决通过了管理人提交的金江公司、川江公司进行实质合并破产清算的报告。

裁判结果：

重庆市江津区人民法院于2016年11月18日作出（2015）津法民破字第00001号之四民事裁定：对金江公司、川江公司进行实质合并破产清算。重庆市江津区人民法院于2016年11月21日作出（2015）津法民破字第00001号之五民事裁定：认可《金江公司、川江公司合并清算破产财产分配方案》。重庆市江津区人民法院于2017年1月10日作出（2015）津法民破字第00001号之六民事裁定：终结金江公司、川江公司破产程序。

裁判理由：

法院生效裁判认为，公司作为企业法人，依法享有独立的法人人格及独立的法人财产。人民法院在审理企业破产案件时，应当尊重企业法人人格的独立性。根据企业破产法第二条规定，企业法人破产应当具备资不抵债，不足以清偿全部债务或者明显缺乏清偿能力等破产原因。因此，申请关联企业破产清算一般应单独审查是否具备破产原因后，决定是否分别受理。但受理企业破产后，发现关联企业法人人格高度混同、关联企业间债权债务难以分离、严重损害债权人公平清偿利益时，可以对关联企业进行实质合并破产清算。本案中，因金江公司不能清偿到期债务、并且资产不足以清偿全部债务，法院于2015年7月16日裁定受理金江公司破产清算申请。因川江公司不能清偿到期债务且明显缺乏清偿能力，法院于2016年6月1日裁定受理川江公司破产清算申请。在审理过程中，发现金江公司与川江公司自1994年、2002年成立以来，两公司的人员、经营业务、资产均由冯秀乾个人实际控制，在经营管理、主营业务、资产及负债方面存在高度混同，金江公司与川江公司已经丧失法人财产独立性和法人意志独立性，并显著、广泛、持续到2016年破产清算期间，两公司法人人格高度混同。另外，金江公司与川江公司在管理成本、债权债务等方面无法完全区分，真实性亦无法确认。同时，川江公司将85，252，480.23元经营负债转入金江公司、将21，266，615.90元对外集资负债结算给金江公司等行为，已经损害了金江公司及其债权人的利益。根据金江公司和川江公司管理人实质合并破产清算申请，法院组织申请人、被申请人、债权人委员会成员等利害关系人进行听证，查明两公司法人人格高度混同、相互经营中两公司债权债务无从分离且分别清算将严重损害债权人公平清偿利益，故管理人申请金江公司、川江公司合并破产清算符合实质合并的条件。

类案检索

青岛造船厂有限公司、青岛扬帆船舶制造有限公司破产重整案

关键词： 重整申请　司法审查

裁判摘要： 青岛造船厂有限公司（以下简称青岛造船厂）的前身是国营青岛造船厂，成立于1949年10月1日，拥有省级技术中心，曾建造过山东省第一艘最大的散货船，承担了多项重要生产任务。青岛扬帆船舶制造有限公司（以下简称扬帆船舶公司）是青岛造船厂全资子公司，主要发展高新技术和高附加值民用船舶。由于扩张规模过大、经营不善，加之国际船舶市场经济持续低迷、银行风控断贷等原因，青岛造船厂与扬帆船舶公司于2016年上半年资金链断裂，无法继续经营，严重资不抵债，不能清偿到期债务，2016年12月6日分别向青岛市中级人民法院（以下简称青岛中院）申请破产重整。2016年12月14日，青岛中院裁定受理两公司破产重整申请。经过对青岛造船厂与扬帆船舶公司全面深入的调研，根据两公司申请，青岛中院批准其在管理人的监督下，自行管理财产与营业事务，并依法指定了两案的联合破产管理人。为充分保障债权人权利行使，青岛中院采取了程序集约，以非实质合并方式审理，最终形成了普通债权35万元以下15日内清偿；35万元以上12个月清偿

70%、6 年清偿 100% 的选择性重整方案，并经债权人会议表决通过。2018 年 5 月 14 日，青岛中院裁定批准两公司重整计划并终止重整程序。截至 2019 年 5 月，两公司重整计划已基本顺利执行完毕。青岛造船厂与扬帆船舶公司通过原股东注资和原股东之间股权让渡实现重整，是司法介入企业重组的有益探索和创新。

【案　　号】（2016）鲁 02 破 2 号、（2016）鲁 02 破 3 号

【审理法院】山东省青岛市中级人民法院

【来　　源】2019 年山东省十大破产典型案例

第三条　破产案件由债务人住所地人民法院管辖。

关联规定

一、法律、行政法规、司法解释

1.《中华人民共和国民法典》

第六十三条　法人以其主要办事机构所在地为住所。依法需要办理法人登记的，应当将主要办事机构所在地登记为住所。

2.《中华人民共和国企业破产法》

第二十一条　人民法院受理破产申请后，有关债务人的民事诉讼，只能向受理破产申请的人民法院提起。

3.《中华人民共和国民事诉讼法》

第三十七条　人民法院发现受理的案件不属于本院管辖的，应当移送有管辖权的人民法院，受移送的人民法院应当受理。受移送的人民法院认为受移送的案件依照规定不属于本院管辖的，应当报请上级人民法院指定管辖，不得再自行移送。

第三十八条　有管辖权的人民法院由于特殊原因，不能行使管辖权的，由上级人民法院指定管辖。

人民法院之间因管辖权发生争议，由争议双方协商解决；协商解决不了的，报请它们的共同上级人民法院指定管辖。

第三十九条　上级人民法院有权审理下级人民法院管辖的第一审民事案件；确有必要将本院管辖的第一审民事案件交下级人民法院审理的，应当报请其上级人民法院批准。

下级人民法院对它所管辖的第一审民事案件，认为需要由上级人民法院审理的，可以报请上级人民法院审理。

4.《中华人民共和国市场主体登记管理条例》

第八条　市场主体的一般登记事项包括：

（一）名称；

（二）主体类型；

（三）经营范围；

（四）住所或者主要经营场所；

（五）注册资本或者出资额；

（六）法定代表人、执行事务合伙人或者负责人姓名。

除前款规定外，还应当根据市场主体类型登记下列事项：

（一）有限责任公司股东、股份有限公司发起人、非公司企业法人出资人的姓名或者名称；

（二）个人独资企业的投资人姓名及居所；

（三）合伙企业的合伙人名称或者姓名、住所、承担责任方式；

（四）个体工商户的经营者姓名、住所、经营场所；

（五）法律、行政法规规定的其他事项。

第十一条 市场主体只能登记一个住所或者主要经营场所。

电子商务平台内的自然人经营者可以根据国家有关规定，将电子商务平台提供的网络经营场所作为经营场所。

省、自治区、直辖市人民政府可以根据有关法律、行政法规的规定和本地区实际情况，自行或者授权下级人民政府对住所或者主要经营场所作出更加便利市场主体从事经营活动的具体规定。

5.《最高人民法院关于适用〈中华人民共和国民事诉讼法〉的解释》

第三条 公民的住所地是指公民的户籍所在地，法人或者其他组织的住所地是指法人或者其他组织的主要办事机构所在地。

法人或者其他组织的主要办事机构所在地不能确定的，法人或者其他组织的注册地或者登记地为住所地。

二、司法指导性文件

1.《全国法院破产审判工作会议纪要》

2. 合理配置审判任务。要根据破产案件数量、案件难易程度、审判力量等情况，合理分配各级法院的审判任务。对于债权债务关系复杂、审理难度大的破产案件，高级人民法院可以探索实行中级人民法院集中管辖为原则、基层人民法院管辖为例外的管辖制度；对于债权债务关系简单、审理难度不大的破产案件，可以主要由基层人民法院管辖，通过快速审理程序高效审结。

35. 实质合并审理的管辖原则与冲突解决。采用实质合并方式审理关联企业破产案件的，应由关联企业中的核心控制企业住所地人民法院管辖。核心控制企业不明确的，由关联企业主要财产所在地人民法院管辖。多个法院之间对管辖权发生争议的，应当报请共同的上级人民法院指定管辖。

38. 关联企业破产案件的协调审理与管辖原则。多个关联企业成员均存在破产原因但不符合实质合并条件的，人民法院可根据相关主体的申请对多个破产程序进行协调审理，并可根据程序协调的需要，综合考虑破产案件审理的效率、破产申请的先后顺序、成员负债规模大小、核心控制企业住所地等因素，由共同的上级法院确定一家法院集中管辖。

2.《最高人民法院关于执行案件移送破产审查若干问题的指导意见》

3. 执行案件移送破产审查，由被执行人住所地人民法院管辖。在级别管辖上，为适应破产审判专业化建设的要求，合理分配审判任务，实行以中级人民法院管辖为原则、基层人民法院管辖为例外的管辖制度。中级人民法院经高级人民法院批准，也可以将案件交由具备审理条件的基层人民法院审理。

3.《最高人民法院关于在中级人民法院设立清算与破产审判庭的工作方案》

四、案件管辖

中级人民法院设立的清算与破产审判庭一般管辖地（市）级以上（含本级）工商行政管理机关核准登记公司（企业）的强制清算与破产案件。省、自治区、直辖市范围内中级人民法院因特殊情况需对公司强制清算与企业破产案件的地域管辖作出调整的，须经当地高级人民法院批准。

4.《最高人民法院关于审理上市公司破产重整案件工作座谈会纪要》

二、关于上市公司破产重整案件的管辖

会议认为，上市公司破产重整案件应当由上市公司住所地的人民法院，即上市公司主要办事机构所在地法院管辖；上市公司主要办事机构所在地不明确、存在争议的，由上市公司注册登记地人民法院管辖。由于上市公司破产重整案件涉及法律关系复杂，影响面广，对专业知识和综合能力要求较高，人力物力投入较多，上市公司破产重整案件一般应由中级人民法院管辖。

5.《最高人民法院关于人民法院为防范化解金融风险和推进金融改革发展提供司法保障的指导意见》

19. 探索集中审理制度，完善统一协调机制。对于众多债权人向同一金融机构集中提起的系列诉讼案件、金融机构破产案件、集团诉讼案件、群体性案件等，可能引发区域性或系统性金融风险和存在影响社会和谐稳定因素的特殊类型民商事金融案件，相关的不同地区、不同审级法院之间应加强信息沟通，在上级法院的统一指导下探索集中受理、诉讼保全、集中协调、集中审理、集中判决、协调执行，以防范金融风险扩散，避免各地法院针对同一金融机构的同类案件出现裁判标准不统一，以及针对同一金融机构的多个案件在执行中出现矛盾和冲突的现象，依法平等保护各地债权人的合法权益。

条文释义

一、本条主旨

本条是关于破产案件管辖的规定。

二、条文演变

《企业破产法》条文中延续了《企业破产法（试行）》第5条“破产案件由债务人所在地人民法院管辖”的规定，仅将“所在地”修改为“住所地”。

三、条文解读

（一）破产案件的管辖

破产案件的管辖，是指各级人民法院及同级人民法院之间受理破产案件的分工与权限。按照《宪法》和《人民法院组织法》的规定，审判权由人民法院统一行使。人民法院基于管辖权的规定，拥有对具体破产案件的审判权。破产案件的管辖分为地域管辖、级别管辖、移送管辖和指定管辖。破产案件的地域管辖，是指确定同级人民法院在各自的辖区内管辖破产案件的分工和权限。破产案件的级别管辖，是指人民法院系统内部划分各级法院对破产案件受理的分工和权限。我国人民法院的组织体系分为四级，即最高人民法院、高级人民法院、中级人民法院、基层人民法院。破产案件的移送管辖，是指某一法院将自己已经受理的破产案件，移送给有管辖权的法院审理。破产案件的指定管辖，是指上级人民法院依照法律规定，指定其辖区内的下级人民法院对某一具体破产案件行使管辖权。只有明确破产案件的管辖权，人民法院才能正确行使审判权。本法只对破产案件的地域管辖作了规定。

（二）破产案件的地域管辖

按照本条规定，破产案件由债务人住所地人民法院管辖。本条的重点在于如何理解“债务人的住所地”。按照《民法典》的规定，法人以其主要办事机构所在地为住所。依法需要办理法人登记的，应当将主要办事机构所在地登记为住所地。《企业破产规定》中也规定，企业破产案件由债务人住所地人民法院管辖。债务人住所地指债务人的主要办事机构所在地。债务人无办事机构的，由其注册地人民法院管辖。企业的住所，是指企业经核准登记的住所地。

适用指引

一、关于住所地的确定问题

住所是法人设立的重要条件之一，也是法人的法律关系的中心地。《民法典》第 63 条中规定，法人以其主要办事机构所在地为住所。“办事机构所在地”是指执行法人业务活动，决定和处理组织事务的机构所在地。“主要办事机构所在地”则应理解为统率法人业务的机构所在地。当法人只设一个办事机构时，该办事机构所在地即为住所，当法人设有多个办事机构时，则以其主要办事机构所在地为住所，如总公司所在地、总厂所在地、总行所在地等。商事登记的重要功能即向市场公示商事主体的基本信息，以降低市场参与者的信息搜寻成本，提高交易效率。法人的登记是指法人筹办人、负责人或代表人，为设立、变更或终止法人资格，依照专门登记法律或其他规范中的相关内容及程序，将法定登记事项向登记主管机关申请登记，经其审查核准，登载于登记簿并公之于众的行为。依照《市场主体登记管理条例》第 8 条的规定，住所是市场主体的法定登记事项。为更好地规范法人登记，维护交易安全以及保护相对人利益，《民法典》第 63 条还规定“应当将主要办事机构所在地登记为住所”。

在确定住所地时应当注意三个问题：

1. 一般情况下，法人的主要办事机构所在地、注册地或登记地、住所地是重合的。故一般而言，法人登记的住所地即为主要办事机构所在地。

2. 法人的住所地系具有法律意义的概念。住所地是指法人依法向主管行政机关登记的地点，不同于法人的场所。法人的场所是指法人从事业务活动或生产经营活动的处所，既包括法人机关所在地，也包括法人的生产经营场所和其他分支机构所在地。法人的住所地只有一个，而法人的场所，包括营业场所、生产车间、销售网点，则可以有多个。

3. 法人尤其是营利法人的登记对相对人的利益十分重要。法人登记具有公示公信效力，法人应当将主要办事机构所在地登记为住所地，法人依法登记后，又以其登记的住所地与其主要办事机构所在地不一致为由，提出管辖异议或者主张人民法院相关法律文书地址有误的，不予支持。

二、关于破产案件的管辖转移问题

实务中有人提出破产案件是否可以由债务人主要财产所在地人民法院管辖的问题。债务人的主要财产所在地并没有被《企业破产法》规定为确定地域管辖的标准，但是，如果根据处理破产案件的需要，由债务人主要财产所在地人民法院管辖比较方便时，可以根据《企业破产法》第 4 条关于“破产案件审理程序，本法没有规定的，适用民事诉讼法的有关规定”，适用《民事诉讼法》第 38 条的规定，由受理破产案件的人民法院报送上级法院，上级法院可以根据具体情况行使指定管辖权，指定债务人主要财产所在地人民法院管辖。由于移送管辖和管辖权的转移是法院职权，当事人自己不能直接使用该项权利。具体操作时，申请开始破产程序的债权人或者债务人应当首先向有管辖权的人民法院提出破产申请，法院受理后再报送上级法院协调处理，法院不能以本院不便于管辖、等待移送为由而拒绝受理破产申请；没有管辖权的法院也不能先受理，后要求其他法院将案件移送过来。

三、关于关联企业破产案件的管辖问题

近年来，随着关联企业破产案件日益增多，如何处理此类案件，以公平保护债权人利益，有效化解社会矛盾，维护市场应有秩序，已成为实务界和理论界共同面对的重要课题。《破产审判会议纪要》对关联企业破产案件的审理原

则和管辖问题进行了规定，明确关联企业破产案件的审理应当根据关联关系的不同程度和模式，区别适用实质合并规则或协调审理的原则。

对于适用实质合并规则审理的，《破产审判会议纪要》第35条规定，由关联企业中的核心控制企业住所地法院管辖。这主要是由于核心控制企业往往集中了关联企业的主要资产，并处于决策控制的最高层，由其所在地法院审理，有利于确保案件的审理效率、减少程序费用。如果无法识别或确认核心控制企业的，基于上述管辖原则，《破产审判会议纪要》规定由企业主要财产所在地法院管辖。由于关联企业关系复杂，如果多个法院之间对管辖权产生争议的，根据《民事诉讼法》第38条第2款的规定，在协商解决不了的情况下，应当报请共同的上级法院指定管辖。

协调审理主要适用于具备破产原因的多个关联企业之间，不存在法人人格高度混同等情形时，根据《破产审判会议纪要》第38条的规定，此时不得以程序便利为由适用实质合并规则进行审理，但可以通过程序协调的方式进行处理。具体的协调方式包括但不限于各受理法院和管理人之间建立有效的沟通和信息披露机制，协调债权申报和债权人会议召开的时间、财产处置案件审理进程等程序事项，从而提升破产案件的处理效率，减少破产费用，增加重整成功几率。此外，出于程序协调便利的考虑，受理法院可以综合考虑破产申请的先后顺序、成员负债规模大小、核心控制企业住所地等因素，按照《民事诉讼法》及其司法解释的规定，申请由上级法院指定一家法院集中管辖。

四、关于破产案件的集中管辖问题

破产案件集中管辖是我国司法机关推进破产审判机构专业化建设的一项举措。2016年6月21日公布并施行的《最高人民法院关于在中级人民法院设立清算与破产审判庭的工作方案》，将中级人民法院作为破产审判机构专业化建设的重点层级。2018年12月，最高人民法院批复同意深圳市中级人民法院内设专门审判机构并集中管辖部分破产案件，深圳破产法庭也成为我国第一个破产法庭。深圳破产法庭集中管辖以下四类案件：第一，深圳市辖区内地（市）级以上（含本级）工商行政管理机关核准登记公司（企业）的强制清算和破产案件；第二，前述强制清算和破产案件的衍生诉讼案件；第三，跨境破产案件；第四，其他依法应当由其审理的案件。此后，北京、上海等地也陆续成立破产法庭，截至目前全国已有破产法庭16家，将我国破产审判的专业化推向了新的高度。

五、关于破产案件的管辖权异议问题

《企业破产法》对破产案件的管辖权异议制度没有作出规定，破产案件的当事人是否可以行使该权利，以往最高人民法院的司法解释也没有作出规定。《企业破产法》第4条规定："破产案件审理程序，本法没有规定的，适用民事诉讼法的有关规定。"《民事诉讼法》第130条第1款规定："人民法院受理案件后，当事人对管辖权有异议的，应当在提交答辩期间提出。人民法院对当事人提出的异议，应当审查。异议成立的，裁定将案件移送有管辖权的人民法院；异议不成立的，裁定驳回。"破产案件是否可以依据《民事诉讼法》的规定贯彻当事人管辖权异议制度，值得研究。

类案检索

厦门泰成集团有限公司等12家企业破产重整案

关键词：与破产有关的纠纷　集中管辖

裁判摘要：厦门泰成集团有限公司及其所属11家汽车品牌经销企业，因企业扩大经营范围、银行贷款收缩且难以续期等原因导致资金流动性困难，企业陷入经营困境。截至2016年年底，企业已经严重资不抵债。鉴于债务人系在厦门、龙岩、泉州具有较大规模的汽车特许经营企业，具有较高的重整价值，2016年12月，厦门市中级人民法院裁定受理债权人对泰成集团等厦门地区的5家企业破产重整申请。厦门市中级人民法院同时向福建省高级人民法院报请对龙岩、泉州地区的其他7家泰成系企业的破产重整案件进行集中管辖，福建省高级人民法院于2017年1月指定厦门市中级人民法院对7家企业破产重整案件进行集中管辖。

【案　　号】（2017）闽02破9号之一

【审理法院】福建省厦门市中级人民法院

【来　　源】2017年度福建法院十大影响性诉讼案件

第四条　破产案件审理程序，本法没有规定的，适用民事诉讼法的有关规定。

关联规定

一、法律、行政法规、司法解释

《最高人民法院关于适用〈中华人民共和国民事诉讼法〉的解释》

第二百条　破产程序中有关债务人的民事诉讼案件，按照财产案件标准交纳诉讼费，但劳动争议案件除外。

第二百九十五条　对下列情形提起第三人撤销之诉的，人民法院不予受理：

（一）适用特别程序、督促程序、公示催告程序、破产程序等非讼程序处理的案件；

（二）婚姻无效、撤销或者解除婚姻关系等判决、裁定、调解书中涉及身份关系的内容；

（三）民事诉讼法第五十七条规定的未参加登记的权利人对代表人诉讼案件的生效裁判；

（四）民事诉讼法第五十八条规定的损害社会公共利益行为的受害人对公益诉讼案件的生效裁判。

第三百五十五条　当事人申请司法确认调解协议，有下列情形之一的，人民法院裁定不予受理：

（一）不属于人民法院受理范围的；

（二）不属于收到申请的人民法院管辖的；

（三）申请确认婚姻关系、亲子关系、收养关系等身份关系无效、有效或者解除的；

（四）涉及适用其他特别程序、公示催告程序、破产程序审理的；

（五）调解协议内容涉及物权、知识产权确权的。

人民法院受理申请后，发现有上述不予受理情形的，应当裁定驳回当事人的申请。

第三百七十八条 适用特别程序、督促程序、公示催告程序、破产程序等非讼程序审理的案件，当事人不得申请再审。

第四百一十二条 人民检察院对已经发生法律效力的判决以及不予受理、驳回起诉的裁定依法提出抗诉的，人民法院应予受理，但适用特别程序、督促程序、公示催告程序、破产程序以及解除婚姻关系的判决、裁定等不适用审判监督程序的判决、裁定除外。

二、司法指导性文件

《最高人民法院关于依法妥善审理涉新冠肺炎疫情民事案件若干问题的指导意见（二）》

19. 要进一步推进执行与破产程序的衔接。在执行程序中发现被执行人因疫情影响具备破产原因但具有挽救价值的，应当通过释明等方式引导债权人或者被执行人将案件转入破产审查，合理运用企业破产法规定的执行中止、保全解除、停息止付等制度，有效保全企业营运价值，为企业再生赢得空间。同时积极引导企业适用破产重整、和解程序，全面解决企业债务危机，公平有序清偿全体债权人，实现对困境企业的保护和拯救。

执行法院作出移送决定前已经启动的司法拍卖程序，在移送决定作出后可以继续进行。拍卖成交的，拍卖标的不再纳入破产程序中债务人财产范围，但是拍卖所得价款应当按照破产程序依法进行分配。执行程序中已经作出资产评估报告或者审计报告，且评估结论在有效期内或者审计结论满足破产案件需要的，可以在破产程序中继续使用。

条文释义

一、本条主旨

本条是关于民事诉讼程序对破产案件审理程序准用的规定。

二、条文演变

本条规定与《企业破产法（试行）》第 6 条“破产案件的诉讼程序，本法没有规定的，适用民事诉讼程序的法律规定”相同，没有任何变化。

三、条文解读

本法既规定了实体问题，又规定了程序问题。实体部分主要规定破产原因、债务人财产、破产费用和共益债务、破产取回权、别除权、破产撤销权、破产抵销权等有关问题；程序部分则包括法院管辖、申请和受理、和解程序、重整程序、清算程序等问题。

从诉讼程序意义上讲，本法与《民事诉讼法》都是规定法院、当事人和其他诉讼参与人进行民事司法程序性活动的法律，其关系是特别法与一般法的关系。《民事诉讼法》是基本法律，它的一般规定适用于破产案件，而本法的特别规定则是对《民事诉讼法》的补充。在法律适用上，根据特别法优于一般法的原则，对于破产案件的审理程序，本法有规定的，应遵循本法的规定；没有规定的，适用《民事诉讼法》的有关规定。

就破产案件的审理程序而言，本法未作规定而应适用《民事诉讼法》有关规定的内容包括：

1. 民事诉讼法的基本原则（第一章）。
2. 管辖方面的规定（第二章）。
3. 回避方面的规定（第四章）。
4. 当事人委托代理人的规定（第五章）。
5. 证据方面的规定（第六章）。
6. 期间、送达方面的规定（第七章）。
7. 对妨害民事诉讼的强制措施方面的规定（第十章）。
8. 诉讼费用的规定（第十一章）。

适用指引

破产程序性质上是非诉程序，是在法院的督导和推动下概括清理债务的程序。需要注意的是，《民事诉讼法》关于审判监督程序的规定，并不当然适用于破产程序。破产案件的审理是一审终审，对于法院作出的宣告破产的裁定等没有规定上诉和再审，所以《民事诉讼法》有关审判监督的规定并不当然、完全适用于破产案件的审理。当然，这并不意味着破产程序中的错误无法得到纠正。破产程序中的错误，有的是法院通过作出新的裁定对有关事项重新作出裁决，有的是通过法院进行复议的方式来解决。

《民事诉讼法》中有关裁定效力的规定，完全适用于破产案件。裁定是指法院在民事诉讼中，对非实体事项作出的决定。这些决定大都不直接涉及当事人的权利义务，故《民事诉讼法》规定，只对案件不予受理、管辖权有异议、驳回起诉三类裁定可以提起上诉。依法不准上诉或者超过上诉期没有上诉的裁定，是发生法律效力的裁定。《民事诉讼法》第 157 条裁定适用于下列范围：

1. 不予受理；
2. 对管辖权有异议的；
3. 驳回起诉；
4. 保全和先予执行；
5. 准许或者不准许撤诉；
6. 中止或者终结诉讼；
7. 补正判决书中的笔误；
8. 中止或者终结执行；
9. 撤销或者不予执行仲裁裁决；
10. 不予执行公证机关赋予强制执行效力的债权文书；
11. 其他需要裁定解决的事项。

对前款第 1 项至第 3 项裁定，可以上诉。

按照《企业破产法》第 12 条规定，人民法院裁定不受理破产申请的，应当自裁定作出之日起 5 日内送达申请人并说明理由。申请人对裁定不服的，可以自裁定送达之日起 10 日内向上一级人民法院提起上诉。人民法院受理破产申请后至破产宣告前，经审查发现债务人不符合本法第 2 条规定情形的，可以裁定驳回申请。申请人对裁定不服的，可以自裁定送达之日起 10 日内向上一级人民法院提起上诉。即有关裁定可否上诉的规定，适用《民事诉讼法》关于上诉的规定。[①]

① 吴高盛主编：《〈中华人民共和国企业破产法〉条文释义与适用》，人民法院出版社 2006 年版，第 7~8 页。

类案检索

河南济源农村商业银行股份有限公司与济源市商贸（集团）总公司保证合同纠纷案

关键词： 债权人下落不明　委托代理人　免除保证责任　生效期间

裁判摘要： 河南省高级人民法院再审认为，《企业破产法》第4条规定："破产案件审理程序，本法没有规定的，适用民事诉讼法的有关规定"，故在《企业破产法》中没有对法院的破产终结裁定生效时间作出规定的情况下，仍应适用《民事诉讼法》关于送达的规定。济源市人民法院于2005年4月14日作出裁定宣告终结破产还债程序，并注明该裁定送达后立即生效。可见，该裁定内容只有在送达当事人后才具有法律效力，送达之日方为思礼信用社知道或者应当知道商业集团公司破产程序终结之日。根据我国《民事诉讼法》的有关规定，送达的方式包括直接送达和公告送达。直接送达的，在送达回证上签收的日期为送达日期；公告送达的条件是受送达人下落不明，或者用其他送达方式无法送达。思礼信用社作为已经登记在册的债权人，对其应当适用直接送达的方式。2006年4月5日是思礼信用社在送达回证上签收的日期，依法应认定该日期为向思礼信用社送达之日。自2006年4月5日起至思礼信用社起诉之日（即2006年8月30日）不超过《最高人民法院关于适用〈中华人民共和国担保法〉若干问题的解释》第44条所规定的6个月的法定期限。综上所述，原再审判决及二审判决认定思礼信用社起诉已超过法定期限，从而免除保证人保证责任处理不当，应予纠正。一审判决结果正确，依法予以维持。

【案　　号】（2013）豫法民再字第00022号

【审理法院】 河南省高级人民法院

【来　　源】 中国裁判文书网

第五条　依照本法开始的破产程序，对债务人在中华人民共和国领域外的财产发生效力。

对外国法院作出的发生法律效力的破产案件的判决、裁定，涉及债务人在中华人民共和国领域内的财产，申请或者请求人民法院承认和执行的，人民法院依照中华人民共和国缔结或者参加的国际条约，或者按照互惠原则进行审查，认为不违反中华人民共和国法律的基本原则，不损害国家主权、安全和社会公共利益，不损害中华人民共和国领域内债权人的合法权益的，裁定承认和执行。

关联规定

一、法律、行政法规、司法解释

1.《中华人民共和国民法典》

第十二条　中华人民共和国领域内的民事活动，适用中华人民共和国法律。法律另有规定的，依照其规定。

2.《中华人民共和国民事诉讼法》

第五条　外国人、无国籍人、外国企业和组织在人民法院起诉、应诉，同中华人民共和国公民、法人和其他组织有同等的诉讼权利义务。

外国法院对中华人民共和国公民、法人和其他组织的民事诉讼权利加以限制的，中华人民共和国人民法院对该国公民、企业和组织的民事诉讼权利，实行对等原则。

第二百八十三条　根据中华人民共和国缔结或者参加的国际条约，或者按照互惠原则，人民法院和外国法院可以相互请求，代为送达文书、调查取证以及进行其他诉讼行为。

外国法院请求协助的事项有损于中华人民共和国的主权、安全或者社会公共利益的，人民法院不予执行。

第二百八十四条　请求和提供司法协助，应当依照中华人民共和国缔结或者参加的国际条约所规定的途径进行；没有条约关系的，通过外交途径进行。

外国驻中华人民共和国的使领馆可以向该国公民送达文书和调查取证，但不得违反中华人民共和国的法律，并不得采取强制措施。

除前款规定的情况外，未经中华人民共和国主管机关准许，任何外国机关或者个人不得在中华人民共和国领域内送达文书、调查取证。

第二百八十五条 外国法院请求人民法院提供司法协助的请求书及其所附文件，应当附有中文译本或者国际条约规定的其他文字文本。

人民法院请求外国法院提供司法协助的请求书及其所附文件，应当附有该国文字译本或者国际条约规定的其他文字文本。

第二百八十六条 人民法院提供司法协助，依照中华人民共和国法律规定的程序进行。外国法院请求采用特殊方式的，也可以按照其请求的特殊方式进行，但请求采用的特殊方式不得违反中华人民共和国法律。

第二百八十七条 人民法院作出的发生法律效力的判决、裁定，如果被执行人或者其财产不在中华人民共和国领域内，当事人请求执行的，可以由当事人直接向有管辖权的外国法院申请承认和执行，也可以由人民法院依照中华人民共和国缔结或者参加的国际条约的规定，或者按照互惠原则，请求外国法院承认和执行。

中华人民共和国涉外仲裁机构作出的发生法律效力的仲裁裁决，当事人请求执行的，如果被执行人或者其财产不在中华人民共和国领域内，应当由当事人直接向有管辖权的外国法院申请承认和执行。

第二百八十八条 外国法院作出的发生法律效力的判决、裁定，需要中华人民共和国人民法院承认和执行的，可以由当事人直接向中华人民共和国有管辖权的中级人民法院申请承认和执行，也可以由外国法院依照该国与中华人民共和国缔结或者参加的国际条约的规定，或者按照互惠原则，请求人民法院承认和执行。

第二百八十九条 人民法院对申请或者请求承认和执行的外国法院作出的发生法律效力的判决、裁定，依照中华人民共和国缔结或者参加的国际条约，或者按照互惠原则进行审查后，认为不违反中华人民共和国法律的基本原则或者国家主权、安全、社会公共利益的，裁定承认其效力，需要执行的，发出执行令，依照本法的有关规定执行。违反中华人民共和国法律的基本原则或者国家主权、安全、社会公共利益的，不予承认和执行。

3.《最高人民法院关于适用〈中华人民共和国民事诉讼法〉的解释》

第五百二十条 有下列情形之一，人民法院可以认定为涉外民事案件：

（一）当事人一方或者双方是外国人、无国籍人、外国企业或者组织的；

（二）当事人一方或者双方的经常居所地在中华人民共和国领域外的；

（三）标的物在中华人民共和国领域外的；

（四）产生、变更或者消灭民事关系的法律事实发生在中华人民共和国领域外的；

（五）可以认定为涉外民事案件的其他情形。

第五百四十一条 申请人向人民法院申请承认和执行外国法院作出的发生法律效力的判决、裁定，应当提交申请书，并附外国法院作出的发生法律效力的判决、裁定正本或者经证明无误的副本以及中文译本。外国法院判决、裁定为缺席判决、裁定的，申请人应当同时提交该外国法院已经合法传唤的证明文件，但判决、裁定已经对此予以明确说明的除外。

中华人民共和国缔结或者参加的国际条约对提交文件有规定的，按照规定办理。

第五百四十二条 当事人向中华人民共和国有管辖权的中级人民法院申请承认和执行外国法院作出的发生法律效力的判决、裁定的，如果该法院所在国与中华人民共和国没有缔结或者共同参加国际条约，也没有互惠关系的，裁定驳回申请，但当事人向人民法院申请承认外国法院作出的发生法律效力的离婚判决的除外。

承认和执行申请被裁定驳回的，当事人可以向人民法院起诉。

第五百四十四条 对外国法院作出的发生法律效力的判决、裁定或者外国仲裁裁决，需要中华人民共和国法院执行的，当事人应当先向人民法院申请承认。人民法院经审查，裁定承认后，再根据民事诉讼法第三编的规定予以执行。

当事人仅申请承认而未同时申请执行的，人民法院仅对应否承认进行审查并作出裁定。

第五百四十五条 当事人申请承认和执行外国法院作出的发生法律效力的判决、裁定或者外国仲裁裁决的期间，适用民事诉讼法第二百四十六条的规定。

当事人仅申请承认而未同时申请执行的，申请执行的期间自人民法院对承认申请作出的裁定生效之日起重新计算。

第五百四十六条 承认和执行外国法院作出的发生法律效力的判决、裁定或者外国仲裁裁决的案件，人民法院应当组成合议庭进行审查。

人民法院应当将申请书送达被申请人。被申请人可以陈述意见。

人民法院经审查作出的裁定，一经送达即发生法律效力。

第五百四十七条 与中华人民共和国没有司法协助条约又无互惠关系的国家的法院，未通过外交途径，直接请求人民法院提供司法协助的，人民法院应予退回，并说明理由。

第五百四十八条 当事人在中华人民共和国领域外使用中华人民共和国法院的判决书、裁定书，要求中华人民共和国法院证明其法律效力的，或者外国法院要求中华人民共和国法院证明判决书、裁定书的法律效力的，作出判决、裁定的中华人民共和国法院，可以本法院的名义出具证明。

第五百四十九条 人民法院审理涉及香港、澳门特别行政区和台湾地区的民事诉讼案件，可以参照适用涉外民事诉讼程序的特别规定。

二、司法指导性文件

《全国法院破产审判工作会议纪要》

九、跨境破产

49. 对跨境破产与互惠原则。人民法院在处理跨境破产案件时，要妥善解决跨境破产中的法律冲突与矛盾，合理确定跨境破产案件中的管辖权。在坚持同类债权平等保护的原则下，协调好外国债权人利益与我国债权人利益的平衡，合理保护我国境内职工债权、税收债权等优先权的清偿利益。积极参与、推动跨境破产国际条约的协商与签订，探索互惠原则适用的新方式，加强我国法院和管理人在跨境破产领域的合作，推进国际投资健康有序发展。

50. 跨境破产案件中的权利保护与利益平衡。依照企业破产法第五条的规定，开展跨境破产协作。人民法院认可外国法院作出的破产案件的判决、裁定后，债务人在中华人民共和国境内的财产在全额清偿境内的担保权人、职工债权和社会保险费用、所欠税款等优先权后，剩余财产可以按照该外国法院的规定进行分配。

条文释义

一、本条主旨

本条是关于破产法域外效力的规定。

二、条文演变

本条来自《企业破产法（草案）》第8条，并对草案内容作了一定的修改和完善。《企业破产法（草案）》第8条规定，依照本法开始的破产程序，效力及于债务人在中华人民共和国境外的财产。在中华人民共和国境外开始的破产程序，经人民法院裁定，对债务人在中华人民共和国境内的财产发生效力。但有下列情形之一的，人民法院应当裁定不发生效力：（1）该国家或者地区与中华人民共和国不存在相关条约或者互惠关系；（2）境外开始的破产程序违反中华人民共和国的社会公共利益；（3）境外开始的破产程序将损害境内债权人的合法权益。从草案到现行《企业破产法》第5条的规定，主要变化有三方面：一是将明确境外破产程序对债务人在境内的财产原则上发生效力变为经审查发生效力；明确经审查不存在不发生效力的消极要件时方可裁定发生效力。二是对于不发生效力的消极要件增加了不违反中华人民共和国法律的基本原则、不损害国家主权和安全的规定。三是对法律用语的进一步修正。

三、条文解读

根据本条规定，我国《企业破产法》采取了有条件的普及主义。即一方面肯定了本国破产程序具有普遍的域外效力，另一方面对外国破产程序进行有条件的承认，体现了进行跨境破产国际合作的立法趋势。这种做法既符合现代破产法的规律，也有利于保护中国债权人利益及开展跨境破产合作。具体来说，本法采取这一原则包括了两方面的内容：

（一）我国破产程序的域外效力

本条第1款规定："依照本法开始的破产程序，对债务人在中华人民共和国领域外的财产发生效力。"由此可见，依本法开始的破产程序，所作的破产宣告，及于破产所有人的财产，无论其位于何处，均予适用，这样可以更好地保护我国债权人的利益，使我国的管理人能名正言顺地向外国法院请求对在外财产行使管理处分权。如果在外财产已被个别债权人扣押并从中受偿，我国管理人也可将该债权人所取得的清偿额视为不当得利请求返还。当然，只有在财产所在国对外国破产的域外效力采用普及主义，或在实践中已形成承认外国破产域外效力的判例时，我国管理人的请求才可望获得认许。

我国破产程序在国外发生效力主要涉及以下几个问题：

第一，我国破产程序具有域外效力，只是单方面的规定，能实际发生效力的前提是获得对方国家的承认。我国破产程序具有域外效力，最重要的是使国内程序的当事人取得向外国法院申请停止针对债务人的财产进行的诉讼程序和民事执行程序的根据。

第二，部分破产财产所在的外国承认我国破产程序效力的，债务人在制定重整计划时，就可以考虑将这部分财产纳入重整调配的财产之中。因为，破产程序的域外效力使这部分财产自然纳入了破产财产的范围。本法规定，债务人在破产案件受理前一定期间内所为的个别清偿行为系无效清偿。如果我国破产程序有域外效力，中国债务人就其境外财产于该期间实施个别清偿的，管理人同样可以申请外国法院对无效清偿行为进行认定，追回有关的财产，这样能够在一定程度上阻止债务人转移财产和逃避债务。

第三，破产申请受理后，管理人有职责在外国承认我国破产程序的前提下将破产债务人在外国的破产财产收回，一并纳入破产财产的分配范围，统一进行分配。当然有的国家不允许将在本国的破产财产统一纳入在外国的破产程序分配财产中进行分配，而是将其财产在本国的破产债权人中分配。这种不尽理想的状况需要今后通过国家之间的协议来加以解决。

（二）外国法院作出的破产判决、裁定的承认和执行

本条第2款规定：“对外国法院作出的发生法律效力的破产案件的判决、裁定，涉及债务人在中华人民共和国领域内的财产，申请或者请求人民法院承认和执行的，人民法院依照中华人民共和国缔结或者参加的国际条约，或者按照互惠原则进行审查，认为不违反中华人民共和国法律的基本原则，不损害国家主权、安全和社会公共利益，不损害中华人民共和国领域内债权人的合法权益的，裁定承认和执行。”由此可见，我国法院在承认与执行外国破产判决、裁定时，应着重考虑以下几个具体问题：

1. 有权申请协助的当事人

有权向中国法院（一般为财产所在地的中级人民法院）提出承认与协助要求的申请人，应为外国破产程序指定的破产管理人，或者审理该破产案件的外国法院。

2. 承认与执行的条件

按照本条和《民事诉讼法》第289条规定，我国法院对申请承认和执行的外国破产判决、裁定，首先应当依照中华人民共和国缔结或者参加的国际条约，或者按照互惠原则进行审查；审查后，认为不违反中华人民共和国法律的基本原则或者国家主权、安全、社会公共利益，不损害中华人民共和国领域内债权人的合法权益的，裁定承认其效力，需要执行的，发出执行令，依照《民事诉讼法》的有关规定执行。但是，审查后结果如果相反，违反中华人民共和国法律的基本原则或者国家主权、安全、社会公共利益的，不予承认和执行。这里包括两个基本的步骤：一是司法审查，二是承认与执行。司法审查在先，承认与执行在后，前者是后者的条件，二者之间有紧密的联系，但又各有相对独立的内容和任务。

3. 司法审查的作用

从理论上讲，破产的普及主义原则和属地主义原则有着本质的差别。但在实践中，各国都采取灵活的方式来处理跨境破产的问题，这种灵活性有时便是通过司法审查的途径表现出来的。司法审查是调节各国破产立法与实践的一个重要工具。司法审查的范围非常广泛，它包括对外国破产程序在形式上和实质上的两方面审查。形式上的审查，主要指审查请求在主体、途径、步骤以及法律文书形式等方面是否符合《民事诉讼法》和有关国际条约的要求。重要的在于实质上的审查，这种审查的内容包括：首先，承认外国破产的结果不能违反中国法律的基本原则，不能损害中国的国家主权、安全及社会公共利益。其次，外国破产程序应符合一些特殊条件，比如，审理案件的法院有合适的管辖权，该破产程序没有给予中国债权人以不公平待遇、不歧视中国债权人，该国与中国之间存在着有关国际条约或互惠关系，该国破产法本身有关于域外效力的规定等。其中最重要的考虑应为承认与协助该外国破产对中国债权人的利益无损害。

适用指引

在我国一些对外经济发达地区，较早即出现了跨国破产案件。在 1983 年南洋纺织品商行宣告破产案中，该商行的控股香港母公司由于经营不善，在香港被宣告破产。香港法院任命的破产接管人根据香港法律，申请接管该商行位于深圳的财产。深圳市中级人民法院允许香港破产接管人与当地政府谈判，最终香港方面通过股权转让方式成功控制了该商行位于深圳的财产，并将其归入香港清算程序进行分配，这实际上等同于承认了法域外破产程序的效力。2001 年广东省佛山市中级人民法院受理 B&T Ceramic Group s.r.l. 有限公司申请承认和执行意大利法院破产判决一案，法院根据中意之间的司法协定包含相互承认民事裁决的内容，直接承认了意大利法院作出的破产判决的法律效力。这是我国第一次以司法裁定的形式承认境外破产程序的域外效力。我国破产判决被承认的司法实践中，比较典型的是 1999 年广东国际信托投资公司由于不能清偿到期债务，被广东省高级人民法院宣告破产。该案涉及位于日本、美国、德国、瑞士、我国香港及澳门特别行政区等多个国家和地区的境外债权人及大量境外债权、资产，境外债权金额超过总债权额的 80%。香港高等法院认定广东国投破产程序透明、公正，平等对待所有债权人，最终承认广东高院破产宣告判决的效力。2014 年 8 月 12 日，美国联邦破产法院新泽西州地区首席法官格洛丽亚·伯恩斯（Gloria M. Burns）签署命令，批准了正在中国进行破产重整程序的浙江尖山光电股份有限公司在美国的代表向美国法院提交的一份申请，承认这项中国破产重整程序获得在美国的域外破产效力，并立即给予相应的破产救济。该案是美国法院承认中国破产程序的首例，将为其他有破产重整需求的中国企业寻求把在美资产和债权纳入中国破产程序产生积极的示范作用，也将为我国法院未来对美国破产程序在中国域外效力的承认提供切实的互惠前提。[①]

2021 年发布的《最高人民法院关于开展认可和协助香港特别行政区破产程序试点工作的意见》（以下简称《试点意见》），就认可和协助香港特别行政区破产程序划定试点范围、明确有关举措，为建立跨境破产协助机制提供了指引。根据《试点意见》第 2 条，在认可和协助的程序范围中，香港破产程序针

① 张可心：《外国破产程序在中国的承认与协助制度——基于韩进海运破产案的思考》，载《人民司法·应用》2017 年第 19 期。

对的对象限于公司，不包括个人。系“依据香港特别行政区《公司（清盘及杂项条文）条例》《公司条例》进行”的程序，不包括依据香港特区《破产条例》进行的个人破产程序。香港破产程序的性质为“集体清偿程序”，并非个别或者部分债权人单独申请强制执行的程序，也并非调整公司股权结构等的其他集体性程序。所适用的香港破产程序类型包括：第一，公司强制清盘，类似于内地的破产清算。第二，公司债权人自动清盘，除程序的开始并非向法院申请外，类似于强制清盘。第三，由清盘人或者临时清盘人提出并经香港特别行政区高等法院依据香港特别行政区《公司条例》第 673 条批准的公司债务重组程序。公司债务重组有的由公司自行进行，有的经清盘进行、受法院监督和规范，该《试点意见》仅纳入后者，类似于内地的破产重整。

根据《试点意见》第 10 条规定，认可的对象包括香港破产程序以及香港管理人身份。认可香港破产程序是香港破产程序在内地产生效力的基础，应当重点审查香港破产程序开始的有关法律文书，在强制清盘中系香港法院颁布的临时清盘令或者清盘令，在自动清盘中系公司决定进行清盘的决议。认可香港管理人身份是其在内地履职的基础，应当重点审查委任管理人的有关文件，在强制清盘中系法院委任临时清盘人或者清盘人的命令，在自动清盘中系委任清盘人的决议。

香港破产程序被内地法院认可后，产生与启动内地破产程序类似的法律效力，这是跨境破产协助有序进行的必要条件，在联合国贸易法委员会《跨国界破产示范法》等文件中也将此作为重要内容加以规定。《试点意见》在第 11 条规定个别清偿无效，第 12 条规定中止民事诉讼或者仲裁，第 13 条规定解除保全、中止执行程序。此外，也正是由于认可香港破产程序将产生上述法律效力，对内地利害关系人利益影响重大，故参照内地启动破产程序的有关规定，《试点意见》第 8 条规定了公告、异议程序。需要说明的是，《试点意见》未规定认可香港破产程序后的溯及效果，即未规定管理人可撤销此前一定期限内的清偿，旨在维护内地交易秩序的稳定和内地交易当事人的预期。

类案检索

浙江尖山光电股份有限公司破产重整案

关键词：境外破产程序　正当性　跨境破产的承认　破产保护救济

裁判摘要：浙江尖山光电股份有限公司（以下简称尖山光电）曾是国内大型的集太阳能光伏和光热研究、生产与销售于一体的新型高新技术企业。近年受光伏产业产能过剩以及欧盟、美国先后对我国光伏产品启动反倾销、反补贴（即“双反”）调查的影响，尖山光电于2013年12月正式在浙江省海宁市中级人民法院（以下简称海宁法院）进入破产重整程序。在审理该案的过程中，海宁法院注意到，债务人尖山光电在美国新泽西州的一个仓库中有大量太阳能板等存货，价值约1.5亿元人民币，这些财产涉及至少三家美国企业，因此，面临随时被当地债权人采取个别行动等灭失风险。为将债务人在美财产纳入我国国内的重整程序，海宁法院出具了一份《决定书》，授权本案中的破产管理人作为债务人代表，向美国法院寻求司法合作与破产保护救济。2014年7月16日，债务人代表向美国新泽西州联邦破产法院提交了关于承认正在进行中的尖山光电以我国破产程序为主要程序，并给予相应救济的申请书。8月12日，新泽西州破产法院批准该申请，并对债务人在新泽西州的财产予以破产保护和救济。9月23日，尖山光电债权人和出资人对重整草案进行分组表决。10月16日，海宁法院批准该重整方案。11月9日，通联创业投资股份有限公司与尖山光电破产管理人完成交接，尖山光电正式进入重整实施阶段。

【案　　号】（2014）嘉海破字第1-5号

【审理法院】浙江省海宁市人民法院

【来　　源】《法律适用》2017年第4期

第六条 人民法院审理破产案件，应当依法保障企业职工的合法权益，依法追究破产企业经营管理人员的法律责任。

关联规定

一、法律、行政法规、司法解释

1.《中华人民共和国民法典》

第三条 民事主体的人身权利、财产权利以及其他合法权益受法律保护，任何组织或者个人不得侵犯。

2.《中华人民共和国民事诉讼法》

第二条 中华人民共和国民事诉讼法的任务，是保护当事人行使诉讼权利，保证人民法院查明事实，分清是非，正确适用法律，及时审理民事案件，确认民事权利义务关系，制裁民事违法行为，保护当事人的合法权益，教育公民自觉遵守法律，维护社会秩序、经济秩序，保障社会主义建设事业顺利进行。

3.《中华人民共和国劳动合同法》

第四十一条 有下列情形之一，需要裁减人员二十人以上或者裁减不足二十人但占企业职工总数百分之十以上的，用人单位提前三十日向工会或者全体职工说明情况，听取工会或者职工的意见后，裁减人员方案经向劳动行政部门报告，可以裁减人员：

（一）依照企业破产法规定进行重整的；

（二）生产经营发生严重困难的；

（三）企业转产、重大技术革新或者经营方式调整，经变更劳动合同后，仍需裁减人员的；

（四）其他因劳动合同订立时所依据的客观经济情况发生重大变化，致使劳动合同无法履行的。

裁减人员时，应当优先留用下列人员：

（一）与本单位订立较长期限的固定期限劳动合同的；

（二）与本单位订立无固定期限劳动合同的；

（三）家庭无其他就业人员，有需要扶养的老人或者未成年人的。

用人单位依照本条第一款规定裁减人员，在六个月内重新招用人员的，应当通知被裁减的人员，并在同等条件下优先招用被裁减的人员。

二、司法指导性文件

1.《最高人民法院关于审理上市公司破产重整案件工作座谈会纪要》

（一）依法公正审理原则。上市公司破产重整案件参与主体众多，涉及利益关系复杂，人民法院审理上市公司破产重整案件，既要有利于化解上市公司的债务和经营危机，提高上市公司质量，保护债权人和投资者的合法权益，维护证券市场和社会的稳定，又要防止没有再生希望的上市公司利用破产重整程序逃废债务，滥用司法资源和社会资源；既要保护债权人利益，又要兼顾职工利益、出资人利益和社会利益，妥善处理好各方利益的冲突。上市公司重整计划草案未获批准或重整计划执行不能的，人民法院应当及时宣告债务人破产清算。

三、关于上市公司破产重整的申请

会议认为，上市公司不能清偿到期债务，并且资产不足以清偿全部债务或者明显缺乏清偿能力，或者有明显丧失清偿能力可能的，上市公司或者上市公司的债权人、出资额占上市公司注册资本十分之一以上的出资人可以向人民法院申请对上市公司进行破产重整。

申请人申请上市公司破产重整的，除提交《企业破产法》第八条规定的材料外，还应当提交关于上市公司具有重整可行性的报告、上市公司住所地省级人民政府向证券监督管理部门的通报情况材料以及证券监督管理部门的意见、上市公司住所地人民政府出具的维稳预案等。上市公司自行申请破产重整的，还应当提交切实可行的职工安置方案。

2.《全国法院破产审判工作会议纪要》

7. 建立竞争选定管理人工作机制。破产案件中可以引入竞争机制选任管理人，提升破产管理质量。上市公司破产案件、在本地有重大影响的破产案件或者债权债务关系复杂，涉及债权人、职工以及利害关系人人数较多的破产案件，在指定管理人时，一般应当通过竞争方式依法选定。

27. 企业破产与职工权益保护。破产程序中要依法妥善处理劳动关系，推动完善职工欠薪保障机制，依法保护职工生存权。由第三方垫付的职工债权，原则上按照垫付的职工债权性质进行清偿；由欠薪保障基金垫付的，应按照企业破产法第一百一十三条第一款第二项的顺序清偿。债务人欠缴的住房公积金，按照债务人拖欠的职工工资性质清偿。

49. 对跨境破产与互惠原则。人民法院在处理跨境破产案件时，要妥善解决跨境破产中的法律冲突与矛盾，合理确定跨境破产案件中的管辖权。在坚持同类债权平等保护的原则下，协调好外国债权人利益与我国债权人利益的平衡，合理保护我国境内职工债权、税收债权等优先权的清偿利益。积极参与、推动跨境破产国际条约的协商与签订，探索互惠原则适用的新方式，加强我国法院和管理人在跨境破产领域的合作，推进国际投资健康有序发展。

条文释义

一、本条主旨

本条是关于保障破产企业职工合法权益和追究破产企业经营管理人员责任的规定。

二、条文演变

《企业破产法（试行）》第 4 条规定："国家通过各种途径妥善安排破产企业职工重新就业，并保障他们重新就业前的基本生活需要，具体办法由国务院另行规定。"第 42 条规定："企业被宣告破产后，由政府监察部门和审计部门负责查明企业破产的责任。破产企业的法定代表人对企业破产负有主要责任的，给予行政处分。破产企业的上级主管部门对企业破产负有主要责任的，对该上级主管部门的领导人，给予行政处分。破产企业的法定代表人和破产企业的上级主管部门的领导人，因玩忽职守造成企业破产，致使国家财产遭受重大损失的，依照《中华人民共和国刑法》第一百八十七条的规定追究刑事责任。"本条将上述法律规定的破产企业职工善后措施作了修改，规定保护其合法权益，范围更为宽泛。同时将责任人员范围扩大，除了法定代表人和上级主管部门领导人之外，还包括其他经营管理人员，明确了对该类人员法律责任的追究。本条在形式上将上述第 4 条和第 42 条合并为一条。

三、条文解读

职工是企业破产的直接利害关系人，法院在审理破产案件时，应当依法保障企业职工合法权益。职工在破产企业的合法权益主要有：

一是破产企业所欠职工的工资和应当划入职工个人账户的基本社会保险费用，以及法律、行政法规规定应当支付给职工的补偿金。这些费用是职工的债权，职工不必经过债权申报程序，而由管理人直接列入债权清单予以公示。职工对清单记载有异议的，可以要求管理人更正。管理人不予更正的，职工可以向人民法院提起诉讼。

二是破产企业职工和工会代表有权参加债权人会议或者债权人委员会，对有关事项发表意见。特别是债权人会议或者债权人委员会讨论破产企业的重整计划和和解协议时，直接影响到职工的利益。企业重整和和解，没有职工的支持难以实施。因此，职工参加会议并发表意见很有必要。

三是破产企业在现行《企业破产法》公布之前所欠职工工资等费用，在破产财产中未受清偿部分，可以优先于担保权人受偿。

关于依法追究破产企业经营管理人员的法律责任，主要是对企业董事、经理或者其他负责人违反忠于职守、勤勉尽责义务致使企业破产的责任，包括承担民事责任，对国有企业的负责人还要追究行政责任，对于构成犯罪致使企业破产的还要追究刑事责任。对于因企业在生产经营中的商业风险而导致的破产，只要企业经营管理人员忠于职守、勤勉尽责，则不应承担法律责任。

另外，破产企业经营管理人员在破产程序中有违反《企业破产法》规定的行为的，要依《企业破产法》第十一章的规定追究相应的法律责任。[①]

适用指引

本条规定了法院在审理破产案件中的两个职责：一是依法保障企业职工的合法权益；二是依法追究破产企业经营管理人员的法律责任，具体包括民事责任、刑事责任、行政责任。

① 吴高盛主编：《〈中华人民共和国企业破产法〉条文释义与适用》，人民法院出版社 2006 年版，第 9~10 页。

在破产案件审理中，与破产案件相关的利害关系人有债务人，债务人的债务人、债权人，管理人，债务人的经营管理人员和有关人员等。在债权人中，又有普通债权人、担保债权人、税款债权人和职工债权人等。《企业破产法》特别强调对企业职工合法权益的保障，意味着法院在审理破产案件应切实防止程序适用上的不当或实体权利保护上的不周损害职工权益。比如，涉及职工权益时，除非法律有明确规定，否则不得简单地以部分职工多数决的方式来否定其他职工的利益。

通过规范的司法程序，债权人与债务人利益的公平保护与效率要求才得以实现。法院在审理破产案件的所有活动中，无论是决定破产清算、重整或和解，都应考虑到这一程序是否有利于保护职工的合法权益。例如，在第一次债权人会议召开之前，当管理人决定继续或者停止债务人的营业，并申请法院许可时，法院在决定是否许可时除了要考虑债权人、债务人利益外，还要充分考虑是否有利于保护职工的合法权益。

类案检索

桂林广维文华旅游文化产业有限公司破产重整案

关键词： 破产重整　职工安置

裁判摘要： 本案系全国首个直接由高级人民法院受理的破产重整案件。由于考虑到公司经营项目为国际知名大型实景《印象·刘三姐》剧目，对广西旅游业、地方经济影响较大，且公司所有资产被国内、区内数十家法院查封、涉及职工人数众多且成分复杂等情况，广西壮族自治区高级人民法院依据我国《企业破产法》第4条、当时的《民事诉讼法》第38条第1款之规定，将本案作为全区重大有影响案件裁定立案受理。为确保《印象·刘三姐》剧目演出不受破产重整影响，本案实行演出相关业务自行经营、管理人监督、法院总协调的模式，确保重整期间公司正常经营，各项收入不减反增。该案历经3个月21天顺利终结并进入重整计划执行阶段，广维公司摆脱债务困境重焕活力，确保了800多名演职人员就业机会，也解决了关联公司548名职工安置问题，相关产业通过《印象·刘三姐》项目实现升级改造，推动了地方经济发展。

【案　　号】（2017）桂破申1号

【审理法院】广西壮族自治区高级人民法院

【来　　源】最高人民法院2018年全国法院十大破产典型案例

第二章 申请和受理

第一节 申 请

第七条 债务人有本法第二条规定的情形，可以向人民法院提出重整、和解或者破产清算申请。

债务人不能清偿到期债务，债权人可以向人民法院提出对债务人进行重整或者破产清算的申请。

企业法人已解散但未清算或者未清算完毕，资产不足以清偿债务的，依法负有清算责任的人应当向人民法院申请破产清算。

关联规定

一、法律、行政法规、司法解释

1.《中华人民共和国公司法》

第一百八十条 公司因下列原因解散：

（一）公司章程规定的营业期限届满或者公司章程规定的其他解散事由出现；

（二）股东会或者股东大会决议解散；

（三）因公司合并或者分立需要解散；

（四）依法被吊销营业执照、责令关闭或者被撤销；

（五）人民法院依照本法第一百八十二条的规定予以解散。

第一百八十三条 公司因本法第一百八十条第（一）项、第（二）项、第（四）项、第（五）项规定而解散的，应当在解散事由出现之日起十五日内成立清算组，开始清算。有限责任公司的清算组由股东组成，股份有限公司的清算组由董事或者股东大会确定的人员组成。逾期不成立清算组进行清算的，债权人可以申请人民法院指定有关人员组成清算组进行清算。人民法院应当受理该申请，并及时组织清算组进行清算。

第一百八十七条 清算组在清理公司财产、编制资产负债表和财产清单后，发现公司财产不足清偿债务的，应当依法向人民法院申请宣告破产。

公司经人民法院裁定宣告破产后，清算组应当将清算事务移交给人民法院。

第一百九十条 公司被依法宣告破产的，依照有关企业破产的法律实施破产清算。

2.《最高人民法院关于适用〈中华人民共和国公司法〉若干问题的规定（二）》

第十七条 人民法院指定的清算组在清理公司财产、编制资产负债表和财产清单时，发现公司财产不足清偿债务的，可以与债权人协商制作有关债务清偿方案。

债务清偿方案经全体债权人确认且不损害其他利害关系人利益的，人民法院可依清算组的申请裁定予以认可。清算组依据该清偿方案清偿债务后，应当向人民法院申请裁定终结清算程序。

债权人对债务清偿方案不予确认或者人民法院不予认可的，清算组应当依法向人民法院申请宣告破产。

二、司法指导性文件

1.《最高人民法院关于审理上市公司破产重整案件工作座谈会纪要》

三、关于上市公司破产重整的申请

会议认为，上市公司不能清偿到期债务，并且资产不足以清偿全部债务或者明显缺乏清偿能力，或者有明显丧失清偿能力可能的，上市公司或者上市公司的债权人、出资额占上市公司注册资本十分之一以上的出资人可以向人民法院申请对上市公司进行破产重整。

2.《最高人民法院关于审理公司强制清算案件工作座谈会纪要》

32. 公司强制清算中，清算组在清理公司财产、编制资产负债表和财产清单时，发现公司财产不足清偿债务的，除依据公司法司法解释二第十七条的规定，通过与债权人协商制作有关债务清偿方案并清偿债务的外，应依据第一百八十八条和企业破产法第七条第三款的规定向人民法院申请宣告破产。

33. 公司强制清算中，有关权利人依据企业破产法第二条和第七条的规定向人民法院另行提起破产申请的，人民法院应当依法进行审查。权利人的破产申请符合企业破产法规定的，人民法院应当依法裁定予以受理。人民法院裁定受理破产申请后，应当裁定终结强制清算程序。

条文释义

一、本条主旨

本条是关于破产申请主体的规定。

二、条文演变

本条对应《企业破产法（试行）》第7条、第8条。《企业破产法（试行）》第7条规定："债务人不能清偿到期债务，债权人可以申请宣告债务人破产。债权人提出破产申请时，应当提供关于债权数额、有无财产担保以及债务人不能清偿到期债务的有关证据。"第8条规定："债务人经其上级主管部门同意后，可以申请宣告破产。债务人提出破产申请时，应当说明企业亏损的情况，提交有关的会计报表、债务清册和债权清册。"本条区分重整申请、和解申请和破产清算申请，分别规定了对应的申请主体。

本条来自于《企业破产法（草案）》第10条。《企业破产法（草案）》第10条规定："债务人有本法第三条规定的情形，债务人可以向人民法院提出重整、和解或者破产清算申请。债务人不能清偿到期债务，债权人可以申请债务人破产。有本法第二条第二款规定的情形，债务人财产不足以清偿债务的，依法负有清算责任的人应当向人民法院申请破产清算。"相对于草案第10条而言，本条最大的变化就是丰富了债权人申请的权利：既可以申请债务人破产清算，也可以申请债务人重整。

三、条文解读

本法所称申请，是债务人、债权人或者负有清算责任的人依法向人民法院请求债务人重整、和解或破产清算的行为。债务人有《企业破产法》第2条规定的情形，可以向人民法院提出对债务人进行重整、和解或者破产清算的申请。债务人不能清偿到期债务，债权人可以向人民法院提出对债务人进行重整或者破产清算的申请。企业法人已解散但未清算或者清算完毕，资产不足以清偿债务的，依法负有清算责任的人应当向人民法院申请破产清算。

申请，是引发破产程序开始的最初动因，是人民法院开始破产程序的绝对要件。也就是说，我国实行的是绝对的破产申请主义，即破产程序只能由法定申请权人提出申请而开始，法院不得依职权主动开始破产程序。申请是破产程序开始的唯一依据。

（一）债权人提出破产申请

债权人是按照合同的约定或者依照法律的规定有权要求债务人履行义务的人。债务人不履行义务时，除有法定或者约定的免责情形外，债权人可以请求法院强制债务人履行义务。向法院提出对债务人进行重整或破产清算的申请，是债权人请求法院保护其实体权利的一种司法上的途径。我国《企业破产法》第7条第2款规定，债务人不能清偿到期债务，债权人可以向人民法院提出对债务人进行重整或者破产清算的申请。

从法律规定的精神来看，申请破产的债权人既可以是法人，也可以是自然人。这里值得注意的是，破产的申请权只是一种诉讼上的请求权，债务人并不因债权人或自己的这种破产申请就必然导致破产。根据法律的规定，企业是否被宣告破产，取决于该企业是否已经实际达到破产界限，是否具备了被宣告破产的条件。因此，可以说申请与否是债权人或债务人的权利，而宣告与否则是人民法院行使审判权的结果。

债权人申请债务人破产必须具备以下四个条件：（1）必须是到期债务的债权人；（2）必须是现实债务的债权人，而不是已履行债务的债权人；（3）必须是被申请破产企业的债权人，而非其他企业的债权人；（4）必须是财产（包括金钱）债务的债权人，而不是具有行为请求权的债权人。对于尚有偿付能力或履行债务能力，而不按照合同约定或法定期限清偿债务的债务人，属于因合同不履行所发生的一般经济纠纷，债权人可以申请仲裁或直接向人民法院起诉，通过仲裁程序或诉讼程序来解决债务不履行的问题。

（二）债务人提出破产申请

一般而言，债务人向法院申请重整、和解或破产清算，是债务人依法享有的特权，称之为债务人的破产申请权，即债务人处分其全部财产以及集中清理其债务而免受讼累的一种特别权利。在民事诉讼程序上，债务人不能自己对自己提起诉讼，而在破产程序上，债务人则可以对自己提起破产申请，这是破产法的一项特别安排。凡依法具有破产能力和破产原因的债务人，均可申请破产。

债务人之所以能主动申请破产，其根据在于债务人既然已知自己没有偿还能力或资不抵债，再继续维持这种实际上已经破产的状况，不仅毫无意义，还会背负着沉重的债务包袱。而通过破产程序清理分配自己的财产后，就可以获得免责利益，从沉重的债务负担中解脱出来。因此，尽管破产对债务人来说是一种消极的手段，但也为债务人创造了经济复兴的可能，有利于社会经济的良性发展。

债务人的破产申请人地位，受债务人破产能力的限制。债务人能否提出破产申请，首先与法律是否赋予其破产能力有关；其次，即使是具有破产能力的债务人，在某些情况下，其破产能力也受到限制。

（三）依法负有清算责任的人提出破产申请

向法院申请破产是一种民事权利，但在特别情形下，申请破产亦为有关人员的特别法律义务。根据我国《公司法》的规定，公司不论是自愿解散还是非自愿解散，均应当成立清算组对公司的债权债务进行清理，清算时发现公司财产不足以清偿债务的，清算组应当立即向人民法院申请破产宣告，依法进行破产清算。在一定条件下，赋予有关人员申请破产清算的法律义务，对于确保债权人的债权公平受偿，维护社会经济秩序，具有重要意义。因此，已解散的企业法人，不论是否已经开始清算，如果企业法人的资产不足以清偿债务的，依法负有清算责任的人负有向人民法院申请破产清算的法律义务。

适用指引

处于清算阶段的企业法人，发现破产原因时应当中止清算，负责清算的人应当向法院提出破产申请。本条规定与我国现行《公司法》第 187 条规定相衔接，第 187 条规定属于对清算组的强制性义务条款，清算组在清算的过程中发现债务人已经达到破产界限时，应当申请破产。公司清算程序与破产清算程序在具体操作上存在着很大的相似性。在涉及准用条款时，审判实务中面临的首要问题是如何引用法律条文。一般认为，在公司强制清算程序中不能直接引用《企业破产法》的规定，应当是《公司法》准用条款和被准用条款一并引用。《关于审理公司强制清算案件工作座谈会纪要》（以下简称《清算纪要》）第16条专门规定了强制清算和破产清算的衔接问题，但由于《清算纪要》不是具有法律效力的规范性文件，其不能作为公司强制清算文书引用的条文。实务中只能将《清算纪要》的规定连同《企业破产法》的规定作为说理的依据，而不能作为引用法律条文依据。

在清算中公司资产不足以清偿债务时的破产申请，是清算责任人在破产法上承担的一项特别义务。其特点是：第一，清算责任人无权选择是否提起破产申请，也不得拖延时间迟迟不提出破产申请。第二，在提出破产申请时，破产清算程序是其唯一选择，故不得选择重整或和解的程序。第三，清算责任人提出破产申请后，人民法院应当受理并于受理时宣告债务人破产。[①] 公司强制清算中，有关权利人依据《企业破产法》第2条和第7条的规定向人民法院另行提起破产申请的，人民法院应当依法进行审查。权利人的破产申请符合企业破产法规定的，人民法院应当依法裁定予以受理。人民法院裁定受理破产申请后，应当裁定终结强制清算程序。

类案检索

江苏万奇电器集团（盱眙）有限公司与江某玲等清算责任纠纷案

关键词：破产清算　债务人财产　债权人诉请

裁判摘要：破产清算程序中，债务人相关人员的行为导致债务人无法清算或者存在损失，该损失属于债务人财产。破产清算程序宣告终结之日起2年内，债权人不能起诉债务人相关人员要求向其个人清偿债务人不能清偿的债务。破产管理人未请求债务人相关人员承担相应损害赔偿责任归入债务人财产，个别债权人亦未代表全体债权人提起诉讼，则破产清算程序宣告终结后，个别债权人有权代表全体债权人依据《企业破产法》相关规定提起诉讼。

① 王卫国：《破产法精义》，法律出版社2007年版，第20页。

法院在判定债务人相关人员责任时，应当依照《企业破产法》的相关规定来确定相关主体的义务内容和责任范围。在债务人的有关人员不配合清算的行为导致债务人财产状况不明，或者依法负有清算责任的人未依照《企业破产法》第7条第3款的规定及时履行破产申请义务，导致债务人主要财产、账册、重要文件等灭失，致使管理人无法执行清算职务，给债权人利益造成损害的情况下，管理人可请求上述主体承担相应损害赔偿责任，并将因此获得的赔偿归入债务人财产。在管理人未主张上述赔偿情况下，个别债权人可以代表全体债权人提起上述诉讼。债权人无权直接起诉债务人的有关人员向其清偿债务人不能清偿的债务。

【案　　号】（2020）渝0107民初3710号、（2020）渝05民终6066号

【审理法院】重庆市第五中级人民法院

【来　　源】《人民司法·案例》2021年第5期

第八条 向人民法院提出破产申请，应当提交破产申请书和有关证据。

破产申请书应当载明下列事项：

（一）申请人、被申请人的基本情况；

（二）申请目的；

（三）申请的事实和理由；

（四）人民法院认为应当载明的其他事项。

债务人提出申请的，还应当向人民法院提交财产状况说明、债务清册、债权清册、有关财务会计报告、职工安置预案以及职工工资的支付和社会保险费用的缴纳情况。

关联规定

一、法律、行政法规、司法解释

1.《中华人民共和国民事诉讼法》

第六十六条 证据包括：

（一）当事人的陈述；

（二）书证；

（三）物证；

（四）视听资料；

（五）电子数据；

（六）证人证言；

（七）鉴定意见；

（八）勘验笔录。

证据必须查证属实，才能作为认定事实的根据。

第七十二条 经过法定程序公证证明的法律事实和文书，人民法院应当作为认定事实的根据，但有相反证据足以推翻公证证明的除外。

第一百二十四条　起诉状应当记明下列事项：

（一）原告的姓名、性别、年龄、民族、职业、工作单位、住所、联系方式，法人或者其他组织的名称、住所和法定代表人或者主要负责人的姓名、职务、联系方式；

（二）被告的姓名、性别、工作单位、住所等信息，法人或者其他组织的名称、住所等信息；

（三）诉讼请求和所根据的事实与理由；

（四）证据和证据来源，证人姓名和住所。

2.《中华人民共和国市场主体登记管理条例》

第八条　市场主体的一般登记事项包括：

（一）名称；

（二）主体类型；

（三）经营范围；

（四）住所或者主要经营场所；

（五）注册资本或者出资额；

（六）法定代表人、执行事务合伙人或者负责人姓名。

除前款规定外，还应当根据市场主体类型登记下列事项：

（一）有限责任公司股东、股份有限公司发起人、非公司企业法人出资人的姓名或者名称；

（二）个人独资企业的投资人姓名及居所；

（三）合伙企业的合伙人名称或者姓名、住所、承担责任方式；

（四）个体工商户的经营者姓名、住所、经营场所；

（五）法律、行政法规规定的其他事项。

3.《最高人民法院关于适用〈中华人民共和国民事诉讼法〉的解释》

第一百零六条　对以严重侵害他人合法权益、违反法律禁止性规定或者严重违背公序良俗的方法形成或者获取的证据，不得作为认定案件事实的根据。

第一百零七条　在诉讼中，当事人为达成调解协议或者和解协议作出妥协而认可的事实，不得在后续的诉讼中作为对其不利的根据，但法律另有规定或者当事人均同意的除外。

第一百零八条　对负有举证证明责任的当事人提供的证据，人民法院经审查并结合相关事实，确信待证事实的存在具有高度可能性的，应当认定该事实存在。

对一方当事人为反驳负有举证证明责任的当事人所主张事实而提供的证据，人民法院经审查并结合相关事实，认为待证事实真伪不明的，应当认定该事实不存在。

法律对于待证事实所应达到的证明标准另有规定的，从其规定。

第一百零九条 当事人对欺诈、胁迫、恶意串通事实的证明，以及对口头遗嘱或者赠与事实的证明，人民法院确信该待证事实存在的可能性能够排除合理怀疑的，应当认定该事实存在。

第一百一十六条 视听资料包括录音资料和影像资料。

电子数据是指通过电子邮件、电子数据交换、网上聊天记录、博客、微博客、手机短信、电子签名、域名等形成或者存储在电子介质中的信息。

存储在电子介质中的录音资料和影像资料，适用电子数据的规定。

4.《最高人民法院关于民事诉讼证据的若干规定》

第一条 原告向人民法院起诉或者被告提出反诉，应当提供符合起诉条件的相应的证据。

第三条 在诉讼过程中，一方当事人陈述的于己不利的事实，或者对于己不利的事实明确表示承认的，另一方当事人无需举证证明。

在证据交换、询问、调查过程中，或者在起诉状、答辩状、代理词等书面材料中，当事人明确承认于己不利的事实的，适用前款规定。

第十一条 当事人向人民法院提供证据，应当提供原件或者原物。如需自己保存证据原件、原物或者提供原件、原物确有困难的，可以提供经人民法院核对无异的复制件或者复制品。

第十二条 以动产作为证据的，应当将原物提交人民法院。原物不宜搬移或者不宜保存的，当事人可以提供复制品、影像资料或者其他替代品。

人民法院在收到当事人提交的动产或者替代品后，应当及时通知双方当事人到人民法院或者保存现场查验。

第十三条 当事人以不动产作为证据的，应当向人民法院提供该不动产的影像资料。

人民法院认为有必要的，应当通知双方当事人到场进行查验。

第十四条 电子数据包括下列信息、电子文件：

（一）网页、博客、微博客等网络平台发布的信息；

（二）手机短信、电子邮件、即时通信、通讯群组等网络应用服务的通信信息；

（三）用户注册信息、身份认证信息、电子交易记录、通信记录、登录日志等信息；

（四）文档、图片、音频、视频、数字证书、计算机程序等电子文件；

（五）其他以数字化形式存储、处理、传输的能够证明案件事实的信息。

第十五条　当事人以视听资料作为证据的，应当提供存储该视听资料的原始载体。

当事人以电子数据作为证据的，应当提供原件。电子数据的制作者制作的与原件一致的副本，或者直接来源于电子数据的打印件或其他可以显示、识别的输出介质，视为电子数据的原件。

第十六条　当事人提供的公文书证系在中华人民共和国领域外形成的，该证据应当经所在国公证机关证明，或者履行中华人民共和国与该所在国订立的有关条约中规定的证明手续。

中华人民共和国领域外形成的涉及身份关系的证据，应当经所在国公证机关证明并经中华人民共和国驻该国使领馆认证，或者履行中华人民共和国与该所在国订立的有关条约中规定的证明手续。

当事人向人民法院提供的证据是在香港、澳门、台湾地区形成的，应当履行相关的证明手续。

第十七条　当事人向人民法院提供外文书证或者外文说明资料，应当附有中文译本。

第四十五条　当事人根据《最高人民法院关于适用〈中华人民共和国民事诉讼法〉的解释》第一百一十二条的规定申请人民法院责令对方当事人提交书证的，申请书应当载明所申请提交的书证名称或者内容、需要以该书证证明的事实及事实的重要性、对方当事人控制该书证的根据以及应当提交该书证的理由。

对方当事人否认控制书证的，人民法院应当根据法律规定、习惯等因素，结合案件的事实、证据，对于书证是否在对方当事人控制之下的事实作出综合判断。

第四十七条　下列情形，控制书证的当事人应当提交书证：

（一）控制书证的当事人在诉讼中曾经引用过的书证；

（二）为对方当事人的利益制作的书证；

（三）对方当事人依照法律规定有权查阅、获取的书证；

（四）账簿、记账原始凭证；

（五）人民法院认为应当提交书证的其他情形。

前款所列书证，涉及国家秘密、商业秘密、当事人或第三人的隐私，或者存在法律规定应当保密的情形的，提交后不得公开质证。

二、司法指导性文件

《最高人民法院关于审理上市公司破产重整案件工作座谈会纪要》

五、关于对破产重整上市公司的信息保密和披露

会议认为，对于股票仍在正常交易的上市公司，在上市公司破产重整申请相关信息披露前，上市公司及其债权人、出资人等利害关系人应当按照法律、行政法规、证券监管机构的部门规章及证券交易所上市规则做好信息保密工作。

上市公司的债权人提出破产重整申请的，人民法院应当要求债权人提供其已就此告知上市公司的有关证据。上市公司应当按照相关规则及时履行信息披露义务。

上市公司进入破产重整程序后，由管理人履行相关法律、行政法规、部门规章和公司章程规定的原上市公司董事会、董事和高级管理人员承担的职责和义务，上市公司自行管理财产和营业事务的除外。管理人在上市公司破产重整程序中存在信息披露违法违规行为的，应当依法承担相应的责任。

条文释义

一、本条主旨

本条是关于破产申请应当提交申请书及申请书内容等有关形式要件的规定。

二、条文演变

《企业破产法（试行）》第7条第2款、第8条第2款规定："债权人提出

破产申请时，应当提供关于债权数额、有无财产担保以及债务人不能清偿到期债务的有关证据。”“债务人提出破产申请时，应当说明企业亏损的情况，提交有关的会计报表、债务清册和债权清册。”因应社会发展实际，《企业破产法》首先规定提出破产申请“应当提交破产申请书和有关证据”。就破产申请应该交的证据材料来说，相较于《企业破产法（试行）》，现行《企业破产法》有明显进步。前者第 3 条中规定“企业因经营管理不善造成严重亏损，不能清偿到期债务的，依照本法规定宣告破产”，所以实践中存在要求债权人证明债务人因经营不善导致严重亏损资不抵债的情况。其实，是否因经营不善导致严重亏损不应当是破产债务清理所关注的问题，关注的问题应当是债务人到底能不能清偿到期债务。而且，是否因经营不善导致破产也已经明显超出了债权人的举证能力。现行《企业破产法》避免了这方面的问题。

本条来自于《企业破产法（草案）》第 11 条。第 11 条规定：“债务人或者债权人向人民法院提出破产申请的，应当向人民法院提交破产案件申请书和有关证据。破产案件申请书应当载明下列事项：（一）申请人、被申请人的基本情况；（二）申请目的；（三）申请的事实和理由；（四）债权性质、数额、有无财产担保；（五）人民法院认为应当记载的其他事项。债务人提出申请的，应当向人民法院提交财产状况说明书、债务清册、债权清册和有关的财务报告。”相较于草案之规定而言，现行法对破产申请书要求载明的事项进行了进一步的减免，不再要求载明债权性质、数额、有无财产担保，这有利于债务人或债权人申请破产。但对债务人申请破产的情况，增加了需要提交职工安置预案以及职工工资的支付和社会保险费用的缴纳情况，防止债务人破产导致职工权益受损。

三、条文解读

（一）破产申请书和有关证据

按照本条的规定，申请破产除了应提交破产申请书以外，还应提供其他证明。提供的内容依申请人的不同而有所不同。破产申请书和申请人所提供的相关证据，是人民法院判断是否受理破产申请的一个依据。

（二）破产申请书应载明的事项

按照本条规定，破产申请书应当载明下列事项：

1. 申请人、被申请人的基本情况。在这一部分应分别写明申请人和被申请人的名称（姓名）、地址（住址）、法定代表人的姓名、职务。如果是债务人申请破产，还应当写明企业主要负责人名单。企业法定代表人与主要负责人应当包括企业的董事长、董事会成员、总经理或经理、厂长等主要负责人。

2. 申请目的。申请目的为请求人民法院裁定债务人重整或者破产清算，如果是债务人申请，还包括和解。

3. 申请的事实和理由。债务人提出申请的，应当说明不能清偿到期债务并且资产不足以清偿全部债务或者明显缺乏清偿能力的原因和事实。债权人提出申请的，应当说明债务人不能清偿到期债务的事实和理由。

4. 人民法院认为应当载明的其他事项。一般包括证据材料的名录、类别、份数，申请人签名以及申请日期等。

（三）有关证据的提交

按照本条规定，向人民法院提出破产申请，还应当提交有关证据。如果申请人是债权人，则债权人应当提交的证据，就是能够证明债权清偿期限已经届满，债权人已经提出过清偿请求，债务人明显缺乏清偿能力或者停止支付是连续状态的证据，如合同、借据等。

（四）债务人提出破产申请应当向人民法院提交的材料

按照本条第 2 款的规定，债务人提出申请的，除应当提交破产申请书以外，还应当向人民法院提交财产状况说明、债务清册、债权清册、有关财务会计报告、职工安置预案以及职工工资的支付和社会保险费用的缴纳情况等材料。由于债务人对本企业的情况非常了解，因此，要求债务人提交较为详细的资料，有利于人民法院审查，从而决定是否受理。

1. 财产状况说明。应当说明企业至破产申请日的资产状况明细表，包括企业资产的详细情况、有形资产的情况、无形资产的情况、企业投资情况、企业在金融机构开设账户的详细情况等。

2. 债务清册。应当写明向债务人负债的单位名称或个人姓名、住所、开户银行，债务数额、发生时间、有无争议。

3. 债权清册。应当写明债权人的单位名称或个人姓名、住所、开户银行，债权的数额、发生时间、有无争议。实践中还可以要求债务人提供企业的担保情况、企业已发生的诉讼情况等。

4. 有关财务会计报告。财务会计报告是反映债务人财务状况的凭据。主要包括资产负债表、利润表、现金流量表、利润分配表及相应的年度报告。

5. 职工安置预案。债务人提出破产申请时应当说明对职工如何进行安置。比如，对于国有企业职工的安置，可以通过企业破产后职工进入再就业服务中心或者对自谋职业的职工一次性给予安置费等方式予以安置。同时应当说明对离退休职工如何安置，主要体现在社会保险费用如何支付。

6. 职工工资的支付和社会保险费用的缴纳情况。这部分应当说明职工的档案工资、月工资总收入、拖欠工资总额、其他按拖欠工资处理的情况。社会保险费用的缴纳情况，包括拖欠的养老保险金及医疗保险金。[①]

适用指引

破产申请的效力，是指债权人、债务人或清算人的破产申请行为所产生的法律后果。破产申请的效力会表现在多个方面，比如，不安抗辩权的行使、预期违约的救济以及诉讼时效中断等。

一、不安抗辩权的行使

不安抗辩权是指双务合同中应先为给付的一方在相对方难为对待履行时，于相对方作出担保前有拒绝履行合同义务的权利。《民法典》第527条规定："应当先履行债务的当事人，有确切证据证明对方有下列情形之一的，可以中止履行：（一）经营状况严重恶化；（二）转移财产、抽逃资金，以逃避债务；（三）丧失商业信誉；（四）有丧失或者可能丧失履行债务能力的其他情形。当事人没有确切证据中止履行的，应当承担违约责任。"债务人向法院申请破产，法院若受理债务人破产案件，债务人将事实上丧失处分自己财产的权利，难以履行给付义务。故债务人向法院申请破产，有此意思表示，可以构成《民法

① 本书编写组编著：《〈中华人民共和国企业破产法〉释义及实用指南》，中国民主法制出版社2012年版，第47页。

典》第527条所称“有丧失或者可能丧失履行债务能力的其他情形”，有先为给付义务的相对方可以行使不安抗辩权，以拒绝履行自己的义务。

二、预期违约救济

债务人在合同义务履行期到来前向法院申请破产，足以表明其将不履行合同义务，相对人可以终止合同，并请求违约损害赔偿。《民法典》第578条规定：“当事人一方明确表示或者以自己的行为表明不履行合同义务的，对方可以在履行期限届满前请求其承担违约责任。”债务人向人民法院申请破产的意思表示，应当属《民法典》第578条所称“以自己的行为表明不履行合同义务”的情形。

三、时效中断

一旦债权人向法院提出破产申请，诉讼时效随之中断。根据我国《民法典》的规定，权利人如果在一定时期内不行使其权利，就得不到人民法院对其权利的保护，但当事人在规定的诉讼时效期间内实施了某种法律行为或作出了某种意思表示即可中断诉讼时效期间。这种中断诉讼时效的原因有：（1）权利人向义务人提出履行请求；（2）义务人同意履行义务；（3）权利人提起诉讼或者申请仲裁；（4）与提起诉讼或者申请仲裁具有同等效力的其他情形。这里所指的因破产申请而中断时效的情形属于第一种情况。破产申请中断诉讼时效的效力，仅仅限于债权人提出破产申请时，效力仅及提出破产申请的债权人。债务人提出破产申请时，并不产生这样的效力。但无论债权人还是债务人提出破产申请，法院受理破产申请后，债务人对外享有债权的诉讼时效中断。

类案检索

宝鸡市周原房地产开发有限责任公司申请破产清算纠纷案

关键词：破产清算申请　债务人申请破产　不予受理

裁判摘要：宝鸡市周原房地产开发有限责任公司（以下简称周原房地产公司）向人民法院提出破产清算申请，属债务人申请破产，应当具备《企业破产法》第2条中关于“企业法人不能清偿到期债务，并且资产不足以清偿全部债务或者明显缺乏清偿能力的”情形。周原房地产公司认为自身已经资不抵债且明显缺乏清偿能力，按照《企业破产法》第8条的规定，向人民法院提出破产清算申请。根据该条规定，债务人提出申请的，除提交破产申请外，还应当提交财产状况说明、债务清册、债权清册、有关财务会计报告、职工安置预案等证据。本案中，周原房地产公司提交破产申请后，并未在一、二审审理期间提交财务会计情况、资产评估报告等相关证据，但该规定并未要求债务人的财务会计情况、资产负债情况等必须由债务人之外的其他机构作出，亦未对财务会计状况必须是近期财务状况进行限制。故原审法院认为周原房地产公司自行提交的资产负债表不符合《企业破产法》第8条规定之条件，属适用法律错误。即使周原房地产公司提交的相关证据有待补充、补正，人民法院也应当根据《企业破产法规定（一）》第7条之规定，告知申请人补充、补正相关证据材料，而非径行对周原房地产公司的破产申请不予受理。另，根据《最高人民法院关于债权人对人员下落不明或者财产状况不清的债务人申请破产清算案件如何处理的批复》的精神，债务人能否提供财产状况说明、债权债务清册等材料，并不当然影响其破产。原审法院以周原房地产公司并未提交近期财务状况及相关材料，不予受理其破产清算申请，属适用法律错误，应依法予以纠正。

【案　　号】（2020）最高法民再283号

【审理法院】最高人民法院

【来　　源】中国裁判文书网

第九条　人民法院受理破产申请前，申请人可以请求撤回申请。

关联规定

法律、行政法规、司法解释

1.《中华人民共和国民法典》

第一百四十一条　行为人可以撤回意思表示。撤回意思表示的通知应当在意思表示到达相对人前或者与意思表示同时到达相对人。

2.《中华人民共和国民事诉讼法》

第一百四十八条　宣判前，原告申请撤诉的，是否准许，由人民法院裁定。

人民法院裁定不准许撤诉的，原告经传票传唤，无正当理由拒不到庭的，可以缺席判决。

3.《最高人民法院关于适用〈中华人民共和国民事诉讼法〉的解释》

第二百一十四条　原告撤诉或者人民法院按撤诉处理后，原告以同一诉讼请求再次起诉的，人民法院应予受理。

原告撤诉或者按撤诉处理的离婚案件，没有新情况、新理由，六个月内又起诉的，比照民事诉讼法第一百二十七条第七项的规定不予受理。

第二百三十八条　当事人申请撤诉或者依法可以按撤诉处理的案件，如果当事人有违反法律的行为需要依法处理的，人民法院可以不准许撤诉或者不按撤诉处理。

法庭辩论终结后原告申请撤诉，被告不同意的，人民法院可以不予准许。

第二百三十九条　人民法院准许本诉原告撤诉的，应当对反诉继续审理；被告申请撤回反诉的，人民法院应予准许。

第三百三十六条　在第二审程序中，原审原告申请撤回起诉，经其他当事人同意，且不损害国家利益、社会公共利益、他人合法权益的，人民法院可以准许。准许撤诉的，应当一并裁定撤销一审裁判。

原审原告在第二审程序中撤回起诉后重复起诉的，人民法院不予受理。

第三百三十七条 当事人在第二审程序中达成和解协议的，人民法院可以根据当事人的请求，对双方达成的和解协议进行审查并制作调解书送达当事人；因和解而申请撤诉，经审查符合撤诉条件的，人民法院应予准许。

第四百零八条 一审原告在再审审理程序中申请撤回起诉，经其他当事人同意，且不损害国家利益、社会公共利益、他人合法权益的，人民法院可以准许。裁定准许撤诉的，应当一并撤销原判决。

一审原告在再审审理程序中撤回起诉后重复起诉的，人民法院不予受理。

条文释义

一、本条主旨

本条是关于破产申请的撤回的规定。

二、条文演变

《企业破产法（试行）》并未对破产申请的撤回问题进行规定。本条规定来自于《企业破产法（草案）》第12条。草案第12条规定："债务人或债权人提出破产申请后，在人民法院受理前，可以请求撤回申请。"现行法主要是对草案进行了语言上的简化和优化。在人民法院受理企业破产申请前，案件尚未真正进入司法程序，对于尚未进入正式破产程序的案件，允许当事人撤回破产申请，既节约了司法资源，又尊重了当事人意思自治。

三、条文解读

本条是关于破产申请撤回的规定。依照本法的规定，法院收到破产申请后，破产程序并未开始。法院受理破产申请以后，破产程序才开始。因此，本条规定，在人民法院受理破产申请前，申请人可以请求撤回申请。

在人民法院受理破产案件后，申请人则不得请求撤回申请。按照《民事诉讼法》的规定，当事人可以撤诉。但是破产案件与一般的民事诉讼有所不同。法院一旦受理了破产申请，即是初步认定债务人已经具备了破产原因，无论是债务人提出破产申请，还是债权人提出破产申请，所涉及的利益关系便不限于申请人，已经超出了申请人的范围。在债务人有破产原因时，其他债权人的利益也依赖破产程序来保障，如果允许申请人在破产申请受理以后撤回申请，一是会损害债权人整体的利益；二是在法院受理破产申请的裁定作出以后，要发布公告，通知债权人等有关当事人，债权人对债权进行申报，人民法院要采取必要的财产保全措施等。一系列的法定程序已经开始进行。如果这时允许申请人撤回申请，会造成损失。

适用指引

破产程序的启动并非始于债务人或债权人、负有清算责任的人向人民法院提出破产申请，也非始于人民法院收到破产申请，而是始于人民法院受理破产申请之时，标志为人民法院作出受理破产申请的裁定。而债务人或债权人提出破产申请后，在人民法院受理前，可以请求撤回申请，但是是否批准，应由人民法院根据实际情况加以决定。

因为破产是事关社会经济秩序与多方利害关系人利益的重要程序，它不像一般民事程序那样依赖当事人的主观意愿选择，也不像一般的民事权利那样可以由当事人选择行使或放弃。人民法院对于破产程序一方面须依申请而启动，另一方面对申请人的申请有一定的司法审查权。允许申请人撤回破产申请，并不等于其一旦提出撤回申请，人民法院就必须准许其撤回。如同在普通民事诉讼中原告撤销起诉一样，由于案件已经进入人民法院的审判程序，当事人处分自己的权利要受到一定的限制，人民法院必须审查其处分权利是否符合法律规定，是否损害其他当事人的利益等，并最终以裁定的形式决定是否准许其撤诉。申请人撤回破产申请的要求，也必须经过人民法院的审查，由人民法院决定是否准许。在人民法院决定允许申请人撤回申请的情况下，可能在此前已经发生了一些费用，这些费用应当由破产申请人承担。

类案检索

温州市新丁香酒店管理有限公司破产清算案

关键词：申请撤回　破产申请

裁判摘要：温州市新丁香酒店管理有限公司（以下简称新丁香公司）成立于1998年6月29日，注册资本1500万元，经营范围为餐饮、茶座、客房，隶属于温州新丁香控股集团有限公司（以下简称新丁香控股集团）。受国际金融危机以及局部金融风波的影响，新丁香控股集团与新丁香公司均陷入资金链断裂的困境。2013年5月13日，浙江温州鹿城农村合作银行黎明支行以新丁香酒店不能清偿到期4080万元债务为由向温州市鹿城区人民法院（以下简称鹿城法院）申请该公司破产清算。新丁香公司收到通知后，于同年5月20日向法院提出异议。

为了充分保障新丁香公司的合法权益，为其提供一个充分阐述以及与债权人沟通的平台，鹿城法院于2013年6月4日举行了听证会。新丁香公司的其他债权人列席旁听。听证会重点审查了新丁香公司是否具备破产原因，即能否清偿到期债务，资产是否足以清偿全部债务或者是否缺乏清偿能力。在听证会上，新丁香公司表示公司目前尽管暂时资金周转困难，但"新丁香"作为一个知名酒店品牌，公众认可度较高，公司具有良好的发展前景，希望债权人不要局限于公司目前的资金困境，而应当长远地考虑公司潜在的偿债能力。申请人鹿城农合银行黎明支行对此表示认可。听证会结束后，法院召集了现场所有的债权人与债务人进行了协商沟通，部分银行债权人表达了拯救新丁香公司的意愿。此后债权人与债务人进行了庭外和解，本案申请人申请撤回破产申请，法院予以准许。

【案　　号】（2014）浙温商终字第322号

【审理法院】浙江省温州市鹿城区人民法院

【来　　源】法信网

第二节　受　理

第十条　债权人提出破产申请的，人民法院应当自收到申请之日起五日内通知债务人。债务人对申请有异议的，应当自收到人民法院的通知之日起七日内向人民法院提出。人民法院应当自异议期满之日起十日内裁定是否受理。

除前款规定的情形外，人民法院应当自收到破产申请之日起十五日内裁定是否受理。

有特殊情况需要延长前两款规定的裁定受理期限的，经上一级人民法院批准，可以延长十五日。

关联规定

一、法律、行政法规、司法解释

《最高人民法院关于适用〈中华人民共和国企业破产法〉若干问题的规定（一）》

第七条　人民法院收到破产申请时，应当向申请人出具收到申请及所附证据的书面凭证。

人民法院收到破产申请后应当及时对申请人的主体资格、债务人的主体资格和破产原因，以及有关材料和证据等进行审查，并依据企业破产法第十条的规定作出是否受理的裁定。

人民法院认为申请人应当补充、补正相关材料的，应当自收到破产申请之日起五日内告知申请人。当事人补充、补正相关材料的期间不计入企业破产法第十条规定的期限。

第八条　破产案件的诉讼费用，应根据企业破产法第四十三条的规定，从债务人财产中拨付。相关当事人以申请人未预先交纳诉讼费用为由，对破产申请提出异议的，人民法院不予支持。

第九条　申请人向人民法院提出破产申请，人民法院未接收其申请，或者未按本规定第七条执行的，申请人可以向上一级人民法院提出破产申请。

上一级人民法院接到破产申请后，应当责令下级法院依法审查并及时作出是否受理的裁定；下级法院仍不作出是否受理裁定的，上一级人民法院可以径行作出裁定。

上一级人民法院裁定受理破产申请的，可以同时指令下级人民法院审理该案件。

二、司法指导性文件

1.《全国法院民商事审判工作会议纪要》

107.【继续推动破产案件的及时受理】充分发挥破产重整案件信息网的线上预约登记功能，提高破产案件的受理效率。当事人提出破产申请的，人民法院不得以非法定理由拒绝接收破产申请材料。如果可能影响社会稳定的，要加强府院协调，制定相应预案，但不应当以“影响社会稳定”之名，行消极不作为之实。破产申请材料不完备的，立案部门应当告知当事人在指定期限内补充材料，待材料齐备后以“破申”作为案件类型代字编制案号登记立案，并及时将案件移送破产审判部门进行破产审查。

注重发挥破产和解制度简便快速清理债权债务关系的功能，债务人根据《企业破产法》第95条的规定，直接提出和解申请，或者在破产申请受理后宣告破产前申请和解的，人民法院应当依法受理并及时作出是否批准的裁定。

2.《全国法院破产审判工作会议纪要》

15.重整案件的听证程序。对于债权债务关系复杂、债务规模较大，或者涉及上市公司重整的案件，人民法院在审查重整申请时，可以组织申请人、被申请人听证。债权人、出资人、重整投资人等利害关系人经人民法院准许，也可以参加听证。听证期间不计入重整申请审查期限。

33.实质合并申请的审查。人民法院收到实质合并申请后，应当及时通知相关利害关系人并组织听证，听证时间不计入审查时间。人民法院在审查实质合并申请过程中，可以综合考虑关联企业之间资产的混同程序及其持续时间、各企业之间的利益关系、债权人整体清偿利益、增加企业重整的可能性等因素，在收到申请之日起三十日内作出是否实质合并审理的裁定。

3.《最高人民法院关于执行案件移送破产审查若干问题的指导意见》

7. 执行法院作出移送决定后，应当于五日内送达申请执行人和被执行人。申请执行人或被执行人对决定有异议的，可以在受移送法院破产审查期间提出，由受移送法院一并处理。

13. 受移送法院的破产审判部门应当自收到移送的材料之日起三十日内作出是否受理的裁定。受移送法院作出裁定后，应当在五日内送达申请执行人、被执行人，并送交执行法院。

4.《最高人民法院关于破产案件立案受理有关问题的通知》

一、破产案件的立案受理事关当事人破产申请权保障，决定破产程序能否顺利启动，是审理破产案件的基础性工作，各级法院要充分认识其重要意义，依照本通知要求，切实做好相关工作，不得在法定条件之外设置附加条件，限制剥夺当事人的破产申请权，阻止破产案件立案受理，影响破产程序正常启动。

二、自 2016 年 8 月 1 日起，对于债权人、债务人等法定主体提出的破产申请材料，人民法院立案部门一律接收并出具书面凭证，然后根据《中华人民共和国企业破产法》第八条的规定进行形式审查。立案部门经审查认为申请人提交的材料符合法律规定的，应按 2016 年 8 月 1 日起实施的《强制清算与破产案件类型及代字标准》，以“破申”作为案件类型代字编制案号，当场登记立案。不符合法律规定的，应予释明，并以书面形式一次性告知应当补充、补正的材料，补充、补正期间不计入审查期限。申请人按要求补充、补正的，应当登记立案。

立案部门登记立案后，应及时将案件移送负责审理破产案件的审判业务部门。

三、审判业务部门应当在五日内将立案及合议庭组成情况通知债务人及提出申请的债权人。对于债权人提出破产申请的，应在通知中向债务人释明，如对破产申请有异议，应当自收到通知之日起七日内向人民法院提出。

四、债权人提出破产申请的，审判业务部门应当自债务人异议期满之日起十日内裁定是否受理。其他情形的，审判业务部门应当自人民法院收到破产申请之日起十五日内裁定是否受理。

有特殊情况需要延长上述审限的，经上一级人民法院批准，可以延长十五日。

条文释义

一、本条主旨

本条是关于人民法院受理破产申请时限及债务人对破产申请行使异议权的规定。

二、条文演变

《企业破产法（试行）》第 9 条第 1 款规定："人民法院受理破产案件后，应当在十日内通知债务人并且发布公告。人民法院在收到债务人提交的债务清册后十日内，应当通知已知的债权人。公告和通知中应当规定第一次债权人会议召开的日期。"《企业破产法》起草过程中，《企业破产重整法》（2000 年 12 月草案）第 12 条第 1 款规定："人民法院收到破产案件申请后，应当在三十日内决定是否受理破产案件。人民法院决定受理破产案件的，应当作出裁定。"《企业破产法》（2004 年 10 月草案）第 12 条规定："人民法院应当自收到破产申请之日起十五日内裁定是否受理。有特殊情况需要延长的，经上一级人民法院批准，可以延长十五日。债权人提出申请的，人民法院应当在收到申请之日起五日内通知债务人。债务人对申请有异议的，应当自收到人民法院的通知之日起七日内向人民法院提出。"现行《企业破产法》最终规定为本条的内容。从条文演变来看，草案中的相关期限，除将原来法定的 30 日变成法定的 15 日及特别批准的 15 日外，其他部分并未发生明显变化。

三、条文解读

（一）破产申请的受理

破产申请的受理，是指人民法院在收到破产申请后，经审查认为破产申请符合法定条件而予以接受，并因此开始破产程序的司法行为。当事人向人民法院提出破产申请，破产程序并不当然开始，收到破产申请的人民法院应当在法定期限内，对破产申请予以审查。人民法院经过审查后，对是否受理破产申请应当作出裁定。

（二）债务人的异议权

按照本条第 1 款的规定，债权人提出申请的，人民法院应当自收到申请之日起 5 日内通知债务人。债务人对申请有异议的，应当自收到人民法院的通知之日起 7 日内向人民法院提出。人民法院应当自异议期满之日起 10 日内裁定是否受理。本条的这一规定赋予了债务人异议权。作出这一规定的考虑是：债权人提出破产申请，主要原因就是由于债务人不能清偿到期债务。那么债务人究竟是否具有清偿债务的能力，债权人对此并不了解，需要人民法院依职权进行审查，同时需要债务人提供相关材料，对债权人所提出的申请材料予以核实。

此外，在实践中，也存在着债权人通过申请人民法院对债务人宣告破产的方式，诋毁债务人的商业信誉，意图达到不正当竞争的目的。因此，人民法院在受理破产申请的裁定作出以前的审查工作是非常重要的，受理申请的裁定一旦作出，就要发布公告，则对于债务人商业信誉的损失便难以挽回，债权人恶意申请的目的便达到了。

所以，本法规定债权人提出申请的，人民法院应当在五日内通知债务人。债务人接到通知后，对于债权人提出的破产申请有异议的，即认为自己尚不具备破产原因或者对于提出破产申请的债权人的债权有异议时，应当及时向人民法院提出，提出的时限为自收到人民法院的通知之日起 7 日内。在这种情况下，如果按照本条第 2 款规定的 15 日的受理裁定期限，受理破产申请的人民法院可能只有 3 天左右的时间，则无法及时作出是否受理破产申请的裁定。因此，第 1 款规定人民法院应当自异议期满之日起 10 日内作出是否受理的裁定。

（三）人民法院受理破产申请裁定期限的一般情况

按照本条第 2 款的规定，除第 1 款规定的情形外，人民法院应当自收到破产申请之日起 15 日内裁定是否受理。这里所谓的除外情形，包括债权人提出破产申请但债务人未在最长的期限即 12 日（本条第 1 款中的“5 日 +7 日”）提出异议的情形，也包括债务人自身提起破产申请的情形。人民法院在收到破产申请后，应当对破产申请进行审查。按照本条规定，作出裁定的期限为收到破产申请之日起 15 日内。

（四）破产申请受理裁定期限的延长

按照本条第 3 款的规定，有特殊情况需要延长裁定受理期限的，经上一级人民法院批准，可以延长 15 日。如果有特殊情况，比如，债权人人数众多、债权债务关系复杂等情况，为了保证裁定作出的准确性，保护相关当事人的合法权益，应当允许受理破产申请的人民法院适当延长作出是否受理破产申请裁定的时限，但是应当经上一级人民法院批准，最长可以延长 15 日。

适用指引

一、关于债务人对破产申请的异议

在债权人申请债务人破产的情形下，债权人对债务人的经营状况、财产状况和负债情况有时并不是很了解，而且债权债务关系具有相对性，这使得债权人很难知悉债务人与其他民事主体之间的债权债务关系以及担保等情况，因此，法律对债权人申请材料的要求并没有作出与债务人同样的规定。

债权人申请债务人破产，主要是因为债务人没有清偿其到期债务。而债务人没有清偿到期债务可能并不是客观上已经达到不能清偿债务的程度，而是发生了临时性的支付不能；也可能是债务人主观上因种种原因不愿意及时清偿债务；亦有可能是双方之间存在着某些民事纠纷，或者双方相互负有债务。所有这些复杂情况，决定了人民法院在受理债权人的申请后，必须严格把握破产案件受理环节。接受了债权人要求债务人破产的申请，还不等于受理该案件，一旦受理了该债务人破产案件，根据本法第 14 条的规定，人民法院应当发布公告，这可能对该债务人的商业信誉将产生极大的影响。

因此，人民法院在受理债权人申请后，必须对债权人所提交的材料进行认真审查，在通知债务人核实有关情况后，才能决定是否受理该破产案件。如果经核查，债务人对债权人的债权提出异议，人民法院认为该异议成立的，由于此时破产案件的程序尚未启动，不宜以破产程序来处理该异议。

二、关于人民法院的审查

人民法院收到破产申请后，需要对破产申请进行审查。其审查的依据是破产法律规定的受理条件，审查的目的在于决定是否予以受理，开始破产程序。其要求是在规定期限内对破产申请进行形式审查和实质审查。

（一）实质审查

对破产申请的实质审查是指审查破产程序开始的实质要件，也就是审查债务人有无破产能力、是否已达破产界限这两个方面的内容。

1. 债务人有无破产能力

这属于债务人主体是否适格的问题。债务人如无破产能力，当然不能适用破产程序。法院对于债务人破产能力的审查即看其是否具有《企业破产法》等法律赋予的资格，如不具有该资格，法院就应驳回破产申请。

2. 债务人是否符合破产原因或重整原因

破产原因和重整原因是破产程序开始的最重要的条件，是法院据以裁定债务人破产清算或重整的重要依据。法院对破产原因和重整原因的审查尤其应严肃认真。但在破产案件的受理阶段，法院难以对破产原因或重整原因作出深入的调查。在这一阶段，法院对债务人是否已达破产原因或重整原因的审查，只以债权人或债务人所提供的债务人不能清偿到期债务的证据进行初步审查为限，也就是说，对该实质要件的审查只是形式上的，只从申请人提供的有关材料判断债务人是否已达受理条件。至于债务人是否真正达到了破产界限而应受理破产，即对该实质要件的进一步审查，只能是在法院受理破产案件后，在正式审理时进行调查，予以确定。当然，如果申请人没有证据证明债务人不能清偿债务，或者所提供的证据极不充分而又不能补强的，那么，从形式上便可判断该申请不具备实质要件，人民法院应当裁定对该破产申请不予受理。

（二）形式审查

对破产申请的形式审查是指审查破产开始的形式要件，主要包括审查申请人是否适格，申请材料是否齐备和法院有无管辖权等问题。

1. 申请人是否有破产申请权

适格的破产申请人是债权人、债务人和依法负有清算责任的人。如果申请人不是上述三类主体之一的，人民法院就应以主体资格不适格为由驳回申请。其次，申请人是上述三类主体的，还应进一步审查：申请人为自然人债权人的，有无民事行为能力；是法人的，有无法定代表人身份证明，委托代理人的授权委托书是否有效，代理手续是否完备等。以上条件不符合的，法院不应受理该破产申请。需要指出的是，当破产申请人为数人时，其中若干破产申请人不适格，只要有一人为适格的破产申请人，破产申请仍为有效的申请，法院不得以部分申请人不适格为由驳回破产申请。

2. 破产申请书及其他材料是否齐备

申请人向法院提出破产申请时，应提交破产申请书及其他有关书面材料，具体应符合本法第 8 条及有关司法解释的规定要求。向人民法院提出破产申请，应当提交破产申请书和有关证据。破产申请书应当载明下列事项：（1）申请人、被申请人的基本情况；（2）申请目的；（3）申请的事实和理由；（4）人民法院认为应当载明的其他事项。在债权人提出破产申请时，应提供关于债权的性质、数额、有无财产担保，以及债务人不能清偿到期债务的有关证据。债务人提出申请的，还应当向人民法院提交财产状况说明、债务清册、债权清册、有关财务会计报告、职工安置预案，以及职工工资的支付和社会保险费用的缴纳情况。

3. 接受破产申请的法院是否有管辖权

对破产案件有管辖权的法院，才能够受理破产申请。法院收到破产申请后必须依照法律关于破产案件管辖的规定，查明本院对该破产案件有无管辖权。如果本院对破产案件没有管辖权，应当告知申请人向有管辖权的法院提出破产申请，申请人坚持在本院提出破产申请的，应裁定不予受理。但如果法院是在受理破产案件后发现其对该案无管辖权的，不可裁定驳回申请，而应当将案件移送有管辖权的法院。

三、关于破产受理裁定

根据本条的规定，债务人对债权人提出的破产申请有异议的，人民法院应当自异议期满之日起 10 日内裁定是否受理；除此之外，人民法院应当自收到破产申请之日起 15 日内裁定是否受理。有特殊情况需要延长上述规定的裁定受理期限的，经上一级人民法院批准，可以延长 15 日。

人民法院关于是否受理的裁定，有以下三种情况：（1）经审查认为破产申请符合规定的，应裁定受理。（2）经审查认为材料有欠缺，需要更正、补充的，可以责令申请人限期更正、补充；按期更正、补充材料的，自收到更正或补充材料的次日起在规定期间内决定是否受理；逾期未予更正、补充导致法院无法就符合破产原因作出初步判断的，可以视为撤回申请。(3）经审查认为破产申请不符合破产原因的规定，又不需要更正、补充的，或者经更正、补充仍不符合规定的，应裁定不予受理。

根据本法第 12 条的规定，人民法院裁定不受理破产申请的，应当自裁定作出之日起 5 日内送达申请人并说明理由。申请人对裁定不服的，可以自裁定送达之日起 10 日内向上一级人民法院提起上诉。人民法院受理破产申请后至破产宣告前，经审查发现债务人不符合本法第 2 条规定情形的，可以裁定驳回申请。申请人对裁定不服的，可以自裁定送达之日起 10 日内向上一级人民法院提起上诉。

典型案例

闽发证券有限责任公司与北京辰达科技投资有限公司、上海元盛投资管理有限公司、上海全盛投资发展有限公司、深圳市天纪和源实业发展有限公司合并破产清算案

关键词：关联公司　职权主义审判方式

裁判摘要：关联公司资产混同、管理混同、经营混同以致无法个别清算的，可将数个关联公司作为一个企业整体合并清算。人民法院对清算工作的职责定位为监督和指导，监督是全面的监督，指导是宏观的指导，不介入具体清算事务以保持中立裁判地位。从破产衍生诉讼中破产企业方实际缺位、管理人与诉讼对方不对称掌握证据和事实的实际情况出发，不简单适用当事人主义审判方式，而是适时适度强化职权主义审判方式的应用。

【**审理法院**】福建省福州市中级人民法院

【**来　　源**】《最高人民法院公报》2013 年第 11 期

类案检索

刘某辉、龚某英申请江西亚细亚气门芯制造有限公司等申请破产清算案

关键词： 破产原因 举证责任

裁判摘要： 在债权人申请债务人破产的情形下，不能清偿到期债务既是债权人提出破产申请的条件，也是债务人存在破产原因的认定依据。债权人向人民法院提出破产申请时，需证明债务人不能清偿到期债务，之后，举证责任转换至债务人，由债务人举证证明其不存在资产不足以清偿全部债务或者明显缺乏清偿能力的情形，否则即应认定债务人具备破产原因，法院应依法受理债权人提出的破产申请。从一审法院对于江西亚细亚气门芯制造有限公司（以下简称亚细亚公司）股东兼法定代表人杨某友以及实际控制人杨某的询问笔录内容看，杨某友对于亚细亚公司破产没有异议，杨某表示亚细亚公司从2015年年初就已经停止经营，公司资产只有案涉土地、厂房，目前处于资不抵债状态。同时，亚细亚公司在其于2017年6月30日出具给二审法院的说明中，亦承认公司已经处于严重资不抵债状态，同意刘某辉、龚某英提出的破产申请。也即债务人亚细亚公司不仅未对破产申请提出异议，反而明确认可其已处于资不抵债状态并同意破产申请。

【案　　号】（2017）最高法民再284号

【审理法院】 最高人民法院

【来　　源】《最高人民法院第三巡回法庭新型民商事案件理解与适用》

第十一条　人民法院受理破产申请的，应当自裁定作出之日起五日内送达申请人。

债权人提出申请的，人民法院应当自裁定作出之日起五日内送达债务人。债务人应当自裁定送达之日起十五日内，向人民法院提交财产状况说明、债务清册、债权清册、有关财务会计报告以及职工工资的支付和社会保险费用的缴纳情况。

关联规定

一、法律、行政法规、司法解释

《最高人民法院关于适用〈中华人民共和国企业破产法〉若干问题的规定（一）》

第六条　债权人申请债务人破产的，应当提交债务人不能清偿到期债务的有关证据。债务人对债权人的申请未在法定期限内向人民法院提出异议，或者异议不成立的，人民法院应当依法裁定受理破产申请。

受理破产申请后，人民法院应当责令债务人依法提交其财产状况说明、债务清册、债权清册、财务会计报告等有关材料，债务人拒不提交的，人民法院可以对债务人的直接责任人员采取罚款等强制措施。

二、司法指导性文件

《最高人民法院关于执行案件移送破产审查若干问题的指导意见》

13. 受移送法院的破产审判部门应当自收到移送的材料之日起三十日内作出是否受理的裁定。受移送法院作出裁定后，应当在五日内送达申请执行人、被执行人，并送交执行法院。

条文释义

一、本条主旨

本条是关于破产申请受理裁定送达及债权人提出破产申请时债务人应当提交的材料的规定。

二、条文演变

《企业破产法（试行）》第 9 条第 1 款规定："人民法院受理破产案件后，应当在十日内通知债务人并且发布公告。人民法院在收到债务人提交的债务清册后十日内，应当通知已知的债权人。公告和通知中应当规定第一次债权人会议召开的日期。"第 10 条规定："债权人提出破产申请的，债务人应当在收到人民法院通知后十五日内，向人民法院提交本法第八条第二款所列有关材料。债务人为其他单位担任保证人的，应当在收到人民法院通知后五日内转告有关当事人。"在历次的破产法草案稿中，《企业破产法》（2004 年 10 月草案）第 13 条规定："人民法院受理破产申请的，应当自裁定作出之日起五日内送达申请人。债权人提出申请的，人民法院应当自裁定作出之日起五日内送达债务人。债务人应当自裁定送达之日起十五日内，向人民法院提交财产状况说明、债务清册、债权清册和有关的财务会计报告。"与草案相比，明显的变化是在最终的《企业破产法》关于债务人提交材料清单中，增加了"职工工资的支付和社会保险费用的缴纳情况"。

三、条文解读

（一）对破产申请人的送达

按照本条第 1 款的规定，人民法院受理破产申请的，应当自裁定作出之日起 5 日内送达申请人。人民法院收到破产申请后，经审查，认为符合本法规定决定受理破产申请的，应当作出裁定，并送达提出破产申请的申请人。破产申请人是破产程序的发起者，有权知道人民法院对破产申请审查的结果。这里讲的送达，是指人民法院依照法定程序和方式，将受理破产申请的裁定书送交破产申请人的诉讼行为。按照《民事诉讼法》的规定，送达的方式分为直接送达、留置送达、委托送达、邮寄送达、转交送达、公告送达等。人民法院可以根据情况采取送达方式，送达的时间为裁定作出之日起5日内。

（二）债务人提交有关材料的义务

按照本条第2款的规定，债权人提出申请的，人民法院应当自裁定作出之日起5日内送达债务人，债务人应当自裁定送达之日起15日内，向人民法院提交财产状况说明、债务清册、债权清册、有关财务会计报告以及职工工资的支付和社会保险费用的缴纳情况。因为破产程序对债务人利害关系重大，在债权人提出破产申请的情况下，人民法院应当及时将受理破产申请的裁定送达债务人，以保证债务人能够及时准备相关材料。

适用指引

一、关于受理破产申请裁定送达申请人

在人民法院受理破产申请后，为便于申请人了解已开始破产程序的事实和有关事项，人民法院应当将受理破产申请的裁定送达申请人。值得注意的是，《企业破产规定》第10条第2款规定："人民法院决定受理企业破产案件的，应当制作案件受理通知书，并送达申请人和债务人。通知书作出时间为破产案件受理时间。"《企业破产法》规定送达的是裁定，而不是案件受理通知书。

二、受理破产申请裁定送达债务人

根据本条第2款的规定，债权人提出申请的，人民法院应当自裁定作出之日起5日内送达债务人。债务人应当自裁定送达之日起15日内，向人民法院提交财产状况说明、债务清册、债权清册、有关财务会计报告以及职工工资的支付和社会保险费用的缴纳情况。

这一程序同一般民事诉讼程序中要求被告人进行答辩一样。但是，一般被告人可以放弃答辩的权利，而破产案件中的债务人不能拒绝提交上述材料。因为提交这些法定的证明材料，既是债务人的权利，又是债务人的义务。

三、债务人不能提交相关材料不影响破产清算案件的受理

最高人民法院在2008年8月18日作出的《关于债权人对人员下落不明或者财产状况不清的债务人申请破产清算案件如何处理的批复》中，对债权人申请破产清算时，债务人人员下落不明或者财产状况不清时应该如何处理提出了如下意见：

债权人对人员下落不明或者财产状况不清的债务人申请破产清算，符合《企业破产法》规定的，人民法院应依法予以受理。债务人能否依据《企业破产法》第11条第2款的规定向人民法院提交财产状况说明、债权债务清册等相关材料，并不影响对债权人申请的受理。人民法院受理上述破产案件后，应当依据《企业破产法》的有关规定指定管理人追收债务人财产；经依法清算，债务人确无财产可供分配的，应当宣告债务人破产并终结破产程序；破产程序终结后2年内发现有依法应当追回的财产或者有应当供分配的其他财产的，债权人可以请求人民法院追加分配。债务人的有关人员不履行法定义务，人民法院可依据有关法律规定追究其相应法律责任；其行为导致无法清算或者造成损失，有关权利人起诉请求其承担相应民事责任的，人民法院应依法予以支持。

类案检索

江苏卓典建筑技术开发有限公司破产清算案

关键词：破产清算　罚款

裁判摘要：2016年10月19日，江苏省南京市中级人民法院（以下简称南京中院）裁定受理申请人南京华浦高科建材有限公司申请被申请人江苏卓典建筑技术开发有限公司（以下简称卓典公司）破产清算一案，并于同日指定江苏东恒律师事务所为管理人。在卓典公司管理人履行职务的过程中，彭某军作为卓典公司原法定代表人、清算组负责人，经法院多次书面通知及管理人书面通知的情形下，拒不向人民法院提交卓典公司的财产状况说明、债务清册、债权清册、有关财务会计报告以及职工工资的支付情况和社会保险费用的缴纳情况，亦拒不向管理人移交财产、印章和账簿、文书等资料。卓典公司管理人于2016年12月5日以彭某军拒不向管理人移交资料为由，向法院申请对彭某

军进行处罚。法院于2016年12月16日就上述事宜举行听证。南京中院认为，彭某军作为卓典公司直接责任人员，其上述行为阻止了人民法院依法进行破产清算程序，情节严重，已严重损害了公司利益及债权人利益，严重妨碍了破产清算工作的正常进行。据此，依照《企业破产法》第11条、第15条、第127条等规定，对彭某军罚款6万元，限于2017年1月8日前交纳。

【案　　号】（2016）苏01司惩1号

【审理法院】江苏省南京市中级人民法院

【来　　源】北大法宝网

第十二条 人民法院裁定不受理破产申请的，应当自裁定作出之日起五日内送达申请人并说明理由。申请人对裁定不服的，可以自裁定送达之日起十日内向上一级人民法院提起上诉。

人民法院受理破产申请后至破产宣告前，经审查发现债务人不符合本法第二条规定情形的，可以裁定驳回申请。申请人对裁定不服的，可以自裁定送达之日起十日内向上一级人民法院提起上诉。

关联规定

一、法律、行政法规、司法解释

1.《最高人民法院关于适用〈中华人民共和国企业破产法〉若干问题的规定（一）》

第九条 申请人向人民法院提出破产申请，人民法院未接收其申请，或者未按本规定第七条执行的，申请人可以向上一级人民法院提出破产申请。

上一级人民法院接到破产申请后，应当责令下级法院依法审查并及时作出是否受理的裁定；下级法院仍不作出是否受理裁定的，上一级人民法院可以径行作出裁定。

上一级人民法院裁定受理破产申请的，可以同时指令下级人民法院审理该案件。

2.《最高人民法院关于适用〈中华人民共和国企业破产法〉若干问题的规定（二）》

第八条 人民法院受理破产申请后至破产宣告前裁定驳回破产申请，或者依据企业破产法第一百零八条的规定裁定终结破产程序的，应当及时通知原已采取保全措施并已依法解除保全措施的单位按照原保全顺位恢复相关保全措施。

在已依法解除保全的单位恢复保全措施或者表示不再恢复之前，受理破产申请的人民法院不得解除对债务人财产的保全措施。

二、司法指导性文件

1.《全国法院民商事审判工作会议纪要》

108.【破产申请的不予受理和撤回】人民法院裁定受理破产申请前，提出破产申请的债权人的债权因清偿或者其他原因消灭的，因申请人不再具备申请资格，人民法院应当裁定不予受理。但该裁定不影响其他符合条件的主体再次提出破产申请。破产申请受理后，管理人以上述清偿符合《企业破产法》第31条、第32条为由请求撤销的，人民法院查实后应当予以支持。

人民法院裁定受理破产申请系对债务人具有破产原因的初步认可，破产申请受理后，申请人请求撤回破产申请的，人民法院不予准许。除非存在《企业破产法》第12条第2款规定的情形，人民法院不得裁定驳回破产申请。

2.《全国法院破产审判工作会议纪要》

34.裁定实质合并时利害关系人的权利救济。相关利害关系人对受理法院作出的实质合并审理裁定不服的，可以自裁定书送达之日起十五日内向受理法院的上一级人民法院申请复议。

3.《最高人民法院关于执行案件移送破产审查若干问题的指导意见》

18.受移送法院做出不予受理或驳回申请裁定的，应当在裁定生效后七日内将接收的材料、被执行人的财产退回执行法院，执行法院应当恢复对被执行人的执行。

19.受移送法院作出不予受理或驳回申请的裁定后，人民法院不得重复启动执行案件移送破产审查程序。申请执行人或被执行人以有新证据足以证明被执行人已经具备了破产原因为由，再次要求将执行案件移送破产审查的，人民法院不予支持。但是，申请执行人或被执行人可以直接向具有管辖权的法院提出破产申请。

21.受移送法院拒绝接收移送的材料，或者收到移送的材料后不按规定的期限作出是否受理裁定的，执行法院可函请受移送法院的上一级法院进行监督。上一级法院收到函件后应当指令受移送法院在十日内接收材料或作出是否受理的裁定。

受移送法院收到上级法院的通知后，十日内仍不接收材料或不作出是否受理裁定的，上一级法院可以径行对移送破产审查的案件行使管辖权。上一级法院裁定受理破产案件的，可以指令受移送法院审理。

条文释义

一、本条主旨

本条是关于破产申请不予受理以及驳回破产申请的规定。

二、条文演变

《企业破产法（试行）》并无本条相关规定。《企业破产法》起草过程中，《破产法》（1995年草案）第15条规定："人民法院决定不受理案件的，应当作出裁定，并说明理由。前款规定的裁定，人民法院应当自裁定之日起五日内通知申请人，但无须公告。不服人民法院不受理案件裁定的，申请人可以在裁定送达之日起十日内向上一级人民法院提出上诉。"第18条规定："债务人不服人民法院受理破产案件裁定的，可以向上一级人民法院申请复议一次。复议期间不停止裁定的执行。"《企业破产法》（2004年10月草案）第14条规定："人民法院裁定不受理破产申请的，应当自裁定作出之日起五日内送达申请人并说明理由。申请人对裁定不服的，可以自裁定送达之日起十日内向上一级人民法院提出上诉。人民法院受理破产申请后，经审查发现债务人不符合第二条规定情形的，应当裁定驳回申请。对人民法院驳回破产申请裁定不服的，申请人可以在裁定送达之日起十日内向上一级人民法院提起上诉。"《企业破产法》最终结合《民事诉讼法》的相关规定形成本条的内容。

三、条文解读

（一）对破产申请的不予受理以及申请人的上诉权

人民法院收到破产申请后，在15日内对破产申请进行审查，经过审查发现破产申请不符合本法规定的条件，人民法院应当对该破产申请不予受理，不予受理应当以裁定形式作出。本法规定的不予受理的程序，既防止债务人借破产逃避债务，保护债权人的合法权益；又防止债权人恶意申请破产，损害债务人的合法权益。按照本条第1款的规定，人民法院裁定不受理破产申请的，应当自裁定作出之日起5日内送达申请人。人民法院决定不受理申请人的破产申请，应当将不受理的理由及时告知申请人，以便申请人及时行使自己的上诉权。申请人对不受理破产申请的裁定不服的，可以自裁定送达之日起10日内向上一级人民法院提起上诉。

（二）对破产申请的驳回以及申请人的上诉权

按照本条第2款的规定，人民法院受理破产申请后至破产宣告前，经审查发现债务人不符合本法第2条规定情形的，可以裁定驳回申请。人民法院在收到破产申请以后，已经依照本法规定对破产申请进行了审查，但是由于破产案件情况非常复杂，又受立案审查期限的限制，有时难以查清全部事实，完全做到立案准确。人民法院受理破产申请以后，仍然可以继续对破产申请依照本法规定的条件进行审查，发现债务人有不符合本法第2条规定情形，即债务人没有达到不能清偿到期债务，并且资产不足以清偿全部债务或者明显缺乏清偿能力的界限，仍然可以采取裁定的方式对该破产申请予以驳回。驳回的期间为受理破产申请后至破产宣告前。由于驳回破产申请的裁定直接涉及了申请人的权利，因此，如果申请人对这一裁定不服的，应当允许申请人向上一级人民法院提起上诉。上诉期限为自裁定送达之日起10日内。

适用指引

一、关于不受理破产申请的裁定

不予受理裁定，是人民法院对申请人的申请经审查，认为不符合立案受理条件，而决定不予立案的法律文件，也是申请人不服一审裁决，而依法向上级人民法院提出上诉的法律依据凭证。不予受理裁定应当以书面形式作出。如果受理申请的人民法院未作出书面裁定，而仅仅是以口头的形式进行回复不予受理，是否可作为口头裁定，能否就此提起上诉？我们认为，对申请人的申请决定不予受理，人民法院不能使用口头形式回复。具体而言，首先，破产程序是一个有严格要求的程序，不同于一般的普通民事诉讼。其次，法律明确规定，申请人申请破产必须以书面的形式提出，而不能适用口头形式，那么，人民法院所作出的裁定也应当以书面形式，而不能使用口头形式。最后，不予受理裁定，本身就意味着申请人申请破产，人民法院不作为破产案件正式立案受理。那么，在人民法院未立案受理的情况下，法院审判人员的口头行为，只能作为法院工作人员对申请人的口头答复意义对待，有别于一般案件审理程序中的审判人员的口头裁定行为。因此，对缺乏一审书面裁定的破产案件，不宜作为上诉案件处理。但是，作出口头答复的行为系法院作出，其不作出书面裁定属于不当行为，不能因法院的不当行为而增加申请人的不便或负担。此时，可以参照《企业破产法规定（一）》第 9 条的规定，申请人向上一级人民法院提出破产申请，该上一级人民法院应当责令下级法院依法作出书面裁定。

二、关于不服驳回破产申请裁定的送达与上诉

虽然法律和相关司法解释均要求人民法院在立案审查阶段就要严格把关，准确把握立案受理的条件。但由于客观情况的复杂性，以及法律对于立案审查阶段规定了较短的时限，使得人民法院在立案阶段不能确保完全查明所有事实。正式受理前的不予受理程序，并不妨碍立案受理后发现不应当受理的，采取对申请人的破产申请以裁定驳回的方式进行处理。例如，根据《企业破产法》和《民事诉讼法》等相关规定，债务人应当具备破产资格。立案后，如果发现申请人属于不具备破产资格的，应当裁定驳回破产申请。再如，根据本法第 8 条向人民法院提出破产申请，应当提交破产申请书和有关证据，但是立案后，发现申请人所提交的文件或证据不足以证明符合破产原因的，甚至有关文件或证据是伪造的，人民法院则应当驳回申请人的申请。

类案检索

姚某波申请北京红漫红服装有限责任公司破产清算案

关键词：申请破产　明显缺乏清偿能力

裁判摘要：债权人申请债务人破产时，如果证明了债务人不能清偿到期债务并且明显缺乏清偿能力，就充分完成了举证责任。即使债务人的账面资产大于负债，只要其不能清偿债权人的到期债务，债权人即可以债务人明显缺乏清偿能力为由申请其破产。但需要指出的是，法院认定债务人发生破产原因须以“债务人明显缺乏清偿能力”为事实基础。就债务人账面资产大于负债情况下“明显缺乏清偿能力”应如何认定，《企业破产法规定（一）》第 4 条作出了明确规定，包括五种情形：(1) 因资金严重不足或者财产不能变现等原因，无法

清偿债务；(2) 法定代表人下落不明且无其他人员负责管理财产，无法清偿债务；(3) 经人民法院强制执行，无法清偿债务；(4) 长期亏损且经营扭亏困难，无法清偿债务；(5) 导致债务人丧失清偿能力的其他情形。

【案　　号】(2014) 二中破预终字第 11365 号

【审理法院】北京市第二中级人民法院

【来　　源】《中国审判案例要览 (2015 年商事审判案例卷)》

第十三条　人民法院裁定受理破产申请的，应当同时指定管理人。

关联规定

一、法律、行政法规、司法解释

1.《最高人民法院关于审理企业破产案件指定管理人的规定》

第二十七条　人民法院指定管理人应当制作决定书，并向被指定为管理人的社会中介机构或者个人、破产申请人、债务人、债务人的企业登记机关送达。决定书应与受理破产申请的民事裁定书一并公告。

第二十八条　管理人无正当理由，不得拒绝人民法院的指定。

管理人一经指定，不得以任何形式将管理人应当履行的职责全部或者部分转给其他社会中介机构或者个人。

第三十条　受理企业破产案件的人民法院应当将指定管理人过程中形成的材料存入企业破产案件卷宗，债权人会议或者债权人委员会有权查阅。

2.《最高人民法院关于〈中华人民共和国企业破产法〉施行时尚未审结的企业破产案件适用法律若干问题的规定》

第三条　已经成立清算组的，企业破产法施行后，人民法院可以指定该清算组为管理人。

尚未成立清算组的，人民法院应当依照企业破产法和《最高人民法院关于审理企业破产案件指定管理人的规定》及时指定管理人。

二、司法指导性文件

《最高人民法院关于正确审理企业破产案件为维护市场经济秩序提供司法保障若干问题的意见》

五、妥善指定适格管理人，充分发挥管理人在企业破产程序中的积极作用

11. 人民法院要根据企业破产法和有关司法解释的规定，采用适当方式指定管理人，对于重大疑难案件，可以通过竞争的方式择优确定管理人。要注意

处理好审理破产案件的审判庭和司法技术辅助工作部门的关系，在指定管理人时，应由审理破产案件的审判庭根据案件实际情况决定采用哪类管理人以及采用哪种产生方式，在决定通过随机方式或者竞争方式产生管理人或其成员时，再由司法技术辅助工作部门根据规定产生管理人或其成员。

12. 企业重整中，因涉及重大资产重组、经营模式选择、引入新出资人等商业运作内容，重整中管理人的职责不仅是管理和处分债务人财产，更要管理债务人的经营业务，特别是制定和执行重整计划。因此，在我国目前管理人队伍尚未成熟的情况下，人民法院指定管理人时，应当注意吸收相关部门和人才，根据实际情况选择指定的形式和方式，以便产生适格管理人。

条文释义

一、本条主旨

本条是关于指定管理人的规定。

二、条文演变

在起草过程中，《企业破产与重整法》（2001 年 1 月草案）第 15 条规定："人民法院受理破产申请时，应当指定管理人。"《企业破产法》（2004 年 3 月草案 A 版）第 16 条规定："人民法院决定受理破产申请的，应当同时指定管理人。"《企业破产法》（2004 年 3 月草案 B 版）第 15 条规定："人民法院决定受理破产申请的，应当同时指定管理人。本法另有规定的除外。"《企业破产法》（2004 年 10 月草案）第 15 条规定："人民法院决定受理破产申请的，应当同时指定管理人。"现行《企业破产法》最终规定为本条的内容。

三、条文解读

（一）关于管理人

在破产程序开始以后，为了加强对债务人财产的管理，防止债务人随意处置财产，保护债权人的利益，有必要由专门机构具体实施对债务人财产的管理、处分、整理、变价、分配等工作。为此，许多国家和地区都在破产法中建立了管理人制度。管理人制度最早产生于英国，之后被许多国家和地区所采用。我国历史上也有类似于管理人的组织。1986 年制定的《企业破产法（试行）》确立了由法院组织以破产企业主管机关和行政机关指派的人员为主体的清算组制度。原《民法通则》规定，企业法人解散，应当成立清算组织，进行清算。企业法人被撤销、被宣告破产的，应当由主管机关或者人民法院组织有关机关和有关人员成立清算组织，进行清算。本法结合我国实际情况确立了管理人制度。

（二）人民法院对管理人的指定

按照本条规定，人民法院裁定受理破产申请的，应当同时指定管理人。人民法院一旦裁定受理破产申请，破产程序即开始，债务人丧失对其财产的管理和处分权，这时的债务人财产将会处于无人管理的状态。为防止债务人财产无人管理，避免损失扩大，本法要求人民法院在作出受理破产申请裁定的同时就应指定管理人。只有这样才能维护债权人和债务人双方的利益，有效地对债务人财产进行管理。

适用指引

原先的《企业破产法（试行）》以破产案件的受理作为破产程序开始的时间标志，破产申请一旦为法院受理，即产生一系列程序开始的效力。如债权人必须于限期内申报其债权；对债务人财产的民事执行程序必须中止；除债务人正常生产经营所必需以外，债务人对部分债权人的清偿无效。此后，除破产申请是由债务人提出和债务人请求和解并取得和解成功外，破产的进行就只能进入破产清算程序。

然而，此时债务人并未丧失对其财产的经营管理权和处分权，破产程序开始后仍由债务人支配该企业的经营管理事务和企业财产，这不符合破产程序的规律，而且难免危及债权人日后的受偿利益。再者，案件受理后，经审理企业符合宣告破产条件时，法院应即宣告破产，破产宣告裁定后，企业丧失对其财产的管理处分权，原则上停止一切生产经营活动。但依照《企业破产法（试行）》第 24 条的规定，实践中清算组是于宣告破产之日起 15 日内成立并接管破产企业。如果清算组不能于破产宣告当日成立，则破产宣告后至清算组成立前破产企业的财产和经营管理事务必然处于无人管理的“真空”状态，且法院受人力、物力和时间等司法资源的局限也无充当“临时破产接管人”的可能。而这也可能导致破产企业的资产在破产期间大量流失，债务清偿率进一步降低。实践中，为了避免以上情况的出现，人民法院应当严格按照本条规定，在裁定受理破产申请的同时指定管理人。

类案检索

刘某松、贵州恒易律师事务所委托合同纠纷案

关键词：委托合同　指定管理人

裁判摘要：遵义市中山中学已进入破产清算程序，法院亦依法指定了相关的管理人，刘某松作为遵义市中山中学的法定代表人，对该事实应当是清楚的。在此情况下，其与贵州恒易律师事务所签订《委托代理协议》，约定在遵义市中山中学破产过程作为其代理人参与破产全过程，该约定是其真实意思表示。根据《企业破产法》第15条规定，企业的法定代表人自人民法院受理破产申请的裁定送达债务人之日起至破产程序终结之日，有义务根据人民法院、管理人的要求进行工作，并如实回答询问，有义务列席债权人会议并如实回答债权人的询问。因此，《委托代理协议》中关于参与破产程序的委托事务与管理人承担的法定职责不存在必然冲突。

【案　　号】(2017) 最高法民申2486号

【审理法院】最高人民法院

【来　　源】中国裁判文书网

第十四条 人民法院应当自裁定受理破产申请之日起二十五日内通知已知债权人，并予以公告。

通知和公告应当载明下列事项：

（一）申请人、被申请人的名称或者姓名；

（二）人民法院受理破产申请的时间；

（三）申报债权的期限、地点和注意事项；

（四）管理人的名称或者姓名及其处理事务的地址；

（五）债务人的债务人或者财产持有人应当向管理人清偿债务或者交付财产的要求；

（六）第一次债权人会议召开的时间和地点；

（七）人民法院认为应当通知和公告的其他事项。

关联规定

一、法律、行政法规、司法解释

《中华人民共和国公司法》

第一百八十五条 清算组应当自成立之日起十日内通知债权人，并于六十日内在报纸上公告。债权人应当自接到通知书之日起三十日内，未接到通知书的自公告之日起四十五日内，向清算组申报其债权。

债权人申报债权，应当说明债权的有关事项，并提供证明材料。清算组应当对债权进行登记。

在申报债权期间，清算组不得对债权人进行清偿。

二、司法指导性文件

1.《全国法院破产审判工作会议纪要》

45. 充分发挥破产重整案件信息平台对破产审判工作的推动作用。各级法院要按照最高人民法院相关规定，通过破产重整案件信息平台规范破产案件审理，全程公开、步步留痕。要进一步强化信息网的数据统计、数据检索等功能，分析研判企业破产案件情况，及时发现新情况，解决新问题，提升破产案件审判水平。

47. 运用信息化手段提高破产案件处理的质量与效率。要适应信息化发展趋势，积极引导以网络拍卖方式处置破产财产，提升破产财产处置效益。鼓励和规范通过网络方式召开债权人会议，提高效率，降低破产费用，确保债权人等主体参与破产程序的权利。

2.《最高人民法院关于进一步做好全国企业破产重整案件信息网推广应用工作的办法》

第一条 人民法院对破产案件信息应以公开为原则，不公开为例外。办理破产案件的法院要严格按照《最高人民法院关于企业破产案件信息公开的规定（试行）》的要求，及时、准确、完整公开案件流程节点、各类公告、法律文书等相关信息。尤其对于法律文书、管理人招募公告、投资人招募公告、资产拍卖公告等公告信息，必须在作出同时通过破产重整案件信息网发布。

第四条 承办法官要通过破产重整案件信息网的法官工作平台全面、及时、准确录入案件信息，办理破产案件，最高人民法院汇集、分析、考查各地破产案件审判情况将以破产重整案件信息网中填报的数据为准，并定期对各地的有关数据指标进行通报。

3.《最高人民法院关于企业破产案件信息公开的规定（试行）》

第一条 最高人民法院设立全国企业破产重整案件信息网（以下简称破产重整案件信息网），破产案件（包括破产重整、破产清算、破产和解案件）审判流程信息以及公告、法律文书、债务人信息等与破产程序有关的信息统一在破产重整案件信息网公布。

人民法院以及人民法院指定的破产管理人应当使用破产重整案件信息网及时披露破产程序有关信息。

第二条 破产案件信息公开以公开为原则，以不公开为例外。凡是不涉及国家秘密、个人隐私的信息均应依法公开。涉及商业秘密的债务人信息，在不损害债权人和债务人合法权益的情况下，破产管理人可以通过与重整投资人的协议向重整投资人公开。

第三条 人民法院依法公开破产案件的以下信息：

（一）审判流程节点信息；

（二）破产程序中人民法院发布的各类公告；

（三）人民法院制作的破产程序法律文书；

（四）人民法院认为应当公开的其他信息。

第四条 破产管理人依法公开破产案件的以下信息：

（一）债务人信息；

（二）征集、招募重整投资人的公告；

（三）破产管理人工作节点信息；

（四）破产程序中破产管理人发布的其他公告；

（五）破产管理人制作的破产程序法律文书；

（六）人民法院裁定批准的重整计划、认可的破产财产分配方案、和解协议。

破产管理人认为应当公开的其他信息，经人民法院批准可以公开。

第七条 人民法院、破产管理人可以在破产重整案件信息网发布破产程序有关公告。

人民法院、破产管理人在其他媒体发布公告的，同时要在破产重整案件信息网发布公告。人民法院、破产管理人在破产重整案件信息网发布的公告具有法律效力。

第八条 经受送达人同意，人民法院可以通过破产重整案件信息网以电子邮件、移动通信等能够确认其收悉的方式送达破产程序有关法律文书，但裁定书除外。

采用前款方式送达的，以电子邮件、移动通信等到达受送达人特定系统的日期为送达日期。

条文释义

一、本条主旨

本条是关于受理破产申请的通知及公告的规定。

二、条文演变

《企业破产法（试行）》第 9 条第 1 款规定："人民法院受理破产案件后，

应当在十日内通知债务人并且发布公告。人民法院在收到债务人提交的债务清册后十日内，应当通知已知的债权人。公告和通知中应当规定第一次债权人会议召开的日期。”关于本条，《企业破产法》起草过程中，《企业破产法》（2004年3月草案B版）第17条规定：“人民法院受理破产申请后，应当自裁定之日起十五日内通知已知债权人，并发布公告。通知和公告应当载明以下事项：（一）人民法院受理破产案件裁定的主文，以及受理破产案件的时间；（二）债权申报期限以及申报的注意事项；（三）管理人的姓名及其处理事务的地址；（四）债务人的债务人应当向管理人清偿债务，债务人的财产持有人应当向管理人交付财产；（五）第一次债权人会议召开的日期和地点；（六）人民法院认为应当公告的其他事项。”从立法史的视角看，本条构造及内容变化主要体现在两个方面：一是通知的期限从15日扩展到25日；二是公告内容上，最终定稿删掉了“人民法院受理破产案件裁定的主文”。[①]

三、条文解读

本条规定人民法院裁定受理破产申请后，应当及时通知已知的债权人，并应当发布公告。这里讲的通知和公告，是人民法院依照法定程序和方式，向已知债权人、未知债权人以及其他利害关系人送达破产案件文书的司法行为。通知的意义在于，人民法院以书面形式告知已知的债权人已开始破产程序的事实和有关事项；公告的意义在于，人民法院以公开发布方式向全社会不特定的人公开告知已受理破产申请的有关事项，包括无法通知的债权人、未知的债权人以及其他利害关系人，以维护其合法权益。

只有当债权人知悉债务人破产的实际情况后，债权人才会依法采取措施，如申报债权、参加债权人会议，保护其合法权益；另一方面，债权人申报债权、参加债权人会议也为破产程序依法有序进行提供了保障。因此，本条第1款规定人民法院应当自裁定受理破产申请之日起25日内通知已知债权人，并予以公告。同时，为了充分、有效地保护债权人利益，对于无法通知的债权人以及可能存在的其他未知债权人，人民法院应当发布公告，将受理裁定公之于众。按照《企业破产案件信息公开规定（试行）》的规定，公告应该在全国企业破产重整案件信息网公布。此外，人民法院将受理裁定通知已知债权人以及

① 陈夏红编著：《企业破产法注释》，北京大学出版社2021年版，第89~90页。

公告裁定的期限是自裁定作出之日起25日内，裁定作出之日不计算在25日的期间内。法院的公告一旦作出，则视为人民法院已经通知未知的债权人和无法通知的债权人。

适用指引

本条中的“已知债权人”是指受理破产案件的人民法院已经知道的可能对债务人享有债权的债权人。人民法院知道的途径，包括债务人提交的债务清册中反映的债权人，资产负债文件或者有关财务会计报告中反映的债权人，也包括向人民法院反映其对债务人享有债权的债权人等。这里的债权人不必是债权完全被法律确认的债权人，即使债权人的债权存在被抵销的可能、债权数额存在争议或者债权可能罹于诉讼时效等，只要被受理破产案件的人民法院知晓权利人存在的，该权利人都属于应被通知的债权人。不论是直接通知已知的债权人还是发布公告通知其他利害关系人，为了使受通知者了解破产程序有关情况，特别是为了方便债权人申报债权、出席债权人会议，人民法院的通知和公告有必要就某些必要事项作出说明。根据本条规定，通知和公告应当载明下列事项：

1. 申请人、被申请人的名称或者姓名。债权人提出申请的，载明申请人是债权人，被申请人为被申请破产的企业法人的名称；债务人提出申请的，载明申请人是作为企业法人的债务人的名称。

2. 人民法院受理破产申请的时间。人民法院一旦裁定受理破产申请，必将产生相应法律效果。裁定不但在程序上产生作用，还影响有关权利人实现某些实体权利。因此，人民法院受理破产申请的时间对于破产案件的当事人相当重要，必须予以明确。受理破产申请的时间是指人民法院作出裁定受理破产申请的时间，即裁定受理之日，通常是裁定书的落款日期。这里不能按照一般诉讼程序中裁判文书送达后生效的规则来理解受理破产裁定书。受理破产的裁定一经作出，受理破产的时间就确定。通知和公告中载明的时间就应当以此时间为准。

3. 申报债权的期限、地点和注意事项。债权人申报债权是其依法应当享有的权利，但应当依法及时行使。如果债权人不及时申报债权，不但影响人民法院对破产案件的审理，更会失去债权保护的机会或者失去使自己的债权得以最大程度受偿的时机。因此，为了明确债权申报的期限并起到督促作用，方便债权人申报债权，通知和公告就有必要对申报债权的期限、地点以及申报债权时应当注意的事项予以明确。关于申报债权的期限，《企业破产法》明确规定了债权申报期限最短不得少于30日，最长不得超过3个月。人民法院应当根据《企业破产法》关于债权申报期限的规定合理确定债权申报的时间。

4. 管理人的名称或者姓名及其处理事务的地址。管理人是破产案件中的重要参与者，在整个破产程序中发挥着重要作用。破产案件的利害关系人无法不与管理人打交道，因此，在通知和公告中对管理人予以明确也是必要的。人民法院应当依照规定在通知和公告中对管理人的名称或者姓名及其处理事务的地址予以明确。管理人由社会中介机构担任的，应当载明管理人的名称及其处理事务的地址；管理人由个人担任的，应当载明该人的姓名及其处理事务的地址；管理人由有关部门、机构的人员组成的清算组担任的，应当载明该清算组成员姓名及其处理事务的地址。

5. 债务人的债务人或者财产持有人应当向管理人清偿债务或者交付财产。债务人除了负有债务外，有时还可能对他人甚至债权人享有债权或者财产上的某种权利。这种权利有的可能是已到期债权，有的可能是未到期债权；有的可能是金钱债权，有的可能是非金钱债权；有的甚至可能是基于债务人的财产被他人占有或持有而产生的权利。在人民法院受理破产申请的裁定作出后，人民法院已经同时指定了管理人，债务人已经丧失对其财产、权利的管理与处分权，债务人财产、权利全部由管理人接管。所以债务人的债务人或者财产持有人不能向管理人以外的人清偿债务或者交付财产，必须向管理人清偿债务或者交付财产。对于这种特殊情况下的清偿或者交付，人民法院应当在通知和公告中予以明确。这里讲的“债务人的债务人”，是指破产申请受理前对债务人负有债务的任何人。这里讲的“债务人的财产持有人”，是指在破产申请受理以前实际占有债务人所有的财产或者债务人经营管理的财产，但对该项已占有的财产不享有处置权的任何人。

6. 第一次债权人会议召开的时间和地点。召开债权人会议是人民法院审理破产案件的重要程序。为了告知债权人第一次债权人会议的时间和地点，便于债权人及时出席债权人会议，通知和公告中有必要对第一次债权人会议的时间和地点予以明确。关于召开第一次债权人会议的时间，《企业破产法》有明确规定，即人民法院召集的第一次债权人会议在债权申报期限届满后15日内召开。召开会议的地点，应当坚持便捷、安全和合适的原则。即，会议地点应当便利债权人参加债权人会议，不能无谓扩大债权人参加会议和债权人会议召开的成本。会议地点应当具有一定安全保障条件，能够方便会议秩序维护。会议地点和场所应当与所举行的会议规模、会议内容相匹配，具有确保会议正常进行所需的条件。根据《破产案件高效审理意见》第10条的规定，第一次债权人会议可以采用现场方式或者网络在线视频方式召开，人民法院应当在通知和公告中注明第一次债权人会议的召开方式。债权人会议以非现场方式召开的，管理人应当核实参会人员身份，记录并保存会议过程。

7. 人民法院认为应当通知和公告的其他事项。破产案件一般比较复杂，且每个案件也都会存在不同的情况，对于非普遍存在的事项是否应当在通知和公告中载明，法律没有必要也不可能详尽规定。人民法院可以根据实际情况，灵活掌握，认为有应当公告的其他事项的，可以在通知和公告中载明。破产案件的当事人应当根据通知或者公告，依法履行义务和行使权利。

还应当注意的是，通知与公告不能互相代替。人民法院即使发布了公告，但如果没有对已知债权人进行通知，或者已经对已知债权人进行了通知，但没有发布公告，都应当承担相应的责任。

类案检索

刘某亮与深圳市建材集团有限公司企业借贷纠纷案

关键词：通知　公告　执行回转

裁判摘要：人民法院受理破产申请后执行程序中止并不以受理破产申请的法院通知执行法院为前提。即使执行法院在不知悉破产申请被受理的情形下作出了对申请执行人的债权进行清偿的执行行为，在知悉后也应依法纠正并执行回转。因此，深圳市中级人民法院（2016）粤03执复146号执行裁定以破产受理法院没有将受理破产申请的情况通知深圳市罗湖区人民法院（以下简称罗湖法院）为由，认定罗湖法院作出（2015）深罗法执二字第2780号执行裁定对申请执行人刘某亮的债权个别清偿的执行行为是正常执行程序，于法无据。另外，人民法院刊登受理破产申请公告，是为催告债权人申报债权，以便公平保护全体债权人的合法权益，因此，并不能将刊登受理破产申请公告的时间认定为人民法院受理破产申请的时间。

【案　　号】（2017）粤执监40号

【审理法院】广东省高级人民法院

【来　　源】法信网

第十五条　自人民法院受理破产申请的裁定送达债务人之日起至破产程序终结之日，债务人的有关人员承担下列义务：

（一）妥善保管其占有和管理的财产、印章和账簿、文书等资料；

（二）根据人民法院、管理人的要求进行工作，并如实回答询问；

（三）列席债权人会议并如实回答债权人的询问；

（四）未经人民法院许可，不得离开住所地；

（五）不得新任其他企业的董事、监事、高级管理人员。

前款所称有关人员，是指企业的法定代表人；经人民法院决定，可以包括企业的财务管理人员和其他经营管理人员。

关联规定

一、法律、行政法规、司法解释

1.《中华人民共和国公司法》

第一百四十六条　有下列情形之一的，不得担任公司的董事、监事、高级管理人员：

（一）无民事行为能力或者限制民事行为能力；

（二）因贪污、贿赂、侵占财产、挪用财产或者破坏社会主义市场经济秩序，被判处刑罚，执行期满未逾五年，或者因犯罪被剥夺政治权利，执行期满未逾五年；

（三）担任破产清算的公司、企业的董事或者厂长、经理，对该公司、企业的破产负有个人责任的，自该公司、企业破产清算完结之日起未逾三年；

（四）担任因违法被吊销营业执照、责令关闭的公司、企业的法定代表人，并负有个人责任的，自该公司、企业被吊销营业执照之日起未逾三年；

（五）个人所负数额较大的债务到期未清偿。

公司违反前款规定选举、委派董事、监事或者聘任高级管理人员的，该选举、委派或者聘任无效。

董事、监事、高级管理人员在任职期间出现本条第一款所列情形的，公司应当解除其职务。

2. 最高人民法院《关于适用〈中华人民共和国公司法〉若干问题的规定（二）》

第十八条 有限责任公司的股东、股份有限公司的董事和控股股东未在法定期限内成立清算组开始清算，导致公司财产贬值、流失、毁损或者灭失，债权人主张其在造成损失范围内对公司债务承担赔偿责任的，人民法院应依法予以支持。

有限责任公司的股东、股份有限公司的董事和控股股东因怠于履行义务，导致公司主要财产、账册、重要文件等灭失，无法进行清算，债权人主张其对公司债务承担连带清偿责任的，人民法院应依法予以支持。

上述情形系实际控制人原因造成，债权人主张实际控制人对公司债务承担相应民事责任的，人民法院应依法予以支持。

二、司法指导性文件

1.《全国法院民商事审判工作会议纪要》

118.【无法清算案件的审理与责任承担】人民法院在审理债务人相关人员下落不明或者财产状况不清的破产案件时，应当充分贯彻债权人利益保护原则，避免债务人通过破产程序不当损害债权人利益，同时也要避免不当突破股东有限责任原则。

人民法院在适用《最高人民法院关于债权人对人员下落不明或者财产状况不清的债务人申请破产清算案件如何处理的批复》第3款的规定，判定债务人相关人员承担责任时，应当依照企业破产法的相关规定来确定相关主体的义务内容和责任范围，不得根据公司法司法解释（二）第18条第2款的规定来判定相关主体的责任。

上述批复第3款规定的“债务人的有关人员不履行法定义务，人民法院可依据有关法律规定追究其相应法律责任”，系指债务人的法定代表人、财务管理人员和其他经营管理人员不履行《企业破产法》第15条规定的配合清算义务，人民法院可以根据《企业破产法》第126条、第127条追究其相应法律责任，或者参照《民事诉讼法》第111条的规定，依法拘留，构成犯罪的，依法追究刑事责任；债务人的法定代表人或者实际控制人不配合清算的，人民法院可以依据《出境入境管理法》第12条的规定，对其作出不准出境的决定，以确保破产程序顺利进行。

上述批复第3款规定的“其行为导致无法清算或者造成损失”，系指债务人的有关人员不配合清算的行为导致债务人财产状况不明，或者依法负有清算责任的人未依照《企业破产法》第7条第3款的规定及时履行破产申请义务，导致债务人主要财产、账册、重要文件等灭失，致使管理人无法执行清算职务，给债权人利益造成损害。“有关权利人起诉请求其承担相应民事责任”，系指管理人请求上述主体承担相应损害赔偿责任并将因此获得的赔偿归入债务人财产。管理人未主张上述赔偿，个别债权人可以代表全体债权人提起上述诉讼。

上述破产清算案件被裁定终结后，相关主体以债务人主要财产、账册、重要文件等重新出现为由，申请对破产清算程序启动审判监督的，人民法院不予受理，但符合《企业破产法》第123条规定的，债权人可以请求人民法院追加分配。

2.《最高人民法院关于审理公司强制清算案件工作座谈会纪要》

39. 鉴于公司强制清算与破产清算在具体程序操作上的相似性，就公司法、公司法司法解释二，以及本会议纪要未予涉及的情形，如清算中公司的有关人员未依法妥善保管其占有和管理的财产、印章和账簿、文书资料，清算组未及时接管清算中公司的财产、印章和账簿、文书，清算中公司拒不向人民法院提交或者提交不真实的财产状况说明、债务清册、债权清册、有关财务会计报告以及职工工资的支付情况和社会保险费用的缴纳情况，清算中公司拒不向清算组移交财产、印章和账簿、文书等资料，或者伪造、销毁有关财产证据材料而使财产状况不明，股东未缴足出资、抽逃出资，以及公司董事、监事、高级管理人员非法侵占公司财产等，可参照企业破产法及其司法解释的有关规定处理。

3.《最高人民法院关于正确审理企业破产案件为维护市场经济秩序提供司法保障若干问题的意见》

16. 人民法院在审理债务人人员下落不明或财产状况不清的破产案件时，要从充分保障债权人合法利益的角度出发，在对债务人的法定代表人、财务管理人员、其他经营管理人员，以及出资人等进行释明，或者采取相应罚款、训诫、拘留等强制措施后，债务人仍不向人民法院提交有关材料或者不提交全部材料，影响清算顺利进行的，人民法院就现有财产对已知债权进行公平清偿并裁定终结清算程序后，应当告知债权人可以另行提起诉讼要求有责任的有限责任公司股东、股份有限公司董事、控股股东，以及实际控制人等清算义务人对债务人的债务承担清偿责任。

条文释义

一、本条主旨

本条是关于人民法院受理破产申请后债务人的有关人员承担义务的规定。

二、条文演变

《企业破产法（试行）》第27条规定："破产企业的法定代表人在向清算组办理移交手续前，负责保管本企业的财产、账册、文书、资料和印章等。破产企业的法定代表人在破产程序终结以前，根据人民法院或者清算组的要求进行工作，不得擅离职守。"该条系对破产企业的法定代表人设定的义务，要求法定代表人在破产程序终结前承担保管企业财产、账册等积极义务，承担不得擅离职守等消极义务。《企业破产法》起草过程中，从2000年开始的三部草案来看，均采取列举式的方式规定了债务人有关人员承担的义务，且义务范围较之《企业破产法（试行）》有了明显的扩大。[①]

三、条文解读

（一）债务人的有关人员承担法定义务的期间

自人民法院受理破产申请以后，债务人受到破产程序的约束，债务人的有关人员的身份地位受到限制，一些权利的行使将受到影响，并应当依照本法规定承担相应的义务。按照本条规定，债务人的有关人员承担的义务仅限于破产程序之中，即自人民法院受理破产申请的裁定送达债务人之日起至破产程序终结之日止。破产程序终结以后，债务人的有关人员的义务也应相应解除。

① 陈夏红编著：《企业破产法注释》，北京大学出版社2021年版，第97页。

（二）债务人的有关人员承担的义务

按照本条规定，债务人的有关人员承担下列义务：

1. 妥善保管其占有和管理的财产、印章和账簿、文书等资料。这就要求债务人的有关人员要保管好上述财产与资料，使这些财产与资料完好、无损；不得非法处理企业的账簿、文书、资料和印章，不得隐匿、私分、无偿转让、非正常压价出售企业的财产。债务人的有关人员承担的对于财产、印章和账簿、文书等资料的保管义务，直到移交给管理人以后消灭。

2. 根据人民法院、管理人的要求进行工作，并如实回答询问。人民法院和管理人在破产程序开始以后，在处理破产企业的事务时，需要经常与破产企业的有关人员特别是债务人的法定代表人进行沟通，了解有关情况。债务人的有关人员应当积极予以配合，按照人民法院和管理人的要求出席有关会议，向管理人说明情况，回答管理人提出的有关问题。人民法院、管理人也可能要求债务人的有关人员进行一些有关的工作，如协助采取妥善保管财产的措施、协助管理人催收债权、核对债务等。

3. 列席债权人会议并如实回答债权人的询问。如果需要债务人的有关人员列席债权人会议，债务人的有关人员必须出席，不得以任何理由拒绝。债务人的有关人员在债权人会议上还有义务就债权人所提问题如实回答。

4. 未经人民法院许可，不得离开住所地。债务人的有关人员应当在住所地，随时听候人民法院的传唤，回答问题，不得擅离职守。如果债务人的有关人员有特殊情况需要离开住所地，应当经过人民法院许可，未经许可不得离开。如果债务人的有关人员违反这一规定，按照本法规定，人民法院可以予以训诫、拘留，可以并处罚款。

5. 不得新任其他企业的董事、监事、高级管理人员。由于本企业正处于破产程序之中，破产问题尚未解决，因而，这时债务人的有关人员，特别是债务人的法定代表人不得再新担任其他企业的董事、监事、高级管理人员。

（三）债务人的有关人员的范围

按照本条第 2 款的规定，第 1 款所称的有关人员，是指企业的法定代表人；经人民法院决定，可以包括企业的财务管理人员和其他经营管理人员。其他经营管理人员，由人民法院根据债务人的实际情况决定。比如，董事、监事、高级管理人员等。

适用指引

一、关于列席债权人会议并如实回答债权人的询问

债务人无论是自己申请破产还是被法院宣告破产，在接到法院通知列席债权人会议时，债务人的有关人员必须按时列席，并如实回答审判人员、债权人的有关询问。列席债权人会议并如实回答债权人的询问是债务人的义务而不是权利。如果债务人的有关人员经人民法院传唤，无正当理由拒不列席债权人会议，或者拒不陈述、回答，或者作虚假陈述、回答的，可以视为妨碍破产程序的正常进行，人民法院可以对其适用《民事诉讼法》关于对妨害民事诉讼行为采取强制措施的规定。

有义务列席债权人会议的债务人的有关人员，经人民法院传唤，无正当理由拒不列席债权人会议的，人民法院可以适用拘传的强制措施，同时依法处以罚款；拒不陈述、回答，或者作虚假陈述、回答的，人民法院可以依法处以罚款，是否处以罚款以及具体罚款数额视债务人的有关人员具体的违法行为确定。

二、关于未经人民法院许可，不得离开住所地

为了防止债务人的有关人员特别是企业法人的法定代表人逃避责任，保护破产案件当事人特别是债权人的利益，债务人的有关人员应当承担未经许可不得离开住所地的义务。否则，根据《企业破产法》的规定，债务人的有关人员违反规定，擅自离开住所地的，人民法院可以予以训诫、拘留，可以依法并处罚款。

这里的“训诫”，是指人民法院对妨害司法程序的人采取批评、教育，并责令其改正，保证不再违反的一种司法强制措施。这里的“拘留”，又称“司法拘留”，是指人民法院对妨害司法程序的人予以强制关押，在一定期限内限制其人身自由的一种司法强制措施。司法拘留是对行为情节严重的行为人而采取的一种较严厉的司法强制措施，依法应当由人民法院的院长批准。拘留的期限为15日以下。被拘留人可以向上一级人民法院申请复议一次。拘留可以单

独适用，也可以与罚款一并适用。这里的“依法”，是指依据《民事诉讼法》。根据《民事诉讼法》第118条第1款的规定，对个人的罚款金额，为人民币10万元以下。

三、关于不得新任其他企业的董事、监事、高级管理人员

当企业法人处于破产程序时，债务人的有关人员应当主要配合有关方面开展破产案件的审理，将精力放在对破产企业的处理上。因此，《企业破产法》明确规定债务人的有关人员不得新任其他任何企业董事、监事、高级管理人员。应当注意的是，所谓不得“新”任，是指在破产申请受理裁定送达债务人之日起至破产程序终结之日，有关人员不得在其他企业新担任该企业的董事、监事、高级管理人员。有关人员在裁定送达之日前已经在其他企业担任的董事、监事、高级管理人员的，或者在破产程序终结后担任董事、监事、高级管理人员的，不属于此条限制的范围。

类案检索

郑某诉周某甲、刘某某等股东损害公司债权人利益责任纠纷案

关键词： 破产清算　清算责任　追责方式

裁判摘要： 2015年12月9日，法院根据郑某的申请，裁定受理恒和公司破产清算。2016年4月1日，管理人向恒和公司的9位股东寄发函件，要求其向管理人提交恒和公司的财产文书、公司印章、财务账册等相关资料。以配合管理人依法履行清算职责，相关函件均因“原址查无此人”或“上门无人”等原因无法投递，故管理人未能联系有关股东从其处获取相关账册资料，管理人通过以上调查未发现恒和公司的账册、印章等。后经管理人申请，法院认为，恒和公司及其人员下落不明，管理人未能接收恒和公司的任何财务账册或财产，债务人的财产不足以清偿破产费用，管理人申请终结破产程序，符合法律规定；据此裁定宣告恒和公司破产，终结恒和公司破产程序。2018年8月15日，郑某认为恒和公司在破产程序中经管理人确认无法清算，向法院提起对恒和公司各股东的诉讼。

二审法院认为，《最高人民法院关于适用〈中华人民共和国公司法〉若干

问题的规定（二）》系对审理公司解散和清算案件所作的规定，不适用于破产案件，因此，在债务人破产程序终结后，债权人再以《最高人民法院关于适用〈中华人民共和国公司法〉若干问题的规定（二）》第18条第2款的规定要求债务人的原股东承担民事责任，缺乏法律依据。由于无法清算并非《企业破产法》规定的破产程序终结原因，而破产程序本身具有彻底清理债务人债权债务的功能，且破产制度还设立了管理人负责财产追收等破产事务管理。债务人原股东的行为符合《最高人民法院关于债权人对人员下落不明或者财产状况不清的债务人申请破产清算案件如何处理的批复》第3款规定情形的，可由破产案件管理人向其主张权利，由此取得的财产属于破产财产，按照破产程序的规定进行分配。也即相关主体不配合清算导致的债务人财产灭失，损失理论上属于债务人破产财产，应当由管理人依法追回后分配给全体债权人，不应在法院裁定终结破产程序后，由债权人个别进行追偿并用于清偿其自身债权。

【案　　号】（2019）粤01民终18897号

【审理法院】广东省广州市中级人民法院

【来　　源】法信网

第十六条　人民法院受理破产申请后，债务人对个别债权人的债务清偿无效。

关联规定

法律、行政法规、司法解释

1.《中华人民共和国民法典》

第一百五十五条　无效的或者被撤销的民事法律行为自始没有法律约束力。

第一百五十七条　民事法律行为无效、被撤销或者确定不发生效力后，行为人因该行为取得的财产，应当予以返还；不能返还或者没有必要返还的，应当折价补偿。有过错的一方应当赔偿对方由此所受到的损失；各方都有过错的，应当各自承担相应的责任。法律另有规定的，依照其规定。

2.《中华人民共和国公司法》

第一百八十五条　清算组应当自成立之日起十日内通知债权人，并于六十日内在报纸上公告。债权人应当自接到通知书之日起三十日内，未接到通知书的自公告之日起四十五日内，向清算组申报其债权。

债权人申报债权，应当说明债权的有关事项，并提供证明材料。清算组应当对债权进行登记。

在申报债权期间，清算组不得对债权人进行清偿。

3.《最高人民法院关于适用〈中华人民共和国企业破产法〉若干问题的规定（二）》

第二十一条　破产申请受理前，债权人就债务人财产提起下列诉讼，破产申请受理时案件尚未审结的，人民法院应当中止审理：

（一）主张次债务人代替债务人直接向其偿还债务的；

（二）主张债务人的出资人、发起人和负有监督股东履行出资义务的董事、高级管理人员，或者协助抽逃出资的其他股东、董事、高级管理人员、实际控制人等直接向其承担出资不实或者抽逃出资责任的；

（三）以债务人的股东与债务人法人人格严重混同为由，主张债务人的股东直接向其偿还债务人对其所负债务的；

（四）其他就债务人财产提起的个别清偿诉讼。

债务人破产宣告后，人民法院应当依照企业破产法第四十四条的规定判决驳回债权人的诉讼请求。但是，债权人一审中变更其诉讼请求为追收的相关财产归入债务人财产的除外。

债务人破产宣告前，人民法院依据企业破产法第十二条或者第一百零八条的规定裁定驳回破产申请或者终结破产程序的，上述中止审理的案件应当依法恢复审理。

第二十二条 破产申请受理前，债权人就债务人财产向人民法院提起本规定第二十一条第一款所列诉讼，人民法院已经作出生效民事判决书或者调解书但尚未执行完毕的，破产申请受理后，相关执行行为应当依据企业破产法第十九条的规定中止，债权人应当依法向管理人申报相关债权。

第二十三条 破产申请受理后，债权人就债务人财产向人民法院提起本规定第二十一条第一款所列诉讼的，人民法院不予受理。

债权人通过债权人会议或者债权人委员会，要求管理人依法向次债务人、债务人的出资人等追收债务人财产，管理人无正当理由拒绝追收，债权人会议依据企业破产法第二十二条的规定，申请人民法院更换管理人的，人民法院应予支持。

管理人不予追收，个别债权人代表全体债权人提起相关诉讼，主张次债务人或者债务人的出资人等向债务人清偿或者返还债务人财产，或者依法申请合并破产的，人民法院应予受理。

条文释义

一、本条主旨

本条是关于破产申请受理后，债务人的个别清偿无效的规定。

二、条文演变

本条对应《企业破产法（试行）》第 12 条。原条文是："人民法院受理破产案件后，债务人对部分债权人的清偿无效，但是债务人正常生产经营所必需的除外。"相比较而言，本条删去了《企业破产法（试行）》有关但书的规定。在《企业破产法》起草过程中，《企业破产与重整法》（2000 年 6 月草案）第 21 条规定："人民法院受理破产案件后，债务人不得对其个别债权人清偿债务。"《企业破产法》2004 年之后的版本中，均规定"债务人对个别债权人实施的债务清偿无效"。由此，立法过程中对债权人在破产程序启动后的个别清偿，经历了由"不得清偿"到"清偿无效"的转变。

三、条文解读

人民法院受理破产申请，标志着破产程序的开始，所有的债权人都必须依照《企业破产法》规定的程序行使权利，而不允许个别债权人通过破产程序以外的民事执行程序或者其他程序来行使其权利。在清偿时，坚持同类债权平等保护的原则，同一顺序的所有债权人地位平等，按债权数额的比例分配。如果人民法院在受理破产申请后，仍然允许债务人对个别债权人的债权进行清偿，就会造成个别债权人与其他债权人实际受偿的不平等，使得个别债权人能够全部或大部分得到清偿，而其他债权人的债权则较少得到清偿，甚至得不到清偿。为了保障所有的破产债权人都能够得到平等的清偿，有必要在受理破产申请后，禁止债务人对个别债权人的清偿，否认这种清偿的法律效力，防止债务人以个别清偿为名转移或转让企业的财产。

适用指引

一、破产申请受理后，有关债务人的财产被执行时如何处理

债务人企业在破产案件受理前，因丧失清偿能力，可能涉及一些诉讼、仲裁案件。当债务人的财产不足以清偿其债务时，法院依破产程序对债务人的全部财产进行概括执行，为所有债权人创造公平受偿的机会。债务人进入破产程序后，如果仍然可以依照民事诉讼程序强制执行债务人财产，必然会造成对债

权人的清偿不公。因此，对于未依法中止执行的行为，应当予以纠正，因纠正相关行为执行回转的财产属于债务人财产。

执行回转是《民事诉讼法》执行程序中的概念，执行回转是指在案件执行中或者执行完毕后，据以执行的法律文书被法院或其他机关撤销或者变更，执行机构对已被执行的财产重新采取执行措施，恢复到执行程序开始时状态的一种救济制度。而破产程序中的执行回转制度区别于《民事诉讼法》的特殊规定，破产程序执行回转的依据是破产程序的启动，所有针对债务人财产的执行程序均应停止，以保障债务人以及全体债权人的利益，进而维护债务人财产的公平清偿秩序。司法机关或者其他行政机关在破产程序启动前的执行行为本身可能不存在错误，即不产生被撤销或变更的情形，但依据《企业破产法》第19条之规定，执行程序应当中止，否则应当依法执行回转。

在执行回转中，属于现金款项的，退还现金；是财物的，能恢复原状的恢复原状，能返还原物的则返还原物；若因执行机关或执行申请人导致财物毁损灭失的，要承担折价抵偿或损害赔偿责任。如果执行回转的标的存有孳息的，应当一并回转。

二、破产受理后，就债务人财产所提的诉讼如何处理

对于破产受理后就债务人财产所提的诉讼如何处理的问题，按照《企业破产法规定（二）》的规定，应当进行如下处理：

1. 就债务人财产向人民法院提起的个别清偿诉讼，人民法院不予受理。此处所指的个别清偿诉讼，包括：（1）主张次债务人代替债务人直接向其偿还债务；（2）主张债务人的出资人、发起人和负有监督股东履行出资义务的董事、高级管理人员，或者协助抽逃出资的其他股东、董事、高级管理人员、实际控制人等直接向其承担出资不实或者抽逃出资责任；（3）以债务人的股东与债务人法人人格严重混同为由，主张债务人的股东直接向其偿还债务人对其所负债务；（4）其他就债务人财产提起的个别清偿诉讼。对于这些起诉，人民法院依据《民事诉讼法》第122条第1项的规定裁定不予受理。《民事诉讼法》第122条第1项规定的起诉条件之一是“原告是与本案有直接利害关系的公民、法人和其他组织”。而破产程序启动后，应追收财产或者返还财产均属债务人的财产，应当在破产程序中用以清偿全部债权人。个别债权人基于债务人财产提起的个别清偿诉讼，债权人与其所诉请的内容系间接的利害关系而非直接的

利害关系，不符合《民事诉讼法》的前述规定，因此，人民法院不予受理。

2. 对债权人基于债务人财产所提起的个别清偿诉讼，人民法院不予受理后，债权人可以通过债权人会议或债权人委员会监督管理人依法向次债务人、债务人的出资人等追收债务人的财产。

3. 若管理人不予追收，个别债权人代表全体债权人提起相关诉讼，要求次债务人或者债务人的出资人等将清偿或者返还的财产归入债务人财产，或者依法申请合并破产的，人民法院应当受理。这里需要强调的是人民法院受理的前提为个别债权人代表全体债权人提起相关诉讼，且是将清偿或返还的财产归入债务人财产，或依法申请合并破产的，人民法院方可受理。

类案检索

孙某、怀化市阳光房地产开发有限责任公司合同纠纷案

关键词： 个别清偿无效

裁判摘要： 怀化市阳光房地产开发有限责任公司（以下简称阳光公司）于2017年3月7日进入破产程序并由人民法院指定了管理人，孙某与阳光公司签订的《怀化市商品房买卖合同》并未履行完毕，商品房买卖合同是否应继续履行，应该由管理人决定。孙某在没有证据证明管理人决定继续履行合同的情况下，单方主张依照合同继续履行没有法律依据。孙某要求确认其对案涉房屋享有债权并要求阳光公司继续履行合同协助完成案涉房屋的过户手续的主张，实质上是要求债务人阳光公司对其原有债权在破产程序之外给予全额、个别清偿，孙某未能举证证明对阳光公司的债权享有优先受偿权，其上述主张于其他债权人而言无疑是一种利益的损害。故一审法院对孙某在阳光公司破产重整期间要求确认其购房人债权并办理案涉房产的过户手续的主张不予支持，并无不当。

【案　　号】（2020）湘民终9号

【审理法院】湖南省高级人民法院

【来　　源】北大法宝网

第十七条　人民法院受理破产申请后，债务人的债务人或者财产持有人应当向管理人清偿债务或者交付财产。

债务人的债务人或者财产持有人故意违反前款规定向债务人清偿债务或者交付财产，使债权人受到损失的，不免除其清偿债务或者交付财产的义务。

关联规定

法律、行政法规、司法解释

《最高人民法院关于适用〈中华人民共和国企业破产法〉若干问题的规定（二）》

第十九条　债务人对外享有债权的诉讼时效，自人民法院受理破产申请之日起中断。

债务人无正当理由未对其到期债权及时行使权利，导致其对外债权在破产申请受理前一年内超过诉讼时效期间的，人民法院受理破产申请之日起重新计算上述债权的诉讼时效期间。

条文释义

一、本条主旨

本条是关于债务人的债务人或者财产持有人在破产申请受理后向管理人清偿债务或者交付财产的规定。

二、条文演变

本条对应《企业破产法（试行）》第25条。原条文是：“任何单位和个人不得非法处理破产企业的财产、账册、文书、资料和印章等。破产企业的债务人和财产持有人，只能向清算组清偿债务或者交付财产。”本条新增了关于违反本条规定的后果。从立法史的视角看，本条文在草案中的位置几经调整。在2000年草案中，该条文原型存在于第二章“申请与受理”部分，但在2004年两个版本的草案中，该条文均出现在第四章“债务人财产”部分，在最终的《企业破产法》中，该条文重新放入第二章“申请与受理”部分。[①]

三、条文解读

（一）向管理人清偿债务或者交付财产的意义

与《企业破产法（试行）》相比较，《企业破产法》一是将债务人的债务人或者财产持有人承担义务的期限明确限制为人民法院受理破产申请后。而《企业破产法（试行）》是将此义务规定在破产宣告和破产清算一章中，没有明确规定债务人的债务人或者财产持有人承担此项义务的期限。二是在本条第2款中规定了债务人的债务人或者财产持有人违法清偿债务或者交付财产应当承担的法律后果。作这样规定的原因是，依据《企业破产法》第13条、第25条规定，人民法院裁定受理破产申请的，应当同时指定管理人；管理人负责接管债务人的财产。依据这些规定，在人民法院受理破产申请后，除重整程序中债务人经人民法院许可自行管理财产和营业事务的情形外，管理人成为债务人财产的实际控制者，依法管理和处分债务人的财产，债务人被依法剥夺了管理和处分财产的权利。这就必然要求在人民法院受理破产申请后，债务人的债务人或者财产持有人应当向管理人清偿债务或者交付财产。设立管理人制度的目的在于实现对破产程序中债务人财产的有效管理，最大限度地保护债权人以及各方的利益。由于我国原有的破产法律制度中没有管理人制度，一些债务人在进入破产程序后通过各种手段隐匿和转移破产财产，或者与个别债权人合谋侵害其他债权人的利益。因此，本条第1款规定，在人民法院受理破产申请后，债务人的债务人或者财产持有人应当向管理人清偿债务或者交付财产。这有利于管理人更好地实现对债务人财产的管理，防止一些债务人利用各种手段隐匿和转移财产，更好地保护全体债权人和有关各方的合法权益。

在本条第1款中，“债务人的债务人”是指对债务人负担债务的人，所负

① 陈夏红编著：《企业破产法注释》，北京大学出版社2021年版，第106页。

担的债务既可以是人民法院受理破产申请前成立的，也可以是人民法院受理破产申请后成立的。“债务人的财产持有人”是指一切持有债务人财产的人，其持有债务人财产的原因，既可以是依据法律规定或者双方当事人的约定而合法占有，也可能出于其他原因而无权占有。本条第1款的规定只是对债务人的债务人或者财产持有人清偿债务或者交付财产的一项规则要求，而并非要求在人民法院受理破产申请后，债务人的债务人或者财产持有人必须立即、无条件地履行清偿债务或者交付财产的义务。换言之，债务人的债务人、财产持有人清偿债务、交付财产的期限和条件还是取决于其与债务人的约定或者法律规定，按照约定或法律规定清偿债务期限届至或者应当交付财产的，相应主体就应当向管理人履行。人民法院受理破产这一法律事实，并不当然导致债务人的债务人履行债务期限和条件发生变化。

（二）违反本条规定清偿债务或者交付财产的法律后果

本条第2款规定了债务人的债务人或者财产持有人故意违反本条第1款规定的法律后果。从这一款的规定来看，债务人的债务人或者财产持有人不免除清偿债务或者交付财产的义务必须同时具备两个要件：一是债务人的债务人或者财产持有人主观上具有故意。故意是与过失相对应的一种主观状态，是指行为人主观上认识到其行为的违法性。如果债务人的债务人或者财产持有人主观上认识到，其应当向管理人清偿债务或者交付财产而实际上却向债务人清偿债务或者交付财产，则具备承担继续清偿或者交付的第一个要件。如果债务人的债务人或者财产持有人向债务人清偿债务或者交付财产并非出于故意，例如，债务人的债务人或者财产持有人能够证明自己并不知道人民法院已经受理破产申请，则无须承担继续清偿或者交付的义务。二是债务人的债务人或者财产持有人的行为使债权人受到损失。如果债务人的债务人或者财产持有人违反本条第1款的规定向债务人清偿债务或者交付财产，但是债务人将其获得的清偿或者接受的财产转交给了管理人并最终纳入破产财产分配给债权人，对债权人来说并未造成实际损失，则无须承担继续清偿或者交付的义务。也就是说，债务人的债务人或者财产持有人的违法行为应当与债权人的损失之间具有因果关系。

适用指引

破产申请受理后，债务人的债务人或财产持有人拒不向管理人清偿或交付的，管理人有权向人民法院提起诉讼，请求人民法院强制债务人的债务人清偿或财产持有人交付。在实务操作中，人民法院受理破产申请后，管理人可以通知债务人的债务人或财产持有人向管理人清偿债务或交付财产。该债务人或财产持有人在接到通知后，应当按通知的债务数额、时间或交付财产的种类、数量、时间等，向管理人清偿债务或交付财产。

向管理人清偿债务或交付财产，仅以该债务人的债务人或财产持有人已知破产申请受理的情事者为限；不知破产申请受理之情事，向债务人的原法定代表人或原法定代表人指定的代理人清偿债务或交付财产的，该项清偿或交付仍为有效。但是，在破产申请受理公告后，均推定为债务人或财产持有人知悉破产申请受理的情事，除非上述人员有充分证据予以推翻。债务人或财产持有人知悉破产申请受理的情事，仍向债务人的原法定代表人或其指定的代理人清偿债务或交付财产的，该项清偿或交付仅有效于破产财产所获得的利益，否则，不得对抗管理人。我们理解上述条文必须把握如下几个方面：

1. 债务人的债务人与债务人之间存在的债务必须是合法的债务。是否合法应当依有关法律规定判定其存在的合法性。

2. 前述债务关系是否已届清偿期在所不问，如未届清偿期可以加速到期，需要提前清偿或交付。

3. 债务人的财产持有人虽持有财产，但财产的所有权人应该是债务人而非持有人。持有人应依法向管理人交付财产，如涉及保留所有权买卖问题，应慎重对待。

4. 债务人的债务人或财产持有人主观上出于故意，而向债务人清偿债务或交付财产。此时使债权人受损失的，则其存在再次清偿或交付的义务。但如果由于过失而为的清偿、交付，或即使出于故意进行清偿、交付，但未使债权人受损，则也不必再次清偿或交付。这也是本法中公平原则的具体体现。

类案检索

沈阳中意商砼有限公司、沈阳利源轨道交通装备有限公司请求撤销个别清偿行为纠纷案

关键词： 清偿行为无效

裁判摘要： 按照生效法律文书，沈阳利源轨道交通装备有限公司（以下简称利源公司）需向沈阳中意商砼有限公司（以下简称中意公司）给付货款，2019年1月17日，中意公司向人民法院提出申请，要求强制执行利源公司对爱尔凯公司的债权。2019年11月12日，中意公司与爱尔凯公司达成执行和解，大连爱尔凯科技有限公司（以下简称爱尔凯公司）同意将执行款111万元给付中意公司。2019年11月14日，人民法院裁定受理利源公司的破产重整申请，而爱尔凯公司分两次通过中国银行转账方式向中意公司支付共计111万元的时间为2019年11月28日，晚于人民法院裁定受理利源公司破产重整申请的时间。人民法院受理利源公司破产重整后，债权债务清理应遵守破产程序，债权人按照破产法规定的程序行使权利，债务人应当向管理人清偿债务或者交付财产。故爱尔凯公司应依法向利源公司管理人清偿案涉111万元，爱尔凯公司直接向中意公司支付案涉111万元的行为违反破产法关于集中公平清理债权债务的原则，实质为个别清偿行为，损害利源公司其他债权人的公平求偿利益。

【案　　号】（2020）辽民终1220号

【审理法院】 辽宁省高级人民法院

【来　　源】 北大法宝网

第十八条 人民法院受理破产申请后，管理人对破产申请受理前成立而债务人和对方当事人均未履行完毕的合同有权决定解除或者继续履行，并通知对方当事人。管理人自破产申请受理之日起二个月内未通知对方当事人，或者自收到对方当事人催告之日起三十日内未答复的，视为解除合同。

管理人决定继续履行合同的，对方当事人应当履行；但是，对方当事人有权要求管理人提供担保。管理人不提供担保的，视为解除合同。

关联规定

法律、行政法规、司法解释

1.《中华人民共和国民法典》

第五百六十二条 当事人协商一致，可以解除合同。

当事人可以约定一方解除合同的事由。解除合同的事由发生时，解除权人可以解除合同。

第五百六十三条 有下列情形之一的，当事人可以解除合同：

（一）因不可抗力致使不能实现合同目的；

（二）在履行期限届满前，当事人一方明确表示或者以自己的行为表明不履行主要债务；

（三）当事人一方迟延履行主要债务，经催告后在合理期限内仍未履行；

（四）当事人一方迟延履行债务或者有其他违约行为致使不能实现合同目的；

（五）法律规定的其他情形。

以持续履行的债务为内容的不定期合同，当事人可以随时解除合同，但是应当在合理期限之前通知对方。

第五百六十四条 法律规定或者当事人约定解除权行使期限，期限届满当事人不行使的，该权利消灭。

法律没有规定或者当事人没有约定解除权行使期限，自解除权人知道或者应当知道解除事由之日起一年内不行使，或者经对方催告后在合理期限内不行使的，该权利消灭。

第五百六十五条 当事人一方依法主张解除合同的，应当通知对方。合同自通知到达对方时解除；通知载明债务人在一定期限内不履行债务则合同自动解除，债务人在该期限内未履行债务的，合同自通知载明的期限届满时解除。对方对解除合同有异议的，任何一方当事人均可以请求人民法院或者仲裁机构确认解除行为的效力。

当事人一方未通知对方，直接以提起诉讼或者申请仲裁的方式依法主张解除合同，人民法院或者仲裁机构确认该主张的，合同自起诉状副本或者仲裁申请书副本送达对方时解除。

第五百六十六条 合同解除后，尚未履行的，终止履行；已经履行的，根据履行情况和合同性质，当事人可以请求恢复原状或者采取其他补救措施，并有权请求赔偿损失。

合同因违约解除的，解除权人可以请求违约方承担违约责任，但是当事人另有约定的除外。

主合同解除后，担保人对债务人应当承担的民事责任仍应当承担担保责任，但是担保合同另有约定的除外。

2.《最高人民法院关于〈中华人民共和国企业破产法〉施行时尚未审结的企业破产案件适用法律若干问题的规定》

第二条 清算组在企业破产法施行前未通知或者答复未履行完毕合同的对方当事人解除或者继续履行合同的，从企业破产法施行之日起计算，在该法第十八条第一款规定的期限内未通知或者答复的，视为解除合同。

条文释义

一、本条主旨

本条是关于破产申请受理前成立而债务人和对方当事人均未履行完毕的合同如何处理的规定。

二、条文演变

本条对应《企业破产法（试行）》第26条。原条文是："对破产企业未履行的合同，清算组可以决定解除或者继续履行。清算组决定解除合同，另一方当事人因合同解除受到损害的，其损害赔偿额作为破产债权。"本条完善了解除的程序。从立法史的视角看，本条的最大变化之一在于其位置。在多份草案中，待履行合同的处理问题均作为破产程序中的特殊问题予以处理，因此多出现在破产清算章节。但在最后定稿时，考虑到待履行合同可能存在于所有类型的破产程序中，所以将其提前到破产申请和受理章节。此外，上述调整中还删去了有关合同解除后对方当事人的求偿权问题。[①]

三、条文解读

在破产程序开始时，对债务人或者对方当事人一方已经履行完毕的合同，无需制定特别规则。这种情况下，如果未履行完毕的是债务人，对方当事人可以以相应的损害赔偿请求权作为可申报的债权；如果未履行完毕的是对方当事人，管理人应当要求其履行合同或者给予赔偿。但是，对于破产申请受理前成立而双方均未履行完毕的合同，必须作出处理，延续对债务人有利的合同，解除对债务人不利的合同，以使债务人财产最大化。

根据本条规定，只有对破产申请受理前成立而双方均未履行完毕的合同，管理人才有决定继续履行合同或者解除合同的权利。此种合同要同时具备两个条件：一是合同成立的时间，必须是在破产申请受理前，即破产程序开始前；二是该合同的双方当事人均未履行完毕，包括双方当事人均未开始履行、双方均已开始履行但是均未履行完毕、一方已经开始履行但是未履行完毕同时另一方尚未开始履行这三种情形。

管理人对破产申请受理前成立而债务人和对方当事人均未履行完毕的合同，应当按照有利于使债务人财产最大化的原则，行使决定继续履行或者解除的选择权。如果管理人决定继续履行，双方当事人都应当履行合同。如果管理人决定解除合同，对方当事人仅得以合同不履行所产生的损害赔偿请求权申报债权。管理人行使选择权应当在人民法院裁定受理破产申请之日起2个月内通

---

① 陈夏红编著：《企业破产法注释》，北京大学出版社2021年版，第112页。

知对方当事人，或者自收到对方当事人催告之日起30日内予以答复，否则视为解除合同。这一规定有利于督促管理人对此类合同及时采取行动，也可为对方当事人提供明确的预期，维护交易的稳定。

在管理人怠于行使选择权的情况下，对方当事人的权利处于不稳定状态，于交易安全不利，故法律还赋予对方当事人以催告权，以保护其利益。即对方当事人可以要求管理人作出履行或者解除合同的意思表示；如果管理人在收到对方当事人催告之日起30日内未答复的，视为解除合同。

由于继续履行与债务人订立的合同会给对方当事人带来很大的风险，破产法应当考虑为对方当事人提供保护措施。因此，本条规定，对于破产程序开始前成立并已开始履行的双务合同，债务人或者管理人决定继续履行的，对方当事人应当履行；但是，对方当事人有权要求管理人提供担保。管理人不提供担保的，视为解除合同。

适用指引

一、债务人已经全部履行，对方当事人部分履行或者未履行

在此情形下，管理人应决定继续履行合同。如果不履行势必给债务人造成经济上的损失。继续履行合同时，由管理人接受对方当事人的履行。如果对方当事人已经违约，则管理人可以一并行使违约金、损害赔偿等所有合同项下的权利。

有疑问的是，如果继续履行合同对破产财产已经没有意义，比如，破产人与供应商签订的供货合同，破产人已经支付了全部价款，供应商尚未交付货物的情形，即使供应商向管理人交付了该货物，管理人也必须将货物变现。另一种有疑问的情形是，如果对方当事人的履行依约定须要长时间才能履行完毕的，管理人能否提前终止合同？在第一种情形，应认为管理人无权解除合同，对方当事人可以提出给付而免除自己在合同项下的债务，但管理人可以与对方当事人协商，在对方同意的情况下，解除合同或者变更履行方式。在第二种情形，如果允许对方当事人严格依照约定的履行期限履行，显然与破产程序的要求相冲突，因此，管理人应该与对方当事人协商解除合同、更改履行方式或者进行债权转让，对方当事人也应本于诚信原则进行合作，协商不成的应该认为

管理人可以解除合同。

二、对方当事人已经全部履行，债务人未履行或者部分履行

对方当事人的债权可以作为破产债权申报，管理人在此情形下不得行使解除权。如果对方当事人在破产宣告前已经依法或依约定对破产人解除合同，则对方当事人依据合同解除所享有的给付之返还请求权也作为破产债权。

三、双方当事人均未完全履行

管理人可以根据债务人的利益解除合同也可以选择继续履行。对方当事人则没有这种选择权，其法律地位一直处于不确定状态，因此，对方当事人可以催告管理人在一定期限内作出选择，在规定期限内管理人未作明确答复的，视为合同解除。

（一）管理人行使解除权

此种情形下，适用合同解除的一般原理。管理人与对方当事人根据合同性质与破产目的，可以选择请求恢复原状，也可以采取其他补救措施，对方当事人在解除中另有损害的可以作为破产债权行使。管理人行使解除权时应该以保全破产财产为目的，并遵循诚信原则。例如，对方当事人已经履行了合同项下的主要义务，则不应该简单地解除合同并要求返还已经履行的给付。

（二）管理人选择继续履行

由于债务人在破产受理时处于不能清偿债务的困境，如果要求对方当事人如约履行合同，而对方当事人的请求权仅能作为破产债权则甚为不公，因此，为了保障对方当事人的利益，对方当事人的请求权属于优先债权。

有疑问的是，对方当事人可以作为优先债权行使的请求权是仅限于破产受理后继续履行合同而产生的请求对待给付的请求权，还是包括所有债务人尚未履行的债务包括违约损害赔偿。我们认为，对方当事人因债务人于破产申请受理前的违约产生的债权应该属于破产债权，与破产受理后因管理人的要求继续履行合同而产生的优先性债权性质不同，这类债权原则上不能在破产财产中优先受偿，否则会引起债权人之间的不平等待遇。当然对方当事人可以依据债务人的违约行为主张解除合同，以保护自己的权利，管理人如果认为确需继续履

行合同的应与对方协商处理。

（三）原合同项下各项权利的处理

原合同项下的权利包括不安抗辩权、同时履行抗辩权等，对方当事人均可以继续行使。对方当事人依据合同应先履行债务的，可以以债务人经营状况严重恶化为由而中止履行，在管理人为对待给付或提供担保之前，对方当事人可以拒绝履行。

另外，在实践中有些合同约定一方当事人进入破产程序为合同的解除条件，这种约定削弱了管理人对继续履行合同或是解除合同的选择权的行使，不利于保全破产财产。

四、具体合同的处理方式

（一）所有权保留买卖合同

在双务合同中，当事人双方均承担合同义务，并且双方的义务具有对应关系，一方的义务就是对方的权利，反之亦然。双务合同是合同的主要形态，买卖合同是典型的双务合同，因此，所有权保留买卖合同也是典型的双务合同。一方面，买受人尚未履行完毕支付价款或者其他义务，未能满足合同约定的转移所有权至买受人的条件，因此，买受人尚未履行完毕其合同义务；另一方面，正是因为买受人尚未履行完毕其合同义务，出卖人对该标的物仍享有所有权，其尚未履行合同约定的转移所有权至买受人的义务，因此，出卖人也未完成自己的合同义务。基于以上分析，所有权保留买卖合同尚未履行完毕的认定标准有二：一是买受人尚未支付价款或者其他义务；二是出卖人尚未转移标的物的所有权至买受人。对于符合双方均未履行完毕的所有权保留合同，一方当事人破产时，其管理人行使挑拣履行的权利。

（二）租赁合同

租赁关系是一种长期的继续性的债权债务关系，由于现代社会对于居住权的重视，各国法律都对于房屋承租人提供了额外的保护。相应出租人破产时，管理人解除合同的权利被受到限制。另一方面，租赁合同项下的权利（承租权或者是出租权）也逐渐被认识到是一项财产权利，从保全破产财产的角度出发，破产中也不宜简单地将租赁合同一律解除。

承租人破产时，如果管理人（承租人）决定继续使用租赁物的，出租方收取租金的权利属于优先债权而得到有效的保障。如果管理人决定解除租赁合同的，即使租赁合同定有租赁期间，管理人的解除权也不受租赁期间的限制。如果该项出租权有一定财产价值，管理人亦可以依法律规定予以变现转让，扩大破产财产。在此有疑问的是，承租人破产时出租人能否解除租赁合同。我们认为，在承租人破产的场合，由于承租权在现代经济中有重要的财产价值，因此，从保全破产财产的角度出发，应该认为出租人不能仅以承租人破产为由解除租赁合同。

出租人破产时，管理人对承租人的租金债权属于破产财产。由于租赁关系的存在并不会严重影响租赁财产的变现，管理人自可以将负有租赁合同的财产直接变现。因此，为保护承租人利益，管理人在此的解除权应该受到限制。

（三）劳动合同

按劳动合同的性质，合同在期限届满之前，双方当事人都无权解除合同。但在雇主宣告破产的情况下，为了避免破产费用的支出，继续履行劳动合同已无必要，管理人可以根据需要在破产期间继续聘用受雇人，也可以解除劳动合同。同时为了保护受雇人，许多国家法律规定，在雇主破产时受雇人亦有合同解除权。

指导案例

指导案例73号：通州建总集团有限公司诉安徽天宇化工有限公司别除权纠纷案

（最高人民法院审判委员会讨论通过 2016年12月28日发布）

关键词：民事 别除权 优先受偿权 行使期限 起算点

裁判要点：

符合《中华人民共和国破产法》第十八条规定的情形，建设工程施工合同视为解除的，承包人行使优先受偿权的期限应自合同解除之日起计算。

相关法条：

《中华人民共和国合同法》第二百八十六条

《中华人民共和国破产法》第十八条

基本案情：

2006年3月，安徽天宇化工有限公司（以下简称安徽天宇公司）与通州建总集团有限公司（以下简称通州建总公司）签订了一份《建设工程施工合同》，安徽天宇公司将其厂区一期工程生产厂区的土建、安装工程发包给通州建总公司承建，合同约定，开工日期：暂定2006年4月28日（以实际开工报告为准），竣工日期：2007年3月1日，合同工期总日历天数300天。发包方不按合同约定支付工程款，双方未达成延期付款协议，承包人可停止施工，由发包人承担违约责任。后双方又签订一份《合同补充协议》，对支付工程款又作了新的约定，并约定厂区工期为113天，生活区工期为266天。2006年5月23日，监理公司下达开工令，通州建总公司遂组织施工，2007年安徽天宇公司厂区的厂房等主体工程完工。后因安徽天宇公司未按合同约定支付工程款，致使工程停工，该工程至今未竣工。2011年7月30日，双方在仲裁期间达成和解协议，约定如处置安徽天宇公司土地及建筑物偿债时，通州建总公司的工程款可优先受偿。后安徽天宇公司因不能清偿到期债务，江苏宏远建设集团有限公司向安徽省滁州市中级人民法院申请安徽天宇公司破产还债。安徽省滁州市中级人民法院于2011年8月26日作出（2011）滁民二破字第00001号民事裁定，裁定受理破产申请。2011年10月10日，通州建总公司向安徽天宇公司破产管理人申报债权并主张对该工程享有优先受偿权。2013年7月19日，安徽省滁州市中级人民法院作出（2011）滁民二破字第00001—2号民事裁定，宣告安徽天宇公司破产。通州建总公司于2013年8月27日提起诉讼，请求确认其债权享有优先受偿权。

裁判结果：

安徽省滁州市中级人民法院于2014年2月28日作出（2013）滁民一初字第00122号民事判决：确认原告通州建总集团有限公司对申报的债权就其施工的被告安徽天宇化工有限公司生产厂区土建、安装工程享有优先受偿权。宣判后，安徽天宇化工有限公司提出上诉。安徽省高级人民法院于2014年7月14日作出（2014）皖民一终字第00054号民事判决，驳回上诉，维持原判。

裁判理由：

法院生效裁判认为：本案双方当事人签订的建设工程施工合同虽约定了工程竣工时间，但涉案工程因安徽天宇公司未能按合同约定支付工程款导致停工。现没有证据证明在工程停工后至法院受理破产申请前，双方签订的建设施工合同已经解除或终止履行，也没有证据证明在法院受理破产申请后，破产管理人决定继续履行合同。根据《中华人民共和国破产法》第十八条“人民法院受理破产申请后，管理人对破产申请受理前成立而债务人和对方当事人均未履行完毕的合同有权决定解除或继续履行，并通知对方当事人。管理人自破产申请受理之日起二个月未通知对方当事人，或者自收到对方当事人催告之日起三十日内未答复的，视为解除合同”之规定，涉案建设工程施工合同在法院受理破产申请后已实际解除，本案建设工程无法正常竣工。按照最高人民法院全国民事审判工作会议纪要精神，因发包人的原因，合同解除或终止履行时已经超出合同约定的竣工日期的，承包人行使优先受偿权的期限自合同解除之日起计算，安徽天宇公司要求按合同约定的竣工日期起算优先受偿权行使时间的主张，缺乏依据，不予采信。2011 年 8 月 26 日，法院裁定受理对安徽天宇公司的破产申请，2011 年 10 月 10 日，通州建总公司向安徽天宇公司的破产管理人申报债权并主张工程款优先受偿权，因此，通州建总公司主张优先受偿权的时间是 2011 年 10 月 10 日。安徽天宇公司认为通州建总公司行使优先受偿权的时间超过了破产管理之日六个月，与事实不符，不予支持。

第十九条　人民法院受理破产申请后，有关债务人财产的保全措施应当解除，执行程序应当中止。

关联规定

一、法律、行政法规、司法解释

1.《中华人民共和国民事诉讼法》

第二百六十三条　有下列情形之一的，人民法院应当裁定中止执行：

（一）申请人表示可以延期执行的；

（二）案外人对执行标的提出确有理由的异议的；

（三）作为一方当事人的公民死亡，需要等待继承人继承权利或者承担义务的；

（四）作为一方当事人的法人或者其他组织终止，尚未确定权利义务承受人的；

（五）人民法院认为应当中止执行的其他情形。

中止的情形消失后，恢复执行。

2.《最高人民法院关于适用〈中华人民共和国民事诉讼法〉的解释》

第五百一十一条　在执行中，作为被执行人的企业法人符合企业破产法第二条第一款规定情形的，执行法院经申请执行人之一或者被执行人同意，应当裁定中止对该被执行人的执行，将执行案件相关材料移送被执行人住所地人民法院。

第五百一十三条　被执行人住所地人民法院裁定受理破产案件的，执行法院应当解除对被执行人财产的保全措施。被执行人住所地人民法院裁定宣告被执行人破产的，执行法院应当裁定终结对该被执行人的执行。

被执行人住所地人民法院不受理破产案件的，执行法院应当恢复执行。

3.《最高人民法院关于适用〈中华人民共和国企业破产法〉若干问题的规定（二）》

第五条 破产申请受理后，有关债务人财产的执行程序未依照企业破产法第十九条的规定中止的，采取执行措施的相关单位应当依法予以纠正。依法执行回转的财产，人民法院应当认定为债务人财产。

第六条 破产申请受理后，对于可能因有关利益相关人的行为或者其他原因，影响破产程序依法进行的，受理破产申请的人民法院可以根据管理人的申请或者依职权，对债务人的全部或者部分财产采取保全措施。

第七条 对债务人财产已采取保全措施的相关单位，在知悉人民法院已裁定受理有关债务人的破产申请后，应当依照企业破产法第十九条的规定及时解除对债务人财产的保全措施。

第八条 人民法院受理破产申请后至破产宣告前裁定驳回破产申请，或者依据企业破产法第一百零八条的规定裁定终结破产程序的，应当及时通知原已采取保全措施并已依法解除保全措施的单位按照原保全顺位恢复相关保全措施。

在已依法解除保全的单位恢复保全措施或者表示不再恢复之前，受理破产申请的人民法院不得解除对债务人财产的保全措施。

第二十二条 破产申请受理前，债权人就债务人财产向人民法院提起本规定第二十一条第一款所列诉讼，人民法院已经作出生效民事判决书或者调解书但尚未执行完毕的，破产申请受理后，相关执行行为应当依据企业破产法第十九条的规定中止，债权人应当依法向管理人申报相关债权。

二、司法指导性文件

1.《全国法院民商事审判工作会议纪要》

109.【受理后债务人财产保全措施的处理】要切实落实破产案件受理后相关保全措施应予解除、相关执行措施应当中止、债务人财产应当及时交付管理人等规定，充分运用信息化技术手段，通过信息共享与整合，维护债务人财产的完整性。相关人民法院拒不解除保全措施或者拒不中止执行的，破产受理人民法院可以请求该法院的上级人民法院依法予以纠正。对债务人财产采取保全措施或者执行措施的人民法院未依法及时解除保全措施、移交处置权，或者中止执行程序并移交有关财产的，上级人民法院应当依法予以纠正。相关人员违反上述规定造成严重后果的，破产受理人民法院可以向人民法院纪检监察部门移送其违法审判责任线索。

人民法院审理企业破产案件时，有关债务人财产被其他具有强制执行权力的国家行政机关，包括税务机关、公安机关、海关等采取保全措施或者执行程序的，人民法院应当积极与上述机关进行协调和沟通，取得有关机关的配合，参照上述具体操作规程，解除有关保全措施，中止有关执行程序，以便保障破产程序顺利进行。

2.《全国法院破产审判工作会议纪要》

40. 执行法院的审查告知、释明义务和移送职责。执行部门要高度重视执行与破产的衔接工作，推动符合条件的执行案件向破产程序移转。执行法院发现作为被执行人的企业法人符合企业破产法第二条规定的，应当及时询问当事人是否同意将案件移送破产审查并释明法律后果。执行法院作出移送决定后，应当书面通知所有已知执行法院，执行法院均应中止对被执行人的执行程序。

42. 破产案件受理后查封措施的解除或查封财产的移送。执行法院收到破产受理裁定后，应当解除对债务人财产的查封、扣押、冻结措施；或者根据破产受理法院的要求，出具函件将查封、扣押、冻结财产的处置权交破产受理法院。破产受理法院可以持执行法院的移送处置函件进行续行查封、扣押、冻结，解除查封、扣押、冻结，或者予以处置。

执行法院收到破产受理裁定拒不解除查封、扣押、冻结措施的，破产受理法院可以请求执行法院的上级法院依法予以纠正。

3.《最高人民法院关于执行案件移送破产审查若干问题的指导意见》

8. 执行法院作出移送决定后，应当书面通知所有已知执行法院，执行法院均应中止对被执行人的执行程序。但是，对被执行人的季节性商品、鲜活、易腐烂变质以及其他不宜长期保存的物品，执行法院应当及时变价处置，处置的价款不作分配。受移送法院裁定受理破产案件的，执行法院应当在收到裁定书之日起七日内，将该价款移交受理破产案件的法院。

案件符合终结本次执行程序条件的，执行法院可以同时裁定终结本次执行程序。

9. 确保对被执行人财产的查封、扣押、冻结措施的连续性，执行法院决定移送后、受移送法院裁定受理破产案件之前，对被执行人的查封、扣押、冻结措施不解除。查封、扣押、冻结期限在破产审查期间届满的，申请执行人可以向执行法院申请延长期限，由执行法院负责办理。

17. 执行法院收到受移送法院受理裁定时，已通过拍卖程序处置且成交裁定已送达买受人的拍卖财产，通过以物抵债偿还债务且抵债裁定已送达债权人的抵债财产，已完成转账、汇款、现金交付的执行款，因财产所有权已经发生变动，不属于被执行人的财产，不再移交。

条文释义

一、本条主旨

本条是关于人民法院受理破产申请对有关债务人财产的保全措施和执行程序的效力的规定。

二、条文演变

本条对应《企业破产法（试行）》第 11 条。原条文是："人民法院受理破产案件后，对债务人财产的其他民事执行程序必须中止。"相比较而言，本条增加了解除对债务人财产的保全措施的规定。《企业破产与重整法》（2000 年 12 月草案）第 17 条规定："人民法院受理破产案件后，一切有关债务人财产的其他执行程序，应当中止。本法另有规定的，不在此限。人民法院受理破产案件后，一切有关债务人财产的其他保全措施，应当中止。"从立法史的角度看，2000 年之后的多个版本中均有例外规则的存在，但这一例外规则在最终的《企业破产法》第 19 条中被删掉了。[1]

三、条文解读

依据《民事诉讼法》的规定，保全措施是指人民法院根据当事人或者利害关系人的申请，或者依职权对当事人的财产采取保护措施，以保证将来生效的判决得以执行的制度。财产保全分为诉讼中的财产保全和诉前财产保全。诉讼中的财产保全是指在案件受理后，人民法院对于可能因当事人一方的行为或者其他原因，使判决不能执行或者难以执行的案件，根据对方当事人的申请或者

① 陈夏红编著：《企业破产法注释》，北京大学出版社 2021 年版，第 123 页。

认为必要时对当事人的财产采取的保全措施。诉前财产保全是指利害关系人在起诉前因情况紧急，不立即申请财产保全将会使其合法权益受到难以弥补的损害，而向人民法院申请采取的财产保全措施。财产保全可以采取查封、扣押、冻结等方式。

从《民事诉讼法》的有关规定来看，对债务人财产的保全措施，其目的在于保证判决的执行，即保证个别清偿的实现，这与破产法所要实现的概括式公平清偿目的不符。因此，在人民法院受理破产申请后，有关债务人财产的保全措施应当解除。解除保全措施，意味着在债务人财产上施加的查封、扣押、冻结等决定失去效力，该财产的法律属性恢复到保全措施实施以前的状态。管理人有权接管该财产并将其纳入债务人财产的范围。本法规定的保全措施的解除是人民法院受理破产申请的当然效力之一，即一旦人民法院受理了破产申请，附加于债务人财产之上的保全措施自然解除，而不需要人民法院另行作出宣告保全措施失去效力的裁定。

依据《民事诉讼法》的有关规定，执行程序是指人民法院按照已经发生法律效力的判决、裁定或者仲裁机构的裁决等法律文书，运用国家司法权，依据法定程序迫使被执行人实现法律文书确定的内容的行为及其程序。与财产保全措施的目的相一致，执行程序的目的同样是实现个别清偿，与破产法所要实现的概括式公平清偿目的不符。因此，人民法院受理破产申请后，有关债务人财产的执行程序应当中止，即使人民法院已经接受了当事人的执行申请，也不应当将生效的判决、裁定、支付令等交付执行机构执行。人民法院正在实施的执行措施，如冻结、划拨存款、扣押、变卖财产等，也应当中止。

在通常情况下，有关债务人财产的执行程序在破产程序中一直处于中止状态，依据生效的法律文书而对债务人享有的债权可以向管理人申报，进而依据破产财产分配方案、重整计划或者和解协议的规定获得清偿。

适用指引

一、准确把握《企业破产法》第19条规定的有关债务人财产的保全措施范围

最高人民法院在起草《企业破产法规定（二）》过程中，曾就相关条款的

含义及在实践中如何适用请示全国人大法工委。该委复函指出，对《企业破产法》第19条的规定，应理解为法院受理破产申请后，有关债务人财产的保全措施就当然解除，由管理人接管债务人的所有财产；在相关法院或者行政机关未依照上述规定解除保全的，受理破产案件的法院可以径行作出解除对债务人财产的所有保全措施的裁定。

从破产法价值功能的角度分析，人民法院受理破产申请后，债务人财产自动受到破产程序禁止个别清偿保全效力的保护，所以，有关债务人财产的其他保全措施应当解除。所谓保全措施，既包括民事诉讼保全措施，也包括在行政处罚程序中的保全措施，如海关、市场监管部门等采取的财产扣押、查封等措施，还应包括刑事诉讼中公安部门、司法部门采取的相关措施。上述理解与人大法工委的回复意见是一致的，应依照上述意见理解保全措施的范围。

二、准确把握保全措施解除，执行程序中止的操作程序

为解决《企业破产法》第19条规定在审判实践中的适用问题，最高人民法院先后在《企业破产法规定（二）》《执行案件移送破产审查意见》《破产审判会议纪要》及《民商审判会议纪要》等司法解释和司法文件中对此予以规定，明确适用程序及操作方式。

1. 采取保全措施的单位或者执行法院知悉人民法院裁定受理债务人破产申请后，应当解除保全措施或者中止执行。实践中，上述单位或执行法院知悉的方式，一是债务人或者管理人的告知。有些法院通过规定，要求管理人在人民法院裁定受理有关债务人的破产申请后，要及时告知采取保全措施或者执行措施的单位或者法院，并接收债务人财产。二是受理破产案件的法院通知采取保全措施或者执行措施的单位或者法院。这两种方式的采用，应当从更具效率、更为便捷的角度予以确定。

2. 采取保全措施的单位不解除保全时，如果保全单位是人民法院，则破产案件受理法院可以请求执行法院的上级法院依法予以纠正。执行案件转破产的，执行法院作出移送决定后，应当书面通知所有已知执行法院，执行法院均应中止对被执行人的执行程序。执行法院收到受移送法院受理裁定后，应当于7日内将已经扣划到账的银行存款、实际扣押的动产、有价证券等被执行人财产移交给受理破产案件的法院或管理人。

三、其他需要注意的实务问题

为避免债务人财产在解除查封移交管理人或法院受理破产案件期间被不当处分，损害债权人利益，实践中需要做好以下两方面的协调工作。

1. 管理人与采取查封措施的单位做好协调，在解除查封措施的同时，管理人接收债务人被查封的财产，或者管理人依法申请受理破产的法院对债务人的财产采取保全措施，以防范债务人财产脱保后流失的问题。

2. 对于执行案件移送破产审查的，依照《执行案件移送破产审查意见》及《破产审判会议纪要》有关查封措施解除或者查封财产移送的规定，执行法院收到破产受理裁定后，应当解除对债务人财产的查封、扣押、冻结措施；或者根据破产受理法院的要求，出具函件将查封、扣押、冻结财产的处置权交破产受理法院。破产受理法院可以持执行法院的移送处置函件进行续行查封、扣押、冻结，解除查封、扣押、冻结，或者予以处置。

同时，对于人民法院受理破产案件后又裁定驳回申请人破产申请的案件，涉及债务人财产恢复查封措施的，应当严格依照《企业破产法规定（二）》的规定，避免债务人财产在尚未恢复查封期间流失，侵害债权人利益。《企业破产法规定（二）》第8条规定：如果人民法院在受理案件后又裁定驳回破产申请，该法院在作出驳回破产申请裁定的同时，应当通知对债务人财产已解除保全措施的各人民法院恢复保全措施。在已依法解除保全的单位恢复保全措施或者表示不再恢复之前，受理破产申请的人民法院不得解除对债务人财产的保全措施。通过以上方式，维护原采取财产保全措施者的权益，并避免恶意利用破产申请达到解除他人财产保全措施，在驳回破产申请后自己再抢先进行财产保全的欺诈行为。对于执行案件移送破产审查的债务人财产恢复查封问题，《执行案件移送破产审查意见》第18条规定："受移送法院做出不予受理或驳回申请裁定的，应当在裁定生效后七日内将接收的材料、被执行人的财产退回执行法院，执行法院应当恢复对被执行人的执行。"实践中应严格适用上述规定，保护债权人、债务人各方的合法权益。

类案检索

章某、中江国际信托股份有限公司与南昌宝葫芦农庄有限公司、江西靖安中部梦幻城实业有限公司等借款合同纠纷、申请承认与执行法院判决、仲裁裁决案

关键词：中止执行

裁判摘要：江西省高级人民法院作出的（2015）赣破（预）字第1号民事裁定，受理了被执行人南昌宝葫芦农庄有限公司（以下简称宝葫芦公司）的重整申请。《企业破产法》第19条规定："人民法院受理破产申请后，有关债务人财产的保全措施应当解除，执行程序应当中止。"《最高人民法院关于人民法院执行工作若干问题的规定（试行）》第102条第1项规定，人民法院已受理以被执行人为债务人的破产申请的，人民法院应当裁定中止执行。根据上述法律、司法解释的规定，在人民法院已裁定受理宝葫芦公司破产申请的情况下，对宝葫芦公司的执行应当一律中止，且不存在任何例外情形。章某在人民法院已裁定受理宝葫芦公司破产申请的情况下，仍申请对该公司的财产继续执行，缺乏法律依据，不予支持。

【案　　号】（2016）最高法执复22号

【审理法院】最高人民法院

【来　　源】北大法宝网

第二十条　人民法院受理破产申请后，已经开始而尚未终结的有关债务人的民事诉讼或者仲裁应当中止；在管理人接管债务人的财产后，该诉讼或者仲裁继续进行。

关联规定

一、法律、行政法规、司法解释

1.《中华人民共和国民事诉讼法》

第一百五十三条　有下列情形之一的，中止诉讼：

（一）一方当事人死亡，需要等待继承人表明是否参加诉讼的；

（二）一方当事人丧失诉讼行为能力，尚未确定法定代理人的；

（三）作为一方当事人的法人或者其他组织终止，尚未确定权利义务承受人的；

（四）一方当事人因不可抗拒的事由，不能参加诉讼的；

（五）本案必须以另一案的审理结果为依据，而另一案尚未审结的；

（六）其他应当中止诉讼的情形。

中止诉讼的原因消除后，恢复诉讼。

2.《最高人民法院关于适用〈中华人民共和国民事诉讼法〉的解释》

第二百四十六条　裁定中止诉讼的原因消除，恢复诉讼程序时，不必撤销原裁定，从人民法院通知或者准许当事人双方继续进行诉讼时起，中止诉讼的裁定即失去效力。

二、司法指导性文件

1.《全国法院民商事审判工作会议纪要》

110.【受理后有关债务人诉讼的处理】人民法院受理破产申请后，已经开始而尚未终结的有关债务人的民事诉讼，在管理人接管债务人财产和诉讼事务后继续进行。债权人已经对债务人提起的给付之诉，破产申请受理后，人民法院应当继续审理，但是在判定相关当事人实体权利义务时，应当注意与企业破产法及其司法解释的规定相协调。

上述裁判作出并生效前，债权人可以同时向管理人申报债权，但其作为债权尚未确定的债权人，原则上不得行使表决权，除非人民法院临时确定其债权额。上述裁判生效后，债权人应当根据裁判认定的债权数额在破产程序中依法统一受偿，其对债务人享有的债权利息应当按照《企业破产法》第46条第2款的规定停止计算。

人民法院受理破产申请后，债权人新提起的要求债务人清偿的民事诉讼，人民法院不予受理，同时告知债权人应当向管理人申报债权。债权人申报债权后，对管理人编制的债权表记载有异议的，可以根据《企业破产法》第58条的规定提起债权确认之诉。

2.《最高人民法院关于执行〈最高人民法院关于中华人民共和国企业破产法施行时尚未审结的企业破产案件适用法律若干问题的规定〉的通知》

一、企业破产法施行后，尚未审结的企业破产案件中，已经开始而尚未终结的有关债务人的民事诉讼案件，分别按照以下方式处理：

（一）以债务人为原告的一审案件，已经移交给受理破产案件的人民法院的，由受理破产案件的人民法院继续审理；尚未移交的，适用企业破产法第二十条的规定。

以债务人为原告的二审案件，由二审人民法院继续审理。

以债务人为被告的案件，已经中止诉讼，且受理破产案件的人民法院对相关争议已经作出裁定的，不适用企业破产法的规定；尚未作出裁定的，依照企业破产法第二十条的规定继续审理。

条文释义

一、本条主旨

本条是关于人民法院受理破产申请后，有关债务人的民事诉讼和仲裁如何处理的规定。

二、条文演变

《企业破产法（试行）》第 11 条曾规定："人民法院受理破产案件后，对债务人财产的其他民事执行程序必须中止。"在立法过程中，《企业破产法》（2004 年 6 月草案）第 31 条规定："人民法院受理破产案件后，已经开始而尚未终结的有关债务人的财产和财产权利的民事诉讼，应当中止；在管理人接管债务人财产后，诉讼继续进行。"《企业破产法》（2004 年 10 月草案）第 31 条规定人民法院受理破产案件后，已经开始而尚未终结的有关债务人的民事诉讼或者仲裁应当中止；在管理人接管债务人财产后，诉讼或者仲裁继续进行。"从立法史的角度来看，最终的条文存在三点主要变化：其一，中止的范围进一步扩大，由最初的"其他民事执行程序"逐渐演变为"民事诉讼或者仲裁"；其二，相关程序的时间节点逐渐进行限制，即"已经开始而尚未终结"；其三，在明确"中止"的同时对"继续进行"亦加以确定。

三、条文解读

（一）诉讼和仲裁是解决民事纠纷最主要的两种法律方式

诉讼作为一种司法活动，是指人民法院在双方当事人和其他诉讼参与人的参加下，依照法定程序，审理和解决纠纷的各种活动。仲裁则是指双方当事人通过仲裁机构的裁定来解决纠纷的一种方式。在人民法院受理破产申请后，由于债务人被依法剥夺了管理和处分财产的权利，由其继续参与有关的民事诉讼和仲裁程序已经不可能。而由已经接管债务人财产的管理人来参与诉讼和仲裁程序，不仅有利于债务人财产的有效管理，而且也有利于诉讼程序的顺利进行。同时，依据《企业破产法》第 25 条的规定，代表债务人参加诉讼或者仲裁也是管理人的一项重要职责。

（二）应当中止的诉讼和仲裁的范围

依据本条的规定，在人民法院受理破产申请后，已经开始而尚未终结的有关债务人财产的民事诉讼或者仲裁应当中止。这里应当注意以下几点：第一，诉讼或者仲裁应当是与债务人有关的，债务人在该诉讼或者仲裁程序中具有独立的请求权。例如，债务人与另一方当事人因合同纠纷向法院提起的诉讼或者仲裁机构提出仲裁申请，人民法院或者仲裁机构受理了该申请，且正在审理过程中，该诉讼或者仲裁即属于本条规定的与债务人有关的民事诉讼或者仲裁。第二，本条所规定的应当中止的行为仅限于民事诉讼与仲裁，有关债务人财产的行政诉讼或者刑事诉讼的效力不受破产程序的影响。第三，人民法院受理破产申请只是导致诉讼或者仲裁的中止而非终结。依据本条的规定，在管理人接管债务人的财产后，该诉讼或者仲裁继续进行。

（三）诉讼或者仲裁继续进行并不意味着依据诉讼的判决或者仲裁的裁定能够实现个别清偿

依据《企业破产法》第 16 条的规定，人民法院受理破产申请后，债务人对个别债权人实施的债务清偿无效。破产程序作为一种概括性的债务清偿方式显然也排斥管理人依据个别的诉讼判决或者仲裁裁定结果清偿债务。因此，即使在破产程序中取得生效的判决书或者裁定书，债权人也只能据此向管理人申报债权，而不能申请人民法院执行判决或者裁定。与之相关的另一个问题是，依据《企业破产法》第 121 条的规定，在破产财产分配时，对于诉讼或者仲裁未决的债权，管理人应当将其分配额提存。

适用指引

一、破产受理后新提起的清偿诉讼是否受理

《企业破产法》第 16 条规定，人民法院受理破产申请后，债务人对个别债权人的债务清偿无效。《企业破产法规定（二）》第 22 条规定，破产申请受理前，债权人就债务人财产向人民法院提起本规定第 21 条第 1 款所列诉讼，人民法院已经作出生效民事判决书或者调解书但尚未执行完毕的，破产申请受理后，相关执行行为应当依据《企业破产法》第 19 条的规定中止，债权人应当依法向管理人申报相关债权。破产程序本身就是债权实现程序即给付程序，所以在破产这个集体的给付程序启动后，债权的个别清偿给付程序就必须中止，否则必然会出现两个法律程序的冲突。在破产程序中，债权人要实现债权的给付，只需申报债权并使债权得到确认，无须也不允许再提出单独的给付请求就可以通过破产分配实现。换言之，所有债权人的个别给付诉讼请求，依法被破

产集体清偿给付程序所吸收合并。在这种情况下，债权的争议就只涉及确认问题，不再涉及给付问题，给付问题统一由破产程序解决。

二、如何处理破产申请受理后提起的债权确认之诉

破产程序启动后，债权人未经债权确认程序不得提起对破产债权的确认诉讼。对于破产申请受理后提起的债权确认之诉，如果其债权尚未申报，或者已申报尚未审查确认的，则应当不予受理。对于破产申请受理后新提起的给付之诉，如果法院已受理且债权人变更诉请为债权确认之诉的，亦应当参照上述处理方式，裁定驳回起诉。

三、既有民事诉讼恢复审理的时间如何把握

根据《企业破产法》第 20 条的规定，恢复审理的前提条件是"管理人接管债务人的财产"。但实践中对"接管债务人财产"有不同的理解，既可以理解为开始接管财产，又可以理解为接管财产完毕。对接管时点的把握不同会影响到既有民事诉讼案件恢复审理的时间。《企业破产法》关于法院受理破产申请后应及时指定管理人的规定，意在督促管理人尽快接管债务人财产以防止债务人财产流失。故被指定的债务人应当在最短时间内实施接管工作。接管财产所需时间的长短因案而异，简单案件的管理人可以迅速接管财产，复杂案件的财产接管工作则会耗时较长。但不论时间长短，对恢复既有民事诉讼时间的把握还应以不影响管理人参加诉讼并能够行使诉讼权利为原则。具体标准可以是管理人已经掌握了诉讼材料。若管理人已经掌握了诉讼材料，应可推断其已接管财产。

四、继续进行的诉讼中诉讼请求是否需要修改

人民法院受理破产申请后，已经开始而尚未终结的有关债务人的民事诉讼，在管理人接管债务人财产后继续进行。对原告的给付之诉，人民法院没有必要向当事人释明让其改为确认之诉，一是因为根据给付之诉判决，管理人也能够确认债权数额，不是非得根据确认之诉判决管理人才能确认。二是因为如果必须改为确认之诉，那么之前已经生效的给付之诉判决，管理人怎么能够据此确认债权数额？人民法院根据当事人提出的诉讼请求进行裁判，但须在判项中说明，权利人只能在破产程序中依法申报债权，不得据此获得个别清偿。

类案检索

中诚信托有限责任公司与陈某清、重庆典雅房地产开发集团有限公司等申请执行人执行异议之诉案

关键词：执行异议 申报债权

裁判摘要：执行异议之诉本质是一个独立的审判程序，虽因执行程序而产生，但并非执行程序。中诚信托有限责任公司（以下简称中诚信托公司）在执行程序中提起的执行异议之诉，目的是寻求对其担保物权优先受偿权进行保护的救济。在提起执行异议之诉期间，被执行人重庆典雅房地产开发集团有限公司（以下简称典雅地产公司）进入重整程序，按照《企业破产法》第20条之规定，“人民法院受理破产申请后，已经开始而尚未终结的有关债务人的民事诉讼或者仲裁应当中止；在管理人接管债务人的财产后，该诉讼或者仲裁继续进行”。一审期间，被执行人的管理人尚未确定，本应裁定中止审理。一审裁定作出后，受理被执行人重整申请的人民法院已确定其管理人，可以代表被执行人继续参与诉讼，故本案应当继续审理。重整程序是对债务人财产进行清理或对破产企业重新整合的法定程序，无论企业最终是重整或清算，均不能替代对债权人债权优先性的实体确定。重整程序启动，执行程序应当终结尚无法律规定，而裁定驳回因执行程序产生的执行异议之诉则更无法律依据，即便在诉讼中其实体请求未必得到支持，其之前已经行使的诉权也并不因此能够加以否定。

本案中，案外人提起的执行异议是否足以阻却执行，以及是否可以对抗中诚信托公司的实体权利，均系本案执行异议之诉进入实体审理的审理范围，且通过执行异议之诉的审理确认各方当事人的实体权益，是重整程序中确认债务人破产财产范围的前提和依据之一。重庆市高级人民法院以中诚信托公司可依据《企业破产法》申报债权以及其债权在破产重整程序中有清偿可能性，将执行异议之诉并入破产程序对当事人权益更有保障，裁定驳回其起诉对其实体权利的实现并无影响的论述，亦系需要在实体审理中认定的问题，并非审查中诚信托公司是否具有诉权所要考虑的问题。重庆市高级人民法院以中诚信托公司提起的执行异议之诉无程序性基础为由裁定驳回其起诉，适用法律错误，应予纠正。

【案　　号】（2018）最高法民终728号

【审理法院】最高人民法院

【来　　源】北大法宝网

第二十一条　人民法院受理破产申请后，有关债务人的民事诉讼，只能向受理破产申请的人民法院提起。

关联规定

一、法律、行政法规、司法解释

1.《中华人民共和国民事诉讼法》

第三十七条　人民法院发现受理的案件不属于本院管辖的，应当移送有管辖权的人民法院，受移送的人民法院应当受理。受移送的人民法院认为受移送的案件依照规定不属于本院管辖的，应当报请上级人民法院指定管辖，不得再自行移送。

第三十八条　有管辖权的人民法院由于特殊原因，不能行使管辖权的，由上级人民法院指定管辖。

人民法院之间因管辖权发生争议，由争议双方协商解决；协商解决不了的，报请它们的共同上级人民法院指定管辖。

第三十九条　上级人民法院有权审理下级人民法院管辖的第一审民事案件；确有必要将本院管辖的第一审民事案件交下级人民法院审理的，应当报请其上级人民法院批准。

下级人民法院对它所管辖的第一审民事案件，认为需要由上级人民法院审理的，可以报请上级人民法院审理。

2.《最高人民法院关于适用〈中华人民共和国企业破产法〉若干问题的规定（二）》

第四十七条　人民法院受理破产申请后，当事人提起的有关债务人的民事诉讼案件，应当依据企业破产法第二十一条的规定，由受理破产申请的人民法院管辖。

受理破产申请的人民法院管辖的有关债务人的第一审民事案件，可以依据民事诉讼法第三十八条的规定，由上级人民法院提审，或者报请上级人民法院批准后交下级人民法院审理。

受理破产申请的人民法院，如对有关债务人的海事纠纷、专利纠纷、证券市场因虚假陈述引发的民事赔偿纠纷等案件不能行使管辖权的，可以依据民事诉讼法第三十七条的规定，由上级人民法院指定管辖。

3.《最高人民法院关于适用〈中华人民共和国民事诉讼法〉的解释》

第二条 专利纠纷案件由知识产权法院、最高人民法院确定的中级人民法院和基层人民法院管辖。

海事、海商案件由海事法院管辖。

4.《最高人民法院关于审理证券市场虚假陈述侵权民事赔偿案件的若干规定》

第三条 证券虚假陈述侵权民事赔偿案件，由发行人住所地的省、自治区、直辖市人民政府所在的市、计划单列市和经济特区中级人民法院或者专门人民法院管辖。《最高人民法院关于证券纠纷代表人诉讼若干问题的规定》等对管辖另有规定的，从其规定。

省、自治区、直辖市高级人民法院可以根据本辖区的实际情况，确定管辖第一审证券虚假陈述侵权民事赔偿案件的其他中级人民法院，报最高人民法院备案。

二、司法指导性文件

1.《全国法院民商事审判工作会议纪要》

113.【重整计划监督期间的管理人报酬及诉讼管辖】要依法确保重整计划的执行和有效监督。重整计划的执行期间和监督期间原则上应当一致。二者不一致的，人民法院在确定和调整重整程序中的管理人报酬方案时，应当根据重整期间和重整计划监督期间管理人工作量的不同予以区别对待。其中，重整期间的管理人报酬应当根据管理人对重整发挥的实际作用等因素予以确定和支付；重整计划监督期间管理人报酬的支付比例和支付时间，应当根据管理人监督职责的履行情况，与债权人按照重整计划实际受偿比例和受偿时间相匹配。

重整计划执行期间，因重整程序终止后新发生的事实或者事件引发的有关债务人的民事诉讼，不适用《企业破产法》第 21 条有关集中管辖的规定。除重整计划有明确约定外，上述纠纷引发的诉讼，不再由管理人代表债务人进行。

2.《最高人民法院关于执行〈最高人民法院关于中华人民共和国企业破产法施行时尚未审结的企业破产案件适用法律若干问题的规定〉的通知》

二、根据企业破产法的规定，破产申请受理后，所有有关债务人的民事诉讼只能向受理破产申请的人民法院提起。尚未审结的企业破产案件中，债权人或者债务人的职工依据企业破产法和《规定》第九条或者第十条的规定，向人民法院提起诉讼的，受理破产案件的人民法院应当根据案件性质和人民法院内部职能分工，并依据民事诉讼法的有关规定，由相关审判庭以独任审判或者组成合议庭的方式进行审理。

三、对于有关债务人的其他民事诉讼，如债务人合同履行诉讼、追收债务人对外债权诉讼、撤销债务人处分财产行为诉讼、确认债务人处分财产行为无效诉讼、取回权诉讼、别除权诉讼和抵销权诉讼等，受理破产案件的人民法院应比照本通知第二条规定处理。

条文释义

一、本条主旨

本条是关于人民法院受理破产申请后有关债务人的民事诉讼案件管辖的规定。

二、条文演变

《企业破产法（试行）》并未对该内容进行规定，本条是新增加的条文。在立法过程中，本条规范在2000年草案中未出现。《企业破产法》（2004年3月草案A版）第26条规定：“债务人、债权人或者其他利害关系人对债务人财产或债务的归属发生争议的，可以向人民法院提起诉讼。”《企业破产法》（2004年10月草案）第32条规定：“人民法院受理破产案件后，因债务人财产发生争议的，只能向受理破产案件的法院提起诉讼。”从立法史的角度看，该条历经了从无到有的过程，并由“可以向人民法院提起诉讼”逐渐过渡到诉讼“只能向受理破产申请的人民法院提起”。

三、条文解读

依据我国《民事诉讼法》有关管辖问题的规定，当事人之间发生民事纠纷，依法向人民法院提起民事诉讼的，在一般情况下，对公民提起的民事诉讼，由被告住所地人民法院管辖，被告住所地与经常居住地不一致的，由经常居住地人民法院管辖；对法人或者其他组织提起的民事诉讼，由被告住所地人民法院管辖。在特殊情况下，针对不同的案件，还可以由合同履行地、保险标的物所在地、票据支付地、侵权行为地等的人民法院管辖。此外，《民事诉讼法》还针对因不动产纠纷、港口作业纠纷、遗产继承纠纷提起的诉讼规定了专属管辖。

但是，在破产程序中，有关债务人的民事诉讼，只能向受理破产申请的人民法院提起。之所以对有关债务人的民事诉讼的管辖问题作出不同于一般民事案件的规定，主要是为了提高破产程序的效率，便利破产案件的审理。在实践中，随着破产程序的进行，往往会出现一系列有关债务人的诉讼、案件，如果这些案件分别由不同的法院来审理，显然需要对各个法院审理案件的情况进行沟通，增加破产案件审理的难度、妨碍破产程序的顺利进行。因此，有必要对于在破产程序中提起诉讼的管辖权问题作出特别的规定。

适用指引

在债务人企业的破产案件受理后，当事人提起的有关债务人的民事诉讼称为衍生诉讼。人民法院受理破产案件后，对破产衍生诉讼案件的管辖如何解决，是涉及破产程序能否顺利进行和当事人权益如何维护的重要问题。

一、破产衍生诉讼的管辖权转移

根据《民事诉讼法》第39条规定，上级人民法院有权审理下级人民法院管辖的第一审民事案件；确有必要将本院管辖的第一审民事案件交下级人民法院审理的，应当报请其上级人民法院批准。下级人民法院对它所管辖的第一审民事案件，认为需要由上级人民法院审理的，可以报请上级人民法院审理。《企业破产法规定（二）》第47条第2款在该条法律规定的基础上进一步确认了破产衍生诉讼案件管辖权的转移。因为《企业破产法》规定由受理破产申请的人民法院管辖有关债务人的第一审民事案件，不能解决级别管辖中的问题，这就可能出现本应由基层法院管辖的案情简单、争议标的不大的案件，却可能要由受理破产申请的中级人民法院审理，这样无疑会加大诉讼成本，故应当将此类一审案件交由基层人民法院审理。对于案情复杂、争议较大、社会反响强烈、标的数量大的衍生诉讼案件，基层人民法院应当报请上级人民法院，由上级人民法院决定是否提审案件。

二、破产衍生诉讼集中管辖的例外

对破产案件有管辖权的人民法院不能行使对衍生诉讼的管辖权，主要是基于法律对管辖的特别规定或一些特殊原因。一些案情比较复杂、影响较大或专业技术性较高的案件，法律特别规定由中级人民法院管辖，如证券市场因虚假陈述引发的民事赔偿案件和专利纠纷等案件。为此，我国的一些法律、司法解释对此作有相应规定，如《最高人民法院关于审理证券市场虚假陈述侵权民事赔偿案件的若干规定》第 3 条第 1 款规定，证券虚假陈述侵权民事赔偿案件，由发行人住所地的省、自治区、直辖市人民政府所在的市、计划单列市和经济特区中级人民法院或者专门人民法院管辖。《最高人民法院关于证券纠纷代表人诉讼若干问题的规定》等对管辖另有规定的，从其规定。《民事诉讼法解释》第 2 条规定，专利纠纷案件由知识产权法院、最高人民法院确定的中级人民法院和基层人民法院管辖。海事、海商案件由海事法院管辖。《民事诉讼法》第 34 条规定，因港口作业中发生纠纷提起的诉讼，由港口所在地人民法院管辖。遇到此类衍生诉讼，受理破产申请的人民法院，可依据《民事诉讼法》规定，请求由上级人民法院指定管辖，将衍生诉讼案件交由其管辖审理。

三、重整计划执行期间的诉讼管辖

人民法院裁定批准重整计划、终止重整程序以后，进入重整计划执行阶段，经人民法院裁定批准的重整计划，对债务人和全体债权人均有约束力，债务人企业的债权债务关系清理告一段落。债务人企业可以逐步过渡到正常经营状态，有关债务人的民事诉讼也可以按照普通民事诉讼的规则确定管辖。即便存在重整计划不能执行而向清算程序转化，也仅仅是一种可能性，并不意味着必然转化，亦不会因重整计划执行阶段的民事诉讼未集中管辖而受到影响。故重整计划执行期间，因重整程序终止后新发生的事实或者事件引发的有关债务人的民事诉讼不适用《企业破产法》第21条有关集中管辖的规定。另外，除重整计划有明确约定外，上述纠纷引发的诉讼，也不再由管理人代表债务人进行。这也符合人民法院裁定批准重整计划后，已接管财产和营业事务的管理人应当向债务人移交财产和营业事务的实际。

但实务当中应当注意的是，如果引发诉讼的事实发生于重整程序终止之前，与债务人企业的重整程序密切相关，如债权人提起的债权确认之诉等，则重整案件受理法院对于重整案件的整体情况更为了解，也从有利于个案审理与重整程序的协调角度考虑，仍由重整案件受理法院集中管辖，能够更好统筹协调处理有关重整案件的实体争议，顺利推进重整程序。实务当中，重整计划执行期间，按照《民事诉讼法》规定确定的管辖法院发现受理的案件应当由重整案件受理法院集中管辖的，亦可依《民事诉讼法》第37条规定，将案件移送重整案件受理法院。

类案检索

东营市鑫宇物流有限责任公司、东莞市丰海海运有限公司海难救助合同纠纷案

关键词：管辖　重整计划执行

裁判摘要：本案中，广东省东莞市第三人民法院已经裁定批准东莞市丰海海运有限公司（以下简称丰海公司）重整计划，终止该公司的重整程序。丰海公司重整计划执行期间的主要工作系债务人执行重整计划，并由管理人进行监督和报告。东营市鑫宇物流有限责任公司（以下简称鑫宇公司）在诉状中主张的赔偿之诉实质为救助费追偿之诉，在鑫宇公司根据生效判决确定的义务及向第三人履行义务后方与丰海公司确立因该赔偿事项引发的民事权利义务，因相关生效判决和鑫宇公司向第三人履行义务均发生在广东省东莞市第三人民法院终止丰海公司重整程序之后，属于在重整执行期间新发生的有关债务人的民事诉讼，该诉讼并无与丰海公司重整案件审理协调的必要，故本案不应适用《企业破产法》第21条的规定。本案作为救助费追偿之诉，根据海事、海商案件由海事法院管辖的规定，青岛海事法院作为救助地法院对本案享有管辖权，本案应由青岛海事法院管辖。

【案　　号】(2021)鲁民辖终55号
【审理法院】山东省高级人民法院
【来　　源】法信网

第三章 管理人

第二十二条 管理人由人民法院指定。

债权人会议认为管理人不能依法、公正执行职务或者有其他不能胜任职务情形的，可以申请人民法院予以更换。

指定管理人和确定管理人报酬的办法，由最高人民法院规定。

关联规定

一、法律、行政法规、司法解释

1.《最高人民法院关于审理企业破产案件指定管理人的规定》

第十五条 受理企业破产案件的人民法院指定管理人，一般应从本地管理人名册中指定。

对于商业银行、证券公司、保险公司等金融机构以及在全国范围内有重大影响、法律关系复杂、债务人财产分散的企业破产案件，人民法院可以从所在地区高级人民法院编制的管理人名册列明的其他地区管理人或者异地人民法院编制的管理人名册中指定管理人。

第十六条 受理企业破产案件的人民法院，一般应指定管理人名册中的社会中介机构担任管理人。

第十七条 对于事实清楚、债权债务关系简单、债务人财产相对集中的企业破产案件，人民法院可以指定管理人名册中的个人为管理人。

第十八条 企业破产案件有下列情形之一的，人民法院可以指定清算组为管理人：

（一）破产申请受理前，根据有关规定已经成立清算组，人民法院认为符合本规定第十九条的规定；

（二）审理企业破产法第一百三十三条规定的案件；

（三）有关法律规定企业破产时成立清算组；

（四）人民法院认为可以指定清算组为管理人的其他情形。

第十九条 清算组为管理人的，人民法院可以从政府有关部门、编入管理人名册的社会中介机构、金融资产管理公司中指定清算组成员，人民银行及金融监督管理机构可以按照有关法律和行政法规的规定派人参加清算组。

第二十条 人民法院一般应当按照管理人名册所列名单采取轮候、抽签、摇号等随机方式公开指定管理人。

第二十一条 对于商业银行、证券公司、保险公司等金融机构或者在全国范围有重大影响、法律关系复杂、债务人财产分散的企业破产案件，人民法院可以采取公告的方式，邀请编入各地人民法院管理人名册中的社会中介机构参与竞争，从参与竞争的社会中介机构中指定管理人。参与竞争的社会中介机构不得少于三家。

采取竞争方式指定管理人的，人民法院应当组成专门的评审委员会。

评审委员会应当结合案件的特点，综合考量社会中介机构的专业水准、经验、机构规模、初步报价等因素，从参与竞争的社会中介机构中择优指定管理人。被指定为管理人的社会中介机构应经评审委员会成员二分之一以上通过。

采取竞争方式指定管理人的，人民法院应当确定一至两名备选社会中介机构，作为需要更换管理人时的接替人选。

第二十二条 对于经过行政清理、清算的商业银行、证券公司、保险公司等金融机构的破产案件，人民法院除可以按照本规定第十八条第一项的规定指定管理人外，也可以在金融监督管理机构推荐的已编入管理人名册的社会中介机构中指定管理人。

第二十七条 人民法院指定管理人应当制作决定书，并向被指定为管理人的社会中介机构或者个人、破产申请人、债务人、债务人的企业登记机关送达。决定书应与受理破产申请的民事裁定书一并公告。

第三十一条 债权人会议根据企业破产法第二十二条第二款的规定申请更换管理人的，应由债权人会议作出决议并向人民法院提出书面申请。

人民法院在收到债权人会议的申请后，应当通知管理人在两日内作出书面说明。

第三十二条 人民法院认为申请理由不成立的，应当自收到管理人书面说明之日起十日内作出驳回申请的决定。

人民法院认为申请更换管理人的理由成立的，应当自收到管理人书面说明之日起十日内作出更换管理人的决定。

第三十三条 社会中介机构管理人有下列情形之一的，人民法院可以根据债权人会议的申请或者依职权径行决定更换管理人：

（一）执业许可证或者营业执照被吊销或者注销；

（二）出现解散、破产事由或者丧失承担执业责任风险的能力；

（三）与本案有利害关系；

（四）履行职务时，因故意或者重大过失导致债权人利益受到损害；

（五）有本规定第二十六条规定的情形。

清算组成员参照适用前款规定。

第三十四条 个人管理人有下列情形之一的，人民法院可以根据债权人会议的申请或者依职权径行决定更换管理人：

（一）执业资格被取消、吊销；

（二）与本案有利害关系；

（三）履行职务时，因故意或者重大过失导致债权人利益受到损害；

（四）失踪、死亡或者丧失民事行为能力；

（五）因健康原因无法履行职务；

（六）执业责任保险失效；

（七）有本规定第二十六条规定的情形。

清算组成员的派出人员、社会中介机构的派出人员参照适用前款规定。

2.《最高人民法院关于审理企业破产案件确定管理人报酬的规定》

第一条 管理人履行企业破产法第二十五条规定的职责，有权获得相应报酬。

管理人报酬由审理企业破产案件的人民法院依据本规定确定。

第二条 人民法院应根据债务人最终清偿的财产价值总额，在以下比例限制范围内分段确定管理人报酬：

（一）不超过一百万元（含本数，下同）的，在12%以下确定；

（二）超过一百万元至五百万元的部分，在10%以下确定；

（三）超过五百万元至一千万元的部分，在8%以下确定；

（四）超过一千万元至五千万元的部分，在6%以下确定：

（五）超过五千万元至一亿元的部分，在3%以下确定；

（六）超过一亿元至五亿元的部分，在 1% 以下确定；

（七）超过五亿元的部分，在 0.5% 以下确定。

担保权人优先受偿的担保物价值，不计入前款规定的财产价值总额。

高级人民法院认为有必要的，可以参照上述比例在 30% 的浮动范围内制定符合当地实际情况的管理人报酬比例限制范围，并通过当地有影响的媒体公告，同时报最高人民法院备案。

第三条 人民法院可以根据破产案件的实际情况，确定管理人分期或者最后一次性收取报酬。

二、部门规章及规范性文件

《国家发展和改革委员会、最高人民法院等 13 个国家机关关于推动和保障管理人在破产程序中依法履职进一步优化营商环境的意见》

（四）强化金融服务支持。金融机构应当支持管理人依法履行接管破产企业财产等法定职责，建立和完善与破产程序相衔接的金融服务工作机制，加强对企业重整、和解的支持。对于商业银行、证券公司、保险公司等金融机构或在本地有重大影响的企业破产案件，清算组作为管理人的，人民法院可以依法指定金融资产管理公司作为清算组成员参与破产案件。（最高人民法院、人民银行、银保监会、证监会等按职责分工负责）

三、司法指导性文件

1.《全国法院破产审判工作会议纪要》

4. 完善管理人队伍结构。人民法院要指导编入管理人名册的中介机构采取适当方式吸收具有专业技术知识、企业经营能力的人员充实到管理人队伍中来，促进管理人队伍内在结构更加合理，充分发挥和提升管理人在企业病因诊断、资源整合等方面的重要作用。

5. 探索管理人跨区域执业。除从本地名册选择管理人外，各地法院还可以探索从外省、市管理人名册中选任管理人，确保重大破产案件能够遴选出最佳管理人。两家以上具备资质的中介机构请求联合担任同一破产案件管理人的，人民法院经审查符合自愿协商、优势互补、权责一致要求且确有必要的，可以准许。

6. 实行管理人分级管理。高级人民法院或者自行编制管理人名册的中级人民法院可以综合考虑管理人的专业水准、工作经验、执业操守、工作绩效、勤勉程度等因素，合理确定管理人等级，对管理人实行分级管理、定期考评。对债务人财产数量不多、债权债务关系简单的破产案件，可以在相应等级的管理人中采取轮候、抽签、摇号等随机方式指定管理人。

7. 建立竞争选定管理人工作机制。破产案件中可以引入竞争机制选任管理人，提升破产管理质量。上市公司破产案件、在本地有重大影响的破产案件或者债权债务关系复杂，涉及债权人、职工以及利害关系人人数较多的破产案件，在指定管理人时，一般应当通过竞争方式依法选定。

2.《最高人民法院关于依法开展破产案件审理积极稳妥推进破产企业救治和清算工作的通知》

四、积极完善管理人制度。各地法院要根据《企业破产法》的规定积极完善管理人制度，在现有管理人结构的基础上吸收适应企业重整需要的管理人才参加，积极发挥企业家、经营者、管理者乃至科技人员的作用。要加强对管理人的监督、指导和管理，要着手建立管理人分级管理、升级降级、增补淘汰等制度。要强化管理人的责任，督促管理人依法履职。

条文释义

一、本条主旨

本条是对管理人的任命及解任的规定。

二、条文演变

《企业破产法（试行）》第24条第1款、第2款规定：“人民法院应当自宣告企业破产之日起十五日内成立清算组，接管破产企业。清算组负责破产财产的保管、清理、估价、处理和分配。清算组可以依法进行必要民事活动。清算组成员由人民法院从企业上级主管部门、政府财政部门等有关部门和专业人员中指定。清算组可以聘任必要的工作人员。”《企业破产法（试行）》适用对象为全民所有制企业，《企业破产法》适用对象为企业法人。相较旧法，新法适用范围更广，更能适应市场经济的运行规则，故新法取消了在市场经济运行中存在诸多缺陷的清算组制度，取而代之以国际通行的管理人制度。管理人在破产程序中实际扮演着“管家”的角色，发挥着两项至关重要的作用：一是拯救债务人企业，促使债务人与债权人达成协议，制定重整计划，通过重整避免债务人破产；二是在企业复活无望后进行破产清算。管理人制度的引入，克服了清算组模式下清算工作的非专业化而产生的效率低下的问题，从而缩短了破产周期；管理人破产清算工作规范化，通过拍卖变现处置破产财产，既提高了破产清算工作的透明度，也有利于债权人利益保护的最大化。

三、条文解读

（一）管理人的指定

按照本条第1款的规定，管理人由人民法院指定。关于管理人的选任方式，从一些国家的规定来看，主要分为三种：一是由法院决定；二是由债权人会议选任；三是由债权人会议选任和法定权力机关指定。考虑到如果管理人由债权人会议选任，可能会由于债权人利益的不一致，难以形成决议，不能及时产生管理人，从而不利于债务人财产的保护与管理，影响破产程序的进行。因此，本法从有利于及时产生管理人，提高破产程序的效率，管理人也可以立即投入工作，接管破产企业的财产，防止破产财产的转移与不正当清偿的角度出发，采取的是由人民法院主导，由人民法院指定管理人的方式。破产程序是法院主导下清理债权债务的司法程序，为了保证管理人对法院负责，依法公正地履行职责，处理有关破产事务，管理人应当由人民法院指定。

（二）债权人会议对管理人的申请更换权

按照本条第2款的规定，债权人会议认为管理人不能依法、公正执行职务或者有其他不能胜任职务情形的，可以申请人民法院予以更换。由于破产程序是实现债权人利益的程序，因此，在某些情况下，应当允许债权人表达意志，发挥某种作用。本条的规定充分体现了对债权人权利的尊重。但是，债权人会议行使异议权不能有随意性，比如，认为有更好的管理人可以替代已选任的管理人等，不能以此为由要求更换管理人。按照本条规定，债权人会议要求更换管理人是有条件的：一是必须债权人会议认为管理人不能依法、公正执行职务。这主要是指管理人不能依照本法规定履行职责，或者怠于履行职责；在执行职务时明显偏袒债务人一方，没有做到公正履行职责。二是债权人会议认为管理人有其他不能胜任职务的情形。包括：（1）管理人执行职务的行为没有达到法律的要求或者选任时约定的要求，比如，履行职务不符合时间要求，故意拖延时间，执行职务的内容不符合要求等；（2）履行职责时没有做到勤勉尽责，忠实履行职务，有失职的表现；（3）管理人能力水平不具备特殊约定应当具有的特殊的知识或者能力；（4）管理人有违法犯罪行为。债权人会议如果认为管理人有本条规定的情形，可以向人民法院申请更换，另外指定管理人。

（三）关于管理人的指定和确定报酬的办法

按照本条第3款的规定，指定管理人和确定管理人报酬的办法，由最高人民法院规定。管理人执行职务有权获取报酬，这也是国际惯例。为了保证人民法院对管理人的指定以及管理人报酬的确定能够公平、公正，应由最高人民法院统一制定指定管理人和确定管理人报酬的办法。因此，本条授权最高人民法院规定指定管理人和确定管理人报酬的办法。

适用指引

管理人队伍素质直接决定着企业破产工作的质效。人民法院要在在提升破产审判专业性的基础上，加强对管理人队伍的监督和指导，强化和规范对管理人的行业管理，健全完善统一的业务操作指引，提高管理人队伍素质，确保管理人的职能作用得到充分适当的发挥。具体而言：一是要强化管理人队伍建设。一方面，引导担任管理人的传统中介机构吸收擅长企业管理、熟悉科学技术的专门人才，确保对企业破产重整、清算能作出准确有效评估。另一方面，加强对破产案件相关事项的指导和监督，推动管理人破产专业知识和执业能力的不断提高。二是要做好管理人分级管理工作。破产案件个案之间差异较大。上市公司等大型企业和金融机构破产的专业性、技术性较强，事务繁重，而有的小微企业破产则相对简单。根据案件复杂程度，针对不同类型的破产案件从不同级别、资质的管理人名册中指定管理人，既有利于确保破产案件质量的提高和破产程序顺利进行，又有利于管理人队伍的发展壮大和整体素质提升。三是要引入淘汰机制，加强对管理人队伍的监督。在实行管理人分级管理的基础上，可以适时引入淘汰机制，即淘汰、增补和升降级制度。根据管理人办理破产案件的业绩和水平，对管理人名册中的中介机构采取增补、除名、升降级措施，加强对管理人的有效监督，实现管理人自律性和专业性。

人民法院在审理破产案件中，要逐步优化管理人结构，促进搭建优质管理人团队，确保在企业破产中有优秀的管理人可供选择，《破产审判会议纪要》第4条、第5条就此作出了明确。第一，改善管理人结构。虽然目前法律、司法解释将管理人限于律师、会计师等中介机构及其从业人员，但在具体的破产企业管理中，法院仍有必要根据单个企业的实际情况，指导上述中介机构吸收熟谙企业特点和运营规律，具有专业技术知识、经营能力的非中介机构类人员参与破产管理，确保企业破产病因诊断准确、企业拯救药方对症有效、经济资源配置整合合理。第二，许可管理人异地执业。原先，管理人多数是从受理破产案件法院本地制定的管理人名册中指定，这既导致优秀管理人无法跨地域执业从而无法形成有效竞争，又产生了由于本地管理人能力不强导致破产受阻等问题。《破产审判会议纪要》在总结经验的基础上提出探索管理人跨区域执业，既有利于从个案中遴选出最佳管理人，更有利于管理人在更广泛的市场进行竞争，提升管理人素质。第三，准许管理人联合执业。从地域范围看，管理人的地区发展很不平衡，破产管理的整体水平有待提高。虽然各高级人民法院和一些中级人民法院都建立了管理人名册，但是很多地方因破产案件数量较少，很多入册的中介机构并无破产管理的实践经验。相反，有的地方通过处理大量破产案件，管理人积累了较多经验。从行业特点看，律师、会计师等不同机构和人员各具优势，具备联合执业的需求、基础和经验。准许管理人联合执业，通过管理人间相互传帮带，实际上有利于在更大的范围选择管理人，优化管理人结构。

类案检索

常某智与山西金星工具厂与破产有关的纠纷案

关键词：更换管理人　另行组成合议庭

裁判摘要：《企业破产法》第22条第2款规定："债权人会议认为管理人不能依法、公正执行职务或者有其他不能胜任职务情形的，可以申请人民法院予以更换。"依据该规定，申请更换管理人的主体是"债权人会议"，常某智主体不适格。请求另行组建合议庭的诉讼请求也不属于人民法院民事诉讼的受案范围。在山西金星工具厂破产清算案件中，太原市中级人民法院已经于2009年10月9日成立了清算组，指定清算组担任山西金星工具厂破产案件的管理人。清算组由太原市工商局、劳动局、财政局、房地局等太原市政府指派的相关工作人员共同组成，该清算组的构成不违反国相关法律规定。管理人于2010年2月2日组织召开了第一次债权人会议，并通过了管理人所作的破产清算报告、破产财产变现方案和破产财产分配方案。太原市中级人民法院于2009年10月9日受理山西金星工具厂破产申请，并于2011年3月10日宣告了企业破产。清算工作结束后，应当依法终结破产程序。综上，常某智的诉讼请求均不属于法院受理民事案件的范围，一审法院裁定驳回常某智的起诉并无不当，应予维持。

【案　　号】（2016）晋民终76号

【审理法院】山西省高级人民法院

【来　　源】中国裁判文书网

第二十三条　管理人依照本法规定执行职务，向人民法院报告工作，并接受债权人会议和债权人委员会的监督。

管理人应当列席债权人会议，向债权人会议报告职务执行情况，并回答询问。

关联规定

法律、行政法规、司法解释

1.《中华人民共和国企业破产法》

第六十八条　债权人委员会行使下列职权：

（一）监督债务人财产的管理和处分；

（二）监督破产财产分配；

（三）提议召开债权人会议；

（四）债权人会议委托的其他职权。

债权人委员会执行职务时，有权要求管理人、债务人的有关人员对其职权范围内的事务作出说明或者提供有关文件。

管理人、债务人的有关人员违反本法规定拒绝接受监督的，债权人委员会有权就监督事项请求人民法院作出决定；人民法院应当在五日内作出决定。

第六十九条　管理人实施下列行为，应当及时报告债权人委员会：

（一）涉及土地、房屋等不动产权益的转让；

（二）探矿权、采矿权、知识产权等财产权的转让；

（三）全部库存或者营业的转让；

（四）借款；

（五）设定财产担保；

（六）债权和有价证券的转让；

（七）履行债务人和对方当事人均未履行完毕的合同；

（八）放弃权利；

（九）担保物的取回；

（十）对债权人利益有重大影响的其他财产处分行为。

未设立债权人委员会的，管理人实施前款规定的行为应当及时报告人民法院。

2.《最高人民法院关于适用〈中华人民共和国企业破产法〉若干问题的规定（三）》

第十五条 管理人处分企业破产法第六十九条规定的债务人重大财产的，应当事先制作财产管理或者变价方案并提交债权人会议进行表决，债权人会议表决未通过的，管理人不得处分。

管理人实施处分前，应当根据企业破产法第六十九条的规定，提前十日书面报告债权人委员会或者人民法院。债权人委员会可以依照企业破产法第六十八条第二款的规定，要求管理人对处分行为作出相应说明或者提供有关文件依据。

债权人委员会认为管理人实施的处分行为不符合债权人会议通过的财产管理或变价方案的，有权要求管理人纠正。管理人拒绝纠正的，债权人委员会可以请求人民法院作出决定。

人民法院认为管理人实施的处分行为不符合债权人会议通过的财产管理或变价方案的，应当责令管理人停止处分行为。管理人应当予以纠正，或者提交债权人会议重新表决通过后实施。

条文释义

一、本条主旨

本条是关于管理人执行职务的报告义务及接受监督义务的规定。

二、条文演变

按照《企业破产法（试行）》的规定，我国企业破产事务是由法院指定的清算组成员组成清算组进行的。这种成员主要是企业的上级主管部门及财政、工商、银行等部门的业务人员。这类人员组成的清算组负责办理国有企业破产事务是可行的，但由他们办理其他企业的破产事务就具有多方面的问题。从国外的经验看，建立管理人制度，从破产案件受理后即由法院指定管理人，由管理人接受破产企业相关财产管理和破产事务的处理，这种做法对于社会中介机构介入破产事务的处理，有效维护债权人的利益是十分必要和有效的。为此，在起草组引入管理人制度后，在多数的讨论与征求意见中，几乎无一反对这一内容。但对于这种制度的具体内容与推行也顾虑几个问题，例如，管理人由谁担任、管理人能否胜任管理企业的事务、管理人报酬是否会过度增加破产成本、管理人资格由谁授予等。经过反复讨论与修改，法律充分吸收了各方意见，对管理人报酬、管理人资格、债权人会议建议更换、债权人权利等方面作了相关规定。

三、条文解读

本条第 1 款的规定包含三层意思：

（一）管理人依照本法规定执行职务

在破产程序中，负责对债务人财产的管理、处分、变价、分配等，是管理人的基本职责。本法第 25 条具体列举规定了管理人应当履行的各项职责。此外，本法还在其他有关条款中规定了管理人的职责，比如，第 113 条规定，管理人应当及时拟订破产财产变价方案，提交债权人会议讨论。管理人应当按照债权人会议通过的或者人民法院依照本法规定裁定的破产财产变价方案，适时对破产财产进行变价出售，等等。管理人应当按照本法规定勤勉尽责，忠实执行职务。管理人在实施本法第 69 条规定的对债务人财产有重大影响的行为时，还应当及时报告债权人委员会；未设立债权人委员会的，应当报告人民法院。

（二）通过由管理人向人民法院报告的方式体现人民法院的监督

破产程序是司法程序，由人民法院主导，人民法院指定的管理人必须接受人民法院的指导与监督，人民法院要听取管理人的工作汇报。

（三）接受债权人会议和债权人委员会的监督

在破产程序中，管理人掌握着管理和处分破产财产、处理破产事务的大权，本法规定了管理人的谨慎注意义务。而对管理人是否按照本法规定履行义务，还需要通过监督机制来保障。管理人除接受人民法院的监督以外，从利益方面讲，债权人最关心管理人是否依法履行职责。因此，本款规定管理人要接受债权人会议和债权人委员会的监督。

按照本条第2款的规定，管理人应当列席债权人会议，向债权人会议报告职务执行情况，并回答询问。本款规定是管理人接受监督的一个方面，列席债权人会议作为管理人的一项义务，管理人不能拒绝列席。管理人列席债权人会议，接受债权人的监督，包括：一是负有向债权人会议报告职务执行情况的义务；二是在债权人会议上没如果债权人对其执行职务的情况提出询问，管理人有义务予以回答，而不能拒绝。

适用指引

管理人贯穿于整个破产程序之中，负责全面接管破产企业、管理和处分破产财产，是破产流程中的关键。管理人在执行职务过程中是否能够做到客观公正高效，直接关系到破产案件当事人权益能否得到保障，破产程序是否公平顺利进行。审判实践中，破产案件选定管理人后，管理人须依法履行其职责，其中包括：规范接收管理破产企业账簿、资产等，对破产企业财产状况进行尽职调查并形成阶段性调查报告，及时向法院报告调查情况及破产企业债权债务情况。管理人还应接受债权人会议的监督。债权人作为管理人行为后果的直接承受者，为维护自身利益，也应当有权对管理人的行为进行监督。管理人除应按照破产法规定参加债权人会议，接受债权人会议的询问，以及接受债权认委员会的日常监督之外，管理人决定债务人继续营业、实施财产的管理和处分行为，都应经债权人会议决议通过方可实施。债权人会议对管理人的监督主要体现在如下几方面：第一，管理人需要参加债权人会议。在会议上对其职务执行情况向债权人说明，债权人会议也有权主动审查管理人的履职状况，管理人需如实回答询问。第二，有权申请更换管理人。如果管理人不能依法履行其职责或者不能胜任其职务时，债权人会议可以向法院提出更换管理人的请求。第三，有权对管理人的报酬提出异议。管理人报酬数额由破产案件的受理法院决定，但如果债权人会议认为人民法院制定的报酬数额并不恰当，可以向该法院提出书面异议，说明理由并附债权人会议决议，请求法院更改为合理数额的报酬。

第二十四条 管理人可以由有关部门、机构的人员组成的清算组或者依法设立的律师事务所、会计师事务所、破产清算事务所等社会中介机构担任。

人民法院根据债务人的实际情况，可以在征询有关社会中介机构的意见后，指定该机构具备相关专业知识并取得执业资格的人员担任管理人。

有下列情形之一的，不得担任管理人：

（一）因故意犯罪受过刑事处罚；

（二）曾被吊销相关专业执业证书；

（三）与本案有利害关系；

（四）人民法院认为不宜担任管理人的其他情形。

个人担任管理人的，应当参加执业责任保险。

关联规定

一、法律、行政法规、司法解释

《最高人民法院关于审理企业破产案件指定管理人的规定》

第十五条 受理企业破产案件的人民法院指定管理人，一般应从本地管理人名册中指定。

对于商业银行、证券公司、保险公司等金融机构以及在全国范围内有重大影响、法律关系复杂、债务人财产分散的企业破产案件，人民法院可以从所在地区高级人民法院编制的管理人名册列明的其他地区管理人或者异地人民法院编制的管理人名册中指定管理人。

第十六条 受理企业破产案件的人民法院，一般应指定管理人名册中的社会中介机构担任管理人。

第十七条 对于事实清楚、债权债务关系简单、债务人财产相对集中的企业破产案件，人民法院可以指定管理人名册中的个人为管理人。

第十八条 企业破产案件有下列情形之一的，人民法院可以指定清算组为管理人：

（一）破产申请受理前，根据有关规定已经成立清算组，人民法院认为符合本规定第十九条的规定；

（二）审理企业破产法第一百三十三条规定的案件；

（三）有关法律规定企业破产时成立清算组；

（四）人民法院认为可以指定清算组为管理人的其他情形。

第十九条 清算组为管理人的，人民法院可以从政府有关部门、编入管理人名册的社会中介机构、金融资产管理公司中指定清算组成员，人民银行及金融监督管理机构可以按照有关法律和行政法规的规定派人参加清算组。

第二十二条 对于经过行政清理、清算的商业银行、证券公司、保险公司等金融机构的破产案件，人民法院除可以按照本规定第十八条第一项的规定指定管理人外，也可以在金融监督管理机构推荐的已编入管理人名册的社会中介机构中指定管理人。

第二十三条 社会中介机构、清算组成员有下列情形之一，可能影响其忠实履行管理人职责的，人民法院可以认定为企业破产法第二十四条第三款第三项规定的利害关系：

（一）与债务人、债权人有未了结的债权债务关系；

（二）在人民法院受理破产申请前三年内，曾为债务人提供相对固定的中介服务；

（三）现在是或者在人民法院受理破产申请前三年内曾经是债务人、债权人的控股股东或者实际控制人；

（四）现在担任或者在人民法院受理破产申请前三年内曾经担任债务人、债权人的财务顾问、法律顾问；

（五）人民法院认为可能影响其忠实履行管理人职责的其他情形。

第二十四条 清算组成员的派出人员、社会中介机构的派出人员、个人管理人有下列情形之一，可能影响其忠实履行管理人职责的，可以认定为企业破产法第二十四条第三款第三项规定的利害关系：

（一）具有本规定第二十三条规定情形；

（二）现在担任或者在人民法院受理破产申请前三年内曾经担任债务人、债权人的董事、监事、高级管理人员；

（三）与债权人或者债务人的控股股东、董事、监事、高级管理人员存在夫妻、直系血亲、三代以内旁系血亲或者近姻亲关系；

（四）人民法院认为可能影响其公正履行管理人职责的其他情形。

第二十五条 在进入指定管理人程序后，社会中介机构或者个人发现与本案有利害关系的，应主动申请回避并向人民法院书面说明情况。人民法院认为社会中介机构或者个人与本案有利害关系的，不应指定该社会中介机构或者个人为本案管理人。

第二十六条 社会中介机构或者个人有重大债务纠纷或者因涉嫌违法行为正被相关部门调查的，人民法院不应指定该社会中介机构或者个人为本案管理人。

二、司法指导性文件

1.《最高人民法院关于审理公司强制清算案件工作座谈会纪要》

34、公司强制清算转入破产清算后，原强制清算中的清算组由《人民法院中介机构管理人名册》和《人民法院个人管理人名册》中的中介机构或者个人组成或者参加的，除该中介机构或者个人存在与本案有利害关系等不宜担任管理人或者管理人成员的情形外，人民法院可根据企业破产法及其司法解释的规定，指定该中介机构或者个人作为破产案件的管理人，或者吸收该中介机构作为新成立的清算组管理人的成员。

2.《最高人民法院关于执行〈最高人民法院审理企业破产案件指定管理人的规定〉、〈最高人民法院审理企业破产案件确定管理人报酬的规定〉几个问题的通知）》

二、高级人民法院要充分考虑本辖区律师事务所、会计师事务所、破产清算事务所等社会中介机构及专职从业人员数量，以及企业破产案件数量等因素。根据工作量情况确定由本院或者中级人民法院编制管理人名册，力争将此项工作在 2007 年 6 月 1 日前完成。

三、编制管理人名册的法院应当制定申请编入管理人名册的社会中介机构和个人的评定标准和程序，并予以公布。标准应当参照指定管理人的规定第十条第二款规定的内容确定。

四、编制管理人名册的评审委员会，应当由审理企业破产案件审判庭的人员、人民法院司法技术辅助工作部门人员、相关审判委员会委员、监察部门人员组成。司法技术辅助工作部门负责具体工作。

五、采取随机方式指定管理人的工作，由司法技术辅助工作部门完成，基层人民法院未设置司法技术辅助工作部门的，应当在司法行政部门中设专人承担此项工作。

六、采取竞争方式指定管理人的评审委员会，应参照编制管理人名册评审委员会的组成方式。

3.《全国法院破产审判工作会议纪要》

三、管理人制度的完善

管理人是破产程序的主要推动者和破产事务的具体执行者。管理人的能力和素质不仅影响破产审判工作的质量，还关系到破产企业的命运与未来发展。要加快完善管理人制度，大力提升管理人职业素养和执业能力，强化对管理人的履职保障和有效监督，为改善企业经营、优化产业结构提供有力制度保障。

4. 完善管理人队伍结构。人民法院要指导编入管理人名册的中介机构采取适当方式吸收具有专业技术知识、企业经营能力的人员充实到管理人队伍中来，促进管理人队伍内在结构更加合理，充分发挥和提升管理人在企业病因诊断、资源整合等方面的重要作用。

5. 探索管理人跨区域执业。除从本地名册选择管理人外，各地法院还可以探索从外省、市管理人名册中选任管理人，确保重大破产案件能够遴选出最佳管理人。两家以上具备资质的中介机构请求联合担任同一破产案件管理人的，人民法院经审查符合自愿协商、优势互补、权责一致要求且确有必要的，可以准许。

条文释义

一、本条主旨

本条是关于管理人的组成及任职资格的规定。

二、条文演变

《企业破产法（试行）》规定由清算组负责管理破产人财产，其职能相当于管理人，这受当时的社会环境影响所致。设置清算组制度的目的既是考虑如何保证公平清偿债权人，维护债务人的合法权益，解决债务问题，也是考虑在破产程序中解决一些应由政府负责的社会问题的需要，但并不能适应市场经济秩序的要求。为此，企业破产法废除了清算组制度，设置了管理人制度。

关于本条，《企业破产法》起草过程中，有关管理人任职资格的规定，在如下几个方面变化较大：第一，在积极资格方面，立法早期的草案多强调“具有必要专业知识”，但在后期尤其是定稿中删除这一点；第二，早期草案特别强调管理人的个人性，而后来的草案和定稿则特别强调机构性；第三，就管理人任职主体而言，可能基于保持2006年《企业破产法》与1986年《企业破产法（试行）》的衔接，在后期的草案尤其是定稿中，加上了清算组这一主体。关于管理人的消极资格，变化不大。

三、条文解读

该条从积极资格和消极资格两个方面对管理人的资格作出了规定。

（一）管理人的积极任职资格

（1）由有关部门、机构的人员组成的清算组。清算组是由人民法院指定成立，对接管的破产企业财产进行清理、保管、估价，以及处理和分配的专门机构。清算组既不是债权人的代表，也不是债务人的代表。清算组以公平清理债务为目标，独立执行清算事务。在破产实践中，特别是国有企业的破产涉及国有资产处置、职工安置等复杂问题，需要由政府有关部门、机构的人员组成的清算组担任管理人。（2）律师事务所、会计师事务所。由于破产事务具有一定的专业性，要求管理人应具有一定的专业知识与业务能力。因此，本条规定，管理人可以由依法设立的律师事务所、会计师事务所等社会中介机构担任。中介机构担任管理人能够凝聚团队的知识和经验，针对不同的破产案件灵活安排具备专业水平的成员担任管理人工作，相互合作和分工，提升破产效率。（3）破产清算事务所。破产清算事务所作为专门从事破产清算事务的机构，在破产案件处理上具有经验，业务开展范围具有专业性、针对性。由破产清算事务所担任管理人可以提高破产效率、节约破产成本。（4）其他中介机构。除律师事务所、会计师事务所、破产清算事务所外，还有其他中介机构可以担任管理人。特别是重整案件中涉及资产重组、股权调整、引入投资人、业务重构、改善经营管理等方面的问题需要引入在企业经营运作、资本市场管理人等方面的具有能丰富知识、经验的专业人士。[①] 基于市场的需要，法律未限制其他可能更适宜的中介机构担任管理人的可能。

（二）由个人担任管理人

个人具有担任管理人的资格，但必须限定于具有专业知识技能、取得职业资格的人员。根据《企业破产案件指定管理人规定》第 17 条规定，个人担任管理人的案件主要是比较简单的破产案件。考虑到现实中存在很多规模小、债权债务关系比较简单的企业破产案件，由机构担任管理人会造成资源浪费，由个人担任管理人较为适宜。但是，个人担任管理人具有程序条件，即需要根据债务人的实际情况先行判断，并在征询有关中介机构的意见之后，才能指定个人担任管理人。

（三）管理人的消极资格

（1）因故意犯罪受过刑事处罚。管理人仅具有专业资格是不够的，还必须具有良好的道德操守。从品德方面讲，应没有犯罪记录。本条强调的是因故意犯罪而受刑事处罚的。如果是因为某种过失犯罪，如过失的交通肇事犯罪等，不影响担任管理人。（2）曾被吊销相关专业执业证书。对于管理人的任职资格要比一般从业资格更严，只要曾经被吊销过执业资格证书，就不能担任管理人。曾被吊销执业证书，说明有过违法行为的不良记录。如注册会计师违反注册会计师法有关规定，明知委托人的财务会计处理会直接损害报告使用人或者其他利害关系人的利益，而有予以隐瞒或者作不实的报告的等行为，情节严重的，可以由省级以上人民政府财政部门吊销注册会计师证书，虽然满 5 年以后可以再取得注册会计师证书，但是按照本条规定不得担任管理人。（3）与本案有利害关系。这是管理人实行回避制度的体现，是为了保证破产程序能公正进行。这里讲的利害关系，包括一定范围的亲属关系和债权债务关系、雇佣关系、合伙关系等。具体应当按照《企业破产案件指定管理人规定》第 24 条、第 25 条的规定予以确定。（4）人民法院认为不宜担任管理人的其他情形。除本条列举的法定情形以外，实践当中可能还有一些因素影响管理人执行职务。本条授权人民法院可以决定其他不适宜担任管理人的情形。比如，管理人虽然

---

① 王欣新：《论破产管理人制度完善的若干问题》，载《法治研究》2010 年第 9 期。

没有犯罪记录，但是有道德品质不好、身体状况不允许等不适宜担任管理人的情形。

（四）个人担任管理人的执业保障

由于管理人在破产程序中享有较大的权利，履职不当可能会给债权人和债务人造成较大的损害。为防止个人担任管理人时，给债权人或者债务人造成损失但无法完全弥补的情况的，本条规定个人担任管理人应当参加执业责任保险，以防范可能发生的风险。

适用指引

一、管理人名册的编制主体

管理人名册的编制主体是各个地区的高级人民法院或者中级人民法院。《企业破产案件指定管理人规定》第 2 条规定，高级人民法院应当根据本辖区律师事务所、会计师事务所、破产清算事务所等社会中介机构及专职从业人员数量和企业破产案件数量，确定由本院或者所辖中级人民法院编制管理人名册。人民法院应当分别编制社会中介机构管理人名册和个人管理人名册。由直辖市以外的高级人民法院编制的管理人名册中，应当注明社会中介机构和个人所属中级人民法院辖区。实践中各地的操作方式亦有所不同。比如，上海、河北等地是高级人民法院编制全省统一适用的管理人名册，也有像福州等地是中级人民法院编制适用的管理人名册。

二、审核社会中介机构或个人资质的主体

审核社会中介机构或个人的资质是由编制管理人名册的人民法院负责的。《企业破产案件指定管理人规定》第 10 条规定，编制管理人名册的人民法院应当组成专门的评审委员会，决定编入管理人名册的社会中介机构和个人名单。评审委员会成员应不少于七人。人民法院应当根据本辖区社会中介机构以及社会中介机构中个人的实际情况，结合其执业业绩、能力、专业水准、社会中介机构的规模、办理企业破产案件的经验等因素制定管理人评定标准，由评审委员会根据申报人的具体情况评定其综合分数。人民法院根据评审委员会评审结果，确定管理人初审名册。

三、社会中介机构或个人的前置准入资格问题

对于社会中介机构或个人的前置准入资格，《企业破产法》及相关司法解释中原则性规定了申请编入管理人名册的社会中介机构和个人只要符合《企业破产法》规定的条件，即可申请编入管理人名册，并未明确社会中介机构及个人所需满足的具体条件。

深圳市中级人民法院（以下简称深圳中院）出台的《深圳市中级人民法院破产案件机构管理人名册编制办法》（以下简称办法）中对社会中介机构提出了明确的要求，该办法第 3 条明确规定律师事务所申报企业破产案件管理人的条件是：（1）在深圳依法设立，经有权机构核准执业 3 年以上，并有固定经营场所；（2）该机构拥有 5 名以上的合伙人，且具有律师执业证书的从业人员不少于 20 名，有足够人力资源完成破产管理工作。会计师事务所申报企业破产案件管理人的条件是：（1）在深圳依法设立，经有权机构核准执业 3 年以上，并有固定经营场所；（2）该机构执业的注册会计师不少于 10 名，有足够人力资源完成破产管理工作；（3）有限责任公司类型的会计师事务所注册资本不低于人民币 50 万元。

此外，深圳和武汉等地在实践中采取了对中介机构的负责人笔试加面试考核的相关做法。以深圳为例，深圳中院委托专门考试机构出题，组织申报人进行专业能力测试。申报入册的社会中介机构应当有 5 名以上从业人员参加测试，测试合格的从业人员具有公司清算和破产管理业务从业资格，测试不合格的从业人员不能担任管理人的负责人且不被列入评审范围。

四、关于管理人的基本要求

法律对于管理人的要求未作列举式规定，我们认为，管理人应当具备五项基本要求：一是管理人应当是或者是应当拥有复合型人才，具备相关的法律知识、处置资产所需要的专业知识和商业经验；二是管理人应当具有良好的职业素质和品行；三是管理人应当与破产案件没有利害关系，处于中间立场；四是管理人应当具有承担民事责任的能力；五是管理人不得具有法律规定的禁止性情形。

根据管理人名册制度，社会中介机构首先要被择优编入管理人名册，才有

可能被指定为具体破产案件的管理人。因此，社会中介机构在相互竞争中，尚需具备较强的综合实力，特别是与破产清算、重整等相关或类似的专业知识、实践经验，以及较高的自律能力、道德水平和诚信度，才可能被编入管理人名册。与律师事务所、会计师事务所相比，破产清算事务所设立的资质条件没有相应的法律规定，也没有业务主管部门的审批程序，其作为一个行业也没有普遍设立具有全国性或地区性的行业自律组织，且人员结构较复杂，因此，《企业破产案件指定管理人规定》第 7 条规定，其申请编入管理人名册的，对本单位专职从业人员，除可以提交法律或者注册会计师资格证书外，还可提交其经营管理经历的证明材料，以证明其专业水平和经验。另外，由于破产清算事务所通常以咨询类有限责任公司形式登记成立，注册资本较低，因此，该条规定，其申请编入管理人名册的，还须提交能够独立承担民事责任的证明材料。

中介机构担任破产企业的管理人具有责任保障优势，而个人担任管理人则有行为直接、效率较高的优势。综合《企业破产法》和最高人民法院关于指定管理人的各项规定，个人担任管理人必须具备以下条件：（1）个人必须在依法设立的律师事务所、会计师事务所、破产清算事务所等社会中介机构执业；（2）个人具备相关专业知识并取得执业资格；（3）个人所在的社会中介机构同意其担任管理人；（4）个人所在的社会中介机构已经编入机构管理人名册；（5）个人已被编入个人管理人名册；（6）个人必须参加执业责任保险，可以是以个人名义投保或以行业自律组织名义投保。

第二十五条　管理人履行下列职责：

（一）接管债务人的财产、印章和账簿、文书等资料；

（二）调查债务人财产状况，制作财产状况报告；

（三）决定债务人的内部管理事务；

（四）决定债务人的日常开支和其他必要开支；

（五）在第一次债权人会议召开之前，决定继续或者停止债务人的营业；

（六）管理和处分债务人的财产；

（七）代表债务人参加诉讼、仲裁或者其他法律程序；

（八）提议召开债权人会议；

（九）人民法院认为管理人应当履行的其他职责。

本法对管理人的职责另有规定的，适用其规定。

关联规定

一、法律、行政法规、司法解释

1.《中华人民共和国企业破产法》

第二十六条　在第一次债权人会议召开之前，管理人决定继续或者停止债务人的营业或者有本法第六十九条规定行为之一的，应当经人民法院许可。

第二十七条　管理人应当勤勉尽责，忠实执行职务。

第六十九条　管理人实施下列行为，应当及时报告债权人委员会：

（一）涉及土地、房屋等不动产权益的转让；

（二）探矿权、采矿权、知识产权等财产权的转让；

（三）全部库存或者营业的转让；

（四）借款；

（五）设定财产担保；

（六）债权和有价证券的转让；

（七）履行债务人和对方当事人均未履行完毕的合同；

（八）放弃权利；

（九）担保物的取回；

（十）对债权人利益有重大影响的其他财产处分行为。

未设立债权人委员会的，管理人实施前款规定的行为应当及时报告人民法院。

2.《最高人民法院关于适用〈中华人民共和国企业破产法〉若干问题的规定（二）》

第二十五条　管理人拟通过清偿债务或者提供担保取回质物、留置物，或者与质权人、留置权人协议以质物、留置物折价清偿债务等方式，进行对债权人利益有重大影响的财产处分行为的，应当及时报告债权人委员会。未设立债权人委员会的，管理人应当及时报告人民法院。

3.《最高人民法院关于适用〈中华人民共和国企业破产法〉若干问题的规定（三）》

第十五条　管理人处分企业破产法第六十九条规定的债务人重大财产的，应当事先制作财产管理或者变价方案并提交债权人会议进行表决，债权人会议表决未通过的，管理人不得处分。

管理人实施处分前，应当根据企业破产法第六十九条的规定，提前十日书面报告债权人委员会或者人民法院。债权人委员会可以依照企业破产法第六十八条第二款的规定，要求管理人对处分行为作出相应说明或者提供有关文件依据。

债权人委员会认为管理人实施的处分行为不符合债权人会议通过的财产管理或变价方案的，有权要求管理人纠正。管理人拒绝纠正的，债权人委员会可以请求人民法院作出决定。

人民法院认为管理人实施的处分行为不符合债权人会议通过的财产管理或变价方案的，应当责令管理人停止处分行为。管理人应当予以纠正，或者提交债权人会议重新表决通过后实施。

4.《最高人民法院关于审理企业破产案件指定管理人的规定》

第三十七条　人民法院决定更换管理人的，原管理人应当自收到决定书之次日起，在人民法院监督下向新任管理人移交全部资料、财产、营业事务及管理人印章，并及时向新任管理人书面说明工作进展情况。原管理人不能履行上述职责的，新任管理人可以直接接管相关事务。

在破产程序终结前，原管理人应当随时接受新任管理人、债权人会议、人民法院关于其履行管理人职责情况的询问。

二、司法指导性文件

1.《最高人民法院关于推进破产案件依法高效审理的意见》

3. 管理人在接管债务人财产、接受债权申报等执行职务过程中，应当要求债务人、债权人及其他利害关系人书面确认送达地址、电子送达方式及法律后果。有关送达规则，参照适用《最高人民法院关于进一步加强民事送达工作的若干意见》的规定。

人民法院作出的裁定书不适用电子送达，但纳入《最高人民法院民事诉讼程序繁简分流改革试点实施办法》的试点法院依照相关规定办理的除外。

6. 管理人应当及时全面调查债务人涉及的诉讼和执行案件情况。破产案件受理法院可以根据管理人的申请或者依职权，及时向管理人提供通过该院案件管理系统查询到的有关债务人诉讼和执行案件的基本信息。债务人存在未结诉讼或者未执行完毕案件的，管理人应当及时将债务人进入破产程序的情况报告相关人民法院。

7. 管理人应当及时全面调查债务人财产状况。破产案件受理法院可以根据管理人的申请或者依职权，及时向管理人提供通过该院网络执行查控系统查询到的债务人财产信息。

8. 管理人应当及时接管债务人的财产、印章和账簿、文书等资料。债务人拒不移交的，人民法院可以根据管理人的申请或者依职权对直接责任人员处以罚款，并可以就债务人应当移交的内容和期限作出裁定。债务人不履行裁定确定的义务的，人民法院可以依照民事诉讼法执行程序的有关规定采取搜查、强制交付等必要措施予以强制执行。

接管过程中，对于债务人占有的不属于债务人的财产，权利人可以依据企业破产法第三十八条的规定向管理人主张取回。管理人不予认可的，权利人可以向破产案件受理法院提起诉讼请求行使取回权。诉讼期间不停止管理人的接管。

21. 债务人财产去向不明，或者债权人、出资人等利害关系人提供了债务人相关财产可能存在被非法侵占、挪用、隐匿等情形初步证据或者明确线索的，管理人应当及时对有关财产的去向情况进行调查。有证据证明债务人及其有关人员存在企业破产法第三十一条、第三十二条、第三十三条、第三十六条等规定的行为的，管理人应当依法追回相关财产。

2.《全国法院破产审判工作会议纪要》

8. 合理划分法院和管理人的职能范围。人民法院应当支持和保障管理人依法履行职责，不得代替管理人作出本应由管理人自己作出的决定。管理人应当依法管理和处分债务人财产，审慎决定债务人内部管理事务，不得将自己的职责全部或者部分转让给他人。

9. 进一步落实管理人职责。在债务人自行管理的重整程序中，人民法院要督促管理人制订监督债务人的具体制度。在重整计划规定的监督期内，管理人应当代表债务人参加监督期开始前已经启动而尚未终结的诉讼、仲裁活动。重整程序、和解程序转入破产清算程序后，管理人应当按照破产清算程序继续履行管理人职责。

3.《全国法院民商事审判工作会议纪要》

111.【债务人自行管理的条件】重整期间，债务人同时符合下列条件的，经申请，人民法院可以批准债务人在管理人的监督下自行管理财产和营业事务：

（1）债务人的内部治理机制仍正常运转；

（2）债务人自行管理有利于债务人继续经营；

（3）债务人不存在隐匿、转移财产的行为；

（4）债务人不存在其他严重损害债权人利益的行为。

债务人提出重整申请时可以一并提出自行管理的申请。经人民法院批准由债务人自行管理财产和营业事务的，企业破产法规定的管理人职权中有关财产管理和营业经营的职权应当由债务人行使。

管理人应当对债务人的自行管理行为进行监督。管理人发现债务人存在严重损害债权人利益的行为或者有其他不适宜自行管理情形的，可以申请人民法院作出终止债务人自行管理的决定。人民法院决定终止的，应当通知管理人接管债务人财产和营业事务。债务人有上述行为而管理人未申请人民法院作出终止决定的，债权人等利害关系人可以向人民法院提出申请。

113.【重整计划监督期间的管理人报酬及诉讼管辖】要依法确保重整计划的执行和有效监督。重整计划的执行期间和监督期间原则上应当一致。二者不一致的，人民法院在确定和调整重整程序中的管理人报酬方案时，应当根据重整期间和重整计划监督期间管理人工作量的不同予以区别对待。其中，重整期间的管理人报酬应当根据管理人对重整发挥的实际作用等因素予以确定和支付；重整计划监督期间管理人报酬的支付比例和支付时间，应当根据管理人监督职责的履行情况，与债权人按照重整计划实际受偿比例和受偿时间相匹配。

重整计划执行期间，因重整程序终止后新发生的事实或者事件引发的有关债务人的民事诉讼，不适用《企业破产法》第21条有关集中管辖的规定。除重整计划有明确约定外，上述纠纷引发的诉讼，不再由管理人代表债务人进行。

116.【审计、评估等中介机构的确定及责任】要合理区分人民法院和管理人在委托审计、评估等财产管理工作中的职责。破产程序中确实需要聘请中介机构对债务人财产进行审计、评估的，根据《企业破产法》第28条的规定，经人民法院许可后，管理人可以自行公开聘请，但是应当对其聘请的中介机构的相关行为进行监督。上述中介机构因不当履行职责给债务人、债权人或者第三人造成损害的，应当承担赔偿责任。管理人在聘用过程中存在过错的，应当在其过错范围内承担相应的补充赔偿责任。

4.《最高人民法院关于正确审理企业破产案件为维护市场经济秩序提供司法保障若干问题的意见》

14.人民法院在审理企业破产案件中，要充分调动管理人的积极性，促使其利用法律手段，努力查找和追收债务人财产，最大限度保护债权人利益。对出资不实、抽逃出资的，要依法追回；对于不当处置公司财产的行为，要依法撤销或者认定无效，并追回有关财产；对于违反法律、行政法规等规定，给公司或债权人造成损失的，要依法追究行为人的民事责任；对于发现妨碍清算行为的犯罪线索，要及时向侦查机关通报情况。

5.《最高人民法院关于企业破产案件信息公开的规定（试行）》

第一条 最高人民法院设立全国企业破产重整案件信息网（以下简称破产重整案件信息网），破产案件（包括破产重整、破产清算、破产和解案件）审判流程信息以及公告、法律文书、债务人信息等与破产程序有关的信息统一在破产重整案件信息网公布。

人民法院以及人民法院指定的破产管理人应当使用破产重整案件信息网及时披露破产程序有关信息。

第四条　破产管理人依法公开破产案件的以下信息：

（一）债务人信息；

（二）征集、招募重整投资人的公告；

（三）破产管理人工作节点信息；

（四）破产程序中破产管理人发布的其他公告；

（五）破产管理人制作的破产程序法律文书；

（六）人民法院裁定批准的重整计划、认可的破产财产分配方案、和解协议。

破产管理人认为应当公开的其他信息，经人民法院批准可以公开。

第五条　破产管理人应当通过破产重整案件信息网及时公开下列债务人信息：

（一）工商登记信息；

（二）最近一年的年度报告；

（三）最近一年的资产负债表；

（四）涉及的诉讼、仲裁案件的基本信息。

6.《最高人民法院关于审理上市公司破产重整案件工作座谈会纪要》

五、关于对破产重整上市公司的信息保密和披露

会议认为，对于股票仍在正常交易的上市公司，在上市公司破产重整申请相关信息披露前，上市公司及其债权人、出资人等利害关系人应当按照法律、行政法规、证券监管机构的部门规章及证券交易所上市规则做好信息保密工作。

上市公司的债权人提出破产重整申请的，人民法院应当要求债权人提供其已就此告知上市公司的有关证据。上市公司应当按照相关规则及时履行信息披露义务。

上市公司进入破产重整程序后，由管理人履行相关法律、行政法规、部门规章和公司章程规定的原上市公司董事会、董事和高级管理人员承担的职责和义务，上市公司自行管理财产和营业事务的除外。管理人在上市公司破产重整程序中存在信息披露违法违规行为的，应当依法承担相应的责任。

条文释义

一、本条主旨

本条是关于管理人职责的规定。

二、条文演变

《企业破产法（试行）》第24条规定："人民法院应当自宣告企业破产之日起十五日内成立清算组，接管破产企业。清算组负责破产财产的保管、清理、估价、处理和分配。清算组可以依法进行必要的民事活动。"第25条第2款规定："破产企业的债务人和财产持有人，只能向清算组清偿债务或者交付财产。"第26条第1款规定："对破产企业未履行的合同，清算组可以决定解除或者继续履行。"第35条规定："人民法院受理破产案件前六个月至破产宣告之日的期间内，破产企业的下列行为无效：（一）隐匿、私分或者无偿转让财产；（二）非正常压价出售财产；（三）对原来没有财产担保的债务提供财产担保；（四）对未到期的债务提前清偿；（五）放弃自己的债权。破产企业有前款所列行为的，清算组有权向人民法院申请追回财产，追回的财产，并入破产财产。"第37条第1款规定："清算组提出破产财产分配方案，经债权人会议讨论通过，报请人民法院裁定后执行。"

《企业破产规定》第50条规定："清算组的主要职责是：（一）接管破产企业。向破产企业原法定代表人及留守人员接收原登记造册的资产明细表、有形资产清册，接管所有财产、账册、文书档案、印章、证照和有关资料。破产宣告前成立企业监管组的，由企业监管组和企业原法定代表人向清算组进行移交；（二）清理破产企业财产，编制财产明细表和资产负债表，编制债权债务清册，组织破产财产的评估、拍卖、变现；（三）回收破产企业的财产，向破产企业的债务人、财产持有人依法行使财产权利；（四）管理、处分破产财产，决定是否履行合同和在清算范围内进行经营活动。确认别除权、抵销权、取回权；（五）进行破产财产的委托评估、拍卖及其他变现工作；（六）依法提出并执行破产财产处理和分配方案；（七）提交清算报告；（八）代表破产企业参加诉讼和仲裁活动；（九）办理企业注销登记等破产终结事宜；（十）完成人民法院依法指定的其他事项。"该条是在《企业破产法（试行）》基础上，对清算组职责进行明确细化。现行《企业破产法》第25条规定的管理人职责在此基础上，结合适用对象进一步梳理细化管理人职责。

三、条文解读

管理人接受人民法院指定后，应当依照《企业破产法》规定的职责执行职务，主要职责有以下几个方面：

（一）接管债务人企业。接管债务人企业是管理人的首要职责。具体包括：1. 接管债务人企业的全部资产，包括有形资产和无形资产。有形资产包括动产和不动产，无形资产包括商标、专利、著作权、商业信誉、客户网络等；2. 接管债务人企业的账簿，包括财务账册、银行账户资料、库存清册等；3. 接管债务人企业的印章、文书等企业全部资料，包括营业执照、企业合同、权属证书、各类印章、公司章程、企业技术资料、无形资产资料、建筑资料、人事档案等。

（二）调查债务人财产状况。对债务人财产进行调查，是管理人掌握债务人财产真实状况的重要手段，主要包括：1. 调查债务人企业的财产和有关业务状况；2. 清理债务人财产并登记造册；3. 全面收集债务人财产及相关资料；[①]4. 制作财产状况报告，向人民法院和债权人会议报告，接受债权人的查阅。

（三）决定债务人的内部管理事务。《企业破产法》赋予管理人除法律规定必须由债权人会议、债权人委员会或人民法院决定的事项外的其他内部管理事项的决策职责，主要包括以下内容：1. 财务管理，如控制银行账户、追索应收账款和开展财务审计；2. 资产管理，如固定资产、流动资产、无形资产、投资资产和在建工程等资产的管理；3. 人员管理，如留守人员的管理、人事档案的管理和下岗职工的安置等。[②]

（四）决定债务人的日常开支和其他必要开支。无论债务人是否继续营业，均有可能产生日常开支和其他必要开支。"日常开支"包括但不限于机构运转开支、召开会议开支、设备维护保养开支、人员工资开支等，如办公场所租金、办公费用支出、水电费用、通信费用、人工费用等；"其他必要开支"包括但不限于审计费用、评估费用、变卖财产时的拍卖费用、聘用专业人员的报

① 参见《中华人民共和国企业破产法》起草组编：《〈中华人民共和国企业破产法〉释义》，人民出版社2006年版，第112~113页。

② 参见王卫国：《破产法精义》（第二版），法律出版社2020年版，第96页。

酬、财产处置时债务人应负担的相关税费等。[①]

（五）特定情况下决定继续或者停止债务人的营业。管理人的职责之一，是尽力确保债务人财产价值最大化，而及时决定继续或者停止债务人的营业，为成功破产清算或者重整打好基础，就成为管理人实现债务人财产价值最大化的必要手段。考虑到该职责事关债务人财产价值及债权人最终清偿利益，故应由债权人会议行使，但在第一次债权人会议召开之前，债权人会议事实上不存在，因此赋权给管理人，但受“应当经人民法院许可”的限制。[②]

（六）管理和处分债务人的财产。管理和处分债务人的财产是管理人在破产程序中最核心的职责。管理人接管债务人企业后，要对债务人财产进行管理、估价、变现和分配。主要包括：1. 正常管理、维护与保管债务人的全部资产；2. 委托有资质的第三方机构对部分有较高价值的资产进行评估作价等；3. 适时变卖或变价处理债务人财产；4. 在保障债权人利益的基础上，对破产财产进行分配。

（七）对外代表债务人参加诉讼等法律程序。本项职责与《企业破产法》第 20 条规定相互呼应。破产程序开始后，管理人成为债务人的实际管理者，全权负责债务人的对外事务。在实践中，既可能出现其他人发起的针对债务人的诉讼、仲裁等法律程序，也可能存在债务人需要对其他民事主体提起诉讼、仲裁以保护自身权利的情况。该两类情况下，都由管理人代表债务人参加。[③]

（八）提议召开债权人会议。管理人在破产程序进行过程中，需要根据债权申报情况、破产程序进行的需要，或者遇到应由债权人会议决议的事项，即应履行此项职责，向法院及债权人提出召开债权人会议的建议，提请债权人会议审议相关事项并做出决议。[④]

（九）人民法院认为管理人应当履行的其他职责。本款项系兜底条款，《企业破产法》未明确规定“人民法院认为管理人应当履行的其他职责”的范围。

---

① 参见《中华人民共和国企业破产法》起草组编：《〈中华人民共和国企业破产法〉释义》，人民出版社 2006 年版，第 113 页。

② 根据《中华人民共和国企业破产法》第 26 条规定：“在第一次债权人会议召开之前，管理人决定继续或者停止债务人的营业或者有本法第六十九条规定行为之一的，应当经人民法院许可。”

③ 参见王卫国：《破产法精义》（第二版），法律出版社 2020 年版，第 97 页。

④ 参见《中华人民共和国企业破产法》起草组编：《〈中华人民共和国企业破产法〉释义》，人民出版社 2006 年版，第 114 页。

该项职责至少包括以下内容：1. 财产管理中撤销权和追回权行使；2. 债权申报中的登记造册及文件保管；3. 债权调查中的异议调查；4. 通知债权人有关债权人会议的时间、地点等具体事务以及会议准备；5. 向债权人委员会报告重大事项；6. 在重整程序中监督债务人自行管理营业事务、拟定重整计划草案、监督重整计划的执行；7. 回收别除权标的物；8. 请求对方当事人继续履行破产程序启动时双方均未履行完毕的合同；9. 破产清算后，申请终结破产程序、办理破产企业注销登记；10. 破产财产分配完毕后，提请法院裁定终结破产程序等；[①] 11. 及时披露破产程序的相关信息等。

（十）《企业破产法》对管理人职责另有规定的，适用其规定。本条款系兜底条款。该规定是针对管理人的职责交叉和其他可能出现的特殊情况；按照该规定，在《企业破产法》对于管理人的职责有特殊规定时，无论是否于本条第一款所列举职责的范围相冲突，均按照该特殊规定执行。[②]

本款规定包含两层含义：1. 对本条第一款所列举职责的额外限制，尤其涉及《企业破产法》第 26 条、第 69 条；2. 对《企业破产法》第 25 条第一款未列举职责的另行规定，主要有：（1）决定待履行合同解除或继续履行；（2）撤销债务人在破产程序前的不正当财产处分行为和追回被处分财产；（3）要求债务人的出资人补缴出资；（4）追回债务人管理层的不当收入和侵占的企业财产；（5）取回质物、留置物；（6）受理取回权人的取回请求；（7）接受债权申报、调查职工债权和编制债权表；（8）重整期间主持债务人营业或者对债务人自行管理进行监督；（9）制作、提交重整计划草案；（10）申请人民法院批准重整计划草案；（11）同未通过重整计划草案的表决组协商；（12）监督重整计划的执行；（13）在破产宣告后，拟定破产财产变价方案；（14）拟定和执行破产财产分配方案；（15）请求人民法院终结破产程序；（16）破产程序终结时，办理破产人的注销登记。[③]

---

① 参见《中华人民共和国企业破产法》起草组编：《〈中华人民共和国企业破产法〉释义》，人民出版社 2006 年版，第 114~115 页。

② 参见《中华人民共和国企业破产法》起草组编：《〈中华人民共和国企业破产法〉释义》，人民出版社 2006 年版，第 115 页。

③ 参见王卫国：《破产法精义》（第二版），法律出版社 2020 年版，第 98 页。

适用指引

一、管理人要切实履行职责

管理人依法行使职权、切实承担管理责任是企业破产有效进行的重要保障，虽然《企业破产法》规定了管理人的法定职能和权限，但由于企业破产事务的复杂性和相关事务性质的模糊性，使得长期以来企业破产中审理破产案件法院（法官）的工作职能与管理人的职能并不清晰。比如，有的管理人对破产企业的日常费用开支计划均报经法院（法官）批准，法院如果不作出指令，管理人便不采取行为。这显然是不妥的。《破产审判会议纪要》明确指出，法院不得代替管理人作出本应由管理人自己作出的决定，管理人也不得将职责进行转让。这样规定的目的是确认并树立管理人法定主体地位，促进改善法院对管理人的监督方式，避免法院从程序的督导推动者变为破产事务的主导决策者。[①]

二、明晰重整管理人的特定职责

企业重整中如果是管理人管理的方式，一般来讲，管理人有较强的审慎履职动因，但如果是债务人自行管理的重整方式，管理人有时就缺乏积极、审慎履职的动力，往往对债务人的自行管理行为得过且过，充当橡皮图章或法院的传声筒。《破产审判会议纪要》第 9 条要求法院督促管理人制定监督债务人的具体制度，主要就是真正落实管理人监督职责，避免因管理方式不同而导致破产质效迥异。同时，《破产审判会议纪要》还对重整监督期间以及重整程序、和解程序转入破产清算程序时管理人的职责进行了明确。

三、完善债务人财产接管和调查方式

债务人财产是债权人权利得以实现的重要物质基础。管理人对债务人财产的接管和调查情况，决定着破产程序能否顺利进行，影响着债权人权利能否得到最大化的实现。针对实践中存在的债务人财产接管调查不及时、不顺畅、不全面等问题，《破产案件高效审理意见》采取积极措施，保障和监督管理人依

---

① 参见贺小荣、王富博、杜军：《破产管理人与重整制度的探索与完善——〈全国法院破产审判工作会议纪要〉的理解与适用（上）》，载《人民司法》2018 年第 13 期。

法履职。

1. 关于债务人案件和财产信息的查询。近年来，人民法院信息化建设成效显著。为加强信息共享，《破产案件高效审理意见》规定，人民法院可以通过案件管理系统、网络执行查控系统为管理人提供涉及债务人诉讼、执行案件和财产等信息查询的便利。由于各地案件管理系统差异等原因，破产案件受理法院查询的债务人诉讼、执行案件信息不全面的，应当在提供案件信息时一并告知管理人查询所涉的案件范围。需要强调的是，人民法院只是辅助提供便利，对债务人案件和财产信息进行全面调查是管理人的法定职责，因此管理人应当对债务人相关情况的全面性和准确性承担最终责任。

2. 关于债务人财产的强制接管措施。《企业破产法》虽然规定了管理人接管债务财产的职责以及债务人有关人员的相应义务，但在实践中，一些债务人出于逃废债务、躲避责任等目的拒不向管理人移交财产和账簿，严重影响了破产程序的有效推进。破产案件兼具裁判和执行属性，破产程序本质上属于概括执行程序。《企业破产法》第 4 条规定，破产案件审理程序中本法没有规定的，适用民事诉讼法的有关规定。故《破产案件高效审理意见》提出，根据案件具体情况，人民法院可以就债务人应当移交的内容和期限作出裁定，债务人不履行裁定确定的义务的，人民法院可以依照民事诉讼法执行程序的有关规定采取搜查、强制交付等必要措施予以强制执行。此外，针对接管过程中，可能出现他人对债务人占有的财产基于所有权等实体权利主张取回权的情况，《破产案件高效审理意见》明确，应当根据《企业破产法》第 38 条及《企业破产法规定（二）》第 27 条等有关规定处理，而不适用《民事诉讼法》第 227 条规定的案外人异议程序。同时，在相关权利人提起取回权诉讼期间，不影响管理人的接管。此项规定，对于预防和破解接管难具有积极意义。[①]

类案检索

无锡长椿金属制品有限公司破产重整案

关键词： 管理人职责

① 参见林文学、关丽、郁琳、詹应国：《〈关于推进破产案件依法高效审理的意见〉的理解与适用》，载《人民司法》2020 年第 13 期。

裁判摘要：无锡长椿金属制品有限公司（以下简称长椿公司）成立于1999年10月，注册资本2900万美元，为外商独资企业，出资方为（毛里求斯）西诺企业有限公司，法定代表人王某（台商），企业在册职工近400人。主营生产石油钢管、镀锌板及钢铁管板材料加工。2007年11月中旬，长椿公司资金出现断裂，突发金融债务危机，引起债权人的恐慌，无锡两级法院先后受理近50起债权人起诉长椿公司的诉讼。长椿公司的银行账户、土地、房屋、机器设备、原材料均被法院查封，法定代表人王某离开企业回到台湾。长椿公司因不能偿付到期债务，生产经营陷入困境。2008年6月5日，长椿公司的债权人无锡尚德金属材料有限公司向江苏省无锡市中级人民法院提出对长椿公司进行重整的申请。

为避免债务人自行重整时利用管理权损害债权人利益的问题，法院充分运用《企业破产法》就管理人职责中的兜底条款，即“人民法院认为管理人应当履行的其他职责”，明确了管理人对重整企业、对重整企业高管人员、对关系人会议的监督权，加强了管理人在重整程序中的监督作用，设置了合理的监督机制，以防止债务人财产在重整期间非正常灭失。

【案　　号】（2008）锡破字第4号

【审理法院】江苏省无锡市中级人民法院

【来　　源】中国裁判文书网

第二十六条　在第一次债权人会议召开之前，管理人决定继续或者停止债务人的营业或者有本法第六十九条规定行为之一的，应当经人民法院许可。

关联规定

一、法律、行政法规、司法解释

1.《中华人民共和国企业破产法》

第六十九条　管理人实施下列行为，应当及时报告债权人委员会：

（一）涉及土地、房屋等不动产权益的转让；

（二）探矿权、采矿权、知识产权等财产权的转让；

（三）全部库存或者营业的转让；

（四）借款；

（五）设定财产担保；

（六）债权和有价证券的转让；

（七）履行债务人和对方当事人均未履行完毕的合同；

（八）放弃权利；

（九）担保物的取回；

（十）对债权人利益有重大影响的其他财产处分行为。

未设立债权人委员会的，管理人实施前款规定的行为应当及时报告人民法院。

2.《最高人民法院关于适用〈中华人民共和国企业破产法〉若干问题的规定（三）》

第二条　破产申请受理后，经债权人会议决议通过，或者第一次债权人会议召开前经人民法院许可，管理人或者自行管理的债务人可以为债务人继续营业而借款。提供借款的债权人主张参照企业破产法第四十二条第四项的规定优先于普通破产债权清偿的，人民法院应予支持，但其主张优先于此前已就债务人特定财产享有担保的债权清偿的，人民法院不予支持。

管理人或者自行管理的债务人可以为前述借款设定抵押担保，抵押物在破产申请受理前已为其他债权人设定抵押的，债权人主张按照民法典第四百一十四条规定的顺序清偿，人民法院应予支持。

二、司法指导性文件

《最高人民法院关于依法妥善审理涉新冠肺炎疫情民事案件若干问题的指导意见（二）》

22. 要最大限度维护债务人的持续经营能力，充分发挥共益债务融资的制度功能，为持续经营提供资金支持。债务人企业具有继续经营的能力或者具备生产经营防疫物资条件的，人民法院应当积极引导和支持管理人或者债务人根据企业破产法第二十六条、第六十一条的规定继续债务人的营业，在保障债权人利益的基础上，选择适当的经营管理模式，充分运用府院协调机制，发掘、释放企业产能。

坚持财产处置的价值最大化原则，积极引导管理人充分评估疫情或者疫情防控措施对资产处置价格的影响，准确把握处置时机和处置方式，避免因资产价值的不当贬损而影响债权人利益。

条文释义

一、本条主旨

本条是关于管理人行使其职权的限制性规定。

二、条文演变

《企业破产法》起草过程中，本条变化幅度不大。最早自《企业破产法》（1995年草案）第33条就作了类似规定，之后不同时期的草案或定稿，都采取援引管理人向债权人任委员会报告事项条款，实现第一次债权人会议前法院监督、第一次债权人会议后债权人委员会监督的效果。

三、条文解读

本条规定的实质目的，在于协调管理人、债权人会议及债权人委员会的职权。债权人会议属于破产程序中的权力机构，管理人的重大处分行为请求债权人会议认可，本是破产制度的应有之义。但是从破产申请受理、管理人接管债务人企业，到债权人会议召开、债权人委员会成立，尚有一定的时间差；在这段时间中，管理人既要处理债务人企业日常事务，也要处理涉及财产处分的重大事务，在债权人会议和债权人委员会缺位的情况下，通过向法院请求许可的方式，赋予法院必要的监督权，则是一种退而求其次的办法。[①]

本条规定对管理人职权的限制，有两个重点：一个是管理人"决定继续或者停止债务人的营业"，另一个是管理人"有本法第六十九条规定行为之一"。

（1）对于管理人决定继续或者停止债务人的营业行为要经过许可，主要是因为债务人在破产程序启动后的营业活动，势必还会产生新的法律关系，形成新的债权债务关系，其结果必然会增加或者减少债务人的财产，进而危及既有债权债务的公平清理以及债权人利益能否得到有效保护，因此，有必要加以法院审查的限制。而另一个原因则在于，继续营业可能会给债权人的清偿利益带来风险；在债权人会议、债权人都缺位的情况下，如上述所言，赋予法院必要的审查权，有助于确保管理人重大决策的合理性与必要性。[②]

（2）对于管理人"有本法第六十九条规定行为之一"要经过许可，原因在于这些行为均是对债务人财产的处分行为，可能会使债务人的财产形态及数量发生重大变化，均对债权人的利益产生直接或间接的重大影响，故需要向债权人会议报告；但债权人会议非常设机构，考虑到管理人及时处理相关事务的需要，改由向债权人委员会报告；如果债权人委员会未成立，则向法院报告。[③]

---

① 参见蒋黔贵主编：《中华人民共和国企业破产法释义》，中国市场出版社2006年版，第104页。

② 参见王卫国：《破产法精义》（第2版），法律出版社2020年版，第99页。

③ 参见《中华人民共和国企业破产法》起草组编：《中华人民共和国企业破产法释义》，人民出版社2006年版，第115页。

适用指引

一、破产企业恢复生产经营的决定程序问题

破产法律制度通过及时切断债务人的债务扩张，公平保护债权人的利益，并给予债务人重新开始的机会，从而保障社会经济秩序的良好运转。在一定条件下，允许破产企业在破产程序中继续营业，有利于破产企业盘活资产，提高偿债能力及重整率。破产法对破产企业在破产程序中继续经营或恢复生产以第一次债权人会议为界限，规定了不同的批准程序。依照《企业破产法》第 26 条“在第一次债权人会议召开之前，管理人决定继续或者停止债务人的营业或者有本法第六十九条规定行为之一的，应当经人民法院许可”的规定，在破产申请受理后至第一次债权人会议召开之前，应当由管理人向人民法院提出申请，经人民法院许可。在第一次债权人会议召开之后，依照《企业破产法》第 61 条的规定，应当由管理人提出方案，由债权人会议决定是否继续营业或停止经营。

二、人民法院审查是否许可破产企业继续经营的规则问题

人民法院在审查是否许可破产企业继续经营时，需结合以下因素考量：

1. 企业性质。是否应继续经营不仅涉及企业的商业价值判断，更需符合社会价值的整体要求。人民法院在审查许可破产企业继续经营时，应考察生产企业的产品性质是否为市场急需的产品，若属于应优先考虑，及时许可，帮助破产企业抓住商机。人民法院更应紧跟形势，倡导“破产不停产”的理念，在注重债权人利益保障的同时，配置好债务人的资产资源，通过破产程序实现债务人企业再生，最大限度地释放破产审判价值。

2. 继续经营条件是否具备。企业具备经营条件是法院许可的先决条件。在企业进入破产程序之后，一般均由管理人接管债务人企业，负责及决定债务人的各项事务。在第一次债权人会议召开前，对于破产企业是否应继续经营，一般由管理人进行调查判断。受限于管理人自身的业务能力，及对债务人企业资产状态、生产经营条件的掌握程度，管理人对破产企业是否具备复产条件的判断是否准确应经过人民法院的复核与审查。企业进入破产程序，本身已陷入财务困境，复工复产将涉及资金、人员、生产资料等的调配，有可能产生新的债

务。在尚未形成债权人会议参与决策之前，对破产企业经营状态的决策定位，将直接影响到债权人的利益。因此，人民法院对管理人继续破产企业经营的申请应进行审查，如对企业场地是否符合生产条件，生产设备、原材料等是否完备充足，前期资金、人员是否到位等生产经营条件，应进行考察，充分论证破产企业继续营业的可行性，综合衡量债权人、债务人的权益及社会利益，确保管理人勤勉审慎履职。

3. 府院联动，加大监管。破产债务人恢复经营，不仅要依照破产法的程序启动，还涉及政府相关部门对企业政策资金支持、营业许可、物资调配、税收、社保等多方面的行政管理职能。人民法院应联合政府的相关职能部门，如市场监督管理部门、税务管理部门等，畅通破产企业经营渠道，协同加大对破产企业经营的监管，指导管理人尽职履责，使破产企业安全有序经营。

4. 合理控制生产规模。人民法院应督促管理人及破产企业尽量按订单生产，避免产品积压引发新的纠纷及债务。

5. 债权人最大利益原则。在第一次债权人会议召开之前，债权人尚未参与破产企业事务的决策。管理人对破产企业恢复经营生产作出商业价值判断，并向人民法院申请许可，人民法院在平衡社会利益、债务人利益的同时，应坚持债权人最大利益原则，不能过分强调债务人的经济再生，忽视债权人的债权实现及公平受偿。在第一次债权人会议召开后，管理人应将企业生产经营情况及时向债权人汇报，并由债权人会议决定是否继续经营。同时，在企业恢复生产后，人民法院应督促管理人把握生产经营动态，应势而变，视情况或停止生产，或转换破产程序，争取企业重整，实现债权人利益最大化。

6. 营业期限适当原则。在破产过程中继续营业，一定是有期限的，一般不能超过破产终结程序。具体来讲，企业破产势必要处理公司资产，公司的生产设备处置完成或者公司资产完成转让，赖以营业的硬件设施消灭，或者在公司变价之后，破产分配方案制定之前，企业再继续营业下去已从事实上不可能，继续营业的期限也便终止了。

7. 及时原则。破产企业符合继续经营条件时，人民法院应抓住时机，及时批复许可。第一次债权人会议之前，对破产企业继续或停止营业，由管理人进行甄别判断，但管理人并无决定权，需向人民法院申请并获得许可才可恢复破产企业的经营。人民法院在审查破产企业是否具备继续经营条件时，应充分与管理人沟通了解，在必要时通过走访破产企业及政府相关部门，尽可能全面的把握了解破产企业的经营状态及条件，并及时作出是否许可的决定。

指导案例

指导案例164号：江苏苏醇酒业有限公司及关联公司实质合并破产重整案

（最高人民法院审判委员会讨论通过　2021年9月18日发布）

关键词： 民事　破产重整　实质合并破产　投资人试生产　利益衡平　监督

裁判要点：

在破产重整过程中，破产企业面临生产许可证等核心优质资产灭失、机器设备闲置贬损等风险，投资人亦希望通过试生产全面了解企业经营实力的，管理人可以向人民法院申请由投资人先行投入部分资金进行试生产。破产企业核心资产的存续直接影响到破产重整目的实现，管理人的申请有利于恢复破产企业持续经营能力，有利于保障各方当事人的利益，该试生产申请符合破产保护理念，人民法院经审查，可以准许。同时，投资人试生产在获得准许后，应接受人民法院、管理人及债权人的监督，以公平保护各方的合法权益。

相关法条：

《中华人民共和国企业破产法》第1条、第2条、第26条、第86条

基本案情：

江苏苏醇酒业有限公司（以下简称苏醇公司）是江苏省睢宁县唯一一家拥有酒精生产许可证的企业，对于地方经济发展具有重要影响。2013年以来，由于企业盲目扩张，经营管理混乱，造成资金链断裂，并引发多起诉讼。徐州得隆生物科技有限公司、徐州瑞康食品科技有限公司系苏醇公司关联企业，三家公司均是从事农产品深加工的生物科技公司。截至破产重整受理前，三家公司资产总额1.25亿元，负债总额4.57亿元，资产负债率达365.57%。2017年12月29日，三家公司以引进投资人、重振企业为由，分别向江苏省睢宁县人民法院（以下简称睢宁法院）申请破产重整。睢宁法院经审查认为，三家公司基础和发展前景较好，酒精生产资质属于稀缺资源，具有重整价值，遂于2018年1月12日分别裁定受理三家公司的破产重整申请。因三家公司在经营、财务、人员、管理等方面出现高度混同，且区分各关联企业成员财产的成

本过高，遂依照《破产审判会议纪要》第32条规定，依据管理人的申请，于2018年6月25日裁定三家公司实质合并破产重整。

重整期间，投资人徐州常青生物科技有限公司在对苏醇公司的现状进场调查后提出：苏醇公司已经停产停业多年，其核心资产酒精生产许可证已经脱审，面临灭失风险，还存在职工流失、机器设备闲置贬损以及消防、环保等安全隐患等影响重整的情况。同时，企业原管理层早已陷于瘫痪状态，无能力继续进行相关工作，公司账面无可用资金供管理人化解危机。在此情况下，管理人提出由重整投资人先行投入部分资金恢复企业部分产能的方案。

裁判结果

2018年6月25日，江苏省睢宁县人民法院作出（2018）苏0324破1号民事裁定书，裁定江苏苏醇酒业有限公司、徐州得隆生物科技有限公司、徐州瑞康食品科技有限公司实质合并破产重整。2019年7月5日，江苏省睢宁县人民法院作出（2018）苏0324破1号之四决定书，准许投资人徐州常青生物科技有限公司进行试生产。2019年11月30日、12月1日，江苏苏醇酒业有限公司第二次债权人会议召开，各代表债权组均表决通过了江苏苏醇酒业有限公司管理人提交的重整计划草案。江苏苏醇酒业有限公司管理人向江苏省睢宁县人民法院提请批准江苏苏醇酒业有限公司重整计划草案。江苏省睢宁县人民法院依照企业破产法第八十六条之规定，于2019年12月2日作出（2018）苏0324破1号之一裁定：一、批准江苏苏醇酒业有限公司重整计划；二、终止江苏苏醇酒业有限公司重整程序。同时，依法预留两个月监督期。

裁判理由

法院生效裁判认为，管理人所提出的债务人面临的相关问题真实存在，如企业赖以生存的酒精生产许可证灭失，则该企业的核心资产将不复存在，重整亦将失去意义。因债务人目前没有足够的资金供管理人使用，由投资人先行投入资金进行试生产可以解决重整过程中企业所面临的困境，亦能使企业资产保值、增值，充分保障债务人及债权人的利益，维护社会稳定，更有利于重整后企业的发展。管理人的申请，符合破产保护理念，亦不违反法律法规的相关规定，应予以准许。

关于是否允许投资人试生产的问题，法院在作出决定前，主要考虑了以下因素：

一、试生产的必要性

首先，破产企业面临着严峻的形势：一是苏醇公司面临停产停业后酒精生产许可证脱审、生产资格将被取消风险，且该资质灭失后难以再行获得，重整也将失去意义；二是该企业还面临环保、消防验收、机器设备长时间闲置受损等外部压力；三是原企业内部技术人员流失严重，职工因企业停产生活困难，极易产生群体事件；四是企业管理层陷于瘫痪状态，无能力继续进行相关工作，公司账面无可用资金供管理人化解危机。

其次，投资人参与重整程序最大的风险在于投出的资金及资产的安全性，投资人希望通过试生产全面了解企业实际状况及生产活力与动能，为重整后恢复经营提供保障。

再次，苏醇公司作为当地生物科技领域的原龙头企业，对区域产业链的优化、转型及发展起到举足轻重的作用，在经济高质量发展的需求下，当地党委、政府亟需企业恢复产能，带动上下游产业发展，解决就业问题，维护社会稳定。

综上，如不准许投资人进行试生产，则会给企业造成不可挽回的巨大损失，一旦失去酒精生产许可证，该企业的核心资产就不复存在，即便最后重整成功，企业也失去了核心竞争力。因此，允许投资人试生产是必要而迫切的。

二、试生产的利益衡平

成熟的破产重整制度应具有以下良性效果：通过重整拯救处于困境但又有存在价值的企业，使其恢复盈利能力，继续经营，使企业职工就业生存权得到保障，债权人的债权得到合理的清偿，投资人的收益得到实现，各方的利益得到公平保护，从而实现社会安定、经济的稳定和发展。因此，在进行利益衡平时，一些核心的价值理念是公司重整时必须充分考虑的，这些理念就是公平与效率，灵活性与可预见性。允许企业试生产可以均衡各方利益，一是在投资人试生产前，债务人现有资产已经审计、评估后予以确认，根据管理人与投资人达成的投资协议，重整企业的偿债资金数额、来源也已确定，投资人进场试生产与重整企业清偿债务之间并不产生冲突；二是投资人投入部分资金进行试生产，有利于投资人充分了解企业情况及运营能力，为重整后企业发展打下基础；三是试生产能够恢复重整企业部分产能，使企业优质资产保值、增值；四是可以保障债权人的债权不受贬损，提高受偿比例；五是重整企业恢复一定规模的生产亦能解决破产企业因停产而面临的环保、消防安全、职工稳定等迫切问题，对企业重整有利无害。

三、试生产的法律及理论依据

首先，虽然企业破产法及相关司法解释对于投资人能否在接管企业前，提前进场进行试生产，没有具体法律规定，但为了实现破产法的拯救功能，在特定情况下，准许投资人进场试生产，通过市场化、法治化途径挽救困境企业，是符合我国破产审判需要的。

其次，虽然投资人试生产可以解决投资人接管企业前，企业面临的上述问题，但为了避免投资人不合理的生产方式，损害破产重整中其他权利主体的利益，其试生产仍应以取得法院或债权人的批准或同意为宜，并接受法院、管理人以及债权人的监督。

再次，由于我国现行破产法律规定尚不完善，在破产审判工作中，人民法院应强化服务大局意识，自觉增强工作的预见性和创造性，用创新思维解决破产重整过程中遇到的新困难、新问题，探索为企业破产重整提供长效保障机制。

综上，为了维护各方主体的利益，确保重整后的企业能够迅速复工复产，实现企业重整的社会价值和经济价值，睢宁法院在获得各方利益主体同意的前提下，遂允许投资人提前进场试生产。

四、试生产的社会价值

一是法院批准企业在重整期间进行试生产，通过破产程序与企业试生产同步进行，可以保证重整与复工复产无缝衔接、平稳过渡，全力保障尚具潜质企业涅槃重生。二是在疫情防控背景下，试生产为企业复工生产排忧解难，使消毒防疫物资迅速驰援一线，体现了人民法院的司法担当，为辖区民营企业，特别是中小微企业的发展营造了优质高效的营商环境，用精准的司法服务为企业复工复产提供了高质量的司法保障。三是该企业系区域生物科技领域的潜质企业，对经济产业结构优化、转型、升级具有显著推动作用，适应经济高质量发展的大局要求。

类案检索

刚松防护科技股份有限公司破产重整案

关键词： 防疫物资　生产企业　许可恢复营业

裁判摘要：刚松防护科技股份有限公司（以下简称刚松公司）是一家研发、生产防护服装、医用纺织品的企业，2019年12月18日，江苏省苏州市吴江区人民法院（以下简称吴江法院）裁定受理债权人对刚松公司的破产清算申请。2020年初，受新冠肺炎疫情影响，口罩等防护用品成为紧缺物资。根据管理人的申请，同年1月28日，吴江法院复函许可刚松公司恢复营业。2月7日，刚松公司正式投入生产，日平均生产口罩7万余只，均由属地政府定向采购用于疫情防控。随着刚松公司的复产，其重整价值日益显现。2月25日，根据债务人申请，吴江法院裁定刚松公司自即日起进行重整。3月12日，刚松公司第一次债权人会议通过吴江法院破产审判“锐破”系统线上召开。经表决，重整计划草案获得通过。次日，吴江法院裁定批准该重整计划。本案准确理解《企业破产法》第26条的适用范围和标准，在保障债权人权益的基础上，兼顾社会公共利益，在第一次债权人会议前许可刚松公司恢复生产防疫物资，维护债务人营运价值的同时，助力疫情防控。

【案　　号】（2019）苏0509破123号

【审理法院】江苏省苏州市吴江区人民法院

【来　　源】2020年江苏法院破产审判典型案例之四

第二十七条　管理人应当勤勉尽责，忠实执行职务。

关联规定

一、法律、行政法规、司法解释

1.《中华人民共和国企业破产法》

第二十五条　管理人履行下列职责：

（一）接管债务人的财产、印章和账簿、文书等资料；

（二）调查债务人财产状况，制作财产状况报告；

（三）决定债务人的内部管理事务；

（四）决定债务人的日常开支和其他必要开支；

（五）在第一次债权人会议召开之前，决定继续或者停止债务人的营业；

（六）管理和处分债务人的财产；

（七）代表债务人参加诉讼、仲裁或者其他法律程序；

（八）提议召开债权人会议；

（九）人民法院认为管理人应当履行的其他职责。

本法对管理人的职责另有规定的，适用其规定。

第一百三十条　管理人未依照本法规定勤勉尽责，忠实执行职务的，人民法院可以依法处以罚款；给债权人、债务人或者第三人造成损失的，依法承担赔偿责任。

第一百三十一条　违反本法规定，构成犯罪的，依法追究刑事责任。

2.《最高人民法院关于适用〈中华人民共和国企业破产法〉若干问题的规定（二）》

第九条　管理人依据企业破产法第三十一条和第三十二条的规定提起诉讼，请求撤销涉及债务人财产的相关行为并由相对人返还债务人财产的，人民法院应予支持。

管理人因过错未依法行使撤销权导致债务人财产不当减损，债权人提起诉讼主张管理人对其损失承担相应赔偿责任的，人民法院应予支持。

第二十三条 破产申请受理后，债权人就债务人财产向人民法院提起本规定第二十一条第一款所列诉讼的，人民法院不予受理。

债权人通过债权人会议或者债权人委员会，要求管理人依法向次债务人、债务人的出资人等追收债务人财产，管理人无正当理由拒绝追收，债权人会议依据企业破产法第二十二条的规定，申请人民法院更换管理人的，人民法院应予支持。

管理人不予追收，个别债权人代表全体债权人提起相关诉讼，主张次债务人或者债务人的出资人等向债务人清偿或者返还债务人财产，或者依法申请合并破产的，人民法院应予受理。

第三十三条 管理人或者相关人员在执行职务过程中，因故意或者重大过失不当转让他人财产或者造成他人财产毁损、灭失，导致他人损害产生的债务作为共益债务，由债务人财产随时清偿不足弥补损失，权利人向管理人或者相关人员主张承担补充赔偿责任的，人民法院应予支持。

上述债务作为共益债务由债务人财产随时清偿后，债权人以管理人或者相关人员执行职务不当导致债务人财产减少给其造成损失为由提起诉讼，主张管理人或者相关人员承担相应赔偿责任的，人民法院应予支持。

3.《最高人民法院关于审理企业破产案件指定管理人的规定》

第三十三条 社会中介机构管理人有下列情形之一的，人民法院可以根据债权人会议的申请或者依职权迳行决定更换管理人：

（一）执业许可证或者营业执照被吊销或者注销；

（二）出现解散、破产事由或者丧失承担执业责任风险的能力；

（三）与本案有利害关系；

（四）履行职务时，因故意或者重大过失导致债权人利益受到损害；

（五）有本规定第二十六条规定的情形。

清算组成员参照适用前款规定。

第三十四条 个人管理人有下列情形之一的，人民法院可以根据债权人会议的申请或者依职权迳行决定更换管理人：

（一）执业资格被取消、吊销；

（二）与本案有利害关系；

（三）履行职务时，因故意或者重大过失导致债权人利益受到损害；

（四）失踪、死亡或者丧失民事行为能力；
（五）因健康原因无法履行职务；
（六）执业责任保险失效；
（七）有本规定第二十六条规定的情形。
清算组成员的派出人员、社会中介机构的派出人员参照适用前款规定。

4.《最高人民法院关于审理企业破产案件确定管理人报酬的规定》

第九条 人民法院确定或者调整管理人报酬方案时，应当考虑以下因素：
（一）破产案件的复杂性；
（二）管理人的勤勉程度；
（三）管理人为重整、和解工作做出的实际贡献；
（四）管理人承担的风险和责任；
（五）债务人住所地居民可支配收入及物价水平；
（六）其他影响管理人报酬的情况。

二、司法指导性文件

《全国法院破产审判工作会议纪要》

9.进一步落实管理人职责。在债务人自行管理的重整程序中，人民法院要督促管理人制订监督债务人的具体制度。在重整计划规定的监督期内，管理人应当代表债务人参加监督期开始前已经启动而尚未终结的诉讼、仲裁活动。重整程序、和解程序转入破产清算程序后，管理人应当按照破产清算程序继续履行管理人职责。

10.发挥管理人报酬的激励和约束作用。人民法院可以根据破产案件的不同情况确定管理人报酬的支付方式，发挥管理人报酬在激励、约束管理人勤勉履职方面的积极作用。管理人报酬原则上应当根据破产案件审理进度和管理人履职情况分期支付。案情简单、耗时较短的破产案件，可以在破产程序终结后一次性向管理人支付报酬。

条文释义

一、本条主旨

本条是关于管理人在执行职务时应遵守的职业操守的义务性规定。

二、条文演变

本条系现行《企业破产法》新增条款。《企业破产规定》第51条规定："清算组对人民法院负责并且报告工作，接受人民法院的监督。人民法院应当及时指导清算组的工作，明确清算组的职权与责任，帮助清算组拟订工作计划，听取清算组汇报工作。清算组有损害债权人利益的行为或者其他违法行为的，人民法院可以根据债权人的申请或者依职权予以纠正。人民法院可以根据债权人的申请或者依职权更换不称职的清算组成员。"该条文对于清算组的正确履职行为进行规定。本条是在上述条文的基础上，对管理人的勤勉尽责义务进行规定。《企业破产法（草案）》（2004年6月）第25条对管理人的勤勉尽责、忠实义务进行了规定，并在第2款规定管理人违反上述义务给债务人财产或债权人造成损害的，应当承担赔偿责任。现行《企业破产法》未在本条规定管理人的赔偿责任。

三、条文解读

《企业破产法》赋予了管理人很大的权利，管理人理应承担相应的义务。按照本条规定，管理人承担的义务是勤勉尽责，忠实执行职务。管理人应当按照《企业破产法》规定的职责执行职务，以使债权人利益最大化，这样才符合债权人和债务人与管理人之间所存在的信任基础。基于这种信任，管理人在执行职务时，仅仅具备与处理自己事务相同的专业技能和注意是不够的，还应当勤勉尽责，忠实执行职务。管理人的忠实义务要求管理人不得以损害债权人和其他利害关系人利益的方式行为，不得将自己或与自己有关联的人的个人利益置于债权人利益和其他利害关系人利益之上。管理人忠实义务的核心在于管理人不应当利用自己作为破产财团受托人的身份获得个人利益。就忠实义务的本质而言，忠实义务属于一种客观性义务，同时也是一种道德性义务，它强调管理人实施的与债权人和其他利害关系人利益有关的行为必须具有公正性。在实践中，管理人的忠实义务常有以下表现形式：（1）管理人不得因自己的身份而受益；（2）管理人不得收受贿赂、某种秘密利益或所允诺的其他好处；（3）管理人必须严守竞业禁止原则；（4）管理人非经允许不得泄漏破产业务的商业秘密；（5）管理人不得侵吞破产财产及其掌握的其他财产；（6）管理人不得利用破产财团的信息和商事机会。相对忠实义务而言，管理人勤勉尽责义务则复杂许多。勤勉义务的核心内容是一般注意义务。管理人注意义务本质上是一种管理性的义务，是管理人在管理破产财产活动时应依法运用自己的才能、技能、知识、判断和经验并达到某种标准的义务。管理人的注意义务与其承担的职责紧密相连。在实践中，管理人的注意义务具体表现为：（1）谨慎接管债务人移交的全部财产和与财产有关的一切账册文件；（2）对破产财产的管理处分，包括保管清理破产财产、继续经营债务人事业等；（3）对破产债权的调查审查；（4）对取回权、别除权的标的物的善管义务；（5）尽心处理各种诉讼仲裁活动；（6）依法变价和分配破产财产；（7）向法院、债权人和其他利害关系人报告工作和通告信息；（8）请求召开债权人会议；（9）审慎选择委托提供相关服务的专业人士；（10）与破产程序相关的其他注意义务。

如果管理人违反本条规定的义务，没有做到勤勉尽责，没有忠实执行职务，由此给债权人、债务人造成损失的，依法承担赔偿责任。如果管理人因玩忽职守或者其他违法行为，造成债权人、债务人损失的，依法承担赔偿责任；因此而构成犯罪的，依法追究其刑事责任。

适用指引

管理人应当勤勉尽责，忠实执行职务，具体表现为管理人应当对其各项履职行为尽到高度勤勉和合理注意义务：（1）管理人应当严格依照《企业破产法》及相关司法解释的规定履行职责，包括维持企业经营、管理处置破产财产、审查确认债权、制作和执行分配方案、起草重整计划草案并监督执行等各项职责，应当严格按照法定程序推进，依法接受债权人会议和人民法院的监督。（2）管理人的履职行为应当符合相关职业道德标准。管理人对于破产财产处置、重整计划草案制定、破产财产追收等重大事项和敏感事务处理，不仅要严格依法履职，更要符合公正、勤勉的职业道德标准。（3）管理人对法律和司法解释规定不明确的事务要尽到合理注意义务。基于破产事务的繁杂性，企业破产程序中还可能存在目前法律和司法解释等规定尚不够明确的事项，比如，关联企业调查和实质合并破产的适用等，管理人应当在《企业破产法》框架下，依据相关法律和司法解释、会议纪要等规定，依法审慎履行职责，尽到合理判断和注意义务。

“勤勉尽责，忠实执行职务”是对管理人履职的总体要求，具体到管理人办理具体案件和每个破产案件的各个环节，缺乏具体的判断标准。实践中，一些法院为了依法科学量化管理人履职行为，建立管理人个案考核机制，基本上是围绕着管理人勤勉尽责义务展开，通常包括：（1）团队管理，如团队人员配备、工作制度、工作方案；（2）履职情况，如接管企业和管理、清产核资、统筹协调、债权申报审查、破产财产处置以及财产管理方案、变价方案、分配方案和重整计划草案等文件制定落实情况等；（3）履职能力，案件处理中体现出专业水平，不存在履职不当行为；（4）工作成效，案件处理取得的法律效果和社会效果等。同时部分法院还罗列管理人履职的负面清单，如擅自将应当自己履行的职责全部或者部分转让给其他社会中介机构或者个人的行为，私自向债权人收取明显不合理费用或泄露商业秘密等利用职权获取不正当利益的行为，违规使用破产财产、挪用破产资金等滥用破产财产的行为，滥用破产费用，严重铺张浪费或存在大额不合理支出的行为等。对于管理人是否尽到忠实义务的判断，我国有学者以管理人的行为要求为尺度，将忠实义务解释为滥用破产财产的禁止、自我交易的禁止、关联交易的禁止、侵犯商业秘密的禁止、利用职权或者地位获取不正当利益的禁止五个宏观方面的内容。①

为保障管理人依法正确履职，实践中有两个层面的管理模式：一是人民法院管理人名册和分级管理。《破产审判会议纪要》第6条规定，高级人民法院或者自行编制管理人名册的中级人民法院可以综合考虑管理人的专业水准、工作经验、执业操守、工作绩效、勤勉程度等因素，合理确定管理人等级，对管理人实行分级管理、定期考评。二是管理人协会的行业自律管理。《破产审判会议纪要》第13条规定，人民法院应当支持、引导、推动本辖区范围内管理人名册中的社会中介机构、个人成立管理人协会，加强对管理人的管理和约束，维护管理人的合法权益，逐步形成规范、稳定和自律的行业组织，确保管理人队伍既充满活力又规范有序发展。

---

① 姚彬、孟伟：《破产程序中管理人制度实证研究》，中国法制出版社2013年版，第186~188页。

类案检索

江苏新希望清算事务所有限公司、宁波中瑞太丰食品有限公司管理人责任纠纷案

关键词： 管理人 勤勉尽责 侵权责任

裁判摘要： 宁波中瑞太丰食品有限公司（以下简称中瑞太丰公司）依据宁波市中级人民法院（2009）浙甬商外初字第73号民事调解书，向南通新大港储开发有限公司（以下简称新大港储公司）管理人新希望清算事务所申报债权179621212.5元。新大港储公司管理人对中瑞太丰公司债权审查结果为不予确认。中瑞太丰公司对管理人的核查结果提出异议。第一次债权人会议后，就中瑞太丰公司债权确认事宜，中瑞太丰公司及新大港储公司分别向相关法院、检察院提起诉讼或申请监督。争议处理过程中，新大港储公司管理人将中瑞太丰公司可得的财产分配额提存。2016年10月10日，管理人确认了中瑞太丰公司的债权，后将第二次、第三次的债权审查结果提交债权人会议审核。法院认为，新希望清算事务所已经勤勉尽责、忠实执行职务，并未给中瑞太丰公司造成损失，故不应向中瑞太丰公司承担赔偿责任。

勤勉义务，即管理人负有以善良管理人的注意处理管理债务人事务的注意义务。从主观而言，管理人应当按照诚信原则尽自己的努力处理债务人事务。从客观而言，管理人应达到与其有相同学识、地位及经验的人应当履行的注意程度。忠实义务，即管理人执行其职务应忠诚尽力，诚实、正当地履行其职责，不得使个人的私利与债务人、债权人的利益相矛盾。管理人是否存在没有勤勉尽责、没有忠实履行职务的行为，是否因此给债权人造成损失，应否承担相应的赔偿责任，从以下几方面进行判断：一是管理人是否实施损害债权人债权的违法行为；二是管理人是否给债权人造成损失；三是管理人是否存在过错。

【案　　号】（2019）苏民终1204号

【审理法院】江苏省高级人民法院

【来　　源】中国文书裁判网

第二十八条　管理人经人民法院许可，可以聘用必要的工作人员。

管理人的报酬由人民法院确定。债权人会议对管理人的报酬有异议的，有权向人民法院提出。

关联规定

一、法律、行政法规、司法解释

1.《中华人民共和国企业破产法》

第二十二条　管理人由人民法院指定。

债权人会议认为管理人不能依法、公正执行职务或者有其他不能胜任职务情形的，可以申请人民法院予以更换。

指定管理人和确定管理人报酬的办法，由最高人民法院规定。

第四十一条　人民法院受理破产申请后发生的下列费用，为破产费用：

（一）破产案件的诉讼费用；

（二）管理、变价和分配债务人财产的费用；

（三）管理人执行职务的费用、报酬和聘用工作人员的费用。

2.《最高人民法院关于审理企业破产案件确定管理人报酬的规定》

第二条　人民法院应根据债务人最终清偿的财产价值总额，在以下比例限制范围内分段确定管理人报酬：

（一）不超过一百万元（含本数，下同）的，在12%以下确定；

（二）超过一百万元至五百万元的部分，在10%以下确定；

（三）超过五百万元至一千万元的部分，在8%以下确定；

（四）超过一千万元至五千万元的部分，在6%以下确定；

（五）超过五千万元至一亿元的部分，在3%以下确定；

（六）超过一亿元至五亿元的部分，在1%以下确定；

（七）超过五亿元的部分，在0.5%以下确定。

担保权人优先受偿的担保物价值，不计入前款规定的财产价值总额。

高级人民法院认为有必要的，可以参照上述比例在30%的浮动范围内制定符合当地实际情况的管理人报酬比例限制范围，并通过当地有影响的媒体公告，同时报最高人民法院备案。

第四条　人民法院受理企业破产申请后，应当对债务人可供清偿的财产价值和管理人的工作量作出预测，初步确定管理人报酬方案。管理人报酬方案应当包括管理人报酬比例和收取时间。

第八条　人民法院确定管理人报酬方案后，可以根据破产案件和管理人履行职责的实际情况进行调整。

人民法院应当自调整管理人报酬方案之日起三日内，书面通知管理人。管理人应当自收到上述通知之日起三日内，向债权人委员会或者债权人会议主席报告管理人报酬方案调整内容。

第十条　最终确定的管理人报酬及收取情况，应列入破产财产分配方案。在和解、重整程序中，管理人报酬方案内容应列入和解协议草案或重整计划草案。

第十二条　管理人报酬从债务人财产中优先支付。

债务人财产不足以支付管理人报酬和管理人执行职务费用的，管理人应当提请人民法院终结破产程序。但债权人、管理人、债务人的出资人或者其他利害关系人愿意垫付上述报酬和费用的，破产程序可以继续进行。

上述垫付款项作为破产费用从债务人财产中向垫付人随时清偿。

第十三条　管理人对担保物的维护、变现、交付等管理工作付出合理劳动的，有权向担保权人收取适当的报酬。管理人与担保权人就上述报酬数额不能协商一致的，人民法院应当参照本规定第二条规定的方法确定，但报酬比例不得超出该条规定限制范围的10%。

二、司法指导性文件

《全国法院民商事审判工作会议纪要》

113.【重整计划监督期间的管理人报酬及诉讼管辖】要依法确保重整计划的执行和有效监督。重整计划的执行期间和监督期间原则上应当一致。二者不一致的，人民法院在确定和调整重整程序中的管理人报酬方案时，应当根据重整期间和重整计划监督期间管理人工作量的不同予以区别对待。其中，重整期间的管理人报酬应当根据管理人对重整发挥的实际作用等因素予以确定和支付；重整计划监督期间管理人报酬的支付比例和支付时间，应当根据管理人监督职责的履行情况，与债权人按照重整计划实际受偿比例和受偿时间相匹配。

重整计划执行期间，因重整程序终止后新发生的事实或者事件引发的有关债务人的民事诉讼，不适用《企业破产法》第21条有关集中管辖的规定。除重整计划有明确约定外，上述纠纷引发的诉讼，不再由管理人代表债务人进行。

114.【重整程序与破产清算程序的衔接】重整期间或者重整计划执行期间，债务人因法定事由被宣告破产的，人民法院不再另立新的案号，原重整程序的管理人原则上应当继续履行破产清算程序中的职责。原重整程序的管理人不能继续履行职责或者不适宜继续担任管理人的，人民法院应当依法重新指定管理人。

重整程序转破产清算案件中的管理人报酬，应当综合管理人为重整工作和清算工作分别发挥的实际作用等因素合理确定。重整期间因法定事由转入破产清算程序的，应当按照破产清算案件确定管理人报酬。重整计划执行期间因法定事由转入破产清算程序的，后续破产清算阶段的管理人报酬应当根据管理人实际工作量予以确定，不能简单根据债务人最终清偿的财产价值总额计算。

重整程序因人民法院裁定批准重整计划草案而终止的，重整案件可作结案处理。重整计划执行完毕后，人民法院可以根据管理人等利害关系人申请，作出重整程序终结的裁定。

116.【审计、评估等中介机构的确定及责任】要合理区分人民法院和管理人在委托审计、评估等财产管理工作中的职责。破产程序中确实需要聘请中介机构对债务人财产进行审计、评估的，根据《企业破产法》第28条的规定，经人民法院许可后，管理人可以自行公开聘请，但是应当对其聘请的中介机构的相关行为进行监督。上述中介机构因不当履行职责给债务人、债权人或者第三人造成损害的，应当承担赔偿责任。管理人在聘用过程中存在过错的，应当在其过错范围内承担相应的补充赔偿责任。

条文释义

一、本条主旨

本条是关于管理人聘用工作人员和管理人报酬的规定。

二、条文演变

《企业破产法（试行）》第24条规定，清算组可以聘任必要的工作人员。《企业破产法（草案）》第20条第2款规定，人民法院指定的管理人由债权人会议确认或者另行选任。有意见提出，破产程序是法院主导下清理债权债务的司法程序。为了保证管理人对法院负责，依法公正地履行职责，处理有关破产事务，管理人应由人民法院指定。同时，为了保证法院对管理人的指定以及管理人报酬的确定能够公平、公正，应由最高人民法院统一制定指定管理人和确定管理人报酬的办法。法律委员会建议采纳这个意见，将草案上述规定修改为："管理人由人民法院指定。""债权人会议认为管理人不能依法、公正履行职务或者有其他不能胜任职务情形的，可以请求人民法院予以解任，另行指定。""指定管理人和确定管理人报酬的办法，由最高人民法院规定。"

三、条文解读

（一）管理人对于工作人员的聘用

管理人经人民法院许可，可以聘用必要的工作人员。管理人管理债务人财产，处理破产事务，可能会涉及方方面面的问题，特别是担任规模较大的破产企业的管理人，有许多工作可能难以应付，且这些问题本身属于不同的专业和领域。所以对一些比较复杂的破产案件，仅靠管理人中一两个专业人员的力量，很难担当管理人的重任。如果管理人由有关部门、机构的人员组成的清算组担任，就需要聘用一些中介机构的专业人员；涉及重大资产的评估、拍卖以及重大债权追收、重要的法律诉讼等，也需要聘用一些专业人士。因而，破产法赋予管理人聘用必要的工作人员的权利。管理人聘用的工作人员包括两部分人员：一是继续债务人的营业事务的需要，这部分工作人员主要由债务人的企业经营管理人员和部分一般工作人员组成；二是处理破产事务的专业人员，这部分人员主要是协助管理人处理一些专业的问题。由于管理人聘用的工作人员的费用是作为破产费用，按照规定，破产费用从债务人财产随时支付。因此，管理人是否可以聘用工作人员，所聘用的工作人员的人数、范围应当经人民法院许可。这也是为了保护债权人的利益，防止管理人随意聘用工作人员，加大破产费用的数量。如果管理人所聘用的工作人员的费用由管理人自己支付，则不必经人民法院许可。

（二）管理人报酬的确定

管理人的报酬由人民法院确定。债权人会议对管理人的报酬有异议的，有权向人民法院提出。管理人管理破产财产，处理破产事务，承担法律规定的义务，有权获得报酬。由于管理人的报酬作为破产费用，因而，报酬的确定涉及管理人和债权人的利益。关于管理人报酬的数额，多数国家的法律规定由法院决定，这也是为了公平地保护债权人、债务人以及其他利害关系人的利益。《企业破产法》规定由人民法院确定管理人的报酬，主要考虑是：一是如果由债权人决定管理人的报酬，由于债权人会议并非一个利益完全一致的集体，因此，债权人会议往往也很难形成比较统一的意见并与管理人进行协商；二是管理人是由人民法院指定的，不是与债权人通过平等协商达成协议而产生的；三是在人民法院指定管理人的时候，债权人会议尚未召开，不可能与管理人就报酬事宜进行协商。因此，在考虑以上因素的同时，规定由人民法院确定管理人报酬，并赋予债权人会议以异议权，即债权人会议对人民法院确定的特定的管理人的报酬有异议的，可以向人民法院提出。

适用指引

一、关于管理人报酬的计算方法

1. 按标的额计酬方法的具体规定。在采用按标的额计酬方法时，涉及以什么作为确定标的额标准的问题。在破产案件中，存在两个不同的“标的额”，一是破产财产总额，二是最终可供清偿的财产总额，即债权人实际从破产财产中获得的清偿数额。在以往的实践中，不少清算中介机构是以破产财产总额为基础计酬的，破产财产总额等于债务人包括债权在内的全部资产，即可能包括无法追回的账面财产额和不可变现的财产额。而最终清偿的财产总额则为债务人真正可供分配的财产数额。《企业破产案件确定管理人报酬规定》第2条规定以债务人最终清偿的财产价值作为标的额，有助于形成激励机制，有利于鼓励管理人认真清查债务人的资产和业务情况，纠正债务人为欺诈逃债或偏袒性清偿而违法处分财产的行为，同时努力追回应收债权，通过追求管理人报酬的最大化，同时实现债权人清偿率的最大化。

2. 担保权人优先受偿的担保物价值不计入计酬标的额。《企业破产案件确定管理人报酬规定》第2条确定将担保权人优先受偿的担保物价值不计入计酬标的额，在第13条中规定："管理人对担保物的维护、变现、交付等管理工作付出合理劳动的，有权向担保权人收取适当的报酬。管理人与担保权人就上述报酬数额不能协商一致的，人民法院应当参照本规定第二条规定的方法确定，但报酬比例不得超出该条规定限制范围的10%。"但需要注意的是，如果担保物未用于担保权人债权的清偿，而是根据《企业破产法》第132条用于职工债权的清偿，则该担保物价值应计入标的额。

3. 采用差额定率累进方式计算管理人报酬比例。《企业破产案件确定管理人报酬规定》第2条对管理人计酬的标的额从100万元以下至5亿元以上共分七档，每档分别规定了不同的系数比例，最高为12%，最低为0.5%。举例说明，债务人最终清偿的财产价值总额为400万元，计算管理人报酬最高为100万元 ×12%=12万元，（400–100）万元 ×10%=30万元，合计报酬为：12万元+30万元=42万元。按照上述公式计算，债务人最终清偿的财产价值（注：按照平均清偿率为10%计算，债务人的债务规模一般是该标的额的十倍左右。）为100万元、500万元、1000万元、5000万元、1亿元、5亿元、10亿元的，管理人报酬的上限分别为12万元、52万元、92万元、332万元、482万元、882万元、1132万元。

二、关于管理人报酬方案的确定

确定管理人报酬方案主要是确定报酬比例。管理人的报酬方案，需要根据对债务人财产状况的初步预测确定报酬比例，标的额基数本身仍是变量，故确定报酬方案实际上是确定管理人的报酬条件和规则，而并不是确定管理人报酬的具体数额。故对于管理人报酬方案的确定正常、合理即可。对于具体的报酬比例，需要根据报酬确定方法分段确定，不能采取一个笼统的标准。如某个案件估计可供清偿的财产价值总额为400万元，报酬方案不能直接规定为最终清偿的财产价值总额的8%，而是需要根据《企业破产案件确定管理人报酬规定》第2条的标准分段予以确定，比如：（1）不超过100万元（含本数，下同）的，为10%；（2）超过100万元至500万元的部分，为8%；（3）超过500万元至1000万元的部分，为5%。因为可供清偿的财产价值总额是预估的，有可能400万元的预计数额因无法收回变为100万元，也有经管理人努力多追回财产变为600万元，在变动幅度较大的情况下，如果只有一个档次的比例，则可能在需要支付时难以适用。另外，《企业破产案件确定管理人报酬规定》第2条明确的是管理人报酬比例的上限而非平均水平，可以根据实际情况适当进行调整，不宜直接按上限确定。

三、关于债权人会议对管理人报酬的异议权

债权人会议可以针对管理人报酬的比例、数额和收取时间等提出异议，而不限于具体的报酬数额。一般情况下，异议权行使时间应在破产财产最终分配方案通过前，因为依据《企业破产案件确定管理人报酬规定》第10条，最终确定的管理人报酬及收取情况，应列入破产财产分配方案。如果破产财产最终分配方案通过，视为债权人或人民法院认可了管理人报酬，不应再提异议。另外，债权人会议行使异议权，必须提出书面申请，说明具体的请求和理由，并附上相应的证据材料，如认为管理人报酬过高，则应提出相应的可比市场价格，或者提出具体的需要调整的因素，如管理人未尽职责的情形等。

四、关于管理人对担保物管理工作收取报酬的问题

1. 管理人可以从哪些担保物的管理中收取适当报酬。根据《企业破产法》的规定，担保物也属于破产财产。在司法实践中，破产案件受理后，有些担保财产如抵押物会处于管理人的管理之下，有些担保物如质押物、留置物则因被债权人占有，一般不存在也不需要管理人的管理工作，债权人就可以实现其权利。两者的区分就在于因担保方式的不同而是否需要移转对担保物占有的担保。对不需要移转占有的担保，担保物的管理、变价、支付等工作，如果由债权人自行完成，则因管理人未付出劳动自然也无权从中收取任何报酬或费用。对需要移转担保物占有的担保，因管理人进行了必要的管理工作，因此，其有权要求债权人支付适当的报酬。

2. 管理人的哪些管理活动可以收取报酬。判定管理人的哪些管理活动可以向担保权人收取报酬的基本原则，就是这些管理活动是否是为担保权人的利益而进行的。如果管理人出于维护担保权人的利益而为担保物权的管理、实现付出了必要的劳动，就可以收取报酬。据此，管理人对担保关系是否存在而进行的甄别工作，不得收取报酬。因为担保权人对自己的权利存在是不存在任何疑问的，也是不需要别人的鉴别，对其债权的确认活动虽然影响到其利益，但实际是为全体无担保债权人的利益进行的，而不是为担保权人的利益而进行的，所以应当从破产财产中支付其费用。另外，还要看管理人的管理活动对担保物的管理、维护、变现、交付是否确属必要，不必要的、可有可无的管理活动，即使进行了，也不得收取报酬，否则将发生道德风险。

3. 管理人对担保物管理工作收取报酬的确定方式。《企业破产案件确定管理人报酬规定》第 13 条规定："管理人对担保物的维护、变现、交付等管理工作付出合理劳动的，有权向担保权人收取适当的报酬。管理人与担保权人就上述报酬数额不能协商一致的，人民法院应当参照本规定第二条规定的方法确定，但报酬比例不得超出该条规定限制范围的 10%。"根据该规定，管理人与担保权人的协商机制优先于人民法院的决定，体现了对当事人意志自由的尊重。如果管理人与担保权人协商之后未能达成一致意见，则应由人民法院及时确定管理人就担保物管理应得的报酬，不需要管理人与担保权人另行通过诉讼解决。具体计算方法如下，假设担保物价值为 500 万元，则管理人对担保物报酬的限额为（100 万元 ×12%+400 万元 ×10%）×10%。当然，在这个限额内，人民法院应考虑担保物的性质、管理人对担保物管理所付出的时间和精力，比如，管理机器设备与管理房屋所需要付出的劳动是不同的。

五、重整程序转入清算程序情形下的管理人报酬

《企业破产案件确定管理人报酬规定》第 2 条总体规定了破产案件中，管理人报酬应当根据债务人最终清偿的财产价值总额按比例确定。第 9 条规定了人民法院确定和调整管理人报酬方案时应当考虑的因素。在重整程序转入清算程序的情形下，虽然二者总体应视为同一案件前后相继的两个阶段，但在确定管理人报酬时，人民法院应当结合管理人为重整工作和清算工作分别作出的实际贡献等因素合理确定。对此，《民商审判会议纪要》第 114 条区分两种具体情况作出了引导性的规定：（1）重整期间因法定事由转入清算程序的，应当按

照破产清算案件确定管理人报酬。这一规定有利于反向激励管理人尽量推动债务人企业的成功重整。应当注意的是，在具体案件中，即使是按照清算案件的标准确定管理人报酬，人民法院也可以根据破产案件的具体情况和管理人履行职责的实际情况进行调整。（2）重整计划执行期间因法定事由转入清算程序的，由于后续破产清算阶段中有关债务人企业债权债务关系的清理、债务人财产状况的调查等工作已在前一阶段完成，故后续破产清算阶段管理人报酬应当根据管理人实际工作量予以确定，不能简单地根据债务人最终清偿的财产价值总额计算。

重整程序转入破产清算程序情形下的管理人报酬确定、调整和支付有其特殊性，但总的原则是一致的。管理人报酬系其所付出劳动的市场对价，管理人工作既包括管理人工作的过程，也包括管理人工作的成果。另外，在重整程序依法转入清算程序这种特殊情形下，实务当中人民法院在确定或者调整管理人报酬方案时，应当考虑的因素包括：（1）破产案件的复杂性；（2）管理人的勤勉程度；（3）管理人为重整工作发挥的实际作用；（4）重整转入清算的具体原因分析，系管理人工作不到位还是因为其他客观原因；（5）管理人承担的风险和责任等。

六、重整计划执行期间管理人报酬的确定和支付

《企业破产法》与《企业破产案件确定管理人报酬规定》对破产案件中管理人报酬方案的初步确定、异议、协商、调整等作出了框架性的规定。但是，在具体重整案件中，应当结合债务人财产状况、债务清偿计划等因素，在重整计划草案中就报酬金额、收取时间等制定明确具体的管理人报酬方案。这既是债权人会议履行“审查管理人的费用和报酬”职权以及债权人对于管理人报酬行使知情权和监督权的重要保障，也构成管理人维护自身合法权益的基本依据。具体到重整计划执行期间的管理人报酬问题，原则上也应当根据管理人对重整计划执行进行监督的具体工作量、成效等进行测算并纳入报酬方案作出具体安排。在报酬方案没有进行具体明确的情况下，《民商审判会议纪要》第113条作出引导性的规定，即重整期间的管理人报酬应当根据管理人对重整发挥的实际作用等予以确定和支付；重整计划执行期间管理人报酬的支付比例和支付时间，应当根据管理人监督职责的履行情况，与债权人按照重整计划实际受偿比例和受偿时间相匹配。

第二十九条 管理人没有正当理由不得辞去职务。管理人辞去职务应当经人民法院许可。

关联规定

法律、行政法规、司法解释

《最高人民法院关于审理企业破产案件指定管理人的规定》

第三十五条 管理人无正当理由申请辞去职务的，人民法院不予许可。正当理由的认定，可参照适用本规定第三十三条、第三十四条规定的情形。

第三十六条 人民法院对管理人申请辞去职务未予许可，管理人仍坚持辞去职务并不再履行管理人职责的，人民法院应当决定更换管理人。

第三十七条 人民法院决定更换管理人的，原管理人应当自收到决定书之次日起，在人民法院监督下向新任管理人移交全部资料、财产、营业事务及管理人印章，并及时向新任管理人书面说明工作进展情况。原管理人不能履行上述职责的，新任管理人可以直接接管相关事务。

在破产程序终结前，原管理人应当随时接受新任管理人、债权人会议、人民法院关于其履行管理人职责情况的询问。

第三十九条 管理人申请辞去职务未获人民法院许可，但仍坚持辞职并不再履行管理人职责，或者人民法院决定更换管理人后，原管理人拒不向新任管理人移交相关事务，人民法院可以根据企业破产法第一百三十条的规定和具体情况，决定对管理人罚款。对社会中介机构为管理人的罚款 5 万元至 20 万元人民币，对个人为管理人的罚款 1 万元至 5 万元人民币。

管理人有前款规定行为或者无正当理由拒绝人民法院指定的，编制管理人名册的人民法院可以决定停止其担任管理人一年至三年，或者将其从管理人名册中除名。

第四十条 管理人不服罚款决定的，可以向上一级人民法院申请复议，上级人民法院应在收到复议申请后五日内作出决定，并将复议结果通知下级人民法院和当事人。

条文释义

一、本条主旨

本条是关于管理人辞去职务的规定。

二、条文演变

《企业破产法（试行）》没有相关规定，本条系《企业破产法》新增加的条文。关于本条，《企业破产法（草案）》（2004 年 3 月 A 版）规定，管理人接受人民法院的指定后，未经人民法院许可不得辞去职务。管理人不能胜任工作，或者有渎职或者其他违法行为的，人民法院可依债权人会议或者其他利害关系人的申请，或者依职权予以撤换。《企业破产法（草案）》（2004 年 3 月 B 版）、《企业破产法（草案）》（2004 年 6 月）均规定，在债权人会议选任管理人之前，人民法院指定的管理人不得停止工作。《企业破产法（草案）》（2004 年 10 月）规定，管理人没有正当理由不得辞去职务；管理人辞去职务时，应当征得人民法院许可。《企业破产法》最终规定为本条的内容，形成了不绝对禁止管理人辞职，但要求其有正常理由的要求，同时要求管理人辞职需经人民法院许可。

三、条文解读

为了保证破产程序的连续性，保证管理人处理破产事务的统一性和稳定性，管理人一经人民法院指定后，没有正当理由不能辞去职务。许多国家的破产法均规定，管理人一经法院选定后，没有正当理由不得辞去职务。如果要辞去职务，要向法院报告。本条借鉴了一些国家的规定，规定了管理人没有正当理由不得辞去职务。关于“正当理由”，在实践中可以考虑以下因素：一是由于身体健康原因不能继续管理人的工作，包括疾病、意外伤害等；二是管理人在接手破产事务后，由于案情复杂，认为自己能力欠缺等。按照本条规定，管理人如果有正当理由可以辞去职务，但是，如果要辞去职务，要经过人民法院的许可。人民法院在接到管理人的辞任申请后，应当进行审查。如果辞任的理由正当，人民法院应当予以许可。

适用指引

一、关于管理人辞去职务正当理由认定的问题

《企业破产案件指定管理人规定》第35条规定，管理人无正当理由申请辞去职务的，人民法院不予许可。正当理由的认定，可参照适用本规定第33条、第34条规定的情形。《企业破产案件指定管理人规定》第33条规定，社会中介机构管理人有下列情形之一的，人民法院可以根据债权人会议的申请或者依职权径行决定更换管理人：（1）执业许可证或者营业执照被吊销或者注销；（2）出现解散、破产事由或者丧失承担执业责任风险的能力；（3）与本案有利害关系；（4）履行职务时，因故意或者重大过失导致债权人利益受到损害；（5）有本规定第26条规定的情形。清算组成员参照适用前款规定。第34条规定，个人管理人有下列情形之一的，人民法院可以根据债权人会议的申请或者依职权径行决定更换管理人：（1）执业资格被取消、吊销；（2）与本案有利害关系；（3）履行职务时，因故意或者重大过失导致债权人利益受到损害；（4）失踪、死亡或者丧失民事行为能力；（5）因健康原因无法履行职务；（6）执业责任保险失效；（7）有本规定第26条规定的情形。清算组成员的派出人员、社会中介机构的派出人员参照适用前款规定。

二、关于人民法院许可管理人辞去职务的审查

人民法院收到管理人的辞职申请后，应进行必要的调查，并作出是否许可管理人辞去职务的处理决定。处理时限上可参考《企业破产案件指定管理人规定》第32条规定，由人民法院自收到管理人辞职申请之日起10日内作出许可或者驳回管理人辞职申请的决定。该决定自人民法院作出之日起生效，管理人无权申请复议或提出上诉。在人民法院作出许可管理人辞职的决定之前或者驳回管理人的辞职申请之后，管理人应当继续履行职务。人民法院许可管理人辞职的，应当同时指定新的管理人，指定程序与原管理人的产生程序相同。许可管理人辞职的内容与指定新管理人的内容可以在一个决定书中分项列明。

三、关于人民法院不许可管理人辞去职务，管理人坚持辞职并不再履行职务的问题

（一）人民法院有权对管理人作出罚款、暂停管理人资格、在管理人名册中除名的处罚

《企业破产案件指定管理人规定》第 39 条规定，管理人申请辞去职务未获人民法院许可，但仍坚持辞职并不再履行管理人职责，或者人民法院决定更换管理人后，原管理人拒不向新任管理人移交相关事务，人民法院可以根据企业破产法第 130 条的规定和具体情况，决定对管理人罚款。对社会中介机构为管理人的罚款 5 万元至 20 万元人民币，对个人为管理人的罚款 1 万元至 5 万元人民币。管理人有前款规定行为或者无正当理由拒绝人民法院指定的，编制管理人名册的人民法院可以决定停止其担任管理人 1 年至 3 年，或者将其从管理人名册中除名。

审判实践中应注意以下几个问题：

第一，罚款的适用范围。罚款只能适用于管理人坚持辞职并停止履行管理人职责，或者管理人被更换后拒不向新任管理人移交相关事务两种行为。管理人无正当理由拒绝人民法院指定的，只能适用暂停管理人资格、从管理人名册中除名两种处罚方式，不适用罚款。

第二，三种处罚方式由不同的人民法院决定作出。其中，罚款由受理企业破产案件的人民法院作出，暂停管理人资格、从管理人名册中除名则由编制管理人名册的人民法院作出。因此，当管理人有坚持辞职、拒不履行移交职责或者无正当理由拒绝人民法院指定等情形，而受理企业破产案件的人民法院与编制管理人名册的人民法院又不是同一法院时，前者要及时与后者联系，衔接进行处罚。

第三，人民法院在对管理人进行处罚的同时，应依照本规定采取相应的措施。人民法院决定更换管理人后，原管理人拒不向新任管理人移交相关事务的，人民法院应当先对原管理人处以罚款，促使其尽快移交；如果原管理人仍然拒绝移交的，人民法院可以指示新任管理人直接接管相关事务，同时可以决定对原管理人处以暂停管理人资格 1 至 3 年，或者将其从管理人名册中除名的处罚。管理人申请辞去职务未获人民法院许可，但仍坚持辞职并不再履行管理

人职责的，人民法院应当作出更换管理人的决定，同时可以给予相应处罚。社会中介机构或者个人无正当理由拒绝人民法院指定的，人民法院另行指定其他社会中介机构或者个人担任管理人的同时，可以给予相应处罚。对原管理人拒不履行移交义务的，之所以要先罚款，主要是考虑到相关的文件、资料等均掌握在原管理人手中，其对目前破产管理的整体情况也最了解，如果可以通过罚款达到纠正其错误行为的目的，无疑是对整个破产管理事务的顺利进行和全体债权人利益的最大保护和最为有利的一种处理方式。而在管理人坚持辞职或者无正当理由拒绝人民法院指定的情况下，应当首先另行指定他人，保证破产程序的进行，然后再考虑处罚问题。

第四，三种处罚措施既可以单独适用也可以合并适用。受理企业破产案件的人民法院决定对管理人处以罚款的同时，还可以建议编制管理人名册的人民法院对该管理人处以暂停管理人资格或者从管理人名册中除名的处罚。由于暂停管理人资格与从管理人名册中除名在内容上有所冲突，暂停管理人资格意味着管理人仍在名册上但不能担任管理人，从管理人名册中除名则意味着管理人将从名册上消失，因此，编制管理人名册的人民法院在具体适用时不能对管理人同时处以暂停管理人资格和从管理人名册中除名的处罚。

第五，决定书的送达及复议。根据《民事诉讼法》第 119 条规定，罚款必须经院长批准，必须用决定书。因此，人民法院决定对管理人处以罚款的，必须制作决定书，并经院长批准。管理人对罚款决定不服的，可以向上一级人民法院申请复议一次，复议期间不停止执行。编制管理人名册的人民法院决定对管理人处以暂停管理人资格或者从管理人名册中除名的，亦应将决定书送达管理人，并通知受理企业破产案件的人民法院，该决定自作出之日起生效，管理人无权申请复议。

（二）人民法院不许可管理人辞职，而管理人坚决辞职并拒不履行其职责时，人民法院应当更换管理人

《企业破产案件指定管理人规定》第 36 条规定，人民法院对管理人申请辞去职务未予许可，管理人仍坚持辞去职务并不再履行管理人职责的，人民法院应当决定更换管理人。

管理人申请辞职，人民法院不许可其辞职，管理人应当继续履行职务。但如管理人坚持辞职并停止履行职务，表明其已经丧失担任管理人的意愿，客

观上已不适宜担任该案件的管理人。在此情况下，为了保证破产程序的顺利进行，避免债权人的利益受损，人民法院只能及时更换管理人。更换管理人需要具备两个要件：一是管理人第一次辞职申请被人民法院驳回后再次申请辞职；二是管理人停止履行职责。实践中，人民法院决定驳回管理人的辞职申请后，如果管理人继续提出辞职的，人民法院应立即与管理人进行充分沟通，探明管理人的真意，如果管理人表示停止履行职务，或者虽表示继续履行职务但明显有怠慢、拖延等情形时，人民法院应立即作出更换管理人的决定，避免债权人的利益受损。如果管理人停止执行职务导致债权人利益受损害的，管理人还应承担相应的赔偿责任。

类案检索

梁平县兴达玻陶有限责任公司破产清算案

关键词：管理人辞职　无正当理由罚款　除名

裁判摘要：《企业破产案件指定管理人规定》第35条中规定："管理人无正当理由申请辞去职务的，人民法院不予许可。"管理人无正当理由，不得拒绝人民法院的指定。重庆大华会计师事务所有限公司作为人民法院编制的企业破产案件社会中介机构二级管理人名册中的管理人，应当服从人民法院指定其作为管理人的决定。重庆大华会计师事务所有限公司无正当理由辞去管理人职务未获许可后，仍坚持辞职不再履行管理人职责，为保障破产案件依法推进，人民法院决定更换管理人。对重庆大华会计师事务所有限公司无正当理由辞去管理人职务的行为进行处罚，将其从企业破产案件社会中介机构二级管理人名册中除名，并罚款10万元。重庆大华会计师事务所有限公司对罚款不服，向重庆市高级人民法院申请复议，重庆市高级人民法院依法复议后驳回其申请，维持原决定。

【案　　号】（2020）渝05破55号

【审理法院】重庆市第五中级人民法院

【来　　源】重庆破产法庭2020年十大典型案例

第四章　债务人财产

第三十条　破产申请受理时属于债务人的全部财产，以及破产申请受理后至破产程序终结前债务人取得的财产，为债务人财产。

关联规定

法律、行政法规、司法解释

1.《中华人民共和国民法典》

第一百一十四条　民事主体依法享有物权。

物权是权利人依法对特定的物享有直接支配和排他的权利，包括所有权、用益物权和担保物权。

2.《中华人民共和国城镇国有土地使用权出让和转让暂行条例》

第四十七条　无偿取得划拨土地使用权的土地使用者，因迁移、解散、撤销、破产或者其他原因而停止使用土地的，市、县人民政府应当无偿收回其划拨土地使用权，并可依照本条例的规定予以出让。

对划拨土地使用权，市、县人民政府根据城市建设发展需要和城市规划的要求，可以无偿收回，并可依照本条例的规定予以出让。

无偿收回划拨土地使用权时，对其地上建筑物、其他附着物，市、县人民政府应当根据实际情况给予适当补偿。

3.《最高人民法院关于破产企业国有划拨土地使用权应否列入破产财产等问题的批复》

一、根据《中华人民共和国土地管理法》第五十八条第一款第（三）项及《城镇国有土地使用权出让和转让暂行条例》第四十七条的规定，破产企业以划拨方式取得的国有土地使用权不属于破产财产，在企业破产时，有关人民政府可以予以收回，并依法处置。纳入国家兼并破产计划的国有企业，其依法取得的国有土地使用权，应依据国务院有关文件规定办理。

二、企业对其以划拨方式取得的国有土地使用权无处分权，以该土地使用权设定抵押，未经有审批权限的人民政府或土地行政管理部门批准的，不影响抵押合同效力；履行了法定的审批手续，并依法办理抵押登记的，抵押权自登记时设立。根据《中华人民共和国城市房地产管理法》第五十一条的规定，抵押权人只有在以抵押标的物折价或拍卖、变卖所得价款缴纳相当于土地使用权出让金的款项后，对剩余部分方可享有优先受偿权。但纳入国家兼并破产计划的国有企业，其用以划拨方式取得的国有土地使用权设定抵押的，应依据国务院有关文件规定办理。

三、国有企业以关键设备、成套设备、建筑物设定抵押的，如无其他法定的无效情形，不应当仅以未经政府主管部门批准为由认定抵押合同无效。

本批复自公布之日起施行，正在审理或者尚未审理的案件，适用本批复，但对提起再审的判决、裁定已经发生法律效力的案件除外。

4.《最高人民法院关于适用〈中华人民共和国企业破产法〉若干问题的规定（二）》

第一条 除债务人所有的货币、实物外，债务人依法享有的可以用货币估价并可以依法转让的债权、股权、知识产权、用益物权等财产和财产权益，人民法院均应认定为债务人财产。

第二条 下列财产不应认定为债务人财产：

（一）债务人基于仓储、保管、承揽、代销、借用、寄存、租赁等合同或者其他法律关系占有、使用的他人财产；

（二）债务人在所有权保留买卖中尚未取得所有权的财产；

（三）所有权专属于国家且不得转让的财产；

（四）其他依照法律、行政法规不属于债务人的财产。

第三条 债务人已依法设定担保物权的特定财产，人民法院应当认定为债务人财产。

对债务人的特定财产在担保物权消灭或者实现担保物权后的剩余部分，在破产程序中可用以清偿破产费用、共益债务和其他破产债权。

第四条 债务人对按份享有所有权的共有财产的相关份额，或者共同享有所有权的共有财产的相应财产权利，以及依法分割共有财产所得部分，人民法院均应认定为债务人财产。

人民法院宣告债务人破产清算，属于共有财产分割的法定事由。人民法院裁定债务人重整或者和解的，共有财产的分割应当依据民法典第三百零三条的规定进行；基于重整或者和解的需要必须分割共有财产，管理人请求分割的，人民法院应予准许。

因分割共有财产导致其他共有人损害产生的债务，其他共有人请求作为共益债务清偿的，人民法院应予支持。

第五条 破产申请受理后，有关债务人财产的执行程序未依照企业破产法第十九条的规定中止的，采取执行措施的相关单位应当依法予以纠正。依法执行回转的财产，人民法院应当认定为债务人财产。

条文释义

一、本条主旨

本条是关于债务人财产范围的规定。

二、条文演变

本条对应《企业破产法（试行）》第28条，即破产财产由下列财产构成：（1）宣告破产时破产企业经营管理的全部财产。（2）破产企业在破产宣告后至破产程序终结前所取得的财产。（3）应当由破产企业行使的其他财产权利。已作为担保物的财产不属于破产财产；担保物的价款超过其所担保的债务数额的，超过部分属于破产财产。相比而言，本条从法律用语、表述方式和范围规定等方面作了重大修正，特别是将作为担保物的财产也纳入债务人财产的范围，更加科学合理。

三、条文解读

（一）债务人财产的含义

债务人财产，在破产法理论中又称为破产财团或者财团财产。债务人财产在破产程序中具有重要意义，它是破产程序中各方主体行为所指向的最主要对象。破产程序中的各项实体性权利，包括抵销权、撤销权以及债权人的受偿权都是围绕着债务人财产而展开的；债务人财产的范围与数额决定了破产程序能否顺利进行以及债权人最终能够得到清偿的数额。联系本法第 107 条的规定，企业法人的财产在破产申请受理后至破产宣告前被称为“债务人财产”，在破产宣告后则被称为“破产财产”。由此可见，本法区分企业法人的财产在破产宣告前后的不同阶段，分别赋予不同的称谓。但是，就债务人财产与破产财产的范围来看，二者是一致的。同时本条所谓的财产涵盖了财产权利的概念。[①]

（二）债务人财产的范围

依据本条的规定，债务人财产由以下两部分构成：

1. 破产申请受理时属于债务人的财产。破产申请受理时属于债务人的财产既包括属于债务人所有的厂房、机器、设备等有形财产，也包括属于债务人所有的债权、股权、期权、商标权、专利权等无形财产权利；既包括未设定担保权的财产，也包括设定担保权的财产；既包括债务人位于境内的财产，也包括债务人位于境外的财产。《企业破产法（试行）》第 28 条以及 1991 年《民事诉讼法》第 203 条规定，已作为担保物的财产仅以其超过担保债务数额的财产部分作为破产财产。相比较于原有的规定，本法并未区分担保物的不同部分，将破产申请受理时属于债务人的全部财产，包括已作为担保物的财产，统一纳入债务人财产的范围，这一规定有利于债务人财产的妥善保管以及破产程序的顺利进行。因为在破产申请受理时，有财产担保的债权人的债权以及担保物能够变现的价值有可能并不确定，担保物超过担保的债权数额的财产部分也难以确定。将设定有担保权的财产统一纳入债务人财产的范围，能够使管理人在破产申请受理后顺利接管属于债务人的所有财产，避免有财产担保的债权人滥用担保权利。从其他国家有关破产法律的规定来看，大多数国家也将已经作为担保物的财产纳入破产财产的范围，有别除权的人就破产财产中的特定财产享有有限受偿的权利。

2. 破产申请受理后至破产程序终结前债务人取得的财产。我国《企业破产法》将破产申请受理后至破产程序终结前债务人取得的财产纳入债务人财产的范围，这在理论上被称之为破产财产“膨胀主义”的立法例。从国外破产法的规定来看，如何界定破产财产的范围有采取所谓的“固定主义”的立法例与

---

① 本书编写组编著：《〈中华人民共和国企业破产法〉释义及实用指南》，中国民主法制出版社 2012 年版，第 88~89 页。

“膨胀主义”的立法例之分，“固定主义”的立法例将破产财产的范围仅限于破产宣告（或者受理）时债务人所有的财产。与“固定主义”立法例相对应，“膨胀主义”立法例不仅将破产宣告（或者受理）时属于债务人的财产，并且将债务人在破产宣告（或者受理）后至破产程序终结前债务人取得的财产一并纳入破产财产的范围。采取“膨胀主义”立法例有利于更好地保护债权人的利益，使得债务人在破产申请受理时的所有财产以及受理后至破产程序终结前取得的所有财产纳入债务人财产的范围，增加债权人的受偿额。一般说来，破产申请受理后至破产程序终结前，债务人仍然有可能从以下两种途径取得财产：一是在债务人继续营业的情况下取得营业受益；二是通过其他途径增加债务人财产，例如，接受捐赠。[①]

适用指引

理解和适用本条规定，需要注意以下几点：

1. 该项财产是否属于债务人所有需要依据有关法律、行政法规等的规定来确认。例如，以无偿划拨方式取得的国有土地使用权，依据《城镇国有土地使用权出让和转让暂行条例》第 47 条的规定，无偿取得划拨土地使用权的土地使用者，因迁移、解散、撤销、破产或者其他原因而停止使用土地的，市、县人民政府应当无偿收回其划拨土地使用权。因此，企业法人在破产后停止使用土地后的划拨土地使用权不属于破产财产，不能在破产宣告后作为破产财产分配给债权人。《最高人民法院关于破产企业国有划拨土地使用权应否列入破产财产等问题的批复》中明确指出：“破产企业以划拨方式取得的国有土地使用权不属于破产财产，在企业破产时，有关人民政府可以予以收回，并依法处置。纳入国家兼并破产计划的国有企业，其依法取得的国有土地使用权，应依据国务院有关文件规定办理。”

2. 债务人财产不仅包括实物等有形财产，也包括财产权利等无形财产。对于债务人在人民法院受理破产申请时拥有的实物等有形财产，管理人应当予以接管，而对于债权、知识产权等无形财产权，则需要管理人予以清收，例如，对承租债务人财产的承租人催收租金。

① 本书编写组编著：《〈中华人民共和国企业破产法〉释义及实用指南》，中国民主法制出版社 2012 年版，第 90~91 页。

3. 涉及债务人与他人共有的财产，在人民法院受理破产申请后，管理人有权与共有人协商予以分割，将共有财产中应当属于债务人所有的部分纳入债务人财产的范围。如果是按份共有的情况，比较容易分割；如果属于共同共有的，债务人可以将其在共有财产中权利予以转让。[①]

4. 关于破产申请受理前已经划扣到执行法院账户尚未支付给申请执行人的款项是否属于债务人财产的认定问题。最高人民法院曾就重庆市高级人民法院（2017）渝民他 12 号《关于破产申请受理前已经划扣到执行法院账户尚未支付给申请执行人的款项是否属于债务人财产及执行法院收到破产管理人中止执行告知函后应否中止执行问题的请示》，作出《最高人民法院关于对重庆高院〈关于破产申请受理前已经划扣到执行法院账户尚未支付给申请执行人的款项是否属于债务人财产及执行法院收到破产管理人中止执行告知函后应否中止执行问题的请示〉的答复函》（2017 年 12 月 12 日〔2017〕最高法民他 72 号），内容如下：人民法院裁定受理破产申请时已经扣划到执行法院账户但尚未支付给申请人执行的款项，仍属于债务人财产，人民法院裁定受理破产申请后，执行法院应当中止对该财产的执行。执行法院收到破产管理人发送的中止执行告知函后仍继续执行的，应当根据《最高人民法院关于适用〈中华人民共和国破产法〉若干问题的规定（二）》第五条依法予以纠正，故同意你院审判委员会的倾向性意见。由于法律、司法解释和司法政策的变化，我院 2004 年 12 月 22 日作出的《关于如何理解〈最高人民法院关于破产司法解释〉第六十八条的请示的答复》（〔2003〕民二他字第 52 号）相应废止。

类案检索

烟台银行股份有限公司与烟台金属材料交易中心有限公司金融不良债权追偿纠纷案

关键词： 债务人财产　破产财产

裁判摘要： 2009 年 11 月 5 日，烟台市金属材料公司（以下简称金属材料公司）向烟台市中级人民法院（以下简称烟台中院）提出破产还债申请，烟

① 本书编写组编著：《〈中华人民共和国企业破产法〉释义及实用指南》，中国民主法制出版社 2012 年版，第 91~92 页。

台中院于2009年11月7日裁定受理。截至2010年3月10日，金属材料公司管理人确认烟台银行股份有限公司（以下简称烟台银行）申报的债权为32110177元。2010年1月5日，烟台银行以烟台金属材料交易中心有限公司（以下简称交易公司）与金属材料公司人格严重混同、人员财产无法区分等为由向烟台中院提起诉讼，请求判令交易公司偿付金属材料公司所欠其的3200万元债务等。最高人民法院经再审审理认为，根据《企业破产法》的规定，破产申请受理时属于债务人的全部财产，以及破产申请受理后至破产程序终结前债务人取得的财产，甚至破产程序终结后发现的债务人的应当供分配的其他财产，均为破产财产。人民法院受理破产申请后，管理人应当依法追收所有破产财产并在破产程序中依法管理和处分，公平保护全体债权人利益。基于破产财产的个别清偿行为均为无效。烟台银行在人民法院受理其债务人金属材料公司破产申请后，以本案原审被告交易公司与案外人金属材料公司人格严重混同、人员财产无法区分为由，请求法院判令交易公司以其财产直接偿付金属材料公司所欠其3200万元债务的诉讼请求，不符合法律规定。如烟台银行关于交易公司与金属材料公司人格严重混同、人员财产无法区分的主张成立，则交易公司的财产当属金属材料公司破产财产的一部分，应当由管理人通过实体合并破产等有关制度将其纳入到破产财产中一并管理和处分，而不能仅以此部分破产财产优先满足于个别债权人受偿，否则，将与破产法公平受偿的基本原则相违背。虽然，在认定交易公司与金属材料公司人格严重混同后追收回来的破产财产，在清偿破产费用、共益债务、职工债权、税收债权等后，尚有剩余时可以按比例清偿烟台银行及其他普通破产债权人的相关债权，但是，由于人格严重混同追收回来的破产财产与烟台银行之间仅为间接利害关系，而非直接利害关系，烟台银行在金属材料公司破产申请受理后，无权要求以金属材料公司的破产财产单独清偿其个别债权。因此，原审法院裁定驳回烟台银行起诉并无不当。

【案　　号】（2013）民提字第18号

【审理法院】最高人民法院

【来　　源】《商事审判指导》总第33辑

第三十一条 人民法院受理破产申请前一年内，涉及债务人财产的下列行为，管理人有权请求人民法院予以撤销：

（一）无偿转让财产的；

（二）以明显不合理的价格进行交易的；

（三）对没有财产担保的债务提供财产担保的；

（四）对未到期的债务提前清偿的；

（五）放弃债权的。

关联规定

一、法律、行政法规、司法解释

1.《中华人民共和国民法典》

第一百五十一条 一方利用对方处于危困状态、缺乏判断能力等情形，致使民事法律行为成立时显失公平的，受损害方有权请求人民法院或者仲裁机构予以撤销。

第五百三十八条 债务人以放弃其债权、放弃债权担保、无偿转让财产等方式无偿处分财产权益，或者恶意延长其到期债权的履行期限，影响债权人的债权实现的，债权人可以请求人民法院撤销债务人的行为。

第五百三十九条 债务人以明显不合理的低价转让财产、以明显不合理的高价受让他人财产或者为他人的债务提供担保，影响债权人的债权实现，债务人的相对人知道或者应当知道该情形的，债权人可以请求人民法院撤销债务人的行为。

2.《最高人民法院关于适用〈中华人民共和国企业破产法〉若干问题的规定（二）》

第九条 管理人依据企业破产法第三十一条和第三十二条的规定提起诉讼，请求撤销涉及债务人财产的相关行为并由相对人返还债务人财产的，人民法院应予支持。

管理人因过错未依法行使撤销权导致债务人财产不当减损，债权人提起诉讼主张管理人对其损失承担相应赔偿责任的，人民法院应予支持。

第十条 债务人经过行政清理程序转入破产程序的，企业破产法第三十一条和第三十二条规定的可撤销行为的起算点，为行政监管机构作出撤销决定之日。

债务人经过强制清算程序转入破产程序的，企业破产法第三十一条和第三十二条规定的可撤销行为的起算点，为人民法院裁定受理强制清算申请之日。

第十一条 人民法院根据管理人的请求撤销涉及债务人财产的以明显不合理价格进行的交易的，买卖双方应当依法返还从对方获取的财产或者价款。

因撤销该交易，对于债务人应返还受让人已支付价款所产生的债务，受让人请求作为共益债务清偿的，人民法院应予支持。

第十二条 破产申请受理前一年内债务人提前清偿的未到期债务，在破产申请受理前已经到期，管理人请求撤销该清偿行为的，人民法院不予支持。但是，该清偿行为发生在破产申请受理前六个月内且债务人有企业破产法第二条第一款规定情形的除外。

第十三条 破产申请受理后，管理人未依据企业破产法第三十一条的规定请求撤销债务人无偿转让财产、以明显不合理价格交易、放弃债权行为的，债权人依据民法典第五百三十八条、第五百三十九条等规定提起诉讼，请求撤销债务人上述行为并将因此追回的财产归入债务人财产的，人民法院应予受理。

相对人以债权人行使撤销权的范围超出债权人的债权抗辩的，人民法院不予支持。

二、司法指导性文件

1.《全国法院贯彻实施民法典工作会议纪要》

9. 对于民法典第五百三十九条规定的明显不合理的低价或者高价，人民法院应当以交易当地一般经营者的判断，并参考交易当时交易地的物价部门指导价或者市场交易价，结合其他相关因素综合考虑予以认定。

转让价格达不到交易时交易地的指导价或者市场交易价百分之七十的，一般可以视为明显不合理的低价；对转让价格高于当地指导价或者市场交易价百分之三十的，一般可以视为明显不合理的高价。当事人对于其所主张的交易时交易地的指导价或者市场交易价承担举证责任。

2.《最高人民法院关于推进破产案件依法高效审理的意见》

21. 债务人财产去向不明，或者债权人、出资人等利害关系人提供了债务人相关财产可能存在被非法侵占、挪用、隐匿等情形初步证据或者明确线索的，管理人应当及时对有关财产的去向情况进行调查。有证据证明债务人及其有关人员存在企业破产法第三十一条、第三十二条、第三十三条、第三十六条等规定的行为的，管理人应当依法追回相关财产。

22. 人民法院要准确把握违法行为入刑标准，严厉打击恶意逃废债行为。因企业经营不规范导致债务人财产被不当转移或者处置的，管理人应当通过行使撤销权、依法追回财产、主张损害赔偿等途径维护债权人合法权益，追究相关人员的民事责任。企业法定代表人、出资人、实际控制人等有恶意侵占、挪用、隐匿企业财产，或者隐匿、故意销毁依法应当保存的会计凭证、会计账簿、财务会计报告等违法行为，涉嫌犯罪的，人民法院应当根据管理人的提请或者依职权及时移送有关机关依法处理。

3.《全国法院民商事审判工作会议纪要》

108.【破产申请的不予受理和撤回】人民法院裁定受理破产申请前，提出破产申请的债权人的债权因清偿或者其他原因消灭的，因申请人不再具备申请资格，人民法院应当裁定不予受理。但该裁定不影响其他符合条件的主体再次提出破产申请。破产申请受理后，管理人以上述清偿符合《企业破产法》第31条、第32条为由请求撤销的，人民法院查实后应当予以支持。

人民法院裁定受理破产申请系对债务人具有破产原因的初步认可，破产申请受理后，申请人请求撤回破产申请的，人民法院不予准许。除非存在《企业破产法》第12条第2款规定的情形，人民法院不得裁定驳回破产申请。

条文释义

一、本条主旨

本条是关于人民法院受理破产申请前一年内可撤销行为的规定。

二、条文演变

本条所列人民法院受理破产申请前1年内，管理人有权请求人民法院予以撤销的涉及债务人财产的五种行为，在已失效的《企业破产法（试行）》第35条规定为无效行为，且时间范围限定在人民法院受理破产案件前6个月至破产宣告之日的期间内，具体为：（1）隐匿、私分或者无偿转让财产；（2）非正常压价出售财产；（3）对原来没有财产担保的债务提供财产担保；（4）对未到期的债务提前清偿；（5）放弃自己的债权。

三、条文解读

（一）可撤销行为的含义

可撤销的行为，在破产法理论中又称可以否认的行为。撤销是指对于破产人在破产申请受理前的一定期限内所为的有害于破产债权人利益的行为进行消灭，使其归于无效的行为。换言之，破产企业在人民法院受理破产申请前1年内实施了本条所规定的行为时，管理人可以请求人民法院依法撤销该行为。管理人撤销权的行使可以带来两个法律后果：一是破产企业所实施的行为归于无效；二是因破产企业可撤销的行为而被转让的财产被依法追回，依法纳入债务人财产的范围。一般说来，债务人的行为构成可撤销的行为必须具备以下几个条件：

1. 必须是在人民法院受理破产申请前一定期限内所实施的行为。一方面，依据本法的规定，人民法院受理破产申请后，除在重整程序中债务人经人民法院许可自行管理财产和营业事务的情形外，债务人被剥夺了继续管理和处分企业财产的权利，债务人处分其财产的行为不能对抗债权人，当然也就不存在行使撤销权的问题；另一方面，撤销权行使的期限也不能够无限期地向前延伸，因为无限期地行使撤销权必然会影响社会交易安全。因此，本条规定将可撤销的行为限定在人民法院受理破产申请前1年内。此外，可撤销的行为必须是已生效的行为，如果债务人在人民法院受理破产申请1年内所实施的行为在破产申请受理时尚未生效，也不能成为撤销权的对象。

2. 必须是有害于破产债权人利益的行为。可撤销的行为必须是减少债务人的财产，从而损害全体破产债权人合法权益的行为。如果债务人所为的行为，既为企业正常的生产经营所必须，又没有损害全体债权人的整体利益，那么该行为不能成为撤销权行使的对象。

3. 必须是债务人主观上有过错的行为。主观上有过错，是指当事人在进行该民事法律行为时主观上具有故意或者过失，在大多数情况下，该行为系由双方当事人恶意共谋所致，即债务人与行为的承受人都有故意或者过失。即便在一些情况下只有破产企业有故意，而相对人无过错，只要该行为客观上损害了全体债权人的合法权益，管理人仍然可以请求人民法院依法撤销该行为。[①]

（二）可撤销行为的类型

依据本条的规定，人民法院在受理破产申请前 1 年内可撤销行为包括以下类型：

1. 无偿转让财产。无偿转让财产，是以无代价或者实质上无代价的方式将债务人财产让渡于他人的行为，例如，直接将债务人财产赠与他人，在交易过程中让渡某项财产权益而不收取回报（变相赠与）。

2. 以明显不合理的价格进行交易。以明显不合理的价格进行交易的行为包括高价买入和低价卖出两种类型：高价买入是指没有正当理由以明显高于市场的价格向对方当事人购进产品或者劳务；低价卖出则正好相反，是指没有正当理由以明显低于市场的价格向对方当事人卖出产品或者提供劳务。所谓"明显不合理的价格"是指明显低于该产品或者劳务的市场价格。对此，主要应当考虑以下两个因素：一是相同或者同种类型的产品或者劳务在当时市场价格的边界（最高价格和最低价格）；二是相同或者同种类型的产品或者劳务在当时市场的供求状况和竞争状况。在确定是否属于"明显不合理"时，应当考虑财产的性质和债务人出售或者购进该财产的合理性。如果债务人出售或者购进的财产属于债务人经营范围内的财产，应当充分考虑市场供求状况和竞争因素对产品或者劳务价格的影响。

3. 对没有财产担保的债务提供财产担保。在破产程序中，有财产担保的债权相比较于普通债权优先受偿，债务人在人民法院受理破产申请前的一定期限内对没有财产担保的债务提供财产担保，意味着本应用于集体清偿的财产变成了有财产担保的债权人优先受偿的标的，从而使普通债权人通过破产程序所能够获得的清偿数额减少，这显然是违背通过破产程序实现公平清偿的目标的。

4. 对未到期的债务提前清偿。在合同关系中，除了少数即时清结的合同之外，一般合同均规定有一定的清偿期限，以明确合同当事人权利义务关系的起

---

① 本书编写组编著：《〈中华人民共和国企业破产法〉释义及实用指南》，中国民主法制出版社 2012 年版，第 92~93 页。

始和终结时间，并便于债务人履行债务和债权人接受履行。一般说来，债务人提前清偿债务是为法律所允许的行为，原《合同法》的有关规定即对此予以规定。但是，对于破产企业来说，在人民法院受理破产申请前一定期限内的提前清偿行为则应当受到限制。理由在于，破产企业提前清偿部分破产债权实际上是给予这一部分债权以优先于普通债权的地位。提前清偿部分债权势必会影响其他债权人的合法权益。

5. 放弃债权。债权作为民事权利的一种，就其本质而言，是一种由法律所保障实现的可得利益。一般说来，债权可以放弃，国家和社会不能强迫债权人行使自己不愿行使的权利。但是，在债务人面临破产前的一定期限内，债务人放弃自己的债权，实质上放弃的是债权人的受清偿的利益。实践中，债务人放弃债权的动机是各种各样的，有的是出于对自己以及其债权人利益的漠不关心，有的是施惠于“关系户”，有的则是基于某种私下交易。无论其动机如何，这种行为都应当被认定为是一种恶意行为。但是，如果债务人通过放弃债权获得了相应的回报，或者反而有益于债务人财产的增加，则债务人放弃债权的行为不应当被认为是应当撤销的行为。[①]

适用指引

适用“对没有财产担保的债务提供财产担保”这一规定时必须注意以下几点：第一，必须是破产企业对现有债务提供担保。所谓对现有债务提供担保，系指对先前已经存在的债务，以后又设定担保；如果债务人的债务与担保同时发生，则不受此规定的限制。并且，此种担保是由破产企业为针对自己的债务而提供的，如果债务人为他人的债务提供担保，则不属于此种情况，而是属于有害于一般债权人的欺诈行为，结合具体情况，适用本条第 1 项关于无偿转让财产的行为的规定。另外，还必须是具有财产内容的担保行为。如果该担保不具有财产内容（如保证），由于不会因此而影响到债务人财产的清偿能力，对破产程序的顺利进行以及公平清偿的实现没有实质影响，不属于本项规定调整的行为。第三人提供担保，也不属于本项规定调整的行为。第二，债务人对现有债务提供担保，必须是在人民法院受理破产申请前 1 年内实施。债务人在破

① 本书编写组编著：《〈中华人民共和国企业破产法〉释义及实用指南》，中国民主法制出版社 2012 年版，第 96~98 页。

产申请受理 1 年前提供担保的行为的效力不受破产程序的影响。否则，如果可撤销的期限过长，势必会增加当事人之间交易的难度和不确定性。[①]

适用“对未到期的债务提前清偿”这一规定必须注意以下几点：第一，必须是债务人对未到期的债务进行清偿。所谓未到期的债务，是指债务人在清偿债务时该债务的履行期限尚未到达，对于这种债务，当债权人要求清偿时，债务人本来享有拒绝履行的权利。如果该项债权已届清偿期，则不属于本项规范的行为。第二，必须是在人民法院受理破产申请前 1 年内所为的清偿行为才能成为可撤销的对象，如果债务人提前清偿债务的行为发生在人民法院受理破产申请 1 年之前，即使该债务是尚未到期的债务，该行为也不能成为可撤销的对象。[②] 第三，对未到期的债务提前清偿存在不予撤销的例外情形，即破产申请受理前 1 年内债务人提前清偿的未到期债务，在破产申请受理前已经到期，管理人请求撤销该清偿行为的，人民法院不予支持。但是，该清偿行为发生在破产申请受理前 6 个月内且债务人有《企业破产法》第 2 条第 1 款规定情形的除外。

类案检索

唐山市金凤桐房地产开发有限公司、正太集团有限公司返还原物纠纷案

关键词：撤销

裁判摘要：2015 年 6 月 1 日，唐山市金凤桐房地产开发有限公司（以下简称金凤桐公司）向唐山市路北区审计局支付 500 万元。2017 年 5 月 12 日，唐山市中级人民法院（以下简称唐山中院）裁定受理对金凤桐公司破产重整案。根据《企业破产法》第 31 条的规定，人民法院受理破产申请前 1 年内，涉及债务人财产的无偿转让等行为才能依法被撤销。本案中，金凤桐公司支付案涉 500 万元的时间为 2015 年 6 月 1 日，而唐山中院裁定受理对金凤桐公司破产

① 本书编写组编著：《〈中华人民共和国企业破产法〉释义及实用指南》，中国民主法制出版社 2012 年版，第 96~97 页。

② 本书编写组编著：《〈中华人民共和国企业破产法〉释义及实用指南》，中国民主法制出版社 2012 年版，第 97~98 页。

重整案的时间为2017年5月12日，金凤桐公司的清偿行为早于人民法院受理对其破产申请的时间1年以上，不属于《企业破产法》第31条规定的可以申请予以撤销的涉及债务人财产的行为情形。

【案　　号】（2018）最高法民申5181号

【审理法院】最高人民法院

【来　　源】中国裁判文书网

第三十二条 人民法院受理破产申请前六个月内，债务人有本法第二条第一款规定的情形，仍对个别债权人进行清偿的，管理人有权请求人民法院予以撤销。但是，个别清偿使债务人财产受益的除外。

关联规定

一、法律、行政法规、司法解释

《最高人民法院关于适用〈中华人民共和国企业破产法〉若干问题的规定（二）》

第九条 管理人依据企业破产法第三十一条和第三十二条的规定提起诉讼，请求撤销涉及债务人财产的相关行为并由相对人返还债务人财产的，人民法院应予支持。

管理人因过错未依法行使撤销权导致债务人财产不当减损，债权人提起诉讼主张管理人对其损失承担相应赔偿责任的，人民法院应予支持。

第十条 债务人经过行政清理程序转入破产程序的，企业破产法第三十一条和第三十二条规定的可撤销行为的起算点，为行政监管机构作出撤销决定之日。

债务人经过强制清算程序转入破产程序的，企业破产法第三十一条和第三十二条规定的可撤销行为的起算点，为人民法院裁定受理强制清算申请之日。

第十四条 债务人对以自有财产设定担保物权的债权进行的个别清偿，管理人依据企业破产法第三十二条的规定请求撤销的，人民法院不予支持。但是，债务清偿时担保财产的价值低于债权额的除外。

第十五条 债务人经诉讼、仲裁、执行程序对债权人进行的个别清偿，管理人依据企业破产法第三十二条的规定请求撤销的，人民法院不予支持。但是，债务人与债权人恶意串通损害其他债权人利益的除外。

第十六条 债务人对债权人进行的以下个别清偿，管理人依据企业破产法第三十二条的规定请求撤销的，人民法院不予支持：

（一）债务人为维系基本生产需要而支付水费、电费等的；
（二）债务人支付劳动报酬、人身损害赔偿金的；
（三）使债务人财产受益的其他个别清偿。

二、司法指导性文件

1.《最高人民法院关于推进破产案件依法高效审理的意见》

21. 债务人财产去向不明，或者债权人、出资人等利害关系人提供了债务人相关财产可能存在被非法侵占、挪用、隐匿等情形初步证据或者明确线索的，管理人应当及时对有关财产的去向情况进行调查。有证据证明债务人及其有关人员存在企业破产法第三十一条、第三十二条、第三十三条、第三十六条等规定的行为的，管理人应当依法追回相关财产。

22. 人民法院要准确把握违法行为入刑标准，严厉打击恶意逃废债行为。因企业经营不规范导致债务人财产被不当转移或者处置的，管理人应当通过行使撤销权、依法追回财产、主张损害赔偿等途径维护债权人合法权益，追究相关人员的民事责任。企业法定代表人、出资人、实际控制人等有恶意侵占、挪用、隐匿企业财产，或者隐匿、故意销毁依法应当保存的会计凭证、会计账簿、财务会计报告等违法行为，涉嫌犯罪的，人民法院应当根据管理人的提请或者依职权及时移送有关机关依法处理。

2.《全国法院民商事审判工作会议纪要》

108.【破产申请的不予受理和撤回】人民法院裁定受理破产申请前，提出破产申请的债权人的债权因清偿或者其他原因消灭的，因申请人不再具备申请资格，人民法院应当裁定不予受理。但该裁定不影响其他符合条件的主体再次提出破产申请。破产申请受理后，管理人以上述清偿符合《企业破产法》第31条、第32条为由请求撤销的，人民法院查实后应当予以支持。

人民法院裁定受理破产申请系对债务人具有破产原因的初步认可，破产申请受理后，申请人请求撤回破产申请的，人民法院不予准许。除非存在《企业破产法》第12条第2款规定的情形，人民法院不得裁定驳回破产申请。

条文释义

一、本条主旨

本条是关于人民法院受理破产申请前六个月内可撤销行为的规定。

二、条文演变

《企业破产法（试行）》没有相关规定，本条为《企业破产法》新增加的条文，在第31条之外，对可撤销行为进行了进一步细化。

三、条文解读

（一）撤销权行使的要件

依据本条的规定，债务人的个别清偿行为成为可撤销的行为必须具备以下两个条件：

1. 清偿行为发生在人民法院受理破产申请前6个月内。这是时间上的要求。如果债务人在人民法院受理破产申请6个月前向债权人清偿债务，不应该成为本条规定的可撤销的对象。除非该债务的清偿期限尚未届满，并且该行为发生在人民法院受理破产申请前1年内，则属于本法第31条第4项规定的可撤销的行为。然而，破产申请受理前1年内债务人提前清偿的未到期债务，如果在破产申请受理前已经到期，则管理人请求撤销该清偿行为的，人民法院不予支持。

2. 债务人必须具有本法第2条第1款规定的情形，即债务人不能清偿到期债务，并且资产不足以清偿债务或者明显缺乏清偿能力。也就是说，债务人必须处于无力清偿（或者支付不能）的状态。[①]

（二）撤销权行使的例外

依据本条的规定，在人民法院受理破产申请前六个月内，尽管债务人有本法第2条第1款规定的情形，仍对个别债权人进行清偿，但是个别清偿使债务

① 本书编写组编著：《〈中华人民共和国企业破产法〉释义及实用指南》，中国民主法制出版社2012年版，第100页。

人财产受益的，不得撤销。在某些情况下，债务人针对个别债权人的清偿尽管从表面上看损害了其他债权人的利益，但是，个别清偿对于整个债务人财产来说是有利的，从实质上来说最终也有利于全体债权人权利的保护。在这种情况下，这种个别清偿不应该在法律上予以撤销。[①]

适用指引

要正确理解本条规定与《企业破产法》第 31 条规定的关系。依据第 31 条第 4 项的规定，人民法院受理破产申请前 1 年内，债务人对未到期的债务提前清偿的，管理人有权请求人民法院予以撤销。本条与第 31 条第 4 项所规范的行为都属于在人民法院受理破产申请前一定期限内债务人向债权人清偿债务的行为，两者的区别在于：第一，本条所规范的主要是清偿到期债务的行为，而本法第 31 条第 4 项规范的是清偿未到期债务的行为；第二，本条所规范的行为的实施期限限于人民法院受理破产申请前 6 个月内，而本法第 31 条第 4 项所规范的行为的实施期限限于人民法院受理破产申请前 1 年内；第三，本条所规范的行为必须发生在债务人有本法第 2 条第 1 款规定的情形，即债务人不能清偿到期债务，并且资产不足以清偿全部债务或者明显缺乏清偿能力，而本法第 31 条第 4 项所规范的行为则没有这样的要求。[②]

根据本条规定，管理人有权请求人民法院撤销债务人在危机期内对个别债权人的清偿行为，其目的在于避免债务人在出现破产原因的情形下偏袒性地清偿其关联企业或亲朋好友等特定债权人的到期债务，使其他债权人的利益在随后启动的破产程序中受损。但是，该条规定并未对个别清偿情形作出明确的界定或列举，导致实践中对于个别清偿行为是否包括主动清偿和被动清偿、是否包括对有担保债权的清偿、对履行生效法律文书或者基于执行行为形成的个别清偿能否撤销等问题存在不同的理解，由此引发了债务人在危机期间清偿担保债权的行为、履行生效法律文书或者基于执行行为形成的个别清偿行为能否通过破产撤销权予以撤销等的问题。为有效解决这些问题，《最高人民法院关于

① 本书编写组编著：《〈中华人民共和国企业破产法〉释义及实用指南》，中国民主法制出版社 2012 年版，第 100 页。

② 本书编写组编著：《〈中华人民共和国企业破产法〉释义及实用指南》，中国民主法制出版社 2012 年版，第 98~99 页。

适用〈中华人民共和国企业破产法〉若干问题的规定（二）》第14条和第15条作出了明确规定。第14条规定："债务人对以自有财产设定担保物权的债权进行的个别清偿，管理人依据企业破产法第三十二条的规定请求撤销的，人民法院不予支持。但是，债务清偿时担保财产的价值低于债权额的除外。"第15条规定："债务人经诉讼、仲裁、执行程序对债权人进行的个别清偿，管理人依据企业破产法第三十二条的规定请求撤销的，人民法院不予支持。但是，债务人与债权人恶意串通损害其他债权人利益的除外。"

本条但书规定："个别清偿使债务人财产受益的除外"。为进一步明确该但书含义，《企业破产法规定（二）》第16条对不予撤销的例外情形作出规定：一是对基于维系债务人基本生产需要支付必要的水费、电费等使债务人财产受益的情况不予撤销；二是从生存权特别保护的角度出发，对债务人在危机期内支付职工劳动报酬和基于人身损害而发生的赔偿金的个别清偿行为也不予撤销；三是使债务人财产受益的其他个别清偿。

类案检索

瑞安达电缆有限公司、山西联盛能源有限公司管理人请求撤销个别清偿行为纠纷案

关键词： 撤销　个别清偿

裁判摘要： 再审申请人瑞安达电缆有限公司因与被申请人山西联盛能源有限公司管理人请求撤销个别清偿行为纠纷一案，不服山西省高级人民法院（2018）晋民终500号民事判决，向最高人民法院申请再审。最高人民法院经审查认为，依据《企业破产法》第32条规定，撤销债务人个别清偿行为应具备三个条件：第一，该清偿行为发生在人民法院受理破产申请前6个月；第二，债务人清偿时已经出现不能清偿到期债务，并且资产不足以清偿全部债务或者明显缺乏清偿能力的情况；第三，该清偿行为没有使债务人的财产受益。该案的争议主要集中在第三个条件，即担炭沟煤业于2015年2月5日清偿瑞安达电缆有限公司货款310万元的行为是否使债务人担炭沟煤业的财产受益。瑞安达电缆有限公司主张，担炭沟煤业支付给瑞安达公司的310万元货款系为了担炭沟煤业的继续经营，是使其受益的行为。而依据在案证据，瑞安达电缆

有限公司并未提供充分证据证明担炭沟煤业已实际收到相应价值的电缆，亦未证明担炭沟煤业在接受该电缆后继续经营所创造的财产价值超过已清偿的310万元，最终使其财产增加。担炭沟煤业作为一个已陷入严重资不抵债的破产企业，其清偿瑞安达电缆有限公司货款310万元的行为客观上导致其可供分配财产金额减少，变相损害了其他债权人利益。故原审判决认定担炭沟煤业清偿瑞安达电缆有限公司310万货款系个别清偿行为的基本事实并不缺乏证据证明，瑞安达电缆有限公司申请再审的事实和理由不能成立。

【案　　号】（2019）最高法民申2143号

【审理法院】最高人民法院

【来　　源】中国裁判文书网

第三十三条　涉及债务人财产的下列行为无效：

（一）为逃避债务而隐匿、转移财产的；

（二）虚构债务或者承认不真实的债务的。

关联规定

一、法律、行政法规、司法解释

1.《中华人民共和国民法典》

第一百五十三条　违反法律、行政法规的强制性规定的民事法律行为无效。但是，该强制性规定不导致该民事法律行为无效的除外。

违背公序良俗的民事法律行为无效。

第一百五十四条　行为人与相对人恶意串通，损害他人合法权益的民事法律行为无效。

2.《最高人民法院关于适用〈中华人民共和国企业破产法〉若干问题的规定（二）》

第十七条　管理人依据企业破产法第三十三条的规定提起诉讼，主张被隐匿、转移财产的实际占有人返还债务人财产，或者主张债务人虚构债务或者承认不真实债务的行为无效并返还债务人财产的，人民法院应予支持。

二、司法指导性文件

《最高人民法院关于推进破产案件依法高效审理的意见》

21. 债务人财产去向不明，或者债权人、出资人等利害关系人提供了债务人相关财产可能存在被非法侵占、挪用、隐匿等情形初步证据或者明确线索的，管理人应当及时对有关财产的去向情况进行调查。有证据证明债务人及其有关人员存在企业破产法第三十一条、第三十二条、第三十三条、第三十六条等规定的行为的，管理人应当依法追回相关财产。

22. 人民法院要准确把握违法行为入刑标准，严厉打击恶意逃废债行为。

因企业经营不规范导致债务人财产被不当转移或者处置的，管理人应当通过行使撤销权、依法追回财产、主张损害赔偿等途径维护债权人合法权益，追究相关人员的民事责任。企业法定代表人、出资人、实际控制人等有恶意侵占、挪用、隐匿企业财产，或者隐匿、故意销毁依法应当保存的会计凭证、会计账簿、财务会计报告等违法行为，涉嫌犯罪的，人民法院应当根据管理人的提请或者依职权及时移送有关机关依法处理。

条文释义

一、本条主旨

本条是关于破产程序中无效行为的规定。

二、条文演变

《企业破产法（试行）》第35条第1款规定，人民法院受理破产案件前6个月至破产宣告之日的期间内，破产企业的下列行为无效：（1）隐匿、私分或者无偿转让财产；（2）非正常压价出售财产；（3）对原来没有财产担保的债务提供财产担保；（4）对未到期的债务提前清偿；（5）放弃自己的债权。相比较而言，本条保留了原来的第1项和第2项为无效行为，而将其他行为规定为可撤销的行为，作为第31条，同时对有关规定作了完善。

三、条文解读

（一）无效行为的含义

破产法中的无效行为，是指债务人在破产程序中所为的有害于债权人整体利益的行为在法律上被认定为不发生法律效力。无效行为是法律上确定不发生效力的行为，当事人之间不因此而存在权利义务关系，并且无效行为自始无效，不因当事人的承认、除斥期间、诉讼时效的经过或者无效原因的消灭而成为有效。[①]

① 本书编写组编著：《〈中华人民共和国企业破产法〉释义及实用指南》，中国民主法制出版社2012年版，第100~101页。

（二）无效行为的种类

依据本条的规定，破产法中的无效行为主要包括以下两类：

1. 为逃避债务而隐匿、转移财产的行为

隐匿财产，是指债务人隐瞒、藏匿财产的行为，其中，隐瞒是指对有关债务人财产的信息不予披露的消极行为。例如，不在破产企业的财务报表中记载有关企业财产的信息或者作不真实的记载，对企业财产的去向不作说明，在接受有关破产企业财产状况的调查或者询问时拒绝答复或者不作如实的回答。藏匿是指将破产企业的财产或者财产凭证置于隐蔽的场所，使得管理人在破产程序开始后不能够有效地接管债务人的财产。转移财产，是指通过改变财产的物理位置的方式使得管理人在破产程序开始后不能够有效地接管债务人的财产，从这一角度来说，转移财产与隐匿财产有相似之处。二者的区别在于：隐匿财产主要是债务人单方面的行为，而转移财产，则往往是债务人通过与他人合谋的方式，使得债务人的财产名义上转移到他人的名下。

无论是隐匿财产还是转移财产的行为要成为无效的行为，必须是以逃避债务为目的的行为。也就是说，破产法中的无效行为必须是债务人在主观表现为故意的行为，如果债务人转移财产的目的是债务人正常的生产经营活动的需要，而不是为了逃避债务，则该行为不属于本条所规范的破产法中的无效行为。

2. 虚构债务或者承认不真实的债务的行为

在民事活动中，债的发生必须要有依据。债的发生依据主要有合同、侵权行为、无因管理和不当得利四种。与上述四种债的发生依据相对应的，是双方之间的权利义务关系。一般说来，民事活动中各方之间的权利义务具有对等性和一致性，这是维护交易公平的基本保障和重要体现。在破产程序中，一些债务人为了转移财产、逃避债务，往往通过虚构债务或者承认不真实的债务的方式来达到目的。虚构债务与承认不真实的债务主要表现为订立虚假的合同、虚构应付账款、在财务账册上多列支出等。[①]

---

① 本书编写组编著：《〈中华人民共和国企业破产法〉释义及实用指南》，中国民主法制出版社2012年版，第102~103页。

适用指引

《企业破产法》把《企业破产法（试行）》中将无效行为和可撤销行为混为一体进行规定的做法调整为分开予以规定，在第31条和第32条分别规定了人民法院受理破产申请前1年内的可撤销行为和人民法院受理破产申请前6个月内的可撤销行为，在第33条明确列举了涉及债务人财产的无效行为。在规定撤销权制度的同时，规定无效行为制度，不仅是我国破产法律制度的创新，也是实践的需要。在当前的企业破产实践中，一些债务人通过隐匿、转移财产或者虚构债务等方式逃避债务，侵害债权人合法权益的问题还较为突出。对债务人的这些行为，无论其何时发生，任何人得主张无效，这样的制度设计无疑是为了更好地维护全体债权人的合法权益。同时，由于无效行为的确认对于破产程序开始前的交易安全影响较大，法院宣告无效行为应当坚持合法、审慎原则，既要发挥无效行为制度对恶意破产行为的威慑作用，又要注重保护善意第三人的合法权益。[①]

1. 与《企业破产法》第31条、第32条规定的可撤销行为相比较，本条规定的涉及债务人财产的无效行为具有以下几方面的特征：

（1）无效行为是严重损害债权人利益的行为，与可撤销行为相比较，债务人实施无效行为的主观恶意更大，对债权人权益的损害一般来说也更大。

（2）无效行为的发生期限没有限制，它既可能发生在破产程序中，也可能发生在人民法院受理破产申请前6个月或者1年内，甚至更长的时间。

（3）无效行为的发生与债务人是否出现破产原因没有必然的联系，无论是在债务人出现破产原因后还是在经营状况良好的情况下，债务人恶意损害债权人利益的行为都有可能构成无效行为。

（4）无效行为是法律上确定不发生效力的行为，当事人之间不因此而存在权利义务关系。并且无效行为自始无效，不因当事人的承认、除斥期间、诉讼时效的经过或者无效原因的消灭而成为有效。

由于无效行为的上述特点，人民法院宣告债务人的行为无效涉及面广，对债务人在破产前的交易安全也有很大影响，因此必须慎重。只有在债务人实行本条规定的两项行为，并且严重损害债权人利益的情况下，才能宣告该行为无

① 蔡人俊：《解读新企业破产法撤销权制度和无效行为制度》，载《华东政法学院学报》2006年第6期。

效。[1]

2. 根据民事法律的基本原则，无效行为是因其本质具有违法性，所以自始不发生法律效力的行为。对无效行为无论何时发现，均可追回被行为人非法处分的财产，而且任何人均得主张其行为无效，人民法院也应主动进行审查，不以利害关系人提出请求为认定行为无效、追回财产的前提。但是，在破产司法实践中，人民法院不一定能发现所有的无效行为，因此，《企业破产法》第34条规定："因本法第三十一条、第三十二条或者第三十三条规定的行为而取得的债务人的财产，管理人有权追回。"不管管理人是否对涉及债务人财产的无效行为提出主张，该无效行为皆为自始不发生效力。但是，在破产司法实践中，存在需要明确由谁来向谁主张无效的问题。对此，《企业破产法规定（二）》第17条作了明确解释，主要包括以下几个层面的意思：

（1）如果债务人隐匿、转移财产的行为不涉及财产所有权的转移，也没有行为相对人，只是债务人单方对财产的恶意处置，这些行为属于事实行为，非法律行为，不存在对外的法律效力问题，实践中由管理人发现后追回相关财产即可。

（2）如果被隐匿、转移财产的实际占有人不予返还相关财产的，管理人可以依据破产法的规定提起诉讼，主张被隐匿、转移财产的实际占有人返还债务人财产。

（3）债务人虚构债务或者承认不真实的债务行为被认定无效后，相对人应当返还债务人的财产。

类案检索

王某与扬州嘉联置业发展有限公司普通破产债权确认纠纷案

关键词：债权确认　虚构　无效

裁判摘要：再审申请人王某因与被申请人扬州嘉联置业发展有限公司、王某法、扬州金源房地产开发有限公司普通破产债权确认纠纷一案，不服江苏省高级人民法院（2017）苏民终309号民事判决，向最高人民法院申请再审，主

[1] 本书编写组编著：《〈中华人民共和国企业破产法〉释义及实用指南》，中国民主法制出版社2012年版，第101~102页。

张原审判决对2013年11月1日两张借条的效力认定错误等。最高人民法院经审查认为，根据原审查明的事实，扬州嘉联置业发展有限公司于2015年6月24日申请破产重整，江苏省扬州市中级人民法院于2015年8月5日作出（2015）扬商破（预）字第00006号民事裁定书，受理扬州嘉联置业发展有限公司的破产重整申请。而案涉落款时间为2013年11月1日的500万元借条和75万元利息借条形成于2015年6月份，均系在扬州嘉联置业发展有限公司破产重整前倒签而形成，王某亦未能提供相应的汇款单等证据以证明该500万元借款真实发生，确有虚构公司债权之嫌疑，原审判决认为存在《企业破产法》第33条规定的无效情形，并无不当。王某的该项再审申请主张无事实与法律依据，不予支持。

【案　　号】（2018）最高法民申851号

【审理法院】最高人民法院

【来　　源】中国裁判文书网

第三十四条　因本法第三十一条、第三十二条或者第三十三条规定的行为而取得的债务人的财产，管理人有权追回。

关联规定

一、法律、行政法规、司法解释

1.《中华人民共和国民法典》

第一百五十五条　无效的或者被撤销的民事法律行为自始没有法律约束力。

第一百五十六条　民事法律行为部分无效，不影响其他部分效力的，其他部分仍然有效。

第一百五十七条　民事法律行为无效、被撤销或者确定不发生效力后，行为人因该行为取得的财产，应当予以返还；不能返还或者没有必要返还的，应当折价补偿。有过错的一方应当赔偿对方由此所受到的损失；各方都有过错的，应当各自承担相应的责任。法律另有规定的，依照其规定。

2.《最高人民法院关于适用〈中华人民共和国企业破产法〉若干问题的规定（二）》

第九条　管理人依据企业破产法第三十一条和第三十二条的规定提起诉讼，请求撤销涉及债务人财产的相关行为并由相对人返还债务人财产的，人民法院应予支持。

管理人因过错未依法行使撤销权导致债务人财产不当减损，债权人提起诉讼主张管理人对其损失承担相应赔偿责任的，人民法院应予支持。

第十条　债务人经过行政清理程序转入破产程序的，企业破产法第三十一条和第三十二条规定的可撤销行为的起算点，为行政监管机构作出撤销决定之日。

债务人经过强制清算程序转入破产程序的，企业破产法第三十一条和第三十二条规定的可撤销行为的起算点，为人民法院裁定受理强制清算申请之日。

第十一条 人民法院根据管理人的请求撤销涉及债务人财产的以明显不合理价格进行的交易的，买卖双方应当依法返还从对方获取的财产或者价款。

因撤销该交易，对于债务人应返还受让人已支付价款所产生的债务，受让人请求作为共益债务清偿的，人民法院应予支持。

第十二条 破产申请受理前一年内债务人提前清偿的未到期债务，在破产申请受理前已经到期，管理人请求撤销该清偿行为的，人民法院不予支持。但是，该清偿行为发生在破产申请受理前六个月内且债务人有企业破产法第二条第一款规定情形的除外。

第十三条 破产申请受理后，管理人未依据企业破产法第三十一条的规定请求撤销债务人无偿转让财产、以明显不合理价格交易、放弃债权行为的，债权人依据民法典第五百三十八条、第五百三十九条等规定提起诉讼，请求撤销债务人上述行为并将因此追回的财产归入债务人财产的，人民法院应予受理。

相对人以债权人行使撤销权的范围超出债权人的债权抗辩的，人民法院不予支持。

第十四条 债务人对以自有财产设定担保物权的债权进行的个别清偿，管理人依据企业破产法第三十二条的规定请求撤销的，人民法院不予支持。但是，债务清偿时担保财产的价值低于债权额的除外。

第十五条 债务人经诉讼、仲裁、执行程序对债权人进行的个别清偿，管理人依据企业破产法第三十二条的规定请求撤销的，人民法院不予支持。但是，债务人与债权人恶意串通损害其他债权人利益的除外。

第十六条 债务人对债权人进行的以下个别清偿，管理人依据企业破产法第三十二条的规定请求撤销的，人民法院不予支持：

（一）债务人为维系基本生产需要而支付水费、电费等的；

（二）债务人支付劳动报酬、人身损害赔偿金的；

（三）使债务人财产受益的其他个别清偿。

第十七条 管理人依据企业破产法第三十三条的规定提起诉讼，主张被隐匿、转移财产的实际占有人返还债务人财产，或者主张债务人虚构债务或者承认不真实债务的行为无效并返还债务人财产的，人民法院应予支持。

二、司法指导性文件

《最高人民法院关于推进破产案件依法高效审理的意见》

21. 债务人财产去向不明，或者债权人、出资人等利害关系人提供了债务人相关财产可能存在被非法侵占、挪用、隐匿等情形初步证据或者明确线索的，管理人应当及时对有关财产的去向情况进行调查。有证据证明债务人及其有关人员存在企业破产法第三十一条、第三十二条、第三十三条、第三十六条等规定的行为的，管理人应当依法追回相关财产。

22. 人民法院要准确把握违法行为入刑标准，严厉打击恶意逃废债行为。因企业经营不规范导致债务人财产被不当转移或者处置的，管理人应当通过行使撤销权、依法追回财产、主张损害赔偿等途径维护债权人合法权益，追究相关人员的民事责任。企业法定代表人、出资人、实际控制人等有恶意侵占、挪用、隐匿企业财产，或者隐匿、故意销毁依法应当保存的会计凭证、会计账簿、财务会计报告等违法行为，涉嫌犯罪的，人民法院应当根据管理人的提请或者依职权及时移送有关机关依法处理。

条文释义

一、本条主旨

本条是关于管理人对因破产可撤销行为、破产无效行为追回财产的规定。

二、条文演变

《企业破产法（试行）》第35条第2款规定，破产企业有前款所列行为的，清算组有权向人民法院申请追回财产，追回的财产并入破产财产。相关内容被本条延续。

三、条文解读

《企业破产法》第31条是有关人民法院受理破产申请前1年内可撤销的行为的规定；第32条是有关人民法院受理破产申请前6个月内可撤销的行为的规定；第33条是有关破产法中的无效行为的规定。依据这些条文的规定，无论是可撤销的行为还是无效的行为，其被撤销后或者被宣告无效后的法律效果是一样的，那就是该行为的法律效力归于消灭，当事人之间的权利义务关系应当恢复至行为发生之前的状态。例如，第三人无偿取得债务人财产的，在该行为被法院依法撤销以后，第三人应当将财产返还债务人；债务人对于未到期的债务提前清偿的，该清偿行为不发生法律效力，接受清偿的一方应当将所获得的清偿额返还债务人；债务人为逃避债务而转移财产的，应当将该财产重新回转。

依据本条的规定，因《企业破产法》第 31 条、第 32 条或者第 33 条规定的行为而取得债务人的财产的，管理人有权追回。之所以作这样的规定，主要是赋予管理人此项权力，便于其更好地履行职责。因为，依据《企业破产法》第 25 条的规定，管理人的一项重要职责在于管理和处分债务人的财产。在破产程序中，债务人的某一项行为被撤销或者宣告无效后，依据该行为而变动的财产权利重新归管理人管理和处分，因此，管理人有权依法追回被非法转移或者处分的财产。赋予管理人以此项权力，是为了保障管理人能够正常履行职责，使得债务人的财产能够得到更有效的保护，保证破产程序的顺利进行，从而最终有利于保护全体债权人的合法权益。[①]

适用指引

本条所规定的管理人追回权的行使方式很多，包括《企业破产法》第 31 条、第 32 条所规定的请求人民法院予以撤销损害债权人利益的行为，以及第 33 条规定的主张该行为无效，管理人还可以通过其他方式追回财产，例如，通过与债务人的财产受让人协商、谈判，从而要求受让人承担对等的给付；债务人无偿转让财产的，要求受让人予以返还。[②]

① 本书编写组编著：《〈中华人民共和国企业破产法〉释义及实用指南》，中国民主法制出版社 2012 年版，第 103~104 页。

② 本书编写组编著：《〈中华人民共和国企业破产法〉释义及实用指南》，中国民主法制出版社 2012 年版，第 104 页。

类案检索

张某与兰州汇成投资有限责任公司破产管理人请求确认债务人行为无效纠纷案

关键词： 管理人　追回　无效

裁判摘要： 再审申请人张某因与被申请人兰州汇成投资有限责任公司破产管理人请求确认债务人行为无效纠纷一案，不服甘肃省高级人民法院（2017）甘民终445号民事判决，向最高人民法院申请再审，以（1）甘肃正鼎律师事务所在作为兰州汇成投资有限责任公司破产管理人期间，同时担任甘肃光达置业有限公司的法律顾问，而兰州汇成投资有限责任公司股东张某是甘肃光达置业有限公司的实际控制人和法定代表人，两者身份存在利益冲突；（2）甘肃正鼎律师事务所曾担任过张某的诉讼代理人，其与张某存在经济利益关系，与兰州汇成投资有限责任公司存在利益冲突为由，主张原审判决认定甘肃正鼎律师事务所具有兰州汇成投资有限责任公司破产管理人主体资格没有事实和法律依据等。最高人民法院经审查认为，本案二审审理期间，张某认为甘肃正鼎律师事务所与兰州汇成投资有限责任公司存在利害关系，不应当担任兰州汇成投资有限责任公司管理人，遂向一审法院提出更换管理人的申请。一审法院于2017年9月14日作出（2016）甘01民破1号之一决定，驳回张某的申请。依据《企业破产法》第33条、第34条，《企业破产法规定（二）》第17条等的规定，管理人有权追回债务人为逃避债务而隐匿转移的财产，原审判决认定兰州汇成投资有限责任公司破产管理人具有适格的诉讼主体资格，并无不当。

【案　　号】（2018）最高法民申1348号

【审理法院】最高人民法院

【来　　源】中国裁判文书网

第三十五条 人民法院受理破产申请后，债务人的出资人尚未完全履行出资义务的，管理人应当要求该出资人缴纳所认缴的出资，而不受出资期限的限制。

关联规定

一、法律、行政法规、司法解释

1.《中华人民共和国公司法》

第二十六条 有限责任公司的注册资本为在公司登记机关登记的全体股东认缴的出资额。

法律、行政法规以及国务院决定对有限责任公司注册资本实缴、注册资本最低限额另有规定的，从其规定。

第二十七条 股东可以用货币出资，也可以用实物、知识产权、土地使用权等可以用货币估价并可以依法转让的非货币财产作价出资；但是，法律、行政法规规定不得作为出资的财产除外。

对作为出资的非货币财产应当评估作价，核实财产，不得高估或者低估作价。法律、行政法规对评估作价有规定的，从其规定。

第二十八条 股东应当按期足额缴纳公司章程中规定的各自所认缴的出资额。股东以货币出资的，应当将货币出资足额存入有限责任公司在银行开设的账户；以非货币财产出资的，应当依法办理其财产权的转移手续。

股东不按照前款规定缴纳出资的，除应当向公司足额缴纳外，还应当向已按期足额缴纳出资的股东承担违约责任。

第八十条 股份有限公司采取发起设立方式设立的，注册资本为在公司登记机关登记的全体发起人认购的股本总额。在发起人认购的股份缴足前，不得向他人募集股份。

股份有限公司采取募集方式设立的，注册资本为在公司登记机关登记的实收股本总额。

法律、行政法规以及国务院决定对股份有限公司注册资本实缴、注册资本最低限额另有规定的，从其规定。

第八十二条 发起人的出资方式，适用本法第二十七条的规定。

2.《最高人民法院关于适用〈中华人民共和国企业破产法〉若干问题的规定（二）》

第二十条 管理人代表债务人提起诉讼，主张出资人向债务人依法缴付未履行的出资或者返还抽逃的出资本息，出资人以认缴出资尚未届至公司章程规定的缴纳期限或者违反出资义务已经超过诉讼时效为由抗辩的，人民法院不予支持。

管理人依据公司法的相关规定代表债务人提起诉讼，主张公司的发起人和负有监督股东履行出资义务的董事、高级管理人员，或者协助抽逃出资的其他股东、董事、高级管理人员、实际控制人等，对股东违反出资义务或者抽逃出资承担相应责任，并将财产归入债务人财产的，人民法院应予支持。

二、部门规章及规范性文件

《国务院注册资本登记制度改革方案》

二、放松市场主体准入管制，切实优化营商环境

（一）实行注册资本认缴登记制。公司股东认缴的出资总额或者发起人认购的股本总额（即公司注册资本）应当在工商行政管理机关登记。公司股东（发起人）应当对其认缴出资额、出资方式、出资期限等自主约定，并记载于公司章程。有限责任公司的股东以其认缴的出资额为限对公司承担责任，股份有限公司的股东以其认购的股份为限对公司承担责任。公司应当将股东认缴出资额或者发起人认购股份、出资方式、出资期限、缴纳情况通过市场主体信用信息公示系统向社会公示。公司股东（发起人）对缴纳出资情况的真实性、合法性负责。

放宽注册资本登记条件。除法律、行政法规以及国务院决定对特定行业注册资本最低限额另有规定的外，取消有限责任公司最低注册资本3万元、一人有限责任公司最低注册资本10万元、股份有限公司最低注册资本500万元的限制。不再限制公司设立时全体股东（发起人）的首次出资比例，不再限制公司全体股东（发起人）的货币出资金额占注册资本的比例，不再规定公司股东（发起人）缴足出资的期限。

条文释义

一、本条主旨

本条是关于人民法院受理破产申请后债务人的出资人应当履行出资义务的规定。

二、条文演变

《企业破产法（试行）》没有相关规定，本条为《企业破产法》新增加的条文，目的是在《企业破产法》和《公司法》规定的出资义务之间建立有机联系，确保债务人财产最大化，维护债权人的合法权益。[①]

三、条文解读

（一）出资义务

依据我国《公司法》的有关规定，有限责任公司的股东可以用货币出资，也可以用实物、知识产权、土地使用权等可以用货币估价并可以依法转让的非货币财产作价出资；股东应当按期足额缴纳公司章程中规定的各自所认缴的出资额。股东以货币出资的，应当将货币出资足额存入有限责任公司在银行开设的账户；以非货币财产出资的，应当依法办理其财产权的转移手续。股份有限公司的设立，可以采取发起设立或者募集设立，股份有限公司采取发起设立方式设立的，注册资本为在公司登记机关登记的全体发起人认购的股本总额。采取募集方式设立的，注册资本为在公司登记机关登记的实收股本总额。以发起设立方式设立股份有限公司的，发起人应当书面认足公司章程规定其认购的股份，并按照公司章程规定缴纳出资。以非货币财产出资的，应当依法办理其财产权的转移手续。以募集设立方式设立股份有限公司的，发起人认购的股份不得少于公司股份总数的35%；但是，法律、行政法规另有规定的，从其规定。依据《公司法》的上述规定，设立公司，股东必须履行出资义务。除了有限责任公司与股份有限公司以外，我国有关法律、行政法规也都明确规定设立企业

① 陈夏红编著：《企业破产法注释》，北京大学出版社2021年版，第220页。

时，出资人应当履行相应的出资义务。

（二）尚未完全履行出资义务的出资人在破产程序中的出资义务

依据本条的规定，在人民法院受理破产申请时，债务人的出资人尚未履行出资义务的，管理人应当要求该出资人缴纳所认缴的出资，而不受出资期限的限制。之所以作这样的规定，是因为就本法所适用的企业法人而言，依据我国有关法律的规定，企业法人以其法人财产对外承担责任。企业法人申请破产时，同样应当以其全部财产对外承担责任，而出资人的出资是构成法人财产的重要部分。倘若在人民法院受理破产申请时，债务人的出资人尚未完全履行出资义务，势必会削弱债务人的清偿能力，使得债权人的权益不能够得到更好的保护。因此，本条规定要求债务人的出资人在人民法院受理破产申请时，须缴纳全部出资额。

（三）如何理解“尚未完全履行出资义务”

本条所规定的“尚未完全履行出资义务”既包括完全未履行义务的情形，也包括已经部分履行出资义务的情形。同时，依据本条的规定，管理人要求债务人的出资人履行出资义务不受出资期限的限制。也就是说，即使依据有关法律或者公司章程的规定，债务人的出资人应当在一定期限内一次性或者分期缴纳其认缴的出资额，而在人民法院受理破产申请时，一次性缴纳或者分期缴纳的期限尚未届满，管理人有权要求债务人的出资人立即缴纳其认缴的出资额。如果依据有关法律或者公司章程的规定，出资人分期缴纳其认缴的出资额，其在人民法院受理破产申请时所应当缴纳的出资额也不是其中即将到期的那一部分出资额，而是其对公司应当认缴的所有的出资额。①

适用指引

企业法人以其全部法人财产对企业债务承担责任，出资人应缴而未缴的出资和抽逃的出资均为法人财产的重要组成部分。倘若在人民法院受理破产申请时，债务人的出资人未履行或者未完全履行出资义务或者抽逃出资的，势必会

① 本书编写组编著：《〈中华人民共和国企业破产法〉释义及实用指南》，中国民主法制出版社2012年版，第104~106页。

削弱债务人的清偿能力，使债权人的权益得不到充分的保护。因此，《企业破产法规定（二）》第20条要求管理人依法追收出资人未缴出资或抽逃出资本息，以保护债务人财产最大化。据此规定，人民法院受理破产申请后，债务人的出资人未履行或者未完全履行出资义务或者抽逃出资的，由管理人代表债务人提起诉讼，请求出资人依法缴付或者返还出资本息。此种情况下，债务人的债权人应依法向管理人申报债权，依照法律规定的程序行使权利，而不能在破产程序中请求未履行或者未全面履行出资义务或者抽逃出资的出资人为其债权承担补充赔偿责任。

但是，管理人以会计师事务所或者金融机构出具虚假验资报告、资金证明为由，代表债务人提起诉讼，请求判令会计师事务所或者金融机构在不实审计金额范围内或者出具虚假资金证明范围内承担相应赔偿责任，人民法院应不予支持。因合理信赖上述验资报告或者资金证明，与债务人进行交易而受到损失的利害关系人向会计师事务所或者金融机构主张侵权民事责任的，人民法院应予支持。

另外，缴付出资请求权是基于股东的法定出资义务而由公司享有的法定债权请求权，不同于基于当事人合意产生的意定债权请求权，可以由当事人自由约定处置。如果规定出资请求权适用诉讼时效的规定，则有违公司资本充足原则，不利于公司的发展，也不利于对其足额出资的股东及债权人利益的保护。因此，基于投资关系产生的缴付出资请求权不适用诉讼时效的规定。人民法院受理破产申请后，管理人追收未缴出资或抽逃出资本息亦不适用诉讼时效的相关限制。

典型案例

深圳市佩奇进出口贸易有限公司与湖北银行股份有限公司宜昌南湖支行、华诚投资管理有限公司破产债权确认纠纷案

关键词：出资　补缴

裁判摘要：再审申请人湖北银行股份有限公司宜昌南湖支行因与被申请人深圳市佩奇进出口贸易有限公司（以下简称佩奇公司）、华诚投资管理有限公司破产债权确认纠纷一案，不服北京市高级人民法院（2011）高民终字第853

号民事判决，向最高人民法院申请再审，主张二审判决认定华诚投资管理有限公司破产管理人不应确认其债权，实际上剥夺了其申报债权的权利等。最高人民法院经审查认为，注册资本系公司对所有债权人承担民事责任的财产保障。在股东出资不到位的情况下，如公司被裁定宣告进入破产程序，根据《企业破产法》第35条“人民法院受理破产申请后，债务人的出资人尚未完全履行出资义务的，管理人应当要求该出资人缴纳所认缴的出资，而不受出资期限的限制”的规定，作为股东的华诚投资管理有限公司应该首先向佩奇公司补缴出资。尽管生效判决或执行裁定已认定公司股东应在出资不足部分本息范围内就公司债务不能清偿部分对公司债权人承担补充赔偿责任，但在股东实际承担补充赔偿责任前公司就已被裁定宣告进入破产程序的情况下，根据《企业破产法》第16条、第35条的规定，股东应首先向公司补缴出资，该补缴的出资只能用于向公司所有债权人进行公平清偿，而不能向个别债权人清偿，否则就与《企业破产法》第16条“人民法院受理破产申请后，债务人对个别债权人的债务清偿无效”规定相悖，侵害了佩奇公司其他债权人的合法利益。故二审判决将讼争破产债权确认归佩奇公司享有符合《企业破产法》的规定精神，湖北银行股份有限公司宜昌南湖支行的该项再审申请理由不能成立，不予支持。

【案　　号】（2012）民申字第386号

【审理法院】最高人民法院

【来　　源】《最高人民法院公报》2012年第12期

第三十六条　债务人的董事、监事和高级管理人员利用职权从企业获取的非正常收入和侵占的企业财产，管理人应当追回。

关联规定

一、法律、行政法规、司法解释

1.《中华人民共和国民法典》

第八十四条　营利法人的控股出资人、实际控制人、董事、监事、高级管理人员不得利用其关联关系损害法人的利益；利用关联关系造成法人损失的，应当承担赔偿责任。

2.《中华人民共和国公司法》

第一百四十七条　董事、监事、高级管理人员应当遵守法律、行政法规和公司章程，对公司负有忠实义务和勤勉义务。

董事、监事、高级管理人员不得利用职权收受贿赂或者其他非法收入，不得侵占公司的财产。

第一百四十八条　董事、高级管理人员不得有下列行为：

（一）挪用公司资金；

（二）将公司资金以其个人名义或者以其他个人名义开立账户存储；

（三）违反公司章程的规定，未经股东会、股东大会或者董事会同意，将公司资金借贷给他人或者以公司财产为他人提供担保；

（四）违反公司章程的规定或者未经股东会、股东大会同意，与本公司订立合同或者进行交易；

（五）未经股东会或者股东大会同意，利用职务便利为自己或者他人谋取属于公司的商业机会，自营或者为他人经营与所任职公司同类的业务；

（六）接受他人与公司交易的佣金归为己有；

（七）擅自披露公司秘密；

（八）违反对公司忠实义务的其他行为。

董事、高级管理人员违反前款规定所得的收入应当归公司所有。

第一百四十九条 董事、监事、高级管理人员执行公司职务时违反法律、行政法规或者公司章程的规定，给公司造成损失的，应当承担赔偿责任。

3.《最高人民法院关于适用〈中华人民共和国企业破产法〉若干问题的规定（二）》

第二十四条 债务人有企业破产法第二条第一款规定的情形时，债务人的董事、监事和高级管理人员利用职权获取的以下收入，人民法院应当认定为企业破产法第三十六条规定的非正常收入：

（一）绩效奖金；

（二）普遍拖欠职工工资情况下获取的工资性收入；

（三）其他非正常收入。

债务人的董事、监事和高级管理人员拒不向管理人返还上述债务人财产，管理人主张上述人员予以返还的，人民法院应予支持。

债务人的董事、监事和高级管理人员因返还第一款第（一）项、第（三）项非正常收入形成的债权，可以作为普通破产债权清偿。因返还第一款第（二）项非正常收入形成的债权，依据企业破产法第一百一十三条第三款的规定，按照该企业职工平均工资计算的部分作为拖欠职工工资清偿；高出该企业职工平均工资计算的部分，可以作为普通破产债权清偿。

二、部门规章及规范性文件

《国家发展和改革委员会、最高人民法院等13个国家机关关于推动和保障管理人在破产程序中依法履职进一步优化营商环境的意见》

（十）切实保护职工和债权人投资者合法权益。发挥管理人在防范“逃废债”等违法行为中的积极作用。管理人要加强对破产企业财产的追查和管理，有效保护职工劳动报酬、社会保险合法权益，及时向金融机构债权人委员会、债权人会议通报有关情况，破产企业的有关人员可能涉嫌犯罪的，管理人应当及时将犯罪线索报送司法或监察机关。金融机构依法积极支持管理人追查破产企业财产，鼓励将发现的恶意转移破产企业财产的情况通报管理人，有效保护债权人投资者合法权益。（最高人民法院、人力资源社会保障部、人民银行、国资委、银保监会、证监会等按职责分工负责）

三、司法指导性文件

《最高人民法院关于推进破产案件依法高效审理的意见》

21. 债务人财产去向不明，或者债权人、出资人等利害关系人提供了债务人相关财产可能存在被非法侵占、挪用、隐匿等情形初步证据或者明确线索的，管理人应当及时对有关财产的去向情况进行调查。有证据证明债务人及其有关人员存在企业破产法第三十一条、第三十二条、第三十三条、第三十六条等规定的行为的，管理人应当依法追回相关财产。

22. 人民法院要准确把握违法行为入刑标准，严厉打击恶意逃废债行为。因企业经营不规范导致债务人财产被不当转移或者处置的，管理人应当通过行使撤销权、依法追回财产、主张损害赔偿等途径维护债权人合法权益，追究相关人员的民事责任。企业法定代表人、出资人、实际控制人等有恶意侵占、挪用、隐匿企业财产，或者隐匿、故意销毁依法应当保存的会计凭证、会计账簿、财务会计报告等违法行为，涉嫌犯罪的，人民法院应当根据管理人的提请或者依职权及时移送有关机关依法处理。

条文释义

一、本条主旨

本条是关于管理人应当向债务人的董事、监事和高级管理人员追回有关财产的规定。

二、条文演变

《企业破产法（试行）》没有相关规定，本条为《企业破产法》新增加的条文，对管理人应该追回的财产进行进一步的规定。

三、条文解读

依据我国《公司法》的有关规定，公司的董事、监事、高级管理人员应当遵守法律、行政法规和公司章程，对公司负有忠实义务和勤勉义务。董事、监事、高级管理人员不得利用职权收受贿赂或者其他非法收入，不得侵占公司的财产。董事、高级管理人员不得有下列行为：（1）挪用公司资金；（2）将公司资金以其个人名义或者以其他个人名义开立账户存储；（3）违反公司章程的规定，未经股东会、股东大会或者董事会同意，将公司资金借贷给他人或者以公司财产为他人提供担保；（4）违反公司章程的规定或者未经股东会、股东大会同意，与本公司订立合同或者进行交易；（5）未经股东会或者股东大会同意，利用职务便利为自己或者他人谋取属于公司的商业机会，自营或者为他人经营与所任职公司同类的业务；（6）接受他人与公司交易的佣金归为己有；（7）擅自披露公司秘密；（8）违反对公司忠实义务的其他行为。董事、高级管理人员违反前款规定所得的收入应当归公司所有。

由上述规定可以看出，不得利用职权从企业获取非正常收入和侵占企业财产，是公司董事、监事和高级管理人员负担的一项法定义务。因此，债务人的董事、监事和高级管理人员利用职权从企业获取的非正常收入和侵占的企业财产，不应当属于其个人所有而仍然应当属于企业的财产，在该财产被债务人的董事、经理或者其他负责人占有后，管理人有权力，并且也有义务去追回并将其纳入破产财产的范围。[①]

适用指引

依据本条的规定，管理人应当追回的财产包括债务人的董事、监事和高级管理人员利用职权从企业获取的非正常收入和侵占的企业财产。认定一项收入或者财产是否属于本条规定的“非正常收入”和“侵占的财产”，应当依据有关法律的规定来判断。例如，债务人企业的董事、监事和高级管理人员依据劳动合同的规定，从企业获取的正当的工资、奖金、津贴等，属于董事、监事或者高级管理人员的合法收入而不是本条所称的“非正常收入”，但是，董事、经理或者其他负责人利用职权获取的商业回扣等，则不属于其合法的收入而构成本条所称的“非正常收入”；一项财产是否属于“侵占的财产”同样也要依据有关的法律规范来判断。此外，本条所规定的“董事”“监事”和“高级管理人员”可以依据《公司法》等有关法律规范的规定来界定，其中，“高级管理人员”是指公司的经理、副经理、财务负责人、上市公司董事会秘书和公司

① 本书编写组编著：《〈中华人民共和国企业破产法〉释义及实用指南》，中国民主法制出版社2012年版，第106~107页。

章程规定的其他人员。[①]

由于本条并未具体规定何谓“非正常收入”，也没有规定管理人如何追回“非正常收入”及追回的财产如何处理等问题，导致在实践中对于“非正常收入”的判定和处理存在困难。为了有效解决这些问题，《企业破产法规定（二）》第24条对“非正常收入”的范围、追回的途径及追回的破产财产如何处理作出了较为明确的规定。该条第1款第1项规定的绩效奖金是最常见的企业董事、监事和高级管理人员利用职权获取的非正常收入；第2项规定的普遍拖欠职工工资情况下获取的工资性收入实际上是将董事、监事和高级管理人员的工资置于普通职工工资同等受偿地位，董事、监事和高级管理人员不得利用职权优先受偿；第3项作为兜底条款，为法官自由裁量预留了空间。该条款第2款明确了管理人追回非正常收入的途径，即管理人可通过诉讼程序追回，追回的非正常收入属于债务人财产。该条第3款明确了管理人如何处理追回的非正常收入，即债务人的董事、监事和高级管理人员因返还绩效奖金等非正常收入形成的债权，可以作为普通破产债权清偿；因返还普遍拖欠职工工资情况下获取的工资性收入非正常收入形成的债权，依据《企业破产法》第113条第3款的规定，按照该企业职工平均工资计算的部分作为拖欠职工工资清偿；高出该企业职工平均工资计算的部分，可以作为普通破产债权清偿。

类案检索

浙江南方通信集团股份有限公司与周某强追收非正常收入纠纷案

关键词： 非正常收入 返还

裁判摘要： 原告浙江南方通信集团股份有限公司因与被告周某强追收非正常收入纠纷一案，向浙江省湖州市南浔区人民法院起诉，请求判令被告周某强返还非正常收入300万元等。法院经审理查明，2015年2月17日，浙江南方通信集团股份有限公司董事长许某良为奖励周某强，以个人借款的名义通过公司账户向周某强指定的账户转账300万元，转账用途注明为“借款”。2016年3月18日，经浙江南方通信集团股份有限公司申请，浙江省湖州市中级人民

① 本书编写组编著：《〈中华人民共和国企业破产法〉释义及实用指南》，中国民主法制出版社2012年版，第107~108页。

法院裁定受理浙江南方通信集团股份有限公司破产清算一案，并于2016年4月5日指定浙江省湖州市南浔区人民法院审理，该院指定浙江京衡律师事务所与安吉华信会计事务所联合担任浙江南方通信集团股份有限公司管理人。破产案件受理后，经湖州恒生会计事务所审计，出具了湖恒审报字［2016］第402号审计报告，该审计报告认定，周某强2015年的年收入为45.85万元。后浙江南方通信集团股份有限公司管理人起诉请求判令周某强返还非正常收入300万元。法院经审理认为，周某强作为浙江南方通信公司的高级管理人员，在得知公司现金回笼可观的情况下，向原法定代表人许某良提出奖励的要求，许某良未经董事会决议而从公司账户向周某强转出大额资金300万元作为奖励金，不符合相关法律及公司章程的规定，发放程序不合法，根据《企业破产法》第36条之规定，该笔300万元在浙江南方通信公司破产清算时应作为非正常收入予以返还。

【案　　号】（2017）浙0503民初3445号

【审理法院】浙江省湖州市南浔区人民法院

【来　　源】中国裁判文书网

第三十七条　人民法院受理破产申请后，管理人可以通过清偿债务或者提供为债权人接受的担保，取回质物、留置物。

前款规定的债务清偿或者替代担保，在质物或者留置物的价值低于被担保的债权额时，以该质物或者留置物当时的市场价值为限。

关联规定

法律、行政法规、司法解释

1.《中华人民共和国民法典》

第四百二十五条　为担保债务的履行，债务人或者第三人将其动产出质给债权人占有的，债务人不履行到期债务或者发生当事人约定的实现质权的情形，债权人有权就该动产优先受偿。

前款规定的债务人或者第三人为出质人，债权人为质权人，交付的动产为质押财产。

第四百四十七条　债务人不履行到期债务，债权人可以留置已经合法占有的债务人的动产，并有权就该动产优先受偿。

前款规定的债权人为留置权人，占有的动产为留置财产。

2.《最高人民法院关于适用〈中华人民共和国企业破产法〉若干问题的规定（二）》

第二十五条　管理人拟通过清偿债务或者提供担保取回质物、留置物，或者与质权人、留置权人协议以质物、留置物折价清偿债务等方式，进行对债权人利益有重大影响的财产处分行为的，应当及时报告债权人委员会。未设立债权人委员会的，管理人应当及时报告人民法院。

条文释义

一、本条主旨

本条是关于管理人通过清偿债务或者提供替代担保收回质物或者留置物的规定。

二、条文演变

《企业破产法（试行）》没有相关规定，本条为《企业破产法》新增加的条文。考虑到人民法院受理破产申请后，无论是质物，还是留置物都属于债务人财产的范畴，在破产程序中应当由管理人统一进行管理、维护、变价和分配，为提示管理人管理、维护、变价、分配债务人财产的一条路径，明确管理人根据实际情况行使“商定”职权，以达到破产财产价值最大化的目的，故增加规定。

三、条文解读

（一）管理人收回质物或者留置物的方式

根据本条的规定，管理人收回质物或者留置物，应通过两种方式进行：第一，清偿债务。质物或者留置物作为质权和留置权的标的物，主要目的就在于担保权利人的债权获得清偿。如果管理人向质权人或者留置权人清偿了债务，该权利人占有质物或者留置物的基础就不复存在，管理人此时就可以收回质物或者留置物。第二，管理人为质权人或者留置权人提供了其可以接受的替代担保。质权或者留置权实际上就是债权人通过占有质物或者留置物的方式，来担保其债权得以实现。而实践中，担保的方式有很多，如抵押、保证，或者提供其他的质物等。如果管理人为质权人或者留置权人提供了其他方式的担保，该担保同样能够达到保证其债权得以实现，并且为质权人或者留置权人所接受，就可以使原来担保的方式发生变化，以前质押或者留置状态消失，管理人收回质物或者留置物。

（二）管理人收回质物或者留置物时应遵循的原则

管理人为了收回质物或者留置物而进行的债务清偿或者替代担保，在质物或者留置物的价值低于被担保的债权额时，应以其在当时的市场价值为限。

无论是质权还是留置权，都是以其标的物，即质物或者留置物的价值为限，负担担保作用的。管理人为了收回质物或者留置物而进行债务清偿或者替代担保，所付出的代价也不应当高于质物或者留置物的价值。否则就属于给予质权人或者留置权人额外利益，从而损害其他债权人的利益。当质物或者留置物的价值低于被担保的债权额时，管理人并不需清偿全部被担保的债权，而只需清偿与质物或者留置物市场价值相等的债权，或者提供与质物或者留置物的市场价值相当并为债权人所接受的替代担保，就可以依据本条规定收回质物或者留置物。[①]

适用指引

当质物或者留置物的价值高于被担保的债权额时，管理人只需清偿质物或者留置物所担保的债权，或者提供与质物或者留置物所担保的债权额相当并为债权人所接受的替代担保，就可以收回质物或者留置物。[②] 此外，不论管理人是通过清偿债务或者提供担保取回质物、留置物，还是与质权人、留置权人协议以质物、留置物折价清偿债务，都属于《企业破产法》第69条规定的对债权人利益有重大影响的其他财产处分行为，管理人应当及时报告债权人委员会。未设立债权人委员会的，应当及时报告人民法院。

实践中，由于质物或者留置物的性质和状态等的不同，通过清偿债务或者提供为债权人接受的担保，取回质物、留置物仅是管理人处理质物或者留置物的方式之一，其前提是管理人取回质物或者留置物并自行处置有利于破产财产的安全和增值等。对于价值容易贬损、支出成本较高等不宜采取由管理人取回、管理、处分等措施的质物、留置物，如果及时变现或者变价有利于实现破

① 本书编写组编著：《〈中华人民共和国企业破产法〉释义及实用指南》，中国民主法制出版社2012年版，第109页。

② 本书编写组编著：《〈中华人民共和国企业破产法〉释义及实用指南》，中国民主法制出版社2012年版，第109~110页。

产财产的价值最大化，则及时变现或者变价应该是管理人处置该质物或者留置物的方式。因此，《企业破产法规定（二）》第25条规定了管理人还可以与质权人、留置权人协议以质物、留置物折价清偿债务等方式处置质物、留置物。这同样属于对债权人利益有重大影响的财产处分行为，管理人应当及时报告债权人委员会，未设立债权人委员会的，应当及时报告人民法院。

类案检索

富贵鸟股份有限公司、厦门国际银行股份有限公司泉州分行储蓄存款合同纠纷案

关键词：质押 返还保证金

裁判摘要：上诉人富贵鸟股份有限公司（以下简称富贵鸟公司）因与被上诉人厦门国际银行股份有限公司泉州分行（以下简称厦门国际银行泉州分行）储蓄存款合同纠纷一案，不服福建省泉州市中级人民法院（以下简称一审法院）(2018）闽05民初1466号民事判决，向福建省高级人民法院（以下简称二审法院）提起上诉，请求撤销一审判决，改判支持富贵鸟公司一审全部诉讼请求等，即：（1）判令厦门国际银行泉州分行立即交付富贵鸟公司银行存款10837381.98元；（2）判令厦门国际银行泉州分行赔偿富贵鸟公司利息损失482456.06元；（3）判令厦门国际银行泉州分行承担本案全部诉讼费用。二审法院经审理查明，2018年6月29日，国泰君安证券股份有限公司以富贵鸟公司不能清偿到期债务，且明显缺乏清偿能力，但仍有重整价值为由，向一审法院提出对富贵鸟公司进行重整的申请。一审法院于2018年7月26日作出（2018）闽05破申10号《民事裁定书》，裁定受理富贵鸟公司破产重整一案，并于同日作出（2018）闽05破4号《决定书》，指定富贵鸟公司清算组担任富贵鸟公司管理人。管理人接管后发现，尾号为0303的账户内有10837381.98元；后经计息，截至2018年12月20日，账户余额为10856672.07元。经查，2016年12月23日，富贵鸟公司与厦门国际银行泉州分行签订了编号为GRQ16140-GHQ16001的《综合授信额度合同》，约定由厦门国际银行泉州分行给予富贵鸟公司人民币5000万元或港币6000万元的额度，用于其包括“开立融资性备用信用证及备用信用证项下的付款”。2016年12月27日，富贵鸟

公司向厦门国际银行泉州分行申请开立融资性备用信用证，后厦门国际银行泉州分行依约为其开立了金额为HKD60000000.00的融资性备用信用证（后备证金额调减为HKD23397968.85元）。2017年7月17日，富贵鸟公司与厦门国际银行泉州分行签订编号为GRQ16140-GHQ16001的《保证金质押合同》（适用于综合授信额度或普通贷款）和《保证金反担保质押合同》（开立保函或备证，并以保证金提供反担保的适用），约定富贵鸟公司自愿提供保证金RMB16399220.21作为前述保函/备用信用证的反担保；其中，《保证金质押合同》第8页以及《保证金反担保质押合同》第9页两处，记载了质权人指定的保证金账户信息，即户名为厦门国际银行，账号为"80×××03"。同日，富贵鸟公司从其尾号为1157的账户转款16399220.21元到尾号为0303的账户。截至2018年8月31日，该尾号为0303的账户余额为10837381.98元。二审法院经审理认为，案涉款项16399220.21元由富贵鸟公司从其尾号为1157的账户转款到尾号为0303的保证金账户，已经完成了质物的交付，且尾号为0303的账户在户名及账户性质上符合"特定化"要求。因此，案涉款项符合金钱质押的设立条件，即金钱的特定化以及转移占有，本案的保证金质押已依法设立。一审法院适用《企业破产法》第37条第1款的规定，认定富贵鸟公司在未还清《综合授信合同》项下贷款或提供债权人接受的担保的情况下，无权要求厦门国际银行泉州分行返还保证金及赔偿损失，并不存在适用法律错误的情形。富贵鸟公司的上诉理由不能成立，予以驳回。

【案　　号】（2019）闽民终985号

【审理法院】福建省高级人民法院

【来　　源】中国裁判文书网

第三十八条　人民法院受理破产申请后，债务人占有的不属于债务人的财产，该财产的权利人可以通过管理人取回。但是，本法另有规定的除外。

关联规定

一、法律、行政法规、司法解释

1.《中华人民共和国民法典》

第二百四十条　所有权人对自己的不动产或者动产，依法享有占有、使用、收益和处分的权利。

2.《最高人民法院关于适用〈中华人民共和国企业破产法〉若干问题的规定（二）》

第二十六条　权利人依据企业破产法第三十八条的规定行使取回权，应当在破产财产变价方案或者和解协议、重整计划草案提交债权人会议表决前向管理人提出。权利人在上述期限后主张取回相关财产的，应当承担延迟行使取回权增加的相关费用。

第二十七条　权利人依据企业破产法第三十八条的规定向管理人主张取回相关财产，管理人不予认可，权利人以债务人为被告向人民法院提起诉讼请求行使取回权的，人民法院应予受理。

权利人依据人民法院或者仲裁机关的相关生效法律文书向管理人主张取回所涉争议财产，管理人以生效法律文书错误为由拒绝其行使取回权的，人民法院不予支持。

第二十八条　权利人行使取回权时未依法向管理人支付相关的加工费、保管费、托运费、委托费、代销费等费用，管理人拒绝其取回相关财产的，人民法院应予支持。

第二十九条　对债务人占有的权属不清的鲜活易腐等不易保管的财产或者不及时变现价值将严重贬损的财产，管理人及时变价并提存变价款后，有关权利人就该变价款行使取回权的，人民法院应予支持。

第三十条 债务人占有的他人财产被违法转让给第三人，依据民法典第三百一十一条的规定第三人已善意取得财产所有权，原权利人无法取回该财产的，人民法院应当按照以下规定处理：

（一）转让行为发生在破产申请受理前的，原权利人因财产损失形成的债权，作为普通破产债权清偿；

（二）转让行为发生在破产申请受理后的，因管理人或者相关人员执行职务导致原权利人损害产生的债务，作为共益债务清偿。

第三十一条 债务人占有的他人财产被违法转让给第三人，第三人已向债务人支付了转让价款，但依据民法典第三百一十一条的规定未取得财产所有权，原权利人依法追回转让财产的，对因第三人已支付对价而产生的债务，人民法院应当按照以下规定处理：

（一）转让行为发生在破产申请受理前的，作为普通破产债权清偿；

（二）转让行为发生在破产申请受理后的，作为共益债务清偿。

第三十二条 债务人占有的他人财产毁损、灭失，因此获得的保险金、赔偿金、代偿物尚未交付给债务人，或者代偿物虽已交付给债务人但能与债务人财产予以区分的，权利人主张取回就此获得的保险金、赔偿金、代偿物的，人民法院应予支持。

保险金、赔偿金已经交付给债务人，或者代偿物已经交付给债务人且不能与债务人财产予以区分的，人民法院应当按照以下规定处理：

（一）财产毁损、灭失发生在破产申请受理前的，权利人因财产损失形成的债权，作为普通破产债权清偿；

（二）财产毁损、灭失发生在破产申请受理后的，因管理人或者相关人员执行职务导致权利人损害产生的债务，作为共益债务清偿。

债务人占有的他人财产毁损、灭失，没有获得相应的保险金、赔偿金、代偿物，或者保险金、赔偿物、代偿物不足以弥补其损失的部分，人民法院应当按照本条第二款的规定处理。

第三十八条 买受人破产，其管理人决定解除所有权保留买卖合同，出卖人依据企业破产法第三十八条的规定主张取回买卖标的物的，人民法院应予支持。

出卖人取回买卖标的物，买受人管理人主张出卖人返还已支付价款的，人民法院应予支持。取回的标的物价值明显减少给出卖人造成损失的，出卖人可从买受人已支付价款中优先予以抵扣后，将剩余部分返还给买受人；对买受人已支付价款不足以弥补出卖人标的物价值减损损失形成的债权，出卖人主张作为共益债务清偿的，人民法院应予支持。

第四十条 债务人重整期间，权利人要求取回债务人合法占有的权利人的财产，不符合双方事先约定条件的，人民法院不予支持。但是，因管理人或者自行管理的债务人违反约定，可能导致取回物被转让、毁损、灭失或者价值明显减少的除外。

二、司法指导性文件

《最高人民法院关于推进破产案件依法高效审理的意见》

8. 管理人应当及时接管债务人的财产、印章和账簿、文书等资料。债务人拒不移交的，人民法院可以根据管理人的申请或者依职权对直接责任人员处以罚款，并可以就债务人应当移交的内容和期限作出裁定。债务人不履行裁定确定的义务的，人民法院可以依照民事诉讼法执行程序的有关规定采取搜查、强制交付等必要措施予以强制执行。

接管过程中，对于债务人占有的不属于债务人的财产，权利人可以依据企业破产法第三十八条的规定向管理人主张取回。管理人不予认可的，权利人可以向破产案件受理法院提起诉讼请求行使取回权。诉讼期间不停止管理人的接管。

条文释义

一、本条主旨

本条是关于取回权的一般规定。

二、条文演变

本条对应《企业破产法（试行）》第29条，即："破产企业内属于他人的财产，由该财产的权利人通过清算组取回。"相比较而言，本条增加了但书规定，对应本法第76条。

三、条文解读

（一）取回权的概念

取回权，顾名思义就是指在破产程序中，对于不属于债务人的财产，其所有权人或者其他权利人不依照破产程序，通过管理人将该财产予以取回的权利。

进入破产程序以后，为了对债务人的财产予以保全，按照本法的规定，要由管理人接管债务人占有或者控制的所有财产。这些财产中可能大部分都是属于债务人所有，但也可能有些财产并不属于债务人所有。按照本法第 30 条的规定，只有“破产案件受理时属于债务人的全部财产，以及破产案件受理后至破产程序终结前债务人取得的财产，为债务人财产”。对不属于债务人的财产，其所有权人或者其他物权人可以依照本条的规定，通过管理人予以取回。

（二）取回权的标的

取回权属于民法上物的请求权的一种表现形式，其所针对的是特定的财产。如果在权利人行使取回权之前，取回权标的物毁损或者灭失，此时取回权的基础消失，权利人只能依据由物的请求权转换成债的损害赔偿请求权向管理人申报债权。也就是说，在取回权标的物灭失或者毁损的情况下，取回权人只能追究债务人的违约或者侵权责任，并以违约或者侵权债权人的身份申报债权。

（三）取回权的行使

按照本条的规定，权利人行使取回权应当向管理人主张。如果管理人对此予以拒绝，权利人可以向法院提出取回权确认之诉，对于法院予以确认的取回权，管理人不得拒绝权利人的取回请求。

（四）对取回权行使的限制

本条规定，人民法院受理破产申请后，债务人占有的、不属于债务人的财产，该财产的权利人可以通过管理人取回。但是，本法另有规定的除外。

财产权利人行使取回权，不受约定条件的限制。即使债务人依据合同约定仍有权占有该财产，但在对债务人的破产申请被人民法院受理后，财产权利人就可以行使取回权，取回该财产。例如，债务人依据租赁合同的约定占有出租人的财产，在债务人破产时，即使租赁合同仍未到期，出租人也可以取回租赁物，管理人不能以合同未到期拒绝出租人行使取回权。这是取回权行使的一般原则。

但是，如果本法对取回权的行使有限制规定的，应当从其规定。《企业破产法》第76条规定，债务人合法占有的他人财产，该财产的权利人在重整期间要求取回的，应当符合事先约定的条件。按照这一规定，财产权利人在重整期间行使取回权的，应当按照其与债务人事先约定的条件办理。例如，出租人行使取回权的，如果是在重整期间，就得等到租赁合同到期后方可行使。[①]

适用指引

一、货款取回权的行使

最高人民法院曾就郑州亚细亚五彩购物广场有限公司（以下简称五彩购物广场）破产一案中董桂琴等50家商户能否行使取回权问题答复河南省高级人民法院。明确董桂琴等50家商户与五彩购物广场形成了委托收取销售货款的关系，现有证据不能证明五彩购物广场对所收取的货款开立专门账户加以管理，即五彩购物广场代收的货款没有特定化。由于货币作为动产的特殊属性，董桂琴等50家商户对没有特定化的货款不具有所有权关系，在企业破产还债程序中不能行使取回权，可以普通债权人的身份参与破产财产的分配。

二、证券公司客户对被违规挪用资金和证券等财产取回权的行使

最高人民法院曾就上诉人宁波金昌实业投资有限公司与被上诉人西北证券有限责任公司破产清算组取回权纠纷一案答复宁夏回族自治区高级人民法院。载明在2007年11月20日召开的全国法院证券公司破产案件审理工作座谈会上，已经明确了对证券公司违规挪用的客户证券资产被追回后，客户在证券公司破产程序中能否对该部分资产行使取回权问题的处理原则：如果证券公司违

① 本书编写组编著：《〈中华人民共和国企业破产法〉释义及实用指南》，中国民主法制出版社2012年版，第110~112页。

规挪用客户资金和证券，关系清楚、财产并未混同，管理人追回后，可由相关权利人行使代偿性取回权。

三、本条“但书”的理解适用

本条但书对应《企业破产法》第76条规定，即债务人合法占有的他人财产，该财产的权利人在重整期间要求取回的，应当符合事先约定的条件。按照这一规定，财产权利人在重整期间行使取回权的，应当按照其与债务人事先约定的条件办理，即只有符合双方事先约定的条件，财产权利人的取回权才能得到支持。但这也不是绝对的，如果因管理人或者自行管理的债务人违反约定，可能导致取回物被转让、毁损、灭失或者价值明显减少的，重整期间财产权利人的取回权也能得到支持，以在保障债务人重整顺利和财产权利人合法权益保护之间适度平衡。具体规定详见《企业破产法规定（二）》第40条。

类案检索

周某干、莫某学与龙州鑫磊建设投资有限公司一般取回权纠纷案

关键词：保证金　取回权

裁判摘要：再审申请人周某干因与被申请人龙州鑫磊建设投资有限公司（以下简称鑫磊公司）、二审上诉人莫某学一般取回权纠纷一案，不服广西壮族自治区高级人民法院（2020）桂民终39号民事判决，向最高人民法院申请再审，请求撤销原审判决，改判周某干在鑫磊公司的破产财产中先行取回100万元的工程履约保证金和资金占用损失198528元。最高人民法院经审查认为，根据原审查明的事实，2014年5月5日，周某干、莫某学与鑫磊公司协商，由周某干、莫某学负责鑫磊公司承建的龙州国际休闲独家旅游综合开发项目的土石方工程。在履行合同过程中，莫某学于2014年5月7日、5月12日将共计1000000元工程质保金汇入鑫磊公司账户，鑫磊公司于2014年5月22日向莫某学出具一张收条，确认收到莫某学交纳的工程质保金1000000元，并约定返还时间是2014年8月22日，事后鑫磊公司并未如约返还该质保金。鑫磊公司在经营过程中，由于经营不善于2015年4月以后停止正常经营活动。2018年10月15日，中航建工集团有限公司以鑫磊公司不能清偿到期债务，明显缺

乏清偿能力为由向龙州县人民法院申请将案件移送破产审查。2018年12月16日，龙州县人民法院作出（2018）桂1423执453号移送破产审查决定书，并于2018年12月17日将案件移送本案一审法院。一审法院于2018年12月28日裁定受理，并于2019年8月29日裁定宣告鑫磊公司破产。在债权申报阶段，周某干、莫某学已经就本案起诉的数额向管理人申报债权并得到确认。债权得到确认后，周某干、莫某学认为案涉质保金是其交纳给鑫磊公司的，不属于鑫磊公司的破产财产，二人依法应享有该款的取回权，并向管理人要求取回该款。管理人答复称，工程质保金不属于独立物，不属于《企业破产法》规定的取回权的范畴，双方之间是普通债权债务关系，对其要求取回该款的主张不予认可。二人对管理人答复不服，遂向一审法院起诉。最高人民法院经审查认为，周某干、莫某学向鑫磊公司支付的100万元为保证工程施工合同顺利履行而约定的履约保证金，该款项通过银行转账方式向鑫磊公司一般账户支付，并未以封金、保证金账户或者其他专户的形式予以特定化。金钱作为种类物，在交付鑫磊公司后款项的所有权即归属于占有人鑫磊公司而非周某干、莫某学，周某干、莫某学可以基于协议约定形成的债权关系向鑫磊公司主张返还质保金，而《企业破产法》第38条规定的取回权针对的是物权关系而非债权关系。因此，周某干、莫某学依据《企业破产法》第38条关于一般取回权的规定，请求对案涉100万元予以取回，于法无据，不予支持。

【案　　号】（2020）最高法民申5423号

【审理法院】最高人民法院

【来　　源】中国裁判文书网

第三十九条　人民法院受理破产申请时，出卖人已将买卖标的物向作为买受人的债务人发运，债务人尚未收到且未付清全部价款的，出卖人可以取回在运途中的标的物。但是，管理人可以支付全部价款，请求出卖人交付标的物。

关联规定

法律、行政法规、司法解释

1.《中华人民共和国民法典》

第六百四十二条　当事人约定出卖人保留合同标的物的所有权，在标的物所有权转移前，买受人有下列情形之一，造成出卖人损害的，除当事人另有约定外，出卖人有权取回标的物：

（一）未按照约定支付价款，经催告后在合理期限内仍未支付；

（二）未按照约定完成特定条件；

（三）将标的物出卖、出质或者作出其他不当处分。

出卖人可以与买受人协商取回标的物；协商不成的，可以参照适用担保物权的实现程序。

2.《最高人民法院关于适用〈中华人民共和国企业破产法〉若干问题的规定（二）》

第三十九条　出卖人依据企业破产法第三十九条的规定，通过通知承运人或者实际占有人中止运输、返还货物、变更到达地，或者将货物交给其他收货人等方式，对在运途中标的物主张了取回权但未能实现，或者在货物未达管理人前已向管理人主张取回在运途中标的物，在买卖标的物到达管理人后，出卖人向管理人主张取回的，管理人应予准许。

出卖人对在运途中标的物未及时行使取回权，在买卖标的物到达管理人后向管理人行使在运途中标的物取回权的，管理人不应准许。

条文释义

一、本条主旨

本条是关于出卖人取回权的特别规定。

二、条文演变

《企业破产法（试行）》没有相关规定，本条为《企业破产法》新增加的条文。

三、条文解读

（一）出卖人取回权的概念

出卖人取回权，是破产法中规定的一项特殊的取回权，一般是指尚未收到全部价款的动产出卖人，将买卖标的物发送后，如果买受人在尚未收到标的物前破产的，出卖人可以向标的物的承运人或者实际占有人请求取回标的物的权利。出卖人取回权，是源于英美货物买卖法的中途停运权而由破产法规定的一项特殊权利。中途停运权是英美货物买卖法为了担保出卖人获得买卖价金而赋予其的权利，出卖人在尚未收到全部买卖价金前，发现买方有违约的可能时，可以通过行使中途停运权，恢复对在运途中买卖标的物的实际控制。破产法依据中途停运权制度，创设了出卖人取回权制度。

（二）行使出卖人取回权的条件

根据本条的规定和中途停运权的性质，出卖人行使取回权一般应该具备下列条件：

1. 出卖人与买受人之间的买卖一般属于异地动产买卖。这是因为：第一，如果是同地买卖，买卖标的物的交付即时就可以完成，买受人在交付完成后已经实际控制了标的物，出卖人没有可能恢复对标的物的控制，只有在异地买卖中，出卖人才可能阻止尚处于在运途中的买卖标的物的交付；第二，按照大陆法系国家和地区，特别是我国的现行法律的规定，不动产的交付一般以办理产权登记为必要条件，并不要求所有权人实际占有或者控制该不动产。在办理产权登记前，出卖人仍为所有权人，可以所有权人的名义行使权利；在办理产权登记后，交付已经完成，买受人成为所有权人，出卖人也无行使取回权的可能。

2. 出卖人必须已经将买卖标的物发运，并且尚未收到全部买卖价款。前面已经说过，出卖人取回权源于英美货物买卖法中途停运权制度，而中途停运权的主要目的就是担保已经脱离了对标的物控制权的出卖人获得买卖价款的权利。因此，只有出卖人发送了买卖标的物并且未收到全部价款的情况下，才有行使取回权的前提。

3. 买受人被裁定进入破产程序时，买卖标的物尚处于在运途中。如果买受人被裁定进入破产程序时，买卖标的物已经被其收取，按照动产买卖的规定，此时交付已经完成。即使买受人尚未向出卖人支付全部买卖价款，出卖人也只能以价款的给付请求权向破产管理人申报债权，而不能行使出卖人取回权。这里讲的“在运途中”，实际上是对买卖标的物脱离出卖人和买受人占有、控制之外的状态的客观描述，应作宽泛的理解，并不仅限于买卖标的物处于运输过程中这一种情况。即使买卖标的物已经运输到买受人所在地，存放在港口或者车站的仓库中，但买受人尚未领取，该标的物仍然没有被买受人实际占有和控制，这时仍然应认为该标的物处于“在运途中”。

（三）对出卖人取回权的对抗

出卖人取回权的主要作用是保证出卖人的价款可以得到全额支付，因此，如果管理人向出卖人全额支付了价款，出卖人行使取回权已经没有必要。所以，本条明确规定，管理人可以全额支付价款，请求出卖人交付标的物。[①]

适用指引

出卖人向管理人表示行使取回权后，货物仍被管理人收到并控制时，出卖人取回权能否构成？我们认为，只要出卖人向管理人表示行使取回权，取回权即发生法律效力，并不要求出卖人在债务人收到货物前实际控制并取回货物。其后，管理人即使收到货物，也仅处于保管人的地位，不影响出卖人享有的取

① 本书编写组编著：《〈中华人民共和国企业破产法〉释义及实用指南》，中国民主法制出版社 2012 年版，第 112~114 页。

回权。另外，出卖人还可以通过通知承运人或者实际占有人中止运输、返还货物、变更达到地，或者将货物交给其他收货人等方式，对在途标的物主张取回权。对于采取这种方式主张取回权但未能实现的，在买卖标的物达到管理人后，出卖人向管理人主张取回的，管理人应予准许，《企业破产法规定（二）》第39条对此予以了明确。

在买卖标的物到达管理人后，出卖人无权依据《企业破产法》第39条的规定向管理人主张取回买卖标的物。但是，如果基于法律的特别规定或者当事人的特别约定，在买卖标的物到达管理人后，该标的物的所有权仍为出卖人所有的，出卖人尽管不能依据《企业破产法》第39条的规定，行使在途货物取回权，但是出卖人可以依据《企业破产法》第38条的规定，向管理人行使非债务人财产取回权。根据《企业破产法》第38条的规定，人民法院受理破产申请后，债务人占有的不属于债务人的财产，该财产的权利人可以通过管理人取回。因此，如果基于法律的特别规定，买卖标的物到达买受人后，其所有权仍归出卖人所有的，而不应当将该标的物归入债务人财产，此时该标的物的所有权人，即出卖人可以根据《企业破产法》第38条的规定，通过行使一般取回权，取回该买卖标的物。此处"基于法律的特别规定"，为买卖标的物到达买受人的管理人后，出卖人行使一般取回权提供一个灵活的空间。再者，根据《企业破产法》第76条"债务人合法占有的他人财产，该财产的权利人在重整期间要求取回的，应当符合事先约定的条件"之规定，买受人破产重整申请为法院受理的情况下，买卖标的物到达买受人后，出卖人不可以行使出卖人取回权，除非有不同的约定。换句话说，根据该条的规定，当事人有特别约定，所有权仍归属于出卖人，此时出卖人可以根据约定取回出卖标的物。

类案检索

无锡市藕塘华生电力安装站与无锡鑫成金属制品加工有限公司加工合同纠纷案

关键词： 运输途中　标的物　取回权

裁判摘要： 上诉人无锡市藕塘华生电力安装站（以下简称华生安装站）因与被上诉人无锡鑫成金属制品加工有限公司（以下简称鑫成公司）出卖人取回

权纠纷一案，不服江苏省无锡市惠山区人民法院（以下简称一审法院）(2016）苏0206民初4793号民事判决，向江苏省无锡市中级人民法院（以下简称二审法院）提起上诉，请求撤销原判，依法改判支持其诉讼请求。二审法院经审理查明，2010年11月30日，华生安装站（施工单位）与鑫成公司（建设单位）就鑫成公司10KV变电所工程签订《电力建设工程总承包合同》(以下简称总承包合同）1份，约定：承包方式为总承包，按设计图纸施工；结算方式为包干（一次性包死价，无论材料价格如何波动，不再作任何调整）；合同金额为73.9万元；总承包合同对付款方式等进行了约定。2012年2月13日，华生安装站与鑫成公司达成协议书，确认该电力工程已施工完毕，并通过验收投入使用。鑫成公司确认结欠华生安装站共计72.68万元，并承诺2012年3月30日前一次性支付30万元，余款42.68万元应当于2012年6月30日前一次性支付完毕。鑫成公司自愿补偿华生安装站拖欠资金的利息损失3万元，利息于2012年6月30日前与尾款一并支付。协议书还约定：鑫成公司自愿在未全额支付完毕之前，同意华生安装站保留工程中鑫成公司向华生安装站购买的所有变电设施的所有权，如鑫成公司未能按照协议支付欠款，华生安装站有权随时自行拆除所有由华生安装站销售安装的变电设施。2012年7月20日，鑫成公司又向华生安装站出具欠条一份，确认鑫成公司结欠货款75.68万元，并说明因其一时无力清偿欠款，其自愿在欠条签字盖章之日起按照2.5%的月利息支付甲方利息损失，直至全额清偿。欠条同时对2012年2月13日协议书中约定的华生安装站对变电设备所有权保留的事项予以确认。之后，一审法院于2015年10月30日受理鑫成公司破产清算一案，并于2015年11月19日指定由无锡市华安达投资顾问有限公司担任鑫成公司的管理人。华生安装站先后向管理人提交过2份债权申报表，最终的申报债权金额合计为1775067元。华生安装站向管理人申报债权时就选择方式提供了两种方式，一种是主张所有权保留，另一种是不主张所有权保留。2016年8月3日，鑫成公司管理人出具书面债权初步核查告知函回复华生安装站债权申报结果，告知函载明：鑫成公司管理人初步核定华生安装站享有普通债权为1323704元，并且不保留所有权。华生安装站对鑫成公司管理人确认的债权金额有异议，向一审法院提起诉讼，请求确认其行使取回权，将鑫成公司在变电所工程中向其购买的1600KVA油变1台、KYN44A高压柜3台、GGD低压柜7台、直流屏1台共计12台设备取回（价值约40万元）。二审法院经审理认为，根据《企业破产法》第39

条规定，出卖人行使取回权的条件为人民法院受理破产申请时，出卖人已将买卖标的物向作为买受人的债务人发运，债务人尚未收到且未付清全部价款的，出卖人才可以行使在运途中的标的物的取回权。因此，在与破产有关的纠纷中，出卖人主张行使取回权的标的物只能是动产，且为运途中的。而案涉设备属一经移除，则会引起其它不动产性质、功能、价值发生改变的构筑物附着物，属不动产范畴，不适用所有权保留，且案涉设备已安装完毕并投入使用，不符合出卖人行使取回权的条件，华生安装站应当按照破产程序进行债权申报。故华生安装站的上诉请求不能成立，应予驳回。

【案　　号】（2017）苏02民终4479号

【审理法院】江苏省无锡市中级人民法院

【来　　源】中国裁判文书网

第四十条　债权人在破产申请受理前对债务人负有债务的，可以向管理人主张抵销。但是，有下列情形之一的，不得抵销：

（一）债务人的债务人在破产申请受理后取得他人对债务人的债权的；

（二）债权人已知债务人有不能清偿到期债务或者破产申请的事实，对债务人负担债务的；但是，债权人因为法律规定或者有破产申请一年前所发生的原因而负担债务的除外；

（三）债务人的债务人已知债务人有不能清偿到期债务或者破产申请的事实，对债务人取得债权的；但是，债务人的债务人因为法律规定或者有破产申请一年前所发生的原因而取得债权的除外。

关联规定

一、法律、行政法规、司法解释

1.《中华人民共和国民法典》

第五百四十九条　有下列情形之一的，债务人可以向受让人主张抵销：

（一）债务人接到债权转让通知时，债务人对让与人享有债权，且债务人的债权先于转让的债权到期或者同时到期；

（二）债务人的债权与转让的债权是基于同一合同产生。

第五百六十八条　当事人互负债务，该债务的标的物种类、品质相同的，任何一方可以将自己的债务与对方的到期债务抵销；但是，根据债务性质、按照当事人约定或者依照法律规定不得抵销的除外。

当事人主张抵销的，应当通知对方。通知自到达对方时生效。抵销不得附条件或者附期限。

第五百六十九条　当事人互负债务，标的物种类、品质不相同的，经协商一致，也可以抵销。

2.《最高人民法院关于适用〈中华人民共和国企业破产法〉若干问题的规定（二）》

第四十一条 债权人依据企业破产法第四十条的规定行使抵销权，应当向管理人提出抵销主张。

管理人不得主动抵销债务人与债权人的互负债务，但抵销使债务人财产受益的除外。

第四十二条 管理人收到债权人提出的主张债务抵销的通知后，经审查无异议的，抵销自管理人收到通知之日起生效。

管理人对抵销主张有异议的，应当在约定的异议期限内或者自收到主张债务抵销的通知之日起三个月内向人民法院提起诉讼。无正当理由逾期提起的，人民法院不予支持。

人民法院判决驳回管理人提起的抵销无效诉讼请求的，该抵销自管理人收到主张债务抵销的通知之日起生效。

第四十三条 债权人主张抵销，管理人以下列理由提出异议的，人民法院不予支持：

（一）破产申请受理时，债务人对债权人负有的债务尚未到期；

（二）破产申请受理时，债权人对债务人负有的债务尚未到期；

（三）双方互负债务标的物种类、品质不同。

第四十四条 破产申请受理前六个月内，债务人有企业破产法第二条第一款规定的情形，债务人与个别债权人以抵销方式对个别债权人清偿，其抵销的债权债务属于企业破产法第四十条第（二）、（三）项规定的情形之一，管理人在破产申请受理之日起三个月内向人民法院提起诉讼，主张该抵销无效的，人民法院应予支持。

第四十五条 企业破产法第四十条所列不得抵销情形的债权人，主张以其对债务人特定财产享有优先受偿权的债权，与债务人对其不享有优先受偿权的债权抵销，债务人管理人以抵销存在企业破产法第四十条规定的情形提出异议的，人民法院不予支持。但是，用以抵销的债权大于债权人享有优先受偿权财产价值的除外。

第四十六条 债务人的股东主张以下列债务与债务人对其负有的债务抵销，债务人管理人提出异议的，人民法院应予支持：

（一）债务人股东因欠缴债务人的出资或者抽逃出资对债务人所负的债务；

（二）债务人股东滥用股东权利或者关联关系损害公司利益对债务人所负的债务。

二、司法指导性文件

《全国法院民商事审判工作会议纪要》

43. 抵销权既可以通知的方式行使，也可以提出抗辩或者提起反诉的方式行使。抵销的意思表示自到达对方时生效，抵销一经生效，其效力溯及自抵销条件成就之时，双方互负的债务在同等数额内消灭。双方互负的债务数额，是截至抵销条件成就之时各自负有的包括主债务、利息、违约金、赔偿金等在内的全部债务数额。行使抵销权一方享有的债权不足以抵销全部债务数额，当事人对抵销顺序又没有特别约定的，应当根据实现债权的费用、利息、主债务的顺序进行抵销。

条文释义

一、本条主旨

本条是关于破产抵销权和对抵销权限制的规定。

二、条文演变

本条对应《企业破产法（试行）》第33条，该条规定："债权人对破产企业负有债务的，可以在破产清算前抵销。"相比较而言，本条增加了不得抵销的三种情形。

三、条文解读

（一）破产抵销权的概念

破产抵销权，是指债权人在破产案件受理前对债务人负有债务的，无论其债权与所负债务种类是否相同，也不论该债权债务是否附有期限或者附有条件，有均可以用该债权抵销其对债务人所负债务的权利。

（二）破产抵销权的行使

破产抵销权的行使，即使是种类不同的债权或者附期限和附条件的债权也可以抵销。这是因为：一是破产程序是一种概括的执行程序，破产财产分配以货币分配为主，在破产程序中所有的债权债务关系都通过债权申报转化为可以用金钱代表的债权债务。因此，破产抵销权的行使，并不要求双方债权债务的标的种类相同，不同种类的债权债务也可以进行抵销。二是本法第46条、第47条明确规定，在破产程序中，未到期的债权视为到期，并允许附条件和附期限的债权进行申报。这就表明，在破产程序中实际上附条件和附期限的债权是作为已经届满清偿期的债权对待的，因此，对于附条件和附期限的债权在破产程序中也是可以抵销的。但是对于附条件的债权，由于其能否实现存在不确定性，国外立法例一般都会作出一定的限制。对于附停止条件的债权，由于条件能否成就尚属不定，所以一般将抵销额进行提存，若停止条件成就，就将提存的抵销额分配给债权人；若停止条件未成就，则将已经提存的抵销额重新归入破产财产重新分配。对于附解除条件的债权，虽然是已经生效的债权，但随时可能因为解除条件的成就而失去效力，所以一般会在抵销时，要求提供相当的担保。本法对这一问题没有进行详细规定，但在实际执行时，可以参考上述做法。依照本条规定，债权人行使抵销权，应通过管理人进行。

（三）对破产抵销权的限制

在破产程序中，对债务人负有债务的债权人通过行使破产抵销权，使其债权与其对债务人所负债务同归消灭，导致实际上债权获得全额清偿的结果，从而避免和其他债权人一样接受破产财产分配获得比例清偿的损失，这使得享有破产抵销权的债权人在破产程序中拥有不同于其他债权人的优先地位。从另外一个角度，对债务人负有债务的人如果通过某种方式以较小的对价获得对债务人的债权，并在破产程序中进行抵销，也能减轻自己的债务履行负担。所以，在实际的破产案件中，经常有债权人通过各种手段竞相对债务人负担债务，或者债务人的债务人通过各种手段低价收购对债务人的债权，以供抵销。这就要求法律必须对破产抵销权的行使作出一定的限制，以防止过多的抵销进行而损害其他债权人的利益，以维护债权人之间的公平。

本条从三个方面对破产抵销权的行使进行了限制，当出现本条规定的情形时，不得抵销：

1. 债务人的债务人在破产案件受理后取得他人对债务人的债权的。债务人的债务人在破产程序中应当向管理人完全履行其所负债务，这种履行所产生的利益应当归入债务人财产。而债务人的债务人如果在破产案件受理后通过转让取得他人的对债务人的债权，并以此与其债务抵销，则会消灭或者部分消灭其所负担的债务，减少债务人财产的价值，并且会诱发债务人的债务人在破产案件受理后低价收买他人对债务人的债权的道德风险。正是为了避免上述情况的发生，本条第 1 项明确规定，债务人的债务人在破产案件受理后取得他人对债务人的债权，不管是基于什么原因取得的，均不得主张抵销。

2. 债权人恶意对债务人负担债务的。在破产案件受理前对债务人负有债权的人，在得知债务人有不能清偿到期债务或者已经提出破产申请的情况下，仍然对债务人负担债务的，法律上就推定其是为了在债务人被裁定进入破产程序后行使破产抵销权做准备，推定其主观上存在恶意，并对这种恶意抵销的情况予以禁止，这就是本条第 2 项规定的目的。但是，债权人的这种恶意毕竟是法律上的推定，因此，本条第 2 项的但书规定了例外情况，即债权人因为法律规定或者有破产申请前 1 年前所发生的原因而负担债务的除外。也就是说，当出现但书所规定的情形时，即使债权人已经知道债务人有不能清偿到期债务或者提出破产申请的情形而对债务人负担债务，法律也不认为该债权人存在恶意，并允许其以债权和所负担的债务进行抵销。

3. 债务人的债务人恶意取得对债务人的债权的。破产程序中债权的清偿是比例清偿，也就是说债权人在破产程序中是必然要或多或少受到损失的，对债务人债权的取得实际上就意味着对损失的承担。从正常的商业判断，一般来说没有人愿意拥有破产债权。因此，债务人的债务人在得知债务人有不能清偿到期债务或者破产申请的事实，对债务人的债权有很大的可能转化为破产债权的情况下，仍然对债务人取得债权，法律必然推定其有行使破产抵销权的恶意。本条第 3 项就是对这种恶意取得对债务人债权而主张抵销的行为的禁止性规定。同时，本项规定也有例外情况，即如果债务人的债务人因为法律规定或者有破产申请 1 年前所发生的原因而取得债权的除外，在这种情况下，债务人的债务人虽然有本项所规定的情形，仍然可以在破产程序中行使破产抵销权。[①]

① 本书编写组编著：《〈中华人民共和国企业破产法〉释义及实用指南》，中国民主法制出版社 2012 年版，第 115~118 页。

适用指引

在破产程序中，依据《企业破产法》第30条的规定，任何人对债务人负有的债务，均为债务人财产的一部分。债权人行使破产抵销权的结果，实际上用债务人财产直接全额清偿了其债权，从而使债权人避免了因接受破产财产分配的比例清偿而受到的损失，使得享有抵销权的债权人获得了优先于其他债权人的地位。从表面上看，这似乎违反了破产程序平等处理债权债务的原则。但是，之所以各国破产法都对破产抵销权进行规定，是因为其自有其存在的价值。总的来说，规定破产抵销权主要基于以下原因：第一，破产抵销权可以减轻破产管理人追索债务的工作，节省破产程序的开支，有助于尽快结束破产程序。在破产程序中，债权人对破产人所负的债务属于破产财产，管理人有义务向其追索，然后再按照破产财产分配方案分配给债权人。而通过行使破产抵销权，可以同时免除破产管理人对该项抵销中的债务和债权的追索、分配，大大减轻工作量，也可以节省破产费用，最终有利于其他破产债权人。第二，如果不允许债权人行使抵销权，那就会产生这样的结果：破产管理人有权要求债权人全额履行债务，而债权人只能接受破产财产的比例清偿。这样的结果对于债权人来说是不公平的。因此，破产法规定破产抵销权，不但有利于保护对破产人负有债务的债权人，也有利于破产程序的尽快进行。这也是各国和地区破产法大都对破产抵销权作出规定的原因。①

本条第2项和第3项规定的禁止抵销事项均存在“已知”的前提条件，“已知”作为一种主观状态，直接认定比较困难，往往需要通过其他事实予以推定。以本条第2项为例，推定债权人已知债务人有不能清偿到期债务或者破产申请的事实，可以考虑以下事实：债权人对债务人负担债务时，二者之间存在关联关系；申请债务人破产的债权人与该债权人之间存在关联关系；债权人在对债务人负担债务时，债务人对债权人的债务已到期且经主张后仍未能清偿；债权人的债权通过申请法院执行，已经不能获得清偿而仍然对债务人负担债务；有其他证据证明债权人在对债务人负担债务时已知此项事实。相比较而言，本条第3项虽然将视角由第2项的债权人转换至债务人的债务人，但同样存在债务人的债务人“已知”债务人有不能清偿到期债务或者破产申请的事实

① 本书编写组编著：《〈中华人民共和国企业破产法〉释义及实用指南》，中国民主法制出版社2012年版，第115页。

的前提，推定该前提时依据的客观事实情况与第 2 项相同。

类案检索

张某浩与威海广信房地产开发有限责任公司破产债权确认纠纷案

关键词： 债务人 债权 抵销

裁判摘要： 再审申请人张某浩因与被申请人威海广信房地产开发有限责任公司（以下简称广信公司）破产债权确认纠纷一案，不服山东省高级人民法院（2019）鲁民终 2446 号民事判决，向最高人民法院申请再审，主张原审判决不认可其以抵销方式支付 42 万元的购房款，是错误的。最高人民法院经审查认为，根据原审查明的事实，2015 年 12 月 11 日，张某浩与广信公司签订《商品房买卖合同（预售）》，约定张某浩购买百度城 -1B 号 -1520 房屋，建筑面积 102.27 平方米，单价每平方米 5866.82 元，总价款为 600000 元；付款方式及期限：贷款方式付款，商业贷款。买受人应当于 2015 年 12 月 11 日前支付首期房价款人民币 60000 元，余款 540000 元向银行申请贷款支付。广信公司分别于 2015 年 12 月 11 日与 2016 年 5 月 5 日出具收款收据，金额分别为 180000 元、420000 元，事由为百度城二期房款（1B-1520）。然而，关于案涉房款实际支付数额问题，广信公司认可其收到张某浩支付的 180000 元房款。对于剩余 420000 元房款，张某浩主张其于 2016 年 4 月受让案外人赵某景对广信公司享有的借款债权 420000 元，张某浩将自己的房款债务与广信公司的借款债务抵销，并于 2016 年 5 月 5 日与赵某景共同通知广信公司债权转让的事实并到广信公司处办理抵销手续，因此，张某浩的房款已全部付清。广信公司则主张张某浩并未实际向广信公司支付 420000 元房款，而是以广信公司欠付案外人赵某景的借款抵顶，该部分款项属于以物抵债。另，赵某景与张某浩系舅甥关系。赵某景陈述其曾于 2005 年至 2012 年在广信公司工作，担任董事会秘书长兼企业管理委员会副主任兼办公室主任，工作期间，被公司动员资集，剩余 47.5 万元（年率 12%）早已到期，多次急用都提不出来；直至 2016 年 5 月份，经公司批准同意，将其中的 42 万元垫为张某浩无法贷款的购房余款。2016 年 6 月 29 日，一审法院裁定广信公司破产重整，案涉房屋在一审法院裁定受理破产重整时不具备交付条件。由上可见，赵某景对广信公司不能清偿到期债务是明知的，而赵某景与张某浩系舅甥关系，应当推定张某浩在受让赵某景对广信公司享有的债权时亦知晓此事实。张某浩已知广信公司有不能清偿到期债务的事实，仍对广信公司取得债权，且其受让债权发生在破产申请前1年内，属于《企业破产法》第40条第3项规定的不得抵销的情形，原审判决依据该条款认定案涉抵销不具有法律效力，在适用法律上并无不当。张某浩主张原审判决不认可其以抵销方式支付42万元购房款错误，不能成立。

【案　　号】（2020）最高法民申2187号

【审理法院】最高人民法院

【来　　源】中国裁判文书网

第五章 破产费用和共益债务

第四十一条 人民法院受理破产申请后发生的下列费用，为破产费用：

（一）破产案件的诉讼费用；

（二）管理、变价和分配债务人财产的费用；

（三）管理人执行职务的费用、报酬和聘用工作人员的费用。

关联规定

一、法律、行政法规、司法解释

1.《诉讼费用交纳办法》

第十条 当事人依法向人民法院申请下列事项，应当交纳申请费：

（六）申请破产；

第十四条 申请费分别按照下列标准交纳：

（六）破产案件依据破产财产总额计算，按照财产案件受理费标准减半交纳，但是，最高不超过30万元。

第二十条 案件受理费由原告、有独立请求权的第三人、上诉人预交。被告提起反诉，依照本办法规定需要交纳案件受理费的，由被告预交。追索劳动报酬的案件可以不预交案件受理费。

申请费由申请人预交。但是，本办法第十条第（一）项、第（六）项规定的申请费不由申请人预交，执行申请费执行后交纳，破产申请费清算后交纳。

本办法第十一条规定的费用，待实际发生后交纳。

第四十二条 依法向人民法院申请破产的，诉讼费用依照有关法律规定从破产财产中拨付。

2.《最高人民法院关于适用〈中华人民共和国民事诉讼法〉的解释》

第二百条 破产程序中有关债务人的民事诉讼案件，按照财产案件标准交纳诉讼费，但劳动争议案件除外。

3.《最高人民法院关于适用〈中华人民共和国企业破产法〉若干问题的规定（三）》

第一条 人民法院裁定受理破产申请的，此前债务人尚未支付的公司强制清算费用、未终结的执行程序中产生的评估费、公告费、保管费等执行费用，可以参照企业破产法关于破产费用的规定，由债务人财产随时清偿。

此前债务人尚未支付的案件受理费、执行申请费，可以作为破产债权清偿。

4.《最高人民法院关于审理企业破产案件确定管理人报酬的规定》

第十三条 管理人对担保物的维护、变现、交付等管理工作付出合理劳动的，有权向担保权人收取适当的报酬。管理人与担保权人就上述报酬数额不能协商一致的，人民法院应当参照本规定第二条规定的方法确定，但报酬比例不得超出该条规定限制范围的10%。

第十四条 律师事务所、会计师事务所通过聘请本专业的其他社会中介机构或者人员协助履行管理人职责的，所需费用从其报酬中支付。

破产清算事务所通过聘请其他社会中介机构或者人员协助履行管理人职责的，所需费用从其报酬中支付。

第十五条 清算组中有关政府部门派出的工作人员参与工作的不收取报酬。其他机构或人员的报酬根据其履行职责的情况确定。

第十六条 管理人发生更换的，人民法院应当分别确定更换前后的管理人报酬。其报酬比例总和不得超出本规定第二条规定的限制范围。

5.《最高人民法院关于适用〈诉讼费用交纳办法〉的通知》

四、关于执行申请费和破产申请费的收取

《办法》第二十条规定，执行申请费和破产申请费不由申请人预交，执行申请费执行后交纳，破产申请费清算后交纳。自2007年4月1日起，执行申请费由人民法院在执行生效法律文书确定的内容之外直接向被执行人收取，破产申请费由人民法院在破产清算后，从破产财产中优先拨付。

二、司法指导性文件

1.《最高人民法院关于进一步做好优化营商环境工作的意见》

12. 研究制定有关破产费用等破产成本的支付管理办法。在现有关于破产费用的法律规定下，进一步厘清破产案件中的成本费用类型，研究制定破产案件成本的支付管理办法，充分运用信息化手段，规范和降低破产费用支出，提升“办理破产”的经济效益，有效控制破产成本。

2.《全国法院破产审判工作会议纪要》

11. 管理人聘用其他人员费用负担的规制。管理人经人民法院许可聘用企业经营管理人员，或者管理人确有必要聘请其他社会中介机构或人员处理重大诉讼、仲裁、执行或审计等专业性较强工作，如所需费用需要列入破产费用的，应当经债权人会议同意。

3.《最高人民法院关于执行案件移送破产审查若干问题的指导意见》

15. 受移送法院裁定受理破产案件的，在此前的执行程序中产生的评估费、公告费、保管费等执行费用，可以参照破产费用的规定，从债务人财产中随时清偿。

条文释义

一、本条主旨

本条是关于破产费用的规定。

二、条文演变

《企业破产法（试行）》第 34 条规定：“下列破产费用，应当从破产财产中优先拨付：（一）破产财产的管理、变卖和分配所需要的费用，包括聘任工作人员的费用；（二）破产案件的诉讼费用；（三）为债权人的共同利益而在破产程序中支付的其他费用。破产财产不足以支付破产费用的，人民法院应当宣告破产程序终结。”

《企业破产法》第 41 条规定，人民法院受理破产申请后发生的下列费用，为破产费用：（1）破产案件的诉讼费用；（2）管理、变价和分配债务人财产的费用;（3）管理人执行职务的费用、报酬和聘用工作人员的费用。

《企业破产法（试行）》规定的破产费用范围较宽，依据《企业破产法（试行）》第34条的规定下列破产费用，应当从破产财产中优先拨付:（1）破产财产的管理、变卖和分配所需要的费用，包括聘任工作人员的费用;（2）破产案件的诉讼费用;（3）为债权人的共同利益而在破产程序中支付的其他费用。其中第3项的内容在一定程度上也可以包含本法所规定的共益债务的内容。本法将管理人执行职务的费用、报酬和聘用工作人员的费用单独作为一项破产费用，这与本法新设的管理人制度是一致的。

三、条文解读

（一）破产费用的含义

破产费用，是指为全体债权人的共同利益在破产程序中支付的各项费用的总称，包括人民法院收取的诉讼费用以及为管理、变价、分配债务人财产而实际发生并从债务人财产中优先支付的费用。

（二）破产费用的范围

破产费用的范围，是指本法规定的应当列入破产费用的所有优先清偿的项目。根据本条的规定，可以分为三类：第一，破产案件的诉讼费用。破产案件的诉讼费用是指自破产程序开始至破产程序终结期间，人民法院审理破产案件所支付的审判上的费用，主要包括破产案件受理费、公告费、送达费、法院登记申报债权的费用、人民法院召集债权人会议的费用、证据保全费用、财产保全费用、鉴定费用、勘验费用以及人民法院认为应由债务人财产支付的其他诉讼上的费用。破产案件的诉讼费用必须是为债权人共同利益而支付的费用，在破产程序进行中，个别债权人因其债权异议而发生诉讼的费用，不在此列。第二，管理、变价和分配债务人财产的费用。人民法院受理破产申请后，债务人便丧失了对债务人财产的管理和处分权利，债务人的所有财产由人民法院指定成立的管理人接管。管理人为破产程序而对债务人财产进行管理、变价和分配，必然要支出相应的费用，这些费用构成破产费用，具体包括债务人财产的管理费、变价费和分配费。第三，管理人执行职务的费用、报酬和聘用工作人员的费用。（1）管理人执行职务的费用。《企业破产法》规定的管理人的职责包括接管财产、调查债务人财产状况等。履行这些职责必然需要支出一定的费用。需要说明的是，管理人执行职务的费用与债务人财产的管理、变价和分配所需费用不易区分。但是，后者侧重于说明债务人财产（破产财产）保管、运输、评估、拍卖等所需的费用；前者侧重于说明管理人在执行职务过程中所支出的场地费、差旅费、通信费、调查费等。（2）管理人执行职务的报酬。这是指管理人履行《企业破产法》第 25 条规定的职责应当获得的报酬。关于管理人的报酬在《企业破产案件确定管理人报酬规定》进行了详细规定。（3）管理人聘用工作人员的费用。依据本法第 28 条规定，管理人经人民法院许可，可以聘用必要的工作人员。因此，只有经人民法院许可聘用的工作人员，其费用才能纳入破产费用的范围。

适用指引

一、破产费用的构成要件

第一，破产费用必须是在破产程序期间所发生。破产程序期间一般说来是指自人民法院受理破产申请时起至破产程序终结时止。但是就破产费用的发生所涉及的时间段而言，在特殊情况下，还包括破产申请提出后至人民法院受理破产申请前这一段时间以及破产程序终结后的一定时间，因为在破产程序终结后为追收破产财产、追加分配而支出的费用，同样也是为全体债权人的利益而支出的必要费用，也应当成为破产费用。因此，在破产程序中以及在特定情况下破产申请受理前以及破产程序终结后的一定时间内发生，这是构成破产费用的时间条件。第二，破产费用必须是为全体债权人的共同利益而支出。这是构成破产费用的实质条件。作为概括性的公平清偿程序，破产程序的目的在于使所有债权人依据其债权的优先顺序以及债权的数额比例公平地获得清偿，反过来说，对于破产程序所应当支出的费用，也应当公平地予以负担。因此，将个别债权人参加破产程序的费用作为破产费用由全体债权人来负担，这就违背了公平负担的原则。第三，破产费用的目的在于保障破产程序的顺利进行，这是构成破产费用的目的条件。为了保障破产程序的顺利进行，需要聘任管理人，需要有效地管理破产财产，这些都需要支出费用。

二、审判实务

1. 管理人应当对强制清算费用、相关执行费用进行严格、认真审查。对于人民法院受理破产案件前债务人尚未支付的公司强制清算费用、未终结的执行程序中产生的评估费、公告费、保管费等执行费用，管理人应当主要从目的性、合法性、合理性方面进行审查。目的性是指费用系为全体债权人共同利益而产生；合法性、合理性是指强制清算费用和相关执行费用仅限于必要的债务人财务的管理性和程序性支出，即不支出强制清算程序和执行程序就无法进行的费用，其范围应严格控制，其数额也须与正常的市场交易价格相符合。

2. 管理人负有及时向人民法院提请终结破产程序的义务。依据《企业破产法》第 43 条第 3 款规定，债务人财产不足以清偿破产费用的，管理人应当提请人民法院终结破产程序。人民法院应当自收到请求之日起 15 日内，裁定终结破产程序，并予以公告。管理人负有及时审查费用并在债务人财产不足以支付破产费用时提请人民法院终结破产程序的义务。

3. 在程序上，管理人支付强制清算费用及相关执行费用应当接受债权人监督。破产费用的支付，实质上是以债权人清偿收入的减少为代价的，债权人有权监督破产费用的种类、内容、数额及其支付，以防止因不合理增加开支而损害债权人的清偿利益。债权人认为某项破产费用支出不真实或者不合理的，可以提出异议；必要时，可诉请人民法院裁决。

类案检索

浙江嘉毅能源科技有限公司破产清算案

关键词： 管理人　破产费用

裁判摘要： 浙江嘉毅能源科技有限公司（以下简称嘉毅公司）成立于 2008 年 7 月 21 日，注册资本 8000 万元。公司经营范围为单晶、多晶拉棒切方，线切割抛光，太阳能电池、组件以及相关产品生产、销售，具有货物、技术进出口业务。该公司成立后，总投资 2.4 亿元，引进具有国际先进水平的生产线及设备，为当地单、多晶行业拉长产业链作出重大贡献，并成为当地纳税大户。自欧盟、美国、印度等国先后对我国光伏企业启动反倾销、反补贴政策以来，开化当地70多家单、多晶企业全部陷入困境，全面停产。嘉毅公司生产经营亦陷入困境，加上公司法定代表人吴某仙之子黄某从嘉毅公司抽取大量资金投资房地产，导致公司背负大量银行贷款和其他债务，资金链断裂，从2012年起公司停产。2013年8月15日，嘉毅公司以无力清偿到期债务为由，向开化县人民法院申请破产清算，该院于同月27日裁定受理并指定了管理人。至债权申报期满，共有43家债权人申报债权总计3.907亿元。嘉毅公司因大部分财产均已被设定抵押，担保财产之外的财产价值不高，按照《企业破产案件确定管理人报酬规定》，管理人对担保物的维护、变现、交付等管理工作付出合理劳动的，有权向担保权人收取适当的报酬。管理人与担保权人就报酬数额不能协商一致的，人民法院应当参照规定第2条的方法确定，但报酬比例不得超出该条规定限制范围的10%。据此，管理人与各抵押权人协商，确定了管理人报酬在最高人民法院规定计酬标准的30%幅度内进行支付，并制定了根据管理人的工作进度和成效浮动计酬方法，最大限度激发管理人工作动力。

【案　　号】（2013）衢开商破字第1号

【审理法院】衢州市开化县人民法院

【来　　源】法信网

第四十二条　人民法院受理破产申请后发生的下列债务，为共益债务：

（一）因管理人或者债务人请求对方当事人履行双方均未履行完毕的合同所产生的债务；

（二）债务人财产受无因管理所产生的债务；

（三）因债务人不当得利所产生的债务；

（四）为债务人继续营业而应支付的劳动报酬和社会保险费用以及由此产生的其他债务；

（五）管理人或者相关人员执行职务致人损害所产生的债务；

（六）债务人财产致人损害所产生的债务。

关联规定

一、法律、行政法规、司法解释

1.《中华人民共和国民法典》

第九百七十九条　管理人没有法定的或者约定的义务，为避免他人利益受损失而管理他人事务的，可以请求受益人偿还因管理事务而支出的必要费用；管理人因管理事务受到损失的，可以请求受益人给予适当补偿。

第九百八十五条　得利人没有法律根据取得不当利益的，受损失的人可以请求得利人返还取得的利益，但是有下列情形之一的除外：

（一）为履行道德义务进行的给付；

（二）债务到期之前的清偿；

（三）明知无给付义务而进行的债务清偿

第一千一百六十五条第一款　行为人因过错侵害他人民事权益造成损害的，应当承担侵权责任。

第一千一百九十一条第一款　用人单位的工作人员因执行工作任务造成他人损害的，由用人单位承担侵权责任。用人单位承担侵权责任后，可以向有故意或者重大过失的工作人员追偿。

3.《最高人民法院关于适用〈中华人民共和国企业破产法〉若干问题的规定（二）》

第十一条　人民法院根据管理人的请求撤销涉及债务人财产的以明显不合理价格进行的交易的，买卖双方应当依法返还从对方获取的财产或者价款。

因撤销该交易，对于债务人应返还受让人已支付价款所产生的债务，受让人请求作为共益债务清偿的，人民法院应予支持。

第三十条　债务人占有的他人财产被违法转让给第三人，依据民法典第三百一十一条的规定第三人已善意取得财产所有权，原权利人无法取回该财产的，人民法院应当按照以下规定处理：

（一）转让行为发生在破产申请受理前的，原权利人因财产损失形成的债权，作为普通破产债权清偿；

（二）转让行为发生在破产申请受理后的，因管理人或者相关人员执行职务导致原权利人损害产生的债务，作为共益债务清偿。

第三十一条　债务人占有的他人财产被违法转让给第三人，第三人已向债务人支付了转让价款，但依据民法典第三百一十一条的规定未取得财产所有权，原权利人依法追回转让财产的，对因第三人已支付对价而产生的债务，人民法院应当按照以下规定处理：

（一）转让行为发生在破产申请受理前的，作为普通破产债权清偿；

（二）转让行为发生在破产申请受理后的，作为共益债务清偿。

第三十二条　债务人占有的他人财产毁损、灭失，因此获得的保险金、赔偿金、代偿物尚未交付给债务人，或者代偿物虽已交付给债务人但能与债务人财产予以区分的，权利人主张取回就此获得的保险金、赔偿金、代偿物的，人民法院应予支持。

保险金、赔偿金已经交付给债务人，或者代偿物已经交付给债务人且不能与债务人财产予以区分的，人民法院应当按照以下规定处理：

（一）财产毁损、灭失发生在破产申请受理前的，权利人因财产损失形成的债权，作为普通破产债权清偿；

（二）财产毁损、灭失发生在破产申请受理后的，因管理人或者相关人员执行职务导致权利人损害产生的债务，作为共益债务清偿。

债务人占有的他人财产毁损、灭失，没有获得相应的保险金、赔偿金、代偿物，或者保险金、赔偿物、代偿物不足以弥补其损失的部分，人民法院应当按照本条第二款的规定处理。

第三十三条 管理人或者相关人员在执行职务过程中，因故意或者重大过失不当转让他人财产或者造成他人财产毁损、灭失，导致他人损害产生的债务作为共益债务，由债务人财产随时清偿不足弥补损失，权利人向管理人或者相关人员主张承担补充赔偿责任的，人民法院应予支持。

上述债务作为共益债务由债务人财产随时清偿后，债权人以管理人或者相关人员执行职务不当导致债务人财产减少给其造成损失为由提起诉讼，主张管理人或者相关人员承担相应赔偿责任的，人民法院应予支持。

3.《最高人民法院关于适用〈中华人民共和国企业破产法〉若干问题的规定（三）》

第二条第一款 破产申请受理后，经债权人会议决议通过，或者第一次债权人会议召开前经人民法院许可，管理人或者自行管理的债务人可以为债务人继续营业而借款。提供借款的债权人主张参照企业破产法第四十二条第四项的规定优先于普通破产债权清偿的，人民法院应予支持，但其主张优先于此前已就债务人特定财产享有担保的债权清偿的，人民法院不予支持。

4.《最高人民法院关于〈中华人民共和国企业破产法〉施行时尚未审结的企业破产案件适用法律若干问题的规定》

第五条 对于尚未清偿的破产费用，应当按企业破产法第四十一条和第四十二条的规定区分破产费用和共益债务，并依据企业破产法第四十三条的规定清偿。

二、司法指导性文件

《最高人民法院关于依法妥善审理涉新冠肺炎疫情民事案件若干问题的指导意见（二）》

22. 要最大限度维护债务人的持续经营能力，充分发挥共益债务融资的制度功能，为持续经营提供资金支持。债务人企业具有继续经营的能力或者具备生产经营防疫物资条件的，人民法院应当积极引导和支持管理人或者债务人根据企业破产法第二十六条、第六十一条的规定继续债务人的营业，在保障债权人利益的基础上，选择适当的经营管理模式，充分运用府院协调机制，发掘、释放企业产能。

条文释义

一、本条主旨

本条是关于破产案件中共益债务的规定。

二、条文演变

我国《企业破产法（试行）》第12条规定："人民法院受理破产案件后，债务人对部分债权人的清偿无效，但是债务人正常生产经营所必需的除外。"这里所规定的"正常生产经营所必需"的费用实际上包含共益债务的请求权，但是该法未明确提出"共益债务"概念。现行《企业破产法》中，明确了共益债务的范围及清偿原则。

三、条文解读

共益债务是指在破产程序开始后，为全体债权人的共同利益而负担的债务。对共益债务的相对方而言，就是共益债权。《企业破产法》第42条规定了六类产生共益债务的情况：

（一）关于管理人或者债务人请求对方当事人履行双方均未履行完毕的合同所产生的债务

破产案件经人民法院受理后，如债务人与他人订立的双务合同，双方均未履行完毕合同义务的，有两种处理方式。管理人或者债务人可以决定请求对方当事人继续履行合同。管理人或者债务人选择继续履行上述合同的理由在于，继续履行可以增加债务人的财产，有利于全体债权人的共同利益。因此，由于履行合同所发生的债务，如运送合同标的物的运费、价款等都作为共益债务。

（二）关于债务人财产受无因管理所产生的债务

无因管理是指没有法定的或者约定的义务，为避免他人利益受损失进行管理或者服务而产生的债务。无因管理人有权要求受益人偿付由此而支付的必要费用。但这种因对债务人的财产无因管理产生的债权，必须是在人民法院受理破产申请后所产生。如果相关费用支出是在人民法院受理破产案件前发生的，虽然也使债务人财产免受损失，但无因管理人支付的费用只能作为普通破产债权受偿。

（三）关于因债务人不当得利所产生的债务

不当得利是指没有合法根据，造成他人损失，取得的不当利益。按照《民法典》的规定，取得不当利益的人应当将取得的不当利益返还受损失的人。债务人在法院受理破产申请后，没有合法根据使他人受到损失而自己获得利益的，这些利益从法律上讲并非债务人所有的财产。另外，不当得利返还请求权产生于人民法院受理破产案件后，不符合破产债权的成立要件，不能依破产债权受偿。在这种情况下，应当将不当得利所获得的利益返还受损失的人。因此，因债务人取得不当得利所产生的债务，应当作为共益债务处理。

（四）关于为债务人继续营业所支付的劳动报酬和社会保险费用以及由此产生的其他债务

管理人决定债务人继续营业的目的是使债务人财产增值。管理人决定继续营业，就要聘用人员，与所聘用的人订立劳动合同，并按照有关规定向其支付劳动报酬和社会保险费用。这些费用以及由此产生的其他债务的支出，都是为了使债权人能够得到更多的补偿，因此，也视为一种共益债务。

（五）关于管理人或者相关人员执行职务致人损害所产生的债务

管理人或者其聘用的工作人员依照其职权对债务人的财产进行管理，在管理的过程中，有时可能会对他人造成损害。如管理人在继续营业时，汽车在货物运输中发生车祸，撞伤了行人，对行人所造成的损害。由于这种损害是管理人或者相关人员执行职务时发生的，因此，也应作为共益债务。

（六）关于因债务人财产致人损害所产生的债务

比如，债务人的财产在债务人自己的仓库保管时发生火灾，殃及了近邻，将附近的仓库烧毁，造成他人的财产损害。由于相关行为是为了保管债务人的财产，因此，对他人造成的损害也作为共益债务。

适用指引

一、共益债务中职务侵权债务的范围

管理人及其聘用相关工作人员执行职务致人损害所产生的债务，应由债务人财产清偿。管理人职务侵权产生的债务，包括侵害他人财产和人身所产生的侵权损害赔偿债务。如管理人及其聘用的相关工作人员执行职务过程中有过错或重大过失的，事后可以按照过错程度追究管理人等的相关民事赔偿责任。在实践中，应注意区分管理人和相关人员的职务行为和非职务行为，只有在执行职务行为过程中造成的损害所产生的债务才属于共益债务，并非管理人和相关人员造成的所有损害产生的债务都应由债务人财产清偿。

二、共益债务中不当得利债务的范围

根据我国立法、实务判决和理论通说，债权人可以请求管理人清偿以下不当得利债务：（1）债务人所获得的财产价值。如果所获得的财产尚未消灭的，财产权利人享有取回权。如果获得的财产已经处分消灭或者不能直接返还，则转化为不当得利返还请求权，由管理人直接支付相应价款。（2）法定孳息。债务人在不当得利中依照法律规定所获得的孳息，应当返还给债权人。需要注意的是，管理人清偿不当得利债务时，应扣除管理该财产所支出的必要费用。至于在人民法院受理破产申请前所产生的不当得利债务，不属于共益债务，只能作为一般债权参与债务人财产的破产分配受偿。

三、共益债务中因无因管理而产生债务的范围

根据我国立法规定、实务判决和理论通说，债权人可以请求管理人清偿以下无因管理债务：（1）无因管理产生的必要费用。依照《民法典》第979条规定，无因管理人为债务人管理事务或提供服务所支出的必要费用，有权请求偿还。所支出的费用是否为必要，应以支出时的客观情况决定；同时，债务人偿还必要费用原则上以其财产受益额为限。（2）无因管理事务所遭受的损害。无因管理人因管理债务人事务而遭受损失的，应由债务人负责赔偿损失。如无因管理人对该损失的造成有过失的，应适当减轻债务人的责任。（3）管理事务的负债。无因管理人在管理事务过程中，以自己名义为债务人负担债务的，可以

请求债务人直接向债权人负责清偿。该债务应以必要或有益的债务为限。

四、共益债务中因履行合同发生债务的范围

履行破产程序开始前签订的双务合同所产生的债务。管理人或者债务人基于债务人的利益而选择继续履行未履行完毕的双务合同，在请求对方当事人履行合同的同时，应负担相应的给付义务，由此而产生的债务属于共益债务。包括按照合同约定的各项给付义务，如支付购买货物的货款、运输费、仓储保管费用，支付借款本金、利息等；应合同对方当事人的要求提供担保所负担的债务，如提供财产抵押，支付抵押登记费用、公证费用等，应负担的违约金等违约损害债务。

履行债务人继续营业活动中签订的合同所产生的债务。在债务人的重整、和解程序或破产清算程序中，为继续债务人的营业，管理人或者债务人需要签订新的合同。履行这些合同所产生的债务，属于共益债务。

五、共益债务中因破产受理后借款产生债务的范围

在人民法院受理破产申请后，为债务人继续营业而新发生的融资借款，在符合相应的实体和程序条件的情况下可以认定为属于《企业破产法》第 42 条第 4 项的“由此产生的其他债务”，作为共益债务清偿。如果债务人企业在此之前已经对特定财产设定抵押或其他物的担保，新借款被认定为共益债务的清偿，不得损害此前已就债务人特定财产设定担保的债权的清偿利益。如果为继续营业发生的借款设定了抵押，而抵押物在破产申请受理前已为其他债权人设定抵押的，要按照《民法典》第 414 条规定的顺序清偿。当然，在破产程序中为继续营业发生新的借款，要遵守法定的程序，需要经债权人会议决议通过，或者在第一次债权人会议召开之前经人民法院许可。

六、因出卖人破产管理人解除使所有权保留合同中共益债务的范围

出卖人破产，出卖人管理人决定解除合同的，买受人以自身不存在违约或者侵害合同权利的行为进行抗辩时，在理论上有不同观点。《企业破产法规定（二）》第 36 条规定，出卖人破产，出卖人管理人决定解除合同的，原买卖合同不再履行。买卖合同解除后，一方面，出卖人应当依法追回所有权尚属于出卖人的标的物；另一方面，出卖人应当将买受人已经支付其的相应价款返还给

买受人。由于此时出卖人已经进入破产程序，买受人作为出卖人的债权人，基于出卖人返还价款损失形成的债权，应当区分买受人是否存在违约行为而确定其清偿地位。买受人依法履行合同义务，并将买卖标的物交付出卖人管理人后，买受人已支付价款损失形成的债权作为共益债务清偿；买受人违反合同约定，则买受人已支付价款损失形成的债权作为普通破产债权清偿。

七、买受人破产管理人决定履行所有权保留合同中共益债务的范围

在买受人破产时，存在管理人决定继续履行所有权保留合同的情形，此时买受人管理人负有及时向出卖人支付价款的义务。如存在买受人管理人未及时支付价款或者存在将标的物作不当处分行为给出卖人造成损害的，出卖人可依照法律规定主张取回标的物。如出现出卖人未能取回标的物情形的，因买受人管理人选择继续履行合同，其未及时履行合同义务属于违约行为，但并未改变合同处于继续履行的状态。此时，出卖人可以依法主张买受人继续支付价款、履行完毕其他义务并承担相应赔偿责任。因此而产生的债权是买受人管理人请求出卖人继续履行双方均未履行完毕的所有权保留买卖合同而产生的，对于买受人而言，属于共益债务。

八、买受人破产管理人决定解除所有权保留合同中共益债务的范围

在司法实践中，还存在买受人破产管理人决定解除所有权保留合同，出卖人依照《企业破产法》第38条的规定主张取回权的情形。在出卖人行使取回权时，应平衡双方之间的权益，《企业破产法规定（二）》对此作了规定。对于出卖人取回的标的物，其价值存在高低。在取回标的物价值明显减少给出卖人造成损失的，出卖人可自买受人已支付价款中优先予以抵扣。如买受人已支付价款不足以弥补出卖人标的物价值减损损失所形成的债权，应属于共益债权，买受人管理人应将其作为共益债务予以清偿。买受人管理人之所以选择解除合同是因为不再支付余款更有益于债务人财产，此时将出卖人损失作为共益债务予以清偿与共益债务的法理基础也是相吻合的。

类案检索

扬州市海力精密机械制造有限公司诉安徽奥泰粉末冶金有限公司取回权案

关键词： 所有权保留　取回权　共益债务

裁判摘要： 2013年9月至2015年5月，扬州市海力精密机械制造有限公司（以下简称海力公司）与安徽奥泰粉末冶金有限公司（以下简称奥泰公司）先后签订了5份《工矿产品购销合同》，约定海力公司向奥泰公司提供6台全自动粉末成型机，合同总价款3279075元，并约定货款未付清前，设备所有权归海力公司所有。海力公司按约定向奥泰公司供应6台成型机，但奥泰公司仅支付货款2122312.82元。2017年7月至2018年1月，奥泰公司将上述6台粉末成型机先后抵押给皖东农商行城中支行，并办理了抵押登记。2019年1月29日，安徽省滁州市中级人民法院裁定受理奥泰公司破产清算案，并指定由安徽省滁州市琅琊区人民法院审理。同年4月，海力公司向奥泰公司管理人发出《通知书》，向管理人主张两台全自动粉末成型机的所有权，并征询管理人是否解除或者继续履行合同。管理人向海力公司复函称，海力公司对奥泰公司主张的两台全自动粉末成型机不再享有所有权，仅享有货款普通债权，要求海力公司申报债权。此后，海力公司向奥泰公司管理人提交了申报书，要求将奥泰公司欠付海力公司货款本金1156763.18元及利息104108.686元作为共益债务进行清偿，管理人不予认可。海力公司遂提起诉讼，请求确认奥泰公司所欠货款及利息为共益债务。安徽省滁州市琅琊区人民法院认为，奥泰公司向海力公司购买全自动粉末成型机，约定了所有权保留条款。奥泰公司在尚未付清价款的情况下进入破产程序，并对合同标的物进行了处分，向皖东农商行城中支行设定抵押，导致海力公司无法取回；而奥泰公司管理人对所欠货款又不予认定为共益债务，致使海力公司利益受损。所有权保留买卖合同的买受人进入破产程序后，在出卖人无法取回合同标的物的情况下，买受人所欠货款可作为共益债务进行清偿。据此，确认奥泰公司所欠海力公司货款1156763.18元为共益债务，以奥泰公司财产清偿。

【案　　号】（2020）皖1102民初1085号

【审理法院】安徽省滁州市琅琊区人民法院

【来　　源】中国裁判文书网

第四十三条 破产费用和共益债务由债务人财产随时清偿。

债务人财产不足以清偿所有破产费用和共益债务的，先行清偿破产费用。

债务人财产不足以清偿所有破产费用或者共益债务的，按照比例清偿。

债务人财产不足以清偿破产费用的，管理人应当提请人民法院终结破产程序。人民法院应当自收到请求之日起十五日内裁定终结破产程序，并予以公告。

关联规定

一、法律、行政法规、司法解释

《最高人民法院关于适用〈中华人民共和国企业破产法〉若干问题的规定（三）》

第一条 人民法院裁定受理破产申请的，此前债务人尚未支付的公司强制清算费用、未终结的执行程序中产生的评估费、公告费、保管费等执行费用，可以参照企业破产法关于破产费用的规定，由债务人财产随时清偿。

此前债务人尚未支付的案件受理费、执行申请费，可以作为破产债权清偿。

二、司法指导性文件

《全国法院破产审判工作会议纪要》

30. 破产清算程序的终结。人民法院终结破产清算程序应当以查明债务人财产状况、明确债务人财产的分配方案、确保破产债权获得依法清偿为基础。破产申请受理后，经管理人调查，债务人财产不足以清偿破产费用且无人代为清偿或垫付的，人民法院应当依管理人申请宣告破产并裁定终结破产清算程序。

条文释义

一、本条主旨

本条是关于破产费用和共益债务如何清偿的规定。

二、条文演变

《企业破产法（试行）》第34条规定，下列破产费用，应当从破产财产中优先拨付：（1）破产财产的管理、变卖和分配所需要的费用，包括聘任工作人员的费用；（2）破产案件的诉讼费用；（3）为债权人的共同利益而在破产程序中支付的其他费用。破产财产不足以支付破产费用的，人民法院应当宣告破产程序终结。该法未将破产费用、共益债务作区分，统称为破产费用，未规定破产费用和共益债务的清偿财产、清偿顺序、不足清偿时的比例原则，只规定了债务人财产不足以支付破产费用时应终结破产程序。2004年公布的《企业破产法（草案）》对本条的规定均与现行规定无差别，立法阶段对本条争议不大。

三、条文解读

（一）破产费用和共益债务由债务人财产随时清偿

清偿破产费用和共益债务是保证破产程序顺利进行的重要条件。在破产程序中，破产费用和共益债务是随时发生的，为了保证破产程序的顺利进行，依据本条第1款的规定，当任何一笔破产费用或者共益债务发生时，由债务人财产随时予以清偿。实践中，有的在破产费用或者共益债务发生后随时予以支付，有的在破产财产分配时预先予以扣除。

破产费用和共益债务由债务人财产随时清偿，这是许多国家和地区破产法所确立的一项基本原则。试想在破产程序中，如果连破产费用都无法得到清偿，破产程序自然也就无法继续进行下去。

（二）优先清偿破产费用

依据本条第2款规定，在债务人财产不足以清偿破产费用和共益债务的情况下，应当优先清偿破产费用。

相比较于共益债务而言，破产费用是破产程序本身所产生的费用，如果债务人财产不能够支付破产费用，例如，不能支付破产案件诉讼费用、债务人财产的管理费用或者管理人的报酬，这将直接导致破产程序无法进行下去。当然根据有关法律法规以及司法解释的规定，根据实际情况，人民法院在受理破产申请时可以决定暂不收取或者免收案件受理费；在债务人现金流转出现困难，但是企业的资产状况表明企业在变卖财产后足以支付管理人报酬和费用的情况下，管理人愿意先行垫付有关费用。在这些情况下，暂时出现破产费用的清偿困难并不足以影响破产程序的顺利进行。除此之外，当出现必要的破产费用都无法支付的情况，破产程序显然无法继续进行。而就共益债务而言，在很多情况下，债务人财产不足以支付共益债务并不必然导致破产程序的终止。一般而言，共益债务的清偿只是影响到债权最终获得清偿额的多少，即使不先行清偿共益债务所应当支出的费用，破产程序尚可以进行下去。因此，在债务人财产不足以清偿破产费用和共益债务的情况下，应当优先清偿破产费用。

本条第 2 款所规定的优先清偿顺序是指在破产费用和共益债务两者都未受清偿的前提下何者优先的问题，已经清偿的共益债务，其清偿的效力不受未清偿的共益债务的影响。

（三）按比例清偿

本条第 3 款规定的是当债务人财产不足以清偿破产费用和共益债务二者之一的时候的清偿规则。依照本款的规定，当债务人的财产不足以清偿破产费用的，按照未清偿费用的数额比例予以清偿。而当债务人的财产足以清偿破产费用，但是不足以清偿共益债务的，同样，按照未清偿的共益债务的数额比例予以清偿。

（四）债务人财产不足以支付破产费用时破产程序的处理

本条第 4 款规定的是当债务人财产不足以支付破产费用的时候破产程序应当如何处理的规定。依照本款的规定，在这种情况下，管理人应当提请人民法院终结破产程序；人民法院应当自收到请求之日起 15 日内裁定终结破产程序，并予以公告。在实践中，应当区分两种情况：一是在破产宣告后，出现债务人财产不足以支付破产费用的情形，此时继续进行破产程序已经没有实质意义，人民法院应当申请依法终结破产程序。二是在破产宣告前，如果是债务人自愿提出申请的破产案件，出现债务人财产不足以支付破产费用的情形，除因暂时出现破产费用的清偿困难，但不足以影响破产程序的顺利进行的情形外，人民法院应当在宣告破产后，即以破产财产不足以支付破产费用的理由而终结破产程序；如果是债权人提出申请的案件，出现债务人财产不足以支付破产费用，破产程序无法继续的情形，除债权人愿意垫付外，人民法院应当裁定终结破产程序。

适用指引

破产费用和共益债务具有一个共同的属性，即都是为债权人的共同利益而发生。不论是人民法院审理该案件所支出的费用，还是管理人对债务人的财产进行管理所发生的费用，其目的都在于维护债权人的共同利益，这个属性决定了破产费用和共益债务优先于其他债权。

一、关于破产费用、共益债务随时清偿的问题

随时清偿的含义是，可不依破产程序中的清偿程序进行清偿。破产费用和共益债务的清偿不需列入破产财产分配表，管理人可随时由破产财产预支或者拨付。这些费用和债务得到有效清偿，有利于破产程序的顺利进行，也可使管理人和人民法院了解债务人财产的支付能力，从而决定案件是否审理下去。

有观点认为，债务人财产仅指债务人无担保财产；有担保财产及债务人无权处分的其他财产，不属于“由债务人财产随时清偿”的范畴，不能用于随时清偿破产费用和共益债务。[①]

二、关于破产费用优先于共益债务的问题

在债务人财产足以清偿所有破产费用和共益债务时，由于两者随时可以清偿，它们都能得到全部清偿。但有些情况下，债务人财产不能全部清偿所有的破产费用和共益债务，就有一个谁优先得到清偿的顺序。本条第 2 款规定了在这种情况下，先行清偿破产费用，这是考虑到，当人民法院裁定受理破产案件

① 王卫国：《破产法精义》(第 2 版)，法律出版社 2020 年版，第 161 页。

后，就进入了破产程序，要使破产程序顺利进行，首先要保证破产费用能够得到清偿，否则，破产案件将无法再进行下去。事实上，由于这两项费用是采取随时清偿方式进行清偿，实践中两者并不一定在一个时间段上，这样可能是破产费用已事先支付了一些，已经支付的就不再计算在清偿额中，而是以后来尚未清偿的同时发生的费用再重新清偿。只有在两项费用同时发生时，才有先后顺序的清偿程序。

需要注意的是，管理人具有随时查验债务人财产数额、破产费用和共益债务数额的义务，管理人一旦发现“债务人财产不足以清偿所有破产费用和共益债务”，应该安排债务人财产优先偿付破产费用；而随后如果债务人财产增加，管理人则应重新安排对破产费用和共益债务顺序清偿。①

三、关于债务人财产不足以清偿所有破产费用或者共益债务时按比例清偿的问题

破产费用中所列的三项范围和共益债务所列的六项内容，一般情况下都是为债权人的利益而支出的费用和发生的债务，性质上基本相同，因此，就破产费用或者共益债务本身而言，其清偿顺序同一。在债务人财产不足以清偿所有的破产费用或者共益债务的，本条规定，在破产费用系列中或者在共益债务系列中，采取按比例的原则进行清偿。如债务人财产对破产费用进行清偿后，余下的财产不能完全清偿共益债务，在这种情况下，只能就已经发生的几个共益债务项目，按照比例进行清偿。

四、关于债务人财产不能清偿破产费用破产程序终结的问题

本条第 4 款规定了在债务人财产无法支付有关破产费用时，实际上案件已无法再进行审理，即使审理下去也不能达到对破产财产进行清算的目的，在这种情况下，管理人应当提请人民法院终结破产程序。人民法院在作出终结破产案件的裁决并公告后，该破产程序终结。用来清偿破产费用和共益债务的财产以债务人财产为限，在债务人被人民法院宣告破产后，以破产财产为限，即破产案件受理时属于债务人的财产，以及破产案件受理后至破产程序终结前债务人取得的财产。破产程序因上述原因而终止的，如果发现应纳入追加分配的财

① 王卫国：《破产法精义》（第 2 版），法律出版社 2020 年版，第 162 页。

产，应将其用于先行偿付未受偿的破产费用。

一般情况下，具体执行清偿行为的人是管理人。由于人民法院受理破产案件后，债务人的财产是处于管理人的监督管理之下，管理人负有管理和处分债务人财产的职责，因此，在对破产费用和共益债务进行清偿时，管理人是具体的执行人。

类案检索

湖州汇泰置业有限公司破产清算案

关键词：共益债务　建设工程价款优先权　多项优先权平衡保护

裁判摘要：湖州汇泰置业有限公司（以下简称汇泰公司）成立于2009年，系房地产开发企业，注册资本28600万元。由于汇泰公司自有资金不足，拖欠巨额工程款、物业维修基金和质保金，小区建筑存在质量问题，同时涉及大量诉讼、执行案件。2017年4月17日，浙江省湖州市中国人民法院裁定受理汇泰公司破产清算案件，并指定浙江省湖州市吴兴区人民法院审理。债权申报期内共有53家债权人申报债权16亿。破产财产为530余套空置房源及190个车位，评估价为7.45亿，其中95%以上资产已设定抵押。项目欠缴1000余万元的物业专项维修基金及房屋保修金，空置房源拖欠近250万物业费。

案件审理中，一是最大化破产财产价值，采用空置房源单套变现方式，历时近8个月，全部空置房源及地下车位变现6.45亿。二是合理界定共益债务范围，经债权人会议表决，将拖欠的物业维修基金及保修金列入共益债务。同时，将空置房源拖欠的物业费用在资产变现价款中予以扣除。三是通过协商方式确定按比例受偿工程款优先债权。四是依法区分抵押优先权和工程价款优先权的优先受偿范围。委托评估中将单套商品房涉及的土地使用权和房屋价值进行拆分。工程款优先债权仅在分割后的房屋、车位等工程变现价款中优先受偿；抵押权人仅在房屋的变现价款满足工程款优先债权后的剩余部分及土地使用权变现价款部分享有优先受偿权。

最终，物业维修基金及房屋保修金作为共益债务、拖欠物业费全额受偿；工程价款优先权在商品房所对应的房屋变现价款中获得全额受偿；抵押债权在土地变现价款及剩余房屋变现价款中优先受偿，平均受偿率30%。

【案　　号】（2017）浙0502破2号

【审理法院】浙江省湖州市吴兴区人民法院

【来　　源】浙江法院2019年破产审判工作报告暨十大典型案例

第六章 债权申报

第四十四条 人民法院受理破产申请时对债务人享有债权的债权人，依照本法规定的程序行使权利。

关联规定

一、法律、行政法规、司法解释

1.《中华人民共和国民法典》

第五百三十六条 债权人的债权到期前，债务人的债权或者与该债权有关的从权利存在诉讼时效期间即将届满或者未及时申报破产债权等情形，影响债权人的债权实现的，债权人可以代位向债务人的相对人请求其向债务人履行、向破产管理人申报或者作出其他必要的行为。

第五百三十七条 人民法院认定代位权成立的，由债务人的相对人向债权人履行义务，债权人接受履行后，债权人与债务人、债务人与相对人之间相应的权利义务终止。债务人对相对人的债权或者与该债权有关的从权利被采取保全、执行措施，或者债务人破产的，依照相关法律的规定处理。

2.《中华人民共和国企业破产法》

第五十四条 债务人是委托合同的委托人，被裁定适用本法规定的程序，受托人不知该事实，继续处理委托事务的，受托人以由此产生的请求权申报债权。

第五十五条 债务人是票据的出票人，被裁定适用本法规定的程序，该票据的付款人继续付款或者承兑的，付款人以由此产生的请求权申报债权。

3.《最高人民法院关于适用〈中华人民共和国企业破产法〉若干问题的规定（二）》

第二十二条 破产申请受理前，债权人就债务人财产向人民法院提起本规定第二十一条第一款所列诉讼，人民法院已经作出生效民事判决书或者调解书但尚未执行完毕的，破产申请受理后，相关执行行为应当依据企业破产法第十九条的规定中止，债权人应当依法向管理人申报相关债权。

第三十条　债务人占有的他人财产被违法转让给第三人，依据民法典第三百一十一条的规定第三人已善意取得财产所有权，原权利人无法取回该财产的，人民法院应当按照以下规定处理：

（一）转让行为发生在破产申请受理前的，原权利人因财产损失形成的债权，作为普通破产债权清偿；

（二）转让行为发生在破产申请受理后的，因管理人或者相关人员执行职务导致原权利人损害产生的债务，作为共益债务清偿。

第三十一条　债务人占有的他人财产被违法转让给第三人，第三人已向债务人支付了转让价款，但依据民法典第三百一十一条的规定未取得财产所有权，原权利人依法追回转让财产的，对因第三人已支付对价而产生的债务，人民法院应当按照以下规定处理：

（一）转让行为发生在破产申请受理前的，作为普通破产债权清偿；

（二）转让行为发生在破产申请受理后的，作为共益债务清偿。

第三十二条　债务人占有的他人财产毁损、灭失，因此获得的保险金、赔偿金、代偿物尚未交付给债务人，或者代偿物虽已交付给债务人但能与债务人财产予以区分的，权利人主张取回就此获得的保险金、赔偿金、代偿物的，人民法院应予支持。

保险金、赔偿金已经交付给债务人，或者代偿物已经交付给债务人且不能与债务人财产予以区分的，人民法院应当按照以下规定处理：

（一）财产毁损、灭失发生在破产申请受理前的，权利人因财产损失形成的债权，作为普通破产债权清偿；

（二）财产毁损、灭失发生在破产申请受理后的，因管理人或者相关人员执行职务导致权利人损害产生的债务，作为共益债务清偿。

债务人占有的他人财产毁损、灭失，没有获得相应的保险金、赔偿金、代偿物，或者保险金、赔偿物、代偿物不足以弥补其损失的部分，人民法院应当按照本条第二款的规定处理。

第三十六条　出卖人破产，其管理人决定解除所有权保留买卖合同，并依据企业破产法第十七条的规定要求买受人向其交付买卖标的物的，人民法院应予支持。

买受人以其不存在未依约支付价款或者履行完毕其他义务，或者将标的物出卖、出质或者作出其他不当处分情形抗辩的，人民法院不予支持。

买受人依法履行合同义务并依据本条第一款将买卖标的物交付出卖人管理人后，买受人已支付价款损失形成的债权作为共益债务清偿。但是，买受人违反合同约定，出卖人管理人主张上述债权作为普通破产债权清偿的，人民法院应予支持。

4.《最高人民法院关于适用〈中华人民共和国企业破产法〉若干问题的规定（三）》

第三条 破产申请受理后，债务人欠缴款项产生的滞纳金，包括债务人未履行生效法律文书应当加倍支付的迟延利息和劳动保险金的滞纳金，债权人作为破产债权申报的，人民法院不予确认。

第四条 保证人被裁定进入破产程序的，债权人有权申报其对保证人的保证债权。

主债务未到期的，保证债权在保证人破产申请受理时视为到期。一般保证的保证人主张行使先诉抗辩权的，人民法院不予支持，但债权人在一般保证人破产程序中的分配额应予提存，待一般保证人应承担的保证责任确定后再按照破产清偿比例予以分配。

保证人被确定应当承担保证责任的，保证人的管理人可以就保证人实际承担的清偿额向主债务人或其他债务人行使求偿权。

第七条 已经生效法律文书确定的债权，管理人应当予以确认。

管理人认为债权人据以申报债权的生效法律文书确定的债权错误，或者有证据证明债权人与债务人恶意通过诉讼、仲裁或者公证机关赋予强制执行力公证文书的形式虚构债权债务的，应当依法通过审判监督程序向作出该判决、裁定、调解书的人民法院或者上一级人民法院申请撤销生效法律文书，或者向受理破产申请的人民法院申请撤销或者不予执行仲裁裁决、不予执行公证债权文书后，重新确定债权。

5.《最高人民法院关于审理民事案件适用诉讼时效制度若干问题的规定》

第十一条 下列事项之一，人民法院应当认定与提起诉讼具有同等诉讼时效中断的效力：

……（二）申请破产、申报破产债权……

二、司法指导性文件

1.《全国法院民商事审判工作会议纪要》

110.【受理后有关债务人诉讼的处理】人民法院受理破产申请后，已经开始而尚未终结的有关债务人的民事诉讼，在管理人接管债务人财产和诉讼事务后继续进行。债权人已经对债务人提起的给付之诉，破产申请受理后，人民法院应当继续审理，但是在判定相关当事人实体权利义务时，应当注意与企业破产法及其司法解释的规定相协调。

上述裁判作出并生效前，债权人可以同时向管理人申报债权，但其作为债权尚未确定的债权人，原则上不得行使表决权，除非人民法院临时确定其债权额。上述裁判生效后，债权人应当根据裁判认定的债权数额在破产程序中依法统一受偿，其对债务人享有的债权利息应当按照《企业破产法》第46条第2款的规定停止计算。

人民法院受理破产申请后，债权人新提起的要求债务人清偿的民事诉讼，人民法院不予受理，同时告知债权人应当向管理人申报债权。债权人申报债权后，对管理人编制的债权表记载有异议的，可以根据《企业破产法》第58条的规定提起债权确认之诉。

2.《全国法院破产审判工作会议纪要》

28.破产债权的清偿原则和顺序。对于法律没有明确规定清偿顺序的债权，人民法院可以按照人身损害赔偿债权优先于财产性债权、私法债权优先于公法债权、补偿性债权优先于惩罚性债权的原则合理确定清偿顺序。因债务人侵权行为造成的人身损害赔偿，可以参照企业破产法第一百一十三条第一款第一项规定的顺序清偿，但其中涉及的惩罚性赔偿除外。破产财产依照企业破产法第一百一十三条规定的顺序清偿后仍有剩余的，可依次用于清偿破产受理前产生的民事惩罚性赔偿金、行政罚款、刑事罚金等惩罚性债权。

3.《最高人民法院关于依法审理和执行被风险处置证券公司相关案件的通知》

一、为统一、规范证券公司风险处置中个人债权的处理，保持证券市场运行的连续性和稳定性，中国人民银行、财政部、中国银行业监督管理委员会、中国证券监督管理委员会联合制定发布了《个人债权及客户证券交易结算资金收购意见》。国家对个人债权和客户交易结算资金的收购，是国家有关行政部门和金融监管机构采取的特殊行政手段。相关债权是否属于应当收购的个人债权或者客户交易结算资金范畴，系由中国人民银行、金融监管机构以及依据《个人债权及客户证券交易结算资金收购意见》成立的甄别确认小组予以确认的，不属人民法院审理的范畴。因此，有关当事人因上述执行机关在风险处置过程中甄别确认其债权不属于国家收购范围的个人债权或者客户证券交易结算资金，向人民法院提起诉讼，请求确认其债权应纳入国家收购范围的，人民法院不予受理。国家收购范围之外的债权，有关权利人可以在相关证券公司进入破产程序后向人民法院申报。

四、破产程序作为司法权介入的特殊偿债程序，是在债务人财产不足以清偿债务的情况下，以法定的程序和方法，为所有债权人创造获得公平受偿的条件和机会，以使所有债权人共同享有利益、共同分担损失。鉴此，根据企业破产法第十九条的规定，人民法院受理证券公司的破产申请后，有关证券公司财产的保全措施应当解除，执行程序应当中止。具体如下：

2. 人民法院受理破产申请后，已经受理有关证券公司执行案件的人民法院，对证券公司财产尚未执行或者尚未执行完毕的程序应当中止执行。当事人在破产申请受理后向有关法院申请对证券公司财产强制执行的，有关法院对其申请不予受理，并告知其依法向破产案件管理人申报债权。破产申请受理后人民法院未中止执行的，对于已经执行了的证券公司财产，执行法院应当依法执行回转，并交由管理人作为破产财产统一分配。

五、证券公司进入破产程序后，人民法院作出的刑事附带民事赔偿或者涉及追缴赃款赃物的判决应当中止执行，由相关权利人在破产程序中以申报债权等方式行使权利；刑事判决中罚金、没收财产等处罚，应当在破产程序债权人获得全额清偿后的剩余财产中执行。

条文释义

一、条文主旨

本条是关于破产债权人及其权利行使的基本规定。

二、条文演变

《企业破产法（试行）》第 13 条中规定："所有债权人均为债权人会议成员。"2006 年《企业破产法》中明确为"人民法院受理破产申请时对债务人享有债权的债权人"，进一步细化了破产债权人的范围和确认时点。

在 2006 年《企业破产法》起草过程中，全国人大法工委向各地方、中央有关部门机构等征求意见，有的部门建议明确规定债务人欠缴的税款不适合债权申报程序，在受理破产申请和作出破产宣告时，由人民法院通知税务机关参与破产程序。有的部门建议增加规定："企业债券债权人可以由企业债券发行承销商作为代理人，统一申报债权和参加债权人会议，所发生的代理费用在破产费用中支付。"有的单位建议规定共有债权的申报程序。[①] 在最终的《企业破产法》条文中，没有采纳上述意见，税款债权、企业债券债权、共有债权的申报均适用普通债权形式进行申报。

三、条文解读

（一）关于申报债权的意思表示认定

根据意思自治的原则，是否在破产程序中申报债权是债权人的自由。但依照本章规定，即使债权人不参与破产程序，也必须面临和承担相应的法律后果：一是不能在破产程序进行时，单独主张对债务人行使权利；二是主张补充行使权利时，需接受已经进行的破产程序约束，并且承担相应的费用；三是在破产程序结束后，无论参与程序与否，都受到债权人会议相关决议或者法院裁判的约束，任何超出破产程序清偿结果的债权主张不受法律支持。

（二）关于债权人行使权利的方式

破产程序启动后，债权人行使权利必须遵守《企业破产法》规定，在破产程序中行使，不允许个别债权人通过破产程序以外的民事执行程序或其他程序来行使其权利。债权人依照本法规定的程序行使权利的第一步即是进行债权申报。债权申报是债权人在法院受理破产申请后，依照本法规定的程序主张并证

---

① 安建：《中华人民共和国企业破产法释义》，法律出版社 2006 年版，第 349 页。

明其债权，以便参加破产程序的行为。只有经申报的债权才能参与到破产程序的公平分配中，债权人的债权经申报不得参与本法规定的程序。

适用指引

在人民法院受理破产申请时对债务人享有债权的债权人，有权依照本法规定的程序行使权利，包括依法申报债权、参加债权人会议，表决提交债权人会议讨论的事项以及依照破产财产分配方案、重整计划或者和解协议规定的清偿比例或者条件获得清偿。

在通常情况下，人民法院受理破产申请后对债务人享有债权的债权人不得依本法规定的程序行使权利，但是本法有特别规定的除外，如本法第 54 条、第 55 条规定的情形。根据本法 54 条，委托合同的委托人破产时，委托合同应当终止，但善意受托人不知委托人被人民法院裁定受理破产的事实而继续处理委托事务的，其债权虽在破产案件受理后产生，但仍可进行债权申报。根据本法 55 条规定，票据的出票人进入破产程序，不属于付款人拒绝承兑或付款的法定抗辩理由，故破产案件受理后发生的承兑或付款行为所产生的债权不符合共益债务的特征，但其可作为债权依法申报。

一、破产债权成立的时点

破产债权必须为在人民法院受理破产申请时，因已经发生的法律事实而存在的债权，如根据已签订的合同、已发生无因管理行为等。根据本法第 35 条规定，债权是否到期不影响其成立，未到期债权在破产受理时加速到期。

值得注意的是，实践中存在某些损害赔偿请求权，其侵权行为或者事实在受理破产案件之前已经发生，如环境污染、食品安全等，但由于事件链条较长，损害结果可能在受理破产之后才发生或者显现，即债权人得以主张损害赔偿请求权成立的损害结果的发生晚于破产申请受理之时。普遍认为，只要这类损害赔偿请求权的侵权行为事实发生在受理破产申请之前，也应当认定为破产债权。

二、破产债权的申报及认定

破产债权应当按照法定的程序进行申报，并附充足的证据证明其合法有效性。对于在申报程序中，无法提供证据或者无法提供充分证据证明其破产债权的，应当不予认定。

需要注意的是，破产债权是指受理破产申请时对债务人享有的合法、有效债权。破产债权源于普通民事债权，它是普通民事债权在债务人破产时转化而来，其实质仍然是基于合同、侵权行为、无因管理、不当得利或其他法律原因而发生的债权。因此，存在《民法典》或者其他法律规定的无效原因的债权、诉讼时效已经届满的债权、无证据或者证据为虚假，或者有相反证据证明其为虚假的债权不得申报；债权人申报的，管理人不得予以确认。

同时，破产债权应当是人民法院受理破产案件前，平等主体之间成立的以财产给付为内容，或者能够折算为货币并以债务人财产为受偿基础的合法有效请求权，可以认定为破产债权；不以财产给付为标的或者无法折算为货币的，应当不予认定。

典型案例

广东国际信托投资公司破产案

关键词：掉期交易　破产债权

裁判摘要：广东国际信托投资公司（以下简称广东国投公司）原名为广东省信托投资公司，1980 年 7 月经广东省人民政府批准在广州市工商行政管理局注册成立。1998 年 10 月 6 日，中国人民银行决定关闭广东国投公司，并组织清算组对其进行关闭清算。关闭清算期间，广东国投公司的金融业务和相关的债权债务由中国银行托管，广东国投公司属下的证券交易营业部由广发证券有限责任公司托管，其业务经营活动照常进行。广东省高级人民法院于 1999 年 1 月 16 日裁定："一、广东国投公司破产还债。二、指定清算组接管广东国投公司。"债权人依据其与广东国投公司掉期交易申报破产债权被破产清算组拒绝后向法院提出异议。

广东省高级人民法院经审理认为，利率掉期交易是国际上广泛采用的一种金融方式，目的在于降低筹资成本，防范利率浮动所承受的风险；依据掉期合同申报的破产债权的确认，关键在于认定利率掉期交易是否需要国家外汇管理局的逐笔核准，并对该笔利率掉期交易避险性或投机性作出判断。广东国投公司持有国家外汇管理局颁发的《经营外汇业务许可证》，其外汇业务范围包括自营和代客外汇买卖，故广东国投公司具有从事避险性衍生金融工具交易的主体资格，并不需要国家外汇管理局的逐笔核准；双方所进行的利率掉期交易如果存在相对应的基础工具交易，而不是纯粹根据市场上衍生金融工具价格变动趋势的预测进行的交易，则属于避险性衍生金融工具交易，该笔利率掉期交易则被确认为有效，债权人按照双方约定提供用于计算损失的市场报价证实广东国投公司被关闭导致该笔掉期交易协议提前终止所造成的损失后，债权人申报的破产债权应被确认。

【案　　号】（1999）粤法经一破字第1-6号、（1999）粤法经一破字第1-19号

【审理法院】广东省高级人民法院

【来　　源】《最高人民法院公报》2003年第3期

类案检索

廊坊市六通物资经贸有限公司与廊坊市安居房地产开发有限公司取回权纠纷案

关键词：破产　重整　取回权纠纷

裁判摘要：2016年10月25日，河北省廊坊市中级人民法院裁定受理廊坊市安居房发有限公司（以下简称安居公司）破产清算一案。2017年1月4日，廊坊市中级人民法院裁定安居公司重整并发布公告。廊坊市六通物资经贸有限公司（以下简称六通公司）因与安居公司取回权纠纷一案，不服河北省高级人民法院（2017）冀民终805号民事判决，向最高人民法院申请再审。

六通公司认为：第一，经法院生效判决撤销了安居公司案涉拆迁土地的国有土地使用证，安居公司失去获得拆迁补偿款的依据，应属于不当得利。根据六通公司与安居公司签订的《协议书》约定，安居公司获得的政府拆迁补偿款，依法应返还六通公司。第二，安居公司因自有财产毁损所获得的拆迁补偿款，六通公司没有法定义务对其补偿款在其财务管理及区分上负有举证责任，原审判决将其作为普通破产债权进行清偿没有法律根据。

最高人民法院经审查后认为，安居公司因案涉土地使用证被依法撤销，其

依法应当返还此前获得的拆迁补偿款属于不当得利之债。六通公司与安居公司就涉案补偿款相关事宜签订的《协议书》亦明确约定拆迁补偿款由安居公司如数返还给六通公司。根据《企业破产法规定（二）》第32条第2款第1项规定，债务人占有的他人财产毁损、灭失，因此，获得的保险金、赔偿金已经交付给债务人，或者代偿物已经交付给债务人且不能与债务人财产予以区分的，人民法院应当按照以下规定处理：财产毁损、灭失发生在破产申请受理前的，权利人因财产损失形成的债权，作为普通破产债权清偿。安居公司取得案涉补偿款是在法院受理破产申请前所产生。由于货币的特殊属性，现并无证据证明安居公司对收取的案涉补偿款设立专款专户加以区分，该补偿款并未特定化，六通公司对没有特定化的案涉补偿款不具有所有权及其他物权关系，该案涉补偿款返还债权只能作为普通破产债权清偿。

【案　　号】（2018）最高法民申2607号

【审理法院】最高人民法院

【来　　源】中国裁判文书网

第四十五条　人民法院受理破产申请后，应当确定债权人申报债权的期限。债权申报期限自人民法院发布受理破产申请公告之日起计算，最短不得少于三十日，最长不得超过三个月。

关联规定

一、法律、行政法规、司法解释

1.《中华人民共和国公司法》

第一百八十五条　清算组应当自成立之日起十日内通知债权人，并于六十日内在报纸上公告。债权人应当自接到通知书之日起三十日内，未接到通知书的自公告之日起四十五日内，向清算组申报其债权。

债权人申报债权，应当说明债权的有关事项，并提供证明材料。清算组应当对债权进行登记。

在申报债权期间，清算组不得对债权人进行清偿。

2.《中华人民共和国合伙企业法》

第八十八条　清算人自被确定之日起十日内将合伙企业解散事项通知债权人，并于六十日内在报纸上公告。债权人应当自接到通知书之日起三十日内，未接到通知书的自公告之日起四十五日内，向清算人申报债权。

债权人申报债权，应当说明债权的有关事项，并提供证明材料。清算人应当对债权进行登记。

清算期间，合伙企业存续，但不得开展与清算无关的经营活动。

3.《中华人民共和国个人独资企业法》

第二十七条　个人独资企业解散，由投资人自行清算或者由债权人申请人民法院指定清算人进行清算。

投资人自行清算的，应当在清算前十五日内书面通知债权人，无法通知的，应当予以公告。债权人应当在接到通知之日起三十日内，未接到通知的应当在公告之日起六十日内，向投资人申报其债权。

二、司法指导性文件

1.《全国法院破产审判工作会议纪要》

29. 建立破产案件审理的繁简分流机制。人民法院审理破产案件应当提升审判效率，在确保利害关系人程序和实体权利不受损害的前提下，建立破产案件审理的繁简分流机制。对于债权债务关系明确、债务人财产状况清楚的破产案件，可以通过缩短程序时间、简化流程等方式加快案件审理进程，但不得突破法律规定的最低期限。

2.《最高人民法院关于破产案件信息公开的规定（试行）》

第七条 人民法院、破产管理人可以在破产重整案件信息网发布破产程序有关公告。

人民法院、破产管理人在其他媒体发布公告的，同时要在破产重整案件信息网发布公告。人民法院、破产管理人在破产重整案件信息网发布的公告具有法律效力。

条文释义

一、条文主旨

本条是关于破产债权申报期限的规定。

二、条文演变

《企业破产法（试行）》第 9 条第 2 款规定："债权人应当在收到通知后一个月内，未收到通知的债权人应当自公告之日起三个月内，向人民法院申报债权，说明债权的数额和有无财产担保，并且提交有关证明材料。逾期未申报债权的，视为自动放弃债权。"第 22 条第 2 款规定："整顿期满，企业不能按照和解协议清偿债务的，人民法院应当宣告企业破产，并且按该法第九条规定重新登记债权。"《企业破产法》将债权人申报期限确定为"自人民法院发布受理破产申请公告之日起计算，最短不得少于三十日，最长不得超过三个月"，不再以法院通知为前提给予已知债权人和未知债权人不同的申报期限，统一债权申报的起止时限，有利于督促债权人及时在统一期限内申报债权，保障破产程序高效推进。同时，没有采纳《企业破产法（试行）》中关于逾期未申报的债权视为自动放弃的条款，在第48条增加规定了逾期申报的内容。

三、条文解读

破产债权的申报是指债权人于法律规定的期限内向管理人申报债权，以明确其依破产程序行使权利的意思表示。债权申报是民事债权转化为破产债权的首要环节，是债权人参与破产程序的前提。[①]

（一）债权申报期限的确定

人民法院受理破产申请后，应当确定债权人申报债权的期限。这是对人民法院的法定要求。债权申报是破产程序中的一个重要环节，只有通过债权申报，才能确定可以依照本法规定行使权利的人员范围。因此，人民法院受理破产申请后，应当及时根据案情复杂程度确定债权申报的期限，并在受理裁定的通知和公告中载明申报债权的期限。

债权申报期限的立法方式通常有法定主义和酌定主义。法定主义即法律直接规定债权申报的期间，酌定主义为法院根据具体情况确定。本法采用法定主义和酌定主义相结合的立法方式，即自法院发布受理破产申请公告之日起算，最短不得少于30日，最长不得超过3个月。酌定的主要考虑因素包括债务的规模、债权人的分布地域、债务人财产状况、债务人企业行业类型和经营规模、职工人数、已有和潜在的争议等内容；从申报期限上已不再区分已知和未知债权人。

（二）债权申报期限的起算

债权申报期限以人民法院发布受理破产申请公告之日起计算，这就意味着人民法院在发布受理申请公告时，就应当确定债权申报期限。债权申报期间届满后的最后一日是节假日的，以节假日后的第一日为期间届满的日期。期间不包括在途时间，如果债权申报的文书是在期限届满前寄出的不构成逾期。

债权申报期限自人民法院发布受理破产申请公告之日起计算，最短不得少于30日，最长不得超过3个月。这一规定包含两方面的内容：一是债权申报

---

① 杨淑敏、尚晓茜：《逾期未申报破产债权因第三人承诺而恢复请求权》，载《人民司法》，2014年第8期。

期限的起算点，是人民法院发布受理破产申请公告之日；二是债权申报的期限最短不得少于30日，最长不得超过3个月。[①]

适用指引

债权申报是对债务人享有债权的人参加破产程序、取得当事人地位的条件，如果债权人没有在法院确定的债权申报期限内申报债权，并且也没有补充申报的，就视同其放弃了参加破产程序的权利，即该债权人不能成为破产程序当事人，无权出席债权人会议行使表决权、异议权和参加破产分配。

一、如期申报债权的效力

债权人如期申报破产债权，则诉讼时效中断。破产债权人申报债权表示权利人积极行使自己的请求权，这与诉讼时效进行的事实状态相反，因此，申报破产债权在理论上具有与起诉相同的法律效力，属于诉讼时效中断的法定事由之一，产生诉讼时效中断的效力。

二、债权申报的形式

根据《企业破产案件信息公开规定（试行）》第10条规定，网上债权申报与书面申报具有同等效力，但网上债权申报需在指定的信息平台提起，即债权人可以在全国企业破产重整案件信息网实名注册后，申报债权并提交有关证据的电子文档，网上申报债权与其他方式申报债权具有同等法律效力。债权人向管理人书面申报债权的，管理人应当将债权申报书及有关证据的电子文档上传破产重整案件信息网。

三、逾期申报债权的处理

逾期申报债权，即未在人民法院确定的债权申报期限内申报的债权。根据本法第56条、第92条、第100条可知，债权人未债权申报期限内申报债权的，并不意味着其放弃债权或丧失债权，只是影响其依照《企业破产法》规定的程序行使权利，如参与债权人会议，参与事项表决、行使异议权和接受破产

① 全国人大常委会法工委：《〈中华人民共和国企业破产法〉释义》，法律出版社2016年版，第172页。

财产分配等。

逾期未申报的债权，可在破产财产最后分配前补充申报，但已经分配的不再进行补充分配，补充申报人还需要承担审查和确认补充申报债权的费用。若债权人在破产财产最后分配前仍未申报债权，破产财产分配完毕后，该债权人则无法再通过破产或者其他法律程序得到任何清偿，其债权因破产程序终结而消灭。[①]

在实践中，还存在经债权人、管理人多次督促，仍不申报或者怠于申报债权的情形，但由于其数额巨大，导致破产程序难以推进。对于此类债权人，管理人应当充分履行书面告知义务，明确告知债权申报单方处分的法律性质、提示法律后果并送达债权人后，视为放弃申报权利。确有必要的，经管理人申请，法院可以根据现有证据暂时予以确认份额，或者参照妨碍民事诉讼程序相关规定，责令债权人限期内申报；仍不申报的，给予相应的民事惩戒措施。

类案检索

陈某振与湛江市城乡建设实业有限公司确认合同效力纠纷案

关键词：破产债权　债权申报　确认之诉

裁判摘要：再审裁判认为，债权人未在人民法院确定的申报期限内申报债权的，不得在重整期间行使权利，但可以在重整计划执行完毕后，按照重整计划规定的同类债权的清偿条件行使权利。

依据《企业破产法》第92条第2款“债权人未依照本法规定申报债权的，在重整计划执行期间不得行使权利”之规定，陈某振在债权申报期限内未申报债权，便不得在重整计划执行期间通过行使诉权达到主张债权或者请求赔偿的目的。另外，考虑到案涉重整执行计划期间已经结束，依据《企业破产法》第92条第2款“在重整计划执行完毕后，可以按照重整计划规定的同类债权的清偿条件行使权利”之规定，陈某振依然可以在重整计划执行完毕后，按照重整计划规定的同类债权的清偿条件行使权利。

① 安建：《中华人民共和国企业破产法释义》，法律出版社2006年版，第385页。

【案　　号】（2016）最高法民申1423号

【审理法院】最高人民法院

【来　　源】中国裁判文书网

第四十六条　未到期的债权，在破产申请受理时视为到期。

附利息的债权自破产申请受理时起停止计息。

关联规定

一、法律、行政法规、司法解释

1.《最高人民法院关于适用〈中华人民共和国企业破产法〉若干问题的规定（三）》

第三条　破产申请受理后，债务人欠缴款项产生的滞纳金，包括债务人未履行生效法律文书应当加倍支付的迟延利息和劳动保险金的滞纳金，债权人作为破产债权申报的，人民法院不予确认。

第四条　保证人被裁定进入破产程序的，债权人有权申报其对保证人的保证债权。

主债务未到期的，保证债权在保证人破产申请受理时视为到期。一般保证的保证人主张行使先诉抗辩权的，人民法院不予支持，但债权人在一般保证人破产程序中的分配额应予提存，待一般保证人应承担的保证责任确定后再按照破产清偿比例予以分配。

保证人被确定应当承担保证责任的，保证人的管理人可以就保证人实际承担的清偿额向主债务人或其他债务人行使求偿权。

2.《最高人民法院关于适用〈中华人民共和国民法典〉有关担保制度的解释》

第二十二条　人民法院受理债务人破产案件后，债权人请求担保人承担担保责任，担保人主张担保债务自人民法院受理破产申请之日起停止计息的，人民法院对担保人的主张应予支持。

3.《最高人民法院关于〈中华人民共和国企业破产法〉施行时尚未审结的企业破产案件适用法律若干问题的规定》

第六条　人民法院尚未宣告债务人破产的，应当适用企业破产法第四十六条的规定确认债权利息；已经宣告破产的，依据企业破产法施行前的法律规定确认债权利息。

二、司法指导性文件

《全国法院民商事审判工作会议纪要》

110.【受理后有关债务人诉讼的处理】人民法院受理破产申请后，已经开始而尚未终结的有关债务人的民事诉讼，在管理人接管债务人财产和诉讼事务后继续进行。债权人已经对债务人提起的给付之诉，破产申请受理后，人民法院应当继续审理，但是在判定相关当事人实体权利义务时，应当注意与企业破产法及其司法解释的规定相协调。

上述裁判作出并生效前，债权人可以同时向管理人申报债权，但其作为债权尚未确定的债权人，原则上不得行使表决权，除非人民法院临时确定其债权额。上述裁判生效后，债权人应当根据裁判认定的债权数额在破产程序中依法统一受偿，其对债务人享有的债权利息应当按照《企业破产法》第46条第2款的规定停止计算。

条文释义

一、条文主旨

本条是关于未到期债权和附利息债权的规定。

二、条文演变

《企业破产法（试行）》第31条规定，“破产宣告时未到期的债权，视为已到期债权，但是应当减去未到期的利息。”即未到期债权的到期时点为破产宣告时，同时计算时排除未到期债权的利息部分。《企业破产法（草案）》第44条分为两款：“未到期的债权，在破产案件受理时视为到期。破产案件受理后才到期的债权，附利息的，自破产案件受理时起停止计息。”最终《企业破产法》将两款的用词“破产案件”改为“破产申请”，明确停止计息的时点为破产申请受理时，受理日后发生的利息无论是期内利息还是违约利息，在破产申请受理后均停止计息，不再承认破产程序开始后剩余时间部分的利息债权。[①]

三、条文解读

（一）未到期债权视为到期

未到期债权即指该债权在案件受理前尚未到期，而在受理后某个时间才能到期的债权。在民事活动中，一般来说，债权只有在其清偿期限届满时才须予以清偿。但是由于破产程序为概括式集体清偿程序，程序终结后有关债务人的债权债务关系全部归于消灭，如果未到期的债权不作为到期债权一并纳入破产程序予以申报和清偿，破产程序终结后，该债权人的债权将完全得不到清偿，这明显不合理，也无法实现破产程序概括式集体清偿的目标。因此，未到期的债权提前到期原则既是对债务人企业“破产保护”理念的体现，也是处于破产程序作为集中、概括清偿程序的技术性考量。[②]

对未到期债权的申报做规定，一是要对案件受理时债权未到期作为到期债权允许申报；二是明确这种债权的计算方式，债权额为债权本金加上破产受理前的利息，以保证未到期债权的债权人利益不受损害；同时，未到期债权的申请后利息一律不予确认，即扣除其期限利益，避免损害其他债权人利益。[③]

（二）附利息的债权停止计息

在民事活动中，附利息的债权到期后，债务人不仅应当清偿本金，还应当清偿利息，利息的计算期限自债务发生之日起至债务履行之日止。但是在破产程序中，债权人可以依照本法规定申报的债权为破产申请受理时对债务人享有的债权，即破产债权。破产申请受理后发生的利息不属于破产债权。因此，附利息的债权自破产申请受理时起停止计息。相应地，未附利息债权，则应当减去自程序开始后至债权到期时止的法定利息。

---

① 王东敏：《新破产法疑难解读与实务操作》，法律出版社2007年版，第61页。

② 许德风：《破产法基本原则再认识》，载《法学》2009年第8期。

③ 《中华人民共和国企业破产法》起草组编：《中华人民共和国企业破产法释义》，人民出版社2006年版，第173页。

适用指引

一、破产申请受理后债务人欠缴款项的滞纳金不予确认

根据《企业破产法规定（三）》第3条的规定，破产申请受理后，债务人欠缴款项产生的滞纳金，包括债务人未履行生效法律文书应当加倍支付的迟延利息和劳动保险金的滞纳金，债权人作为破产债权申报的，人民法院不予确认。实践中，相关债权人作为破产债权申报的，管理人应当进行登记。

滞纳金只能在公法之债中发生，即行政管理法律中所存在的滞纳金才是真正意义上的滞纳金。在破产司法实践中，常见的有税款滞纳金，劳动保险金的滞纳金、住房公积金滞纳金以及污染损害赔偿基金滞纳金，一般由行政法规、规章予以明确。从经济价值的角度衡量，滞纳金主要有两层含义：一是作为滞纳款项利息等损失的补偿，对于这部分滞纳金，参照利息停止计算的处理也应当停止；二是对滞纳行为的惩罚，以促使滞纳人缴纳滞纳款项，在这个意义上，债务人进入破产程序后，合法债权的利息已经停止计算，则惩罚性质的滞纳金也应当停止，否则其惩罚后果将由全体债权人承担。平等主体之间通过合同等方式约定的“滞纳金”实为违约金，应当在债权债务的法律框架中解决，比如，未到期债权视为到期、管理人对未履行完毕合同行使解除权的，对方当事人得依解除合同的损害赔偿请求权申报债权等。

二、“破产止息”的效力是否及于从债务

1. 债务人进入破产程序，担保人可以主张“破产止息”。《民法典担保制度解释》第22条中明确，人民法院受理债务人破产案件后，债权人请求担保人承担担保责任，担保人主张担保债务自人民法院受理破产申请之日起停止计息的，人民法院对担保人的主张应予支持。

2. 保证人进入破产程序，保证债务可适用“破产止息”。根据《企业破产法规定（三）》第4条，保证人被裁定进入破产程序的，保证债权视为到期，债权人可以向其申报债权。一般保证人主张先诉抗辩权的不予支持，但债权人在一般保证人破产程序中的分配额应予提存，待一般保证人应承担的保证责任确定后再按照清偿比例予以分配。保证人在其破产程序中承担责任后，保证人的管理人享有主债务人或者其他债务人的求偿权。债权人在保证人破产财产分

配中未得到受偿的本金和利息部分，可依法向主债务人主张。

3. 担保人进入破产程序，若最后法院宣告其破产，则适用“破产止息”，若最后破产申请被驳回，则不适用“破产止息”。债权人在担保人破产财产分配中未得到受偿的本金和利息部分，可依法向主债务人主张。

三、因裁判结果变化导致债权利息损失扩大，保证人不承担责任

保证责任范围或称保证债务的范围，是指保证人在多大程度或何种界限内承担保证责任。《民法典》第691条规定：“保证的范围包括主债权及其利息、违约金、损害赔偿金和实现债权的费用。当事人另有约定的，按照其约定。”据此，保证责任范围可分为有限保证和无限保证两种。有限保证是指当事人明确约定保证人承担的保证责任范围的保证。无限保证是保证合同没有约定保证责任范围或者保证责任范围约定不明确，保证人依照法律的规定对主债务及其全部从债务承担保证责任的保证。《民法典》第691条规定的主债权及利息、违约金、损害赔偿金和实现债权的费用即是无限保证的范围。这里的“利息”，无论是约定利息还是法定利息，只要是合法产生的利息都属于主债务的扩张。由于利息的多少与主债务存在的时间成正比，当利息与保证人的责任范围相关时，我们不能不注意主债务存在的原因。保证人承担保证责任实际是代替主债务人履行义务，也就是说，只有因主债务人的行为产生的债务，才能成为保证人的责任。

人民法院审理案件往往经过一审、二审和再审，虽然法律对审限有明确的规定，但每一个案件从立案到审结仍然要经历一个较长的诉讼过程。诉讼过程的长短又往往不可避免地对当事人的权利义务产生一定的影响。例如，在一担保借款合同案件中，保证人对人民法院一审、二审判决其承担连带责任不服，申请再审，经依法再审，改判保证人承担一般保证责任。这样，从一审判决到再审改判期间，债务人应当归还债权人的借款利息就会大幅增加。如果因裁判结果发生变化而增加的利息损失由保证人承担，则与《民法典》等法律规定的公平原则不相符，而且因此而增加的利息损失与主债务人的行为没有直接的因果关系；诉讼过程是法律规定，诉讼过程的长短与法院裁判结果并非保证人和主债务人所能控制，因而不应当由保证人为诉讼期间增加的损失，特别因裁判结果发生变化而增加的损失承担过错责任。但再审改判的，利息应当从二审判决作出之日起计算，而不应当从一审判决作出之日起计算。当然，如果当事人

在合同中约定，保证人必须对主债权存在期间内所产生的利息承担责任，而不论主债权存在的原因，即使利息的产生不是因为当事人自身的原因造成的，保证人也必须对此承担责任。

类案检索

华夏银行股份有限公司台州分行与浙江双友机电集团股份有限公司等借款合同及保证合同纠纷案

关键词：保证人 破产利息

裁判摘要：华夏银行认为保证人承担保证责任的范围不应适用于破产法关于破产债权停止计息的规定，担保制度本身是为了保障主债务人清偿能力不足时债权人的债权，借款人破产导致利息部分损失，应当由各保证人予以弥补和救济。浙江省台州市中级人民法院认为，根据《企业破产法》第46条规定，附利息的债权自破产申请受理时起停止计息，各保证人所负的保证责任系从债务，从债务不应超出主债务范围，故在主债务不计息的情况下，各保证人承担的保证责任也不应包含借款利息。

【**案　　号**】（2016）浙10民终1872号

【**审理法院**】浙江省台州市中级人民法院

【**来　　源**】《人民司法》2017年第14期

第四十七条　附条件、附期限的债权和诉讼、仲裁未决的债权，债权人可以申报。

关联规定

一、法律、行政法规、司法解释

1.《中华人民共和国民法典》

第一百五十八条　民事法律行为可以附条件，但是根据其性质不得附条件的除外。附生效条件的民事法律行为，自条件成就时生效。附解除条件的民事法律行为，自条件成就时失效。

第一百五十九条　附条件的民事法律行为，当事人为自己的利益不正当地阻止条件成就的，视为条件已经成就；不正当地促成条件成就的，视为条件不成就。

第一百六十条　民事法律行为可以附期限，但是根据其性质不得附期限的除外。附生效期限的民事法律行为，自期限届至时生效。附终止期限的民事法律行为，自期限届满时失效。

2.《中华人民共和国企业破产法》

第一百一十七条　对于附生效条件或者解除条件的债权，管理人应当将其分配额提存。

管理人依照前款规定提存的分配额，在最后分配公告日，生效条件未成就或者解除条件成就的，应当分配给其他债权人；在最后分配公告日，生效条件成就或者解除条件未成就的，应当交付给债权人。

3.《最高人民法院关于适用〈中华人民共和国企业破产法〉若干问题的规定（三）》

第七条　已经生效法律文书确定的债权，管理人应当予以确认。

管理人认为债权人据以申报债权的生效法律文书确定的债权错误，或者有证据证明债权人与债务人恶意通过诉讼、仲裁或者公证机关赋予强制执行力公证文书的形式虚构债权债务的，应当依法通过审判监督程序向作出该判决、裁定、调解书的人民法院或者上一级人民法院申请撤销生效法律文书，或者向受理破产申请的人民法院申请撤销或者不予执行仲裁裁决、不予执行公证债权文书后，重新确定债权。

二、司法指导性文件

《全国法院民商事审判工作会议纪要》

110.【受理后有关债务人诉讼的处理】人民法院受理破产申请后，已经开始而尚未终结的有关债务人的民事诉讼，在管理人接管债务人财产和诉讼事务后继续进行。债权人已经对债务人提起的给付之诉，破产申请受理后，人民法院应当继续审理，但在判定相关当事人实体权利义务时，应当注意与企业破产法及其司法解释的规定相协调。

上述裁判作出并生效前，债权人可以同时向管理人申报债权，但其作为债权尚未确定的债权人，原则上不得行使表决权，除非人民法院临时确定其债权额。上述裁判生效后，债权人应当根据裁判认定的债权数额在破产程序中依法统一受偿，其对债务人享有的债权利息应当按照《企业破产法》第 46 条第 2 款的规定停止计算。

人民法院受理破产申请后，债权人新提起的要求债务人清偿的民事诉讼，人民法院不予受理，同时告知债权人应当向管理人申报债权。债权人申报债权后，对管理人编制的债权表记载有异议的，可以根据《企业破产法》第 58 条的规定提起债权确认之诉。

条文释义

一、本条主旨

本条是关于附条件、附期限和诉讼、仲裁未决债权申报的规定。

二、条文演变

《企业破产法（试行）》中没有关于附条件、附期限及未决债权的规定，本条是现行《企业破产法》新增条文，旨在赋予条件未成就、期限未届至以及诉讼、仲裁未决债权人申报债权的权利，进而赋予其在破产程序中与其他债权人相同的法律地位，确保债权人在破产程序中实现集体公平受偿，与第46条“未到期债权视为到期”的立法目标一致。

同时，允许待确定债权的申报并不直接导致债权实现，还需要经过管理人调查、债权人会议核查和人民法院确认。只有最终得到确认的债权人才能享有参与破产程序、出席债权人会议、参与事项表决和就破产财产受偿等权利。允许这几类债权人申报，不会影响到其他债权人的利益。

三、条文解读

本条规定的附条件、附期限、诉讼或仲裁未决债权，均可在破产程序中向管理人进行申报。但除了法院确定临时表决权的债权之外，债权尚未确定的债权人不得行使表决权。值得注意的是，附解除条件的债权尚未成就时，应当作为不附条件的债权处理，而附延缓条件的债权不得受益，但可申报为附条件债权，只是在破产分配时将受到限制。

适用指引

在破产财产分配阶段，本条规定的债权对应不同的分配规则：

一、附条件债权的分配

如其所附条件作为债权生效要件，在破产程序终结前，条件成就的，债权人有机会参与分配；而条件未成就的，由于条件是否成就具有不确定性，在破产程序终结前的最后分配方案确定前，条件仍未成就的不再对其进行分配。如其所附条件作为债权终止要件，在破产程序终结前，条件成就的，因其债权灭失而不能参与分配，如条件未成就则应参与分配。

二、附期限债权的分配

如其所附期限作为债权生效要件，在破产程序终结前，期限届至的债权人有权参与分配，期限尚未届至的，由于期限具有确定届至的特性，也应允许其参与分配，否则等其期限届至再行分配可能面临无财产可供分配的局面。如其期限作为债权终止要件，在破产程序终结前，期限届至的债权人因债权灭失而不能参与分配，期限未届至的债权人应参与分配。

三、诉讼或仲裁未决债权的分配

对于处于诉讼或者仲裁程序中而尚未获得生效判决或者仲裁裁决的债权，要参加破产程序也必须申报债权，管理人应将其分配额提存，破产程序终结之日起满 2 年仍不能受领分配的，法院应将其提存份额分配给其他债权人。根据《民商审判会议纪要》第 110 条规定，人民法院受理破产申请后，已经开始而尚未终结的有关债务人的民事诉讼，在管理人接管债务人财产和诉讼事务后继续进行的，在裁判作出并生效前，债权人可以同时向管理人申报债权，但其作为债权人尚未确定的债权人，原则上不得行使表决权，除非人民法院临时确定其债权额。上述裁判生效后，债权人应当根据裁判认定的债权数额在破产程序中依法统一受偿，其对债务人享有的债权利息应当按照我国《企业破产法》第 46 条第 2 款的规定停止计算。

类案检索

1. 安徽中防投资有限公司、浙江湖州市建工集团有限公司建设工程施工合同纠纷案

关键词：附条件　附期限债权　债权申报

裁判摘要：上诉人中防投资公司认为，虽本公司现已进入破产程序，未到期债权视为到期，但是工程质量保证金不属于附期限债权范畴，应属于附条件债权或者在破产债权中属于可预留项，一审法院在毫无区分的情况下直接判决支付该笔款项，属于适用法律错误。不服安徽省高级人民法院（2015）皖民四初字第 00026 号民事判决，向最高人民法院提起上诉。

最高人民法院认为，我国法律并未规定，债务人被宣告破产后，债权人必须将对债务人提起的给付之诉变更为确认之诉。人民法院就债权人提起的给付之诉作出生效判决后，由于债务人被宣告破产，债权人不能就生效判决所确认的债权获得个别清偿，但有权以生效判决为依据，依照《企业破产法》的规定向债务人的管理人申报债权。《企业破产法》第 20 条规定："人民法院受理破产申请后，已经开始而尚未终结的有关债务人的民事诉讼或者仲裁应当中止；

在管理人接管债务人的财产后，该诉讼或者仲裁继续进行。”一审判决针对湖州建工集团的诉讼请求作出判决，并无不当。故中防投资公司此项上诉请求不能成立，最高人民法院不予支持。

【案　　号】（2019）最高法民终519号

【审理法院】最高人民法院

【来　　源】中国裁判文书网

2. 王某江、王某飞违法保全赔偿决定书

关键词：未决债权　债权确认

裁判摘要：申诉人王某江、王某飞、王某某等三人认为天津高院（2016）津委赔10号决定书程序违法，没有依照法律规定进行审查。理由之一为天津二中院在天津市针织厂破产清算案件中，未对李某曦争议债权进行预留分配额提存（财产保全），使李某曦的免申报破产债权在最终成立的情形下不能公平受偿。

最高人民法院赔偿委员会审查认为：首先，《企业破产法》第119条规定，“破产财产分配时，对于诉讼或者仲裁未决的债权，管理人应当将其分配额提存。自破产程序终结之日起满二年仍不能受领分配的，人民法院应当将提存的分配额分配给其他债权人”。但是，天津市针织厂破产程序终结时，原赔偿请求人李某曦提起的相关民事案件，或已经审结，或尚未起诉，不存在所谓的未决债权情况。即使在审理天津市针织厂破产案件中应当对未决债权预留分配数额，李某曦向天津市各级法院提起的与天津市针织厂相关的民事诉讼，均未胜诉，赔偿申诉人提出的所谓免申报债权并没有得到生效法律文书确认。

【案　　号】（2017）最高法委赔监166号

【审理法院】最高人民法院

【来　　源】中国裁判文书网

第四十八条　债权人应当在人民法院确定的债权申报期限内向管理人申报债权。

债务人所欠职工的工资和医疗、伤残补助、抚恤费用，所欠的应当划入职工个人账户的基本养老保险、基本医疗保险费用，以及法律、行政法规规定应当支付给职工的补偿金，不必申报，由管理人调查后列出清单并予以公示。职工对清单记载有异议的，可以要求管理人更正；管理人不予更正的，职工可以向人民法院提起诉讼。

关联规定

一、法律、行政法规、司法解释

1.《中华人民共和国企业破产法》

第四十五条　人民法院受理破产申请后，应当确定债权人申报债权的期限。债权申报期限自人民法院发布受理破产申请公告之日起计算，最短不得少于三十日，最长不得超过三个月。

第一百一十三条　破产财产在优先清偿破产费用和共益债务后，依照下列顺序清偿：

（一）破产人所欠职工的工资和医疗、伤残补助、抚恤费用，所欠的应当划入职工个人账户的基本养老保险、基本医疗保险费用，以及法律、行政法规规定应当支付给职工的补偿金；

（二）破产人欠缴的除前项规定以外的社会保险费用和破产人所欠税款；

（三）普通破产债权。

破产财产不足以清偿同一顺序的清偿要求的，按照比例分配。

破产企业的董事、监事和高级管理人员的工资按照该企业职工的平均工资计算。

2.《最高人民法院关于适用〈中华人民共和国企业破产法〉若干问题的规定（三）》

第六条 管理人应当依照企业破产法第五十七条的规定对所申报的债权进行登记造册，详尽记载申报人的姓名、单位、代理人、申报债权额、担保情况、证据、联系方式等事项，形成债权申报登记册。

管理人应当依照企业破产法第五十七条的规定对债权的性质、数额、担保财产、是否超过诉讼时效期间、是否超过强制执行期间等情况进行审查、编制债权表并提交债权人会议核查。

债权表、债权申报登记册及债权申报材料在破产期间由管理人保管，债权人、债务人、债务人职工及其他利害关系人有权查阅。

第八条 债务人、债权人对债权表记载的债权有异议的，应当说明理由和法律依据。经管理人解释或调整后，异议人仍然不服的，或者管理人不予解释或调整的，异议人应当在债权人会议核查结束后十五日内向人民法院提起债权确认的诉讼。当事人之间在破产申请受理前订立有仲裁条款或仲裁协议的，应当向选定的仲裁机构申请确认债权债务关系。

3.《最高人民法院关于〈中华人民共和国企业破产法〉施行时尚未审结的企业破产案件适用法律若干问题的规定》

第十条 债务人的职工就清单记载有异议，向受理破产申请的人民法院提起诉讼的，人民法院应当依据企业破产法第二十一条和第四十八条的规定予以受理。但人民法院对异议债权已经作出裁决的除外。

二、部门规章及规范性文件

《国家税务总局关于税收征管若干事项的公告》

四、关于企业破产清算程序中的税收征管问题

（一）税务机关在人民法院公告的债权申报期限内，向管理人申报企业所欠税款（含教育费附加、地方教育附加，下同）、滞纳金及罚款。因特别纳税调整产生的利息，也应一并申报。

企业所欠税款、滞纳金、罚款，以及因特别纳税调整产生的利息，以人民法院裁定受理破产申请之日为截止日计算确定。

（三）企业所欠税款、滞纳金、因特别纳税调整产生的利息，税务机关按照企业破产法相关规定进行申报，其中，企业所欠的滞纳金、因特别纳税调整

产生的利息按照普通破产债权申报。

三、司法指导性文件

《最高人民法院关于正确审理企业破产案件为维护市场经济秩序提供司法保障若干问题的意见》

四、在破产程序中要注重保障民生，切实维护职工合法权益

8. 依法优先保护劳动者权益，是破产法律制度的重要价值取向。人民法院在审理企业破产案件中，要切实维护职工的合法权益，严格依法保护职工利益。召开债权人会议要有债务人的职工和工会代表参加，保障职工对破产程序的参与权。职工对管理人确认的工资等债权有异议的，管理人要认真审查核对，发现错误要及时纠正；因管理人未予纠正，职工据此提起诉讼的，人民法院要严格依法审理，及时作出判决。

条文释义

一、条文主旨

本条是关于债权申报方式的规定。

二、条文演变

（一）关于是否使用“劳动债权”的概念

《企业破产法（试行）》中没有对劳动债权的申报作出特殊规定。《企业破产法（草案）》第46条第2款为：“劳动债权由管理人记入债权表并予以公示。”在全国人大法律委员会[①]就草案征求意见的过程中，有些常委委员和地方、部门、专家提出，要不要提劳动债权的概念值得商榷，因为它有可能与其他债权相混同，不利于保护破产企业职工的合法权益。直接对破产企业欠职工的工资和欠职工个人的基本养老、医疗保险费用以及法律、行政法规规定应当支付给职工的补偿金在破产清算中如何清偿作出规定就可以了。[②]

① 现为“全国人大宪法和法律委员会”。
② 安建：《中华人民共和国企业破产法释义》，法律出版社2006年版，第319页。

一些地方、部门和单位也建议对劳动债权的含义和具体范围在草案中予以明确。有的部门提出，劳动债权的概念在法律上是不清晰而且难以操作的，中国企业，特别是国有企业职工的工资福利系统是非常复杂而且非常混乱的，同时中国目前正处于社会保障体系的建设时期，社保并轨也会发生大量的费用。如果将上述所有费用都列入劳动债权，大部分企业的其他债权人根本不可能得到清偿。而且上述的许多费用都属于或然债务，应该通过谈判解决，而不能作为清偿对象。①

在法工委邀请部分破产法、民商法和民事诉讼法方面的专家座谈，听取他们对《企业破产法（草案）》的意见中，有的专家建议草案明确劳动债权的概念，主要包括工资、福利等费用。有的专家提出，劳动债权的概念不科学，直接表述为职工工资等即可，同时应明确劳动债权不需要申报，不参加债权人会议。②

最终《企业破产法》没有使用"劳动债权"的概念，而是具体规定了如何清偿破产企业欠职工的工资、个人的基本养老、医疗保险费用，以及法律、行政法规规定应当支付给职工的补偿金，且明确职工对公示的债权清单有异议的救济程序，其可以先请求管理人更正；管理人不予更正的，职工可向人民法院提起债权确认之诉。

（二）破产程序中职工债权纠纷的救济程序

在全国人大对《企业破产法（草案）》征求意见过程中，有的法院提出，按照《劳动法》的规定，劳动争议案件应先向劳动争议仲裁机构申请仲裁，对仲裁决定不服的才可以提起诉讼。在破产案件中劳动债权人与债务人对劳动债权发生争议的，是仍然实行仲裁前置，还是可以直接提起诉讼，建议草案予以明确。有的法院提出，建议对可计入债权表的工资和社会保险费用的计算标准作出具体规定，以避免在登记劳动债权时发生纠纷。有的法院提出，破产清算期间职工的生活费和医疗费应该怎么解决，建议予以明确。③ 有的单位建议对劳动债权的发生时间和数量进行限制。有的部门建议明确劳动债权无须申报即

---

① 安建：《中华人民共和国企业破产法释义》，法律出版社 2006 年版，第 344 页。
② 安建：《中华人民共和国企业破产法释义》，法律出版社 2006 年版，第 381 页。
③ 安建：《中华人民共和国企业破产法释义》，法律出版社 2006 年版，第 368 页。

可生效。有的地方、单位建议增加关于劳动债权的确认程序的规定。[①]

最终的《企业破产法》条文明确，破产企业对管理人公示的债权清单有异议的，先请求管理人更正，管理人不予更正可向人民法院提起债权确认之诉，明确了在破产程序中职工债权纠纷不实行仲裁前置，但异议职工应当先向管理人请求更正，对管理人答复不满意的方能向法院提起诉讼。

三、条文解读

（一）债权申报的受理

债权申报应当向管理人提出，债权人向管理人以外的任何机构申报债权，均不产生债权申报的效果。破产程序中的管理人既是债务人财产的管理者，也是受理债权申报的主体。依据本法第 14 条的规定，人民法院受理破产申请的公告应当载明管理人的名称或者姓名及其处理事务的地址。这项规定的作用之一，就在于便于债权人申报债权。

债权申报应当在人民法院确定的债权申报期限内提出。根据《企业破产法》第 45 条，债权申报期限自人民法院发布受理申请公告之日起计算，最短不得少于 30 天，最长不得超过 3 个月。[②]

（二）职工债权

职工债权是基于特定身份（职工）和特定法律关系（劳动关系、劳务关系）而享有的债权。本法应当扩大适用于所有为企业提供劳动、劳务与服务并以此获得报酬的自然人，而不仅局限于与企业订立劳动合同的劳动者。这些债权请求权更能涵盖因职工身份而依法享有的各种请求权，包括劳动法上的请求权和社会保障法上的请求权，也反映出我国在劳动合同之外，通过设定法定请求权加强劳动者保护的现实。职工工资即指在破产程序开始前，债务人企业拖欠本企业职工的工资或其他劳动报酬；基本社会保险费用，即指企业依法应当向社会保险机构缴纳而未缴纳的职工基本社会保险费用，主要包括基本养老保险费用和基本医疗保险费用；法律、法规规定应当支付给职工的补偿金即企业

① 安建:《中华人民共和国企业破产法释义》，法律出版社 2006 年版，第 344 页。
② 安建:《中华人民共和国企业破产法释义》，法律出版社 2006 年版，第 77 页。

关闭破产时依照法律法规应当支付给职工的解除合同补偿金等。[①]

《企业破产法》第48条第2款规定，与债务人的职工有关的特定债权无需申报，由管理人调查后列出清单并予以公示，职工可按照清单公示的债权额获得相应比例的清偿，不会因为未依法申报债权而失去在破产程序中受偿的权利。这一类特定的债权包括债务人所欠职工的工资和医疗、伤残补助、抚恤等费用，所欠的应当划入职工个人账户的基本养老保险、基本医疗保险费用，以及法律、行政法规规定应当支付给职工的补偿金。之所以规定职工的工资等债权不必申报，主要是考虑到一些企业（尤其是国有大中型企业）职工的人数较多，企业所欠职工的债务相对明确，性质同一，可以直接依据破产企业的财务账册来确定。职工对管理人经调查后列出的清单记载的内容有异议的，可以要求管理人更正；管理人不予更正的，职工可以向人民法院提起诉讼，要求人民法院依法确认其所享有的债权的数额。[②]

2018年3月4日《破产审判会议纪要》第27条规定，破产程序中要依法妥善处理劳动关系，推动完善职工欠薪保障机制，依法保护职工生存权。由第三方垫付的职工债权，原则上按照垫付的职工债权性质进行清偿；由欠薪保障基金垫付的，应按照《企业破产法》第113条第1款第2项的顺序清偿。债务人欠缴的住房公积金，按照债务人拖欠的职工工资性质清偿。故第三方垫付的职工债权、债务人欠缴的住房公积金也可适用职工债权的清偿条件。一些地方法院随后在实践中进一步明确，债务人企业拖欠职工的住房公积金应当由管理人接管并负责调查核实后予以公示，公积金中心不作为申报主体申报债权，但予以协助配合。[③]

---

① 《中华人民共和国企业破产法》起草组编：《中华人民共和国企业破产法释义》，人民出版社2006年版，第177页。

② 安建：《中华人民共和国企业破产法释义》，法律出版社2006年版，第77页。

③ 《上海市高级人民法院、上海市住房和城乡建设管理委员会关于破产程序中规范处置住房公积金债权的会商纪要》（2021年3月1日起实施）。

适用指引

一、职工债权的范围

本法规定的职工债权，包括职工的工资、医疗补助、伤残补助、抚恤费用、所欠的应当划入职工个人账户的基本养老保险、所欠的应当划入职工个人账户的基本医疗保险费用，法律、行政法规规定应当支付给职工的补偿金等。

1. 工资，即劳动报酬。劳动报酬不应当根据劳动者的身份而有所不同，无论是正式职工还是非正式职工，都享有本法规定的就劳动债权优先受偿的权利。职工也包括破产企业的董事、监事和高级管理人员。但是根据本法第 113 条第 2 款规定，在破产清算时，破产企业的董事，监事和高级管理人员的工资应当按照该企业职工的平均工资计算。

2. 医疗补助、伤残补助。按照《社会保险法》《工伤保险条例》的相关规定，伤残助费用包括从工伤保险基金按伤残等级支付的一次性伤残补助金和按月支付的伤残津贴、用人单位以伤残津贴为基数缴纳的基本医疗保险费、用人单位对保留劳动关系但难以安排工作的伤残职工按月发给的伤残津贴，以及用人单位在工伤职工本人自愿终止劳动关系时支付的一次性工伤医疗补助金和伤残就业补助金。由于职工个人不缴纳工伤保险费，用人单位依照条例规定应当参加工伤保险而未参加的，未参加工伤保险期间职工发生工伤，由该用人单位按照条例规定的工伤保险待遇项目和标准支付费用。所以，企业职工的医疗伤残补助费用两个两部分：第一，本应由企业支付给职工的医疗补助费用；第二，用人单位未依法参加工伤保险的，对未参保期间发生的职工工伤，按照条例规定的工伤保险和待遇项目标准承担费用。

3. 抚恤费用。是指职工因工死亡的，按其供养的直系亲属人数，每月付给供养直系亲属抚恤费，直到受供养人失去受供养的规定条件为止。《工伤保险条例》第 37 条规定，职工因工死亡，其直系亲属按照规定从工伤保险基金领取丧葬补助金、供养亲戚抚恤金和一次性工亡补助金，企业拖欠的这部分费用，应当计入职工债权。

4. 应当划入职工个人账户的基本养老保险费用。根据国务院 2005 年 12 月颁布的《关于完善企业职工基本养老保险制度的决定》，从 2006 年 1 月 1 日起，个人账户的规模统一由本人缴费的工资的 11% 调整为 8%，全部由个人缴费形成，单位缴费不再划入个人账户。因此，2006年以后不会再有企业拖欠应当划入职工个人账户的基本养老保险费的情况发生；2005年年底以前企业所欠的基本养老账户保险费，应当计入职工债权。

5. 应当划入职工个人账户的基本医疗保险费用。基本医疗保险费用由用人单位和职工共同缴纳。职工个人缴纳的基本医疗保险费全部计入个人账户。用人单位单位缴纳的基本医疗保险费分为两部分，一部分用于建立统筹基金，另外一部分划入个人账户，具体比例由统筹地区根据个人账户的支付范围和职工年龄的因素确定。企业所欠的应当划入职工个人账户基本医疗保险费，应当计入职工债权。

6. 法律、行政法规规定的应当支付给职工的补偿金。目前主要有：（1）企业在解除劳动合同时应支付的补偿金；（2）企业在违反劳动合同时，应当向职工支付的赔偿金；（3）国有企业职工因企业、整改、关闭、破产而下岗分流或者解除国企职工身份时，应支付的补偿金。此处不包括行政规章或者行政命令中规定的补偿金。

二、关于职工集资款的性质与处理

在实践中，职工集资款的性质复杂。有的集资款是企业职工将自有资金出借给企业，并且约定一定利息，由企业在期限届满后归还；有的集资款则由企业扣发职工工资而成。对于这些款项，尽管法律性质上都是债权，但是鉴于职工与企业之间的特殊关系，可能存在一定的强制性等因素，即使第一类集资款，也不能简单认定为一般债权而按比例清偿。《企业破产规定》第58条规定，“债务人所欠职工集资款，参照企业破产法第三十七条第二款第（一）项规定顺序清偿。但对违反法律规定的高额利息部分不予保护。”同时，第2款强调，“职工向企业的投资，不属于破产债权”。但是职工与企业之前的款项是属于“集资”还是“投资”，集资属于“普通集资”还是“非法集资”，在实践中仍然需要甄别。

三、职工能否就其他职工债权提出异议或诉讼

本法第58条规定债务人、债权人均可对管理人编制的债权表提出异议或诉讼，即债权人有权对自己或他人的债权提出异议或诉讼。“举轻以明重”，职工债权人作为我国立法特殊保护的一类债权人，虽不需要申报债权，但其他职

工的债权存在与数额大小会直接影响异议职工的清偿比例，且本法第 48 条赋予职工异议权与诉权，故职工亦有权对其他职工债权提出异议或诉讼。

四、如何确定职工债权确认纠纷案件的被告

根据本法第 48 条的规定，债权人应当向管理人申报债权，破产企业的职工债权不必申报，由管理人制作清单并公示，职工对清单记载有异议的，有向管理人请求更正、向法院提起诉讼的权利。同时，本法第 57 条规定，管理人为债权的审查主体与债权表的编制者。当职工提起债权确认之诉，如何确定债权确认纠纷案件的被告，需要分两种情况讨论：

1. 职工对本人的债权存在异议

职工对本人的债权存在异议的，应当以债务人为被告。因为管理人并非脱离债务人企业而独立存在的组织或机构，它属于债务人企业的特殊表意机关（代表机关）和执行机关。企业进入破产程序并指定管理人后，其法人资格在破产程序终结前并没有终止或消灭，甚至经人民法院或管理人同意，其仍可继续进行必要的生产经营活动。故职工债权人对管理人所列清单载明的职工债权有异议时可以请求管理人更正，管理人不予更正的，职工债权人应以债务人为被告向人民法院提起确认之诉。

2. 职工对其他职工的债权存在异议

因其他职工债权是否存在及数额多少可能直接影响异议职工债权最终实现比例，故应当允许异议职工对公示清单中记载的其他职工债权提起诉讼，此情况下，原告应为异议职工，被告应为其他职工、债务人。

五、绩效工资、奖金等债权的清偿顺序

根据《最高人民法院关于李汉桥等 164 人与南方证券股份有限公司职工权益清单更正纠纷再审系列案件有关法律问题请示的答复》（2013 年 12 月 11 日，〔2013〕民二他字第 22 号），债务人有《企业破产法》第 2 条规定的情形时，职工对债务人享有的与业绩挂钩的绩效工资、奖金等债权，在破产程序中不应作为优先债权予以清偿，确实合理的债权可以作为普通破产债权清偿。人民法院审理职工权益清单更正纠纷时，应当按照劳动争议案件的有关规定分配举证责任。

类案检索

1. 张某君与国营乐山造纸厂破产清算组职工破产债权确认纠纷案

关键词： 职工债权　破产清算　债权确认　诉讼地位

裁判摘要： 最高人民法院经审查认为，根据《企业破产法施行时尚未审结案件规定》第9条第2款关于“债权人就争议债权起诉债务人，要求其承担偿还责任的，人民法院应当告知该债权人变更其诉讼请求为确认债权”的规定，破产债权确认纠纷应当以债务人即被申请破产的企业为被告。在最高人民法院制作的《人民法院破产程序法律文书样式（试行）》关于破产债权确认诉讼一审用的民事判决书（文书样式97）中，所列被告亦为债务人，企业管理人系诉讼代表人。该文书样式说明第4条规定：“本样式同样适用于职工权益清单更正纠纷。”据此，职工破产债权确认纠纷的被告也应为被申请破产的企业，本案的适格被告应为国营乐山造纸厂。根据《企业破产法》第25条第7项关于“管理人履行下列职责：（七）代表债务人参加诉讼、仲裁或者其他法律程序”的规定，除法律有特殊规定外，企业管理人不以自己的名义参加诉讼。故张某君关于本案系职工破产债权确认纠纷，破产清算组是适格被告的理由不能成立。

【案　　号】（2016）最高法民申135号

【审理法院】 最高人民法院

【来　　源】 中国裁判文书网

2. 林某相、贵州国源矿业开发有限公司等职工破产债权确认纠纷案

关键词： 破产程序　职工债权　普通债权

裁判摘要： 再审申请人林某相因与被申请人贵州国源矿业开发有限公司（以下简称国源公司）、贵州国源矿业开发有限公司织金县化起镇永安煤矿、贵州国源矿业开发有限公司织金县珠藏镇龙桂煤矿、贵州国源矿业开发有限公司大方县东关乡宏富德煤矿职工破产债权确认纠纷一案，不服贵州省高级人民法院（2020）黔民终960号民事判决，向最高人民法院申请再审。

林某相称，其对各煤矿工人进行管理，系履行国源公司授予的职务行为，国源公司才是实际的用工主体，国源公司与林某相之间存在事实上的劳动关

系。根据劳动和社会保障部《关于确立劳动关系有关事项的通知》(劳社部发〔2005〕12号)第4条“建筑施工、矿山企业等用人单位将工程(业务)或经营权发包给不具备用工主体资格的组织或自然人,对该组织或自然人招用的劳动者,由具备用工主体资格的发包方承担用工主体责任”之规定,对实际进行煤矿生产的林某相及其施工队,国源公司应承担用工主体责任。退一步讲,根据《破产审判会议纪要》第27条“由第三方垫付的职工债权,原则上按照垫付的职工债权性质进行清偿”之规定,林某相为国源公司垫付的工人工资款,应当按照职工债权进行优先清偿。

最高人民法院经审查认为,林某相主张其与国源公司系劳动合同关系,但并未提交相关劳动合同予以证明,其提交的《国源公司工资发放表》也没有林某相本人的工资发放记录。根据原审查明的事实,采煤队、掘进队等煤矿工人由林某相招用,林某相入场时也交纳了保证金,其还自认:“国源公司向其拨付的款项用于发放工人工资后,剩余款项归其所有。”原审认定林某相与国源公司之间形成的是劳务承包合同关系,而非劳动合同关系,并无不当。据此,林某相作为直接招用工人的主体,本身就具有支付工人工资的义务,其支付工人工资的行为不属于第三方垫付的情形,故不能适用《破产审判会议纪要》第27条之规定。驳回林某相的再审申请。

【案　　号】(2021)最高法民申5077号

【审理法院】最高人民法院

【来　　源】中国裁判文书网

第四十九条　债权人申报债权时，应当书面说明债权的数额和有无财产担保，并提交有关证据。申报的债权是连带债权的，应当说明。

关联规定

一、法律、行政法规、司法解释

1.《中华人民共和国公司法》

第一百八十五条第二款　债权人申报债权，应当说明债权的有关事项，并提供证明材料。清算组应当对债权进行登记。

2.《中华人民共和国企业破产法》

第四十八条　债权人应当在人民法院确定的债权申报期限内向管理人申报债权。

债务人所欠职工的工资和医疗、伤残补助、抚恤费用，所欠的应当划入职工个人账户的基本养老保险、基本医疗保险费用，以及法律、行政法规规定应当支付给职工的补偿金，不必申报，由管理人调查后列出清单并予以公示。职工对清单记载有异议的，可以要求管理人更正；管理人不予更正的，职工可以向人民法院提起诉讼。

第五十条　连带债权人可以由其中一人代表全体连带债权人申报债权，也可以共同申报债权。

3.《中华人民共和国合伙企业法》

第八十八条第二款　债权人申报债权，应当说明债权的有关事项，并提供证明材料。清算人应当对债权进行登记。

4.《最高人民法院关于适用〈中华人民共和国企业破产法〉若干问题的规定（三）》

第六条　管理人应当依照企业破产法第五十七条的规定对所申报的债权进行登记造册，详尽记载申报人的姓名、单位、代理人、申报债权额、担保情况、证据、联系方式等事项，形成债权申报登记册。

管理人应当依照企业破产法第五十七条的规定对债权的性质、数额、担保财产、是否超过诉讼时效期间、是否超过强制执行期间等情况进行审查、编制债权表并提交债权人会议核查。

债权表、债权申报登记册及债权申报材料在破产期间由管理人保管，债权人、债务人、债务人职工及其他利害关系人有权查阅。

5.《最高人民法院、最高人民检察院关于办理虚假诉讼刑事案件适用法律若干问题的解释》

第一条 采取伪造证据、虚假陈述等手段，实施下列行为之一，捏造民事法律关系，虚构民事纠纷，向人民法院提起民事诉讼的，应当认定为刑法第三百零七条之一第一款规定的“以捏造的事实提起民事诉讼”：

（一）与夫妻一方恶意串通，捏造夫妻共同债务的；

（二）与他人恶意串通，捏造债权债务关系和以物抵债协议的；

（三）与公司、企业的法定代表人、董事、监事、经理或者其他管理人员恶意串通，捏造公司、企业债务或者担保义务的；

（四）捏造知识产权侵权关系或者不正当竞争关系的；

（五）在破产案件审理过程中申报捏造的债权的；

（六）与被执行人恶意串通，捏造债权或者对查封、扣押、冻结财产的优先权、担保物权的；

（七）单方或者与他人恶意串通，捏造身份、合同、侵权、继承等民事法律关系的其他行为。

隐瞒债务已经全部清偿的事实，向人民法院提起民事诉讼，要求他人履行债务的，以“以捏造的事实提起民事诉讼”论。

向人民法院申请执行基于捏造的事实作出的仲裁裁决、公证债权文书，或者在民事执行过程中以捏造的事实对执行标的提出异议、申请参与执行财产分配的，属于刑法第三百零七条之一第一款规定的“以捏造的事实提起民事诉讼”。

二、司法指导性文件

1.《最高人民法院、最高人民检察院、公安部、司法部关于进一步加强虚假诉讼犯罪惩治工作的意见》

第四条 实施《最高人民法院、最高人民检察院关于办理虚假诉讼刑事案件适用法律若干问题的解释》第一条第一款、第二款规定的捏造事实行为，并有下列情形之一的，应当认定为刑法第三百零七条之一第一款规定的“以捏造的事实提起民事诉讼”：

……

（四）在破产案件审理过程中申报债权的；

……

（八）以其他手段捏造民事案件基本事实，虚构民事纠纷，提起民事诉讼的。

第五条 对于下列虚假诉讼犯罪易发的民事案件类型，人民法院、人民检察院在履行职责过程中应当予以重点关注：

……

（四）以已经资不抵债或者已经被作为被执行人的自然人、法人和非法人组织为被告的财产纠纷案件；

……

（六）公司分立、合并和企业破产纠纷案件；

2.《最高人民法院关于企业破产案件信息公开的规定（试行）》

第十条 债权人可以在破产重整案件信息网实名注册后申报债权并提交有关证据的电子文档，网上申报债权与其他方式申报债权具有同等法律效力。

债权人向破产管理人书面申报债权的，破产管理人应当将债权申报书及有关证据的电子文档上传破产重整案件信息网。

条文释义

一、条文主旨

本条是关于债权申报要求的规定。

二、条文演变

《企业破产法（试行）》第9条规定：“……债权人应当在收到通知后一个月内，未收到通知的债权人应当自公告之日起三个月内，向人民法院申报债权，说明债权的数额和有无财产担保，并且提交有关证明材料”，没有明确要求提交书面材料说明债权情况。现行《企业破产法》引入破产管理人制度代替原清算组后，在第 48 条明确破产债权申报的接受人为人民法院指定的管理人，即债权人不再向人民法院申报债权，且须书面说明申报的债权额、有无担保以及是否为连带债权。

三、条文解读

（一）债权人申报债权应当说明的内容

债权的数额是指申报人所主张的数额，而并不一定是债权人所享有的债权的实际数额。债权数额的统计结果，是人民法院判断破产原因成立与否、管理人和其他当事人考虑债务人拯救可能性的重要依据。按照本章规定，即使是诉讼、仲裁未决的债权，债权人同样可以其在诉讼或者仲裁过程中主张的债权向管理人申报。

在破产程序中，有财产担保的债权与普通债权在清算程序中的清偿顺序是不同的，在参加债权人会议表决事项的范围上也不同于无担保债权人。因此，申报人在申报债权时，除了说明债权人的数额外，必须说明其债权有无财产担保。此外，有财产担保的债权人在申报债权时，还应当同时说明担保的类型（如抵押、质押、保证）、设置担保的时间额度以及担保物或者保证人的基本情况。因为担保物价值或者保证人能力有可能高于或者低于其所担保的债权的数额。债权额超过担保或者保证实现的部分，只能作为普通债权在破产程序中行使权利。[①]

（二）申报债权应当说明是否为连带债权

连带债权人是指债务人的数个债权人之间具有连带关系，各个连带债权人都有权就该债权向债务人主张权利，债务人向连带债权人之一清偿债务的，即为完全履行了其义务。考虑到连带债权的这种性质，本条要求连带债权人在申报债权时向管理人说明债权的连带关系，防止多个连带债权人向债务人申报债权，就同一债权获得重复清偿。[②]

---

① 安建：《中华人民共和国企业破产法释义》，法律出版社 2006 年版，第 78 页。
② 安建：《中华人民共和国企业破产法释义》，法律出版社 2006 年版，第 78 页。

（三）申报债权必须以书面形式提出

债权人向管理人申报债权只能以书面形式，而不能以口头形式提出，以维护司法程序的严谨性，保证在发生争议时有据可查。一般来说，债权申报书应当包括以下内容：债权人的姓名或者名称；债权发生的时间、地点和数额；债权有无财产担保，能否相互抵销；债权清偿期限和其他有关事项。[①] 债权人可以在全国企业破产重整案件信息网实名注册后申报债权，并提交有关证据的电子文档，网上申报债权与其他方式申报债权具有同等法律效力。另外，根据《破产案件高效审理意见》的规定，管理人在接管债务人财产、接受债权申报等执行职务过程中，应当要求债务人、债权人及其他利害关系人书面确认送达地址、电子送达方式及法律后果。

（四）申报债权应当提交有关证据

申报债权实质上是在法律程序中主张权利的行为，债权人应当按照“谁主张、谁举证”的原则提供两方面的证明：一是身份证明。真实的权利必须由真实合格的法律主体行使。申报人应当证明自己是所申报债权的权利人，并提供相应的主体身份证明；二是债权证明。申报人应当提供能证明其债权真实性和有效性、债权数额、享有财产担保情况的证据。未能提供充分证据的，将承担债权不受确认的不利后果；提供虚假证据的，将被追究虚假诉讼的法律责任。

适用指引

一、债权申报与债权确认适用不同的审查标准

债权申报是债权人要求参加破产程序以行使权利的意思表示，这种意思表示是否具有意义还有待债权人会议的审查和法院最后的确认，因此，虽然立法尚不明确区分两者的证明标准，但实践中对债权申报阶段与债权确认阶段的证明程度应当有所区别。

在债权申报阶段，接受债权申报是管理人的职责。管理人对债权人审查，

① 安建：《中华人民共和国企业破产法释义》，法律出版社 2006 年版，第 78 页。

可以形式审查以及实质审查。管理人在编制表时，一般只需进行形式审查。有关债权成立的证据材料齐全的均应当编入债权表。债权表编制完成后，为慎重起见，管理人应当对编入债权表的债权进行实质审查，主要包括债权发生的事实，债权的合法性以及有效性。债权本金以及利息的数额，债权是否超过诉讼时效，债权是否有特定的担保财产等。债务人、债权人对管理人编制的债权表记载的债权有异议的，可以向受理破产申请的人民法院提起诉讼。

二、申报债权的方式必须为书面

破产债权应当以书面方式申报。近年来，随着互联网技术的广泛运用，为了便利破产程序参与人，按照《企业破产案件信息公开规定（试行）》的规定，部分地方法院开始探索支持当事人在中国移动微法院或者破产审判业务系统等平台在线参与破产司法活动包括在线申报债权。申报主体身份、提交的电子材料符合在线民事诉讼规则相关规定的，应当予以审查确认。

类案检索

岳阳铭泰房地产开发有限公司、岳阳华盛置业有限公司确认合同有效纠纷案

关键词：债权申报　债权确认　破产程序

裁判摘要：再审申请人岳阳铭泰房地产开发有限公司（以下简称铭泰公司）认为二审裁定适用法律错误，二审法院以铭泰公司请求认定合同效力的目的是继续履行合同不符合破产法相关规定，驳回铭泰公司起诉，严重脱离了当事人的诉讼请求。人民法院的审理范围应当围绕铭泰公司的诉讼请求开展，严格审查案涉合同是否存在《合同法》第52条规定的情形。至于铭泰公司确认合同有效的目的及华盛公司是否进入破产程序等事项，均不是影响合同效力的因素，不应是法院审查的范围。铭泰公司诉请确认合同有效，属于合同效力确认之诉，不属于债权确认诉讼，不应适用《企业破产法》相关规定。即使案涉协议关于房屋产权约定属于债权约定，铭泰公司请求确认合同有效，并不妨碍其依据破产法的规定行使权利，即铭泰公司确认合同有效与铭泰公司行使破产法规定的权利不冲突。

最高人民法院再审认为，债权申报是指在破产申请受理时对债务人享有债权的债权人，在破产申请受理后向管理人主张并证明其享有债权，以便参与破产程序的行为。铭泰公司因华盛公司管理人对案涉合同的效力有异议而提起本案确认合同效力之诉，是债权申报所必需，并不导致债务个别清偿，二审裁定驳回铭泰公司起诉，适用法律错误。

【案　　号】（2021）最高法民再244号

【审理法院】最高人民法院

【来　　源】中国裁判文书网

第五十条　连带债权人可以由其中一人代表全体连带债权人申报债权，也可以共同申报债权。

关联规定

法律、行政法规、司法解释

1.《中华人民共和国民法典》

第五百一十八条　债权人为二人以上，部分或者全部债权人均可以请求债务人履行债务的，为连带债权；债务人为二人以上，债权人可以请求部分或者全部债务人履行全部债务的，为连带债务。

连带债权或者连带债务，由法律规定或者当事人约定。

第五百二十一条　连带债权人之间的份额难以确定的，视为份额相同。

实际受领债权的连带债权人，应当按比例向其他连带债权人返还。

连带债权参照适用本章连带债务的有关规定。

2.《中华人民共和国企业破产法》

第四十九条　债权人申报债权时，应当书面说明债权的数额和有无财产担保，并提交有关证据。申报的债权是连带债权的，应当说明。

条文释义

一、条文主旨

本条是关于连带债权人申报债权的规定。

二、条文演变

本条是现行《企业破产法》的新增规定，《企业破产法（试行）》没有关于连带债权人申报债权的规定，该规定是为了防止连带债权人分别向债务人主张债权全额，导致连带债权人通过破产程序获得重复清偿。

三、条文解读

本条系为防止连带债权人分别向债务人主张债权全额从而在破产程序中获得重复清偿所作出的规定。债权人一方人数为2人以上的，依照法律规定或者当事人约定，享有连带权利的每一个债权人，都有权要求债务人履行义务。依据这一规定，在破产程序中，连带债权人依本条规定申报债权时，可一人代表全体债权人申报债权，也可由全体债权人共同申报债权。但无论选择哪种方式，只能按其享有的债权总额参加破产程序，在投票表决时，连带债权人应共同视为一个债权人，且只能以一名债权人的身份计算出席债权人会议的人数。如果连带债权可分割，各连带债权人协议按份申报且无争议的，各连带债权人可按各自份额分别申报，以各自名义和份额参加破产程序，并单独计算出席人数。债务人向一个或部分连带债权人清偿后，对其他债权人的债务即消灭。在连带债权人内部，其余连带债权人可依法或依约向受偿的连带债权人行使请求权。

适用指引

各连带债权人不能就债权全额分别向管理人申报债权

债权之间的连带关系只是表明每一个连带债权人都可以向债务人主张其债权，而并不表明债务人需要向每一个连带债权人分别承担债务。[①] 故此，在破产程序中，全体连带债权人可指派一人作为代表向管理人申报债权，也可作为一个整体共同向管理人申报债权，在债权人会议表决中视为一个主体参与表决。但债权之间的连带关系只表明每个连带债权人都可向债务人主张债权，并不意味着债务人需向每个连带债权人分别承担债务。

① 安建：《中华人民共和国企业破产法释义》，法律出版社2006年版，第79页。

类案检索

李某等与山东年年红置业有限公司职工破产债权确认纠纷案

关键词： 破产债权确认　连带债权

裁判摘要： 李某等 11 人在山东年年红置业有限公司（以下简称年年红公司）开发的房地产项目中从事内墙抹灰及其他零星工程。在债权申报阶段，李某桐依法申报，经年年红公司管理人确认，年年红公司尚欠李某桐、李某荣、李某胜、李某生、李某德、吴某福、李某良、李某、李某隆、王某某、李某等 11 人劳务费 139799.5 元。

一审法院认为，根据李某桐的债权申报声明所确认，上述债权并非李某桐一人独自享有，依照《企业破产法》第 50 条规定："连带债权人可以由其中一人代表全体连带债权人申报债权，也可以共同申报债权。"李某桐等 11 人系连带债权人，故李某桐一人可以代表全体连带债权人向管理人申报债权。在对年年红公司管理人对该债权不认定为职工破产债权有异议的情况下，李某桐等 11 人作为一个连带债权人整体，以共同原告的身份提起本案的职工破产债权确认之诉，是适格的诉讼主体。在认定原告为适格的诉讼主体的前提下，一审法院进一步审理认为，李某桐等 11 人对年年红公司享有的债权系因从事内墙抹灰及其他零星工程所产生的劳务费，故不予支持原告主张该劳务费系职工工资的诉讼请求。二审维持了原判。

【案　　号】（2020）鲁 01 民终 12881 号

【审理法院】 山东省济南市中级人民法院

【来　　源】 中国裁判文书网

第五十一条 债务人的保证人或者其他连带债务人已经代替债务人清偿债务的，以其对债务人的求偿权申报债权。

债务人的保证人或者其他连带债务人尚未代替债务人清偿债务的，以其对债务人的将来求偿权申报债权。但是，债权人已经向管理人申报全部债权的除外。

关联规定

一、法律、行政法规、司法解释

1.《中华人民共和国民法典》

第一百七十八条 二人以上依法承担连带责任的，权利人有权请求部分或者全部连带责任人承担责任。

连带责任人的责任份额根据各自责任大小确定；难以确定责任大小的，平均承担责任。实际承担责任超过自己责任份额的连带责任人，有权向其他连带责任人追偿。

连带责任，由法律规定或者当事人约定。

第三百九十二条 被担保的债权既有物的担保又有人的担保的，债务人不履行到期债务或者发生当事人约定的实现担保物权的情形，债权人应当按照约定实现债权；没有约定或者约定不明确，债务人自己提供物的担保的，债权人应当先就该物的担保实现债权；第三人提供物的担保的，债权人可以就物的担保实现债权，也可以请求保证人承担保证责任。提供担保的第三人承担担保责任后，有权向债务人追偿。

第五百一十八条 债权人为二人以上，部分或者全部债权人均可以请求债务人履行债务的，为连带债权；债务人为二人以上，债权人可以请求部分或者全部债务人履行全部债务的，为连带债务。

连带债权或者连带债务，由法律规定或者当事人约定。

第五百一十九条 连带债务人之间的份额难以确定的，视为份额相同。

实际承担债务超过自己份额的连带债务人，有权就超出部分在其他连带债务人未履行的份额范围内向其追偿，并相应地享有债权人的权利，但是不得损害债权人的利益。其他连带债务人对债权人的抗辩，可以向该债务人主张。

被追偿的连带债务人不能履行其应分担份额的，其他连带债务人应当在相应范围内按比例分担。

第五百二十一条 连带债权人之间的份额难以确定的，视为份额相同。

实际受领债权的连带债权人，应当按比例向其他连带债权人返还。

连带债权参照适用本章连带债务的有关规定。

第六百八十八条 当事人在保证合同中约定保证人和债务人对债务承担连带责任的，为连带责任保证。

连带责任保证的债务人不履行到期债务或者发生当事人约定的情形时，债权人可以请求债务人履行债务，也可以请求保证人在其保证范围内承担保证责任。

第七百条 保证人承担保证责任后，除当事人另有约定外，有权在其承担保证责任的范围内向债务人追偿，享有债权人对债务人的权利，但是不得损害债权人的利益。

2.《最高人民法院关于适用〈中华人民共和国企业破产法〉若干问题的规定（三）》

第五条 债务人、保证人均被裁定进入破产程序的，债权人有权向债务人、保证人分别申报债权。

债权人向债务人、保证人均申报全部债权的，从一方破产程序中获得清偿后，其对另一方的债权额不作调整，但债权人的受偿额不得超出其债权总额。保证人履行保证责任后不再享有求偿权。

3.《最高人民法院关于适用〈中华人民共和国民法典〉有关担保制度的解释》

第二十三条 人民法院受理债务人破产案件，债权人在破产程序中申报债权后又向人民法院提起诉讼，请求担保人承担担保责任的，人民法院依法予以支持。

担保人清偿债权人的全部债权后，可以代替债权人在破产程序中受偿；在债权人的债权未获全部清偿前，担保人不得代替债权人在破产程序中受偿，但是有权就债权人通过破产分配和实现担保债权等方式获得清偿总额中超出债权的部分，在其承担担保责任的范围内请求债权人返还。

债权人在债务人破产程序中未获全部清偿，请求担保人继续承担担保责任的，人民法院应予支持；担保人承担担保责任后，向和解协议或者重整计划执行完毕后的债务人追偿的，人民法院不予支持。

第二十四条 债权人知道或者应当知道债务人破产，既未申报债权也未通知担保人，致使担保人不能预先行使追偿权的，担保人就该债权在破产程序中可能受偿的范围内免除担保责任，但是担保人因自身过错未行使追偿权的除外。

二、司法指导性文件

《全国法院破产审判工作会议纪要》

31. 保证人的清偿责任和求偿权的限制。破产程序终结前，已向债权人承担了保证责任的保证人，可以要求债务人向其转付已申报债权的债权人在破产程序中应得清偿部分。破产程序终结后，债权人就破产程序中未受清偿部分要求保证人承担保证责任的，应在破产程序终结后六个月内提出。保证人承担保证责任后，不得再向和解或重整后的债务人行使求偿权。

条文释义

一、条文主旨

本条是关于债务人的保证人或连带债务人申报债权的规定。

二、条文演变

《企业破产法（试行）》第 13 条第 1 款规定“所有债权人均为债权人会议成员。债权人会议成员享有表决权，但是有财产担保的债权人未放弃优先受偿权利的除外。债务人的保证人，在代替债务人清偿债务后可以作为债权人，享有表决权”，仅对保证人代替债务人清偿债务后在破产程序中的地位进行了规定。在起草《企业破产法》过程中，原草案第 50 条为：“债务人的担保人或者债务人的其他连带债务人，以其对债务人的求偿权申报债权。”最终《企业破产法》条文将草案中的“担保人”替换成“保证人”，并增加保证人或其他债务人可以将来求偿权申报债权的规定，但是没有明确担保人在破产程序中是否享有代位求偿权。2021 年 1 月 1 日起施行的《民法典担保制度解释》第 23 条中明确了“担保人清偿债权人的全部债权后，可以代替债权人在破产程序中受偿”。

三、条文解读

依据《民法典》的有关规定，负有连带责任的每一个债务人，都负有清偿全部债务的义务，已经履行了义务的人，则有权要求其他负有连带责任的人偿付他应当承担的份额。因此，当连带债务人中一人或者数人进入破产程序后，债务人的其他连带债务人有权以其现时求偿权或者将来求偿权申报债权。这有利于保护已经承担债务清偿义务或者将要承担债务清偿义务的连带债务人的权益，维护当事人之间的公平。

我国《民法典》对债务人及其保证人之间的债务清偿作了规定。保证分为一般保证和连带保证。当事人在保证合同中约定，债务人不能履行债务时，由保证人承担责任的，为一般保证。一般保证的保证人在主合同纠纷未经审判或者仲裁，并就债务人财产依法强制执行仍不能履行债务前，可以拒绝承担保证责任。但是，人民法院受理债务人破产案件后，保证人不得拒绝承担保证责任。连带责任保证的债务人在主合同规定的债务履行期届满没有履行债务的，债权人可以要求债务人履行债务，也可以要求保证人在其保证范围内承担保证责任。无论是一般保证还是连带责任保证，保证人在承担保证责任后，都有权向债务人追偿。在债务人进入破产程序后，债务人的保证人依据《民法典》所享有的追偿权就要通过债权申报以参与破产财产的分配。

如果债务人的保证人或者其他连带债务人已经代替债务人清偿债务的，其针对债务人所享有的求偿权的数额是确定的，为保证人已经代替债务人清偿债务的数额。因此，本条第 1 款规定，债务人的保证人或者其他连带债务人以其对债务人的求偿权申报债权。

如果债务人的保证人或者其他连带债务人尚未代替债务人清偿债务，其清偿义务也是可预期的。一旦债权人提出要求，债务人的保证人或者其他连带债务人就得承担连带责任。因此，尽管债务人的保证人或者其他连带债务人尚未代替债务人清偿债务，也有权申报债权，依照破产程序行使权利，以弥补将来的损失。本条第 2 款规定，在这种情况下，债务人的保证人或者其他连带债务人以其对债务人的将来求偿权申报债权。但是在债权人已经向管理人全额申报债权的情况下，如果允许债务人的保证人或者其他连带债务人同时向管理人申报债权，则同一项债权在破产程序中将获得重复清偿，这对其他债权人来说显然是不公平的。因此，本条第2款对债权人已经向管理人申报全部债权的情形作了除外规定。[①] 该规定体现了以下原则，即任何源于同一债务的普通债权，只能在破产程序中得到与其他普通债权相同比率的清偿。按照该规定，债权人如果已在主债务人的破产程序中全额申报了债权，其未得到清偿的部分可以向保证人或者连带债务人主张清偿。但保证人或连带债务人承担清偿责任后，不能向债务人追偿。

适用指引

基于法律规定或者当事人之间的约定，因保证关系形成的连带债务人之间与对债务共同承担责任的连带债务人之间对债权人承担责任的范围可能有所不同，申报债权时对债权人申报的范围应当注意区别。因保证关系形成的连带债务，破产人是主债务人的，保证人是次债务人，保证人向债权人承担的债务清偿义务是替债务人履行义务，因而其可以全额申报债权。对债务共同承担责任的连带债务人之间没有对外的主次关系，在向债权人履行清偿义务后，其申报债权时，应扣除自己应当承担的份额，不能全额申报。[②] 其他连带债务人对债务人的求偿权，实际上是连带债务人之间的内部求偿权。内部求偿权构成一般情况下必须具备三个条件：第一，连带债务人承担了债务，承担债务的方式不限于清偿，凡因该债务人财产利益的减少而又达到债的履行效果从而消灭的行为，例如，抵销、提存等，均应包括在内；第二，连带债务人承担债务超过其应承担的份额，否则，对其他债务人无求偿权可言；第三，连带债务人共同免责，免责包括免去全部给付义务和免去一部分给付义务，即因连带债务人履行债务而使其他债务人免除了向债权人履行义务。因此，其他连带债务人以现时求偿权申报债权时，应当满足内部求偿权的构成条件。

---

① 安建：《中华人民共和国企业破产法释义》，法律出版社2006年版，第80页。
② 王东敏：《新破产法疑难解读及实务操作》，法律出版社2007年版，第67~68页。

类案检索

许昌恒源发制品股份有限公司、赵某栓保证合同纠纷案

关键词：债务保证人　求偿权

裁判摘要：再审申请人许昌恒源发制品股份有限公司（以下简称恒源发公司）恒源发公司、赵某栓、李某平认为，（1）恒源发公司破产程序尚未终结，债权人中原银行在破产程序中能否受偿，以及受偿的数额还无法确定，担保人应当承担担保责任的范围也不能确定。在此期间，中原银行起诉至一审法院要求保证人承担保证责任，没有事实和法律依据，应当依法驳回起诉，待破产程序终结后另行主张。（2）中原银行已向恒源公司管理人申报了全部债权，保证人的求偿权或追偿权已无法实现。

最高人民法院经审查认为，《最高人民法院关于适用〈中华人民共和国担保法〉若干问题的解释》第44条规定："保证期间，人民法院受理债务人破产案件的，债权人既可以向人民法院申报债权，也可以向保证人主张权利。债权人申报债权后在破产程序中未受清偿的部分，保证人仍应当承担保证责任。债权人要求保证人承担保证责任的，应当在破产程序终结后六个月内提出。"根据上述规定，债权人既可以向人民法院申报债权，也可以向保证人主张权利，二者之间并不存在冲突，债务人破产不应当构成债权人向保证人主张权利的程序障碍。该条规定的"应当在破产程序终结后六个月内提出"，指的是债权人向保证人主张权利的最后期限，即债权人在破产程序终结后超过6个月提出权利主张的，人民法院不予支持。因此，从该条规定的内容分析无法得出债权人在破产程序终结前不得向保证人主张权利的意思。

《破产审判会议纪要》第31条中规定："破产程序终结前，已向债权人承担了保证责任的保证人，可以要求债务人向其转付已申报债权的债权人在破产程序中应得清偿部分。破产程序终结后，债权人就破产程序中未受清偿部分要求保证人承担保证责任的，应在破产程序终结后六个月内提出。保证人承担保证责任后，不得再向和解或重整后的债务人行使求偿权。"从该会议纪要的规定来看，已向债权人承担了保证责任的保证人，可通过申请转付相应清偿份额的方式实现权利救济，并非再审申请人所称的其求偿权或追偿权已无法实现。

债权人设立担保旨在使债务人的保证人和其他连带债务人在债务人无力清

偿，尤其是破产时承担责任。如因债权人在重整计划中不得已减免债务人的部分债务、变更清偿条件，便相应减轻保证人和其他连带债务人的责任，这与设立担保的宗旨相违背。重整计划依法定多数同意即可通过，经人民法院裁定批准的重整计划对债务人和全体债权人，均有约束力。部分不同意的债权人也要受重整计划约束，如其债权设有保证担保，在他们不同意重整计划的情况下将债务人的保证人和其他连带债务人的责任也随之减免，不尽合理。《企业破产法》第92条第3款规定："债权人对债务人的保证人和其他连带债务人所享有的权利，不受重整计划的影响"，即不因重整计划中对债权人的债权数额、清偿条件的调整而受到影响，仍应按照原有数额和条件进行清偿，该重整计划的效力不及于债务人的保证人和其他连带债务人，其不能以重整计划来对抗债权人的权利主张。

【案　　号】（2020）最高法民申1676号

【审理法院】最高人民法院

【来　　源】中国裁判文书网

第五十二条　连带债务人数人被裁定适用本法规定的程序的，其债权人有权就全部债权分别在各破产案件中申报债权。

关联规定

法律、行政法规、司法解释

1.《中华人民共和国民法典》

第一百七十八条　二人以上依法承担连带责任的，权利人有权请求部分或者全部连带责任人承担责任。

连带责任人的责任份额根据各自责任大小确定；难以确定责任大小的，平均承担责任。实际承担责任超过自己责任份额的连带责任人，有权向其他连带责任人追偿。

连带责任，由法律规定或者当事人约定。

第三百零七条　因共有的不动产或者动产产生的债权债务，在对外关系上，共有人享有连带债权、承担连带债务，但是法律另有规定或者第三人知道共有人不具有连带债权债务关系的除外；在共有人内部关系上，除共有人另有约定外，按份共有人按照份额享有债权、承担债务，共同共有人共同享有债权、承担债务。偿还债务超过自己应当承担份额的按份共有人，有权向其他共有人追偿。

第五百一十八条　债权人为二人以上，部分或者全部债权人均可以请求债务人履行债务的，为连带债权；债务人为二人以上，债权人可以请求部分或者全部债务人履行全部债务的，为连带债务。

连带债权或者连带债务，由法律规定或者当事人约定。

第五百一十九条　连带债务人之间的份额难以确定的，视为份额相同。

实际承担债务超过自己份额的连带债务人，有权就超出部分在其他连带债务人未履行的份额范围内向其追偿，并相应地享有债权人的权利，但是不得损害债权人的利益。其他连带债务人对债权人的抗辩，可以向该债务人主张。

被追偿的连带债务人不能履行其应分担份额的，其他连带债务人应当在相应范围内按比例分担。

2.《最高人民法院关于适用〈中华人民共和国企业破产法〉若干问题的规定（三）》

第五条 债务人、保证人均被裁定进入破产程序的，债权人有权向债务人、保证人分别申报债权。

债权人向债务人、保证人均申报全部债权的，从一方破产程序中获得清偿后，其对另一方的债权额不作调整，但债权人的受偿额不得超出其债权总额。保证人履行保证责任后不再享有求偿权。

条文释义

一、条文主旨

本条是关于连带债务人的债权人申报债权的规定。

二、条文演变

《企业破产法（试行）》中没有关于连带债务人的债权人申报债权的规定。《企业破产法（草案）》第51条为："连带债务人同时或者先后被申请适用本法规定的程序的，其债权人有权就全部债权，分别在各破产案件中申报债权。"最终的《企业破产法》条文为："连带债务人数人被裁定适用本法规定的程序的，其债权人有权就全部债权分别在各破产案件中申报债权。"后者将债权人申报债权的时间从"被申请适用本法规定的程序"改为"被裁定适用本法规定的程序"，表述更加精简、准确，且与本法其他债权申报时间规定相匹配。

三、条文解读

连带债务人的债权人实质上是每一个连带债务人的债权人。因此，当多个连带债务人分别被裁定适用破产程序时，其债权人有权在各个破产案件中申报债权。例如，甲企业是乙企业的连带责任保证人，当甲、乙分别被申请适用破产程序时，作为甲企业债权人的丙，既可以在甲案件中申报债权，也可以在乙案件中申报债权。依据本条规定，连带债务人的债权人分别在各个连带债务人的破产案件中申报债权时，其所申报的债权数额可以是其享有的债权的总额。例如，在上述案例中，假设债权人丙对甲企业享有100万元的债权，当甲企业及其连带责任保证人乙企业同时被申请适用破产程序时。债权人丙既可以在甲案件中申报100万元的债权，也可以在乙案件中申报100万元的债权。一般说来，由于实践中破产程序中债权清偿率极低，债权人就其全部债权分别在各个连带债务人的破产案件中申报债权并不会导致债权人最终获得的清偿额大于其实际的债权额，但如果债权人最终获得的清偿数额超过其债权总额，超过部分应当按照不当得利返还到破产财产，分配给其他债权人。[①]

适用指引

对本条规定的债权人的"全部债权"，各国和地区破产立法有不同的理解：第一种认为是以债权成立时的全部债权申报；第二种认为以债权成立时的债权减去非依破产程序的任意清偿后所剩余的数额为债权总额进行申报；第三种认为应当以申报时实际存在的剩余债权为标准，即以债权成立时的债权数额减去其依据所有方式或者程序所受的清偿数额为债权总额。第三种观点比较科学，即在申报时债权人已经实际获得的清偿，无论是以何种方式或者程序受到的清偿，均应当予以扣除。申报后债权人在其他破产程序中获得的清偿可不予扣除，否则难以保持破产债权的在一定期间内的稳定性、影响破产程序的进行速度。但无论如何，债权人在所有破产程序受偿的总额不能超过其债权总额，[②]若债权人在各个破产程序中得到的清偿超过债权总额，应当将多受偿的部分返还给破产财产。

实务中由于理解上的差异，管理人在审查确认该类债权时往往倾向于扣除债权人在其他连带债务人破产程序中受偿的数额，以更好地保护本案中其他债权人的清偿利益。《企业破产法规定（三）》第5条的规定针对债务人与保证人均被裁定进入破产程序时债权人如何就全部债权在各个破产程序中行使权利予以了明确。此外，在实践中还存在个别债权人参加各个破产程序获得的清偿超过其债权总额的情形，此时，管理人或者其他债权人可以在诉讼时效内，依据《民法典》相关规定主张不当得利的返还。

① 安建：《中华人民共和国企业破产法释义》，法律出版社2006年版，第82页。
② 王东敏：《新破产法疑难解读与实务操作》，法律出版社2007年版，第69页。

类案检索

潍坊银行股份有限公司青岛分行、日照铸福实业有限公司金融借款合同纠纷案

关键词： 违约金　诉讼代表人　诉讼请求　破产清算　执行

裁判摘要： 山东省日照市中级人民法院经审查认为，潍坊银行股份有限公司青岛分行一审起诉向日照铸福实业有限公司主张借款本息债权、向山东阿掖山集团有限公司主张保证债权，但日照铸福实业有限公司、山东阿掖山集团有限公司均已进入破产程序。根据《企业破产法》第44条关于人民法院受理破产申请时对债务人享有债权的债权人，依照该法规定的程序行使权利的规定，潍坊银行股份有限公司青岛分行此时应依据《企业破产法》关于债权申报的规定申报债权。同时根据《企业破产法》第52条关于连带债务人数人被裁定适用该法规定的程序的，其债权人有权就全部债权分别在各破产案件中申报债权的规定，潍坊银行股份有限公司青岛分行的债权申报申请可分别向日照铸福实业有限公司管理人和山东阿掖山集团有限公司管理人提出。本案中，上述两管理人均已接受潍坊银行股份有限公司青岛分行的债权申报，其中日照铸福实业有限公司管理人对涉案借款本息已做相应确认，山东阿掖山集团有限公司管理人亦表示认同日照铸福实业有限公司管理人的确认结果，故潍坊银行股份有限公司青岛分行对该两家公司的诉求应在破产程序中予以处理，其另行提起诉讼，一审法院对此不予支持并无不当，日照市中级人民法院予以维持。

【案　　号】（2018）鲁11民终2224号

【审理法院】 山东省日照市中级人民法院

【来　　源】 中国裁判文书网

第五十三条　管理人或者债务人依照本法规定解除合同的，对方当事人以因合同解除所产生的损害赔偿请求权申报债权。

关联规定

法律、行政法规、司法解释

1.《中华人民共和国民法典》

第五百六十三条　有下列情形之一的，当事人可以解除合同：

（一）因不可抗力致使不能实现合同目的；

（二）在履行期限届满前，当事人一方明确表示或者以自己的行为表明不履行主要债务；

（三）当事人一方迟延履行主要债务，经催告后在合理期限内仍未履行；

（四）当事人一方迟延履行债务或者有其他违约行为致使不能实现合同目的；

（五）法律规定的其他情形。

以持续履行的债务为内容的不定期合同，当事人可以随时解除合同，但是应当在合理期限之前通知对方。

第五百六十六条　合同解除后，尚未履行的，终止履行；已经履行的，根据履行情况和合同性质，当事人可以请求恢复原状或者采取其他补救措施，并有权请求赔偿损失。

合同因违约解除的，解除权人可以请求违约方承担违约责任，但是当事人另有约定的除外。

主合同解除后，担保人对债务人应当承担的民事责任仍应当承担担保责任，但是担保合同另有约定的除外。

2.《中华人民共和国企业破产法》

第十八条　人民法院受理破产申请后，管理人对破产申请受理前成立而债务人和对方当事人均未履行完毕的合同有权决定解除或者继续履行，并通知对方当事人。管理人自破产申请受理之日起二个月内未通知对方当事人，或者自收到对方当事人催告之日起三十日内未答复的，视为解除合同。

管理人决定继续履行合同的，对方当事人应当履行；但是，对方当事人有权要求管理人提供担保。管理人不提供担保的，视为解除合同。

条文释义

一、本条主旨

本条是关于因解除合同而产生的损害赔偿请求权进行债权申报的规定。

二、条文演变

《企业破产法（试行）》第26条规定："对破产企业未履行的合同，清算组可以决定解除或者继续履行。清算组决定解除合同，另一方当事人因合同解除受到损害的，其损害赔偿额作为破产债权。"

《最高人民法院关于贯彻执行〈中华人民共和国企业破产法（试行）〉若干问题的意见》第55条对此又进行了细化，规定："清算组决定解除合同，另一方当事人因合同解除受到损害而发生的损害赔偿争议、由人民法院裁定解决。裁定书所确定的赔偿数额应列入破产债权。"《企业破产规定》第55条明确规定："清算组解除合同，对方当事人依法或者依照合同约定产生的对债务人可以用货币计算的债权属于破产债权。该项债权以实际损失为计算原则，违约金不作为破产债权，定金不再适用定金罚则"。《企业破产法（草案）》第129条第4款规定："管理人解除合同，对方当事人已给付定金的，以定金额为限的返还请求权作为破产债权。依前四款规定解除合同时，对方当事人请求损害赔偿的权利作为破产债权。"

《企业破产法》第53条系沿袭了《企业破产法（试行）》第26条的规定，规定管理人或者债务人依照本法规定解除合同的，合同对方当事人以因合同解除所产生的损害赔偿请求权进行债权申报。

三、条文解读

对于破产案件受理前已经成立而债务人和对方当事人均未履行完毕的合

同，根据本法第 18 条的规定，管理人有权决定解除或者继续履行；同时，按照本法第 73 条的规定，在重整期间，债务人经人民法院批准自行管理财产和营业事务的，上述合同解除或者继续履行的权利由债务人行使。债务人或者管理人决定继续履行合同的，所产生的债务，按照本法第 42 条的规定，作为共益债务由债务人财产随时清偿。

债务人或者管理人决定解除合同的，因合同解除的原因只能归责于债务人，由此产生的损害后果不能让相对人承担，债务人应对相对人受到的损害承担损害赔偿责任。但合同解除发生于法院受理破产申请之后，合同相对方不能根据本法第 44 条“人民法院受理破产申请时对债务人享有债权的债权人，依照本法规定的程序行使权利”的规定申报债权，而要依据本条的特别规定处理，即就破产申请之后因合同解除所产生的损害赔偿请求权申报债权。

关于此种债权的性质，鉴于在破产受理前合同已履行完毕的债权人所申报的债权，根据法律规定系作为普通破产债权。故在破产受理后因合同解除产生的损害赔偿请求权所申报的债权，亦应作为普通破产债权。

适用指引

一、关于破产程序中合同解除的损害赔偿请求权范围问题

《企业破产法》及其司法解释未规定因合同解除所产生损害赔偿请求权申报债权的范围。但《企业破产规定》第 55 条规定，解除合同所产生的损害赔偿请求权债权以实际损失为计算原则，违约金不作为破产债权，定金不再适用定金罚则。《企业破产规定》作为现行有效的司法解释，对方当事人因合同解除所产生的损害赔偿请求权债权的范围，可以按该规定予以确定。换言之，管理人或债务人解除合同所产生的损害赔偿金债权，计算标准是实际损失标准，违约金、双倍定金不能作为破产债权。

破产程序目的在于使破产债权得到公平的对待，弥补债权人的实际损失。因破产企业已经无法全额清偿债务，若承认违约金、双倍定金是破产债权，实际是全体债权人承担了违约责任，违反了破产法保护全体债权人公平受偿权的原则。另外，不作为破产债权的违约金是指惩罚性违约金和未发生实际损失的违约金，如果是补偿性违约金而且相对人有实际损失的，该违约金可以作为损

害赔偿金而成为破产债权的组成部分。

二、关于以损害赔偿请求权申报债权的申报金额及确认程序问题

管理人或者债务人依照本法规定解除合同的，对方当事人可以因合同解除所产生的实际损失向管理人申报债权。管理人应对债权进行审查，并将审查确认的债权金额提交债权人会议核查。债务人、债权人若对债权数额等有异议，可以要求管理人复核。经管理人解释或调整后，异议人仍然不服的，或者管理人不予解释或调整的，异议人可以向人民法院提起债权确认的诉讼，由人民法院裁判确认因解除合同所产生的损害赔偿数额。

但是，管理人或者债务人依照本法规定解除合同的，对方当事人在向管理人申报债权前，不得就因合同解除所产生的损害赔偿金直接向人民法院提起债权确认之诉。其只有在申报债权，并对管理人审查结果有异议的情形下，才能向人民法院提起债权确认之诉。

类案检索

四川公达信律师事务所诉德阳华林仪表有限公司委托合同纠纷案

关键词：解除合同　损害赔偿请求权

裁判摘要：德阳华林仪表有限公司（以下简称华林公司）曾与四川公达信律师事务所（以下简称公达信律所）达成《委托代理合同》，约定由公达信律所指派律师代理华林公司处理其与德阳华林城企业经营管理有限公司（以下简称华林城管理公司）的房屋租赁纠纷。后因诉讼情况发生变化，公达信律所又与华林公司签订《补充协议》，对前述合同进行修订补充：一、支付律师费方式：如华林公司胜诉，即判令与对方解除了租赁关系，则华林公司支付律师费60万元；二、如华林公司和对方和解、调解或撤诉，则视为华林公司完全胜诉，费用按照第一条执行。2015年9月16日，德阳市中级人民法院裁定受理华林公司重整一案，后就该案的债权申报的期限和方式刊登了公告，通知债权人应在2015年12月10日前向管理人申报债权。但自破产案件受理日之日起2个月内，管理人未向公达信律所发出过要求继续履行合同的通知，公达信律所也未向管理人进行催告。而后华林公司与华林城管理公司达成和解协议。

2016年4月18日，公达信律所向管理人申报债权560万元，管理人告知对其申报的债权不予确认。

四川省高级人民法院认为，在华林公司破产案受理之日起2个月内，即2015年11月17日前，管理人并未对公达信律所发出过要求继续履行合同的通知，也无证据显示债权人会议作出了要求继续履行合同的决议。且基于管理人是有权选择是否继续履行合同的主体，即使公达信律所在2015年12月代理华林公司提交过财产保全申请，也不足以证明管理人选择了继续履行合同。因此，依照我国《企业破产法》第18条第1款的规定，委托代理合同关系已于华林公司破产案受理之日起2个月，即2015年11月17日解除。依据我国《企业破产法》第53条，公达信律所可就合同解除而产生的损害赔偿请求权在华林公司的破产程序中向管理人申报债权。

【案　　号】（2017）川民终876号

【审理法院】四川省高级人民法院

【来　　源】中国裁判文书网

第五十四条　债务人是委托合同的委托人，被裁定适用本法规定的程序，受托人不知该事实，继续处理委托事务的，受托人以由此产生的请求权申报债权。

关联规定

法律、行政法规、司法解释

《中华人民共和国民法典》

第九百三十四条　委托人死亡、终止或者受托人死亡、丧失民事行为能力、终止的，委托合同终止；但是，当事人另有约定或者根据委托事务的性质不宜终止的除外。

第九百三十五条　因委托人死亡或者被宣告破产、解散，致使委托合同终止将损害委托人利益的，在委托人的继承人、遗产管理人或者清算人承受委托事务之前，受托人应当继续处理委托事务。

第九百三十六条　因受托人死亡、丧失民事行为能力或者被宣告破产、解散，致使委托合同终止的，受托人的继承人、遗产管理人、法定代理人或者清算人应当及时通知委托人。因委托合同终止将损害委托人利益的，在委托人作出善后处理之前，受托人的继承人、遗产管理人、法定代理人或者清算人应当采取必要措施。

条文释义

一、本条主旨

本条是关于对善意受托人权利保护的规定。

二、条文演变

《企业破产法（试行）》没有对受托人在委托人进入破产程序后的权利救济作出规定。《企业破产规定》第55条明确破产债权包括受托人在债务人破产后为债务人的利益处理委托事务所发生的债权。《企业破产法》在制定过程中，在沿袭前述司法解释规定的基础上，单设法条对受托人在委托人进入破产程序后处理委托事务所产生的权利救济途径进行了规定。起初，2004年6月21日公布的《企业破产法（草案）》第130条规定："委托合同因破产宣告后终止。但是，受托人未接到破产宣告通知、且不知有破产宣告的事实，继续处理委托事务的，由此产生的债权作为破产债权。"但是，因原《合同法》第411条已规定委托合同在委托人破产时终止，《企业破产法（草案）》经三次审议后，最终审议通过的《企业破产法》第54条规定中删除了"委托合同因破产宣告后终止"的表述，规定受托人不知委托人破产而继续处理委托事务的，由此产生的请求权可以申报债权。

三、条文解读

委托合同是一种有名合同。《民法典》第919条规定："委托合同是委托人和受托人约定，由受托人处理委托人事务的合同。"委托合同带有一定的人身依附属性，除当事人另有约定或者根据委托事务的性质不宜终止的以外，委托人或者受托人死亡、丧失民事行为能力或者破产的，委托合同终止。委托合同终止后，双方当事人之间不存在任何权利义务关系。

破产债权，除本法另有规定外，应成立于法院受理债务人破产申请前。委托人进入破产程序后，破产人的财产和其他事务由管理人负责管理和处理，此时受托人可能没有接到委托人被宣告破产的通知，也不知道委托人进入破产程序的事实，仍然按照委托合同的约定，为了委托人的利益处理委托事务。如果受托人继续处理委托事务，所产生的法律后果由受托人自己承担，并且不能就处理委托事务这一行为向委托人主张报酬请求权或者其他权利，这显然是不公平的。对于这种善意的受托人，应当予以保护。本条从保护善意受托人的角度出发，规定了受托人在委托人进入破产程序后处理委托事务行为的效力问题。根据本条规定，受托人不知委托人进入破产程序的事实而继续处理委托事务，由此所产生的债权虽不符合本法第44条关于可申报债权的规定，但仍然可以进行债权申报。

适用指引

关于委托人进入破产程序是否为委托合同终止的法定事由问题

委托合同是委托人和受托人约定，由受托人处理委托人事务的合同。《民法典》第934条规定："委托人死亡、终止或者受托人死亡、丧失民事行为能力、终止的，委托合同终止；但是，当事人另有约定或者根据委托事务的性质不宜终止的除外。"由此可见，除当事人对委托合同的终止事由另有约定外，《民法典》只将委托人终止列为委托合同终止的法定事由，并没有将委托人破产直接列为委托合同终止的法定事由。《民法典》第73条规定："法人被宣告破产的，依法进行破产清算并完成法人注销登记时，法人终止。"可见，委托人进入破产程序并不意味着其法人资格的消灭，还需经破产清算并完成注销登记后，委托人的法人资格才丧失。重整及和解程序后的法人资格不必然丧失。

循此以论，委托人进入破产程序并非委托合同终止的法定事由。换言之，委托人进入破产程序后，委托合同并非当然地终止，其仍对委托人和受托人有一定程度的拘束力。因此，非因可归责于己之事由而不知委托人已进入破产程序的善意受托人，可以继续处理委托事务，由此产生的请求权可以向管理人申报债权。

第五十五条 债务人是票据的出票人，被裁定适用本法规定的程序，该票据的付款人继续付款或者承兑的，付款人以由此产生的请求权申报债权。

关联规定

法律、行政法规、司法解释

1.《中华人民共和国票据法》

第六十一条 汇票到期被拒绝付款的，持票人可以对背书人、出票人以及汇票的其他债务人行使追索权。

汇票到期日前，有下列情形之一的，持票人也可以行使追索权：

（一）汇票被拒绝承兑的；

（二）承兑人或者付款人死亡、逃匿的；

（三）承兑人或者付款人被依法宣告破产的或者因违法被责令终止业务活动的。

第六十四条 承兑人或者付款人被人民法院依法宣告破产的，人民法院的有关司法文书具有拒绝证明的效力。

承兑人或者付款人因违法被责令终止业务活动的，有关行政主管部门的处罚决定具有拒绝证明的效力。

2.《最高人民法院关于审理票据纠纷案件若干问题的规定》

第十条 付款人或者承兑人被人民法院依法宣告破产的，持票人因行使追索权而向人民法院提起诉讼时，应当向受理法院提供人民法院依法作出的宣告破产裁定书或者能够证明付款人或者承兑人破产的其他证据。

第十六条 票据出票人或者背书人被宣告破产的，而付款人或者承兑人不知其事实而付款或者承兑，因此所产生的追索权可以登记为破产债权，付款人或者承兑人为债权人。

条文释义

一、本条主旨

本条是关于破产程序中因票据关系而产生的债权申报的规定。

二、条文演变

1986年《企业破产法（试行）》没有对票据付款人或承兑人在出票人进入破产程序后的权利救济作出规定。1991年《最高人民法院关于贯彻执行〈中华人民共和国企业破产法（试行）〉若干问题的意见》第62条首次规定了票据付款人或承兑人在发票人或背书人被宣告破产的情形下，其不知该事实而因付款或者承兑该票据（汇票、本票、支票）所产生的债权为破产债权。《企业破产规定》第55条亦明确票据出票人被宣告破产，付款人或者承兑人不知其事实而向持票人付款或者承兑所产生的债权为破产债权。2004年6月21日公布的《企业破产法（草案）》第131条规定沿袭了前述司法解释的规定。因票据的无因性，《企业破产法（草案）》经三次审议后，最终审议通过的《企业破产法》第55条规定中删除了付款人不知道出票人进入破产程序的限定条件，规定票据的付款人在出票人进入破产程序后继续付款或者承兑的，由此产生的请求权申报债权。

三、条文解读

票据是发票人依据《票据法》发行的、无条件支付一定金额或者委托他人无条件支付一定金额给受款人或持票人的一种有价证券。

在票据活动中，主要是在以汇票为标的的活动中，当付款人向受款人承兑或者付款以后，有权依照合同约定向出票人行使追索权，请求出票人偿还所支付的价款。在出票人破产的情况下，如果承兑或者付款行为发生在破产案件受理之前，付款人可以依照本法第44条的规定申报债权；如果承兑或者付款行为发生在破产受理之后，付款人不能依据本法第44条的规定申报债权。但是，票据是流通性很强的有价证券，票据的收款人是不特定的，票据的承兑和付款也会随时发生。如果不允许在出票人进入破产程序后进行承兑或者付款的付款人向出票人主张权利，不仅对于付款人不公平，也不利于保护票据的流通性。故本条对此作出规定，这也是我国现行《企业破产法》司法实践中的一贯做法。本条适用的前提是付款人在付款或承兑前，没有预收票据资金。若票据付款人事先已预收票据资金，付款人在付款或承兑后不再享有申报债权的权利。[①]

根据《企业破产规定》第 55 条的规定，票据出票人被宣告破产，付款人或者承兑人不知其事实而向持票人付款或者承兑所产生的债权，为破产债权。同该第 55 条相比，本条没有规定付款人“不知其事实”（出票人受破产宣告的事实）的限定条件。这主要是因为，按照我国《票据法》的规定，出票人进入破产程序并不是付款人拒绝承兑或者付款的法定抗辩理由。换言之，即使付款人知道了发票人进入破产程序的事实，也没有法定权利拒绝承兑或者付款（如支票为见票即付，付款人无权以发票人破产作为拒绝付款的理由）。因此，既然付款人从法律上来说必须付款或者承兑，就没有理由以其知道出票人进入破产程序作为限制权利的理由。从另外一个角度来说，如果要求付款人在承兑或者付款之前都有查明发票人是否进入破产程序的义务，将增加交易成本，降低交易安全，不利于票据的流转。因此，本条对破产案件受理后发生的承兑或者付款行为所产生的债权作为可申报债权，没有规定任何限制条件。即使付款人在承兑或者付款时知道发票人进入破产程序的事实，也不影响其对本条的适用。

适用指引

本条规定，票据付款人在债务人进入破产程序后继续付款或承兑的，以由此产生的请求权申报债权。如何理解本条所使用的“继续”一词？如果抛开本法全文而仅对本条进行文义分析的话，本条规定仅设定了“继续”的起点，而在“法院裁定适用本法规定的程序”之后，没有设定一个终点。换言之，票据付款人在“法院裁定适用本法规定的程序”之后为付款行为或承兑行为的都属于“继续”的范畴，债权人都可以就由此产生的请求权申报债权。此时，再将本条放回本法中进行体系解读，结合本法第 56 条关于债权申报最后时限的规定，我们认为该规定所使用的“继续”一词所涵盖的时间段应该是从法院裁定

① 王欣新：《破产法》，中国人民大学出版社 2019 年版，第 225 页。

受理破产案件后到破产财产最后分配前，包括票据付款人在出票人被宣告破产后，继续付款或承兑的情形。因此，票据出票人被法院裁定进入破产程序后，无论付款人是否知悉该事实，其向持票人付款或承兑而产生的债权属于破产债权，付款人最晚可在破产财产最后分配前补充申报债权，并依破产程序的相关规定进行受偿。

指导案例

指导案例151号：台州德力奥汽车部件制造有限公司诉浙江建环机械有限公司管理人浙江安天律师事务所、中国光大银行股份有限公司台州温岭支行第三人撤销之诉案

（最高人民法院审判委员会讨论通过　2021年2月19日发布）

关键词：民事　第三人撤销之诉　破产程序　个别清偿行为　原告主体资格

裁判要点：

在银行承兑汇票的出票人进入破产程序后，对付款银行于法院受理破产申请前六个月内从出票人还款账户划扣票款的行为，破产管理人提起请求撤销个别清偿行为之诉，法院判决予以支持的，汇票的保证人与该生效判决具有法律上的利害关系，具有提起第三人撤销之诉的原告主体资格。

相关法条：

《中华人民共和国民事诉讼法》第56条

基本案情：

2014年3月21日，中国光大银行股份有限公司台州温岭支行（以下简称光大银行温岭支行）分别与浙江建环机械有限公司（以下简称建环公司）、台州德力奥汽车部件制造有限公司（以下简称德力奥公司）等签订《综合授信协议》《最高额保证合同》，约定光大银行温岭支行在2014年4月1日至2015年3月31日期间向建环公司提供最高额520万元的授信额度，德力奥公司等为该授信协议项下最高本金余额520万元提供连带责任保证。2014年4月2日，光大银行温岭支行与建环公司签订《银行承兑协议》，建环公司提供50%保证金（260万元），光大银行温岭支行向建环公司出具承兑汇票520万元，汇票到期日为2014年10月2日。2014年10月2日，陈某1将260万元汇至陈某2兴业银行的账户，然后陈某2将260万元汇至其在光大银行温岭支行的账户，再由陈某2将260万元汇至建环公司在光大银行温岭支行的还款账户。2014年10月8日，光大银行温岭支行在建环公司的上述账户内扣划2563430.83元，并陆续支付持票人承兑汇票票款共37笔，合计520万元。

2015年1月4日，浙江省玉环县人民法院受理建环公司的破产重整申请，并指定浙江安天律师事务所担任管理人（以下简称建环公司管理人）。因重整不成，浙江省玉环县人民法院裁定终结建环公司的重整程序并宣告其破产清算。2016年10月13日，建环公司管理人提起请求撤销个别清偿行为之诉，浙江省玉环县人民法院于2017年1月10日作出（2016）浙1021民初7201号民事判决，判令光大银行温岭支行返还建环公司管理人2563430.83元及利息损失。光大银行温岭支行不服提起上诉，浙江省台州市中级人民法院于2017年7月10日作出（2016）浙10民终360号二审判决：驳回上诉，维持原判。

2018年1月，光大银行温岭支行因保证合同纠纷一案将德力奥公司等诉至温岭市人民法院。原、被告均不服一审判决，上诉至台州市中级人民法院，二审判决德力奥公司等连带偿还光大银行温岭支行垫付款本金及利息等。

德力奥公司遂向台州市中级人民法院起诉撤销浙江省玉环县人民法院（2016）浙1021民初7201号民事判决第一项及台州市中级人民法院（2016）浙10民终360号民事判决。

裁判结果：

台州市中级人民法院于2019年3月15日作出（2018）浙10民撤2号民事判决：驳回原告台州德力奥汽车部件制造有限公司的诉讼请求。台州德力奥汽车部件制造有限公司不服，上诉至浙江省高级人民法院。浙江省高级人民法院于2019年7月15日作出（2019）浙民终330号民事判决：一、撤销台州市中级人民法院（2018）浙10民撤2号民事判决；二、撤销台州市中级人民法院（2016）浙10民终360号民事判决和浙江省玉环县人民法院（2016）浙1021民初7201号民事判决第一项“限被告中国光大银行股份有限公司台州温岭支行于判决生效后一个月内返还原告浙江建环机械有限公司管理人浙江安天律师事务所人民币2563430.83元，并从2016年10月13日起按中国人民银行规定的同期同类贷款基准利率赔偿利息损失”；三、改判浙江省玉环县人民法院（2016）浙1021民初7201号民事判决第二项“驳回原告浙江建环机械有限公司管理人浙江安天律师事务所的其余诉讼请求”为“驳回原告浙江建环机械有限公司管理人浙江安天律师事务所的全部诉讼请求”；四、驳回台州德力奥汽车部件制造有限公司的其他诉讼请求。浙江建环机械有限公司管理人浙江安天律师事务所不服，向最高人民法院申请再审。最高人民法院于2020年5月27日作出（2020）最高法民申2033号民事裁定：驳回浙江建环机械有限公司管理人浙江安天律师事务所的再审申请。

裁判理由：

最高人民法院认为：关于德力奥公司是否有权提起第三人撤销之诉的问题。若案涉汇票到期前建环公司未能依约将票款足额存入其在光大银行温岭支行的账户，基于票据无因性以及光大银行温岭支行作为银行承兑汇票的第一责任人，光大银行温岭支行须先行向持票人兑付票据金额，然后再向出票人（本案即建环公司）追偿，德力奥公司依约亦需承担连带偿付责任。由于案涉汇票到期前，建环公司依约将票款足额存入了其在光大银行温岭支行的账户，光大银行温岭支行向持票人兑付了票款，故不存在建环公司欠付光大银行温岭支行票款的问题，德力奥公司亦就无须承担连带偿付责任。但是，由于建环公司破产管理人针对建环公司在汇票到期前向其在光大银行温岭支行账户的汇款行为提起请求撤销个别清偿行为之诉，若建环公司破产管理人的诉求得到支持，德力奥公司作为建环公司申请光大银行温岭支行开具银行承兑汇票的保证人即要承担连带还款责任，故原案的处理结果与德力奥公司有法律上的利害关系，应当认定德力奥公司属于民事诉讼法第五十六条规定的无独立请求权第三人。

第五十六条 在人民法院确定的债权申报期限内，债权人未申报债权的，可以在破产财产最后分配前补充申报；但是，此前已进行的分配，不再对其补充分配。为审查和确认补充申报债权的费用，由补充申报人承担。

债权人未依照本法规定申报债权的，不得依照本法规定的程序行使权利。

关联规定

法律、行政法规、司法解释

1.《中华人民共和国企业破产法》

第四十五条 人民法院受理破产申请后，应当确定债权人申报债权的期限。债权申报期限自人民法院发布受理破产申请公告之日起计算，最短不得少于三十日，最长不得超过三个月。

第九十二条 经人民法院裁定批准的重整计划，对债务人和全体债权人均有约束力。

债权人未依照本法规定申报债权的，在重整计划执行期间不得行使权利；在重整计划执行完毕后，可以按照重整计划规定的同类债权的清偿条件行使权利。

债权人对债务人的保证人和其他连带债务人所享有的权利，不受重整计划的影响。

2.《最高人民法院关于〈中华人民共和国企业破产法〉施行时尚未审结的企业破产案件适用法律若干问题的规定》

第八条 债权人未在人民法院确定的债权申报期内向人民法院申报债权的，可以依据企业破产法第五十六条的规定补充申报。

条文释义

一、本条主旨

本条是关于补充申报债权的规定。

二、条文演变

《企业破产法（试行）》第9条曾规定，债权人在法定期限内“逾期未申报债权的，视为自动放弃债权”。《企业破产规定》第24条首次规定债权人因不可抗拒的事由或者其他正当理由，未能如期申报债权的，可以在破产财产分配前申报债权；但未明确逾期申报债权的后果，即之前已进行的分配是否对补充申报债权人进行补充分配。2004年6月21日公布的《企业破产法（草案）》第48条规定沿袭了前述司法解释的规定，“债权人因不可抗拒的事由或者其他正当理由，未能如期申报债权的，可以向人民法院请求延展其债权申报期限”，并明确“在人民法院确定的债权申报期限内，债权人没有申报债权的，可以在破产财产最终分配前补充申报，但此前已进行的分配，不再对其补充分配”。债权人若在申报期限内未申报债权，最晚在破产财产最后分配前也可以补充申报债权。经三次审议《企业破产法（草案）》后，最终审议通过的《企业破产法》第56条规定中删除了因不可抗力或其他正当事由申请延展申报期限的规定。本条允许未按期限申报的债权人可以依法补充申报债权，并明确此前已进行的分配不再对补充申报债权人进行补充分配，体现了本法在不影响破产程序的前提下最大程度保护债权人权益的宗旨。

三、条文解读

（一）债权申报是集体清偿程序中的必备制度

债权申报是不确定多数债权人集体清偿程序中的一项必备制度，破产程序、清算程序等集体清偿程序中都存在债权申报问题。在破产程序中，除劳动债权外，其他债权人都应当在人民法院确定的债权申报期限内申报债权。只有通过债权的申报，才能够确定有权参加清偿的债权人范围，确定不同债权人间的清偿顺序，从而实现对多数债权人的有序公平清偿。而债权的个别清偿程序如诉讼或执行程序，因债权人不受他人因素制约，故不存在债权申报问题。

（二）赋予债权人补充申报权利的必要性

债权的集体与个别清偿程序，区别仅在于债权实现的程序不同，而程序问题不应影响当事人的实体权利。换言之，集体清偿程序中的特殊制度如债权申报，其程序开展不应影响债权人的实体受偿权利，亦即破产程序中的债权申报期限不应具有除斥期间的效力，不能因此认为债权人的债权归于消灭。在破产程序终结前，债权人的实体权利仍然存在，故其逾期未申报债权，只产生不能进入破产程序行使权利的后果。只有根据实体法律规定的行为或者事实才能产生消灭债权债务这一实体法律关系的后果，这是一项基本原则，即“程序不消灭实体权利”。[①] 倘若由于客观原因导致一些债权人在人民法院确定的债权申报期限内未能申报债权，从而不能够参与破产程序，对于这些债权人来说显然是不公平的。因此，债权人应当有一个补救的机会，即给予债权人在破产财产最后分配前补充申报债权的权利。

（三）补充申报的时间限制

债权人补充申报的权利并非在任何时间都可以行使，而是必须在破产财产最后分配前提出。如果在破产财产最后分配后提出，由于破产程序一般来说具有不可逆的特征，债权人补充申报债权已经没有实际意义，因为补充申报最终不可能分得破产财产。

（四）补充申报后的财产分配范围

鉴于破产程序具有不可逆性，且补充申报债权的债权人自身也可能具有过失，所以债权人补充申报的债权在经过确认程序后，只能参加尚未分配的财产的分配。补充申报前已进行的财产分配，不再对该债权人进行补充分配。这也是督促债权人尽量在人民法院确定的债权申报期限内申报债权，以实现公平清偿的目的。不然债权申报期限的设置就失去了实际意义，任何债权人都可以不遵守债权申报期限而随时进行申报，破产程序也就无法正常进行。[②]

---

① 王卫国：《破产法精义》，法律出版社 2007 年版，第 160 页。
② 贺小电：《破产法原理与适用》，人民法院出版社 2012 年版，第 434 页。

（五）补充申报费用的承担

在人民法院确定的债权申报期限内申报债权的，审查和确认债权所需的费用属于破产费用，而破产费用由破产财产优先予以支付。但依据本条第 1 款的规定，为审查和确认补充申报的债权所需费用，由补充申报人承担。其主要原因在于，一是审查和确认补充债权所需费用系为个别或部分债权人利益而支出，且往往系因补充申报人自身过错所致，非为保障破产程序的顺利进行、维护破产债权人之整体利益，显然不能纳入破产费用范围；二是相较于正常申报的债权，审查和确认补充申报的债权所需的费用更多。

适用指引

一、补充申报债权的最后期限

依据本条规定，补充申报债权的最后期限为“破产财产最后分配前”。如何在破产清算、重整、和解这三种破产程序中确定“破产财产最后分配前”这一时间点，需要认真研究梳理。

有意见认为，为保障破产程序的顺利进行，在破产清算程序中，债权人补充申报债权的最后期限应为破产财产最终分配方案提交债权人会议表决之前。如果在此之后仍允许补充申报债权，意味着要重新制定分配方案从而将补充申报的债权纳入，那么债权人会议对分配方案已经作出的决议就要作废，甚至人民法院对破产财产最终分配方案作出的裁定认可也要作废。这必然造成破产程序的极大浪费与不当延误，既损害绝大多数债权人的利益，也损害司法裁决的权威性。与破产清算程序相对应，在和解、重整程序中，债权人补充申报债权的最后期限应为和解协议草案或重整计划草案提交债权人会议表决之前。

按照该种意见，如果债务人进入和解或重整程序后，又依法被终止和解协议或重整计划的执行，宣告破产转入破产清算程序，此时因破产程序已经转为破产清算程序，原未申报的债权人仍有权在破产清算程序中继续依法补充申报债权。

二、补充申报人承担的费用范围

依据本条规定，为审查和确认补充申报债权的费用，由补充申报人承担。例如，管理人因补充申报而需要额外召开债权人会议，那么召开债权人会议的费用就需要由逾期申报者来承担。但是，补充申报人所应承担的费用，仅限于依破产程序审查和确认补充申报债权所实际发生的费用，不得按照法院审理诉讼案件的标准收费。此外，根据《企业破产法》的规定，有些产生于破产案件受理后的债权也属于破产债权，如管理人行使合同解除权后对方当事人因合同解除产生的损害赔偿请求权等。这些债权有可能因产生时间过晚而无法在法院指定的申报期间内完成申报，但此种情况下的补充申报并非因债权人自身过错造成，由其承担债权的核查确认费用是不合理的，所以应当作为破产费用支付。

三、对破产程序中未补充申报债权者的特殊规定

在破产清算程序中，超过最后补充申报期限仍未申报债权的债权人，其实体权利也并不消灭，但因债务人的破产财产从程序上已经全部分配完毕，债权人因未取得程序权利而实际上无法获得清偿。但是，依据本法的有关规定，在重整程序或和解程序中，债权人其权利在重整计划或和解协议执行期间不得行使，在重整计划或和解协议执行完毕后，可以按照重整计划或和解协议规定的清偿条件行使。

如果在破产清算程序终结后，又发现有债务人的财产，即出现《企业破产法》第123条规定的情况，自破产清算程序终结之日起2年内，“发现有依照本法第三十一条、第三十二条、第三十三条、第三十六条规定应当追回的财产”以及破产人应当供分配的其他财产，债权人可以请求人民法院按照破产财产分配方案进行追加分配。关于此时应不应允许债权人补充申报债权的问题，有意见认为，按照《企业破产法》第123条的规定，债权人只可以请求人民法院按照破产财产分配方案进行追加分配，而原已确定的分配方案排除了未申报债权者参与破产分配的程序权利。盖因补充申报的债权必须经过债权审查确认程序后才有权参与分配，而在破产清算程序终结后，所有的破产机构如管理人、债权人会议等均已解散，债务人企业也已注销，实际上已不可能再对补充申报的债权人进行债权审查确认程序，为个别债权人补充申报债权而重新启动

破产程序的司法成本与经济成本过高，显然是不可行的。因此认为，未在破产清算程序中补充申报债权的债权人，不得参加破产财产追加分配。

类案检索

徐某与林某、朱某、浙江联誉实业有限公司民间借贷纠纷案

关键词： 申报期限　未申报债权　另行起诉

裁判摘要： 本案被告林某曾先后十四次向原告徐某借款1124万元，联誉公司系被告的借款担保人。2016年6月14日，案外第三人傅某以其系联誉公司债权人，联誉公司不能清偿对其所负债务，且联誉公司负债较多，资产不足以清偿全部债务为由，申请法院对联誉公司进行破产清算。2016年7月7日，法院裁定受理傅某对联誉公司的破产清算申请。因林某及其配偶朱某从借款至原告起诉时未向起诉人偿还任何债务，联誉公司也未履行担保责任，原告诉至法院请求依法判令被起诉人林某、朱某偿还借款及利息，联誉公司对上述借款本息承担连带清偿责任。

法院经审查认为，根据《企业破产法》第48条第1款“债权人应当在人民法院确定的债权申报期限内向管理人申报债权”以及第56条第2款“债权人未依照本法规定申报债权的，不得依照本法规定的程序行使权利”之规定，徐某应就其主张的对联誉公司的债权向联誉公司管理人申报债权，如徐某与联誉公司管理人对债权有异议的，徐某可向本院提起诉讼。关于徐某要求林某、朱某履行还款义务，可依法向有管辖权的人民法院另行提起诉讼。徐某现所提诉讼不符合民事诉讼受理条件。本案为破产债权确认诉讼。债权人对债权有异议时可以向受理破产申请的人民法院提起诉讼，其前提条件是债权人在人民法院确定的债权申报期限内向管理人申报了债权，否则，债权人不得行使提起债权确认诉讼的诉权。

【案　　号】（2017）浙01民初69号

【审理法院】 浙江省杭州市中级人民法院

【来　　源】 中国裁判文书网

第五十七条 管理人收到债权申报材料后，应当登记造册，对申报的债权进行审查，并编制债权表。

债权表和债权申报材料由管理人保存，供利害关系人查阅。

关联规定

法律、行政法规、司法解释

《最高人民法院关于适用〈中华人民共和国企业破产法〉若干问题的规定（三）》

第六条 管理人应当依照企业破产法第五十七条的规定对所申报的债权进行登记造册，详尽记载申报人的姓名、单位、代理人、申报债权额、担保情况、证据、联系方式等事项，形成债权申报登记册。

管理人应当依照企业破产法第五十七条的规定对债权的性质、数额、担保财产、是否超过诉讼时效期间、是否超过强制执行期间等情况进行审查、编制债权表并提交债权人会议核查。

债权表、债权申报登记册及债权申报材料在破产期间由管理人保管，债权人、债务人、债务人职工及其他利害关系人有权查阅。

第七条 已经生效法律文书确定的债权，管理人应当予以确认。

管理人认为债权人据以申报债权的生效法律文书确定的债权错误，或者有证据证明债权人与债务人恶意通过诉讼、仲裁或者公证机关赋予强制执行力公证文书的形式虚构债权债务的，应当依法通过审判监督程序向作出该判决、裁定、调解书的人民法院或者上一级人民法院申请撤销生效法律文书，或者向受理破产申请的人民法院申请撤销或者不予执行仲裁裁决、不予执行公证债权文书后，重新确定债权。

条文释义

一、本条主旨

本条是关于管理人审查债权和编制债权表的规定。

二、条文演变

《企业破产法（试行）》规定债权人向人民法院申报债权，人民法院就债权进行登记造册后提交债权人会议进行审查，由债权人会议审查有关债权的证明材料，确认债权有无财产担保及其数额。《企业破产规定》第 22 条规定："人民法院在登记申报的债权时，应当记明债权人名称、住所、开户银行、申报债权数额、申报债权的证据、财产担保情况、申报时间、联系方式以及其他必要的情况；已经成立清算组的，由清算组进行上述债权登记工作。"本条进一步厘清了债权申报登记审查的主体，即由管理人负责所申报债权的登记审查工作，法院不再参与。

三、条文解读

（一）管理人接受债权申报

接受债权申报、审查债权申报的真实性以及编制债权表，是管理人的重要职责之一，也是破产程序顺利进行的重要环节。根据本条第 1 款及司法解释规定，管理人收到债权申报材料后，应当对申报的债权登记造册，详尽记载申报人的姓名、单位、代理人、申报债权额、担保情况、证据、联系方式等事项。

这里所规定的"对申报的债权进行审查"，主要是指对债权申报的真实性进行初步的审查，即初步审查债权证明材料的真实性，以判断申报的债权是否存在，数额是否与实际数额相符。我们认为，无论是从管理人的法定职责，还是破产司法实践的需要来看，管理人对于申报的债权仅仅进行形式审查是不够的，应当依照《企业破产法》第 57 条的规定对债权的性质、数额、担保财产、是否超过诉讼时效期间、是否超过强制执行期间等情况进行内容审查，并将审查结果形成债权表。管理人在审查债权时应当尽最大注意义务，切实维护债权人、债务人的利益，这既是提高破产程序效率的要求，也是管理人勤勉尽责履职的需要。

此时，管理人只进行初步审查，凡是符合申报形式要件的债权，就应当将其编入债权申报登记册，载明债权人的情况、债权的种类和数额，以提交第一次债权人会议核查，不允许管理人以其认为债权实质上不能成立、超过诉讼时效等为由拒绝将其登记编入。对管理人经审查不予确认或部分确认的债权，也应当在债权表中载明。实践中，债权表中的债权通常分为确认债权、不确认债权、待确认债权三个部分。

（二）债权申报材料的保管与查阅

本条第 2 款规定了管理人保管债权表和债权申报材料的义务以及相关利害关系人的查阅权利。管理人是推动破产程序顺利进行的重要角色，也是破产程序进行过程中常设的一个组织或者个人。由管理人保管债权表和债权申报材料，有利于相关材料的妥善保管，方便利害关系人进行集中查阅。

其中，债权申报材料是指债权人进行申报时，用于证明债权的数额、财产担保情况、连带债权情况以及债权人身份等信息的书面材料。利害关系人主要包括债权人、债务人、债务人职工及其他利害关系人，而对其他利害关系人的认定，可以是从利益关系、业务关系、身份关系等方面来衡量。

适用指引

一、利害关系人的查阅权

破产程序中，知情权是债权人等利害关系人的一项核心权利，也是债权人行使重大事项表决权、监督权的前提和基础，而查阅相关资料的权利则是实现知情权的重要手段。司法解释对“利害关系人”的范围作了扩大解释，包括债权人、债务人、债务人职工及其他利害关系人。而管理人的保管期间和利害关系人的查阅期间，是指从破产申请受理之日起至破产程序终结之日止的破产期间。

唯需注意者，在企业破产程序中，如果涉及相关商业信息需要保密的，法院可以权衡考虑相关信息的扩散范围，亦即将这些信息限制在某些债权人范围内予以公开，或是让获知相关信息的债权人签署保密协议。因此，在明确债权人、债务人、债务人职工及其他利害关系人的查阅权的同时，也需要平衡相关主体的信息权利，从查阅目的等方面出发为信息的权利主体提供相应的抗辩手段，并从程序上提供一个救济途径。

二、管理人对有执行名义债权的审查处理

依据《企业破产法规定（三）》第7条第1款规定，管理人在初步审查时，对于已为法院生效判决、仲裁机构生效判决和公证机关赋予强制执行力公证文书所确定的债权，只需要对生效法律文书的作出机关、形式真实性、生效日期等进行形式审查后就可直接予以认可，列入债权表，无需作进一步的实质审查。但管理人在接受申报后对于生效法律文书的真伪、生效日期、确定债权的范围等进行形式审查并进行登记的职责仍然应当履行。这一规定的直接依据是《最高人民法院关于民事诉讼证据的若干规定》第10条第1款5、6、7项的规定，已为人民法院发生法律效力的裁判所确认的事实、已为仲裁机构的生效裁决所确认的事实、已为有效公证文书所证明的事实，当事人无需举证证明。

但是，如果管理人在初步审查时发现此类具有执行名义的生效法律文书所确定的债权确有错误，或者有证据证明债权人与债务人恶意通过诉讼、仲裁或者公证机关赋予强制执行力公证文书的形式虚构债权债务的，应当依据《民事诉讼法》和《仲裁法》相关规定，向人民法院申请再审，或者向受理破产申请的人民法院申请撤销或不予执行仲裁裁决、不予执行公证债权文书，从而重新确定债权。

三、申请再审后对生效法律文书所确定债权的处理

申请再审，或者向受理破产申请的人民法院申请撤销或者不予执行仲裁裁决、不予执行公证债权文书后，在最终司法结论作出前，对于生效法律文书所确定的债权应作如下处理：

第一，原则上，在当事人申请再审的情况下，判决、裁定不停止执行。在生效法律文书被裁定撤销或不予承认执行前，该债权人在破产程序中的权利不受影响。在审判实践中，可考虑采用“暂缓认定”的处理方式。

第二，生效法律文书所确定的债权在破产程序中也可能被适当调整。虽然经法院或仲裁机构的生效裁判确认的债权可直接取得在破产程序中的受偿权利

是一项基本原则，但对该项债权的具体清偿，仍应根据《企业破产法》的规定进行。依据《企业破产法》的特别规定，受理破产案件的法院对该项债权可以进行必要的调整。[①] 例如，债权在破产案件受理后发生的利息，依据《企业破产法》不属于破产债权，在破产程序中不予清偿；受理破产案件之后，债务人因未履行生效法律文书而应当加倍支付的迟延利息不属于破产债权，等等。

四、管辖法院

（一）对生效判决、裁定、调解书启动再审的管辖法院

尽管《企业破产法》第 21 条规定，人民法院受理破产申请后，有关债务人的民事诉讼，只能向受理破产申请的人民法院提起。但如果对债权的确认涉及对原判决、裁定、调解书的法律效力，根据《民事诉讼法》的规定，不同情况下管辖法院不尽相同。换言之，院长发现程序启动再审，管辖法院是上级人民法院或原审人民法院；当事人申请再审，由上一级人民法院管辖；当事人一方人数众多或当事人双方为公民的案件，也可以向原审人民法院申请再审；检察院抗诉或者提出再审检察建议，管辖法院为上级人民法院或原审人民法院。

（二）申请撤销、不予执行仲裁裁决的管辖法院

依据《仲裁法》第 58 条的规定，管理人申请撤销或不予执行仲裁裁决的案件，应由仲裁委员会所在地中级人民法院受理。如果受理破产申请的法院是基层人民法院，按照《企业破产法》第 21 条破产衍生诉讼专属管辖的规定，鉴于其相对于《仲裁法》属于特别法，故在破产程序中应当优先适用。因此，原则上该基层法院可以受理申请撤销或者不予执行仲裁裁决的案件。

《最高人民法院关于仲裁司法审查案件报核问题的有关规定》（法释〔2017〕21 号）第 2 条规定："各中级人民法院或者专门人民法院办理涉外涉港澳台仲裁司法审查案件，经审查拟认定仲裁协议无效，不予执行或者撤销我国内地仲裁机构的仲裁裁决，不予认可和执行香港特别行政区、澳门特别行政区、台湾地区仲裁裁决，不予承认和执行外国仲裁裁决，应当向本辖区所属高级人民法院报核；高级人民法院经审查拟同意的，应当向最高人民法院报核。

① 刘明尧：《破产债权制度研究》，中国社会科学出版社 2018 年版，第 145 页。

待最高人民法院审核后，方可依最高人民法院的审核意见作出裁定。各中级人民法院或者专门人民法院办理非涉外涉港澳台仲裁司法审查案件，经审查拟认定仲裁协议无效，不予执行或者撤销我国内地仲裁机构的仲裁裁决，应当向本辖区所属高级人民法院报核；待高级人民法院审核后，方可依高级人民法院的审核意见作出裁定。”

考虑到法释〔2017〕21号的规定，对于破产案件受理法院确实不便于对管理人申请撤销仲裁裁决案件行使管辖权的，可以参考《企业破产法规定（二）》第47条第2款、第3款的规定：“受理破产申请的人民法院管辖的有关债务人的第一审民事案件，可以依据民事诉讼法第三十八条的规定，由上级人民法院提审，或者报请上级人民法院批准后交下级人民法院审理。受理破产申请的人民法院，如对有关债务人的海事纠纷、专利纠纷、证券市场因虚假陈述引发的民事赔偿纠纷等案件不能行使管辖权的，可以依据民事诉讼法第三十七条的规定，由上级人民法院指定管辖。”这样就可以比较好地解决级别管辖问题。

（三）申请不予执行公证债权文书的管辖法院

不予执行公证债权文书分为基于程序事由的不予执行和基于实体事由的不予执行。

1. 基于程序事由的不予执行。根据《最高人民法院关于公证债权文书执行若干问题的规定》（法释〔2018〕18号）第12条第1款规定，“有下列情形之一的，被执行人可以依照民事诉讼法第二百三十八条第二款规定申请不予执行公证债权文书：（一）被执行人未到场且未委托代理人到场办理公证的；（二）无民事行为能力人或者限制民事行为能力人没有监护人代为办理公证的；（三）公证员为本人、近亲属办理公证，或者办理与本人、近亲属有利害关系的公证的；（四）公证员办理该项公证有贪污受贿、徇私舞弊行为，已经由生效刑事法律文书等确认的；（五）其他严重违反法定公证程序的情形”。根据《企业破产法》第19条的规定，“人民法院受理破产申请后，有关债务人财产的保全措施应当解除，执行程序应当中止”。因此，对于公证机关赋予强制执行效力的公证债权文书确定的债权应当进行债权申报。申请不予执行公证机关赋予强制执行效力的公证债权文书的审查，法律、司法解释没有特殊的规定，根据《企业破产法》第21条的规定，可由受理破产申请的人民法院管辖。

2. 基于实体事由的不予执行。根据《最高人民法院关于公证债权文书执行若干问题的规定》第 12 条第 2 款的规定，“被执行人以公证债权文书的内容与事实不符或者违反法律强制性规定等实体事由申请不予执行的，人民法院应当告知其依照本规定第二十二条第一款规定提起诉讼”。该司法解释第 22 条第 1 款规定：“有下列情形之一的，债务人可以在执行程序终结前，以债权人为被告，向执行法院提起诉讼，请求不予执行公证债权文书：（一）公证债权文书载明的民事权利义务关系与事实不符；（二）经公证的债权文书具有法律规定的无效、可撤销等情形；（三）公证债权文书载明的债权因清偿、提存、抵销、免除等原因全部或者部分消灭。”《企业破产法》第 21 条规定：“人民法院受理破产申请后，有关债务人的民事诉讼，只能向受理破产申请的人民法院提起。”因此，管理人认为债权人据以申报债权的公证债权文书确定的债权错误，或者有证据证明债权人与债务人通过公证机关赋予公证文书强制执行效力的形式虚构债权债务，而起诉债权人，请求不予执行公证债权文书的，应当根据《企业破产法》第 21 条的规定，由受理破产申请的人民法院管辖。

类案检索

江苏新希望清算事务所有限公司、宁波中瑞太丰食品有限公司管理人责任纠纷

关键词：管理人责任　债权确认

裁判摘要：本案中上诉人（原审原告）宁波中瑞太丰食品有限公司系案外第三人南通新大港储开发有限公司的债权人。2009 年 3 月 20 日，宁波中院作出（2009）浙甬商外初字第 73 号民事调解书，确认中瑞太丰公司与新大港储公司就二者间的债务偿还问题所达成的调解协议。2010 年 10 月 8 日，江苏省南通市中级人民法院裁定受理新大港储公司破产清算一案，并指定由被告新希望清算事务所担任新大港储公司的管理人。2010 年 12 月 6 日，中瑞太丰公司依据宁波中院的民事调解书向新希望清算事务所申报破产债权。新希望清算事务所经审查后认定：新大港储公司和其他债权人充分提供了证据证明中瑞太丰公司所申报的债权缺乏真实性和合理性，该债权债务关系系新大港储公司法定代表人朱某意欲侵占公司资产、利用其职务便利与他人恶意串通的虚构债务。

新希望清算事务所对中瑞太丰公司的债权审查结果为不予确认。中瑞太丰公司以新希望清算事务所的行为违反了管理人勤勉尽责义务和忠实义务、剥夺其如期获得分配的权利及表决权为由，先后向南通市中级人民法院和江苏省高级人民法院提起诉讼，要求判令新希望清算事务所赔偿中瑞太丰公司损失。本案一审和二审判决均裁定新希望清算事务所履行了勤勉尽责、忠实执行职务的管理人职责，驳回中瑞太丰公司的所有诉讼请求。

管理人收到债权申报材料后，应当登记造册，对申报的债权进行初步审查，而非仅仅是形式审查。当债权人申报债权的依据为生效法律文书时，管理人原则上应当予以确认，但若该笔债权金额巨大，且在债权审查过程中债务人及其他债权人均对该债权的真实性、合法性提出严重异议，则管理人可基于全体债权人的整体利益考量，对该笔债权不予以确认，而债务人及其他债权人可寻求其他诉讼手段以资救济。此时，管理人应当预留对应债权清偿比例的提存款项，且该不予确认债权的行为不能认定为是对债权人的损害行为。《企业破产法》第27条规定，管理人应当勤勉尽责，忠实执行职务。勤勉义务，即管理人负有以善良管理人的注意处理管理债务人事务的注意义务。从主观而言，管理人应当按照诚信原则尽自己的努力处理债务人事务。从客观而言，管理人应达到与其有相同学识、地位及经验的人应当履行的注意程度。忠实义务，即管理人执行其职务应忠诚尽力，诚实、正当地履行其职责，不得使个人的私利与债务人、债权人的利益相矛盾。《企业破产法》第130条规定，管理人未依照本法规定勤勉尽责，忠实执行职务的，人民法院可以依法处以罚款；给债权人、债务人或者第三人造成损失的，依法承担赔偿责任。故管理人未能依法履职，应对其给他人造成的损失承担赔偿，即依照侵权责任的构成要件去确定管理人的赔偿责任。管理人已经勤勉尽责、忠实执行职务，并未给债权人等造成损失的，不应承担赔偿责任。

【案　　号】（2019）苏民终1204号

【审理法院】江苏省高级人民法院

【来　　源】中国裁判文书网

第五十八条　依照本法第五十七条规定编制的债权表，应当提交第一次债权人会议核查。

债务人、债权人对债权表记载的债权无异议的，由人民法院裁定确认。

债务人、债权人对债权表记载的债权有异议的，可以向受理破产申请的人民法院提起诉讼。

关联规定

一、法律、行政法规、司法解释

1.《最高人民法院关于适用〈中华人民共和国企业破产法〉若干问题的规定（三）》

第八条　债务人、债权人对债权表记载的债权有异议的，应当说明理由和法律依据。经管理人解释或调整后，异议人仍然不服的，或者管理人不予解释或调整的，异议人应当在债权人会议核查结束后十五日内向人民法院提起债权确认的诉讼。当事人之间在破产申请受理前订立有仲裁条款或仲裁协议的，应当向选定的仲裁机构申请确认债权债务关系。

第九条　债务人对债权表记载的债权有异议向人民法院提起诉讼的，应将被异议债权人列为被告。债权人对债权表记载的他人债权有异议的，应将被异议债权人列为被告；债权人对债权表记载的本人债权有异议的，应将债务人列为被告。

对同一笔债权存在多个异议人，其他异议人申请参加诉讼的，应当列为共同原告。

2.《最高人民法院关于税务机关就破产企业欠缴税款产生的滞纳金提起的债权确认之诉应否受理问题的批复》

税务机关就破产企业欠缴税款产生的滞纳金提起的债权确认之诉，人民法院应依法受理。依照企业破产法、税收征收管理法的有关规定，破产企业在破产案件受理前因欠缴税款产生的滞纳金属于普通破产债权。对于破产案件受理后因欠缴税款产生的滞纳金，人民法院应当依照《最高人民法院关于审理企业破产案件若干问题的规定》第六十一条规定处理。

3.《最高人民法院关于〈中华人民共和国企业破产法〉施行时尚未审结的企业破产案件适用法律若干问题的规定》

第九条 债权人对债权表记载债权有异议，向受理破产申请的人民法院提起诉讼的，人民法院应当依据企业破产法第二十一条和第五十八条的规定予以受理。但人民法院对异议债权已经作出裁决的除外。

债权人就争议债权起诉债务人，要求其承担偿还责任的，人民法院应当告知该债权人变更其诉讼请求为确认债权。

二、司法指导性文件

《全国法院民商事审判工作会议纪要》

110.【受理后有关债务人诉讼的处理】人民法院受理破产申请后，已经开始而尚未终结的有关债务人的民事诉讼，在管理人接管债务人财产和诉讼事务后继续进行。债权人已经对债务人提起的给付之诉，破产申请受理后，人民法院应当继续审理，但是在判定相关当事人实体权利义务时，应当注意与企业破产法及其司法解释的规定相协调。

上述裁判作出并生效前，债权人可以同时向管理人申报债权，但其作为债权尚未确定的债权人，原则上不得行使表决权，除非人民法院临时确定其债权额。上述裁判生效后，债权人应当根据裁判认定的债权数额在破产程序中依法统一受偿，其对债务人享有的债权利息应当按照《企业破产法》第46条第2款的规定停止计算。

人民法院受理破产申请后债权人新提起的要求债务人清偿的民事诉讼，人民法院不予受理，同时告知债权人应当向管理人申报债权。债权人申报债权后，对管理人编制的债权表记载有异议的可以根据《企业破产法》第58条的规定提起债权确认之诉。

条文释义

一、本条主旨

本条是关于破产债权核查程序、确认程序和异议程序的规定。

二、条文演变

1986年《企业破产法（试行）》第15条规定债权人会议审查有关债权的证明材料，确认债权有无财产担保及其数额，但未明确争议债权的异议程序。1991年《最高人民法院关于贯彻执行〈中华人民共和国企业破产法（试行）〉若干问题的意见》第30条规定，对债权人会议确定的债权额有争议的，由人民法院审查后裁定，并按裁定所确认的债权额计算。《企业破产规定》延续了前述规定，其第42条规定，债权人会议讨论并审查债权的证明材料、债权的财产担保情况及数额；债权人对人民法院或者清算组登记的债权提出异议的，人民法院应当及时审查并作出裁定。本条首次对债权确认程序作出了规定，即无异议的债权由人民法院裁定确认，并明确规定有争议的债权应通过诉讼方式确认，不再由人民法院审查后裁定确认。《最高人民法院关于适用〈中华人民共和国企业破产法若干问题的规定〉（三）》第8条和第9条对破产债权确认诉讼的起诉期限和当事人适格作了细化规定。

三、条文解读

本条第1款规定了债权表的核查程序；第2款规定了破产债权的确认程序；第3款规定了破产债权的异议程序。

（一）关于债权表的核查

依据本条第1款的规定，管理人编制的债权表应当提交第一次债权人会议核查。债权人会议的职权之一就是核查债权。将核查权赋予债权人会议，是因为债权人对自己享有的权利最为清楚，其他债权人的债权与其也有切身直接关联的利害关系，盖因债权人的多少及债权额的大小直接关系到任一债权人的权利实现程度，因此，在全体债权人会议对债权表进行核查有利于债权人充分行使权利。对债权表的核查要在第一次债权人会议进行，参加债权人会议的债权人可以在这个会议上对相关债权人或债权额提出质询和辩驳，从而进行核查所申报的债权的真实性。

通常债权的核查程序如下：首先由管理人宣读被核查债权的申报登记情况、有关证据材料以及审查结果，有必要时可由该债权人进行说明。随后，依次由债务人、其他债权人和利害关系人陈述意见，有疑问时由管理人或该债权人解释。如果在债权人会议核查债权时，异议人认为债权表存在错误，请求管理人予以复核纠正，管理人不予纠正的，应当将异议情况在债权表中作出附注说明，以便法院对债权表审查监督。

（二）关于债权的确认程序

依据本条第2款的规定，债务人、债权人对债权表记载的债权无异议的，由人民法院裁定确认。人民法院确认债权表的前提条件是，债务人和债权人均对债权表记载的债权无异议。经人民法院以裁定形式确认后的债权表即具有法律效力，各债权人可依债权表确定的债权和债权额行使权利。该裁定属于程序性裁定，而非实体性判决，不具有确认其中每项债权真实、合法的实体性法律效力，所以立法仍允许对债权表上确认的债权或（暂）不确认的债权提出异议，并通过债权确认诉讼予以解决。

唯需注意者，虽然法院裁定确认的前提条件是债务人和债权人均无异议，但这并不意味着法院对管理人核查提交的债权表可以直接确认，不经法院严格审查的债权表仍可能发生疏漏或错误，从而侵犯债权人利益。如果法院发现债权表存在疏漏或错误，比如，存在恶意串通损害其他债权人的行为。[①] 即使债务人和债权人因某种原因未能提出异议，其也可以行使法定监督权力，要求管理人予以纠正。

（三）关于债权异议处理程序

依据本条第3款的规定，债务人、债权人对债权表记载的债权有异议的，可以向受理破产申请的人民法院提起诉讼。对人民法院依据本条第2款已裁定确认的债权表，债务人或者债权人对债权表记载的债权仍有异议的，不影响破产程序的进行。有争议的当事人可以就争议的债权，向受理破产申请的法院提

① 齐明：《中国破产法原理与适用》，法律出版社2017年版，第125页。

起债权确认诉讼。

在实际案件中，债务人或债权人对于债权表记载的债权的异议有多种表现形态，既可能是债务人对某一债权人所申报的债权有异议，也可能是债权人对自己申报的债权有异议，还可能是债权人之间对于他人的债权有异议。如果该债权确认诉讼在破产程序最后分配阶段仍未审结，破产分配时应该为其按照诉讼争议额预留并提存分配额，待案件审理结束时，再按照最后确定的债权进行分配。

适用指引

一、破产债权确认诉讼的原告

《企业破产法》第 58 条第 3 款规定“债务人、债权人对债权表记载的债权有异议的，可以向受理破产申请的人民法院提起诉讼”，即债务人、债权人均可作为原告提起破产债权确认诉讼。

（一）债权人作为原告

债权人对债权表记载的本人或者他人债权有异议，作为原告提起诉讼，符合《民事诉讼法》关于起诉条件的规定。

唯需说明者，对他人债权有异议的债权人应以个体还是团体的名义提起诉讼。债权人既可以集体的名义，也可以个体的名义参与破产程序。如此一来，破产债权确认之诉的异议债权人是以自己的名义即可提起诉讼，还是需要体现债权人团体的意志？债权人会议是债权人集体参加破产程序的主要形式。关于债权人会议的性质众说纷纭，但其扮演的角色基本上可以认定为全体债权人的意思机关和权力机构，依法行使选举、议决等重要职权。尽管有学者认为设置债权人会议的必要性之一在于全体债权人行使起诉权的需要，[1] 但考虑到立法赋予了债权人会议依自己意志直接决定许多重要事项的职权，由此可以说，行使诉权并非债权人会议解决问题、化解纷争的主要手段。而对单个债权人而

① 汤维建：《破产程序与破产立法研究》，人民法院出版社 2001 年版，第 221 页。转引自韩长印、郑金玉：《民事诉讼程序之于破产案件适用》，载《法学研究》2007 年第 2 期。

言，一旦其利益在破产程序中受到侵害，期望依靠债权人会议的职权来全部有效地解决恐怕是不现实的，甚至债权人会议的决议本身就可能侵害其利益。因此，当特定债权人的权利在破产程序中受到损害，或就其债权是否存在以及实现的具体方式、时间等发生争议时，单个债权人更多地还是要依赖于诉权来保护其正当利益。[①]

我们认为，异议债权人以自己名义起诉的理由更为充分，有利于债权人权利的保护，故并未要求债权人应经债权人会议同意再行起诉。

（二）债务人作为原告

实践中对债务人可以提起债权确认诉讼的合理性存有疑虑，也有学者认为，我国《企业破产法》第58条规定债务人的审查异议权，不必要地增加了债权确认环节，容易使破产程序的进展横生枝节。[②]

对该问题我们认为，债权表系管理人在审查债权人的申报材料的基础上编制的，对申报的债权通过核对企业账册、合同、原始单据等相关资料加以甄别，并在债权登记表上进行说明。上述行为是管理人作为破产程序中独立组织的行为，并不代表债务人的意思。赋予债务人异议权的原因在于：首先，在和解、重整程序中，债务人有再生的可能，申报的债权是否真实或有强制执行力，直接影响到债务人清偿数额，对于和解协议草案、重整计划草案的制定和通过都有重大影响，因此，债务人有权就申报的债权提出异议；其次，管理人对于债权人申报的债权的真实性、合法性作出承认或否认的表示，有可能导致债务人有关人员承担破产责任，债务人有对申报的债权加以否认的动因。因此，对于债务人对债权登记表的异议应予以受理并审理。[③]管理人登记、审查并编制债权表的行为，是履行其作为管理人的法定职责行为，并非单纯代表债务人的利益而为，其出于公正的立场，完全可能做出不利于债务人的行为，故债务人应有寻求法律救济的权利。

---

① 韩长印、郑金玉：《民事诉讼程序之于破产案件适用》，载《法学研究》2007年第2期。

② 许德风：《破产法论——解释与功能比较的视角》，北京大学出版社2015年版，第90页。

③ 孙晓光：《加强调查研究探索解决之道——就民商事审判工作中的若干疑难问题访最高人民法院民二庭庭长宋晓明》，载《人民司法·应用》2007年第13期。

二、破产债权确认诉讼的被告

（一）债务人对债权表记载的债权有异议

债务人对债权表记载的债权有异议，围绕该民事权利义务关系产生争执的主体是债务人和被异议债权人，故应以被异议债权人为被告。

（二）债权人对债权表记载的债权有异议

债权人对债权表的异议有两种情况：一是对债权表上记载的自己的债权有异议；二是对债权表上记载的其他债权人的债权有异议。如上所述，债权人当然有权作为原告提起诉讼，但在这两种情况下应以谁作为被告，需加以阐明。

1. 债权人对债权表记载的本人债权有异议

债权人对债权表记载的本人债权有异议，可以提起债权确认之诉并无疑义，实践中存在的问题是应以谁为被告提起诉讼。实践中存在以管理人为被告的情形，但管理人并非债权人争执的民事权利义务关系的主体，争执主体仍然是债务人。债权人对债权表记载的本人债权有异议，与债务人对债权表记载的债权有异议争执的对象是相同的。在债务人提起诉讼的情况下，债权人是被告，故在债权人提起诉讼的情况下，债务人应作为被告。

2. 债权人对债权表记载的他人债权有异议

根据民事诉讼法一般原理，以他人之间法律关系为对象提起的确认或形成之诉，作为该法律关系的所有主体都必须作为共同被告。若仅将被异议债权人列为被告，而不列债务人为共同被告将不利于案件审理，应将债务人列为共同被告。[①] 因此，异议债权人或职工对债权表或者清单中记载的他人债权提起诉讼的案件，原告应为异议债权人或者职工，被告应为其他债权人或者其他职工与债务人作为共同被告。

三、破产债权确认诉讼的前置程序

依据《企业破产法规定（三）》第 8 条规定，债务人、债权人对债权表记载的债权有异议的，应当说明理由和法律依据。经管理人解释或调整后，异议

① 池伟宏、冷帅达：《破产法司法解释（三）全面解读与分析（程序篇）——以债权人利益保护为视角》，载微信公众号“天同诉讼圈”2019 年 4 月 25 日。

人仍然不服的，或者管理人不予解释或调整的，异议人应当在债权人会议核查结束后 15 日内向人民法院提起债权确认的诉讼。

由此可见，异议人在提起债权确认诉讼之前，必须履行法定前置程序。盖因破产程序相较普通诉讼程序，往往需要更大的成本，不重视效率甚至拖延破产程序就会导致破产费用的增加，最终导致债权人受偿比例的降低，所以破产程序对效率有着较高的追求。为了减少不必要的破产债权确认诉讼，《企业破产法规定（三）》规定异议人应先向管理人提出异议、进行沟通，管理人不能解决的，再进入诉讼程序。这样既减轻当事人的诉累，实现案件繁简分流，也减轻法院的审判压力，节约司法资源，提高破产程序的效率。

四、破产债权确认诉讼的起诉期间

在破产审判实践中，经常出现相关利害关系人不认同管理人的审查结论，但又怠于提起破产债权确认诉讼，导致债权表记载的相关债权处于不确定状态，影响了后续表决等破产程序的推进。因此，对破产债权确认诉讼设定起诉期间，以防止当事人无限期拖延起诉，这是理论界和实务界比较一致的看法。

在各地法院试验设置起诉期间的经验做法基础上，考虑到裁判标准的统一和起诉期间的合理性，司法解释最终规定，异议人应当在债权人会议核查结束后 15 日内向人民法院提起债权确认的诉讼。这里需要说明的是，这一起诉期间属于诉讼法意义上的期间，而不属于实体法意义上的期间，即不能认为该 15 日为除斥期间。因为根据《企业破产法》第 56 条规定，债权人迟延申报情形下，仍可在破产财产最后分配前补充申报，换言之，即使债权人未在法定期间内申报债权的，只是不得依照《企业破产法》的程序行使权利而已，并不会发生债权实体权利消灭的后果。

此外，根据《民事诉讼法》第 86 条规定，当事人因不可抗拒的事由或者其他正当理由耽误期限的，在障碍消除后的 10 日内，可以申请顺延期限，是否准许，由人民法院决定。因此，如果当事人确有法定事由未能在 15 日内提起破产债权确认诉讼的，可以依法申请顺延期限。

五、破产债权确认纠纷的仲裁

由于仲裁的排他性特征，根据《仲裁法》第 5 条、第 26 条规定，当事人在选择解决争议的方式时，在仲裁和诉讼之间需遵循“裁审自择”的原则，即二者只能选择其一。

破产程序是一种特殊程序，鉴于破产程序是一种概括式的债权债务处理方式，即有关债务人的所有债权债务均集中于受理破产申请的法院进行统筹清理，具有严格的时间要求。在破产程序进行中发生的有关债务人的民事诉讼，如由不同法院来审理，难以协调其与破产案件的审理进度，影响破产程序的顺利进行，故有必要将这些诉讼集中于审理破产案件的法院一并审理。因此，人民法院受理破产申请后，有关债务人的民事诉讼，只能向受理破产申请的人民法院提起。

那么，法院受理破产申请后，破产程序的启动是否足以影响仲裁协议或条款的效力？对此，不同学者的见解各异，各地法院的司法观点也未尽统一。我们认为，由于《企业破产法》并没有排除债权人和债务人之间解决争议的其他途径，即便是《企业破产法》第 21 条有关专属管辖的规定，亦不能排除仲裁条款的效力。况且在司法实践中，仲裁协议排除法院管辖的规则优于法院集中管辖已经被很多法院所接受。再有现实的考虑就是，囿于法院工作量的激增和法官力量的不足，我们应尽可能减少案件数量压力过大对案件质量造成负面影响，因此，破产债权确认诉讼不应适用于当事人之间订立有仲裁条款或仲裁协议的场合。

六、破产债权确认诉讼的管辖

破产债权确认诉讼属于有关债务人的民事诉讼，但《企业破产法规定（三）》第 8 条规定，异议人应当在债权人会议核查结束后 15 日内向“人民法院”提起债权确认的诉讼。条文中并未限定为向“受理破产申请的”人民法院提起。这是否与《企业破产法》第 21 条的专属管辖规定存在冲突？并非如此。《企业破产法规定（三）》第 8 条虽未表述为“向有管辖权的”人民法院提起诉讼，但向有管辖权的人民法院提起诉讼是民事诉讼法的一般规则，破产债权确认诉讼同样适用。《企业破产法规定（二）》第 47 条对此有明确规定：人民法院受理破产申请后，当事人提起的有关债务人的民事诉讼案件，应当依据《企业破产法》第 21 条的规定，由受理破产申请的人民法院管辖。受理破产申请的人民法院管辖的有关债务人的第一审民事案件，可以依据《民事诉讼法》第 38 条的规定，由上级人民法院提审，或者报请上级人民法院批准后交下级人民法院审理。受理破产申请的人民法院，如对有关债务人的海事纠纷、专利纠纷、证券市场因虚假陈述引发的民事赔偿纠纷等案件不能行使管辖权的，可以依据《民事诉讼法》第38条的规定，由上级人民法院指定管辖。

七、破产债权确认之诉的提起与破产债权表的裁定

破产债权确认之诉的诉讼标的是已经进入破产阶段的债权争议。实务中有债权人在破产申请受理后，未经申报破产债权即直接向人民法院提起破产债权确认诉讼的案例，显然不符合《企业破产法》的规定，但是对于破产债权确认之诉应该在《企业破产法》第58条第2款规定的人民法院裁定之前还是裁定之后提起，却有不同的观点。

我们认为，这属于破产程序如何与破产衍生诉讼衔接的问题。从《企业破产法》第58条的文义解释，第1款明确"依照本法第五十七条规定编制的"债权表，应当提交第一次债权人会议核查；第2款和第3款分别规定了应如何处理经核查的债权表所记载债权的两种情况，二者是并列关系。人民法院裁定确认的是无异议的债权；对有异议的债权，异议人有权提起诉讼。在人民法院对无异议的债权裁定后，能否提起诉讼，需要讨论破产程序中的裁定是否具有既判力才能确定。但当事人对有异议的债权提起的诉讼，并不以人民法院的裁定为前提，在人民法院对无异议债权的裁定之前，只要符合《企业破产法》及相关司法解释规定的条件，即可提起诉讼。

八、破产债权确认诉讼中的共同诉讼

共同诉讼的本质是诉的合并，其目的在于简化诉讼程序，节省诉讼的时间和费用，实现诉讼的经济和迅捷，并避免人民法院在同一事件的处理上作出相互矛盾的判决。在我国《民事诉讼法》中，共同诉讼包括必要共同诉讼和普通共同诉讼两种类型。争议的诉讼标的是同一的共同诉讼为必要共同诉讼，争议的诉讼标的是同种类的共同诉讼为普通共同诉讼。必要共同诉讼之所以必要是因为共同诉讼人之间诉讼标的具有共同性。而诉讼标的的共同性又是由实体法律关系所决定的，共同诉讼人在实体法律关系中存在着共同的利害关系及享有共同的权利或承担共同的义务，在诉讼中诉讼标的就是共同的，要求当事人一同起诉或应诉，法院合议审理和判决，以避免因分别审理和判决导致分割实体

权利义务的内在联系，造成相互矛盾的判决。[①] 普通共同诉讼的作用在于节约诉讼的时间和费用，这类共同诉讼原本可以单独进行，将单独提起诉讼合并审理，是出于诉讼经济的考虑。[②]

对同一笔债权存在多个异议人的情况下，其他异议人申请参加诉讼的，应当列为共同原告。唯需注意者，对同一笔债权异议内容包括债权是否存在、债权的数额、债权的性质等。如异议的内容相同，则属于必要共同诉讼；如异议的内容不同，则属于普通共同诉讼。

九、破产债权确认之诉与破产程序的衔接问题

我国《企业破产法》立法对破产程序和实体争议民事诉讼程序已采取分别审判主义，故作为破产衍生诉讼的债权确认诉讼并不会影响作为主程序的破产案件审理程序。但是，由于债务人破产案件与相关破产债权确认诉讼案件的审理程序往往不能同步进行，而破产债权确认诉讼的目的又在于确定债权能否参加破产财产的分配，所以势必会发生法律上的程序协调衔接问题。

如破产债权确认诉讼案件先行审结，则经判决确认的债权当然可以参加破产财产分配。如债务人破产清算程序提前完成，至破产财产分配时，相关破产债权确认诉讼案件仍未审结的，管理人应该依据《企业破产法》第 119 条的规定，对诉讼未决的债权预留其分配额，并将其提存。待诉讼案件审结时，再按照最后判决确定的债权进行分配；如果自破产程序终结之日起满 2 年仍不能受领分配的，且不能受领分配归因于该债权人，人民法院应将提存的分配额分配给其他债权人。因此，破产债权确认诉讼不能过分拖延，必须在破产程序终结之日起满 2 年内完成，否则将失其法律和经济意义。破产债权确认诉讼本附属于破产程序，诉讼的目的在于参与或排除其参与破产财产分配，如拖延过长时间则会失其意义，故应尽快审结。

十、破产债权确认之诉中债务人的代表人问题

首先要明确，此处使用的“代表人”与《民事诉讼法》第 56 条规定的“代表人”并非同一含义。《民事诉讼法》第 56 条规定的诉讼代表人是指为了便于进行诉讼，由人数众多的一方当事人推选出来，代表其利益实施诉讼行为

① 张卫平主编：《民事诉讼法教程》，法律出版社 1998 年版，第 140~141 页。
② 李浩：《民事诉讼法学》（第三版），法律出版社 2016 年版，第 93 页。

的人。[①] 此处的代表人仅是指在破产债权诉讼中代表债务人参加诉讼的人，该代表之意与《企业破产法》第 25 条规定中的代表同义。

《企业破产法》第 25 条第 7 项明确规定了，管理人的职责包括“代表债务人参加诉讼、仲裁或者其他法律程序”。可见，代表债务人诉讼是管理人的法定职责，除代表原告提起破产债权确认诉讼外，管理人代表债务人参加其他诉讼没有任何障碍，包括在破产债权确认诉讼中代表作为被告的债务人。但是，如果债务人作为破产债权确认诉讼的原告提起诉讼，管理人能否代表其参加诉讼？对此问题争议较大。有观点认为，仍应由管理人代表债务人起诉。理由是此时债务人已经不具有起诉或应诉的能力，故应由管理人代表债务人起诉。[②] 也有观点认为，此种情况下，应由债务人的法定代表人代表其参加诉讼。主要理由是，此时债务人针对的是管理人审查的债权，继续由管理人代表债务人进行诉讼，存在利益冲突，无法真实反映债务人的诉求。鉴于以上原因，债务人提起该诉讼，以股东（或出资人）代表诉讼的方式最为合理。股东（或出资人）作为债务人财产的实际拥有者，当认为管理人编制的债权表记载的债权不利于债务人时，股东（或出资人）是实际的利益受损者，由其代表债务人提起诉讼最能反映债务人的真实异议，在程序上可以借鉴公司法关于股东代表诉讼的模式。[③] 与之相反的观点则认为，由债务人原法定代表人或原董事会人员代表债务人提起该诉讼亦不当。因为受理破产申请后，原法定代表人和董事、监事、高级管理人员只是履行《企业破产法》第 15 条规定的保管、回答询问等义务，不能再代表债务人行使诉讼权利，其已被管理人取代。在司法解释征求意见的过程中，还有实务界人士提出了“谁异议，谁代表”的观点，认为债务人对债权表记载债权有异议的，原则上可以按“谁提异议，谁代表债务人诉讼”的规则加以处理。如此操作方案，可便于代表债务人的真正异议人在诉讼中能够比较完整地主张权利或者质疑。如果采用先确定由法定代表人作为诉讼代表人、替代方案由股东作为诉讼代表人的处理模式，可能还面临由哪位股东代表债务人诉讼的问题；如果有多位股东提出异议，更需要确定规则加以明确。

---

① 张卫平主编：《民事诉讼法教程》，法律出版社 1998 年版，第 148 页。

② 黄夏芳：《破产债权审查确认制度研究》，苏州大学 2011 年硕士学位论文。

③ 刘敏：《企业破产派生诉讼案件审理中有关问题的研究》，载最高人民法院民事审判第二庭编：《民商事审判指导》（2009 年第 1 辑），人民法院出版社 2009 年版，第 251 页。

类案检索

南通海洲建设集团有限公司与唐山市远大房地产开发有限公司破产债权确认纠纷案

关键词：破产债权审查 债权异议 债权确认诉讼

裁判摘要：2018 年 6 月 29 日，南通海州建设集团有限公司（以下简称海州公司）向唐山市远大房地产开发有限公司（以下简称远大公司）管理人申报了债权，经管理人审查与复查后，最后认定了合计 127888312.59 元的债权；对于申报人的工程价款优先权，管理人以超过 6 个月法定期限为由不予认定。海州公司与远大公司管理人均认可海州公司已申报债权，且远大公司管理人已对此进行了审核并出具了审查结果。鉴于远大公司管理人已对海州公司申报的债权及优先权作出了审查，即管理人已完成债权审查和公示程序，所以当海州公司对该确认结果持有异议时，其就债权提起的诉讼符合法律规定的要件：债权人应依法申报其债权；管理人对债权人申报的债权已完成审查程序，并编制了债权表；对管理人审查编制并予公示的债权清单或债权表所记载的债权有异议，而管理人不予认可。因此，人民法院应予审理海州公司提起的债权确认之诉。

【案　　号】（2021）冀民终 261 号

【审理法院】河北省高级人民法院

【来　　源】中国裁判文书网

第七章　债权人会议

第一节　一般规定

第五十九条　依法申报债权的债权人为债权人会议的成员，有权参加债权人会议，享有表决权。

债权尚未确定的债权人，除人民法院能够为其行使表决权而临时确定债权额的外，不得行使表决权。

对债务人的特定财产享有担保权的债权人，未放弃优先受偿权利的，对于本法第六十一条第一款第七项、第十项规定的事项不享有表决权。

债权人可以委托代理人出席债权人会议，行使表决权。代理人出席债权人会议，应当向人民法院或者债权人会议主席提交债权人的授权委托书。

债权人会议应当有债务人的职工和工会的代表参加，对有关事项发表意见。

关联规定

一、法律、行政法规、司法解释

1.《中华人民共和国民法典》

第一百六十三条　代理包括委托代理和法定代理。

委托代理人按照被代理人的委托行使代理权。法定代理人依照法律的规定行使代理权。

第一百六十五条　委托代理授权采用书面形式的，授权委托书应当载明代理人的姓名或者名称、代理事项、权限和期限，并由被代理人签名或者盖章。

第三百八十六条　担保物权人在债务人不履行到期债务或者发生当事人约定的实现担保物权的情形，依法享有就担保财产优先受偿的权利，但是法律另有规定的除外。

2.《中华人民共和国企业破产法》

第六十一条　债权人会议行使下列职权：

（一）核查债权；

（二）申请人民法院更换管理人，审查管理人的费用和报酬；

（三）监督管理人；

（四）选任和更换债权人委员会成员；

（五）决定继续或者停止债务人的营业；

（六）通过重整计划；

（七）通过和解协议；

（八）通过债务人财产的管理方案；

（九）通过破产财产的变价方案；

（十）通过破产财产的分配方案；

（十一）人民法院认为应当由债权人会议行使的其他职权。

债权人会议应当对所议事项的决议作成会议记录。

第八十二条　下列各类债权的债权人参加讨论重整计划草案的债权人会议，依照下列债权分类，分组对重整计划草案进行表决：

（一）对债务人的特定财产享有担保权的债权；

（二）债务人所欠职工的工资和医疗、伤残补助、抚恤费用，所欠的应当划入职工个人账户的基本养老保险、基本医疗保险费用，以及法律、行政法规规定应当支付给职工的补偿金；

（三）债务人所欠税款；

（四）普通债权。

人民法院在必要时可以决定在普通债权组中设小额债权组对重整计划草案进行表决。

第八十三条　重整计划不得规定减免债务人欠缴的本法第八十二条第一款第二项规定以外的社会保险费用；该项费用的债权人不参加重整计划草案的表决。

3.《中华人民共和国公司法》

第一百零六条 股东可以委托代理人出席股东大会会议，代理人应当向公司提交股东授权委托书，并在授权范围内行使表决权。

4.《最高人民法院关于适用〈中华人民共和国企业破产法〉若干问题的规定（三）》

第十一条 债权人会议的决议除现场表决外，可以由管理人事先将相关决议事项告知债权人，采取通信、网络投票等非现场方式进行表决。采取非现场方式进行表决的，管理人应当在债权人会议召开后的三日内，以信函、电子邮件、公告等方式将表决结果告知参与表决的债权人。

根据企业破产法第八十二条规定，对重整计划草案进行分组表决时，权益因重整计划草案受到调整或者影响的债权人或者股东，有权参加表决；权益未受到调整或者影响的债权人或者股东，参照企业破产法第八十三条的规定，不参加重整计划草案的表决。

二、司法指导性文件

1.《全国法院民商事审判工作会议纪要》

110.【受理后有关债务人诉讼的处理】人民法院受理破产申请后，已经开始而尚未终结的有关债务人的民事诉讼，在管理人接管债务人财产和诉讼事务后继续进行。债权人已经对债务人提起的给付之诉，破产申请受理后，人民法院应当继续审理，但是在判定相关当事人实体权利义务时，应当注意与企业破产法及其司法解释的规定相协调。

上述裁判作出并生效前，债权人可以同时向管理人申报债权，但其作为债权尚未确定的债权人，原则上不得行使表决权，除非人民法院临时确定其债权额。上述裁判生效后，债权人应当根据裁判认定的债权数额在破产程序中依法统一受偿，其对债务人享有的债权利息应当按照《企业破产法》第46条第2款的规定停止计算。

人民法院受理破产申请后，债权人新提起的要求债务人清偿的民事诉讼，人民法院不予受理，同时告知债权人应当向管理人申报债权。债权人申报债权后，对管理人编制的债权表记载有异议的，可以根据《企业破产法》第58条的规定提起债权确认之诉。

2.《全国法院破产审判工作会议纪要》

25. 担保权人权利的行使与限制。在破产清算和破产和解程序中，对债务人特定财产享有担保权的债权人可以随时向管理人主张就该特定财产变价处置行使优先受偿权，管理人应及时变价处置，不得以须经债权人会议决议等为由拒绝。但因单独处置担保财产会降低其他破产财产的价值而应整体处置的除外。

3.《最高人民法院关于推进破产案件依法高效审理的意见》

11. 债权人会议除现场表决外，可以采用书面、传真、短信、电子邮件、即时通信、通讯群组等非现场方式进行表决。管理人应当通过打印、拍照等方式及时提取记载表决内容的电子数据，并盖章或者签字确认。管理人为中介机构或者清算组的，应当由管理人的两名工作人员签字确认。管理人应当在债权人会议召开后或者表决期届满后三日内，将表决结果告知参与表决的债权人。

条文释义

一、本条主旨

本条是关于债权人会议的组成及表决权的规定。

二、条文演变

《企业破产法（试行）》第13条规定："所有债权人均为债权人会议成员。债权人会议成员享有表决权，但是有财产担保的债权人未放弃优先受偿权利的除外。债务人的保证人，在代替债务人清偿债务后可以作为债权人，享有表决权。债权人会议主席由人民法院从有表决权的债权人中指定。债务人的法定代表人必须列席债权人会议，回答债权人的询问。"在2004年6月公布的《企业破产法（草案）》第54条第2款曾规定："债权尚未确定的债权人，除管理人能够为其行使表决权而临时确定债权额的，不得行使表决权。"将确定临时债权额的权利交由管理人，在最终的《企业破产法》条文中，则规定由人民法院确定债权尚未确定的债权人的临时债权额。

三、条文解读

（一）债权人会议的性质

债权人会议的性质是与债权人的利益相关联的。破产程序中的各债权人在利益上既有一致的一面，也有差异的一面，但其一致性则是主要的。综观一些国家和地区破产法的规定，债权人会议在性质上应是对内协调和形成全体债权人的共同意思，对外通过对破产程序的参与和监督来实现全体债权人的破产参与权的机构。本法专章规定债权人会议，目的也就是使全体债权人在破产程序中有一个自主发表意见的机构，从而参与破产程序，监督破产程序的进行，为保护全体债权人的合法权益提供保障。一方面，债权人会议是一种程序性机构，它伴随破产程序的开始而产生，破产程序终结后，其使命也宣告结束；另一方面，债权人会议同时又是一种自治性机构，在破产程序中，债权人会议具有相应的法律地位，它对有关破产事务的议决具有自主权。

（二）债权人会议的组成及行使表决权的条件

依照本条第 1 款的规定，所有依照本法第六章规定申报债权的债权人均为债权人会议成员。包括无财产担保的债权人、有财产担保的债权人和代替债务人清偿债务后享有求偿权的人等。从广义上讲，债权人包括已经按照破产程序申报债权和未申报债权的债权人。而本条规定的债权人则是指依照本法规定在破产案件受理法院公告规定的债权申报期限内完成债权申报手续的债权人。从理论上讲，债权人会议是全体债权人的意思表示机关，不论债权人是否依法申报债权，均应当为债权人会议成员。但是，债权人会议是债权人参加破产程序、行使权利的基本形式，不依破产程序行使债权申报权利的债权人，自然难以组成债权人会议；再者，债权人未依法申报债权，便不能取得破产程序当事人地位，其结果也是丧失参加债权人会议的权利。因此，债权人会议的成员应当以依法申报债权的债权人为限。至于未在人民法院确定的债权申报期限内申报债权的债权人，本法第 56 条规定了补充申报制度予以救济，但对于未依本法上述规定申报债权的债权人，则不得依本法规定的程序行使权利。

本条第 2 款、第 3 款则从反面规定不得行使表决权的情形。第 2 款规定的情形是债权尚未确定的债权人，原则上不得行使表决权，但是，如果人民法院能够为其行使表决权而临时确定债权额的，则不受此限制。“债权尚未确定”包括两种情况：一是债权已经发生，但数额尚未确定；二是债权为或然债权，如附停止条件的债权、将来求偿权以及有争议或者诉讼未决的债权，对其是否发生难以确定，因此，也就难以计算其所代表的债权额，所以一般不能享有表决权。但如果法院可确定数额的，则可享有表决权。

依照本条第 3 款规定，对债务人的特定财产享有担保权的债权人，未放弃优先受偿权利的，对于本法第 61 条第 1 款第 7 项、第 10 项规定的决议也不享有表决权。担保分为人的担保与物的担保。人的担保主要是指保证，而物的担保包括抵押、质押及留置。根据我国担保制度的规定，担保方式有保证、抵押、留置与定金。在破产程序中，担保权人是指对债务人的特定财产享有担保权的人。本法第 61 条规定了债权人会议行使 11 项职权的事项。对于绝大部分需要议决的事项，则可能会影响到有财产担保债权人的权利，例如，债权的核查、管理人的相关事宜、债务人的营业和财产管理、重整计划与变价方案等，因此本法赋予了他们对这些事项的表决权。但对于本法第 61 条第 1 款第 7 项、第 10 项规定的决议则排除了有财产担保债权人的表决权。第 7 项规定的是通过和解协议的事项，而本法第 100 条第 2 款明确规定和解债权人是指人民法院受理破产申请时对债务人享有无财产担保债权的人，不包括有财产担保债权人，况且有财产担保债权人可以依照本法第 96 条第 2 款的规定，在人民法院裁定和解之日起行使权利，和解协议的议决事项对有财产担保的债权人的利益实现没有实质性影响。第 10 项规定的是破产财产的分配方案。对债务人的特定财产享有担保权的债权人，可以依法行使优先受偿权。如果有财产担保的债权人一方面有财产担保作为满足自己债权的基础，另一方面又允许其享有表决权从而决定他人之事项，是不合适的。

（三）代理行使表决权

依照本条第 4 款的规定，债权人既可以亲自出席债权人会议，也可以委托代理人出席债权人会议。债权人委托代理人代为出席的，应向法院或债权人会议主席提交由委托人签名盖章的授权委托书。授权委托书必须载明委托事项和权限。此外，根据《民事诉讼法》第 271 条的规定，境外债权人委托代理人的，其授权委托书必须经该国公证并由中华人民共和国驻该国的使领馆认证，或者履行中华人民共和国与该所在国订立的有关条约中规定的证明手续后，才具有效力。涉及港澳台地区债权人委托中国律师代理破产程序的，按照我国有关规定执行。

（四）债权人会议应当有债务人企业职工和工会的代表参加

在市场经济发达国家，破产企业职工可以通过依法领取失业救济金或者向社会保险机构领取养老、医疗保险金等解决社会保障问题，与破产企业不发生直接关系。但在我国目前情况下，由于社会保险制度还有一些不完善的地方，在企业破产中职工利益受到侵害的现象还不罕见。因此，本法在一些具体制度设计上就充分考虑到职工利益的保障问题。例如，清偿顺序中对破产企业职工工资等优先考虑，对于破产期间的营业费用包括职工工资，作为破产费用支付。本条第 4 款也是从维护职工利益的角度出发，明确规定债权人会议应当有企业职工以及工会的代表参加，不仅仅是参加会议，还允许其对事关职工利益等方面的事项发表意见。债权人会议对其发表的意见要予以重视。

适用指引

有观点认为已进入诉讼阶段的债权均属于尚未确定的债权，并根据本条第 2 款认为除人民法院能够为债权人行使表决权而临时确定债权额的外，债权人不得行使表决权。这与司法实践不符。实践中，并非所有进入诉讼程序的债权均属于“尚未确定的债权”。在债权人与债务人之间有多个债权的情况下，存在双方针对某些债权没有异议，但因针对其他债权有异议，导致没有异议的债权亦未清偿，且与其他有异议的债权一并进入诉讼阶段的情形。例如，建设工程纠纷案件中，承包人与发包人针对部分结算款没有异议且已签订结算协议，但针对停工损失、变更价款、违约金等其他款项存在异议，且发包人本着“一揽子完成全部结算再付款”的原则拒绝清偿包括无争议结算款在内的全部债务，导致承包人起诉要求发包人支付全部款项。此时，如果发包人在诉讼阶段被裁定受理破产申请，对于承发包双方没有争议且已经签订结算协议的债权，认定为承包人无法享有相应的表决权，这显然是不合理、不公平的。因此，应当按照《企业破产法》第 57 条、第 58 条规定的程序，先由管理人对申报的债权进行审查、编制债权表并提交第一次债权人会议核查。对于其他债权人、债务人没有异议的债权，应当允许债权人享有表决权并可根据无异议债权的数额享有、行使债权人会议中的相关权利；对于其他债权人、债务人存在异议的债权，则确实构成“尚未确定的债权”，应当按照本条，除法院能够为债权人行使表决权而临时确定债权额的外，债权人不得行使表决权。

类案检索

中国华融资产管理股份有限公司江苏省分公司与镇江德龙港务联运有限责任公司别除权纠纷案

关键词：与破产有关的纠纷　表决权

裁判摘要：中国华融资产管理股份有限公司江苏省分公司（以下简称华融江苏分公司）主张，有财产担保债权人对担保物享有优先受偿权，担保物权的行使不应受第三人合意影响，债权人会议决议实际是无财产担保债权人意思表示一致的结果，有财产担保债权人没有参加决议表决，除非放弃优先受偿权，根据物权优于债权法理，担保物权优先于其他人债权。有财产担保的债权人若受债权人会议决议的约束，必然应享有相应权利，《企业破产法》第59条第3款规定，对债务人的特定财产享有担保权的债权人，未放弃优先受偿权利的，对于通过破产财产分配方案不享有表决权。这与民法创设担保制度本意违背，也不符合别除权精神。镇江德龙港务联运有限责任公司（以下简称德龙公司）辩称，根据《企业破产法》的规定，财产是整体变价，相关方案已经经过债权人会议通过，所以抵押财产和普通财产一起进行变价拍卖。之后在破产分配中的分配方案也是债权人会议通过的有效方案且及时告知了华融江苏分公司，其并未向破产法院申请撤销分配方案。

经查明，债务人德龙公司的破产财产分配方案已经过第三次债权人会议无担保债权人表决通过，其中对有财产担保债权人优先受偿的金额作出了认定。根据此决议，华融江苏分公司作为抵押权人，实际优先分配金额为13727236元，如其认为该决议违反法律规定、损害其利益的，可以依据《企业破产法》第64条第2款之规定，自债权人会议作出决议之日起15日内，请求人民法院裁定撤销该决议，责令债权人会议依法重新作出决议。而在人民法院未裁定撤销之前，该决议对包括华融江苏分公司在内的全体债权人具有约束力。实际上，上述决议已经法院裁定予以认可，华融江苏分公司关于增加优先分配金额的诉请与已经人民法院裁定认可的有效分配方案相悖，缺乏法律依据，且债务人德龙公司的破产程序已经终结。华融江苏分公司在原确定的优先分配基础上要求增加优先分配金额的主张不应得到支持。

【案　　号】（2021）苏民终2号

【审理法院】江苏省高级人民法院

【来　　源】中国裁判文书网

第六十条　债权人会议设主席一人，由人民法院从有表决权的债权人中指定。

债权人会议主席主持债权人会议。

关联规定

一、法律、行政法规、司法解释

《中华人民共和国企业破产法》

第五十九条　依法申报债权的债权人为债权人会议的成员，有权参加债权人会议，享有表决权。

债权尚未确定的债权人，除人民法院能够为其行使表决权而临时确定债权额的外，不得行使表决权。

对债务人的特定财产享有担保权的债权人，未放弃优先受偿权利的，对于本法第六十一条第一款第七项、第十项规定的事项不享有表决权。

债权人可以委托代理人出席债权人会议，行使表决权。代理人出席债权人会议，应当向人民法院或者债权人会议主席提交债权人的授权委托书。

债权人会议应当有债务人的职工和工会的代表参加，对有关事项发表意见。

第六十二条　第一次债权人会议由人民法院召集，自债权申报期限届满之日起十五日内召开。

以后的债权人会议，在人民法院认为必要时，或者管理人、债权人委员会、占债权总额四分之一以上的债权人向债权人会议主席提议时召开。

二、部门规章及规范性文件

《中国银行保险监督管理委员会、国家发展和改革委员会、中国人民银行、中国证券监督管理委员会关于印发金融机构债权人委员会工作规程的通知》

第六条　债委会组建会议可以由持有较大债权的金融机构发起召开，也可以由债务企业和持有较大债权的金融机构协商后共同发起召开。

债委会组建会议应当明确主席单位和副主席单位。主席单位原则上由持有债权金额较大且有协调能力和意愿的1—2家金融机构担任，副主席单位可以由持有债权金额较大的金融机构、持有债权金额较小的金融机构及债券受托管理人等代表共同担任，包括不同类型金融机构代表。

第七条 债委会主席单位应当履行组织债委会会议、维护债委会日常运行、促进各成员机构沟通协调和信息共享、督促债务企业对债委会加强信息沟通并充分披露经营及债务情况等职责，牵头组织成立债委会工作组。副主席单位和成员机构应当积极配合主席单位工作。

债委会工作组应当与债务企业和其他非金融债权人充分沟通，全面、准确、及时地向全体成员机构披露有关债务企业、债委会工作的重要信息，并平衡好与债务企业、股东（特别是中小股东）、其他非金融债权人的利益关系。

出现主席单位、副主席单位不适宜行使牵头职责的情形或发生其他重大事项的，债委会可按照议事规则和工作流程，对主席单位、副主席单位进行变更。

第八条 债委会主席单位、副主席单位、成员机构应当完善内部管理制度，将债委会工作纳入内部管理体系，完善债委会相关工作的授权机制，确保债委会高效有序运行。

条文释义

一、本条主旨

本条是关于债权人会议主席的规定。

二、条文演变

《企业破产法（试行）》第13条第2款规定“债权人会议主席由人民法院从有表决权的债权人中指定。”《企业破产规定》第39条第2款对债权人会议主席人数作出规定：“债权人会议主席由人民法院在有表决权的债权人中指定。必要时，人民法院可以指定多名债权人会议主席，成立债权人会议主席委员会。”在2004年6月公布的《企业破产法（草案）》中，第55条独立成条明确债权人会议主席制度，并对会议主席人数作出修改，规定“债权人会议设主席一人，由人民法院从有表决权的债权人中指定。债权人会议主席主持债权人会议。”该规定在现行《企业破产法》中予以吸收。

三、条文解读

（一）关于债权人会议主席产生的规定

债权人会议主席，即负责主持和召集债权人会议的人。设立债权人会议主席目的在于保证破产程序的顺利进行，使债权人会议的召开更有效率。本条第1款规定，债权人会议主席由人民法院指定。人民法院是国家的审判机关，在破产案件中处于主导地位，对破产程序全面负责，债权人会议的活动必须在人民法院的组织安排下进行。因此，债权人会议主席产生应当是由人民法院指定而非债权人会议选任。

（二）关于债权人会议主席人数的规定

债权人会议主席委员会的设置是我国早期破产法实施中的一个创新举措，它首创于广东国际信托公司破产案的审理中。因各国家和地区破产法为保障债权人会议职能的有效行使，对破产程序进行必要的监督，通常规定在债权人会议中可以设置常设监督机构，即债权人委员会或破产监督人等，而在我国《企业破产法（试行）》中未设置债权人会议的常设监督机构，这就使债权人会议在闭会期间无法行使职权，无法对破产程序进行必要的日常监督，债权人的权益难以得到充分保障，给管理人的工作也增加了难度，不利于破产程序的迅速进行。《企业破产规定》将债权人会议主席委员会作为债权人会议的常设机构设置，实际上起到对破产监督人制度缺失的补救作用。由于现行《企业破产法》中已经专门设置了债权人委员会作为债权人会议的常设监督机构，这就使债权人会议主席委员会失去了存在之必要。所以，本条第1款规定仅设债权人会议主席1人，对过去司法实践中实施的制度进行了修改。[①]

---

① 王欣新：《破产法（第三版）》，中国人民大学出版社2011年版，第208~209页。

（三）关于债权人会议主席主持债权人会议的规定

本条第2款规定，债权人会议由债权人会议主席主持。根据本法规定，人民法院召集第一次债权人会议，指定并宣布债权人会议主席，债权人会议主席指定后的债权人会议由债权人会议主席负责主持。其具体职责为：宣布会议开始，说明会议议题和注意事项；领导会议进程，维持会场秩序，如编排议题顺序和发言顺序，安排会议日期，决定会议延长或者提前结束、延期召开，宣布表决结果；就会议议题的有关事项询问出席会议的债权人和债务人；宣布会议闭会。债权人会议主席只能主持会议，不能借主持会议的机会控制实体上的利益趋向。债权人会议主席行使职权，不得委托他人代理。如果其本人不能主持会议，可以由法院临时指定会议主席，必要时也可以由人民法院另行指定。

适用指引

我国《企业破产法》规定债权人会议主席由人民法院从有表决权的债权人中指定产生，债权人会议自己不能选任。而且，资格上还必须是有表决权的债权人。除了债务人企业的代表以及相关责任人外，都可充任债权人会议主席。在第一次债权人会议上，法院可以指定债权人会议主席，同时有必要听取债权人的意见。在以后的债权人会议上，债权人可以提出更换债权人会议主席，表决通过后报法院认可后即可。人民法院多数情况下会指定最大的债权人担任债权人会议主席，但这不是法律强制性要求。其次，也应考虑选任具有一定法律或财务知识的债权人担任债权人会议主席。债权人会议主席的当选应该是自愿的，对虽然基本符合担任条件但不愿意担任的，法院不能强迫担任。

一般来说，债权人会议主席除主持债权人会议的职权外，还有以下职权：

1. 召集债权人会议

我国《企业破产法》规定，除第一次债权人会议外，以后的债权人会议，在人民法院认为必要时，或者管理人、债权人委员会、占债权总额1/4以上的债权人向债权人会议主席提议时召开。由此可见，在我国，债权人会议主席可以决定召开债权人会议，并且负责召集。在国外，一些国家的破产法律由于对债权人会议主席的任职资格没有什么特殊的要求，其也往往不能单独决定债权人会议的召开与否。

2. 负责向人民法院报告

会议召开完毕，债权人会议往往会形成对一些事项的表决结果，债权人会议主席应把结果及时报送人民法院。由于债权人会议主席由人民法院指定产生，抑或债权人会议选举产生，里面都包含了人民法院或大多债权人对之的信任，所以，如果其不能出席和主持会议，不能由其代理人出席。在这种情况下，或者由人民法院临时指定会议主席，或者重新指定新的主席。

类案检索

王某元申请错误执行赔偿案

关键词：执行赔偿　债权人会议

裁判摘要：王某元于 2019 年 10 月 8 日向山东省东营市中级人民法院（以下简称东营中院）申请国家赔偿，主要理由是东营中院在执行案件中未将扣留的被执行人获得的补偿款执行给自己，东营中院拖延执行导致执行款被列为破产财产，造成 6709740.10 元无法执行，损害其合法权益。

经查明，海红港建设公司欠王某元支付工程款 11668908.41 元及其利息，已经人民法院生效判决确认。后王某元向东营中院申请强制执行，东营中院裁定扣留被执行人海红港建设公司因承包的浅海滩涂被征用而给予的补偿款 2600 万元。由于该补偿款未实际到位，系预先扣留。2014 年 3 月 25 日，东营广利港开发建设有限责任公司将补偿款 50790718 元汇入东营市东营区会计集中核算中心，该款包括海红港建设公司补偿款 16789081.73 元，其余款项为海红港旅游公司的补偿款。2014 年 8 月 15 日东营中院裁定对海红港建设公司进行破产清算，并将海红港建设公司的补偿款 16145341.69 元扣划至该院账户。海红港建设公司破产清算期间，王某元作为债权人申报了债权，并参加了债权人会议，并担任债权人会议主席。

东营中院在审查海红港建设公司破产申请期间，在知晓海红港建设公司明显缺乏清偿能力的情况下，为保护包括王某元在内的整体债权人利益，没有对海红港建设公司唯一的财产即补偿款采取进一步执行措施，该事实行为客观上与破产法关于“公平清理债权债务，保护债权人和债务人的合法权益，维护社会主义市场经济秩序”的立法目的是一致的；与执行移送审查破产所规定的中止执行案件等待破产审查结果的精神是一致的。因此，并不具有违法性。对于是否存在其他违法或者非正当事由，王某元未能举证证明，根据诉讼规则应该予以排除。从海红港建设公司破产清算情况看，王某元作为债权人申报了债权，担任债权人会议主席，参与了破产清算，并受偿债权10079341.63元，王某元的实体和程序权利依法得到了保障。

【案　　号】（2020）鲁委赔3号

【审理法院】山东省高级人民法院

【来　　源】中国裁判文书网

第六十一条　债权人会议行使下列职权：

（一）核查债权；

（二）申请人民法院更换管理人，审查管理人的费用和报酬；

（三）监督管理人；

（四）选任和更换债权人委员会成员；

（五）决定继续或者停止债务人的营业；

（六）通过重整计划；

（七）通过和解协议；

（八）通过债务人财产的管理方案；

（九）通过破产财产的变价方案；

（十）通过破产财产的分配方案；

（十一）人民法院认为应当由债权人会议行使的其他职权。

债权人会议应当对所议事项的决议作成会议记录。

关联规定

一、法律、行政法规、司法解释

1.《中华人民共和国企业破产法》

第二十二条　管理人由人民法院指定。

债权人会议认为管理人不能依法、公正执行职务或者有其他不能胜任职务情形的，可以申请人民法院予以更换。

指定管理人和确定管理人报酬的办法，由最高人民法院规定。

第二十三条　管理人依照本法规定执行职务，向人民法院报告工作，并接受债权人会议和债权人委员会的监督。

管理人应当列席债权人会议，向债权人会议报告职务执行情况，并回答询问。

第二十五条　管理人履行下列职责：

（一）接管债务人的财产、印章和账簿、文书等资料；

（二）调查债务人财产状况，制作财产状况报告；

（三）决定债务人的内部管理事务；

（四）决定债务人的日常开支和其他必要开支；

（五）在第一次债权人会议召开之前，决定继续或者停止债务人的营业；

（六）管理和处分债务人的财产；

（七）代表债务人参加诉讼、仲裁或者其他法律程序；

（八）提议召开债权人会议；

（九）人民法院认为管理人应当履行的其他职责。

本法对管理人的职责另有规定的，适用其规定。

第二十六条 在第一次债权人会议召开之前，管理人决定继续或者停止债务人的营业或者有本法第六十九条规定行为之一的，应当经人民法院许可。

2.《最高人民法院关于适用〈中华人民共和国企业破产法〉若干问题的规定（三）》

第十三条 债权人会议可以依照企业破产法第六十八条第一款第四项的规定，委托债权人委员会行使企业破产法第六十一条第一款第二、三、五项规定的债权人会议职权。债权人会议不得作出概括性授权，委托其行使债权人会议所有职权。

第十五条 管理人处分企业破产法第六十九条规定的债务人重大财产的，应当事先制作财产管理或者变价方案并提交债权人会议进行表决，债权人会议表决未通过的，管理人不得处分。

管理人实施处分前，应当根据企业破产法第六十九条的规定，提前十日书面报告债权人委员会或者人民法院。债权人委员会可以依照企业破产法第六十八条第二款的规定，要求管理人对处分行为作出相应说明或者提供有关文件依据。

债权人委员会认为管理人实施的处分行为不符合债权人会议通过的财产管理或变价方案的，有权要求管理人纠正。管理人拒绝纠正的，债权人委员会可以请求人民法院作出决定。

人民法院认为管理人实施的处分行为不符合债权人会议通过的财产管理或变价方案的，应当责令管理人停止处分行为。管理人应当予以纠正，或者提交债权人会议重新表决通过后实施。

3.《最高人民法院关于审理企业破产案件指定管理人的规定》

第三十一条 债权人会议根据企业破产法第二十二条第二款的规定申请更换管理人的，应由债权人会议作出决议并向人民法院提出书面申请。

人民法院在收到债权人会议的申请后，应当通知管理人在两日内作出书面说明。

4.《最高人民法院关于审理企业破产案件确定管理人报酬的规定》

第十七条 债权人会议对管理人报酬有异议的，应当向人民法院书面提出具体的请求和理由。异议书应当附有相应的债权人会议决议。

5.《最高人民法院关于〈中华人民共和国企业破产法〉施行时尚未审结的企业破产案件适用法律若干问题的规定》

第十一条 有财产担保的债权人未放弃优先受偿权利的，对于企业破产法第六十一条第一款第七项、第十项规定以外的事项享有表决权。但该债权人对于企业破产法施行前已经表决的事项主张行使表决权，或者以其未行使表决权为由请求撤销债权人会议决议的，人民法院不予支持。

二、司法指导性文件

《全国法院破产审判工作会议纪要》

11. 管理人聘用其他人员费用负担的规制。管理人经人民法院许可聘用企业经营管理人员，或者管理人确有必要聘请其他社会中介机构或人员处理重大诉讼、仲裁、执行或审计等专业性较强工作，如所需费用需要列入破产费用的，应当经债权人会议同意。

19. 重整计划执行中的变更条件和程序。债务人应严格执行重整计划，但因出现国家政策调整、法律修改变化等特殊情况，导致原重整计划无法执行的，债务人或管理人可以申请变更重整计划一次。债权人会议决议同意变更重整计划的，应自决议通过之日起十日内提请人民法院批准。债权人会议决议不同意或者人民法院不批准变更申请的，人民法院经管理人或者利害关系人请求，应当裁定终止重整计划的执行，并宣告债务人破产。

26. 破产财产的处置。破产财产处置应当以价值最大化为原则，兼顾处置效率。人民法院要积极探索更为有效的破产财产处置方式和渠道，最大限度提升破产财产变价率。采用拍卖方式进行处置的，拍卖所得预计不足以支付评估拍卖费用，或者拍卖不成的，经债权人会议决议，可以采取作价变卖或实物分配方式。变卖或实物分配的方案经债权人会议两次表决仍未通过的，由人民法院裁定处理。

条文释义

一、本条主旨

本条是关于债权人会议职权的规定。

二、条文演变

《企业破产法（试行）》第 15 条规定债权人会议的职权仅有三项："（一）审查有关债权的证明材料，确认债权有无财产担保及其数额；（二）讨论通过和解协议草案；（三）讨论通过破产财产的处理和分配方案。"且未对债权人会议记录作出规定。《企业破产规定》第 42 条明确了债权人会议"讨论内容应当记明笔录。"2004 年 6 月公布的《企业破产法（草案）》第 56 条第 1 款将债权人会议的职权增加为十一项，"（一）调查债权；（二）确认、选任、撤换管理人，决定管理人的费用和报酬；（三）管理人的监督；（四）选任和撤换债权人委员会成员；（五）决定继续或者停止债务人的营业；（六）通过和解协议；（七）通过重整计划；（八）通过债务人财产的管理方案；（九）通过破产财产的变价方案；（十）通过破产财产的分配方案；（十一）人民法院认为应当由债权人会议决定的其他事项。"同时第 2 款规定："债权人会议行使上列职权，应当作出书面决议。"现行《企业破产法》除文字修改外，基本延续了上述草案关于债权人会议职权的规定，并明确了债权人会议应当对所议事项的决议作成会议记录。

三、条文解读

（一）债权人会议的职权

本条规定了债权人会议行使的十一项职权：

1. 核查债权。即在债权人会议上让每个债权人对已经申报的债权进行核认，并可以提出异议。如果在债权人会议上无人对已经申报的债权的数额或者性质提出异议，法院就可以根据现有的证明材料确定债权。依照本法第 58 条的规定，债务人、债权人对债权表记载的债权有异议的，可以向受理破产申请的人民法院提起确认债权的诉讼。

2. 申请人民法院更换管理人，审查管理人的费用和报酬。依照本法第 22 条的规定，债权人会议认为管理人不能依法、公正履行职务或者有其他不能胜任情形的，可以请求人民法院予以更换，另行指定。因此，申请人民法院更换管理人属于债权人会议职权的应有之义。依照本法第 41 条的规定，管理人执行职务的费用、报酬和聘用工作人员的费用属于破产费用。而破产费用和共益债务由债务人财产随时清偿。因此，法律赋予债权人会议对管理人的费用和报酬的审查权也是维护债权人合法权益不受侵害的需要。

3. 监督管理人。依照本法第 23 条的规定，管理人依照本法规定执行职务，向人民法院报告工作，并接受债权人会议和债权人委员会的监督。可见，债权人会议具有监督管理人的职权。

4. 选任和更换债权人委员会成员。债权人会议虽然是破产程序的重要机构，但并不是一个常设机构，可能会不便于对破产程序进行有效的监督。再者，如果由债权人会议直接对破产程序实施监督，成本很大。因此，许多国家和地区破产法规定，在必要时，应由债权人或者法院决定设立监督机构，在债权人会议闭会期间，代表债权人会议并代表债权人全体的一般利益，监督破产程序的进行。本法第 67 条规定，债权人会议可以决定设立债权人委员会。债权人委员会由债权人会议选任的债权人代表和一名破产企业的职工代表或者工会代表组成。债权人委员会成员应当经人民法院书面决定认可。债权人委员会人数不得超过 9 人。

5. 决定继续或者停止债务人的营业。破产程序开始后，债务人是否继续营业，决定权应当由债权人会议行使。毕竟，债务人的营业直接影响债权人债权的清偿程度。如果债权人认为债务人继续营业可以增加可供分配的破产财产，法院也不能强制债务人停止继续营业。

6. 通过重整计划。重整计划的通过是指将重整计划草案交由债权人会议讨论并同意的过程。这是债权人自治的体现，是重整程序的核心阶段。这个过程主要是对重整计划草案表决的过程。

7. 通过和解协议。即债权人会议对债务人提交的和解协议草案，有权进行讨论和作出是否予以接受的决议。和解通常是在债权人作出让步的基础上达成的。债权人让步属于权利处分行为，如免除利息、免除部分本金、延长偿还期限、将债权转换为股权等，这些必须由权利人自主决定。由于破产程序是集体清偿程序，故债权人的权利处分也必须通过集体行为来实施。因此，和解协议只有经债权人会议决议并经法院认可方能生效。对于和解协议草案，不得以债权人的私下意思或者法院的决定来代替债权人会议的决议。

8. 通过债务人财产的管理方案。破产程序开始后，债务人全部财产为债权人利益分配的基础，与每个债权人的利益攸关，因此，对债务人财产的管理应有债权人自治的存在，对债务人财产的管理方案应由债权人会议决议。对债务人财产如何管理，属于管理人的职责，其方法细节，不宜由债权人会议处处干涉过问。但如果管理人对债权人财产的处理可能有所偏差，或者没有尽善良管理人的注意义务，为了全体债权人的利益，需要由债权人会议作出决议，因而，债权人会议应就破产财产管理的重大原则，以及管理人使用的管理方法有无错误、处置有无偏差等事项作出决议，由管理人具体执行和落实。

9. 通过破产财产的变价方案。破产财产的变价是否得当与合法，直接关系到债权人的切身利益，应当接受债权人会议的监督。管理人应当就处理财产的种类或者范围、变价方法、预先估价、变价时间、变价地点以及其他处理财产的相关事项，拟出方案，提交债权人会议讨论，经债权人会议讨论无异议或者经表决同意，则通过破产财产的处理方案。

10. 通过破产财产的分配方案。与通过破产财产的变价方案一样，在进行破产分配前，管理人应当向债权人会议提交破产财产分配方案，由债权人会议对应分配的财产范围、应受分配的债权和债权额、分配方法、分配的顺序、分配的比例、时间和地点等事项，进行讨论，并就讨论结果予以表决，确定是否通过破产财产分配方案。

11. 人民法院认为应当由债权人会议行使的其他职权。债权人会议除行使上述 10 项职权外，如果人民法院认为还有其他应当由债权人会议行使的职权，可以赋予债权人会议行使。这一项属于兜底性规定。人民法院可以根据不同情况来决定具体事项的内容。

（二）债权人会议应当对所议事项的决议作成会议记录

债权人会议的决议是指债权人会议在职权范围内，对会议议题进行讨论，由出席会议的有表决权的债权人通过表决，形成一致意见或者决定。参加破产程序的债权人，既有各自不同的利益，又有相同协作的共同利益，在债权人会议上经过充分的讨论，有必要而且只能以书面决议的方式表达他们的共同利益。债权人会议的决议，不是某个或者某些债权人利益的实现，而是以表决实现多数或者全体债权人利益或者意愿。

适用指引

关于债权人会议职权的规定，反映了破产法赋予债权人参与破产程序的程度。基本上，《企业破产法》赋予了债权人会议在比较广泛的程度和较高水平上参与处理破产事件的权利。债权人会议中涉及债权人实体权利的主要内容有以下三方面：（1）决策职权。该条第1款第5至10项，安排由债权人会议讨论通过的内容，属于债权人会议行使决策机关职能的权力。（2）监督职权。体现为该条第1款第2、3、4项，管理人、债权人委员会的工作都接受债权人会议的监督。（3）其他职权。包括该条第1款第1项所列的核查债权和第11项的兜底条款，即人民法院认为应当由债权人会议行使的其他职权。

1. 债权人会议核查的效力。根据《企业破产法》第61条第1款第1项的规定，债权人会议的权利仅为核查权，其无权最终确认债权。即债权人会议对债权的核查主要体现在下列方面：（1）对已申报的债权逐一进行核查；（2）就核查结果作出决议；（3）确认债权人和债务人是否对某笔债权表上记载的债权存在异议。债权人和债务人没有异议的债权，应由人民法院根据《企业破产法》第58条第2款的规定裁定确认。

2. 对管理人和债权人主席的监督。《企业破产法》第61条第1款第2、3项赋予债权人会议对管理人进行监督的权利。债权人会议的监督权主要体现在债权人会议可以要求管理人对其汇报其已经进行的各项工作，并对管理人所做工作在程序法和实体法上的合法性、合理性和勤勉程度做相应的评判，甚至向人民法院提议更换管理人。

此外，由于债权人会议主席的职责主要体现在程序方面，因此，对债权人会议主席的监督也主要针对程序性问题。债权人如有意见，实务中可以采取在债权人会议结束后，以书面方式向受理破产案件的人民法院反映的方式进行监督。

3. 债权人会议对债权人委员会的授权。根据对法律的理解，债权人会议有些权利是不能授予债权人委员会代为行使的，其中最主要的就是《企业破产法》第61条中规定的以下权能：（1）选任和更换债权人委员会成员在属性上无法授权债权人委员会；（2）申请人民法院更换管理人，通过重整计划，通过和解协议这3项属于特别重大的事项，必须要经过全体债权人的讨论和投票，不能仅用几位债权人委员会委员的意志来代替全体债权人的意志；（3）通过破产财产的变价方案以及通过破产财产的分配方案这两项一方面是对债权人权益有特别重大的影响，不应用少数委员意见代替全体意见的事项，一方面也是因为法律规定了特别的救济程序，客观上不允许由债权人委员会越俎代庖。

类案检索

中国民生银行股份有限公司上海分行与上海瑞斯乐复合金属材料有限公司申请破产清算案

关键词： 破产清算　关联企业破产

裁判摘要： 2019年5月6日，人民法院根据债权人申请，分别裁定受理振兴公司、欣狮公司、瑞斯乐公司破产清算，并指定上海汇同清算事务有限公司担任三公司共同的管理人。在三公司合并召开的第一次债权人会议上，管理人将三公司适用实质合并破产作为一项会议提案，提交三公司债权人会议审议、表决。会中，作为三公司共同的债权人民生银行上海分行对此提出异议。后经分别表决，管理人认为三公司债权人会议均通过对三公司适用实质合并破产清算的方案，并申请人民法院裁定确认。

人民法院认为，公司是企业法人，具有独立法人人格，但关联公司之间通过股权结构或协议实现控制，且在财产、人员、经营场所等方面高度混同，关联企业之间独立人格应予否认，而作为一个共同整体承担责任，否则将严重损害债权人公平清偿利益。关联企业间人格否认在破产程序中，即适用实质合并破产。关联企业之间是否适用实质合并破产由人民法院依申请行使裁判权确定。现振兴公司、欣狮公司、瑞斯乐公司共同管理人将合并提案提交三公司债权人会议，经三公司债权人分别表决，形成决议并申请对三公司适用实质合并破产清算。异议人民生银行上海分行不同意对三公司适用实质合并破产清算，同时申请撤销瑞斯乐公司债权人会议作出的关于《合并破产清算提案》的决议。依据《破产审判会议纪要》第六部分管理企业破产的规定，关联企业实质合并破产，由人民法院根据申请，组织相关利害关系人听证再作出裁断。三公司间在股权结构上关联关系，人民法院在受理审查阶段即适用关联企业破产案件协调审查机制，同时受理、指定同一管理人、同时召开第一次债权人会议。后管理人履职过程中，经调查，认为对三公司应适用实质合并破产程序，管理人基于提高效率角度出发，将三公司适用实质合并破产作为一项债权人会议讨论议题提交三公司债权人会议审议，实质是通过债权人会议形式吸收听证程序。因债权人会议中，到会人员包括企业代表、三公司债权人、员工代表等各方利害关系人，可以更全面听取各方意见，以债权人会议审议形式吸收听证更有利于保障各方利害关系人合法权益，并无不当。债权人会议中，各方利害关系人可以就合并议题发表观点、陈述意见，对合并议题的表决作为意见陈述的方式之一，亦无不当。各方利害关系人的观点，包括表决结果则作为人民法院裁断考量因素之一。但各方利害关系人就合并议题的表决结果无须形成决议，该事项不属于我国《企业破产法》第 61 条所规定的债权人会议职权范围，而是人民法院的裁判权。无论债权人会议表决结果如何，是否适应实质合并破产都应由人民法院作出判断。

【案　　号】（2019）沪 0117 破 15 号之三

【审理法院】上海市松江区人民法院

【来　　源】中国裁判文书网

第六十二条　第一次债权人会议由人民法院召集，自债权申报期限届满之日起十五日内召开。

以后的债权人会议，在人民法院认为必要时，或者管理人、债权人委员会、占债权总额四分之一以上的债权人向债权人会议主席提议时召开。

关联规定

一、法律、行政法规、司法解释

1.《中华人民共和国企业破产法》

第十四条　人民法院应当自裁定受理破产申请之日起二十五日内通知已知债权人，并予以公告。

通知和公告应当载明下列事项：

（一）申请人、被申请人的名称或者姓名；

（二）人民法院受理破产申请的时间；

（三）申报债权的期限、地点和注意事项；

（四）管理人的名称或者姓名及其处理事务的地址；

（五）债务人的债务人或者财产持有人应当向管理人清偿债务或者交付财产的要求；

（六）第一次债权人会议召开的时间和地点；

（七）人民法院认为应当通知和公告的其他事项。

2.《最高人民法院关于适用〈中华人民共和国企业破产法〉若干问题的规定（三）》

第十二条　债权人会议的决议具有以下情形之一，损害债权人利益，债权人申请撤销的，人民法院应予支持：

（一）债权人会议的召开违反法定程序；

（二）债权人会议的表决违反法定程序；

（三）债权人会议的决议内容违法；

（四）债权人会议的决议超出债权人会议的职权范围。

人民法院可以裁定撤销全部或者部分事项决议，责令债权人会议依法重新作出决议。

债权人申请撤销债权人会议决议的，应当提出书面申请。债权人会议采取通信、网络投票等非现场方式进行表决的，债权人申请撤销的期限自债权人收到通知之日起算。

二、司法指导性文件

1.《全国法院破产审判工作会议纪要》

47. 运用信息化手段提高破产案件处理的质量与效率。要适应信息化发展趋势，积极引导以网络拍卖方式处置破产财产，提升破产财产处置效益。鼓励和规范通过网络方式召开债权人会议，提高效率，降低破产费用，确保债权人等主体参与破产程序的权利。

2.《最高人民法院关于企业破产案件信息公开的规定（试行）》

第十一条 人民法院、破产管理人可以在破产重整案件信息网召集债权人会议并表决有关事项。网上投票形成的表决结果与现场投票形成的表决结果具有同等法律效力。

债权人可以选择现场投票或者网上投票，但选择后不能再采用其他方式进行投票，采用其他方式进行投票的，此次投票无效。

3.《最高人民法院关于推进破产案件依法高效审理的意见》

10. 第一次债权人会议可以采用现场方式或者网络在线视频方式召开。人民法院应当根据企业破产法第十四条的规定，在通知和公告中注明第一次债权人会议的召开方式。经第一次债权人会议决议通过，以后的债权人会议还可以采用非在线视频通讯群组等其他非现场方式召开。债权人会议以非现场方式召开的，管理人应当核实参会人员身份，记录并保存会议过程。

条文释义

一、本条主旨

本条是关于召开债权人会议的规定。

二、条文演变

《企业破产法（试行）》第 14 条中规定："第一次债权人会议由人民法院召集，应当在债权申报期限届满后十五日内召开。"在之后的历次破产法修改草案中对于第一次债权人会议召集人、召开时间的规定基本一致，现行《企业破产法》第 62 条第 1 款除删除"应当"二字，其余部分沿用了《企业破产法（试行）》的表述。《企业破产法（试行）》第 14 条中还规定"以后的债权人会议在人民法院或者会议主席认为必要时召开，也可以在清算组或者占无财产担保债权总额的四分之一以上的债权人要求时召开。"在之后的历次破产法修改草案中，提议召开债权人会议的主体曾包括"管理人、重整执行人、破产清算人、监督人、已确定债权总额四分之一以上的债权人"，《企业破产法》第 62 条第 2 款对此进行了修改和完善，明确以后的债权人会议，除了人民法院认为必要时可以召开之外，提议召开会议的主体为管理人、债权人委员会、占债权总额 1/4 以上的债权人亦可向债权人会议主席提议召开。

三、条文解读

（一）关于召集第一次债权人会议的规定[①]

第一次债权人会议为法定会议，是在破产程序开始后人民法院在法定期间内召集的债权人会议。因为，债权人会议为非常设机构，在第一次召集前尚不存在，应当由人民法院进行召集。召开第一次债权人会议的期限是自债权申报期限届满之日起 15 日内。早于上述期限召开第一次债权人会议，可能会剥夺了一部分没有及时申报债权的债权人依法参加破产程序的权利，而迟于上述期限召开，则延长了破产程序的完成时间，可能会造成不必要的费用支出。由于

① 本书编写组编著：《〈中华人民共和国企业破产法〉释义及实用指南》，中国民主法制出版社 2012 年版，第 162~164 页。

第一次债权人会议是法院召集并主持的宣告债权人会议成立的会议，其内容应包括：宣布债权人资格审查结果；指定并宣布债权人会议主席；宣布债权人会议的职权及其他有关事项。另外，还应由管理人通报债务人的生产、经营、财产、债务的基本情况等。

（二）关于第一次债权人会议以后的债权人会议召集的规定[①]

第一次债权人会议不可能一次性解决所有程序和实体问题，对剩余的问题和产生的新问题，在以后各次债权人会议上解决，至于会议召开的总次数，各国家和地区破产法都没有设定上限，但在一些程序上则提出相应要求。本条第2款规定了四种情形：

第一，人民法院认为必要时召开。人民法院是审理和执行企业破产案件的审判和执行机构，债权人会议在它的领导和指挥下行使职权。因此，人民法院有权在自己认为必要时，召开债权人会议。这里所说的“必要”是指为进行破产程序保护债权人整体利益的需要，不召开债权人会议难以决定的情况。如一些债务数量大，案情复杂，债权人之间意见不一致、纷争突出的案件，人民法院往往要召开债权人会议来协调、核实有关问题。

第二，管理人向债权人会议主席提议召开。管理人是破产财产的管理、处分及分配机构，其所进行的有关破产财产的行为，应当接受债权人会议和债权人委员会的监督，尤其是法律规定破产财产的变价和分配由债权人会议讨论通过方案，遇此情形，管理人应当提请人民法院或者债权人会议主席，召开债权人会议。

第三，债权人委员会向债权人会议主席提议召开。债权人委员会是债权人会议的常设机构，它的工作是对破产程序实施日常监督，实现债权人监督破产程序进行的自治需要，依照本法第68条的规定，债权人委员会有权提议召开债权人会议。

第四，占债权总额1/4以上的债权人向债权人会议主席提议召开。债权人会议是债权人团体利益的代表机关，应当允许债权人请求召开债权人会议充分发表意见，且债权人会议讨论的问题，直接关系到各债权人会议成员的利益，在债权总数中所占的比例越大的债权人，越关心自己债权的实现问题。但是，

① 吴高盛：《〈中华人民共和国企业破产法〉条文释义与适用》，人民法院出版社2006年版，第146~148页。

召开债权人会议，必然增加破产费用，加重债务人或者债权人团体的负担，因此为了降低破产成本，同时也为了便于某一方面债权人充分地表达自己的意见，本条规定占债权总额1/4以上的债权人，有权向债权人会议主席提议召开债权人会议，即有权提请召开债权人会议的债权人，不以多数为必要，只以其所代表的债权额占已确定债权总额1/4以上为必要。

适用指引

《企业破产法规定（三）》第11条规定了“采取通信、网络投票等非现场方式进行表决”，但未对债权人会议能否采取非现场方式进行规定。实践中，存在完全以书面债权人会议代替现场会议的情况，这与《企业破产法》对于债权人会议的制度安排不相符，也不利于保障债权人的知情权和参与权。根据《破产案件高效审理意见》第10条的规定，第一次债权人会议应当通过现场方式或者网络在线视频方式召开，后续债权人会议可以采取灵活的方式召开。

但是，在提高债权人会议便利度的同时应强调会议召开的规范性。根据《破产案件高效审理意见》，以非现场方式召开债权人会议、进行表决的，管理人要做好核实参会人员身份、会议过程记录、表决载体提取保存等工作，做到全程可查，确保案件质量。同时，为预防当事人滥用诉讼权利，避免破产程序时间和成本的不必要增加，债权人请求撤销召开或者表决程序仅有轻微瑕疵，且对决议未产生实质影响的债权人会议决议的，人民法院不予支持。需要说明的是，因管理人未勤勉尽责，存在故意或重大过失行为造成前述瑕疵的，人民法院可以依照《企业破产法》有关规定对其处以罚款。

类案检索

洛阳伊川龙泉坑口自备发电有限公司、济源市腾盛纸业有限公司等管理人责任纠纷案

关键词：债权人会议主席　债权人会议

裁判摘要：洛阳伊川龙泉坑口自备发电有限公司（以下简称伊川龙泉坑口发电公司）申请再审称，管理人拒绝执行第一次债权人会议决议，对申请人提出的处置抵押财产申请置之不理，侵害了抵押权人的合法权益。济源市腾盛纸业有限公司（以下简称腾盛纸业公司）管理人述称，管理人在整个破产清算过程中严格按照债权人会议决议对破产财产进行了维护、管理和适时处置，不存在拒绝执行债权人会议决议的情形。伊川龙泉坑口发电公司作为债权人的一员，应受债权人会议决议的约束。人民法院经审查认为，腾盛纸业公司进入破产清算程序后，管理人先后对资产进行了三次拍卖，但均流拍。后代表无财产担保债权总额1/4以上的债权人向债权人会议主席提议，要求管理人组织召开债权人会议，同意将济源腾盛纸业公司的财产公开租赁，并对租金数额、租赁期限及租金分配等问题进行表决通过，济源市人民法院亦出具复函同意腾盛纸业公司管理人对外租赁公司资产。管理人根据债权人会议表决通过的方案和人民法院复函，与承租人签订了租赁协议，将财产交付承租人使用，管理人收取租金并按照分配方案予以分配。上述财产出租、分配租金等过程中，管理人不存在违法履职行为。

【案　　号】（2021）豫民申4765号

【审理法院】河南省高级人民法院

【来　　源】中国裁判文书网

第六十三条　召开债权人会议，管理人应当提前十五日通知已知的债权人。

关联规定

一、法律、行政法规、司法解释

1.《中华人民共和国企业破产法》

第十四条　人民法院应当自裁定受理破产申请之日起二十五日内通知已知债权人，并予以公告。

通知和公告应当载明下列事项：

（一）申请人、被申请人的名称或者姓名；

（二）人民法院受理破产申请的时间；

（三）申报债权的期限、地点和注意事项；

（四）管理人的名称或者姓名及其处理事务的地址；

（五）债务人的债务人或者财产持有人应当向管理人清偿债务或者交付财产的要求；

（六）第一次债权人会议召开的时间和地点；

（七）人民法院认为应当通知和公告的其他事项。

2.《最高人民法院关于适用〈中华人民共和国企业破产法〉若干问题的规定（三）》

第十一条　债权人会议的决议除现场表决外，可以由管理人事先将相关决议事项告知债权人，采取通信、网络投票等非现场方式进行表决。采取非现场方式进行表决的，管理人应当在债权人会议召开后的三日内，以信函、电子邮件、公告等方式将表决结果告知参与表决的债权人。

根据企业破产法第八十二条规定，对重整计划草案进行分组表决时，权益因重整计划草案受到调整或者影响的债权人或者股东，有权参加表决；权益未受到调整或者影响的债权人或者股东，参照企业破产法第八十三条的规定，不参加重整计划草案的表决。

第十二条 债权人会议的决议具有以下情形之一，损害债权人利益，债权人申请撤销的，人民法院应予支持：

（一）债权人会议的召开违反法定程序；

（二）债权人会议的表决违反法定程序；

（三）债权人会议的决议内容违法；

（四）债权人会议的决议超出债权人会议的职权范围。

人民法院可以裁定撤销全部或者部分事项决议，责令债权人会议依法重新作出决议。

债权人申请撤销债权人会议决议的，应当提出书面申请。债权人会议采取通信、网络投票等非现场方式进行表决的，债权人申请撤销的期限自债权人收到通知之日起算。

二、司法指导性文件

1.《最高人民法院关于推进破产案件依法高效审理的意见》

16. 管理人应当根据企业破产法第六十三条的规定，提前十五日通知已知债权人参加债权人会议，并将需审议、表决事项的具体内容提前三日告知已知债权人。但全体已知债权人同意缩短上述时间的除外。

2.《企业破产案件破产管理人工作平台使用办法（试行）》

第十二条 破产管理人可以通过破产重整案件信息网以电子邮件、移动通信等方式向已申报债权的债权人送达债权人会议召开通知及有关文件。

第十三条 破产管理人在破产重整案件信息网召开债权人会议的，网上债权人会议的召开期间应当不短于现场债权人会议的召开期间。

破产管理人召开网上债权人会议的，应当通过破产重整案件信息网上传与会议有关的文件和表决事项，同时通过破产重整案件信息网以电子邮件、移动通信等方式向已申报债权的债权人送达参加网上债权人会议的会议编码。

第十四条 破产管理人应当告知债权人参加网上债权人会议并行使表决权的程序和规则，债权人应当签署与网上债权人会议有关的确认书。

三、行业规范

《中华全国律师协会律师担任破产管理人业务操作指引》

第 35 条 提议召开债权人会议

35.1 第一次债权人会议的筹备和组织工作，管理人应当协助人民法院进行。第一次债权人会议后，管理人可以依据其职务执行需要，向债权人会议主席提议召开债权人会议。管理人提议召开债权人会议的，管理人应当向债权人会议主席说明提议召开债权人会议的时间、地点和讨论议题等。

35.2 第一次债权人会议后，出现下列情形的，管理人可以向债权人会议主席提议召开债权人会议：

35.2.1 需要债权人会议核查债权表；

35.2.2 需要债权人会议审查通过债务人财产的管理方案；

35.2.3 需要债权人会议决定继续或者停止债务人的营业；

35.2.4 需要债权人会议审查通过破产财产的变价方案；

35.2.5 需要债权人会议审查通过破产财产的分配方案；

35.2.6 需要召开债权人会议讨论决定的其他事项。

35.3 第一次债权人会议以后的债权人会议的召开，无论是否由管理人提议召开，均由管理人通知。管理人应当将债权人会议召开的时间、地点、讨论议题和参加会议所需手续材料等，提前 15 天通知已知的债权人。会议通知可以采取函件、传真、电子信件、现场送达等安全有效的方式。管理人应当保留相关的会议通知记录。

35.4 第一次债权人会议及以后的债权人会议的会议资料，由管理人准备并提交给参加债权人会议的债权人。

条文释义

一、本条主旨

本条是关于召开债权人会议应提前通知的规定。

二、条文演变

《企业破产法（试行）》中对此并无规定，本条在不同时期的草案中唯一的变化是管理人提前通知的日期，1995 年至 2001 年的草案稿中，均规定“召开债权人会议，管理人应当提前二十日通知已知的债权人”，2004 年后的草案稿则将管理人提前通知日期调整为“十五日”，这可以视为立法者对破产程序效率的追求。在最终的《企业破产法》条文中采用了该规定。

三、条文解读

召开债权人会议，通常是有事项需要讨论和议决，在此之前，应当留给各债权人必要的准备时间。依照本条规定，管理人应当提前 15 日通知已知的债权人。

在以往的司法实践中，召开债权人会议，由人民法院或者债权人会议主席负责通知债权人参加会议。目前，这一做法已经不能适应实际工作的需要了。近年来，法院受理的包括破产在内的各种案件大幅上升，而且案件情况也越来越复杂，人民法院的工作量激增。在这种情况下，继续由人民法院担负烦琐的通知开会的任务，显然不现实。而债权人会议主席仅为一人，并不具备通知债权人参会所需的各种条件，由他负责通知显然也不适合。因此，本法规定召开债权人会议，由管理人负责通知已知的债权人。管理人作为由人民法院指定、受人民法院领导、直接管理破产财产的专门机构，具备通知债权人参会的各种条件，应当由管理人承担起通知债权人参会的责任。这里所说的已知的债权人是指债权表上所记载的债权人。通知的内容一般包括：会议的时间、地点、内容、目的等有关事项，通知的时间应在会议召开前 15 日，以便债权人就有关事项做好充分的准备。

适用指引

一、关于债权人会议的召开程序

债权人会议的程序包括召集程序、召开程序、提案程序、表决程序直至最终形成决议的程序等一系列步骤环节，其制度设计目的就是确保债权人会议顺利进行，确保债权人平等参与会议、行使表决权、参与决策的机会，程序的最终目的是保障债权人会议决议的公正合法。债权人会议程序性要求可以具体划分为召集程序与表决程序。对于债权人会议召集程序一般有两种理解，一种观点认为召集程序包括开会在内，另一种观点则认为召集程序仅指召集权人召集并通知开会。根据《企业破产法规定（三）》第12条的规定，“债权人会议的召开违反法定程序”的，债权人可申请人民法院申请撤销债权人会议的决议。该司法解释规定的债权人会议召开程序指为召开债权人会议所为的必要程序及规则。债权人会议决议可撤销的事由就是召集程序问题，即债权人会议召开的程序违法。

任何会议都是从召集程序开始的，如果启动会议不合法，则从一开始即面临效力瑕疵。召集程序的内容主要包括召集权人、召集通知的期限、方式、内容及对象等。从司法实践来看，债权人会议召开程序合法应当具体做到：召集人有召集权、通知符合法律要求、提案适格、出席会议的债权人达到法定出席比例，符合法律法规规定等要求。

《企业破产法》第62条、第63条规定了债权人会议的召集程序和通知程序。根据上述规定，第一次债权人会议由人民法院召集，自债权申报期限届满之日起15日内召开。以后的债权人会议，在人民法院认为必要时，或者管理人、债权人委员会、占债权总额1/4以上的债权人向债权人会议主席提议时召开；召开债权人会议，管理人应当提前15日通知已知的债权人。

1. 召集程序

债权人会议的召集程序应以能保障债权人的破产程序参与权，有利于维护债权人的共同利益，保障破产程序的公正、顺利进行为原则。具体应当考虑下列方面：

（1）召集权人。从其他国家和地区立法例来看，召集债权人会议通常有三种方式：第一，由法院召集。第二，由管理人召集，法院无召集权。第三，由法院或债权人会议主席召集。我国破产法基本采纳了第三种模式，规定人民法院和债权人会议主席均享有债权人会议的召集权。首先，法定债权人会议。第一次债权人会议是唯一一次必须召开的债权人会议，由人民法院负责召集。第一次债权人会议十分重要，许多关于破产的重大事项均需要在此次会议上决定。其次，任意债权人会议。第一次以后的债权人会议，均为任意债权人会议。任意债权人会议由谁召集？对该问题法律没有明确规定，但从召集事由中规定的有权提议召集的提议权人向债权人会议主席提议来看，召集权应当归属于会议主席。故我国《企业破产法》中，人民法院和债权人会议主席均有权召集债权人会议，如果由非召集权人召集了债权人会议，则该债权人会议属于召开程序违法。

（2）召集时间。法定债权人会议的召集时间是自债权申报期限届满之日起15日内召开。这一时间是法律明确规定的，必须予以遵守。如果没有满足该时间要求，例如，为加快破产程序进行，在债权申报期限届满之前就召开债权人会议，则有可能剥夺部分债权人参加会议的权利。这就属于典型的召集程序违法，债权人可以申请人民法院撤销该决议。任意债权人会议召集时间则是在人民法院认为有必要时召开，或者在提议权人提议时召开。

（3）召集依据。除第一次债权人会议由法院依照职权决定外，其他债权人会议既可以由人民法院依职权决定召开，也可以由管理人、债权人委员会、占债权总额1/4以上的债权人向债权人会议主席提议召开。如果没有合法的召集依据，例如，提议召开债权人会议的债权人所占债权总额没有达到要求，则也属于召集程序违法，所作债权人会议决议效力方面存有瑕疵。

2. 通知程序

第一次债权人会议由人民法院发出通知和公告，第一次之后的任意债权人会议，根据《企业破产法》第63条关于召开债权人会议，管理人应当提前15日通知已知的债权人之规定，虽然可能由人民法院或债权人会议主席负责召集，但通知事项均由管理人负责。为了保障债权人有足够的参会准备时间，管理人应当提前15日发出参会通知，通知范围则是已知的债权人。

虽然法律没有明确规定，但是管理人通知应当采取书面形式，对于已知的债权人进行个别送达。通知内容应当包括会议的时间、地点、目的、议程、讨论事项等较为详细的信息，以保证债权人参会前的知情权。如果管理人没有适当履行通知程序，造成债权人参加会议的障碍，则属于通知程序违法。

通知程序方面的瑕疵，主要表现为召开会议的时间只向部分债权人通知，而遗漏了其他债权人；没有遵守通知时间，例如，管理人没有提前15日通知；通知方法不正确，没有采取书面形式，只是口头联系；通知内容不齐备或者在通知的目的事项之外作出决议等。如果通知程序存在瑕疵，则属于债权人会议召开的程序违法，所作决议存在效力瑕疵。

二、关于网络债权人会议的特别要求

实务中，一般以现场方式召开债权人会议，管理人在会议召开之前需通过邮寄、电话等形式通知债权人关于债权人会议召开的时间、地点，了解并统计债权人的参会意愿。

近年来，作为优化破产案件审理的重要内容，各地法院进行了网络债权人会议等方面实践的探索。信息化的高速发展也为非现场方式召开债权人会议或进行表决提供了技术上的可能和支撑。在总结实践经验的基础上，有学者亦建议，对于债权人会议的行权方式，可以更加灵活。如可以参考民事简易程序等制度设计，通过网络表决平台、快递、电子邮件、书面确认等方式，让债权人以更加便捷、高效的方式行权。①

若以网络方式召开债权人会议，除了依照本条规定，在会议召开前 15 日通知债权人以外，管理人还需依照网络公司提供的格式要求，提前将债权人相关信息录入平台、导入网络会议系统，生成各债权人参会的账号密码；在债权人会议召开前 3 天左右通过短信将账号密码告知债权人，并开通债权人会议测试页面，指导债权人熟悉网络债权人会议的操作、流程，告知债权人表决的程序和规则，提请债权人提前查阅、熟悉会议文件的内容等。

《企业破产法规定（三）》第 11 条第 1 款明确规定，债权人可以采取通信、网络投票等非现场方式进行表决，在此种情形下，为保障债权人的知情权和监督权，管理人要注意事先将相关决议事项告知债权人，并且应当在债权人会议召开后的 3 日内，以信函、电子邮件、公告等方式将表决结果告知参与表决的债权人。可见，根据案件的实际情况，在债权人会议召开的前后，管理人均负有通知债权人的责任，若管理人未事先将相关决议事项告知债权人的，属于债权人会议表决程序违法事项，债权人可依据《企业破产法》第 64 条第 2 款规定，通过行使决议撤销请求权进行救济。

---

① 徐阳光、殷华：《论简易破产程序的现实需求与制度设计》，载《法律适用》2015 年第 7 期。

类案检索

唐山市汇林物业服务有限公司、唐山大陆房地产开发有限公司物业服务合同纠纷案

关键词：与破产有关的纠纷　债权人会议

裁判摘要：2019年1月17日，唐山市中级人民法院受理唐山大陆房地产开发有限公司（以下简称大陆房地产公司）申请破产重整案，2019年3月20日，裁定唐山市汇林物业服务有限公司（以下简称汇林公司）与大陆房地产公司合并破产重整，并向公司债权人发出申报债权通知书，通知债权人于2019年3月26日前向管理人申报债权。大陆房地产公司的管理人主张召开第二次债权人会议时，已通知汇林公司的委托代理人参加第二次债权人会议。汇林公司辩称其未收到召开第二次债权人会议的通知，委托代理人的代理权限为参加第一次债权人会议，无权参加第二次债权人会议。法院认为，依据《企业破产法》第63条、第130条规定，管理人应当提前15天通知债权人参加债权人会议，管理人未勤勉尽责、忠实执行职务给债权人造成损失的，依法承担赔偿责任，故汇林公司可依据《企业破产法》的规定另行解决管理人是否尽到通知义务的问题。

【案　　号】（2020）冀02民终4543号

【审理法院】河北省唐山市中级人民法院

【来　　源】中国裁判文书网

第六十四条　债权人会议的决议，由出席会议的有表决权的债权人过半数通过，并且其所代表的债权额占无财产担保债权总额的二分之一以上。但是，本法另有规定的除外。

债权人认为债权人会议的决议违反法律规定，损害其利益的，可以自债权人会议作出决议之日起十五日内，请求人民法院裁定撤销该决议，责令债权人会议依法重新作出决议。

债权人会议的决议，对于全体债权人均有约束力。

关联规定

一、法律、行政法规、司法解释

1.《中华人民共和国民法典》

第一百四十七条　基于重大误解实施的民事法律行为，行为人有权请求人民法院或者仲裁机构予以撤销。

第一百四十八条　一方以欺诈手段，使对方在违背真实意思的情况下实施的民事法律行为，受欺诈方有权请求人民法院或者仲裁机构予以撤销。

第一百四十九条　第三人实施欺诈行为，使一方在违背真实意思的情况下实施的民事法律行为，对方知道或者应当知道该欺诈行为的，受欺诈方有权请求人民法院或者仲裁机构予以撤销。

第一百五十条　一方或者第三人以胁迫手段，使对方在违背真实意思的情况下实施的民事法律行为，受胁迫方有权请求人民法院或者仲裁机构予以撤销。

第一百五十一条　一方利用对方处于危困状态、缺乏判断能力等情形，致使民事法律行为成立时显失公平的，受损害方有权请求人民法院或者仲裁机构予以撤销。

第一百五十二条　有下列情形之一的，撤销权消灭：

（一）当事人自知道或者应当知道撤销事由之日起一年内、重大误解的当事人自知道或者应当知道撤销事由之日起九十日内没有行使撤销权；

（二）当事人受胁迫，自胁迫行为终止之日起一年内没有行使撤销权；

（三）当事人知道撤销事由后明确表示或者以自己的行为表明放弃撤销权。

当事人自民事法律行为发生之日起五年内没有行使撤销权的，撤销权消灭。

2.《中华人民共和国企业破产法》

第八十四条 人民法院应当自收到重整计划草案之日起三十日内召开债权人会议，对重整计划草案进行表决。

出席会议的同一表决组的债权人过半数同意重整计划草案，并且其所代表的债权额占该组债权总额的三分之二以上的，即为该组通过重整计划草案。

债务人或者管理人应当向债权人会议就重整计划草案作出说明，并回答询问。

第九十七条 债权人会议通过和解协议的决议，由出席会议的有表决权的债权人过半数同意，并且其所代表的债权额占无财产担保债权总额的三分之二以上。

3.《最高人民法院关于适用〈中华人民共和国企业破产法〉若干问题的规定（三）》

第十二条 债权人会议的决议具有以下情形之一，损害债权人利益，债权人申请撤销的，人民法院应予支持：

（一）债权人会议的召开违反法定程序；

（二）债权人会议的表决违反法定程序；

（三）债权人会议的决议内容违法；

（四）债权人会议的决议超出债权人会议的职权范围。

人民法院可以裁定撤销全部或者部分事项决议，责令债权人会议依法重新作出决议。

债权人申请撤销债权人会议决议的，应当提出书面申请。债权人会议采取通信、网络投票等非现场方式进行表决的，债权人申请撤销的期限自债权人收到通知之日起算。

二、部门规章及规范性文件

《中国银行保险监督管理委员会、国家发展和改革委员会、中国人民银行、中国证券监督管理委员会关于印发金融机构债权人委员会工作规程的通知》

第十条 债委会应当按照约定的议事规则、工作流程和决策机制，就增加融资、稳定融资、减少融资、债务重组、破产重整等相关事项进行协商和决策。涉及重大事项的，主席单位、副主席单位应当召集成员机构举行债委会会议，按照约定的议事规则充分协商后作出决策，在依法合规的基础上，形成会议纪要，印发债委会全体机构执行。

债委会会议对债务企业金融债务重组方案等重大事项的决策，原则上应当经占金融债权总金额三分之二以上的成员机构以及全体成员机构过半数表决同意，并且其所代表的债权额占无财产担保金融债权总金额半数以上，但债权人协议另有约定的除外。

三、司法指导性文件

1.《全国法院破产审判工作会议纪要》

25. 担保权人权利的行使与限制。在破产清算和破产和解程序中，对债务人特定财产享有担保权的债权人可以随时向管理人主张就该特定财产变价处置行使优先受偿权，管理人应及时变价处置，不得以须经债权人会议决议等为由拒绝。但因单独处置担保财产会降低其他破产财产的价值而应整体处置的除外。

2.《最高人民法院关于推进破产案件依法高效审理的意见》

12. 债权人请求撤销债权人会议决议，符合《最高人民法院关于适用〈中华人民共和国企业破产法〉若干问题的规定（三）》第十二条规定的，人民法院应予支持，但会议召开或者表决程序仅有轻微瑕疵，且对决议未产生实质影响的，人民法院不予支持。

条文释义

一、本条主旨

本条是关于债权人会议的决议规则及决议效力的规定。

二、条文演变

《企业破产法（试行）》第 16 条规定："债权人会议的决议，由出席会议的有表决权的债权人的过半数通过，并且其所代表的债权额，必须占无财产担保债权总额的半数以上，但是通过和解协议草案的决议，必须占无财产担保债权总额的三分之二以上。债权人会议的决议，对于全体债权人均有约束力。债权人认为债权人会议的决议违反法律规定的，可以在债权人会议作出决议后七日内提请人民法院裁定"。《企业破产规定》第 43 条规定："债权人认为债权人会议决议违反法律规定或者侵害其合法权益的，可以在债权人会议作出决议后七日内向人民法院提出，由人民法院依法裁定。"在历次破产法修改草案中均不再对"通过和解协议草案决议"的债权数额作出特别规定。2000 年 6 月的《企业破产与重整法》草案稿第 54 条第 1 款曾规定"债权人会议的决议，由出席会议有表决权的债权人的过半数通过，并且其所代表的债权额，必须占已确定债权总额的三分之二以上"。2000 年 12 月、2001 年 1 月的《企业破产与重整法》草案稿中则规定除债权人有权申请人民法院撤销债权人会议决议外，管理人亦有权申请撤销。现行《企业破产法》基本采纳了 2004 年之后草案稿的规定，将债权人认为债权人会议的决议违反法律规定，请求人民法院裁定的时间由"七日"延长至"十五日"，且该决议必须是损害了该债权人的利益。对于人民法院裁定的内容，也相应予以明确，应"撤销该决议，责令债权人会议依法重新作出决议"。

三、条文解读

（一）债权人会议决议的表决

依债权人会议议决的不同事项，法律区别了一般决议的表决和特殊决议的表决。本条第 1 款规定的是一般决议的表决，即债权人会议的决议，由出席会议有表决权的债权人的过半数通过，并且其所代表的债权额占无财产担保债权总额的 1/2 以上。本法这样规定是为了平衡有财产担保债权人和无财产担保债权人的利益，防止决议拖延不决，难以通过，从而提高债权人会议的效率。"本法另有规定的除外"指的是本法第 84 条及第 97 条规定的特殊决议，即债权人会议通过重整计划草案及和解协议的决议。

（二）被债权人会议的决议损害利益的债权人的司法救济

债权人会议的决议，是债权人团体一致表示的意思，对全体债权人均有约束力，除法律特别规定债权人会议决议须经法院许可外，决议一经作出就对全体债权人产生约束力，无须法院的特别许可。因此，债权人认为债权人会议的决议违反法律规定，损害其利益的，可以在法定期限内，请求人民法院裁定撤销该决议，责令债权人会议重新表决。债权人会议的决议违反法律规定，包括决议内容违法、表决程序违法、会议的召开程序违法，或者决议超出了债权人会议的职权范围，以及决议有其他违反法律之处。人民法院在查实债权人会议的决议违反法律的，应当撤销该决议，责令依法重新作出决议。

（三）债权人会议的决议的约束力

依照本条第 3 款的规定，债权人会议的决议对全体债权人均有约束力，因为债权人会议的决议是债权人团体进行共同意思表示的结果。不论债权人是否出席会议，也不论债权人是否享有表决权，或者放弃表决或者表决时保留意见，更不论债权人是赞成决议还是反对决议，均受债权人会议决议的约束。

适用指引

一、债权人会议的表决规则

第一，关于表决权的认定问题。债权人会议进行表决首先应该明确哪些债权人有表决权，哪些债权人没有表决权，我国《企业破产法》第 59 条规定："依法申报债权的债权人为债权人会议的成员，有权参加债权人会议，享有表决权。债权尚未确定的债权人，除人民法院能够为其行使表决权而临时确定债权额的外，不得行使表决权。对债务人的特定财产享有担保权的债权人，未放弃优先受偿权利的，对于本法第六十一条第一款第七项、第十项规定的事项不享有表决权。债权人可以委托代理人出席债权人会议，行使表决权。代理人出席债权人会议，应当向人民法院或者债权人会议主席提交债权人的授权委托书。债权人会议应当有债务人的职工和工会的代表参加，对有关事项发表意见。"

第二，关于决议通过标准的问题。我国《企业破产法》采用人数和债权额双重标准，将债权人会议的决议事项分为一般决议事项和特殊决议事项（如讨论通过和解协议及重整计划草案）两种情况，分别设定不同的决议规则："债权人会议的决议，由出席会议的有表决权的债权人过半数通过，并且其所代表的债权额占无财产担保债权总额的二分之一以上。但是，本法另有规定的除外。"第 84 条规定："人民法院应当自收到重整计划草案之日起三十日内召开债权人会议，对重整计划草案进行表决。出席会议的同一表决组的债权人过半数同意重整计划草案，并且其所代表的债权额占该组债权总额的三分之二以上的，即为该组通过重整计划草案。债务人或者管理人应当向债权人会议就重整计划草案作出说明，并回答询问。"第 97 条规定："债权人会议通过和解协议的决议，由出席会议的有表决权的债权人过半数同意，并且其所代表的债权额占无财产担保债权总额的三分之二以上"。可见，无论何种决议，均应有出席会议人数和所代表的债权数额两方面的最低要求，而在人数方面则只以出席人数的过半数为已足。同时，我们可以看出，对特殊决议，法律规定了更为严格的条件，即占无财产担保的债权额的三分之二以上。之所以如此，因为特殊决议事项在很大程度上取决于债权人的让步，债权可能被延期或者减免，直接影响所有债权人的利益，使债权人承担更大的风险。设定更为严格的条件既可以照顾债权数额较多的债权人的利益，又照顾了小额债权人的利益。需要指出的是，人数的计算应以出席会议的债权人人数为准，债权人未亲自出席而有代理人出席的，视为债权人已出席，一个债权人或者代理人代理数家债权人的，按代理的总人数计算，而一家债权人享有数项债权的，则仅能以一家债权人计算。以邮寄方式行使表决权的，视为出席会议。值得注意的是，此处的"半数以上""三分之二以上"均包括本数，"过半数"则不包括本数。

二、债权人会议决议的撤销

第一，撤销事由。鉴于债权人会议采取多数决方式进行决议，而有效的债权人会议决议对全体债权人具有法律效力，任何人不能否定其效力或者停止执行债权人会议决议，因此，当债权人会议决议违反法律规定，损害债权人利益时，应当赋予债权人相应的救济途径。本条第 2 款规定债权人认为债权人会议的决议违反法律规定，有权向人民法院请求撤销决议。这里所说的"违反法律规定"，在解释上应包括实体法和程序法。《最高人民法院关于适用〈中华人民共和国企业破产法〉若干问题的规定（三）》第12条则对债权人会议决议可撤销的情形作出了进一步明确的列举，包括：（1）债权人会议的召开违反法定程序，即包括召集程序和通知程序；（2）债权人会议的表决违反法定程序，往往表现为没有表决权的债权人行使了表决权，违反决议要件，没有满足法定人数要求或者计算方式违法等；（3）债权人会议的决议内容违法，即决议内容违反法律和行政法规的强制性规定、实体性规范；（4）债权人会议的决议超出债权人会议的职权范围。此外，有其他违法情事导致产生决议的程序不公，或者导致债权人合法权益受到损害的，债权人也有权申请撤销。例如，部分债权人在受到胁迫的情况下违背真实意思投票同意会议决议。又如，管理人接受贿赂，故意隐瞒破产财产真实情况，致使多数债权人在存在重大误解的情况下通过了破产财产分配方案。①

第二，撤销权的行使。根据本条第2款的规定，请求撤销债权人会议决议的债权人，除必须证明该决议违法法律规定外，还必须证明决议是“损害其利益的”。该撤销请求权的除斥期间为15日，自债权人会议作出决议之日起计算。超过这一期限提出撤销请求的，人民法院不予受理。《企业破产法规定（三）》第12条明确了撤销的范围，允许决议全部或部分撤销，以兼顾效益原则；明确了撤销应当采取更加慎重的方式，以书面形式进行申请；考虑到目前债权人会议召开、债权人表决方式日趋多样化，司法解释还明确了债权人通过非现场方式进行表决的，申请撤销的期限起算点。

类案检索

1. 自贡农村商业银行股份有限公司贡井支行、自贡山川气体压缩机有限公司破产撤销权纠纷案

关键词： 与破产有关的纠纷　债权人会议

裁判摘要： 自贡农村商业银行股份有限公司贡井支行（以下简称农商行贡井支行）申请再审称，根据《四川省自贡山川气体压缩机有限公司债权人会议决议》记载，会议应到债权人82户，实到债权人30户，但在该决议草案

① 王卫国：《破产法精义》（第2版），法律出版社2020年版，第216页。

上签字的债权人仅有12户。该决议未经出席会议的债权人过半数同意而未生效。并且，根据债权人会议记录记载，会议选定了两名监票人，但最后票数统计表上只有一个监票人签字，计票程序也不具合法性和真实性。自贡山川气体压缩机有限公司（以下简称山川公司）管理人提交意见称，《债权清册初审表》确认申报的债权是82笔，债权人会议到会债权人30位，代表债权金额占申报债权总金额的77.94%，农商行贡井支行担保债权金额占申报债权总金额的19.92%，无财产担保债权总额占到会债权人代表债权金额的74.46%。关于诉争财产变价方案的表决情况，会议发放表决表30份，收回28份，其中无异议债权人23位，代表债权占到会债权人债权总金额的91.11%。虽然另外11位无异议债权人未在会议决议上签字，但不能由此推定其有反悔或有异议，且该11位债权人至今未提异议。

最高人民法院认为，第一次债权人会议系经一审法院主持下进行，实到代表8779.50083万元债权金额（其中，有财产担保的债权为2242.368297万元）的30户债权人对山川公司管理人提交的《财产变价方案（草案）》进行了讨论、表决，其代表债权占申报债权总金额的77.94%，符合破产程序要求。其中，同意该变价方案的表决票23张，代表债权额7998.850956万元，占到会债权人债权总金额的91.11%，故该方案经债权人会议表决通过。该决议内容已经包括债权人会议主席在内的12名债权人代表签字确认，出席表决的债权人及监票人代表是否均在决议草案上签字，并不影响依法作出的债权人会议决议的效力。农商行贡井支行主张通过《财产变价方案（草案）》的债权人会议决议程序违反《企业破产法》第64条“债权人会议的决议，由出席会议的有表决权的债权人过半数通过，并且其所代表的债权额占无财产担保债权总额的二分之一以上”的规定，缺乏依据。同时，农商行贡井支行授权的工作人员签字同意了《财产变价方案（草案）》，且其未依照《企业破产法》第64条第2款规定在该决议作出后15日内申请撤销，故该变价方案具有法律约束力。

【案　　号】（2020）最高法民申4765号

【审理法院】最高人民法院

【来　　源】中国裁判文书网

2. 中国农业银行股份有限公司深圳市分行与中国科健股份有限公司、中国东方资产管理公司深圳办事处破产债权确认纠纷案

关键词： 破产债权确认　破产重整

裁判摘要： 2011 年 10 月 8 日，深圳市中级人民法院（以下简称深圳中院）裁定受理中国科健股份有限公司（以下简称科健公司）破产重整案，中国农业银行股份有限公司深圳市分行（以下简称农行深圳分行）和中国东方资产管理公司深圳办事处（以下简称东方深圳办）均为该重整案的债权人。经科健公司管理人审查债权，确认债权 125 家，其中包含了东方深圳办申报的有财产担保的债权 65654052.27 元。对于管理人确认的债权，债权人均未提出异议或向人民法院提起诉讼，深圳中院裁定确认科健公司管理人报送的债权表。2012 年 4 月 27 日，科健公司重整案召开第二次债权人会议，对《中国科健股份有限公司重整计划》进行表决，经过分组表决，通过了该重整计划，同年 5 月 18 日，裁定批准《中国科健股份有限公司重整计划》并终止科健公司重整程序。之后，农行深圳分行就上述重整计划中确认的东方深圳办的债权数额和抵押范围提起诉讼。

广东省高级人民法院经审查认为，企业进入重整程序后，管理人所提出的重整计划应由债权人会议进行审核，并需要经过法院裁定批准。人民法院在重整程序中对管理人和债权人会议通过的决议进行审查后，认为符合本法规定的，以裁定方式予以确认，利害关系人认为债权人会议的决议损害其利益的，有权根据《企业破产法》第 64 条向法院提出异议。但是，重整计划经法院裁定批准后，即对债务人和全体债权人产生约束力，重整程序也随之终止。因此，重整程序中，重整计划经债权人会议通过并经法院裁定批准后，利害关系人就该重整计划确认的债权提出异议，法院不应予以支持。

【案　　号】（2013）粤高法民二破终字第 11 号

【审理法院】广东省高级人民法院

【来　　源】中国裁判文书网

第六十五条　本法第六十一条第一款第八项、第九项所列事项，经债权人会议表决未通过的，由人民法院裁定。

本法第六十一条第一款第十项所列事项，经债权人会议二次表决仍未通过的，由人民法院裁定。

对前两款规定的裁定，人民法院可以在债权人会议上宣布或者另行通知债权人。

关联规定

一、法律、行政法规、司法解释

《中华人民共和国企业破产法》

第六十一条　债权人会议行使下列职权：

（一）核查债权；

（二）申请人民法院更换管理人，审查管理人的费用和报酬；

（三）监督管理人；

（四）选任和更换债权人委员会成员；

（五）决定继续或者停止债务人的营业；

（六）通过重整计划；

（七）通过和解协议；

（八）通过债务人财产的管理方案；

（九）通过破产财产的变价方案；

（十）通过破产财产的分配方案；

（十一）人民法院认为应当由债权人会议行使的其他职权。

债权人会议应当对所议事项的决议作成会议记录。

第八十七条　部分表决组未通过重整计划草案的，债务人或者管理人可以同未通过重整计划草案的表决组协商。该表决组可以在协商后再表决一次。双方协商的结果不得损害其他表决组的利益。

未通过重整计划草案的表决组拒绝再次表决或者再次表决仍未通过重整计划草案，但重整计划草案符合下列条件的，债务人或者管理人可以申请人民法院批准重整计划草案：

（一）按照重整计划草案，本法第八十二条第一款第一项所列债权就该特定财产将获得全额清偿，其因延期清偿所受的损失将得到公平补偿，并且其担保权未受到实质性损害，或者该表决组已经通过重整计划草案；

（二）按照重整计划草案，本法第八十二条第一款第二项、第三项所列债权将获得全额清偿，或者相应表决组已经通过重整计划草案；

（三）按照重整计划草案，普通债权所获得的清偿比例，不低于其在重整计划草案被提请批准时依照破产清算程序所能获得的清偿比例，或者该表决组已经通过重整计划草案；

（四）重整计划草案对出资人权益的调整公平、公正，或者出资人组已经通过重整计划草案；

（五）重整计划草案公平对待同一表决组的成员，并且所规定的债权清偿顺序不违反本法第一百一十三条的规定；

（六）债务人的经营方案具有可行性。

人民法院经审查认为重整计划草案符合前款规定的，应当自收到申请之日起三十日内裁定批准，终止重整程序，并予以公告。

第一百一十一条 管理人应当及时拟订破产财产变价方案，提交债权人会议讨论。

管理人应当按照债权人会议通过的或者人民法院依照本法第六十五条第一款规定裁定的破产财产变价方案，适时变价出售破产财产。

第一百一十五条 管理人应当及时拟订破产财产分配方案，提交债权人会议讨论。

破产财产分配方案应当载明下列事项：

（一）参加破产财产分配的债权人名称或者姓名、住所；

（二）参加破产财产分配的债权额；

（三）可供分配的破产财产数额；

（四）破产财产分配的顺序、比例及数额；

（五）实施破产财产分配的方法。

债权人会议通过破产财产分配方案后，由管理人将该方案提请人民法院裁定认可。

第一百一十六条 破产财产分配方案经人民法院裁定认可后，由管理人执行。

管理人按照破产财产分配方案实施多次分配的，应当公告本次分配的财产额和债权额。管理人实施最后分配的，应当在公告中指明，并载明本法第一百一十七条第二款规定的事项。

第一百二十三条 自破产程序依照本法第四十三条第四款或者第一百二十条的规定终结之日起二年内，有下列情形之一的，债权人可以请求人民法院按照破产财产分配方案进行追加分配：

（一）发现有依照本法第三十一条、第三十二条、第三十三条、第三十六条规定应当追回的财产的；

（二）发现破产人有应当供分配的其他财产的。

有前款规定情形，但财产数量不足以支付分配费用的，不再进行追加分配，由人民法院将其上交国库。

二、司法指导性文件

1.《全国法院破产审判工作会议纪要》

18. 重整计划草案强制批准的条件。人民法院应当审慎适用企业破产法第八十七条第二款，不得滥用强制批准权。确需强制批准重整计划草案的，重整计划草案除应当符合企业破产法第八十七条第二款规定外，如债权人分多组的，还应当至少有一组已经通过重整计划草案，且各表决组中反对者能够获得的清偿利益不低于依照破产清算程序所能获得的利益。

26. 破产财产的处置。破产财产处置应当以价值最大化为原则，兼顾处置效率。人民法院要积极探索更为有效的破产财产处置方式和渠道，最大限度提升破产财产变价率。采用拍卖方式进行处置的，拍卖所得预计不足以支付评估拍卖费用，或者拍卖不成的，经债权人会议决议，可以采取作价变卖或实物分配方式。变卖或实物分配的方案经债权人会议两次表决仍未通过的，由人民法院裁定处理。

2.《最高人民法院关于推进破产案件依法高效审理的意见》

17. 在第一次债权人会议上，管理人可以将债务人财产变价方案、分配方案以及破产程序终结后可能追加分配的方案一并提交债权人会议表决。

债务人财产实际变价后，管理人可以根据债权人会议决议通过的分配规则计算具体分配数额，向债权人告知后进行分配，无需再行表决。

条文释义

一、本条主旨

本条是关于人民法院对债权人会议表决僵局的事项进行裁定的规定。

二、条文演变

《企业破产法（试行）》对此并无规定。《企业破产规定》第44条第1款规定："清算组财产分配方案经债权人会议两次讨论未获通过的，由人民法院依法裁定。"在历次的破产法草案稿中曾规定对于确认、选任、撤换管理人，决定管理人的费用和报酬；决定继续或者停止债务人的营业；通过债务人财产的管理方案；通过破产财产的变价方案，债权人会议不能表决通过的，由人民法院裁定。对于通过破产财产的分配方案，债权人会议经二次表决仍不能通过时，由人民法院裁定。2004年10月《企业破产法（草案）》第60条，将"确认、选任、撤换管理人，决定管理人的费用和报酬；决定继续或者停止债务人的营业"的两项需人民法院裁定的事项予以删除，现行《企业破产法》条文基本采纳了该稿的规定。

三、条文解读

（一）债务人财产的管理方案和破产财产的变价方案经表决未通过时由人民法院裁定[①]

本法第61条第1款第8项所列事项是指通过债务人财产的管理方案。债务人财产的管理方案是指管理人对债务人的财产进行接管、清理和回收等事项制定的方案。例如，不动产物权的让与、矿业权等特许权的出卖、营业转让、变卖商品、出借财产、债权和有价证券的转让、相关合同的履行等；也可能会

① 吴高盛：《〈中华人民共和国企业破产法〉条文释义与适用》，人民法院出版社2006年版，第151~152页。

有单项的财产管理方案。第61条第1款第9项是指通过破产财产的变价方案。破产财产的变价方案是指管理人对变价财产的范围、种类、变价的方法，预先的估价以及变价的时间、地点等事项所订的方案。破产财产的变价是否得当与合法，直接关系到债权人的切身利益，应当接受债权人会议的监督。破产财产分配的前提是管理方案和变价方案的制定和实施，它关系到可供分配财产的多少。方案草案在经过债权人会议充分讨论后付诸表决，经表决未达到本法规定的通过条件的，应提交人民法院裁定，即经债权人会议表决不能通过这两项规定的方案的，赋予人民法院司法裁定权。人民法院可根据实际情况，形成对各方当事人都具有法律效力的方案。

（二）破产财产的分配方案经表决未通过时由人民法院裁定[①]

本法第61条第1款第10项是指通过破产财产的分配方案。分配方案直接关系到每个债权人最后可以得到多少财产清偿。破产财产的分配方案是指管理人对破产财产分配的债权额，可以分配的破产财产数额，破产财产分配的顺序、比例和数额，实施破产财产分配的方法以及分配的时间、地点等事项所订的方案。在实践中，由于各自利益不同，债权人之间对立情绪往往比较严重，经常会出现一次表决不能通过的情况。为有效地维护债权人的利益，债权人会议应要求管理人对草案进行进一步的修改，然后再进行第二次表决。同时为了保证程序的顺利进行、切实保障债权人利益、提高破产案件的审判效率的角度，明确规定对破产财产的分配方案，债权人会议经两次表决仍不能通过的，由人民法院裁定。人民法院可根据实际情况，形成对各方当事人都具有法律效力的方案。

（三）上述两种裁定的通知方式

对于人民法院作出的上述裁定，本条规定了两种通知方式：（1）在债权人会议上宣布。这也是人民法院就裁定内容通知债权人的主要方式。（2）另行通知债权人。之所以规定这种通知方式，是因为这种方式较为灵活，适用于不便于召开债权人会议的情况。债权人会议是非常设的议事机构，工作有时间性，反复召开会议会给债权人带来很大不便，因此，法律增加了另行通知债权人这

---

① 本书编写组编著：《〈中华人民共和国企业破产法〉释义及实用指南》，中国民主法制出版社2012年版，第167页。

一规定。

适用指引

一、表决僵局时司法干预的必要性

根据《企业破产法》第 64 条第 1 款的规定，“债权人会议的决议，由出席会议的有表决权的债权人过半数通过，并且其所代表的债权额占无财产担保债权总额的二分之一以上”，即债权人会议的决议只有在同时得到人数上的多数和债权额上的多数的赞成时才能通过。但在实践中，却常常存在两种僵局：一是债权人参加破产程序的直接目的是分配债务人的财产，由于各自利益不同，债权人之间对立情绪往往比较严重，容易出现持有债权额较少的多数债权人同意，但持有债权额较高的少数债权人不同意，或者大债权人支持的决议案得不到多数中小债权人支持的情况；二是由于债权人会议和管理人职权有衔接的地方，例如，管理人负责拟定财产管理方案、财产变价方案和财产分配方案，拟定后应当提交债权人会议讨论等。因此，也容易出现债权人与管理人之间的僵局，即管理人提出的财产管理、财产变价等方案不能得到多数债权人的认可，而管理人根据自己判断或者外来因素影响又不能拿出令债权人满意的方案。[①]因此，当债权人会议对管理人提出的财产相关方案，经表决未得到通过时如何处理，需要作出科学安排，既要充分维护、保障债权人的权益，又要保持管理人的工作积极性，避免债权人会议和管理人之间的关系陷入僵局状态，保证破产程序的顺利推进。本条规定在债权人会议不能通过债务人财产管理方案、破产财产变价方案、破产财产分配方案等重要决议时，允许人民法院对债权人自治实施必要的司法干预。

二、提升破产财产处置效率和可分配财产价值最大化

破产清算程序的目的在于通过变价债务人财产并将其最终分配给债权人，以尽可能地满足债权人的清偿要求，因此，处置破产财产应当采取对全体债权人最为有利的财产变价方式，并以提高处置价格为目标。根据《企业破产法》

① 王卫国：《破产法精义》（第 2 版），法律出版社 2020 年版，第 217 页。

第112条和第114条的规定，破产财产的变价出售以拍卖为原则，分配以货币分配为原则，目的在于确保破产财产变价和分配的公正、公平。

但当破产财产拍卖所得不足以支付拍卖费用或拍卖不成的，为了节省成本、提升效率，《破产审判会议纪要》第26条在明确破产财产处置价值最大化的原则下，鼓励探索包括网络拍卖在内的多种处置方式和渠道，降低费用、提升效率。同时，针对实践中可能出现的多次拍卖仍无法成交的情况，该《会议纪要》第26条明确可以采取作价变卖或实物分配的方式进行处置，且为避免债权人会议不能通过上述变价或实物分配方案而导致的程序拖延，该条亦基于破产法有关债权人会议职权的规定，赋予法院在债权人会议表决无法通过上述方案的情况下及时裁定的权力，确保破产程序的有序推进。

需要注意的是，《企业破产法》第65条规定，债务人财产的管理方案和破产财产的变价方案一次未获通过时，人民法院即可作出裁定；但《破产审判会议纪要》第26条规定为"变卖或实物分配的方案经债权人会议两次表决仍未通过的，由人民法院裁定处理"，相较于该法条有所改变与突破。

类案检索

东莞金卓通信科技有限公司管理人申请破产清算案

关键词：与破产有关的纠纷　债权人会议表决未通过

裁判摘要：2020年8月31日，东莞金卓通信科技有限公司（以下简称金卓公司）被依法宣告破产。2020年11月24日，管理人制作了《破产财产分配方案》。根据该方案，金卓公司可供分配的破产财产总额为人民币35706756.56元，优先用于支付破产费用6587959.24元；扣除以上优先支付的破产费用后，尚余29118797.32元破产财产可供本次分配。本案第一顺序清偿职工债权，参与分配的职工债权金额为19128297.98元，清偿率为100%；第二顺序清偿税款债权，参与分配的税款债权金额为355817353.41元，清偿率为2.81%；第三顺序清偿普通债权，因破产财产尚不足以清偿全部第二顺位的债权，因此，普通债权无财产可供分配。金卓公司债权人会议以书面形式召开，会议对《破产财产分配方案》进行表决。2020年12月2日，管理人通过邮寄方式向全体债权人第一次邮寄了《破产财产分配方案》及表决票，经管理人统计，同意破产财产分配方案的有表决权的债权人人数未过半，其所代表的债权额未达无财产担保债权总额的1/2以上。2020年12月16日，管理人向全体债权人第二次邮寄送达了《破产财产分配方案》，将破产财产分配方案再次提交债权人会议书面表决，经管理人统计，同意破产财产分配方案的有表决权的债权人人数未过半，其所代表的债权额未达无财产担保债权总额的1/2以上。根据《企业破产法》第64条之规定，二次债权人会议均未表决通过破产财产分配方案。法院认为，《破产财产分配方案》经债权人会议二次表决均未通过，但该方案的内容、表决程序合法，管理人提请法院裁定认可《破产财产分配方案》符合法律规定。依法裁定认可金卓公司管理人制作的《破产财产分配方案》。

【案　　号】（2019）粤03破412号之三

【审理法院】广东省深圳市中级人民法院

【来　　源】中国裁判文书网

第六十六条　债权人对人民法院依照本法第六十五条第一款作出的裁定不服的，债权额占无财产担保债权总额二分之一以上的债权人对人民法院依照本法第六十五条第二款作出的裁定不服的，可以自裁定宣布之日或者收到通知之日起十五日内向该人民法院申请复议。复议期间不停止裁定的执行。

关联规定

一、法律、行政法规、司法解释

1.《中华人民共和国民法典》

第三百八十六条　担保物权人在债务人不履行到期债务或者发生当事人约定的实现担保物权的情形，依法享有就担保财产优先受偿的权利，但是法律另有规定的除外。

2.《中华人民共和国企业破产法》

第六十一条　债权人会议行使下列职权：

（一）核查债权；

（二）申请人民法院更换管理人，审查管理人的费用和报酬；

（三）监督管理人；

（四）选任和更换债权人委员会成员；

（五）决定继续或者停止债务人的营业；

（六）通过重整计划；

（七）通过和解协议；

（八）通过债务人财产的管理方案；

（九）通过破产财产的变价方案；

（十）通过破产财产的分配方案；

（十一）人民法院认为应当由债权人会议行使的其他职权。

债权人会议应当对所议事项的决议作成会议记录。

第六十五条 本法第六十一条第一款第八项、第九项所列事项，经债权人会议表决未通过的，由人民法院裁定。

本法第六十一条第一款第十项所列事项，经债权人会议二次表决仍未通过的，由人民法院裁定。

对前两款规定的裁定，人民法院可以在债权人会议上宣布或者另行通知债权人。

3.《最高人民法院关于〈中华人民共和国企业破产法〉施行时尚未审结的企业破产案件适用法律若干问题的规定》

第十三条 债权人对于财产分配方案的裁定不服，已经申诉的，由上一级人民法院依据申诉程序继续审理；企业破产法施行后提起申诉的，人民法院应当告知其依据企业破产法第六十六条的规定申请复议。

债权人对于人民法院作出的债务人财产管理方案的裁定或者破产财产变价方案的裁定不服，向受理破产申请的人民法院申请复议的，人民法院应当依据企业破产法第六十六条的规定予以受理。

债权人或者债务人对破产宣告裁定有异议，已经申诉的，由上一级人民法院依据申诉程序继续审理；企业破产法施行后提起申诉的，人民法院不予受理。

二、司法指导性文件

1.《全国法院民商事审判工作会议纪要》

112.【重整中担保物权的恢复行使】重整程序中，要依法平衡保护担保物权人的合法权益和企业重整价值。重整申请受理后，管理人或者自行管理的债务人应当及时确定设定有担保物权的债务人财产是否为重整所必需。如果认为担保物不是重整所必需，管理人或者自行管理的债务人应当及时对担保物进行拍卖或者变卖，拍卖或者变卖担保物所得价款在支付拍卖、变卖费用后优先清偿担保物权人的债权。

在担保物权暂停行使期间，担保物权人根据《企业破产法》第75条的规定向人民法院请求恢复行使担保物权的，人民法院应当自收到恢复行使担保物权申请之日起三十日内作出裁定。经审查，担保物权人的申请不符合第75条的规定，或者虽然符合该条规定但管理人或者自行管理的债务人有证据证明担保物是重整所必需，并且提供与减少价值相应担保或者补偿的，人民法院应当裁定不予批准恢复行使担保物权。担保物权人不服该裁定的，可以自收到裁定书之日起十日内，向作出裁定的人民法院申请复议。人民法院裁定批准行使担保物权的，管理人或者自行管理的债务人应当自收到裁定书之日起十五日内启动对担保物的拍卖或者变卖，拍卖或者变卖担保物所得价款在支付拍卖、变卖费用后优先清偿担保物权人的债权。

2.《全国法院破产审判工作会议纪要》

34. 裁定实质合并时利害关系人的权利救济。相关利害关系人对受理法院作出的实质合并审理裁定不服的，可以自裁定书送达之日起十五日内向受理法院的上一级人民法院申请复议。

条文释义

一、本条主旨

本条是关于债务人对人民法院作出的有关裁定的复议权的规定。

二、条文演变

《企业破产法（试行）》对此并无规定。《企业破产规定》第44条规定："清算组财产分配方案经债权人会议两次讨论未获通过的，由人民法院依法裁定。对前款裁定，占无财产担保债权总额半数以上债权的债权人有异议的，可以在人民法院作出裁定之日起十日内向上一级人民法院申诉。上一级人民法院应当组成合议庭进行审理，并在三十日内作出裁定。"该条在历次的企业破产法草案中，逐步增加了对复议申请时间和复议申请人条件的要求。2004年10月的《企业破产法（草案）》第61条规定："债权人对人民法院依照本法第六十条作出的裁定不服的，债权额占无财产担保债权总额半数以上的债权人对人民法院依照本法第六十条第二款作出的裁定不服的，可以在裁定宣布之日或者收到通知起十五日内向该人民法院申请复议。复议期间不影响裁定的执行。"本法在此基础上，对相关表述进行了修改完善。

三、条文解读

（一）债权人不服裁定的情形

1. 依照本法第 65 条的规定，债权人会议表决不能通过债务人财产的管理方案和变价方案的，由人民法院裁定。依照本条规定，债权人对裁定不服的，可以自裁定宣布之日或者收到通知之日起 15 日内向该人民法院申请复议。如果裁定在债权人会议宣布，则时间从裁定宣布之日起算，如果裁定是另行通知债权人的，则从债权人收到通知之日起算。复议期间不停止裁定的执行。这种情况债权人可以直接向该人民法院申请复议而没有附加条件，也就是说只要不服就可以申请。

2. 依照本法第 65 条的规定，债权人会议经两次表决未能通过破产财产的分配方案的，由人民法院裁定。依照本条规定，债权额占无财产担保债权人总额半数以上的债权人对裁定不服的，同样可以自裁定宣布之日或者收到通知之日起 15 日内向该人民法院申请复议。这里规定有权提出复议申请的主体是债权额占无财产担保债权总额半数以上的债权人，主要基于破产财产的分配方案在破产程序中，直接关系到每个债权人受偿的多寡。所以，本法为这种情况申请复议附加了一个条件，即不服裁定的债权人其所代表的债权额应占无财产担保债权总额 1/2 以上。根据本法规定，债权额占无财产担保债权总额 1/2 以上的债权人不服裁定，就意味着多数债权人都有异议。因此，应当允许这部分债权人申请复议。这个条件的设定，避免了某些债权人因自身利益滥用权利情况的出现，保证了破产程序的顺畅进行。例如，申请人所代表的债权额不能达到占无财产担保债权总额 1/2 以上的要求，那么，即使允许其复议并得到有利于自己的结果，这个结果也是违背大多数债权人利益的。因此，本条规定了申请人的债权额应占无财产担保债权总额 1/2 以上的条件。

（二）复议申请的期限

符合以上两种情况的债权人可以向人民法院申请复议。申请应向负责审理该破产案件的人民法院提出。这里的复议是指人民法院根据债权人的申请，对方案的原处理决定重新进行审查。复议申请的提出期限为裁定宣布之日或者收到通知之日起 15 日内。

根据我国法律规定，生效的裁定是国家审判机关作出的对包括债权人、管理人、债务人在内的诉讼参与人具有权威性的判断和决定，对任何一方都具有法律约束力，必须遵照执行。所以，对人民法院已作出的裁定即使在复议期间也不停止执行。

适用指引

破产程序中的复议权为一种非诉讼的救济权利类型，受理破产案件的人民法院针对特定事项作出的裁定或决定，相关权利人在无上诉权的情况下，破产法为债权人提供了申请复议的救济途径。

一、申请复议的适用情形

根据我国破产法律制度的规定，相关权利人可以向法院申请复议主要有以下几种情形：

1. 法院对经债权人会议表决未通过的债务人财产管理方案、破产财产变价方案作出的裁定

根据《企业破产法》第 65 条第 1 款、第 66 条之规定，经债权人会议表决未通过的债务人财产管理方案、破产财产的变价方案，人民法院有权根据案件审理的需要，结合案件的具体情况，依职权对该财产管理方案裁定予以批准或调整。权利人对法院依职权作出的对财产管理方案、变价方案的裁定不服，可以在法定期限内向人民法院申请复议。

2. 法院对经债权人二次表决仍未通过的债务人财产分配方案作出的裁定

根据《企业破产法》第 65 条第 2 款、第 66 条的规定，对债务人财产的分配方案，经债权人会议二次表决后仍然未通过的，人民法院有权根据案件审理的需要，结合案件的具体情况，在不违反法律规定的情况下，依职权对债务人财产分配方案裁定予以批准或调整。权利人对法院依职权作出的对分配方案裁定不服的，可以在法定期限内向人民法院申请复议。

3. 法院作出的关联企业实质合并破产的裁定

根据《破产审判会议纪要》第 34 条的规定，法院对关联企业做出的实质合并破产的裁定，权利人认为该实质合并破产裁定侵害了自身利益，可以在法定期限内申请复议。由于对关联企业破产进行实质合并审理属于破产程序中的重要事项，因此，该会议纪要要求法院无论是否进行实质合并审理，均应当以裁定的方式作出。对于法院裁定不受理实质合并破产的，参照《企业破产法》第12条的规定，申请人可以提起上诉；对于法院裁定受理实质合并破产的，鉴于企业破产法没有规定对受理裁定的上诉程序，会议纪要亦不宜作出审级上的规定，但考虑该裁定对相关主体权利有重大影响，故会议纪要赋予相关主体向上一级法院申请复议的权利，最大程度兼顾当事人权利保护、程序效率、上一级法院监督三者的平衡。

4. 法院在重整程序中不批准恢复行使担保权的决定

由于《企业破产法》第75条未明确规定担保权人申请恢复行使权利的程序和救济途径。为了完善重整期间冻结担保权的特殊制度安排，充分保护担保权人的合法权益，《民商审判会议纪要》规定了人民法院对担保权人申请的审查期限以及担保权人不服人民法院相关裁定的复议权。根据《民商审判会议纪要》第112条的规定，在担保物权暂停行使期间，担保物权人根据《企业破产法》第75条的规定向人民法院请求恢复行使担保物权的，人民法院经审查认为，担保物权人的申请不符合第75条的规定，或者虽然符合该条规定但管理人或者自行管理的债务人有证据证明担保物是重整所必需，并且提供与减少价值相应担保或者补偿的，人民法院应当裁定不予批准恢复行使担保物权。担保物权人不服该裁定的，向作出裁定的人民法院申请复议。

二、申请复议的主体

针对以上四种可以申请复议的情形，有权提起复议申请的主体分别为：

（1）对债务人财产管理方案、破产财产变价方案裁定不服的，全体债权人即可在法定期限内申请复议。

（2）对债务人财产分配方案裁定不服的，债权额占无财产担保债权总额1/2以上的债权人可以在法定期限内申请复议。

（3）对法院作出的关联企业实质合并破产裁定不服的，相关利害关系人可以在法定期限内申请复议。利害关系人包括债权人、债务人股东等。

（4）对法院不批准恢复行使担保物权决定不服的，该担保物权权利人可以在法定期限内申请复议。

三、申请复议的期限

不同的申请复议情形，申请期限亦有不同：

（1）对债务人财产管理方案、破产财产变价方案、破产财产分配方案裁定不服的，权利人应当自法院宣布或收到通知之日起 15 日内提出复议申请。

（2）对法院作出的关联企业实质合并破产裁定不服的，权利人应当自裁定书送达之日起 15 日内提出复议申请。

（3）对法院不批准恢复行使担保物权决定不服的，权利人应当自裁定书送达之日起 10 日内提出复议申请。

四、申请复议受理和审查机关

根据申请复议情形的不同，受理和审查法院也有所区别：

（1）对债务人的财产管理方案、破产财产变价方案、破产财产分配方案以及法院不批准恢复行使担保物权决定不服的，权利人可以向作出该裁定的法院申请复议，即向本级法院申请。

（2）对关联企业实质合并破产的裁定不服的，权利人可以向作出该裁定的法院的上一级法院申请复议。

类案检索

1. 广西蒙山农村商业银行股份有限公司物权纠纷案

关键词： 破产财产分配方案

裁判摘要： 广西蒙山农村商业银行股份有限公司（以下简称蒙山农商行公司）称其虽对分配方案有异议，但在本案中要求确认案涉抵押物的财产权利价值，人民法院也应依法予以确认，而不能只要求复议。二审法院认为，一审法院于 2021 年 12 月 30 日作出（2017）桂 0423 民破 2 号之三民事裁定，对广西蒙山百联房地产开发有限公司管理人拟订的《广西蒙山百联房地产开发有限公司破产财产分配方案》予以认可。因该方案是根据已经确认的债权数额和性质等制作，故该裁定实质上包含了对相关财产权利的进一步确认。蒙山农商行公司在一审法院作出上述裁定后提起诉讼，请求确认广西蒙山百联房地产开发有限公司抵押给蒙山农商行公司位于蒙山县的出让地［国有土地使用权证号：蒙国用（2014）第3××0号］的财产价值，即在拍卖、变现土地及地上建筑物总变现价20638095元中所占的百分比及金额，实质是对一审法院裁定的破产分配方案有异议。根据《企业破产法》第66条“债权人对人民法院依照本法第六十五条第一款作出的裁定不服的，债权额占无财产担保债权总额二分之一以上的债权人对人民法院依照本法第六十五条第二款作出的裁定不服的，可以自裁定宣布之日或者收到通知之日起十五日内向该人民法院申请复议。复议期间不停止裁定的执行”的规定，蒙山农商行公司提起本案诉讼无法律依据。

【案　　号】（2022）桂04民终312号

【审理法院】广西壮族自治区梧州市中级人民法院

【来　　源】中国裁判文书网

2. 熊某武、张某俊等与廖某普通破产债权确认纠纷案

关键词：与破产有关的纠纷　债权人会议

裁判摘要：本案第三人重庆钟鼎泰房地产开发有限公司重整案已经人民法院裁定批准并终结重整程序，管理人审核确认的廖某的案涉债权已经法院裁定确认并纳入重整计划予以统一处理。重整计划系管理人、债权人及其他利益相关方经过反复协商，并进行了充分的利益平衡的情况下制定的；对重整计划的批准，是人民法院依法行使司法权对当事人意思自治内容是否合法进行司法审查并确认的结果，这种确认的效力自然及于债务人和全体债权人。由于重整计划是根据已经确认的债权数额和性质等制作，实质上包含了对相关债权的进一步确认，如果允许债权人在人民法院裁定批准重整计划以后还能继续就相关债权提出异议，无疑将动摇重整计划的制定基础，导致重整计划的执行和整个重整程序处于不稳定状态，有损人民法院裁定批准重整计划的司法确认结果。因此，法律并未赋予债权人对重整计划确认的债权享有异议诉权。本案中，重庆宏耀建设（集团）有限公司、张某俊、熊某武在法院裁定批准重整计划草案以后就异议债权提起诉讼，于法无据，重庆宏耀建设（集团）有限公司、张某俊、熊某武提起的本案诉讼，不符合法律规定的受理条件，应予驳回。

【案　　号】（2020）渝0106民初21716号

【审理法院】重庆市沙坪坝区人民法院

【来　　源】中国裁判文书网

第二节 债权人委员会

第六十七条 债权人会议可以决定设立债权人委员会。债权人委员会由债权人会议选任的债权人代表和一名债务人的职工代表或者工会代表组成。债权人委员会成员不得超过九人。

债权人委员会成员应当经人民法院书面决定认可。

关联规定

一、法律、行政法规、司法解释

1.《中华人民共和国企业破产法》

第五十九条 依法申报债权的债权人为债权人会议的成员，有权参加债权人会议，享有表决权。

债权尚未确定的债权人，除人民法院能够为其行使表决权而临时确定债权额的外，不得行使表决权。

对债务人的特定财产享有担保权的债权人，未放弃优先受偿权利的，对于本法第六十一条第一款第七项、第十项规定的事项不享有表决权。

债权人可以委托代理人出席债权人会议，行使表决权。代理人出席债权人会议，应当向人民法院或者债权人会议主席提交债权人的授权委托书。

债权人会议应当有债务人的职工和工会的代表参加，对有关事项发表意见。

2.《最高人民法院关于适用〈中华人民共和国企业破产法〉若干问题的规定（三）》

第十四条 债权人委员会决定所议事项应获得全体成员过半数通过，并作成议事记录。债权人委员会成员对所议事项的决议有不同意见的，应当在记录中载明。

债权人委员会行使职权应当接受债权人会议的监督，以适当的方式向债权人会议及时汇报工作，并接受人民法院的指导。

二、部门规章及规范性文件

《中国银行保险监督管理委员会、国家发展和改革委员会、中国人民银行、中国证券监督管理委员会关于印发金融机构债权人委员会工作规程的通知》

第二条 针对债务规模较大、存在困难的非金融债务企业，3家以上持有债权（含贷款、债券等）、管理的资产管理产品持有债权、依法作为债券受托管理人的银行保险机构和证券期货基金经营机构等（以下统称金融机构）可以发起成立金融机构债权人委员会（以下简称债委会）。

债委会是协商性、自律性、临时性组织，按照市场化、法治化、公平公正、分类施策的原则，依法维护金融机构作为债权人的合法权益。

债委会可以按照“一企一策”的方针，集体研究增加融资、稳定融资、减少融资、重组等措施，确保债权金融机构形成合力，稳妥化解风险。

以私募投资基金形式对企业持有债权的私募投资基金管理人，参照本规程执行。

第三条 金融机构应当密切关注债务企业经营情况，发现债务企业存在严重影响按约偿还债务情形的，应当积极推动其他债权金融机构组建债委会。金融机构也可以应债务企业请求，组建债委会。

第四条 涉及中央企业或者重大复杂的企业集团，可以在金融机构法人总部层面组建债委会，其他债务企业可以在金融机构分支机构层面组建债委会。

债权金融机构原则上应当参加针对债务企业成立的债委会，按照本规程相关要求开展工作。

第五条 联合授信企业发生债务风险的，牵头银行可推动组建债委会，做好工作衔接。

条文释义

一、本条主旨

本条是关于债权人委员会组成的规定。

二、条文演变

《企业破产法（试行）》对此并无规定。1995 年至 2001 年的草案稿中规定“债权人会议可以选任监督人，监督人不得超过三人”，2004 年后的草案稿则开始规定“债权人会议可以选任债权人代表组成债权人委员会”。2004 年 10 月的《企业破产法（草案）》第 62 条规定：“债权人会议可以选任债权人代表组成债权人委员会，债权人代表应当经人民法院书面决定认可。债权人代表人数不得超过九人；其中，应当有一名破产企业职工代表。”本法基本采纳了上述规定，同时明确规定“债权人委员会由债权人会议选任的债权人代表和一名债务人的职工代表或者工会代表组成”。

三、条文解读

（一）债权人委员会设立的必要性

基于破产程序的特殊性，多数国家和地区的破产法都确立了便于债权公正清偿的特殊机构，即债权人会议、管理人以及破产监督人。此三种特殊机构既互相独立，又互相配合，共同维系着破产程序的公正进行。其中破产监督人在国外立法例中则多是代表债权人会议，借以表达债权人的共同意志、议决破产程序中的有关重要事项，并对破产程序进行监督的常设机构。本条规定的债权人委员会就是破产监督人。为什么要设立破产监督人？从《企业破产法》的整体框架可以看出，在破产程序进行当中，法院居于主导地位，对破产程序的进行实施审判上的日常监督。但是，债权人会议作为债权人团体的利益维护和意思表示机关，在破产程序中取得相对独立的自治地位，却无法对破产程序进行日常监督，尤其是在债权人会议闭会期间，仅仅由法院监督债务人或者管理人的活动，尚不足以保护债权人团体利益。因此，破产法有必要设立破产监督人，即本法规定的债权人委员会制度，由其行使相关的监督职能，以彻底实现债权人监督破产程序进行的自治需求。

（二）债权人委员会的组成

依照本条规定，是否设立债权人委员会，债权人可以根据需要以决议确定。例如，要考虑债权人的多少，破产财产的实际价值大小，对破产财产的清理、估价、变卖的复杂程度等。对于简单的破产案件，不必设置债权人委员会。人民法院受理破产申请后，应当自债权申报期限届满之日起15日内召开债权人会议。在第一次债权人会议上，其可以通过决议以确定是否设立债权人委员会。债权人会议决议设立债权人委员会，应当尽快选出债权人委员会成员履行职责。

对于债权人委员会由什么人组成的问题，本条规定两类：一是债权人代表；二是一名破产企业的职工代表或者工会代表。后者仍然是体现对职工利益的维护的需要。为了提高效率，保证程序的顺利进行，债权人委员会的成员人数限定为9人以下，其成员还要经人民法院书面决定认可。

适用指引

一、债权人委员会的成员构成及更换

债权人委员会的活动是以自然人形态进行的，故债权人委员会的委员应由自然人出任，代表法人债权人出任的债权人委员会委员也应是该债权人委任的自然人。我国《企业破产法》对于债权人委员会的成员，在第67条规定包括两类：一是债权人代表；二是1名破产企业的职工代表或者工会代表。后者体现对职工利益维护，但对债权人委员会成员在其他方面代表的广泛性未作规定。债权人委员会的成员人数限定为9人以下，这是考虑如果债权人委员会中成员过多，就变成了“债权人会议”的小型版，反倒违背了设立债权人委员会的初衷。结合“债权人委员会由债权人会议选任的债权人代表和一名债务人的职工代表或者工会代表组成”的表述，债权人会议选任的债权人代表人数实际上最多只能有8人。而债务人的职工代表或者工会代表的产生，可以由工会推举，也可以参照《全民所有制工业企业职工代表大会条例》由职工代表大会选举。《企业破产法》没有明确规定最低人数，但如仅有债权人代表和职工或工会代表2人时，意见不同将无法形成决议，故通常为最低3人。我国《企业破产法》第61条规定，债权人会议有权选任和更换债权人委员会成员。但结合第67条“债权人委员会成员应当经人民法院书面决定认可”的规定，在债权人会议作出更换债权人委员会成员的决议时，也须经人民法院认可。人民法院在充分尊重债权人会议自治和职工大会或工会自治的基础上，仍然保留最终的

审查认可权。大多数情况下，人民法院对选任出来的债权人委员会成员只进行程序性的审查，但如有债权人委员会成员的选任和更换出现违法或损害债权人利益、职工利益的情形，人民法院有权不予认可。

二、债权人委员会的议事规则

《企业破产法规定（三）》第 14 条第 1 款规定，债权人委员会决议所议事项应获得全体成员过半数通过，并作成议事记录。债权人委员会成员对所议事项的决议有不同意见的，应当在记录中载明。该规定明确了债权人委员会重大事项的决策机制，确定了债权人委员会的决议通过的表决额度。每个债权人委员会成员均可以依法独立行使其监督职权，但对重要事项则应由债权人委员会通过决议方式统一行使职权，债权人委员会的个别成员不得自行行使债权人委员会的职权。

三、关于人民法院及债权人会议对债权人委员会工作的指导和监督

《企业破产法规定（三）》第 14 条第 2 款规定，债权人委员会行使职权应当接受债权人会议的监督，以适当的方式向债权人会议及时汇报工作，并接受人民法院的指导。债权人会议作为表达债权人共同意志的会议体机构，因其独特的法律地位，决定了其与债权人委员会之间的关系，即债权人委员会必须服从债权人会议。该解释规定债权人委员会应向债权人会议履行汇报义务，同时考虑到频繁召开债权人会议时间和经济成本过高，赋予了债权人委员会汇报工作时间和方式的灵活性，即可以采取适当的方式进行。

债权人委员会执行职务时，有权要求管理人、债务人对职权范围内的事务作出说明或者提供有关文件。上述人员违反法律规定拒绝接受监督的，债权人委员会有权就监督事项请求人民法院在规定期限内作出决定。由于债权人委员会系由债权人会议选任，其代表债权人会议行使监督职权，所以其权利不能超越于债权人会议之上。据此，债权人委员会所作的决议不得与债权人会议的决议相违背，债权人会议有权以债权人委员会所作决议不当为由撤销该决议。

类案检索

新兴铸管（浙江）铜业有限公司与江苏谋盛律师事务所管理人责任纠纷案

关键词：管理人责任　债权人委员会

裁判摘要：2014年5月29日，宜兴市人民法院裁定受理谢某文对江苏金塔电力器材设备有限公司（以下简称金塔电力公司）的破产清算申请。管理人在破产清算程序中，召开两次债权人会议，均通知新兴铸管（浙江）铜业有限公司（以下简称新兴公司）参加，新兴公司也均到会并签字。2015年6月16日，管理人召开第二次债权人会议，新兴公司到会。在该次债权人会议上，经到会的全体债权人表决，通过了各项决议。2016年2月23日，宜兴市人民法院裁定认可《江苏金塔电力器材设备有限公司、江苏金塔电缆有限公司破产财产分配方案》。同年12月28日裁定终结二公司合并破产程序。新兴公司诉称江苏谋盛律师事务所（以下简称谋盛律所）作为该两企业的管理人，在破产程序中未尽到审慎、勤勉义务，未成立债权人委员会，共同商量破产事宜，谋盛律所未告知债权人设立该机构的必要性，也未依照规定进行设立债权人委员会的流程，导致破产程序未得到有效监督。

经查明，管理人在破产清算程序中，召开两次债权人会议，均通知新兴公司参加，新兴公司也均到会并签字。在债权人会议上，经到会的全体债权人表决，通过了各项决议。法院认为，关于债权人委员会，根据法律规定，债权人可以决定设立债权人委员会，因此，债权人委员会的设立并非管理人的法定义务。

【案　　号】（2017）苏02民初401号

【审理法院】江苏省无锡市中级人民法院

【来　　源】中国裁判文书网

第六十八条　债权人委员会行使下列职权：

（一）监督债务人财产的管理和处分；

（二）监督破产财产分配；

（三）提议召开债权人会议；

（四）债权人会议委托的其他职权。

债权人委员会执行职务时，有权要求管理人、债务人的有关人员对其职权范围内的事务作出说明或者提供有关文件。

管理人、债务人的有关人员违反本法规定拒绝接受监督的，债权人委员会有权就监督事项请求人民法院作出决定；人民法院应当在五日内作出决定。

关联规定

一、法律、行政法规、司法解释

1.《中华人民共和国企业破产法》

第六十一条　债权人会议行使下列职权：

（一）核查债权；

（二）申请人民法院更换管理人，审查管理人的费用和报酬；

（三）监督管理人；

（四）选任和更换债权人委员会成员；

（五）决定继续或者停止债务人的营业；

（六）通过重整计划；

（七）通过和解协议；

（八）通过债务人财产的管理方案；

（九）通过破产财产的变价方案；

（十）通过破产财产的分配方案；

（十一）人民法院认为应当由债权人会议行使的其他职权。

债权人会议应当对所议事项的决议作成会议记录。

2.《最高人民法院关于适用〈中华人民共和国企业破产法〉若干问题的规定（三）》

第十三条 债权人会议可以依照企业破产法第六十八条第一款第四项的规定，委托债权人委员会行使企业破产法第六十一条第一款第二、三、五项规定的债权人会议职权。债权人会议不得作出概括性授权，委托其行使债权人会议所有职权。

二、部门规章及规范性文件

《中国银行保险监督管理委员会、国家发展和改革委员会、中国人民银行、中国证券监督管理委员会关于印发金融机构债 权人委员会工作规程的通知》

第十六条 债委会要积极做好与企业破产程序中的债权人委员会、债权人会议的有效衔接，可以代表债委会成员机构，主动向法院推荐具有专业能力并能依法、独立、公平、公正履行管理职责的管理人，积极配合管理人依法制定公平合理的重整计划及债权受偿方案。

第十七条 金融机构应当积极支持配合债委会开展企业破产相关工作，明确内部工作机制和负责部门，依照《中华人民共和国企业破产法》等相关法律规定，充分行使债权人各项法定权利，依法参与企业破产重整、破产和解或破产清算等，及时主动申报债权，参与债权人会议，与破产管理人进行充分沟通，依法定程序充分表达维护合法债权的利益诉求，依法正当行使表决权，积极维护金融债权和市场经济秩序。

条文释义

一、本条主旨

本条是关于债权人委员会行使职权的规定。

二、条文演变

《企业破产法（试行）》对此并无规定。1995 年、2000 年 6 月和 12 月的破产法草案中，监督人行使“监督债务人财产的管理和处分、监督重整计划的执行、监督破产分配”三项职权。2004年10月的《企业破产法（草案）》第63条规定“债权人委员会行使职权：（一）监督债务人财产的管理和处分；（二）监督破产财产的分配；（三）提议召开债权人会议；（四）债权人会议委托的其他职权。债权人委员会执行职务时，有权要求管理人、债务人对其职权范围内的事务作出说明或者提供有关文件。前款规定人员违反本法规定拒绝接受监督的，债权人委员会有权就监督事项请求人民法院作出决定。对于债权人委员会的请求，人民法院应当在五日内作出决定”，删除了之前草案中曾规定的“债权人委员会成员因为故意或者过失造成债务人或者债权人损失的，应当承担赔偿责任”。本法基本采纳了上述规定。

三、条文解读

（一）债权人委员会的职权

依照本条第1款的规定，债权人委员会有下列四项职权：

1. 监督债务人财产的管理和处分。这是债权人委员会的基本职责之一。例如，债权人委员会有权要求管理人向其报告债务人财产或者破产财产的状况，监督管理人继续营业、管理、变价财产的日常事务，还可以查阅有关财产的业务账簿和文件，询问债务人、管理人等。

2. 监督破产财产分配。破产财产的分配是破产程序的关键环节，涉及每个债权人的利益，应当赋予债权人委员会监督破产财产分配的职责。

3. 提议召开债权人会议。在破产程序进行中，出现有必要召开债权人会议决定的重大事项时，债权人委员会可以申请人民法院召开债权人会议议决。

4. 债权人会议委托的其他职权。除以上几种职权外，凡本法规定债权人委员会在破产程序中可以实施的行为，都属于其职权范围。债权人会议也可以根据具体情况授权其实施相关职权。

（二）债权人委员会职权的行使

本条不但为债权人委员会规定了职权，同时还为职权的行使规定了具体措施，即债权人委员会执行职务时有权要求管理人、债务人的有关人员对其职权范围内的事务作出说明或者提供有关文件。根据《企业破产法》的规定，债务人的有关人员是指企业的法定代表人；经人民法院决定，可以包括企业的财务管理人员和其他经营管理人员。

（三）对管理人、债务人的有关人员拒绝接受监督的处理

对于违反《企业破产法》规定拒绝接受债权人委员会监督的管理人、债务人的有关人员，债权人委员会有权就监督事项请求人民法院作出决定。作为诉讼当事人的管理人、债务人的有关人员，有义务维护诉讼秩序。管理人和债务人的有关人员拒绝接受债权人委员会监督的行为，实质上是破坏诉讼秩序，影响诉讼进行的行为。因此，债权人委员会有权就监督事项请求人民法院作出决定。同时为了保证破产程序的迅速进行，规定人民法院对于债权人委员会的请求应在 5 日内作出决定。人民法院的决定一经作出即发生法律效力。

适用指引

债权人委员会中由债权人会议选任的代表，其执行职务应当对债权人的共同利益尽到善良管理人的注意义务，其重要职责在于监督管理人、债务人清理、保管、处分和分配债务人的财产。《企业破产法》对债权人委员会职权范围的规定，是对调整债权人委员会与管理人或者债务人之间关系的规定。对于债权人会议和债权人委员会之间的内部关系，应当允许债权人会议根据需要作出决议，明确对债权人委员会的其他授权。关于债权人会议的哪些权利可以授权由债权人委员会行使，《企业破产法规定（三）》第 13 条对此作出了明确规定。

一、债权人会议委托债权人委员会行使的职权总体上不应超出《企业破产法》第 61 条规定的债权人会议本身的职权范围

《企业破产法》第 59 条规定："依法申报债权的债权人为债权人会议的成员，有权参加债权人会议，享有表决权。债权尚未确定的债权人，除人民法院能够为其行使表决权而临时确定债权额的外，不得行使表决权。对债务人的特定财产享有担保权的债权人，未放弃优先受偿权利的，对于本法第六十一条第一款第七项、第十项规定的事项不享有表决权。债权人可以委托代理人出席债权人会议，行使表决权。代理人出席债权人会议，应当向人民法院或者债权人会议主席提交债权人的授权委托书。债权人会议应当有债务人的职工和工会的

代表参加，对有关事项发表意见。”由此可见，在我国，债权人会议是在企业破产程序中，由法律规定的依法申报债权的债权人、债务人的职工和工会的代表等人员组成的，表达全体债权人的共同意志，维护全体债权人的共同利益，参与企业破产程序并对有关破产事项进行决议和监督的议事机构。具体来说，对内，它是债权人的自治组织，负责协调和处理涉及其及成员共同利益的事务；对外，它代表着债权人的全体利益，参与企业破产程序，监督企业破产程序的进行，保护债务人财产的分配能够使大多数债权人的利益得到保护。债权人会议的职权，是债权人会议的议事范围和讨论决定事务的权限，为了在有效实现债权人利益要求的同时，平衡和保障债务人利益和其他合法利益，合理划分债权人会议与管理人、法院之间的职责和权限，确保企业破产程序的顺利进行，各国立法大都对债权人会议的职权作出规定。我国《企业破产法》第 61 条第 1 款规定：“债权人会议行使下列职权：（一）核查债权；（二）申请人民法院更换管理人，审查管理人的费用和报酬；（三）监督管理人；（四）选任和更换债权人委员会成员；（五）决定继续或者停止债务人的营业；（六）通过重整计划；（七）通过和解协议；（八）通过债务人财产的管理方案；（九）通过破产财产的变价方案；（十）通过破产财产的分配方案；（十一）人民法院认为应当由债权人会议行使的其他职权。”

债权人委员会是遵循债权人的共同意志，负责日常监督管理人的活动以及企业破产程序的合法、公正，处理企业破产程序中债权人会议授权其解决的有关事项的常设机构。鉴于债权人委员会是由债权人会议决定设立的，债权人会议委托债权人委员会行使的职权总体上不应超出《企业破产法》第 61 条规定的债权人会议本身的 11 项职权范围。基于此，司法解释规定债权人会议可以依照本条第 1 款第 4 项的规定，委托债权人委员会行使《企业破产法》第 61 条规定范围内的债权人会议职权。

二、某些关系债权人整体利益、《企业破产法》明确规定应当由债权人会议表决通过的事项以及其他专属于债权人会议的职权不宜交由债权人委员会行使

根据《企业破产法》第 61 条和本条关于债权人会议职权和债权人委员会职权的规定，债权人委员会可以行使债权人会议委托的其他职权。因《企业破产法》没有进一步限制债权人会议委托债权人委员会行使职权的范围，对

于债权人会议是否可以委托债权人委员会行使《企业破产法》第 61 条第 1 款规定的债权人会议的全部职权，存在不同的观点。有的观点认为，“法不禁止即可为”，债权人会议可以委托债权人委员会行使《企业破产法》第 61 条第 1 款规定的债权人会议的全部职权；有的观点认为，债权人会议不能将《企业破产法》第 61 条第 1 款规定的债权人会议的全部职权委托债权人委员会行使，债权人会议授权债权人委员会行使职权的范围应有所限制。《企业破产法规定（三）》认为，在《企业破产法》第 61 条第 1 款规定的债权人会议的 11 项职权中，某些关系债权人整体利益、《企业破产法》明确规定应当由债权人会议表决通过的事项以及其他专属于债权人会议的职权不宜交由债权人委员会行使。

1. 某些关系债权人整体利益的债权人会议职权不宜交由债权人委员会行使，如核查债权。债权人申报债权的数额和性质直接关乎每一个债权人最终对破产财产的具体份额和清偿顺位，同时也关系到全体债权人的整体利益。根据《企业破产法》第 57 条和 58 条的规定，管理人收到债权申报材料后，应当登记造册，对申报的债权进行审查，编制债权表，并将编制的债权表提交第一次债权人会议核查。《企业破产法》第 61 条第 1 款第 1 项亦规定核查债权是债权人会议的职权之一。据此，债权人会议应当对每一个债权人申报的债权是否存在、债权的具体数额以及有无财产担保等情况进行核查。而根据《企业破产法》第 67 条第 1 款之规定，债权人委员会由债权人会议选任的债权人代表和 1 名债务人的职工代表或者工会代表组成。可见，由于作为债权人委员会组成人员的债权人会议选任的债权人代表的债权亦包含在管理人编制的债权表中，如果将债权人会议的核查债权职权授权债权人委员会行使，当债权人委员会中的债权人与其他债权人利益存在冲突的情况下，难以确保债权核查的公平和公正，可能出现损害其他债权人合法权益的情形。因此，核查债权职权不宜交由债权人委员会行使。

2.《企业破产法》明确规定，应当由债权人会议表决通过的事项不宜交由债权人委员会行使，如通过重整计划、通过和解协议、通过债务人财产的管理方案、通过破产财产的变价方案、通过破产财产的分配方案等债权人会议表决通过的决议事项。决议权是债权人会议最根本的权利，通过与会人员就相关事宜充分研究讨论和沟通交流，并依法表决形成决议，进而约束全体债权人，体现全体债权人的共同意志。

（1）通过重整计划。重整计划既是重整程序中各方利益主体为了继续维持企业经营而通过彼此沟通协商形成的债权债务处理协议，也是相关各方齐心协力帮助债务人摆脱困境、涅槃重生的行动纲领。《企业破产法》第84条规定，人民法院应当自收到重整计划草案之日起30内召开债权人会议，对重整计划草案进行表决。出席会议的同一表决组的债权人过半数同意重整计划草案，并且其所代表的债权额占该组债权总额的2/3以上的，即为该组通过重整计划草案。因此，作为重整程序中最为重要的法律文件和核心之所在的重整计划草案，应该依法经债权人会议分组讨论表决通过，不宜将通过重整计划的职权交由债权人委员会行使。

（2）通过和解协议。和解协议是由出现破产原因的债务人，为了避免破产清算，而与全体债权人通过充分协商达成的债务清偿数量减免、债务清偿期限延长或者分期清偿债务等方面的债务处理协议。《企业破产法》第96条和第97条规定，人民法院经审查认为和解申请符合本法规定的，应当裁定和解，予以公告，并召集债权人会议讨论和解协议草案。债权人会议通过和解协议的决议，由出席会议的有表决权的债权人过半数同意，并且其所代表的债权额占无财产担保债权总额的2/3以上。因此，以债权人对债务人免除本金或利息、延长债务履行期限等权利处分为基础的和解协议，事关债权人的切身利益，应该依法由债权人会议表决通过，不宜将通过和解协议的职权交由债权人委员会行使。

（3）通过债务人财产的管理方案。债务人财产的管理方案是为了保证债务人财产的安全，实现债务人财产的价值最大化，由管理人拟定并提交债权人会议通过的有关债务人财产的具体管理方案。依照《企业破产法》第64条之规定，通过债务人财产的管理方案，由出席会议的有表决权的债权人过半数通过，并且其所代表的债权额占无财产担保债权总额的1/2以上。债务人财产管理方案的具体措施是否有效妥当，直接关系到债务人财产是否安全以及保值增值，最终会影响到债权人债权的实现程度。因此，债务人财产的管理方案应该依法由债权人会议表决通过，不宜将通过债务人财产管理方案的职权交由债权人委员会行使。

（4）通过破产财产的变价方案。破产财产的变价方案是在破产清算程序中，为了最大限度实现破产财产的价值，由管理人拟定并提交债权人会议通过的有关破产财产的出售、变卖、拍卖等处分方案。《企业破产法》第111条第

1 款规定，管理人应当及时拟订破产财产变价方案，提交债权人会议讨论。依照《企业破产法》第 64 条之规定，通过破产财产的变价方案，由出席会议的有表决权的债权人过半数通过，并且其所代表的债权额占无财产担保债权总额的 1/2 以上。破产财产的变价方案是破产财产最终分配的前提，破产财产变价方案是否合法得当，直接关系到债权人债权的最终实现程度。因此，破产财产的变价方案应该依法由债权人会议表决通过，不宜将通过破产财产变价方案的职权交由债权人委员会行使。

（5）通过破产财产的分配方案。破产财产的分配方案是在破产清算程序中，为了实现对破产财产的最终分配，由管理人拟定并提交债权人会议表决通过的有关破产财产的分配范围、分配方法、分配顺序、分配比例、分配时间、分配地点等的具体方案。《企业破产法》第 115 条前 2 款规定，管理人应当及时拟订破产财产分配方案，提交债权人会议讨论。破产财产分配方案应当载明下列事项：①参加破产财产分配的债权人名称或者姓名、住所；②参加破产财产分配的债权额；③可供分配的破产财产数额；④破产财产分配的顺序、比例及数额；⑤实施破产财产分配的方法。破产财产分配方案是否合法合理，直接决定了债权人债权的最终实现程度。因此，破产财产的分配方案应该依法由债权人会议表决通过，不宜将通过破产财产分配方案的职权交由债权人委员会行使。

3. 其他专属于债权人会议的职权不宜交由债权人委员会行使，如选任和更换债权人委员会成员。选任债权人委员会成员的目的是组成债权人委员会，既是债权人会议的专属职权，又发生在债权人委员会产生之前，谈不上授权的问题。对于更换债权人委员会成员的职权是否可以授权债权人委员会行使问题，鉴于债权人委员会是在债权人会议闭会期间，依法或者经授权行使部分债权人会议职权的常设机构，为了有效平衡不同债权人之间的利益冲突，确保债权人委员会组成人员具有广泛的代表性，更换债权人委员会组成人员的职权也应该是债权人会议的专属职权，不宜交由债权人委员会行使。

三、债权人会议可以委托债权人委员会行使的职权包括监督管理人；申请人民法院更换管理人、审查管理人的费用和报酬；决定继续或者停止债务人的营业

1. 监督管理人职权。《企业破产法》第 23 条第 1 款规定，管理人依照本法

规定执行职务，向人民法院报告工作，并接受债权人会议和债权人委员会的监督。由此可见，监督管理人既是债权人会议的法定职权，也是债权人委员会的法定职权。由于债权人会议并非常设机构，对管理人实行债权人集体共同监督存在现实困难，不能及时有效监督管理人的日常履职情况。因此，债权人会议将监督管理人的职权委托债权人委员会行使，既有法律依据，又能更好地实现对管理人执行职务情况的有效监督。

2. 申请人民法院更换管理人、审查管理人的费用和报酬职权。《企业破产法》第 22 条规定，管理人由人民法院指定。债权人会议认为管理人不能依法、公正执行职务或者有其他不能胜任职务情形的，可以申请人民法院予以更换。《企业破产法》第 41 条和 43 条规定，管理人执行职务的费用和报酬属于破产费用，可以由债务人财产随时清偿。《企业破产法》第 28 条规定，管理人的报酬由人民法院确定。债权人会议对管理人的报酬有异议的，有权向人民法院提出。可见，申请人民法院更换管理人、审查管理人的费用和报酬是否合理是债权人会议监督管理人的具体体现。如上所述，鉴于债权人会议存在履行监督职权的自身局限性，将申请人民法院更换管理人、审查管理人费用和报酬的职权委托债权人委员会行使，可以有效强化对管理人的履职监督，确保管理人在依法履职的情况下获得公平合理的费用和报酬。

3. 决定继续或者停止债务人的营业职权。根据《企业破产法》第 25 条和 26 条之规定，在第一次债权人会议召开之前，管理人决定继续或者停止债务人营业的，应当经人民法院许可。《企业破产法》第 61 条第 1 款第 5 项则规定决定继续或者停止债务人的营业是债权人会议的职权之一。由此可见，根据发生时间的不同，决定继续或者停止债务人的营业可以分为管理人决定继续或者停止债务人的营业和债权人会议决定继续或者停止债务人的营业两种情形。管理人决定继续或者停止债务人的营业，是指在第一次债权人会议召开之前，经人民法院许可，管理人决定继续或者停止债务人原有经营业务的情形；债权人会议决定继续或者停止债务人的营业，是指在第一次债权人会议召开之时或者之后，由债权人会议决定继续或者停止债务人原有经营业务的情形。因债权人委员会由债权人会议决定设立，所以，在第一次债权人会议召开之前，债权人委员会并不存在，此处讨论的可以授予债权人委员会行使的决定继续或者停止债务人营业的职权，指的是债权人会议决定继续或者停止债务人营业的职权。因为债权人的利益与债务人企业的命运密切相关，所以在第一次债权人会议召开之时或者之后，由债权人会议决定继续或者停止债务人的营业，可以更好地实现债权人的意思自治，更好地维护全体债权人的合法权益。债权人会议决定继续或者停止债务人营业的唯一判断标准，就是能否使债权人获得更多的清偿。因此，相较于通过重整计划、和解协议、债务人财产的管理方案、破产财产的变价和分配方案等债权人会议的固有职权，不应授予债权人委员会行使而言，将债权人会议决定继续或者停止债务人营业的职权委托债权人委员会行使，既不超越债权人会议的固属权限，又有助于提高及时决定是否继续经营债务人营业的效率，从而更好适应商业决策及时性的特点。

四、债权人会议委托债权人委员行使职权时应明确所委托职权的具体内容，不得概括性委托债权人委员会行使债权人会议所有职权

如上所述，司法解释是对债权人委员会行使债权人会议委托职权范围的进一步明确，债权人会议不能委托债权人委员会行使其所有职权，因其关系债权人整体利益。《企业破产法》明确规定应当由债权人会议表决通过的事项以及其他专属于债权人会议的职权不宜交由债权人委员会行使。因此，债权人会议委托债权人委员行使职权时，不得作出概括性授权，委托债权人委员会行使债权人会议所有职权。司法解释虽然明确了债权人会议可以委托债权人委员会行使的职权包括监督管理人，申请人民法院更换管理人、审查管理人的费用和报酬，决定继续或者停止债务人的营业，但在实务操作中，由于具体案件的实际情况各不相同，为防止因债权人会议授权不明造成债权人委员会职权行使不畅，债权人会议委托债权人委员会行使职权时还应明确所委托职权的范围和具体内容。

类案检索

计某宇、六安才兴会计师事务所管理人责任纠纷案

关键词：管理人责任　债权人委员会

裁判摘要：2013 年 7 月 8 日，霍山县人民法院根据债权人的申请裁定受理霍山安乐陵园管理有限公司的破产申请，指定六安才兴会计师事务所为霍山安乐陵园管理有限公司管理人。同年 7 月 12 日，六安才兴会计师事务所向霍山

县人民法院出具《授权委托书》，内容为："贵院指定我所为霍山安乐陵园管理有限公司破产管理人，考虑到就地开展破产工作方便，经研究决定，该破产工作与安徽万成会计师事务所进行业务合作，并授权郝某祥全权负责破产管理事宜"。计某宇管理人将职责全权委托给案外人郝某祥的行为无效。

法院认为，依照《企业破产法》第22条、第28条的规定，管理人系由受理破产的人民法院依法指定，管理人依照法律规定行使职权，管理人可以经人民法院许可，聘用必要的工作人员。管理人执行职务，向人民法院报告工作，并接受债权人会议和债权人委员会的监督。《企业破产法》第七章规定了债权人会议和债权人委员会的职权，明确了债权人会议监督管理人，债权人委员会可以依照债权人会议的委托行使监督管理人的职权。其中第68条第2款、第3款更明确提出债权人委员会执行职务时，有权要求管理人、债务人的有关人员对其职权范围内的事务作出说明或提供有关文件。管理人、债务人的有关人员违反本法规定拒绝接受监督的，债权人委员会有权就监督事项请求人民法院作出决定，人民法院应当在5日内作出决定。从以上的规定可以看出，在破产清算案件中，管理人执行职务的行为受到债权人会议和债权人委员会的监督，本案计某宇起诉请求确认六安才兴会计师事务所将霍山安乐陵园管理有限公司破产管理人职责全权委托给案外人郝某祥的行为无效的事项，实际上是对管理人执行职务行为过程中相关事务的监督，该权利依法应由债权人会议或债权人委员会行使，计某宇以诉讼方式主张权利，而《企业破产法》关于该类事项的处理规定没有赋予债权人诉权，故计某宇针对该事项的起诉不符合法律规定。

【案　　号】（2019）皖15民终1126号

【审理法院】安徽省六安市中级人民法院

【来　　源】中国裁判文书网

第六十九条　管理人实施下列行为，应当及时报告债权人委员会：

（一）涉及土地、房屋等不动产权益的转让；

（二）探矿权、采矿权、知识产权等财产权的转让；

（三）全部库存或者营业的转让；

（四）借款；

（五）设定财产担保；

（六）债权和有价证券的转让；

（七）履行债务人和对方当事人均未履行完毕的合同；

（八）放弃权利；

（九）担保物的取回；

（十）对债权人利益有重大影响的其他财产处分行为。

未设立债权人委员会的，管理人实施前款规定的行为应当及时报告人民法院。

关联规定

法律、行政法规、司法解释

1.《中华人民共和国企业破产法》

第二十六条　在第一次债权人会议召开之前，管理人决定继续或者停止债务人的营业或者有本法第六十九条规定行为之一的，应当经人民法院许可。

第一百一十一条　管理人应当及时拟订破产财产变价方案，提交债权人会议讨论。

管理人应当按照债权人会议通过的或者人民法院依照本法第六十五条第一款规定裁定的破产财产变价方案，适时变价出售破产财产。

第一百三十条　管理人未依照本法规定勤勉尽责，忠实执行职务的，人民法院可以依法处以罚款；给债权人、债务人或者第三人造成损失的，依法承担赔偿责任。

2.《最高人民法院关于适用〈中华人民共和国企业破产法〉若干问题的规定（三）》

第十五条 管理人处分企业破产法第六十九条规定的债务人重大财产的，应当事先制作财产管理或者变价方案并提交债权人会议进行表决，债权人会议表决未通过的，管理人不得处分。

管理人实施处分前，应当根据企业破产法第六十九条的规定，提前十日书面报告债权人委员会或者人民法院。债权人委员会可以依照企业破产法第六十八条第二款的规定，要求管理人对处分行为作出相应说明或者提供有关文件依据。

债权人委员会认为管理人实施的处分行为不符合债权人会议通过的财产管理或变价方案的，有权要求管理人纠正。管理人拒绝纠正的，债权人委员会可以请求人民法院作出决定。

人民法院认为管理人实施的处分行为不符合债权人会议通过的财产管理或变价方案的，应当责令管理人停止处分行为。管理人应当予以纠正，或者提交债权人会议重新表决通过后实施。

条文释义

一、本条主旨

本条是关于管理人实施有关行为应及时报告债权人委员会的规定。

二、条文演变

《企业破产法（试行）》对此并无规定。债权人委员会对管理人履职监督事项是破产法律制度设计的权利制衡和监督制衡的核心之一，历年企业破产法草案中均有相关规定，并不断完善。2004年10月《企业破产法（草案）》第64条规定："管理人实施下列行为，应当及时报告债权人委员会：（一）不动产所有权的转让；（二）采矿权、土地使用权、知识产权等财产权的转让；（三）全部库存或者营业的转让；（四）借款；（五）设定财产担保；（六）因继续营业需转让价值一万元以上的动产；（七）债权和有价证券的转让；（八）履行双务合同；（九）有关债务人财产的和解或者仲裁、诉讼或者其他法律程序；

(十)放弃权利;(十一)担保物的收回;(十二)对债权人利益有重大影响的其他财产处分行为。"现行《企业破产法》删除了"因继续营业需转让价值万元以上的动产;有关债务人财产的和解或者仲裁、诉讼或者其他法律程序",应当报告债权人委员会的规定,同时增加"未设立债权人委员会的,管理人实施前款规定的行为应当及时报告人民法院"之规定。

三、条文解读

本条实质上是债权人委员会对管理人实施具体职务行为进行监督的规定。这些行为都是能够对债权人利益产生重大影响的财产行为,如果实施不当可能会使债权人利益遭受重大损失。因此,本法规定管理人实施此类行为应当及时报告债权人委员会。

(一)应当及时向债权人委员会报告的具体行为

依照本条第 1 款的规定,管理人实施下列十一种行为,应当及时报告债权人委员会:[①]

1. 涉及土地、房屋等不动产权益的转让。不动产是指性质上不能移动其位置,或者非经破坏、变更则不能移动其位置的物。不动产一般指土地及其定着物(主要是指房屋)。不动产权益的转让对债务人财产的变化往往有比较大的影响,债权人委员会有必要知晓。

2. 探矿权、采矿权、知识产权等财产权的转让。探矿权是指按照法定的程序,取得勘查许可证,在批准的区域勘查矿产资源的权利。依法取得勘查许可证的单位或者个人称为探矿权人。采矿权是指按照法定的程序,取得采矿许可证,在批准的区域(开采范围)和期限内开采被许可的矿产及共生、伴生矿产的权利。依法取得采矿许可证的单位或者个人称为采矿权人。知识产权是指人们对智力创造成果和工商业标记依法享有的权利,具体包括著作权、专利权和商标权。探矿权、采矿权、知识产权等权利也会直接影响债务人的财产状况。

3. 全部库存或者营业的转让。这种转让会涉及债务人财产和收入状况的变化,管理人也应当履行报告义务。

4. 借款。借款会使债务人支配的流动资金在一定期限内受到限制,并存在

---

① 本书编写组编著:《〈中华人民共和国企业破产法〉释义及实用指南》,中国民主法制出版社 2012 年版,第 173~175 页。

一定的风险。对此行为，管理人应当报告债权人委员会。

5. 设定财产担保。财产担保属于物的担保。物的担保，是以债务人或者其他人的特定财产作为抵偿债权的标的，在债务人不履行其债务时，债权人可以依法处理该财产，并从中优先受偿。设定财产担保会涉及债权人的利益，债权人委员会有了解的必要。

6. 债权和有价证券的转让。债权是指债权人得请求债务人为一定给付的权利。债权转让，也叫债权人让与，是指不改变债的关系的内容，债权人将其债权移转于第三人享有的法律事实。有价证券是指设定并证明持券人有权取得一定财产权利的书面凭证，有价证券所代表的一定权利与记载该权利的书面凭证合二为一，权利人行使权利，原则上不得离开证券进行。有价证券包括票据、债券、股票和提单等。

7. 履行债务人和对方当事人均未履行完毕的合同。管理人履行上述合同，会影响到债务人财产的增减变化，应当报告债权人委员会。

8. 代表债务人参加诉讼、仲裁或者其他法律程序。破产程序开始后，由管理人代表债务人参加诉讼、仲裁或者其他法律程序。但无论哪种法律程序都可能导致对债务人财产的处分，进而影响到债权人的利益。因此，此种行为应当及时报告债权人委员会。

9. 放弃权利。民事权利是民事法律规范赋予民事主体满足其利益的法律手段。民事权利包括人身权利和财产权利。财产权利，是指以财产利益为内容的权利，如物权、债权等。所谓财产利益，通常是指具有交换价值或者使用价值的，可以用货币计算其价值，可以依法转让的利益。放弃权利则意味着债务人财产可能受损，因此管理人须报告债权人委员会。

10. 担保物的取回。取回担保物则意味着担保关系的变化，说明对担保物的处置权的调整，进而会影响到债权人的利益，债权人委员会有必要知道这一情况。

11. 对债权人利益有重大影响的其他财产处分行为。

（二）未设立债权人委员会的情况下，管理人应当及时向人民法院报告[①]

根据本法的规定，债权人会议可以决定设立债权人委员会，但债权人委员会并非必设机构。为及时处理破产案件中的各种复杂问题，保证破产程序的迅速进行，本条规定债权人会议未设立债权人委员会的，管理人实施以上行为应当及时向人民法院报告。

适用指引

管理人对债务人重大财产的处分行为，通常会影响破产程序的结果，并直接影响债权人清偿利益的实现。债权人作为对破产程序的结果具有经济上主要利害关系的当事方，如果不能参与决策此类涉及其利益的重大处分行为，不仅不利于维护其清偿利益，而且难以对破产程序形成有效监督，长期来看，还将降低债权人对破产程序的参与度，进而减损破产制度的作用和价值。本条仅规定了管理人实施对债权人利益有重大影响财产处分行为时的报告义务，而没有明确债权人会议或债权人委员会对此类重大处分行为的决定权，加之实践中对于“报告”内涵和程序的理解不一，从而导致在一定程度上影响了对债权人合法权益的保护。考虑到此类重大财产处分行为基本属于债务人财产管理方案或变价方案的内容，《企业破产法规定（三）》第15条规定管理人处分债务人重大财产时，应当事先经过债权人会议表决通过，否则管理人不得处分，明确了债权人对上述行为的决定权。同时对本条规定的报告程序予以细化，明确了债权人委员会和人民法院行使监督权的范围和方式，从而切实维护债权人的合法权益，增进债权人对破产程序的参与度和信任度。

一、重大财产处分行为的决定权在债权人会议

《企业破产法》第61条规定，债权人会议行使下列职权：（1）核查债权；（2）申请人民法院更换管理人；（3）监督管理人；（4）选任和更换债权人委员会成员；（5）决定继续或者停止债务人的营业；（6）通过重整计划；（7）通过

① 吴高盛：《〈中华人民共和国企业破产法〉条文释义与适用》，人民法院出版社2006年版，第160页。

和解协议；（8）通过债务人财产的管理方案；（9）通过破产财产的变价方案；（10）通过破产财产的分配方案；（11）人民法院认为应当由债权人会议行使的其他职权。从原理上讲，债务人企业进入破产程序之后，尤其是破产清算程序，在债务人企业资不抵债情形之下，只为清偿目的而继续存续，一切事项的决定权均应归属于全体债权人。但是，如果完全按照一切决定权归属于全体债权人的模式操作，不符合效率原则，实践当中也怠无可能。需要在债权人权利保护与破产程序的效率之间找到平衡点。从制度设计上，《企业破产法》规定涉及全体债权人共同利益、共同事务的重大事项决定权由债权人会议行使。另一部分事项的决定权通过法律规定的方式进行了拆分：（1）由管理人履行具体的破产事务，比如，决定债务人的日常开支和其他必要开支，调查债务人财产状况，制作财产状况报告，决定债务人的内部管理事务等。管理人执行日常破产事务系其职务行为，但受到债权人会议或债权人委员会的监督；管理人执行重大事项，则需依据债权人会议决议进行，个别情形下比如第一次债权人会议召开前则需经人民法院许可。无论是执行日常破产事务还是重大事项，管理人都应当勤勉尽责，受到信义义务的约束。（2）可授权或依法由债权人委员会行使部分职权。同样主要为了解决效率的问题，基于债权人会议并非常设机构，债权人会议可委托债权人委员会行使部分职权。但债权人会议不得作出概括性授权，委托债权人委员会行使债权人会议所有职权。（3）法律规定由人民法院行使部分事项的决定权，比如，《企业破产法》第26条规定，在第一次债权人会议召开之前，管理人决定继续或停止债务人营业或者有本法第69条规定行为之一的，应当经人民法院许可。这个同样主要是为了解决在第一次债权人会议召开前由债权人会议行使职权怠无可能和效率的问题。所以，对于由债权人会议行使重大财产处分行为的决定权需要在《企业破产法》规定的规则框架内作一个体系解释，方能准确全面理解。

二、管理人执行债权人会议决议实施重大财产处分行为并履行报告义务

根据《企业破产法规定（三）》第15条的规定，管理人处分《企业破产法》第69条规定的债务人重大财产的，应当事先制作财产管理或者变价方案并提交债权人会议进行表决。该决定权的行使可能有两种例外情形：（1）债权人会议通过决议的方式将部分重大财产处分行为的决定权委托由债权人委员会

行使。（2）在第一次债权人会议召开前有必要进行重大财产处分行为的，应当经人民法院许可。

关于管理人实施有关行为及时向债权人委员会报告，需要注意以下要素：（1）时间要求，管理人实施处分前，需提前10日报告债权人委员会或人民法院；（2）形式要求，管理人应当以书面的形式进行报告；（3）内容要求，管理人应当向债权人委员会报告拟实施重大财产处分行为的时间、方式等具体内容，债权人委员会可以要求管理人对处分行为作出相应说明或者提供有关文件依据。

三、债权人委员会对管理人实施重大财产处分行为的监督权

债权人委员会是债权人会议选任的日常监督机构，其执行职务应当对债务人的共同利益尽到注意义务，其重要职责在于监督管理人、债务人清理、保管、处分和分配债务人的财产。法律关系中，一方的权利（权力）就意味着另一方的义务。债权人委员会的监督权对应于管理人实施重大财产处分行为时应当履行的义务，一是报告义务，已如前述；二是纠正义务，债权人委员会认为管理人实施的处分行为不符合债权人会议通过的财产管理或变价方案的，有权要求管理人纠正。管理人拒绝纠正的，债权人委员会可以请求人民法院作出决定。人民法院认为管理人实施的处分行为不符合债权人会议通过的财产管理或变价方案的，应当责令管理人停止处分行为。管理人应当予以纠正，或者提交债权人会议重新表决通过后实施。管理人不履行报告义务或纠正义务而造成损失，需要承担相应的民事赔偿责任甚至是刑事责任。

类案检索

中国华融资产管理股份有限公司浙江省分公司、温州市一家体育商城有限公司第三人撤销之诉案

关键词：与破产有关的纠纷　管理人

裁判摘要：中国华融资产管理股份有限公司浙江省分公司（以下简称华融公司）申请再审称，温州市鹿城区人民法院在（2016）浙0302民初10154号民事判决书中判令解除温州市一家体育商城有限公司（以下简称一家公

司）与民丰超市之间的房屋租赁合同，并要求民丰超市在判决生效之日起1个月内腾空房屋。一家公司管理人温州普润会计师事务所与民丰超市签订的调解协议使一家公司放弃了要求民丰超市限期腾退房屋的权利。延期腾房影响房屋的竞买价格，且调解协议约定腾退期间不收房屋占有使用费，损害了华融公司作为债权人的合法权益。温州普润会计师事务所在放弃权利和作出对债权人利益有重大影响的其他财产处分行为时，没有依据《企业破产法》的规定向债权人委员会报告，违反了勤勉义务，也违反了《企业破产法》的强制性规定。

法院经审查认为：（一）一家公司的债权人会议决议案涉房屋以拍卖的方式处置，该决议对华融公司在内的所有债权人都有拘束力。温州普润会计师事务所依据该决议，代表一家公司与民丰超市签订调解协议并以拍卖方式出售案涉房屋，是一家公司全体债权人意志的体现。在法院调解过程中，温州普润会计师事务所作为管理人有权代表公司进行诉讼活动，其依据债权人会议决议进行调解，是其依法履行自身职责的体现，因此，该调解书系双方依法自愿达成，合法有效，并不违反法律规定。（二）管理、处分一家公司的财产是温州普润会计师事务所作为管理人的职责。本案中温州普润会计师事务所与民丰超市积极协商、签订调解协议，促成了标的物的拍卖，履行了债权人会议的决议，正是其履行管理人勤勉义务的体现，符合法律规定。（三）温州普润会计师事务所没有实施放弃权利或是对债权人利益有重大影响的其他财产处分行为。首先，温州普润会计师事务所代表一家公司与民丰超市签订调解协议的目的是尽快履行债权人会议作出的拍卖案涉房屋的决议，而该调解协议的签订也确实使民丰超市同意立即解除租赁合同，避免了案涉房屋权利状态悬而未决导致房屋无法及时拍卖变价的后果，从而维护了债权人的利益。其次，华融公司在再审申请中主张延期腾房会影响房屋的竞买价格，调解后的拍卖价会低于不调解的拍卖价，应当提交证据予以证明。现华融公司并未提交证据证明，且其亦未考虑调解后减少诉讼和执行时间所产生的收益，因此，华融公司应当承担举证不能的不利后果。第三，华融公司主张民丰超市应付租金属于华融公司应得的合法财产，认为调解协议约定腾退期间不收房屋占有使用费是放弃权利的行为，损害了其作为债权人的合法权益。但是（2016）浙0302民初10154号民事判决书本就判决“腾空期间不计占有使用费”，因此，调解书此项约定与原判决一致，并没有损害华融公司的合法权益。

【案　　号】（2019）最高法民申 1929 号

【审理法院】最高人民法院

【来　　源】中国裁判文书网

中国民法典适用大全

商事卷·企业破产法（二）

最高人民法院民法典贯彻实施工作领导小组　编著

人民法院出版社

总目录

目　录

（第二册）

第八章　重　整

第一节　重整申请和重整期间

第二节 重整计划的制定和批准

第三节 重整计划的执行

第九章 和 解

第十章 破产清算

第一节 破产宣告

第二节 变价和分配

第三节　破产程序的终结

第十一章　法律责任

第十二章　附　则

第八章　重　整

第一节　重整申请和重整期间

第七十条　债务人或者债权人可以依照本法规定，直接向人民法院申请对债务人进行重整。

债权人申请对债务人进行破产清算的，在人民法院受理破产申请后、宣告债务人破产前，债务人或者出资额占债务人注册资本十分之一以上的出资人，可以向人民法院申请重整。

关联规定

一、法律、行政法规、司法解释

1.《中华人民共和国企业破产法》

第二条　企业法人不能清偿到期债务，并且资产不足以清偿全部债务或者明显缺乏清偿能力的，依照本法规定清理债务。

企业法人有前款规定情形，或者有明显丧失清偿能力可能的，可以依照本法规定进行重整。

第七条　债务人有本法第二条规定的情形，可以向人民法院提出重整、和解或者破产清算申请。

债务人不能清偿到期债务，债权人可以向人民法院提出对债务人进行重整或者破产清算的申请。

企业法人已解散但未清算或者未清算完毕，资产不足以清偿债务的，依法负有清算责任的人应当向人民法院申请破产清算。

第一百三十四条　商业银行、证券公司、保险公司等金融机构有本法第二条规定情形的，国务院金融监督管理机构可以向人民法院提出对该金融机构进行重整或者破产清算的申请。国务院金融监督管理机构依法对出现重大经营风险的金融机构采取接管、托管等措施的，可以向人民法院申请中止以该金融机构为被告或者被执行人的民事诉讼程序或者执行程序。

金融机构实施破产的，国务院可以依据本法和其他有关法律的规定制定实施办法。

2.《证券公司风险处置条例》

第三十八条 证券公司有《企业破产法》第二条规定情形的，国务院证券监督管理机构可以直接向人民法院申请对该证券公司进行重整。

证券公司或者其债权人依照《企业破产法》的有关规定，可以向人民法院提出对证券公司进行破产清算或者重整的申请，但应当依照《证券法》第一百二十九条的规定报经国务院证券监督管理机构批准。

3.《最高人民法院关于〈中华人民共和国企业破产法〉施行时尚未审结的企业破产案件适用法律若干问题的规定》

第一条 债权人、债务人或者出资人向人民法院提出重整或者和解申请，符合下列条件之一的，人民法院应予受理：

（一）债权人申请破产清算的案件，债务人或者出资人于债务人被宣告破产前提出重整申请，且符合企业破产法第七十条第二款的规定；

（二）债权人申请破产清算的案件，债权人于债务人被宣告破产前提出重整申请，且符合企业破产法关于债权人直接向人民法院申请重整的规定；

（三）债务人申请破产清算的案件，债务人于被宣告破产前提出重整申请，且符合企业破产法关于债务人直接向人民法院申请重整的规定；

（四）债务人依据企业破产法第九十五条的规定申请和解。

二、司法指导性文件

1.《全国法院破产审判工作会议纪要》

23. 破产宣告的条件。人民法院受理破产清算申请后，第一次债权人会议上无人提出重整或和解申请的，管理人应当在债权审核确认和必要的审计、资产评估后，及时向人民法院提出宣告破产的申请。人民法院受理破产和解或重整申请后，债务人出现应当宣告破产的法定原因时，人民法院应当依法宣告债务人破产。

24. 破产宣告的程序及转换限制。相关主体向人民法院提出宣告破产申请的，人民法院应当自收到申请之日起七日内作出破产宣告裁定并进行公告。债务人被宣告破产后，不得再转入重整程序或和解程序。

2.《最高人民法院关于审理上市公司破产重整案件工作座谈会纪要》

三、关于上市公司破产重整的申请

会议认为，上市公司不能清偿到期债务，并且资产不足以清偿全部债务或者明显缺乏清偿能力，或者有明显丧失清偿能力可能的，上市公司或者上市公司的债权人、出资额占上市公司注册资本十分之一以上的出资人可以向人民法院申请对上市公司进行破产重整。

申请人申请上市公司破产重整的，除提交《企业破产法》第八条规定的材料外，还应当提交关于上市公司具有重整可行性的报告、上市公司住所地省级人民政府向证券监督管理部门的通报情况材料以及证券监督管理部门的意见、上市公司住所地人民政府出具的维稳预案等。上市公司自行申请破产重整的，还应当提交切实可行的职工安置方案。

五、关于对破产重整上市公司的信息保密和披露

会议认为，对于股票仍在正常交易的上市公司，在上市公司破产重整申请相关信息披露前，上市公司及其债权人、出资人等利害关系人应当按照法律、行政法规、证券监管机构的部门规章及证券交易所上市规则做好信息保密工作。

上市公司的债权人提出破产重整申请的，人民法院应当要求债权人提供其已就此告知上市公司的有关证据。上市公司应当按照相关规则及时履行信息披露义务。

上市公司进入破产重整程序后，由管理人履行相关法律、行政法规、部门规章和公司章程规定的原上市公司董事会、董事和高级管理人员承担的职责和义务，上市公司自行管理财产和营业事务的除外。管理人在上市公司破产重整程序中存在信息披露违法违规行为的，应当依法承担相应的责任。

条文释义

一、本条主旨

本条是关于重整申请的规定。

二、条文演变

《企业破产法（试行）》中未设重整程序，从现代企业破产法的发展方向看，企业的挽救应受到更多的关注。《企业破产法》起草过程中，不同时期的草案均对重整申请作出规定。①

从立法史的视角看，本条规范在不同时期草案中，文字表达趋向简洁，对申请权的限制趋向严格。与本条所不同的是，前期有的草案中，在规定债权人、债务人有权直接向人民法院提出重整申请的同时，还赋予持有债务人一定比例股权的出资人在债权人、债务人均未申请启动重整程序的前提下直接向人民法院申请对债务人进行重整的权利，也就是说满足一定条件的出资人享有初始重整申请权。同时，前期的草案中，也有规定在破产清算程序中，债权人、债务人、出资人均享有申请转入重整程序的权利，并且对破产清算程序最初是由哪方申请启动不做限制。

三、条文解读

重整程序的申请主体，即重整申请权人，指的是有权向法院申请启动重整程序的法律主体。根据本条规定，发动重整的申请人可以有三种不同的法律主体：债务人、债权人和出资额占债务人注册资本 1/10 以上的出资人，即债务人或者债权人可以依照《企业破产法》第 7 条的规定直接提出重整申请，债务人或者债务人的出资人还可以依照本条第 2 款的规定，在破产清算程序中宣告破产前申请通过程序转换启动重整。

（一）债务人

债务人最了解自身经营状况，赋予其申请权鼓励债务人为了自我拯救及时申请启动重整程序。依照《企业破产法》规定，根据债务人重整申请提出的时期不同可以分为两种：一种是债务人不能清偿到期债务并且资产不足以清偿全部债务或者明显缺乏清偿能力，或者有可能丧失清偿能力时，可以直接向人民法院申请进行重整；一种是债权人申请对债务人进行破产清算的，人民法院受理破产案件后，在宣告债务人破产以前，债务人为了避免破产倒闭，可以向人

① 陈夏红编著：《企业破产法注释》，北京大学出版社 2021 年版，第 355~356 页。

民法院申请进行重整。

（二）债权人

当债务人不能清偿对债权人的到期债务时，债权人作为破产程序的主要利害关系人，可以为了维护自身利益最大化向人民法院提出对债务人进行重整的申请，使债务人在重整后，恢复偿债能力，从而使债权人得到比在破产清算的情况下更为有利的清偿结果。

（三）债务人的出资人

债务人的出资人也可以申请对债务人进行重整，但是要符合两个条件：一是申请的时间，是在债权人申请对债务人进行破产清算的情况下，人民法院受理破产案件后、宣告债务人破产以前；二是出资人出资额，须是出资额占债务人注册资本1/10以上的出资人才有资格向人民法院申请对债务人进行重整。出资占债务人注册资本一定份额的出资人，在有限责任公司和股份有限公司中，是指公司的股东；在非公司制的企业中，是指以货币、实物、土地使用权、知识产权等出资到企业的投资人。债务人经营的好坏，直接关系到其出资人的利益。债务人一旦破产，出资人不仅没有获得债务人生产经营利润的可能，而且连其出资额也无法收回。为保证债务人的出资人的权益，鼓励企业重建，本条赋予其在破产程序中向人民法院申请重整的权利。考虑到重整历时较长，程序比较复杂，本无恢复生机的企业在经过重整后，如果其状况持续恶化，债权人及债务人的利益将受到更大的损害，为防止重整在实践中被滥用，有必要对进入破产程序后提出重整申请的出资人作出限制性的规定。同时，考虑到不同的企业法人其出资分布的情况差别很大，如有的企业法人其出资大多集中于一个或少数出资人，而有的公司如上市公司，股权很分散，持股百分之几可能就是大股东，出资额占债务人注册资本额1/10以上的出资人，在一般情况下，应当可以代表多数出资人的利益，为此，本条规定因债权人的申请而使债务人进入破产程序的，在宣告债务人破产以前，出资额占债务人注册资本1/10以上的出资人，可以向人民法院申请重整。“占债务人注册资本十分之一以上”是在防止出资人申请启动破产程序的随意性与鼓励企业挽救之间寻求平衡的结果。

适用指引

一、重整的特殊申请主体

鉴于公众公司的特殊性，上市公司重整申请应适用专门规定。根据《审理上市公司破产重整案件纪要》关于上市公司破产重整申请的规定，上市公司不能清偿到期债务，并且资产不足以清偿全部债务或者明显缺乏清偿能力，或者有明显丧失清偿能力可能的，出资额占上市公司注册资本 1/10 以上的出资人可以直接向人民法院申请对上市公司进行破产重整，而不受《企业破产法》本条第 2 款的限制。也就是说，出资额占上市公司注册资本 1/10 以上的出资人不仅有权在已经启动的破产程序中申请重整，而且也可以在初始直接提出重整申请，以此鼓励尽早启动上市公司挽救程序，避免陷入破产清算造成众多权利人受损。

此外，《企业破产法》第 134 条对金融机构的破产申请主体作出特殊规定，即商业银行、证券公司、保险公司等金融机构有本法第 2 条规定情形的，国务院金融监督管理机构可以向人民法院提出对该金融机构进行重整或者破产清算的申请。国务院《证券公司风险处置条例》（2016 年 2 月 6 日修正）第 38 条规定："证券公司有《企业破产法》第二条规定情形的，国务院证券监督管理机构可以直接向人民法院申请对该证券公司进行重整。证券公司或者其债权人依照《企业破产法》的有关规定，可以向人民法院提出对证券公司进行破产清算或者重整的申请，但应当依照《证券法》第一百二十九条的规定报经国务院证券监督管理机构批准。"据此，国务院金融监督管理机构有权对困境金融机构提前介入，申请启动企业挽救程序，维护金融稳定，避免引发系统性风险。

二、破产清算程序向重整程序的转换

破产法有广义与狭义之分。狭义的破产法仅包括破产清算制度，而广义的破产法包括了破产清算制度和以挽救债务人免予破产为目的的和解和重整等破产预防制度。《企业破产法》规定的"破产"是广义的概念，包含破产清算、重整和和解三个程序，必然涉及这三个程序之间的转换问题。本条第 2 款规定的就是破产清算程序向重整程序的转换，根据本条规定，债权人申请对债务人进行破产清算的，人民法院受理破产案件后、在宣告债务人破产前，债务人或

者出资额占债务人注册资本 1/10 以上的出资人，可以向人民法院申请重整。

应当注意的是，根据本条第 2 款的规定，在破产清算程序中可以向人民法院申请重整的条件之一是破产程序系由债权人申请启动，而对因债务人或者依法负有清算责任的人的申请而进入破产清算程序的情形则未涉及。当时的立法考量是：如果是因债务人的申请而进入破产程序，就说明债务人已经清楚地知道自己已无恢复生机的可能，只能进行破产清算，否则，其无需申请破产清算，而应直接申请重整；同时，根据《公司法》以及其他有关法律的规定，企业法人的清算，需依法经出资人同意，也就是说，债务人申请进行破产清算的，已依法经出资人同意，出资人已经清楚地知道债务人已无恢复生机的可能，只能进行破产清算。此外，因依法负有清算责任的人的申请而进行破产清算的，由于此时债务人已经解散或者依法被撤销，难以再继续其营业，因而也缺乏对其进行重整的可能。

同时，司法解释对《企业破产法》施行时尚未审结的企业破产案件程序转换做出了例外规定。根据《企业破产法施行时尚未审结案件规定》第 1 条规定，债权人或债务人申请程序转换，不仅符合本条第 2 款的规定时有权申请，而且即便不符合本条第 2 款规定的转换条件，只要符合《企业破产法》规定的债权人或债务人直接申请重整的条件，债权人或债务人亦有权申请转换。这是因为，原有的企业破产法律规范主体上属于狭义的破产概念，其主体是破产清算程序，其所规定的和解程序是包含在破产清算程序中的，且无重整程序的规定。《企业破产法（试行）》将和解与整顿程序交织在一起规定，且为清算前置主义，即必须首先进入破产清算程序，然后才可能申请进行和解与整顿程序。《企业破产法》中的“破产”系广义的破产概念，同时设置了破产清算、和解和重整三个相对独立而且并行的程序，在企业法人不能清偿到期债务，并且资产不足以清偿全部债务或者明显缺乏清偿能力；或者有明显丧失清偿能力可能时，债务人可以依据新的企业破产法的规定直接向人民法院提出重整、和解或破产清算申请，债权人可以直接向人民法院提出重整或破产清算申请。鉴于和解与重整制度对挽救债务人和协调社会利益方面具有的积极作用，对新破产法实施后尚未审结的案件，即按照旧法规定已经进入破产清算程序的企业破产案件，在一定条件下，允许其自破产清算程序直接向新破产法的重整或者和解程序转化。这里体现了制定该司法解释时侧重对债务人拯救的价值取向，而且与《企业破产法》的立法本意也是一致的。这是因为企业破产法施行前受理的、施行时尚未审结的企业破产案件的申请人，在启动破产清算程序时系基于原有旧的破产法律规范的规定，因制度的原因仅能提起破产清算程序，故在《企业破产法》施行后，应当尽可能赋予有关申请权人向人民法院提出重整或者和解的权利。

三、在债务人被宣告破产后不得转入重整程序

《企业破产法》没有明确规定宣告破产后能否申请由破产清算程序转入重整程序，而是在本条第2款中明确规定上述程序转换应在破产宣告前进行。如果在破产宣告后仍然允许转入重整，在一定程度上增加了程序适用的不确定性，也增加了债权人通过破产清算程序获得清偿的成本。因此，《破产审判会议纪要》第24条明确规定，债务人被宣告破产后不得再转入重整程序或者和解程序。

典型案例

唐山佳华煤化工有限公司破产清算转破产重整案

关键词： 清算转重整　后续重整申请权

裁判摘要： 唐山佳华煤化工有限公司（以下简称佳华公司）是成立于2004年的一家中外合资企业。2016年前后，国内钢铁、焦化行业持续低迷，公司负债率居高不下。2016年1月7日，佳华公司以资产不足以清偿全部债务为由，向河北省唐山市中级人民法院（以下简称唐山中院）申请破产清算。2016年2月16日，唐山中院依法裁定受理佳华公司破产清算一案。佳华公司管理人受理债权申报金额约51亿元，公司重整状态下资产评估价值为33亿元。经了解，如果对佳华公司进行破产清算，其主要资产将失去使用价值，还可能出现处置成本高于处置价值的情形，将严重减损广大债权人的利益。基于此，唐山中院就佳华公司是否具有重整价值和挽救可能进行了实质审查，结果显示进行破产重整符合社会各方意愿，有利于实现各方利益共赢。虽然法律没有明确规定债务人申请破产清算后可以转入重整程序，但进行上述程序转换不违反法律规定，符合《企业破产法》的立法本意。其后，管理人在佳华公司第一次债权人会议上向参会债权人征求将破产清算转为重整的意见，95%以上

的参会债权人同意程序转换。唐山中院认为，《企业破产法》在第70条第1款规定了债务人和债权人可以直接申请破产重整，第2款再次赋予债务人发起破产重整程序的权利，其立法本意和目的是强调清算程序与重整程序的转换，而并非由谁首先发起破产清算程序。对于债务人申请的破产清算案件，债务人、债权人和符合法定条件的股东应当拥有后续重整申请权。唐山中院于2017年5月22日作出民事裁定，裁定自2017年5月22日起对佳华公司进行重整。后于2018年8月22日裁定批准《重整计划》并终止佳华公司的重整程序。

【案　　号】（2016）冀02民破2号

【审理法院】河北省唐山市中级人民法院

【来　　源】最高人民法院发布人民法院服务保障京津冀协同发展典型案例

第七十一条　人民法院经审查认为重整申请符合本法规定的，应当裁定债务人重整，并予以公告。

关联规定

一、法律、行政法规、司法解释

《中华人民共和国企业破产法》

第七条　债务人有本法第二条规定的情形，可以向人民法院提出重整、和解或者破产清算申请。

债务人不能清偿到期债务，债权人可以向人民法院提出对债务人进行重整或者破产清算的申请。

企业法人已解散但未清算或者未清算完毕，资产不足以清偿债务的，依法负有清算责任的人应当向人民法院申请破产清算。

二、司法指导性文件

1.《全国法院破产审判工作会议纪要》

14. 重整企业的识别审查。破产重整的对象应当是具有挽救价值和可能的困境企业；对于僵尸企业，应通过破产清算，果断实现市场出清。人民法院在审查重整申请时，根据债务人的资产状况、技术工艺、生产销售、行业前景等因素，能够认定债务人明显不具备重整价值以及拯救可能性的，应裁定不予受理。

15. 重整案件的听证程序。对于债权债务关系复杂、债务规模较大，或者涉及上市公司重整的案件，人民法院在审查重整申请时，可以组织申请人、被申请人听证。债权人、出资人、重整投资人等利害关系人经人民法院准许，也可以参加听证。听证期间不计入重整申请审查期限。

32. 关联企业实质合并破产的审慎适用。人民法院在审理企业破产案件时，应当尊重企业法人人格的独立性，以对关联企业成员的破产原因进行单独判断并适用单个破产程序为基本原则。当关联企业成员之间存在法人人格高度混同、区分各关联企业成员财产的成本过高、严重损害债权人公平清偿利益时，可例外适用关联企业实质合并破产方式进行审理。

33. 实质合并申请的审查。人民法院收到实质合并申请后，应当及时通知相关利害关系人并组织听证，听证时间不计入审查时间。人民法院在审查实质合并申请过程中，可以综合考虑关联企业之间资产的混同程序及其持续时间、各企业之间的利益关系、债权人整体清偿利益、增加企业重整的可能性等因素，在收到申请之日起三十日内作出是否实质合并审理的裁定。

2.《最高人民法院关于企业破产案件信息公开的规定（试行）》

第一条　最高人民法院设立全国企业破产重整案件信息网（以下简称破产重整案件信息网），破产案件（包括破产重整、破产清算、破产和解案件）审判流程信息以及公告、法律文书、债务人信息等与破产程序有关的信息统一在破产重整案件信息网公布。

人民法院以及人民法院指定的破产管理人应当使用破产重整案件信息网及时披露破产程序有关信息。

第七条　人民法院、破产管理人可以在破产重整案件信息网发布破产程序有关公告。

人民法院、破产管理人在其他媒体发布公告的，同时要在破产重整案件信息网发布公告。人民法院、破产管理人在破产重整案件信息网发布的公告具有法律效力。

3.《最高人民法院关于审理上市公司破产重整案件工作座谈会纪要》

四、关于对上市公司破产重整申请的审查

会议认为，债权人提出重整申请，上市公司在法律规定的时间内提出异议，或者债权人、上市公司、出资人分别向人民法院提出破产清算申请和重整申请的，人民法院应当组织召开听证会。

人民法院召开听证会的，应当于听证会召开前通知申请人、被申请人，并送达相关申请材料。公司债权人、出资人、实际控制人等利害关系人申请参加听证的，人民法院应当予以准许。人民法院应当就申请人是否具备申请资格、上市公司是否已经发生重整事由、上市公司是否具有重整可行性等内容进行听证。

鉴于上市公司破产重整案件较为敏感，不仅涉及企业职工和二级市场众多投资者的利益安排，还涉及与地方政府和证券监管机构的沟通协调。因此，目前人民法院在裁定受理上市公司破产重整申请前，应当将相关材料逐级报送最高人民法院审查。

4.《最高人民法院关于正确审理企业破产案件为维护市场经济秩序提供司法保障若干问题的意见》

3. 对于虽然已经出现破产原因或者有明显丧失清偿能力可能，但符合国家产业结构调整政策、仍具发展前景的企业，人民法院要充分发挥破产重整和破产和解程序的作用，对其进行积极有效的挽救。破产重整和和解制度，为尚有挽救希望的危困企业提供了避免破产清算死亡、获得再生的机会，有利于债务人及其债权人、出资人、职工、关联企业等各方主体实现共赢，有利于社会资源的充分利用。努力推动企业重整和和解成功，促进就业、优化资源配置、减少企业破产给社会带来的不利影响，是人民法院审理企业破产案件的重要目标之一，也是人民法院商事审判工作服务于保增长、保民生、保稳定大局的必然要求。

6. 人民法院要充分发挥司法能动作用，注重做好当事人的释明和协调工作，合理适用破产重整和和解程序。对于当事人同时申请债务人清算、重整、和解的，人民法院要根据债务人的实际情况和各方当事人的意愿，在组织各方当事人充分论证的基础上，对于有重整或者和解可能的，应当依法受理重整或者和解申请。当事人申请重整，但因企业经营规模较小、虽有挽救必要但重整成本明显高于重整收益的困难企业，有关权利人不同意重整的，人民法院可引导当事人通过和解方式挽救企业。人民法院要加强破产程序中的调解工作，在法律允许的框架下，积极支持债务人、管理人和新出资人等为挽救企业所做的各项工作，为挽救困难企业创造良好的法律环境。

条文释义

一、本条主旨

本条是关于人民法院审查重整申请和裁定债务人重整的规定。

二、条文演变

《企业破产法（试行）》中没有类似规定，本条为新增条款。本条在不同时期的草案中，大都包括两部分内容：一是重整申请的形式要件，即申请书和有关证据；二是法院对重整申请的审查、准许和公告。鉴于重整申请材料的规定与有关破产申请和受理重复，故定稿中予以删除。同时，多个版本的草案中均对重整申请的审查规则规定得较为原则，为人民法院行使裁量权留下了空间。

三、条文解读

人民法院在收到重整申请后，应当依法及时对重整申请进行审查，决定是否准许债务人重整。对重整申请的审查主要包括申请人是否具备申请主体资格、债务人是否具备破产能力、是否具备重整原因、提交的申请材料是否符合《企业破产法》及其司法解释的规定等。人民法院经审查认为重整申请符合本法规定的，应当裁定债务人重整。裁定债务人重整应当公告。自人民法院裁定债务人重整之日起，债务人进入重整期间，重整程序的特殊效力就要及于所有利害关系人。

适用指引

一、重整申请的审查

人民法院在收到重整申请后，应当对困境企业开展重整识别。根据《全国法院破产审判会议纪要》规定，重整审查的核心规则是根据债务人的资产状况、技术工艺、生产销售、行业前景等因素，判断企业是否具有挽救价值和可能。同时还应考虑挽救的成本和收益之间的比例，对于经营规模较小、虽有挽救必要但破产重整成本明显高于破产重整收益的困难企业，人民法院则可通过促成债务人与债权人团体达成有关债务减免、延期清偿、分期付款等和解协议或庭外重组协议等方式挽救企业。人民法院在审查重整申请时，能够认定债务人明显不具备重整价值以及拯救可能性的，应裁定不予受理。对于“僵尸企业”，应通过破产清算，果断实现市场出清。

鉴于上市公司破产重整案件较为敏感，不仅涉及企业职工和二级市场众多投资者的利益安排，还涉及与地方政府和证券监管机构的沟通协调。根据《审理上市公司破产重整案件纪要》规定，申请上市公司破产重整的，除提交《企业破产法》第8条规定的材料外，还应当提交关于上市公司具有重整可行性的报告、上市公司住所地省级人民政府向证券监督管理部门的通报情况材料以及证券监督管理部门的意见、上市公司住所地人民政府出具的维稳预案等。上市公司自行申请破产重整的，还应当提交切实可行的职工安置方案。人民法院在裁定受理上市公司破产重整申请前，应当将相关材料逐级报送最高人民法院审查。

二、重整申请审查的听证程序

根据《破产审判会议纪要》第15条规定，人民法院对重整申请的审查，除审查书面材料外，对于债权债务关系复杂、债务规模较大，或者涉及上市公司重整的案件，还可以组织申请人、被申请人、债权人、出资人、重整投资人等利害关系人听证。

在决定是否受理破产重整案件前，要充分利用听证方式，探究各方当事人对挽救困境企业的意愿。各方当事人是否具有挽救企业的意愿，直接影响到将来破产重整程序能否顺利进行。对于确有必要挽救的企业，人民法院还应充分发挥司法审判的主观能动性，多做释明和调解工作，积极促成企业的破产重整成功。对于不同申请权人同时向人民法院提出对债务人进行破产清算、重整、和解申请的，人民法院要根据债务人的实际情况和各方当事人的意愿，在组织各方当事人充分论证的基础上，尽可能优先受理有利于债务人复苏的破产重整或者和解申请；对于同一申请权人同时向人民法院提出对债务人破产清算、重整、和解申请的，人民法院不能简单、机械地作出不予受理的裁定，而是要对申请权人进行充分的释明和引导并结合有关各方当事人的意愿和实际情况，在申请权人作出相应变更申请的前提下，或者有其他申请权人提出破产重整或者和解申请的前提下，优先受理债务人破产重整或者和解申请；对于申请权人仅提出破产清算申请的，人民法院也可在释明、引导的前提下，通过申请权人变更申请或者其他申请权人提出破产重整、和解申请等方式，优先受理破产重整或者和解申请。当然，通过各方当事人的充分论证，对于确实没有挽救希望的企业法人或者各方当事人均无破产重整或者和解愿望的，人民法院应当及时受理破产清算申请，以便债务人能够尽快了结所有债务、依法退市，而不能久调不决。

此外，为慎重起见，人民法院还可以向市场监管部门、劳动部门、税务部门、银行、证券监管部门等调查核实企业的经济、财务状况，了解企业的重整原因、重整前景等信息和意见，综合考虑债务人是否具有重整希望。

需要注意的是，应审慎适用关联企业实质合并重整。人民法院在审理企业破产案件时，应当尊重企业法人人格的独立性，以对关联企业成员的破产原因进行单独判断并适用单个破产程序为基本原则。当关联企业成员之间存在法人人格高度混同、区分各关联企业成员财产的成本过高、严重损害债权人公平清偿利益，合并重整有利于提高企业的挽救价值和可能、有利于增加债权人整体清偿利益时，可例外适用关联企业实质合并重整方式进行审理。

三、裁定债务人重整并公告

根据本条规定，人民法院经审查认为重整申请符合本法规定的，应当裁定债务人重整并公告。值得指出的是，裁定债务人重整是与裁定和解或者裁定宣告债务人破产在同一位阶上的程序，裁定债务人重整并非一定意味着受理破产案件。只有相关主体行使初始重整申请权，人民法院在裁定准许后可以达到受理破产案件，启动破产程序的效果，而在相关主体行使后续重整申请权，人民法院裁定准许实现的是程序转换的效果。

裁定债务人重整应当公告。自人民法院裁定债务人重整之日起，重整期间就开始了，重整程序的特殊效力就要及于所有利害关系人。公告的意义在于，人民法院以公告或者登报刊载的方式，向全社会不特定的人公开告知已受理重整申请的有关事项，告知无法通知的债权人、未知的以及其他利害关系人已开始破产程序的事实和有关事项，以维护其合法权益。2016 年最高人民法院建立了全国企业破产重整案件信息网和法官、管理人工作平台，发布了《企业破产案件信息公开规定（试行）》，其中第 7 条规定：“人民法院、破产管理人可以在破产重整案件信息网发布破产程序有关公告。人民法院、破产管理人在其他媒体发布公告的，同时要在破产重整案件信息网发布公告。人民法院、破产管理人在破产重整案件信息网发布的公告具有法律效力。”

典型案例

1. 佛山市百业房地产开发有限公司破产重整案

关键词： 重整申请审查　听证

裁判摘要： 广东一百铜业有限公司、广东一百门窗幕墙有限公司、广东一百投资有限公司、佛山市百业房地产开发有限公司（以下简称百业公司）、广东一百房地产发展有限公司、广东银一百创新铝业有限公司，为民营企业一百集团旗下六家关联公司。六家公司于2015年1月12日以不能清偿到期债务为由，向法院提交破产重整申请。经调查：百业公司自身债务不大，但与另外五家公司互联互保，对外担保债务竟达8亿多元；以上六家公司现金链断裂，无法维持正常生产及经营，无法支付货款、银行到期贷款本息，明显丧失清偿能力；部分供货商及银行起诉六家公司并查封部分资产；若债权人通过诉讼、执行六家公司或直接申请六家公司破产清算，将导致近1300名员工失业，严重影响社会稳定；六家公司资产优质，存在通过破产重整盘活资产、恢复生产经营的可能。2015年1月20日，广东省佛山市中级人民法院依法召集22家银行金融机构及供货商代表，听取对六家公司申请破产重整的意见。2月5日，法院依法组织持异议的五家银行及六家公司的前三大债权人举行听证会，对部分银行提出的异议再次听证，征询其对六家公司破产重整的意见。3月16日，法院对破产原因及重整可能性进行审查后，根据《企业破产法》第71条关于"人民法院经审查认为重整申请符合本法规定的，应当裁定债务人重整，并予以公告"之规定，裁定受理百业公司等六家公司的重整申请。

【案　　号】（2015）佛中法民二破第12号

【审理法院】 广东省佛山市中级人民法院

【来　　源】《最高人民法院发布关于依法平等保护非公有制经济，促进非公有制经济健康发展民事商事典型案例》第4号

2. 云南煤化工集团有限公司等五家公司破产重整案

关键词： 合并重整　重整申请审查

裁判摘要： 云南煤化工集团有限公司（以下简称煤化工集团）系云南省国资委于2005年8月组建成立的省属大型集团企业，下辖近百家企事业单位，

并系上市公司云南云维股份有限公司（以下简称云维股份）的控股股东。2012至2015年煤化工集团经营性亏损合计超过100亿元，涉及经营性债权人1000余家，整个集团公司债务约650亿元，云维股份则面临终止上市的紧迫情形。如债权人维权行为集中爆发，煤化工集团进入破产清算，集团旗下4.3万名职工中大多数将被迫离开工作岗位，72亿元债券面临违约，数百亿金融债权将损失惨重。2016年，债权人先后分别申请煤化工集团及下属四家企业（分别为云维集团、云维股份、云南大为、曲靖大为）重整。基于五家公司的内部关联关系和不符合实质性合并条件等客观情况，云南省高级人民法院决定分别受理上述系列案件，并指定云南省昆明市中级人民法院（以下简称昆明中院）集中管辖。2016年8月23日，昆明中院裁定受理了上述五家企业破产案件，确保了该系列案的统一协调、系统处理和整体推进，提升了破产案件的处理效率，减少了破产费用。

【案　　号】（2016）云01民破7号

【审理法院】云南省昆明市中级人民法院

【来　　源】《最高人民法院发布全国法院审理破产典型案例》第5号

3. 江苏省纺织工业（集团）进出口有限公司等六家公司破产重整案

关键词：实质合并重整　重整申请审查

裁判摘要：江苏省纺织工业（集团）进出口有限公司（以下简称省纺织进出口公司）及其下属的五家控股子公司是江苏省纺织及外贸行业内有较高影响力的企业，经营范围主要为自营和代理各种进出口业务及国内贸易。在国际油价大幅下跌的背景下，因代理进口化工业务的委托方涉嫌违法及自身经营管理等原因，省纺织进出口公司及其五家子公司出现总额高达20余亿元的巨额负债，其中80%以上为金融债务，而六公司经审计总资产仅为6000余万元，资产已不足以清偿全部债务。根据债权人的申请，江苏省南京市中级人民法院（以下简称南京中院）分别于2017年1月24日、2017年6月14日裁定受理省纺织进出口公司及五家子公司（其中无锡新苏纺国际贸易有限公司经请示江苏省高级人民法院指定南京中院管辖）重整案，并指定同一管理人接管六家公司。管理人对六家公司清理后认为，六家公司存在人员、财务、业务、资产等人格高度混同的情形，据此申请对六家公司进行合并重整。南京中院对分别进入重整程序的母子公司，首先在程序上进行合并审理，在全面听取各方意见后，确认关联企业人格高度混同、资产和负债无法区分或区分成本过高以致严重损害债权人利益，于2017年9月29日裁定省纺织进出口公司与五家子公司实质合并重整。

【案　　号】（2017）苏01破1、6、7、8、9、10号

【审理法院】江苏省南京市中级人民法院

【来　　源】《最高人民法院发布全国法院审理破产典型案例》第4号

第七十二条 自人民法院裁定债务人重整之日起至重整程序终止，为重整期间。

关联规定

一、法律、行政法规、司法解释

《中华人民共和国企业破产法》

第七十三条 在重整期间，经债务人申请，人民法院批准，债务人可以在管理人的监督下自行管理财产和营业事务。

有前款规定情形的，依照本法规定已接管债务人财产和营业事务的管理人应当向债务人移交财产和营业事务，本法规定的管理人的职权由债务人行使。

第七十四条 管理人负责管理财产和营业事务的，可以聘任债务人的经营管理人员负责营业事务。

第七十五条 在重整期间，对债务人的特定财产享有的担保权暂停行使。但是，担保物有损坏或者价值明显减少的可能，足以危害担保权人权利的，担保权人可以向人民法院请求恢复行使担保权。

在重整期间，债务人或者管理人为继续营业而借款的，可以为该借款设定担保。

第七十六条 债务人合法占有的他人财产，该财产的权利人在重整期间要求取回的，应当符合事先约定的条件。

第七十七条 在重整期间，债务人的出资人不得请求投资收益分配。

在重整期间，债务人的董事、监事、高级管理人员不得向第三人转让其持有的债务人的股权。但是，经人民法院同意的除外。

第七十八条 在重整期间，有下列情形之一的，经管理人或者利害关系人请求，人民法院应当裁定终止重整程序，并宣告债务人破产：

（一）债务人的经营状况和财产状况继续恶化，缺乏挽救的可能性；

（二）债务人有欺诈、恶意减少债务人财产或者其他显著不利于债权人的行为；

（三）由于债务人的行为致使管理人无法执行职务。

第七十九条 债务人或者管理人应当自人民法院裁定债务人重整之日起六个月内，同时向人民法院和债权人会议提交重整计划草案。

前款规定的期限届满，经债务人或者管理人请求，有正当理由的，人民法院可以裁定延期三个月。

债务人或者管理人未按期提出重整计划草案的，人民法院应当裁定终止重整程序，并宣告债务人破产。

二、司法指导性文件

《全国法院民商事审判工作会议纪要》

113.【重整计划监督期间的管理人报酬及诉讼管辖】要依法确保重整计划的执行和有效监督。重整计划的执行期间和监督期间原则上应当一致。二者不一致的，人民法院在确定和调整重整程序中的管理人报酬方案时，应当根据重整期间和重整计划监督期间管理人工作量的不同予以区别对待。其中，重整期间的管理人报酬应当根据管理人对重整发挥的实际作用等因素予以确定和支付；重整计划监督期间管理人报酬的支付比例和支付时间，应当根据管理人监督职责的履行情况，与债权人按照重整计划实际受偿比例和受偿时间相匹配。

重整计划执行期间，因重整程序终止后新发生的事实或者事件引发的有关债务人的民事诉讼，不适用《企业破产法》第 21 条有关集中管辖的规定。除重整计划有明确约定外，上述纠纷引发的诉讼，不再由管理人代表债务人进行。

条文释义

一、本条主旨

本条是关于重整期间的规定。

二、条文演变

《企业破产法（试行）》中没有类似规定，本条为新增条款。重整期间在不同时期的草案中逐步简化，《破产法》（1995 年草案）第 92 条曾规定为“重整观察期”，《企业破产法》（2004 年 3 月草案 A 版）规定为“重整保护期”，并规定有最长期限限制；而在后期的草案和定稿中，只有起点和终点的简单规定，未再规定最长期限要求。

三、条文解读

重整期间在国外的立法例上也称为“冻结期间”，或者称为中止期间，其目的在于防止债权人在重整期间对债务人及其财产采取诉讼或者其他行动，保护债务人财产不致被个别清偿，同时也对债务人的股东、董事和高级管理人员加以限制，以增加重整成功的可能性。重整期间为债务人提供了免受债权人追索的喘息空间，它能够阻止任何对债务人的个别追索、行使担保权以及股东要求收益分配等行为，它允许债务人与债权人达成重整协议，使其从走向破产的财务压力中解脱出来。

适用指引

一、重整期间的开始时间

重整期间的开始时间，即重整期间的起算点。各国家和地区对重整期间的中止效力何时起算，有自动中止主义和裁定中止主义的差别。实行自动中止主义原则的国家，当事人一旦提出重整申请，即对担保债权和非担保债权产生自动中止的效力，如美国。裁定中止主义原则不同，当事人的重整申请并不产生自动中止效力，中止的效力只有在重整申请被法院裁定接受后才产生。自动中止主义体现的是重整政策，侧重于债务人利益和社会一般利益的共同考虑。裁定中止主义则体现了衡平政策，着眼于债权人利益和债务人利益的综合平衡。本法采取的是裁定中止主义，即重整期间的开始时间为人民法院裁定债务人重整之日，而非以当事人的申请之日为开始时间。人民法院作出债务人重整的裁定，重整程序即发生效力，无须通知或者送达利害相关人，重整相关人无论是否知悉债务人重整之事实，均受重整期间效力的约束。

二、重整期间的结束时间

重整期间的结束时间，即重整期间的终结点，为重整程序终止的时间。根据本法有关规定，重整程序终止的情况主要有以下几种：（1）在重整期间，债务人的经营状况和财产状况继续恶化、缺乏挽救的可能性或者债务人有欺诈、恶意减少企业财产、无理拖延或者其他显著不利于债权人的行为或者由于债务人的行为致使管理人无法执行职务的；（2）债务人或者管理人未按期提出重整计划草案的；（3）人民法院裁定批准重整计划草案的；（4）重整计划草案未获通过且没有得到人民法院批准的；（5）人民法院经审查认为重整计划草案不符合本法规定的。

三、重整期间的期限

重整期间的期限，即重整期间的时间长短。国外的重整立法中，对重整期间的期限规定有两种模式，一种是明确规定最长的时间，一种是个案中视情况确定。本法在起草以及审议过程中，考虑到重整在我国还是一个新生的制度，实践经验不是很多，理论也不是很完备，如果规定的期间较短，好处是费用较低，缺点是企业重整成功的机会少了，这似乎是有利于债权人；规定的期间长了则相反。重整程序的目的是尽可能地挽救债务人企业，不宜将重整期间规定得太短，以利于债务人或者管理人制定重整计划草案，但是也要防止债务人滥用重整程序逃避债务，损害债权人的利益。因此，本法没有明确规定重整的具体时限，但是，这并不意味着重整期间可以无限延长。根据《企业破产法》第79条、第84条、第86条、第87条规定，自人民法院裁定受理重整申请之日起6个月内，债务人或管理人应向法院和债权人会议提交重整计划草案。有正当理由，经债务人或管理人申请，人民法院可裁定延长3个月。人民法院应自收到计划草案之日起30日内召开债权人会议进行表决，自表决通过之日起10日内，债务人或管理人影响人民法院提出批准重整计划的申请。人民法院自收到申请之日起30日内裁定批准，终止重整程序。部分表决组未通过重整计划草案的，该表决组可在与债务人或管理人协商后再表决一次，该表决组拒绝再次表决或者再次表决仍未通过重整计划草案，债务人或者管理人可以申请人民法院强制批准。人民法院在收到申请之日起30日内审查裁定是否批准。逾期未提交重整计划草案、计划草案未获表决通过、人民法院未裁定批准计划草案的，人民法院应裁定终止重整程序并宣告债务人破产。因此，基于上述规定，一般来说，重整期间可以长达12个月左右，但是不应拖得太长。

类案检索

1. 山西省中阳荣欣焦化有限公司与山西联盛能源有限公司不当得利纠纷案

关键词： 重整期间 重整程序终止

裁判摘要： 本案争议焦点是本案是对外追收债权纠纷还是不当得利纠纷。对外追收债权纠纷，是指人民法院受理破产申请后，管理人与破产企业的债务人因清偿破产企业债权而引发的纠纷。该案由系与破产有关的纠纷。不当得利，是指没有合法根据而获得利益并使他人利益遭受损失的事实。不当得利纠纷是指因不当得利这一事实引起的权利义务纠纷。《企业破产法》第72条规定："自人民法院裁定债务人重整之日起至重整程序终止，为重整期间。"本案原审法院已裁定终止被上诉人山西联盛能源有限公司重整程序，且已裁定确认山西联盛能源有限公司重整计划执行完毕。上诉人山西省中阳荣欣焦化有限公司与被上诉人山西联盛能源有限公司之间的纠纷不是在山西联盛能源有限公司破产重整程序中的诉讼，故本案案由不应为对外追收债权纠纷。本案不属于破产程序中的案件，因本案重整计划已执行终结，并无与山西联盛能源有限公司破产重整案件审理相协调的必要，故本案不应适用破产案件集中管辖规定。根据山西联盛能源有限公司起诉时提供的证据材料，结合其诉讼请求，本案案由确定为不当得利纠纷较妥。

【案 号】（2020）晋民辖终34号

【审理法院】 山西省高级人民法院

【来 源】 中国裁判文书网

2. 马某民、山东晨曦集团有限公司普通破产债权确认纠纷案

关键词： 重整期间 重整程序终止

裁判摘要：《企业破产法》第44条规定："人民法院受理破产申请时对债务人享有债权的债权人，依照本法规定的程序行使权利。"晨曦集团于2018年

7月16日申请破产重整，一审法院于2018年8月27日裁定晨曦集团等二十六家公司合并重整，故对于涉案债权，不管是否享有优先权，在法院受理晨曦集团的破产申请后，均应按《企业破产法》规定的相关程序行使权利。《企业破产法》第48条、第56条、第58条、第64条、第72条、第92条等分别对债权人申报债权的期间、程序、债权表的确认、债权异议的处理、债权会议决议的效力及法院裁定批准重整计划的效力等均进行了明确的规定。本案上诉人在法律规定的期间内申报债权，但对于管理人核实的债权数额及认定为普通债权，上诉人并未在规定的期限内提出异议，且法院亦对无争议债权表予以确认并批准被上诉人的重整计划，现上诉人在法院裁定批准重整计划后又申请确认涉案债权具有优先权，不符合法律规定，一审对此不予支持并无不当，故判决驳回上诉，维持原判。

【案　　号】（2019）鲁11民终1173号

【审理法院】山东省日照市中级人民法院

【来　　源】中国裁判文书网

3. 威海鸿宇医疗器械有限公司与威海赛威医疗科技有限公司商业贿赂不正当竞争纠纷案

关键词：重整期间　债务人继续营业

裁判摘要：《企业破产法》第72条规定，自人民法院裁定债务人重整之日起至重整程序终止，为重整期间。《企业破产法》第73条、第74条规定，企业破产重整期间可以继续进行生产经营。本案中，依据威海经济技术开发区人民法院2016年4月1日作出的（2016）鲁1092民破3号生效裁定书及决定书可以认定，2016年4月1日至今，原告鸿宇公司处于破产重整期间，可以继续进行生产经营。被告赛威公司所主张的原告处于破产重整阶段，已经停产，被告的侵权行为未给原告造成实际损失的抗辩理由，没有事实及法律依据，本院不予认可。被告赛威公司应当就其侵权行为承担赔偿责任。

【案　　号】（2018）鲁10民初150号

【审理法院】山东省威海市中级人民法院

【来　　源】中国裁判文书网

第七十三条 在重整期间，经债务人申请，人民法院批准，债务人可以在管理人的监督下自行管理财产和营业事务。

有前款规定情形的，依照本法规定已接管债务人财产和营业事务的管理人应当向债务人移交财产和营业事务，本法规定的管理人的职权由债务人行使。

关联规定

一、法律、行政法规、司法解释

《中华人民共和国企业破产法》

第二十五条 管理人履行下列职责：

（一）接管债务人的财产、印章和账簿、文书等资料；

（二）调查债务人财产状况，制作财产状况报告；

（三）决定债务人的内部管理事务；

（四）决定债务人的日常开支和其他必要开支；

（五）在第一次债权人会议召开之前，决定继续或者停止债务人的营业；

（六）管理和处分债务人的财产；

（七）代表债务人参加诉讼、仲裁或者其他法律程序；

（八）提议召开债权人会议；

（九）人民法院认为管理人应当履行的其他职责。

本法对管理人的职责另有规定的，适用其规定。

第八十条 债务人自行管理财产和营业事务的，由债务人制作重整计划草案。

管理人负责管理财产和营业事务的，由管理人制作重整计划草案。

第九十条 自人民法院裁定批准重整计划之日起，在重整计划规定的监督期内，由管理人监督重整计划的执行。

在监督期内，债务人应当向管理人报告重整计划执行情况和债务人财务状况。

第九十一条 监督期届满时，管理人应当向人民法院提交监督报告。自监督报告提交之日起，管理人的监督职责终止。

二、司法指导性文件

1.《全国法院民商事审判工作会议纪要》

111.【债务人自行管理的条件】重整期间，债务人同时符合下列条件的，经申请，人民法院可以批准债务人在管理人的监督下自行管理财产和营业事务：

（1）债务人的内部治理机制仍正常运转；

（2）债务人自行管理有利于债务人继续经营；

（3）债务人不存在隐匿、转移财产的行为；

（4）债务人不存在其他严重损害债权人利益的行为。

债务人提出重整申请时可以一并提出自行管理的申请。经人民法院批准由债务人自行管理财产和营业事务的，企业破产法规定的管理人职权中有关财产管理和营业经营的职权应当由债务人行使。

管理人应当对债务人的自行管理行为进行监督。管理人发现债务人存在严重损害债权人利益的行为或者有其他不适宜自行管理情形的，可以申请人民法院作出终止债务人自行管理的决定。人民法院决定终止的，应当通知管理人接管债务人财产和营业事务。债务人有上述行为而管理人未申请人民法院作出终止决定的，债权人等利害关系人可以向人民法院提出申请。

2.《全国法院破产审判工作会议纪要》

9. 进一步落实管理人职责。在债务人自行管理的重整程序中，人民法院要督促管理人制订监督债务人的具体制度。在重整计划规定的监督期内，管理人应当代表债务人参加监督期开始前已经启动而尚未终结的诉讼、仲裁活动。重整程序、和解程序转入破产清算程序后，管理人应当按照破产清算程序继续履行管理人职责。

3.《最高人民法院关于审理上市公司破产重整案件工作座谈会纪要》

五、关于对破产重整上市公司的信息保密和披露

会议认为，对于股票仍在正常交易的上市公司，在上市公司破产重整申请相关信息披露前，上市公司及其债权人、出资人等利害关系人应当按照法

律、行政法规、证券监管机构的部门规章及证券交易所上市规则做好信息保密工作。

上市公司的债权人提出破产重整申请的，人民法院应当要求债权人提供其已就此告知上市公司的有关证据。上市公司应当按照相关规则及时履行信息披露义务。

上市公司进入破产重整程序后，由管理人履行相关法律、行政法规、部门规章和公司章程规定的原上市公司董事会、董事和高级管理人员承担的职责和义务，上市公司自行管理财产和营业事务的除外。管理人在上市公司破产重整程序中存在信息披露违法违规行为的，应当依法承担相应的责任。

条文释义

一、本条主旨

本条是关于债务人作为重整人在管理人的监督下自行管理财产和营业事务的规定。

二、条文演变

《企业破产法（试行）》中没有类似规定，本条为新增条款。早期的草案未赋予债务人在重整期间可以自行管理财产和营业事务的权利，仅规定管理人可以通过聘用专业人员弥补其在经营管理方面的不足。《企业破产与重整法》（2000 年 6 月草案）第 85 条规定："在重整期间，管理人经请求债权人会议同意，可以通过合同聘用企业经营管理方面的专业人员负责企业的营业事务。"后期草案尤其是定稿中直接规定了重整期间债务人的自行管理权，是一个较大的进步。《企业破产法》（2004 年 3 月草案 B 版）第 71 条规定："在重整期间，经债务人申请，人民法院批准，债务人可以在管理人的监督下自行管理财产和营业事务。"本法在此基础上，经过不断修改完成，形成该条文。

三、条文解读

依照本法规定，破产申请受理后，管理人接管债务人财产，负责管理债务人财产和营业事务。在重整期间，管理人可以继续执行这一职务。但在重整过程中，考虑到债务人更熟悉其业务和财产状况，由债务人来管理财产和营业事务可以使重整成功的可能性更大。为了发挥债务人经营管理人员了解企业真实情况的优势，鼓励债务人通过法定程序尽早走出经营困境，本法规定，经债务人申请，人民法院可以许可债务人自行管理财产和营业事务。如果债务人不提出申请或者人民法院驳回其申请的，仍然由管理人来管理债务人财产和营业事务。

根据本法规定，人民法院受理破产申请的同时应指定管理人。因此，在重整期间管理人必然已经开始管理债务人的财产和营业事务。为此，本条规定，债务人自行管理财产和营业事务的，已接管债务人财产和营业事务的管理人应当向债务人移交财产和营业事务；本法规定的管理人的职权由债务人行使。

适用指引

一、债务人可以作为重整人自行管理财产和营业事务

重整人，是指在重整期间中，负责公司财产的管理、处分、执行公司业务，代表公司，拟定重整计划之法定必备机构。本法中承担重整人职责的是债务人或者管理人，二者必择其一。由于在重整期间，熟悉其业务的债务人更有能力从事营业，而管理人通常必须在重整进行之前花费时间去熟悉债务人的营业事务。因此，债务人继续占有财产和管理营业事务可以使重整具有更大的成功可能。而且，上市公司的重整通常是由于单纯的经营挫折所致，而不是归咎于债务人管理层的欺诈、行为不端或者严重渎职，即使其原因是欺诈或行为不端，有欺骗行径的管理班子通常在申请重整以前已被免职，而有能力从事该公司业务的新管理班子，不应该因为其前任的过错而被管理人取代。如果法律规定只能任命管理人为重整人，将阻止债务人寻求重整这一章的救济，并且会使除大型案件以外的多数案件对本章弃置不用。债务人之所以申请重整，是因为他们知道可能他们不会被剥夺对财产的占有和业务的经营。从我国已有的实践情况看，现有的重整个案多是债务人为图东山再起，自己发起和运作的，倘一概不允许由债务人自己担任重整人，由于人民法院指定的管理人对于企业的内情可能不甚清楚，不熟悉企业内外事务，难以提出适合之重整计划，甚至有可能持事不关己之心态进行重整工作，从而缺乏重整成功的决心，或者影响重整

的结果。因此，为了发挥企业经营管理层了解企业真实情况的优势，鼓励债务人通过法定程序尽早解决企业内部存在的问题，本法采用了灵活的方法，即规定经过人民法院许可，允许债务人自行管理财产和营业事务，如果债务人不提出申请或者人民法院驳回其申请，仍然由管理人来管理债务人企业的财产和营业事务。

二、债务人自行管理财产和营业事务的条件

虽然债务人自己担任重整人有诸多优点，但是，债务人自己充任重整人，虽然理论上债务人的身份已经转换，但是当其管理企业财产和营业事务时，或偏颇于债务人一方的利益，债权人更不免对其持怀疑态度，从而影响重整程序的进行，而且难保债务人不会滥用重整来拖延时间，逃避债务。为了防止产生流弊，本条特别规定了三个条件加以限制，一是债务人提出自行管理财产和营业事务申请的时间，必须是在裁定债务人重整以后，而非提出破产申请时或者人民法院裁定受理破产案件后，因为经过是否裁定债务人重整的审查，人民法院已经对债务人有了一个初步的了解；二是须经人民法院批准，这里就赋予了人民法院自由裁量权，从而过滤掉一部分恶意的债务人；三是要在管理人的监督下自行管理财产和营业事务，即此时管理人充当了监督人的角色。

三、债务人自行管理财产和营业事务的，管理人应当向债务人移交财产和营业事务

根据本法规定，债务人申请自行管理财产和营业事务，只能在裁定许可债务人重整后的“重整期间”才能提出，而人民法院在受理破产申请的同时已经指定了管理人，因此，无论重整申请是直接提出的还是在人民法院受理破产案件后裁定宣告债务人破产清算前提出，人民法院在受理破产案件时均已经指定了管理人，相应地，管理人必然已经开始管理债务人企业的财产和营业事务。如果人民法院批准债务人自行管理财产和营业事务，而事实上企业的财产和营业事务却在管理人的掌握之下，显然是不合理的。因此，本条明确规定，债务人自行管理财产和营业事务的，已接管企业财产和营业事务的管理人应当向债务人移交财产和营业事务，本法规定的管理人的职权由债务人行使。

四、管理人的监督

根据本条规定，债务人的自行管理须是在管理人的监督下进行，因为债务人自行管理虽有效率方面的优势，但债务人毕竟与债权人之间存在一定利害冲突，存在监守自盗的道德风险，而重整程序的成本说到底却是由债权人实际承担。这就导致各方对债务人自行管理的透明度具有较高的要求，债务人自行管理必须接受管理人和债权人会议的监督，以保证不偏离自行管理制度的初衷。为强化管理人对自行管理的债务人的履职行为的监督职责，《破产审判会议纪要》第9条“进一步落实管理人职责”规定：“在债务人自行管理的重整程序中，人民法院要督促管理人制订监督债务人的具体制度。在重整计划规定的监督期内，管理人应当代表债务人参加监督期开始前已经启动而尚未终结的诉讼、仲裁活动。重整程序、和解程序转入破产清算程序后，管理人应当按照破产清算程序继续履行管理人职责。”《民商审判会议纪要》第111条第3款规定：“管理人应当对债务人的自行管理行为进行监督。管理人发现债务人存在严重损害债权人利益的行为或者有其他不适宜自行管理情形的，可以申请人民法院作出终止债务人自行管理的决定。人民法院决定终止的，应当通知管理人接管债务人财产和营业事务。债务人有上述行为而管理人未申请人民法院作出终止决定的，债权人等利害关系人可以向人民法院提出申请。”结合本法第78条规定，管理人在监督过程中发现自行管理的债务人存在欺诈、恶意减少财产等损害债权人利益行为或其他不适宜自行管理的行为的，管理人有权申请人民法院终止债务人自行管理，由管理人接管债务人财产和营业事务，或者申请人民法院宣告债务人破产。

此外，在上市公司重整案件中，上市具有按照相关规则及时履行信息披露义务的职责。《审理上市公司破产重整案件纪要》第5条规定，对于股票仍在正常交易的上市公司，在上市公司破产重整申请相关信息披露前，上市公司应当按照法律、行政法规、证券监管机构的部门规章及证券交易所上市规则做好信息保密工作。上市公司进入破产重整程序后，由管理人履行原上市公司董事会、董事和高级管理人员承担的职责和义务，上市公司自行管理财产和营业事务的除外。管理人在上市公司破产重整程序中存在信息披露违法违规行为的，应当依法承担相应的责任。

五、债务人自行管理的职权范围

根据本条规定，债务人自行管理的范围是在管理人监督下管理财产和营业事务。本条规定“本法规定的管理人的职权由债务人行使”，此处由债务人行使的“管理人职权”也应属于对财产和营业事务的管理行为。而如果债务人存在《企业破产法》第31条、第32条规定的可撤销行为时，鉴于此时债务人与上述行为相对方之间的关系比较复杂，在此情况下提起撤销之诉与自行管理的债务人存在角色和利益冲突，不宜由债务人自行行使，仍应由管理人统一行使。但是管理人对撤销权的行使要与债务人管理财产和营业事务的活动相互协调，双方发生冲突时，由人民法院决定。从现有实践经验看，如果管理人的职权全部由自行管理的债务人行使，债务人存在权力滥用的道德风险。因此，本法规定的“管理人的职权由债务人行使”应当结合“管理人应向债务人移交财产和营业事务”进行限缩解释。《企业破产法》第25条规定的财产调查权、债权审查权、破产撤销权、诉讼代表权、提议召开债权人会议等其他职责原则上仍由管理人行使为宜。

自行管理的债务人由于其具备债务人和管理人的双重身份特征，其行为需符合本法第126条至第130条等对债务人及其相关人员的配合义务约束和对管理人的忠实、勤勉履职要求，否则须承担相应的法律责任。

典型案例

深圳中华自行车（集团）股份有限公司破产重整案

关键词：破产重整　债务人自行管理

裁判摘要：深圳中华自行车（集团）股份有限公司（以下简称深中华）系上市的中外合资股份有限公司，成立于1984年8月24日，注册资本及实收资本均为人民币5.5亿余元。深中华生产的自行车曾远销欧美，市场占有度和知名度较高，但市场环境发生变化后，企业深陷亏损境地。曾经亚洲最先进的全自动化自行车生产线被迫下马停产，企业靠代工生产业务和物业出租养活187名员工。深中华原有的厂区经过多轮查封、冻结，无法变现和更改用途，且被出租给各个小企业用于生产，厂区存在严重的环保、安全、交通和监管隐患。因长期亏损，深中华连续多年被深交所退市风险警示，如其不能在2013年会计年度内通过重整计划，其股票将被终止上市。2012年10月12日，广东省深圳市中级人民法院（以下简称深圳中院）根据债权人申请，裁定受理深中华破产重整案。

2012年10月29日，深中华向深圳中院申请自行管理财产和营业事务，深圳中院审查后于2012年10月31日依据《企业破产法》第73条第1款之规定，批准深中华在管理人的监督下自行管理财产和营业事务。

2013年8月22日，债权人会议表决重整计划，普通债权组未能表决通过，税款组、出资人组均表决通过。深圳中院在综合考察深中华的现状后，指导管理人积极作为，针对仍存疑虑的债权人进行沟通和释法，充分阐释通过重整，企业原本无法变现资产的清偿率可以获得大幅提升，通过获取股权；可以分享重组收益等有利因素，取得了债权人的支持。在同年10月15日的第二次表决中，高比率通过重整计划。同日，深圳中院裁定批准重整计划。同年12月27日，重整计划执行完毕。

【案　　号】（2012）深中法破字第30号

【审理法院】广东省深圳市中级人民法院

【来　　源】《最高人民法院发布10起关于依法审理破产案件、推进供给侧结构性改革典型案例》第2号

类案检索

深圳市鹏桑普太阳能股份有限公司重整案

关键词：管理人监督　债务人自行管理

裁判摘要：深圳市鹏桑普太阳能股份有限公司（以下简称鹏桑普公司）成立于1993年，主要从事平板太阳能热利用行业的研发、制造、系统集成和BOT全产业链经营，在太阳能基础领域和系统集成领域曾多次开创行业先河，包括：首家完成高层住宅平板太阳能热水系统设计安装、首创太阳能热水系统BOT经营模式、首家在华南地区建成年产90万平方米世界排名第二的平板太阳能板芯和选择性涂层生产线等，拥有逾25万名在校大学生使用的BOT合同能源管理项目（以下简称BOT项目）。

由于太阳能产品市场行情变化、生产规模扩大过快、大量对外融资致使企业财务成本负担过重以及银行不断收紧贷款等因素，鹏桑普公司于2014年

出现债务危机。2015 年 2 月 5 日，深圳市中级人民法院（以下简称深圳中院）裁定受理债权人对鹏桑普公司的破产重整申请，并依法指定管理人。

鹏桑普公司主营业务为太阳能热水系统 BOT 经营，即由鹏桑普公司投资建设太阳能热水系统，并在一定期限内负责该热水系统的运营、维护、售后服务，在期限届满后将热水系统整体移交业主方。在进入重整程序前，鹏桑普公司在中南财经政法大学、武汉理工大学、华中科技大学等多个高校已开展 BOT 项目经营，在其出现债务危机后，由于自身资金链断裂和银行账户被司法冻结等原因，运营、维护资金缺乏，原有的 BOT 项目运转已出现严重困难。在重整期间如不妥善安排 BOT 项目的经营，一旦鹏桑普公司严重违约，不仅严重影响到高校约 25 万名大学生日常用水，亦将导致其 BOT 项目运营价值归零，严重影响自身资产的保值增值。经充分调研，深圳中院同意债务人关于本案采用管理人监督下的债务人自行管理财产和营业事务的申请，并确定债务人和管理人的各自职责，强化管理人的监督责任，保证重整程序合法有序推进。管理模式确定后，鹏桑普公司在重整期间维持了自身 BOT 项目的正常运转，经营收入实现了同比增长。

在指导公司维持 BOT 项目的正常运转，维护公司资产价值的同时，深圳中院积极指导公司和管理人引入重组方并制定重整计划草案。鉴于鹏桑普公司债权人类别较多，诉求不同，且重组方亦对其投入资金有一定条件的实际情况，深圳中院组织管理人和债务人法律顾问多次研究沟通，指导鹏桑普公司根据实际情况制定重整计划草案，很好地实现了债权人、债务人、员工、股东、重组方等各方利益的平衡。在模拟破产清算情况下，鹏桑普公司普通债权的清偿率仅为 28.46%，由于核心 BOT 项目业务在重整期间得以维持并有所增长，重组方和鹏桑普公司对重整成功的信心得以提升，鹏桑普公司重整计划草案最终确定了全额清偿的标准，结合债权人的不同诉求制定了不同的清偿方案，并区分股东经营责任设置了不同的出资人权益调整比例。鹏桑普公司重整计划草案获得债权人和出资人认可，2016 年 5 月 23 日，重整计划获表决通过。深圳中院于 2016 年 6 月裁定批准鹏桑普公司重整计划。2018 年 11 月，鹏桑普公司重整计划执行完毕。

【案　　号】（2015）深中法破字第 15 号

【审理法院】广东省深圳市中级人民法院

【来　　源】中国裁判文书网

第七十四条　管理人负责管理财产和营业事务的，可以聘任债务人的经营管理人员负责营业事务。

关联规定

一、法律、行政法规、司法解释

《中华人民共和国企业破产法》

第二十八条　管理人经人民法院许可，可以聘用必要的工作人员。

管理人的报酬由人民法院确定。债权人会议对管理人的报酬有异议的，有权向人民法院提出。

第四十一条　人民法院受理破产申请后发生的下列费用，为破产费用：

（一）破产案件的诉讼费用；

（二）管理、变价和分配债务人财产的费用；

（三）管理人执行职务的费用、报酬和聘用工作人员的费用。

第四十二条　人民法院受理破产申请后发生的下列债务，为共益债务：

（一）因管理人或者债务人请求对方当事人履行双方均未履行完毕的合同所产生的债务；

（二）债务人财产受无因管理所产生的债务；

（三）因债务人不当得利所产生的债务；

（四）为债务人继续营业而应支付的劳动报酬和社会保险费用以及由此产生的其他债务；

（五）管理人或者相关人员执行职务致人损害所产生的债务；

（六）债务人财产致人损害所产生的债务。

二、司法指导性文件

《全国法院破产审判工作会议纪要》

三、管理人制度的完善

4. 完善管理人队伍结构。人民法院要指导编入管理人名册的中介机构采取适当方式吸收具有专业技术知识、企业经营能力的人员充实到管理人队伍中来，促进管理人队伍内在结构更加合理，充分发挥和提升管理人在企业病因诊断、资源整合等方面的重要作用。

条文释义

一、本条主旨

本条是关于管理人担任重整人的规定。

二、条文演变

《企业破产法（试行）》中没有类似规定，本条为新增条款。不同时期的草案都允许管理人聘用专业经营管理人员参与企业营业事务，弥补管理人在企业经营管理能力方面的欠缺，这个是共识。所不同的是，不同时期的草案对管理人所聘用人员的范围、聘用程序、方式的规定有所不同。有的明确规定可以聘用债务人的经营管理人员或者债务人以外的其他人员负责企业营业事务。如《企业破产法》（2004 年 3 月草案 A 版）第 70 条规定："在重整保护期，管理人可以聘任债务人企业的经营管理人员负责企业的营业事务。"有的则规定可以聘用债务人以外的其他人员负责企业营业事务，如《破产法》（1995 年草案）第 94 条第 1 款规定："在重整观察期间，管理人可以任命债务人的业务执行机关或者其他工作人员，或者债务人以外的人员，负责企业的营业事务。"《企业破产与重整法》（2000 年 6 月草案）第 85 条第 1 款规定："在重整期间，管理人经请求债权人会议同意，可以通过合同聘用企业经营管理方面的专业人员负责企业的营业事务。"定稿中本条只规定了聘用债务人的相关人员，而未涉及其他。在 2000 年 12 月的版本中还删除了之前草案稿中关于管理人聘用债务人的经营管理人员需经债权人会议同意的规定。定稿中也删除了该规定。总起来说立法过程中该条文日趋简洁。

三、条文解读

由于管理人未必精通企业的营业事务，需要有相应的经营管理人员协助管理人做好重整工作。而债务人的经营管理人员恰恰是对债务人最了解的人，如果能够调动他们的积极性，对于债务人重整成功大有裨益。因此，本法除允许债务人自行管理营业事务外，在管理人负责管理债务人财产和营业事务的情况下，还允许管理人可以聘任债务人的经营管理人员负责营业事务。由于管理人和这些经营管理人员之间是聘任关系，其经营管理活动自然要对管理人负责，受管理人监督。

适用指引

一、管理人负责管理财产和营业事务

并不是每个债务人都会申请自行管理财产和营业事务，有的债务人企业的所有者或者经营者并不关心企业之存续与否或者也没有能力挽救债务人企业于大厦之将倾，加之由债务人自行管理财产和营业事务有可能存在弊端，例如，企业控股股东或者董事私挪公款、不努力经营本业等，人民法院不宜批准债务人自行管理财产和营业事务，但是重整程序仍要继续进行，此时，重整人的重任自然落在了管理人身上。所以债务人没有申请自行管理财产和营业事务或者虽然申请但是人民法院没有批准的，由管理人负责管理财产和营业事务。

二、管理人可以聘任债务人的经营管理人员负责营业事务

本条规定，管理人可以聘任债务人企业的经营管理人员负责企业的营业事务。当然，管理人也可以聘任债务人企业以外的经营管理人员负责企业的营业事务。由于管理人和这些经营管理人员是聘任关系，自然经营管理人员的所有经营管理活动要对管理人负责，受管理人监督。值得指出的是，管理人作为重整人时，也要受监督。当债权人会议设立了债权人委员会时，管理人要受债权人委员会的监督，如果没有设立债权人委员会时，管理人有本法第 69 条第 1 款行为的，要及时报告人民法院。

典型案例

1. 安顺市顺成市场开发有限公司重整案

关键词：管理人管理模式　管理人接管

裁判摘要：安顺市顺成市场开发有限公司（以下简称顺成公司）于2013年3月11日注册成立，其开发建设的西秀产业园农产品批发市场项目（以下简称安顺农贸城），系安顺市规模最大的水果、蔬菜一级批发市场，作为安顺市民的“菜篮子”工程，发挥着不可或缺的作用。自2016年以来，顺成公司自身因经营管理不善，资金链断裂，大量债务不能清偿。经债权人申请，贵州省安顺市中级人民法院于2019年7月30日裁定受理顺成公司重整。

进入重整程序后，根据管理人对顺成公司财产和营业事务的调查情况，法院依法许可顺城公司继续经营，维持了其商铺租金、大棚租金、车辆停车费等收入，并用于支付员工工资和完善二期工程等。后在法院多次协调下，管理人于2020年1月1日正式接管安顺农贸城，从而恢复了顺成公司现金流和自身造血功能，为顺城公司进一步重整创造了条件。

在疫情防控期间，安顺农贸城是安顺地区唯一允许经营农产品的集中场所，但同时又是病毒传播的高风险区域。对此，法院提前组织管理人、并邀请商会、政府部门相关人员召开协调会提前防控，指导管理人制定《安顺市农贸批发市场疫情防控工作方案》《安顺市农贸产品批发市场新冠肺炎疫情防护宣传手册》，作出《关于疫情防控期间破产管理人的工作提示》，就疫情防控、安全管理、资产管理等方面继续深入排查，在确保重整工作顺利推进的同时，保障了疫情期间当地农产品稳定供应。

【案　　号】（2019）黔04破2号

【审理法院】贵州省安顺市中级人民法院

【来　　源】《全国法院服务保障疫情防控期间复工复产民商事典型案例（第二批）》第4号

2. 中核华原钛白股份有限公司破产重整案

关键词：破产重整　托管经营

裁判摘要：中核华原钛白股份有限公司（以下简称中核钛白）股票在深

圳证券交易所挂牌交易，在钛白粉市场竞争加剧的情况下，中核钛白经营陷入困境。特别是2008年发生世界性金融危机后，钛白粉产成品价格暴跌，当年钛白粉行业全面亏损。中核钛白连续亏损，面临退市及破产风险。2009年、2010年重大资产重组和托管均未成功。2011年4月22日，债权人向甘肃省嘉峪关市中级人民法院（以下简称嘉峪关中院）申请对中核钛白进行破产重整。7月29日，为维持职工队伍稳定和企业继续经营，中核钛白公司股东经在全国范围内公开遴选，决定由安徽金星钛白（集团）有限公司（以下简称金星钛白）对中核钛白进行托管经营。

嘉峪关中院受理本案重整申请后，中核钛白继续营业，继续履行与金星钛白的托管协议，并继续履行中核钛白与对方均未履行完毕的42份合同，保证了重整工作的有序推进。截至2012年1月6日，共有146家债权人申报债权147笔，申报债权总额3.3亿余元，管理人初步确认128笔，确认的债权额约3亿元。嘉峪关中院要求管理人制定重整计划草案时一并考虑后续的资产重组，并在提交重整计划草案的同时提交重组框架方案，避免了重整、重组分开运作实施可能带来的弊端。

嘉峪关中院针对小额债权人人数众多、清偿率低、利益受损大、对立情绪严重的特点，为了最大限度地保护他们的利益，决定设立小额债权组，将债权额在600万元以下的债权人都纳入该组，并动员大股东额外拿出2000万元补偿小额债权人的损失，将其清偿率由41.69%提高至70%，有效保障了出资人和债权人的利益平衡。中核钛白破产重整程序与资产重组程序对接，中核钛白破产重整获得圆满成功。该案普通债权的清偿率为41.69%，小额普通债权的清偿率达到了70%，远远高于模拟清算条件下的清偿率。

中核钛白破产重整案通过将托管、重整与重组并行考虑，实现了托管、重整、重组的紧密衔接，做到了同行业并购和业务整合紧密衔接，持续经营与技术改造同步进行。既实现了企业经营的连续性，摆脱了清算退市的命运，实现了较高的清偿率，又实现了1200名职工全员就业，稳定了职工队伍。

【案　　号】（2012）嘉法民重整字第01-1号

【审理法院】甘肃省嘉峪关市中级人民法院

【来　　源】《最高人民法院发布10起关于依法审理破产案件、推进供给侧机构性改革典型案例》第7号

3. 无锡尚德太阳能电力有限公司破产重整案

关键词：破产重整　管理人聘任经营管理人员

裁判摘要：无锡尚德太阳能电力有限公司（以下简称无锡尚德）成立于2001年1月22日，主要经营业务为研究、开发、生产、加工太阳能电池及发电产品系统等。尚德电力控股有限公司（以下简称尚德电力）是2005年在美国纽约证券交易所上市的民营企业。无锡尚德则是尚德电力旗下资产规模最大的生产基地，集中了95%以上的产能，10年间成长为全球最大的光伏组件生产商之一。2012年，由于行业恶性价格战、全球产能过剩，以及自身决策频繁失误和内部管理问题等原因，无锡尚德运行陷入极端困境，并导致尚德电力股价一度跌至0.6美元以下，三次收到纽约证券交易所停牌警告，并一度被强制进入退市程序。2013年3月18日，中国银行股份有限公司无锡高新技术产业开发区支行等8家银行以无锡尚德不能清偿到期债务为由，向江苏省无锡市中级人民法院（以下简称无锡中院）申请对无锡尚德进行破产重整。3月20日，无锡中院裁定批准无锡尚德进入破产重整程序。

无锡中院受理后，指定由地方政府职能部门组成清算组担任管理人，同时建议清算组通过市场化运作遴选审计、评估、法律、财务等中介机构，充实清算组团队，发挥中介机构在市场价值判断、营业管理咨询等方面的专业优势。

由于无锡尚德是一家高科技型生产企业，营业事务涉及面广、专业要求高，需要熟悉公司业务和企业管理的专业人员参与，在无锡中院指导下，管理人聘请了在资产重组领域及企业管理等方面具备人才优势和丰富经验的公司负责管理无锡尚德重整期间的营业事务，实现了无锡尚德的复工。为了彻底恢复无锡尚德的持续经营能力，从2013年6月下旬开始，在无锡中院的指导下，管理人从全球范围内上百家光伏行业及上下游企业中，筛选潜在战略投资者，通过报名、资格审查、尽职调查、提交投标文件、工作小组专业评议等严格的招募程序，江苏顺风光电科技有限公司（以下简称顺风光电）获得无锡尚德战略投资者资格。

2013年10月底管理人提交了重整计划草案，重整计划中明确顺风光电作为战略投资者支付30亿元现金，用于解决无锡尚德相关费用与债务的清偿。出资人持有的无锡尚德100%股权全部无偿让渡。职工债权、税收债权、担保债权均按照100%比例以现金方式一次性受偿。为提高普通债权的清偿比例，每家债权人10万元以下部分的债权全额受偿；10万元以上部分在“现金”及“现金+应收款”两种方式中择一受偿。以“现金”方式受偿，受偿比例为31.55%。以“现金+应收款”方式受偿，即每家债权人除按照30.85%的清偿比例获得现金受偿外，还可以无锡尚德账面9笔应收款受偿。11月12日召开的第二次债权人大会上，职工债权组、税收债权组、担保债权组均全票表决通过上述重整计划草案，人数最多的普通债权组也高票通过。出资人组表示弃权。11月15日，无锡中院依法裁定批准《重整计划草案》，并终止重整程序。12月底偿债资金30亿元全部到位并分配完毕。

【案　　号】（2013）锡破字第5号、（2013）锡破字第5—2号

【审理法院】江苏省无锡市中级人民法院

【来　　源】《最高人民法院发布10起关于依法审理破产案件、推进供给侧机构性改革典型案例》第10号

第七十五条 在重整期间，对债务人的特定财产享有的担保权暂停行使。但是，担保物有损坏或者价值明显减少的可能，足以危害担保权人权利的，担保权人可以向人民法院请求恢复行使担保权。

在重整期间，债务人或者管理人为继续营业而借款的，可以为该借款设定担保。

关联规定

一、法律、行政法规、司法解释

1.《中华人民共和国民法典》

第四百零八条 抵押人的行为足以使抵押财产价值减少的，抵押权人有权请求抵押人停止其行为；抵押财产价值减少的，抵押权人有权请求恢复抵押财产的价值，或者提供与减少的价值相应的担保。抵押人不恢复抵押财产的价值，也不提供担保的，抵押权人有权请求债务人提前清偿债务。

第四百一十四条 同一财产向两个以上债权人抵押的，拍卖、变卖抵押财产所得的价款依照下列规定清偿：

（一）抵押权已经登记的，按照登记的时间先后确定清偿顺序；

（二）抵押权已经登记的先于未登记的受偿；

（三）抵押权未登记的，按照债权比例清偿。

其他可以登记的担保物权，清偿顺序参照适用前款规定。

2.《中华人民共和国企业破产法》

第六十九条 管理人实施下列行为，应当及时报告债权人委员会：

（一）涉及土地、房屋等不动产权益的转让；

（二）探矿权、采矿权、知识产权等财产权的转让；

（三）全部库存或者营业的转让；

（四）借款；

（五）设定财产担保；

（六）债权和有价证券的转让；

（七）履行债务人和对方当事人均未履行完毕的合同；

（八）放弃权利；

（九）担保物的取回；

（十）对债权人利益有重大影响的其他财产处分行为。

未设立债权人委员会的，管理人实施前款规定的行为应当及时报告人民法院。

第九十六条 人民法院经审查认为和解申请符合本法规定的，应当裁定和解，予以公告，并召集债权人会议讨论和解协议草案。

对债务人的特定财产享有担保权的权利人，自人民法院裁定和解之日起可以行使权利。

3.《最高人民法院关于适用〈中华人民共和国企业破产法〉若干问题的规定（二）》

第三条 债务人已依法设定担保物权的特定财产，人民法院应当认定为债务人财产。

对债务人的特定财产在担保物权消灭或者实现担保物权后的剩余部分，在破产程序中可用以清偿破产费用、共益债务和其他破产债权。

4.《最高人民法院关于适用〈中华人民共和国企业破产法〉若干问题的规定（三）》

第二条 破产申请受理后，经债权人会议决议通过，或者第一次债权人会议召开前经人民法院许可，管理人或者自行管理的债务人可以为债务人继续营业而借款。提供借款的债权人主张参照企业破产法第四十二条第四项的规定优先于普通破产债权清偿的，人民法院应予支持，但其主张优先于此前已就债务人特定财产享有担保的债权清偿的，人民法院不予支持。

管理人或者自行管理的债务人可以为前述借款设定抵押担保，抵押物在破产申请受理前已为其他债权人设定抵押的，债权人主张按照民法典第四百一十四条规定的顺序清偿，人民法院应予支持。

二、司法指导性文件

1.《全国法院破产审判工作会议纪要》

25. 担保权人权利的行使与限制。在破产清算和破产和解程序中，对债务人特定财产享有担保权的债权人可以随时向管理人主张就该特定财产变价处置行使优先受偿权，管理人应及时变价处置，不得以须经债权人会议决议等为由拒绝。但因单独处置担保财产会降低其他破产财产的价值而应整体处置的除外。

2.《全国法院民商事审判工作会议纪要》

112.【重整中担保物权的恢复行使】重整程序中，要依法平衡保护担保物权人的合法权益和企业重整价值。重整申请受理后，管理人或者自行管理的债务人应当及时确定设定有担保物权的债务人财产是否为重整所必需。如果认为担保物不是重整所必需，管理人或者自行管理的债务人应当及时对担保物进行拍卖或者变卖，拍卖或者变卖担保物所得价款在支付拍卖、变卖费用后优先清偿担保物权人的债权。

在担保物权暂停行使期间，担保物权人根据《企业破产法》第 75 条的规定向人民法院请求恢复行使担保物权的，人民法院应当自收到恢复行使担保物权申请之日起三十日内作出裁定。经审查，担保物权人的申请不符合第 75 条的规定，或者虽然符合该条规定但管理人或者自行管理的债务人有证据证明担保物是重整所必需，并且提供与减少价值相应担保或者补偿的，人民法院应当裁定不予批准恢复行使担保物权。担保物权人不服该裁定的，可以自收到裁定书之日起十日内，向作出裁定的人民法院申请复议。人民法院裁定批准行使担保物权的，管理人或者自行管理的债务人应当自收到裁定书之日起十五日内启动对担保物的拍卖或者变卖，拍卖或者变卖担保物所得价款在支付拍卖、变卖费用后优先清偿担保物权人的债权。

条文释义

一、本条主旨

本条是关于债务人的特定财产享有的担保权受重整期间的影响和重整人为新借款设定担保的规定。

二、条文演变

《企业破产法（试行）》中没有类似规定，本条为新增条款。不同时期草案中条文的结构大致相同，均包括担保权暂停行使及其例外和重整期间借款问题。如《企业破产与重整法》(2000年6月草案)第86条规定：“在重整期间，债务人的抵押权人、质权人和留置权人，不得对担保物权行使处分权利。但是，质物、留置物有损坏或者价值明显减少的可能，足以危害质权人、留置权人权利的，质权人、留置权人可以拍卖或者变卖质物、留置物，并将所得价款提存。为债务人继续营业，管理人可以取回质物、留置物，但应当提供替代担保。”第87条规定：“在重整期间，债务人为继续营业而负担的债务，视为共益债务。在重整期间，债务人为继续营业而借款的，可以将尚未成为担保权标的物的财产作为该债权的担保。对于前款规定的借款应当限定用途，并对其使用实施必要的控制和监督。”《企业破产法》(2004年10月草案)第71条规定：“在重整期间，对债务人的特定财产享有的担保权和法律规定的优先权暂停行使。但是，担保权或者优先权的标的物有损坏或者价值明显减少的可能，足以危害担保权人或者优先权人权利，权利人请求恢复行使担保权或者优先权，人民法院应当批准。债务人或者管理人为继续营业，可以取回质物、留置物，但应当提供替代担保。”第72条规定：“在重整期间，债务人或者管理人为继续营业而负担的债务，视为共益债务。在重整期间，债务人或者管理人为继续营业而借款的，可以将尚未成为担保权标的物的财产作为该债权的担保。对于前款规定的借款应当限定用途，并对其使用实施必要的控制和监督。”本条文中规定得更为简洁和笼统。

三、条文解读

(一)在重整期间，对债务人的特定财产享有的担保权暂停行使

关于对债务人的特定财产享有的担保权受破产程序冻结效力影响的程度，各国家和地区破产法律规定有较大不同，因为对一些担保债权人而言，阻止其自己行使其担保物权可能比较困难，例如，留置权和质权，而且要平衡一些相竞利益，比如，尊重担保债权人对设押资产的优先受偿权、尽量减少中止对设押资产价值的影响和为全体债权人实现资产价值最大化以及确保将有生存能力的债务人成功重整所必需的一切资产置于破产程序的控制之下等。债权人要求债务人为保护其债权而出具担保，以防债务人无法偿债。因此，对于任何将会降低担保债权人收债能力的确定性和减损担保权益价值的措施，例如，对担保

债权人适用中止，都需要认真加以考虑。这样的措施最终不仅有损于当事方在其商业往来中的意思自治和遵守商业交易的重要性，而且不利于获得可承受的信贷（担保权益提供的保护功能一旦下降，信贷价格就会上升，以抵消更大的风险）。有些破产法把有担保的债权人排除在中止范围以外，这种破产法强调鼓励债务人和债权人在启动程序之前进行谈判，以便对程序的进行方式达成一致意见。然而，越来越多的破产法承认，允许担保债权人随意执行其对设押资产的权利重整可能不利于实现重整程序的基本目标，尤其是企业经营所必备的机器设备、设施等设定担保的情况。因此，为了企业的复兴和债权人的一般利益，令持有担保权的个别债权人在权利行使上作出暂时的忍让，应该说是公平的。

（二）恢复行使担保权的条件

为了给对债务人的特定财产享有担保权的债权以充分保护，本条规定在满足以下三个条件时，可以恢复行使担保权：一是担保物有损坏或者价值明显减少的可能。造成担保物有损害或者价值明显减少的可能的情况，主要有标的物价格下跌、财产意外保险的阙如以及不易保质财产的变质等。二是足以危害担保权人权利。只要担保权益足够，超额担保的债权人提起的申请通常会被驳回，同样，处于劣势地位的债权人，其担保债权因为更优先的担保权的存在而几乎形同虚设，即使标的物价值再下降，也不会进一步减少他的担保权益。三是需经人民法院批准恢复行使担保权。这也是为了促成重整成功而设的一道防线，赋予了人民法院自由裁量权。当债务人提供充分的替代担保时，人民法院可以驳回债权人的申请。

（三）在重整期间，债务人或者管理人为继续营业而借款的，可以为该借款设定担保

在重整期间，债务人或者管理人面临的首要问题之一，是在重整计划制定和通过之前为继续营业提供资金。获得贷款几乎对于所有的企业复兴程序都是必不可少的。然而，一个重整企业获取贷款总是比一个正常营业中的企业困难得多，原因就是重整企业处于或濒临破产的状态，缺乏充分的信用基础。解决这个问题的唯一办法，就是强化对新债权的保障——赋予其优先清偿的地位或者提供财产担保。根据本法第 42 条的规定，为债务人继续营业而负担的债务

为共益债务，因此，在重整期间，为债务人的继续营业而借款的，作为共益债务得到优先清偿。但问题是，借款给债务人对于债权人而言风险是最大的，共益债务的优待未必能吸引债权人贷款给债务人，因此，有必要给予贷款人进一步的保护。根据本条规定，贷款人可以要求债务人或者管理人为该债权设定担保，确保即使不能用所有的债务人财产到期随时清偿，也可以在设有担保权的财产中优先受偿。

适用指引

一、坚持重整期间担保权暂停行使为原则，恢复行使为例外

破产程序启动后，担保债权人往往希望立即实现债权，无担保债权人则更希望债务人能继续经营以实现更高清偿率。在以上两者诉求之间找到一个恰当的平衡点，是企业重整制度设计的关键。而法院的关键任务，则是裁决担保债权人是否可以突破冻结继续行权。债务人进入重整程序之前，为了增加融资维持营业价值，通常会应债权人要求设置担保权来获得融资，其主要财产均已设置担保权的情况下，用于抵押或者质押的债务人财产一般是债务人的核心资产，也是重整价值的重要因素之一，重整程序中担保权的暂停行使对债务人能否重整成功至关重要。因此，人民法院应当坚持本条规定的担保权暂停行使原则，正确适用《全国法院民商事审判会议纪要》对例外情形的规定。虽然在实践中存在恶意侵害担保权的现象，但不宜矫枉过正，过度保护担保权人利益和恶意侵害担保权人利益均不可取。重整程序中，要依法平衡保护担保权人的合法权益和企业重整价值，否则将破坏重整程序的功能设计。

二、合理判断有担保权的债务人财产是否为重整所必需

联合国国际贸易法委员会《破产法立法指南》立法建议第 51 条指出破产法应规定，担保债权人可请求准许救济而免于破产程序启动时所用的那些措施。值得我国借鉴的是，重整程序中设定担保的债务人财产是否属于重整必需的财产，是重整程序中法院决定批准担保权人行使权利的重要考量因素之一。因此，重整申请受理后，管理人或者自行管理的债务人应当及时确定设定有担保权的债务人财产是否为重整所必需，从而充分保护不影响重整程序的担保权

人及时实现债权的利益。

三、法院应当不批准担保权人恢复行使权利申请的情形

根据本条的规定，原则上担保权在重整期间应当暂停行使，例外情形是"担保物有损坏或者价值明显减少的可能，足以危害担保权人权利的"。反向解释的结论应当是，担保权人申请恢复行使担保权应当满足的条件是"担保物有损坏或者价值明显减少的可能，足以危害担保权人权利的"。因此，《全国法院民商事审判会议纪要》规定了下列两种情形属于人民法院应当裁定不批准担保权人恢复行使权利的情形：第一，担保权人应当对"担保物有损坏或者价值明显减少的可能，足以危害担保权人权利的"这一事实承担举证责任，担保权人不能证明这一条件成就的，人民法院应当裁定不批准担保权人的恢复行使权利申请；第二，虽然担保权人完成了对"担保物有损坏或者价值明显减少的可能，足以危害担保权人权利的"的举证责任，但管理人或者自行管理的债务人有证据证明担保物是重整所必需，并且提供与减少价值相应担保或补偿的，在充分保护担保权人利益的前提下，为了保障重整程序的制度目标，人民法院亦应当裁定不批准担保权人的恢复行使权利申请。

四、担保权人申请恢复行使权利的程序和救济途径

本条未明确规定担保权人申请恢复行使权利的程序和救济途径。为了完善重整期间冻结担保权的特殊制度安排，充分保护担保权人的合法权益，《全国法院民商事审判会议纪要》规定了人民法院对担保权人申请的审查期限以及担保权人不服人民法院相关裁定的复议权。同时，基于担保物的处置权归管理人或者自行管理的债务人，《全国法院民商事审判会议纪要》规定人民法院批准担保权人恢复行使权利的，管理人或者自行管理的债务人应当在规定期限内启动担保物的处置程序，保障担保权人及时行使变现权。

五、破产清算和和解程序中应允许担保债权人变现担保物

本条规定原则上担保权在重整期间应当暂停行使是为了保护债务人重整的资产基础，保障企业挽救的顺利推进，为了保护包括债权人、债务人和经济社会平稳发展等整体利益而不得不设置规则要求担保债权人暂时作出必要的让步。而担保债权优先受偿权的行使不受破产清算与和解程序的限制，因为担保

债权人优先受偿权的行使不会影响其他破产当事人的正当权利，也不会影响到破产程序的进行，可以单独、及时优先受偿。况且，物权担保设立之目的，就是在债务人失去清偿能力时，仍能使债权人从其特定担保财产上得到优先清偿。如在债务人破产即丧失清偿能力最为严重的情况下，债权人的优先受偿权利反而受到限制，那就与立法之宗旨及当事人设立担保的本意相违背了。《企业破产法》第 96 条第 2 款规定，对债务人的特定财产享有担保权的权利人，自人民法院裁定和解之日起可以行使权利。《全国法院破产审判会议纪要》第 25 条对此进一步予以明确，规定在破产清算和破产和解程序中，对债务人特定财产享有担保权的债权人可以随时向管理人主张就该特定财产变价处置行使优先受偿权，管理人应及时变价处置，不得以须经债权人会议决议等为由拒绝。但因单独处置担保财产会降低其他破产财产的价值而应整体处置的除外。

六、重整期间借款

占有一定数量的资金是一个企业生产经营的重要条件。但是，在重整期间的企业，由于其处于破产或濒临破产的状态，缺乏充分的信用基础，所以，它获取资金要比在正常营业中的企业困难得多，贷款人为了保障其债权，通常要求在重整期间的企业为其借款提供担保。为了使债务人在重整期间能够获得继续营业所需的资金，实现重整的目的，本条允许债务人或者管理人为继续营业进行借款时，为该借款设定担保。《企业破产法规定（三）》第 2 条明确规定上述借款可作为共益债务优先清偿。但此处的借款必须严格限定在“为债务人继续营业”的目的范围内，即债务人为维持营业的常态性和提升其营业价值所必需的周转资金等而举借的款项。不包括债务人根据重整计划所获得的融资借款，该种借款在重整转清算后的清偿安排问题需放到重整计划草案的制定、表决和裁定认可的法律框架下考虑，经由债权人、股东、投资人等各方利害关系主体充分协商其法律性质和清偿顺位。

为债务人继续营业而借款可被认定为共益债务，优先于普通债权随时清偿，但不得影响此前已就债务人特定财产设定担保的债权人的利益。如果出借人认为共益债务不足以保障借款的清偿，可以要求提供担保。新设立的担保须遵守《民法典》第 414 条规定的清偿顺位。根据《企业破产法》第 26 条规定，在第一次债权人会议召开之前，管理人决定继续债务人营业或者有本法第 69 条规定行为之一的（包括借款），应当经人民法院许可。在第一次债权人会议召开之时或之后，管理人决定继续营业、为继续营业而借款、为借款设定担保的，属于本法第 61 条规定的“决定继续或者停止债务人的营业”“通过债务人财产的管理方案”，属于债权人会议的法定职权，应经过债权人会议决议通过。

类案检索

广东省深圳市亿商通进出口有限公司与广东省东莞市清溪金卧牛实业有限公司借款合同纠纷案

关键词：重整借款　共益债务

裁判摘要：2008 年 5 月 28 日，广东省东莞市中级人民法院裁定受理广东省东莞市清溪金卧牛实业有限公司（以下简称金卧牛公司）申请重整一案。2008 年 8 月 14 日，金卧牛公司及其管理人与广东省深圳市亿商通进出口有限公司（以下简称亿商通公司）签订一份协议，约定：亿商通公司借给金卧牛公司 100 万元，金卧牛公司只能把该款用于重整期间继续营业而应支付的劳动报酬、水电、安保和社保等费用以及由此产生的其他费用，不得挪用。还款期限：在重整期间，金卧牛公司进入正常生产 6 个月后一次性清偿。若金卧牛公司进入破产清算程序，根据《企业破产法》第 42 条、第 43 条规定，由金卧牛公司的财产随时清偿。后亿商通公司向金卧牛公司管理人实际支付 100 万元借款。

因金卧牛公司不能执行经批准的重整计划，广东省东莞市中级人民法院于 2009 年 10 月 26 日裁定终止金卧牛公司重整计划的执行，并宣告其破产，亿商通公司诉至法院请求判令金卧牛公司偿还借款 100 万元及利息（从 2010 年 4 月 8 日起按同期人民银行贷款利率计至付清之日止），并将上述款项列为金卧牛公司共益债务，由破产财产优先支付。一审东莞市中级人民法院认为借款协议无效，所涉款项不能作为共益债务支付，而驳回了亿商通公司诉讼请求。亿商通公司提起上诉。

二审广东省高级人民法院审理后认为，从涉案《借款协议》内容看，亿商通公司出借给东莞金卧牛公司的 100 万元，系约定用于东莞金卧牛公司破产重整期间继续营业而应支付的劳动报酬、水电费用、安保费用和社会保险费用以及由此产生的其他费用，双方并约定该上列费用均为 2008 年 5 月 28 日、即一审法院裁定受理东莞金卧牛公司破产重整申请之日以后发生的费用，且不得挪作他用。亿商通公司出借该100万元给东莞金卧牛公司系用于企业破产重整期间的继续经营，且未约定利息支付，并非从事《银行业监督管理法》第19条规定的“银行业金融机构的业务活动”，也不属于从事法律、行政法规规定的限制经营、特许经营或禁止经营的情形，没有违反法律、行政法规的效力性强制性规定。涉案《借款协议》合法有效，对当事人具有法律约束力。

该笔借款系经由东莞金卧牛公司破产管理人确认且约定用于“东莞金卧牛公司破产重整期间继续营业而应支付的劳动报酬、水电费用、安保费用和社会保险费用以及由此产生的其他费用”之目的，系为维护全体权利人和破产财产利益而发生，属于《企业破产法》第42条第1款第4项规定的“为债务人继续营业而应支付的劳动报酬和社会保险费用以及由此产生的其他债务”情形，依法应当认定为东莞金卧牛公司的共益债务。东莞金卧牛公司在借得该笔100万元款项后，如何使用该笔款项，并非否认该笔债务为共益债务的充分依据。二审法院最终判决撤销一审判决，确认金卧牛公司欠亿商通公司借款100万元，该债务为金卧牛公司共益债务，由金卧牛公司依《企业破产法》第43条之规定予以清偿。

【案　　号】（2014）粤高法民二破终字第2号

【审理法院】广东省高级人民法院

【来　　源】《人民司法》2014年第24期

第七十六条 债务人合法占有的他人财产，该财产的权利人在重整期间要求取回的，应当符合事先约定的条件。

关联规定

法律、行政法规、司法解释

《最高人民法院关于适用〈中华人民共和国企业破产法〉若干问题的规定（二）》

第四十条 债务人重整期间，权利人要求取回债务人合法占有的权利人的财产，不符合双方事先约定条件的，人民法院不予支持。但是，因管理人或者自行管理的债务人违反约定，可能导致取回物被转让、毁损、灭失或者价值明显减少的除外。

条文释义

一、本条主旨

本条是关于重整期间对取回权限制的规定。

二、条文演变

《企业破产法（试行）》中没有类似规定，本条为新增条款。《企业破产与重整法》（2000 年 12 月草案）第 88 条："债务人依合法根据占有的他人的财产，该财产的权利人不依约定条件在重整期间要求取回的，管理人可以拒绝。"《企业破产法》（2004 年 10 月草案）第 73 条："债务人合法占有的他人财产，该财产的权利人在重整期间要求取回的，应当符合约定的条件。"从不同时期立法草案中有关取回权行使的规定来看，基本内容高度一致，只是表述方式从早期的反向描述"不依约定条件要求取回的……管理人可以拒绝"，改为后期的正面规定“……权利人要求取回的，应当符合约定条件”。

三、条文解读

取回权是指由管理人（重整中也可能是债务人）占有的不属于破产财产的他人财产，财产的权利人可以不依破产程序而直接向管理人主张取回财产的权利。这里所说的“债务人合法占有的他人财产”，主要是指债务人基于仓储合同、保管合同、来料加工承揽合同、委托交易、代销、借用、寄存、租赁、信托等法律关系而占有的不属于破产财产的他人财产。人民法院受理破产申请后，对于不属于破产人的财产，该财产的权利人本可以通过管理人取回，但是考虑到在重整程序中，很可能这些财产正是债务人企业继续经营所必需的，对于债务人企业重整的成功与否起着至关重要的作用。因此，本条规定，该财产的权利人在重整期间要求取回的，应当符合事先约定的条件，即利用债务人占有的他人财产的合法基础——当事人的事先约定来限制权利人对取回权的行使，这可以解释为，债务人进入重整程序，并不能当然地认为其已经构成了违约行为（虽然根据合同法的一般原理，当事人一方进入破产程序可以被认为是以自己的行为表明不再履行合同，属于可能违约的一种形态）。而且，这样规定并不会损害取回权人的利益，因为如果重整成功，双方当事人事先约定的条件成就时，该特定物的权利人自然可以取回该财产，如果重整不成功从而进入破产清算程序的话，该特定物的权利人可以根据本法规定行使取回权。

适用指引

一、重整期间取回权行使的限制

如上所述，取回权的标的物主要包括债务人基于仓储合同、保管合同、来料加工承揽合同、委托交易、代销、借用、寄存、租赁、信托等法律关系而占有的不属于破产财产的他人财产。在破产清算程序中，该财产的所有权人或者其他物权人可以直接通过管理人取回该财产，无须受到任何限制，但是在重整程序中就不同了。因为很可能这些财产正是债务人企业继续经营所必需的，对于债务人企业重整的成功与否起着至关重要的作用。在这些情形中，如果破产法提供某些机制，使这些资产在破产程序中仍可被利用，那将不无益处。在国外有关立法例上，有些破产法把其作为破产财产的一种类型来处理这个问题。另外一些破产法则就债务人对资产的占有须受制于合同安排的情形，结合对合同的处理来解决这个问题，包括：对终止债务人占有资产所依据的合同作出限制，在破产情况下所有权人不得不经法院或破产代表的批准而在程序启动后的一段有限时期内收回其资产。重整营业保护的一项任务就是维系与债务人生存相关的现存法律关系。因此，有必要对债务人基于这些法律关系而享有的财产占有给予保护。

重整期间取回权的行使应当符合下列条件：（1）权利人必须针对自己所有而被债务人合法占有的财产行使取回权。行使取回权的财产首先应当属于权利人所有，同时由于租赁、使用、借贷、寄托、承揽加工、代购代销等原因而被债务人合法占有。本条对取回权行使条件的限制性规定，仅适用于债务人合法占有他人的财产。至于债务人不法占有的他人财产，权利人仍可以随时取回。（2）行使取回权的财产应当客观存在。如果财产灭失，权利人就不能行使取回权，只能请求损害赔偿。（3）符合事先约定的条件。取回权人行使取回权时必须按照约定履行自己的义务。对他人财产的合法占有常常以债务人与取回权人之间的合同关系为基础，取回权人承担一定的合同义务。因此，其在行使取回权时，应当履行对债务人负担的合同义务或者满足约定的条件，如租赁期满返还、质权担保的债权获得清偿后返还该财产等。

二、重整期间紧急取回权的行使规则

《企业破产法规定（二）》第40条规定：“债务人重整期间，权利人要求取回债务人合法占有的权利人的财产，不符合双方事先约定条件的，人民法院不予支持。但是，因管理人或者自行管理的债务人违反约定，可能导致取回物被转让、毁损、灭失或者价值明显减少的除外。”此规定是对重整期间取回权行使受限的平衡，保护取回权人的合法权益。

在紧急取回权的行使规则中，首先应正确理解重整期间，重整期间仅指重整申请受理至重整计划草案得到债权人会议分组表决通过及人民法院审查批准，或重整计划草案未能得到债权人会议分组表决通过或人民法院不予批准的期间，不包括重整计划得到批准后的执行期间。各国家和地区立法对此问题规定并不一致，有的国家规定，重整期间是指重整申请受理至重整计划得到或未得到关系人会议通过和法院批准的期间；有的国家规定，重整期间是指重整申请受理至重整计划执行完毕的期间；还有的国家规定，自重整申请受理至法院根据个案确定的特定期间为重整期间。我国《企业破产法》采取第一种立法模式。因此，有学者认为，把重整期间理解为“自重整申请受理至重整计划执行完毕，管理人提出监督报告时为止”的观点是错误的，与《企业破产法》第72条、第86条、第87条的规定不符。在审判工作中，应当正确理解重整期间的概念。在重整计划得到批准之后的执行阶段，权利人应当按照合同约定履行义务，如果行使取回权，则应当符合事先约定的条件。由于此时未对取回权作出法律上的限制，因此，不存在紧急取回权问题。

在重整期间，债务人的财产管理和营业事务执行有两种方式：第一种方式是由债务人负责。根据《企业破产法》规定，经债务人申请，人民法院批准，债务人可以在管理人的监督下自行管理财产和营业事务。这时，管理人应当向债务人移交财产和营业事务，管理人的职权由债务人行使，管理人起监督之作用。第二种方式是由管理人负责。在由管理人负责管理债务人财产和营业事务的情况下，可以聘任债务人的经营管理人员负责营业事务。

债务人合法占有他人财产，该财产的权利人在重整期间要求取回的，应当符合事先约定的条件。所谓“符合事先约定的条件”，是指符合事先约定的取回时间以及其他条件，而关键在于时间条件。因为在破产清算程序中，未到期的权利视为到期，破产申请之受理具有加速权利到期的效力。据此，债务人合法占有他人财产时，该财产的权利人在破产清算程序启动后就可以要求取回财产。但是，在重整程序中，重整申请的受理不宜当然具有加速权利到期的效力。所以，法律规定，权利人在重整期间要求行使取回权的，应当符合事先约定的条件，尤其是时间条件。

在债务人负责重整期间的债务人财产管理和营业事务执行的情形下，尽管管理人可以对其进行监督，但是仍难以完全避免债务人发生欺诈、违法、违约等行为，可能导致取回物被转让、毁损、灭失或者价值明显减少。在此种紧急情形下，权利人可以行使取回权，以维持权利人和债务人之间的利益平衡。在管理人负责重整期间的债务人财产管理和营业事务执行的情形下，如果管理人违反债务人和权利人之间的约定，有欺诈、违法、不称职等行为，可能导致取回物有损坏或者价值明显减少的可能时，权利人可以行使取回权，以制约管理人的不当行为。

类案检索

攀枝花市海宁工贸有限公司诉攀枝花市钛都化工有限公司取回权纠纷案

关键词： 重整期间　取回权　合法占有

裁判摘要： 2015年7月，攀枝花市海宁工贸有限公司（以下简称海宁工贸）与攀枝花市钛都化工有限公司（以下简称钛都化工）签订三份《协议》，主要约定由海宁工贸提供原料委托钛都化工代加工符合大唐公司质量要求的钛白粉；产品交货期限、质量要求及技术标准、包装要求及交货地点按钛都化工与大唐公司签订的合同执行；钛都化工将生产好的钛白粉，物权属于海宁工贸的钛白粉代为销售给大唐公司，代海宁工贸结算该款项，但此款为专款专用，必须三天内以现金或银行转账（银行承兑）付给海宁工贸。上述《协议》签订后，海宁工贸按照约定向钛都化工提供了279.92吨原料，钛都化工亦对海宁工贸提供的原料进行加工，并将加工后的钛白粉代销给大唐公司。

其后，钛都化工因资不抵债，不能清偿到期债务，向四川省攀枝花市中级人民法院申请破产重整，该法院于2016年3月22日作出（2016）川04民破1号民事裁定书，裁定受理钛都化工破产重整案。由于钛都化工在收到大唐公司支付货款后，未按约将收到的货款支付给海宁工贸。海宁工贸向钛都化工管理人提出申请，要求返还279.92吨钛白粉或支付233.26万元对价款。钛都化工管理人于2017年3月7日书面回复海宁工贸，以海宁工贸申请不属于《企业破产法》第38条规定的情况为由，不同意退回钛白粉或支付对价。

海宁工贸遂向四川省攀枝花市中级人民法院（以下简称一审法院）提起诉讼，请求判令钛都化工返还海宁工贸委托加工的279.92吨钛白粉或取回相应对价款233.26万元。一审法院审理后认为，海宁工贸、钛都化工虽然在《协议》中约定钛都化工代销产品收到货款后3日内，扣除其代加工销售费用后应将余款支付给海宁工贸。由于双方并未对销售货款设立独立账户或其他保管方式区分作为取回物的货币，致使钛都化工收回销售货款后，收回的货款与钛都化工的其他货币发生混同，导致作为取回物的货币丧失了原物、特定物的属性，在此情形下，海宁工贸只能将其权利作为破产债权进行申报、清偿，海宁工贸再要求对钛白粉对价款行使取回权，明显缺乏依据，不予支持，故判决驳回海宁工贸的诉讼请求。

海宁工贸不服一审判决，上诉至四川省高级人民法院，该院审理后认为，双方争议的焦点在于海宁工贸是否享有取回权。根据《企业破产法》第38条“人民法院受理破产申请后，债务人占有的不属于债务人的财产，该财产的权利人可以通过管理人取回。但是，本法另有规定的除外”的规定，债务人占有的财产如不属于债务人所有的，则该财产不属于破产财产，权利人有取回的权利。本案中，海宁工贸主张从钛都化工处取回委托加工的钛白粉279.92吨或相应对价款233.26万元，此项主张能否得到支持的条件是钛白粉279.92吨或对价款233.26万元是否属于海宁工贸所有且由钛都化工实际占有。根据该院确认的事实，海宁工贸提供原材料已被钛都化工加工为钛白粉，并依据钛都化工与大唐公司的买卖合同关系销售给大唐公司，该钛白粉的所有权已归属于大唐公司，海宁工贸并不享有所有权，且钛都化工也未实际占有该货物，因此，对海宁工贸要求取回钛白粉279.92吨的上诉请求，不予支持。钛都化工依其与大唐公司的买卖合同关系将海宁工贸委托加工的钛白粉销售给大唐公司，大唐公司负有给付货款的义务，钛都化工在收到代销货款后也负有向海宁工贸给付的义务，但该代销货款不是钛白粉的“代位物”，不具有物上代位的性质，海宁工贸不能依据物上代位法则对货款享有所有权，只享有依据债权债务关系主张给付的请求权。因此，海宁工贸对尚未交付其占有的代销钛白粉货款不享有所有权，其所提双方约定赋予此笔货款特定属性、货款所有权归属于海宁工贸及钛都化工从大唐公司取得的“人民币”是基于承揽和代销而占有的海宁工贸的“人民币财产”的上诉理由不成立，进而对其要求取回价款233.26万元的上诉请求不予支持。至于钛都化工应否等值赔偿海宁工贸货款233.26万元的问题，既超出海宁工贸一审诉讼请求范围，又不符合《企业破产规定》第71条第1项和第72条第3款规定情形，不属本案审理范围。综上所述，海宁工贸的上诉请求均不成立，应予驳回；一审判决认定事实清楚，虽在海宁工贸能否取回对价款的法律解释上不够准确，但判决结果正确，应予维持，故判决驳回上诉，维持原判。

【案　　号】（2017）川民终1007号

【审理法院】四川省高级人民法院

【来　　源】中国裁判文书网

第七十七条 在重整期间，债务人的出资人不得请求投资收益分配。

在重整期间，债务人的董事、监事、高级管理人员不得向第三人转让其持有的债务人的股权。但是，经人民法院同意的除外。

关联规定

法律、行政法规、司法解释

《中华人民共和国公司法》

第四条 公司股东依法享有资产收益、参与重大决策和选择管理者等权利。

第三十四条 股东按照实缴的出资比例分取红利；公司新增资本时，股东有权优先按照实缴的出资比例认缴出资。但是，全体股东约定不按照出资比例分取红利或者不按照出资比例优先认缴出资的除外。

第一百六十六条 公司分配当年税后利润时，应当提取利润的百分之十列入公司法定公积金。公司法定公积金累计额为公司注册资本的百分之五十以上的，可以不再提取。

公司的法定公积金不足以弥补以前年度亏损的，在依照前款规定提取法定公积金之前，应当先用当年利润弥补亏损。

公司从税后利润中提取法定公积金后，经股东会或者股东大会决议，还可以从税后利润中提取任意公积金。

公司弥补亏损和提取公积金后所余税后利润，有限责任公司依照本法第三十四条的规定分配；股份有限公司按照股东持有的股份比例分配，但股份有限公司章程规定不按持股比例分配的除外。

股东会、股东大会或者董事会违反前款规定，在公司弥补亏损和提取法定公积金之前向股东分配利润的，股东必须将违反规定分配的利润退还公司。

公司持有的本公司股份不得分配利润。

第二百一十六条 本法下列用语的含义：

（一）高级管理人员，是指公司的经理、副经理、财务负责人，上市公司董事会秘书和公司章程规定的其他人员。

（二）控股股东，是指其出资额占有限责任公司资本总额百分之五十以上或者其持有的股份占股份有限公司股本总额百分之五十以上的股东；出资额或者持有股份的比例虽然不足百分之五十，但依其出资额或者持有的股份所享有的表决权已足以对股东会、股东大会的决议产生重大影响的股东。

（三）实际控制人，是指虽不是公司的股东，但通过投资关系、协议或者其他安排，能够实际支配公司行为的人。

（四）关联关系，是指公司控股股东、实际控制人、董事、监事、高级管理人员与其直接或者间接控制的企业之间的关系，以及可能导致公司利益转移的其他关系。但是，国家控股的企业之间不仅因为同受国家控股而具有关联关系。

条文释义

一、本条主旨

本条是关于重整期间对债务人的出资人限制的规定。

二、条文演变

《企业破产法（试行）》中没有类似规定，本条为新增条款。不同时期的立法草案对重整期间禁止向股东分配利润和限制高级管理人员向第三人转让股权的态度是一致的，如《企业破产与重整法》（2000 年 6 月草案）第 92 条规定：“人民法院裁定许可债务人进行重整的，债务人的出资人不得依据其出资人权利向债务人提出任何财产给付请求。人民法院裁定许可债务人进行重整的，债务人的董事、经理以及其他高级管理人员，不得向第三人转让其个人对债务人享有的部分或者全部股权”。定稿中所不同的是，在禁止对外转让股权规定中设置了但书条款“经人民法院同意的除外”，对例外情况下的股权转让留下了制度依据，以免“一刀切”的做法在有些时候有失公平，立法有意识地在重整期间基于企业经营价值维护需要而采取各种限制措施的同时，再次注重关照利益平衡。

三、条文解读

企业进入重整程序意味着企业陷入困境，重整期间债务人的出资人不得请求各种形式的投资收益分配。债务人的董事、监事、高级管理人员对企业经营不善往往难辞其咎，且往往持有一定数量的债务人股权，应与企业共同渡过难关，限制其对外转让股权有利于调动其挽救企业的积极性。但是如果其转让行为不会对重整程序产生不利影响，也不会从中获取不正当利益，经法院同意后可以对外转让。此项规定意味着对债务人的董事、监事、高级管理人员向第三人转让其对债务人持有的股权的行为，采取原则禁止、例外允许的态度。

适用指引

进入重整期间，所有利害关系人的权利均要受到不同程度的影响，一般都会处于中止状态，也就是重整期间产生冻结效力，债务人的出资人也不例外。

一、债务人的出资人不得请求投资收益分配

对债务人的出资人请求投资分配的禁止是绝对的，从表面上看，债务人企业之所以进入重整程序，是因为债务人已经破产或者已经濒于破产，自无利润可供分配，此项规定似乎有画蛇添足之嫌。事实上，第一，我国企业法人形态还没有完全规范，仍然存在公司形态之外的企业法人，债务人的出资人的形态各异，其要求投资收益分配的方式不能一概而论；第二，债务人的出资人有可能要求在债务人进入重整程序之前分红；第三，在债务人自行管理财产和营业事务的情况下，控股股东难免有利用其地位制造虚假利润或者强行分配公司财产之行为，与其在损害债权人利益之事实发生后再给予补救，莫若防患于未然，一律禁止债务人的出资人在重整期间请求投资收益分配。

二、债务人的董事、监事、高级管理人员不得向第三人转让其持有的债务人的股权，但经人民法院同意的除外

股权是指公司股东在公司中所享有的权利。我国《公司法》规定，公司股东依法享有资产受益、参与重大决策和选择管理者等的权利。股权可以依法转

让。依据《公司法》的规定，高级管理人员是指公司的经理、副经理、财务负责人、上市公司董事会秘书和公司章程规定的其他人员。在现代公司运营实践当中，董事、监事、高级管理人员通常都持有一定份额的公司股权，以此作为一种激励手段。在符合法律规定和公司章程规定的情况下，董事、监事、高级管理人员可以向第三人转让其持有的股权。但在公司重整的情况下，如果允许董事、监事、高级管理人员向第三人转让其持有的债务人的股权，往往会严重影响到市场投资者对债务人的信心，在债务人为上市公司的情况下甚至会导致股价严重下跌、公司的财务状况恶化等情形，影响重整的进行。债务人企业出现重整原因，除非完全由于不可抗力，例如，政策变化等，债务人企业的董事、经理和其他高级管理人员难辞其咎，国外立法中甚至有规定董事有提出破产申请的义务，以免除其经营的责任。当进入重整程序时，即便是由管理人担任重整人，也有可能聘任企业原来的经营管理人员来继续企业的营业，此时最需要高级管理人员和重整企业共同面对，禁止他们向第三人随意转让其个人对债务人持有的股权，可以增加他们的责任感，更大地调动他们的积极性。当然，倘一概不允许董事、监事、高级管理人员向第三人转让其个人对债务人持有的股权，未免有公权力介入私权过甚之嫌，故本条规定，经过人民法院同意，以上人员可以向第三人转让其持有的债务人的股权。

类案检索

1. 山东省财金创业投资有限公司与山东大海纤维股份有限公司破产债权确认纠纷案

关键词： 重整期间　投资收益分配　破产债权确认

裁判摘要： 2016年12月20日，山东省财金创业投资有限公司（甲方，以下简称财金投资公司）与张某光（乙方）、山东大海纤维股份有限公司（丙方，以下简称大海纤维公司）签订《山东省省级政府引导基金直投基金投资协议》，约定乙方为丙方的控股股东/实际控制人，丙方原股东同意引进甲方作为公司的新股东，甲方同意向丙方投资273.6万元，成为丙方股东。甲方持有丙公司240万股，以取得公司19.35%的股权。甲方一般不向公司派出董事和监事，不干预企业日常经营。丙方每年向甲方支付按实际收到的甲方投资款以年收益率5%计算的固定收益，控股股东/实际控制人对丙方应支付给甲方的固定收益承担连带担保责任。发生清算事件时，公司按照相关法律及公司章程的规定依法支付相关费用、清偿债务后，按出资比例向股东分配剩余财产时，丙方应优先支付甲方的投资本金，如果甲方分得的财产低于其在公司累计实际投资金额，控股股东/实际控制人应当无条件以现金方式补足。后财金投资公司如约支付投资款，大海纤维公司为其办理股东登记。

2018年11月30日，一审法院受理大海纤维公司重整案。财金投资公司向大海纤维公司管理人申报涉案债权。管理人主张财金投资公司作为股东与大海纤维公司约定的固定回报事项不符《公司法》的规定，对其申报的债权不予确认。财金投资公司向山东省东营市中级人民法院（以下简称一审法院）提起本案诉讼。

一审法院审理后认为，财金投资公司与大海纤维公司、张某光签订的《山东省省级政府引导基金直投基金投资协议》合法有效。协议约定财金投资公司向大海纤维公司投资273.6万元成为大海纤维公司的股东，但财金投资公司不干预大海纤维公司日常经营，而是按照协议约定对其投资款按年利率5%收取固定收益，该约定符合国务院2013年11月30日发布的《国务院关于开展优先股试点的指导意见》（国发〔2013〕46号）中关于优先股的规定。《国务院关于开展优先股试点的指导意见》指出，优先股是指依照公司法，在一般规定的普通种类股份之外，另行规定的其他种类股份，其股份持有人优先于普通股股东分配公司利润和剩余财产，但参与公司决策管理等权利受到限制。优先股股东按照约定的票面股息率，优先于普通股股东分配公司利润。公司因解散、破产等原因进行清算时，公司财产在按照《公司法》和《企业破产法》有关规定进行清偿后的剩余财产，应当优先向优先股股东支付未派发的股息和公司章程约定的清算金额，不足以支付的按照优先股股东持股比例分配。

公司破产清算或重整时，申报债权的主体是公司的债权人。而优先股是相对于普通股而言的特别股，优先股持有人属于公司的股东，而非债权人，故优先股对应的股权收益不属于公司债权，不应按照债权申报程序申报股东利益，且根据《企业破产法》第77条第1款的规定："在重整期间，债务人的出资人不得请求投资收益分配。"因此，财金投资公司要求大海纤维公司管理人确认债权的主张，与协议约定不符，亦无法律依据，故一审法院判决驳回财金投资公司的诉讼请求。

财金投资公司不服一审判决，上诉至山东省高级人民法院。该院审理后认为，本案二审的争议焦点为双方协议投资收益应否确认为财金投资公司对大海纤维公司的债权。本案中，财金投资公司增资入股大海纤维公司，占公司19.35%的股份，成为大海纤维公司的股东。财金投资公司上诉主张其并非优先股，是否为优先股并不影响本案争议结果的认定。涉案协议中各方对投资收益作出明确约定，即大海纤维公司每年向财金投资公司支付按投资款以年收益率5%计算固定收益，但该约定实质仍属股东投资收益即股息红利。出资人在重整期间依法不得请求投资收益分配。股东的投资收益不应按照债权申报程序申报，应按《公司法》和《企业破产法》有关规定进行清偿后的剩余财产再行分配。因此，对于财金投资公司关于大海纤维公司确认债权的主张，该院不予支持，故判决驳回上诉，维持原判。

【案　　号】（2019）鲁民终1698号

【审理法院】山东省高级人民法院

【来　　源】中国裁判文书网

2. 南通盛唐金属材料销售有限公司诉马某平、蔡某等股权转让纠纷案

关键词：重整期间　股权转让

裁判摘要：2010年4月23日，盛唐金属公司将其所持盛唐置业公司股权转让给马某平、蔡某、李某并办理了工商变更登记。蔡某任盛唐置业公司的执行董事兼总经理，李某任监事。2013年9月6日，南通市港闸区人民法院裁定盛唐置业公司进入重整并指定盛唐公司清算组为盛唐公司重整管理人。2013年12月2日，盛唐金属公司向江苏省南通市中级人民法院（以下简称原审法院）提起本案诉讼，请求判令马某平、蔡某、李某将盛唐置业公司100%股权归还盛唐金属公司并承担违约金1200万元。2014年3月5日，各方当事人达成调解协议，马某平、蔡某、李某将其持有的盛唐置业公司合计100%股权归还给盛唐金属公司，盛唐金属公司放弃其他诉讼请求。当日，原审法院据此作出（2013）通中商初字第0398号民事调解书。

2014年5月26日，盛唐置业公司管理人就上述调解书向原审法院提出异议，认为盛唐金属公司、马某平、蔡某、李某对该院隐瞒了盛唐置业公司破产重整事实，该调解书内容违法，且给重整案件带来障碍，应予以撤销。2014

年7月10日，经该院审判委员会讨论决定，原审法院作出（2014）通中商监字第0001号民事裁定，对本案进行再审。该院再审认为：《企业破产法》第77条第2款规定："在重整期间，债务人的董事、监事、高级管理人员不得向第三人转让其持有的债务人的股权。但是，经人民法院同意的除外"。马某平、蔡某、李某直接经营管理公司，且为董事、监事，根据法律规定不得在破产重整期间转让其股权，原审双方当事人所达成的调解协议的内容违反法律的禁止性规定，应予撤销，盛唐金属公司的诉讼请求无法律依据，依法不应予以支持。经该院审判委员会讨论决定，依照《企业破产法》第77条、《民事诉讼法》第207条之规定，判决撤销（2013）通中商初字第0398号民事调解书，驳回盛唐金属公司的诉讼请求。

盛唐金属公司不服该判决，向江苏省高级人民法院提起上诉，请求撤销南通中院（2014）通中商再初字第0002号民事判决，将本案发回重审或依法改判。

江苏省高级人民法审理后认为，《企业破产法》第77条第2款规定："在重整期间，债务人的董事、监事、高级管理人员不得向第三人转让其持有的债务人的股权。但是，经人民法院同意的除外"。本案中，盛唐置业公司于2013年9月6日经南通市港闸区人民法院裁定进入重整程序。蔡某、李某系盛唐置业公司工商登记载明的股东，且蔡某任公司董事，李某任公司监事。盛唐置业公司进入重整后，盛唐金属公司提起本案诉讼，要求马某平、蔡某、李某返还盛唐置业公司的股权。各方当事人达成的调解协议中约定将马某平、蔡某和李某持有的盛唐置业公司全部股权归还盛唐金属公司。本案进入再审后，各方当事人确认提起诉讼的原因是其无法自行办理股权变更登记。各方当事人明知盛唐置业公司已进入重整程序，案涉股权不得擅自变更，却提起本案诉讼并在诉讼中以调解协议的形式约定将马某平、蔡某和李某的股权转让给盛唐金属公司，该行为违反了上述法律规定，江苏省南通市中级人民法院判决撤销（2013）通中商初字第0398号民事调解书于法有据，判决如驳回上诉，维持原判决。

【案　　号】（2015）苏商再终字第00004号

【审理法院】江苏省高级人民法院

【来　　源】中国裁判文书网

第七十八条 在重整期间，有下列情形之一的，经管理人或者利害关系人请求，人民法院应当裁定终止重整程序，并宣告债务人破产：

（一）债务人的经营状况和财产状况继续恶化，缺乏挽救的可能性；

（二）债务人有欺诈、恶意减少债务人财产或者其他显著不利于债权人的行为；

（三）由于债务人的行为致使管理人无法执行职务。

关联规定

司法指导性文件

1.《全国法院破产审判工作会议纪要》

9. 进一步落实管理人职责。在债务人自行管理的重整程序中，人民法院要督促管理人制订监督债务人的具体制度。在重整计划规定的监督期内，管理人应当代表债务人参加监督期开始前已经启动而尚未终结的诉讼、仲裁活动。重整程序、和解程序转入破产清算程序后，管理人应当按照破产清算程序继续履行管理人职责。

2.《全国法院民商事审判工作会议纪要》

114.【重整程序与破产清算程序的衔接】重整期间或者重整计划执行期间，债务人因法定事由被宣告破产的，人民法院不再另立新的案号，原重整程序的管理人原则上应当继续履行破产清算程序中的职责。原重整程序的管理人不能继续履行职责或者不适宜继续担任管理人的，人民法院应当依法重新指定管理人。

重整程序转破产清算案件中的管理人报酬，应当综合管理人为重整工作和清算工作分别发挥的实际作用等因素合理确定。重整期间因法定事由转入破产清算程序的，应当按照破产清算案件确定管理人报酬。重整计划执行期间因法定事由转入破产清算程序的，后续破产清算阶段的管理人报酬应当根据管理人实际工作量予以确定，不能简单根据债务人最终清偿的财产价值总额计算。

重整程序因人民法院裁定批准重整计划草案而终止的，重整案件可作结案处理。重整计划执行完毕后，人民法院可以根据管理人等利害关系人申请，作出重整程序终结的裁定。

条文释义

一、本条主旨

本条是关于在重整期间因债务人无挽救的可能或者有不当行为导致终止重整程序的规定。

二、条文演变

《企业破产法（试行）》中没有类似规定，本条为新增条款。不同时期的草案条文对人民法院应当裁定终止重整程序的情形规定是高度一致的，包括债务人经营和财产状况持续恶化，达到缺乏挽救可能的地步；债务人有欺诈、恶意减少财产等显著不利于债权人的行为；债务人的行为致使管理人无法执行职务，不配合程序进行。同时，不同时期的草案条文均规定人民法院裁定终止重整程序的同时应依职权宣告债务人破产，以防止程序拖延导致财产不当减少，损害债权人利益。

定稿与前期草案所不同的是，一是取消了法院依职权裁定终结重整程序的规定，改为规定在管理人或利害关系人提出重整程序终结申请后，法院进行审查。这种做法可以适当规范司法权的介入边界，毕竟法院不掌握债务人的最新经营和财务信息，缺乏进行商业判断的客观基础。二是考虑到实践中情况复杂多变，为尽可能挽救企业，对人民法院裁定终结重整程序的时间点未做具体要求。

三、条文解读

本条规定了人民法院经管理人或者利害关系人请求，应当裁定终止重整程序，并宣告债务人破产的三种情形：

1. 债务人的经营状况和财产状况继续恶化，缺乏挽救的可能性。债务人的经营状况和财产状况在重整期间一般会呈现三种趋势：第一，维持企业原来的水平，徘徊不前，没有大的改观；第二，经营状况和财产状况逐渐好转；第三，经营状况和财产状况继续恶化。应当注意的是债务人的经营状况和财产状况继续恶化并非人民法院裁定终止重整程序的充分条件，必须是债务人的经营状况和财产状况恶化的程度达到了使债务人缺乏挽救的可能性。因为债务人要摆脱破产境地，扭亏为盈，并非立竿见影之易事，重整初期或者在重整期间，债务人都可能会出现经营状况和财务状况恶化的情况。若规定经营状况和财务状况恶化就终止重整程序、宣告破产，不仅可能会使债务人失去改善的机会，也可能使债权人失去因重整而得到更多清偿的机会。

2. 债务人有欺诈、恶意减少债务人财产或者其他显著不利于债权人的行为。一般来说，债务人欺诈、恶意减少企业财产或者其他显著不利于债权人的行为主要有以下几种：（1）隐匿、私分或者无偿转让财产。隐匿财产是指债务人隐瞒财产真实数目，转让他方，抽逃资金的行为；私分财产是指债务人将财产私下分割的行为；无偿转让财产是指债务人违背等价有偿的原则，将财产无偿让与第三人，有意侵害债权人利益的行为。（2）非正常压价出售财产。如果不存在市场供求关系明显变化的正当原因，债务人以明显低于市场价格的条件压价出售财产的行为，就属于非正常压价出售财产的行为。（3）对原来没有财产担保的债务提供担保。有无财产担保对于债权人利益关系重大，对原来没有财产担保的债务提供担保，将使原来没有财产担保的债权人得到优惠的清偿，从而损害其他债权人的正当权益。（4）对未到期的债务提前清偿。破产企业的债务都应依破产程序清偿而不允许未到期的债务提前清偿，以免使应参加破产程序受偿的债权人在破产程序外全部实现债权，损害其他债权人的利益。（5）放弃自己的债权。这种行为会损害其他债权人的利益，使他们得以清偿的债权额的绝对数减少，属于显著不利于债权人的行为。

3. 由于债务人的行为致使管理人无法执行职务。按照《企业破产法》的规定，管理人在重整期间发挥重要的作用。在债务人自行管理财产和营业事务的情况下，管理人行使对债务人的监督职能；在管理人管理财产和营业事务的情况下，管理人则发挥管理债务人的财产和营业事务，并制定重整计划草案的重要职能。因此，管理人正常执行职务是重整程序顺利进行的重要保证。管理人执行职务需要获得债务人的积极配合，如移交财产和营业事务、移交必要的资料、执行管理人的指示、接受管理人的监督等。如果债务人恶意阻挠管理人执行职务或者消极地对管理人执行职务不予配合，均可能成为导致管理人无法执行职务的行为。如果在重整期间，债务人出现了以上三种情形，则管理人或者利害关系人，如债权人，有权请求人民法院宣告债务人破产。人民法院受理管理人或者利害关系人的请求后，应当裁定终止重整程序，并宣告债务人破产。

适用指引

一、关于重整程序终止及其效力

重整程序的终止，又称重整程序的废止或撤销，是指法院根据重整人或利害关系人的申请或依职权裁定废除已开始的重整程序。按照人民法院作出终止重整程序裁定的时间，可以分为重整计划批准前的重整程序终止和重整计划批准后的重整程序终止。本条规定的是重整计划批准前的重整程序终止的几种情形，当然，重整计划批准前的重整程序终止还有其他的情形。

重整程序终止的效力，是指重整程序经法院依职权或据申请终止后发生的法律效力。本法对重整程序终止的情形作了规定，同时规定了该种情形下终止的效力。需要说明的是，重整程序的终止并不等于破产程序的终结，因为本法采用的是大破产的概念，重整程序只是破产程序中的一个环节。

二、在重整期间，有下列情形之一的，管理人或者利害关系人可以申请人民法院裁定终止重整程序

1. 债务人的经营状况和财产状况继续恶化，缺乏挽救的可能性。之所以对债务人企业进行重整，往往是由于企业尚有挽救的可能性，本法虽然没有把“具有挽救的可能性”作为裁定许可债务人重整的要件，但是在重整期间，债务人的经营状况和财产状况继续恶化，缺乏挽救的可能性，如果不马上裁定终止重整程序进行破产清算的话，那么债权人只能眼睁睁地看着可分配财产的日益减少，而没有救济途径，显然是不公平的。在这种情况下，人民法院应当裁定终止重整程序并宣告债务人破产。

2. 债务人有欺诈、恶意减少债务人财产或者其他显著不利于债权人的行为。重整程序的目的不只是复兴企业，最基本的目的还是使债权人得到比破产清算更多的清偿，因此，保护债权人的利益仍然是重要的原则。债务人有欺

诈、恶意减少企业财产或者其他不利于债权人的行为，是和重整的目的相违背的，尤其是在债务人自行管理财产和营业事务的情况下，对债权人的侵害是明显的。例如，有明显不合理的交易（包括无偿转让财产或者财产权利的、以明显不合理的低价转让财产及财产权利的），对原来没有财产担保的债务提供财产担保，对未到期的债务提前清偿，放弃债权，为逃避债务而隐匿、非法分配财产，捏造债务或者承认不真实的债务，肆意挥霍企业财产等。

3. 由于债务人的行为，致使管理人无法执行职务。管理人担任重整人时，要对债务人的财产加以管理，制定重整计划。管理人需要债务人的配合，债务人也有义务予以配合，以利于重整的成功。由于债务人是一个企业法人，因此，这里的“债务人的行为”需要通过债务人的法定代表人、董事、监事、高级管理人员等的行为体现出来。倘债务人的有关人员不履行企业破产法规定的义务或者有其他阻碍管理人行使职权导致管理人不能执行职务时，债务人财产就会处于失控状态，这对于保护债权人的利益来说是不可以接受的，应当终止重整程序。本法规定，债务人的有关人员要承担下列义务：妥善保管其占用和管理的所有财产、账册、文书、资料、印章和其他物品；根据人民法院、管理人要求进行工作，并如实回答询问；列席债权人会议并如实回答债权人的询问；未经人民法院许可，不得离开住所地；不得担任其他企业的董事、经理等职务。这里的“利害关系人”，包括债权人、债务人、债务人的出资人、取回权人、债务人的职工以及其他所有重整程序涉及的利害关系人。

三、人民法院裁定终止重整程序并宣告债务人破产

一般来说，没有当事人的申请，人民法院不得依职权强行把企业法人拉入破产程序，即所谓破产宣告的申请主义。我国的《企业破产法》也是原则上采取破产申请主义，以破产职权主义为例外和补充，即在特殊情况下人民法院可以依职权宣告债务人破产。本条的规定即是一例，也就是说，重整程序终止有导致程序转换的效力。这样规定是因为：第一，债务人进入重整程序，本来就具备了破产清算的条件或者已经濒临破产的边缘，人民法院裁定许可其重整，是给予其一个复苏更生的机会。在重整期间因债务人的不当行为或者经营状况和财产状况继续恶化导致最终缺乏挽救的可能性，如果人民法院不依职权强行把企业法人拉入破产程序，那么法院只能裁定终结破产案件，结果是要么债务人财产状况继续恶化，给债权人造成更大的损害，要么债权人再次申请债务人

破产清算，从而再次进入破产程序，导致程序资源的浪费。第二，重整程序的冻结效力是如此之广泛，能够给债务人一个充分的过渡机会，难免有居心叵测者利用重整程序谋求对债权人不利的事情，为防止重整程序被滥用，法律也应当规定如果在重整期间因债务人的不当行为导致重整程序终止的，由人民法院宣告债务人破产，威慑利用重整程序逃避债务之人。

四、重整程序与破产清算程序的衔接

重整期间，债务人因上述法定事由被宣告破产转入破产清算程序的，虽然二者在程序功能和性质上有所不同，破产法上亦为不同的两个程序，但二者前后相继存在关联，故在理解上应当视为同一个破产案件的不同阶段。故从法院内部案件管理的角度看，不再另立新的案号，此时原重整程序的管理人原则上应当继续履行破产清算程序中的管理人职责。主要考虑是，在重整程序依法转入清算程序的法定形中，有一部分或者说主要的管理人工作内容、职责会发生重合，比如，债务人企业债权债务关系的清理、债务人财产状况的调查，此时原则上指定同一管理人有利于程序的衔接和工作的开展，降低破产程序的司法成本。当然，如果发生原重整程序的管理人不能继续履行职责或者不适宜继续担任管理人的情形，人民法院应当依法重新指定管理人。

重整程序转破产清算案件中的管理人报酬，应当综合管理人为重整工作和清算工作分别发挥的实际作用等因素合理确定。重整期间因法定事由转入破产清算程序的，应当按照破产清算案件确定管理人报酬。《企业破产案件确定管理人报酬规定》第 2 条总体规定了破产案件中，管理人报酬应当根据债务人最终清偿的财产价值总额按比例确定。第 9 条规定了人民法院确定和调整管理人报酬方案时应当考虑的因素。虽然重整程序转入清算程序的情形下，二者总体应视为同一案件前后相继的两个阶段，但在确定管理人报酬时，人民法院应当结合管理人为重整工作和清算工作分别作出的实际贡献等因素合理确定。重整期间因法定事由转入清算程序的，应当按照破产清算案件确定管理人报酬。这一规定有利于反向激励管理人尽量推动债务人企业的成功重整。应当注意的是，在具体案件中，即使是按照清算案件的标准确定管理人报酬，人民法院也可以根据破产案件的具体情况和管理人履行职责的实际情况进行调整。

类案检索

天津一阳磁性材料有限责任公司重整转清算案

关键词： 重整期间　重整转清算

裁判摘要： 2018 年 8 月 13 日，天津一阳磁性材料有限责任公司清算组向天津市蓟州区人民法院提出申请，称天津一阳磁性材料有限责任公司的经营状况和财务状况继续恶化，缺乏挽救的可能性，请求法院终止该公司重整程序，并宣告该公司破产。

天津市蓟州区人民法院审查后认为，天津一阳磁性材料有限责任公司不能清偿到期债务，且明显缺乏清偿能力，在重整期间经营状况和财务状况继续恶化，缺乏挽救的可能性。天津一阳磁性材料有限责任公司清算组请求终止天津一阳磁性材料有限责任公司重整程序，并宣告天津一阳磁性材料有限责任公司破产，理据充分，应予支持。依照《企业破产法》第 78 条第 1 项规定，裁定终止天津一阳磁性材料有限责任公司重整程序宣告该破产。

【案　　号】（2018）津 0119 破 1 号

【审理法院】 天津市蓟州区人民法院

【来　　源】 中国裁判文书网

第二节　重整计划的制定和批准

第七十九条　债务人或者管理人应当自人民法院裁定债务人重整之日起六个月内，同时向人民法院和债权人会议提交重整计划草案。

前款规定的期限届满，经债务人或者管理人请求，有正当理由的，人民法院可以裁定延期三个月。

债务人或者管理人未按期提出重整计划草案的，人民法院应当裁定终止重整程序，并宣告债务人破产。

关联规定

一、法律、行政法规、司法解释

《证券公司风险处置条例》

第四十二条　人民法院裁定证券公司重整的，证券公司或者管理人应当同时向债权人会议、国务院证券监督管理机构和人民法院提交重整计划草案。

二、司法指导性文件

《最高人民法院关于依法妥善审理涉新冠肺炎疫情民事案件若干问题的指导意见（二）》

20. 在破产重整程序中，对于因疫情或者疫情防控措施影响而无法招募投资人、开展尽职调查以及协商谈判等原因不能按期提出重整计划草案的，人民法院可以依债务人或者管理人的申请，根据疫情或者疫情防控措施对重整工作的实际影响程度，合理确定不应当计入企业破产法第七十九条规定期限的期间，但一般不得超过六个月。

对于重整计划或者和解协议已经进入执行阶段，但债务人因疫情或者疫情防控措施影响而难以执行的，人民法院要积极引导当事人充分协商予以变更。

协商变更重整计划或者和解协议的，按照《全国法院破产审判工作会议纪要》第19条、第20条的规定进行表决并提交法院批准。但是，仅涉及执行期限变更的，人民法院可以依债务人或债权人的申请直接作出裁定，延长的期限一般不得超过六个月。

条文释义

一、本条主旨

本条是关于重整计划草案提交期限的规定。

二、条文演变

《企业破产法（试行）》并无本条相关内容的规定。本条是现行《企业破产法》新增条文，就重整计划草案的提交期限及提出不能的后果分别作出了规定。在《企业破产法》起草过程中，《企业破产法（草案）》（2004年3月A版），对本条内容仅规定了重整计划草案的制作，具体内容为："管理人在债务人的协作下制作重整计划草案"。《企业破产法（草案）》（2004年3月B版）明确了债务人或者管理人作为重整计划草案的制作主体；重整计划草案的提交期限为6个月，但经债务人或者管理人请求可以延期3个月。《企业破产法》（草案）（2004年10月版）增加了重整计划未按期提出的法律后果，即"债务人或者管理人未按期提出重整计划草案的，人民法院应当裁定终止重整程序，并宣告债务人破产清算"。现行《企业破产法》最终规定了本条的内容。

三、条文解读

重整计划是以维持债务人继续营业、谋求债务人复兴为目的，以清理债权债务关系、制定债务人未来发展方案为内容的多方协议。通过重整，债权人可以获得最大限度的清偿，有生存能力的企业得以存续，员工可以保留就业机会，从而达到比债务人破产清算更好的结果。参与重整过程的各方利益不同，对于上述目标的实现也持有不同的看法。例如，金融机构债权人可能倾向于重整主体迅速清偿债务，主要客户或供应商等债权人可能倾向于同债务人继续保持商业往来。为达成各方利益的平衡，由债务人或管理人与利害关系人进行协商，拟定重整计划草案，促进重整目标的实现。

（一）关于重整计划草案的提交期限

域外有些立法规定，在债务人申请重整时，应该在提出重整申请的同时提出重整计划（在这种情况下，重整申请又可称为重整“提议”）。这种做法既难以保证重整计划草案的可执行性，又可能会影响债务人迅速启动程序并利用破产保护手段获得救济。本条规定在启动重整程序后由各方利害关系人谈判和提出重整计划草案，是一种更为恰当的办法，便于各方就重整计划草案进行磋商和谈判，同时债务人又可以利用《企业破产法》关于执行中止等相关规定获得保护。关于提交重整计划草案的期限，需要注意两个方面的问题：

其一，期限原则上为 6 个月。在重整期间，债务人或管理人经过对债务人财产和营业事务的管理和调查，应当在合理期限内制作并提交重整计划草案。这个期间不能规定得过长，否则有损重整的效率，债务人的经营状况和财产状况有可能进一步恶化，甚至导致出现以重整之名行拖延债务履行之实的情况；也不能规定得过短，否则在债务人经营状况和财务情况复杂的情况下，债务人或管理人难以迅速制作出可行的重整计划草案。原则上该期限为 6 个月，自人民法院裁定重整之日起计算。

其二，有正当理由可以延长至 9 个月。进入重整程序的企业状况千差万别。企业规模不同、资产业务状况各异，重整计划草案的制作难度与所需要的时间不能一概而论。若将全部进入重整程序的企业提交重整计划草案的期限均规定为 6 个月，则部分具有拯救价值的大型企业很可能因自身情况复杂无法按时提交重整计划草案，导致重整失败。这将影响大型企业选择重整作为拯救自身的手段，进而有碍重整制度价值的发挥。因此，本条规定，如果有正当理由，经过人民法院许可，重整计划草案提交期限可以延长 3 个月，即为 9 个月。

延期申请应由负责制作重整计划草案的债务人或管理人提出，其他主体不能以自己的名义提出。同时，为保证重整的效率，保护债权人等利害关系人的利益，该延期必须有正当理由。比如，管理人或债务人需要与债权人、出资人、重整投资人等利害关系人充分协商，或要听取企业管理人员、实际控制人、职工代表或工会的意见等，或者在收到专业顾问的评估或报告方面发生了延误。同时，申请延期应当确保不会损害其他当事方的利益以及如果获准延期，有望提出一项将获得债权人批准的重整计划草案等，进一步提高重整成功的可能性。[①]

（二）关于重整计划草案的提交者和提交对象

一般而言，重整计划草案的制作者即为重整计划草案的提交者，各国家和地区的立法例在这一点上基本是相同的，我国的破产法也不例外。本法规定了重整计划草案的制作者为自行管理财产和营业事务的债务人或者管理人，因此，本条规定重整计划草案由债务人或者管理人提交。

关于重整计划草案的提交对象。本条规定，债务人或管理人应当向人民法院和债权人会议同时提交重整计划草案。债权人是受重整计划影响最大的利害关系人，因为重整计划往往会削减债权人的债权或者改变债权的偿还期限或者方式，甚至会要求债权人将债权转换为股权，所以，重整计划草案在第一时间提交给债权人会议是应有之义，以便于债权人会议及时了解重整计划草案的内容，就重整计划草案提出意见并与债务人或者管理人协商，最终在表决时确定立场。同时，考虑到我国的重整制度是人民法院主导下的一个司法程序，人民法院还要对重整计划草案加以审查，符合本法规定的重整计划草案才会得到人民法院的批准，所以本条要求债务人或者管理人应当将重整计划草案同时提交给人民法院，以使人民法院有充足的时间审查作出批准与否的裁定。[②]

（三）关于重整计划草案提出不能的法律后果

并非每个进入重整程序的债务人都可以保证重整成功。实践中，有可能出现债务人或者管理人提不出重整计划草案的情况。如果经过 6 个月或者 9 个月的时间，债务人或管理人仍不能提出重整计划草案，可以合理推定债务人企业缺乏重整价值，没有挽救的可能性，人民法院应当裁定终止重整程序。为提高破产程序的效率，保障债权人及时受偿的权利，人民法院也应当在裁定终止重整程序的同时宣告债务人破产。因此，本条规定，债务人或者管理人未按期提出重整计划草案的，人民法院应当裁定终止重整程序，并宣告债务人破产，债

---

① 本书编写组编著：《〈中华人民共和国企业破产法〉释义及实用指南》，中国民主法制出版社 2012 年版，第 194~195 页。

② 本书编写组编著：《〈中华人民共和国企业破产法〉释义及实用指南》，中国民主法制出版社 2012 年版，第 195 页。

务人转入破产清算程序。鉴于破产程序的不可逆性，债务人也自此丧失通过重整进行挽救的可能。

适用指引

一、关于实质合并重整案件的重整计划草案提交期限的起算时间

人民法院在审理企业破产案件时，应当尊重企业法人人格的独立性，以对关联企业成员的破产原因进行单独判断并适用单个破产程序为基本原则。但当关联企业成员之间存在法人人格高度混同、区分各关联企业成员财产的成本过高、严重损害债权人公平清偿利益时，可例外适用关联企业实质合并破产方式进行审理。近年来，关联企业破产案件日益增多。在关联企业实质合并重整案件中，有的为全部关联企业成员同时进入重整程序，进行实质合并重整；有的为一个或数个企业先进入重整程序，随着清产核资的进行，发现进入重整程序的企业与其关联企业存在法人人格高度混同等情况，随之将相关关联企业纳入实质合并重整程序。

在全部关联企业成员同时进入重整程序，进行实质合并重整的情况下，重整计划草案提交期限起算时间比较明确，即自人民法院裁定债务人重整之日起计算。关于在纳入实质合并重整范围的企业进入重整程序的时间存在先后的情况下，是以最先裁定重整的时间作为重整计划草案提交期限的起算时间，还是以最后裁定重整的时间作为重整计划草案提交期限的起算时间，我们认为，鉴于关联企业重整的法律后果为各关联企业成员的财产合并作为破产财产，各成员的债权人以合并后资产按照法定顺序公平受偿，并对债权债务清偿、经营方案制定、出资权益调整等事项进行统一处理，若以最先裁定重整的时间作为重整计划草案提交期限的起算时间，则可能产生对后纳入实质合并重整的企业清理时间不够充分，从而影响制作完备的重整计划草案的情况。故宜以最后作出的实质合并重整裁定的时间作为重整计划草案提交期限的起算时间。当然，为避免利用实质合并重整变相延长重整计划草案提交期限，人民法院要加强对实质合并申请的审查与监督，从关联企业整体进行判断。

二、关于不计入本条规定期限的情况

为进一步贯彻落实党中央关于统筹推进新冠肺炎疫情防控和经济社会发展工作部署，扎实做好“六稳”工作，落实“六保”任务，妥善审理破产案件，尽力挽救困境企业，最高人民法院于2020年5月15日发布的《新冠疫情民事案件意见（二）》第20条规定，在破产重整程序中，对于因疫情或者疫情防控措施影响而无法招募投资人、开展尽职调查以及协商谈判等原因不能按期提出重整计划草案的，人民法院可以依债务人或者管理人的申请，根据疫情或者疫情防控措施对重整工作的实际影响程度，合理确定不应当计入本条规定期限的期间，但一般不得超过6个月。根据上述规定，因疫情或者疫情防控措施影响导致不能按期提出重整计划草案的，负责制作重整计划草案的债务人或管理人可以申请人民法院合理确定不计入本条规定期限的期间。为保证重整程序的效率，防止利用上述规定变相延长重整计划草案提交期限，负责制作重整计划草案的债务人或管理人应当提交证据证明确因疫情或者疫情防控措施影响了重整计划草案的提交，人民法院进行严格审查；不计入本条规定期限的期间要根据疫情或者疫情防控措施对重整工作的实际影响程度确定，但一般不得超过6个月；确定不计入本条规定期限的期间已经达到6个月的，原则上不能再次适用上述规定。

典型案例

庄吉集团有限公司等四家公司破产重整案

关键词： 实质合并重整　重整计划草案　强制批准重整计划

裁判摘要： 2015年2月27日，温州市中级人民法院（以下简称温州中院）裁定受理庄吉集团有限公司、温州庄吉集团工业园区有限公司、温州庄吉服装销售有限公司三企业的重整申请，并根据企业关联程度较高的情况，指定同一管理人。本案中债权人共有41人，申报债权约20亿元，确认约18亿元。2015年8月20日，管理人以前述三企业之间的资产负债高度关联、人格混同，三企业重整的核心价值相互依存组成庄吉服装品牌的相关资产，且需要时间处理与案外人济宁如意投资有限公司（以下简称如意公司）的合作问题，同时，三企业合并重整事宜已经基本得到债权人认可且案外人如意集团有意收购为由，请求温州中院将重整计划草案提交期限延长3个月。温州中院裁定重整计划草案提交期限延长至2015年11月27日。2016年1月27日，温州庄吉服装有限公司亦进入重整程序。由于四企业存在人格高度混同的情形，符合合并重整的基础条件，且合并重整有利于公平清偿债务，符合《企业破产法》的立法宗旨。温州中院在经债权人会议决议通过四企业合并重整的基础上，经过该院审判委员会讨论决定，对管理人提出的实质合并重整申请予以准许。随后管理人制作整体性的重整计划草案，并在债权人会议表决的过程中获得了绝大部分债权人的认可，仅出资人组部分股东不同意。经与持反对意见的股东沟通，其之所以反对主要是对大股东经营决策失误有怨言，对重整计划本身并无实质性异议。2016年3月17日，温州中院强制裁定批准该重整计划草案，维护了各方主体利益平衡以及整体利益最大化，庄吉服装系列公司在重整成功后的第一个年度即成为当地第一纳税大户。

【案 号】（2015）浙温破字第16、17、18号，（2016）浙03民破字第12号

【审理法院】浙江省温州市中级人民法院

【来 源】2018年全国法院破产典型案例

第八十条　债务人自行管理财产和营业事务的，由债务人制作重整计划草案。

管理人负责管理财产和营业事务的，由管理人制作重整计划草案。

关联规定

司法指导性文件

1.《全国法院破产审判工作会议纪要》

16. 重整计划的制定及沟通协调。人民法院要加强与管理人或债务人的沟通，引导其分析债务人陷于困境的原因，有针对性地制定重整计划草案，促使企业重新获得盈利能力，提高重整成功率。人民法院要与政府建立沟通协调机制，帮助管理人或债务人解决重整计划草案制定中的困难和问题。

22. 探索推行庭外重组与庭内重整制度的衔接。在企业进入重整程序之前，可以先由债权人与债务人、出资人等利害关系人通过庭外商业谈判，拟定重组方案。重整程序启动后，可以重组方案为依据拟定重整计划草案提交人民法院依法审查批准。

2.《最高人民法院关于正确审理企业破产案件为维护市场经济秩序提供司法保障若干问题的意见》

9. 表决重整计划草案时，要充分尊重职工的意愿，并就债务人所欠职工工资等债权设定专门表决组进行表决；职工债权人表决组未通过重整计划草案的，人民法院强制批准必须以应当优先清偿的职工债权全额清偿为前提。企业继续保持原经营范围的，人民法院要引导债务人或管理人在制作企业重整计划草案时，尽可能保证企业原有职工的工作岗位。

条文释义

一、本条主旨

本条是关于重整计划草案制作主体的规定。

二、条文演变

《企业破产法（试行）》并无本条相关内容的规定。本条是现行《企业破产法》新增条文，就重整计划草案的制作主体作出了规定。立法过程中，早期草案稿主要规定了管理人制作重整计划草案及债务人的协助义务。《企业破产法（草案）》（2004年3月A版）规定："管理人在债务人的协助下制作重整计划草案"。在引入债务人可以在重整期间自行管理财产和营业事务的模式后，草案将制作重整计划草案的职责分别赋予了管理人和债务人。《企业破产法（草案）》（2004年3月B版）规定："债务人自行管理财产的，由债务人制作重整计划草案。管理人负责管理财产的，由管理人制作重整计划草案。"现行《企业破产法》最终规定了本条的内容。

三、条文解读

重整计划是重整程序中最关键的一环，重整计划的内容直接关系到重整能否成功，因此，由谁来制作重整计划草案在重整程序中也就显得至关重要。

（一）债务人自行管理财产和营业事务的，由债务人制作重整计划草案

赋予债务人制作重整计划草案的权利，可以鼓励债务人尽早启动重整程序，最有效地利用债务人熟悉其业务和了解需采取哪些步骤搞活企业的优势来和某类或者某几类债权人谈判制作重整计划草案。一般而言，人民法院既然裁定由债务人自行管理财产和营业事务，债务人企业的管理层应当对企业破产或者濒于破产没有重大过失，或者是因为企业状况十分复杂，非原经营管理人员不能胜任重整人之职责。加之在债务人自行管理财产和营业事务的时候，其他人，包括管理人，都没有机会对企业的财产和营业状况作深入的了解，不可能提出十分恰当的重整计划草案，所以，本条规定，债务人自行管理财产和营业

事务的，由债务人制作重整计划草案。[①]

但是，为避免债务人制作重整计划草案在保证债权人公平受偿方面存在的风险，同时为保证重整计划草案在内容与形式方面符合法律的要求，管理人作为具备相对独立法律地位与专业能力的主体，应当发挥应有的作用。如《北京破产法庭破产重整案件办理规范（试行）》规定："债务人自行管理财产和营业事务的，由债务人制作重整计划草案，管理人除履行监督职责外应当给予必要的指导和辅助。重整计划草案制作过程中，管理人认为草案违法或不具有可行性的，应当向债务人提出修改意见。""债务人制作的重整计划草案提交时，管理人应当同时就重整计划草案的合法性和可行性，以及是否侵害利害关系人的合法权益，向人民法院提交分析意见。"同时，为充分利用重整程序来拯救企业，该《办理规范》规定：在重整计划草案提交期限届满前最后一个月内，自行管理的债务人未提出重整计划草案的，管理人有权在法定期限内提出重整计划草案，并同时向人民法院和债权人会议提交；自行管理的债务人虽然制作并提交了重整计划草案，但人民法院认为违法或明显不具有可行性的，或者有表决组未通过该重整计划草案的，管理人有权在法定期限内提出重整计划草案。为解决债务人制作重整计划草案时，相关法律与财务知识或有欠缺的问题，《广东省高级人民法院关于审理企业破产案件若干问题的指引》规定："债务人自行管理的，经债权人会议同意或人民法院批准，可以根据实际情况聘请法律顾问、财务顾问等中介机构协助处理制定重整计划草案等相关事务，顾问费用按照共益债务处理。"

（二）管理人负责管理财产和营业事务的，由管理人制作重整计划草案

在管理人负责管理财产和营业事务的情形下，管理人在重整程序启动后将有机会了解债务人的业务，有条件确定为保证债务人存活适宜采取的措施。并且，本法规定的管理人是由有关部门、机构的人员组成的清算组或者依法设立的律师事务所、会计师事务所、破产清算事务所等社会中介机构担任或者是由具备相关专业知识并取得执业资格的人员担任，其应当具备在破产程序中负责债务人的财产与事务的专业能力。同时，管理人相对独立的法律地位也便于其

① 本书编写组编著：《〈中华人民共和国企业破产法〉释义及实用指南》，中国民主法制出版社2012年版，第197页。

组织债务人、债权人等利害关系人就重整计划草案开展谈判。因此，管理人负责管理财产和营业事务的，其有条件也有能力制作重整计划草案。

此外，由于重整计划草案涉及债权人、出资人、职工等诸多权利方的利益，虽然本条规定没有赋予上述主体制作重整计划草案的权利，但为达成各方利益的平衡，也为充分调动上述利害关系人参与重整的积极性，无论是债务人还是管理人制作重整计划草案时，都应当与债权人、出资人、重整投资人等利害关系人进行协商，并充分听取企业管理人员、实际控制人、职工代表或工会等的意见。如涉及对特定事项的专业意见，债务人或管理人可以邀请有关单位，或者委托外部专业机构、人员就此发表意见。以此促进重整计划草案的制作与通过，提高重整成功率。

适用指引

一、发挥人民法院在重整计划草案制作中的作用

按照本条规定，人民法院并非重整计划草案的制作主体。但管理人或债务人在制作重整计划草案时，往往比较重视债权债务关系如何了结的问题，尤其关注债权调整和股权调整的内容。为引导债务人及管理人深入分析企业陷入困境的原因并有针对性地制定改善生产经营的方案，并加强对职工权益的保护，人民法院对重整计划草案的制作应加强与管理人或债务人的沟通，引导其深入分析债务人陷于困境的原因，有针对性地制定重整计划草案，改善企业生产经营和管理，促使企业重新获得盈利能力，尽可能稳住职工的就业。这样可以避免企业重整成功仅仅是从形式上消除了重整原因，但却没有改善生产经营、完善企业管理、提高技术工艺，不能使企业提质增效；也可以避免因重整拯救措施不明确，经营方案不具体，企业未来是否能够恢复盈利能力难以预测，增加投资人的预期收益风险，最终影响重整计划草案的表决通过；还可以尽可能保障劳动者就业，避免产生不稳定因素。此外，人民法院还应与政府建立沟通协调机制，帮助管理人或债务人解决重整计划草案制作过程中自身无法解决的困难和问题，提高重整成功率。

二、可以以庭外重组方案为依据拟定重整计划草案

为克服传统重整制度程序繁琐、时间冗长、成本偏高等不足，英美等国家经过实践探索，发展出了一套将法庭外重组与法庭内重整优势相结合，有利于节约重整成本、提高重整效率的新型企业拯救模式，我国业界称之为预重整。《破产审判会议纪要》第22条对预重整进行了明确，规定在企业进入重整程序之前，可以先由债权人与债务人、出资人等利害关系人通过庭外商业谈判，拟定重组方案。重整程序启动后，可以重组方案为依据拟定重整计划草案提交人民法院依法审查批准。

在预重整程序中，庭外协商是为庭内重整所作的准备工作，庭外制作重组方案可以理解为重整计划草案制作工作的前置，因此，重组方案可以作为制作重整计划草案的依据。当然，这种庭外协商不同于完全任意性的庭外重组。我们倾向于认为，这种庭外协商应该满足事先即明确以重整为目的进行，债务人向参与协商的各方利害关系人充分、准确、真实、完整的披露制作重组方案所需要的信息等条件。

类案检索

重庆市大足区上坤房地产开发有限公司预重整转重整案

关键词：预重整　重整　重整计划草案

裁判摘要：重庆市大足区上坤房地产开发有限公司（以下简称上坤房地产公司）以其具备重整价值和重整可行性为由，2020年8月4日向重庆市第五中级人民法院申请破产重整，同时申请预重整备案登记。法院审查认为上坤房地产公司符合预重整备案条件，故对债务人的预重整申请及债务人聘任的辅助机构进行备案登记。2021年4月19日，预重整辅助机构向法院提交预重整终结工作报告，申请进入重整程序。同日，法院裁定受理上坤房地产公司破产重整，并指定预重整辅助机构为管理人。2021年5月21日，上坤房地产公司第一次债权人会议召开，各债权组均表决通过重整计划草案。2021年5月25日，法院裁定批准重整计划并终止重整程序。

本案在运用预重整转重整方式，快速拯救烂尾房地产项目的过程中，法院

以债权人意思自治和需求为导向，预重整阶段由主要债权人推荐，并经债务人认可的具有管理人资质的中介机构作为预重整辅助机构；通过府院协调机制，将地方党委政府前期帮扶企业的相关措施与预重整及重整程序有效对接，妥善化解了规划调整、复工续建、预售许可、农民工工资支付、交房办证等重大问题；引导预重整辅助机构协助债务人与债权人积极沟通，拟定并表决通过了凝聚各方共识的重组协议，根据重组协议形成的重整计划草案经债权人会议表决通过后获人民法院批准。按照重整计划，建设工程款债权、有财产担保债权、职工债权、税款债权将获全额清偿，普通债权清偿率大幅提升。本案从受理重整申请到批准重整计划并终止重整程序用时37天，通过预重整提升了司法效率。

【案　　号】（2021）渝05破127号

【审理法院】重庆市第五中级人民法院

【来　　源】2021年重庆破产法庭十大典型案例

第八十一条　重整计划草案应当包括下列内容：
（一）债务人的经营方案；
（二）债权分类；
（三）债权调整方案；
（四）债权受偿方案；
（五）重整计划的执行期限；
（六）重整计划执行的监督期限；
（七）有利于债务人重整的其他方案。

关联规定

司法指导性文件

1.《全国法院破产审判工作会议纪要》

36.实质合并审理的法律后果。人民法院裁定采用实质合并方式审理破产案件的，各关联企业成员之间的债权债务归于消灭，各成员的财产作为合并后统一的破产财产，由各成员的债权人在同一程序中按照法定顺序公平受偿。采用实质合并方式进行重整的，重整计划草案中应当制定统一的债权分类、债权调整和债权受偿方案。

2.《最高人民法院关于审理上市公司破产重整案件工作座谈会纪要》

六、关于上市公司破产重整计划草案的制定

会议认为，上市公司或者管理人制定的上市公司重整计划草案应当包括详细的经营方案。有关经营方案涉及并购重组等行政许可审批事项的，上市公司或管理人应当聘请经证券监管机构核准的财务顾问机构、律师事务所以及具有证券期货业务资格的会计师事务所、资产评估机构等证券服务机构按照证券监管机构的有关要求及格式编制相关材料，并作为重整计划草案及其经营方案的必备文件。

控股股东、实际控制人及其关联方在上市公司破产重整程序前因违规占用、担保等行为对上市公司造成损害的，制定重整计划草案时应当根据其过错对控股股东及实际控制人支配的股东的股权作相应调整。

条文释义

一、本条主旨

本条是关于重整计划草案应当包括的内容的规定。

二、条文演变

《企业破产法（试行）》并无本条相关内容的规定。本条是现行《企业破产法》新增条文，就重整计划草案的内容作出了规定。在早期的立法草案中，关于重整计划草案内容的规定较为详细，明确了债权调整方法、债权清偿原则等具体的事宜，并要求重整计划草案应当包括重整执行人的内容。自《企业破产法（草案）》（2004 年 3 月 A 版）对重整计划草案的内容规定趋于简洁，内容为："重整计划草案应当包括以下内容：（一）重整企业的经营方案；（二）债权分类；（三）债权调整方案；（四）债权清偿方案；（五）重整执行人；（六）重整计划的执行期限；（七）有利于企业重整的其他方案。"后续草案删除了重整执行人的内容，纳入了重整计划执行的监督期限应当作为重整计划内容的条款。现行《企业破产法》最终规定了本条的内容。

三、条文解读

重整计划草案经表决通过后，便成为一个正式的关于债权债务的清偿及其他重整事务的协议。根据本条规定，重整计划草案应当包括下列内容：

（一）债务人的经营方案

债务人的经营方案主要内容是企业经营的内容，是在全面分析企业困境原因的基础上，提出的维持企业营业，摆脱危机以达再生目的的方案。经营方案的内容通常包括经营管理方案、融资方案、资产与业务重整方案等，对企业规章制度、经营模式、机构设置、人员等进行重新的安排。

（二）债权分类

不同类型的债权有着不同的实体权利。同时，根据本法规定，对重整计划草案，债权人会议要分组进行表决。因此，需要对所有的债权进行分类，以便对不同的债权制定不同的债权调整方案和分配方案，以利于重整计划草案的表决通过。债权的主要分类如下：（1）对债务人的特定财产享有担保权的债权；（2）债务人所欠职工的工资和医疗、伤残补助、抚恤费用，所欠的应当划入职工个人账户的基本养老保险、基本医疗保险费用，以及法律、行政法规规定应当支付给职工的补偿金；（3）除（2）之外的其他社会保险费用；（4）债务人所欠税款；（5）普通债权；（6）人民法院认为必要时设立的小额无担保债权类别。

（三）债权调整方案

债权调整方案是指对每类债权的具体调整计划，包括对债权的减少、免除、延期、债权性质的转换（例如，有无担保债权之间的转换），等等。为了企业能够重整成功，需要债权人在一定范围内作出让步，否则重整难以为继。债权调整方案可以对全部或者部分债权加以调整，但是，对于同一种类的债权，除非经过该组债权人的全部同意，必须公平对待同一类表决组的成员。[①]

（四）债权受偿方案

债权受偿关系到所有债权人的切身利益，为债权人密切关注事项。一般来说，债权受偿方案包括债权受偿期限、债权受偿方式、债权受偿时间、债务履行担保、债权受偿条件、代物清偿方式等内容。

（五）重整计划的执行期限

重整计划的执行期限对于监督债务人执行重整计划的情况以及保护债权人利益方面尤为重要。本法没有规定强制的重整计划执行期限，而是交由当事人自己通过重整计划协商确定。法律虽然不禁止重整计划草案规定一个很长的执行期限，但实践中，该时限不宜过长，否则债务清偿对债权人就失去了意义。

---

① 本书编写组编著：《〈中华人民共和国企业破产法〉释义及实用指南》，中国民主法制出版社2012年版，第200页。

（六）重整计划执行的监督期限

重整计划由债务人负责执行。对重整计划执行进行监督是有必要的，可以对债务人的行为加以约束和限制，更好地保护债权人依据重整计划享有的清偿利益。人民法院不可能也没有能力派专门的法官来监督重整计划的执行，因此，本法规定由管理人来监督重整计划的执行。《民商审判会议纪要》第113条规定，重整计划的执行期间和监督期间原则上应当一致。二者不一致的，人民法院在确定和调整重整程序中的管理人报酬方案时，应当根据重整期间和重整计划监督期间管理人工作量的不同予以区别对待。

（七）有利于债务人重整的其他方案

本项为兜底性条款。企业重整的方法很多，法律不可能穷尽列举所有的方法，也没有必要限制重整措施的多样性，所以用一个灵活性规定是比较可取的方式。本项即确定了允许其他措施的范围限定在“有利于债务人重整”的方案中，这也将是人民法院是否裁定批准重整计划需要考虑的因素之一。

除上述内容外，目前的破产司法实践中，法院通常要求重整计划草案的债权受偿方案要包括债权人依照破产清算程序以及重整计划分别所能获得的清偿比例的说明；有重整投资人的，重整投资方案应当作为重整计划草案的内容之一；普通债权不能获得全额清偿的，重整计划草案还应当包含出资人权益调整的内容。

适用指引

一、关于上市公司重整计划草案中的经营方案

债务人的经营方案规定了公司为摆脱危机、重获新生的具体措施，直接关系到债务人企业的存活，在重整程序中至为重要。本条并未详细列举经营方案具体应当包括的内容，主要是考虑到重整措施在实践中是丰富多样的，详加规定可能会抑制重整参与人的创造力，不利于调动当事人的积极性。但从部分上市公司重整的案例来看，一些进入重整程序的上市公司的重整计划草案中经营方案规定得非常简单，不足以提供关于该上市公司重整具体措施的有效信

息。这就给债权人会议通过重整计划草案及后续的法院批准重整计划草案带来很大的不确定性。《审理上市公司破产重整案件纪要》规定："上市公司或者管理人制定的上市公司重整计划草案应当包括详细的经营方案。有关经营方案涉及并购重组等行政许可审批事项的，上市公司或管理人应当聘请经证券监管机构核准的财务顾问机构、律师事务所以及具有证券期货业务资格的会计师事务所、资产评估机构等证券服务机构按照证券监管机构的有关要求及格式编制相关材料，并作为重整计划草案及其经营方案的必备文件。控股股东、实际控制人及其关联方在上市公司破产重整程序前因违规占用、担保等行为对上市公司造成损害的，制定重整计划草案时应当根据其过错对控股股东及实际控制人支配的股东的股权作相应调整。"上述规定强调上市公司的重整计划草案中的经营方案应当尽量细化，需包括债务人的经营管理方案、融资方案、资产与业务重组方案等上市公司重整具体措施的内容。此外，有关经营方案涉及并购重组等行政许可审批事项的，为便于后续的证券监管机构的审批，上市公司或管理人应当聘请经证券监管机构核准的财务顾问机构、律师事务所以及具有证券期货业务资格的会计师事务所、资产评估机构等证券服务机构，按照证券监管机构的有关要求及格式编制相关材料，并作为重整计划草案及其经营方案的必备文件。控股股东、实际控制人及其关联方在上市公司破产重整程序前因违规占用、担保等行为对上市公司造成损害的，重整计划草案必须包含出资人权益调整的内容，对控股股东及实际控制人支配的股东的股权根据过错作相应调整。

二、关于实质合并重整案件重整计划草案的内容

实质合并规则以企业主体理论为主要理论基础，即认为如果关联企业之间关联关系足够密切，存在法人人格高度混同等情形，则应当将其作为一个整体来处理，从而实现整体上的公平和程序上的效率。因此，各关联企业成员的财产应当合并作为破产财产，各成员之间的债权债务由于主体合并而归于消灭，各成员的债权人以合并后资产按照法定顺序公平受偿。采用实质合并方式进行重整的，重整计划草案中应当制定统一的债权分类、债权调整和债权受偿方案，实现对债权债务清偿、经营方案制定、出资权益调整等事项的统一处理。由各成员的债权人对该重整计划草案进行表决。

值得注意的是，通过协调审理方式处理关联企业破产案件的，由于并未改变各关联企业成员法人人格的独立性，故其各自的债权债务关系、破产财产、

债权人受偿比例等均应单独处理，各关联企业分别制定重整计划草案进行表决，即便各关联企业的相关事项均包含在一个重整计划草案之中，也应由各关联企业的债权人会议分别进行表决。

指导案例

指导案例163号：江苏省纺织工业（集团）进出口有限公司及其五家子公司实质合并破产重整案

（最高人民法院审判委员会讨论通过　2021年9月18日发布）

关键词：民事　破产重整　实质合并破产　关联企业　债转股　预表决

裁判要点：

1．当事人申请对关联企业合并破产的，人民法院应当对合并破产的必要性、正当性进行审查。关联企业成员的破产应当以适用单个破产程序为原则，在关联企业成员之间出现法人人格高度混同、区分各关联企业成员财产成本过高、严重损害债权人公平清偿利益的情况下，可以依申请例外适用关联企业实质合并破产方式进行审理。

2．采用实质合并破产方式的，各关联企业成员之间的债权债务归于消灭，各成员的财产作为合并后统一的破产财产，由各成员的债权人作为一个整体在同一程序中按照法定清偿顺位公平受偿。合并重整后，各关联企业原则上应当合并为一个企业，但债权人会议表决各关联企业继续存续，人民法院审查认为确有需要的，可以准许。

3．合并重整中，重整计划草案的制定应当综合考虑进入合并的关联企业的资产及经营优势、合并后债权人的清偿比例、出资人权益调整等因素，保障各方合法权益；同时，可以灵活设计"现金＋债转股"等清偿方案、通过"预表决"方式事先征求债权人意见并以此为基础完善重整方案，推动重整的顺利进行。

相关法条：

《中华人民共和国企业破产法》第1条、第2条

基本案情：

申请人：江苏省纺织工业（集团）进出口有限公司、江苏省纺织工业（集团）轻纺进出口有限公司、江苏省纺织工业（集团）针织进出口有限公司、江苏省纺织工业（集团）机电进出口有限公司、无锡新苏纺国际贸易有限公司、江苏省纺织工业（集团）服装进出口有限公司共同的管理人。

被申请人：江苏省纺织工业（集团）进出口有限公司、江苏省纺织工业（集团）轻纺进出口有限公司、江苏省纺织工业（集团）针织进出口有限公司、江苏省纺织工业（集团）机电进出口有限公司、无锡新苏纺国际贸易有限公司、江苏省纺织工业（集团）服装进出口有限公司。

2017年1月24日，南京市中级人民法院（以下简称南京中院）根据镇江福源纺织科技有限公司的申请，裁定受理江苏省纺织工业（集团）进出口有限公司（以下简称省纺织进出口公司）破产重整案，并于同日指定江苏东恒律师事务所担任管理人。2017年6月14日，南京中院裁定受理省纺织进出口公司对江苏省纺织工业（集团）轻纺进出口有限公司（以下简称省轻纺公司）、江苏省纺织工业（集团）针织进出口有限公司（以下简称省针织公司）、江苏省纺织工业（集团）机电进出口有限公司（以下简称省机电公司）、无锡新苏纺国际贸易有限公司（以下简称无锡新苏纺公司）的重整申请及省轻纺公司对江苏省纺织工业（集团）服装进出口有限公司（以下简称省服装公司）的重整申请（其中，省纺织进出口公司对无锡新苏纺公司的重整申请经请示江苏省高级人民法院，指定由南京中院管辖）。同日，南京中院指定江苏东恒律师事务所担任管理人，在程序上对六家公司进行协调审理。2017年8月11日，管理人以省纺织进出口公司、省轻纺公司、省针织公司、省机电公司、无锡新苏纺公司、省服装公司等六家公司人格高度混同为由，向南京中院申请对上述六家公司进行实质合并重整。

法院经审理查明：

一、案涉六家公司股权情况

省纺织进出口公司注册资本5500万元，其中江苏省纺织（集团）总公司（以下简称省纺织集团）出资占60.71%，公司工会出资占39.29%。省轻纺公司、省针织公司、省机电公司、无锡新苏纺公司、省服装公司（以下简称五家子公司）注册资本分别为1000万元、500万元、637万元、1000万元、1000万元，省纺织进出口公司在五家子公司均出资占51%，五家子公司的其余股份均由职工持有。

二、案涉六家公司经营管理情况

1．除无锡新苏纺公司外，其余案涉公司均登记在同一地址，法定代表人存在互相交叉任职的情况，且五家子公司的法定代表人均为省纺织进出口公司的高管人员，财务人员及行政人员亦存在共用情形，其中五家子公司与省纺织进出口公司共用财务人员进行会计核算，付款及报销最终审批人员相同。

2．省纺织进出口公司和五家子公司间存在业务交叉混同情形，五家子公司的业务由省纺织进出口公司具体安排，且省纺织进出口公司与五家子公司之间存在大量关联债务及担保。

为防止随意对关联企业进行合并，损害公司的独立人格，损害部分债权人等利益相关者的合法权益，在收到合并重整申请后，南京中院对申请人提出的申请事项和事实理由进行了审查，同时组织债权人代表、债务人代表、职工代表、管理人、审计机构等进行全面的听证，听取各方关于公司是否存在混同事实的陈述，同时对管理人清理的债权债务情况、审计报告，以及各方提交的证据进行全面的审核，并听取了各方对于合并破产重整的意见。

裁判结果：

依照企业破产法第一条、第二条规定，南京中院于2017年9月29日作出（2017）苏01破1、6、7、8、9、10号民事裁定：省轻纺公司、省针织公司、省机电公司、无锡新苏纺公司、省服装公司与省纺织进出口公司合并重整。

依照企业破产法第八十六条第二款之规定，南京中院于2017年12月8日作出（2017）苏01破1、6、7、8、9、10号之二民事裁定：一、批准省纺织进出口公司、省轻纺公司、省针织公司、省机电公司、无锡新苏纺公司、省服装公司合并重整计划；二、终止省纺织进出口公司、省轻纺公司、省针织公司、省机电公司、无锡新苏纺公司、省服装公司合并重整程序。

第八十二条　下列各类债权的债权人参加讨论重整计划草案的债权人会议，依照下列债权分类，分组对重整计划草案进行表决：

（一）对债务人的特定财产享有担保权的债权；

（二）债务人所欠职工的工资和医疗、伤残补助、抚恤费用，所欠的应当划入职工个人账户的基本养老保险、基本医疗保险费用，以及法律、行政法规规定应当支付给职工的补偿金；

（三）债务人所欠税款；

（四）普通债权。

人民法院在必要时可以决定在普通债权组中设小额债权组对重整计划草案进行表决。

关联规定

一、法律、行政法规、司法解释

《最高人民法院关于适用〈中华人民共和国企业破产法〉若干问题的规定（三）》

第十一条　债权人会议的决议除现场表决外，可以由管理人事先将相关决议事项告知债权人，采取通信、网络投票等非现场方式进行表决。采取非现场方式进行表决的，管理人应当在债权人会议召开后的三日内，以信函、电子邮件、公告等方式将表决结果告知参与表决的债权人。

根据企业破产法第八十二条规定，对重整计划草案进行分组表决时，权益因重整计划草案受到调整或者影响的债权人或者股东，有权参加表决；权益未受到调整或者影响的债权人或者股东，参照企业破产法第八十三条的规定，不参加重整计划草案的表决。

二、部门规章及规范性文件

《国家发展和改革委员会、最高人民法院等十三个国家机关加快完善市场主体退出制度改革方案》

四、完善破产法律制度……（一）完善企业破产制度……完善企业破产重整制度。倡导积极重建的破产重整理念，切实解决企业破产污名化问题，充分利用破产重整制度促进企业重组重生。细化完善重整程序实施规则，明确强制批准重整计划的审查标准和法律依据，规范法院对重整计划的强制批准权。完善重整程序中的分组表决机制。优化管理人制度和管理模式，明确管理人与债务人、债权人之间的权利界限，合理发挥债务人在重整程序中的作用。建立吸收具备专业资质能力的人员参与重整企业经营管理的机制，促进重整企业保持经营价值。（最高人民法院、国家发展改革委、司法部、中国人民银行、中国银保监会、中国证监会等按职责分工负责）

三、司法指导性文件

1.《全国法院审理债券纠纷案件座谈会纪要》

16. 债券持有人重大事项决定权的保留。债券持有人会议授权的受托管理人或者推选的代表人作出可能减损、让渡债券持有人利益的行为，在案件审理中与对方当事人达成调解协议，或者在破产程序中就发行人重整计划草案、和解协议进行表决时，如未获得债券持有人会议特别授权的，应当事先征求各债券持有人的意见或者由各债券持有人自行决定。

2.《全国法院民商事审判工作会议纪要》

115.【庭外重组协议效力在重整程序中的延伸】继续完善庭外重组与庭内重整的衔接机制，降低制度性成本，提高破产制度效率。人民法院受理重整申请前，债务人和部分债权人已经达成的有关协议与重整程序中制作的重整计划草案内容一致的，有关债权人对该协议的同意视为对该重整计划草案表决的同意。但重整计划草案对协议内容进行了修改并对有关债权人有不利影响，或者与有关债权人重大利益相关的，受到影响的债权人有权按照企业破产法的规定对重整计划草案重新进行表决。

条文释义

一、本条主旨

本条是关于重整计划草案进行分组表决时债权人会议分组情况的规定。

二、条文演变

《企业破产法（试行）》并无本条相关内容的规定。本条是现行《企业破产法》新增条文，就重整计划草案进行分组表决时债权人会议分组情况作出了规定。立法过程中，不同时期的草案中关于本条的规定内容没有显著变化，基本上都采取了担保债权、职工债权、税收债权和普通债权的分组方式。《企业破产法（草案）》（2004年3月A版）规定："重整计划中的债权分类如下：（一）有财产担保的债权；（二）劳动债权；（三）税款；（四）普通债权。"《企业破产法（草案）》（2004年10月）规定："重整计划中的债权分类如下：（一）对债务人的特定财产享有财产担保权或者法律规定的优先权的债权；（二）企业所欠职工的工资和基本社会保险费用，以及法律、行政法规规定应当支付给职工的补偿金；（三）企业所欠税款；（四）普通债权。"在《企业破产法》三读时增加了小额债权组的分类，为现行《企业破产法》规定采纳。

三、条文解读

（一）关于表决的分组

债务人重整涉及各方利害关系人的利益。不同的重整措施对不同性质的债权和对债务人享有的其他权利的影响也不同。重整程序一个重要的特点，就是对重整计划草案不是采取债权人会议全体一起表决的方式，而是采取债权人分组会议表决的方式。[①] 这样有利于区分不同类型债权人之间的利益差异，避免利益冲突与相互牵制，能够提高重整程序的效率。

分组表决是指将债权人和股东按不同标准分为不同小组，再以小组为单位分别进行表决，然后按分组表决的结果计算债权人会议表决的结果。各国对分

① 王欣新：《破产法》，中国人民大学出版社2019年版，第312页。

组应坚持的原则基本上一致，即每一组内所有成员的权益应实质上相同。这不是简单将债权人分为担保债权人和普通无担保债权人两组，而是通常按照债权在破产法中具有的地位和获清偿的顺序做更细致的划分。根据本条第1款的规定，债权人会议对重整计划草案表决时作如下分类：

1. 对债务人的特定财产享有担保权的债权。根据我国《民法典》的规定，对债务人的特定财产享有的担保权包括抵押权、质权和留置权。抵押权是指为担保债务的履行，债务人或者第三人不转移财产的占有，将该财产抵押给债权人的，债务人不履行到期债务或者发生当事人约定的实现抵押权的情形，债权人有权就该财产优先受偿。质权是指债务人或者第三人将其动产出质给债权人占有的，债务人不履行到期债务或者发生当事人约定的实现质权的情形，债权人有权就该动产优先受偿。留置权是指债务人不履行到期债务，债权人可以留置已经合法占有的债务人的动产，并有权就该动产优先受偿。

2. 债务人所欠职工的工资和医疗、伤残补助、抚恤费用，所欠的应当划入职工个人账户的基本养老保险、基本医疗保险费用，以及法律、行政法规规定应当支付给职工的补偿金。

（1）应当划入职工个人账户的基本养老保险。2019年修订的《社会保险费征缴暂行条例》的规定，基本养老保险费的征缴范围是：国有企业、城镇集体企业、外商投资企业、城镇私营企业和其他城镇企业及其职工，实行企业化管理的事业单位及其职工。依据1997年7月16日国务院颁布的《关于建立统一的企业职工基本养老保险制度的决定》的规定，用人单位和职工个人均需向社保机构缴纳基本养老保险费。企业缴纳基本养老保险费的比例，一般不得超过企业工资总额的20%，具体比例由省级人民政府确定。职工个人缴纳的基本养老保险费的比例，1997年不得低于本人缴费工资的4%，1998年起每两年提高一个百分点，最终达到本人缴费工资的8%。按照职工本人缴费工资的11%的数额为职工建立基本养老保险个人账户，个人缴费全部计入个人账户，其余部分从企业缴费中划入。个人账户的储存额只用于职工养老，不得提前支取。2000年12月25日国务院颁布的《关于印发完善城镇社会保障体系试点方案的通知》对养老保险决定又作了一定的修改，规定：企业缴费部分不再划入个人账户，全部纳入社会统筹基金。职工依法缴纳基本养老保险费的比例为本人缴费工资的8%，并全部计入个人账户。个人账户规模由本人缴费工资的11%调整为8%。个人账户储存额的多少，取决于个人缴费额和个人账户基金收益，并由社会保险经办机构定期公布。职工跨统筹范围流动时，个人账户随同转移。职工或退休人员死亡，个人账户可以继承。

（2）应当划入职工个人账户的基本医疗保险。依据1998年国务院颁布的《关于建立城镇职工基本医疗保险制度的决定》（以下简称《医疗保险决定》）和《社会保险费征缴暂行条例》的规定，基本医疗保险费的征缴范围是：国有企业、城镇集体企业、外商投资企业、城镇私营企业和其他城镇企业及其职工，国家机关及其工作人员，事业单位及其职工，民办非企业单位及其职工，社会团体及其专职人员。根据《医疗保险决定》，用人单位缴纳的基本医疗保险费率应控制在职工工资总额的6%左右。职工个人的缴费率一般为本人工资收入的2%。根据该决定，基本医疗保险基金由统筹基金和个人账户构成。职工个人缴纳的基本医疗保险费，全部计入个人账户。用人单位缴纳的基本医疗保险费的30%左右划入职工个人账户，其余部分用于建立统筹基金。

（3）法律、行政法规规定应当支付给职工的补偿金。目前主要有以下几种：①因解除劳动合同应支付补偿金。《劳动法》规定，用人单位因下列事项与职工解除劳动合同的，应当“依照国家有关规定给予经济补偿”：劳动合同当事人协商一致解除合同的；劳动者患病或者非因工负伤，医疗期满后，不能从事原工作也不能从事由用人单位另行安排的工作的；劳动者不能胜任工作，经过培训或者调整工作岗位，仍不能胜任工作的；劳动合同订立时所依据的客观情况发生重大变化，致使原劳动合同无法履行，经当事人协商不能就变更劳动合同达成协议的；用人单位濒临破产进行法定整顿期间或者生产经营状况发生严重困难，确需裁减人员的。②克扣、拖欠工资应支付补偿金。《劳动法》规定，用人单位克扣或者无故拖欠劳动者工资、拒不支付劳动者延长工作时间工资报酬、低于当地最低工资标准支付劳动者工资以及解除劳动合同后，未依照该法规定给予劳动者经济补偿的，应该向职工支付经济补偿金。③因合同终止应支付补偿金。《劳动合同法》规定，因劳动合同期满、用人单位被依法宣告破产、用人单位被吊销营业执照、责令关闭、撤销或者用人单位决定提前解散终止劳动合同的，用人单位应当向劳动者支付经济补偿金。

3. 债务人所欠税款。债务人所欠税款是一种特殊的债权，其与一般债权的不同主要表现在：第一，它所依据产生的基础是公法而非私法，即税收权力是公权力，它体现的不是平等主体之间的交易关系，而是管理者与被管理者之间的公法关系；第二，权利主体具有特殊性，债务人所欠税款的债权人是国家；

第三，从其性质和用途看，税收为国家行使管理职能所必需，具有公益性；第四，对债务人所欠税款进行调整的要求和其他债权调整不同。《税收征收管理法》第 33 条规定，纳税人依照法律、行政法规的规定办理减税、免税。地方各级人民政府、各级人民政府主管部门、单位和个人违反法律、行政法规规定，擅自作出的减税、免税决定无效，税务机关不得执行，并向上级税务机关报告。本条规定，债务人所欠税款要单独列为一类债权。

4. 普通债权。普通债权是指上述三项所列债权之外的债权的总称，主要是对债务人的特定财产不享有担保权和法律规定的优先权的债权。

（二）人民法院在必要时可以决定在普通债权组中设立小额债权组

基于公平理念，对在实体法上具有同一性质的债权人应平等对待，但是，就实体法上具有同一性质的权利之间的待遇也允许有差别。这主要是考虑到，同一清偿顺序的债权虽然顺序相同，但是他们对企业的地位和作用有所差别，对债权人也享有不同的期待利益。如果笼统地将其分在一个组内，可能会有失公平。同时，就体现效率的角度看而言，这种区别待遇的作法也会有利于重整程序的进行。

在实践中，重整企业往往存在着大额债权人人数少但是债权总额很大，而小额债权人人数很多，债权总额却不大的情况。为促进重整计划草案被表决通过，在重整计划草案中提高小额债权人的清偿比例，以取得他们的同意，不仅不会增加企业的偿债困难，对大额债权人的权益影响也很小。因此，本条采取了比较灵活的做法，规定人民法院在必要时可以决定在普通债权组中设立小额债权组对重整计划草案进行表决。

为更全面、准确地体现不同债权人团体间的利益诉求，更好地体现表决结果的公正性，有意见认为可以考虑根据重整计划草案对债权的不同调整方案在本法第 82 条规定的组别外再分设其他组别。但是，法院对表决组别的设置不得损害表决结果的公平性。[①] 即便在公平合理的限度内对债权进行适当的分组，必须保证对同一组内的债权人提供平等的待遇。

---

① 王欣新：《破产法》，中国人民大学出版社 2019 年版，第 313 页。

适用指引

一、重整程序中参加债权人会议表决的人员

《企业破产法规定（三）》第11条第2款规定："根据企业破产法第八十二条规定，对重整计划草案进行分组表决时，权益因重整计划草案受到调整或者影响的债权人或者股东，有权参加表决；权益未受到调整或者影响的债权人或者股东，参照企业破产法第八十三条的规定，不参加重整计划草案的表决。"在适用时，首先，要明确该条规定仅限于重整案件中对重整计划草案分组表决的情形，不能一般性的否认"权益未受到调整或者影响的债权人或者股东"在破产程序中依法享有的表决权，不得将这种对表决权的限制简单适用于重整程序中重整计划草案以外其他事项的表决，更不得将这种限制简单扩张到破产清算、和解程序中；其次，在采取债权人人数和债权额双重标准的决议机制下，这部分债权人或者股东，即使出席债权人会议，亦不得作为债权人人数和债权总额基数的组成部分。可以看到，本条司法解释的规定提升了法院强制批准重整计划的标准，防止实践中为规避强制批准重整计划应"至少有一组已经通过重整计划草案"的规定，有管理人将权利未受损害、调整或影响的债权人设置成一个债权人组，该债权人组"表决通过"重整计划草案，以满足强制裁定批准重整计划草案的最低要求。

实践中，关于"权益未受到调整或者影响"的判断，首先，应从实体上从严把握。但是，必须认识到，重整案件中债权人或者股东"权益未受到调整或者影响"的情形是很少发生的。无论是利息计算标准、清偿时间等，在重整计划草案中作出了新的安排，都属于"受到调整或者影响"的情形，更不用说调整本金的金额或者期限。其次，从程序上，在债权人或者股东就其是否参加表决与管理人发生争议的情况下如何救济，可参照未确定债权的处理。《企业破产法》第59条规定，债权尚未确定的债权人，除人民法院能够为其行使表决权而临时确定债权额的外，不得行使表决权。故上述司法解释所列"是否参加表决"发生争议的情况下，应由人民法院依法裁决。

破产程序中，债权人的三项核心权利是知情权、参与权和监督权。权益未受到调整或者影响的债权人或者股东虽然不参加重整计划草案的表决，但并不意味着可以不通知他们参加债权人会议，以及妨害他们获得知情权的保障。主

要理由在于：其一，参加债权人会议并获得知情权的切实保障是债权人或者股东判断其“权益是否受到调整或者影响”的前提条件。其二，“权益未受到调整或者影响”是指或者主要是指实体权益未受到调整或者影响，而知情权、参与权、监督权是破产程序中保障债权人实体债权确能得到公平清偿的重要的程序性权利，不受关于参与表决的特殊规定的影响。

二、庭外重组协议效力在重整程序中的延伸

《民商审判会议纪要》第 115 条规定：“人民法院受理重整申请前，债务人和部分债权人已经达成的有关协议与重整程序中制作的重整计划草案内容一致的，有关债权人对该协议的同意视为对该重整计划草案表决的同意。但重整计划草案对协议内容进行了修改并对有关债权人有不利影响，或者与有关债权人重大利益相关的，受到影响的债权人有权按照企业破产法的规定对重整计划草案重新进行表决。”

庭外债务重组是一种解决债务危机的非正式机制。在庭外债务重组中，达成的协议如能获得庭内重整程序的认可，则构建了连通庭外重组和庭内重整的企业挽救新模式。在债务人与部分债权人在庭外重组中已经达成的有关协议与重整程序中制作的重整计划草案内容一致的前提下，有关债权人对该协议的同意视为对该重整计划草案表决同意。即在此情况下法院可以推定有关债权人在重整计划草案的表决中已经投同意票，无须再次投票表决。需要强调的是，认定庭外债务重组达成的有关协议与重整程序中的重整计划草案内容一致应当坚持实质审查标准，确保有关债权人的表决权不因此受到损害。

如果重整计划草案对协议内容进行了修改并对有关债权人有不利影响，或者与有关债权人重大利益相关的，受到影响的债权人有权要求依法重新表决重整计划草案。人民法院审查重整计划草案是否构成对协议内容的修改以及是否对有关债权人构成不利影响时，应当坚持实质性影响标准，充分保护有关债权人的异议权。有关债权人提出异议的，自行管理债务人或者管理人应当充分说明重整计划草案与有关协议的差异性是否构成对有关债权人利益的不利影响。除此之外，债务人是否履行充分信息披露义务也是值得探讨的问题，如果有关债权人提出异议并提供证据证明债务人信息披露有误或者故意隐瞒重大信息导致庭外重组协议内容与重整计划草案产生实质性影响的，人民法院应当允许有关债权人重新表决。

三、劣后债权人是否有权参加重整计划草案分组表决

《破产审判会议纪要》第28条及第39条对破产债权的清偿原则和顺序做了相关认定。第28条规定："对于法律没有明确规定清偿顺序的债权，人民法院可以按照人身损害赔偿债权优先于财产性债权、私法债权优先于公法债权、补偿性债权优先于惩罚性债权的原则合理确定清偿顺序。因债务人侵权行为造成的人身损害赔偿，可以参照企业破产法第一百一十三条第一款第一项规定的顺序清偿，但其中涉及的惩罚性赔偿除外。破产财产依照企业破产法第一百一十三条规定的顺序清偿后仍有剩余的，可依次用于清偿破产受理前产生的民事惩罚性赔偿金、行政罚款、刑事罚金等惩罚性债权。"第39条规定："协调审理不消灭关联企业成员之间的债权债务关系，不对关联企业成员的财产进行合并，各关联企业成员的债权人仍以该企业成员财产为限依法获得清偿。但关联企业成员之间不当利用关联关系形成的债权，应当劣后于其他普通债权顺序清偿，且该劣后债权人不得就其他关联企业成员提供的特定财产优先受偿。"上述条文对部分债权劣后清偿的情况进行了规定。

在重整计划草案的表决中，关于相关劣后债权人是否有权进行表决，如何分组进行表决的问题，我们认为，适宜分情况进行处理。一般情况下，劣后债权难以在重整案件中获得清偿，重整计划草案的内容对劣后债权人的权益难以产生影响。因此，为提高表决的效率，减少表决的成本，劣后债权人可以不对重整计划草案进行表决。在劣后债权可能在重整案件中获得清偿的情况下，可以设劣后债权人组，对重整计划草案进行表决。

典型案例

北京中电华通信息科技有限公司破产重整案

关键词：预重整　重整

裁判摘要：北京中电华通信息科技有限公司（以下简称中电华通公司）因经营不善资金链断裂，债权人向北京市第一中级人民法院申请对该公司进行重整。为充分识别中电华通公司是否具有重整原因、重整价值及重整可能，法院对中电华通公司启动预重整程序。经过预重整程序后，法院于2020年8月3

日裁定受理中电华通公司重整案。

重整期间，根据预重整方案，管理人制作重整计划草案。草案规定，职工债权及税款债权将获得一次性全额现金清偿，有财产担保债权通过债转股的方式获得全额清偿，普通债权人可选择按照25%的比例进行现金清偿或者通过债转股的方式进行全额清偿。同时，重整计划草案对出资人权益作全额调整，该公司100%股权全部让渡用于引入战略投资人。

在第一次债权人会议上，因重整计划草案对职工债权及税款债权全额现金清偿，故前述债权人不参与重整计划草案表决，仅将权益因受重整计划草案调整或影响的利害关系人纳入表决程序，从而促进表决程序的高效性与结果的合理性，在保障债权人合法权益的基础上有效提升程序效率。重整计划草案获表决通过后，2020年12月28日，法院裁定批准重整计划。

【案　　号】（2020）京01破33号

【审理法院】北京市第一中级人民法院

【来　　源】2021年人民法院实施破产法律制度优化营商环境典型案例

第八十三条　重整计划不得规定减免债务人欠缴的本法第八十二条第一款第二项规定以外的社会保险费用；该项费用的债权人不参加重整计划草案的表决。

关联规定

法律、行政法规、司法解释

1.《中华人民共和国劳动法》

第七十三条　劳动者在下列情形下，依法享受社会保险待遇：

（一）退休；

（二）患病、负伤；

（三）因工伤残或者患职业病；

（四）失业；

（五）生育。

劳动者死亡后，其遗属依法享受遗属津贴。

劳动者享受社会保险待遇的条件和标准由法律、法规规定。

劳动者享受的社会保险金必须按时足额支付。

2.《最高人民法院关于适用〈中华人民共和国企业破产法〉若干问题的规定（三）》

第十一条　债权人会议的决议除现场表决外，可以由管理人事先将相关决议事项告知债权人，采取通信、网络投票等非现场方式进行表决。采取非现场方式进行表决的，管理人应当在债权人会议召开后的三日内，以信函、电子邮件、公告等方式将表决结果告知参与表决的债权人。

根据企业破产法第八十二条规定，对重整计划草案进行分组表决时，权益因重整计划草案受到调整或者影响的债权人或者股东，有权参加表决；权益未受到调整或者影响的债权人或者股东，参照企业破产法第八十三条的规定，不参加重整计划草案的表决。

条文释义

一、本条主旨

本条是关于债务人所欠缴的本法第82条第1款第2项规定以外的社会保险费用予以保障的规定。

二、条文演变

《企业破产法（试行）》并无本条相关内容的规定。本条是现行《企业破产法》新增条文，就保障债务人所欠缴的本法第82条第1款第2项规定以外的社会保险费用作出了规定。本条为《企业破产法》在三审通过时临时加入的内容，明确社会保险费用在重整计划中的特殊地位。

三、条文解读

（一）重整计划不得规定减免债务人所欠缴的本法第82条第1款第2项规定以外的社会保险费用

我国现行的社会保险主要包括五种，即：基本养老保险、基本医疗保险、失业保险、工伤保险以及生育保险。本条规定的“本法第八十二条第一款第二项规定以外的社会保险费用”主要是指划入职工个人账户的基本养老保险、基本医疗保险费用以外的保险费用，具体包括：

1. 未划入职工个人账户的基本养老保险费用。按照1997年7月16日施行的《国务院关于建立统一的企业职工基本养老保险制度的决定》（国发〔1997〕26号）的规定，用人单位和职工个人均需向社保机构缴纳基本养老保险费。企业缴纳基本养老保险费的比例，一般不得超过企业工资总额的20%，具体比例由省级人民政府确定。2000年12月25日施行的《国务院关于印发完善城镇社会保障体系试点方案的通知》（国发〔2000〕42号）对养老保险决定又作了一定的修改，规定企业缴费部分不再划入个人账户，全部纳入社会统筹基金。

2. 未划入职工个人账户的基本医疗保险费用。按照1998年12月14日施行的《国务院关于建立城镇职工基本医疗保险制度的决定》（国发〔1998〕44

号）规定，基本医疗保险基金由统筹基金和个人账户构成。用人单位缴纳的基本医疗保险费率应控制在职工工资总额的6%左右，其中30%左右划入职工个人账户，其余部分用于建立统筹基金。

3. 失业保险费用。依据1999年1月22日国务院公布并施行的《失业保险条例》的规定：国有企业、城镇集体企业、外商投资企业、城镇私营企业和其他城镇企业及其职工，事业单位及其职工都要缴纳失业保险费。城镇企业事业单位按照本单位的工资总额缴纳失业保险费；城镇企业事业单位职工按照本人工资的1%缴纳失业保险费。同时，该条例规定，城镇企业事业单位招用的农民合同制工人本人不缴纳失业保险费。

4. 工伤保险费用。根据2011年1月1日修订的《工伤保险条例》的规定，中华人民共和国境内的企业、事业单位、社会团体、民办非企业单位、基金会、律师事务所、会计师事务所等组织和有雇工的个体工商户均要参加工伤保险，为本单位全部职工或者雇工缴纳工伤保险费。工伤保险费的数额为用人单位职工工资总额乘以单位缴费费率之积。该条例规定，国家根据不同行业的工伤风险程度确定行业的差别费率并确定若干费率档次；社保经办机构根据用人单位工伤保险费使用、工伤发生率等情况，适用所属行业内相应的费率档次确定单位缴费率。

5. 生育保险费用。按照1995年1月1日施行的劳动部《企业职工生育保险试行办法》（劳部发〔1994〕504号）的规定，生育保险费由用人单位按照本单位职工工资总额的一定比例缴纳，职工个人不缴纳。生育保险费的费率由当地人民政府根据计划内生育人数和生育津贴、生育医疗费等各项费用确定，最高不得超过工资总额的1%。

（二）重整计划草案不得对上述费用的债权规定减免，该项费用的债权人不参加重整计划的表决

按照有关规定，上述费用要用来建立基本养老保险基金、基本医疗保险基金、失业保险基金、工伤保险基金以及生育保险基金，以备职工一旦出现保险范围内情况之急需。基金涉及的是全社会职工的利益，并非单独由哪个职工或者哪部分职工享有，如果减免这些费用对于其他职工是不公平的。而上述各种保险费用的征收机构，也无权私自处分基金，因此，本条规定，重整计划不得规定减免债务人所欠缴的上述社会保险费用。由于重整计划草案不会减免该项

债权，该项债权不会受到损害，起码不会比在破产清算程序中得到的清偿少，所以该项费用的债权人不需参加重整计划草案的表决。

适用指引

本条规定重整计划不得减免债务人欠缴的本法第 82 条第 1 款第 2 项规定以外的社会保险费用；该项费用的债权人不参加重整计划草案的表决。《企业破产法规定（三）》第 11 条第 2 款规定："根据企业破产法第八十二条规定，对重整计划草案进行分组表决时，权益因重整计划草案受到调整或者影响的债权人或者股东，有权参加表决；权益未受到调整或者影响的债权人或者股东，参照企业破产法第 83 条的规定，不参加重整计划草案的表决。"上述规定基于同样的法理，即利益不受重整计划不利影响的利害关系人不必参加重整计划的表决。

在适用中要注意上述两条规定的区别：本条规定的重整计划不得减免债务人欠缴的本法第 82 条第 1 款第 2 项规定以外的社会保险费用，该项费用的债权人不参加重整计划草案的表决为强制性规定，在所有的重整案件中一体适用；《企业破产法规定（三）》第 11 条第 2 款规定的权益不受调整或者影响的债权人或者股东不参加重整计划草案的表决，是要在具体的重整案件中进行个别判断是否存在"权益是否受到调整或者影响"的情形，且从实践来看，这种情形必然不会产生在所有的重整案件中。

同时，上述两条规定对于表决权行使权利主体范围的限缩仅限于重整案件中对重整计划草案分组表决的情形，不能一般性的否认债务人欠缴的本法第 82 条第 1 款第 2 项规定以外的社会保险费用的债权人及"权益未受到调整或者影响的债权人或者股东"在破产程序中依法享有的表决权，不得将这种对表决权的限制简单适用于重整程序中重整计划草案以外其他事项的表决，更不得将这种限制简单扩张到破产清算、和解程序中。并且，即便上述主体不参加重整计划草案的表决，也不影响其参加相关债权人会议，行使知情权、监督权的权利。唯需注意的是，这部分债权人或者股东，即使出席债权人会议，不应在在计算重整计划草案投票结果时作为债权人人数和债权总额基数的组成部分。

类案检索

广西柳州鹿寨金利水泥有限公司破产重整案

关键词： 重整计划　重整

裁判摘要： 柳州市中级人民法院（以下简称柳州中院）于2017年4月裁定受理广西柳州鹿寨金利水泥有限公司（以下简称金利公司）破产清算申请，并同日指定管理人。经债务人申请，柳州中院于2017年6月裁定对金利公司进行破产重整。柳州中院受理后，与金利公司住所地的鹿寨县人民政府协调沟通立即启动“府院联动”机制，成立了金利公司债务危机领导协调小组，统筹协调解决维护职工稳定、生产恢复和招商引资问题，确立了“多重整、少清算”和挽救危困民营企业、避免企业停产影响当地经济发展的总体思路。三级法院联动，一体解决破产企业财产查封和执行问题，确保金利公司破产财产不流失，为企业复产提供司法保障。面对职工闹访和管理人要求停产的诸多不利因素，启用300万元的救援资金，自案件受理之日起1个月内补发了拖欠职工近3个月的工资，恢复了暂停多年的职工医保待遇，维护了职工队伍稳定。

为避免金利公司最终走向破产清算，柳州中院指导管理人创新提出了“零重整资金＋债转股”的重整模式，拟定了普通债权“债转股”和金融机构债权人延期行使优先权的重整计划草案，并在第二次债权人会议上获得了各类债权人的表决同意。2018年10月29日召开的第三次债权人会议表决选定了广西最大的国有水泥生产企业作为重整投资人并通过了重整计划草案。根据该重整计划草案，近5亿元的担保优先债权、近3000万元第一顺序职工债权和近1亿元第二顺序税款及社保债权获得了100％清偿，第三顺序普通债权10万以内部分全额清偿，超过10万元部分可以选择将债权转让给重整投资人分期按一定比例清偿或者按折算比例实施债权转为金利公司股权。

【案　　号】（2017）桂02破3号

【审理法院】 广西壮族自治区柳州市中级人民法院

【来　　源】 广西法院首批10＋3破产审判典型案例

第八十四条 人民法院应当自收到重整计划草案之日起三十日内召开债权人会议，对重整计划草案进行表决。

出席会议的同一表决组的债权人过半数同意重整计划草案，并且其所代表的债权额占该组债权总额的三分之二以上的，即为该组通过重整计划草案。

债务人或者管理人应当向债权人会议就重整计划草案作出说明，并回答询问。

关联规定

一、法律、行政法规、司法解释

《中华人民共和国企业破产法》

第六十三条 召开债权人会议，管理人应当提前十五日通知已知的债权人。

第六十四条 债权人会议的决议，由出席会议的有表决权的债权人过半数通过，并且其所代表的债权额占无财产担保债权总额的二分之一以上。但是，本法另有规定的除外。

债权人认为债权人会议的决议违反法律规定，损害其利益的，可以自债权人会议作出决议之日起十五日内，请求人民法院裁定撤销该决议，责令债权人会议依法重新作出决议。

债权人会议的决议，对于全体债权人均有约束力。

二、司法指导性文件

《最高人民法院关于推进破产案件依法高效审理的意见》

16. 管理人应当根据企业破产法第六十三条的规定，提前十五日通知已知债权人参加债权人会议，并将需审议、表决事项的具体内容提前三日告知已知债权人。但全体已知债权人同意缩短上述时间的除外。

条文释义

一、本条主旨

本条是关于重整计划草案的表决和债权人会议小组表决通过的规定。

二、条文演变

《企业破产法（试行）》并无本条相关内容的规定。本条是现行《企业破产法》新增条文，就债权人会议表决重整计划草案的相关问题作出了规定。在《企业破产法》起草过程中，本条对法院收到重整计划草案之日起召开债权人会议表决的时限逐步由《企业破产法（草案）》（2004 年 3 月 B 版）规定的 60 日、《企业破产法（草案）》（2004 年 6 月）规定的 2 个月调整为现行《企业破产法》规定的 30 日内。另外，对于债权人会议各组表决通过重整计划草案的要求，现行《企业破产法》加入了出席人数要求及票数要求。

三、条文解读

（一）重整计划草案表决的时间

重整计划草案一旦提交给人民法院，人民法院就应当及时召开债权人会议对重整计划草案进行表决，防止重整期间拖得太长。本条规定，人民法院应当自收到重整计划草案之日起 30 日内召开债权人会议，对重整计划草案进行表决。

（二）债权人会议各表决组对重整计划草案的通过标准

各国和地区关于债权人会议各表决组通过重整计划草案的表决条件要求不同。本法采取的是双重标准，即要求出席会议的同一表决组的债权人过半数同意重整计划草案，并且其所代表的债权额占该组债权总额的 2/3 以上的，为该组通过重整计划草案。人数“过半数通过”是为了防止大债权人对小债权人“以大欺小”，“债权总额三分之二以上通过”是为了防止小债权人对大债权人“以多欺少”。关于对未参加表决者的处理，有些国家采取按实际参加表决的人数计算支持率的做法，其依据是缺席者和弃权者可被视为无意参与程序，防止潜在的少数而又不具代表性的债权人群体影响重整的进程。考虑到我国的实际情况，未必所有的债权人都会关心一个已经出现破产情形或者已经濒临破产的企业的债权，而且参加破产程序的费用有时可能大于所能得到的清偿，所以有些债权人根本就不申报债权，有的申报了债权也不参加债权人会议。如果以申报的债权人总人数作为表决的计算基数的话，就不利于重整计划草案的表决通过。因此本法规定表决通过时表示同意的人数只要达到“出席会议的债权人过半数”即算满足了人数标准。

（三）债务人或者管理人的说明义务

在对重整计划草案进行表决时，债权人和出资人需要确信重整计划草案的内容公平、可行。作为重整计划草案的制作者，重整人应当就重整计划的内容以及对债务人、债权人、出资人的影响向债权人和出资人进行解释。一般来说，说明中应当包括债务人的基本状况、资产负债情况、债权清偿情况、债权人按照重整计划草案可得到的待遇与在模拟破产清算时的所得进行的比较；债务人能够继续经营和重整的依据；关于债务人的现金流量预期能够按重整计划偿付其债务的说明等。此外，本条还要求债务人或者管理人出席债权人会议回答询问，解释重整计划草案的可行性，增进重整计划的透明度，有助于确保债权人对重整企业抱有信心，从而通过重整计划草案。

适用指引

1. 在重整中应进行必要的信息披露，以帮助债权人对重整方案作出评估并最终决定是否接受该方案。[①] 实践中，不乏管理人未提前将重整计划草案内容告知债权人，而是在债权人会议召开时才向债权人提交重整计划草案的情况。根据本法第 81 条的规定，重整计划草案包含诸多内容，其中的具体安排与债权人等利害关系人的利益密切相关。在债权人会议召开之前“突袭”提交重整计划草案，将使债权人等利害关系人没有充足的时间考虑重整计划草案的内容，既有可能损害利害关系人的利益，也容易使利害关系人丧失对重整计划草案的信任，进而不利于重整计划草案的顺利通过。2020 年 4 月 15 日最高人民

① ［美］大卫·G. 爱波斯坦等：《美国破产法》，韩长印等译，中国政法大学出版社 2003 年版，第 818~819 页。

法院印发《关于推进破产案件依法高效审理的意见》，其中第16条规定："管理人应当根据企业破产法第六十三条的规定，提前十五日通知债权人会议，并将需审议、表决事项的具体内容提前三日告知已知债权人。但全体已知债权人同意缩短上述时间的除外。"但是，鉴于重整计划草案的复杂性，即便管理人将其内容提前3日告知债权人等利害关系人，时间保障尚不充分。我们认为，按照本法第63条的规定，召开债权人会议，管理人应当提前15日通知已知债权人参加债权人会议。如果所通知召开的债权人会议为对重整计划草案进行表决的债权人会议，管理人应当一并将重整计划草案内容及相关说明告知债权人、债务人的出资人及其他利害关系人。当然，管理人也可以更为提前进行关于重整计划草案的信息披露，便于利害关系人充分了解重整计划草案的内容。

2. 债权人表决权的确定。本条对债权人会议各表决组通过重整计划草案的标准采取的是双重标准，即要求出席会议的同一表决组的债权人过半数同意重整计划草案，并且其所代表的债权额占该组债权总额的2/3以上的，为该组通过重整计划草案。在采取债权人人数和债权额双重标准的决议机制下，债权人人数和债权总额基数的计算方法就尤为重要。债权人人数的计算应当以出席债权人会议的债权人人数为准，且实现身份上的均等化，无论债权人名下的债权种类或项目有多少，均以一人计算。债权人委托代理人出席的，视为债权人本人出席。但一个代理人代理多个债权人的，依其代理的债权人人数为准。实践中也要注意部分债权人为控制表决结果，将自己的债权向多个受让人拆分转让，以同时满足人数过半数通过及债权总额2/3以上通过的要求。针对这种情况，《北京破产法庭破产重整案件办理规范（试行）》第105条规定："债权人在重整期间转让债权的，应当通知管理人。受让人自债权转让通知管理人之日起，可以以自己的名义在重整程序中行使原债权人的权利，但原债权人已经发表的意见继续有效。债权人为控制表决结果，将同一笔债权向多个受让人转让的，人民法院仍然按照转让前的债权状态确定其表决权。"

类案检索

广东中谷糖业集团有限公司及其下属公司破产重整案

关键词： 破产重整　重整计划草案

裁判摘要：2009年9月8日，债权人遂溪县国正经贸糖业有限公司等以广东中谷糖业集团有限公司（以下简称中古集团）及其下属公司不能清偿到期债务，且其全部资产难以偿还所欠债务为由，分别向湛江市中级人民法院（以下简称湛江中院）提出对中谷集团及其下属公司进行破产重整的申请。本案中，银行是中谷集团的主要债权人，在担保债权人组及普通债权人组均占有较大的比例，对于重整计划草案的通过起着决定性的作用。重整计划草案对债权人的债权进行了削减，但鉴于欠缺银行在破产重整程序中可以核减债务人债务的规定，导致银行即使同意重整计划草案，也无法在债权人会议的分组表决中投赞成票。为此，在银行对重整计划草案实质同意但又无法投赞成票时，湛江中院采用了变通的办法进行处理，即只要银行不投反对票的，一律认定其同意重整计划草案。

【案　　号】（2009）湛中法民破字第13、14、15、16、17、18、19、20号

【审理法院】广东省湛江市中级人民法院

【来　　源】《中国审判案例要览》（2011年商事审判案例卷）

第八十五条　债务人的出资人代表可以列席讨论重整计划草案的债权人会议。

重整计划草案涉及出资人权益调整事项的，应当设出资人组，对该事项进行表决。

关联规定

一、法律、行政法规、司法解释

《中华人民共和国民法典》

第二百五十七条　国家出资的企业，由国务院、地方人民政府依照法律、行政法规规定分别代表国家履行出资人职责，享有出资人权益。

二、司法指导性文件

《最高人民法院关于审理上市公司破产重整案件工作座谈会纪要》

七、关于上市公司破产重整中出资人组的表决

会议认为，出资人组对重整计划草案中涉及出资人权益调整事项的表决，经参与表决的出资人所持表决权三分之二以上通过的，即为该组通过重整计划草案。

考虑到出席表决会议需要耗费一定的人力物力，一些中小投资者可能放弃参加表决会议的权利。为最大限度地保护中小投资者的合法权益，上市公司或者管理人应当提供网络表决的方式，为出资人行使表决权提供便利。关于网络表决权行使的具体方式，可以参照适用中国证券监督管理委员会发布的有关规定。

条文释义

一、本条主旨

本条是关于重整计划草案交付表决时债务人的出资人权利的规定。

二、条文演变

《企业破产法（试行）》并无本条相关内容的规定。本条是现行《企业破产法》新增条文，就重整计划草案交付表决时债务人的出资人行使权利进行了规定。1995年的《破产法（草案）》中对此条的规定为“债务人的出资人可以列席讨论重整计划草案的债权人会议”。《企业破产法（草案）》（2004年3月B版）中，将此条修改为“债务人的出资人代表可以列席讨论重整计划草案的债权人会议”。在《企业破产法》三读通过时，加入了本条的第2款，即重整计划草案涉及出资人权益调整事项的，应当设出资人组，对该事项进行表决。现行《企业破产法》最终规定了本条的内容。

三、条文解读

（一）出资人在重整计划草案表决程序中的地位

一般来说，债务人进入重整程序时已经具备破产原因，债务人的出资人事实上对债务人企业的财产已经不享有权益，债务人的全部财产均应用于清偿债权人。同时，债务人的出资人享有的股东权利也已经不能行使。因此，债务人的出资人在重整程序中似乎没有地位。但是，企业的重整又不能完全脱离债务人的出资人。首先，企业要想重整成功，往往会对债务人的出资人的利益作出调整，这直接关涉到债务人的出资人的财产权利，尤其在债务人重整成功的情况下，其股票价值可能从一文不值到大幅跃升。其次，债务人的出资人的权益并不一定被绝对清零，其也可以通过对债务人企业注资等方式参与重整，从而成为企业重整成功的受益人。基于以上原因，债务人的出资人对债务人的重整情况将极为关注。多个国家和地区的重整立法规定股东作为一个小组，要对重整计划草案进行表决。

（二）债务人的出资人代表可以列席讨论重整计划草案的债权人会议

在出资人的权益被调整为零之前，企业仍然是出资人的企业，出资人对重整计划草案应当享有知情权，了解重整计划草案规定什么措施来拯救企业，对出资人权益将进行何种调整，并可以派代表列席债权人会议讨论重整计划草案，发表意见。

（三）重整计划草案中涉及出资人权益调整事项的，应当设立出资人组，对该事项进行表决

重整计划草案对涉及出资人权益的事项进行调整的，即是在处分出资人的财产。为保障债务人的出资人的合法权益，本条规定，重整计划草案中涉及出资人权益调整事项的，应当设立出资人组，对该事项进行表决。值得注意的是，此时出资人组表决的仅是重整计划草案中的出资人权益调整事项，并非重整计划草案整体。

适用指引

一、关于出资人组会议召开的形式

对重整计划草案中出资人权益调整事项进行表决的出资人组会议既可以与表决重整计划草案的债权人会议共同召开，也可以单独召开。为节省破产案件的成本，提高表决效率，实践中多采取共同召开的方式。另外，因出资人权益调整事项关涉到出资人的财产权利，在召开出资人组会议前应留给出资人必要的准备时间。管理人应比照召开债权人会议应当提前15日通知已知债权人的规定，召开出资人组会议要提前15日通知全体出资人，并进行相应的信息披露。会议及表决既可以通过现场形式进行，也可以通过网络等非现场形式进行。出资人可以就所表决事项要求管理人进行说明并对管理人进行询问。采取非现场方式进行表决的，管理人应当在出资人组会议召开后的3日内，以信函、电子邮件、公告等方式将表决结果告知参与表决的出资人。

有限责任公司的股东会、股份有限公司的股东大会为公司的意思形成机构及权力机构，其决议为全体股东的集体意志。因此，有限责任公司的股东会、

股份有限公司的股东大会已对重整计划草案中的出资人权益调整事项作出决议的，可以不再召开出资人组会议进行表决。

《企业破产法规定（三）》第 11 条第 2 款规定："根据企业破产法第 82 条规定，对重整计划草案进行分组表决时，权益因重整计划草案受到调整或者影响的债权人或者股东，有权参加表决；权益未受到调整或者影响的债权人或者股东，参照企业破产法第八十三条的规定，不参加重整计划草案的表决。"据此，若出资人的权益未受到重整计划草案调整或者影响，不对重整计划草案中的出资人权益调整事项进行表决。

二、关于出资人组的表决规则

本条并未规定出资人组的表决规则和最低人数要求。在《审理上市公司破产重整案件纪要》中，规定了上市公司重整中出资人组的表决规则，即出资人组对重整计划草案中涉及出资人权益调整事项的表决，经参与表决的出资人所持表决权 2/3 以上通过的，即为该组通过重整计划草案。司法实践中，《深圳市中级人民法院审理企业重整案件的工作指引（试行）》第 94 条规定："有限责任公司的出资人权益调整事项经股东所持表决权的三分之二以上同意，即为通过。股份有限公司的出资人权益调整事项经出席出资人组会议的股东所持表决权的三分之二以上同意，即为通过。"我们认为，出资人组的表决规则参照《公司法》规定的股东（大）会表决规则较为合理。但为避免部分出资人怠于行使表决权或权益未受到重整计划草案调整或者影响的出资人不参与表决等情况阻碍出资人组表决通过，宜不区分股份有限公司及有限责任公司，统一出资人组通过的标准为：经参与表决的出资人所持表决权 2/3 以上通过的，即为该组通过重整计划草案中的出资人权益调整事项。

类案检索

重庆来去源商贸有限公司申请重庆钢铁股份有限公司破产重整案

关键词：上市公司　破产重整　公积金转增

裁判摘要：因重整计划草案涉及控股股东让渡股权、资本公积金转增股票用于偿债等出资人权益调整事项，依照《企业破产法》第 85 条的规定，重庆钢铁股份有限公司（以下简称重庆钢铁）重整案需设立出资人组对相关事项进行表决。然而，依照《香港联合交易所有限公司证券上市规则》（以下简称《联交所上市规则》）第19A.38条的要求，如属认可、分配、发行或授予股份等事项需要按程序召开类别股东会议获得内资股及境外上市外资股股东以特别决议批准。在案件审理过程中，重庆钢铁专门向香港联合交易所发出问询函，询问仅召开出资人组会议是否符合《联交所上市规则》第19A.38条的要求。法院经研究认为，如果召开类别股东会议，需要提前45天通知，且召开程序烦琐冗杂，不利于重整程序的迅速推进。另外，《企业破产法》第85条已明确规定，重整计划草案涉及出资人权益调整事项的，应当设出资人组对该事项进行表决。事实上，在重整程序中，出资人组会议已承担了类别股东会议的相应功能，股东作为出资人对其权益调整事项的表决权通过出资人组会议能够得到充分保障，重整计划草案可以不再另行召开类别股东会议审议。经过管理人与香港联合交易所多轮次的问询与沟通，重庆钢铁正式向香港联合交易所提交了豁免召开类别股东会议的申请。最终，香港联合交易所同意了重庆钢铁的申请，也使本案成为重整程序中首例对《联交所上市规则》第19A.38条要求召开类别股东会议予以豁免的案例。

【案　　号】（2017）渝01破3号

【审理法院】重庆市第一中级人民法院

【来　　源】《人民法院案例选》总第125辑

第八十六条 各表决组均通过重整计划草案时，重整计划即为通过。

自重整计划通过之日起十日内，债务人或者管理人应当向人民法院提出批准重整计划的申请。人民法院经审查认为符合本法规定的，应当自收到申请之日起三十日内裁定批准，终止重整程序，并予以公告。

关联规定

司法指导性文件

1.《全国法院民商事审判工作会议纪要》

114.【重整程序与破产清算程序的衔接】重整期间或者重整计划执行期间，债务人因法定事由被宣告破产的，人民法院不再另立新的案号，原重整程序的管理人原则上应当继续履行破产清算程序中的职责。原重整程序的管理人不能继续履行职责或者不适宜继续担任管理人的，人民法院应当依法重新指定管理人。

重整程序转破产清算案件中的管理人报酬，应当综合管理人为重整工作和清算工作分别发挥的实际作用等因素合理确定。重整期间因法定事由转入破产清算程序的，应当按照破产清算案件确定管理人报酬。重整计划执行期间因法定事由转入破产清算程序的，后续破产清算阶段的管理人报酬应当根据管理人实际工作量予以确定，不能简单根据债务人最终清偿的财产价值总额计算。

重整程序因人民法院裁定批准重整计划草案而终止的，重整案件可作结案处理。重整计划执行完毕后，人民法院可以根据管理人等利害关系人申请，作出重整程序终结的裁定。

2.《全国法院破产审判工作会议纪要》

17. 重整计划的审查与批准。重整不限于债务减免和财务调整，重整的重点是维持企业的营运价值。人民法院在审查重整计划时，除合法性审查外，还应审查其中的经营方案是否具有可行性。重整计划中关于企业重新获得盈利能力的经营方案具有可行性、表决程序合法、内容不损害各表决组中反对者的清偿利益的，人民法院应当自收到申请之日起三十日内裁定批准重整计划。

3.《最高人民法院关于审理上市公司破产重整案件工作座谈会纪要》

八、关于上市公司重整计划草案的会商机制

会议认为，重整计划草案涉及证券监管机构行政许可事项的，受理案件的人民法院应当通过最高人民法院，启动与中国证券监督管理委员会的会商机制。即由最高人民法院将有关材料函送中国证券监督管理委员会，中国证券监督管理委员会安排并购重组专家咨询委员会对会商案件进行研究。并购重组专家咨询委员会应当按照与并购重组审核委员会相同的审核标准，对提起会商的行政许可事项进行研究并出具专家咨询意见。人民法院应当参考专家咨询意见，作出是否批准重整计划草案的裁定。

条文释义

一、本条主旨

本条是关于重整计划的通过和批准的规定。

二、条文演变

《企业破产法（试行）》并无本条相关内容的规定。本条是现行《企业破产法》新增条文，就重整计划的通过和批准作出了规定。立法过程中，不同时期的草案中关于本条的规定内容没有显著变化。《企业破产法（草案）》（2004年10月版）规定："债权人会议各表决组均通过重整计划草案时，重整计划即为通过。在重整计划通过后十日内，债务人或者管理人应当向人民法院提出批准重整计划的申请；人民法院经审查认为符合本法规定的，应当自收到申请之日起三十日内裁定批准，终止重整程序，并予以公告。"与现行规定相差无几。

三、条文解读

（一）重整计划的通过

重整计划的通过是指将重整计划草案提交各表决组讨论并表决，所有的表决组均表决通过的过程。这里的“各表决组”既包括对债务人的特定财产享有担保权的债权组；债务人所欠职工的工资和医疗、伤残补助、抚恤费用等费用，所欠的应当划入职工个人账户的基本养老保险、基本医疗保险费用，以及法律、行政法规规定应当支付给职工的补偿金组；债务人所欠税款组和普通债权组，也包括出资人组和人民法院认为必要时设立的小额债权组。

（二）重整计划的批准

重整计划的批准是指人民法院经审查认为已经表决通过的重整计划符合本法规定的条件时，用裁定的方式予以批准，赋予重整计划强制执行力和约束力的过程。根据本条规定，人民法院对重整计划的批准具体程序是：

1. 债务人或者管理人提出申请。根据民事诉讼“不告不理”的原则，人民法院不能主动批准重整计划。在重整计划已经经各表决组表决通过的情况下，为尽快确定重整计划的效力，挽救债务人企业，负责制作重整计划草案的债务人或者管理人应该尽快向人民法院提出批准重整计划的申请。本条规定，自重整计划通过之日起 10 日内，债务人或者管理人有义务向人民法院申请批准重整计划。

2. 人民法院对经各表决组表决通过的重整计划进行审查。重整程序之所以能够较为有效地使企业避免破产，重要原因之一就是其相较于其他程序有着更强的强制性。经人民法院批准后的重整计划对债权人和出资人均具有法律效力，包括在各表决组中投反对票的债权人和出资人。因此，人民法院在批准重整计划时，应该积极审慎适用裁量权进行审查，在依法保障债权人和出资人合法权益的前提下，实现对困境企业的挽救。本条规定由人民法院对重整计划予以审查，认为符合本法规定的，应当自收到申请之日起 30 日内裁定批准。

3. 人民法院在裁定批准重整计划的同时，应当裁定终止重整程序，并予以公告。当人民法院批准重整计划后，重整计划即进入执行阶段，人民法院应当同时裁定终止重整程序。由于重整可能涉及的范围比较广泛，受影响的利益群体较大，尤其是上市公司重整的情况，并非所有的债权人和股东都清楚重整计划的内容。因此，本条规定，人民法院裁定批准重整计划的，应当予以公告。人民法院并可以结合个案情况和案件管理需求，对重整案件作结案处理。

适用指引

一、人民法院对重整计划的审查内容

《破产审判会议纪要》第 17 条规定："重整不限于债务减免和财务调整，重整的重点是维持企业的营运价值。人民法院在审查重整计划时，除合法性审查外，还应审查其中的经营方案是否具有可行性。重整计划中关于企业重新获得盈利能力的经营方案具有可行性、表决程序合法、内容不损害各表决组中反对者的清偿利益的，人民法院应当自收到申请之日起三十日内裁定批准重整计划。"

重整计划草案的分组表决采取会议多数决原则。但是，各表决组均已通过重整计划，并不代表重整计划就一定公正、合法，其中仍存在多数人利用表决程序损害少数人权益的可能。故此，对于各表决组均已通过的重整计划草案，人民法院仍应进行审查，只有当其符合一定的条件后才能裁定批准。

正常批准重整计划的条件包括两个方面：一是合法性条件，包括程序合法和内容合法。程序合法强调重整计划草案的表决程序符合企业破产法的规定；内容合法是指重整计划的内容完备，且符合债权人利益最大化原则、公平对待原则，[①] 对出资人的权益调整公平、公正，不损害利害关系人和社会公共利益。需要强调的是，人民法院在审查重整计划的内容是否合法时，应着重审查其是否损害各表决组中少数反对者的合法权益，是否依法公平保障各债权人的利益，不能将多数人的表决作为用以剥夺少数人合法权益的手段。如果任一反对重整计划的债权人在重整计划下获得的清偿低于在破产清算程序下可获得

---

① 债权人利益最大化原则也被称为清算价值保障原则，指任何一个反对重整计划的债权人依据重整计划都可以得到其在破产清算程序中可以得到的清偿利益，包括优先顺序和受偿比例。公平对待原则指处于同一受偿顺序的利害关系人在重整计划中应获得相同的清偿利益，除非该利害关系人自愿放弃清偿利益。参见王欣新：《破产法》，中国人民大学出版社 2019 年版，第 319~320 页。

的清偿，法院不得批准该重整计划。二是可行性条件，即重整计划中关于企业重新获得盈利能力的经营方案具有可行性，不得违反法律、行政法规的强制性规定。重整计划符合上述两方面条件的，人民法院应当自收到批准申请之日起30日内裁定批准。

二、上市公司重整案的会商机制

《审理上市公司破产重整案件纪要》第8条规定："重整计划草案涉及证券监管机构行政许可事项的，受理案件的人民法院应当通过最高人民法院，启动与中国证券监督管理委员会的会商机制。即由最高人民法院将有关材料函送中国证券监督管理委员会，中国证券监督管理委员会安排并购重组专家咨询委员会对会商案件进行研究。并购重组专家咨询委员会应当按照与并购重组审核委员会相同的审核标准，对提起会商的行政许可事项进行研究并出具专家咨询意见。人民法院应当参考专家咨询意见，作出是否批准重整计划草案的裁定。"

依照上述规定，法院在裁定批准上市公司的重整计划之前，要通过最高人民法院，与中国证券监督管理委员会进行会商。此规定考虑到上市公司重整中涉及的司法程序与行政程序的衔接问题。由于我国目前没有专门针对重整程序中的上市公司发行新股、定向增发等条件作出特殊规定，故证券监管机构仍然是按照现行《证券法》《公司法》等相关法律法规的要求对重组方、对拟投入的资产、对股东权益调整方式、对程序方面是否存在违反法律规定的情形等进行审查。表面看来，法院和证监部门的审查各有侧重、互相配合，但实际上却存在司法程序与行政程序的衔接问题。

法院裁定批准重整计划后，债务人应当按照重整计划规定的内容全面履行。如果在履行过程中，涉及股权调整或重大资产交易等事项不能得到批准，重整计划就得不到实际执行。按照本法相关规定，债务人不执行或不能执行重整计划的，经债务人或管理人申请，人民法院应当裁定终止重整计划的执行。这有损司法裁定的严肃性。对于证券监管机构而言，如果上市公司先行获得证券监管机构的行政许可，而法院并未通过相关的重整计划草案，则又会使该行政许可事项没有执行的可能。因此，当上市公司采取的重整措施涉及股权让与、定向增发、资产交易、减资等事项时，重整计划不但涉及法院的正常批准或强制批准，还涉及证券监管机构的行政审批问题。为将两者进行协调，《审理上市公司破产重整案件纪要》明确，当重整计划草案涉及证券监管机构行政许可事项时，启动最高人民法院与证监会的会商机制。受理案件的人民法院应当参考证监会对会商事项的意见，作出是否批准重整计划草案的裁定。相关意见明确为否定意见的，管理人可向人民法院撤回提请批准的申请并对重整计划草案的相关事项依法调整后再行提请会商。

典型案例

江苏舜天船舶股份有限公司破产重整案

关键词：破产重整　上市公司

裁判摘要：江苏舜天船舶股份有限公司（以下简称舜天船舶公司）自2014年起出现巨额亏损，2015年公司股票被处以“退市风险警示”特别处理，公司经营持续恶化。2015年12月22日，中国银行股份有限公司南通崇川支行以舜天船舶公司不能清偿到期债务且资产不足以清偿全部债务为由，向江苏省南京市中级人民法院（以下简称南京中院）申请对舜天船舶公司进行重整。南京中院认为舜天船舶公司已发生重整事由，逐级报请最高人民法院批准，依法裁定受理舜天船舶公司重整一案。

因舜天船舶公司资产效能低、债务重、施救时间紧，本案采取重整与重大资产重组同步实施挽救模式。2016年4月28日，经管理人授权，舜天船舶公司召开董事会，审议通过重大资产重组议案。之后，管理人制作舜天船舶公司重整计划草案会商讨论稿，并将重大资产重组方案纳为重整计划草案中经营方案的主要内容。2016年7月15日，南京中院启动上市公司重整案件的会商机制。2016年9月7日，管理人将重整计划草案提交南京中院。2016年9月23日，舜天船舶公司召开第二次债权人会议，担保债权组、税款债权组、普通债权组均表决通过了重整计划草案。同日，舜天船舶公司召开出资人组会议暨临时股东大会，会议审议并表决通过了重整计划涉及的出资人权益调整方案及重大资产重组全部有关议案。2016年9月26日，管理人向南京中院申请裁定批准重整计划草案。

南京中院认为：依照重组管理办法的规定，上市公司进行重大资产重组，应当由董事会依法作出决议，并提交股东大会批准。证监会依照法定条件和程序，对上市公司重大资产重组申请作出是否核准的决定。为此，本案在管理人负责模式下，兼顾保留公司原意思机关的必要性，由管理人聘请原经营管理层继续负责公司日常经营，授权董事会审议通过重大资产重组议案，并提交出资人组会议暨临时股东大会表决。同时，为保障重整程序在规定的期限内顺利推进，本案在重整计划草案提交法院之前两个月即启动会商机制。2016 年 10 月 22 日，南京中院收到证监会并购重组专家咨询委员会出具的专家咨询意见。经审查重整计划草案并参考专家咨询意见后，南京中院认为重整计划制定、表决程序合法、内容符合法律规定，公平对待债权人，对出资人权益调整公平、公正，经营方案具有可行性。同年 10 月 24 日，南京中院裁定批准舜天船舶公司重整计划并终止舜天船舶公司重整程序。

【案 号】（2015）宁商破字第 26 号

【审理法院】江苏省南京市中级人民法院

【来 源】《最高人民法院公报》2017 年第 12 期

第八十七条　部分表决组未通过重整计划草案的，债务人或者管理人可以同未通过重整计划草案的表决组协商。该表决组可以在协商后再表决一次。双方协商的结果不得损害其他表决组的利益。

未通过重整计划草案的表决组拒绝再次表决或者再次表决仍未通过重整计划草案，但重整计划草案符合下列条件的，债务人或者管理人可以申请人民法院批准重整计划草案：

（一）按照重整计划草案，本法第八十二条第一款第一项所列债权就该特定财产将获得全额清偿，其因延期清偿所受的损失将得到公平补偿，并且其担保权未受到实质性损害，或者该表决组已经通过重整计划草案；

（二）按照重整计划草案，本法第八十二条第一款第二项、第三项所列债权将获得全额清偿，或者相应表决组已经通过重整计划草案；

（三）按照重整计划草案，普通债权所获得的清偿比例，不低于其在重整计划草案被提请批准时依照破产清算程序所能获得的清偿比例，或者该表决组已经通过重整计划草案；

（四）重整计划草案对出资人权益的调整公平、公正，或者出资人组已经通过重整计划草案；

（五）重整计划草案公平对待同一表决组的成员，并且所规定的债权清偿顺序不违反本法第一百一十三条的规定；

（六）债务人的经营方案具有可行性。

人民法院经审查认为重整计划草案符合前款规定的，应当自收到申请之日起三十日内裁定批准，终止重整程序，并予以公告。

关联规定

一、法律、行政法规、司法解释

《证券公司风险处置条例》

第四十四条　债权人会议部分表决组未通过重整计划草案，但重整计划草案符合《企业破产法》第八十七条第二款规定条件的，证券公司或者管理人可以申请人民法院批准重整计划草案。重整计划草案涉及《证券法》第一百二十九条规定相关事项的，证券公司或者管理人应当同时向国务院证券监督管理机构提出批准相关事项的申请，国务院证券监督管理机构应当自收到申请之日起15日内做出批准或者不予批准的决定。

二、司法指导性文件

1.《全国法院破产审判工作会议纪要》

18.重整计划草案强制批准的条件。人民法院应当审慎适用企业破产法第八十七条第二款，不得滥用强制批准权。确需强制批准重整计划草案的，重整计划草案除应当符合企业破产法第八十七条第二款规定外，如债权人分多组的，还应当至少有一组已经通过重整计划草案，且各表决组中反对者能够获得的清偿利益不低于依照破产清算程序所能获得的利益。

2.《最高人民法院关于正确审理企业破产案件为维护市场经济秩序提供司法保障若干问题的意见》

7.人民法院适用强制批准裁量权挽救危困企业时，要保证反对重整计划草案的债权人或者出资人在重整中至少可以获得在破产清算中本可获得的清偿。对于重整计划草案被提请批准时依照破产清算程序所能获得的清偿比例的确定，应充分考虑其计算方法是否科学、客观、准确，是否充分保护了利害关系人的应有利益。人民法院要严格审查重整计划草案，综合考虑社会公共利益，积极审慎适用裁量权。对不符合强制批准条件的，不能借挽救企业之名违法审批。上级人民法院要肩负起监督职责，对利害关系人就重整程序中反映的问题要进行认真审查，问题属实的，要及时予以纠正。

条文释义

一、本条主旨

本条是关于重整计划草案的再次协商与表决和人民法院强制批准重整计划的规定。

二、条文演变

《企业破产法（试行）》并无本条相关内容的规定。本条是现行《企业破产法》新增条文，就重整计划草案的再次协商与表决和人民法院强制批准重整计划作出了规定。《企业破产法（草案）》（2004年3月A版）规定："重整计划草案未获通过的，管理人可以同未通过重整计划的表决组协商。该表决组可以在协商以后再行表决一次。双方在协商中达成的妥协，不得损害其他表决组的利益。管理人与未通过重整计划的表决组协商以后，该表决组再行表决仍未通过重整计划草案，但重整计划草案符合下列条件的，管理人可以申请人民法院批准重整计划：（一）按照重整计划，有财产担保的债权将获得全额清偿，其因延期清偿所受的损失将得到公平的补偿，并且其担保权未受到实质性的损害，但是，有财产担保的债权已经通过的重整计划另有规定的，从其规定；（二）按照重整计划，劳动债权和税款请求权将获得全额清偿，或者经调整后的清偿比例已经获得相应表决组的通过；（三）无担保的债权依照重整计划所获得的清偿比例，不低于无担保的债权在重整计划被提请批准时依照破产清算程序所能获得的清偿比例；（四）重整计划规定的债权清偿顺序，不违反本法第八十条的规定；（五）重整企业的经营方案具有可行性。人民法院对管理人的申请进行审查后认为符合上述规定的，应当裁定批准。"《企业破产法（草案）》（2004年3月B版）增加了人民法院对管理人的申请进行审查后认为符合上述规定的，应当在30日内裁定批准的规定。现行《企业破产法》最终在法院强制批准重整计划的条件中加入了对出资人权益的调整应当公平、公正，或者出资人组已经通过重整计划草案的条款。

三、条文解读

（一）重整计划草案的再次协商与表决

重整计划草案提交表决后，只有各表决组均通过重整计划草案时，重整计划草案才获得通过。在重整计划草案未获通过的情况下，债务人或者管理人可以同未通过重整计划草案的表决组进行协商。实践中，未通过重整计划草案的原因或是因为部分表决组反对其中的债权受偿方案，或是担保债权人未获得利益增加，或是出资人不同意出资人权益调整方案。为了使重整计划草案获得通过，从而实现促成债务人重整的目的，本条允许重整计划草案的制作人，即债务人或者管理人与未通过重整计划草案的表决组进行协商。一般来说，协商的结果是双方作出一定的让步，对重整计划草案进行相应的修改。该表决组可以在协商后再行表决一次，如果表决通过，那么由重整人提请人民法院批准重整计划。如果再行表决仍未通过，则可以依本条规定提请人民法院强制批准重整计划草案。但是，协商不能损害其他表决组的利益。值得注意的是，提请人民法院强制批准重整计划草案的前提是至少有一个表决组通过了重整计划草案，如果所有的表决组都没有通过重整计划，那么该重整案件只能由人民法院直接裁定终止重整程序并宣告债务人破产。

（二）关于法院强制批准重整计划草案的条件[①]

根据本条规定，重整计划草案符合下列条件的，债务人或者管理人可以申请人民法院批准重整计划草案：

1. 按照重整计划草案，本法第 82 条第 1 款第 1 项所列债权就该特定财产将获得全额清偿，其因延期清偿所受的损失将得到公平补偿，并且其担保权未受到实质性的损害，或者该表决组已经通过重整计划草案。本法第 82 条第 1 款第 1 项所列债权即对债务人的特定财产享有担保权的债权。在破产清算程序中，担保债权对该特定财产享有优先受偿权利，即至少能够得到担保物价值内的清偿。如果该债权组未通过重整计划草案，人民法院要想强制批准重整计划草案，就应当保障担保债权：（1）就该特定财产将获得全额清偿；（2）其因

---

① 本书编写组编著：《〈中华人民共和国企业破产法〉释义及实用指南》，中国民主法制出版社 2012 年版，第 216~217 页。

延期清偿所受的损失将得到公平补偿；（3）其担保权未受到实质性的损害。其中，损失主要指的是利息损失。值得注意的是，公平补偿并不意味着百分之百赔偿。

2. 按照重整计划草案，本法第 82 条第 1 款第 2 项、第 3 项所列债权将获得全额清偿，或者相应表决组已经通过重整计划草案。本法第 82 条第 1 款第 2 项、第 3 项分别规定的是债务人所欠职工的工资和医疗、伤残补助、抚恤费用，所欠的应当划入职工个人账户的基本养老保险、基本医疗保险费用，以及法律、行政法规规定应当支付给职工的补偿金和债务人所欠税款。这两类债权有其特殊之处，无论是在破产清算还是在重整中，都应当给予比较优先的地位，因此，本条规定，当这两类债权人组未表决通过重整计划草案，人民法院强制批准重整计划草案时，按照该重整计划草案，这两类债权应当获得全额清偿。

3. 按照重整计划草案，普通债权所获得的清偿比例，不低于其在重整计划草案被提请批准时依照破产清算程序所能获得的清偿比例，或者该表决组已经通过重整计划草案。普通债权在本法规定的破产清算程序中，排在债权清偿顺序的最后一位，相关债权人获得全额清偿的可能较小，从实践来看，实际得到清偿的比例也较低。普通债权人愿意参加重整程序的原因是寄希望于通过重整，使自己获得高于依照破产清算程序所能获得的清偿比例。因此，在普通债权组未表决通过重整计划草案需要人民法院强制批准时，要求普通债权依照重整计划草案所获得的清偿比例，不低于普通债权在重整计划草案被提请批准时依照破产清算程序所能获得的清偿比例，已经对普通债权人进行了充分保护。本条体现的是债权人利益最大化原则。值得注意的是，比较的时间点为重整计划草案被提请批准时，而非重整计划草案制作时。

4. 重整计划草案对出资人权益的调整公平、公正，或者出资人组已经通过重整计划草案。重整中经常会对债务人的出资人的权益进行调整，进行资本结构的变动，甚至会把出资人的权益调整为零。对于这些方案，出资人极有可能不赞成。在出资人组没有通过重整计划草案时，如果重整计划草案对出资人权益的调整是公平、公正的，人民法院可以强制批准重整计划草案。

5. 重整计划草案公平对待同一表决组的成员，并且所规定的债权清偿顺序不违反本法第 115 条的规定。这一项条件规定的是公平对待原则和绝对优先原则。对于同一表决组的成员而言，债权性质是相同的，重整计划草案应当对同一组成员规定相同的清偿条件，公平对待同一类表决组的成员。绝对优先原则是指，重整计划中的清偿顺序必须与破产清算中的清偿顺序相符，如果在先顺序的债权人没有得到足额清偿，在后顺序的债权人就不应得到任何利益，除非在先顺位的债权人全部同意。

6. 债务人的经营方案具有可行性。重整企业的经营方案是否具有可行性对于重整计划草案的通过具有至关重要的作用，尤其是在部分表决组未通过重整计划草案的时候，人民法院必须对其进行审查。

适用指引

一、关于重整计划草案的协商和再次表决

为提高重整程序的效率，防止利用协商和再次表决对重整计划草案久拖不决，使重整程序不当延迟，协商和再次表决的时间限制和不得再次表决的情形有必要进行明确。司法实践中，以《深圳市中级人民法院审理企业重整案件的工作指引（试行）》的规定为例，该指引第 96 条第 3 款规定："债务人或者管理人申请再次表决的，应当在第一次表决后的三个月内提出。"未通过的表决组中拒绝与重整人进行协商，或同意再次表决的债权人或出资人未达到该组通过重整计划草案条件的，即为该组拒绝再次表决，则不再进行表决。为保护其他表决组的知情权与参与权，双方协商的结果对其他表决组产生不利影响的，其他表决组也应当再次表决。

二、关于重整计划草案强制批准的条件

强制批准是在部分表决组未能决议通过重整计划草案的情况下，法院强行批准重整计划草案。赋予法院强制批准权的正当性依据在于，部分表决组基于有利于实现自身利益的考量通过了重整计划草案，而反对组的利益也未因重整计划草案而受到侵害，因此，批准重整计划草案有利于增进社会整体利益。但由于强制批准与私法自治原则相冲突，会造成司法权对私权的直接调整和干涉，必须贯彻审慎适用原则，设定严格的限制条件，防止滥用。在仅有部分表决组通过重整计划草案的情况下，人民法院如要强制批准重整计划草案，债权人利益最大化原则、绝对优先原则及公平对待原则均应适用：要适用绝对优先

原则，以保证法律规定的权利优先等级和债务清偿顺序在权利人没有自愿放弃的情况下得到实现；要适用公平对待原则以保证同等性质权利得到同等程度的公平实现；要适用债权人利益最大化原则，以保证债权人尤其是反对重整计划草案的债权人在重整计划中可以得到其在破产清算程序中原可得到的清偿或清算利益。[①]《最高人民法院关于裁定批准深圳市国基房地产开发有限公司重整计划草案的报告》（2012年9月3日，〔2012〕民二他字第24号）中对强制批准重整计划草案时的考量因素提到："人民法院强制批准重整计划草案，应当符合《企业破产法》第八十七条规定，且债权人组至少有一组已经通过重整计划草案，并且通过重整计划草案表决组中的反对者的既得利益不得受到损害，包括债权的法定清偿顺序不得改变；有物权担保的债权就该特定财产将获得全额清偿，其因延期清偿所受的损失将得到公平补偿，并且其担保权未受到实质性损害；享有一般优先权的职工劳动债权与税收债权将获得全额清偿；普通债权所获得的清偿比例，不低于其在重整计划草案被提请批准时依照破产清算程序所能获得的清偿比例。"《企业破产法规定（三）》第11条第2款规定："根据企业破产法第八十二条规定，对重整计划草案进行分组表决时，权益因重整计划草案受到调整或者影响的债权人或者股东，有权参加表决；权益未受到调整或者影响的债权人或者股东，参照企业破产法第八十三条的规定，不参加重整计划草案的表决。"在适用中，要注意以下两点：一是人民法院强制批准重整计划草案的前提为债权人组至少有一组已经通过重整计划草案。若债权人组均反对重整计划草案的，人民法院不得行使强制批准权，应该裁定终止重整程序，并宣告债务人破产。二是权益未受到调整或者影响的债权人或者股东不参加重整计划草案的表决，不得利用权益未受到调整或者影响的债权人组表决通过重整计划草案"创造"债权人组至少有一组已经通过重整计划草案的条件。

类案检索

1. 天宇系制药公司重整案

关键词： 破产重整　重整计划　强制批准

① 参见王欣新：《破产法》，中国人民大学出版社2019年版，第321页。

裁判摘要：2018 年 11 月 26 日，大连市中级人民法院（以下简称大连中院）裁定受理了天宇系制药公司提出的重整申请。重整过程中，法院根据企业的实际情况，指导管理人制作了通过拍卖天宇系制药公司股权引进投资人，并以拍卖价款清偿债务，拍卖抵押物并由抵押权人优先受偿为主要内容的重整计划草案。2019 年 9 月 25 日，大连中院组织召开了天宇系制药公司第二次债权人会议，各债权人表决组对重整计划草案分别进行了表决，部分表决组未通过重整计划草案。2020 年 3 月 2 日，法院指导管理人根据《企业破产法》的规定，同未通过重整计划草案的债权组协商，并组织债权人再次表决，税款债权人同意了重整计划草案。但由于部分债权人特别是有财产担保的债权人从维护自身利益出发，在重整计划草案未损害其利益的情况下仍不同意重整计划草案，致使重整计划草案未能获得全部表决组的通过，重整工作陷入了僵局。针对天宇系制药公司破产重整案件进展的实际情况，考虑到天宇系制药公司作为生产抗病毒、抗生素、提高免疫力等与抗击新冠肺炎相关药物的企业，法院结合当前全面抗击新冠肺炎疫情的紧迫形势，在全面、充分分析主要债权人意见和不同意重整计划草案债权人的理由基础上，研究认为天宇系制药公司成功重整有利于抗击新冠肺炎疫情，有利于药品生产运营价值的充分发挥，有利于维护全体债权人的合法权益。大连中院根据管理人的申请，依据《企业破产法》的规定，在充分保护债权人合法权益之情形下，于 2020 年 3 月 10 日裁定强制批准天宇系制药公司重整计划草案，终止重整程序。

【案　　号】（2018）辽 02 破 75 号

【审理法院】辽宁省大连市中级人民法院

【来　　源】中国裁判文书网

2. 中国农业银行苏州市吴中支行等申请雅新电子（苏州）有限公司破产重整案

关键词：破产重整　强制批准

裁判摘要：2008 年 4 月 25 日，申请人中国农业银行苏州市吴中支行等以债务人雅新电子（苏州）有限公司（以下简称苏州雅新公司）不能清偿到期债务且其资产不足以清偿全部债务为由，向江苏省苏州市吴中区人民法院（以下简称吴中区人民法院）申请对苏州雅新公司进行重整。2008 年 11 月 8 日，吴中区人民法院召开第二次债权人会议，对管理人提交的苏州雅新公司重整计划草案进行表决。职工债权组、税务债权组、担保债权组、普通债权组均表决通过重整计划草案 。由于苏州雅新公司的净资产为负，原出资人权益调整为零，原出资人代表反对。管理人与原出资人代表进行协商后，再次表决，原出资人代表仍未同意。吴中区人民法院又委托上海市高级人民法院备选鉴定机构名册中具有资产评估资格的上海长信资产评估有限公司对原资产评估报告出具专家意见，上海长信资产评估有限公司认为，该评估报告基本符合规范，方法选择及实质性价值使用合理，评估结论客观真实。吴中区人民法院认为：苏州雅新公司《重整计划草案》出资人组未能通过，但出资人组也未就投反对票作出任何说明。根据《企业破产法》规定，若部分表决组未通过重整计划草案的，管理人可以与之协商，该表决组可以在协商后再表决一次。为此，第二次债权人会议后，管理人再次与出资人组进行了协商，出资人组以重整计划未能为其提供经济利益为由再次反对通过，对重整计划草案涉及其权益调整部分未提出任何解决方案，也未对江苏中天资产评估事务所有限公司出具的净资产评估报告提出异议。因此，出资人组以重整计划草案未能给其提供经济利益为由投反对票，理由不充分，不予支持。根据评估报告，苏州雅新公司的净资产为负数，即苏州雅新公司已资不抵债，该公司的财产已全部成为债权人的清偿财产，出资人对公司的财产已无实质利益。吴中区人民法院认为，管理人提交的重整计划草案对出资人权益的调整公平公正，并且公平对待同一表决组的成员，所规定的债权清偿顺序符合法律规定，依照《企业破产法》第 86 条第 2 款、第 87 条之规定，裁定批准苏州雅新公司重整计划并终止苏州雅新公司重整程序。

【案　　号】（2008）吴民破字第 1 号

【审理法院】江苏省苏州市吴中区人民法院

【来　　源】《中国审判案例要览》（2009 年商事审判案例卷）

第八十八条　重整计划草案未获得通过且未依照本法第八十七条的规定获得批准，或者已通过的重整计划未获得批准的，人民法院应当裁定终止重整程序，并宣告债务人破产。

关联规定

司法指导性文件

《全国法院民商事审判工作会议纪要》

114.【重整程序与破产清算程序的衔接】重整期间或者重整计划执行期间，债务人因法定事由被宣告破产的，人民法院不再另立新的案号，原重整程序的管理人原则上应当继续履行破产清算程序中的职责。原重整程序的管理人不能继续履行职责或者不适宜继续担任管理人的，人民法院应当依法重新指定管理人。

重整程序转破产清算案件中的管理人报酬，应当综合管理人为重整工作和清算工作分别发挥的实际作用等因素合理确定。重整期间因法定事由转入破产清算程序的，应当按照破产清算案件确定管理人报酬。重整计划执行期间因法定事由转入破产清算程序的，后续破产清算阶段的管理人报酬应当根据管理人实际工作量予以确定，不能简单根据债务人最终清偿的财产价值总额计算。

重整程序因人民法院裁定批准重整计划草案而终止的，重整案件可作结案处理。重整计划执行完毕后，人民法院可以根据管理人等利害关系人申请，作出重整程序终结的裁定。

条文释义

一、本条主旨

本条是关于重整计划草案或重整计划未获批准的法律后果的规定。

二、条文演变

《企业破产法（试行）》并无本条相关内容的规定。本条是现行《企业破产法》新增条文，就重整计划草案或重整计划未获批准的法律后果作出了规定。在立法过程中，不同时期的草案稿均规定了重整计划草案未获得通过的，法院裁定终止重整程序。现行《企业破产法》加入了重整计划草案虽经债权人会议通过，但未经法院批准的，法院裁定终止重整程序的内容。

三、条文解读

（一）重整计划草案未获通过且未依本法第 87 条的规定获得批准，人民法院应当裁定终止重整程序并宣告债务人破产

重整计划通过的条件是各表决组均通过重整计划草案。只要有一组未能表决通过，即为重整计划未获通过。具体来说包括两种情形：一种是全部表决组均未通过重整计划草案，此时人民法院应当裁定终止重整程序并宣告债务人破产。一种是部分表决组未通过重整计划草案，并且依本法第 87 条的规定进行补救后重整计划草案仍未能获得人民法院的强制批准的，人民法院亦应当裁定终止重整程序并宣告债务人破产。

（二）已通过的重整计划未获得批准的，人民法院应当裁定终止重整程序并宣告债务人破产

重整计划草案的分组表决采取会议多数决原则，各表决组均已通过重整计划，并不代表重整计划就一定公正、合法，其中仍存在多数人利用表决程序损害少数人权益的可能。故此，对于各表决组均已通过的重整计划草案，人民法院仍应进行审查，只有当其符合一定的条件后才能裁定批准。人民法院审查时发现重整计划如果不符合本法规定，例如，重整计划表决通过的程序违法、重整计划未能公平对待同一顺序的债权人、重整计划不具有可行性等，人民法院应当不予批准重整计划，裁定终止重整程序并宣告债务人破产。

适用指引

关于重整程序与破产清算程序的衔接

重整计划草案未获得通过且未依照本法第 87 条的规定获得批准，或者已通过的重整计划未获得批准的，为重整程序转入破产清算程序的法定事由之一。重整程序转入破产清算程序之后，虽然该两个程序功能和性质上有所不同，但前后存在关联，应当视为同一个破产案件的不同阶段，法院不再另立案号作为新案处理。此时原重整程序的管理人原则上应当继续履行破产清算程序中的管理人职责，除非发生原重整程序的管理人不能继续履行职责或者不适宜继续担任管理人的情形，人民法院方依法重新指定管理人。在确定管理人报酬时，人民法院应当按照破产清算案件确定管理人报酬，但可以根据破产案件的具体情况和管理人履行职责的实际情况进行调整。

类案检索

广州市驰东混凝土有限公司重整案

关键词：破产重整　终结破产程序

裁判摘要：广州市驰东混凝土有限公司（以下简称驰东公司）进入重整程序后，在重整计划草案尚未提交债权人会议讨论之前，驰东公司的债务已经全部由第三人清偿或提供足额担保，超过半数债权人表示自愿免除债权并要求终止重整程序，且其所代表的债权额占该组债权总额的 2/3 以上。此时，驰东公司的重整计划草案已无法获得通过，重整程序应当终止。依照《企业破产法》第 88 条的规定，人民法院应当裁定终止重整程序。关于终止重整程序后是否宣告债务人破产的问题。根据《企业破产法》第 108 条的规定，“破产宣告前，有下列情形之一的，人民法院应当裁定终结破产程序，并予以公告：（一）第三人为债务人提供足额担保或者为债务人清偿全部到期债务的”。由于驰东公司在破产宣告前，其债务已经全部由第三人清偿或提供足额担保，故管理人提请法院裁定终结驰东公司破产程序，符合上述法律规定。广州市中级人民法院裁定终止驰东公司重整程序，并终结驰东公司破产程序。

【案　　号】(2019)粤01破21号
【审理法院】广东省广州市中级人民法院
【来　　源】法信网

第三节 重整计划的执行

第八十九条 重整计划由债务人负责执行。

人民法院裁定批准重整计划后，已接管财产和营业事务的管理人应当向债务人移交财产和营业事务。

关联规定

司法指导性文件

1.《全国法院破产审判工作会议纪要》

37. 实质合并审理后的企业成员存续。适用实质合并规则进行破产清算的，破产程序终结后各关联企业成员均应予以注销。适用实质合并规则进行和解或重整的，各关联企业原则上应当合并为一个企业。根据和解协议或重整计划，确有需要保持个别企业独立的，应当依照企业分立的有关规则单独处理。

2.《最高人民法院关于审理上市公司破产重整案件工作座谈会纪要》

九、关于上市公司重整计划涉及行政许可部分的执行

会议认为，人民法院裁定批准重整计划后，重整计划内容涉及证券监管机构并购重组行政许可事项的，上市公司应当按照相关规定履行行政许可核准程序。重整计划草案提交出资人组表决且经人民法院裁定批准后，上市公司无须再行召开股东大会，可以直接向证券监管机构提交出资人组表决结果及人民法院裁定书，以申请并购重组许可申请。并购重组审核委员会审核工作应当充分考虑并购重组专家咨询委员会提交的专家咨询意见。并购重组申请事项获得证券监管机构行政许可后，应当在重整计划的执行期限内实施完成。

条文释义

一、本条主旨

本条是关于重整计划执行主体的规定。

二、条文演变

在《企业破产法》起草过程中，曾专门设置了重整执行人这一主体负责执行重整计划，并规定重整执行人由债权人会议聘任，管理人可以转为重整执行人。《企业破产与重整法》(2000年6月草案)第108条规定："人民法院裁定批准重整计划时，应当通知管理人向重整执行人办理债务人的财产和管理事务的移交。重整执行人自人民法院裁定批准重整计划之日起执行职务。管理人自人民法院裁定批准重整计划之日起，终止执行职务。"第110条规定："重整计划由重整执行人负责执行。"《企业破产与重整法》(2004年3月草案A版)第90条基本沿用上述《企业破产与重整法》(2000年6月草案)第108条之规定，同时补充规定经债权人会议批准并经人民法院认可，管理人可以转为重整执行人。同时，《企业破产与重整法》(2004年3月草案B版)第90条规定："人民法院裁定批准重整计划时，应当通知管理人向债务人办理事务移交。管理人自办理移交之日起，终止执行职务。"后《企业破产法》采纳由债务人执行重整计划的模式，《企业破产法》(2004年6月草案)第89条规定："重整计划由债务人负责执行。人民法院裁定批准重整计划后，负责管理财产和营业事务的管理人应当向债务人移交财产和营业事务。"最终《企业破产法》规定为本条的内容。

三、条文解读

(一)关于重整计划的执行在重整程序中的地位和作用

依据《企业破产法》的规定，"重整期间"和"重整计划执行期间"是两个不同的法律概念和期间，但两者也存在紧密的联系。自人民法院裁定债务人重整之日起至重整程序终止，为重整期间。重整期间在一些国家称为重整保护期，其目的主要在于防止债权人在重整期间对债务人及其财产采取诉讼或者其他措施，保护债务人财产不受个别清偿；同时也对债务人的股东、董事和高级管理人员的行为加以限制，以增加重整成功的可能性。[①] 自人民法院批准重整计划起至重整计划执行完毕止，为重整计划执行期间。进入重整计划执行阶段后，经人民法院裁定批准的重整计划，对债务人和全体债权人均有约束力。《企业破产法》对重整计划执行赋予了非常重要的法律效力，即"按照重整计划减免的债务，自重整计划执行完毕时起，债务人不再承担清偿责任"。重整计划执行期间是重整企业从重整期间转向完全正常经营的过渡期，也是重整计划可行性的考验期和实践期。

（二）关于重整计划的执行主体[②]

重整计划的执行是指对重整计划的具体实施。重整计划的执行是能否实现重整目的的关键所在，也是重整的最终落脚点。重整计划执行主体即人民法院批准重整计划后，管理及处分债务人财产、经营债务人业务、执行重整计划的人。重整计划执行人是重整计划执行的中心枢纽，其行为直接影响重整计划是否能够实现，对重整能否成功意义重大，应由法律加以明确。

我国《企业破产法》规定由债务人负责重整计划的执行。考虑到债务人对企业的经营和财务状况比较了解，由债务人担任重整计划的执行人，有利于利用债务人对本企业的了解，发挥债务人的积极性，收到有利的效果，比委任其他人执行重整计划效果更佳。因此，本条规定重整计划由债务人负责执行。

（三）关于重整计划执行的原则[③]

1. 效率原则。债务人执行重整计划应当遵循效率原则。此原则包括三层含意：一是人民法院裁定批准重整计划后，债务人应当及时将重整计划付诸执行；二是重整计划的执行应当讲求效率，迅速且不间断地进行；三是应当在重整计划规定的执行期限内执行完毕。

2. 全面执行原则。债务人执行重整计划时还应当遵循全面执行原则。债务人应当全面适当地执行重整计划，不得自行变更。但因出现国家政策调整、法

---

① 安建：《中华人民共和国企业破产法释义》，法律出版社 2006 年版，第 107 页。

② 本书编写组编著：《〈中华人民共和国企业破产法〉释义及实用指南》，中国民主法制出版社 2012 年版，第 219 页。

③ 本书编写组编著：《〈中华人民共和国企业破产法〉释义及实用指南》，中国民主法制出版社 2012 年版，第 219 页。

律修改变化等特殊情况，导致原重整计划无法执行的，人民法院可根据利害关系人的申请，经由法定程序变更重整计划。

3. 执行监督原则。为了保证重整计划的完全执行，各国家和地区的法律都规定有执行监督制度。我国《企业破产法》规定由管理人监督重整计划的执行。管理人在监督重整计划执行过程如果发现债务人对重整计划的执行违法或者不当，应当及时向人民法院报告。

适用指引

一、关于管理人向债务人移交财产和营业事务

依据《企业破产法》第73条规定，在重整期间，经债务人申请，人民法院可以批准债务人自行管理财产和营业事务，已经接管债务人财产和营业事务的管理人应当向债务人移交财产和营业事务。《企业破产法》第25条所规定的管理人职权由债务人行使。因此，如债务人向法院申请自行管理，并已经法院批准，则管理人尚未接管或已经依据上述规定向债务人移交财产和营业事务的，无需在重整计划执行期间再次移交。如债务人的财产和营业事务已依法由管理人接管，在人民法院裁定批准重整计划后，管理人应当向债务人移交财产和营业事务，以使债务人能够执行重整计划。[①]

从我国目前的司法实践来看，一般重整案件大多有投资人介入，存续式重整中往往采取出资人权益调整的方式，将债务人原出资人权益部分或者全部调整至投资人名下，投资人通过取得债务人股权的方式实现对于债务人的收购。在出售式重整中，一般由投资人自有或者新设的企业或平台承接债务人主要资产，以转让资产对价及投资人未承接的非核心资产清算所得对债权人进行分配。因此，在重整计划执行过程中，除债务人及管理人外，尚存在投资人这一第三方主体，其在重整计划执行期间需要实现对于债务人的接管，以实现投资目的，从而事实上取代债务人的地位。同时重整计划或投资协议中可能将股权变更、资产过户等作为投资人给付投资款项的前提或重整计划执行完毕的条件。但基于资产的实际情况、行政审批等原因，相关资产交割需要一定的期

① 本书编写组编著：《〈中华人民共和国企业破产法〉释义及实用指南》，中国民主法制出版社2012年版，第220页。

限，因此，在人民法院批准重整计划之后，至投资人接管债务人或相关核心资产前，将存在一个过渡时期。如在重整期间由债务人管理财产和营业事务，在过渡期可仍由债务人负责经营管理，并按照重整计划向投资人进行移交。如重整期间由管理人负责管理财产和营业事务，在人民法院批准重整计划之后，是否即时向债务人移交财产和营业事务，需要根据案件实际情况予以判断。如果债务人原出资人权益已被完全调整或部分调整至投资人名下，并由投资人负责债务人后续经营事务的，管理人应当按照重整计划的约定，在条件成就时将财产与营业事务向已经由投资人接管的债务人移交。在出售式重整中，可以由管理人依据重整计划约定将相关财产及营业事务移交给投资人或第三方，而不再向债务人移交。移交完成之前的过渡期间，可以由管理人继续负责财产及营业事务，以保障资产的安全。

二、关于重整计划执行的参与主体

《企业破产法》对于重整计划的执行采取了单一化模式，即无论重整计划草案由管理人还是债务人制定，均由债务人负责执行。但在实践中，大型企业或集团类企业存在涉猎行业广泛、债权债务规模庞大、资产结构复杂，资产质量不一等特征，这类企业重整计划的制定与执行往往涉及金融、法律、市场监管、税务等各方面知识，如果完全由债务人执行，客观上可能存在执行能力的不足，难以完成专业性较强的各项工作。大型企业重整计划的执行是一个较为庞大的工程，涉及到多方主体的配合。因此，对于此类较为复杂的重整案件，在重整计划实际执行过程中，虽由债务人负责执行，但仍需要管理人、专业财务人员、会计人员等相关主体及专业人员的协助。此时虽众多主体均一定程度上参与了重整计划执行，但在《企业破产法》对于重整计划执行主体已经作出明确规定的情况下，相关主体应作为债务人的协助方，协助其完成重整计划的执行，不应理解为执行主体发生变更，债务人仍为重整计划的法定执行主体。

关于出售式重整中重整计划的执行主体，依据本条规定，仍应当确定为债务人。但与存续式重整不同的是，在出售式重整中，债务人的核心资产和经营事务将被出售给投资人或第三方平台，此时部分债务可能由新主体予以承接，并在重整计划执行期间或执行完毕后分阶段予以清偿。此时原债务人事实上仅剩余非核心资产或仅为空壳，可能需要依法予以清算并注销，此时由原债务人负责执行重整计划将存在一定的困难。对此实践中采取了不同的变通方式，如根据重整计划的不同约定，由投资人、新设立主体或管理人予以执行，此时重整实际需要确定的重整计划执行主体与《企业破产法》所规定的执行主体如何协调，需要根据实际情况予以处理。

三、关于实质合并重整案件重整计划执行主体的确定

依据《破产审判会议纪要》关于实质合并重整企业成员的存续作出的规定，适用实质合并规则进行重整的，基于关联企业经济上的整体性，各关联企业原则上应当合并为一个企业。但确有需要的，可以保持个别企业独立。也就是说，虽然原则上实质合并重整的关联企业应当合并为一个企业，但对于各个企业在重整后保持独立性乃至新设主体的，会议纪要相关规定均未予以禁止。如实质合并重整后各债务人合并为一个企业，依据会议纪要规定，应当由合并后的企业负责重整计划执行。如在实质合并重整后，根据实际需要保持部分或者全部企业的独立性，或者将部分资产注入新设立企业或者平台的，原则上所有存续企业乃至承接了部分债务人资产的新设立企业或平台，应当均属于本条规定的执行重整计划的债务人范畴，重整计划可以根据实际需要确定由部分或者全部重整主体执行重整计划。但应当注意的是，虽然重整计划可以由部分主体执行，但如果债务人不执行或者不能执行重整计划时，所有存续主体均应纳入破产范围一并清算。

四、关于上市公司重整计划的执行

依据《审理上市公司破产重整案件纪要》的规定，对于上市公司重整计划草案的制定引入最高人民法院与中国证券监督管理委员会（以下简称证监会）的会商机制，证监会接受会商材料后，应当安排并购重组专家咨询委员会对会商案件进行研究，并出具咨询意见。

应当注意的是，上市公司重整案件会商过程中，并购重组专家咨询委员会出具的咨询意见不能代替行政许可决定。人民法院裁定批准重整计划后，重整计划内容涉及证券监管机构并购重组行政许可事项的，债务人（上市公司）仍应当按照规定履行行政许可核准程序，在获得证券监管机构行政许可后，应当在重整计划执行期限内实施完毕。

类案检索

吴某钦、嘉粤集团有限公司返还原物纠纷案

关键词： 重整计划执行期间　债务人　诉讼主体

裁判摘要： 2012年2月22日，嘉粤集团有限公司（以下简称嘉粤公司）与吴某钦签订《房屋买卖协议书》及相关协议，约定金港华庭商铺买卖及过户事宜。2012年12月12日，经嘉粤公司申请，湛江市中级人民法院作出（2012）湛中法民破字第3号民事裁定书，裁定嘉粤公司进入破产重整程序，并于同日作出（2012）湛中法民破字第3-1号决定书，指定成立嘉粤公司破产管理人。2014年6月5日，湛江市中级人民法院作出（2012）湛中法民破字第3-30号之四号民事裁定书，批准嘉粤公司及其关联34家公司重整计划并终止重整程序。2015年1月5日，管理人向吴某钦发出《通知书》，解除上述《房屋买卖协议书》，并要求吴某钦返还商铺。吴某钦未予返还，故嘉粤公司提起诉讼。吴某钦认为，嘉粤公司作为原告诉讼主体不适格，本案的适格主体是嘉粤公司管理人。广东省高级人民法院经审理认为，《企业破产法》第89条第1款规定，重整计划由债务人负责执行。该法第25条第1款第7项规定，管理人代表债务人参加诉讼、仲裁或者其他法律程序的职责。在重整计划执行期间，由债务人提起有关诉讼，是统筹、实施重整计划的应有之义。在本案破产案件受理后，管理人职责终止前，嘉粤公司提起返还原物诉讼，《企业破产法》并未规定该类诉讼仅能由管理人提起，因此，债务人嘉粤公司提起诉讼，管理人作为诉讼代表人参加诉讼，并不违反法律规定。吴某钦主张本案的适格主体是嘉粤公司管理人，理由不成立，该院不予采纳。

【案　　号】（2020）粤民终2899号

【审理法院】 广东省高级人民法院

【来　　源】 中国裁判文书网

第九十条　自人民法院裁定批准重整计划之日起，在重整计划规定的监督期内，由管理人监督重整计划的执行。

在监督期内，债务人应当向管理人报告重整计划执行情况和债务人财务状况。

关联规定

司法指导性文件

1.《全国法院民商事审判工作会议纪要》

113.【重整计划监督期间的管理人报酬及诉讼管辖】要依法确保重整计划的执行和有效监督。重整计划的执行期间和监督期间原则上应当一致。二者不一致的，人民法院在确定和调整重整程序中的管理人报酬方案时，应当根据重整期间和重整计划监督期间管理人工作量的不同予以区别对待。其中，重整期间的管理人报酬应当根据管理人对重整发挥的实际作用等因素予以确定和支付；重整计划监督期间管理人报酬的支付比例和支付时间，应当根据管理人监督职责的履行情况，与债权人按照重整计划实际受偿比例和受偿时间相匹配。

重整计划执行期间，因重整程序终止后新发生的事实或者事件引发的有关债务人的民事诉讼，不适用《企业破产法》第21条有关集中管辖的规定。除重整计划有明确约定外，上述纠纷引发的诉讼，不再由管理人代表债务人进行。

2.《全国法院破产审判工作会议纪要》

9. 进一步落实管理人职责。在债务人自行管理的重整程序中，人民法院要督促管理人制订监督债务人的具体制度。在重整计划规定的监督期内，管理人应当代表债务人参加监督期开始前已经启动而尚未终结的诉讼、仲裁活动。重整程序、和解程序转入破产清算程序后，管理人应当按照破产清算程序继续履行管理人职责。

条文释义

一、本条主旨

本条是关于管理人监督重整计划的执行的规定。

二、条文演变

在《企业破产法》起草过程中，原拟采用专门的重整计划执行人负责重整计划的执行，重整计划执行人可以为管理人，此时并未设置重整计划执行的监督主体。后《企业破产法》未采用重整计划执行人的规定，而是规定由债务人执行重整计划，同时增加了关于管理人监督重整计划执行之规定。2004 年 6 月《企业破产法（草案）》第 90 条规定："自人民法院裁定批准重整计划之日起，在重整计划规定的监督期内，由管理人监督重整计划的执行。在监督期内，债务人应当向管理人报告重整计划执行情况和企业财务状况。"后《企业破产法》历次草案中该条规定基本保持稳定，最终确定为本条的内容。

三、条文解读

（一）关于设置重整计划执行监督人的必要性

重整计划的执行是一项复杂的社会性工程，涉及债权人、职工、出资人、投资人以及金融机构、税务机关等各方主体的权益，因而其程序的构筑必须科学、合理且运作有效，以防止重整程序成为债务人或者其他人谋取私利、逃避债务、规避法律的工具。我国重整制度是以债务人自助自救，自己执行重整计划为原则，因此，必须建立、健全监督机制，监督人制度无疑是重要的内容。监督人的设置对于保障重整计划全面执行，维护债权人利益具有积极作用。管理人是由人民法院指定的破产案件中的常设机构，同时管理人也具备相关的专业知识，因此，管理人是监督重整计划执行的最合适人选。并非所有的重整案件都能重整成功，如果重整失败，可能使债务人的财产进一步减少，债权人的清偿率降低。因此，债务人是否按照重整计划实施重整，重整计划是否改善了重整企业濒临破产的状况，重整计划规定的经营方案是否能够得以执行，债务人是否能够按照重整计划的规定清偿债务等，都应当受到管理人的监督。对重整计划的实施给予必要的监督，是保护债权人等各方利益主体及实现重整目的的客观需要。

管理人有效履行监督职责的前提是能够随时掌握债务人执行重整计划的具体情况及债务人的财务情况，因此，本条规定管理人监督职责的同时，亦规定了执行重整计划的债务人相应的义务，其应当根据管理人的要求在监督期内报告重整计划的执行情况和债务人的财务状况。通过了解重整计划的执行情况和债务人的财务状况，管理人应当妥善履行监督职责，及时纠正债务人不当行为，依法向人民法院及债权人会议报告监督工作，撰写监督报告并在监督期届满时向人民法院提交。

（二）关于管理人监督重整计划执行的职责

管理人在重整计划执行期间应当监督债务人严格、全面执行重整计划。其主要职责包括：（1）要求债务人就其职权范围内的事务作出说明或者提供文件；（2）监督债务人在执行重整计划过程中的行为，纠正债务人的违法行为；（3）重整计划因国家政策调整、法律修改变化等原因无法执行，确需变更时，提议召开债权人会议并提交债权人会议表决重整计划变更议案；（4）必要时申请人民法院延长重整计划执行的监督期限；（5）监督期限届满时，向人民法院提交监督报告；（6）代表债务人参加监督期开始前已经启动而尚未终结的诉讼、仲裁活动；（7）债务人不能执行或者不执行重整计划的，及时向人民法院申请裁定终止重整计划的执行并宣告债务人破产；（8）行使监督重整计划的其他权利。①

适用指引

一、关于重整计划执行期间管理人报酬的确定和支付

《企业破产法》《企业破产案件确定管理人报酬规定》等规定中对破产案件中管理人报酬方案的初步确定、异议、协商、调整等作出了框架性的规定。

① 最高人民法院民二庭：《上市公司破产重整案件审理情况总结报告》，载最高人民法院民事审判第二庭编：《商事审判指导》2014 年第 3 辑（总第 39 辑），人民法院出版社 2015 年版，第 38~39 页。

《民商审判会议纪要》第113条对于重整计划执行期间管理人报酬的确定作了细化规定。重整计划执行期间管理人报酬的确定，原则上也应当根据管理人对重整计划执行进行监督的具体工作量、成效等进行测算并纳入报酬方案作出具体安排。重整计划执行期间管理人报酬的支付比例和支付时间，应当根据管理人监督职责的履行情况，与债权人按照重整计划实际受偿比例和受偿时间相匹配。但需要注意的是，实践中，重整案件管理人报酬方案一般不会对重整期间、重整计划执行期间作出区分，多数情况下，重整程序终止时管理人尚未收取或仅收取少部分报酬，重整计划执行完毕后才收取大部分或全部报酬。在最终确定的管理人报酬方案对于重整期间、重整计划执行期间的管理人报酬都已经予以明确的情况下，应当按照管理人报酬方案进行确定、支付。

二、关于重整计划执行期间有关债务人诉讼的管辖及诉讼代表人的确定

《企业破产法》第21条规定了有关债务人民事诉讼的集中管辖。人民法院裁定批准重整计划、终止重整程序以后，进入重整计划执行阶段。经人民法院裁定批准的重整计划，对债务人和全体债权人均有约束力，此时债务人的债权债务关系清理告一段落，债务人可以逐步过渡到正常经营状态，有关债务人的民事诉讼也可以按照普通民事诉讼的规则确定管辖。即便存在重整计划不能执行而进入清算程序，也仅仅是一种可能性，并不意味着必然转化，亦不会因重整计划执行阶段的民事诉讼未集中管辖而受到影响。故《民商审判会议纪要》第113条规定，重整计划执行期间，因重整程序终止后新发生的事实或者事件引发的有关债务人的民事诉讼不适用《企业破产法》第21条有关集中管辖的规定。另外，除重整计划有明确约定外，上述纠纷引发的诉讼，也不再由管理人代表债务人进行。这也符合人民法院裁定批准重整计划后，已接管财产和营业事务的管理人应当向债务人移交财产和营业事务的实际情况。

但应当注意的是，本条规定因重整程序终止后新发生的事实或者事件引发的有关债务人的民事诉讼原则上不再适用破产集中管辖，但如果引发诉讼的事实发生于重整程序终止之前，与债务人的重整程序密切相关，如债权人提起的债权确认之诉等，因重整案件受理法院对于重整案件的整体情况更为了解，从有利于个案审理与重整程序的协调角度考虑，仍由重整案件受理法院集中管辖，并由管理人代表诉讼，能够更好统筹协调处理有关重整案件的实体争议，

顺利推进重整程序。实务中，在重整计划执行期间，如当事人依据《民事诉讼法》规定向人民法院提起诉讼，管辖法院发现受理的案件应当由重整案件受理法院集中管辖的，可以依据《民事诉讼法》相关规定，将案件移送重整案件受理法院。同时，监督期开始前已经启动而尚未终结的诉讼、仲裁活动，管理人仍然应当代表债务人参加。

类案检索

江苏国安建筑安装工程有限公司与大庆油田建设集团有限公司等建设工程施工合同纠纷案

关键词： 重整计划执行期间　新发生的民事诉讼　管辖

裁判摘要： 江苏省盐城市大丰区人民法院于2014年9月1日作出（2012）大商破字第0001-6号民事裁定，批准江苏国安建筑安装工程有限公司（以下简称国安建筑公司）重整计划草案，终止重整程序。而后因建设工程施工合同纠纷，国安建筑公司向人民法院提起诉讼，因管辖权争议，报请最高人民法院指定管辖。最高人民法院认为，《企业破产法》第21条规定的"人民法院受理破产申请后，有关债务人的民事诉讼只能向受理破产申请的人民法院提起"，其目的在于通过集中管辖确保破产程序的有序进行，避免在破产程序进行中发生的有关债务人的民事诉讼由不同的法院审理导致其与破产案件的审理进度难以协调，影响破产程序的顺利进行，故有必要将这些诉讼集中于审理破产案件的人民法院一并审理。在重整计划执行期间新发生的有关债务人的民事诉讼，并无与破产重整案件审理相协调的必要，不应适用《企业破产法》第21条的规定，因此，该建设工程施工合同纠纷案应由建设工程所在地人民法院管辖。

【案　　号】（2019）最高法民辖14号

【审理法院】 最高人民法院

【来　　源】 中国裁判文书网

第九十一条　监督期届满时，管理人应当向人民法院提交监督报告。自监督报告提交之日起，管理人的监督职责终止。

管理人向人民法院提交的监督报告，重整计划的利害关系人有权查阅。

经管理人申请，人民法院可以裁定延长重整计划执行的监督期限。

关联规定

一、法律、行政法规、司法解释

《最高人民法院关于适用〈中华人民共和国企业破产法〉若干问题的规定（三）》

第十条　单个债权人有权查阅债务人财产状况报告、债权人会议决议、债权人委员会决议、管理人监督报告等参与破产程序所必需的债务人财务和经营信息资料。管理人无正当理由不予提供的，债权人可以请求人民法院作出决定；人民法院应当在五日内作出决定。

上述信息资料涉及商业秘密的，债权人应当依法承担保密义务或者签署保密协议；涉及国家秘密的应当依照相关法律规定处理。

二、司法指导性文件

《全国法院民商事审判工作会议纪要》

113.【重整计划监督期间的管理人报酬及诉讼管辖】要依法确保重整计划的执行和有效监督。重整计划的执行期间和监督期间原则上应当一致。二者不一致的，人民法院在确定和调整重整程序中的管理人报酬方案时，应当根据重整期间和重整计划监督期间管理人工作量的不同予以区别对待。其中，重整期间的管理人报酬应当根据管理人对重整发挥的实际作用等因素予以确定和支付；重整计划监督期间管理人报酬的支付比例和支付时间，应当根据管理人监督职责的履行情况，与债权人按照重整计划实际受偿比例和受偿时间相匹配。

重整计划执行期间，因重整程序终止后新发生的事实或者事件引发的有关债务人的民事诉讼，不适用《企业破产法》第21条有关集中管辖的规定。除重整计划有明确约定外，上述纠纷引发的诉讼，不再由管理人代表债务人进行。

条文释义

一、本条主旨

本条是关于重整计划执行监督报告及监督期限届满时管理人履行有关职责的规定。

二、条文演变

本条是《企业破产法》后期草案增加的条款。在确定重整计划执行主体为债务人后，相应增加了本条规定，由管理人监督重整计划之执行，同时规定了关于管理人监督重整计划执行的期限、管理人报告义务及监督期限的延长等。《企业破产法》(2004年6月草案)第91条规定："监督期届满时，管理人应当向人民法院提交监督报告。自监督报告提交之日起，管理人解除监督职责。管理人向人民法院提交的监督报告，重整计划的利害关系人有权查阅。经管理人申请，人民法院可以裁定延长重整计划执行的监督期限。"本条内容在历次草案中基本保持稳定，未发生实质性变化，最终《企业破产法》规定为本条的内容。

三、条文解读

(一)关于管理人提交监督报告及终止监督职责

重整计划执行期间，债务人负责执行重整计划。管理人的职责是在重整计划规定的监督期内，监督债务人对重整计划的执行。当监督期届满时，管理人应当根据债务人的报告以及执行监督职责的情况提交监督报告。在监督报告中，管理人应当提供在监督期内重整计划执行的详细情况，主要应当包括债务人的经营情况、债权的清偿情况及重整计划其他内容的执行情况。同时，监督报告还应当包括管理人自身履行监督职责的情况。[①] 一般情况下，自监督报告提交之日起，管理人的监督职责终止。

（二）关于重整计划执行的监督期限的延长

重整计划执行监督期限是管理人对债务人执行重整计划进行监督的期限，该期限一般由重整计划草案加以规定，并随着重整计划经债权人会议表决通过、人民法院裁定批准而加以确定。如果出现管理人认为重整计划执行的监督期限需要延长的特殊情况，如重整计划的执行较原来预计的情况更加复杂、重整计划执行期限延长等，或者管理人在监督期内发现债务人因主观过错或者客观原因影响到重整计划的执行等情况，又不至因此终止重整计划执行的，管理人可以申请人民法院裁定延长重整计划的监督期限，以监督债务人继续执行重整计划。人民法院认为需要延长的，可以裁定延长重整计划执行的监督期限。

（三）关于利害关系人有权查阅监督报告

重整计划的执行直接关系到重整程序的成败。管理人对重整计划执行进行监督的目的是保证债务人全面执行重整计划，保护债权人、出资人等利害关系人的权益。管理人向人民法院提交的监督报告，是对债务人执行重整计划情况最全面详细和权威的报告，债权人、出资人等利害关系人有权查阅监督报告，了解重整计划的执行情况，从而行使自己的权利。如果发现债务人在重整计划执行期间有不执行或者不能执行重整计划，债务人的经营状况和财务状况继续恶化、缺乏挽救的可能性等情况，或者债务人有欺诈、恶意减少企业财产或者其他显著不利于债权人的行为，严重损害债权人利益的，重整计划的利害关系人可以申请人民法院裁定终止重整计划的执行，同时宣告债务人破产。

适用指引

一、关于重整计划执行的监督期限的确定

管理人对于债务人执行重整计划的行为的监督应当受到监督期限的限制。

① 王卫国：《破产法精义》（第 2 版），法律出版社 2020 年版，第 299~300 页。

依据《企业破产法》第81条之规定，重整计划草案中应当包括重整计划执行的监督期限。依据本条关于监督期限延长之规定，重整计划执行的监督期限，可能与重整计划的执行期限并不一致。《企业破产法》对于重整计划执行期限的长度并未作出限制性规定，实践中一般根据案件的实际情况确定。如果重整计划的执行期限很长，例如，5年或者10年以上，考虑管理人的费用和报酬等监督成本，难以做到由管理人全程监督，此时重整计划执行的监督期限可能短于重整计划的执行期限。因此，在实践中，根据案件的实际情况，应当考虑允许重整计划的执行期限与监督期限不一致。从司法实践情况来看，目前多数重整案件倾向于通过设定重整计划执行完毕标准等方式，确定较短的重整计划执行期限，以减少重整计划执行的不确定性。在此情况下，为了更好地保障重整计划的执行和有效监督，使得重整计划的内容得到不折不扣的执行，重整计划的执行期限和监督期限原则上应当一致。基于此，《民商审判会议纪要》第113条对重整计划中有关监督期的设定进行了引导性规定，即重整计划的执行期间和监督期间原则上应当一致。即便二者不一致的，在监督期内重整计划未执行完毕、仍有重大重整措施在实施中，或者债务人的行为可能会对重整计划的执行产生不利影响，或者有其他延长监督期限必要的，管理人可以申请人民法院裁定延长重整计划的监督期限，以继续监督债务人执行重整计划。

二、关于管理人监督职责的终止

依据本条规定，管理人监督职责自提交监督报告之日起终止。如果重整计划执行期限与监督期限不一致的，在监督期限届满、管理人提交监督报告后，管理人即不再负有监督职责。此后重整计划执行过程中出现的问题管理人已经无义务进行了解并向相关主体报告。但是，依据本条规定，管理人在监督期限届满后所解除的系监督职责，在重整计划执行完毕之前，如管理人发现债务人不能执行或者不执行重整计划的，仍有权请求人民法院裁定终止重整计划的执行，并宣告债务人破产。[①]

三、关于债权人等利害关系人知情权的行使方式

依据本条规定，重整计划的利害关系人有权查阅管理人向人民法院提交的

① 韩传华：《企业破产法解析》，人民法院出版社2007年版，第306~307页。

监督报告，但并未规定知情权行使的具体方式。《企业破产法规定（三）》第10条规定了单个债权人的知情权。根据该规定，单个债权人有权查阅债务人财产状况报告、债权人会议决议，管理人监督报告等参与破产程序所必需的债务人财务和经营信息资料。同时规定了债权人查阅的具体方式，即债权人可以直接向管理人提出申请，管理人无正当理由不予提供的，债权人可以请求人民法院作出决定，人民法院应当在5日内作出决定。债权人及其他利害关系人依据本条规定申请查阅管理人监督报告时，可依据上述司法解释规定的方式进行。之所以规定直接向管理人提出查阅申请，主要考虑是实践中债务人的相关资料及管理人履职过程中产生的报告等材料绝大多数均由管理人保管或在管理人处有备份留存，因此，一般情形下债权人依法需要了解的信息资料，管理人基本都有掌握，如管理人无正当理由不予提供的，债权人可以请求法院责令管理人提供。需要注意的是，如债权人申请查阅的材料涉及商业秘密或者国家秘密，管理人不应以此为由拒绝债权人的查阅申请。对于债权人等利害关系人的知情权与保护债务人商业秘密、国家秘密如何协调的问题，如涉及商业秘密，债权人应依法承担保密义务；如涉及国家秘密，债权人则应依据《保守国家秘密法》等相关法律规定办理查阅手续，履行保密义务。

类案检索

厦门中盛粮油集团有限公司重整案

关键词： 重整计划执行期限　监督期限　延长

裁判摘要： 2019年9月6日，厦门中盛粮油集团有限公司管理人向厦门市中级人民法院提出申请，称厦门中盛粮油集团有限公司重整计划执行内容涉及多项资产处置，其中对外投资股权未包含在重整投资人购买的重整资产范围内，处置程序较为繁琐，目前尚未处置完毕，重整计划尚在执行中，请求法院将厦门中盛粮油集团有限公司重整计划执行的监督期限延长2个月至2019年11月18日止。厦门市中级人民法院经审查认为：2019年3月19日，该院作出（2018）闽02破19号之二民事裁定，批准厦门中盛粮油集团有限公司重整计划，终止重整程序。重整计划规定的执行期限为6个月，自2019年3月19日起至2019年9月18日止。鉴于重整计划执行内容还包括对外投资股权的处置，该股权未包含在重整投资人购买的重整资产范围内，目前尚未处置完毕，该院已批准延长厦门中盛粮油集团有限公司重整计划执行期限至2019年11月18日止。管理人作为重整计划执行的监督方，其据此申请延长厦门中盛粮油集团有限公司重整计划执行的监督期限符合法律规定，应当予以批准。依照《企业破产法》第91条第3款之规定，裁定将厦门中盛粮油集团有限公司重整计划执行的监督期限延长2个月至2019年11月18日。

【案　　号】（2018）闽02破19号

【审理法院】福建省厦门市中级人民法院

【来　　源】2016—2020年厦门中级人民法院破产审判典型案例

第九十二条 经人民法院裁定批准的重整计划，对债务人和全体债权人均有约束力。

债权人未依照本法规定申报债权的，在重整计划执行期间不得行使权利；在重整计划执行完毕后，可以按照重整计划规定的同类债权的清偿条件行使权利。

债权人对债务人的保证人和其他连带债务人所享有的权利，不受重整计划的影响。

关联规定

一、法律、行政法规、司法解释

1.《中华人民共和国民法典》

第六百八十七条 当事人在保证合同中约定，债务人不能履行债务时，由保证人承担保证责任的，为一般保证。

一般保证的保证人在主合同纠纷未经审判或者仲裁，并就债务人财产依法强制执行仍不能履行债务前，有权拒绝向债权人承担保证责任，但是有下列情形之一的除外：

（一）债务人下落不明，且无财产可供执行；

（二）人民法院已经受理债务人破产案件；

（三）债权人有证据证明债务人的财产不足以履行全部债务或者丧失履行债务能力；

（四）保证人书面表示放弃本款规定的权利。

2.《最高人民法院关于适用〈中华人民共和国民法典〉有关担保制度的解释》

第二十二条 人民法院受理债务人破产案件后，债权人请求担保人承担担保责任，担保人主张担保债务自人民法院受理破产申请之日起停止计息的，人民法院对担保人的主张应予支持。

第二十三条 人民法院受理债务人破产案件，债权人在破产程序中申报债权后又向人民法院提起诉讼，请求担保人承担担保责任的，人民法院依法予以支持。

担保人清偿债权人的全部债权后，可以代替债权人在破产程序中受偿；在债权人的债权未获全部清偿前，担保人不得代替债权人在破产程序中受偿，但是有权就债权人通过破产分配和实现担保债权等方式获得清偿总额中超出债权的部分，在其承担担保责任的范围内请求债权人返还。

债权人在债务人破产程序中未获全部清偿，请求担保人继续承担担保责任的，人民法院应予支持；担保人承担担保责任后，向和解协议或者重整计划执行完毕后的债务人追偿的，人民法院不予支持。

第二十四条 债权人知道或者应当知道债务人破产，既未申报债权也未通知担保人，致使担保人不能预先行使追偿权的，担保人就该债权在破产程序中可能受偿的范围内免除担保责任，但是担保人因自身过错未行使追偿权的除外。

3.《最高人民法院关于适用〈中华人民共和国企业破产法〉若干问题的规定（三）》

第五条 债务人、保证人均被裁定进入破产程序的，债权人有权向债务人、保证人分别申报债权。

债权人向债务人、保证人均申报全部债权的，从一方破产程序中获得清偿后，其对另一方的债权额不作调整，但债权人的受偿额不得超出其债权总额。保证人履行保证责任后不再享有求偿权。

第六条 管理人应当依照企业破产法第五十七条的规定对所申报的债权进行登记造册，详尽记载申报人的姓名、单位、代理人、申报债权额、担保情况、证据、联系方式等事项，形成债权申报登记册。

管理人应当依照企业破产法第五十七条的规定对债权的性质、数额、担保财产、是否超过诉讼时效期间、是否超过强制执行期间等情况进行审查、编制债权表并提交债权人会议核查。

二、司法指导性文件

《全国法院破产审判工作会议纪要》

31. 保证人的清偿责任和求偿权的限制。破产程序终结前，已向债权人承担了保证责任的保证人，可以要求债务人向其转付已申报债权的债权人在破产程序中应得清偿部分。破产程序终结后，债权人就破产程序中未受清偿部分要求保证人承担保证责任的，应在破产程序终结后六个月内提出。保证人承担保证责任后，不得再向和解或重整后的债务人行使求偿权。

条文释义

一、本条主旨

本条是关于重整计划的效力的规定。

二、条文演变

《企业破产与重整法》（2000 年 6 月草案）第 109 条规定："经人民法院裁定批准的重整计划，对人民法院受理破产案件前成立的所有债权，均有约束力。没有依照本法规定申报的重整债权，在重整计划执行期间不得行使权利；在重整计划执行完毕后，可以按照重整计划中同类债权的清偿条件行使权利。重整企业的保证人或者其他连带债务人承担的清偿责任，不受重整计划的影响。"在《企业破产法》历次草案中，本条基本保持稳定，未发生实质性变更。关于重整计划的约束力，草案中规定为"经人民法院裁定批准的重整计划，对人民法院受理破产案件前成立的所有债权，均有约束力"，后《企业破产法》最终变更为"经人民法院裁定批准的重整计划，对债务人和全体债权人均有约束力"，即为本条内容。

三、条文解读

（一）关于重整计划的约束力

经人民法院裁定批准的重整计划，对债务人和全体债权人具有广泛的约束力，无论重整计划对债权是否造成减损，无论相关主体对重整计划支持、反对以及是否参加对重整计划草案的表决。债务人及全体债权人均应遵守经债权人会议讨论通过、人民法院批准生效的重整计划。这是因为经人民法院批准的重整计划，符合债务人和债权人的共同利益，有利于重整的进行，重整程序中对于某些债权人的利益进行的调整，是重整顺利进行所必需的。如果以未参加债权人会议、不同意重整计划等为由，允许部分债权人可以不受重整计划的约束，则重整程序的顺利进行将受到严重挑战。这项规定体现了重整计划的强制约束力，避免了因个别关系人的异议而阻挠重整计划的实施，这是帮助债务人走上重整之路的有力措施。另外，本条虽仅规定了经人民法院裁定批准的重整计划对于债务人及债权人具有约束力。重整计划草案涉及出资人权益调整事项的，依据《企业破产法》第 85 条之规定，应当设出资人组，对该事项进行表决。此时，出资人权益调整事项作为重整计划草案的一部分，在重整计划经法院裁定批准后，即对于全体出资人具有约束力。

（二）关于债权人未依法申报债权时权利行使的限制

债权申报是破产制度中的重要程序，其目的在于提高破产程序的效率，避免久拖不决造成的财产贬值、丧失重整价值等。依据《企业破产法》关于债权申报的规定，债权人应当依法在人民法院确定的期限内申报债权。债权申报期限自人民法院发布受理破产申请公告之日起计算，最短不得少于 30 日，最长不得超过 3 个月。在人民法院确定的债权申报期限内，债权人未申报债权的，可以进行补充申报。同时，根据《企业破产法》对债权申报的规定，债权人未依本法规定申报债权的，不得依本法规定的程序行使权利。也就是说，债权人未依法申报债权的，应当视为自动放弃参加破产程序的权利。这是因为债权人在破产程序中许多重要权利，如表决权的行使，都是以其申报并经审查确认的债权额为基础的，如果债权人未申报债权而参加破产程序，将会造成破产程序的混乱。

重整程序中，管理人或自行管理的债务人在制定重整计划草案时，可能对于没有依法申报的债权未予考虑从而未在重整计划草案中作出安排，如果允许此类债权在重整计划执行期间行使权利，可能因偿债资源不足等原因导致重整计划无法执行。因此，本条规定债权人未依照本法规定申报债权的，在重整计划执行期间不得行使权利，以保障重整计划的顺利执行。但债权人未依法申报债权时，并不意味着该债权消灭。重整计划执行完毕后，未依法申报债权的债权人可以向债务人主张其债权，但只能按照重整计划规定的同类债权的清偿条件行使权利，否则如果其清偿条件优于依法申报债权并参加重整程序的债权人，必然造成清偿不公的现象。

（三）关于债权人对保证人和其他连带债务人所享有的权利

基于担保的从属性原则，担保责任的范围和强度不应大于主债务。此项原则如果适用于破产程序，可能被理解为重整计划中减免的债务对保证人或者其他连带债务人同样有效，可减轻其责任。但债权人设立担保之本意，就是在债务人无力清偿时，由保证人或其他连带债务人承担责任。如因债权人在重整计划中不得已而减免债务人的部分债务，便相应减轻保证人和其他连带债务人的责任，就与设立担保的宗旨相违背。债权人要求担保之目的就无从达到。同时，重整计划不是建立在债权人债务人双方互谅互让的基础上，而是债权人单方让步，债权人的这种让步从本质上讲，是一种迫不得已的非自愿行为，所谓“两害相权取其轻”而已。此外，重整计划依法定多数同意即可通过，经人民法院裁定批准的重整计划对债务人和全体债权人，均有约束力。部分不同意的债权人也要受重整计划约束，如其债权设有担保，在他们反对重整计划的情况下将债务人的保证人和其他连带债务人的责任也随之减免，显然是不合理的。这样做还可能迫使有担保的债权人不得不为自身利益而强烈反对重整计划，使重整计划难以通过，导致企业重整无法进行。因此，本条规定债权人对债务人的保证人和其他连带债务人所享有的权利，不因重整计划中对债权人的债权数额、清偿条件的调整而受到影响，保证人和其他连带债务人仍应按照原有数额和条件进行清偿。也就是说，债务人的保证人和其他连带债务人不得依据重整中债权人作出的让步对抗债权人的清偿要求。债权人依重整计划从债务人处受偿后，仍有权要求债务人的保证人和其他连带债务人对重整计划减免的部分承担责任。另外，在原合同规定债务履行期满后，保证人或连带债务人即应当承担相应的责任，不能享受重整计划规定的延期清偿利益。保证人或者其他连带债务人在代债务人清偿后取得代位求偿权，但其权利行使须受重整计划的限制，即受减免债权与延期清偿等的限制。因其取得的是代原重整计划规定的债权的求偿权利，故原债权所受的限制也要由其承受。

适用指引

一、关于“债权人未依照本法规定申报债权”的理解

关于本条中“债权人未依照本法规定申报债权”的理解，一种观点认为债权人未依本法规定申报债权应当理解为未在债权申报期限内申报债权。另一种观点则认为，未依法申报债权既应当包括未在人民法院确定的债权申报期限内申报债权，也应当包括未依法补充申报债权。如采用第一种观点，对于债权人而言似乎过于严苛，不利于债权人权益的保护。《企业破产法》第六章对于债权申报进行了规定，其中第48条规定债权人应当在人民法院确定的债权申报期限内向管理人申报债权，第56条规定债权人未在债权申报期内申报债权的，可以补充申报，但应当承担一定的不利后果。上述关于补充申报之规定出现在《企业破产法》第六章而非第十章，说明补充申报系破产程序中的一般性制度，对于破产清算、重整及和解程序均一体适用，而不仅仅适用于破产清算程序。同时，《企业破产法》第56条第1款对于补充申报进行规定，第2款规定“债权人未依照本法申报债权的，不得依照本法规定的程序行使权利。”该款规定中“依照本法规定申报债权”，显然包括该条第1款所规定的补充申报。在同一部法律条文中出现的同一法律用语的含义应当具有一致性，据此理解，《企业破产法》第92条第2款规定的“未依照本法规定申报债权”，同样应当既包括未在债权申报期限内申报债权，也包括未补充申报债权。

关于债权人补充申报债权的期限，《企业破产法》第56条规定，债权人可以在破产财产最后分配前补充申报。但这一规定主要确定了破产清算程序中补充申报的最后期限，因重整程序并无破产财产的最后分配环节，因此，重整程序中债权人补充申报的最后期限无法依据上述规定予以确定。对于这一问题，司法实践中有不同的做法。有的地区采取的做法是允许债权人在重整计划草案提交债权人会议讨论之前补充申报。有的地区则认为债权人在重整计划执行完毕前均可补充申报债权。事实上，对于重整程序中债权补充申报期限的确定应当考虑法律规定的周延性，结合未依法申报的后果予以确定。如果认为本条的含义为债权人未在人民法院确定的债权申报期限内申报债权，也未依法补充申报债权的，不得在重整计划执行期间行使权利，那么应当可以推断出，债权人如果在债权申报期限内申报债权，或补充申报债权，在重整计划执行期间即可

以行使权利。重整程序中的补充申报并非仅需要确定一个简单的时间点，而是确定债权人能够在重整计划执行期间行使权利的最晚申报时间节点，因此，需要结合债权申报情况，对于是否允许债权人对重整计划草案进行表决、是否允许债权人在重整计划执行期间行使权利等事项做一个整体的安排。在确定该时间节点时，应当考虑本条之立法目的，即对于未依法申报债权人的权利进行限制，主要目的是为保证重整计划的顺利执行，避免因未申报债权人的出现而导致偿债资源不足等情况，进而使得重整计执行不能。因此，在考虑重整程序中补充申报的最后期限时，应当对于这一因素予以考虑，避免立法目的落空。

考虑上述因素，对“债权人未依本法规定申报债权”的理解应当分阶段予以讨论。在重整计划草案提交债权人会议讨论前，因此时重整计划草案尚未提交表决，新申报的债权可以纳入重整计划草案之中，如有必要，债务人或管理人可以对重整计划草案进行一定的调整，因此，此阶段应当允许债权人补充申报债权。在人民法院批准重整计划并终止重整程序之后，债务人应当全面执行重整计划，未申报债权可能未纳入重整计划予以规定并预留偿债资源，此时为确保重整计划的顺利执行，不应当允许债权人在这一阶段进行补充申报进而在重整计划执行期间行使权利。

二、关于未依法申报债权的债权人的权利行使

依据本条规定，未依法申报债权的债权人（以下简称未申报债权人）在重整计划执行完毕后可以按照同类债权清偿条件行使权利。这一定程度上将使得债务人及重整投资人在重整计划执行完毕后仍面临较大的风险敞口。因此，重整计划中往往规定相应的条款“规避”本条关于未申报债权按照同类债权清偿的规定，并在一定程度上限制未申报债权人的权利行使。实践中，重整计划直接规定未申报债权视为放弃权利，或未申报债权的债权人无权再向重整后的企业主张权利的情况较少，因此类条款将直接违反本条规定，同时在法院裁定批准重整计划之前，一般亦会对于此类条款进行审查，确保重整计划的合法性。实践中采取较多的方法，是为未申报债权人预留偿债资源，同时通过设置清偿条件等方式约束未申报债权人权利的行使。如在重整计划中设置多种清偿方案，规定未申报债权人仅能按照特定的清偿方案受偿，不再享有选择权，或者确定预留偿债资源的期限。在采取出售式重整模式的重整案件中，因债务人核心经营事业将出售给重整投资人，通过投资人自有企业或新设平台等进行承

接，出售所得款项及债务人其余非核心资产将通过清算向债权人进行分配。在典型的出售式重整中，因债务人在重整之后将会注销，根据债权的相对性原则，未申报债权人无法向购买债务人核心经营事业的投资人或者新设平台主张权利，即便是采取留债等方式由重整投资人或新设平台承接部分债务的情况下，通过前述限制选择权等方式，通常新设主体对于未申报债权不予承接。在实质合并重整案件中，可能通过仅确定某一企业作为偿债主体或新设偿债企业进行债务承接等方式降低未申报债权导致的风险敞口。对于此类风险规避条款，目前司法实践中一般采取有条件承认的态度。事实上，针对此类条款是否有效，目前法律缺乏明确规定，本条第 2 款虽然规定未申报债权按照同类债权的清偿条件进行清偿，但何为“同类债权的清偿条件”仍存在争议，如果采取严格解释的立场，同类债权人享有对于不同清偿方式的选择权时，未申报的债权人按照同类债权清偿，亦应当享有相同的选择权。但如果采取此种严格解释的方式，可能导致未申报债权人获得优于其他已申报的债权人的清偿地位。举例而言，在重整案件中，为了尽快确定各类债权的具体清偿方案，在设置不同的清偿方案时，重整计划中往往会明确清偿方案选择权行使的具体期限，如在期限内未进行选择的，将会视为选择某一特定方案。在重整计划执行期限届满之后，上述选择期限已经超期，如果此时仍允许未申报债权人进行选择，对于其他债权人来说是不公平的。同时，因未申报债权人在重整计划执行期间不得行使权利，在重整计划执行完毕后，其主张权利时，可能某些特定的偿债资源已经分配完毕，客观上未申报债权人无法获得此类清偿。重整计划中如果涉及现金清偿及债转股的清偿方案的选择，重整计划预留的现金或转股数量可能是确定的，在前期债权人已经选择清偿方案后，如特定偿债资源已经分配完毕，此时相应的清偿方案客观上已经无法对未申报债权人开放。因此，对于未申报债权人的清偿条件进行的限制往往具有一定的合理性及必要性，特别是针对已经获知破产程序的进行乃至已经收到债权申报通知的债权人，其未依法申报债权至少应当遭受程序上的不利后果，如无法就重整计划草案行使表决权，无法选择更优清偿方案等。考虑上述实际情况，在理解本条第 2 款时，可以在一定程度上采取较为务实的解释立场，同时结合案件实际情况作出认定。

三、关于债务人破产时担保责任的范围

本条规定债权人对保证人及连带债务人的权利，不受重整计划影响，以此

明确限制破产程序中保证责任的从属性。因此，在债务人破产的情况下，保证人承担的保证责任可能大于主债务最后清偿的金额。主债务因重整计划免除或部分免除的情况下，保证责任不因此而免除，债权人仍得向保证人主张责任。虽然《企业破产法》作为民事法律规范的特例，基于破产法律调整的特殊价值目标的考量，需要一定程度上打破担保债务从属性规则束缚，但其突破担保从属性范围和程度应当以破产法律规范的形式进行明确的规定，在无明确规定的情况下，破产程序也应遵守担保法理的约束。[①] 关于债务人进入破产程序后，担保债务是否同样适用主债务的停止计息规则，《企业破产法》未作出明确规定，因此，应当依据担保法理予以确定。担保所具有的从属性主要包括效力的从属性和消灭的从属性，前者指的是担保合同的生效要以有效的主合同为前提，后者指的是主债权债务消灭，担保权利亦随之消灭。[②] 除此之外，担保范围的从属性是担保从属性的重要的方面。担保责任的本质是对债权的保全，以主债权人的原初债权受偿利益为上限来设置担保责任，担保人承担完毕担保责任后，可以就相应的担保责任向债务人追偿。追偿法理也意味着追偿人向被追偿人所追偿的债权不能超越被追偿人在初始法律关系中的债务负担。同时，从担保人对担保责任的可预见性的角度而言，担保责任的范围也不能大于主债务的范围，这也是世界上许多国家的通例。在主债务人破产后，主债务的利息依法只计算到破产申请受理之日止，故主债务的范围是未清偿的本金和至破产受理之日的利息。这时，如果要求担保人承担主债务人破产之日后的利息，显然使担保人承担的责任大于主债务人，就明显违反了担保范围从属性的特征，在理论上是很难解释的。[③]《民法典担保制度解释》第 22 条对于该问题予以明确，其规定人民法院受理债务人破产案件后，债权人请求担保人承担担保责任，担保人主张担保债务自人民法院受理破产申请之日起停止计息的，人民法院应予以支持。同时，上述司法解释中亦设置了关于担保人承担担保责任后向破产债务人的追偿规则，仅在担保人清偿全部债权后，可以代替债权人在破产程序中受偿。

---

① 郁琳、吴光荣：《与破产法有关的几个担保问题》，载《法律适用》2021 年第 9 期。

② 马俊驹、余延满：《民法原论（第 4 版）》，法律出版社 2010 年版，第 545 页。

③ 夏群佩、洪海波：《主债务人进入破产程序后连带保证人的责任范围》，载《人民司法·案例》2017 年第 14 期。

类案检索

陈某与湛江市城乡建设实业有限公司确认合同效力纠纷案

关键词： 未申报债权　重整计划执行期间　行使权利

裁判摘要： 2012年12月12日，广东省湛江市中级人民法院（以下简称湛江中院）裁定湛江市城乡建设实业有限公司（以下简称湛江城建公司）进入破产重整程序。2012年12月15日、20日，湛江中院在《湛江日报》《人民法院报》等报纸上发布公告，告知各债权人在公告的30日内申报债权。陈某未在湛江中院指定的期限内向湛江城建公司管理人申报债权。2014年6月5日，湛江中院作出（2012）湛中法民破字第3-36号之四民事裁定书，批准湛江城建公司的重整计划，确定执行期限为1年，至2015年6月4日。2015年5月21日，湛江中院作出（2012）湛中法民破字第3-36号之十四民事裁定，延长重整计划的执行期限至2015年12月4日。重整计划执行期间，陈某提起诉讼，要求确认其与湛江城建公司2012年10月28日签订的25份《广东省商品房买卖合同》等文件合法有效，湛江中院及广东省高级人民法院（以下简称广东高院）均裁定驳回陈某的起诉，陈某向最高人民法院申请再审，最高人民法院认为，《企业破产法》专章规定了企业重整制度，旨在维持企业经营，摆脱危机以达再生目的。依据《企业破产法》第81条之规定，重整计划包括债权调整方案等有利于债务人重整的相应方案。经人民法院裁定批准的重整计划，对债务人和全体债权人均有约束力。因而，为了保障重整计划的顺利进行，不允许债权人在重整计划执行期间随意主张权利。《企业破产法》第92条第2款禁止未依法申报债权的债权人在重整计划执行期间行使权利，其立法本意即是为了保障重整计划的顺利实施。根据该条文的立法旨意，禁止债权人行使的权利应当指将影响重整计划实施的权利，包括最终体现为要求企业清偿债务、履行合同或者进行赔偿等权利。依据《企业破产法》第92条第2款“债权人未依照本法规定申报债权的，在重整计划执行期间不得行使权利”之规定，陈某在债权申报期限内未申报债权，便不得在重整计划执行期间通过行使诉权达到主张债权或者请求赔偿的目的。故广东高院依据《企业破产法》第92条第2款之规定未受理陈某的起诉并无不当。另外，考虑到案涉重整执行计划期间已经结束，依据《企业破产法》第92条第2款“在重整计划执行完毕后，可以按照重整计划规定的同类债权的清偿条件行使权利”之规定，陈某依然可以在重整计划执行完毕后，按照重整计划规定的同类债权的清偿条件行使权利。而且据湛江城建公司上诉称，其已经在重整程序中按照同等顺序债权的受偿比例为案涉债权预留受偿资金。若湛江城建公司所言属实，陈某可依据重整计划向管理人主张权利。故广东高院驳回陈某的起诉并未剥夺其实体权利或者诉讼权利。

【案　　号】（2016）最高法民申1422号

【审理法院】最高人民法院

【来　　源】中国裁判文书网

第九十三条　债务人不能执行或者不执行重整计划的，人民法院经管理人或者利害关系人请求，应当裁定终止重整计划的执行，并宣告债务人破产。

人民法院裁定终止重整计划执行的，债权人在重整计划中作出的债权调整的承诺失去效力。债权人因执行重整计划所受的清偿仍然有效，债权未受清偿的部分作为破产债权。

前款规定的债权人，只有在其他同顺位债权人同自己所受的清偿达到同一比例时，才能继续接受分配。

有本条第一款规定情形的，为重整计划的执行提供的担保继续有效。

关联规定

一、法律、行政法规、司法解释

《最高人民法院关于适用〈中华人民共和国企业破产法〉若干问题的规定（三）》

第二条　破产申请受理后，经债权人会议决议通过，或者第一次债权人会议召开前经人民法院许可，管理人或者自行管理的债务人可以为债务人继续营业而借款。提供借款的债权人主张参照企业破产法第四十二条第四项的规定优先于普通破产债权清偿的，人民法院应予支持，但其主张优先于此前已就债务人特定财产享有担保的债权清偿的，人民法院不予支持。

管理人或者自行管理的债务人可以为前述借款设定抵押担保，抵押物在破产申请受理前已为其他债权人设定抵押的，债权人主张按照民法典第四百一十四条规定的顺序清偿，人民法院应予支持。

二、司法指导性文件

1.《最高人民法院关于依法妥善审理涉新冠肺炎疫情民事案件若干问题的指导意见（二）》

20. 在破产重整程序中，对于因疫情或者疫情防控措施影响而无法招募投资人、开展尽职调查以及协商谈判等原因不能按期提出重整计划草案的，人民法院可以依债务人或者管理人的申请，根据疫情或者疫情防控措施对重整工作的实际影响程度，合理确定不应当计入企业破产法第七十九条规定期限的期间，但一般不得超过六个月。

对于重整计划或者和解协议已经进入执行阶段，但债务人因疫情或者疫情防控措施影响而难以执行的，人民法院要积极引导当事人充分协商予以变更。协商变更重整计划或者和解协议的，按照《全国法院破产审判工作会议纪要》第 19 条、第 20 条的规定进行表决并提交法院批准。但是，仅涉及执行期限变更的，人民法院可以依债务人或债权人的申请直接作出裁定，延长的期限一般不得超过六个月。

2.《全国法院民商事审判工作会议纪要》

114.【重整程序与破产清算程序的衔接】重整期间或者重整计划执行期间，债务人因法定事由被宣告破产的，人民法院不再另立新的案号，原重整程序的管理人原则上应当继续履行破产清算程序中的职责。原重整程序的管理人不能继续履行职责或者不适宜继续担任管理人的，人民法院应当依法重新指定管理人。

重整程序转破产清算案件中的管理人报酬，应当综合管理人为重整工作和清算工作分别发挥的实际作用等因素合理确定。重整期间因法定事由转入破产清算程序的，应当按照破产清算案件确定管理人报酬。重整计划执行期间因法定事由转入破产清算程序的，后续破产清算阶段的管理人报酬应当根据管理人实际工作量予以确定，不能简单根据债务人最终清偿的财产价值总额计算。

重整程序因人民法院裁定批准重整计划草案而终止的，重整案件可作结案处理。重整计划执行完毕后，人民法院可以根据管理人等利害关系人申请，作出重整程序终结的裁定。

3.《全国法院破产审判工作会议纪要》

9. 进一步落实管理人职责。在债务人自行管理的重整程序中，人民法院要督促管理人制订监督债务人的具体制度。在重整计划规定的监督期内，管理人应当代表债务人参加监督期开始前已经启动而尚未终结的诉讼、仲裁活动。重整程序、和解程序转入破产清算程序后，管理人应当按照破产清算程序继续履行管理人职责。

19. 重整计划执行中的变更条件和程序。债务人应严格执行重整计划，但因出现国家政策调整、法律修改变化等特殊情况，导致原重整计划无法执行的，债务人或管理人可以申请变更重整计划一次。债权人会议决议同意变更重整计划的，应自决议通过之日起十日内提请人民法院批准。债权人会议决议不同意或者人民法院不批准变更申请的，人民法院经管理人或者利害关系人请求，应当裁定终止重整计划的执行，并宣告债务人破产。

20. 重整计划变更后的重新表决与裁定批准。人民法院裁定同意变更重整计划的，债务人或者管理人应当在六个月内提出新的重整计划。变更后的重整计划应提交给因重整计划变更而遭受不利影响的债权人组和出资人组进行表决。表决、申请人民法院批准以及人民法院裁定是否批准的程序与原重整计划的相同。

4.《最高人民法院关于依法开展破产案件审理积极稳妥推进破产企业救治和清算工作的通知》

一、深刻认识依法开展破产案件审理、积极稳妥推进破产企业救治和清算工作的重要意义。社会主义市场主体救治和退出机制是否建立，是衡量社会主义市场经济体制完善的标志之一。依法开展破产案件审理、积极稳妥推进破产企业救治和清算工作，既是供给侧结构性改革的客观需要，又是提升市场主体竞争力的客观需要，也是建立完善社会主义市场主体救治和退出机制的客观需要。各级人民法院要深刻认识破产案件审理对优化资源配置、规范市场秩序的重要意义，推动破产案件审理工作常态化、规范化、法治化。对符合破产受理条件但仍可能适应市场需要的企业，要运用破产和解和破产重整的方式进行救治，使其能够通过救治重返市场；对救治无效或者根本不能适应市场需要的企业，要进行破产清算，促进及时退出市场。依法开展破产案件审理，是解决执行难的重要途径。对执行中符合《企业破产法》规定的破产条件的企业，要依法启动破产程序，通过破产和解化解一批、破产重整处置一批、破产清算消除一批，使企业破产制度成为解决执行难的配套制度。

三、切实建立健全破产案件审理工作机制。一要健全破产重整企业识别机制。各地法院要围绕让人民法院成为“生病企业”医院目标，对虽符合破产受理条件但具有运营价值的企业，要以市场化为导向，积极开展破产和解和重整，有效利用各种资源，使企业恢复生机。对救治无效或者其他不能适应市场需要的企业，要加快破产清算、及时释放生产要素，实现市场出清。二要在地方党委领导下，积极与政府建立“府院企业破产工作统一协调机制”。协调机制要统筹企业破产重整和清算相关工作，妥善解决企业破产过程中出现的各种问题。三要建立全国企业破产重整案件信息平台机制。各地法院要按照最高人民法院全国企业破产重整案件信息平台建设工作要求，做好破产案件前期信息整理工作，确保信息平台上线后顺畅运行。实现重整企业信息公开、破产程序公开、化解破产受理难问题的目标。四要建立合法有序的利益衡平机制。各地法院要依法处理职工工资、国家税收、担保债权、普通债权的实现顺序和实现方式，审慎协调各方利益。

5.《最高人民法院关于审理上市公司破产重整案件工作座谈会纪要》

一、关于上市公司破产重整案件的审理原则

会议认为，上市公司破产重整案件事关资本市场的健康发展，事关广大投资者的利益保护，事关职工权益保障和社会稳定。因此，人民法院应当高度重视此类案件，并在审理中注意坚持以下原则：

（一）依法公正审理原则。上市公司破产重整案件参与主体众多，涉及利益关系复杂，人民法院审理上市公司破产重整案件，既要有利于化解上市公司的债务和经营危机，提高上市公司质量，保护债权人和投资者的合法权益，维护证券市场和社会的稳定，又要防止没有再生希望的上市公司利用破产重整程序逃废债务，滥用司法资源和社会资源；既要保护债权人利益，又要兼顾职工利益、出资人利益和社会利益，妥善处理好各方利益的冲突。上市公司重整计划草案未获批准或重整计划执行不能的，人民法院应当及时宣告债务人破产清算。

条文释义

一、本条主旨

本条是关于债务人不执行或不能执行重整计划后果的规定。

二、条文演变

《企业破产与重整法》(2000年6月草案)第111条规定:“重整企业不能执行或者不执行重整计划的，人民法院经利害关系人申请，应当裁定终止重整计划的执行。人民法院裁定终止重整计划执行的，应当宣告债务人破产。有本条第1款规定情形的，重整债权人在重整计划中作出的让步失去效力。但是，为重整计划执行提供的担保，在重整计划规定的担保范围内继续有效。”《企业破产与重整法》(2000年12月草案)第111条规定:“重整企业不能执行或者不执行重整计划的，人民法院经利害关系人申请，应当裁定终止重整计划的执行。人民法院裁定终止重整计划执行的，应当宣告债务人破产。重整债权人因重整计划实施所受的清偿仍然有效。重整债权未受偿的部分，作为破产债权行使权利。前款规定的债权人，只有在其他债权人所受清偿达到同一比例时，才能继续接受分配。有本条第一款规定情形的，重整债权人在重整计划中作出的让步失去效力。但是，为重整计划执行提供的担保，在重整计划规定的担保范围内继续有效。”后《企业破产法》历次草案中，本条规定大体保持稳定，最终规定为本条的内容。

三、条文解读

(一)关于债务人不能执行或者不执行重整计划的后果

重整计划是经债权人会议表决通过，人民法院审查后裁定批准的具有法律效力的文件，对于全体债权人和债务人均有约束力。债务人在重整计划执行期间，应当依照诚信原则严格执行重整计划。债务人不能执行或者不执行重整计划的，为保障债权人的利益，经管理人或利害关系人请求，法院应当及时终止重整计划的执行，并宣告债务人破产，避免债权人的损失扩大。

债务人不能执行重整计划，是指债务人客观上不能按照重整计划执行的情况，如政策调整、市场变化、意外灾害、投资人拒绝投资等。债务人不执行重整计划，是指债务人客观上能够履行重整计划规定的清偿义务，但是其主观上没有执行重整计划的诚意，因而不依据重整计划清偿债务等情形。债务人不能执行或者不执行重整计划，包括对重整计划的全部不执行与部分不执行、对多数债权人的不执行与对个别债权人的不执行、因债务人主观过错而不执行与因客观上的原因而无法执行等多种情况。总之，它是以客观状况为标准判断的，无论不执行重整计划的原因是什么，只要存在未执行重整计划这一危害债权人利益的事实，便构成终止重整计划执行的条件。因为即使不是由于债务人的过错使重整计划无法执行，也说明当初重整计划是在缺乏事实根据、错误估计的基础上达成的，或因市场条件等发生变化，企业已不具备重整复苏的客观条件，自然应予终止。不执行重整计划的行为存在着情节轻重的不同，作为终止重整计划执行的原因，《企业破产法》并没有作出区分情节的规定。所以，原则上只要有不执行重整计划的行为，人民法院便可以终止重整计划的执行。但是，在实践中，债务人不能执行或者不执行重整计划，并不必然导致重整程序的终止，对情节轻微的违约行为，如果债务人能及时改正，管理人或者利害关系人也可不提出终止重整计划执行的申请。利害关系人应当包括债权人会议、债权人、债务人的出资人等在内的利益因重整计划的执行而受到影响的主体。债务人不能执行或者不执行重整计划，表明债务人无能力或者无诚意按照重整计划清偿债务。在相关主体提出申请时，人民法院应当尽快宣告债务人破产，启动破产清算程序，对于破产财产进行变价和分配，尽量减少债权人因重整计划无法执行所遭受的损失。

（二）关于重整计划已执行部分和债权人作出的债权调整承诺的效力

人民法院裁定终止重整计划执行的，重整计划即告解除失效，债权人在重整计划中作出的债权调整的承诺，如放弃部分种类债权、减少清偿数额、延期偿还等，均失去效力。债权人可以按照原来的债权种类及债权数额，扣除已经实施重整计划所受的清偿额，以余下的未受清偿部分作为破产债权在破产清算程序中行使权利。债权人因重整计划执行所受的清偿仍然有效。因为重整计划是依法通过并经人民法院裁定批准的，具有法律效力，之所以终止其执行，通常不是因协议本身有违法的情形或有无效的问题，而是由于债务人不能执行或不执行重整计划造成的，故重整计划终止执行前的执行行为具有法律依据。据此，债权人因执行重整计划已得到的清偿是合法有效的，超过破产分配应得的部分，作为对合法债权的依法受偿同样是有效的，不必返还。但出于公平起见，只有在其他同顺位债权人同自己所受的清偿达到同一比例时，才能继续接受分配。债权未依照重整计划受到清偿的部分，作为破产债权，按照破产清算程序行使权利，依破产财产分配方案参加分配。

（三）关于重整计划的执行被依法终止后为重整计划的执行提供担保的效力

为重整计划的执行提供担保，目的在于防止相应债权人因债务人不执行重整计划而受到损害。如果为重整计划的执行提供的担保也随重整计划的终止而失效，便等于没有提供担保，这违背了当事人设立担保的本意。从合同法理论的角度讲也是如此，合同中有关责任及争议解决的条款是不因合同的解除或终止而失去效力的，否则合同便失去处理原则。提供担保属于责任处理的范畴，所以不应受重整计划执行终止的影响。因此本条第 4 款规定，有本条第 1 款规定情形的，为重整计划的执行提供的担保继续有效。

适用指引

一、关于重整计划不能执行时的变更

重整计划的本质是一种经过司法确认的合同，按照合同严守原则，债务人应严格执行，不得随意变更解除。但重整计划的执行需要一定时间，有时长达数年，期间可能会遇到国家政策调整、法律修改变化、战略投资人的情况发生变化需要更换等特殊情况，导致重整计划无法执行。在债务人不能执行或者不执行重整计划时，依据本条规定，应终止重整计划的执行，并宣告债务人破产。但如果一概如此处理，不免过于机械僵化，不利于对仍具有挽救价值和可能的困境企业进行挽救，并对各利害关系人的权益造成不利影响。为缓解法律的刚性，适应审判实践要求，《破产审判会议纪要》借鉴域外立法成果，在第 19 条、第 20 条对重整计划的变更问题作出规定，彰显对有重整价值和可能的困境企业尽量挽救的原则。

同时，为防止已经进入执行阶段的重整计划随意变更，导致重整程序不当拖延，损害利害关系人的合法权益，在肯定重整计划可以变更的同时，《破产审判会议纪要》对重整计划变更的条件、程序等作出了明确限定，以防变更权的滥用。（1）重整计划变更的前提条件是原重整计划因客观原因无法执行。如果债务人能够执行重整计划而拒绝执行，则不适用变更程序，以维护重整计划

的严肃性。(2)限定了重整计划变更的次数。债务人或管理人仅能申请变更一次，以防久变不绝，无限拖延。(3)规定了重整计划变更的程序。重整计划的变更应遵循以下程序：①应由债务人或管理人提出变更申请。②召开债权人会议，对变更申请进行表决。同时，有权参与表决的债权人应当为债权尚未获得全部清偿的债权人，在确定表决数额时，应当以未受偿债权为限。[①] ③债权人会议表决同意变更申请的，应自决议通过之日起10日内提请人民法院批准。④人民法院裁定批准变更申请的，由债务人或管理人在6个月内提出新的重整计划。⑤新的重整计划应当提交给因重整计划变更而遭受不利影响的债权人组和出资人组进行表决，利益未受不利影响的组别无需再次表决。对于新的重整计划，表决程序、申请人民法院批准以及人民法院裁定是否批准的程序与原重整计划的相同。⑥人民法院依申请审查是否批准变更后的重整计划。

同时，《新冠疫情民事案件意见（二）》规定，对于重整计划或者和解协议已经进入执行阶段，但债务人因疫情或者疫情防控措施影响而难以执行的，人民法院要积极引导当事人充分协商予以变更。但是，仅涉及执行期限变更的，人民法院可以依债务人或债权人的申请直接作出裁定，延长的期限一般不得超过六个月。根据《企业破产法》第81条之规定，重整计划草案应当包括重整计划的执行期限，因此，重整计划执行期限的变更亦应当视为重整计划变更。但上述规定将重整计划执行期限因疫情或疫情防控措施影响而变更作为重整计划变更的一种特定情形，无需债权人会议表决变更重整计划，可由法院直接作出裁定。值得注意的是，在实践中，如果除重整计划执行期限之外，还涉及清偿率、清偿方式等对于债权人权益具有实质性影响内容的变更，则仍应当依据《破产审判会议纪要》第19条、第20条之规定，经债权人会议表决通过后，重新制定重整计划并提交债权人会议分组表决。

二、关于重整计划的执行效力

关于经人民法院裁定批准的重整计划是否具有强制执行效力，《企业破产法》并未作出规定。根据本条规定，在债务人不执行重整计划时，利害关系人得申请法院裁定终止重整计划的执行，并宣告债务人破产，似乎可认为重整计划并无强制执行效力。但是，考察重整计划的性质，因其经过人民法院全面审

① 王欣新：《破产王道：破产法司法文件解读》，法律出版社2021年版，第106页。

查并裁定批准后发生法律效力，重整程序中反对者亦受其约束。因此，经过法院裁定批准的重整计划具有法律约束力，应当认为其中至少部分事项是具有执行效力的。一般认为，重整计划中债务清偿安排是不可强制执行的，主要原因为，当未按重整计划获得清偿的债权人为多数人，债务人又没有足够财产清偿全部债权人时，如果允许对于个别债权强制执行，可能使其他未受偿债权人因债务人的财产被执行而无法受偿，造成新的清偿不公。[①] 因此，在债务人不执行债务清偿方案时，经利害关系人或管理人申请，人民法院可以裁定终止重整计划的执行。但对于重整计划中关于股权变更、财产处置等重组安排或经营方案，一般认为是能够强制执行的。事实上，在实践中，根据行政机关及相关单位的要求，部分事项必须由法院出具协助执行通知书，否则无法完成变更，如上市公司重整中的股权变更。即便在非上市公司重整中，因实践中采取存续式重整模式的企业，一般原出资人均需要向重整投资人及债权人让渡股权，此时原出资人可能对于股权变更不予配合，如认为重整计划并无执行效力，那么由于原出资人的不予配合将导致整个重整计划无法执行，而使得债务人进入破产清算程序，这显然对于债权人、债务人都是不公平的。从重整计划的法律效力而言，经债权人会议表决及法院裁定批准的重整计划对于全体债权人、债务人及出资人均具有约束力，其中债权调整方案对于债权人及债务人的约束力在于，重整计划对于债权人与债务人之间的债权债务进行了重新安排，债务人仅能按照重整计划的安排进行清偿，债权人亦仅能依据重整计划的规定主张权利。除非重整计划执行不能，否则债权人不得以原债权主张权利。而重整计划对于出资人的约束力，应当体现为重整计划对于出资人权益进行调整时，无论特定出资人是否同意出资人权益调整方案，均需要受到该方案约束，并应当配合方案的执行，在其不予配合时，相关权利人得申请法院强制变更，如无强制变更的执行效力，将导致重整计划事实上丧失法律约束力。

另外，因实践中往往采取引入投资人的方式进行重整，那么值得讨论的另一个问题是投资事项是否能够强制执行。目前《企业破产法》仅规定重整计划对于全体债权人、债务人具有法律约束力，在涉及出资人权益调整事项时，亦应当认为对于全体出资人具有约束力。对于投资人，《企业破产法》未进行规定，不宜认为具有当然的约束力。事实上，实践中一般采取由债务人或管理人

① 王欣新:《谈重整计划执行中的协助执行》，载《人民法院报》2016 年 7 月 13 日。

与投资人签订投资协议的方式确定投资人的权利义务，投资人亦需要缴纳一定的保证金作为其履行投资协议的保障。破产程序作为一种概括执行程序，在其程序内具有特殊的债权清偿规则，但对于重整程序中新建立的法律关系，并不排除其他实体法律规则的适用，在《企业破产法》未作出特殊规定时，投资人在重整程序中的实体权利义务应当在合同法的框架下依据投资协议的内容予以确定。因此，如果投资人未遵守投资协议项下义务，债务人或管理人有权提起诉讼要求投资人履约或损害赔偿，但不得依据投资协议或重整计划直接要求执行其中关于投资人投资的相关内容。

三、关于重整计划终止执行时担保债权的处理

依据本条规定，法院裁定终止重整计划执行的，债权人在重整计划中作出的债权调整的承诺失去效力。债权人因执行重整计划所受的清偿仍然有效。同时，同一顺位的债权人只有在其他同顺位债权人同自己所受的清偿达到同一比例时，才能继续接受分配。这一规定事实上主要规范非担保债权，对于担保债权而言，因担保债权人对于债务人特定财产享有优先权，其在重整计划终止执行后，担保债权人未全额受偿的，应当恢复对于特定物的优先权，此时是否能够继续获得清偿，主要取决于其担保物变现的情况，而非同一顺位债权人的清偿比例。如在重整计划执行过程中，债务人对于担保物已经处置，但并未清偿担保债权人的债权，在重整计划终止执行后，因特定担保物已经被处分，担保债权人事实上无法享有特定物的优先权，其仅能依据担保物变现的价值及其债权金额主张优先受偿。为避免出现这一情况，在重整计划中应当对于担保债权人受偿及解除抵押、质押并处置担保物（如进行处置）的先后顺序予以控制，保障担保债权人的清偿利益。另外，值得注意的是，在司法实践中，如果担保物为重整企业经营所必需，重整计划可能规定不对担保物实际处置变现，此时担保债权人在担保物评估价值范围内优先受偿。如果采取这一清偿方式，在重整计划终止执行时，可能存在担保物评估价值与实际变现价值的差异。根据本条规定，法院裁定终止重整计划执行的，债权人在重整计划中作出的债权调整的承诺失去效力。因此，即便担保债权人已经依据重整计划在担保物评估价值内获得了清偿，但如果担保物实际变现价值大于评估价值的，担保债权人根据其债权数额仍有权要求清偿。如果担保物实际变现价值小于评估价值的，此时可能存在担保债权人部分债权超出担保物价值，应当转入普通债权的情况，其

普通债权部分可能获得了超出破产清算比例的清偿，但担保债权人系依据重整计划合法受偿，只要其所受清偿未超出债权数额，则均无需退还。

四、关于重整程序与破产清算程序的衔接

关于重整期间或者重整计划执行期间，债务人因法定事由被宣告破产后的清算程序与之前重整程序的关系问题，虽然二者在程序功能和性质上有所不同，破产法上亦为不同的两个程序，但二者前后相继存在关联，故在理解上应当视为同一个破产案件的不同阶段。从法院内部案件管理的角度看，不再另立新的案号，同时，原重整程序的管理人原则上应当继续履行破产清算程序中的管理人职责。因在重整程序依法转入破产清算程序的法定情形中，有一部分或者主要的管理人工作内容、职责会发生重合，比如，债务人债权债务关系的清理、债务人财产状况的调查。尤其是在重整计划执行期间转入破产清算程序的情况下，管理人已经开展了大量的工作，原则上指定同一管理人有利于程序的衔接和工作的开展，降低破产程序的司法成本。关于管理人报酬的确定，由于后续破产清算阶段中有关债务人债权债务关系的清理、债务人财产状况的调查等工作已在前一阶段完成，故后续破产清算阶段管理人报酬应当根据管理人实际工作量予以确定，不能简单地根据债务人最终清偿的财产价值总额计算。如果发生原重整程序的管理人不能继续履行职责或者不适宜继续担任管理人的情形，人民法院应当依法重新指定管理人。此时各阶段管理人的报酬应该结合管理人实际的工作量、债务人最终清偿的财产价值总额等合理确定。

应当注意的是，本条虽然对于重整程序转入清算程序进行了规定，但这并非重整案件审理的常态，人民法院应当适当强化重整可能性、重整计划可行性的审查。总体来看，重整程序尤其是大型企业的重整程序耗时较长、成本较高，因此，人民法院应当注意对重整可能性、重整计划可行性的审查，以降低重整期间转入破产清算程序或者因重整计划执行不能而转入破产清算程序的风险，推动债务人成功重整。一方面，在重整案件受理阶段，人民法院应当对重整可能性进行审查，根据债务人的资产状况、技术工艺、生产销售、行业前景等因素，对债务人是否具备重整价值及拯救可能性作出初步判断，对于明显不具备重整价值及拯救可能性的，应裁定不予受理。另一方面，在重整计划批准阶段，人民法院应当对重整计划的可行性进行审查。重整不限于债务减免和财务调整，重整的重点是维持企业的营运价值。人民法院在审查重整计划时，除

合法性审查外，还应审查其中的经营方案是否具有可行性。人民法院在批准时应当对此予以特别关注，并应当以此为据，提前引导管理人或者自行管理的债务人在制定重整计划草案时，对债务人的经营方案重点予以明确。

类案检索

广东雄力电缆有限公司、广东佛山市雄力电缆有限公司破产案

关键词：重整计划不能执行 宣告破产

裁判摘要：2016年1月20日，广东雄力电缆有限公司（以下简称广东雄力公司）、广东佛山市雄力电缆有限公司（以下简称佛山雄力公司）以不能清偿到期债务为由，向广东省佛山市中级人民法院（以下简称佛山中院）申请重整，佛山中院于2016年3月30日裁定受理。因重整计划修正草案未获担保债权组和普通债权组表决通过，依管理人的申请，佛山中院于2017年5月12日作出（2016）粤06民破4至5-30号民事裁定书，强制批准重整计划修正草案，终止重整程序。在重整计划执行过程中，债权人反映广东雄力公司、佛山雄力公司通过关联交易转移巨额资产，对其3.7亿元的对外债权隐匿不予清查、怠于追偿对外债权，存在借重整逃废债务等问题，佛山中院裁定终止（2016）粤06民破4至5-30号民事裁定批准的重整计划修正草案，并驳回广东雄力公司、佛山雄力公司的重整申请。广东雄力公司、佛山雄力公司提起上诉，广东省高级人民法院认为，广东雄力公司、佛山雄力公司具有《企业破产法》第2条规定的情形，向人民法院申请重整，佛山中院予以受理，并无不当。佛山中院裁定批准重整计划修正草案后，重整程序已终止，后又裁定驳回重整申请没有法律依据，应予纠正。本案重整计划修正草案实质上是以出让股权的形式，转让两上诉人的土地及建筑物等不动产、设备及车辆、存货用以清偿小部分债务。而对于两上诉人的重大资产即巨额应收账款却规定“由管理人日后另行处置后，再分配给债权人”，致使重整计划具有不确定性。在重整计划执行期间，广东雄力公司、佛山雄力公司及管理人以缺乏财务资料、基础凭证对应收账款不能查清并追收为由，怠于追收，导致巨额应收账款悬空，损害了债权人利益，亦导致重整计划不能执行。依《企业破产法》第93条“债务人不能执行或者不执行重整计划的，人民法院经管理人或者利害关系人请

求，应当裁定终止重整计划的执行，并宣告债务人破产”的规定，本案重整计划执行期限已届满，重整计划不能执行，无论债务人是否同意，均应依法宣告债务人破产。在破产清算中，对依法应承担法律责任的各责任人员，依法予以追究。

【案　　号】（2018）粤破终1、2号

【审理法院】广东省高级人民法院

【来　　源】中国裁判文书网

第九十四条　按照重整计划减免的债务，自重整计划执行完毕时起，债务人不再承担清偿责任。

关联规定

一、法律、行政法规、司法解释

《中华人民共和国企业破产法》

第九十二条　经人民法院裁定批准的重整计划，对债务人和全体债权人均有约束力。

债权人未依照本法规定申报债权的，在重整计划执行期间不得行使权利；在重整计划执行完毕后，可以按照重整计划规定的同类债权的清偿条件行使权利。

债权人对债务人的保证人和其他连带债务人所享有的权利，不受重整计划的影响。

第一百零六条　按照和解协议减免的债务，自和解协议执行完毕时起，债务人不再承担清偿责任。

二、部门规章及规范性文件

1.《国家税务总局关于纳税信用评价与修复有关事项的公告》

一、符合下列条件之一的纳税人，可向主管税务机关申请纳税信用修复：（一）破产企业或其管理人在重整或和解程序中，已依法缴纳税款、滞纳金、罚款，并纠正相关纳税信用失信行为的。……

三、符合本公告所列条件的纳税人，可填写《纳税信用修复申请表》，对当前的纳税信用评价结果向主管税务机关申请纳税信用修复。税务机关核实纳税人纳税信用状况，按照《纳税信用修复范围及标准》调整相应纳税信用评价指标状态，根据纳税信用评价相关规定，重新评价纳税人的纳税信用级别。

申请破产重整企业纳税信用修复的，应同步提供人民法院批准的重整计划或认可的和解协议，其破产重整前发生的相关失信行为，可按照《纳税信用修复范围及标准》中破产重整企业适用的修复标准开展修复。

2.《国家发展和改革委员会、最高人民法院等13个国家机关关于推动和保障管理人在破产程序中依法履职 进一步优化营商环境的意见》

（九）支持重整企业金融信用修复。人民法院裁定批准重整计划或重整计划执行完毕后，重整企业或管理人可以凭人民法院出具的相应裁定书，申请在金融信用信息基础数据库中添加相关信息，及时反映企业重整情况。鼓励金融机构对重整后企业的合理融资需求参照正常企业依法依规予以审批，进一步做好重整企业的信用修复。

（十四）支持企业纳税信用修复。重整或和解程序中，税务机关依法受偿后，管理人或破产企业可以向税务机关提出纳税信用修复申请，税务机关根据人民法院出具的批准重整计划或认可和解协议的裁定书评价其纳税信用级别。已被公布重大税收违法失信案件信息的上述破产企业，经税务机关确认后，停止公布并从公告栏中撤出，并将相关情况及时通知实施联合惩戒和管理的部门。有关部门应当依据各自法定职责，按照法律法规和有关规定解除惩戒，保障企业正常经营和后续发展。

3.《国家发展和改革委员会、财政部等11个国家机关关于进一步做好"僵尸企业"及去产能企业债务处置工作的通知》

五、完善政策与制度环境

（五）完善重整企业信用修复机制。重整计划执行过程中，企业可申请在全国信用信息共享平台、国家企业信用信息公示系统和金融信用信息基础数据库的大事记信息中添加相关信息，以及时反映企业最近生产经营状况。重整计划执行完毕后，企业可申请增设重组完成相关信息，以提示企业的重组情况。

三、司法指导性文件

1.《全国法院民商事审判工作会议纪要》

114.【重整程序与破产清算程序的衔接】重整期间或者重整计划执行期间，债务人因法定事由被宣告破产的，人民法院不再另立新的案号，原重整程序的管理人原则上应当继续履行破产清算程序中的职责。原重整程序的管理人不能继续履行职责或者不适宜继续担任管理人的，人民法院应当依法重新指定管理人。

重整程序转破产清算案件中的管理人报酬，应当综合管理人为重整工作和清算工作分别发挥的实际作用等因素合理确定。重整期间因法定事由转入破产清算程序的，应当按照破产清算案件确定管理人报酬。重整计划执行期间因法定事由转入破产清算程序的，后续破产清算阶段的管理人报酬应当根据管理人实际工作量予以确定，不能简单根据债务人最终清偿的财产价值总额计算。

重整程序因人民法院裁定批准重整计划草案而终止的，重整案件可作结案处理。重整计划执行完毕后，人民法院可以根据管理人等利害关系人申请，作出重整程序终结的裁定。

2.《全国法院破产审判工作会议纪要》

21. 重整后企业正常生产经营的保障。企业重整后，投资主体、股权结构、公司治理模式、经营方式等与原企业相比，往往发生了根本变化，人民法院要通过加强与政府的沟通协调，帮助重整企业修复信用记录，依法获取税收优惠，以利于重整企业恢复正常生产经营。

条文释义

一、本条主旨

本条是关于重整计划执行完毕免除债务人清偿责任的规定。

二、条文演变

《企业破产与重整法》（2000 年 6 月草案）第 112 条规定：“重整计划执行完毕，重整执行人终止执行职务，并及时向人民法院提交执行报告。人民法院审查确认后，裁定终结破产案件。重整债权依重整计划消减的部分，自人民法院裁定终结破产案件之日起，免除债务人的清偿责任。”《企业破产法》（2004 年 6 月草案）第 94 条规定：“依重整计划消减的债权，自重整计划执行完毕时起，免除债务人的清偿责任。”

在前期《企业破产法（草案）》中，曾规定重整计划执行完毕后，由重整执行人向人民法院提交执行报告，人民法院审查确认后裁定终结破产案件。后续的修改中，考虑重整计划执行完毕是一个事实概念，无需债务人专门报告及法院裁定确认，故删除了人民法院审查裁定后免除债务的规定，变更为按照重整计划免除的债务自重整计划执行完毕之日起，债务人即不再承担清偿责任。

三、条文解读

债务人依据重整计划，全面完成各项重整工作，满足重整计划执行完毕条件之后，即可认为重整计划执行完毕。为了达到企业再生的目的，使债务人经过重整后能够减轻负担，重新恢复经营能力，自重整计划执行完毕时起，按照重整计划减免的债务，债务人不再承担清偿责任。重整计划执行完毕遂产生免责效力，除重整计划或者法律规定所承认的权利外，债务人不再承担其他清偿责任。对于重整计划执行完毕后免除债务人的清偿责任，是世界各地现行重整法律制度的通例，也是债务人再生的必要条件。[①]

值得注意的是，《企业破产法》并未对于重整计划的具体内容作出细化规定，而主要留待各方根据案件实际情况协商确定。因此，重整计划执行完毕的标准亦由重整计划自身予以规定。重整计划执行完毕的标准一般与债权清偿方案密切相关，司法实践中目前多采取的清偿方式包括现金清偿、债转股、信托受益权等以及含多种清偿方式的混合清偿方式。在采取现金清偿方式时，根据个案情况，又可能分为一次性现金清偿、分期清偿、留债等。采取留债清偿等方式时，因留债期限一般较长，实践中往往灵活确定重整计划执行完毕的标准，以减少重整计划执行的不确定性。因此，重整计划是否执行完毕与债权人是否已经依据重整计划规定的清偿比例实际获得清偿并不能等同，这取决于重整计划所规定的执行完毕标准。如重整计划采取留债等方式清偿债务的，重整计划执行完毕的标准可能为债权人签署留债协议或债务人出具留债承诺，此时债务人将在重整计划执行完毕之后的一定期限内继续清偿债务。

适用指引

一、关于重整企业的信用修复

重整程序的目的是使债务人重获新生。在重整计划执行完毕后，债务人虽能够依据本条规定进行债务免除，但其此前因经营、财务等困境在工商、税

① 本书编写组编著：《〈中华人民共和国企业破产法〉释义及实用指南》，中国民主法制出版社 2012 年版，第 231 页。

务、金融机构等部门留存的"不良记录"并未当然消除，重整企业后续经营活动将受到较大影响，甚至可能因不良信用记录无法获得正常金融信贷支持或税收优惠政策等，从而导致二次破产。因此，重整计划执行期间及执行完毕后的信用修复对于重整企业的经营发展至关重要。目前重整企业信用修复问题已经受到了充分关注，国家发展和改革委员会（以下简称国家发改委）、财政部等 11 个国家机关《关于进一步做好"僵尸企业"及去产能企业债务处置工作的通知》，国家发改委、最高人民法院等 13 个国家机关联合发布的《关于推动和保障管理人在破产程序中依法履职　进一步优化营商环境的意见》等文件中明确规定了金融机构及税务机关应当支持重整企业金融信用修复及纳税信用修复。国家税务总局在 2021 年 11 月 15 日发布的《关于纳税信用评价与修复有关事项的公告》中，亦明确规定重整企业可以申请纳税信用修复，很多地区亦出台了重整企业信用修复的相关政策。

二、关于重整程序的终结

《企业破产法》并未规定重整程序终结的情况。《民商审判会议纪要》第 114 条规定重整计划执行完毕后，人民法院可以根据管理人等利害关系人申请，作出重整程序终结的裁定。人民法院可以依申请作出终结重整程序裁定的主要理由为：第一，根据《企业破产法》第 4 条的规定："破产案件审理程序，本法没有规定的，适用民事诉讼法的有关规定。"《民事诉讼法》第 157 条规定了裁定可以适用的范围。重整程序中，"重整计划执行完毕"是一个重要的法律时点，具有重要的法律效果，可以被认定为系"需要裁定解决的事项"。第二，"重整计划执行完毕"的核心法律效果之一为"按照重整计划减免的债务，自重整计划执行完毕时起，债务人不再承担清偿责任"。人民法院依法作出终结重整程序的裁定可以与此规定相衔接。第三，实践当中，税务部门、金融机构等对重整企业的信用修复等工作需要人民法院出具相应的法律文书，法院出具终结重整程序的裁定可以有效解决实践中的问题。第四，人民法院并非系依职权必须作出终结重整程序的裁定，而是根据需要，即依管理人、重整企业等利害关系人的申请，作出终结重整程序的裁定。第五，依据《企业破产法》第 92 条，未依法申报的债权人，在重整计划执行完毕后可以按照重整计划的规定的同类债权的清偿条件行使权利。但实践中重整计划是否执行完毕往往具有模糊性，由法院出具终结裁定可以明确执行完毕的时间节点，便于此类债权人及时行使权利。

类案检索

江苏省建工劳务有限公司与北京兴昌达博房地产开发有限公司破产债权确认纠纷案

关键词：重整计划 执行完毕 不再承担清偿责任

裁判摘要：2007 年 11 月 16 日，北京市昌平区人民法院（以下简称昌平法院）依法裁定北京兴昌达博房地产开发有限公司（以下简称兴昌达博公司）重整。2008 年 6 月 25 日，兴昌达博公司管理人向昌平法院提交了兴昌达博公司重整计划草案，并经该院批准。按照重整计划草案对债权的划分，江苏省建工劳务有限公司（以下简称建工劳务公司）对兴昌达博公司的债权属于其他普通债权，重整计划草案规定其他普通债权本金不予调整，免除利息、罚息、违约金及其他损失，并确认建工劳务公司对兴昌达博公司拥有本金 680 万元、利息 70 万元的债权，确定于 2009 年 12 月底之前偿还全部本金。2009 年 12 月 18 日，兴昌达博公司向建工劳务公司支付了 680 万元用于清偿债权。2011 年 1 月 7 日，建工劳务公司以补充申报债权的方式向兴昌达博公司管理人再次提出要求支付经济补偿、临时设施拆迁损失费，兴昌达博公司管理人不予确认。后建工劳务公司提起诉讼，请求判令兴昌达博公司向其支付经济补偿款 210 万元及临建设施拆除损失费 20 万元。昌平法院及北京市第一中级人民法院均判决驳回建工劳务公司的诉讼请求。建工劳务公司向北京市高级人民法院申请再审，北京市高级人民法院认为，当事人对自己提出的诉讼请求所依据的事实有责任提供证据加以证明。没有证据或者证据不能足以证明当事人的事实主张的，由负有举证责任的当事人承担不利后果。在兴昌达博公司破产程序中，《北京兴昌达博房地产开发有限公司重整计划草案》确定建工劳务公司获得清偿的债权额为 680 万元，该草案已经表决通过，并经人民法院批准，根据《企业破产法》第 92 条的规定，重整计划对债务人和全体债权人均有约束力，建工劳务公司应按照重整计划的规定享受权利并履行义务。建工劳务公司已于 2009 年 12 月 18 日领取了 680 万元债权款项，兴昌达博公司基于重整计划的给付义务履行完毕。根据《企业破产法》第 94 条关于“按照重整计划减免的债务，自重整计划执行完毕时起，债务人不再承担清偿责任”的规定，兴昌达博公司重整计划执行完毕，破产程序终结，兴昌达博公司亦履行了680万元款项的给付义务，对于680万元以外的债务，兴昌达博公司不再承担清偿责任。故一、二审法院所作出的判决正确。建工劳务公司的再审理由不能成立。

【案　　号】（2015）高民（商）申字第01207号

【审理法院】北京市高级人民法院

【来　　源】中国裁判文书网

第九章　和　解

第九十五条　债务人可以依照本法规定，直接向人民法院申请和解；也可以在人民法院受理破产申请后、宣告债务人破产前，向人民法院申请和解。

债务人申请和解，应当提出和解协议草案。

关联规定

司法指导性文件

1.《全国法院民商事审判工作会议纪要》

107.【继续推动破产案件的及时受理】充分发挥破产重整案件信息网的线上预约登记功能，提高破产案件的受理效率。当事人提出破产申请的，人民法院不得以非法定理由拒绝接收破产申请材料。如果可能影响社会稳定的，要加强府院协调，制定相应预案，但不应当以“影响社会稳定”之名，行消极不作为之实。破产申请材料不完备的，立案部门应当告知当事人在指定期限内补充材料，待材料齐备后以“破申”作为案件类型代字编制案号登记立案，并及时将案件移送破产审判部门进行破产审查。

注重发挥破产和解制度简便快速清理债权债务关系的功能，债务人根据《企业破产法》第95条的规定，直接提出和解申请，或者在破产申请受理后宣告破产前申请和解的，人民法院应当依法受理并及时作出是否批准的裁定。

2.《全国法院破产审判工作会议纪要》

24.破产宣告的程序及转换限制。相关主体向人民法院提出宣告破产申请的，人民法院应当自收到申请之日起七日内作出破产宣告裁定并进行公告。债务人被宣告破产后，不得再转入重整程序或和解程序。

3.《最高人民法院关于依法妥善审理涉新冠肺炎疫情民事案件若干问题的指导意见（一）》

一、充分发挥司法服务保障作用。各级人民法院要充分认识此次疫情对经济社会产生的重大影响，立足统筹推进疫情防控和经济社会发展工作大局，充分发挥司法调节社会关系的作用，积极参与诉源治理，坚持把非诉讼纠纷解决机制挺在前面，坚持调解优先，积极引导当事人协商和解、共担风险、共渡难关，切实把矛盾解决在萌芽状态、化解在基层。在涉疫情民事案件审理过程中，根据案件实际情况，准确适用法律，平衡各方利益，保护当事人合法权益，服务经济社会发展，实现法律效果与社会效果的统一。

4.《最高人民法院印发〈关于依法妥善办理涉新冠肺炎疫情执行案件若干问题的指导意见〉的通知》

九、充分发挥破产和解、重整制度的保护功能。对执行债权人人数众多，特别是多个执行债权人正在申请分配案款的案件，被执行企业因疫情影响导致生产经营困难不能清偿所有执行债务的，人民法院要积极引导各方当事人进行协商，依法为被执行企业缓解债务压力、恢复生产经营创造条件；多个案件由不同法院管辖的，上级法院要加强统筹协调，通过提级执行、指定执行等方式协调案件进行集中办理，力争促成各方当事人达成解决债务的“一揽子”协议。当事人未能达成协议且案件符合移送破产审查条件，通过破产和解或重整能够帮助被执行企业恢复经营的，人民法院要进一步加强立审执协调配合，畅通执行移送破产工作渠道，充分发挥破产和解和破产重整制度的保护功能，帮助企业及时走出困境。人民法院在执行过程中，要严格防止被执行企业通过破产程序逃避债务，依法保障执行债权人合法权益。

5.《最高人民法院关于在执行工作中进一步强化善意文明执行理念的意见》

四、充分用好执行和解及破产重整等制度

13. 依法用好执行和解和破产重整等相关制度。要在依法采取执行措施的同时，妥善把握执行时机、讲究执行策略、注意执行方法。对资金链暂时断裂，但仍有发展潜力、存在救治可能的企业，可以通过和解分期履行、兼并重组、引入第三方资金等方式盘活企业资产。要加大破产保护理念宣传，通过强化释明等方式引导执行债权人或被执行人同意依法将案件转入破产程序。对具有营运价值的企业通过破产重整、破产和解解决债务危机，充分发挥破产制度的拯救功能，帮助企业走出困境，平衡债权人、债务人、出资人、员工等利害关系人的利益，通过市场实现资源配置优化和社会整体价值最大化。

6.《最高人民法院关于正确审理企业破产案件为维护市场经济秩序提供司法保障若干问题的意见》

三、充分发挥破产重整和和解程序挽救危困企业、实现企业持续经营的作用，保障社会资源有效利用

6. 人民法院要充分发挥司法能动作用，注重做好当事人的释明和协调工作，合理适用破产重整和和解程序。对于当事人同时申请债务人清算、重整、和解的，人民法院要根据债务人的实际情况和各方当事人的意愿，在组织各方当事人充分论证的基础上，对于有重整或者和解可能的，应当依法受理重整或者和解申请。当事人申请重整，但因企业经营规模较小、虽有挽救必要但重整成本明显高于重整收益的困难企业，有关权利人不同意重整的，人民法院可引导当事人通过和解方式挽救企业。人民法院要加强破产程序中的调解工作，在法律允许的框架下，积极支持债务人、管理人和新出资人等为挽救企业所做的各项工作，为挽救困难企业创造良好的法律环境。

条文释义

一、本条主旨

本条是关于对破产和解申请的规定。

二、条文演变

我国1986年《企业破产法（试行）》设立了“和解和整顿”专章，用6个条文对全民所有制企业法人的和解整顿作出规定，包括上级主管部门提出整顿申请后，债务人向债权人会议提出和解协议草案，双方协商、法院认可等，开创了我国和解制度的先河。1991年《民事诉讼法》对非全民所有制企业法人的破产和解作出规定，企业法人与债权人会议达成和解协议的，人民法院认可及公告后，中止破产还债程序。同年，最高人民法院制定《关于贯彻执行〈企业破产法〉试行若干问题的意见》，用8个条文对和解和整顿进行补充规定。2002年《企业破产规定》用6个条文增加了法院向当事人提供和解协议、

不履行或不能履行和解协议时法院的处理等内容，其中第25条第1款规定："人民法院受理企业破产案件后，在破产程序终结前，债务人可以向人民法院申请和解。人民法院在破产案件审理过程中，可以根据债权人、债务人具体情况向双方提出和解建议。"2004年6月21日公布的《企业破产法（草案）》第95条规定："债务人依照本法第十条提出申请时，可以直接向人民法院申请和解。人民法院受理破产案件后，在宣告债务人破产前，债务人可以向人民法院申请和解。"《企业破产法》取消了整顿制度，也摒弃了旧法下全民所有制企业与其他企业法人分别适用不同破产法律的"双轨制"，专设第九章规定和解程序，共计12个条文。除了将和解分为"直接申请和解"和"破产受理后申请和解"之外，又针对债务人与全体债权人一致协商达成和解的情况，增加了"自行和解"。《企业破产法》正式公布时，增加了"债务人申请和解，应当提出和解协议草案"的规定。

三、条文解读

（一）和解制度及其作用

和解制度也是一项债务清理制度。从广义上讲，和解包括两种情况：一种是破产法外的和解，也就是债权人和债务人的自行和解；另一种是破产法上的和解。破产法外的和解，由于债权人众多，较难形成一致意见，有时难以防止债务人对某些债权人进行额外清偿。破产法上的和解则赋予一定比例的债权人通过和解协议以拘束所有债权人的效力，提高了程序效率，也是破产法实现企业挽救、预防破产的一种手段。关于破产和解的法律性质，学术上存在契约说、裁判说、混合行为说等多种学说。契约说认为，破产和解是由债务人和债权人达成的一项契约，法院的认可裁定，则是这项契约生效的法定条件。裁判说认为，破产和解本质上仍是法院对债权人和债务人达成和解协议，通过裁定予以认可的司法裁判活动，因此，和解是法院的一种裁判。混合行为说又称结合行为说或特殊行为说，此说认为，和解是债务人提出申请、债权人表决通过，以及法院裁定认可三者共同形成的混合行为。[1]

和解程序与破产清算程序相比，具有成本低、避免资产拍卖折损的优点。

---

① 李国光主编：《新企业破产法理解与适用》，人民法院出版社2006年版，第438~439页；王欣新：《破产法》，中国人民大学出版社2019年版，第269~270页。

另外，和解与破产清算一样具有清理债权债务的功能，但和解又能保留债务人营业，避免职工失业，有利于社会经济秩序的稳定。但是，也应当看到，和解程序对于债务人的挽救是有限的，其直接目的并不是债务人的再生，而是通过债权人与债务人的协商，解决债务清偿问题，这与重整制度运用多种重整措施以达到转变生产经营方式、恢复生产经营能力有很大差异。由此可见，和解对债务人挽救的积极意义是有限的，一般情况下债权人掌握较大主动权。

（二）提出和解申请及其要求

1. 关于和解申请人

和解申请，是债务人向法院请求同债权人会议进行和解的意思表示。依照本条第1款的规定，只有债务人才可以向人民法院提出和解申请。在债务人不能清偿到期债务，并且资产不足以清偿全部债务或者明显缺乏清偿能力的，对于债权人而言，其首要考虑的是如何保障债务人的现有资产能够完全用于偿还自己的债务。尽管和解顺利进行、取得成功会使债权获得更多清偿，但达到这样的结果更大程度上需要的是债务人对其自身现实商业形势的明智判断和对经营或者生产方式的适当调整，而不是债权人方面的努力。只有债务人先行具备良好的和解所必需的诚意和决心，并得到债权人同意和配合时，和解才能达到双方预期的目的。因此，要把和解程序的启动者确定为债务人，由债务人考虑并决定是否申请和解，之后再在法院的适当干预下，由债权人来表决是否接受和解提议。

不过，近年来不少观点认为，和解申请主体也可多元化，与重整申请主体一致，没有必要限制为债务人。原因在于：（1）和解与重整同样是企业挽救程序，同样需要债权人、债务人的紧密配合；（2）实践中并不排除债务人有自救的意愿，但碍于各种客观因素而不愿意提出和解申请。如债务人具备挽救价值，也可通过债权人或债务人之股东申请和解，启动对债务人的挽救。毕竟当债务人符合破产原因时，债权人有更大的话语权。

2. 申请和解的时间

在《企业破产法》颁布之前，关于申请和解的时间，《企业破产规定》第25条规定是在“人民法院受理企业破产案件后，破产程序终结前”。可见，债务人申请和解的时间并不以破产宣告为限。但如果允许在宣告破产后再转入和解或重整程序，会增加程序的不确定性，加大债权人通过破产清算程序获得清偿的成本。基于此，本条规定，债务人可以直接向人民法院申请和解，也可以在人民法院受理破产申请后、宣告债务人破产前，向人民法院申请和解。破产审判会议纪要》第 24 条规定，债务人被宣告破产后，不得再转入重整程序或和解程序。

适用指引

债务人申请和解，应当提出和解协议草案。和解协议草案，是债务人向法院提交的和解的方案和措施，以供债权人会议讨论和采纳。在实践中，和解协议草案一般包括资产负债披露和债务清偿方案两部分内容。资产负债披露是债务清偿方案的基础。

一、资产负债披露

（一）债务人财产状况说明

债务人在和解协议草案中，应当简明真实地陈述所拥有的财产状况及其所面临的问题，包括财产的总额、财产类别、财产分布，以及其他可资利用的财产，改善财产状况的措施等。财产状况的说明，是债权人采纳债务人的和解条件或者保证的基础。

（二）债务承认

债务人在和解协议草案中，应当列明其所负担的债务总额、债权性质、债权清偿期限、方式等确定全体债权的必要事项。

二、债务清偿方案

（一）债务清偿的方式和期限

债务人在和解协议草案中，应当拟出清偿债务的具体办法，如延期偿付债务、分期偿付债务、金钱清偿债务、实物抵偿债务等，以及清偿债务的期限。

（二）执行和解协议的措施

如债务人在和解过程中，已取得他人担保作为和解条件的，应当将担保的性质、范围、担保的实施等具体事项，或者取得银行贷款允诺的，应当将贷款的数量、贷款条件、贷款使用目的等事项，列明在和解协议草案中。需说明的是，和解协议草案是债务人单方偿债安排，主要目的是用于提交债权人会议讨论，因此，债权人完全可以对草案进行修订、更正及完善，和解协议最后达成是建立在债权人与债务人多轮磋商、债权人会议表决的基础上的。

类案检索

和兴玻璃铝业（上海）有限公司和解案

关键词： 清算转和解

裁判摘要： 2020年3月9日，上海市第三中级人民法院根据债权人福建省南平铝业股份有限公司的申请，裁定受理和兴玻璃铝业（上海）有限公司破产清算一案，并于2020年5月26日指定管理人。同年9月11日，和兴玻璃铝业（上海）有限公司向该院申请和解并提交了和解协议草案，计划投入资金用于清偿债务，以提高债权人的清偿率，维持企业经营。法院查明，和兴玻璃铝业（上海）有限公司成立于1992年12月25日，注册资本200万美元。该公司提交的和解协议草案载明了对各债权人的清偿方案，并预先征求各债权人意见。和兴玻璃铝业（上海）有限公司的申请符合《企业破产法》关于和解的申请条件，其申请应予准许，裁定和兴玻璃铝业（上海）有限公司和解。

【案　　号】（2020）沪03破69号

【审理法院】上海市第三中级人民法院

【来　　源】上海破产法庭2020年度典型案例

第九十六条 人民法院经审查认为和解申请符合本法规定的，应当裁定和解，予以公告，并召集债权人会议讨论和解协议草案。

对债务人的特定财产享有担保权的权利人，自人民法院裁定和解之日起可以行使权利。

关联规定

司法指导性文件

1.《全国法院民商事审判工作会议纪要》

107.【继续推动破产案件的及时受理】充分发挥破产重整案件信息网的线上预约登记功能，提高破产案件的受理效率。当事人提出破产申请的，人民法院不得以非法定理由拒绝接收破产申请材料。如果可能影响社会稳定的，要加强府院协调，制定相应预案，但不应当以“影响社会稳定”之名，行消极不作为之实。破产申请材料不完备的，立案部门应当告知当事人在指定期限内补充材料，待材料齐备后以“破申”作为案件类型代字编制案号登记立案，并及时将案件移送破产审判部门进行破产审查。

注重发挥破产和解制度简便快速清理债权债务关系的功能，债务人根据《企业破产法》第95条的规定，直接提出和解申请，或者在破产申请受理后宣告破产前申请和解的，人民法院应当依法受理并及时作出是否批准的裁定。

2.《全国法院破产审判工作会议纪要》

25.担保权人权利的行使与限制。在破产清算和破产和解程序中，对债务人特定财产享有担保权的债权人可以随时向管理人主张就该特定财产变价处置行使优先受偿权，管理人应及时变价处置，不得以须经债权人会议决议等为由拒绝。但因单独处置担保财产会降低其他破产财产的价值而应整体处置的除外。

3.《最高人民法院关于正确审理企业破产案件为维护市场经济秩序提供司法保障若干问题的意见》

一、依法受理企业破产案件，为建立我国社会主义市场经济良性运行机制提供司法保障

1. 人民法院要正确认识企业破产法保障债权公平有序受偿、完善优胜劣汰的竞争机制、优化社会资源配置、调整社会产业结构、拯救危困企业的作用，依法受理审理企业破产清算、重整、和解案件，综合利用企业破产法的多种程序，充分发挥其对市场经济的调整作用，建立企业法人规范退出市场的良性运行机制，努力推动经济社会又好又快发展。

3. 对于虽然已经出现破产原因或者有明显丧失清偿能力可能，但符合国家产业结构调整政策、仍具发展前景的企业，人民法院要充分发挥破产重整和破产和解程序的作用，对其进行积极有效的挽救。破产重整和和解制度，为尚有挽救希望的危困企业提供了避免破产清算死亡、获得再生的机会，有利于债务人及其债权人、出资人、职工、关联企业等各方主体实现共赢，有利于社会资源的充分利用。努力推动企业重整和和解成功，促进就业、优化资源配置、减少企业破产给社会带来的不利影响，是人民法院审理企业破产案件的重要目标之一，也是人民法院商事审判工作服务于保增长、保民生、保稳定大局的必然要求。

条文释义

一、本条主旨

本条是关于对法院裁定进入和解程序和有关担保物权人行使权利的规定。

二、条文演变

《企业破产法（试行）》第28条第2款规定：“已作为担保物的财产不属于破产财产”，并规定破产宣告前已经成立的有担保的债权，债权人享有就该担保物优先受偿的权利。但对于和解程序中担保物权人能否行使权利，《企业破产法（试行）》第四章“和解和整顿”并未作出明确规定。对此，《破产法》（1995年草案）第70条和《企业破产与重整法》（2000年6月草案）第63条

都明确规定，对债务人的财产或者权利享有的抵押权、质权或者留置权，自人民法院裁定许可进行和解之日起，不受和解程序的约束。《企业破产法（草案）》沿袭了上述规定，《企业破产法》（2004 年 6 月草案）第 96 规定："人民法院经审查认为和解申请符合本法规定的，应当裁定许可进行和解，并召集债权人会议讨论和解协议草案。对债务人的财产或者财产权利享有的抵押权、质权或者留置权，自人民法院裁定许可进行和解之日起，权利人可以行使权利。"《企业破产法》（2004 年 10 月草案）第 94 条作了相似规定，但统称为"对债务人的特定财产享有法律规定的优先权或者担保权的权利人"。在提交审议时，一种意见认为，为了保障职工的基本生活需要，对破产企业所欠的职工工资和社会保险费用等应在破产财产中优先受偿，特别是在破产企业多数财产都已用于抵押担保的情况下，将破产企业所欠的职工工资和社会保险费用等放在有担保的债权之后，实际上将难以得到清偿，应将其提到有担保的债权之前清偿；另一种意见不赞成将破产企业所欠的职工工资和社会保险费用等放在有担保的债权之前清偿，认为这将会使担保权人的担保权落空，动摇担保制度的基础，危害交易安全，也会使困难企业更难得到贷款。最终出台的《企业破产法》第 109 条规定"对破产人的特定财产享有担保权的权利人，对该特定财产享有优先受偿的权利"。即，上述特定财产仍属于破产财产，但对特定财产享有担保权的权利人，其优先受偿的权利并不受破产程序的约束。对于和解程序中对债务人特定财产享有担保权的权利人是否需暂停行使权利，《企业破产法》最终规定在法院裁定和解后，可以行使权利。此后，《破产审判会议纪要》第 25 条对"担保权人权利的行使与限制"作出进一步规定：一是权利的行使。和解程序中，担保物权人可以随时向管理人主张行使优先受偿权，管理人不得以须经债权人会议决议等为由拒绝。二是权利的限制，明确规定因单独处置担保财产会降低其他破产财产的价值而应整体处置的除外。

三、条文解读

（一）人民法院经审查裁定进入和解程序

对和解申请的审查包括实质性审查和形式性审查。实质性审查主要指的是债务人是否具有不能清偿到期债务，并且资产不足以清偿全部债务或者明显缺乏清偿能力的事实，以及债务人是否为《企业破产法》的适格主体。和解申请的形式要件，主要包括和解申请的书面形式、向受理破产案件的法院提出申请、提交和解协议草案等。根据《企业破产法》第8条规定，债务人应当提交破产申请书和有关证据，申请书应当载明申请人的基本情况、申请目的、申请的事实和理由、人民法院认为应当载明的其他事项，以及财产状况说明、债权债务清册、职工安置预案等材料。和解申请还需提交和解协议草案，在和解协议草案中，债务人需如实披露资产负债现状和债务清偿计划等，以供人民法院审查。

依照本条第1款的规定，人民法院经对债务人和解申请的实质性和形式性审查认为和解申请符合本法规定的，应当裁定进行和解，予以公告，并召集债权人会议讨论和解协议草案。

（二）有关担保物权人权利的行使

破产程序是集体清偿程序，《企业破产法》第16条和第19条分别规定，人民法院受理破产申请后，债务人对个别债权人的债务清偿无效，有关债务人财产的保全措施应当解除，执行程序应当中止。本条规定，对债务人的特定财产享有担保权的权利人，自人民法院裁定和解之日起可以行使权利，即不受前述停止个别清偿的限制。原因在于，对债务人特定财产享有的担保权利是一种优先性的权利，优先性体现在分配顺位和清偿时间两个方面。按照《破产审判会议纪要》第25条的规定，“担保权人权利的行使与限制”包含以下方面的内容：（1）关于担保权行使适用程序，原则上适用于破产清算和破产和解，即破产清算以及和解程序不停止担保权的行使，债权人可以随时主张。重整期间担保物权暂停行使，但担保物非重整所必需，有损坏或者价值减少可能足以危害担保权人权利的，可以恢复行使；（2）关于担保权的性质及实现方式。仅限对债务人特定财产有担保权的债权人，而不包括保证。权利行使的方式是对“该特定财产变价处置后行使优先受偿权”。

如果担保权人行使权利，则一般说来不再具有为和解协议目的参加债权人会议的资格和进行表决的权利，因此，和解协议对之也不具有效力。但是，和解毕竟不同于破产清算，和解允许债务人与债权人进行协商谈判，如果有的担保权人无需提前实现自身担保权利，愿意进行和解，从而自愿接受和解协议条款的约束，这是担保权人对自己权利的处分，应当允许。

适用指引

一、关于和解原因的审查

《企业破产法》第 7 条规定，债务人有本法第 2 条规定的情形，可以向人民法院提出重整、和解或者破产清算申请。《企业破产法》第 2 条第 1 款规定的破产原因是企业法人不能清偿到期债务，并且资产不足以清偿全部债务或者明显缺乏清偿能力。第 2 条第 2 款则规定企业法人有上述规定情形，或者有明显丧失清偿能力可能的，可以进行重整。可见，重整原因相比破产清算的审查标准要宽松，有明显丧失清偿能力可能的即可申请重整。对于和解原因，有观点认为既然和解与重整一样，都是破产保护和挽救程序，那么启动和解的原因可与重整相同，从而有利于尽早启动和解程序，发挥破产预防功能。

二、关于和解申请书、和解协议草案

和解申请书与和解协议草案应当事实清楚、证据确凿、手续完备。和解申请书一般应列明《企业破产法》第 8 条规定的债务人基本情况、申请目的、事实和理由等应当载明的事项。和解协议草案需如实列明债务人资产负债状况和债务清理方案。如果法院认为各项要求均符合法律规定，则应裁定和解，并予以公告，债务人正式进入和解程序。除对债务人特定财产享有担保权的权利人可以行使担保权外，其他债权人均处于平等的地位，停止个别清偿，通过债权人会议商讨债务人提供的和解协议草案是否可行。

三、关于债权人会议讨论

本条仅规定人民法院召集债权人会议讨论，但并未明确规定债权人会议如何讨论和解协议草案。对此，有学者认为，此处的“讨论”应当是债权人充分表达意见的机会，缺乏实质性的法律意义；[①] 也有学者认为，债务人提出的和解协议草案为要约，需债权人集体即债权人会议作出承诺。[②] 我们倾向于后一种观点。为发挥和解程序预防破产的功能和作用，法院裁定受理和解申请后，应当尽快通知债权人并召集债权人会议，确保债权人在和解程序中的知情权和

① 齐明：《中国破产法原理与适用》，法律出版社 2017 年版，第 177 页。
② 王卫国：《破产法精义》（第 2 版），法律出版社 2020 年版，第 314~315 页。

参与权，就和解协草案展开充分讨论，在兼顾各方债权人和债务人的利益的基础上，以意思自治为原则，提高和解协议草案的通过率。

类案检索

上海辛葵科技股份有限公司清算转和解案

关键词： 破产清算转和解

裁判摘要： 债务人上海辛葵科技股份有限公司于2007年4月26日设立，公司类型为股份有限公司，注册资本7830000元，主要从事节能环保、化工、机电、新材料科技领域的技术开发、技术咨询等工作，拥有环评审批许可证书及注册商标，具有一定市场经济价值。管理人在债权审查过程中发现，债务人存在出资未到位的情况，在已经审查确认的两位债权人中，除残疾人就业服务中心外，另一户债权人基于长期合作关系及进一步合作意愿，希望进行和解。一户待定债权人亦表达了和解意向。考虑到债务人具有一定的市场经济价值，经合议庭和管理人释明、沟通，拟采用由债务人法定代表人个人垫付款项清偿破产费用、残疾人就业中心欠款，其余债权人延期清偿的方式进行和解。事后，债务人向法院递交了和解申请，法院依法裁定转入和解程序，全体债权人一致表决同意通过和解协议，法院依法裁定认可和解协议并终止和解程序。

【案　　号】（2020）沪03破1号

【审理法院】 上海市第三中级人民法院

【来　　源】 上海破产法庭2020年度典型案例

第九十七条 债权人会议通过和解协议的决议，由出席会议的有表决权的债权人过半数同意，并且其所代表的债权额占无财产担保债权总额的三分之二以上。

关联规定

一、法律、行政法规、司法解释

1.《中华人民共和国企业破产法》

第六十一条 债权人会议行使下列职权：

（一）核查债权；

（二）申请人民法院更换管理人，审查管理人的费用和报酬；

（三）监督管理人；

（四）选任和更换债权人委员会委员；

（五）决定继续或者停止债务人的营业；

（六）通过重整计划；

（七）通过和解协议；

（八）通过债务人财产的管理方案；

（九）通过破产财产的变价方案；

（十）通过破产财产的分配方案；

（十一）人民法院认为应当由债权人会议行使的其他职权。

债权人会议应当对所议事项的决议作成会议记录。

第六十四条 债权人会议的决议，由出席会议的有表决权的债权人过半数通过，并且其所代表的债权额占无财产担保债权总额的二分之一以上。但是，本法另有规定的除外。

债权人认为债权人会议的决议违反法律规定，损害其利益的，可以自债权人会议作出决议之日起十五日内，请求人民法院裁定撤销该决议，责令债权人会议依法重新作出决议。

债权人会议的决议，对于全体债权人均有约束力。

第六十八条 债权人委员会行使下列职权：

（一）监督债务人财产的管理和处分；

（二）监督破产财产分配；

（三）提议召开债权人会议；

（四）债权人会议委托的其他职权。

债权人委员会执行职务时，有权要求管理人、债务人的有关人员对其职权范围内的事务作出说明或者提供有关文件。

管理人、债务人的有关人员违反本法规定拒绝接受监督的，债权人委员会有权就监督事项请求人民法院作出决定；人民法院应当在五日内作出决定。

2.《最高人民法院关于适用〈中华人民共和国企业破产法〉若干问题的规定（三）》

第十一条 债权人会议的决议除现场表决外，可以由管理人事先将相关决议事项告知债权人，采取通信、网络投票等非现场方式进行表决。采取非现场方式进行表决的，管理人应当在债权人会议召开后的三日内，以信函、电子邮件、公告等方式将表决结果告知参与表决的债权人。

第十三条 债权人会议可以依照企业破产法第六十八条第一款第四项的规定，委托债权人委员会行使企业破产法第六十一条第一款第二、三、五项规定的债权人会议职权。债权人会议不得作出概括性授权，委托其行使债权人会议所有职权。

第十四条 债权人委员会决定所议事项应获得全体成员过半数通过，并作成议事记录。债权人委员会成员对所议事项的决议有不同意见的，应当在记录中载明。

债权人委员会行使职权应当接受债权人会议的监督，以适当的方式向债权人会议及时汇报工作，并接受人民法院的指导。

二、部门规章及规范性文件

《中国银行保险监督管理委员会、国家发展和改革委员会、中国人民银行、中国证券监督管理委员会关于印发金融机构债权人委员会工作规程的通知》

第十条 债委会应当按照约定的议事规则、工作流程和决策机制，就增加融资、稳定融资、减少融资、债务重组、破产重整等相关事项进行协商和决策。涉及重大事项的，主席单位、副主席单位应当召集成员机构举行债委会会议，按照约定的议事规则充分协商后作出决策，在依法合规的基础上，形成会议纪要，印发债委会全体机构执行。

债委会会议对债务企业金融债务重组方案等重大事项的决策，原则上应当经占金融债权总金额三分之二以上的成员机构以及全体成员机构过半数表决同意，并且其所代表的债权额占无财产担保金融债权总金额半数以上，但债权人协议另有约定的除外。

第十七条 金融机构应当积极支持配合债委会开展企业破产相关工作，明确内部工作机制和负责部门，依照《中华人民共和国企业破产法》等相关法律规定，充分行使债权人各项法定权利，依法参与企业破产重整、破产和解或破产清算等，及时主动申报债权，参与债权人会议，与破产管理人进行充分沟通，依法定程序充分表达维护合法债权的利益诉求，依法正当行使表决权，积极维护金融债权和市场经济秩序。

三、司法指导性文件

《最高人民法院关于正确审理企业破产案件为维护市场经济秩序提供司法保障若干问题的意见》

15. 要充分发挥债权人会议和债权人委员会的职能作用，切实保障债权人对破产程序的参与权，坚决防止地方保护主义，即使在以挽救债务人为主要目的的破产重整和和解程序中，仍然要以充分保障债权人利益为前提，重整计划和和解协议的通过与否，要严格按照法定的程序确定表决权并依法表决。

本条释义

一、本条主旨

本条是关于和解协议决议的规定。

二、条文演变

《企业破产法（试行）》对债权人会议通过和解协议的表决规则并未作出规定。关于本条，《企业破产法》起草过程中，历次草案均规定了表决通过的人数和债权金额比例。《企业破产法》(2004年10月草案)第96条规定:“债权人会议通过和解协议的决议,由出席会议有表决权的债权人的过半数同意,并且其所代表的债权额,应当占已确定的无财产担保债权总额的三分之二以上。”最终《企业破产法》对“无财产担保债权总额”的表述删除了“已确定”三字限定语。因为,无财产担保债权总额还包括债权尚未确定,但法院为其行使表决权而临时确定的债权金额。

三、条文解读

(一)债权人会议的召集和召开

经债务人申请,法院审查裁定进入和解程序后应发布公告,公布债权人会议的时间和地点,召集债权人会议讨论和解协议草案。

债权人会议讨论和解协议草案时,依法申报债权的债权人均可出席,并对和解协议草案的内容发表意见。按照《企业破产法》第59条第4款规定,债权人可以委托代理人出席债权人会议。对于债务人是否要亲自出席债权人会议,《企业破产法》第九章和解部分未作明确规定,但根据《企业破产法》第15条的规定,债务人的法定代表人、财务管理人员和其他经营管理人员等债务人的有关人员应当列席债权人会议听取债权人的意见,及时、准确、真实地回答债权人的提问。

(二)和解协议的表决

因债权人通常都有各自的利益考虑,较难形成全部一致意见,为了使方案合理的和解协议草案能够通过,从而达到设定和解制度的目的,一般都规定和解协议草案的特定多数表决方式。《企业破产法》第64条第1款规定:“债权人会议的决议,由出席会议的有表决权的债权人过半数通过,并且其所代表的债权额占无财产担保债权总额的二分之一以上。但是,本法另有规定的除外。”此条款规定中的“本法另有规定的除外”,指的主要是重整、和解中的债权人会议决议的特别规定。本条规定债权人会议通过和解协议的决议,由出席会议的有表决权的债权人过半数同意,并且其所代表的债权额占无财产担保债权总额的2/3以上。

适用指引

关于表决权的行使，根据《企业破产法》第 59 条的规定，以下两类债权人虽能参加债权人会议但并不享有表决权：一是虽然申报了债权，但债权尚未确定的（法院临时确定债权额的除外）；二是对债务人的特定财产享有担保权的债权人，未放弃优先受偿权利的，对于《企业破产法》第 61 条第 1 款第 7 项、第 10 项规定的事项不享有表决权。

无财产担保债权总额指从债务人向人民法院提交的债权清册上记载的债权总额中，减去有财产担保的债权额后余下的债权额。主要包括下列四项债权额之和：（1）债权人、债务人对管理人编制的无财产担保的债权无异议并已由法院确定的债权额；（2）债权人、债务人对管理人编制的无财产担保的债权有异议并提起诉讼后由法院判决确定的债权额；（3）法院临时确定的无财产担保的债权额；（4）已确认的有财产担保债权的债权人放弃优先受偿权利后的债权额。另外，如果担保债权的数额超出了抵押物的价值，其超出部分作为普通破产债权处理。

关于有效表决要求，一是"出席会议的有表决权的债权人过半数同意"和"所代表的债权额占无财产担保债权总额的三分之二以上"必须同时满足。二是"出席会议的有表决权的债权人"指的是，债权人必须既出席会议又具有表决权，排除出席会议但不具有表决权，或有表决权但不出席会议的债权人。三是"过半数"并不包括半数本身，比如 5 ∶ 5 的表决情形，并不能满足"过半数同意"的要求。[①] 但对于"三分之二以上"是否包括本数，可能存在不同理解，有学者认为"三分之二以上"包括本数在内。[②] 我们同意这一观点。《民法典》第 1259 条规定，民法所称的"以上""以下""以内""届满"包括本数，这一规定适用于《民法典》的所有各编，包括总则编和分则各编。关于"以上""以下""以内"包括本数的规则，属于各个部门法律的通用规则。[③]《企业破产法》是兼具民商法和经济法双重性质的法律，同样应适用这一规则。四是"其所代表的债权额占无财产担保债权总额的三分之二以上"，指的是出席债权

① 陈夏红：《企业破产法注释》，北京大学出版社 2021 年版，第 449 页。
② 王卫国：《破产法精义》（第 2 版），法律出版社 2020 年版，第 316 页。
③ 最高人民法院民法典贯彻实施工作领导小组主编：《中华人民共和国民法典侵权责任编理解与适用》，人民法院出版社 2020 年版，第 737~738 页。

人会议并且有表决权的债权人，其所代表债权额必须占无财产担保总额的 2/3 以上。

债权人会议除对和解协议草案原有内容进行商议外，债权人还可以提出新的条件进行磋商。和解协议决议多数决的特别规定针对的是债权人。从债务人角度，能否接受债权人对和解协议草案的修改意见，应建立在自由磋商的基础上，并不能强制要求债务人接受债权人所提出的修改意见。债务人拒绝接受的，则和解协议不能最终达成。关于这点，我国《香港特别行政区破产条例》"自愿安排"第 20F 条中规定："债权人会议可批准经修改的建议中的自愿安排，但须在债务人同意每项修改的情况下，方可批准。"

类案检索

上海延华高科技有限公司破产清算转和解案

关键词：破产清算转和解

裁判摘要：上海延华高科技有限公司（以下简称延华公司）系 1997 年 12 月 8 日成立的民营企业，注册资本 500 万元整，主要从事新材料专业领域内的技术开发、技术转让、技术咨询和服务等。2019 年 7 月 8 日，法院裁定受理微弘商业保理（深圳）有限公司对延华公司的破产清算申请，并指定管理人。经延华公司债权人会议核查，确认 4 位债权人 2.9 亿余元债权。审理中，合议庭认为债务人陷入困境系由于延华公司为关联公司担保致资金链断裂而无法偿债，然公司本身主营业务前景良好，且延华公司持有对外投资 28% 股权（金额 4200 万元）资产，如清算拍卖，仅能清偿债权额的 1 至 2 折，无法体现优质资产价值。若促成债务人继续经营、保留股权，其产生的效益可能远远超过被清算拍卖的价值，债权清偿比例也将大幅提高。在合议庭指导下，管理人与各债权人多次沟通协调，债权人最终均同意与延华公司和解。经过多轮谈判，各债权人就股权拍卖以及后续经营等问题达成共识。2020 年 6 月 16 日，延华公司以与债权人达成和解协议为由，向本院申请和解并提交了和解协议草案。合议庭对和解协议的合法性、可行性审查后，于 2020 年 6 月 17 日裁定延华公司清算转入和解程序。2020 年 8 月 13 日，债权人会议表决通过了和解协议。依据和解协议，延华公司继续经营，未来延华公司转让所持上海普陀延华小额贷款股份有限公司股权后，将所获得的股权转让款按各方协商的比例清偿各债权人。2020 年 9 月 14 日，法院裁定认可和解协议，终止和解程序。

【案　　号】（2019）沪 03 破 37 号

【审理法院】上海市第三中级人民法院

【来　　源】上海破产法庭 2020 年度典型案例

第九十八条　债权人会议通过和解协议的，由人民法院裁定认可，终止和解程序，并予以公告。管理人应当向债务人移交财产和营业事务，并向人民法院提交执行职务的报告。

关联规定

一、法律、行政法规、司法解释

《中华人民共和国企业破产法》

第二十五条　管理人履行下列职责：

（一）接管债务人的财产、印章和账簿、文书等资料；

（二）调查债务人的财产状况，制作财产状况报告；

（三）决定债务人的内部管理事务；

（四）决定债务人的日常开支和其他必要开支；

（五）在第一次债权人会议召开之前，决定继续或者停止债务人的营业；

（六）管理和处分债务人的财产；

（七）代表债务人参加诉讼、仲裁或者其他法律程序；

（八）提议召开债权人会议；

（九）人民法院认为管理人应当履行的其他职责。

本法对管理人的职责另有规定的，适用其规定。

二、司法指导性文件

《最高人民法院关于审理企业破产案件确定管理人报酬的规定》

第九条　人民法院确定或者调整管理人报酬方案时，应当考虑以下因素：

（一）破产案件的复杂性；

（二）管理人的勤勉程度；

（三）管理人为重整、和解工作做出的实际贡献；

（四）管理人承担的风险和责任；

（五）债务人住所地居民可支配收入及物价水平；

（六）其他影响管理人报酬的情况。

条文释义

一、本条主旨

本条是关于和解协议的认可及其对破产程序的优先效力的规定。

二、条文演变

《企业破产法（试行）》第 19 条规定："企业和债权人会议达成和解协议，经人民法院认可后，由人民法院发布公告，中止破产程序。和解协议自公告之日起具有法律效力。"《企业破产法（试行）》规定法院认可和解协议后，中止破产程序，转入行政整顿；整顿成功后，法院终结破产程序，当事人自行执行和解协议。《企业破产规定》第 25 条第 2 款规定："人民法院作出破产宣告裁定前，债权人会议与债务人达成和解协议并经人民法院裁定认可的，由人民法院发布公告，中止破产程序。"第 3 款规定："人民法院作出破产宣告裁定后，债权人会议与债务人达成和解协议并经人民法院裁定认可，由人民法院裁定中止执行破产宣告裁定，并公告中止破产程序。"由此，按照《企业破产法（试行）》及其司法解释规定，"和解协议生效，破产程序中止。"《破产法》（1995 年草案）和《企业破产与重整法》（2000 年 6 月草案）均规定法院裁定认可和解的，终结破产案件。《企业破产法》起草小组一直以来对和解协议被裁定认可后即终结破产案件，其执行过程置于破产程序之外的认识是十分明确的。但 2001 年以后的草案，将"终结"改为"中止"。[①] 在《企业破产法》起草过程中，对和解协议达成后破产程序应当终止还是中止曾经存在不同意见。《企业破产法》最终采取程序终止的立法模式。[②]《企业破产法（试行）》第四章"和解和整顿"并未涉及达成和解后的财产和管理事务移交问题。《企业破产法》起草过程中的历次草案都规定了法院裁定认可和解协议后，管理人或破产清算人应当向债务人移交财产和管理事务，并向人民法院提交执行职务的报告。

① 王卫国：《破产法精义》（第 2 版），法律出版社 2020 年版，第 318 页。
② 王欣新：《破产法》，中国人民大学出版社 2019 年版，第 275 页。

《企业破产法》最终出台时规定为本条的内容。

三、条文解读

按照《企业破产法》第 97 条规定，出席会议的有表决权的债权人过半数同意，并且其所代表的债权额占无财产担保债权总额的 2/3 以上，即为债权人会议通过和解协议。但债权人会议通过和解协议并不代表和解协议生效，它还须经过法院的认可。法院认可的实质是在债权人会议与债务人意思自治的基础上，为防止债权人的受偿利益因和解协议而受到损害，也避免不同债权人之间、债权人与债务人之间再发生争执，对和解协议的法律效力作出确认。因此，和解协议生效的前提是法院裁定认可。债权人会议的表决仅是通过和解协议，而缺乏法院的认可，则和解协议并没有生效。

法院认可和解协议具有程序和实体两方面的法律效力。程序上的法律效力体现为和解程序终止，债务人继续营业，债务人免于宣告破产，将债务人在财产管理与处分方面的限制措施予以解除。实体方面的法律体现为债务人需严格执行和解协议，债务人在完全履行和解协议后，对和解协议减免的债务不再承担清偿责任。但债权人在和解协议中作出的让步，不能作为连带债务人及保证人对抗债权人的理由，因此，《企业破产法》第 101 条规定："和解债权人对债务人的保证人和其他连带债务人所享有的权利，不受和解协议的影响。"

法院认可和解协议后，进入和解协议的执行阶段。债务人除了履行清偿义务外，债务人可以继续营业，这就涉及债务人企业管理权和处分权的归属。关于和解程序中，债务人的财产和营业事务由债务人还是管理人行使，《企业破产法》并未像重整程序一样作出明确的规定。在重整程序中，《企业破产法》第 73 条第 1 款规定了债务人自行管理，即"在重整期间，经债务人申请，人民法院批准，债务人可以在管理人的监督下自行管理财产和营业事务"，第 73 条第 2 款进一步规定"已接管债务人财产和营业事务的管理人应当向债务人移交财产和营业事务，本法规定的管理人职权由债务人行使"。据此，对于进入重整程序的债务人，采"以管理人接管为原则、债务人自行管理为例外"的立法例。也就是说，我国的立法默认管理人管理重整企业的模式，债务人自行管理需要经过审查批准。[1] 相比重整，或许因为营业保护并非和解程序关注的重

---

① 郁琳、樊星：《常态化疫情防控中破产审判的法律适用问题》，载《法律适用》2020 年第 15 期。

点，《企业破产法》针对和解程序并没有作出“债务人自行管理”的特别规定，故而默认应按照《企业破产法》第 13 条、第 25 条规定，任何破产程序的启动即意味着管理人指定和管理人接管。管理人履行的职责包括接管债务人的财产、印章和账簿、文书等资料，并在此基础上调查债务人财产状况、管理和处分债务人的财产。在债权人会议通过和解协议并由法院裁定认可后，债务人继续营业，债务人此前被解除的企业管理权和处分权解除恢复行使，管理人应当向债务人移交财产和营业事务，并向人民法院提交执行职务的报告。

适用指引

债权人会议通过和解协议后，需要等待人民法院裁定认可。法院对和解协议的审查分程序和实体两个方面：一是程序方面的审查，主要对和解程序、债权人会议决议程序的合法性进行审查。程序违法存在的瑕疵能够消除，法院仍可作出认可裁定。但债权人会议拒绝或瑕疵本身无法补正的，法院应裁定不认可和解协议。二是实体方面的审查，债权人会议关于和解的决议是否违反破产债权人一般利益，是否损害少数债权人、其他利害关系人以及第三人的利益，以及决议成立后是否发生和解障碍事由等。法院认可或拒绝认可既可以依职权进行，也可以依债权人或其他利害关系人的申请进行。[①]

具体而言，法院裁定认可和解协议，需要审查的主要内容有：（1）和解协议、债权人会议的程序是否合法。表决人数和债权金额是否达到《企业破产法》第 97 条规定，即人数方面，由出席会议的有表决权的债权人过半数同意；债权金额方面，上述同意的债权人所代表的债权额占无财产担保债权总额的 2/3 以上。（2）和解协议的内容是否合法。和解协议是否由债务人和债权人自愿达成，是否有违反法律、法规，损害国家、社会或他人利益的内容，有无损害少数债权人利益、违反公平清偿原则的内容。（3）债务人有无破产欺诈行为，是否有和解诚意，和解之目的是否正当，和解协议是否存在明显不能履行的情况等。对此，《企业破产法》第 103 条第 1 款规定，因债务人的欺诈或者其他违法行为而成立的和解协议，人民法院应当裁定无效，并宣告债务人破产。

① 韩长印主编：《破产法学》，中国政法大学出版社 2016 年版，第 289 页。

人民法院裁定认可和解协议，不能对债务人和债权人会议达成的和解协议作出任何变更。

类案检索

上海一成国际物流有限公司和解案

关键词：认可和解协议　终止和解程序

裁判摘要：2020年8月27日，上海市第三中级人民法院根据债权人湖北赤湾东方物流有限公司的申请，裁定受理上海一成国际物流有限公司（以下简称一成公司）破产清算一案，并指定管理人。2020年12月14日，一成公司向法院申请和解并提交了和解协议草案，法院于2020年12月16日裁定和解。2020年12月23日，一成公司向法院提出申请，称《和解协议》已经全部债权人通过，请求裁定予以认可。法院认为，一成公司的《和解协议》经债权人会议表决，有表决权的债权人过半数同意，并且其所代表的债权额占无财产担保债权总额的2/3以上，《和解协议》应予裁定认可，遂裁定认可一成公司《和解协议》，并终止和解程序。

【案　　号】（2020）沪03破251号

【审理法院】上海市第三中级人民法院

【来　　源】上海破产法庭2020年度典型案例

第九十九条　和解协议草案经债权人会议表决未获得通过，或者已经债权人会议通过的和解协议未获得人民法院认可的，人民法院应当裁定终止和解程序，并宣告债务人破产。

关联规定

一、法律、行政法规、司法解释

《中华人民共和国公司法》

第一百四十六条　有下列情形之一的，不得担任公司的董事、监事、高级管理人员：

（一）无民事行为能力或者限制民事行为能力；

（二）因贪污、贿赂、侵占财产、挪用财产或者破坏社会主义市场经济秩序，被判处刑罚，执行期满未逾五年，或者因犯罪被剥夺政治权利，执行期满未逾五年；

（三）担任破产清算的公司、企业的董事或者厂长、经理，对该公司、企业的破产负有个人责任的，自该公司、企业破产清算完结之日起未逾三年；

（四）担任因违法被吊销营业执照、责令关闭的公司、企业的法定代表人，并负有个人责任的，自该公司、企业被吊销营业执照之日起未逾三年；

（五）个人所负数额较大的债务到期未清偿。

公司违反前款规定选举、委派董事、监事或者聘任高级管理人员的，该选举、委派或者聘任无效。

董事、监事、高级管理人员在任职期间出现本条第一款所列情形的，公司应当解除其职务。

二、司法指导文件

《全国法院破产审判工作会议纪要》

9. 进一步落实管理人职责。在债务人自行管理的重整程序中，人民法院要督促管理人制订监督债务人的具体制度。在重整计划规定的监督期内，管理人应当代表债务人参加监督期开始前已经启动而尚未终结的诉讼、仲裁活动。重整程序、和解程序转入破产清算程序后，管理人应当按照破产清算程序继续履行管理人职责。

23. 破产宣告的条件。人民法院受理破产清算申请后，第一次债权人会议上无人提出重整或和解申请的，管理人应当在债权审核确认和必要的审计、资产评估后，及时向人民法院提出宣告破产的申请。人民法院受理破产和解或重整申请后，债务人出现应当宣告破产的法定原因时，人民法院应当依法宣告债务人破产。

24. 破产宣告的程序及转换限制。相关主体向人民法院提出宣告破产申请的，人民法院应当自收到申请之日起七日内作出破产宣告裁定并进行公告。债务人被宣告破产后，不得再转入重整程序或和解程序。

条文释义

一、本条主旨

本条是关于和解协议的否决及其后果的规定。

二、条文演变

《企业破产法（试行）》第四章“和解和整顿”规定企业和债权人会议达成和解协议，经法院认可后，进入整顿阶段。整顿期间，企业不执行和解协议的，宣告破产。《企业破产规定》第32条第1款规定，人民法院受理债务人破产案件后，债务人不能清偿债务且与债权人不能达成和解协议的，应当裁定宣告债务人破产。《破产法》（1995年草案）及《企业破产与重整法》（2000年6月草案）均规定和解协议经债权人会议讨论没有通过的，视为债权人会议拒绝和解，法院应当裁定宣告债务人破产。《企业破产法》2004年6月及10月草案删除了“视为债权人会议拒绝和解”之表述，直接规定债权人会议未通过和解协议草案的，法院应当裁定宣告债务人破产。与此同时，《企业破产法》在起草过程中，关注到可能会存在债权人会议表决通过和解协议，但法院不予裁定认可的情形。为此，《企业破产与重整法》（2000年6月草案）及《企业破产法》（2004年3月草案A版）增加规定，债务人和债权人会议达成的和解协议违反法律的，法院应当裁定和解协议无效，并裁定宣告债务人破产清算。在2004年7月13日至14日法院系统企业破产法（草案）研讨会上，有的法院提出，在当事人没有申请宣告破产的情况下，由法院直接宣告破产是否适当，应进一步研究。[①]《企业破产法》正式颁布时，关于终止和解程序宣告破产的情形，除保留原条文"和解协议草案经债权人会议表决未获通过"外，还增加规定"或者虽通过但未获得人民法院认可的"，人民法院应当裁定终止和解程序，并宣告债务人破产。

三、条文解读

（一）和解协议的否决

《企业破产法》第97条、第98条从积极方面分别规定了和解协议的成立要件和生效要件。和解协议的成立需要债权人会议表决通过，而和解协议的生效需要法院裁定认可。本条是从消极方面，规定了和解协议的不成立和不生效，即和解协议否决及其法律效果。

1. 债权人会议未通过和解协议草案

按照双重表决权的要求，债权人会议通过和解协议的决议，必须满足人数和债权金额的比例要求，即：由出席会议有表决权的债权人过半数同意，并且其所代表的债权额，应当占无财产担保的债权总额的2/3以上。和解协议草案提交债权人会议讨论时，都可能因债权人数或债权金额数未达到法定比例要求而受到否决。基于破产和解系建立在债权人谅解妥协基础上的这一本质要求，对于债权人会议否决和解协议草案或者拒绝和解程序的，法院或者管理人不必再就和解协议草案的内容进行实质审查。

2. 人民法院未裁定批准和解协议

依照本法第98条的规定，债权人会议通过和解协议的，还要由人民法院裁定认可。债权人会议通过和解协议但人民法院经审查未裁定认可的，也构成和解协议的否决。

---

① 《法院系统企业破产法（草案）研讨会的主要意见（2004年7月14日）》，载法信网，最后访问日期：2022年8月28日。

（二）和解协议否决的法律效果

债权人会议未通过和解协议草案，或者人民法院对已经债权人会议通过的和解协议未予认可的，这两种情况下的法律效果都是一样的：一是裁定终止和解程序；二是宣告债务人破产，转入破产清算程序。

破产宣告是指法院依据当事人的申请或依法定职权裁定宣布债务人破产以清偿债务的活动。[①] 破产案件正式启动以受理为标志，并在启动时就区分破产清算、和解和重整三类程序。但根据不同案情和利益相关方需求，受理后存在程序转换的可能，如破产清算转和解、重整，或重整、和解转破产清算。实务中因案情复杂、管理人履职不力等原因，破产程序存在不当拖延的问题，如有的案件已经满足了破产宣告的条件，但管理人因为债务人一方的和解意向或者自己对宣告破产的认识局限，迟迟不提出破产宣告的申请。为此，《破产审判会议纪要》第23条明确规定了破产宣告的条件，即"第一次债权人会议上无人提出重整或和解申请的，管理人应当在债权审核确认和必要的审计、资产评估后，及时向人民法院提出宣告破产的申请。同时规定："人民法院受理破产和解或重整申请后，债务人出现应当宣告破产的法定原因时，人民法院应当依法宣告债务人破产。"债务人进入和解程序，但和解协议被否决的，即属于应当宣告破产的法定原因，此时，法院应当裁定终止和解程序，并宣告债务人破产。

宣告破产是破产程序中的一个重要节点和环节，宣告破产后进入财产变价与分配阶段，债务人称为破产人，债务人财产称为破产财产。宣告破产需要兼顾破产程序的效率，以及保护利益相关方申请程序转换的权利。因此，《破产审判会议纪要》第24条规定，人民法院应当在收到破产宣告申请7日内依法裁定宣告债务人破产。债务人被宣告破产后，不得再转入重整程序或和解程序。破产宣告后，破产人及其公司高管在公法与私法上的资格权利要受到相应限制。按照我国《公司法》（2018年修正）第146条规定，担任破产清算的公司、企业的董事或者厂长、经理，并对该公司、企业的破产负有个人责任的，自该公司、企业破产清算完结之日起未逾3年，不得担任公司的董事、监事、高级管理人员。公司违反前款规定选举、委派董事、监事或者聘任高级管理人

---

① 王欣新：《破产法》，中国人民大学出版社2019年版，第345页。

员的，该选举、委派或者聘任无效。董事、监事、高级管理人员在任职期间出现上述所列情形的，公司应当解除其职务。

适用指引

一、关于表决次数

《企业破产法》第 61 条规定了债权人会议的各项职权，其中第 6 项规定通过重整计划，第 7 项规定通过和解协议，第 10 项规定通过破产财产的分配方案，分别对应重整程序、和解程序及破产清算程序。《企业破产法》第 65 条、第 87 条分别规定了破产财产分配方案和重整计划草案的二次表决制，即第一次表决未过时，仍可再表决一次，但对和解二次表决未作规定。然而，在债权人会议讨论和表决和解协议草案时，基于债权人与债务人各自的利益诉求，和解协议草案需要通过协商而修改完善，实务中会产生债权人会议一次表决未通过进行二次表决的需求，对此，虽然我国的《企业破产法》没有作出相关规定，但是实践中确有必要时，经债权人等利害关系人请求，也不宜完全否定和解中的二次表决。

二、关于宣告破产

（一）和解协议草案被否决后，法院裁定终止和解程序并宣告破产，是依当事人申请还是法院依职权进行

《企业破产法》草案的研讨过程中曾有过讨论，《企业破产法》正式出台时，并未将有关当事人的申请作为宣告破产的前提，结合《企业破产法》第 104 条在债务人不能执行或者不执行和解协议时，法院依和解债权人的申请裁定宣告破产之规定，本身指的应当是法院可依职权宣告破产。但实践中并不排除债权人、管理人等相关主体向法院申请宣告破产。

（二）宣告破产应当依法及时进行

根据《破产审判会议纪要》第 23 条和第 24 条的规定，法院受理破产清算申请后，第一次债权人会议无人提出和解或重整申请的，管理人应当在债权审

核确认和必要的审计、评估后，及时提出宣告破产的申请。法院应当在7日内裁定宣告破产并予公告。《破产审判会议纪要》将无人提出和解和重整申请时宣告破产的申请主体明确规定为管理人，主要原因是破产清算程序中，管理人作为对债务人财产进行管理和对债权债务关系进行清理的专门机构，由其申请宣告破产符合其职责定位。[①] 同时，对于人民法院受理破产和解或重整申请后，债务人出现应当宣告破产的法定原因的，人民法院应当依法宣告债务人破产。

类案检索

上海华耀国际贸易有限公司破产清算案

关键词：和解转清算

裁判摘要：债务人上海华耀国际贸易有限公司因不履行和解协议导致和解失败，被宣告破产。后债务人又与多数债权人达成和解意向，部分债权人向法院申请恢复和解程序。法院认为，该案中，和解失败而进入破产清算程序后，再“恢复”破产和解程序不合法律规定的“破产宣告之前”的时间点，此时债务人与债权人协商和解的行为应属于自行和解，在债务人未能与全体债权人达成协议的情况下，法院最终未受理债权人的和解申请。

【案　　号】（2010）浦民二（商）破字第2号

【审理法院】上海市浦东新区人民法院

【来　　源】中国裁判文书网

① 贺小荣、葛洪涛、郁琳：《破产清算、关联企业破产以及执行与破产衔接的规范与完善——〈全国法院破产审判工作会议纪要〉的理解与适用（下）》，载《人民司法·应用》2018年第6期。

第一百条　经人民法院裁定认可的和解协议，对债务人和全体和解债权人均有约束力。

和解债权人是指人民法院受理破产申请时对债务人享有无财产担保债权的人。

和解债权人未依照本法规定申报债权的，在和解协议执行期间不得行使权利；在和解协议执行完毕后，可以按照和解协议规定的清偿条件行使权利。

关联规定

一、部门规章及规范性文件

1.《国家发展和改革委员会、最高人民法院等13个国家机关关于推动和保障管理人在破产程序中依法履职进一步优化营商环境的意见》

（十四）支持企业纳税信用修复。重整或和解程序中，税务机关依法受偿后，管理人或破产企业可以向税务机关提出纳税信用修复申请，税务机关根据人民法院出具的批准重整计划或认可和解协议的裁定书评价其纳税信用级别。已被公布重大税收违法失信案件信息的上述破产企业，经税务机关确认后，停止公布并从公告栏中撤出，并将相关情况及时通知实施联合惩戒和管理的部门。有关部门应当依据各自法定职责，按照法律法规和有关规定解除惩戒，保障企业正常经营和后续发展。（税务总局及相关部门按职责分工负责）

（十五）落实重整与和解中的所得税税前扣除政策。对于破产企业根据资产处置结果，人民法院裁定批准或认可的重整计划、和解协议确定或形成的资产损失，依照税法规定进行资产损失扣除。税务机关对破产企业提交的与此有关的申请材料应快捷审查，便利办理。（财政部、税务总局等按职责分工负责）

2.《国家税务总局关于纳税信用评价与修复有关事项的公告》

三、符合本公告所列条件的纳税人，可填写《纳税信用修复申请表》（附件1），对当前的纳税信用评价结果向主管税务机关申请纳税信用修复。税务机关核实纳税人纳税信用状况，按照《纳税信用修复范围及标准》（附件2）调整相应纳税信用评价指标状态，根据纳税信用评价相关规定，重新评价纳税人的纳税信用级别。

申请破产重整企业纳税信用修复的，应同步提供人民法院批准的重整计划或认可的和解协议，其破产重整前发生的相关失信行为，可按照《纳税信用修复范围及标准》中破产重整企业适用的修复标准开展修复。

二、司法指导性文件

《全国法院破产审判工作会议纪要》

25. 担保权人权利的行使与限制。在破产清算和破产和解程序中，对债务人特定财产享有担保权的债权人可以随时向管理人主张就该特定财产变价处置行使优先受偿权，管理人应及时变价处置，不得以须经债权人会议决议等为由拒绝。但因单独处置担保财产会降低其他破产财产的价值而应整体处置的除外。

条文释义

一、本条主旨

本条是关于和解协议约束力的规定。

二、条文演变

《企业破产法（试行）》第15条规定，债权人会议的职权之一是讨论通过和解协议草案。《企业破产法（试行）》第16条第1款规定，债权人会议的决议，由出席会议的有表决权的债权人的过半数通过，并且其所代表的债权额，必须占无财产担保债权总额的半数以上，但是通过和解协议草案的决议，必须占无财产担保债权总额的2/3以上。第16条第2款规定，债权人会议的决议，对于全体债权人均有约束力。从上述条文可知，《企业破产法》（试行）明确对债权人会议形成的包括和解协议在内的决议，对全体债权人有约束力，但并没有对受和解协议约束的主体范围专门作出规定。《企业破产法》立法起草中，从《破产法》（1995年草案）到《企业破产法》（2004年3月草案B版）的历次草案，都把和解债权人界定为“人民法院受理破产案件前对债务人享有债权的人”，直至《企业破产法》（2004 年 6 月草案）把和解债权人首次明确界定为“人民法院受理破产案件前对债务人享有无财产担保债权的人”。《企业破产法》（2004 年 6 月草案）第 104 条规定：“经人民法院裁定认可的和解协议对债务人和全体和解债权人均有约束力。前款规定的和解债权人，是指在人民法院受理破产案件前对债务人享有无财产担保债权的人。没有依照本法规定申报的和解债权，在和解协议执行期间不得行使；在和解协议执行完毕后，可以按照和解协议规定的清偿条件行使权利。”《企业破产法》正式公布时，第 100 条基本保留了《企业破产法》（2004 年 6 月草案）第 104 条上述规定的内容，但文字表述方面略有所不同，比如，和解债权人从草案原有定义“人民法院受理破产申请前对债务人享有无财产担保债权的人”，改为“人民法院受理破产申请时对债务人享有无财产担保债权的人”。第 3 款系对未依法申报债权的处理，即未依法申报的债权在和解协议执行期间不得行使权利，在和解协议执行完毕后，可以按照和解协议规定的清偿条件行使权利。《企业破产法》正式公布时将草案中“没有依照本法规定申报的和解债权”，修改为“和解债权人未依照本法规定申报债权的”，界定更加清楚。

三、条文解读

和解协议经债权人会议通过并经法院裁定认可后，和解协议即生效。和解协议的效力体现为对债务人、和解债权人的效力，具体表现为三项内容：一是债务人、和解债权人应当无条件地执行和解协议。按照和解协议确定的金额、期限清偿债务和接受债务清偿。二是债务人不得违反和解协议的约定，给予个别和解债权人额外的清偿。按照本法第 98 条规定，债务人因和解协议生效而重新取得财产管理权，但债务人不得违反和解协议规定的条件，给予个别和解债权人以额外的利益而损害其他债权人的利益。相应地，和解债权人不得要求债务人给予和解协议约定范围以外的清偿。三是债务人依和解协议相对免责。和解协议依法免除债务人相应清偿责任的，待债务人执行和解协议后，不再负清偿责任，和解债权人也不得再要求债务人清偿。

适用指引

和解债权人指的是人民法院受理破产申请时对债务人享有无财产担保的债权人，“全体和解债权人”即指《企业破产法》第44条规定的所有债权人，不论是否出席债权人会议、是否申报债权、是否参与和解程序、对和解协议同意还是反对，均在所不问。[①] 待和解协议生效后，都受和解协议的约束。需注意的是，和解债权人按照和解协议行使权利的时间视其是否依法申报债权而有所区别。对于没有依照本法规定申报的和解债权人，依照本条第3款的规定，在和解协议执行期间不得行使其权利，在和解执行完毕后，可以按照和解协议规定的清偿条件行使权利。比如，在深圳市瑞安投资有限公司（下称瑞安公司）申请广州对外经济发展总公司（下称外经总公司）破产清算一案（以下称本案）中，经查，此前案外人浙江时利资产管理有限公司（下称时利公司）已申请外经总公司破产清算（以下简称前案），前案仅时利公司一户债权人申报债权6585841.74元，外经总公司和时利公司达成和解协议，由外经总公司清偿850000元，法院裁定认可和解协议并终结前案破产程序。广州中院在本案中审查认为，瑞安公司作为和解债权人，虽然在前案中未申报债权，但可以按照前案和解协议规定的清偿条件向外经总公司主张权利。本案外经总公司并未发生新的破产事由，遂裁定不予受理瑞安公司对外经总公司的破产清算申请。二审中，广东高院进一步明确和解协议对瑞安公司同样具有约束力，瑞安公司应按时利公司相同的清偿比例向外经总公司主张权利，故裁定驳回上诉，维持一审裁定。[②]

和解协议仅约束和解债权人。虽然有学者认为本条规定与《企业破产法》第64条第3款有冲突，按照《企业破产法》第64条第3款的规定，“债权人会议的决议，对于全体债权人均有约束力。”这里面应当包括和解债权人、共益债权人乃至担保债权人。但依本条规定，和解程序中债权人会议决议覆盖范围仅限于债务人和无担保债权人，限缩甚多。[③] 我们认为，本条与《企业破产法》第64条构成特别条款与一般条款的关系，两者并不矛盾。在和解程序中，

---

① 王卫国：《破产法精义》（第2版），法律出版社2020年版，第319~320页。

② 参见广东省广州市中级人民法院（2020）粤01破申12号民事裁定书、广东省高级人民法院（2020）粤破终38号民事裁定书。

③ 齐明：《中国破产法原理与适用》，法律出版社2017年版，第181页。

有财产担保的债权人不是和解债权人，其行使权利不受和解协议的约束，除非该债权人放弃优先受偿的权利。此外，对于和解协议生效后发生的新债权，也不受和解协议的约束。和解协议生效后，债权人重新获得了对财产的支配权，为企业经营之需，与他人发生新的交易，产生了新的债权人。新债权人可以在和解协议外请求法院个别执行债务人的财产。

享有财产担保的债权也会发生向和解债权的转化：（1）担保权益被撤销后，有财产担保的债权转变为无财产担保；（2）有财产担保的债权人自愿放弃优先权；（3）有财产担保的债权，其数额超过担保物价款未受清偿的部分；（4）担保物丧失后，有财产担保的债权转变为普通债权。另外，如果有财产担保的债权人自愿受和解协议约束的，则和解协议也对其发生效力。

类案检索

无锡泰宝不锈钢有限公司破产和解案

关键词：破产和解　企业破产处置协调联动　安全生产排查

裁判摘要：江苏东方钢材城（以下简称钢材城）是长三角地区规模较大、规划完善、功能齐全的不锈钢专业批发市场，该市场由汇坚集团有限公司（以下简称汇坚集团）投资建设，是无锡地区重点专业市场。2019年6月，钢材城关联公司之一无锡泰宝不锈钢有限公司（以下简称泰宝公司）因不能清偿到期贷款，被债权人申请破产。2019年6月28日，无锡市锡山区人民法院（以下简称锡山法院）裁定受理泰宝公司破产清算案。泰宝公司负债1.09亿元，与汇坚集团控股的钢城材在内其他十余家钢材公司高度关联，各公司间存在互相背书对外担保等情形，集团负债高达20亿元，资金链十分紧张。若对泰宝公司进行破产清算，可能直接引发十几家关联公司同时进入破产程序，严重影响无锡钢材市场。另外，钢材城位于312国道旁，地处交通要塞，钢材城内有近2000户商户，泰宝公司进入破产程序已引起商户恐慌。

经全面评判，锡山法院决定采用破产和解方式化解矛盾。一是发挥企业破产处置协调联动机制作用，由区政府、属地街道、公安部门等加强联动，确保商户和市场稳定。二是指导管理人及时与泰宝公司股东即汇坚集团及债权人就和解事项进行磋商，弥合分歧。三是全面开展安全生产排查工作，对排查中发现的消防安全隐患、违规搭建、安全通道不畅通等问题及时整改。最终，债权人表决同意和解协议。2020 年 12 月 31 日，锡山法院裁定认可泰宝公司和解协议。2021 年 4 月，泰宝公司已履行完毕和解协议并恢复经营。

【案　　号】（2019）苏 0205 破 8 号

【审理法院】无锡市锡山区人民法院

【来　　源】江苏法院 2021 年度破产审判典型案例

第一百零一条　和解债权人对债务人的保证人和其他连带债务人所享有的权利，不受和解协议的影响。

关联规定

一、法律、行政法规、司法解释

1.《中华人民共和国民法典》

第一百七十八条　二人以上依法承担连带责任的，权利人有权请求部分或者全部连带责任人承担责任。

连带责任人的责任份额根据各自责任大小确定；难以确定责任大小的，平均承担责任。实际承担责任超过自己责任份额的连带责任人，有权向其他连带责任人追偿。

连带责任，由法律规定或者当事人约定。

第五百二十条　部分连带债务人履行、抵销债务或者提存标的物的，其他债务人对债权人的债务在相应范围内消灭；该债务人可以依据前条规定向其他债务人追偿。

部分连带债务人的债务被债权人免除的，在该连带债务人应当承担的份额范围内，其他债务人对债权人的债务消灭。

部分连带债务人的债务与债权人的债权同归于一人的，在扣除该债务人应当承担的份额后，债权人对其他债务人的债权继续存在。

债权人对部分连带债务人的给付受领迟延的，对其他连带债务人发生效力。

第六百八十七条　当事人在保证合同中约定，债务人不能履行债务时，由保证人承担保证责任的，为一般保证。

一般保证的保证人在主合同纠纷未经审判或者仲裁，并就债务人财产依法强制执行仍不能履行债务前，有权拒绝向债权人承担保证责任，但是有下列情形之一的除外：

（一）债务人下落不明，且无财产可供执行；

（二）人民法院已经受理债务人破产案件；

（三）债权人有证据证明债务人的财产不足以履行全部债务或者丧失履行债务能力；

（四）保证人书面表示放弃本款规定的权利。

第六百八十八条 当事人在保证合同中约定保证人和债务人对债务承担连带责任的，为连带责任保证。

连带责任保证的债务人不履行到期债务或者发生当事人约定的情形时，债权人可以请求债务人履行债务，也可以请求保证人在其保证范围内承担保证责任。

第六百九十五条 债权人和债务人未经保证人书面同意，协商变更主债权债务合同内容，减轻债务的，保证人仍对变更后的债务承担保证责任；加重债务的，保证人对加重的部分不承担保证责任。

债权人和债务人变更主债权债务合同的履行期限，未经保证人书面同意的，保证期间不受影响。

第七百条 保证人承担保证责任后，除当事人另有约定外，有权在其承担保证责任的范围内向债务人追偿，享有债权人对债务人的权利，但是不得损害债权人的利益。

2.《中华人民共和国企业破产法》

第五十一条 债务人的保证人或者其他连带债务人已经代替债务人清偿债务的，以其对债务人的求偿权申报债权。

债务人的保证人或者其他连带债务人尚未代替债务人清偿债务的，以其对债务人的将来求偿权申报债权。但是，债权人已经向管理人申报全部债权的除外。

第一百二十四条 破产人的保证人和其他连带债务人，在破产程序终结后，对债权人依照破产清算程序未受清偿的债权，依法继续承担清偿责任。

3.《最高人民法院关于适用〈中华人民共和国民法典〉有关担保制度的解释》

第二十二条 人民法院受理债务人破产案件后，债权人请求担保人承担担保责任，担保人主张担保债务自人民法院受理破产申请之日起停止计息的，人民法院对担保人的主张应予支持。

第二十三条 人民法院受理债务人破产案件，债权人在破产程序中申报债权后又向人民法院提起诉讼，请求担保人承担担保责任的，人民法院依法予以支持。

担保人清偿债权人的全部债权后，可以代替债权人在破产程序中受偿；在债权人的债权未获全部清偿前，担保人不得代替债权人在破产程序中受偿，但是有权就债权人通过破产分配和实现担保债权等方式获得清偿总额中超出债权的部分，在其承担担保责任的范围内请求债权人返还。

债权人在债务人破产程序中未获全部清偿，请求担保人继续承担担保责任的，人民法院应予支持；担保人承担担保责任后，向和解协议或者重整计划执行完毕后的债务人追偿的，人民法院不予支持。

第二十四条 债权人知道或者应当知道债务人破产，既未申报债权也未通知担保人，致使担保人不能预先行使追偿权的，担保人就该债权在破产程序中可能受偿的范围内免除担保责任，但是担保人因自身过错未行使追偿权的除外。

二、司法指导性文件

《全国法院破产审判工作会议纪要》

31. 保证人的清偿责任和求偿权的限制。破产程序终结前，已向债权人承担了保证责任的保证人，可以要求债务人向其转付已申报债权的债权人在破产程序中应得清偿部分。破产程序终结后，债权人就破产程序中未受清偿部分要求保证人承担保证责任的，应在破产程序终结后六个月内提出。保证人承担保证责任后，不得再向和解或重整后的债务人行使求偿权。

条文释义

一、本条主旨

本条是关于破产和解后，债权人向保证人和其他连带债务人追偿的规定。

二、条文演变

保证责任不因债务人或保证人的破产而减免，这是担保法立法宗旨、担保效力在破产程序中的延伸。《企业破产法（试行）》对债务人破产时，债权人对债务人的保证人和其他连带债务人的责任未作出规定。原《担保法解释》第44条规定，保证期间，人民法院受理债务人破产案件的，债权人既可以向人民法院申报债权，也可以向保证人主张权利。债权人申报债权后在破产程序中未受清偿的部分，保证人仍应当承担保证责任。债权人要求保证人承担保证责任的，应当在破产程序终结后六个月内提出。《最高人民法院〈关于担保期间债权人向保证人主张权利的方式及程序问题的请示〉的答复》(〔2002〕民二他字第32号）也曾规定："对于债权人申报了债权，同时又起诉保证人的保证纠纷案件，人民法院应当受理。在具体审理并认定保证人应承担保证责任的金额时，如需等待破产程序结束的，可依照《中华人民共和国民事诉讼法》第一百三十六第一款第（五）项的规定，裁定中止诉讼。人民法院如径行判决保证人承担保证责任，应当在判决中明确应扣除债权人在债务人破产程序中可以分得的部分。"据此，债务人破产，债权人既可以向债务人申报债权，也可以向保证人主张责任。但对和解案件中，和解协议的约定是否会影响保证人及其他连带责任人承担责任，法律及司法解释均未作出明确规定。为此，《企业破产法》起草过程中，历次草案都规定"和解债权人对于债务人的保证人和其他连带债务人所享有的权利，不因和解协议的成立而受影响"。《企业破产法》出台时保留了前述意见，本条明确规定和解债权人对债务人的保证人和其他连带债务人所享有的权利，不受和解协议的影响。

三、条文解读

和解协议是债权人会议通过的，经人民法院裁定认可后具有法律效力的文件。和解协议的实质是债务人与各和解债权人之间单独就重新处理双方债权债务关系而达成的协议，因此，如前所述，只对该债务人以及和解债权人产生效力，对其他主体包括债务人的保证人和其他连带债务人不产生效力。如果因为和解协议的存在而免除债务人的保证人以及连带债务人对债权人的责任，则一旦债务人未按照和解协议履行，而债权人又失去向债务人的保证人和其他连带债务人求偿的权利，必然对债权人不利，债权人就此也不会选择与债务人达成和解。因此，为了促进和解进行，本条规定和解债权人对债务人的保证人和其他连带债务人所享有的权利，不受和解协议的影响。

适用指引

一、债务人破产程序的启动不影响债权人向保证人主张保证责任

原《担保法解释》第44条第4款规定："保证期间，人民法院受理债务人破产案件的，债权人既可以向人民法院申报债权，也可以向保证人主张权利"，但对此条款的理解，存在择一说和并行说两种不同观点。择一说认为，破产程序中，债权人申报债权或向保证人主张权利只能择一行使，即如果已经选择了申报债权，就不能同时要求保证人承担保证责任，反之亦然。择一说的主要理由为避免债权人双重受偿。[①] 并行说则主张前述两种权利并行不悖，债权人既可以申报债权，同时又可以向保证人主张保证责任。理由在于，上述司法解释第44条其实是扩展了债权人的权利内容，其目的在于保障债权人权利的行使而非限制。实践中债权人先行请求保证人承担保证责任的情况大量存在，如果因此而限制债权人向债务人申报债权；或者债权人向债务人申报债权后，又限制债权人向保证人主张责任，都属于对债权人行使权利的不当干涉，不利于维护债权人利益。

《最高人民法院对〈关于担保期间债权人向保证人主张权利的方式及程序问题的请示〉的答复》(〔2002〕民二他字第32号)规定："对于债权人申报了债权，同时又起诉保证人的保证纠纷案件，人民法院应当受理。在具体审理并认定保证人应承担保证责任的金额时，如需等待破产程序结束的，可依照《民事诉讼法》第一百三十六第一款第（五）项的规定，裁定中止诉讼。人民法院如径行判决保证人承担保证责任，应当在判决中明确应扣除债权人在债务人破产程序中可以分得的部分。"该答复虽然区分"中止"与"径行判决"两种情形，但大体认可了并行说的观点，只是在明确具体责任金额时，两种处理方式实际上都需以破产程序确定债权人受偿份额为前提，因此，并行说在实践中的意义主要在于赋予债权人起诉的权利，而并未在实体层面彻底解决债权人的受偿问题。就此问题，《民法典担保制度解释》第23条第1款规定，债务人进入破产程序的情况下，债权人依法申报债权的同时，可以向担保人主张担保责任，进一步明确了债权人可同时向债务人和担保人行使相应的权利。

---

① 孙鹏主编：《最高人民法院担保法司法解释精释精解》，中国法制出版社2016年版，第190页。

二、债务人破产程序与担保责任的衔接

《破产审判会议纪要》曾在第 31 条中规定“破产程序终结前，已向债权人承担了保证责任的保证人，可以要求债务人向其转付已申报债权的债权人在破产程序中应得清偿部分”。该会议纪要印发于《民法典》施行之前。《民法典》施行之后，在允许债权人同时申报债权并向担保人主张权利的情况下，为避免债权人超额受偿，《民法典担保制度解释》第 23 条第 2 款、第 3 款区分债权人是先从担保人处受偿还是先在债务人破产程序中受偿，就破产程序与担保责任的衔接进行了规定。对享有保证担保的债权人而言，根据《企业破产法》第 51 条的规定，保证人承担责任后可以其对债务人的求偿权申报债权。由此，如果债权人先行从保证人处获得全部清偿，且之前债权人已经申报全部债权的，虽然保证人不得再行申报债权，但保证人可通过申请转付债权人在破产程序相应清偿份额的方式，替代债权人在破产程序中受偿，从而确保对债务人追偿权的行使。

但是，如果保证人仅清偿部分债务，债权人在保证人处未获得全部清偿的，虽然保证人依法享有追偿权，但根据《民法典》第 700 条关于保证人行使追偿权不得损害债权人利益的规定，《民法典担保制度解释》第 23 条第 2 款明确要求在债权人的债权未获全部清偿前，保证人不得就清偿部分代替债权人在破产程序中受偿，但是有权就债权人通过破产分配和实现担保债权等方式获得清偿总额中超出债权的部分，在其承担担保责任的范围内请求债权人返还。

根据《民法典》第 700 条保证人行使追偿权不得损害债权人利益的立法精神，如果保证人先行承担保证责任而使债权人获得部分清偿的，债权人仍应在债务人破产程序中申报全部债权，而并非债权人申报未清偿部分、保证人申报已清偿部分的求偿权。对保证人而言，只能待债权人超额受偿的结果出现，要求其返还超额清偿部分。实务中，为避免债权人超额受偿现象的出现，担保人在清偿了全部或部分债权后，应当主动向债务人的管理人提供相应的清偿凭证，披露担保责任的承担信息，管理人也应及时向担保人反馈对债权人清偿债权的进展与结果。

三、保证人追偿权在和解程序中的限制

《企业破产法》第 101 条规定，和解债权人对债务人的保证人和其他连带

债务人所享有的权利，不受和解协议影响，指的是债权人就债务人破产程序未受偿部分即债权人减免债务部分，可以继续向保证人主张保证责任，但未涉及保证人承担保证责任后，其追偿权在和解程序中能否行使。根据《企业破产法》第 92 条、第 101 条、第 124 条的规定，保证人或其他连带债务人仍需对债权人未获清偿部分继续承担责任。但基于破产程序的特殊性，保证人在债务人和解程序中的追偿权受到限制。我国破产程序包含破产清算、重整与和解程序三类。破产清算程序终结后，企业主体消灭，故不存在担保人追偿的问题。但在重整与和解程序中，根据《企业破产法》第 94 条、第 106 条的规定，按照重整计划或者和解协议减免的债务，自重整计划或者和解协议执行完毕时起，债务人不再承担清偿责任。也就是说，对应的债务人的该部分债务将实际获得免责。对于担保人而言，其就债权人剩余债权承担担保责任后，如果仍向重整后或者和解后的债务人追偿，则意味着实质上源于同一债务的普通债权，在债务人处获得了两次清偿，导致该笔债权清偿率高于其他同类债权的情形，既违反破产法同类债权平等清偿的原则，也导致债务人未实际免责。如史尚宽先生所言："于和解或协调成立后履行其债务之保证人，就主债务人受免除之数额，不得行使求偿权。"[①] 邱聪智先生也提出："保证人仍须就债权人未获清偿之部分为全部之清偿，而且，其因而所生不利益，保证人应自行承受，其为清偿后对于主债务人因和解而得免除之数额，不得行使求偿权。"[②] 担保人追偿权因受限制而遭受的不利，应看作担保人应承担的风险。

类案检索

中信银行股份有限公司与西王集团有限公司、王某某债券回购合同纠纷案

关键词： 和解协议效力

裁判摘要： 2016 年 9 月，西王集团有限公司（以下简称西王公司）面向合格投资者公开发行了 16 西王 04 债券。中信银行股份有限公司（以下简称中信银行）作为慧赢系列银行理财产品的资产管理人，认购了西王公司发行的 3 亿

① 史尚宽：《债法各论》，中国政法大学出版社 2000 年版，第 895 页。
② 邱聪智：《新订债法各论》，中国政法大学出版社 2006 年版，第 375 页。

元16西王04债券，截至2019年12月2日，持有16西王04债券300万份，但西王公司未按期向中信银行支付债券本息。2019年9月26日，中信银行、西王公司、王某某签订《债权确认及债券回售协议》，确认西王公司债务本息，并约定西王公司、王某某的共同回购义务及违约责任。因西王公司和王某某未依照《债权确认及债券回售协议》履行义务，2019年11月30日，中信银行向西王公司、王某某发送《债权立即到期通知函》，宣布债券于2019年11月30日到期，并要求西王公司、王某某立即回购3亿元16西王04债券并支付债券本金3亿元及利息、违约金。2020年2月21日，西王公司以不能清偿到期债务且资产不足以清偿全部债务为由，向山东省邹平县人民法院申请和解并提交了和解协议草案，法院经审查于当日作出民事裁定书，受理西王公司的和解申请。2020年4月16日，西王公司以和解协议经债权人会议通过为由，请求该院裁定予以认可。法院裁定认可西王公司的和解协议并终止西王公司和解程序。中信银行起诉要求西王公司、王某某向该银行支付债券本金3亿元和债券利息。

法院认为，西王公司、王某某作为共同债务人与中信银行签订《债权确认及债券回售协议》，对债务范围进行了确认，并约定了给付期限和金额，该协议系各方当事人真实意思表示，且不违背相关法律法规的规定，应属合法有效，双方均应按约履行合同义务。西王公司、王某某未按约定于2019年11月30日前回购1.5亿元涉案债券，中信银行有权宣布该协议所确认债权立即到期，要求西王公司、王某某立即回购涉案债券，西王公司、王某某应按约承担违约责任，继续向中信银行支付未偿债务本金的利息及违约金。西王公司和解协议经法院裁定认可，和解协议对西王公司和中信银行均有约束力，西王公司应当按照和解协议规定的条件清偿债务。《企业破产法》第101条规定，和解债权人对债务人的保证人和其他连带债务人所享有的权利，不受和解协议的影响。因此，王某某作为《债权确认及债券回售协议》项下的共同债务人，应按约定向中信银行承担清偿责任。法院判决确认西王公司结欠中信银行债券本金3亿元及债券利息，西王公司按照和解协议清偿，王某某则承担上述债券本金及利息的全部清偿责任。

【案　　号】（2020）京02民初50号、（2020）京民终760号

【审理法院】北京市第二中级人民法院、北京市高级人民法院

【来　　源】中国裁判文书网

第一百零二条　债务人应当按照和解协议规定的条件清偿债务。

关联规定

司法指导性文件

1.《最高人民法院关于依法妥善审理涉新冠肺炎疫情民事案件若干问题的指导意见（二）》

20. 在破产重整程序中，对于因疫情或者疫情防控措施影响而无法招募投资人、开展尽职调查以及协商谈判等原因不能按期提出重整计划草案的，人民法院可以依债务人或者管理人的申请，根据疫情或者疫情防控措施对重整工作的实际影响程度，合理确定不应当计入《企业破产法》第七十九条规定期限的期间，但一般不得超过六个月。

对于重整计划或者和解协议已经进入执行阶段，但债务人因疫情或者疫情防控措施影响而难以执行的，人民法院要积极引导当事人充分协商予以变更。协商变更重整计划或者和解协议的，按照《全国法院破产审判工作会议纪要》第19条、第20条的规定进行表决并提交法院批准。但是，仅涉及执行期限变更的，人民法院可以依债务人或债权人的申请直接作出裁定，延长的期限一般不得超过六个月。

2.《全国法院破产审判工作会议纪要》

19. 重整计划执行中的变更条件和程序。债务人应严格执行重整计划，但因出现国家政策调整、法律修改变化等特殊情况，导致原重整计划无法执行的，债务人或管理人可以申请变更重整计划一次。债权人会议决议同意变更重整计划的，应自决议通过之日起十日内提请人民法院批准。债权人会议决议不同意或者人民法院不批准变更申请的，人民法院经管理人或者利害关系人请求，应当裁定终止重整计划的执行，并宣告债务人破产。

20. 重整计划变更后的重新表决与裁定批准。人民法院裁定同意变更重整计划的，债务人或者管理人应当在六个月内提出新的重整计划。变更后的重整计划应提交给因重整计划变更而遭受不利影响的债权人组和出资人组进行表决。表决、申请人民法院批准以及人民法院裁定是否批准的程序与原重整计划的相同。

3.《最高人民法院关于正确审理企业破产案件为维护市场经济秩序提供司法保障若干问题的意见》

15. 要充分发挥债权人会议和债权人委员会的职能作用，切实保障债权人对破产程序的参与权，坚决防止地方保护主义，即使在以挽救债务人为主要目的的破产重整和和解程序中，仍然要以充分保障债权人利益为前提，重整计划和和解协议的通过与否，要严格按照法定的程序确定表决权并依法表决。

条文释义

一、本条主旨

本条是关于和解协议执行的规定。

二、条文演变

《企业破产法（试行）》第 21 条规定，整顿期间，企业不执行和解协议的，经人民法院裁定，终结该企业的整顿，宣告其破产。《企业破产规定》第 26 条规定："债务人不按和解协议规定的内容清偿全部债务的，相关债权人可以申请人民法院强制执行。"即当债务人不能执行或者不执行和解协议时，债权人可依和解协议提起强制执行程序。《企业破产法》（2004 年 6 月草案）沿袭了上述做法，草案第 107 条规定："债务人应当按照和解协议规定的条件清偿债务。"草案又在第 109 条规定："债务人不按和解协议规定的条件清偿债务的，和解债权人可以申请人民法院强制执行。和解债权人在和解协议中作出的让步失去效力。"《企业破产法》正式颁布时，并未赋予和解协议的强制执行力，第 102 条仅规定债务人应当按照和解协议规定的条件清偿债务，删除了草案有关"债务人不按和解协议清偿债务的，可以申请强制执行"的相关规定。

三、条文解读

和解协议的本质是经司法确认的合同。和解协议生效后，债务人应当按照条款内容具体、全面地履行。在正常情况下，债务人应当按照和解协议规定的条件去执行。和解协议，实质上是债权人作出重大让步而妥协的产物，债务人必须诚实、公正地执行和解协议。如有不能执行和解协议或者不能完全执行和解协议的情况发生，则构成违反和解协议，债务人应当承担恢复施加破产程序的法律后果。此外，和解协议生效后，债务人不得违背公平清偿原则给予个别债权人额外利益。但是，如果债务人公平给予全体债权人增加同等清偿利益，比如，对全体债权人均提前清偿或提高相同的清偿比例，则属例外。

在和解程序中，管理人在法院认可和解协议前接管债务人财产和营业事务，这样可以避免债务人可能的欺诈或不当财产处分行为；另一方面，债权人会议及债权人委员会可以对和解程序进行监督。但在和解协议达成并由法院裁定认可后，和解协议的执行阶段并无监督机构，债务人的财产管理与处分权的限制也予以取消，管理人应当向债务人移交财产和营业事务。为确保债务人按照和解协议约定全面履行清偿义务，不损害债权人的利益，实务中经常采取的做法是仍旧由管理人监督和解协议的执行，并向法院汇报情况。为此，在现行法律规定下由和解协议配套规定执行期间的监督主体及监督措施条款，还是十分必要的。[①]

适用指引

法院裁定认可和解协议后，债务人应当全面履行和解协议，按照和解协议规定的条件清偿债务，这是和解协议履行的一般原则。债务人不能执行或者不执行和解协议的，按照《企业破产法》第 104 条规定，此时应终止和解协议的执行，并宣告债务人破产。但是，和解协议的执行期间有时时间较长，期间可能会遇到国家政策调整、法律修改变化、不可抗力等特殊情况，导致和解协议无法执行。《新冠疫情民事案意见（二）》第 20 条规定，如果因为新冠肺炎疫情或者疫情防控措施影响而使和解协议难以执行的，法院要积极引导当事人充分协商予以变更。协商变更和解协议的，按照《破产审判会议纪要》第 19 条、第 20 条的规定进行表决并提交法院批准。但是，仅涉及执行期限变更的，因为其一般不属于直接重大利益调整，所以法院可以依债务人或债权人的申请直

① 王欣新：《破产法》，中国人民大学出版社 2019 年版，第 276 页。

接作出裁定，延长的期限一般不得超过 6 个月。

类案检索

江苏新马机械制造有限公司延长和解执行期限案

关键词：破产和解　延长执行期限

裁判摘要：江苏新马机械制造有限公司（以下简称新马公司）向江苏省扬州市江都区人民法院（以下简称江都法院）申请和解，和解协议草案经由债权人会议高票通过。和解协议主要内容为："2. 供应商应付款仅对本金作全额清偿，清偿时间自 2018 年开始，2018 年度按应付款本金总额的 10% 偿还，2019 年按应付款本金总额的 15% 偿还，2020 年至 2022 年每年度按应付款本金总额的 25% 依次偿还；新马公司可提前偿还该应付账款。3. 基于对新马公司经营状态的监管，由破产管理人指定审计机构每年度对新马公司财务进行审计，直至债务还清。"之后，江都法院启动府院协调联动机制，为新马公司重新生产经营做好信用修复、资产解封、税收优惠、引入资金等前期准备。2018 年 3 月，新马公司恢复生产后，当月开票销售额达 1700 余万元，4 月开票销售额达 4000 余万元，企业生产经营逐渐步入正轨。2018 年度和 2019 年度，新马公司均按和解协议约定清偿了债务。2020 年初，受新冠肺炎疫情影响，企业复工时间延迟，影响了生产进度。同年 6 月，因更换损坏设备及完善环保设施，企业停工 1 个月。上述因素导致新马公司 2020 年 1 月至 10 月主营业务收入同比大幅减少。新马公司于 2020 年 12 月 12 日向江都法院提出申请，请求法院将原定和解方案执行期限延长 6 个月，并提供专项审计报告。同年 12 月 23 日，江都法院作出裁定，将原定和解方案执行期限依法延长 6 个月。

【案　　号】（2017）苏 1012 破 1 号

【审理法院】江苏省扬州市江都区人民法院

【来　　源】2020 年江苏法院破产审判典型案例

第一百零三条　因债务人的欺诈或者其他违法行为而成立的和解协议，人民法院应当裁定无效，并宣告债务人破产。

有前款规定情形的，和解债权人因执行和解协议所受的清偿，在其他债权人所受清偿同等比例的范围内，不予返还。

关联规定

一、法律、行政法规、司法解释

《中华人民共和国民法典》

第一百四十六条　行为人与相对人以虚假的意思表示实施的民事法律行为无效。

以虚假的意思表示隐藏的民事法律行为的效力，依照有关法律规定处理。

第一百四十八条　一方以欺诈手段，使对方在违背真实意思的情况下实施的民事法律行为，受欺诈方有权请求人民法院或者仲裁机构予以撤销。

第一百四十九条　第三人实施欺诈行为，使一方在违背真实意思的情况下实施的民事法律行为，对方知道或者应当知道该欺诈行为的，受欺诈方有权请求人民法院或者仲裁机构予以撤销。

第一百五十条　一方或者第三人以胁迫手段，使对方在违背真实意思的情况下实施的民事法律行为，受胁迫方有权请求人民法院或者仲裁机构予以撤销。

第一百五十一条　一方利用对方处于危困状态、缺乏判断能力等情形，致使民事法律行为成立时显失公平的，受损害方有权请求人民法院或者仲裁机构予以撤销。

第一百五十三条　违反法律、行政法规的强制性规定的民事法律行为无效。但是，该强制性规定不导致该民事法律行为无效的除外。

违背公序良俗的民事法律行为无效。

第一百五十四条　行为人与相对人恶意串通，损害他人合法权益的民事法律行为无效。

第一百五十五条 无效的或者被撤销的民事法律行为自始没有法律约束力。

第一百五十七条 民事法律行为无效、被撤销或者确定不发生效力后，行为人因该行为取得的财产，应当予以返还；不能返还或者没有必要返还的，应当折价补偿。有过错的一方应当赔偿对方由此所受到的损失；各方都有过错的，应当各自承担相应的责任。法律另有规定的，依照其规定。

二、司法指导性文件

《全国法院破产审判工作会议纪要》

9. 进一步落实管理人职责。在债务人自行管理的重整程序中，人民法院要督促管理人制订监督债务人的具体制度。在重整计划规定的监督期内，管理人应当代表债务人参加监督期开始前已经启动而尚未终结的诉讼、仲裁活动。重整程序、和解程序转入破产清算程序后，管理人应当按照破产清算程序继续履行管理人职责。

条文释义

一、本条主旨

本条是关于裁定和解协议无效及其法律后果的规定。

二、条文演变

《企业破产法（试行）》及其司法解释并未规定债务人欺诈导致和解协议无效。《企业破产法》立法过程中，历次草案都对债务人欺诈导致和解协议无效作出明确规定，反映出立法者对防止破产欺诈问题的重视。《企业破产法》（2004年10月草案）原本采用了“因债务人的诈欺或者其他不法行为后成立的和解协议无效。有前款规定情形的，人民法院应当宣告债务人破产。有前款规定情形的，债权人因和解协议所受的清偿，在同等比例范围内，不予返还”的表述。《企业破产法》正式颁布时作出修改：一是明确导致和解协议无效的事由是“欺诈”或者其他违法行为；二是明确由人民法院裁定无效，并宣告破产；三是明确和解债权人因执行和解协议所受的清偿，在其他债权人所受清偿同等比例的范围内，不予返还。法条表述更加简洁和准确。

三、条文解读

（一）因欺诈或者其他违法行为成立的和解协议无效

和解无效，是指法院对因债务人的欺诈或者其他违法行为而成立的和解协议裁定其无效的制度。所谓欺诈，是指以故意告知虚假情况，或者故意隐瞒真实情况的方式，诱使他人作出错误意思表示的行为。[①] 所谓其他违法行为，是指除欺诈行为以外的其他违反法律规定的行为，如恶意串通，损害国家、集体或者第三人利益的行为等。"欺诈"和其他违法行为，主要是指假借和解之名，行拖延时间并实施欺诈性财产转移之实，或者假借和解程序来逃避行政监管或审批，甚至以和解的名义侵害国家、集体或他人的合法利益。[②] 破产法上的和解，实质上是债权人对债务作出的让步，并通过债权人相互间的公平受偿来分担不能受偿的债权损失，债务人应当按照和解协议规定的条件执行和解协议，并自始至终信守诚信原则。如果和解协议的成立是由债务人的欺诈和其他违法行为造成的，法院应当裁定和解协议无效以救济债权人。在实践中，和解无效程序的启动，既可能是由债权人或管理人申请，也可能是由法院依职权发现。如果存在债务人欺诈或者其他违法行为，不管是由债权人或管理人发现，还是由法院依职权发现，人民法院都应当裁定和解协议无效，宣告债务人破产。

（二）裁定和解协议无效后的法律后果

和解协议被裁定无效后，依据合同无效的理论，和解债权人在恢复债权的同时，因执行和解协议所受的清偿原本需要全部返还，但鉴于所返还的财产在随后的破产清算程序中仍然要对所有债权人进行分配，而原来在债权人间所进行的同等比例的分配是公平的，因此，就这部分清偿没有必要返还。这也是本条第 2 款规定"和解债权人因执行和解协议所受的清偿，在其他债权人所受清偿同等比例的范围内，不予返还"的原因。比如，债权人甲按照和解协议获得

---

① 最高人民法院民法典贯彻实施工作领导小组主编：《中华人民共和国民法典总则编理解与适用》，人民法院出版社 2020 年版，第 736 页。

② 齐明：《中国破产法原理与适用》，法律出版社 2017 年版，第 182~183 页。

清偿20%，和解协议被裁定无效后，在破产清算程序中需要再分配10%，那么此前已清偿的20%债权金额不需要返还，债务人宣告破产后再对该债权人清偿其余的10%。

适用指引

我国原《民法通则》、原《合同法》及《民法典》对欺诈的民事法律行为效果均有规定。原《民法通则》第58条第1款第3项规定，“一方以欺诈、胁迫的手段或者乘人之危，使对方在违背真实意思的情况下所为的”民事行为无效。原《合同法》第52条第1项规定，“一方以欺诈、胁迫的手段订立合同，损害国家利益”的，合同无效。第54条第2款规定：“一方以欺诈、胁迫的手段或者乘人之危，使对方在违背真实意思的情况下订立的合同，受损害方有权请求人民法院或者仲裁机构变更或者撤销。”《民法典》第148条规定：“一方以欺诈手段，使对方在违背真实意思的情况下实施的民事法律行为，受欺诈方有权请求人民法院或者仲裁机构予以撤销。”从原《民法通则》、原《合同法》到《民法典》，都对欺诈的民事法律行为效力作出了规定，所不同的是，原《民法通则》规定为无效；原《合同法》区分受欺诈的对象而分别设定法律效果，欺诈损害国家利益的，无效；欺诈其他主体的，为可撤销；《民法典》规定无论欺诈的对象是谁，相应的民事法律行为都是可撤销。受欺诈作出的民事法律行为可撤销的条件是：（1）欺诈方具有欺诈的故意；（2）欺诈方实施了欺诈行为；（3）受欺诈方因欺诈而陷入内心错误；（4）受欺诈方因内心错误而作出错误的意思表示。[①] 破产程序中的和解是民事和解的一种特殊形式。[②] 因债务人的欺诈成立的和解协议无效，是民法上欺诈法律效果在破产法上的延伸。在和解程序中，债务人的欺诈和其他违法行为往往表现为债务人为了达到使和解协议通过的目的，采取欺诈、恶意隐瞒等手段，诱使债权人会议作出错误的意思表示。比如，债务人通过隐匿、转移财产或者编造不真实负债，使债权人对债务人提供的不实财产状况信以为真，从而同意减免债务；债务人故意隐瞒，在部分债权人不知情的情况下，给予同类债权不平等的清偿；和解协议草案内

① 最高人民法院民法典贯彻实施工作领导小组主编：《中华人民共和国民法典总则编理解与适用》，人民法院出版社2020年版，第737页。

② 王欣新：《破产法》，中国人民大学出版社2019年版，第269页。

容违反法律规定或债权人的一般利益，或者债务人实施破产法禁止的行为，使债权人会议作出损害部分债权人利益的决议。法院经审查，发现债权人会议通过的和解协议存在债务人欺诈或其他违法行为的，应裁定无效。

类案检索

南京苏派服装有限公司申请破产清算转和解案

关键词：破产和解　不予受理

裁判摘要：申请人南京新业亿阳商务信息咨询有限公司（以下简称新业公司）以被申请人南京苏派服装有限公司（以下简称苏派公司）不能清偿到期债务，资不抵债为由，向江苏省南京市中级人民法院（以下简称南京中院）申请破产清算，南京中院于2018年9月19日指定南京市雨花台人民法院（以下简称雨花台法院）受理新业公司对苏派公司的破产清算申请。截至2019年8月23日，管理人审查确认苏派公司负债总额33323592.73元，其中普通债权为31366988.09元。苏派公司申请破产清算转和解，并提出和解草案，新业公司等三名债权人（债权数额合计24267902.02元，占普通债权总额的77.37%）不予同意。雨花台法院认为，和解草案并无债权人会议表决通过的基础，裁定不予受理苏派公司提出的和解申请。苏派公司上诉后，南京中院给予苏派公司和债权人再次磋商的机会，但同意和解的债权金额比例仍不符合法定条件，南京中院以和解不具可行性为由，裁定驳回上诉。

【案　　号】（2018）苏0114破3号之一、（2020）苏01破终7号

【审理法院】江苏省南京市雨花台人民法院、江苏省南京市中级人民法院

【案例来源】全国企业破产重整案件信息网

第一百零四条 债务人不能执行或者不执行和解协议的，人民法院经和解债权人请求，应当裁定终止和解协议的执行，并宣告债务人破产。

人民法院裁定终止和解协议执行的，和解债权人在和解协议中作出的债权调整的承诺失去效力。和解债权人因执行和解协议所受的清偿仍然有效，和解债权未受清偿的部分作为破产债权。

前款规定的债权人，只有在其他债权人同自己所受的清偿达到同一比例时，才能继续接受分配。

有本条第一款规定情形的，为和解协议的执行提供的担保继续有效。

关联规定

一、法律、行政法规、司法解释

《最高人民法院关于审理企业破产案件若干问题的规定》

第二十七条 债务人不履行或者不能履行和解协议的，经债权人申请，人民法院应当裁定恢复破产程序。和解协议系在破产宣告前达成的，人民法院应当在裁定恢复破产程序的同时裁定宣告债务人破产。

二、司法指导性文件

1.《全国法院破产审判工作会议纪要》

9. 进一步落实管理人职责。在债务人自行管理的重整程序中，人民法院要督促管理人制订监督债务人的具体制度。在重整计划规定的监督期内，管理人应当代表债务人参加监督期开始前已经启动而尚未终结的诉讼、仲裁活动。重整程序、和解程序转入破产清算程序后，管理人应当按照破产清算程序继续履行管理人职责。

19. 重整计划执行中的变更条件和程序。债务人应严格执行重整计划，但因出现国家政策调整、法律修改变化等特殊情况，导致原重整计划无法执行的，债务人或管理人可以申请变更重整计划一次。债权人会议决议同意变更重整计划的，应自决议通过之日起十日内提请人民法院批准。债权人会议决议不同意或者人民法院不批准变更申请的，人民法院经管理人或者利害关系人请求，应当裁定终止重整计划的执行，并宣告债务人破产。

20. 重整计划变更后的重新表决与裁定批准。人民法院裁定同意变更重整计划的，债务人或者管理人应当在六个月内提出新的重整计划。变更后的重整计划应提交给因重整计划变更而遭受不利影响的债权人组和出资人组进行表决。表决、申请人民法院批准以及人民法院裁定是否批准的程序与原重整计划的相同。

2.《最高人民法院关于依法妥善审理涉新冠肺炎疫情民事案件若干问题的指导意见（二）》

20. 在破产重整程序中，对于因疫情或者疫情防控措施影响而无法招募投资人、开展尽职调查以及协商谈判等原因不能按期提出重整计划草案的，人民法院可以依债务人或者管理人的申请，根据疫情或者疫情防控措施对重整工作的实际影响程度，合理确定不应当计入企业破产法第七十九条规定期限的期间，但一般不得超过六个月。

对于重整计划或者和解协议已经进入执行阶段，但债务人因疫情或者疫情防控措施影响而难以执行的，人民法院要积极引导当事人充分协商予以变更。协商变更重整计划或者和解协议的，按照《全国法院破产审判工作会议纪要》第19条、第20条的规定进行表决并提交法院批准。但是，仅涉及执行期限变更的，人民法院可以依债务人或债权人的申请直接作出裁定，延长的期限一般不得超过六个月。

条文释义

一、本条主旨

本条是关于债务人不执行或者不能执行和解协议时相关法律后果的规定。

二、条文演变

《企业破产法（试行）》第21条规定，整顿期间不执行和解协议的，终结整顿、宣告破产，并未赋予和解协议强制执行力。《企业破产法》起草过程中，无论是《破产法》（1995年草案），还是《企业破产与重整法》（2000年6月草案），抑或是《企业破产法》（2004年6月草案），均增加“债务人不按和解协议规定的条件清偿债务的，和解债权人可以申请人民法院强制执行，和解债权人在和解协议中作出的让步失去效力”的规定。同时规定：“债务人不按或者不能按和解协议规定的条件清偿债务的，和解债权人可以请求人民法院宣告债务人破产。”《企业破产法》正式颁布时，删除了“和解债权人可以申请人民法院强制执行”的规定。和解协议虽由债权人会议通过并由人民法院裁定，但和解毕竟是破产程序的一种类型，此时债务人已经具备破产原因，其在达成和解协议之后不能执行的，即使赋予强制执行力，也因企业不再具备清偿能力，而很难得到执行，最终难免宣告破产。债务人不执行和解协议的情况下，表明债务人不再具有清偿债务的意愿，此时应当重点关注债权人利益的保护，以避免破产拖延导致债务人财产耗散。这两种情况下，让债务人快速进入破产清算程序是更好的方式。所以，本条规定债务人不执行或者不能执行和解协议的，法院裁定终止和解协议执行，宣告债务人破产。由此启动破产清算程序。

三、条文解读

（一）债务人未按和解协议规定清偿债务的后果

债务人不执行和解协议，是指债务人客观上能够履行和解协议的清偿义务，但其主观上无履行和解协议的诚意，因而客观上不清偿债务的情形。债务人不能执行和解协议，是指债务人并没有不履行和解协议的故意，但其存在清偿能力缺陷，因而客观上不能按和解协议执行的情况。比如，债务人因为经济状况难以达到预期目标、因为市场变化造成成本上升利润下降、因为产品责任需要支出巨额赔偿金、因为自然灾害或者政府接管等因素影响等，导致债务人尽管主观上十分积极，但客观上缺乏执行和解协议的能力。[1] 债务人不执行和

① 王卫国：《破产法精义》（第2版），法律出版社2020年版，第327页。

解协议或不能执行和解协议，主要情形有：拒绝履行和解协议；迟延履行和解协议的；给予个别债权人和解协议之外额外的利益等。债务人不能执行或者不执行和解协议，都会造成债权人的损失，影响债权人的利益。同时，和解协议已由人民法院裁定认可，债务人的上述行为，是对生效法律文书所确定义务的违反。此时，必须尽快恢复到破产清算程序，对债务人财产进行管理、清算和公平分配。

（二）和解协议被终止执行后的清偿问题

和解协议被终止执行的实质是和解协议被解除。和解协议之所以被解除，并非和解协议内容本身存在违法或无效问题，也并非和解协议的表决程序存在瑕疵，而是因债务人不执行或不能执行和解协议。因此，和解协议解除的效力虽及于全体债权人（无论是否申报债权），但和解协议解除后并非自始无约束力，协议解除前按照和解协议所作履行是有法律依据的。换言之，按照和解协议已经作出的部分清偿无须返还。另外，"和解协议中的债权调整，本质上属于权利的限制而不是权利的消灭。"[①] 债权人在和解程序中所作出的让步、允诺对债权金额的减免，其前提是债务人完全执行和解协议，而和解协议终止执行的原因是债务人不执行或不能执行和解协议，这既是债务人违反和解协议的约定，也是违反法院作出的生效裁定所确立的义务，因此，债权人在和解程序中为达成和解协议所作出的承诺失去效力。比如，债权人原本按照和解协议减免对债务人 20% 债务金额的，和解协议终止执行后，债权人作出的减免承诺失去效力。债权人的债权恢复至和解协议生效前的状态，债权人按照原来的全部债权金额加入破产清偿分配，和解债权未受清偿的部分作为破产债权。受到清偿的债权人接受继续分配的前提，是其他债权人同自己所受清偿达到同一比例，这是同类债权同等受偿原则在和解协议终止执行时的体现。[②] 实践中，当和解协议终止执行时，很可能存在各债权人清偿比例不一致的情形，因此，在转入破产清算程序后，需要对已获清偿率较低的债权人进行补差，使同类债权人的清偿比例一致，再进行进一步的分配。[③]

---

① 王卫国：《破产法精义》（第 2 版），法律出版社 2020 年版，第 328 页。
② 陈夏红：《企业破产法注释》，北京大学出版社 2021 年版，第 462 页。
③ 王卫国：《破产法精义》（第 2 版），法律出版社 2020 年版，第 328 页。

（三）和解协议终止执行不影响为和解协议提供的担保效力

和解协议终止执行后，原来为和解协议履行而提供的担保效力如何，是否会随着和解协议终止执行而无须承担担保责任？对此，本条第4款明确规定，和解协议终止执行，为和解协议的执行提供的担保继续有效。原因在于，首先，设立担保的初衷是保障债权人不因债务人不履行和解协议而受到损害，现和解协议终止执行的原因在于债务人违反法院所裁定认可的和解协议的义务，如果就此影响担保的效力，这明显违反设立担保的初衷。[①] 其次，和解协议虽然终止执行，但和解协议本身仍是有效的。债权人通过延缓或免除债务达成和解，本身就是以损害自己的利益为代价，当债务人未履行和解协议时，担保人继续承担担保责任，既未违背当初设定担保的初衷，也符合追求公平之法律精神。再次，如果和解协议未得到执行时，不再追究为和解协议的执行而设立的担保责任，会促使债务人为避免损失而不同意和解，使和解制度难以真正发挥作用。[②]

适用指引

一、和解协议执行的监督机构

《企业破产法》对于重整计划的监督执行，在第80条和第90条明确规定："重整计划由债务人负责执行"；"自人民法院裁定批准重整计划之日起，在重整计划规定的监督期内，由管理人监督重整计划的执行"。但对于和解协议的执行与监督，《企业破产法》并未作出相应规定。这可能基于这样的考虑，"和解协议被视为当事人之间的一种合同，对合同的履行不属于司法程序内的问题，和解协议的达成具有终结破产程序的法律效力，和解协议的履行便不再在破产程序之内了。"[③] 我们认为，和解程序中法院有依法裁定债务人进入破产程序的权力。而债权人会议及其选任的债权人委员会均有权对债务人执行和解协议进行日常监督。所有的和解债权人依和解协议有要求债务人执行和解协议的

① 王欣新：《破产法》，中国人民大学出版社2019年版，第281页。
② 韩长印主编：《破产法学》，中国政法大学出版社2016年版，第293~294页。
③ 王欣新：《破产法》，中国人民大学出版社2019年版，第275页。

权利，还可以监督债务人公正合理地执行和解协议。对于债务人不执行或不能执行和解协议的，和解债权人可以请求法院宣告债务人破产。在实践操作中，鉴于债权人会议的松散结构以及管理人的专业性，不少案件系由管理人监督和解协议的执行，并向人民法院报告执行情况。

二、和解过程中新生债权的破产清偿顺位

和解程序进行中，企业继续运营会产生新的债权债务关系。那么和解协议终止执行，法院宣告债务人破产后，在和解程序中新产生的债权与原来的和解债权是何关系，应如何清偿？这是和解协议终止执行后需解决的问题。对此，有观点认为新生债权应按破产债权清偿；也有观点认为新生债权相当于别除权的优先清偿地位；还有观点认为应按照共益债务给予清偿。[①] 我们赞同第三种观点。正如《企业破产法规定（三）》第 2 条规定，破产受理后为债务人继续营业而发生的借款共益债务优先于普通破产债权清偿，和解中新生债权也可以参照《企业破产法》第 42 条规定认定为共益债务，享有优先受偿权。如果这部分债权得不到优先受偿，则无人会同和解程序中的债务人进行商业来往，债务人将无法通过和解而获新生。

类案检索

上海太威科技发展有限公司和解协议终止执行宣告破产案

关键词：和解协议　终止执行　宣告破产

裁判摘要：2019 年 6 月 18 日，上海市第三中级人民法院根据债权人王某亚的申请，裁定受理债务人上海太威科技发展有限公司破产清算，并指定管理人。经债务人申请，法院裁定该案进入和解程序。此后，债务人与债权人达成和解协议，并经债权人会议表决通过。2021 年 3 月 4 日，上海市第三中级人民法院根据上海太威科技发展有限公司的申请，裁定认可该公司和解协议。债务人应于 2021 年 3 月 25 日前向债权人支付和解款，但债务人并未履行付款义务。2021 年 4 月 13 日，王某亚以债务人未履行和解协议为由，请求法院裁定

① 王欣新：《破产法》，中国政法大学出版社 2019 年版，第 282 页。

终止和解协议的执行。上海市第三中级人民法院认为，债务人不能执行和解协议清偿债务，和解协议的执行应予终止，并依法宣告破产，遂于2021年4月19日依法裁定终止和解协议执行并宣告上海太威科技发展有限公司破产。

【案　　号】（2019）沪03破31号

【审理法院】上海市第三中级人民法院

【来　　源】中国裁判文书网

第一百零五条　人民法院受理破产申请后，债务人与全体债权人就债权债务的处理自行达成协议的，可以请求人民法院裁定认可，并终结破产程序。

关联规定

司法指导性文件

1.《最高人民法院关于正确审理企业破产案件为维护市场经济秩序提供司法保障若干问题的意见》

3. 对于虽然已经出现破产原因或者有明显丧失清偿能力可能，但符合国家产业结构调整政策、仍具发展前景的企业，人民法院要充分发挥破产重整和破产和解程序的作用，对其进行积极有效的挽救。破产重整和和解制度，为尚有挽救希望的危困企业提供了避免破产清算死亡、获得再生的机会，有利于债务人及其债权人、出资人、职工、关联企业等各方主体实现共赢，有利于社会资源的充分利用。努力推动企业重整和和解成功，促进就业、优化资源配置、减少企业破产给社会带来的不利影响，是人民法院审理企业破产案件的重要目标之一，也是人民法院商事审判工作服务于保增长、保民生、保稳定大局的必然要求。

2.《全国法院民商事审判工作会议纪要》

十、关于破产纠纷案件的审理

会议认为，审理好破产案件对于推动高质量发展、深化供给侧结构性改革、营造稳定公平透明可预期的营商环境，具有十分重要的意义。要继续深入推进破产审判工作的市场化、法治化、专业化、信息化，充分发挥破产审判公平清理债权债务、促进优胜劣汰、优化资源配置、维护市场经济秩序等重要功能。一是要继续加大对破产保护理念的宣传和落实，及时发挥破产重整制度的积极拯救功能，通过平衡债权人、债务人、出资人、员工等利害关系人的利益，实现社会整体价值最大化；注重发挥和解程序简便快速清理债权债务关系的功能，鼓励当事人通过和解程序或者达成自行和解的方式实现各方利益共赢；积极推进清算程序中的企业整体处置方式，有效维护企业营运价值和职工就业。二是要推进不符合国家产业政策、丧失经营价值的企业主体尽快从市场退出，通过依法简化破产清算程序流程加快对“僵尸企业”的清理。三是要注重提升破产制度实施的经济效益，降低破产程序运行的时间和成本，有效维护企业营运价值，最大程度发挥各类要素和资源潜力，减少企业破产给社会经济造成的损害。四是要积极稳妥进行实践探索，加强理论研究，分步骤、有重点地推进建立自然人破产制度，进一步推动健全市场主体退出制度。

条文释义

一、本条主旨

本条是关于债务人与全体债权人就债权债务的处理自行达成协议的法律效果的规定。

二、条文演变

在《企业破产法（试行）》中，并没有自行和解的规定，只有破产和解的规定。《企业破产规定》第 25 条第 3 款规定：“人民法院作出破产宣告裁定后，债权人会议与债务人达成和解协议并经人民法院裁定认可，由人民法院裁定中止执行破产宣告裁定，并公告中止破产程序。”这属于破产清算程序与和解程序的转换。同时期的《民事诉讼法》第十九章企业法人破产还债程序中规定法院宣告企业法人破产还债后，该企业法人可以与债权人会议达成和解协议，经法院认可后中止破产还债程序。但是，因企业法人破产还债程序就破产程序的启动采取的是破产宣告主义，即法院宣告破产还债意味着破产程序的启动，所以当时《民事诉讼法》的上述规定实际上仍属于破产程序中清算与和解间的转换。《企业破产法》起草过程中，历次草案均规定了债务人经全体债权人一致同意自行达成和解协议的，可以请求法院裁定认可，并同时终结破产案件。《企业破产法》正式出台时，不仅增设和解专章，还在本条保留历次草案所规定的自行和解。

三、条文解读

为鼓励债权人与债务人自主解决债务清偿问题，减少破产费用支出，使债务人能最大限度就其财产向债权人进行清偿，债务人与全体债权人就债权债务的处理自行达成协议的，没有必要再依破产（和解）程序继续解决债务清偿问题。所以，债权人、债务人等当事人可以将该清偿协议提交法院请求人民法院裁定认可，终结破产程序。

债务人与全体债权人自行达成的清偿协议与民事合同有类似之处，经法院认可后，具有终结破产程序的功能。（1）债务人与全体债权人就债权债务的处理自行达成协议是双方或多方的法律行为，即有两个或两个以上的当事人互为意思表示；（2）当事人意思表示一致，如只有单方意思表示或意思表示不一致，则不能成立；（3）自行达成的和解协议必须是全体债权人一致同意，这不同于和解程序中债权人会议双重表决通过的和解协议的决议；（4）在债务人与全体债权人自行达成协议后，破产程序终结。清偿协议不能得到执行的后果与和解协议不能得到执行的后果存在重大差异。根据本条规定，自行达成的清偿协议经人民法院裁定认可后可以终结破产程序。因为清偿协议经认可后破产程序已经终结，这意味着即使清偿协议不能得到执行，债务人也无法自然地转入破产（清算）程序，此时对债务人只能再次启动破产程序。而和解协议经法院裁定认可只是和解程序的终结，若和解协议不能得到执行，债务人还应转入破产清算程序。

适用指引

债务人与全体债权人自行和解的，是否需要监督和解协议的执行？第一种观点认为无需监督。理由是，自行达成清偿协议后，法院即根据申请裁定终结破产程序，终结意味着程序已经完全结束，无需监督。如果后续发生和解协议不能执行的情况，需要重新启动破产申请。第二种观点认为需要监督。主要理由是，清偿协议虽由法院作出裁定认可，但达成协议并不意味着协议得到执行，故应予监督，以全面保障债权人利益。我们倾向于第一种观点。和解程序经债权人会议表决通过及法院裁定认可后，《企业破产法》第 98 条规定和解程序“终止”。当债务人不执行或不能执行和解协议时，《企业破产法》第 104 条规定："终止和解协议的执行，并宣告债务人破产。"因此，在和解程序中，存在和解协议终止执行转而宣告破产的可能，故而需要监督和解协议的执行。但自行达成清偿协议相比和解协议，在协议达成及执行方面更体现有债权人的意思自治。法院认可后终结了破产程序。既然整个程序已经结束，则法院和管理人也就没有继续介入的法律依据。如果清偿协议不能执行，则需另行启动破产。

自行达成清偿协议是否受到破产宣告的限制，即债务人被宣告破产后，与全体债权人自行达成清偿协议，当事人能否向法院裁定认可？《企业破产法》对此没有作出明确规定，实践中存在不同的理解。赞同的观点认为，既然《企业破产法》第105条规定自行达成协议可以在"人民法院受理破产申请后"，并未限定在"破产宣告前"，而就破产和解的提出，《企业破产法》第95条明确规定在"人民法院受理破产申请后，宣告债务人破产前"，因此，立法者对自行达成协议与和解提出的时间明显有着不同的考虑。由此可以认为自行达成清偿协议的时间不受宣告破产的限制。反对的观点认为，《企业破产法》设立破产清算、重整、和解三个相对独立而平行的程序，每种程序制度价值及侧重各有不同。在传统的破产法理念中，债务人一旦被宣告破产，则不可逆地进入到破产清算程序，从而面临着财产变价分配与主体资格的消灭。所以，在宣告破产后，程序不能再回转到破产和解以及自行和解。[①] 我们倾向于认为，自行达成清偿协议有别于破产和解，前者更加注重对当事人意思自治的充分尊重，尤其是对全体债权人共同作出的意思表示的尊重。《全国破产审判工作会议纪要》第24条规定"债务人被宣告破产后，不得再转入重整程序或和解程序"，但此处的和解程序应当是和解协议草案应经债权人会议双重表决通过的破产和解程序，并非《企业破产法》第105条所规定的自行和解程序。既然债务人与全体债权人已经就债务清理等事项达成了一致，那么从企业挽救及节省相关成本角度考虑，可以允许在宣告破产后自行达成清偿协议。

① 沈志先主编：《破产案件审理实务》，法律出版社2013年版，第343~344页。

类案检索

上海川绵建筑工程有限公司自行和解案

关键词： 自行清偿协议　终结程序

裁判摘要： 2019年10月10日，法院裁定受理债权人对上海川绵建筑工程有限公司的破产清算申请，并指定管理人。经债权人会议核查，确认了本案四名债权人的四笔债权。此后，债务人与全体债权人自行达成清偿协议。2020年7月2日，经债务人申请，法院裁定认可清偿协议，并终结破产程序。

【案　　号】（2019）沪03破173号

【审理法院】 上海市第三中级人民法院

【来　　源】 中国裁判文书网

第一百零六条　按照和解协议减免的债务，自和解协议执行完毕时起，债务人不再承担清偿责任。

关联规定

一、法律、行政法规、司法解释

1.《中华人民共和国民法典》

第一百七十六条　民事主体依照法律规定或者按照当事人约定，履行民事义务，承担民事责任。

第五百五十七条　有下列情形之一的，债权债务终止：

（一）债务已经履行；

（二）债务相互抵销；

（三）债务人依法将标的物提存；

（四）债权人免除债务；

（五）债权债务同归于一人；

（六）法律规定或者当事人约定终止的其他情形。

合同解除的，该合同的权利义务关系终止。

2.《最高人民法院关于公布失信被执行人名单信息的若干规定》

第十条　具有下列情形之一的，人民法院应当在三个工作日内删除失信信息：

（一）被执行人已履行生效法律文书确定的义务或人民法院已执行完毕的；

（二）当事人达成执行和解协议且已履行完毕的；

（三）申请执行人书面申请删除失信信息，人民法院审查同意的；

（四）终结本次执行程序后，通过网络执行查控系统查询被执行人财产两次以上，未发现有可供执行财产，且申请执行人或者其他人未提供有效财产线索的；

（五）因审判监督或破产程序，人民法院依法裁定对失信被执行人中止执行的；

（六）人民法院依法裁定不予执行的；

（七）人民法院依法裁定终结执行的。

二、部门规章及规范性文件

1.《国家发展和改革委员会、最高人民法院、财政部等13个国家机关关于推动和保障管理人在破产程序中依法履职进一步优化营商环境》

（十四）支持企业纳税信用修复。重整或和解程序中，税务机关依法受偿后，管理人或破产企业可以向税务机关提出纳税信用修复申请，税务机关根据人民法院出具的批准重整计划或认可和解协议的裁定书评价其纳税信用级别。已被公布重大税收违法失信案件信息的上述破产企业，经税务机关确认后，停止公布并从公告栏中撤出，并将相关情况及时通知实施联合惩戒和管理的部门。有关部门应当依据各自法定职责，按照法律法规和有关规定解除惩戒，保障企业正常经营和后续发展。

2.《国家市场监督管理总局市场监督管理信用修复管理办法》

第二条 本办法所称信用修复管理，是指市场监督管理部门按照规定的程序，将符合条件的当事人依法移出经营异常名录、恢复个体工商户正常记载状态、提前移出严重违法失信名单、提前停止通过国家企业信用信息公示系统（以下简称公示系统）公示行政处罚等相关信息，并依法解除相关管理措施，按照规定及时将信用修复信息与有关部门共享。

3.《国家税务总局关于纳税信用评价与修复有关事项的公告》

一、符合下列条件之一的纳税人，可向主管税务机关申请纳税信用修复：

（一）破产企业或其管理人在重整或和解程序中，已依法缴纳税款、滞纳金、罚款，并纠正相关纳税信用失信行为的。

（二）因确定为重大税收违法失信主体，纳税信用直接判为D级的纳税人，失信主体信息已按照国家税务总局相关规定不予公布或停止公布，申请前连续12个月没有新增纳税信用失信行为记录的。

（三）由纳税信用D级纳税人的直接责任人员注册登记或者负责经营，纳税信用关联评价为D级的纳税人，申请前连续6个月没有新增纳税信用失信行为记录的。

（四）因其他失信行为纳税信用直接判为D级的纳税人，已纠正纳税信用失信行为、履行税收法律责任，申请前连续12个月没有新增纳税信用失信行为记录的。

（五）因上一年度纳税信用直接判为D级，本年度纳税信用保留为D级的纳税人，已纠正纳税信用失信行为、履行税收法律责任或失信主体信息已按照国家税务总局相关规定不予公布或停止公布，申请前连续12个月没有新增纳税信用失信行为记录的。

三、司法指导性文件

1.《全国法院破产审判工作会议纪要》

31. 保证人的清偿责任和求偿权的限制。破产程序终结前，已向债权人承担了保证责任的保证人，可以要求债务人向其转付已申报债权的债权人在破产程序中应得清偿部分。破产程序终结后，债权人就破产程序中未受清偿部分要求保证人承担保证责任的，应在破产程序终结后六个月内提出。保证人承担保证责任后，不得再向和解或重整后的债务人行使求偿权。

2.《最高人民法院关于依法妥善办理涉新冠肺炎疫情执行案件若干问题的指导意见》

九、充分发挥破产和解、重整制度的保护功能。对执行债权人人数众多，特别是多个执行债权人正在申请分配案款的案件，被执行企业因疫情影响导致生产经营困难不能清偿所有执行债务的，人民法院要积极引导各方当事人进行协商，依法为被执行企业缓解债务压力、恢复生产经营创造条件；多个案件由不同法院管辖的，上级法院要加强统筹协调，通过提级执行、指定执行等方式协调案件进行集中办理，力争促成各方当事人达成解决债务的“一揽子”协议。当事人未能达成协议且案件符合移送破产审查条件，通过破产和解或重整能够帮助被执行企业恢复经营的，人民法院要进一步加强立审执协调配合，畅通执行移送破产工作渠道，充分发挥破产和解和破产重整制度的保护功能，帮助企业及时走出困境。人民法院在执行过程中，要严格防止被执行企业通过破产程序逃避债务，依法保障执行债权人合法权益。

条文释义

一、本条主旨

本条是关于债务人依和解协议相对免责的规定。

二、条文演变

《企业破产法（试行）》及《企业破产规定》并没有与本条类似的规定。《企业破产法》制定中原先也未作出相应规定。后来考虑到和解协议执行完毕后企业仍旧存续，对于和解协议中减免的债务如何处理，实践中可能会存在疑问与争议。因此，《企业破产法》制定中增加了本条，规定按照和解协议减免的债务，自和解协议执行完毕时起债务人不再承担清偿责任。本条文是《企业破产法》三读通过时加入的条款。[①] 这其实也是《企业破产法》第 100 条所规定的经法院裁定认可的和解协议对债务人和全体和解债权人均有约束力的应有之义。

三、条文解读

债务人受和解协议的约束，一方面表现为债务人应当严格执行和解协议，另一方面表现为按照本条规定和解协议相对地免责。首先，债务人如何清偿债务不以先前债务的清偿期为限，而是按照和解协议约定的期限清偿。其次，债务人依和解协议免于清偿的债权，除依法不能免除或者和解协议另有规定外，在债务人执行完和解协议后，不再负清偿责任，即债权人不能再就和解协议已免除的债务提起诉讼或申请强制执行。

适用指引

本条所规定的内容是《企业破产法》第 100 条所规定的“和解协议对债务人和全体和解债权人均有约束力”的应有之义。适用中需注意：

一、和解协议对债务人的免责效力是相对的，只能及于债务人本人，不能及于债务人的保证人和其他连带债务人

《企业破产法》第 101 条明确规定，和解债权人对债务人的保证人和其他连带债务人所享有的权利，不受和解协议的影响。

① 陈夏红编著：《企业破产法注释》，北京大学出版社 2021 年版，第 464 页。

二、原来依据《企业破产法》对债务人在财产处分、债务清偿方面施加的限制措施，尤其是信用方面的限制，不宜再当然存续

和解企业的信用修复主要涉及以下方面：(1)金融信用。金融信用集中于银行信用管理系统中，主要包括中国人民银行和各类别银行业机构对企业信贷业务、资产抵押、金融资信等级及奖惩记录等进行的登记。(2)税务信用。目前税务机关对纳税人纳税信用信息通过采集、评价、确定、发布和应用进行管理，国家税务总局通过《纳税信用管理办法（试行）》进行纳税信用评价。(3)工商信用。市场监督管理部门将有经营异常情况的企业列入异常名录。这可能导致重整、和解企业在政府采购、工程招投标、国有土地出让等方面发生限制或禁入后果。(4)司法信用。按照《最高人民法院关于公布失信被执行人名单信息的若干规定》第10条规定，因破产程序人民法院依法裁定对失信被执行人中止执行的，应当在3个工作日内删除失信信息。有些案件债务人在进入破产程序前，在多个法院被列为失信被执行人。和解程序终结后，债务人主体资格存续，需要及时删除债务人的失信信息，以使债务人正常经营。

三、和解中未申报债权的债权人按照已申报的同类债权受偿

本条规定免除的是和解协议中已申报债权的债权人超出和解协议应受偿部分的债务。对于未申报债权的债权人，按照和解协议第100条第3款规定，其债权在和解协议执行完毕后可以按照和解协议规定的清偿条件行使，而并不当然罹于消灭。

类案检索

中科软件集团有限公司诉圣方科技股份有限公司破产和解案

关键词： 破产和解　债务减免

裁判摘要： 经债权人申请，黑龙江省牡丹江市中级人民法院于2006年3月20日裁定受理圣方科技股份有限公司（以下简称圣方科技公司）破产清算。2006年6月30日，债权人会议通过和解协议：以圣方科技公司现有资产处置后清偿债务本金的20%，利息债务、诉讼费和其余80%的债务本金，转移到

牡丹江森森林业开发有限公司，由该公司承担。同日，牡丹江中院裁定对该和解协议予以认可。中科软件公司因圣方科技公司尚欠借款18亿元及相应利息，在破产程序中申报债权，得到部分确认并按和解协议清偿。9月22日，牡丹江中院认为圣方科技公司履行了和解协议，裁定终结破产程序。但中科软件公司以其债务未获全部清偿为由，申请恢复对圣方科技公司的强制执行，湖南省高级人民法院（以下简称湖南高院）报请最高人民法院。最高人民法院作出《关于破产和解后以破产债务人为被执行人的案件能否继续执行的请示答复》（法〔执〕明传〔2007〕10号），答复明确：牡丹江中院破产案件终结，是因为债权人会议通过了和解协议并执行完毕，债务人圣方科技公司按照和解协议规定的条件清偿了债务，破产原因消除。经破产法院裁定认可的和解协议，对债务人和全体债权人均有约束力。中科软件公司参加了破产程序，依法应当受该和解协议的约束。破产和解是债务人破产再生程序，和解协议执行完毕后，其法人资格仍存续，但不再承担和解协议规定以外的债务的清偿责任。对此，当时法律虽无明文规定，但参照当时尚未生效的《企业破产法》，应作此理解。此种情况下圣方科技公司未被宣告破产，并保留主体资格，这一点不能成为湖南高院恢复执行的理由。在牡丹江中院裁定终结破产程序后，湖南高院应当裁定对圣方科技公司的执行终结。关于中科软件公司权益的保护问题，终结对圣方科技公司的执行，并不妨碍中科软件对其他主体提供的质押股权行使优先受偿权，中科软件公司对牡丹江中院在破产程序中涉及其权益处理的异议，应当通过对破产裁定的申诉或其他适当途径解决，而不应由湖南高院再启动执行程序解决。据此，湖南高院裁定终结执行。

【案 号】（2005）湘高法民二初字第12号、（2006）湘高法执字第19号

【审理法院】湖南省高级人民法院

【案例来源】《强制执行指导与参考》总第22辑

第十章 破产清算

第一节 破产宣告

第一百零七条 人民法院依照本法规定宣告债务人破产的，应当自裁定作出之日起五日内送达债务人和管理人，自裁定作出之日起十日内通知已知债权人，并予以公告。

债务人被宣告破产后，债务人称为破产人，债务人财产称为破产财产，人民法院受理破产申请时对债务人享有的债权称为破产债权。

关联规定

一、法律、行政法规、司法解释

1.《中华人民共和国民法典》

第六十八条 有下列原因之一并依法完成清算、注销登记的，法人终止：

（一）法人解散；

（二）法人被宣告破产；

（三）法律规定的其他原因。

法人终止，法律、行政法规规定须经有关机关批准的，依照其规定。

第七十三条 法人被宣告破产的，依法进行破产清算并完成法人注销登记时，法人终止。

第四百一十一条 依据本法第三百九十六条规定设定抵押的，抵押财产自下列情形之一发生时确定：

（一）债务履行期限届满，债权未实现；

（二）抵押人被宣告破产或者解散；

（三）当事人约定的实现抵押权的情形；

（四）严重影响债权实现的其他情形。

第四百二十三条　有下列情形之一的，抵押权人的债权确定：

（一）约定的债权确定期间届满；

（二）没有约定债权确定期间或者约定不明确，抵押权人或者抵押人自最高额抵押权设立之日起满二年后请求确定债权；

（三）新的债权不可能发生；

（四）抵押权人知道或者应当知道抵押财产被查封、扣押；

（五）债务人、抵押人被宣告破产或者解散；

（六）法律规定债权确定的其他情形。

2.《中华人民共和国公司法》

第一百八十七条　清算组在清理公司财产、编制资产负债表和财产清单后，发现公司财产不足清偿债务的，应当依法向人民法院申请宣告破产。

公司经人民法院裁定宣告破产后，清算组应当将清算事务移交给人民法院。

第一百九十条　公司被依法宣告破产的，依照有关企业破产的法律实施破产清算。

3.《中华人民共和国市场主体登记管理条例》

第三十一条　市场主体因解散、被宣告破产或者其他法定事由需要终止的，应当依法向登记机关申请注销登记。经登记机关注销登记，市场主体终止。

市场主体注销依法须经批准的，应当经批准后向登记机关申请注销登记。

第三十四条　人民法院裁定强制清算或者裁定宣告破产的，有关清算组、破产管理人可以持人民法院终结强制清算程序的裁定或者终结破产程序的裁定，直接向登记机关申请办理注销登记。

4.《最高人民法院关于适用〈中华人民共和国刑事诉讼法〉的解释》

第三百四十四条　审判期间，被告单位被吊销营业执照、宣告破产但尚未完成清算、注销登记的，应当继续审理；被告单位被撤销、注销的，对单位犯罪直接负责的主管人员和其他直接责任人员应当继续审理。

5.《最高人民法院关于适用〈中华人民共和国公司法〉若干问题的规定（二）》

第十七条　人民法院指定的清算组在清理公司财产、编制资产负债表和财产清单时，发现公司财产不足清偿债务的，可以与债权人协商制作有关债务清偿方案。

债务清偿方案经全体债权人确认且不损害其他利害关系人利益的，人民法院可依清算组的申请裁定予以认可。清算组依据该清偿方案清偿债务后，应当向人民法院申请裁定终结清算程序。

债权人对债务清偿方案不予确认或者人民法院不予认可的，清算组应当依法向人民法院申请宣告破产。

6.《最高人民法院关于适用〈中华人民共和国民事诉讼法〉的解释》

第五百一十三条 被执行人住所地人民法院裁定受理破产案件的，执行法院应当解除对被执行人财产的保全措施。被执行人住所地人民法院裁定宣告被执行人破产的，执行法院应当裁定终结对该被执行人的执行。

被执行人住所地人民法院不受理破产案件的，执行法院应当恢复执行。

7.《最高人民法院关于适用〈中华人民共和国企业破产法〉若干问题的规定（二）》

第四条 债务人对按份享有所有权的共有财产的相关份额，或者共同享有所有权的共有财产的相应财产权利，以及依法分割共有财产所得部分，人民法院均应认定为债务人财产。

人民法院宣告债务人破产清算，属于共有财产分割的法定事由。人民法院裁定债务人重整或者和解的，共有财产的分割应当依据民法典第三百零三条的规定进行；基于重整或者和解的需要必须分割共有财产，管理人请求分割的，人民法院应予准许。

因分割共有财产导致其他共有人损害产生的债务，其他共有人请求作为共益债务清偿的，人民法院应予支持。

第二十一条 破产申请受理前，债权人就债务人财产提起下列诉讼，破产申请受理时案件尚未审结的，人民法院应当中止审理：

（一）主张次债务人代替债务人直接向其偿还债务的；

（二）主张债务人的出资人、发起人和负有监督股东履行出资义务的董事、高级管理人员，或者协助抽逃出资的其他股东、董事、高级管理人员、实际控制人等直接向其承担出资不实或者抽逃出资责任的；

（三）以债务人的股东与债务人法人人格严重混同为由，主张债务人的股东直接向其偿还债务人对其所负债务的；

（四）其他就债务人财产提起的个别清偿诉讼。

债务人破产宣告后，人民法院应当依照企业破产法第四十四条的规定判决驳回债权人的诉讼请求。但是，债权人一审中变更其诉讼请求为追收的相关财产归入债务人财产的除外。

债务人破产宣告前，人民法院依据企业破产法第十二条或者第一百零八条的规定裁定驳回破产申请或者终结破产程序的，上述中止审理的案件应当依法恢复审理。

8.《最高人民法院关于〈中华人民共和国企业破产法〉施行时尚未审结的企业破产案件适用法律若干问题的规定》

第十三条 债权人对于财产分配方案的裁定不服，已经申诉的，由上一级人民法院依据申诉程序继续审理；企业破产法施行后提起申诉的，人民法院应当告知其依据企业破产法第六十六条的规定申请复议。

债权人对于人民法院作出的债务人财产管理方案的裁定或者破产财产变价方案的裁定不服，向受理破产申请的人民法院申请复议的，人民法院应当依据企业破产法第六十六条的规定予以受理。

债权人或者债务人对破产宣告裁定有异议，已经申诉的，由上一级人民法院依据申诉程序继续审理；企业破产法施行后提起申诉的，人民法院不予受理。

二、司法指导性文件

1.《全国法院民商事审判工作会议纪要》

114.【重整程序与破产清算程序的衔接】重整期间或者重整计划执行期间，债务人因法定事由被宣告破产的，人民法院不再另立新的案号，原重整程序的管理人原则上应当继续履行破产清算程序中的职责。原重整程序的管理人不能继续履行职责或者不适宜继续担任管理人的，人民法院应当依法重新指定管理人。

2.《全国法院破产审判工作会议纪要》

23. 破产宣告的条件。人民法院受理破产清算申请后，第一次债权人会议上无人提出重整或和解申请的，管理人应当在债权审核确认和必要的审计、资产评估后，及时向人民法院提出宣告破产的申请。人民法院受理破产和解或重整申请后，债务人出现应当宣告破产的法定原因时，人民法院应当依法宣告债务人破产。

24. 破产宣告的程序及转换限制。相关主体向人民法院提出宣告破产申请的，人民法院应当自收到申请之日起七日内作出破产宣告裁定并进行公告。债务人被宣告破产后，不得再转入重整程序或和解程序。

3.《最高人民法院关于执行案件移送破产审查若干问题的指导意见》

20. 受移送法院裁定宣告被执行人破产或裁定终止和解程序、重整程序的，应当自裁定作出之日起五日内送交执行法院，执行法院应当裁定终结对被执行人的执行。

4.《最高人民法院关于审理公司强制清算案件工作座谈会纪要》

32. 公司强制清算中，清算组在清理公司财产、编制资产负债表和财产清单时，发现公司财产不足清偿债务的，除依据公司法司法解释二第十七条的规定，通过与债权人协商制作有关债务清偿方案并清偿债务的外，应依据公司法第一百八十八条和企业破产法第七条第三款的规定向人民法院申请宣告破产。

三、部门规章及规范性文件

《国家发展和改革委员会、最高人民法院等 13 个国家机关关于推动和保障管理人在破产程序中依法履职进一步优化营商环境的意见》

（十三）便利税务注销。经人民法院裁定宣告破产的企业，管理人持人民法院终结破产清算程序裁定书申请税务注销的，税务部门即时出具清税文书，按照有关规定核销“死欠”，不得违反规定要求额外提供证明文件，或以税款未获全部清偿为由拒绝办理。

条文释义

一、本条主旨

本条是关于破产宣告的规定。

二、条文演变

关于破产程序《企业破产法》采取受理开始主义，即法院受理破产申请后即指定管理人开始破产程序。破产宣告的法律效果是破产案件不可逆转地进入破产清算程序。《企业破产法（草案）》原将本条第1款通知已知债权人并发布公告的事项单独列为一条予以规定，通知已知债权人并发布区公告的期限限定为自裁定作出之日起15日内。最终颁布的《企业破产法》将其并为一条，将通知已知债权人并发布公告的期限缩短为自裁定作出之日起10日内。[①]

三、条文解读

（一）关于破产宣告的概念

破产宣告是指法院对于具备破产原因的债务人的破产事实予以判定，并使债务人进入破产清算程序的一种司法裁定行为。本法关于破产程序采取的是受理开始主义。人民法院受理破产案件后破产程序就开始，但是此时人民法院并不一定马上就宣告债务人破产进入破产清算程序，还有可能通过破产和解、破产重整程序使债务人与债权人就债务清偿达成协议，避免债务人被宣告破产。因此，本法规定的破产宣告，既可能发生在破产案件受理的同时，也可能发生在破产程序的进行过程中。[②] 根据本法规定，宣告债务人破产的情形包括以下八类：

（1）债务人被申请破产，而且债务人具备本法第2条规定的破产原因。该种情形还包括了本法第43条第4款规定的情形，即破产申请受理后债务人财产不足以清偿破产费用且无人代为清偿或予以垫付，经管理人申请，人民法院宣告债务人破产，并裁定终结破产程序。（2）本法第78条规定的，债务人在重整期间出现如下法定事由：①债务人的经营状况和财产状况继续恶化，缺乏挽救的可能性；②债务人有欺诈、恶意减少企业财产或者其他显著不利于债权人的行为；③由于债务人的行为致使管理人无法执行职务的。（3）本法第79条规定的，债务人或者管理人未能在法定期限内提出重整计划草案。（4）本法第88条规定的，重整计划未获通过并且人民法院没有强制批准重整计划。（5）本法第93条规定的，债务人不能执行或者不执行重整计划。（6）本法第99条规定的，和解协议草案经债权人会议表决没有通过或者债权人会议通过的和解

---

① 陈夏红：《企业破产法注释》，北京大学出版社2021年版，第467页。

② 安建主编：《中华人民共和国企业破产法释义》，法律出版社2006年版，第144页。

协议未获得法院认可。（7）本法第 103 条规定的，和解协议是因为债务人的欺诈或者其他不法行为而成立的，该协议无效，人民法院应当宣告债务人破产。（8）本法第 104 条规定的，债务人不按或者不能按和解协议规定的条件清偿债务。

（二）关于破产宣告的形式

破产宣告，人民法院应当以裁定的形式作出。破产宣告的裁定一般应当包括债务人的基本情况、宣告债务人破产的理由和事实根据以及破产宣告的日期等内容。按照本条第 1 款的规定，人民法院应当将宣告债务人破产的信息以三种方式告知有关人员和社会公众：（1）对于债务人和管理人，应当依照《民事诉讼法》规定的程序和方式，将宣告债务人破产的裁定自裁定作出之日起 5 日内送达债务人和管理人。（2）对人民法院已经知道的债权人，应当直接通知。（3）对于人民法院不知道的债权人、其他利害关系人等，通知以公告的形式进行。司法实践中，人民法院一般是通过在破产案件受理法院公告栏张贴、报纸刊登或者在债务人住所地张贴等方式进行公告。但随着社会的发展，登报方式实际受众效果往往一般。为进一步深化司法公开，完善破产案件的管理和监督机制，最高人民法院于 2016 年开发了“一网两平台”（即全国企业破产重整案件信息网及法官工作平台、管理人工作平台），并颁布了《企业破产案件信息公开规定（试行）》。其第 7 条规定：“人民法院、破产管理人在破产重整案件信息网发布的公告具有法律效力。”后又在 2020 年 4 月 21 日最高人民法院印发的《破产案件高效审理意见》第 1 条明确：“对于企业破产法及相关司法解释规定需要公告的事项，人民法院、管理人应当在全国企业破产重整案件信息网发布，同时还可以通过在破产案件受理法院公告栏张贴、法院官网发布、报纸刊登或者在债务人住所地张贴等方式进行公告。”

需要说明的是，无论是通知还是公告，在内容上均应包括破产宣告裁定的主要内容，如破产案件的受理法院、破产人、破产人的资产负债情况、破产宣告的理由和适用的法律、破产宣告的时间等。同时，破产宣告的通知和公告应当在人民法院作出破产宣告裁定之日起 10 日内作出。

（三）关于债务人称谓的变化

债务人被宣告破产后，称为破产人。本条的这一规定并不仅仅是称谓上的变化，还直接关系到对债务人的有关人员的权利限制的问题。如《公司法》第146条规定，担任破产清算的公司、企业的董事或者厂长、经理，对该公司、企业的破产负有个人责任的，自该公司、企业破产清算完结之日起3年内不得担任有限责任公司或者股份有限公司的董事、监事、高级管理人员。这些限制性的规定，一般是针对破产人即被宣告破产的债务人而言的；进入破产程序但未被宣告破产的债务人，一般不受这些限制性规定的约束。因此，破产宣告后将债务人称为破产人，直接标志着债务人及其有关人员在公法和私法上的权利将受到限制。[①]

（四）关于破产财产的范围

债务人被宣告破产后，债务人财产称为破产财产。按照本法第30条的规定，破产案件受理时属于债务人的全部财产，以及破产案件受理后至破产程序终结前债务人取得的财产，为债务人财产，包括已作为担保物的财产。关于破产财产的具体表现形态、非债务人财产的范围，《企业破产法规定（二）》第1条、第2条、第3条分别予以了明确。

（五）关于破产债权的概念

债务人被宣告破产后，人民法院受理破产申请时对债务人享有的债权称为破产债权。依照本条第2款的规定，在人民法院受理破产案件时对债务人享有的债权，都属于破产债权。对于这一规定，可以从以下五个方面进行理解：

1. 破产案件受理前成立的对债务人的所有债权，不管该项债权请求权是否享有担保，都属于破产债权。当然，有财产担保的债权人可以依照本法第109条的规定，通过行使优先受偿权获得优先清偿，而不是依照破产清算程序、按照破产财产分配方案获得清偿，但其也要参加破产程序，申报债权；同时，按照本法第110条的规定，有财产担保的债权人行使优先受偿权未完全受偿的，就其未受偿债权部分，也要依照破产清算程序行使权利。

2. 破产债权应当是在法院受理破产案件时对债务人享有的债权。法院受理破产案件的时间，是决定某一债权是否属于破产债权的时间界限，破产案件受理后成立的债权，除非法律有特别规定，不能作为破产债权。

---

① 安建：《中华人民共和国企业破产法释义》，法律出版社2006年版，第146~147页。

3. 破产债权应当是具有金钱价值或者可以用金钱价值估算的债权。虽然法律对不能用金钱价值估算的债权能否可以作为破产债权没有明确规定，但是从破产清算程序的性质来看，应该作出如此理解。

4. 破产债权必须是具有法律强制执行力的债权。基于非法原因产生的债权、无效的债权以及超过诉讼时效的债权等不能通过法律保护强制执行的债权，不属于破产债权。

5. 破产债权必须是进行了债权申报的债权。民法意义上的债权转化为破产法意义上的破产债权，必须以参加破产程序、进行债权申报为前提。因此，本法第 56 条第 2 款明确规定，债权人未于人民法院确定的债权申报期限内申报债权的，不得依照本法规定的程序行使权利。①

适用指引

一、受理破产清算申请后破产宣告的条件和程序

除关于重整程序、和解程序中法院宣告债务人破产情形的规定外，《企业破产法》对法院受理破产清算申请后，如何宣告债务人破产缺乏明确规定。正如前文所言，《企业破产法》关于破产程序采取的是受理开始主义，即法院受理破产申请时破产程序即告开始，但并不意味着债务人已被宣告破产。法院还可能在受理案件后一定时间内根据各方利害关系人尤其是债权人的意愿，决定是否进行和解或重整，从而体现出现代破产法鼓励对企业进行挽救的价值取向。这种将破产受理与宣告相分离的做法，凸显了破产宣告的特定程序意义，但也留下了破产受理后、破产宣告前的空白阶段，并与现行有关实体法将特定法律效果与破产宣告相联系的规定难以衔接。② 由于缺乏对法院受理破产清算申请后，如何宣告债务人破产的规定，一定程度上影响了破产清算程序的效率。对此，《破产审判会议纪要》在总结实践经验的基础上，立足于《企业破产法》的基本规定，对法院受理破产清算申请后破产宣告的条件和程序进行

① 安建：《中华人民共和国企业破产法释义》，法律出版社 2006 年版，第 147~148 页。

② 许德风：《破产法论——解释与功能比较的视角》，北京大学出版社 2015 年版，第 466 页。

了规范和完善。其第23条规定："人民法院受理破产清算申请后，第一次债权人会议上无人提出重整或和解申请的，管理人应当在债权审核确认和必要的审计、资产评估后，及时向人民法院提出宣告破产的申请。"第24条规定："相关主体向人民法院提出宣告破产申请的，人民法院应当自收到申请之日起七日内作出破产宣告裁定并进行公告。"

1.《破产审判会议纪要》要求第一次债权人会议期间如果无人提出重整或和解申请的，相关主体应当及时申请破产宣告。之所以限定在此期间，主要是考虑到第一次债权人会议为法定债权人会议，许多事项均在此期间决定，也是债权人等利害关系人了解债务人情况、依法行使程序权利的重要阶段，从债权人自身利益最大化角度考虑，其有动力也有条件在判断债务人挽救可能性的基础上，提出重整或和解的申请。另外，《企业破产法》虽然规定破产宣告前均可通过重整或和解对债务人进行挽救，但为了避免以挽救为名不当拖延程序进程，损害债权人清偿利益，也有必要促使相关主体尽早作出判断，尽快对债务人进行挽救。《破产审判会议纪要》的上述规定，一般性地排除了受理破产案件时就宣告债务人破产，直接开始破产清算程序的做法，但其亦非绝对，针对商业银行、证券公司、保险公司等经过行政清理程序转入破产程序的金融机构，行政清理程序中监管部门已经认定其没有重整、和解再生可能的，可以在受理破产申请的同时宣告其破产。

2. 提出破产宣告申请的主体为管理人。虽然《企业破产法》规定在破产重整或和解程序中法院可依管理人或利害关系人申请宣告债务人破产，也可在债务人出现应当被宣告破产情形时依职权宣告破产，但在破产清算程序中，管理人作为对债务人财产进行管理、对债权债务关系进行清理的专门机构，由管理人对债务人财产情况进行调查后及时申请法院进行破产宣告，符合其职责定位并具有程序适当性。此外，考虑到实践中有时第一次债权人会议期间尚未完成对债务人财产的评估、破产债权的审核确定等事务，故即便第一次债权人会议期间无人提出重整或和解的意愿，管理人亦应当在充分调查债务人财产、债权等情况下，对债务人破产原因进行充分判断后，及时申请对债务人进行破产宣告。

3. 人民法院收到管理人提出的宣告破产申请后，应当在七日内作出破产宣告裁定。需要注意的是，该期限的规定不仅适用于受理破产清算申请后管理人提出宣告破产申请的情形，同样适用于《企业破产法》第78条、第93条、第

104条关于破产重整或和解程序中，管理人或利害关系人申请宣告债务人破产的情形。另外，其对《企业破产法》第79条、第88条、第99条、第103条关于法院在债务人出现应当被宣告破产情形时依职权宣告破产也有参照意义。

二、破产宣告后的程序转换限制

关于破产宣告后能否申请将破产清算程序转入重整或和解程序的问题，《破产审判会议纪要》起草过程中有意见认为，无论是基于实践中已有成功案例，还是从鼓励拯救债务人的角度出发，都应当允许债务人被宣告破产后在一定条件下能够再行转入重整或和解程序。该纪要对此未予采纳，主要理由为：一是因为《企业破产法》没有规定破产宣告后的程序转换，而是在允许由清算程序转入重整或和解程序的条文中，明确限定应在破产宣告前进行；二是在《企业破产法》上述规定内，相关主体应当充分利用破产受理后至宣告破产前的期间，积极对债务人进行挽救。如果仍允许在破产宣告后转入重整或和解程序，在一定程度上也会增加程序适用的不确定性，加大债权人通过破产清算程序获得清偿的成本。故该纪要第24条没有突破法律规定，限定了债务人被宣告破产后的程序转换，以明确三类破产程序的适用阶段及其程序的稳定性。如果在被宣告破产后，确实需要保留债务人企业的存续，可以适用《企业破产法》第105条的规定，由债务人通过与全体债权人达成自行和解的方式予以解决。

三、对破产宣告是否可以提出异议

《企业破产法》是否可以对破产宣告提出异议无明文规定。《企业破产规定》第38条规定："破产宣告后，债权人或者债务人对破产宣告有异议的，可以在人民法院宣告企业破产之日起十日内，向上一级人民法院申诉。上一级人民法院应当组成合议庭进行审理，并在三十日内作出裁定。"但该条文是否与《企业破产法》相抵触不够明确，为避免执行上出现混乱，《企业破产法施行时尚未审结案件规定》第13条第3款规定："债权人或者债务人对破产宣告裁定有异议，已经申诉的，由上一级人民法院依据申诉程序继续审理；企业破产法施行后提起申诉的，人民法院不予受理。"因此，《企业破产法》生效后，不能再依据《企业破产规定》第38条对破产宣告提出申诉。《企业破产法》第4条规定："破产案件审理程序，本法没有规定的，适用民事诉讼法的有关规定。"

而根据《民事诉讼法》第157条、《民事诉讼法解释》第378条的规定，除不予受理、对管辖权有异议、驳回起诉的裁定外，其余裁定均不能上诉；对破产程序审理的案件，不得申请再审；适用破产程序的裁定不适用审判监督程序。故基于现有法律和司法解释的规定，对破产宣告不能提出异议。

类案检索

苏州宝德隆实业有限公司破产清算案

关键词：宣告破产　管理人及时申请

裁判摘要：江苏省苏州市吴江区人民法院（以下简称吴江法院）在执行苏州宝德隆实业有限公司（以下简称宝德隆公司）财产过程中，将其名下房地产、机器设备拍卖成交，尚未分配的执行款共计8604988元。2017年9月6日，吴江法院受理对宝德隆公司的破产清算申请。2017年10月31日，在宝德隆公司第一次债权人会议上，债务人、全体债权人对债权表均无异议，依管理人申请，吴江法院口头裁定确认债权表。因裁定确认的债权数额合计141670301.8元，管理人查明并接管的债务人财产共计8239391.82元，且在受理破产申请后、第一次债权人会议期间无人提出重整或和解的申请，吴江法院依管理人的申请裁定宣告宝德隆公司破产。

【案　　号】（2017）苏0509破24号

【审理法院】江苏省苏州市吴江区人民法院

【来　　源】2017年度江苏法院十大破产案例之九

第一百零八条　破产宣告前，有下列情形之一的，人民法院应当裁定终结破产程序，并予以公告：

（一）第三人为债务人提供足额担保或者为债务人清偿全部到期债务的；

（二）债务人已清偿全部到期债务的。

关联规定

一、法律、行政法规、司法解释

《最高人民法院关于适用〈中华人民共和国企业破产法〉若干问题的规定（二）》

第八条　人民法院受理破产申请后至破产宣告前裁定驳回破产申请，或者依据企业破产法第一百零八条的规定裁定终结破产程序的，应当及时通知原已采取保全措施并已依法解除保全措施的单位按照原保全顺位恢复相关保全措施。

在已依法解除保全的单位恢复保全措施或者表示不再恢复之前，受理破产申请的人民法院不得解除对债务人财产的保全措施。

第二十一条　破产申请受理前，债权人就债务人财产提起下列诉讼，破产申请受理时案件尚未审结的，人民法院应当中止审理：

（一）主张次债务人代替债务人直接向其偿还债务的；

（二）主张债务人的出资人、发起人和负有监督股东履行出资义务的董事、高级管理人员，或者协助抽逃出资的其他股东、董事、高级管理人员、实际控制人等直接向其承担出资不实或者抽逃出资责任的；

（三）以债务人的股东与债务人法人人格严重混同为由，主张债务人的股东直接向其偿还债务人对其所负债务的；

（四）其他就债务人财产提起的个别清偿诉讼。

债务人破产宣告后，人民法院应当依照企业破产法第四十四条的规定判决驳回债权人的诉讼请求。但是，债权人一审中变更其诉讼请求为追收的相关财产归入债务人财产的除外。

债务人破产宣告前，人民法院依据企业破产法第十二条或者第一百零八条的规定裁定驳回破产申请或者终结破产程序的，上述中止审理的案件应当依法恢复审理。

二、司法指导性文件

《最高人民法院关于正确审理企业破产案件为维护市场经济秩序提供司法保障若干问题的意见》

19. 人民法院受理破产申请后，在宣告债务人破产前裁定驳回申请人的破产申请，并终结破产程序的，应当在作出终结破产程序的裁定前，告知管理人通知原对债务人财产采取保全措施或执行程序的法院恢复原有的保全措施或执行程序，有轮候保全的，以原采取保全措施的时间确定轮候顺位。对恢复受理债务人为被执行人的执行案件，应当适用申请执行时效中断的有关规定。

条文释义

一、本条主旨

本条是关于破产宣告障碍的规定。

二、条文演变

《企业破产法（试行）》第 3 条第 2 款、第 3 款规定的不予宣告破产情形包括：（1）公用企业和与国计民生有重大关系的企业，政府有关部门给予资助或者采取其他措施帮助清偿债务的；（2）取得担保，自破产申请之日起 6 个月内清偿债务的；（3）企业由债权人申请破产，上级主管部门申请整顿并且经企业与债权人会议达成和解协议的，中止破产程序。《企业破产法（草案）》曾将本条第 1 项规定为“第三人为债务人提供担保或者帮助债务人清偿债务的”。最终的《企业破产法》增加了“足额”担保和“全部到期”债务的限定。[1]

---

① 陈夏红：《企业破产法注释》，北京大学出版社 2021 年版，第 470 页。

三、条文解读

（一）关于破产宣告障碍的概念

所谓破产宣告障碍是指阻止人民法院宣告债务人进行破产清算的法定事由。债务人因为具有法定破产原因而进入破产程序，但是在进入破产程序以后，因为某些法定情形的出现而使破产原因消失，此时法院就不应再宣告债务人破产，而应裁定终结破产程序。

按照本法的规定，法定的破产原因是“企业法人不能清偿到期债务，并且资产不足以清偿全部债务”，或者“企业法人不能清偿到期债务，并且明显缺乏清偿能力”，或者“债务人有明显丧失清偿能力可能”。无论债务人出现了上述原因的哪一种，最终导致的结果就是债务人没有能力对债权人进行清偿。如果，此时由于某种情形的出现，而使得债权人的债权清偿成为可能并最终得以实现，债务人的破产原因自然就会消失，这个时候，破产程序的进行就丧失了前提，自然就应当终结。

（二）关于破产宣告障碍的种类

本条规定的破产宣告障碍包括两种情况：

1. 来源于外部的破产宣告障碍。即由于外部的原因而导致破产原因消失的情形，包括两种：（1）第三人为债务人提供足额担保。也就是在进入破产程序后，债务人以外的第三人为债务人履行全部债务提供担保，保证在债务人不能清偿时帮助其全额清偿所有债务。具体而言，需同时满足两个条件：第一，担保是第三人为债务人提供的。第三人是指债权人、债务人以外的人。也就是说，只有当债权人及债务人以外的人为债务人提供担保时，才有可能终结破产程序。因为债权人和债务人都是破产案件的当事人，如果债权人提供担保，该债权人债权的实现仍然无法得到保障，而债务人本身已是处于资不抵债或者明显缺乏清偿能力的状态，其财产即使在变价后也无法清偿其全部债务，也就不可能对其全部债务提供担保。第二，第三人的担保必须是足额的，也就是包括债务人的全部债务，仅为债务人的部分债务履行提供担保不能构成法定的破产宣告障碍。担保的形式可以是多种多样的，可以采取物保的形式，如提供抵押、质押等；对于资金充足、资信良好的第三人，也可以采取人保的形式，即采取《民法典》中规定的保证形式。此外，有一点值得注意，即按照本条的规定，只要第三人提供了符合法律要求的担保，破产宣告障碍就已经构成，法律并未对第三人履行担保义务清偿债务作出时间上的限制。这与《企业破产法（试行）》第 3 条关于债务人“取得担保，自破产申请之日起 6 个月内清偿债务”，人民法院才不予宣告破产的规定是不同的。（2）第三人帮助债务人清偿了全部债务。这种情形要求第三人必须实际履行清偿义务，即只有当第三人答应清偿债务人所欠的全部债务并实际全部履行了清偿义务，才构成破产宣告障碍，人民法院才能裁定终结破产案件。

2. 来源于内部的破产宣告障碍。即债务人自己清偿了全部到期债务而导致破产案件终结的情形。破产程序因为债务人不能清偿债务而开始，如果在破产宣告前债务人将全部债务予以清偿，破产程序自然没有必要进行下去。

（三）关于破产宣告障碍出现的时间限制

关于破产宣告障碍，有一个问题值得注意：只有在破产宣告前出现本条规定的情形，才构成破产宣告障碍，并使破产程序终结。这是因为，破产程序的进行具有不可逆性，一旦进行，不可逆转。在债务人被宣告破产清算以后，破产财产的变价、分配等程序会紧跟着进行，如果终结破产程序，重新回复原状，善后问题会十分复杂，而且没有必要。因此，在破产宣告以后，即使出现了本条规定的情形，人民法院也不能裁定终结破产程序，而是应该让破产清算程序继续进行下去。

因为终结破产程序，不仅涉及债务人的利益，而且涉及各个利害关系人利益。为了使各个利害关系人都有机会获知破产程序已被终结的信息，从而能够依法行使自己的各项权利、维护自己的合法权益。按照本条的规定，人民法院在因为破产宣告障碍而裁定终结破产案件后，应当予以公告。

适用指引

一、关于足额担保的综合判断

有学者认为，“第三人为债务人提供足额担保”不能成为破产宣告障碍。理由在于，提供担保通常仅仅是为债务人在将来某一时间清偿债务提供的担保，而不是即时的替代清偿，债务人取得的他人担保不能视为债务人本人的清偿能力或其延伸，不能视为债务人破产原因的消灭。[①] 如前文所言，法律并未对第三人履行担保义务清偿债务作出时间上的限制。在此情形下，学者的上述担忧有其合理性。但该条款的立法目的在于尽量促成债务清偿最大化、便捷化，所以第三人提供足额担保的，仍应当终结破产。为有效保护债权人利益，司法实践中，对该条款的适用应注意以下两点：（1）合理判断担保是否足额。采取物保形式的，应结合担保物的市场价值、担保权实现的便利程度和成本等因素进行综合判断。采取人保形式的，应重点考察保证人的资信状况。（2）合理判断担保履行期限。虽然法律并未对第三人履行担保义务清偿债务作出时间上的限制，但也应避免以不合理的期限恶意拖延债务。对于履行期限较长的，应注意征求债权人的意见。

二、关于全部到期债务的范围

根据《企业破产法》第 46 条、第 47 条的规定，未到期的债权在破产申请受理时视为到期；附条件、附期限的债权，债权人可以申报债权。鉴此，有观点认为根据文义解释，此处“清偿全部到期债务”应仅指真正到期的债务，并不包括未到期债权、附条件债权。换言之，本条规定中的“为债务人清偿全部到期债务”“债务人已清偿全部到期债务”并不意味着未到期债权、附条件债权都应得到满足。[②] 也有观点认为，本条所称“全部到期债务”包括本法第 46 条规定的“视为到期”的债务，即债务人不仅要清偿实际到期的债务，也要清偿未到期的债务，只有全部债务得到清偿后，才能终结破产程序进而退出破产。[③] 对此，我们倾向于后一种观点。理由是：（1）破产程序中的债务人处于全面的债务压力中，破产程序的重要功能就是通过概括清偿来全面清理债务，实现公平清偿。所以，替代破产程序的其他制度也必须具有同样的功能。如果债务人只是清偿或解决实际到期的债务问题，而搁置将要到期的债务问题，这没有达到清理债务的目的。（2）如果债务人仅仅清偿或解决实际已到期的债务，然后就可以终结破产进而退出破产程序，那么在其他债务到期后债务人无力清偿时，债务人将面临再次破产的问题。如果此时再次进入破产程序，那么

① 王新欣：《破产法（第四版）》，中国人民大学出版社 2019 年版，第 346~347 页。
② 参见韩传华：《企业破产法解析》，人民法院出版社 2007 年版，第 331 页。
③ 王卫国：《破产法精义》（第 2 版），法律出版社 2020 年版，第 346 页。

之前就部分债务（即当时已到期的债务）作出的解决或清偿可能就具有偏颇清偿的嫌疑。从这一意义上讲，本条中的“全部到期债务”也应当从广义上解释为全部债务。为解决司法实践中对“全部到期债务”理解不一的问题，我们建议在《企业破产法》修改时可将其规定为“清偿全部债务”。当然，破产程序中如果具有运营价值的债务人能够清偿实际到期债务而不能清偿全部债务，为了避免破产清算，法院可合理引导债务人通过破产重整、破产和解程序全面解决债务危机。

三、关于本条与本法第12条第2款的区别

本条所涉破产原因的消失，是指债务人原具有的破产原因由于出现外部或者内部原因而消失。应注意本条与本法第12条第2款的规定相区分。本法第12条第2款规定的是，人民法院受理破产申请后至破产宣告前，经审查发现债务人不符合本法第2条规定情形的，可以裁定驳回申请。其针对的情形是：债务人原本就不具有破产原因，仅因为人民法院收到破产申请后由于破产案件情况复杂，受立案审查期限限制当时未能查清全部事实而受理了破产申请。特别是在债权人提出破产申请的情况下，债权人只要证明债务人不能清偿到期债务，即推定债务人存在破产原因，因此而受理破产申请。人民法院在受理破产申请以后，仍然可以继续对破产申请依照本法规定的条件进行审查，发现债务人有不符合本法第2条规定情形，即债务人没有达到不能清偿到期债务并且资产不足以清偿全部债务或者明显缺乏清偿能力的界限，就应当按照本法第12条第2款对破产申请予以驳回。本条针对的情形是债务人具有破产原因，不应当退出破产程序，但是其可以采取担保或者清偿全部到期债务后退出破产程序。

类案检索

联动网优科技股份有限公司破产清算案

关键词： 第三人清偿　全部债务

裁判摘要： 深圳市中级人民法院于2020年10月27日裁定受理联动网优科技股份有限公司（以下简称联动网优公司）破产清算一案。管理人确认并公

示联动网优公司仅有6笔职工债权，债权总额达1387208.77元。此外无其他债权人申报债权。第三人文某某、蔡某某自愿代联动网优公司清偿上述6笔职工债权。本案破产费用共计50000元（包括案件受理费、管理人报酬等）亦由文某某、蔡某某支付完毕，上述债权及破产费用共计1437208.88元。文某某、蔡某某已经将1437208.88元支付至管理人账户。2021年12月3日，管理人以联动网优公司全部债务已由第三人清偿为由，请求终结联动网优公司破产程序。2021年12月3日，深圳市中级人民法院以联动网优公司的全部债务已经由第三人清偿且联动网优公司尚未宣告破产为由，依照《企业破产法》第108条第1项之规定，裁定终结联动网优公司破产程序。

【案　　号】（2020）粤03破642号

【审理法院】广东省深圳市中级人民法院

【来　　源】中国裁判文书网

第一百零九条　对破产人的特定财产享有担保权的权利人，对该特定财产享有优先受偿的权利。

关联规定

一、法律、行政法规、司法解释

1.《中华人民共和国民法典》

第三百八十六条　担保物权人在债务人不履行到期债务或者发生当事人约定的实现担保物权的情形，依法享有就担保财产优先受偿的权利，但是法律另有规定的除外。

第三百九十条　担保期间，担保财产毁损、灭失或者被征收等，担保物权人可以就获得的保险金、赔偿金或者补偿金等优先受偿。被担保债权的履行期限未届满的，也可以提存该保险金、赔偿金或者补偿金等。

第四百一十一条　依据本法第三百九十六条规定设定抵押的，抵押财产自下列情形之一发生时确定：

（一）债务履行期限届满，债权未实现；

（二）抵押人被宣告破产或者解散；

（三）当事人约定的实现抵押权的情形；

（四）严重影响债权实现的其他情形。

第四百二十三条　有下列情形之一的，抵押权人的债权确定：

（一）约定的债权确定期间届满；

（二）没有约定债权确定期间或者约定不明确，抵押权人或者抵押人自最高额抵押权设立之日起满二年后请求确定债权；

（三）新的债权不可能发生；

（四）抵押权人知道或者应当知道抵押财产被查封、扣押；

（五）债务人、抵押人被宣告破产或者解散；

（六）法律规定债权确定的其他情形。

第八百零七条 发包人未按照约定支付价款的，承包人可以催告发包人在合理期限内支付价款。发包人逾期不支付的，除根据建设工程的性质不宜折价、拍卖外，承包人可以与发包人协议将该工程折价，也可以请求人民法院将该工程依法拍卖。建设工程的价款就该工程折价或者拍卖的价款优先受偿。

2.《中华人民共和国海商法》

第二十一条 船舶优先权，是指海事请求人依照本法第二十二条的规定，向船舶所有人、光船承租人、船舶经营人提出海事请求，对产生该海事请求的船舶具有优先受偿的权利。

第二十二条 下列各项海事请求具有船舶优先权：

（一）船长、船员和在船上工作的其他在编人员根据劳动法律、行政法规或者劳动合同所产生的工资、其他劳动报酬、船员遣返费用和社会保险费用的给付请求；

（二）在船舶营运中发生的人身伤亡的赔偿请求；

（三）船舶吨税、引航费、港务费和其他港口规费的缴付请求；

（四）海难救助的救助款项的给付请求；

（五）船舶在营运中因侵权行为产生的财产赔偿请求。

载运 2000 吨以上的散装货油的船舶，持有有效的证书，证明已经进行油污损害民事责任保险或者具有相应的财务保证的，对其造成的油污损害的赔偿请求，不属于前款第（五）项规定的范围。

3.《中华人民共和国民用航空法》

第十八条 民用航空器优先权，是指债权人依照本法第十九条规定，向民用航空器所有人、承租人提出赔偿请求，对产生该赔偿请求的民用航空器具有优先受偿的权利。

第十九条 下列各项债权具有民用航空器优先权：

（一）援救该民用航空器的报酬；

（二）保管维护该民用航空器的必需费用。

前款规定的各项债权，后发生的先受偿。

4.《中华人民共和国企业破产法》

第三十七条 人民法院受理破产申请后，管理人可以通过清偿债务或者提供为债权人接受的担保，取回质物、留置物。

前款规定的债务清偿或者替代担保，在质物或者留置物的价值低于被担保的债权额时，以该质物或者留置物当时的市场价值为限。

第七十五条 在重整期间，对债务人的特定财产享有的担保权暂停行使。但是，担保物有损坏或者价值明显减少的可能，足以危害担保权人权利的，担保权人可以向人民法院请求恢复行使担保权。

在重整期间，债务人或者管理人为继续营业而借款的，可以为该借款设定担保。

第一百一十条 享有本法第一百零九条规定权利的债权人行使优先受偿权利未能完全受偿的，其未受偿的债权作为普通债权；放弃优先受偿权利的，其债权作为普通债权。

第一百三十二条 本法施行后，破产人在本法公布之日前所欠职工的工资和医疗、伤残补助、抚恤费用，所欠的应当划入职工个人账户的基本养老保险、基本医疗保险费用，以及法律、行政法规规定应当支付给职工的补偿金，依照本法第一百一十三条的规定清偿后不足以清偿的部分，以本法第一百零九条规定的特定财产优先于对该特定财产享有担保权的权利人受偿。

5.《最高人民法院关于适用〈中华人民共和国企业破产法〉若干问题的规定（二）》

第三条 债务人已依法设定担保物权的特定财产，人民法院应当认定为债务人财产。

对债务人的特定财产在担保物权消灭或者实现担保物权后的剩余部分，在破产程序中可用以清偿破产费用、共益债务和其他破产债权。

第十四条 债务人对以自有财产设定担保物权的债权进行的个别清偿，管理人依据企业破产法第三十二条的规定请求撤销的，人民法院不予支持。但是，债务清偿时担保财产的价值低于债权额的除外。

6.《最高人民法院关于适用〈中华人民共和国民法典〉有关担保制度的解释》

第一条 因抵押、质押、留置、保证等担保发生的纠纷，适用本解释。所有权保留买卖、融资租赁、保理等涉及担保功能发生的纠纷，适用本解释的有关规定。

第五十二条 当事人办理抵押预告登记后，预告登记权利人请求就抵押财产优先受偿，经审查存在尚未办理建筑物所有权首次登记、预告登记的财产与办理建筑物所有权首次登记时的财产不一致、抵押预告登记已经失效等情形，导致不具备办理抵押登记条件的，人民法院不予支持；经审查已经办理建筑物所有权首次登记，且不存在预告登记失效等情形的，人民法院应予支持，并应当认定抵押权自预告登记之日起设立。

当事人办理了抵押预告登记，抵押人破产，经审查抵押财产属于破产财产，预告登记权利人主张就抵押财产优先受偿的，人民法院应当在受理破产申请时抵押财产的价值范围内予以支持，但是在人民法院受理破产申请前一年内，债务人对没有财产担保的债务设立抵押预告登记的除外。

第五十四条 动产抵押合同订立后未办理抵押登记，动产抵押权的效力按照下列情形分别处理：

（一）抵押人转让抵押财产，受让人占有抵押财产后，抵押权人向受让人请求行使抵押权的，人民法院不予支持，但是抵押权人能够举证证明受让人知道或者应当知道已经订立抵押合同的除外；

（二）抵押人将抵押财产出租给他人并移转占有，抵押权人行使抵押权的，租赁关系不受影响，但是抵押权人能够举证证明承租人知道或者应当知道已经订立抵押合同的除外；

（三）抵押人的其他债权人向人民法院申请保全或者执行抵押财产，人民法院已经作出财产保全裁定或者采取执行措施，抵押权人主张对抵押财产优先受偿的，人民法院不予支持；

（四）抵押人破产，抵押权人主张对抵押财产优先受偿的，人民法院不予支持。

7.《最高人民法院关于审理建设工程施工合同纠纷案件适用法律问题的解释（一）》

第三十六条 承包人根据民法典第八百零七条规定享有的建设工程价款优先受偿权优于抵押权和其他债权。

第三十七条 装饰装修工程具备折价或者拍卖条件，装饰装修工程的承包人请求工程价款就该装饰装修工程折价或者拍卖的价款优先受偿的，人民法院应予支持。

8.《最高人民法院关于〈中华人民共和国企业破产法〉施行时尚未审结的企业破产案件适用法律若干问题的规定》

第十四条 企业破产法施行后，破产人的职工依据企业破产法第一百三十二条的规定主张权利的，人民法院应予支持。

9.《最高人民法院关于审理企业破产案件确定管理人报酬的规定》

第二条 人民法院应根据债务人最终清偿的财产价值总额，在以下比例限制范围内分段确定管理人报酬：

（一）不超过一百万元（含本数，下同）的，在12%以下确定；

（二）超过一百万元至五百万元的部分，在10%以下确定；

（三）超过五百万元至一千万元的部分，在8%以下确定；

（四）超过一千万元至五千万元的部分，在6%以下确定：

（五）超过五千万元至一亿元的部分，在3%以下确定；

（六）超过一亿元至五亿元的部分，在1%以下确定；

（七）超过五亿元的部分，在0.5%以下确定。

担保权人优先受偿的担保物价值，不计入前款规定的财产价值总额。

第十三条 管理人对担保物的维护、变现、交付等管理工作付出合理劳动的，有权向担保权人收取适当的报酬。管理人与担保权人就上述报酬数额不能协商一致的，人民法院应当参照本规定第二条规定的方法确定，但报酬比例不得超出该条规定限制范围的10%。

二、司法指导性文件

《全国法院破产审判工作会议纪要》

25.担保权人权利的行使与限制。在破产清算和破产和解程序中，对债务人特定财产享有担保权的债权人可以随时向管理人主张就该特定财产变价处置行使优先受偿权，管理人应及时变价处置，不得以须经债权人会议决议等为由拒绝。但因单独处置担保财产会降低其他破产财产的价值而应整体处置的除外。

条文释义

一、本条主旨

本条是关于别除权的规定。

二、条文演变

《企业破产法》(2004 年 6 月草案)将本文分为两款表述:“对破产人的财产或者财产权利享有的抵押权、质权和留置权为别除权,该权利人为别除权人。别除权人享有就别除权标的物优先受偿的权利。”《企业破产法》(2004 年 10 月草案)又将本条修改为:“对破产人的特定财产享有抵押权、质权、留置权或者法律规定的优先权的权利人,对该特定财产享有优先受偿的权利。”[①] 最终颁布的《企业破产法》未在表述中使用“别除权”的表述,也未使用列举的方式表述别除权的基础权利类型,而是统一表述为“对破产人的特定财产享有担保权的权利人”,保持了别除权基础权利来源的开放性。

三、条文解读

(一)关于别除权的概念

别除权的概念是指在破产程序开始之前,就债务人的特定财产上设定了担保物权或者存在其他特别优先权的,于债务人宣告破产后,权利人享有就该特定财产不依照破产清算程序个别优先受偿的权利。别除权是德国、日本等大陆法系国家破产法中的一项制度,是现代破产制度的一项重要组成部分。它是由破产人特定财产上已存在的担保物权或法定优先权之排他性优先效力沿袭而来,并非破产法所设。别除权的名称是针对这种权利在破产程序中行使的特点而命名的。本条虽未采用别除权的概念,但该条规定的权利在破产法理论上即称之为别除权。最高人民法院于 2008 年 2 月 4 日发布的《民事案件案由规定》(法发〔2008〕11 号),在与破产有关的纠纷案由中首次使用别除权的概念,确定别除权纠纷案由。该案由可以清晰反映审理企业破产案件中优先受偿问题所涉及的民事法律关系的性质,而且通俗易懂。因对债务人特定财产享有优先受偿权的权利类型,不仅包括担保物权,还包括法律确立的其他法定优先权,所以“别除权”相比“有财产担保的债权”更为确切和科学。

另外,因为别除权的基础权利为担保物权和法定优先权,而担保物权并不仅限于破产债权人享有;如果破产人以特定财产对第三人的债务提供担保,该

---

① 陈夏红:《企业破产法注释》,北京大学出版社 2021 年版,第 473 页。

第三人的债权人虽然不是破产人的“有担保的债权人”，也应属于别除权人。因此，本条规定，对债务人的特定财产享有抵押等担保物权的“权利人”，对该特定财产享有优先受偿的权利，而并不仅限于有担保的破产债权人，也应包括其他对债务人特定财产享有担保物权的权利人。

（二）关于别除权的权利人

按照文义解释，本条规定的可以在破产程序中行使别除权的权利人包括：对破产人的特定财产享有抵押权、质权、留置权的权利人，以及基于所有权保留合同、融资租赁合同、保理合同等具有担保功能的合同对特定财产享有担保权的权利人，即按照《民法典》《民法典担保制度解释》的规定，对破产人的特定财产享有担保物权的人。如前所述，别除权实质上是法定的特别债权在破产程序中得以优先受偿的权利。这种法定的特别权利即构成了别除权的基础，属于别除权的基础权利。一般来说，担保物权是别除权最主要的基础权利，但别除权又不限于担保物权，其还包括法律确立的其他法定优先权。例如，《民法典》第 807 条规定的承包人享有的建设工程价款优先受偿权，而且《最高人民法院关于审理建设工程施工合同纠纷案件适用法律问题的解释（一）》第 36 条明确了建设工程优先受偿权优于抵押权，因此，如果发包人破产，则承包人的建设工程价款优先受偿权在破产程序中即为别除权。再如《海商法》第 21 条规定的船舶优先权，《民用航空法》第 18 条规定的民用航空器优先权，而且根据《海商法》第 25 条第 1 款的规定，“船舶优先权先于船舶留置权受偿，船舶抵押权后于船舶留置权受偿。”根据《民用航空法》第 22 条的规定，“民用航空器优先权先于民用航空器抵押权受偿。”

适用指引

一、担保权人权利的行使与限制

担保权人在破产程序中应当如何行使权利以及如何保护其权利，是一个在理论和实践中都相当有争议并具研究价值的问题。破产程序中的担保权人以破产程序开始前对债务人特定财产成立担保物权为基础，是物权法律制度、担保法律制度等有关担保权利优先性和排他性效力在企业破产法上的延伸和体现。因此，在理论上，其可不受破产程序的约束，优于其他债权人单独、及时受偿，以确保担保物权本身立法目的和制度价值得到实现。但是出于保障对企业进行挽救的需要，担保权人权利的行使仍然要受到重整程序的适当限制。此外，出于程序设计需要和立法目标实现，《企业破产法》第96条规定，和解程序中担保权人权利行使不受限制。

实践中，争议比较大的是破产清算程序中担保权人能否随时行使优先受偿权的问题。主张担保权人行使优先受偿权仍应受到破产清算程序约束的理由主要是，根据《企业破产法》的规定，担保财产也属于债务人财产或破产财产，即便是没有放弃优先受偿权的担保债权人，也有权对管理人制定的财产管理方案、变价方案进行表决，这意味着担保财产应当由管理人统一进行管理和变价。此外，《企业破产法》还规定了破产财产整体处置的原则，因此，《企业破产法》第109条规定的优先受偿权仅指担保权人对变现价款享有优先受偿权。

主张担保权人可不受破产清算程序限制随时行使权利的观点认为：第一，担保权人优先受偿权不限于就变现价款的优先受偿权，还应包括对担保财产实现的权利即变现权，[①] 在破产程序中确保担保权人优先受偿的权利，是各国家和地区破产法普遍接受的一项原则。第二，《企业破产法》规定重整程序中担保权暂停行使，但对清算程序中担保权的行使没有限制。如果担保物权的行使也要受到债权人会议表决程序的制约，将大大延缓破产程序的推进，从而使当前本已经非常突出的破产案件审理程序冗长的问题更加突出。第三，在大力推进破产财产网络司法拍卖的情况下，主要担保财产是通过公开、公平、公正和完全竞争的方式进行处置，可以平衡保护担保债权人和普通债权人的利益。

对此，《破产审判会议纪要》采纳了后一种观点。针对实践中担保权人任意行使优先受偿权导致财产分离处置降低整体处置效益，损害普通债权人受偿权的情形，以及普通债权人利用债权人会议决议阻却、破坏担保权人优先受偿的现象，该《纪要》第25条规定，破产清算程序中，担保权人可以随时向管理人主张就该特定财产变价处置行使优先受偿权为原则，单独处置担保财产会降低其他破产财产的价值而应整体处置为例外，从而依法平衡保护担保权人与普通债权人的利益。除此之外，享有担保权的债权人仍应一般性地遵守申报债权、债权人会议核查债权表等程序。但是，值得注意的是，在人民法院宣告债

① 李永军、王欣新、邹海林、徐阳光：《破产法》，中国政法大学出版社2017年版，第128页。

务人破产之前，人民法院是否受理重整申请或者和解申请尚不确定。实践中不乏管理人在第一次债权人会议前就允许担保物的实现，从而可能导致债务人丧失营业价值的情况。对此，可以对照该《纪要》第 23 条的规定，“人民法院受理破产清算申请后，第一次债权人会议上无人提出重整或和解申请的，管理人应当在债权审核确认和必要的审计、资产评估后，及时向人民法院提出宣告破产的申请”。在第一次债权人会议召开前，原则上暂时中止担保物的变现。

二、抵押人破产时抵押预告登记的效力

预告登记是在本登记暂时无法办理时当事人为确保将来取得物权而办理的一种特殊登记。由于抵押权本身无法阻止抵押人转让抵押物或者在抵押物上为他人再次设定抵押权，因此，债权人办理抵押预告登记后，亦无法阻止抵押人转让标的物或者再次以标的物设定担保物权。就此而言，当事人办理抵押预告登记的目的在于当能够办理抵押登记时，其能获得较之其他担保物权人更加优先的顺位，而不在于防止抵押人再次处分标的物。当然，预告登记权利人主张抵押权自预告登记之日起设立，必须以已经具备办理抵押登记的条件为前提。但问题是，在抵押人破产时，如果预告登记权利人仍然不具备办理抵押登记的条件，预告登记权利人是否对标的物享有优先受偿权。考虑到抵押预告登记权利人无法等到办理抵押登记的条件具备时再主张优先受偿权，《民法典担保制度解释》第 52 条第 2 款参照《企业破产法》关于破产程序中债权加速到期的相关规定，赋予抵押预告登记具有抵押登记的效力，抵押预告登记权利人可以就抵押财产优先受偿。但是，为了不损害第三人的利益，预告登记权利人的优先受偿范围应以受理破产申请时抵押财产的价值为限。另外，《企业破产法》第 31 条第 3 项规定，在人民法院受理破产申请前 1 年内，债务人对没有财产担保的债务提供财产担保的，管理人有权请求人民法院予以撤销。据此，债务人在人民法院受理破产申请前 1 年内办理的，且系为没有财产担保的债务设立的抵押预告登记，不享有破产保护效力。

三、未登记之动产抵押权在破产程序中的效力

《民法典》第 403 条规定：“以动产抵押的，抵押权自抵押合同生效时设立；未经登记，不得对抗善意第三人。”基于物权优先于债权的民法理论，这里的善意第三人主要是指已经取得对标的物占有的买受人或者承租人，因为在

第三人是普通债权人的情形下，无论第三人为善意还是恶意，抵押权人都是可以对抗的，而已经取得占有的买受人或者承租人要么已经取得物权，要么取得了具有一定物权效力的债权，因此，只有在第三人为恶意的情形下，抵押权人才能对其主张权利。但《民法典》就担保物权制度进行了重大发展，其中一个重要的思路是尽可能消除“隐形担保”，而未办理登记的动产抵押权就是一种典型的隐形担保。正因如此，《民法典担保制度解释》第54条在对“善意第三人”进行解释时，并未将其严格限制在善意的物权人，而是扩大至特定情形下的善意债权人，其中便包括抵押人破产情形下的其他债权人。在抵押人进入破产程序后，由于抵押人的其他债权人既有可能是善意的，也有可能是恶意的，认定未经登记的抵押权具有对抗效力将可能带来不公平的结果，也与破产程序追求债权人公平受偿的理念相冲突，因此，未办理抵押登记的抵押权人主张优先受偿的，人民法院亦不应予以支持。另外，根据《民法典担保制度解释》第67条的规定，“在所有权保留买卖、融资租赁合同中，出卖人、出租人的所有权未经登记不得对抗的‘善意第三人’的范围及其效力，参照本解释第五十四条的规定处理”。

四、管理、处分担保财产所发生费用的承担

《企业破产法规定（二）》第3条第2款规定：“对债务人的特定财产在担保物权消灭或者实现担保物权后的剩余部分，在破产程序中可用以清偿破产费用、共益债务和其他破产债权。”有观点基于此认为，破产费用、共益债务中属于管理、处分担保财产的费用也应在担保债权受偿后清偿。我们认为这种观点是不妥的。根据《民法典》第389条的规定，“担保物权的担保范围包括主债权及其利息、违约金、损害赔偿金、保管担保财产和实现担保物权的费用。”在担保物变价后，管理、处分担保物的费用均应当从担保财产的变价款中优先支付，剩余部分再用于清偿担保债权。有争议的是，在债务人全部财产都被设置担保物权的情况下，不属于为担保财产利益而支付的破产费用和共益债务，能否从担保财产中优先支付。我们认为，此时破产程序已是为担保债权人的利益而进行，担保债权人应承担无担保财产不足以支付的全部破产费用和共益债务。[①]

① 王欣新：《破产费用、共益债务与物权担保债权间的清偿关系》，载《人民法院报》2015年9月2日。

五、担保权人的优先受偿不属于破产财产分配方案决议内容

破产实务中，有的破产案件中将担保权人对特定财产的优先受偿作为破产财产分配方案决议内容提交债权人会议表决。该种做法并不妥当。破产清算程序中，特定财产变价后担保权人可向管理人主张优先受偿，对担保权人的优先清偿不属于破产财产分配方案决议内容，担保物权人未放弃优先受偿权利的，对破产财产分配方案也不享有表决权，因优先受偿范围或顺位发生争议的，担保物权人有权单独提起诉讼，此为别除权纠纷。前述做法实质以债权人会议多数意志剥夺了担保权人个体法定权利，担保权人有权依据《企业破产法规定（三）》第12条的规定申请人民法院撤销该决议。

另外，根据最高人民法院2011年10月印发的《管理人破产程序工作文书样式（试行）》中破产财产分配方案的样式，担保权人的优先受偿虽不属于破产财产分配方案决议内容，但为全面反映破产人财产的分配情况，可以在《破产财产分配方案》中附带列明特定财产的清偿处置情况。

指导案例

指导案例73号：通州建总集团有限公司诉安徽天宇化工有限公司别除权纠纷案

（最高人民法院审判委员会讨论通过　2016年12月28日发布）

关键词：民事　别除权　优先受偿权　行使期限　起算点

裁判要点：

符合《中华人民共和国破产法》第十八条规定的情形，建设工程施工合同视为解除的，承包人行使优先受偿权的期限应自合同解除之日起计算。

相关法条：

《中华人民共和国合同法》第二百八十六条

《中华人民共和国破产法》第十八条

基本案情：

2006年3月，安徽天宇化工有限公司（以下简称安徽天宇公司）与通州建总集团有限公司（以下简称通州建总公司）签订了一份《建设工程施工合

同》，安徽天宇公司将其厂区一期工程生产厂区的土建、安装工程发包给通州建总公司承建，合同约定，开工日期：暂定2006年4月28日（以实际开工报告为准），竣工日期：2007年3月1日，合同工期总日历天数300天。发包方不按合同约定支付工程款，双方未达成延期付款协议，承包人可停止施工，由发包人承担违约责任。后双方又签订一份《合同补充协议》，对支付工程款又作了新的约定，并约定厂区工期为113天，生活区工期为266天。2006年5月23日，监理公司下达开工令，通州建总公司遂组织施工，2007年安徽天宇公司厂区的厂房等主体工程完工。后因安徽天宇公司未按合同约定支付工程款，致使工程停工，该工程至今未竣工。2011年7月30日，双方在仲裁期间达成和解协议，约定如处置安徽天宇公司土地及建筑物偿债时，通州建总公司的工程款可优先受偿。后安徽天宇公司因不能清偿到期债务，江苏宏远建设集团有限公司向安徽省滁州市中级人民法院申请安徽天宇公司破产还债。安徽省滁州市中级人民法院于2011年8月26日作出（2011）滁民二破字第00001号民事裁定，裁定受理破产申请。2011年10月10日，通州建总公司向安徽天宇公司破产管理人申报债权并主张对该工程享有优先受偿权。2013年7月19日，安徽省滁州市中级人民法院作出（2011）滁民二破字第00001—2号民事裁定，宣告安徽天宇公司破产。通州建总公司于2013年8月27日提起诉讼，请求确认其债权享有优先受偿权。

裁判结果：

安徽省滁州市中级人民法院于2014年2月28日作出（2013）滁民一初字第00122号民事判决：确认原告通州建总集团有限公司对申报的债权就其施工的被告安徽天宇化工有限公司生产厂区土建、安装工程享有优先受偿权。宣判后，安徽天宇化工有限公司提出上诉。安徽省高级人民法院于2014年7月14日作出（2014）皖民一终字第00054号民事判决，驳回上诉，维持原判。

裁判理由：

法院生效裁判认为：本案双方当事人签订的建设工程施工合同虽约定了工程竣工时间，但涉案工程因安徽天宇公司未能按合同约定支付工程款导致停工。现没有证据证明在工程停工后至法院受理破产申请前，双方签订的建设施工合同已经解除或终止履行，也没有证据证明在法院受理破产申请后，破产管理人决定继续履行合同。根据《中华人民共和国破产法》第十八条“人民法院受理破产申请后，管理人对破产申请受理前成立而债务人和对方当事人均未履行完毕的合同有权决定解除或继续履行，并通知对方当事人。管理人自破产申请受理之日起二个月未通知对方当事人，或者自收到对方当事人催告之日起三十日内未答复的，视为解除合同”之规定，涉案建设工程施工合同在法院受理破产申请后已实际解除，本案建设工程无法正常竣工。按照最高人民法院全国民事审判工作会议纪要精神，因发包人的原因，合同解除或终止履行时已经超出合同约定的竣工日期的，承包人行使优先受偿权的期限自合同解除之日起计算，安徽天宇公司要求按合同约定的竣工日期起算优先受偿权行使时间的主张，缺乏依据，不予采信。2011 年 8 月 26 日，法院裁定受理对安徽天宇公司的破产申请，2011 年 10 月 10 日，通州建总公司向安徽天宇公司的破产管理人申报债权并主张工程款优先受偿权，因此，通州建总公司主张优先受偿权的时间是 2011 年 10 月 10 日。安徽天宇公司认为通州建总公司行使优先受偿权的时间超过了破产管理之日六个月，与事实不符，不予支持。

类案检索

中国农业银行股份有限公司绍兴越城支行与绍兴金宝利纺织有限公司及第三人绍兴市柯桥区国家税务局破产债权确认纠纷案

关键词： 抵押债权　税收债权　优先受偿

裁判摘要： 2012 年 5 月 31 日，原绍兴县国家税务局向绍兴金宝利纺织有限公司（以下简称金宝利公司）作出《税务处理决定书》，决定追回金宝利公司违规出口退税 40874305.41 元，追缴违规免抵增值税 782397.68 元。2013 年 6 月 4 日，金宝利公司与中国农业银行股份有限公司绍兴越城支行（以下简称农行越城支行）签订《最高额抵押合同》，约定金宝利公司以其名下房地产，为农行越城支行与其自 2013 年 6 月 4 日起至 2015 年 6 月 3 日期间内办理各类业务形成的债权，在最高额 2026 万元范围内提供抵押担保。同日，双方就该房地产办理了抵押登记手续。2014 年 9 月 28 日，绍兴市柯桥区人民法院受理金宝利公司破产清算一案。管理人在债权审查中认定绍兴市柯桥区国家税务局（以下简称柯桥国税）的税收债权优先于农行越城支行的抵押债权。农行越城支行不服该认定结果提起破产衍生诉讼。2017 年 12 月 5 日，绍兴市中级人民法院作出二审判决，认为当时《物权法》《税收征管法》《企业破产法》相关条款对税收债权、有抵押担保债权清偿顺序的调整针对性逐渐增强，彼此是一般到特别再到更特别的关系，故在破产程序中有抵押担保的债权优先于税收债权。农行越城支行有抵押担保的债权就抵押物而言应当优先于柯桥国税主张的税收债权清偿，税收债权产生时间与抵押权设立时间的先后顺序对此并无影响。

【案　　号】（2017）浙06民终1119号

【审理法院】浙江省绍兴市中级人民法院

【来　　源】首届全国法院百篇优秀裁判文书

第一百一十条 享有本法第一百零九条规定权利的债权人行使优先受偿权利未能完全受偿的，其未受偿的债权作为普通债权；放弃优先受偿权利的，其债权作为普通债权。

关联规定

法律、行政法规、司法解释

《最高人民法院关于适用〈中华人民共和国企业破产法〉若干问题的规定（二）》

第三条 债务人已依法设定担保物权的特定财产，人民法院应当认定为债务人财产。

对债务人的特定财产在担保物权消灭或者实现担保物权后的剩余部分，在破产程序中可用以清偿破产费用、共益债务和其他破产债权。

第十四条 债务人对以自有财产设定担保物权的债权进行的个别清偿，管理人依据企业破产法第三十二条的规定请求撤销的，人民法院不予支持。但是，债务清偿时担保财产的价值低于债权额的除外。

条文释义

一、本条主旨

本条是关于享有别除权的债权人在特定情况下依照破产清算程序行使其权利的规定。

二、条文演变

《企业破产法（试行）》关于未能完全优先受偿或放弃优先受偿权利的有财产担保债权的规定分散在其第 30 条第 1 款、第 32 条第 2 款。破产宣告前成立的无财产担保的债权和放弃优先受偿权利的有财产担保的债权为破产债权；有财产担保的债权，其数额超过担保物的价款的，未受清偿的部分，作为破产债权，依照破产程序受偿。《企业破产法（草案）》对于未能完全优先受偿的和放弃优先受偿权利的债权人，就其未受偿债权部分和放弃优先受偿权利部分统一表述为“依照破产清算程序行使权利”，未直接认定其性质为普通债权。最终颁布的《企业破产法》直接认定其性质为普通债权，其所导致的法律效果自然也是以普通债权人的身份参加破产清算程序的受偿。[①]

三、条文解读

本法第 109 条明确规定，对破产人的特定财产享有抵押权、质权、留置权等担保物权的权利人，对该特定财产享有优先受偿的权利。依据这一规定，对破产人享有债权的别除权权利人在债务人进行破产清算的时候，可以就破产财产中作为别除权标的物的特定财产优先受偿，不必依照破产清算程序按照破产财产分配方案的规定接受清偿。但是，在某些情况下，别除权权利人通过行使别除权无法获得完全清偿或者放弃了别除权，此时未获清偿的债权和放弃了优先受偿权利的债权应该如何处理就成为法律需要解决的问题。本条就是对这一问题的规定。[②] 根据本条规定，别除权权利人依照破产清算程序行使其权利的情况包括两种：[③]

（一）别除权权利人行使别除权未能完全受偿

别除权的行使是以别除权标的物的价值为基础的，别除权权利人只对破产财产中作为别除权标的物的特定财产享有优先受偿的权利。当别除权权利人的债权额超过了别除权标的物的价值时，其行使别除权也无法使其债权获得完全清偿。此时，按照本条的规定，别除权权利人就其行使别除权未能受偿的部分作为破产债权，以普通债权人的身份参加破产清算程序，申报债权，依照债权人会议通过的破产财产分配方案接受清偿。

---

① 陈夏红：《企业破产法注释》，北京大学出版社 2021 年版，第 477 页。

② 安建：《中华人民共和国企业破产法释义》，法律出版社 2006 年版，第 151 页。

③ 本书编写组编著：《〈中华人民共和国企业破产法〉释义及实用指南》，中国民主法制出版社 2012 年版，第 263~264 页。

（二）别除权权利人放弃了优先受偿的权利

别除权是破产法规定的一项特殊的民事权利，别除权权利人可以自由处置，可以行使这一权利，当然也可以放弃这一权利。当别除权权利人放弃了别除权时，也就丧失了就别除权标的物获得优先受偿的机会。这时依照本条规定，别除权权利人放弃优先受偿权利的债权额就成为普通破产债权；别除权权利人将作为普通的破产债权人参加破产清算程序，同其他普通破产债权人一起，就破产财产接受比例清偿。

值得注意的是，依据本条规定依照破产清算程序行使其权利的别除权权利人必须对破产人享有破产债权。因为别除权的基础权利为担保物权，而担保物权并不仅限于破产债权人享有；如果破产人以特定财产对第三人的债务提供担保，该第三人的债权人虽然不是破产人“有担保的债权人”，也属于别除权人。这类别除权权利人对破产人不享有债权，不属于本条规定的可以依照破产清算程序行使其权利的权利人；这类别除权权利人通过行使别除权无法获得完全清偿或者放弃了别除权的，其未受偿部分不能通过破产清算程序解决。

适用指引

一、关于债权性质的转化

放弃优先受偿权并不意味着自动放弃债权，此时债权仍然存在，该债权依照本条的规定作为普通债权，在破产清偿程序中作为第三顺位清偿。一般来说，享有优先受偿权的人很少会放弃优先受偿的权利，因为设立担保和法律规定优先权的目的，正是为了保证债务的履行，确保债权的实现。但是，有时候享有优先权的人由于某种原因认为放弃优先受偿权对自己更有利时，也会放弃优先受偿的权利。例如，债务人以厂房为担保物取得银行一笔贷款，再加上其他债务，被宣告破产，银行有权就厂房折价优先得到偿还。如果当地变卖厂房困难很多，很不方便，而且债务人尚有一定财产时，银行就可以权衡得失，在放弃优先受偿权并无损失时，可以放弃优先受偿权，依照破产清算程序行使其权利。在此情形下，其也便享有对破产财产分配方案的表决权，表决权额为其转为普通债权性质的债权额。

但需要特别说明的是，不能从文义上简单地将所有未完全受偿或放弃优先受偿权利的有财产担保债权均作为《企业破产法》第113条第1款第3项规定的普通破产债权清偿，究竟应列为何种清偿顺位的债权，应根据主债权的性质判断。例如，在债务人以财产为税收债权设定抵押时，未完全受偿或放弃优先受偿权利的部分就应当作为税收债权清偿。也正是在这个意义上，有专家建议用“无优先权的债权”来代替本条的“普通债权”。[①]

二、关于债权受偿款的提存

除前文所述结果上的未完全受偿或放弃优先受偿权利的情形外，司法实践中，可能还会出现在担保财产尚未完成变价前，管理人已就无担保财产制作破产财产分配方案提交债权人会议表决，或者在未纳入重整投资范围内的担保财产尚未完成变价前，管理人或债务人已向债权人会议提交重整计划草案的情况。此时，便涉及如何为可能发生的未完全受偿债权提存受偿款的问题。实务中，可综合担保财产的市场价值、担保权人是否怠于行使权利等因素予以确定。具体而言，管理人原则上以担保财产评估价值确定未完全受偿债权数额，担保权人认为担保财产实际变现价值低于评估价值的，可提供同期同类财产变价情况等材料予以佐证，并明确希望保留的债权数额。对于留置、动产质押等担保权人可自行处分的担保财产，经管理人合理催告后，担保权人怠于行使权利的，管理人可根据掌握的资料自行确定保留数额，不掌握相关资料的，可不予考虑保留数额。

类案检索

1. 黑龙江森工小额贷款有限责任公司、哈尔滨仁皇药业股份有限公司与破产有关的纠纷案

关键词： 抵押财产　优先受偿权　无法优先受偿　普通债权

裁判摘要： 黑龙江森工小额贷款有限责任公司（以下简称森工小贷公司）因与哈尔滨仁皇药业股份有限公司（以下简称仁皇股份公司）、黑龙江彤利投

① 韩传华：《企业破产法解析》，人民法院出版社2007年版，第330~331页。

资有限责任公司（以下简称彤利公司）与破产有关的纠纷一案，不服黑龙江省高级人民法院（2019）黑民终22号民事判决，向最高人民法院申请再审。森工小贷公司请求确认其对仁皇股份公司的破产债权在案涉抵押财产范围内享有优先受偿权。

最高人民法院经审查认为，《资产评估说明书》中载明，仁皇股份公司管理人无法提供纳入本次评估的机器设备清单，按管理人的要求以评估机构现场勘查机器设备明细为准，如机器设备的权属及其之后的一切纠纷，由仁皇股份公司管理人承担一切责任，与评估机构无关。该项内容表明，该次评估仅就现场勘查机器价值进行评估，并未对机器设备（包括本案讼争的阿城厂区机器设备）的权属进行确认和区分。阿城厂区的原有机器设备由哈尔滨仁皇药业股份有限公司（以下简称仁皇有限公司）与仁皇股份公司先后抵押给奥地利奥合国际银行股份有限公司北京分行（以下简称奥合银行）与森工小贷公司。仁皇股份公司于2011年用自有房产、土地及机器设备抵押给奥合银行用于担保1.28亿元债权，其后于2013年向森工小贷公司提供担保的机器设备据《资产评估报告书》（哈金城评报字［2013］第083号）评估明细表显示均购置启用于2008年以前。现仁皇股份公司自成立至设立抵押时原有机器设备清单及数量、仁皇股份公司设立仁皇有限公司时用于出资的机器设备清单及数量因原始账册等缺失均无法查清；彤利公司和森工小贷公司经对阿城厂区机器设备两次抵押的清单比对无法查明是否为同一抵押物，经现场盘点双方亦无法对现存机器设备权属予以区分。故此，在案涉机器设备购置时间久远、动产变动情况不明，现有证据亦无法区分两次抵押的抵押物对象范围的情况下，根据前述抵押物的价值情况及设定抵押的时间，应推定彤利公司与森工小贷公司的抵押物均及于阿城厂区的全部机器设备，并按照抵押登记先后顺序决定抵押权实现的顺位。森工小贷公司以其抵押物可区别于彤利公司抵押物为由主张对阿城厂区全部机器设备优先受偿，但又不能举证证明其享有抵押权的对象范围，应自行承担举证不能的法律后果。由于抵押物价值现已无法清偿顺位在先的彤利公司的债权，森工小贷公司的抵押权显已不能实现。根据《企业破产法》第110条规定，森工小贷公司不能依抵押权而优先受偿的债权应作为普通债权通过破产程序清偿。

【案　　号】（2020）最高法民申794号

【审理法院】最高人民法院

【来　　源】中国裁判文书网

2. 甘肃一品弘生物科技股份有限公司管理人与兰州市安宁区乾金达小额贷款有限责任公司、李某等借款合同纠纷案

关键词：申报普通债权　放弃优先受偿权

裁判摘要：甘肃一品弘生物科技股份有限公司管理人（以下简称一品弘公司管理人）因与兰州市安宁区乾金达小额贷款有限责任公司（以下简称乾金达公司）、李某等借款合同纠纷一案，不服兰州市中级人民法院（2015）兰民二初字第118号民事判决，向甘肃省高级人民法院申请再审。2014年4月28日，乾金达公司与李某签订《人民币借款合同》，约定借款800万元。当日，乾金达公司与李某、一品弘公司等签订《担保合同》，约定一品弘公司以其合法拥有的生产原材料和生产半成品及产品为上述合同项下贷款作质押担保。2015年4月13日，甘肃省金昌市中级人民法院裁定受理一品弘公司重整一案。申报债权期间，乾金达公司将本案债权申报为无财产担保的债权。2015年7月28日，金昌市中级人民法院作出（2015）金中民破字第1–2号民事裁定书，确认乾金达公司无争议债权为9904000元（其中：本金8000000元，利息1904000元），为无财产担保债权。2016年12月9日，金昌市中级人民法院裁定宣告一品弘公司破产。

甘肃省高级人民经审理认为，本案争议焦点之一是，乾金达公司将本案债权以普通债权向一品弘公司管理人申报债权，是否视为其放弃了担保物权优先受偿权的问题。申报债权期间，乾金达公司将本案债权申报为无财产担保的债权，并经债权人会议表决通过，且金昌市中级人民法院于2015年7月28日作出的（2015）金中民破字第1–2号民事裁定书已经确认乾金达公司的该债权为无财产担保的债权。《企业破产法》第44条规定："人民法院受理破产申请时对债务人享有债权的债权人，依照本法规定的程序行使权利。"该法第48条、第49条规定，债权人应当在人民法院确定的债权申报期限内向管理人申报债权。债权人申报债权时，应当书面说明债权的数额和有无财担保，并提交有关证据。该法第110条规定："享有本法第一百零九条规定权利的债权人行使优先受偿权利未能完全受偿的，其未受偿的债权作为普通债权；放弃优先受偿权利的，其债权作为普通债权。"根据上述法律规定，对破产企业享有的任何债权都必须经申报才可能受偿，作为优先受偿的别除权亦应申报，否则要承

担不利的法律后果。因此，乾金达公司在一品弘公司破产重整期间申报债权时将其原享有质权的债权未按照有担保物权的债权进行申报，视为其放弃了优先受偿权，其债权只能作为普通债权进行受偿。

【案　　号】（2017）甘民再39号

【审理法院】甘肃省高级人民法院

【来　　源】中国裁判文书网

第二节 变价和分配

第一百一十一条　管理人应当及时拟订破产财产变价方案，提交债权人会议讨论。

管理人应当按照债权人会议通过的或者人民法院依照本法第六十五条第一款规定裁定的破产财产变价方案，适时变价出售破产财产。

关联规定

一、法律、行政法规、司法解释

1.《中华人民共和国企业破产法》

第六十一条　债权人会议行使下列职权：

（一）核查债权；

（二）申请人民法院更换管理人，审查管理人的费用和报酬；

（三）监督管理人；

（四）选任和更换债权人委员会成员；

（五）决定继续或者停止债务人的营业；

（六）通过重整计划；

（七）通过和解协议；

（八）通过债务人财产的管理方案；

（九）通过破产财产的变价方案；

（十）通过破产财产的分配方案；

（十一）人民法院认为应当由债权人会议行使的其他职权。

债权人会议应当对所议事项的决议作成会议记录。

第六十五条　本法第六十一条第一款第八项、第九项所列事项，经债权人会议表决未通过的，由人民法院裁定。

本法第六十一条第一款第十项所列事项，经债权人会议二次表决仍未通过的，由人民法院裁定。

对前两款规定的裁定，人民法院可以在债权人会议上宣布或者另行通知债权人。

2.《最高人民法院关于适用〈中华人民共和国企业破产法〉若干问题的规定（二）》

第二十六条　权利人依据企业破产法第三十八条的规定行使取回权，应当在破产财产变价方案或者和解协议、重整计划草案提交债权人会议表决前向管理人提出。权利人在上述期限后主张取回相关财产的，应当承担延迟行使取回权增加的相关费用。

第二十九条　对债务人占有的权属不清的鲜活易腐等不易保管的财产或者不及时变现价值将严重贬损的财产，管理人及时变价并提存变价款后，有关权利人就该变价款行使取回权的，人民法院应予支持。

3.《最高人民法院关于适用〈中华人民共和国企业破产法〉若干问题的规定（三）》

第十五条　管理人处分企业破产法第六十九条规定的债务人重大财产的，应当事先制作财产管理或者变价方案并提交债权人会议进行表决，债权人会议表决未通过的，管理人不得处分。

管理人实施处分前，应当根据企业破产法第六十九条的规定，提前十日书面报告债权人委员会或者人民法院。债权人委员会可以依照企业破产法第六十八条第二款的规定，要求管理人对处分行为作出相应说明或者提供有关文件依据。

债权人委员会认为管理人实施的处分行为不符合债权人会议通过的财产管理或变价方案的，有权要求管理人纠正。管理人拒绝纠正的，债权人委员会可以请求人民法院作出决定。

人民法院认为管理人实施的处分行为不符合债权人会议通过的财产管理或变价方案的，应当责令管理人停止处分行为。管理人应当予以纠正，或者提交债权人会议重新表决通过后实施。

4.《最高人民法院关于破产企业国有划拨土地使用权应否列入破产财产等问题的批复》

湖北省高级人民法院：

你院鄂高法〔2002〕158号《关于破产企业国有划拨土地使用权应否列入破产财产以及有关抵押效力认定等问题的请示》收悉。经研究，答复如下：

一、根据《中华人民共和国土地管理法》第五十八条第一款第（三）项及《城镇国有土地使用权出让和转让暂行条例》第四十七条的规定，破产企业以划拨方式取得的国有土地使用权不属于破产财产，在企业破产时，有关人民政府可以予以收回，并依法处置。纳入国家兼并破产计划的国有企业，其依法取得的国有土地使用权，应依据国务院有关文件规定办理。

二、企业对其以划拨方式取得的国有土地使用权无处分权，以该土地使用权设定抵押，未经有审批权限的人民政府或土地行政管理部门批准的，不影响抵押合同效力；履行了法定的审批手续，并依法办理抵押登记的，抵押权自登记时设立。根据《中华人民共和国城市房地产管理法》第五十一条的规定，抵押权人只有在以抵押标的物折价或拍卖、变卖所得价款缴纳相当于土地使用权出让金的款项后，对剩余部分方可享有优先受偿权。但纳入国家兼并破产计划的国有企业，其用以划拨方式取得的国有土地使用权设定抵押的，应依据国务院有关文件规定办理。

三、国有企业以关键设备、成套设备、建筑物设定抵押的，如无其他法定的无效情形，不应当仅以未经政府主管部门批准为由认定抵押合同无效。

本批复自公布之日起施行，正在审理或者尚未审理的案件，适用本批复，但对提起再审的判决、裁定已经发生法律效力的案件除外。

此复

5.《最高人民法院关于〈中华人民共和国企业破产法〉施行时尚未审结的企业破产案件适用法律若干问题的规定》

第十三条 债权人对于财产分配方案的裁定不服，已经申诉的，由上一级人民法院依据申诉程序继续审理；企业破产法施行后提起申诉的，人民法院应当告知其依据企业破产法第六十六条的规定申请复议。

债权人对于人民法院作出的债务人财产管理方案的裁定或者破产财产变价方案的裁定不服，向受理破产申请的人民法院申请复议的，人民法院应当依据企业破产法第六十六条的规定予以受理。

债权人或者债务人对破产宣告裁定有异议，已经申诉的，由上一级人民法院依据申诉程序继续审理；企业破产法施行后提起申诉的，人民法院不予受理。

二、司法指导性文件

《全国法院破产审判工作会议纪要》

25. 担保权人权利的行使与限制。在破产清算和破产和解程序中，对债务人特定财产享有担保权的债权人可以随时向管理人主张就该特定财产变价处置行使优先受偿权，管理人应及时变价处置，不得以须经债权人会议决议等为由拒绝。但因单独处置担保财产会降低其他破产财产的价值而应整体处置的除外。

26. 破产财产的处置。破产财产处置应当以价值最大化为原则，兼顾处置效率。人民法院要积极探索更为有效的破产财产处置方式和渠道，最大限度提升破产财产变价率。采用拍卖方式进行处置的，拍卖所得预计不足以支付评估拍卖费用，或者拍卖不成的，经债权人会议决议，可以采取作价变卖或实物分配方式。变卖或实物分配的方案经债权人会议两次表决仍未通过的，由人民法院裁定处理。

条文释义

一、本条主旨

本条是关于破产财产变价方案的规定。

二、条文演变

《企业破产法（草案）》第134条“债务人被宣告破产，管理人应当依照债权人会议通过的破产财产变价方案，适时变卖破产财产”以及第135条“管理人应当适时准备破产财产变价方案，并提交债权人会议讨论。债权人会议讨论通过破产财产的变价方案”的规定对破产财产变价方案进行了明确，在最终颁布的《企业破产法》中对上述两条进行了合并，并作了较大调整，增加了人民法院裁定通过破产财产变价方案的情形。

三、条文解读

（一）分配方式

破产财产的分配以货币分配为主，因此，管理人在进行最后的破产分配前，必须对非金钱状态的破产财产实施变价。变价结果直接决定着可供分配的破产财产的金钱价值的多少，从保护债权人、破产人的利益出发，都要求在破产财产变价时必须防止其价值的贬损。因此，法律必须确定变价制度，保证变价能够实现非金钱状态破产财产的价值最大化。①

（二）变价依据

按照本条的规定，破产财产的变价，必须按照破产财产变价方案的规定执行。而破产财产变价方案原则上应当由管理人准备、制定，并提交债权人会议讨论通过。这主要是因为，进入破产清算程序以后，由于破产财产基本上难以清偿所有的破产债权，所以，此时的破产财产虽然为破产人所有，实际上却应该是全体债权人的共同财产。由债权人会议按照法定程序表决通过的破产财产变价方案，从程序上看是全体债权人博弈的结果，代表了大多数债权人的意愿，维护了大多数债权人的利益，可以保证破产财产变价公平、合理地进行。虽然这一制度设计在一定程度上限制了管理人对破产财产实施灵活变价的权利，牺牲了一定的效率，但却保证了公平。②

适用指引

一、破产财产变价方案的制定

破产财产变价方案由管理人准备和制定。破产财产变价方案应当包含待变价的破产财产的总量、财产的类别、财产的估价和所在地点、变价财产的原则

① 全国人大常委会法制工作委员会：《〈中华人民共和国企业破产法〉释义及实用指南》，中国民主法制出版社2006年出版，第285页。

② 全国人大常委会法制工作委员会：《〈中华人民共和国企业破产法〉释义及实用指南》，中国民主法制出版社2006年出版，第286页。

和方式、变价地点和时间、变价费用等与破产财产变价有关的内容。按照本条第 1 款的规定，管理人在拟订破产财产变价方案时，应当“及时”进行。管理人应当从实现待变价的破产财产的价值最大化的角度出发，根据破产程序的进行程度，按照破产财产的性质和市场变化，及时、合理地准备破产财产变价方案，以最大程度防止破产财产的价值贬损。

同时，破产财产的变价方案，应当以原则性规定为主，一般不应当对每一项待变价破产财产的具体变价方式、变价地点和变价时间作出详细规定。如果变价方案对变价规定得过于具体，反而不适宜变化的市场，会影响破产财产变价的顺利进行，有时候甚至会导致某些破产财产无法及时实现变价或不能变价，从而造成破产财产的贬损，损害债权人的利益。当然，上面只是从实现破产财产价值最大化的角度对破产财产变价方案内容所作的分析。法律对破产财产变价方案应当包括什么内容，应当具体还是原则，并没有作出具体规定，而是交由债权人会议自行决定。

二、破产财产变价方案的通过

债权人会议通过破产财产变价方案，应当按照本法第 64 条的规定，由出席会议有表决权的债权人的过半数通过，并且其所代表的债权额应当占无财产担保的债权额的 1/2 以上。

实践中，由于债权债务关系复杂，各债权人有各自的利益，债权人会议有时难以在某一问题，比如，破产财产变价方案、破产财产分配方案方面达成一致。所以，为了提高处理破产案件的效率，避免破产程序被无谓拖延，《企业破产法》第 65 条规定，当债权人会议不能表决通过破产财产变价方案时，人民法院可以依法裁定。同时，根据《企业破产法》第 66 条的规定，债权人对裁定不服的，可以自裁定宣布之日或者收到通知之日起 15 日内向作出裁定的人民法院申请复议，复议期间不停止裁定的执行。

三、破产财产变价方案的执行

（一）破产财产变价方案的执行主体

管理人变价出售破产财产是其管理、处分破产财产的职责体现，管理人履行职责应当积极，变价出售破产财产应当依法，以最大程度保护债务人、债权人的利益。为了规范管理人对破产财产的变价出售行为，督促管理人依法及时地履行职责，《企业破产法》第111条第2款规定，管理人应当按照债权人会议通过的或者人民法院依照《企业破产法》第65条第1款规定裁定的破产财产变价方案，适时变价出售破产财产。根据本款的规定，管理人是破产财产变价方案的执行主体，依法执行破产财产变价方案是管理人的法定职责。

（二）管理人变价财产执行依据

管理人变价出售破产财产必须以破产财产变价方案为依据。管理人不按照破产财产变价方案变价出售破产财产造成债务人、债权人或者第三人损失的，应当依法承担赔偿责任。

（三）变价财产适时要求

管理人变价出售破产财产必须适时。管理人适时将破产财产变价出售不但是管理人积极履行职责的体现，也是实现破产财产的价值以使债权人债权充分实现的必然要求。因此，作为受委托工作的管理人，应当积极履行职责，避免因工作延误给破产案件当事人特别是债权人利益造成损害或者不利。管理人未勤勉尽责，不忠实执行职务给债权人、债务人或者第三人造成损失的，应当依法承担赔偿责任。破产财产进行变价的时机可以从两方面理解：一方面，管理人不应急于变价出售破产财产，在债权调查终结前及未对破产财产进行评估前不应当对财产进行变价出售；另一方面，管理人应当根据破产财产的实际情况及时处理破产财产，如不适合储存、不能储存或不宜保留而需要及时处理的物品，管理人就应当尽快对其变价出售或者采取其他方式予以处理，以使其价值最大化。[1]

① 李国光主编：《新企业破产法理解与适用》，人民法院出版社2006年版，第489~490页。

类案检索

中国邮政储蓄银行股份有限公司嘉峪关市分行与甘肃梓钊律师事务所管理人责任纠纷案

关键词：管理人责任纠纷 担保财产

裁判摘要：首先，《企业破产法》第109条规定对破产人的特定财产享有担保权的权利人，对该特定财产享有优先受偿的权利。《破产审判会议纪要》第25条指出："担保权人权利的行使与限制。在破产清算和破产和解程序中，对债务人特定财产享有担保权的债权人可以随时向管理人主张就该特定财产变价处置行使优先受偿权，管理人应及时变价处置，不得以须经债权人会议决议等为由拒绝。"原判决参考该会议纪要精神，认为管理人在保障债权人的优先受偿权的过程中处置担保财产不以债权人会议作出决议为必经程序，并无不妥。其次，甘肃梓钊律师事务所（以下简称梓钊律师事务所）被法院指定为破产清算管理人后，委托有关机构对债权人中国邮政储蓄银行股份有限公司（以下简称邮储银行）设定担保的财产，即案涉啤酒花颗粒进行了审计和评估作价，并依据评估价在司法拍卖网络平台上进行公开拍卖，第一次流拍后又以评估价的70%作为起拍价进行第二次公开拍卖，再次流拍。期间，梓钊律师事务所将拍卖公告信息通过微信公众号、微信朋友圈及多家媒体发布。在案涉啤酒花颗粒无法变现的情况下，该所就以实物优先偿还担保债权方案与邮储银行进行了面谈，并向其送达《关于担保债权以实物优先受偿的通知书》。邮储银行签收该通知书，并在面谈中表示同意以实物优先受偿其担保债权，后续亦未明确作出放弃以实物折抵债务的意思表示。在此情形下，梓钊律师事务所在法院工作人员监督下将案涉啤酒花颗粒移交给邮储银行。原判决根据以上事实，认定梓钊律师事务所不存在违反管理人忠实、勤勉义务的失职行为，并无不当。邮储银行关于其未与该所达成以物抵债合意，梓钊律师事务所在保管、拍卖、处置案涉啤酒花颗粒等担保财产时未履行管理人忠实、勤勉义务的主张，缺乏事实和法律依据，其关于原判决认定的基本事实缺乏证据证明、适用法律确有错误的申请再审理由不能成立。

【案　　号】(2021)最高法民申1207号

【审理法院】最高人民法院

【来　　源】中国裁判文书网

第一百一十二条　变价出售破产财产应当通过拍卖进行。但是，债权人会议另有决议的除外。

破产企业可以全部或者部分变价出售。企业变价出售时，可以将其中的无形资产和其他财产单独变价出售。

按照国家规定不能拍卖或者限制转让的财产，应当按照国家规定的方式处理。

关联规定

一、法律、行政法规、司法解释

1.《中华人民共和国拍卖法》

第三条　拍卖是指以公开竞价的形式，将特定物品或者财产权利转让给最高应价者的买卖方式。

第七条　法律、行政法规禁止买卖的物品或者财产权利，不得作为拍卖标的。

2.《最高人民法院关于人民法院网络司法拍卖若干问题的规定》

第二条　人民法院以拍卖方式处置财产的，应当采取网络司法拍卖方式，但法律、行政法规和司法解释规定必须通过其他途径处置，或者不宜采用网络拍卖方式处置的除外。

第六条　实施网络司法拍卖的，人民法院应当履行下列职责：

（一）制作、发布拍卖公告；

（二）查明拍卖财产现状、权利负担等内容，并予以说明；

（三）确定拍卖保留价、保证金的数额、税费负担等；

（四）确定保证金、拍卖款项等支付方式；

（五）通知当事人和优先购买权人；

（六）制作拍卖成交裁定；

（七）办理财产交付和出具财产权证照转移协助执行通知书；

（八）开设网络司法拍卖专用账户；

（九）其他依法由人民法院履行的职责。

第十条 网络司法拍卖应当确定保留价，拍卖保留价即为起拍价。

起拍价由人民法院参照评估价确定；未作评估的，参照市价确定，并征询当事人意见。起拍价不得低于评估价或者市价的百分之七十。

第十二条 网络司法拍卖应当先期公告，拍卖公告除通过法定途径发布外，还应同时在网络司法拍卖平台发布。拍卖动产的，应当在拍卖十五日前公告；拍卖不动产或者其他财产权的，应当在拍卖三十日前公告。

拍卖公告应当包括拍卖财产、价格、保证金、竞买人条件、拍卖财产已知瑕疵、相关权利义务、法律责任、拍卖时间、网络平台和拍卖法院等信息。

第十三条 实施网络司法拍卖的，人民法院应当在拍卖公告发布当日通过网络司法拍卖平台公示下列信息：

（一）拍卖公告；

（二）执行所依据的法律文书，但法律规定不得公开的除外；

（三）评估报告副本，或者未经评估的定价依据；

（四）拍卖时间、起拍价以及竞价规则；

（五）拍卖财产权属、占有使用、附随义务等现状的文字说明、视频或者照片等；

（六）优先购买权主体以及权利性质；

（七）通知或者无法通知当事人、已知优先购买权人的情况；

（八）拍卖保证金、拍卖款项支付方式和账户；

（九）拍卖财产产权转移可能产生的税费及承担方式；

（十）执行法院名称，联系、监督方式等；

（十一）其他应当公示的信息。

第十四条 实施网络司法拍卖的，人民法院应当在拍卖公告发布当日通过网络司法拍卖平台对下列事项予以特别提示：

（一）竞买人应当具备完全民事行为能力，法律、行政法规和司法解释对买受人资格或者条件有特殊规定的，竞买人应当具备规定的资格或者条件；

（二）委托他人代为竞买的，应当在竞价程序开始前经人民法院确认，并通知网络服务提供者；

（三）拍卖财产已知瑕疵和权利负担；

（四）拍卖财产以实物现状为准，竞买人可以申请实地看样；

（五）竞买人决定参与竞买的，视为对拍卖财产完全了解，并接受拍卖财产一切已知和未知瑕疵；

（六）载明买受人真实身份的拍卖成交确认书在网络司法拍卖平台上公示；

（七）买受人悔拍后保证金不予退还。

第十六条 网络司法拍卖的事项应当在拍卖公告发布三日前以书面或者其他能够确认收悉的合理方式，通知当事人、已知优先购买权人。权利人书面明确放弃权利的，可以不通知。无法通知的，应当在网络司法拍卖平台公示并说明无法通知的理由，公示满五日视为已经通知。

优先购买权人经通知未参与竞买的，视为放弃优先购买权。

第十七条 保证金数额由人民法院在起拍价的百分之五至百分之二十范围内确定。

竞买人应当在参加拍卖前以实名交纳保证金，未交纳的，不得参加竞买。申请执行人参加竞买的，可以不交保证金；但债权数额小于保证金数额的按差额部分交纳。

交纳保证金，竞买人可以向人民法院指定的账户交纳，也可以由网络服务提供者在其提供的支付系统中对竞买人的相应款项予以冻结。

3.《最高人民法院关于适用〈中华人民共和国企业破产法〉若干问题的规定（三）》

第十五条 管理人处分企业破产法第六十九条规定的债务人重大财产的，应当事先制作财产管理或者变价方案并提交债权人会议进行表决，债权人会议表决未通过的，管理人不得处分。

管理人实施处分前，应当根据企业破产法第六十九条的规定，提前十日书面报告债权人委员会或者人民法院。债权人委员会可以依照企业破产法第六十八条第二款的规定，要求管理人对处分行为作出相应说明或者提供有关文件依据。

债权人委员会认为管理人实施的处分行为不符合债权人会议通过的财产管理或变价方案的，有权要求管理人纠正。管理人拒绝纠正的，债权人委员会可以请求人民法院作出决定。

人民法院认为管理人实施的处分行为不符合债权人会议通过的财产管理或变价方案的，应当责令管理人停止处分行为。管理人应当予以纠正，或者提交债权人会议重新表决通过后实施。

4.《最高人民法院关于破产企业国有划拨土地使用权应否列入破产财产等问题的批复》

湖北省高级人民法院：

你院鄂高法〔2002〕158号《关于破产企业国有划拨土地使用权应否列入破产财产以及有关抵押效力认定等问题的请示》收悉。经研究，答复如下：

一、根据《中华人民共和国土地管理法》第五十八条第一款第（三）项及《城镇国有土地使用权出让和转让暂行条例》第四十七条的规定，破产企业以划拨方式取得的国有土地使用权不属于破产财产，在企业破产时，有关人民政府可以予以收回，并依法处置。纳入国家兼并破产计划的国有企业，其依法取得的国有土地使用权，应依据国务院有关文件规定办理。

二、企业对其以划拨方式取得的国有土地使用权无处分权，以该土地使用权设定抵押，未经有审批权限的人民政府或土地行政管理部门批准的，不影响抵押合同效力；履行了法定的审批手续，并依法办理抵押登记的，抵押权自登记时设立。根据《中华人民共和国城市房地产管理法》第五十一条的规定，抵押权人只有在以抵押标的物折价或拍卖、变卖所得价款缴纳相当于土地使用权出让金的款项后，对剩余部分方可享有优先受偿权。但纳入国家兼并破产计划的国有企业，其用以划拨方式取得的国有土地使用权设定抵押的，应依据国务院有关文件规定办理。

三、国有企业以关键设备、成套设备、建筑物设定抵押的，如无其他法定的无效情形，不应当仅以未经政府主管部门批准为由认定抵押合同无效。

本批复自公布之日起施行，正在审理或者尚未审理的案件，适用本批复，但对提起再审的判决、裁定已经发生法律效力的案件除外。

此复

二、司法指导性文件

《全国法院破产审判工作会议纪要》

25. 担保权人权利的行使与限制。在破产清算和破产和解程序中，对债务人特定财产享有担保权的债权人可以随时向管理人主张就该特定财产变价处置行使优先受偿权，管理人应及时变价处置，不得以须经债权人会议决议等为由拒绝。但因单独处置担保财产会降低其他破产财产的价值而应整体处置的除外。

26. 破产财产的处置。破产财产处置应当以价值最大化为原则，兼顾处置效率。人民法院要积极探索更为有效的破产财产处置方式和渠道，最大限度提升破产财产变价率。采用拍卖方式进行处置的，拍卖所得预计不足以支付评估拍卖费用，或者拍卖不成的，经债权人会议决议，可以采取作价变卖或实物分配方式。变卖或实物分配的方案经债权人会议两次表决仍未通过的，由人民法院裁定处理。

47. 运用信息化手段提高破产案件处理的质量与效率。要适应信息化发展趋势，积极引导以网络拍卖方式处置破产财产，提升破产财产处置效益。鼓励和规范通过网络方式召开债权人会议，提高效率，降低破产费用，确保债权人等主体参与破产程序的权利。

条文释义

一、本条主旨

本条是关于破产财产变价方式的规定。

二、条文演变

《企业破产法（试行）》第36条规定了与本条相类似的内容，即要求破产财产中的成套设备，一般应当整体出售。整体出售成套设备，有助于保存该设备的特定使用价值，有助于提高破产财产变卖价格，从而更好地维护破产债权人的利益。本条在《企业破产法（试行）》的基础上又进行了扩大，将整体出售的范围扩大到整个破产企业，即在变卖破产财产的时候，可以将破产企业的整体或者部分作为一个独立的财产进行变卖。《企业破产法（草案）》第136条规定："变卖破产财产应当通过拍卖进行。但债权人会议另有决议的除外。破产企业可以全部或者部分变卖。企业变卖时，可以将其中的无形财产和其他财产单独变卖。依照国家规定不能公开拍卖或者出售的财产，应当依照国家规定的方式予以变卖。"现行《企业破产法》保持了该规定。

三、条文解读

变价出售破产财产应当以实现破产财产的最大价值，从而最大程度地使债权人的债权得到清偿为出发点和归宿点。为了规范破产财产的变价出售行为，保护各当事人的权益，本条对破产财产的变价出售作了规定。

（一）变价方式

变价出售破产财产通过拍卖方式进行，有利于充分实现破产财产的应有价值，使债权人的债权得到最大程度的清偿。破产程序中，对于破产财产的变价，原则上采取拍卖的方式进行。其背后的机理，在于利用拍卖的公开性和竞争性，确保变价的公开和公正，以及实现对财产价值的发现。但是，破产财产并非都是适于拍卖的。在公开公正的基础上，尚需要考虑变价的效率性和强制性。对于鲜活易腐的需要及时变价，采取拍卖方式进行未必可行。对于特定物的处置，法律有相应的强制性规定，则需要遵从其规定。另外，破产财产变价的目的是清偿债务。在破产程序中，债务清偿并不排除“合意”，亦即债权人会议可以对财产变价和债权分配形成决议，如决议以物抵债。此时，财产“变价”与债务清偿就“合二为一”。

（二）变价财产的范围和组合

为了最大程度地发挥破产财产的作用，减少社会资源的浪费，对破产财产特别是成套设备，整体出售不但有利于保持破产财产的价值，发挥其特定的作用，更能提高破产财产的出售价格，保护债权人的利益。因此，变价出售破产企业财产时，应当尽可能地整体变价出售。当然，如果破产企业的设备陈旧，破产企业不适合整体变价出售或者无法整体变价出售的，则只能将破产企业的破产财产单独地、部分地变价出售。实践中，一些破产企业的破产财产形态复杂多样，有动产和不动产，如交通工具、设备、厂房，有有形资产和无形资产，如属有形资产的设备，属无形资产的知识产权，这些破产财产如果在变价出售时能整体或者全部地变价出售，不但能提高破产财产的出售价格，也能有效发挥其效用，因此，应当尽可能整体变价出售。但确实不适合或者不能整体变价出售的，可以单独变价出售。出于上述考虑，本条规定，破产企业可以全部或者部分变价出售；企业变价出售时，可以将其中的无形资产和其他财产单独变价出售。

（三）特殊财产的处置

实践中，一些破产企业的破产财产存在多样性，并且有的财产还存在特殊性，不能或者被限制在市场上自由流通或者交易，如黄金、白银、外汇、文物、精神药品等，这些物品由国家依法进行管制，任何组织或者个人只能依法持有。因此，处理这些破产财产就需要按照国家有关规定进行，由国家有关部门收购或者依照有关法律、行政法规的规定处理，不得进行拍卖或者以其他方式变价出售。因此，本条规定按照国家规定不能拍卖或者出售的财产，应当按照国家规定的方式处理。

适用指引

一、破产财产的变价原则上应当通过拍卖的方式进行

拍卖是指以公开竞价的方式出售财产的买卖行为。通过拍卖方式以公开竞价的方式进行，由出价最高者获得拍卖标的物，可以保证破产财产变价的公平、公开。因此，本条第 1 款作出原则性的规定，破产财产的变价应当以拍卖的方式进行。但是，对破产财产的变价毕竟直接关系的是全体债权人的利益，在变价方式上也要尊重债权人的意愿。因此，本条第 1 款的但书部分规定，债权人会议另有决议的除外。如果大多数债权人愿意对部分待变价的破产财产或者全部待变价的破产财产以拍卖以外的方式进行变价，比如，直接作价变卖可以更好地实现破产财产的金钱价值，并将这一意愿体现为债权人会议通过的破产财产变价方案，或者以单独决议的形式对此作出规定，那么破产财产的变价就可以不采取拍卖方式，而按照债权人会议决议的规定对破产财产实施变价。[①]

二、破产企业可以全部或者部分变卖

破产企业的整体或者部分变卖，是包括各种生产力要素在内的变卖，不仅

① 全国人大常委会法制工作委员会：《〈中华人民共和国企业破产法〉释义及实用指南》，中国民主法制出版社 2006 年出版，第 288 页。

包括破产企业的生产设备、厂房、知识产权，还可以包括破产企业的营销网络等无形资产，甚至还可以包括破产企业的研发、营销方面的人力资源。将破产企业或其某一特定营业项目进行整体或者部分变卖，不但可以提高破产财产变卖价格，还可以维持破产企业的整体经营或者某一可以独立经营的营业项目的部分经营，减少因破产企业解体对整个社会交易秩序的破坏，在一定程度上还可以保障民生和就业。

对破产企业的整体或者部分变卖并不绝对。破产企业中的无形财产和其他财产如果将其单独变卖不影响破产企业的整体经营或者某一特定营业项目的独立经营，而且可以提高破产财产的整体变卖价格，按照本条第 2 款的规定，也可以单独变卖。[①]

类案检索

新兴铸管（浙江）铜业有限公司与江苏谋盛律师事务所管理人责任纠纷案

关键词： 管理人责任纠纷　破产财产变卖

裁判摘要：《企业破产法》第 112 条规定变价出售破产财产应当通过拍卖进行。但是，债权人会议另有决议的除外。根据一审查明事实，破产企业第二次债权人会议表决通过了包括变价方案、破产财产分配方案在内的各项决议。宜兴市人民法院生效裁定确认了债权人会议表决通过的财产分配方案。新兴铸管（浙江）铜业有限公司（以下简称新兴公司）出席了会议并参与了表决，债权人会议决议对新兴公司具有约束力。经江苏谋盛律师事务所（以下简称管理人）申请，宜兴市人民法院通过淘宝网司法拍卖网络平台依法对案涉财产进行了三次拍卖和一次变卖，均因无人购买而未成交，后经再次将案涉财产在上述网络平台进行公开变卖，买受人以最高价 3500 万元买受，并付清竞买款项，宜兴市人民法院裁定予以确认。新兴公司虽认为管理人变卖破产企业财产的行为损害了其利益，但其提供的证据不足以证实其主张。同时，《最高人民法院关于人民法院民事执行中拍卖、变卖财产的规定》规范对象为民事执行程序中

① 全国人大常委会法制工作委员会：《〈中华人民共和国企业破产法〉释义及实用指南》，中国民主法制出版社 2006 年出版，第 289 页。

的拍卖、变卖措施，并不适用本案破产财产变价程序，故新兴公司关于破产财产变价明显低于正常的价格，致使其债权不能得到合理清偿的上诉请求没有事实和法律依据，不能成立。《企业破产法》第 64 条第 2 款规定，债权人认为债权人会议的决议违反法律规定，损害其利益的，可以自债权人会议作出决议之日起 15 日内请求人民法院裁定撤销该决议，责令债权人会议依法重新作出决议。新兴公司并未在上述法定期限内提出异议。客观上，本案破产财产经变价处理尚不足以清偿前一顺序优先债权，作为第二顺序优先债权人的新兴公司其权益并未受到实质损害。故新兴公司关于管理人剥夺了其就库存电缆优先受偿的权利且未书面告知，造成新兴公司重大经济损失的上诉理由缺乏依据。

综上，新兴公司的上诉请求及理由不能成立，本院不予采纳。一审判决认定事实清楚，适用法律正确，处理结果适当，应予维持。

【案　　号】（2018）苏民终 171 号

【审理法院】江苏省高级人民法院

【来　　源】中国裁判文书网

第一百一十三条　破产财产在优先清偿破产费用和共益债务后，依照下列顺序清偿：

（一）破产人所欠职工的工资和医疗、伤残补助、抚恤费用，所欠的应当划入职工个人账户的基本养老保险、基本医疗保险费用，以及法律、行政法规规定应当支付给职工的补偿金；

（二）破产人欠缴的除前项规定以外的社会保险费用和破产人所欠税款；

（三）普通破产债权。

破产财产不足以清偿同一顺序的清偿要求的，按照比例分配。

破产企业的董事、监事和高级管理人员的工资按照该企业职工的平均工资计算。

关联规定

一、法律、行政法规、司法解释

1.《中华人民共和国公司法》

第二百一十六条　本法下列用语的含义：

（一）高级管理人员，是指公司的经理、副经理、财务负责人，上市公司董事会秘书和公司章程规定的其他人员。

2.《中华人民共和国企业破产法》

第一百三十二条　本法施行后，破产人在本法公布之日前所欠职工的工资和医疗、伤残补助、抚恤费用，所欠的应当划入职工个人账户的基本养老保险、基本医疗保险费用，以及法律、行政法规规定应当支付给职工的补偿金，依照本法第一百一十三条的规定清偿后不足以清偿的部分，以本法第一百零九条规定的特定财产优先于对该特定财产享有担保权的权利人受偿。

3.《最高人民法院关于适用〈中华人民共和国企业破产法〉若干问题的规定（二）》

第三条 债务人已依法设定担保物权的特定财产，人民法院应当认定为债务人财产。

对债务人的特定财产在担保物权消灭或者实现担保物权后的剩余部分，在破产程序中可用以清偿破产费用、共益债务和其他破产债权。

第四条 债务人对按份享有所有权的共有财产的相关份额，或者共同享有所有权的共有财产的相应财产权利，以及依法分割共有财产所得部分，人民法院均应认定为债务人财产。

人民法院宣告债务人破产清算，属于共有财产分割的法定事由。人民法院裁定债务人重整或者和解的，共有财产的分割应当依据民法典第三百零三条的规定进行；基于重整或者和解的需要必须分割共有财产，管理人请求分割的，人民法院应予准许。

因分割共有财产导致其他共有人损害产生的债务，其他共有人请求作为共益债务清偿的，人民法院应予支持。

第十一条 人民法院根据管理人的请求撤销涉及债务人财产的以明显不合理价格进行的交易的，买卖双方应当依法返还从对方获取的财产或者价款。

因撤销该交易，对于债务人应返还受让人已支付价款所产生的债务，受让人请求作为共益债务清偿的，人民法院应予支持。

第二十四条 债务人有企业破产法第二条第一款规定的情形时，债务人的董事、监事和高级管理人员利用职权获取的以下收入，人民法院应当认定为企业破产法第三十六条规定的非正常收入：

（一）绩效奖金；

（二）普遍拖欠职工工资情况下获取的工资性收入；

（三）其他非正常收入。

债务人的董事、监事和高级管理人员拒不向管理人返还上述债务人财产，管理人主张上述人员予以返还的，人民法院应予支持。

债务人的董事、监事和高级管理人员因返还第一款第（一）项、第（三）项非正常收入形成的债权，可以作为普通破产债权清偿。因返还第一款第（二）项非正常收入形成的债权，依据企业破产法第一百一十三条第三款的规定，按照该企业职工平均工资计算的部分作为拖欠职工工资清偿；高出该企业职工平均工资计算的部分，可以作为普通破产债权清偿。

第三十条 债务人占有的他人财产被违法转让给第三人，依据民法典第三百一十一条的规定第三人已善意取得财产所有权，原权利人无法取回该财产的，人民法院应当按照以下规定处理：

（一）转让行为发生在破产申请受理前的，原权利人因财产损失形成的债权，作为普通破产债权清偿；

（二）转让行为发生在破产申请受理后的，因管理人或者相关人员执行职务导致原权利人损害产生的债务，作为共益债务清偿。

第三十一条 债务人占有的他人财产被违法转让给第三人，第三人已向债务人支付了转让价款，但依据民法典第三百一十一条的规定未取得财产所有权，原权利人依法追回转让财产的，对因第三人已支付对价而产生的债务，人民法院应当按照以下规定处理：

（一）转让行为发生在破产申请受理前的，作为普通破产债权清偿；

（二）转让行为发生在破产申请受理后的，作为共益债务清偿。

第三十二条 债务人占有的他人财产毁损、灭失，因此获得的保险金、赔偿金、代偿物尚未交付给债务人，或者代偿物虽已交付给债务人但能与债务人财产予以区分的，权利人主张取回就此获得的保险金、赔偿金、代偿物的，人民法院应予支持。

保险金、赔偿金已经交付给债务人，或者代偿物已经交付给债务人且不能与债务人财产予以区分的，人民法院应当按照以下规定处理：

（一）财产毁损、灭失发生在破产申请受理前的，权利人因财产损失形成的债权，作为普通破产债权清偿；

（二）财产毁损、灭失发生在破产申请受理后的，因管理人或者相关人员执行职务导致权利人损害产生的债务，作为共益债务清偿。

债务人占有的他人财产毁损、灭失，没有获得相应的保险金、赔偿金、代偿物，或者保险金、赔偿物、代偿物不足以弥补其损失的部分，人民法院应当按照本条第二款的规定处理。

第三十六条 出卖人破产，其管理人决定解除所有权保留买卖合同，并依据企业破产法第十七条的规定要求买受人向其交付买卖标的物的，人民法院应予支持。

买受人以其不存在未依约支付价款或者履行完毕其他义务，或者将标的物出卖、出质或者作出其他不当处分情形抗辩的，人民法院不予支持。

买受人依法履行合同义务并依据本条第一款将买卖标的物交付出卖人管理人后，买受人已支付价款损失形成的债权作为共益债务清偿。但是，买受人违反合同约定，出卖人管理人主张上述债权作为普通破产债权清偿的，人民法院应予支持。

第三十七条　买受人破产，其管理人决定继续履行所有权保留买卖合同的，原买卖合同中约定的买受人支付价款或者履行其他义务的期限在破产申请受理时视为到期，买受人管理人应当及时向出卖人支付价款或者履行其他义务。

买受人管理人无正当理由未及时支付价款或者履行完毕其他义务，或者将标的物出卖、出质或者作出其他不当处分，给出卖人造成损害，出卖人依据民法典第六百四十一条等规定主张取回标的物的，人民法院应予支持。但是，买受人已支付标的物总价款百分之七十五以上或者第三人善意取得标的物所有权或者其他物权的除外。

因本条第二款规定未能取回标的物，出卖人依法主张买受人继续支付价款、履行完毕其他义务，以及承担相应赔偿责任的，人民法院应予支持。对因买受人未支付价款或者未履行完毕其他义务，以及买受人管理人将标的物出卖、出质或者作出其他不当处分导致出卖人损害产生的债务，出卖人主张作为共益债务清偿的，人民法院应予支持。

第三十八条　买受人破产，其管理人决定解除所有权保留买卖合同，出卖人依据企业破产法第三十八条的规定主张取回买卖标的物的，人民法院应予支持。

出卖人取回买卖标的物，买受人管理人主张出卖人返还已支付价款的，人民法院应予支持。取回的标的物价值明显减少给出卖人造成损失的，出卖人可从买受人已支付价款中优先予以抵扣后，将剩余部分返还给买受人；对买受人已支付价款不足以弥补出卖人标的物价值减损损失形成的债权，出卖人主张作为共益债务清偿的，人民法院应予支持。

4.《最高人民法院关于适用〈中华人民共和国企业破产法〉若干问题的规定（三）》

第一条　人民法院裁定受理破产申请的，此前债务人尚未支付的公司强制清算费用、未终结的执行程序中产生的评估费、公告费、保管费等执行费用，可以参照企业破产法关于破产费用的规定，由债务人财产随时清偿。

此前债务人尚未支付的案件受理费、执行申请费，可以作为破产债权清偿。

第二条 破产申请受理后，经债权人会议决议通过，或者第一次债权人会议召开前经人民法院许可，管理人或者自行管理的债务人可以为债务人继续营业而借款。提供借款的债权人主张参照企业破产法第四十二条第四项的规定优先于普通破产债权清偿的，人民法院应予支持，但其主张优先于此前已就债务人特定财产享有担保的债权清偿的，人民法院不予支持。

管理人或者自行管理的债务人可以为前述借款设定抵押担保，抵押物在破产申请受理前已为其他债权人设定抵押的，债权人主张按照民法典第四百一十四条规定的顺序清偿，人民法院应予支持。

5.《最高人民法院关于对因资不抵债无法继续办学被终止的民办学校如何组织清算问题的批复》

贵州省高级人民法院：

你院《关于遵义县中山中学被终止后人民法院如何受理“组织清算”的请示》〔（2010）黔高研请字第1号〕收悉。经研究，答复如下：

依照《中华人民共和国民办教育促进法》第十条批准设立的民办学校因资不抵债无法继续办学被终止，当事人依照《中华人民共和国民办教育促进法》第五十八条第二款规定向人民法院申请清算的，人民法院应当依法受理。人民法院组织民办学校破产清算，参照适用《中华人民共和国企业破产法》规定的程序，并依照《中华人民共和国民办教育促进法》第五十九条规定的顺序清偿。

6.《最高人民法院关于审理军队、武警部队、政法机关移交、撤销企业和与党政机关脱钩企业相关纠纷案件若干问题的规定》

第九条 被开办企业向社会或者向企业内部职工集资未清偿的，在破产财产分配时，应当按照《中华人民共和国企业破产法》第一百一十三条第一款第一项的规定予以清偿。

7.《最高人民法院关于〈中华人民共和国企业破产法〉施行时尚未审结的企业破产案件适用法律若干问题的规定》

第十四条 企业破产法施行后，破产人的职工依据企业破产法第一百三十二条的规定主张权利的，人民法院应予支持。

第十五条 破产人所欠董事、监事和高级管理人员的工资，应当依据企业破产法第一百一十三条第三款的规定予以调整。

二、司法指导性文件

1.《最高人民法院关于依法妥善审理涉新冠肺炎疫情民事案件若干问题的指导意见（二）》

19. 要进一步推进执行与破产程序的衔接。在执行程序中发现被执行人因疫情影响具备破产原因但具有挽救价值的，应当通过释明等方式引导债权人或者被执行人将案件转入破产审查，合理运用企业破产法规定的执行中止、保全解除、停息止付等制度，有效保全企业营运价值，为企业再生赢得空间。同时积极引导企业适用破产重整、和解程序，全面解决企业债务危机，公平有序清偿全体债权人，实现对困境企业的保护和拯救。

执行法院作出移送决定前已经启动的司法拍卖程序，在移送决定作出后可以继续进行。拍卖成交的，拍卖标的不再纳入破产程序中债务人财产范围，但是拍卖所得价款应当按照破产程序依法进行分配。执行程序中已经作出资产评估报告或者审计报告，且评估结论在有效期内或者审计结论满足破产案件需要的，可以在破产程序中继续使用。

2.《全国法院破产审判工作会议纪要》

27. 企业破产与职工权益保护。破产程序中要依法妥善处理劳动关系，推动完善职工欠薪保障机制，依法保护职工生存权。由第三方垫付的职工债权，原则上按照垫付的职工债权性质进行清偿；由欠薪保障基金垫付的，应按照企业破产法第一百一十三条第一款第二项的顺序清偿。债务人欠缴的住房公积金，按照债务人拖欠的职工工资性质清偿。

28. 破产债权的清偿原则和顺序。对于法律没有明确规定清偿顺序的债权，人民法院可以按照人身损害赔偿债权优先于财产性债权、私法债权优先于公法债权、补偿性债权优先于惩罚性债权的原则合理确定清偿顺序。因债务人侵权行为造成的人身损害赔偿，可以参照企业破产法第一百一十三条第一款第一项规定的顺序清偿，但其中涉及的惩罚性赔偿除外。破产财产依照企业破产法第一百一十三条规定的顺序清偿后仍有剩余的，可依次用于清偿破产受理前产生的民事惩罚性赔偿金、行政罚款、刑事罚金等惩罚性债权。

39. 协调审理的法律后果。协调审理不消灭关联企业成员之间的债权债务关系，不对关联企业成员的财产进行合并，各关联企业成员的债权人仍以该企业成员财产为限依法获得清偿。但关联企业成员之间不当利用关联关系形成的债权，应当劣后于其他普通债权顺序清偿，且该劣后债权人不得就其他关联企业成员提供的特定财产优先受偿。

49. 对跨境破产与互惠原则。人民法院在处理跨境破产案件时，要妥善解决跨境破产中的法律冲突与矛盾，合理确定跨境破产案件中的管辖权。在坚持同类债权平等保护的原则下，协调好外国债权人利益与我国债权人利益的平衡，合理保护我国境内职工债权、税收债权等优先权的清偿利益。积极参与、推动跨境破产国际条约的协商与签订，探索互惠原则适用的新方式，加强我国法院和管理人在跨境破产领域的合作，推进国际投资健康有序发展。

50. 跨境破产案件中的权利保护与利益平衡。依照企业破产法第五条的规定，开展跨境破产协作。人民法院认可外国法院作出的破产案件的判决、裁定后，债务人在中华人民共和国境内的财产在全额清偿境内的担保权人、职工债权和社会保险费用、所欠税款等优先权后，剩余财产可以按照该外国法院的规定进行分配。

条文释义

一、本条主旨

本条是关于破产财产清偿顺序的规定。

二、条文演变

《企业破产法（试行）》第37条规定："清算组提出破产财产分配方案，经债权人会议讨论通过，报请人民法院裁定后执行。破产财产优先拨付破产费用后，按照下列顺序清偿：（一）破产企业所欠职工工资和劳动保险费用；（二）破产企业所欠税款；（三）破产债权。破产财产不足清偿同一顺序的清偿要求的，按照比例分配。"而在《企业破产法（草案）》第137条规定："破产财产在优先清偿破产费用和共益债务后，依照下列顺序清偿：（一）破产人所欠职工工资和欠缴的社会保险费用，以及法律、行政法规规定应当支付给职工的补偿金等其他费用；（二）破产人所欠税款；（三）普通破产债权。破产财产不足以清偿同一顺序的清偿要求的，按照比例分配。本条第一款第（一）项所称职工工资不包括破产企业的董事、经理和其他负责人的工资。”现行《企业破产法》对草案中关于社会保险部分区分类型调整清偿顺位，并对破产企业的董事、监事和高级管理人员的工资进行了明确。

三、条文解读

破产人进入破产清算程序以后，一般来说其财产不足以支付全部破产债权，在破产清偿顺序中的位置前后，将直接决定着债权人债权的满足程度。因此，如何确定破产清偿顺序，在破产清算程序中如何维护全体债权人的整体利益并保护特定债权人的债权优先获得清偿，不仅仅是一个单纯的法律问题，还是一个社会问题和政治问题。在确定破产清偿顺序时，不但要注意维护法律制度的统一和确定，还要从本国的实际出发，从维护社会经济秩序和社会秩序的稳定出发进行考量，同时也要参考国际上的通行做法。本条从我国的国情出发，结合实践中的经验和国际惯例，对破产清偿顺序作了规定。

适用指引

一、破产财产的清偿顺序

（一）优先清偿破产费用和共益债务

破产费用是为了保证破产程序的进行而支付的各种费用，包括破产案件的受理费用、债务人财产的管理变价和分配所需费用以及管理人执行职务的费用等。共益债务是管理人出于债权人的共同利益、在破产案件受理后管理破产财产所负担的债务。破产费用和共益债务均为破产程序能够开始和顺利进行的物质基础，因此，应当从破产财产中随时支付；否则破产程序就无法进行。[①]

① 全国人大常委会法制工作委员会：《〈中华人民共和国企业破产法〉释义及实用指南》，中国民主法制出版社 2006 年出版，第 290 页。

（二）清偿破产人所欠职工的工资和医疗、伤残补助、抚恤费用，所欠的应当划入职工个人账户的基本养老保险、基本医疗保险费用，以及法律、行政法规规定应当支付给职工的补偿金

根据本条第1款第1项的规定，列入第一清偿顺序的劳动者的债权主要包括三类，即拖欠的工资和医疗、伤残补助、抚恤费用，拖欠的社会保险费用中应当纳入职工个人账户的部分以及拖欠的应当支付给职工的补偿金。其中拖欠的工资和医疗、伤残补助、抚恤费用的含义很清楚，以下着重介绍一些社会保险费用和补偿金的范围。

1.关于社会保险。按照有关规定，我国现行的社会保险主要共包括五种，即（1）基本养老保险。（2）基本医疗保险。（3）失业保险。（4）工伤保险。（5）生育保险。

按照本条第1款第1项的规定，在现行的社会保险中，只有破产人所欠职工的应当纳入职工个人账户的基本养老保险和基本医疗保险费用，是作为第一顺序清偿的。

2.关于补偿金。目前我国法律、行政法规规定的应当支付给职工的补偿金主要包括以下几项：（1）因解除劳动合同应支付补偿金。（2）克扣、拖欠工资应支付补偿金。（3）因合同终止应支付补偿金。

对于法律、行政法规规定的其他应当支付给职工的补偿金，破产人拖欠未支付的，依照本条第1款第1项的规定，也作为第一清偿顺序的债权，应当优先支付。[①]

（三）本条第1款第1项规定以外的社会保险费用以及税款，有拖欠的，作为第二清偿顺序清偿

基本养老保险和基本医疗保险应当纳入统筹基金的部分以及失业保险、工伤保险、生育保险所拖欠的保险费和拖欠的税款，在第一顺序债权清偿完毕后，优先于其他普通破产债权清偿。

税收是国家财政的重要来源，在破产清算程序中，保证其优先受偿，有利

① 全国人大常委会法制工作委员会：《〈中华人民共和国企业破产法〉释义及实用指南》，中国民主法制出版社2006年出版，第291页。

于维护社会公共利益。[1]

（四）其他普通债权在上述两个顺位的债权完毕后，作为第三顺序的债权清偿

依法进行了债权申报的无担保的破产债权，无论其产生原因和性质如何，均要在职工债权和税款债权清偿完毕后，方能接受清偿。

二、其他清偿原则及高管人员工资的计算

破产财产不足以清偿同一顺序的清偿要求的，按照比例清偿。破产人进入破产清算程序时，可能其破产财产已经数量很少，连位于同一顺序的债权清偿都不能全部满足，这个时候就要按照本条第 2 款的规定，根据各个债权人的债权占该顺序总债权的比例，从破产财产中接受清偿。

破产企业的董事、监事和高级管理人员，对于企业的破产，应该说是负有一定责任的。同时，这部分高级管理人员的工资相对于企业的普通劳动者来说，是较高的。如果将其工资与普通劳动者的工资均作为第一清偿顺序进行清偿，可能是不公平的。因此，本条第 3 款对破产人高级管理人员的工资清偿进行一定的限制。按照该款规定，破产人董事、监事和高级管理人员的工资虽然可以作为第一顺序清偿，但其数额只能按照企业职工的平均工资计算。[2]

类案检索

1. 云南第一公路桥梁工程有限公司职工破产债权确认纠纷案

关键词：高级管理人员　平均工资　职工债权

裁判摘要：本院认为，根据当事人的再审申请事由，本案再审审查的重点为：（1）二审法院认定张某喜非云南第一公路桥梁工程有限公司（以下简称路桥一公司）的高级管理人员且 82388.85 元工资为职工债权是否正确；（2）

① 全国人大常委会法制工作委员会：《〈中华人民共和国企业破产法〉释义及实用指南》，中国民主法制出版社 2006 年出版，第 294 页。

② 李国光主编：《新企业破产法理解与适用》，人民法院出版社 2006 年版，第 494~526 页。

二审法院认定路桥一公司拖欠张某喜职工报销款68032.70元为职工债权是否正确。

关于二审法院认定张某喜非路桥一公司的高级管理人员且82388.85元工资为职工债权是否正确的问题。路桥一公司主张根据张某喜在所处的岗位、作用，及张某喜在工资报酬及福利待遇上远高于普通员工等情况，应认定为张某喜实质上为公司的高级管理人员，82388.85元工资并非职工债权。本院认为，根据《公司法》第216条第1款的规定可知，高级管理人员是指公司的经理、副经理、财务负责人，上市公司董事会秘书和公司章程规定的其他人员。高级管理人员系一个法定概念，应当以《公司法》第216条第1款的规定为标准进行严格认定，避免公司不当扩大高级管理人员的范畴，以加重劳动者的负担，造成劳资关系的失衡。在本案中，张某喜为路桥一公司的市场部经理，并不属于法律规定的高级管理人员，且路桥一公司的公司章程亦未将张某喜认定为公司的高级管理人员。故，二审法院认定张某喜非路桥一公司的高级管理人员，张某喜对路桥一公司享有的82388.85元债权为职工债权符合法律的规定。

关于二审法院认定路桥一公司拖欠张某喜职工报销款68032.70元为职工债权是否正确的问题。路桥一公司主张，该笔报销款不是法定的职工债权的范围，是普通债权。法院认为，企业职工为公司垫付的招投标费用、未报销的差旅费用等系基于劳动者履行职务而产生，不同于基于日常交易而与公司发生的一般性债务，垫付款往往来源于职工工资性收入，且该项支出目的是公司的生产经营需要，最终受益人是路桥一公司，故该笔报销款不应当认定为普通债权。二审法院将该项垫付款认定为职工债权的范畴并无不当。

【案　　号】（2021）最高法民申3624号

【审理法院】最高人民法院

【来　　源】中国裁判文书网

2. 周某文与上海同福矽晶有限公司职工破产债权确认纠纷案

关键词：劳动关系　劳务关系　职工债权

裁判摘要：《企业破产法》第113条第1款规定了破产人所欠职工的工资和医疗、伤残补助、抚恤费用，所欠的应当划入职工个人账户的基本养老保险、基本医疗保险费用以及法律、行政法规规定应当支付给职工的补偿金作为第一顺序进行清偿。依据该法律规定，作为第一顺位清偿的职工债权不属于商事债权，而是劳动关系上的债权，进而享有优先受偿的权利。因此，二审法院对《企业破产规定》第58条第1款中的“企业职工”的内涵，严格界定为与破产人之间具有劳动关系的劳动者，更符合破产法的立法目的和本意。周某文与上海同福矽晶有限公司之间系劳务关系，而不是劳动关系。一、二审法院对周某文的诉请不予支持，适用法律正确。

【案　　号】（2019）沪民申1898号

【审理法院】上海市高级人民法院

【来　　源】中国裁判文书网

第一百一十四条　破产财产的分配应当以货币分配方式进行。但是，债权人会议另有决议的除外。

关联规定

一、法律、行政法规、司法解释

1.《中华人民共和国民法典》

第五百一十四条　以支付金钱为内容的债，除法律另有规定或者当事人另有约定外，债权人可以请求债务人以实际履行地的法定货币履行。

2.《中华人民共和国劳动法》

第五十条　工资应当以货币形式按月支付给劳动者本人。不得克扣或者无故拖欠劳动者的工资。

二、司法指导性文件

《全国法院破产审判工作会议纪要》

26. 破产财产的处置。破产财产处置应当以价值最大化为原则，兼处置效率。人民法院要积极探索更为有效的破产财产处置方式和渠道，最大限度提升破产财产变价率。采用拍卖方式进行处置的，拍卖所得预计不足以支付评估拍卖费用，或者拍卖不成的，经债权人会议决议，可以采取作价变卖或实物分配方式。变卖或实物分配的方案经债权人会议两次表决仍未通过的，由人民法院裁定处理。

条文释义

一、本条主旨

本条是关于破产财产分配方式的规定。

二、条文演变

《企业破产法（试行）》并无本条相关规定。本条是现行《企业破产法》的新增条文，就破产财产分配方式作出规定。关于本条，《企业破产法（草案）》第138条规定，除债权人会议决议有特别规定的外，破产财产的分配应当以货币方式进行。现行《企业破产法》最终规定为本条的内容。

三、条文解读

破产财产的分配，在我国现行的司法实践中，主要有货币分配、实物分配和债权分配三种。即将破产财产分别以货币、实物或者债权的形式分配给债权人。其中，以货币分配为主，因为这种方式最容易在债权人之间达到公平。后两种方式主要是在破产财产不容易变价或者不能变价转化为货币，或者是根据债权人的决定不将破产财产中的实物或者债权变价，而是按照破产财产分配方案的规定直接将其分配给债权人。

以实物和债权的形式进行破产财产分配，均存在着一定的弊端。特别是债权分配，由于债权的实现存在着不确定性，会对债权人的利益产生损害。有的时候，即使债权是确定可以实现的，但要得以实现也需要付出一定的成本，这会减少破产债权人所受清偿，并会给破产债权人带来不必要的麻烦。同时，在实践中也存在着部分债权人、破产人、管理人利用实物分配和债权分配的弊端，将没有实际价值的实物和债权分给外地债权人或者小债权人损害其利益的情况。因此，对于破产财产的分配方式必须要进行一定的限制，以保护全体破产债权人的利益。

本条汲取有关实践经验作出规定，破产财产分配必须以货币分配为基本分配方式。这属于原则性规定，如果债权人会议有决议，也可以采取决议规定的方式分配。例如，对于破产财产中债权较多、债权关系复杂、管理人收回债权的难度较大又难以通过竞价交易实现债权的情况，债权人中有愿意接受债权分配的，并且债权人会议决议同意可以将某一债权直接分配破产债权人，可以采用债权分配方式。

适用指引

一、破产财产分配方式的原则与例外

破产清算程序的目的，在于通过对债务人财产进行变价并将其最终分配给债权人，以尽可能地满足债权人的清偿要求。因此，处置破产财产应当采取对全体债权人最有利的财产变价方式并以充分实现财产价值为目标。根据《企业破产法》的规定，破产财产的变价出售以拍卖为原则，分配以货币分配为原则，目的在于确保破产财产变价和分配的公正、公平。当破产财产拍卖所得不足以支付拍卖费用或拍卖不成的，为了节省成本、提升效率，《破产审判会议纪要》第26条规定，可以采取作价变卖的方式对破产财产进行变价，或者进行非金钱的实物分配。①

二、破产财产分配方式的限制

由于破产财产如何变价分配直接影响债权人的受偿利益，故《破产审判会议纪要》要求此时应当以债权人会议的决议为条件，即财产变价或分配方案应对作价变卖和实物分配的范围和具体办法作出规定。为避免债权人会议不能通过上述变价或实物分配方案而导致程序拖延，该条亦基于破产法有关债权人会议职权的规定，赋予法院在债权人会议表决无法通过上述方案的情况下及时裁定的权力，确保破产程序的有序推进。②

另一方面，破产财产分配受制于破产财产的变价。然而，必须看到随着社会主义市场经济的发展，企业的财产形态、财产价值形态愈发庞杂，简单的变价出售，难以实现财产价值的最大化，甚至难以实现变价。因此，实务中，已经出现以破产企业的全部所有者权益作为清偿债务的来源，或剥离成立信托计划，变处置资产为处置企业的"所有者权益"，通过债转股或债转份额的清偿方式。此种方式，不仅仅是债务的清偿方式，更是着眼于企业营业价值的"变

---

① 贺小荣、葛洪涛、郁琳：《破产清算、关联企业破产以及执行与破产衔接的规范与完善——〈全国法院破产审判工作会议纪要〉的理解与适用（下）》，载《人民司法·应用》2018年16期。

② 贺小荣、葛洪涛、郁琳：《破产清算、关联企业破产以及执行与破产衔接的规范与完善——〈全国法院破产审判工作会议纪要〉的理解与适用（下）》，载《人民司法·应用》2018年16期。

价方式”，是清偿与变价的“二合一”。对于此种方式，其合法性与合理性，原则上应当交由债权人会议审议，并取得债权人会议的决议。

典型案例

闽发证券有限责任公司与北京辰达科技投资有限公司、上海元盛投资管理有限公司、上海全盛投资发展有限公司、深圳市天纪和源实业发展有限公司合并破产清算案

关键词：实物分配

裁判摘要：申请人闽发证券有限责任公司清算组于2008年7月5日以被申请人闽发证券有限责任公司（以下简称闽发证券）资不抵债，不能清偿到期债务为由，向福州市中级人民法院（以下简称福州中院）申请宣告闽发证券破产还债，并申请将上海元盛投资管理有限公司（以下简称上海元盛）、上海全盛投资发展有限公司（以下简称上海全盛）、北京辰达科技投资有限公司（以下简称北京辰达）、深圳市天纪和源实业发展有限公司（以下简称深圳天纪和源）纳入闽发证券破产清算程序，合并清算。

福州中院认为，申请人闽发证券有限责任公司清算组的申请符合破产案件的受理条件。经最高人民法院批准，依照《企业破产法》第10条、《证券公司风险处置条例》第37条的规定，于2008年7月18日裁定如下：

立案受理闽发证券有限责任公司清算组申请宣告闽发证券有限责任公司、上海元盛投资管理有限公司、上海全盛投资发展有限公司、北京辰达科技投资有限公司、深圳市天纪和源实业发展有限公司合并破产还债案。

后经审查，闽发证券因违法违规经营，扰乱证券市场秩序，造成巨额亏损，损害投资者的合法权益，其资产明显不足以清偿到期债务，应当宣告破产，依法清算偿债。四家关联公司由闽发证券出资设立，与闽发证券在管理上和资产上严重混同，无独立的公司法人人格，是闽发证券逃避监管，违法违规开展账外经营的工具，应当与闽发证券一并破产，合并清算。福州中院，依照《企业破产法》第2条第1款的规定，于2008年10月28日裁定如下：一、宣告闽发证券有限责任公司破产；二、宣告上海元盛投资管理有限公司、上海全盛投资发展有限公司、北京辰达科技投资有限公司、深圳市天纪和源实业发展

有限公司与闽发证券有限责任公司合并破产。

本案中，鉴于闽发证券破产财产及破产债权情况复杂，为保证债权人能够得以及时受偿，闽发证券破产清算案采取了多次分配的模式。具体为第一次破产财产分配方案于2010年1月10日执行，普通债权清偿率为37.91%；第二次破产财产分配方案分别于2010年7月、2010年12月、2011年7月共执行三次，普通债权的清偿率分别为12.468%、1.95%、1.22%，合计15.638%；第三次破产财产分配方案于2011年12月29日执行，普通债权清偿率为9.46%。经过三次破产财产分配方案的执行工作，闽发证券破产清算案中普通破产债权清偿率合计达到63.008%。

其中，对于闽发证券重仓持有的辽宁成大、双鹤药业等证券资产，经债权人会议审议表决采取了实物分配的方式进行分配，股票价格按照福州中院裁定认可分配方案之日起60个交易日内双鹤药业和辽宁成大股票各自的平均收盘价计算。2012年12月13日，福州中院裁定终结了该案的破产程序。

【审理法院】福建省福州市中级人民法院

【来　　源】《最高人民法院公报》2013年第11期

类案检索

1. 上海气体阀门总厂破产清算案

关键词：实物资产分配　对外债权分配

裁判摘要：经审查，上海气体阀门总厂管理人制作的上述破产财产分配方案，切合上海气体阀门总厂的实际情况且有相应的证据予以证实，其内容和清偿顺序符合法律规定。本院依照《企业破产法》第65条第2款、第66条之规定，裁定如下：对上海气体阀门总厂管理人制作于2013年12月20日的《上海气体阀门总厂破产清算案破产财产分配方案》，本院予以认可。

分配方案摘要：

（四）破产财产的分配方式

1. 实物资产分配方式

管理人将在本分配方案被宝山法院裁定认可之日起五日内将位于及保存于气体阀门总厂厂区内的房屋建筑物、机器设备、电子设备移交给依照本分配方案受领上述实物资产的债权人。依照本分配方案受领上述实物资产的4家债权人将共同受领上述实物资产，该等实物资产在该4家债权人之间的具体分配由该4家债权人自行协商安排。

2. 对外债权分配方式

气体阀门总厂对上海气体阀门制造股份有限公司的应收债权20226873.57元自本分配方案被宝山法院裁定认可之日起转移至依照本分配方案受领该等对外债权的债权人。依照本分配方案受领上述对外债权的4家债权人将共同受领上述对外债权，该等对外债权在该4家债权人之间的具体分配由该4家债权人自行协商安排。管理人将协助相关债权人向债务人发送债权转移通知。

……

（七）破产财产分配提示和风险揭示

1. 关于实物资产分配

气体阀门的厂房、机器设备曾被租赁给上海气体阀门制造股份有限公司、上海富翼工贸有限公司、上海光展金属制品有限公司、上海宝山陈行五金电器有限公司4家公司使用。管理人接管气体阀门总厂后，已向该4家公司发送了解除租赁协议的通知，并要求其尽快搬离厂房，并就厂房及相关机器设备与管理人进行交接。然而，截至目前，上述4家公司尚未与管理人办理厂房、设备交接手续，依据《上海气体阀门总厂财产变价调整方案》，管理人将以该等厂房、机器设备的现有状态直接交付给受领该等实物分配的债权人，受领该等实物分配的债权人需自行承担相应的诉讼和执行风险。

2. 关于对外债权分配

（1）管理人将气体阀门总厂对上海气体阀门制造股份有限公司的债权进行财产分配，属于应收债权的分配，但该等债权的实际追收工作尚在宝山法院诉讼过程中，因此，受理该等对外债权分配的债权人最终执行到位的对外债权金额取决于法院判决结果和执行结果，受领该等对外债权分配的债权人需自行承担相应的诉讼和执行风险。（2）经管理人查证及相应的审计、评估结果，气体阀门总厂对上海气体阀门制造股份有限公司享有的其他应收款为30904883.67元。另上海气体阀门制造股份有限公司向管理人依法申报债权金额为25949755.90元，其中，15271745.80元经管理人审查不予确认；其余10678010.10债权尚待上海气体阀门制造股份有限公司提交补充材料后最终确定。依据《企业破产法》及其司法解释的相关规定，管理人对与上海气体阀门制造股份有限公司尚待最终确认的10678010.10元债权金额相应的债务金额做抵销权提存，故本次用于破产财产分配的对外债权为对气体阀门享有的对上海气体阀门制造股份有限公司应收债权中的20226873.57元。（3）在气体阀门总厂破产程序中，如上海气体阀门制造股份有限公司抵销权不成立，则管理人会将上述提存的10678010.10元对外债权将再次分配给债权人。

【案　　号】（2012）宝民二（商）破字第5号之三

【审理法院】上海市宝山区人民法院

【来　　源】中国裁判文书网

2. 海航集团有限公司等321家公司实质合并重整案

关键词： 信托计划　信托财产

裁判摘要： 根据《信托法》的规定，由发起人作为委托人，成立信托计划，并将持有的总持股平台的股权以及对各业务板块的应收款债权注入信托计划，作为信托财产。信托成立后，信托计划通过总持股平台实现对所有信托底层资产的实控及管理，即将321家公司的全部资产纳入了信托计划。根据本《重整计划草案》的安排，信托底层资产包括信托计划可实际控制的重整企业直接持有的全部资产，具体包括但不限于各类上市公司股票、金融机构股权等股权投资类资产，房屋、土地、在建工程等实物资产，应收账款等其他资产。除小部分现金清偿及留债清偿外，原则上321家公司的全部债务将归集至发起人公司，并以发起人设立的信托计划份额受偿。其中：有财产担保债权人取得优先份额、普通债权人取得普通份额。债权人成为信托受益人后，即享有321家公司整体财产利益，可以分享重整后相关企业的运营及处置收益。

【案　　号】（2021）琼破2号

【审理法院】海南省高级人民法院

【来　　源】中国裁判文书网

第一百一十五条　管理人应当及时拟订破产财产分配方案，提交债权人会议讨论。

破产财产分配方案应当载明下列事项：

（一）参加破产财产分配的债权人名称或者姓名、住所；

（二）参加破产财产分配的债权额；

（三）可供分配的破产财产数额；

（四）破产财产分配的顺序、比例及数额；

（五）实施破产财产分配的方法。

债权人会议通过破产财产分配方案后，由管理人将该方案提请人民法院裁定认可。

关联规定

法律、行政法规、司法解释

1.《中华人民共和国企业破产法》

第六十一条　债权人会议行使下列职权：

（一）核查债权；

（二）申请人民法院更换管理人，审查管理人的费用和报酬；

（三）监督管理人；

（四）选任和更换债权人委员会成员；

（五）决定继续或者停止债务人的营业；

（六）通过重整计划；

（七）通过和解协议；

（八）通过债务人财产的管理方案；

（九）通过破产财产的变价方案；

（十）通过破产财产的分配方案；

（十一）人民法院认为应当由债权人会议行使的其他职权。

债权人会议应当对所议事项的决议作成会议记录。

第六十五条 本法第六十一条第一款第八项、第九项所列事项，经债权人会议表决未通过的，由人民法院裁定。

本法第六十一条第一款第十项所列事项，经债权人会议二次表决仍未通过的，由人民法院裁定。

对前两款规定的裁定，人民法院可以在债权人会议上宣布或者另行通知债权人。

第六十六条 债权人对人民法院依照本法第六十五条第一款作出的裁定不服的，债权额占无财产担保债权总额二分之一以上的债权人对人民法院依照本法第六十五条第二款作出的裁定不服的，可以自裁定宣布之日或者收到通知之日起十五日内向该人民法院申请复议。复议期间不停止裁定的执行。

第一百一十四条 破产财产的分配应当以货币分配方式进行。但是，债权人会议另有决议的除外。

第一百一十六条 破产财产分配方案经人民法院裁定认可后，由管理人执行。管理人按照破产财产分配方案实施多次分配的，应当公告本次分配的财产额和债权额。管理人实施最后分配的，应当在公告中指明，并载明本法第一百一十七条第二款规定的事项。

第一百一十七条 对于附生效条件或者解除条件的债权，管理人应当将其分配额提存。

管理人依照前款规定提存的分配额，在最后分配公告日，生效条件未成就或者解除条件成就的，应当分配给其他债权人；在最后分配公告日，生效条件成就或者解除条件未成就的，应当交付给债权人。

2.《中华人民共和国民事诉讼法》

第一百五十七条 裁定适用于下列范围：

（一）不予受理；

（二）对管辖权有异议的；

（三）驳回起诉；

（四）保全和先予执行；

（五）准许或者不准许撤诉；

（六）中止或者终结诉讼；

（七）补正判决书中的笔误；

（八）中止或者终结执行；

（九）撤销或者不予执行仲裁裁决；

（十）不予执行公证机关赋予强制执行效力的债权文书；

（十一）其他需要裁定解决的事项。

对前款第一项至第三项裁定，可以上诉。

裁定书应当写明裁定结果和作出该裁定的理由。裁定书由审判人员、书记员署名，加盖人民法院印章。口头裁定的，记入笔录。

第一百五十八条　最高人民法院的判决、裁定，以及依法不准上诉或者超过上诉期没有上诉的判决、裁定，是发生法律效力的判决、裁定。

条文释义

一、本条主旨

本条是关于破产财产分配方案的规定。

二、条文演变

在《企业破产法（试行）》第37条中仅规定了清算组提出破产财产分配方案，经债权人会议讨论通过，报请人民法院裁定后执行。此时尚未对破产财产分配方案所需载明的内容进行明确规定。《企业破产法（草案）》第139条规定："管理人应当及时准备破产财产分配方案，并提交债权人会议讨论。前款规定的分配方案应当记载下列事项：（一）参加破产财产分配的债权人姓名（名称）、住所；（二）参加破产财产分配的债权额；（三）可供分配的破产财产数额；（四）破产财产分配的顺序、比例及数额；（五）实施破产财产分配的方法。债权人会议讨论通过破产财产分配方案后，由管理人将该方案提交人民法院裁定。破产财产分配方案自人民法院裁定许可之日起生效。"在《企业破产法》条文中基本延续了上述草案规定的内容。

三、条文解读

（一）破产财产分配方案的制定

虽然法律已经对破产财产的清偿顺序进行了规定，但如何依据法律规定将破产财产分配给每一个债权人，以保证破产财产分配公平、合法、有序，就需要一个具体指导破产财产分配的文件。这一文件，有的国家的破产法称为破产财产分配表，我国称为破产财产分配方案。

破产财产分配方案是记载破产财产如何分配给债权人的书面文件，是执行破产分配的依据。在破产清算中，由管理人负责管理和支配破产财产，因此破产财产分配方案应当由管理人负责准备和制定。管理人在对破产财产进行清理、评估、变价后，应当迅速准备破产财产分配方案，并提交债权人会议讨论。

（二）破产财产分配方案的内容

本条第 2 款对破产财产分配方案的内容作了详细规定，按照该款规定，破产财产分配方案应当包括以下内容：

1. 参加破产财产分配的债权人姓名（名称）、住所。这些债权人包括已经确认债权（包括到期的债权、附条件的债权、附期限的债权）的债权人和涉讼或者仲裁未决的债权的债权人。债权人是自然人的，载明其姓名和住所；债权人是组织或者机构的，包括代表国家行使征税权的税务机关，载明其名称和住所。需要说明的是，所有在破产案件受理前对债务人享有的债权，都可以进行申报，成为破产债权。但是，并不是所有的债权人都会参加破产财产的分配，有担保的债权人通过行使本法规定的别除权，可以直接用别除权标的物满足自己的债权，不必参加破产财产分配；有的债权人通过依法行使抵销权，使自己的破产债权与对债务人所负的债务同归消灭，也不必参加破产财产的分配。对于需要通过参加破产财产分配来获得清偿的债权人，管理人应当将其姓名、住所详细、准确地记载于破产财产分配方案，以便于对其进行破产财产分配。

2. 参加破产财产分配的债权额。为了方便债权人会议审议破产财产分配方案，在方案里除了记载每一个接受分配的债权的具体数额，还要记载参加破产财产分配的债权的总额。

3. 可供分配的破产财产数额。管理人在记载这一事项时，应当说明如下内容：（1）破产财产的总体情况；（2）作为别除权标的物的破产财产的情况；（3）债务人占有的被行使取回权的财产情况；（4）破产财产变价的情况；（5）破产费用、共益债务的情况；（6）破产财产在扣除上述应当优先支付的事项后，所余的可供分配的财产数额。上面只有第6项是破产财产分配方案可以决定如何分配的破产财产。为了债权人会议审议的方便，对于该部分财产如何构成，依据如何，也应当进行说明。

4. 破产财产分配的顺序、比例及数额。即按照本法规定的顺序，对每一具体破产债权应当接受的分配顺序，其债权依法可以获得的清偿比例以及具体可获得的清偿数额，由管理人详细记载于破产财产分配方案中。这是破产财产分配方案最重要的内容，也是债权人最关心的内容。

5. 实施破产财产分配的方法。包括破产财产是实行一次分配还是多次分配，是实行货币分配还是实行非货币分配，以及破产财产分配的时间、地点等。

（三）破产财产分配方案的通过

管理人准备好破产财产分配方案后，应当提交债权人会议讨论。按照本法第64条的规定，应当由出席债权人会议的有表决权的债权人的过半数通过，并且其所代表的债权额占无担保的债权额的1/2以上，方可以通过破产财产分配方案。债权人会议在通过破产财产分配方案以后，应当依据本条第3款的规定，由管理人提请人民法院裁定，人民法院对破产财产分配方案的真实性、准确性和合法性进行审查，对符合法定条件的裁定认可。当然，由于债权人会议对事项的表决采取过半数通过的表决方式，实践中将难免会有破产财产分配方案不能表决通过的情形。如果债权人会议不能表决通过破产财产分配方案，破产财产的分配工作就无法进行，破产程序就无法终结，客观上不但降低了司法效率，也最终损害各债权人的利益。因此，对债权人会议关于破产财产分配方案的表决应有必要的规制。对于债权人会议没有通过的破产财产分配方案，按照本法第65条的规定，债权人会议两次表决均没有通过的，人民法院可以直接对破产财产分配方案作出裁定，该裁定一经作出就具有执行力。[①]

---

① 本书编写组编著：《〈中华人民共和国企业破产法〉释义及实用指南》，中国民主法制出版社2006年版，第299页。

适用指引

一、关于破产财产分配的方法

破产财产分配的方法有实行一次分配还是多次分配之分，也有货币分配与非货币分配之分。在破产财产分配方案中，多次分配的，应当载明多次分配的原因、次数以及各次分配的时间、地点；有货币分配和实物分配的，应当载明对哪些破产债权实施货币分配，对哪些破产债权实施实物分配以及实施实物分配的原因、具体方案。有应当提存的情况的，应当载明对哪些破产债权提存、提存的破产财产分配额以及如何处理被提存的破产财产。

其中，货币分配是最主要的方式，在能够将财产变价的前提下，这种方式是最容易实现公平的。非货币分配主要是在破产财产不易、不能变价，或者是根据债权人的决定，直接将其分配给债权人。以实物和债权的形式进行破产财产分配，均存在着一定弊端。特别是债权分配，由于债权的实现存在较大的不确定性，极有可能对债权人的利益产生损害。正因如此，为了保护部分债权人的利益，本法第 114 条规定破产财产分配必须以货币分配为主。这属于原则性规定，如果债权人会议有特别规定，也可以采取规定的方式进行分配。

二、破产财产分配方案之确认和救济

破产财产分配方案的确认是指破产财产分配方案经债权人会议依法表决通过后，再经由人民法院裁定认可的程序。

债权人会议通过的破产财产分配方案是否符合法律关于债务清偿的有关规定，有必要经由人民法院审查。因此，对于经债权人会议表决通过的破产财产分配方案，也不能赋予其当然的法律效力，有必要经过人民法院的审查确认。在法院审查中，可能存在两种情况：一是法院经过审查认为分配方案不符合法律规定，比如，分配方案违反了法定的清偿顺序，此时法院可以径行决定不予认可。需要注意的是，此时没有必要要求债权人依照《企业破产法》第 64 条规定提起请求撤销债权人会议决议的诉讼。对于此类必须经过法院认可的债权人会议决议，法院不予认可其就不能发生法律约束力，所以此时法院在不予认可的同时责令管理人重新拟定破产财产分配方案即可。二是法院经过审查认为分配方案符合法律规定并裁定认可。但是，经法院裁定认可后，债权人依照

《企业破产法》第64条规定在法定期间内起诉请求撤销决议的，人民法院仍应当进行审查，然后根据审查结果作出相应裁定。审查发现破产财产分配方案不符合法律规定或者存在损害其他债权人的合法利益的，应当裁定撤销决议并责令管理人重新制作分配方案或者责令债权人会议重新表决。实践中，有的法院为了避免经其裁定认可后的分配方案受到债权人提出的撤销决议之诉的挑战，就将其作出裁定的日期设定在债权人会议决议作成之日起15日后，以此避免债权人提出撤销决议诉讼后陷入被动。我们认为，这种操作方式并不可取，其容易人为耽误破产分配的进程。

债权人会议表决未通过的破产财产分配方案，按照《企业破产法》第65条第2款，法院可以裁定是否认可分配方案。但是，对于此类经法院裁定认可的分配方案，应当赋予当事人异议权予以救济。《企业破产法》第66条规定，债权额占无财产担保债权总额1/2以上的债权人可以自裁定宣布之日或者收到通知之日起15日内向作出裁定的法院申请复议。复议期间不停止裁定的执行。

类案检索

增城市医药总公司管理人申请破产清算纠纷案

关键词：破产财产分配方案

裁判摘要：2020年12月21日，增城市医药总公司召开第三次全体债权人会议，有表决权的普通债权人9名，均同意以书面方式对《增城市医药总公司破产财产分配方案及终结方案》进行表决。截至2020年12月21日，管理人收到8名普通债权人书面表决回函同意，1名债权人放弃表决。同意人数占有表决权债权人的88.9%，并且所代表的债权额占无财产担保债权总额的67.81%。依照《企业破产法》第64条、第115条规定，裁定认可第三次债权人会议通过的增城市医药总公司破产财产分配方案。

【案　　号】（2019）粤破1-5号民事裁定书

【审理法院】广东省高级人民法院

【来　　源】中国裁判文书网

第一百一十六条　破产财产分配方案经人民法院裁定认可后，由管理人执行。

管理人按照破产财产分配方案实施多次分配的，应当公告本次分配的财产额和债权额。管理人实施最后分配的，应当在公告中指明，并载明本法第一百一十七条第二款规定的事项。

关联规定

法律、行政法规、司法解释

1.《中华人民共和国企业破产法》

第一百一十四条　破产财产的分配应当以货币分配方式进行。但是，债权人会议另有决议的除外。

第一百一十五条　管理人应当及时拟订破产财产分配方案，提交债权人会议讨论。

破产财产分配方案应当载明下列事项：

（一）参加破产财产分配的债权人名称或者姓名、住所；

（二）参加破产财产分配的债权额；

（三）可供分配的破产财产数额；

（四）破产财产分配的顺序、比例及数额；

（五）实施破产财产分配的方法。

债权人会议通过破产财产分配方案后，由管理人将该方案提请人民法院裁定认可。

第一百一十七条　对于附生效条件或者解除条件的债权，管理人应当将其分配额提存。

管理人依照前款规定提存的分配额，在最后分配公告日，生效条件未成就或者解除条件成就的，应当分配给其他债权人；在最后分配公告日，生效条件成就或者解除条件未成就的，应当交付给债权人。

2.《中华人民共和国民事诉讼法》

第一百五十七条 裁定适用于下列范围：

（一）不予受理；

（二）对管辖权有异议的；

（三）驳回起诉；

（四）保全和先予执行；

（五）准许或者不准许撤诉；

（六）中止或者终结诉讼；

（七）补正判决书中的笔误；

（八）中止或者终结执行；

（九）撤销或者不予执行仲裁裁决；

（十）不予执行公证机关赋予强制执行效力的债权文书；

（十一）其他需要裁定解决的事项。

对前款第一项至第三项裁定，可以上诉。

裁定书应当写明裁定结果和作出该裁定的理由。裁定书由审判人员、书记员署名，加盖人民法院印章。口头裁定的，记入笔录。

条文释义

一、本条主旨

本条是关于破产财产分配方案执行的规定。

二、条文演变

在《企业破产法（草案）》第140条即规定“破产财产分配方案生效后，由管理人执行。管理人依据财产分配方案可以进行一次分配或者多次分配。管理人实施多次破产财产分配的，应当公告本次分配的财产额和债权额。管理人实施最后分配的，应当在公告中指明，并载明本法第一百四十一条第二款规定的事项。”在颁布的《企业破产法》条文中基本延续了该规定。

三、条文解读

（一）破产财产分配方案的执行

具有执行力的破产财产分配方案，按照本条第1款的规定，由管理人负责执行。管理人应当在破产财产分配方案生效后，通知参加破产财产分配的债权人，接受分配，并按照破产分配方案规定的顺序、方式、地点和时间，将可供分配的破产财产分配给债权人。①

（二）破产财产分配的方式

破产财产的分配可以采取一次分配或者多次分配的方式。一次分配就是将破产财产在特定集中的时间内一次性地分配给债权人；多次分配就是将破产财产根据变现的情况，在两个或者两个以上特定集中的时间内分配给债权人。根据我国司法实践，破产财产实行一次分配还是多次分配，主要取决于破产财产的变现状况。如果破产财产相对集中于一次性变价，或者变价比较顺利，则应采取一次分配的方式。如果破产财产构成相对复杂，不容易一次性或者相对集中的时间内变价，则应实行多次分配，变价一部分分配一部分，至于分配多少次，则根据破产财产变现的具体情况而定。②

（三）分配情况的公告

管理人对破产财产进行分配时，应当对分配的情况进行公告。管理人实施多次破产财产分配的，在每一次分配的时候都应当将本次分配破产财产的数额和破产债权的债权额进行公告，以达到使债权人知悉的目的。管理人在多次分配的情况下进行最后一次分配的时候，按照本条第2款的规定，除了要公告破产财产的数额和债权额以外，还要公告附条件的债权的分配规定，即在最后分配公告之日，生效条件未成就或者解除条件成就的，附条件的债权可以接受的清偿应当分配给其他债权人；在最后分配公告之日，生效条件成就或者解除条

① 全国人大常委会法制工作委员会：《〈中华人民共和国企业破产法〉释义及实用指南》，中国民主法制出版社2006年出版，第299页。

② 全国人大常委会法制工作委员会：《〈中华人民共和国企业破产法〉释义及实用指南》，中国民主法制出版社2006年出版，第300页。

件未成就的，应当对附条件的债权进行清偿。[①]

适用指引

一、关于实施破产财产分配方案的主体

管理人在破产程序中的主要职责是管理、处分、分配破产财产，使各债权人的债权得到公平清偿。依法实施破产财产分配方案，这是管理人应尽的职责。因此，本条第1款规定，破产财产分配方案生效后由管理人执行。

二、关于多次分配的表决问题

管理人对破产财产实施多次分配时，是否需要重新表决？根据《企业破产法》第115条第2款第5项的规定，破产财产分配方案应当载明实施破产财产分配的方法。这包括破产财产是实行一次分配还是多次分配，是实行货币财产分配还是实行非货币分配，以及破产财产分配的时间、地点等。这意味着在破产分配方案第一次表决时，已经就破产财产分配次数的问题进行表决，那么表决通过之后每次实施破产财产分配时无须再次表决。

需要注意的是，随着简易化审理的需要和实践，越来越多的破产财产分配，采取预先分配的方式进行。同时，随着大量“无产可破”案件的出现，严格按照“变价—分配”的处置进程，分别召开债权人会议、审议不同方案，亦有增加当事人负担之不必要。

三、关于破产财产的分配形式

破产财产的分配，在我国现行的司法实践中，主要有货币分配、实物分配和债权转让三种形式。其中，货币分配是最主要的方式，因为在能够将财产变价的前提下，这种方式是最容易实现公平。后两种主要是在破产财产不易、不能变价或者是根据债权人的决定，直接将其分配给债权人。以实物和债权转让的形式进行破产财产分配，均存在着一定弊端。特别是以债权转让的形式分配，由于此类债权的实现存在较大的不确定性，极有可能对债权人的利益产生

① 本书编写组编著：《〈中华人民共和国企业破产法〉释义及实用指南》，中国民主法制出版社2006年版，第300页。

损害。正因如此，为了保护部分债权人的利益，《企业破产法》第114条规定破产财产分配必须以货币分配为主。这属于原则性规定，如果债权人会议有特别规定，也可以采取规定的方式进行分配。

四、关于附条件债权的公告内容

根据《企业破产法》第117条第2款规定，提存以后，根据所附条件的不同而有不同的处理：（1）对于附解除条件的债权，在管理人实施最后一次破产分配并进行公告的时候，解除条件尚未成就的，此时的债权为有效成立的债权，应当将提存的分配额交付给债权人；如果在最后分配公告之日，解除条件已经成就，此时债权债务关系解除，附解除条件债权的债权人不再是破产债权人，提存的分配额应当分配给其他债权人。（2）对于附生效条件的债权，在管理人实施最后一次破产分配并进行公告的时候，生效条件尚未成就的，此时债权债务关系尚未有效成立，提存的分配额应当分配给其他债权人；如果在最后分配公告之日，生效条件成就，此时的债权为有效确定的债权，提存的分配额应当交付给债权人。在公告时则依据上述不同情况对于不同的附条件债权进行说明。[①]

类案检索

广发银行股份有限公司佛山分行与佛山市南海广亿五金制品有限公司管理人、佛山市天启企业破产清算服务有限公司管理人责任纠纷案

关键词：管理人责任分配方案

裁判摘要：关于佛山市天启企业破产清算服务有限公司（以下简称天启公司）是否造成广发银行股份有限公司佛山分行（以下简称佛山广发行）利息损失的问题。佛山广发行认为其享有的债权属优先债权，佛山市南海广亿五金制品有限公司（以下简称广亿公司）管理人在拍卖广亿公司财产后未及时向其优先划付价款而造成其利息损失，应由作为管理人的天启公司承担赔偿责任。对此：首先，对于优先债权的分配偿付，《企业破产法》第109条规定“对破产

① 本书编写组编著：《〈中华人民共和国企业破产法〉释义及实用指南》，中国民主法制出版社2006年版，第302页。

人的特定财产享有担保权的权利人，对该特定财产享有优先受偿的权利”，上述法律虽然规定了对破产债务人的特定财产享有担保权利的债权人有优先受偿的权利，但对于优先债权的分配偿付时间并未作出具体规定。其次，根据《企业破产法》第116条“破产财产分配方案经人民法院裁定认可后，由管理人执行”的规定，包括优先债权在内的财产分配方案应经法院认可。再次，如前所述，在广亿公司财产拍卖成交后，尚有部分费用需要在拍卖成交款项中扣除，在相关费用的扣除存在争议且未作出最终认定的情况下，难以确定债权人应承担的合理比例，相关款项的优先划付存在障碍。最后，广亿公司管理人于2015年1月16日向佛山广发行作出《关于办理收款手续的通知》，通知其收取担保物拍卖价款2600143.10元，佛山广发行对广亿公司管理人核定的数额有异议，本院于2015年3月9日对双方争议作出（2014）佛中法民二破字第7-11号通知书，认定扣除各项应承担的费用后佛山广发行可收取的优先受偿款为2592506.51元，其后广亿公司管理人已向佛山广发行划付优先受偿款项。由此可见，自广亿公司相关财产拍卖成交后至广亿公司管理人根据本院核定的优先受偿款项数额而向佛山广发行付款，期间广亿公司管理人并未存在明显拖延付款的情形。故佛山广发行以广亿公司管理人违反勤勉尽责义务为由诉请天启公司赔偿迟延划款的利息损失，没有法律和事实依据，本院不予支持。

【案　　号】（2015）佛中法民二初字第244号

【审理法院】广东省佛山市中级人民法院

【来　　源】中国裁判文书网

第一百一十七条 对于附生效条件或者解除条件的债权，管理人应当将其分配额提存。

管理人依照前款规定提存的分配额，在最后分配公告日，生效条件未成就或者解除条件成就的，应当分配给其他债权人；在最后分配公告日，生效条件成就或者解除条件未成就的，应当交付给债权人。

关联规定

法律、行政法规、司法解释

1.《中华人民共和国民法典》

第一百五十八条 民事法律行为可以附条件，但是根据其性质不得附条件的除外。附生效条件的民事法律行为，自条件成就时生效。附解除条件的民事法律行为，自条件成就时失效。

第一百五十九条 附条件的民事法律行为，当事人为自己的利益不正当地阻止条件成就的，视为条件已经成就；不正当地促成条件成就的，视为条件不成就。

第五百五十七条 第五百五十七条 有下列情形之一的，债权债务终止：

（一）债务已经履行；

（二）债务相互抵销；

（三）债务人依法将标的物提存；

（四）债权人免除债务；

（五）债权债务同归于一人；

（六）法律规定或者当事人约定终止的其他情形。

合同解除的，该合同的权利义务关系终止。

第五百七十条 有下列情形之一，难以履行债务的，债务人可以将标的物提存：

（一）债权人无正当理由拒绝受领；

（二）债权人下落不明；

（三）债权人死亡未确定继承人、遗产管理人，或者丧失民事行为能力未确定监护人；

（四）法律规定的其他情形。

标的物不适于提存或者提存费用过高的，债务人依法可以拍卖或者变卖标的物，提存所得的价款。

第五百七十一条　债务人将标的物或者将标的物依法拍卖、变卖所得价款交付提存部门时，提存成立。

提存成立的，视为债务人在其提存范围内已经交付标的物。

第五百七十二条　标的物提存后，债务人应当及时通知债权人或者债权人的继承人、遗产管理人、监护人、财产代管人。

第五百七十三条　标的物提存后，毁损、灭失的风险由债权人承担。提存期间，标的物的孳息归债权人所有。提存费用由债权人负担。

第五百七十四条　债权人可以随时领取提存物。但是，债权人对债务人负有到期债务的，在债权人未履行债务或者提供担保之前，提存部门根据债务人的要求应当拒绝其领取提存物。

债权人领取提存物的权利，自提存之日起五年内不行使而消灭，提存物扣除提存费用后归国家所有。但是，债权人未履行对债务人的到期债务，或者债权人向提存部门书面表示放弃领取提存物权利的，债务人负担提存费用后有权取回提存物。

2.《中华人民共和国企业破产法》

第十八条　人民法院受理破产申请后，管理人对破产申请受理前成立而债务人和对方当事人均未履行完毕的合同有权决定解除或者继续履行，并通知对方当事人。管理人自破产申请受理之日起二个月内未通知对方当事人，或者自收到对方当事人催告之日起三十日内未答复的，视为解除合同。

管理人决定继续履行合同的，对方当事人应当履行；但是，对方当事人有权要求管理人提供担保。管理人不提供担保的，视为解除合同。

第四十七条　附条件、附期限的债权和诉讼、仲裁未决的债权，债权人可以申报。

第五十六条　在人民法院确定的债权申报期限内，债权人未申报债权的，可以在破产财产最后分配前补充申报；但是，此前已进行的分配，不再对其补充分配。为审查和确认补充申报债权的费用，由补充申报人承担。

债权人未依照本法规定申报债权的，不得依照本法规定的程序行使权利。

第一百一十六条 破产财产分配方案经人民法院裁定认可后，由管理人执行。

管理人按照破产财产分配方案实施多次分配的，应当公告本次分配的财产额和债权额。管理人实施最后分配的，应当在公告中指明，并载明本法第一百一十七条第二款规定的事项。

3.《最高人民法院关于适用〈中华人民共和国企业破产法〉若干问题的规定（二）》

第三十四条 买卖合同双方当事人在合同中约定标的物所有权保留，在标的物所有权未依法转移给买受人前，一方当事人破产的，该买卖合同属于双方均未履行完毕的合同，管理人有权依据企业破产法第十八条的规定决定解除或者继续履行合同。

条文释义

一、本条主旨

本条是关于附条件的债权的破产分配的规定。

二、条文演变

《企业破产法（草案）》第141条规定："对于附条件的债权，由管理人提存。管理人依照前款提存的破产财产分配额，在最后分配公告日，停止条件未成就或者解除条件成就的，应当分配给其他债权人；在最后分配公告日，停止条件成就的或者解除条件未成就的，应当交付给债权人。"《企业破产法》对该条基本保留，同时更加明确地规定了所附条件的类型，以及提存的标的为"分配额"。

三、条文解读

（一）附条件债权

按照本法的规定，附条件的债权也可以进行债权申报，并作为破产债权参加破产财产的分配。但是，附条件的债权毕竟不同于一般的破产债权，具有不确定性，将随着条件的成就或者不成就使债权的存在与否发生变化。因此，对于附条件的债权实施的破产分配，不同于一般破产债权的分配，国外一般采取让债权人提供担保或者对其待分配债权进行提存的办法对这一问题进行处理。[①]

（二）破产财产分配时对附条件债权的处理

本条采取提存的办法解决附条件债权的破产分配问题。根据本条第1款规定，对于附条件的债权，管理人应当将其分配额提存。提存是民法上债务消灭的原因之一，是指由于债权人的原因而无法向其交付债的标的物时，债务人将该标的物提交给提存机关而消灭债务的一项制度。提存发生后，债务消灭，债权人不能再向债务人主张权利，提存标的物的灭失、毁损风险也转移给债权人，同时，提存费用也从提存标的物中支付。在破产分配时，管理人将附条件的债权的分配额提存以后，即视为已经向附条件债权的债权人履行了清偿义务，债权人只能按照法律的规定向提存机关主张领回其提存标的物，而不能再向管理人要求破产清偿。[②]

（三）对提存的附条件债权分配额的处理

本条第2款是关于提存的附条件债权分配额的处理规定。根据该款规定，提存以后，根据所附条件的不同而有不同的处理：（1）对于附解除条件的债权，在管理人实施最后一次破产分配并进行公告的时候，解除条件尚未成就的，此时的债权为有效成立的债权，应当将提存的分配额交付给债权人；如果

---

① 本书编写组编著：《〈中华人民共和国企业破产法〉释义及实用指南》，中国民主法制出版社2006年版，第301页。

② 本书编写组编著：《〈中华人民共和国企业破产法〉释义及实用指南》，中国民主法制出版社2006年版，第302页。

在最后分配公告之日，解除条件已经成就，此时债权债务关系解除，附解除条件债权的债权人不再是破产债权人，提存的分配额应当分配给其他债权人。（2）对于附停止条件的债权，在管理人实施最后一次破产分配并进行公告的时候，停止条件尚未成就的，此时债权债务关系尚未有效成立，提存的分配额应当分配给其他债权人；如果在最后分配公告之日，停止条件成就，此时的债权为有效确定的债权，提存的分配额应当交付给债权人。[①]

适用指引

一、附条件债权的清偿

对于附条件的债权，管理人在分配破产财产时，必须予以考虑，应当在破产财产中保留其份额。如果将来债权不成立，可以将被提存的分配额分配给其他债权人。因此，为了进一步规范破产财产分配活动，充分保护全体债权人的合法权益，本条第 1 款规定："对于附生效条件或者解除条件的债权，管理人应当将其分配额提存。"因此，管理人在分配破产财产时，必须将附条件债权的分配额提存，以便债权成立时用以交付附条件债权的债权人。

实务中，要重点理解和把握以下两个方面：一是附条件债权的审查重点是所附条件的类型以及条件成就或解除的情形。这便于为将来的债权认定和清偿奠定基础。二是附条件债权的核查。附条件的债权在条件成就或解除后仍需要提交债权人会议核查，并根据核查确认结果提请法院裁定确认。实践中，如待其条件成就或解除后再行提交债权人会议核查，则既拖延程序进程，又增加其他债权人的程序负担。因此，对于附条件债权的核查，可以在第一次债权人会议中提交债权人会议，并将相应的情形作出详细说明。债权人会议可以授权管理人在未来判断条件是否成就。这样既可以减少其他债权人程序负担，又可以清晰展现附条件债权的具体情形，保障全体债权人的知情权。

二、附条件债权分配额的处理

附条件债权成立时，提存的分配额就应当依法交付给债权人；债权不成立

① 全国人大常委会法制工作委员会：《〈中华人民共和国企业破产法〉释义及实用指南》，中国民主法制出版社 2006 年出版，第 302 页。

时，提存的分配额就应当依法在其他债权人间进行再分配。因此，为了明确对附条件债权的分配额的处理，保护债权人的合法利益，本条第 2 款规定："管理人依照前款规定提存的分配额，在最后分配公告日，生效条件未成就或者解除条件成就的，应当分配给其他债权人；在最后分配公告日，生效条件成就或者解除条件未成就的，应当交付给债权人。"

实务中，需要注意的是，既要防止债权人不当促成条件成就，更要避免拖延条件成就（指延迟至最后分配公告日）。在企业破产案件中，附条件债权的债权人，在明知条件不成就或难以成就时，可能会不当促使条件成就。如此，将损害其他债权人利益。对于不当促成条件成就的，实务中审查难度不大，管理人一般可以准确把握。另外一种情况则需要引起重视，那就是拖延条件成就，直至最后分配公告。所谓拖延条件成就，从其字面意义而言，就是延缓条件的成就。对此，需要做两方面的认识：一是拖延条件的成就，一是拖延条件的不成就。

从立法规定的角度看，附条件债权的审查认定，与债权分配，尤其最后分配，是可以独立进行的。但是，从实务的角度看，债权的审查、认定是分配的基础工作，尤其是在最后分配之前，一般都会要求能够认定的债权尽量认定（包含确认或不予确认）。对于附条件债权的审查、认定，需要根据条件的成就与否进行判断。在实务上，条件的成就与否，有赖于债权人一方的行为，对于破产的债务人及其管理人而言往往是被动接受，而不能主动追求。然而，有些债权人处于某种目的考虑（如因为债权的确定，会直接引发其他的争讼），希望债权处于不确定状态，从而拖延行为，延缓条件成就，给债权的审查认定造成障碍。如此，则既影响案件办理效率，又影响其他债权人的程序和实体利益，尤其是影响案件程序终结。从而影响其他债权人因清偿损失导致税务安排困难，增加其他债权人的负担。对此问题，管理人需要充分认识债权的审查认定与债权分配之间的关系，既是统一也是独立的。不要因为个别债权认定问题延缓整体的债权分配工作。

类案检索

交通银行股份有限公司杭州西湖区支行与浙江清水湾置业有限公司普通破产债权确认纠纷案

关键词：担保债权　附条件债权

裁判摘要：根据交通银行股份有限公司杭州西湖区支行（以下简称交通银行）提交的《个人房产抵押贷款合同》，浙江清水湾置业有限公司（以下简称清水湾公司）为各借款人提供的是阶段性保证担保。现清水湾公司进入破产重整程序，交通银行要求将借款人在正常还贷部分的贷款余额亦确认为清水湾公司的破产债权。但交通银行并未向相关借款人或保证人清水湾公司宣布相关贷款提前到期，交通银行与该部分借款人之间的主合同尚在履行之中，主债务尚不确定，《个人房产抵押贷款合同》约定的保证人清水湾公司承担保证责任的条件亦尚未成就。原审法院依照《企业破产规定》第55条第10项的规定，未予支持交通银行要求确认借款人尚在正常还贷部分的贷款余额为清水湾公司破产债权的诉讼请求并无不当。

【案　　号】（2016）浙01民终1603号

【审理法院】浙江省杭州市中级人民法院

【来　　源】中国裁判文书网

第一百一十八条 债权人未受领的破产财产分配额，管理人应当提存。债权人自最后分配公告之日起满二个月仍不领取的，视为放弃受领分配的权利，管理人或者人民法院应当将提存的分配额分配给其他债权人。

关联规定

一、法律、行政法规、司法解释

1.《中华人民共和国民法典》

第五百五十七条 有下列情形之一的，债权债务终止：

（一）债务已经履行；

（二）债务相互抵销；

（三）债务人依法将标的物提存；

（四）债权人免除债务；

（五）债权债务同归于一人；

（六）法律规定或者当事人约定终止的其他情形。

合同解除的，该合同的权利义务关系终止。

第五百七十条 有下列情形之一，难以履行债务的，债务人可以将标的物提存：

（一）债权人无正当理由拒绝受领；

（二）债权人下落不明；

（三）债权人死亡未确定继承人、遗产管理人，或者丧失民事行为能力未确定监护人；

（四）法律规定的其他情形。

标的物不适于提存或者提存费用过高的，债务人依法可以拍卖或者变卖标的物，提存所得的价款。

第五百七十一条 债务人将标的物或者将标的物依法拍卖、变卖所得价款交付提存部门时，提存成立。

提存成立的，视为债务人在其提存范围内已经交付标的物。

第五百七十二条 标的物提存后，债务人应当及时通知债权人或者债权人的继承人、遗产管理人、监护人、财产代管人。

第五百七十三条 标的物提存后，毁损、灭失的风险由债权人承担。提存期间，标的物的孳息归债权人所有。提存费用由债权人负担。

第五百七十四条 债权人可以随时领取提存物。但是，债权人对债务人负有到期债务的，在债权人未履行债务或者提供担保之前，提存部门根据债务人的要求应当拒绝其领取提存物。

债权人领取提存物的权利，自提存之日起五年内不行使而消灭，提存物扣除提存费用后归国家所有。但是，债权人未履行对债务人的到期债务，或者债权人向提存部门书面表示放弃领取提存物权利的，债务人负担提存费用后有权取回提存物。

2.《中华人民共和国企业破产法》

第一百一十六条 破产财产分配方案经人民法院裁定认可后，由管理人执行。

管理人按照破产财产分配方案实施多次分配的，应当公告本次分配的财产额和债权额。管理人实施最后分配的，应当在公告中指明，并载明本法第一百一十七条第二款规定的事项。

3.《最高人民法院关于适用〈中华人民共和国企业破产法〉若干问题的规定（三）》

第四条 保证人被裁定进入破产程序的，债权人有权申报其对保证人的保证债权。

主债务未到期的，保证债权在保证人破产申请受理时视为到期。一般保证的保证人主张行使先诉抗辩权的，人民法院不予支持，但债权人在一般保证人破产程序中的分配额应予提存，待一般保证人应承担的保证责任确定后再按照破产清偿比例予以分配。

保证人被确定应当承担保证责任的，保证人的管理人可以就保证人实际承担的清偿额向主债务人或其他债务人行使求偿权。

二、部门规章

《提存公证规则》

第五条 债务清偿期限届至，有下列情况之一使债务人无法按时给付的，公证处可以根据债务人申请依法办理提存：

（一）债权人无正当理由拒绝或延迟受领债之标的的；

（二）债权人不在债务履行地又不能到履行地受领的；

（三）债权人不清、地址不详，或失踪、死亡（消灭）其继承人不清，或无行为能力其法定代理人不清的。

第六条 有下列情况之一的，公证处可以根据当事人申请办理提存公证：

（一）债的双方在合同（协议）中约定以提存方式给付的；

（二）为了保护债权人利益，保证人、抵押人或质权人请求将担保物（金）或其替代物提存的；

当事人申办前款所列提存公证，必须列明提存物给付条件，公证处应按提存人所附条件给付提存标的物。

第十九条 公证处有保管提存标的物的权利和义务。公证处应当采取适当的方法妥善保管提存标的，以防毁损、变质或灭失。

对不宜保存的、提存受领人到期不领取或超过保管期限的提存物品，公证处可以拍卖，保存其价款。

第二十条 下列物品的保管期限为六个月：

（一）不适于长期保管或长期保管将损害其价值的；

（二）六个月的保管费用超过物品价值 5% 的。

第二十一条 从提存之日起，超过二十年无人领取的提存标的物，视为无主财产；公证处应在扣除提存费用后将其余额上缴国库。

条文释义

一、本条主旨

本条是关于债权人未能受领分配问题的规定。

二、条文演变

《企业破产法（草案）》第142条规定："债权人未受领的破产财产分配额，管理人应当提存。债权人在最后分配公告后二个月内仍不领取的，视为放弃受领分配的权利，管理人应当将提存的分配额分配给其他债权人。"对此，《企业破产法》对该条基本保留，但将人民法院增加为进行分配的主体。

三、条文解读

管理人依据破产财产分配方案的规定实施破产财产分配时会进行公告，将本次分配的时间、地点以及分配的财产数额和债权额通知债权人。债权人应当按照公告和破产财产分配方案规定的时间，到指定的地点接受破产财产的分配。如果债权人在指定的期限内不去领取其破产分配额，就意味着管理人必须继续保存并管理该分配额，这必然会增加管理人的负担，增加破产费用，甚至会导致破产程序久拖不决，损害全体债权人的利益。因此，法律必须对债权人受领破产财产分配进行限制。

根据本条规定，债权人未按照规定时间受领破产财产分配的，管理人应当将其分配额提存。在实践中，如果是货币财产一般提存于人民法院，如果是非货币财产，一般提存于公证机关或者人民法院。管理人将分配额提存后，应当通知债权人及时领取。如果债权人在最后分配公告之日起满2个月仍不领取的，按照本条的规定，视为债权人放弃受领分配的权利，管理人或者人民法院应当将提存的债权分配额分配给其他债权人。[①]

从民法的一般原理看，受领是债权的权能之一。迟延受领，债务人可以提存，并产生债的消灭的效果。为促使债权人及时受领，《民法典》第574条规定提存后5年仍未受领的，则领取提存物的权利消灭，相应的提存物在扣除提存费用后归国家所有。在破产的场合，债权人有权受领分配，并产生债权清偿的效果。但是，在迟延受领的后果上，《企业破产法》作了特别的规定，即迟延受领2个月的，即导致领取提存物的权利消灭，未得受领的份额由管理人分配给其他债权人。之所以如此规定是因为在企业破产场合，破产财产有其特定清偿用途和对象，即全体债权人；破产程序需要尽快、尽早终结，以减少债权

① 本书编写组编著：《〈中华人民共和国企业破产法〉释义及实用指南》，中国民主法制出版社2006年版，第303页。

实现的时间和成本。同时，尽快实现债权清偿的完结状态，便于债权人去完成相应的安排。因此，债权人迟延受领关系到其他债权人程序利益，需对于迟延受领规定相应的不利后果，促使全体债权人尽快、尽早受领。

适用指引

一、提存方法、部门及费用

提存是债务消灭的方式之一，属于债法的内容。因此，提存的方法应当根据《民法典》的规定进行。实践中，对于货币财产，可提存到人民法院。对于非货币财产，可以提存到人民法院或者公证机构。提存的费用，根据《民法典》的规定由债权人承担。在此，实践需要考虑的问题是：其一，提存费用的合理性。破产财产分配往往是比例分配，清偿比例甚至可能很低，因此，在提存选择时应当尽可能考虑提存的分配额可以覆盖提存费用。对于公证机关的提存，《提存公证规则》第 20 条规定 6 个月的保管费用超过物品价值 5% 的，保管期限就为 6 个月。同时第 19 条规定超过保管期限的提存物品，公证机关可以拍卖，保存其价款。其二，以实物分配的提存，对于易损易贬值的物品，要尽可能地转化为货币财产，再行提存。

二、提存成立、通知以及风险、孳息

破产程序中的提存，应当根据《民法典》的规定进行。因此，提存自财产交付提存部门时成立。提存成立后，管理人应当及时通知债权人或者债权人的继承人、遗产管理人、监护人、财产代管人。提存之成立具备分配财产特定化的效力。因此，提存期间的风险、费用由债权人承担，相应的孳息由债权人享有。

三、提存后不予受领的效力

债权人未受领的破产财产分配额，管理人提存后，债权人自最后分配公告之日起满 2 个月仍不领取的，视为放弃受领分配的权利，管理人或者人民法院应当将提存的分配额分配给其他债权人。对此，需要注意三个方面：一是不予受领的除斥期间的起始日为最后分配公告日，期间为 2 个月；二是不予受领的

效果是将该分配额重新归入破产财产，分配给其他债权人；三是注意《企业破产法》上提存逾期不予受领与民法上提存逾期不予受领效果的区别。前者是分配给其他债权人，后者是归国家所有。

四、未受领提存财产的债权可否在除斥期间后参与分配问题

如果债权人在最后分配公告之日起 2 个月内没有领取提存的分配额，其后能否以债权人的身份参加提存财产的追加分配。我国的司法实践对此采取肯定态度。主要理由在于：债权人在除斥期间不领取提存财产，丧失的只是以受领分配债权人的身份受领该提存财产的权利，但是当提存财产变为可供再次分配的财产时，未受领提存财产的债权人作为债权人仍然享有参与分配的权利。管理人或者人民法院在以提存的分配额进行破产财产的追加分配时，也应当通知未领取提存财产的债权人参加分配。

类案检索

中国信达资产管理股份有限公司陕西省分公司与尔某古、高某怀、郭某辉等返还原物纠纷案

关键词：提存管理人　提存部门

裁判摘要：陕西秦建房地产开发公司（以下简称秦建公司）将案涉房屋通过以房抵债方式清偿原债权人中国工商银行股份有公司西安北大街支行（以下简称工行北大街支行）的担保债权和普通债权。因工行北大街支行拒绝秦建公司通过以房抵债方式清偿其债务，重整管理人经秦建公司申请，决定将案涉房屋提存交由陕西馨安物业发展有限责任公司西安咸宁路分公司（以下简称馨安物业咸宁路分公司）管理。现中国信达资产管理股份有限公司陕西省分公司（以下简称信达陕西分公司）要求秦建公司将上述房屋过户，并要求一审第三人移交案涉房屋，故法院应就案涉提存是否成立进行认定。信达陕西分公司所主张的提存虽发生在重整期间，但该提存的目的是消灭债务，故在没有其他法律特别特定的情况下，应当结合当时《合同法》及其司法解释对案涉提存是否成立进行认定。

提存制度，指当债务人履行其到期债务时，因债权人的原因导致债务人无

法或难以向债权人履行债务时，可依法将履行债务的标的物或者价款送交有关部门，以代替履行消灭自己债务的法律制度。若任一民事主体都可作为提存部门，将无法确保标的物或标的物变价款稳定保留的可靠性，影响提存制度的稳定性，进而损害债权人的利益。本案中，秦建公司的重整管理人应秦建公司申请将案涉房屋提存。秦建公司的重整管理人不具有中立性，若将其作为提存部门，将明显背离提存制度的初衷。因此，在提存部门不适格的情况下，本院认为信达陕西分公司所主张的提存未成立。因案涉提存未成立，故信达陕西分公司要求秦建公司将案涉房屋转移登记给该分公司，并要求一审第三人协助将案涉房屋移交其管理使用，均不能成立，一审虽论理不当，但驳回信达陕西分公司的诉讼请求正确，故本院予以维持。

【案　　号】（2021）陕民终120号

【审理法院】陕西省高级人民法院

【来　　源】中国裁判文书网

第一百一十九条　破产财产分配时，对于诉讼或者仲裁未决的债权，管理人应当将其分配额提存。自破产程序终结之日起满二年仍不能受领分配的，人民法院应当将提存的分配额分配给其他债权人。

关联规定

一、法律、行政法规、司法解释

1.《中华人民共和国民法典》

第五百五十七条　有下列情形之一的，债权债务终止：

（一）债务已经履行；

（二）债务相互抵销；

（三）债务人依法将标的物提存；

（四）债权人免除债务；

（五）债权债务同归于一人；

（六）法律规定或者当事人约定终止的其他情形。

合同解除的，该合同的权利义务关系终止。

第五百七十条　有下列情形之一，难以履行债务的，债务人可以将标的物提存：

（一）债权人无正当理由拒绝受领；

（二）债权人下落不明；

（三）债权人死亡未确定继承人、遗产管理人，或者丧失民事行为能力未确定监护人；

（四）法律规定的其他情形。

标的物不适于提存或者提存费用过高的，债务人依法可以拍卖或者变卖标的物，提存所得的价款。

第五百七十一条　债务人将标的物或者将标的物依法拍卖、变卖所得价款交付提存部门时，提存成立。

提存成立的，视为债务人在其提存范围内已经交付标的物。

第五百七十二条 标的物提存后，债务人应当及时通知债权人或者债权人的继承人、遗产管理人、监护人、财产代管人。

第五百七十三条 标的物提存后，毁损、灭失的风险由债权人承担。提存期间，标的物的孳息归债权人所有。提存费用由债权人负担。

第五百七十四条 债权人可以随时领取提存物。但是，债权人对债务人负有到期债务的，在债权人未履行债务或者提供担保之前，提存部门根据债务人的要求应当拒绝其领取提存物。

债权人领取提存物的权利，自提存之日起五年内不行使而消灭，提存物扣除提存费用后归国家所有。但是，债权人未履行对债务人的到期债务，或者债权人向提存部门书面表示放弃领取提存物权利的，债务人负担提存费用后有权取回提存物。

2.《中华人民共和国企业破产法》

第四十七条 附条件、附期限的债权和诉讼、仲裁未决的债权，债权人可以申报。

第一百二十条 破产人无财产可供分配的，管理人应当请求人民法院裁定终结破产程序。

管理人在最后分配完结后，应当及时向人民法院提交破产财产分配报告，并提请人民法院裁定终结破产程序。

人民法院应当自收到管理人终结破产程序的请求之日起十五日内作出是否终结破产程序的裁定。裁定终结的，应当予以公告。

3.《最高人民法院关于适用〈中华人民共和国企业破产法〉若干问题的规定（二）》

第二十九条 对债务人占有的权属不清的鲜活易腐等不易保管的财产或者不及时变现价值将严重贬损的财产，管理人及时变价并提存变价款后，有关权利人就该变价款行使取回权的，人民法院应予支持。

二、部门规章及规范性文件

《提存公证规则》

第五条 债务清偿期限届至，有下列情况之一使债务人无法按时给付的，公证处可以根据债务人申请依法办理提存：

（一）债权人无正当理由拒绝或延迟受领债之标的的；

（二）债权人不在债务履行地又不能到履行地受领的；

（三）债权人不清、地址不详，或失踪、死亡（消灭）其继承人不清，或无行为能力其法定代理人不清的。

第六条 有下列情况之一的，公证处可以根据当事人申请办理提存公证：

（一）债的双方在合同（协议）中约定以提存方式给付的；

（二）为了保护债权人利益，保证人、抵押人或质权人请求将担保物（金）或其替代物提存的；

当事人申办前款所列提存公证，必须列明提存物给付条件，公证处应按提存人所附条件给付提存标的物。

第十九条 公证处有保管提存标的物的权利和义务。公证处应当采取适当的方法妥善保管提存标的，以防毁损、变质或灭失。

对不宜保存的、提存受领人到期不领取或超过保管期限的提存物品，公证处可以拍卖，保存其价款。

第二十条 下列物品的保管期限为六个月：

（一）不适于长期保管或长期保管将损害其价值的；

（二）六个月的保管费用超过物品价值5%的。

第二十一条 从提存之日起，超过二十年无人领取的提存标的物，视为无主财产；公证处应在扣除提存费用后将其余额上缴国库。

条文释义

一、本条主旨

本条是关于诉讼或者仲裁未决的债权的破产财产分配的规定。

二、条文演变

《企业破产法（草案）》第143条规定："在破产财产分配时，对于诉讼或者仲裁未决的债权，管理人应当将其分配额提存。但是，在破产程序终结之日起二年内仍不能受领分配的，人民法院应当将其提存分配额分配给其他债权人。"对此，《企业破产法》对该条基本保留，但条文结构上做了调整，将草案中但书条款结构进行了修改。

三、条文解读

市场经济条件下企业法人的债权债务关系有时比较复杂，不但债权债务涉及当事人众多，而且所有的债权债务关系也并非一目了然，一些债权债务关系可能正处于被审理当中，其债权的法律地位不确定，债权的法律效力待定，债权可能不成立，也可能成立。因此，破产程序中特别是分配破产财产时，处于不确定状态下的破产债权效力尽管必须在人民法院或者仲裁机构最终裁决后才能明确，但管理人分配破产财产时应当考虑该类特殊情形，如果对未决债权不保留相应份额，将来债权被确认后就会因财产已分配殆尽而无法实现该债权。因此，为了充分保护全体债权人的合法权益，规范破产财产分配活动，本条对涉及诉讼或者仲裁未决的债权的分配作了规定。根据本条规定，对于涉及诉讼或者仲裁的法律效力未决的债权的清偿应当注意两点：第一，涉及诉讼或者仲裁的债权的法律效力虽然待定，但分配额的处理中对该债权应视为破产债权，与其他破产财产同等对待，预留其份额并进行提存。如果将来债权得以确立，即涉及诉讼或者仲裁的债权经人民法院或者仲裁机构确认，债权人有权就其债权要求清偿，管理人也应当将提存的分配额交付给该债权人；如果将来涉及诉讼或者仲裁的债权经人民法院或者仲裁机构裁决不成立，真正的债权人就有权要求对提存的分配额进行再分配，管理人也应当对提存的分配额在债权人间进行再分配。第二，涉及诉讼或者仲裁的债权经由有关部门或者机构确认后，债权人应当及时受领其分配额。根据本条的规定，债权人必须自破产程序终结之日起 2 年内受领其分配额。如果自破产程序终结之日起 2 年内债权人仍不受领其分配额，哪怕不能受领的原因系诉讼或仲裁仍未终结，审理该破产案件的人民法院应当将提存的分配额分配给其他债权人。[1]

---

① 李国光主编：《新企业破产法理解与适用》，人民法院出版社 2006 年版，第 538~539 页。

适用指引

一、诉讼或者仲裁未决的债权

根据《企业破产法》规定，诉讼或者仲裁未决的债权也可以申报，并且在破产程序进行过程中，债权人、债务人对债权表记载的债权有异议的，也可以向受理破产案件的人民法院提起确认债权的诉讼。但是，这些诉讼和仲裁的进行并不影响债权人在破产程序中行使权利。债权人可以以人民法院为其确定的债权额参加债权人会议的表决，也可以以其主张的债权参加破产财产的分配。但是，诉讼或者仲裁未决的债权，毕竟不是确定的债权，诉讼或者仲裁的结果可能会使债权人丧失其破产债权人的身份，使某一债权成为不存在的债权。因此，在对诉讼或者仲裁未决的债权进行破产分配时，也应与一般破产债权的分配有所区别。[①]

二、对诉讼或者仲裁未决债权的分配

根据本条规定，在进行破产财产分配时，对于诉讼或者仲裁未决的债权，也是采取提存的方法，由管理人将其分配额提存。在诉讼或者仲裁结果确定后，根据结果的不同将提存的分配额分配给作为诉讼或者仲裁一方的债权人或者将其归入破产财产分配给其他债权人。

但是，提存需要费用，故不宜长期提存。诉讼或者仲裁等到最后的结果出来可能需要较长时间。因此，本条对债权人受领提存分配额的时间进行了一定的限定。根据本条规定，自破产程序终结之日起满 2 年，债权人仍不能受领分配的，也不管其不能受领是因为诉讼或者仲裁的结果未定还是其他原因，人民法院都应当将提存的分配额重新归入破产财产，实施追加分配，分配给其他破产债权人。[②]

---

① 全国人大常委会法制工作委员会：《〈中华人民共和国企业破产法〉释义及实用指南》，中国民主法制出版社 2006 年出版，第 303 页。

② 全国人大常委会法制工作委员会：《〈中华人民共和国企业破产法〉释义及实用指南》，中国民主法制出版社 2006 年出版，第 304 页。

类案检索

华北电网有限公司、中国科技证券有限责任公司诉中国证券登记结算有限责任公司上海分公司、中国证券登记结算有限责任公司证券纠纷案

关键词： 取回权 代偿物 提存

裁判摘要： 关于华北电网有限公司（以下简称华北电网）能否对中国科技证券有限责任公司（以下简称中科证券）违规挪用的证券资产行使取回权问题。对于证券公司违规挪用客户证券资产被追回后，客户在证券公司破产程序中能否对该部分资产行使取回权问题，2007年11月20日召开的全国法院证券公司破产案件审理工作座谈会对于该问题已经明确了相关处理原则：如果证券公司违规挪用客户资金和证券，民事关系清楚，财产并未混同，管理人追回后，可由相关权利人行使代偿性取回权。代偿性取回权是一般取回权的特殊形式，即一般取回权所指向的标的物被损毁、灭失、转让时，该财产的权利人享有自管理人处取得该标的物的代偿替代物的法律权利。本案中，中科证券以华北电网持有的已办指定交易的B880083751号证券账户向上海证券交易所申报了回购登记。2008年10月6日，中国证券登记结算有限责任公司上海分公司（以下简称上海登记结算分公司）将登记在华北电网B880083751号账户下面值1亿元国债回购质押券予以转移并在上海证券交易所竞价变卖，成交金额总计103114123.35元，扣除相关费用后为103092469.30元。华北电网证券账户内登记的其余面值4000万元质押国债在此前已兑付，兑付本金和相应兑息款项总计49172000元。上海登记结算分公司将上述处分所得和部分兑付兑息款用于弥补中科证券国债回购透支本息，余款45774371.92元退至中科证券结算备付金账户。依据上海登记结算分公司于2008年8月27日出具的“说明”以及登记结算公司于2008年11月10日出具的“说明”可以证实，该笔45774371.92元是华北电网证券B880083751号账户内的证券资产余款，权属关系清楚，数额明确，并未与中科证券自有或受托管的其他财产相混同。依据《企业破产法》第38条关于“人民法院受理破产申请后，债务人占有的不属于债务人的财产，该财产的权利人可以通过管理人取回”的规定，以及2007年11月20日全国法院证券公司破产案件审理工作座谈会明确的相关

处理原则，该笔45774371.92元款项不属于中科证券的破产财产，华北电网可以行使取回权。对于华北电网所有的面值1.6亿元国债本金及利息全部权益中除去45774371.92元的其余部分，因已经被变卖处置而无法追回，应当作为破产债权参加破产清偿。据此，原审判决划分的取回权及破产债权范围正确。原审判决中科证券退还华北电网45774371.92元，也未超出华北电网要求“判令中科证券向华北电网偿还托管的1.6亿元国债的损失及承担利息损失”的诉讼请求范围，属于适用法律正确，法院予以维持。上诉人中科证券关于上海登记结算分公司对B880083751号账户下质押国债的处置系对中科证券整体质押资产处置，45774371.92元系中科证券破产财产的上诉理由，以及华北电网关于其应在1.6亿元范围内行使取回权的主张，因缺乏事实与法律依据，法院不予支持。

【案　　号】（2009）民二终字第21-1号

【审理法院】最高人民法院

【来　　源】中国裁判文书网

第三节　破产程序的终结

第一百二十条　破产人无财产可供分配的，管理人应当请求人民法院裁定终结破产程序。

管理人在最后分配完结后，应当及时向人民法院提交破产财产分配报告，并提请人民法院裁定终结破产程序。

人民法院应当自收到管理人终结破产程序的请求之日起十五日内作出是否终结破产程序的裁定。裁定终结的，应当予以公告。

关联规定

一、法律、行政法规、司法解释

1.《中华人民共和国企业破产法》

第四十三条　破产费用和共益债务由债务人财产随时清偿。

债务人财产不足以清偿所有破产费用和共益债务的，先行清偿破产费用。

债务人财产不足以清偿所有破产费用或者共益债务的，按照比例清偿。

债务人财产不足以清偿破产费用的，管理人应当提请人民法院终结破产程序。人民法院应当自收到请求之日起十五日内裁定终结破产程序，并予以公告。

2.《最高人民法院关于债权人对人员下落不明或者财产状况不清的债务人申请破产清算案件如何处理的批复》

贵州省高级人民法院：

你院《关于企业法人被吊销营业执照后，依法负有清算责任的人未向法院申请破产，债权人是否可以申请被吊销营业执照的企业破产的请示》（[2007]黔高民二破请终字1号）收悉。经研究，批复如下：

债权人对人员下落不明或者财产状况不清的债务人申请破产清算，符合企业破产法规定的，人民法院应依法予以受理。债务人能否依据企业破产法第十一条第二款的规定向人民法院提交财产状况说明、债权债务清册等相关材料，并不影响对债权人申请的受理。

人民法院受理上述破产案件后，应当依据企业破产法的有关规定指定管理人追收债务人财产；经依法清算，债务人确无财产可供分配的，应当宣告债务人破产并终结破产程序；破产程序终结后二年内发现有依法应当追回的财产或者有应当供分配的其他财产的，债权人可以请求人民法院追加分配。

债务人的有关人员不履行法定义务，人民法院可依据有关法律规定追究其相应法律责任；其行为导致无法清算或者造成损失，有关权利人起诉请求其承担相应民事责任的，人民法院应依法予以支持。

此复。

二、部门规章及规范性文件

《国家发展和改革委员会、最高人民法院等13个国家机关关于推动和保障管理人在破产程序中依法履职进一步优化营商环境的意见》

（一）建立企业破产和退出状态公示制度。破产申请受理后，通过全国企业破产重整案件信息网向国家企业信用信息公示系统推送有关企业破产程序启动、程序种类、程序切换、程序终止、管理人联系方式等信息，实现企业破产状态及时公示。在破产清算程序终结以及重整或和解程序终止前，非经破产案件审理法院同意或管理人申请，市场监管等部门不得办理企业登记事项变更手续。

三、司法指导性文件

1.《全国法院破产审判工作会议纪要》

30. 破产清算程序的终结。人民法院终结破产清算程序应当以查明债务人财产状况、明确债务人财产的分配方案、确保破产债权获得依法清偿为基础。破产申请受理后，经管理人调查，债务人财产不足以清偿破产费用且无人代为清偿或垫付的，人民法院应当依管理人申请宣告破产并裁定终结破产清算程序。

2.《最高人民法院关于正确审理企业破产案件为维护市场经济秩序提供司法保障若干问题的意见》

六、正确适用企业破产法的各项制度，充分保护债权人合法权益

14. 人民法院在审理企业破产案件中，要充分调动管理人的积极性，促使其利用法律手段，努力查找和追收债务人财产，最大限度保护债权人利益。对出资不实、抽逃出资的，要依法追回；对于不当处置公司财产的行为，要依法撤销或者认定无效，并追回有关财产；对于违反法律、行政法规等规定，给公司或债权人造成损失的，要依法追究行为人的民事责任；对于发现妨碍清算行为的犯罪线索，要及时向侦查机关通报情况。

15. 要充分发挥债权人会议和债权人委员会的职能作用，切实保障债权人对破产程序的参与权，坚决防止地方保护主义，即使在以挽救债务人为主要目的的破产重整和和解程序中，仍然要以充分保障债权人利益为前提，重整计划和和解协议的通过与否，要严格按照法定的程序确定表决权并依法表决。

16. 人民法院在审理债务人人员下落不明或财产状况不清的破产案件时，要从充分保障债权人合法利益的角度出发，在对债务人的法定代表人、财务管理人员、其他经营管理人员，以及出资人等进行释明，或者采取相应罚款、训诫、拘留等强制措施后，债务人仍不向人民法院提交有关材料或者不提交全部材料，影响清算顺利进行的，人民法院就现有财产对已知债权进行公平清偿并裁定终结清算程序后，应当告知债权人可以另行提起诉讼要求有责任的有限责任公司股东、股份有限公司董事、控股股东，以及实际控制人等清算义务人对债务人的债务承担清偿责任。

条文释义

一、本条主旨

本条是关于终结破产程序的规定。

二、条文演变

《企业破产法》（2004 年 3 月草案 A 版、2004 年 3 月草案 B 版、2004 年 6 月草案）均未规定终结破产程序的裁定必须公告。因终结破产程序将对当事人

利益产生一系列的法律效果，故《企业破产法》（2004年10月草案）中增加了该内容，颁布后的《企业破产法》对此也予以了明确。《企业破产法》（2004年3月草案A版、2004年3月草案B版、2004年6月草案、2004年10月草案）中对于破产人无财产可供分配的情形均规定为管理人“可以”请求人民法院裁定终结破产案件，《企业破产法》条文中表述为“应当”，即赋予申请以强制性，明确其属于管理人应当履行的职责。①

三、条文解读

（一）关于破产程序终结的概念

破产程序的终结，是指在破产程序进行中发生法律规定的应当终结破产程序的原因时，由人民法院裁定结束破产程序。

破产程序进行的目的，在于公平分配债务人的破产财产，以清偿债权人的债权。在破产程序进行中，如果发生债务人已无财产可供分配、破产分配完成、债权人已经获得清偿等情况，或者由于其他原因的出现，继续进行破产程序已无必要，人民法院应当依申请或者依职权，裁定终结已经开始的破产程序。②

（二）关于破产程序终结的原因

根据《企业破产法》规定，我国破产程序终结的原因有以下五种：

1. 因财产不足以支付破产费用而终结。《企业破产法》第43条第4款规定，债务人财产不足以清偿破产费用的，管理人应当提请人民法院终结破产程序。人民法院应当自收到请求之日起15日内裁定终结破产程序，并予以公告。根据本法规定，破产费用由债务人财产随时清偿，并在破产分配实施之前从债务人财产中优先拨付。如果债务人的财产不足以支付破产费用，债权人就不可能再从债务人财产中得到任何分配。因此，破产程序继续进行无疑构成浪费，也没有实际意义。管理人在破产宣告前已经查明债务人财产不足以清偿破产费用时，应当提请人民法院终结破产程序。破产程序随着人民法院的裁定而终结。

---

① 陈夏红：《企业破产法注释》，北京大学出版社2021年版，第510页。

② 安建：《中华人民共和国企业破产法释义》，法律出版社2006年版，第168页。

需要说明的是，财产不足以支付破产费用，是指债务人的全部财产和真实财产不足以支付破产费用。实践中，有的企业破产是因债务人向关联人或他人利益输送而导致，这些利益输送行为本身就应在破产程序中被否定。所以，如果仅仅以表面上债务人无财产支付破产费用就终结破产程序，就可能导致债务人或其管理层将债务人财产不当处分得越多，债务人越缺乏财产进而破产程序也越无法进行，结果债务人的行为越无法在破产程序中得到纠正。为了防止出现此种情况，应当认为，破产程序中如果债权人或债务人的出资人等当事人愿意垫付破产费用从而继续进行破产程序，破产程序就不应终止，当事人垫付的费用在通过破产程序收回的财产中作为破产费用支付。对此，《破产审判会议纪要》第30条中规定的“破产申请受理后，经管理人调查，债务人财产不足以清偿破产费用且无人代为清偿或垫付的，人民法院应当依管理人申请宣告破产并裁定终结破产清算程序”也应从这一意义上来理解。

2. 因全体债权人同意而终结。本法第105条规定，人民法院受理破产申请后，债务人与全体债权人就债权债务的处理自行达成协议的，可以请求人民法院裁定认可，并终结破产程序。全体债权人同意与债务人就债权债务自行达成协议，表明债权人对自己债权清偿问题的处理与债务人达成了一致，此时，没有必要再通过破产程序这种集中的债务清偿程序来解决。因此，破产程序也没有再进行的必要。人民法院接到债务人请求裁定认可的申请后，应对申请是否符合条件进行全面的审查。如果全体债权人没有异议的，法院应当裁定认可，并同时终结破产程序。

3. 因债权得到全部清偿而终结。本法第108条规定，破产宣告前，第三人为债务人提供足额担保或者为债务人清偿全部到期债务或者债务人已清偿全部到期债务的，人民法院应当裁定终结破产程序，并予以公告。债权人得到全部清偿或者足额担保，破产程序就没有必要再进行下去，人民法院应当依职权裁定终结破产程序，并予以公告。

4. 因没有财产可供分配而终结。本条第1款规定，破产人无财产可供分配的，管理人应当请求人民法院裁定终结破产程序。债务人被宣告破产后，管理人在破产程序进行当中发现债务人无财产可供分配的，人民法院裁定终结破产程序。债务人无财产的原因，是原来预想应当存在的财产并不存在，或者该财产的价值已经丧失。如由于第三人行使取回权，在因债务人财产发生争议的诉讼中败诉的，或者在破产宣告前并不知道债务人财产是否存在，债务人被宣告破产后，最终发现没有财产的。没有财产可供分配，破产程序已没有继续进行下去的必要，管理人应当请求人民法院裁定终结破产程序。裁定一经作出，破产程序即告终结。

5. 因破产财产分配完毕而终结，这是破产程序终结的最常见的原因。本条第 2 款规定，管理人在最后分配完结后，应当及时向人民法院提交破产财产分配报告，并提请人民法院裁定终结破产程序。破产分配是破产程序进行的主要目的，如果破产财产已通过破产分配的方式分配完毕，破产程序的功能已经实现，管理人应当在最后分配完毕后，向人民法院提交破产财产分配报告，并申请终结破产程序。人民法院在收到管理人终结破产程序的请求后，经审查没有申请不当的事由的，15 日内作出终结破产程序的裁定，并予以公告。

在破产宣告后，破产程序因债务人无财产可供分配或者破产财产分配完毕而终结的，债务人的法人人格归于消灭，债权人未得到清偿的债权不再清偿，债权人不能于破产程序终结后向债务人另行主张权利。除存在诉讼或者仲裁未决的情况外，管理人也将终止执行职务。

（三）关于破产程序终结的提请与裁定

在破产财产最后分配完结后，如不及时终结破产程序，将不利于债务人退出市场，另一方面也会产生不必要的费用。所以，管理人应当及时向人民法院提交破产财产分配报告，并提请人民法院裁定终结破产程序。管理人在破产财产分配报告中，应当提供破产财产分配的详细情况，并说明破产财产完全分配完毕可以终结破产程序，或者是破产财产基本分配完毕，部分财产可在破产程序终结后追加分配等情况。人民法院在收到管理人提交的关于破产财产分配的报告以及终结破产程序的申请后，应当对破产程序的全过程进行全面审查，包括程序上从案件受理到破产财产分配是否有违反法律规定和损害债权人利益的情形，实体问题处理上是否有不合法或者是否不符合破产公平清偿原则等。在对上述情况作出全面审查后，人民法院发现确有应当予以纠正的问题的，立即纠正。没有问题的，在收到管理人要求终结破产程序的请求之日起 15 日内裁定终结破产程序，并予以公告。[①]

---

① 本书编写组编著：《〈中华人民共和国企业破产法〉释义及实用指南》，中国民主法制出版社 2012 年版，第 286 页。

适用指引

由于破产程序终结后具有不可逆性，不得以任何理由恢复已终结的破产程序，依照破产程序变价处理的破产财产，产生法律上处分财产的确定效力。依照破产程序所受分配，亦产生法律上保有分配利益的确定效力。另外，破产程序终结在破产程序中具有重要意义，终结破产程序的裁定作出后，将对债权人和债务人等产生一系列的法律效果。如债权人尚未受偿的债权，破产人不再清偿；未决诉讼提存额的存续期间开始计算；法院追加分配期限开始；作为债务人的法定代表人以及债务人的其他有关人员在破产程序中所受的限制予以解除；破产人的董事、监事、高级管理人员的义务限制开始。因此，《破产审判会议纪要》第30条强调，破产清算程序的终结应当符合《企业破产法》的规定，并以查明债务人财产状况、明确破产财产分配方案、确保破产债权人获得依法清偿为基础，以避免在不符合终结条件的情况下仓促结案，或简单比照执行程序而错误地对破产程序采取所谓终结本次破产程序的做法。

人民法院对终结破产程序的请求审查时，应当对请求进行全面审查，包括从程序上和实体上两方面审查。尤其是要注意，管理人因债务人无财产可供分配而提交终结破产程序的请求时，人民法院应当审查债务人是否存在其它财产，是否存在破产人的财产被他人占有或者被转移、被隐匿等情形。管理人因破产财产分配完毕而提交终结破产程序的请求时，人民法院应当审查破产财产分配报告，特别是要审查破产财产分配是否根据破产财产分配方案进行。对于不符合破产财产分配方案的，人民法院要及时纠正，管理人等还应当依法承担相应的责任。

我们注意到，对于一些复杂的破产案件，若要完全做到所有破产财产清查、处置、分配完毕需要花费相当长的一段时间，面对结案压力，部分地方法院制定了一些先行结案的意见和办法。例如，《山东省高级人民法院办公室关于做好全省法院未结破产案件清理工作的通知》（鲁高法办〔2020〕29号）第4条要求及时终结破产程序："对于存在土地变现、职工安置等疑难复杂问题的破产案件，要积极探索先终结破产程序、后处置疑难问题的处置方式，倒逼处置工作加快推进。"《河南省高级人民法院关于探索破产案件繁简分流建立简单破产案件快速审理机制的指导意见》第26条规定："……破产财产分配方案经法院裁定确认，且主要财产已分配完毕，管理人可在通过财产分配方案的裁定作出同时提请人民法院裁定终结破产程序。”《广州市中级人民法院关于推进破产案件快速审理的工作指引（试行）》（穗中法〔2020〕30号）第37条第2款规定：“存在需依法提存分配额以及非货币形式分配需办理行政变更登记手续等情形的，不影响破产程序的终结，管理人应依据企业破产法的相关规定继续执行分配。”

类案检索

1. 徐某某与南阳市人民政府国有资产监督管理委员会、南阳市石油化工厂破产清算小组劳动争议纠纷案

关键词：破产程序终结　财产分配完毕

裁判摘要：徐某某为与南阳市人民政府国有资产监督管理委员会、南阳市石油化工厂破产清算小组劳动争议纠纷一案，不服河南省高级人民法院（2018）豫民终1671号民事裁定，向最高人民法院申请再审。徐某某申请再审称，其在南阳市石油化工厂工作期间受伤，经鉴定为十级伤残。南阳市石油化工厂没有给其相关待遇。南阳市石油化工厂已经破产，但仍有房产和收益，三幢大楼300多间对外出租有租金，有留守人员负责管理和收取租金，有对南阳宇信凯旋城6118万元债权及利息并未分配完毕。厂里类似职工经法院调解得到清算组伤残补助金、伤残保健金、一次性工伤医疗补助金、一次性伤残就业补助金等费用，再审申请人基于同样工伤也应当得到同样处理。

最高人民法院经审查认为，河南省南阳市中级人民法院于2010年11月10日作出（2003）南民破字第4–19号民事裁定，该裁定认定南阳市石油化工厂已经关闭，财产已分配完毕，职工已妥善安置，依照《企业破产法》第120条第3款规定，裁定终结南阳市石油化工厂的破产程序，未得到清偿的债权不再清偿。因此，徐某某提起本案诉讼的事实与理由同河南省南阳市中级人民法院前述民事裁定结果不符。原审法院裁定驳回徐某某的起诉并无不当。

【案　　号】（2019）最高法民申6859号

【审理法院】最高人民法院

【来　　源】中国裁判文书网

2. 巨诚系企业合并破产清算案

关键词： 合并破产 破产清算 多次分配 最后分配

裁判摘要： 2017年4月11日，江苏省苏州市吴江区人民法院（以下简称吴江法院）分别裁定受理对吴江市巨诚喷织有限公司（以下简称巨诚喷织公司）、江苏巨诚高新材料有限公司（以下简称巨诚高新公司）、苏州天玺纺织制品有限公司（以下简称天玺纺织公司）、钜诚纺织（苏州）有限公司（以下简称钜城纺织公司）、巨诚科技集团有限公司（以下简称巨诚科技公司）的破产清算申请。

2017年7月4日至6日，吴江法院分别主持召开上述五家公司的第一次债权人会议，会议核查了债权，高票通过了《财产管理方案》《财产变价方案》。接管债务人企业后，管理人进行了全面审计和调查，发现上述五家公司及其他15家关联企业形式上为独立的法人主体，但实际都是在一个实际控制人的控制下作为一个整体在运营，人格高度混同。2017年7月31日，基于管理人的申请，吴江法院裁定巨诚系20家企业合并破产清算。后于2017年9月27日主持召开了合并后的第一次债权人会议，并于2017年10月20日裁定宣告巨诚系20家企业破产。

宣告破产后，管理人依照债权人会议通过的《财产变价方案》，对巨诚系企业名下包括房地产、机器设备、存货、对外投资在内的10余项评估价值达18余亿元的财产进行变价，通过灵活确定起拍价、缩短拍卖周期等方式，一个半月内成交拍品11件，成交总价款11.6亿元。2018年1月16日，管理人将其制作的《破产财产分配方案》通过非现场会议的形式提交债权人会议表决。2018年1月25日，《破产财产分配方案》获得通过。2018年2月11日，根据管理人的申请，吴江法院裁定认可该方案。后管理人实施了第一次分配，分配总额共计11.98亿元，涉及债权51.62亿元，普通债权的本次分配比例为5.41%。

第一次分配结束后，管理人继续对巨诚系企业名下坯布、对外投资等剩余财产进行变价，并在变价后实施了第二次分配，第二次分配中普通债权的分配比例为1.12%。后因无其他货币财产可供分配，吴江法院于2018年6月29日依法裁定终结巨诚系企业破产程序。

【案　　号】（2017）苏0509破11—15号

【审理法院】 江苏省苏州市吴江区人民法院

【来　　源】《江苏省高级人民法院公报》2019年第3辑

第一百二十一条　管理人应当自破产程序终结之日起十日内，持人民法院终结破产程序的裁定，向破产人的原登记机关办理注销登记。

关联规定

一、法律、行政法规、司法解释

1.《中华人民共和国民法典》

第七十三条　法人被宣告破产的，依法进行破产清算并完成法人注销登记时，法人终止。

2.《中华人民共和国企业破产法》

第二十五条　管理人履行下列职责：

（一）接管债务人的财产、印章和账簿、文书等资料；

（二）调查债务人财产状况，制作财产状况报告；

（三）决定债务人的内部管理事务；

（四）决定债务人的日常开支和其他必要开支；

（五）在第一次债权人会议召开之前，决定继续或者停止债务人的营业；

（六）管理和处分债务人的财产；

（七）代表债务人参加诉讼、仲裁或者其他法律程序；

（八）提议召开债权人会议；

（九）人民法院认为管理人应当履行的其他职责。

本法对管理人的职责另有规定的，适用其规定。

3.《中华人民共和国市场主体登记管理条例》

第三十一条　市场主体因解散、被宣告破产或者其他法定事由需要终止的，应当依法向登记机关申请注销登记。经登记机关注销登记，市场主体终止。

市场主体注销依法须经批准的，应当经批准后向登记机关申请注销登记。

第三十四条　人民法院裁定强制清算或者裁定宣告破产的，有关清算组、破产管理人可以持人民法院终结强制清算程序的裁定或者终结破产程序的裁定，直接向登记机关申请办理注销登记。

二、部门规章及规范性文件

1.《国家发展和改革委员会、最高人民法院等13个国家机关关于推动和保障管理人在破产程序中依法履职进一步优化营商环境的意见》

（二）进一步落实破产企业简易注销制度。管理人可以凭企业注销登记申请书、人民法院终结破产程序裁定书申请办理破产企业注销，市场监管部门不额外设置简易注销条件。申请简易注销的破产企业营业执照遗失的，通过国家企业信用信息公示系统免费发布营业执照作废声明或在报纸刊登遗失公告后，破产企业或管理人可不再补领营业执照。（市场监管总局负责）

（十三）便利税务注销。经人民法院裁定宣告破产的企业，管理人持人民法院终结破产清算程序裁定书申请税务注销的，税务部门即时出具清税文书，按照有关规定核销"死欠"，不得违反规定要求额外提供证明文件，或以税款未获全部清偿为由拒绝办理。

2.《中华人民共和国市场主体登记管理条例实施细则》

第四十四条 市场主体因解散、被宣告破产或者其他法定事由需要终止的，应当依法向登记机关申请注销登记。依法需要清算的，应当自清算结束之日起30日内申请注销登记。依法不需要清算的，应当自决定作出之日起30日内申请注销登记。市场主体申请注销后，不得从事与注销无关的生产经营活动。自登记机关予以注销登记之日起，市场主体终止。

第四十六条 申请办理注销登记，应当提交下列材料：

（一）申请书；

（二）依法作出解散、注销的决议或者决定，或者被行政机关吊销营业执照、责令关闭、撤销的文件；

（三）清算报告、负责清理债权债务的文件或者清理债务完结的证明；

（四）税务部门出具的清税证明。

除前款规定外，人民法院指定清算人、破产管理人进行清算的，应当提交人民法院指定证明；合伙企业分支机构申请注销登记，还应当提交全体合伙人签署的注销分支机构决定书。

个体工商户申请注销登记的，无需提交第二项、第三项材料；因合并、分立而申请市场主体注销登记的，无需提交第三项材料。

条文释义

一、本条主旨

本条是关于管理人办理破产人注销登记的规定。

二、条文演变

除语序上的调整，以及将《企业破产法（草案）》中的“破产企业的原登记机关”修改为“破产人的原登记机关”外，《企业破产法》与《企业破产法（草案）》关于此条的规定没有发生实质性变化。①

三、条文解读

（一）企业法人破产应当办理注销登记

注销登记是企业法人消亡的法定程序，是终止企业法人的权利能力和行为能力的法律形式，即取消企业法人民事主体的资格。《民法典》第73条规定：“法人被宣告破产的，依法进行破产清算并完成法人注销登记时，法人终止。”《市场主体登记管理条例》第31条第1款规定：“市场主体因解散、被宣告破产或者其他法定事由需要终止的，应当依法向登记机关申请注销登记。经登记机关注销登记，市场主体终止。”因此，破产企业的注销登记，是将企业法人最终消灭的事实，提交有关企业登记主管部门进行法律上的确认。②

（二）办理破产人的注销登记是管理人的法定义务

破产人的注销登记是人民法院作出破产程序终结裁定以后，管理人的一项法定工作，也是法定义务。只有这项工作完成，管理人的工作才宣告结束。管理人应当自破产程序终结之日起10日内，持人民法院终结破产程序的裁定，

① 陈夏红：《企业破产法注释》，北京大学出版社2021年版，第511页。
② 安建：《中华人民共和国企业破产法释义》，法律出版社2006年版，第169~170页。

向破产人的原登记机关办理注销登记，并将办理注销登记的情况及时报告人民法院。在我国，受理企业注销登记的法定机关是国家和地方各级市场监督管理部门（原工商行政管理部门）。国家和地方各级市场监督管理部门针对各个企业的规模大小、行政隶属关系、营业地所在行政区划等不同，而采取分级管理的方式。因此，具体由哪一级别、哪一地区的市场监督管理部门（或行政审批部门）颁发的营业执照，最后仍应向该部门办理注销登记。[①]

根据《市场主体登记管理条例》第 34 条的规定，管理人可持人民法院终结破产程序的裁定，直接向登记机关申请办理注销登记。

适用指引

关于破产人的税务注销和简易注销

此前很长一段时间内，影响管理人申请办理破产人注销登记的主要障碍是很难获得税务机关出具的税务注销证明。根据《税收征管法》第 16 条的规定，从事生产、经营的纳税人，税务登记内容发生变化的，在向工商行政管理部门申请办理注销登记之前，应向税务机关申请办理注销税务登记。同时，根据国家税务总局《税务登记管理办法》第 29 条的规定，“纳税人办理注销税务登记前，应当向税务机关提交相关证明文件和资料，结清应纳税款、多退（免）税款、滞纳金和罚款，缴销发票、税务登记证件和其他税务证件，经税务机关核准后，办理注销税务登记手续。”国家工商总局、税务总局《关于做好“三证合一”有关工作衔接的通知》（工商企注字〔2015〕147 号）进一步明确，企业办理注销登记应持税务机关出具的《清税证明》。但破产实务中，暂且不论罚款（或列为劣后债权）和滞纳金，即使优先于普通债权的税款债权也难保全额清偿，故实际结清应纳税款、滞纳金和罚款等款项往往是不可能的。在《税收征管法》、国家税务总局《税务登记管理办法》等法律、部门规章未对进入破产程序的纳税人如何定义“结清”作出明确规定的情况下，破产企业很难获得清税证明，进而也无法办理企业注销登记。

2016 年 12 月 26 日，在“放管服”改革的背景下，原工商总局印发《关

① 安建：《中华人民共和国企业破产法释义》，法律出版社 2006 年版，第 170 页。

于全面推进企业简易注销登记改革的指导意见》(工商企注字〔2016〕253号),规定自2017年3月1日起,在全国范围内全面实行企业简易注销登记改革。其中规定,破产企业办理注销登记的,只需提交《申请书》《指定代表或者共同委托代理人授权委托书》、人民法院终结破产程序的裁定、营业执照正副本即可,不再提交清税证明等材料。2018年1月15日,原工商总局和国家税务总局联合印发《关于加强信息共享和联合监管的通知》(工商企注字〔2018〕11号)规定,工商部门除应在发布企业简易注销公告前,设置企业清税的提示外,还应及时将企业拟申请简易注销登记信息推送给税务部门,除"未办理过涉税事宜的纳税人""办理过涉税事宜但没领过发票、没有欠税和没有其他未办结事项的纳税人""在公告期届满之日前已办结缴销发票、结清应纳税款等清税手续的纳税人"三种情况税务部门不提出异议之外,对于仍有未办结涉税事项的企业,税务部门应在公告期届满次日向工商部门提出异议。而对于该异议,工商部门实践中一般均作出不准予简易注销的决定。由此,破产企业的注销登记在程序上又存在一定困难。

随着供给侧结构性改革和行政机关"放管服"改革的不断深入,国家税务总局于2019年5月9日印发的《关于深化"放管服"改革更大力度推进优化税务注销办理程序工作的通知》(税总发〔2019〕64号)规定:"经人民法院裁定宣告破产的纳税人,持人民法院终结破产程序裁定书向税务机关申请税务注销的,税务机关即时出具清税文书,按照有关规定核销'死欠'。"这意味着,破产企业税务注销的办理手续有了明确规定,破产企业登记注销的问题也迎刃而解。2021年2月25日,前述关于破产企业简易注销、税务注销的举措,最终在国家发展和改革委员会、最高人民法院、国家税务总局、国家市场监督管理总局等13个国家机关联合发布的《关于推动和保障管理人在破产程序中依法履职进一步优化营商环境的意见》(发改财金规〔2021〕274号)中又得以进一步明确:"管理人可以凭企业注销登记申请书、人民法院终结破产程序裁定书申请办理破产企业注销,市场监管部门不额外设置简易注销条件。申请简易注销的破产企业营业执照遗失的,通过国家企业信用信息公示系统免费发布营业执照作废声明或在报纸刊登遗失公告后,破产企业或管理人可不再补领营业执照""经人民法院裁定宣告破产的企业,管理人持人民法院终结破产清算程序裁定书申请税务注销的,税务部门即时出具清税文书,按照有关规定核销'死欠',不得违反规定要求额外提供证明文件,或以税款未获全部清偿为由拒绝办理。”2022 年 3 月 1 日起开始施行的《市场主体登记管理条例》第 34 条最终明确，管理人可持人民法院终结破产程序的裁定，直接向登记机关申请办理注销登记。

类案检索

江苏鑫吴投资发展集团有限公司破产清算案

关键词： 快速审理方式 注销登记

裁判摘要： 江苏鑫吴投资发展集团有限公司（以下简称鑫吴投资公司）是一家营业范围为对外投资和资产收益管理的企业，除出资设立苏州市同盛投资担保有限公司等 3 家公司外，基本没有实际经营。2020 年 9 月 7 日，江苏省苏州市吴江区人民法院（以下简称吴江法院）根据债权人的申请裁定受理鑫吴投资公司破产清算一案，同时根据债务人的资产负债情况决定本案适用快速审理方式由审判员一人独任审理。

经管理人进一步调查，鑫吴投资公司除前述 3 项对外股权投资和现金 7755.52 元外无其他财产。债权申报期限内，共有 5 家债权人申报债权，管理人进行了相应审查。2020 年 10 月 23 日，鑫吴投资公司召开第一次债权人会议，在全体债权人对管理人编制的债权表均无异议的情况下，依管理人的申请吴江法院口头裁定确认债权表并宣告债务人破产。在裁定确认债权表、宣告债务人破产后，管理人将拟定的变价方案、确定分配规则的破产财产分配方案提交第一次债权人会议表决，均高票通过。会后，管理人依照变价方案，对前述 3 项对外股权投资在阿里拍卖破产资产处置平台进行公开拍卖。在完成财产变价后，管理人根据第一次债权人会议通过的分配规则计算具体分配数额，向债权人告知后即进行分配。2020 年 12 月 29 日，最后分配完结后，吴江法院裁定终结鑫吴投资公司破产程序。2021 年 1 月 5 日，管理人办理完成鑫吴投资公司的注销登记。

【案　　号】（2020）苏 0509 破 99 号

【审理法院】 江苏省苏州市吴江区人民法院

【来　　源】 江苏省苏州市吴江法院 2020 年度破产审判典型案例

第一百二十二条　管理人于办理注销登记完毕的次日终止执行职务。但是，存在诉讼或者仲裁未决情况的除外。

关联规定

法律、行政法规、司法解释

《中华人民共和国企业破产法》

第二十五条　管理人履行下列职责：

（一）接管债务人的财产、印章和账簿、文书等资料；

（二）调查债务人财产状况，制作财产状况报告；

（三）决定债务人的内部管理事务；

（四）决定债务人的日常开支和其他必要开支；

（五）在第一次债权人会议召开之前，决定继续或者停止债务人的营业；

（六）管理和处分债务人的财产；

（七）代表债务人参加诉讼、仲裁或者其他法律程序；

（八）提议召开债权人会议；

（九）人民法院认为管理人应当履行的其他职责。

本法对管理人的职责另有规定的，适用其规定。

条文释义

一、本条主旨

本条是关于管理人终止执行职务的规定。

二、条文演变

《企业破产法（试行）》未对清算组终止执行职务作相应规定。《企业破产规定》第97第2款规定："破产程序终结后仍有可以追收的破产财产、追加分配等善后事宜需要处理的，经人民法院同意，可以保留清算组或者保留部分清算组成员。"《企业破产法（草案）》与最终的《企业破产法》关于此条的规定没有变化。[①]

三、条文解读

（一）关于管理人终止执行职务的一般条件

1. 管理人已履行完毕其全部法定义务。管理人的工作是围绕破产财产的接收、保管、处理和分配为中心展开的。办理破产人的注销登记是管理人的最后一项工作。所以管理人办理完毕注销登记并告知人民法院后，通常情况下就完成了全部法定工作。

2. 破产程序已经终结。办理完毕破产人的注销登记，是管理人完成全部法定工作的标志。而破产人的注销登记是人民法院裁定破产程序终结后的工作。所以，管理人终止执行职务是在破产程序终结后由人民法院作出的。

（二）关于管理人终止执行职务的程序

管理人由人民法院依法指定，对人民法院负责并报告工作。当管理人完成全部法定任务，也应由人民法院终止其执行职务。管理人于办理完毕破产人的注销登记的次日终止执行职务，向人民法院提出申请，并办理移交破产人的账簿、印章、文书资料、账号销户等手续。人民法院认为不存在诉讼或者仲裁未决情况的，应当向管理人发出终止执行职务的法律文书。

（三）关于管理人终止执行职务的法律后果

1. 管理人终止执行职务，表明管理人作为破产程序的参与主体已经不存在，如果以后发生有关原破产程序的事务，比如，发现应当追回的财产等均应由人民法院直接处理和解决。当然，实践中也不排除这样的做法，即法院在指定管理人时告知管理人未来需要继续履行追回财产等事务。当未来确实有应当追回的财产时，管理人就应当恢复履职。

---

① 陈夏红：《企业破产法注释》，北京大学出版社2021年版，第514页。

2. 管理人终止执行职务后，就不能再以管理人的名义进行相应的民事活动，也不再享有民事权利和承担民事义务。但根据《企业破产法》规定，如果在破产程序中，管理人没有勤勉尽责，忠实执行职务，给债权人、债务人或者第三人造成损失的，依法承担赔偿责任。

（四）关于管理人终止执行职务的例外

代表债务人参加诉讼或者仲裁，是管理人的职责之一。这些诉讼和仲裁包括人民法院受理破产程序后已经开始而尚未终结的有关债务人财产的民事诉讼或者仲裁，以及在破产程序进行中因债务人财产发生争议而提起的诉讼。这些诉讼或者仲裁经过判决、裁决，能够解决债务人财产的争议。如果有因诉讼或者仲裁未决的债权，在破产财产分配时将其分配额提存的，在判决和裁决后也将确认是否将提存的财产追加分配。在破产程序终结后，没有人代表债务人参加未决的诉讼或者仲裁，会给破产财产的善后管理和诉讼、仲裁活动带来诸多不便。因此，在人民法院终结破产程序后，如果上述诉讼或者仲裁仍然未决，作为代表债务人参加诉讼或者仲裁的管理人应当继续履行职务。[①]

适用指引

适用本条应明确两点：一是管理人终止执行职务以办理完毕破产企业的工商登记注销手续为标志。破产程序终结后，实质性的破产程序已经完成。从法律逻辑上讲，法律上彻底消灭了破产人作为企业法人的人格后，债务人作为民事主体的地位不再存在，就不会发生债务人的内外事务，管理人既不需要也不可能再代表债务人行使权利、承担义务或者参加民事活动。所以，管理人的职务行为于办理注销登记完毕的次日起终止。二是所谓管理人终止执行职务的例外，不仅指管理人应当代表已经被注销的破产人参加诉讼或者仲裁活动，如果在诉讼或者仲裁活动完成后存在破产财产的分配事宜，管理人还应当继续履行分配破产财产的职责。

① 安建：《中华人民共和国企业破产法释义》，法律出版社 2006 年版，第 171 页。

类案检索

1. 常州长江客车制造有限公司破产清算组与上海巴士永达汽车销售有限公司等协议效力确认纠纷再审案

关键词：破产程序终结 企业注销 未决诉讼

裁判摘要：常州长江客车制造有限公司破产清算组（以下简称长江公司清算组）为与上海巴士永达汽车销售有限公司（以下简称巴士永达公司）、常州长江客车集团有限公司破产清算组（以下简称长江集团清算组）等协议效力确认纠纷一案，不服江苏省高级人民法院（2009）苏民二终字第0174号民事判决，向最高人民法院申请再审。再审被申请人巴士永达公司在再审期间提交以下新证据：（一）长江公司与长江集团的工商登记情况。该查询资料显示：长江公司于2009年3月2日核准注销，长江集团于2012年4月23日核准注销。（二）长江公司清算组2008年5月9日起诉时的民事起诉书。该起诉书显示：长江公司清算组的印章是完整无缺口的。而现再审申请书上长江公司清算组的印章却有缺口，系使用的切割过的印章。长江公司已于2008年9月25日破产终结，2009年3月2日注销，长江公司清算组现已撤销，再审申请书上使用的印章是作废后切割过的，是没有效力的，故现长江公司清算组已无诉讼主体资格。

关于长江公司清算组是否具备申请再审的诉讼主体资格问题。最高人民法院认为，本案一审诉讼时间为2008年5月9日，长江公司2008年9月25日破产程序终结后于2009年3月2日注销。根据《企业破产法》第120条“管理人于办理注销登记完毕的次日终止执行职务。但是，存在诉讼或者仲裁未决情况的除外”的规定，在破产程序终结、破产企业注销的情况下，管理人仍然可以依法代表债务人处理诉讼或仲裁未决的事宜。故长江公司清算组可以在破产企业注销后继续处理开始于破产程序中的未决诉讼，且长江公司清算组至今未解散，故对于巴士永达公司提出的长江公司清算组不具有诉讼主体资格的主张，不予支持。

【案　　号】（2012）民提字第172号

【审理法院】最高人民法院

【来　　源】北大法宝网

2. 山东祥酒厂与湖南浏阳河实业有限公司等侵犯商标专用权纠纷再审案

关键词：破产程序终结　管理人　诉讼主体资格

裁判摘要：山东祥酒厂（简称祥酒厂）与湖南浏阳河实业有限公司（简称浏阳河公司）、宜宾五粮液股份有限公司侵犯商标专用权纠纷一案，山东省高级人民法院于2006年3月10日作出民事判决。祥酒厂对该判决不服，向山东省高级人民法院申请再审，山东省高级人民法院经审查通知驳回祥酒厂再审申请。2008年9月3日，祥酒厂向最高人民法院申请再审。祥酒厂于2007年5月31日向山东省嘉祥县人民法院申请破产清算，该院决定成立山东祥酒厂清算组，并指定该清算组为祥酒厂管理人，张某某为清算组组长。2007年11月27日，该院以（2007）嘉破字第1-25号裁定终结该破产程序，并裁定祥酒厂管理人在该裁定生效后向登记机关办理注销登记。再审被申请人浏阳河公司辩称，本案再审申请人是祥酒厂管理人，根据山东省嘉祥县人民法院2007年11月27日作出的（2007）嘉破字第1-25号民事裁定书，该破产程序已经终结，祥酒厂管理人作为本案的再审申请人主体不适格。

关于祥酒厂的诉讼主体资格问题。最高人民法院认为，《企业破产法》第122条规定“管理人于办理注销登记完毕的次日终止执行职务。但是，存在诉讼或者仲裁未决情况的除外”。该法第25条第1款第7项规定，“管理人可以代表债务人参加诉讼、仲裁或者其他法律程序”。根据上述规定，本案祥酒厂管理人可以代表祥酒厂提起再审申请。

【案　　号】（2008）民监字第159号

【审理法院】最高人民法院

【来　　源】北大法宝网

第一百二十三条 自破产程序依照本法第四十三条第四款或者第一百二十条的规定终结之日起二年内，有下列情形之一的，债权人可以请求人民法院按照破产财产分配方案进行追加分配：

（一）发现有依照本法第三十一条、第三十二条、第三十三条、第三十六条规定应当追回的财产的；

（二）发现破产人有应当供分配的其他财产的。

有前款规定情形，但财产数量不足以支付分配费用的，不再进行追加分配，由人民法院将其上交国库。

关联规定

法律、行政法规、司法解释

《中华人民共和国企业破产法》

第三十一条 人民法院受理破产申请前一年内，涉及债务人财产的下列行为，管理人有权请求人民法院予以撤销：

（一）无偿转让财产的；

（二）以明显不合理的价格进行交易的；

（三）对没有财产担保的债务提供财产担保的；

（四）对未到期的债务提前清偿的；

（五）放弃债权的。

第三十二条 人民法院受理破产申请前六个月内，债务人有本法第二条第一款规定的情形，仍对个别债权人进行清偿的，管理人有权请求人民法院予以撤销。但是，个别清偿使债务人财产受益的除外。

第三十三条 涉及债务人财产的下列行为无效：

（一）为逃避债务而隐匿、转移财产的；

（二）虚构债务或者承认不真实的债务的。

第三十六条 债务人的董事、监事和高级管理人员利用职权从企业获取的非正常收入和侵占的企业财产，管理人应当追回。

条文释义

一、本条主旨

本条是关于对破产财产进行追加分配的规定。

二、条文演变

《企业破产法（试行）》第 40 条规定："破产企业有本法第三十五条所列行为之一，自破产程序终结之日起一年内被查出的，由人民法院追回财产，依照本法第三十七条的规定清偿。"而该法第 35 条规定的行为是指法院受理破产案件前 6 个月至破产宣告之日期间内的下列行为：隐匿、私分或者无偿转让财产；非正常压价出售财产；对原来没有财产担保的债务提供财产担保；对未到期的债务提前清偿；放弃自己的债权。该法第 37 条是关于清偿顺序的规定。《企业破产法（草案）》承继了此条规定的精神，对此仍作出了规定，但在可以追回的情形上进行了扩充，同时将可以追回的时限从破产终结之日 1 年调整为 2 年。最终的《企业破产法》与《企业破产法（草案）》未有实质性变化。

三、条文解读

（一）关于追加分配的概念

追加分配是指破产程序终结后，对于新发现的属于破产人的可用于破产分配的财产，由人民法院按照破产分配方案对尚未获得完全清偿的债权人所进行的补充分配。一般情况下，破产财产最后分配结束后，破产程序即告终结。但在某些情况下，破产人可供分配的财产在破产程序终结后才被发现，同时，在先前的分配中破产债权人并未获得完全清偿。这时就应当采取补救措施，将追回的可供分配的破产财产再进行分配，以最大程度实现债权人利益。①

① 安建：《中华人民共和国企业破产法释义》，法律出版社 2006 年版，第 172 页。

（二）关于追加分配财产的范围

《企业破产法（试行）》第 40 条规定的可供追加分配的财产，只是以在人民法院受理破产案件前 6 个月至破产宣告之日起的期间内，破产企业所为无效行为所转让的财产为限。即隐匿、私分或者无偿转让的财产、非正常压价出售的财产、对原来没有财产担保的债务提供财产担保而移转的财产、对未到期的债务提前清偿而交付的财产以及放弃自己的债权所让渡的财产。该规定没有包括《企业破产法》第 32 条、第 33 条、第 36 条的情形，适用范围相对狭窄。依据本条的规定，破产程序终结后应当追加分配财产的范围包括：

1. 依照《企业破产法》第 31 条、第 32 条、第 33 条、第 36 条规定应当追回的财产。因上述各条规定的行为而取得债务人财产的，应当在破产程序进行期间由管理人追回，与其他破产财产合并对债权人进行分配清偿。但是，如果管理人在破产程序进行期间并不知道有这些财产，在人民法院裁定破产程序终结后，发现有因上述行为而未分配清偿的财产的，应当追回并补充分配给债权人。

2. 破产人有应当供分配的其他财产。总体说来，破产程序终结后出现的所有可供分配的破产财产，都应当列入追加分配的范围。归纳起来，破产人应当供追加分配的其他财产包括：

（1）破产程序中因纠正错误支出而收回的款项。债务人破产前、破产后不应支出而支出的款项或者虽应支出但多支出的款项均属于错误支出，相对人获得债务人错误支出的款项属于不当得利，应当返还，人民法院对错误支出行为也应予纠正。破产程序终结后 2 年内发现的，应当追回并追加分配。

（2）因权利被承认追回的财产。是指在破产程序终结后，由于发生法律效力的裁决、判决确认破产人对财产拥有的权利，或者相对人承认破产人的财产权利。主要有：①破产程序终结前与相对人存在争议，在破产程序终结后被确认属于债务人的财产。包括各种动产、不动产，也包括知识产权等无形财产以及这些财产产生的收益。②在破产财产分配时，对于诉讼或者仲裁未决的债权，管理人将其分配额提存。在破产程序终结后由于债权人败诉或者部分败诉而对应的应当追加分配给其他债权人的提存财产。

（3）债权人放弃的财产。指获得财产分配的债权人明确表示放弃的财产，以及根据《企业破产法》第 119 条规定，自破产程序终结之日起满 2 年仍不能受领分配的财产。人民法院应当将提存的分配额分配给其他债权人。

（4）破产程序终结后实现的财产权利。有些财产权利在破产程序终结后经过一段时间才能实现，这些最终实现的财产权利应当归入追加分配的财产。这些财产权利大致包括两类：①合同履行发生在破产程序终结前或者合同履行期跨破产程序终结日，在破产程序终结后才获得的合同履行收益。②破产程序终结前难以变现而又无法分配给债权人的财产，在破产程序终结后变现所获得的收益，包括破产程序终结前变现困难而又难以进行实物分配的实物在破产程序终结后变现所得收益、破产程序终结前难以变现和分配的债权在破产程序终结后得以收回的收益、破产程序终结前难以变现和分配的股权在破产程序终结后变现所得的收益。

（5）除上述财产应当追加分配外，其他任何在破产程序终结后发现的可以被分配的债务人财产都应当追加分配。[①]

（三）追加分配的除斥期间

《企业破产法》第43条第4款和第120条规定了三种终结破产程序的原因，即债务人财产不足以支付破产费用而终结、债务人无财产可供分配而终结、财产最后分配完结而终结。在破产程序依上述规定终结之日起2年内，发现有可供分配的财产的应当追加分配。破产程序终结后2年为实施追加分配的除斥期间。除斥期间自破产程序终结之日起计算，不得延长或者中止。在2年除斥期间后才发现的可供分配的财产，不得再实施追加分配。规定除斥期间的意义在于，如果在破产程序终结后一直实施追加分配，虽然充分保护了债权人的利益，但无期间限制地追加分配不利于破产人的利益，也影响人民法院审理破产案件的权威和效率。

在破产宣告之后、终结破产程序之前，破产财产的分配由管理人实施。破产程序终结后，除存在诉讼或者仲裁未决的情况外，管理人已经终止执行职务，债权人会议也已解散。在破产程序终结后发现有可供分配的财产，管理人已不可能进行追加分配。因此，在破产程序终结后，一般情况下实施追加分配的主体是人民法院。债权人发现破产人还有可供分配的财产时，可以请求人民法院进行追加分配，人民法院应当依债权人的请求追回财产并进行分配。具体

① 本书编写组编著：《〈中华人民共和国企业破产法〉释义及实用指南》，中国民主法制出版社2012年版，第292~293页。

到追回财产的方式，若应追回的财产为直接可以执行的实物，一般不存在困难。但若应当追回的财产需要通过提起诉讼的方式追回，人民法院作为主体显然不合适，需考虑以其他主体的名义主张。除依申请追加分配外，必要时，人民法院可以依职权进行追加分配。追加分配是破产财产分配的继续。进行追加分配没有次数的限制，只要在破产程序终结之日起 2 年内发现可供分配的财产，人民法院可以多次进行追加分配。[1]

（四）财产数量不足的处理

根据《企业破产法》第 43 条第 1 款的规定，分配破产财产应当优先清偿破产费用和共益债务。有本条第 1 款规定应当追回的财产，但财产数量不足以支付为实施追加分配所产生的费用的，没有必要再进行追加分配，由人民法院将其上交国库。

适用指引

一、2 年后发现的破产财产能否追加分配

实践中，对于 2 年后发现的破产财产能否追加分配存在争议。我们认为，《企业破产法》规定的 2 年为除斥期间，不得延长或中止，如果允许 2 年后仍可追加分配，虽然有利于债权人利益的保护，但不利于交易安全，更会造成追加分配的不可预知性和程序的复杂性；如果允许债权人追回后用于自身债权的清偿，不仅会助长个别债权人的追讨行为，加剧程序的不稳定性，而且也容易产生破产人与个别债权人相互串通的道德风险。因此，《全国破产审判工作会议纪要》对于破产清算程序终结 2 年后的追加分配问题未予补充规定，以确保程序终结后法律关系的稳定性，督促管理人在破产程序中尽量追收债务人的财产。

另外，根据全国人大法工委对本条的释义，之所以规定为 2 年，是考虑与民法关于债权保护的诉讼时效保持一致，以有利于维护立法上的统一性。至于在《民法典》第 188 条第 1 款已将诉讼时效期间延长为 3 年的情况下，本条是

① 本书编写组编著：《〈中华人民共和国企业破产法〉释义及实用指南》，中国民主法制出版社 2012 年版，第 293~294 页。

否也应相应调整为3年，则可以在《企业破产法》的修改中考虑。

二、主张追回财产的特殊主体

司法实践中，本条所列应当追回的财产一般需要通过提起诉讼的方式追回，但此时存在应由谁来提起的问题。一种方式是由债权人适用代位权诉讼的原理提起，并将追回的财产纳入破产财产。但这种方式将面临提起《企业破产法》第31条、第32条规定的破产撤销权诉讼的主体应为管理人的法律障碍。另一种方式是认为管理人仍然可以依据《企业破产法》第122条关于管理人终止执行职务例外的规定，继续履行通过诉讼方式追回财产的职责。该种方式的理由似不充分，该条所指的"存在诉讼或仲裁未决情况"，应是指破产程序终结前已经提起但破产程序终结时尚未审结的诉讼或仲裁。司法实践中，有的法院采取如下方式解决该问题：若管理人此时尚未终止执行职务，则以管理人名义代为提起诉讼，若管理人已终止执行职务，则可在破产法院决定恢复管理人履职后由管理人以自己的名义代为提起诉讼。因该类诉讼集中于确定"债务人财产"，管理人以自己的名义提起诉讼可由信托理论获得解释。

三、不存在破产财产分配方案的情况下如何追加分配

如果破产程序的终结是因为债务人财产不足以支付破产费用和共益债务，或者是因为破产人无财产可供分配，这种情况下便不存在破产财产分配方案，甚至也不存在破产财产变价方案以及经法院裁定确认的无争议债权表，此时应如何追加分配。有实务人士提出，此时，若管理人尚未终止执行职务，则法院应要求管理人拟定变价方案、破产财产分配方案；如管理人已终止执行职务，则法院可以要求管理人恢复职务并拟定变价方案、破产财产分配方案，待管理人提交债权人会议表决、法院裁定批准认可后，进而展开追加分配工作。[①] 也有学者对此持保留意见，认为该种思路对管理人的工作来说，无疑增加了太多的不确定性。[②] 我们认为，该问题以及前述关于追回财产的主体问题，实质涉及破产程序终结后对管理人身份的定位问题，其需要在对《企业破产法》的修改中加以完善。个案的实务操作中，可以由法院与管理人事前沟通解决。

---

① 韩传华：《企业破产法解析》，人民法院出版社2007年版，第357页。
② 陈夏红：《企业破产法注释》，北京大学出版社2021年版，第518页。

类案检索

1. 海南金厦建设股份有限公司与中国农业银行股份有限公司深圳市分行等股东出资纠纷案

关键词： 破产程序终结 债权人 追缴出资

裁判摘要： 2006年4月24日，广东省深圳市中级人民法院以（2006）深中法民二破产字第5号民事裁定宣告深圳市北大中基科技有限公司（以下简称北大中基公司）破产还债，并指定清算组对北大中基公司进行接管。中国农业银行股份有限公司深圳市分行（以下简称农行深圳分行）向北大中基公司清算组申报债权后，已获得分配财产8023851.18元。2008年2月28日，北大中基公司清算组向各债权人发出《北大中基公司注册资本情况调查及债权人意见表决表》，载明如债权人同意对注册资本不实进行追究，清算组将依法提起诉讼追究注册资本不实、抽逃资本相关责任人的法律责任。如债权人不同意对注册资本不实、抽逃资本进行追究，清算组将向法院提出终结本案破产程序。2008年5月4日，北大中基公司清算组发函给各债权人称：关于《北大中基公司注册资本情况调查及债权人意见表决》有5家债权人同意，所代表的债权为42.98%，未过半数，按《企业破产法》第64条规定，清算组提出的处理方案未获通过。清算组认为如果5家债权人同意继续追究并垫付全部费用，也可以继续进行追讨工作。但这一工作尚需进一步统一意见，为了破产案件及时结案，按多数债权人意见，提请法院终结破产程序。对北大中基公司注册资本不实相关责任人的追究问题，如要追究可在终结破产程序后两年内提出。2008年4月23日，深圳市中级人民法院作出（2006）深中法民二破产字第5-9号民事裁定，裁定终结北大中基公司破产程序。2010年4月23日，农行深圳分行向深圳市中级人民法院提起诉讼，请求判决海南金厦建设股份有限公司（以下简称海南金厦公司）等股东在未履行出资义务范围承担清偿责任。

关于农行深圳分行可否通过普通民事诉讼程序主张案涉破产债权的问题。最高人民法院认为，首先，在北大中基公司破产程序中，清算组在破产清算后期就已发现北大中基公司的部分股东存在虚假出资、抽逃出资的情形，但当时北大中基公司破产财产已经分配完毕，向虚假出资、抽逃出资的北大中基公司股东提起追偿之诉又需要各债权人按比例垫付诉讼费用，因清算组提出的处理方案未获债权人会议通过，导致清算组不能在破产程序中向虚假出资、抽逃出资进行追索。但是，清算组在发给各债权人的函中已经写明：对北大中基公司注册资本不实相关责任人的追究问题，如要追究可在终结本案破产程序后两年内提出。故本案并不符合《企业破产法》第123条的规定的情形，所以，农行深圳分行在破产程序终结后通过普通民事诉讼程序起诉主张自己的权益并无不当。其次，农行深圳分行在本案破产程序中就积极主张向北大中基公司股东进行追索，在破产程序终结后，其仍然以自己的名义提起本案诉讼，要求北大中基公司虚假出资、抽逃出资的股东向其个别清偿，并不违反法律规定，而且，至本案再审庭审结束时，北大中基公司其他债权人（包括同意追索的另外四家债权人）亦没有提起相关诉讼，农行深圳分行向北大中基公司出资不实的股东主张权利，亦不损害北大中基公司其他债权人的利益。如果同意追索的另外四家债权人也主张该笔债权，应在其他相关程序中处理予以解决，而非本案的审理范围。最后，破产程序是集体强制清偿程序，破产程序的开始意味着个人清偿程序的中止，当破产程序终结后，个人清偿程序恢复，而本案清算组提出的处理方案未获多数债权人通过，但并未免除债务人的债务，仅是对该部分财产在破产程序中不予处理，亦没有禁止主张追偿的债权人在破产程序结束后向北大中基公司虚假出资、抽逃出资的股东进行追索。

【案　　号】（2016）最高法民再279号

【审理法院】最高人民法院

【来　　源】中国裁判文书网

2. 白银有色金属公司破产清算组与光大兴陇信托有限责任公司执行异议案

关键词：破产程序终结　继续执行　执行异议

裁判摘要：2003年5月13日和2003年11月13日，甘肃省高级人民法院（以下简称甘肃高院）根据原甘肃省信托投资有限责任公司（以下简称信托公司）申请，分别依据该院已发生法律效力的（2002）甘民二初字第39号民事判决和最高人民法院（2002）民二终字第187号民事判决，对白银有色金属公司（以下简称白银公司）立案执行。执行内容分别为：白银公司偿还信托公司借款本金713万元及相应利息、本金3043万元及相应利息。

2007年5月21日，白银市中级人民法院（以下简称白银中院）受理白银公司破产申请，并以（2007）白中民破字第2号民事裁定，宣告白银公司破产还债。2007年11月20日，白银中院作出（2007）白中民破字第2—2号民事裁定，宣告白银公司破产还债程序终结。2010年9月，甘肃高院根据信托公司申请，决定对案件继续执行。2015年4月，该院再次委托评估机构对该院查封的位于兰州市定西南路136号房产评估作价24579700元。2015年10月13日，甘肃高院委托拍卖机构拍卖。10月21日，白银公司清算组向甘肃高院提出执行异议，拍卖中止。白银公司清算组异议称：本案原被执行人白银公司已于2007年11月被白银中院宣告破产，光大兴陇信托有限责任公司（以下简称光大信托公司）的前身信托公司未在法定期限内申报破产债权，现本案被执行主体已经注销，且无任何主体承继其资产，光大信托公司对白银公司的债权已经灭失，无权再追索该笔债权，也无权就本案执行标的物进行个别受偿；本案执行标的物在白银公司破产后已被甘肃省国有资产管理委员会收回，作为国有出资投入白银有色集团股份有限公司（以下简称白银股份公司），与原被执行人白银公司债务无关。请求甘肃高院解除查封，终结执行程序。

最高人民法院认为，本案的争议焦点是：在被执行人破产程序终结后，甘肃高院是否可以对本案继续执行。破产程序是一种概括的债务清偿程序。根据《企业破产法》以及相关司法解释的规定，人民法院受理企业破产案件后，对债务人财产的其他民事执行程序应当中止。对债务人全部财产的管理、变价和分配等事务，应当通过破产程序处理。所有债权人应当统一依照破产法规定的程序行使权利。以债务人为被告的其他债务纠纷案件，已经审结但未执行完毕的，应当中止执行，由债权人凭生效的法律文书向受理破产案件的人民法院申报债权。破产程序终结后，原则上应当不再可能根据个别债权人的申请启动个别执行程序。破产程序启动前债务人对个别债权人未能受偿是否存在过错，并不能作为破产程序终结后启动执行程序的理由。但如果确实存在异议裁定中实质上认定的本案执行中所查封的资产未被纳入破产财产，也未被政府收回的事实，则该财产相当于破产终结后发现破产人有应当供分配的其他财产，依照《企业破产法》第123条的规定，自破产程序终结之日起2年内，债权人可以请求人民法院按照破产财产分配方案进行追加分配。因本案债权人申请追加分配的2年期间已经届满，债权人应无通过破产法上的程序获得救济的可能。此时能否再启动执行程序进行处理，尚无明确的规则，但实务中不应否定根据相关债权人的申请启动执行程序的合理性，至于债权人之间是否及如何进行分配问题，可在财产处分阶段考虑。但本案异议裁定对于执行中所查封的资产未被纳入破产财产，也未被政府收回这一关键事实的认定，存在疑问，对白银公司清算组提供的相关证据需要进一步考虑，如有必要应进行实际调查。此外，甘肃高院对于本案债权人是否参与破产程序、其债权是否列入破产债权相关的下列事实也未充分查明。甘肃高院应就上述相关事实问题进一步查明后，重新作出裁定。

【案　　号】（2016）最高法执复69号

【审理法院】最高人民法院

【来　　源】中国裁判文书网

第一百二十四条 破产人的保证人和其他连带债务人，在破产程序终结后，对债权人依照破产清算程序未受清偿的债权，依法继续承担清偿责任。

关联规定

一、法律、行政法规、司法解释

1.《中华人民共和国民法典》

第五百一十八条 债权人为二人以上，部分或者全部债权人均可以请求债务人履行债务的，为连带债权；债务人为二人以上，债权人可以请求部分或者全部债务人履行全部债务的，为连带债务。

连带债权或者连带债务，由法律规定或者当事人约定。

第六百八十一条 保证合同是为保障债权的实现，保证人和债权人约定，当债务人不履行到期债务或者发生当事人约定的情形时，保证人履行债务或者承担责任的合同。

第六百八十七条 当事人在保证合同中约定，债务人不能履行债务时，由保证人承担保证责任的，为一般保证。

一般保证的保证人在主合同纠纷未经审判或者仲裁，并就债务人财产依法强制执行仍不能履行债务前，有权拒绝向债权人承担保证责任，但是有下列情形之一的除外：

（一）债务人下落不明，且无财产可供执行；

（二）人民法院已经受理债务人破产案件；

（三）债权人有证据证明债务人的财产不足以履行全部债务或者丧失履行债务能力；

（四）保证人书面表示放弃本款规定的权利。

2.《中华人民共和国企业破产法》

第五十一条 债务人的保证人或者其他连带债务人已经代替债务人清偿债

务的，以其对债务人的求偿权申报债权。

债务人的保证人或者其他连带债务人尚未代替债务人清偿债务的，以其对债务人的将来求偿权申报债权。但是，债权人已经向管理人申报全部债权的除外。

第九十二条 经人民法院裁定批准的重整计划，对债务人和全体债权人均有约束力。

债权人未依照本法规定申报债权的，在重整计划执行期间不得行使权利；在重整计划执行完毕后，可以按照重整计划规定的同类债权的清偿条件行使权利。

债权人对债务人的保证人和其他连带债务人所享有的权利，不受重整计划的影响。

第一百零一条 和解债权人对债务人的保证人和其他连带债务人所享有的权利，不受和解协议的影响。

3.《最高人民法院关于适用〈中华人民共和国民法典〉有关担保制度的解释》

第二十二条 人民法院受理债务人破产案件后，债权人请求担保人承担担保责任，担保人主张担保债务自人民法院受理破产申请之日起停止计息的，人民法院对担保人的主张应予支持。

第二十三条 人民法院受理债务人破产案件，债权人在破产程序中申报债权后又向人民法院提起诉讼，请求担保人承担担保责任的，人民法院依法予以支持。

担保人清偿债权人的全部债权后，可以代替债权人在破产程序中受偿；在债权人的债权未获全部清偿前，担保人不得代替债权人在破产程序中受偿，但是有权就债权人通过破产分配和实现担保债权等方式获得清偿总额中超出债权的部分，在其承担担保责任的范围内请求债权人返还。

债权人在债务人破产程序中未获全部清偿，请求担保人继续承担担保责任的，人民法院应予支持；担保人承担担保责任后，向和解协议或者重整计划执行完毕后的债务人追偿的，人民法院不予支持。

第二十四条 债权人知道或者应当知道债务人破产，既未申报债权也未通知担保人，致使担保人不能预先行使追偿权的，担保人就该债权在破产程序中可能受偿的范围内免除担保责任，但是担保人因自身过错未行使追偿权的除外。

4.《最高人民法院关于适用〈中华人民共和国企业破产法〉若干问题的规定（三）》

第四条　保证人被裁定进入破产程序的，债权人有权申报其对保证人的保证债权。

主债务未到期的，保证债权在保证人破产申请受理时视为到期。一般保证的保证人主张行使先诉抗辩权的，人民法院不予支持，但债权人在一般保证人破产程序中的分配额应予提存，待一般保证人应承担的保证责任确定后再按照破产清偿比例予以分配。

保证人被确定应当承担保证责任的，保证人的管理人可以就保证人实际承担的清偿额向主债务人或其他债务人行使求偿权。

第五条　债务人、保证人均被裁定进入破产程序的，债权人有权向债务人、保证人分别申报债权。

债权人向债务人、保证人均申报全部债权的，从一方破产程序中获得清偿后，其对另一方的债权额不作调整，但债权人的受偿额不得超出其债权总额。保证人履行保证责任后不再享有求偿权。

二、司法指导性文件

《全国法院破产审判工作会议纪要》

31. 保证人的清偿责任和求偿权的限制。破产程序终结前，已向债权人承担了保证责任的保证人，可以要求债务人向其转付已申报债权的债权人在破产程序中应得清偿部分。破产程序终结后，债权人就破产程序中未受清偿部分要求保证人承担保证责任的，应在破产程序终结后六个月内提出。保证人承担保证责任后，不得再向和解或重整后的债务人行使求偿权。

条文释义

一、本条主旨

本条是关于破产人的保证人和其他连带债务人继续承担清偿责任的规定。

二、条文演变

《企业破产法（试行）》中未对保证人和其他连带债务人的责任进行规定。《企业破产法（草案）》中关于本条的表述为："破产人的保证人和其他连带债务人，在破产案件终结后，对债权人未依破产清算程序受偿的债权，应当继续承担清偿责任。"[①] 最终的《企业破产法》将"对债权人未依破产清算程序受偿的债权，应当继续承担清偿责任"修改为"对债权人依照破产清算程序未受偿的债权，依法继续承担清偿责任"。其一，修改后的条文将关注点放在参与到破产清算程序但未足额受偿的债权人，表述更为准确。其二，避免产生鼓励债权人怠于申报债权、怠于参与破产程序的歧义。

三、条文解读

企业法人因破产程序终结而终止，债务因其法人终止而不再清偿，但是债务人破产并非债权消灭的原因。债权人依照破产程序未得到全部清偿的债权，除非该债权人有免除的意思表示外，并不因为债务人破产而消灭。通常情况下，债权人因为债务人破产其债权无法得到满足，应理解为不能从已破产的债务人处得到清偿，但并不排除从第三人处得到清偿。存有保证人或连带债务人的情况下，债权人之债权仍然存在。在保证担保的情况下，债权仍然可以从债务人的保证人和其他连带债务人处得到清偿。保证人和其他连带责任的债务人并不因为债务人破产而免除保证和连带责任，对债权人的清偿责任不受影响。破产程序终结后，债权人以其未受清偿的债权部分，向破产人的保证人和其他连带债务人继续追偿。

适用指引

一、关于债权人同时主张保证责任的问题

关于债务人进入破产程序后，债权人在破产程序中申报债权和向担保人主张权利之间的关系，即债权人能否在申报全部债权的同时要求担保人承担担保

① 陈夏红：《企业破产法注释》，北京大学出版社2021年版，第521~522页。

责任，《企业破产法》并未作出限制。原《担保法解释》第 44 条第 1 款规定："保证期间，人民法院受理债务人破产案件的，债权人既可以向人民法院申报债权，也可以向保证人主张权利。"但对该条款的理解，理论中存在择一说和并行说两种不同观点。择一说认为，破产程序中，债权人申报债权或向保证人主张权利只能择一行使，即如果已经选择了申报债权，则不能同时要求保证人承担保证责任，反之亦然。择一说的主要理由为避免债权人双重受偿。并行说则主张前述两种权利并行不悖，债权人既可以申报债权，同时又可以向保证人主张保证责任。对此，《最高人民法院对〈关于担保期间债权人向保证人主张权利的方式及程序问题的请示〉的答复》[（2002）民二他字第 32 号] 也曾规定："对于债权人申报了债权，同时又起诉保证人的保证纠纷案件，人民法院应当受理。在具体审理并认定保证人应承担保证责任的金额时，如需等待破产程序结束的，可依照《中华人民共和国民事诉讼法》第一百三十六第一款第（五）项的规定，裁定中止诉讼。人民法院如径行判决保证人承担保证责任，应当在判决中明确应扣除债权人在债务人破产程序中可以分得的部分。"据此，破产程序进行中，人民法院对于债权人对保证人提起的保证责任纠纷诉讼应当受理，且在受理后可以采取中止审理或径行判决两种处理方式。该答复一定程度上认可了并行说的观点，即允许债权人在申报债权的同时起诉要求保证人承担责任，但在明确具体责任金额时，答复给出的两种处理方式实际上都需以破产程序确定债权人受偿份额为前提，因此，并行说在实践中的意义主要在于赋予债权人起诉的权利，而并未在实体层面彻底解决债权人的受偿问题，不利于债权人的保证担保利益及时实现。

目前，《民法典担保制度解释》第 23 条第 1 款予以了明确："人民法院受理债务人破产案件，债权人在破产程序中申报债权后又向人民法院提起诉讼，请求担保人承担担保责任的，人民法院依法予以支持。"根据本款的规定，债务人破产程序的启动不影响债权人向担保人主张担保责任。此外，本款在文字上采用了人民法院应予"支持"的表述，这意味着人民法院不仅仅只是受理保证责任诉讼，而是应对债权人的主张予以实体审理并作出相应判决，因此，本款实际上采纳的是并行说的观点。

此外，并行说的观点还体现在《企业破产法规定（三）》第 5 条第 1 款的规定上。该条规定，债务人、保证人均被裁定进入破产程序的，债权人有权向债务人、保证人分别申报全部债权。

二、关于保证人行使追偿权的问题

承接前文，采纳并行说的观点，随之需要解决的便是如何理顺保证人承担责任与求偿权之间的程序关系，同时避免债权人获得双重受偿。

（一）承担保证责任后的代替受偿及其限制

根据《企业破产法》第51条的规定，保证人承担责任后可以其对债务人的求偿权申报债权。根据该条精神，如果债权人先行从保证人处获得全部清偿，且之前债权人已经申报全部债权的，虽然保证人不得再行申报债权，但保证人可通过申请转付债权人在破产程序相应清偿份额的方式，替代债权人在破产程序中受偿，从而确保对债务人追偿权的行使。《破产审判会议纪要》第31条也对此进一步予以了明确："破产程序终结前，已向债权人承担了保证责任的保证人，可以要求债务人向其转付已申报债权的债权人在破产程序中应得清偿部分。"但是，如果保证人仅清偿部分债务，债权人在保证人处未获得全部清偿的，虽然保证人依法享有追偿权，但根据《民法典》第700条关于保证人行使追偿权不得损害债权人利益的规定，故《民法典担保制度解释》第23条第2款中明确规定，"在债权人的债权未获全部清偿前，担保人不得代替债权人在破产程序中受偿"。根据保证原理，保证人是代债务人清偿债务，因此，在债务人所有财产不足以清偿全部债务时，债务人应当先履行主债务，而不能向担保人支付，否则就会损害债权人的利益，因为主债务人和保证人对于债权人而言，都是债务人。只有在满足了债权人的债权的情况下，保证人才能对主债务人行使追偿权。在债权人、债务人、保证人这三者的关系中，债务人和保证人的关系属于内部关系，债务人、保证人与债权人的关系属于外部关系。在内部关系与外部关系相冲突的情况下，应当优先满足外部关系。但是，如果债权人在破产程序中和从保证人处获得的受偿总额超过债权额，基于禁止超额受偿的原则，担保人有权请求债权人就超出部分在其承担保证责任的范围内予以返还。根据《企业破产法规定（三）》第5条的规定，在债务人、保证人均进入破产程序的情形下，依然应贯彻上述思路。实务中，为避免债权人超额受偿现象的出现，保证人在清偿了全部或部分债权后，应当主动向债务人的管理人提供相应的清偿凭证，披露保证责任的承担信息，管理人也应及时向保证人反馈对债权人清偿债权的进展与结果。

以上是关于债务人破产程序终结前，保证人承担全部或部分保证责任后如何行使追偿权的规定。若保证人在债务人破产程序终结后承担保证责任，基于破产程序的特殊性，此时保证人的追偿权也会受到限制。对于破产清算程序而言，破产程序终结后，债务人主体资格消灭，自然不存在追偿的问题。保证人向债权人清偿而受到的损失，正是担保的风险所在，应自行承担。但在破产重整程序和破产和解程序中，因为债务人主体资格仍然存续，保证人承担保证责任后，能否向重整计划或者和解协议执行完毕后的债务人追偿，依然是需要回答的问题。对此，《破产审判会议纪要》第 31 条、《民法典担保制度解释》第 23 条第 3 款均予以了明确，保证人承担保证责任后，不得再向重整或和解后的债务人行使追偿权。理由在于，根据《企业破产法》第 94 条、第 104 条的规定，按照重整计划或者和解协议减免的债务，自重整计划或者和解协议执行完毕时起，债务人不再承担清偿责任。也就是说，对应的债务人的该部分债务将实际获得免责。对于保证人而言，其就债权人剩余债权承担保证责任后，如果仍向重整后或者和解后的债务人追偿，则意味着实质上源于同一债务的普通债权，在债务人处获得了两次清偿，导致该笔债权清偿率高于其他同类债权的情形，从而违反破产法同类债权平等清偿的原则。同理，根据《企业破产法规定（三）》第 5 条第 2 款的规定，在债务人、保证人均进入破产程序的情形下，基于债权人已经在债务人处申报了全额债权，保证人不得再以将来求偿权申报债权，故即便债权人先从主债务人处获得清偿的，保证人承担责任后，亦不享有追偿权。

（二）保证人将来求偿权的行使

需要注意的是，前文的论述仅限于债权人已经在破产程序中申报全部债权的情形，如果债权人未在破产程序中向债务人的管理人申报债权要求清偿，而是直接向保证人主张保证责任，则保证人可以根据《企业破产法》第 51 条第 2 款的规定，在破产程序中预先申报保证债权，提前向债务人行使求偿权，此为保证人的将来求偿权。

但是《企业破产法》并未规定债权人负有将其是否申报债权的意思表示告知保证人的义务，从而造成实际上保证人要行使预先追偿权，却因已过申报债权期限或者补充申报期限而不得的情况发生。对此，原《担保法解释》第 45 条曾规定：“债权人知道或者应当知道债务人破产，既未申报债权也未通知保证人，致使保证人不能预先行使追偿权的，保证人在该债权在破产程序中可能受偿的范围内免除保证责任。”《民法典担保制度解释》第 24 条吸收和延续了上述规定，一方面将“保证人”的范围扩展至“担保人”，同时增加规定“担保人因自身过错未行使追偿权的除外”的但书条款。

根据《民法典担保制度解释》第 24 条的规定，担保人相应免责需同时具备以下四个方面的要件：一是债权人知道或者应当知道债务人破产；二是债权人既未申报债权也未及时通知担保人其未申报债权；三是担保人未能及时行使预先追偿权而遭受损失；四是担保人的利益受损是因债权人的不作为所导致。关于本条规定，具体适用时需关注以下几个问题：

1. 如何判断债权人知道或者应当知道债务人破产。所谓“知道”是指债权人明知，即有直接证据表明债权人知道债务人破产的事实。“应当知道”则是一种法律上的推定，是指按照一般人的普遍认知能力可以推断出债权人应当知道债务人破产。根据《企业破产法》第 14 条第 1 款的规定，人民法院应当自裁定受理破产申请之日起 25 日内通知已知债权人，并予以公告。通知和公告是人民法院送达破产案件文书的基本形式。通知的意义在于法院以书面形式告知已知债权人破产程序开始的事实和有关事项。公告的意义在于向全社会不特定人公开告知已受理破产申请的有关事项，告知无法通知的债权人、未知债权人以及其他利害关系人破产程序开始的事实和有关事项，以维护其合法利益。法院的公告一旦作出，视为法院已经通知未知的债权人和无法通知的债权人。被通知的债权人均应在法院公告的期限内申报债权参与破产程序，否则应承受因此带来的不利后果。因此，有观点认为，从上述规定的角度来看，可以将法院的通知和公告作为推定债权人知道或者应当知道债务人破产的情形之一。但是，倘若践行该推定标准，则将不存在债权人不知道或者不应当知道债务人破产的情形。由于现实情况复杂，尤其是可能存在大量的小额自然人债权人，这种观点还值得商榷。

2. 关于补充申报制度对本条的影响。与《企业破产法（试行）》不同，按照现行《企业破产法》第 56 条的规定，债权人逾期申报债权并不被视为放弃债权，其仍可在破产财产最后分配前补充申报。补充申报制度虽使担保人不至于因债权人未申报或未通知行为而丧失实体权利，但担保人仍可能因补充申报遭受损失（根据《企业破产法》第 56 条的规定，补充申报前已进行的分配，不再对其补充分配；为审查和确认补充申报债权的费用，由补充申报人承担），未依照规定申报债权的，亦不得依照《企业破产法》规定的程序行使权利，如参与表决等。因此，在现行《企业破产法》的债权申报制度体系下，本条规定的担保人免责情形和范围，既适用于因债权人未申报且未通知导致担保人未能在补充申报阶段及时行使预先追偿权，而彻底丧失参与破产分配的情形，也可适用于因债权人原因导致担保人在补充申报阶段遭受的损失，包括担保人受到减损的合法追偿权益以及可能产生的额外费用，这样可以减轻担保人的担保责任。

3. 关于本条在破产重整以及破产和解程序中的适用。根据《企业破产法》第 92 条第 2 款、第 100 条第 3 款的规定，债权人未依照该法规定申报债权的，虽然在重整计划或者和解协议执行期间不得行使权利，但在重整计划或者和解协议执行完毕后可以按照重整计划规定的同类债权的清偿条件或者和解协议规定的清偿条件行使权利。与破产清算程序终结后债务人主体资格注销不同，破产重整以及破产和解程序终止、重整计划或者和解协议执行完毕后，债务人的主体资格继续存续，根据上述法律规定，即便债权人之前未申报债权亦未履行本条规定的通知义务，担保人也可在向债权人承担担保责任后向重整后或者和解后的债务人行使追偿权。故从本条规定的结果要件来看，在破产重整以及破产和解程序中，担保责任免除情形适用将受到一定限制。

4. 关于担保人因自身过错未行使追偿权的理解。根据本条的规定，担保人免除相应担保责任以其自身没有过错为前提，如担保人因自身过错导致未行使追偿权的，则不能免除相应担保责任。此外，值得探讨的是，担保人知道或者应当知道债务人已经破产的，能否免除债权人的通知义务。因为实践中，担保人与债务人的关系往往更加紧密，如股东为企业提供担保的情形大量存在，担保人往往知道或应当知道债务人企业破产的事实。在此情形下，如果有证据证明担保人知悉债权人未申报债权的，即便债权人未履行本条规定的通知义务，亦不得成为担保人免除相应担保责任的理由。故担保人免除相应担保责任的例外，除与有过失理论下的担保人自身过错外，亦包括担保人非善意的情形。

三、关于债务人破产时保证债务是否停止计息的问题

理论中关于债务人破产时担保债务是否停止计息的争论由来已久。主张不停止计息的主要理由包括：（1）《企业破产法》第 46 条关于利息停止计算规定的立法目的，在于确定破产债权数额，从而保障破产程序顺利进行和债权公平

清偿，性质上只是破产时的技术安排，并未免除利息债务和消灭实体权利。担保人并未破产，债权人向其主张权利是破产程序之外的普通正常程序，不应受到破产程序限制。（2）主债务人进入破产程序后，主债务和担保债务不受一般担保中的从属性原则限制，如《企业破产法》第 92 条第 3 款、第 101 条、第 124 条均体现了破产程序中不适用主债务减免从债务随之减免的原则。（3）从担保制度的设立宗旨和风险负担来看，债权人设立担保的宗旨，就是在债务人无力清偿债务尤其是破产时由担保人承担责任，从而保障债权的实现。担保人承担破产程序期间的主债务利息，未超出其应有的风险预判，担保人的法律义务与责任并未因此加重。（4）从社会效果的角度考虑，对担保人不停止计息，有利于促进担保人及时履行义务。

《民法典担保制度解释》第 22 条最终采纳了停止计息的主张。主要理由如下：

第一，停止计息更加符合当前我国商事交易实际情况，更有利于实现个案的公平和正义。我国现行法在被担保的债权范围问题上允许当事人进行约定。在没有约定的情形下，被担保的债权范围较为宽泛，如担保物权担保的范围包括主债权及其利息、违约金、损害赔偿金、保管担保财产和实现担保物权的费用（《民法典》第 389 条），保证合同担保的范围包括主债权及其利息、违约金、损害赔偿金和实现债权的费用（《民法典》第 691 条）。如此宽泛的担保范围无疑会加重担保人的负担和风险。而且，尽管我国目前对民间借贷的利率有限制，但当事人约定利率水平仍较高，且对金融借贷的利率暂无明确限制，在债务人发生破产的情形下，如果担保人不能主张停止计息，将可能因担保人无法控制破产程序的时间而背负沉重的利息，进而也陷入破产境地。此外，从风险负担分配的角度看，如果不允许担保人主张停止计息，则债务人破产的风险将完全由担保人承担，尽管这符合债权人控制风险的想法，但此种通过担保将风险完全转嫁给担保人承担的做法是否公平值得探讨。债务人破产的情形下，将担保人应当承担的利息计算至受理破产申请之时，既保护了债权人的合理信赖和交易安全，也保护了担保人的合理预期，较为公平地分配了因债务人破产所带来的风险。更为重要的是，从当前司法实践的情况看，债务人破产的情形下不少债权人向担保人主张的债权系通过金融机构不良资产处置以很低代价所获得的债权，如果不允许担保人主张停止计息，也会进一步加重不公平的结果。

第二，停止计息说更加符合《民法典》强化担保从属性的基本立场。与《担保法》比较，《民法典》进一步强化了担保的从属性。关于这一点，可以从《民法典》将独立担保的范围限制在“法律另有规定”（第388条与第682条），并明确规定“保证人可以主张债务人对债权人的抗辩。债务人放弃抗辩的，保证人仍有权向债权人主张抗辩”（第701条）看出。担保所具有的从属性主要包括效力的从属性和消灭的从属性，前者指的是担保合同的生效要以有效的主合同为前提，后者指的是主债权债务消灭，担保权利亦随之消灭。[①] 除此之外，担保范围的从属性也是重要的一方面。担保责任的本质是对债权的保全，以主债权人的原初债权受偿利益为上限来设置担保责任，担保人承担完毕担保责任后，可以就相应的担保责任向债务人追偿。追偿法理也意味着追偿人向被追偿人所追偿的债权不能超越被追偿人在初始法律关系中的债务负担。同时，从担保人对担保责任可预见性的角度而言，担保责任的范围也不能大于主债务的范围，这也是世界上许多国家的通例。在主债务人破产后，主债务的利息依法只计算到破产申请受理之日止，故主债务的范围是未清偿的本金和至破产受理之日的利息。这时，如果要求保证人承担主债务人申请破产之日后的利息，显然使保证人承担的责任大于主债务人，就明显违反了保证范围从属性的特征，在理论上难以解释。[②] 主债务在破产程序中的利息无论是被消灭抑或被予以劣后清偿处理，通常情形下不再具有清偿的可能性，以结果论之，倘若担保人承担的担保债务不与主债务一并适用破产停止计息规则，将会存在主债务人不再承担主债务利息，债权人却可以要求担保人继续承担担保债务利息，以至于出现最终的担保债务的范围大于主债务范围的问题。

应该说，担保债务的从属性是担保法理的根基，也是担保法律关系的理论起点。《企业破产法》第92条、第101条中规定，在破产重整或和解程序中，保证人的责任范围不受主债务减少的影响，似乎限制了破产程序中保证责任的从属性，导致保证责任可能大于主债务金额。但是，《企业破产法》作为民事法律规范的特例，基于破产法律调整的特殊价值目标的考量，需要打破担保债务从属性规则束缚的，应当以破产法律规范的形式进行明确的规定，否则，破产程序也应遵守担保法理的约束。由于《企业破产法》没有规定对担保债务是

---

① 马骏驹、余延满：《民法原论（第4版）》，法律出版社2010年版，第545页。

② 夏群佩、洪海波：《主债务人进入破产程序后连带保证人的责任范围》，载《人民司法·案例》2017年第14期。

否在破产程序中同样适用主债务的停止计息规则，因此，对该问题应当依据担保法理解释，这也是设置本条规定的初衷。况且，担保债务适用破产停止计息的规则，并不必然会给债权人带来损失：如果债权人及时要求担保人承担担保责任，将可有效地避免利息损失的产生；即便债权人选择先行在破产程序中受偿，债权人损失的担保债务的利息，较其主债权主张而言，往往也相对较少。相较而言，担保的从属性以及追偿权法理更应予以维护。

第三，《企业破产法》第124条规定："破产人的保证人和其他连带债务人，在破产程序终结后，对债权人依照破产清算程序未受清偿的债权，依法继续承担清偿责任。"根据该条规定，债权人在破产清算程序中按照确定的比例获得清偿后，未获清偿的债权在破产程序终结后可继续向保证人追偿。仅从文义来看，似可以理解为保证人的保证责任应限于债权人在破产程序中未获清偿的部分，不应再承担已确定的主债权之外的其他责任，而破产申请受理后的利息不属于"债权人依照破产清算程序未受清偿的债权"的范围，当然也不应该由担保人承担。

四、关于要求保证人承担保证责任的期间问题

该问题主要涉及原《担保法解释》第44条第2款和《破产审判会议纪要》第31条规定的"破产程序终结后，债权人要求保证人承担保证责任的，应当在破产程序终结后六个月内提出"是否还继续适用的问题。

首先，关于上述司法解释和指导性文件中规定的"六个月"的性质。根据原《最高人民法院关于如何适用〈关于适用担保法若干问题的解释〉第44条及最高人民法院法函（2002）3号的答复》（〔2002〕民二他字第22号）和《最高人民法院关于对云南省高级人民法院就如何适用〈关于适用担保法若干问题的解释〉第44条请示的答复》（〔2003〕民二他字第49号），该6个月的期间不能发生取代保证期间的作用，债权人应在破产程序终结后6个月内要求保证人承担保证责任的规定，仅适用于债务人在破产程序开始时保证期间尚未届满，而在债权人申报债权参加清偿破产财产程序期间保证期间届满的情形。即在上述情况下，考虑到债权人在债务人破产期间不便对保证人行使权利，债权人可以在债务人破产终结后6个月内要求保证人承担保证责任。因此，在债务人破产程序终结后，债权人对保证人的保证期间尚未届满的，适用保证期间，不适用原《担保法解释》第44条第2款的规定。分析上述答复可以发现，该6个月实质延长了保证期间在破产程序中届满的债权人向保证人主张权利的期限。

在原《担保法》已被废止，相关司法解释也随之失效，且《民法典担保制度解释》对此并未作规定，并同时就债权人向保证人主张保证责任的问题采纳并行说的情况下，有观点认为，债权人向保证人主张权利不应受“破产程序终结后六个月内”的限制，“破产程序终结后六个月内”在《民法典担保制度解释》施行后即不再适用。[①] 由此也就要求债权人严格遵守保证期间的法律效力，及时在保证期间内向保证人主张权利。

类案检索

1. 中国信达资产管理股份有限公司宁夏回族自治区分公司与宁夏荣恒房地产集团有限责任公司保证合同纠纷案

关键词：保证合同　单独起诉　受偿权转让　申报债权

裁判摘要：1995年9月13日、1996年11月22日，宁夏建筑机械厂与中国建设银行银川市分行新市区办事处（以下简称建行新市区办事处）分别签订《借款合同》，借款金额分别为30万元和280万元。同日，建行新市区办事处与宁夏城乡房地产开发公司（以下简称城乡房地产公司）分别签订《保证合同》，由城乡房地产公司为宁夏建筑机械厂上述两笔借款提供连带责任保证。上述两笔借款到期，宁夏建筑机械厂、城乡房地产公司未履行偿还借款本息义务。1999年12月29日，建行新市区支行与中国信达资产管理公司银川业务部签订《债权转让协议》，将上述两笔债权转让中国信达资产管理公司银川业务部。2011年12月14日，中国信达资产管理股份有限公司宁夏回族自治区分公司（以下简称信达宁夏分公司）正式成立，承继原中国信达资产管理公司银川业务部的全部业务及相应权利义务。原城乡房地产公司改制为宁夏城乡房地产有限责任公司。2002年6月19日名称变更为宁夏荣恒房地产集团有限责任公司（以下简称荣恒公司）。宁夏建筑机械厂于2008年12月17日被银川市中级人民法院以（2009）银民破字第4-1号民事裁定受理破产，并指定了管

① 郁琳、吴光荣：《与破产法有关的几个担保问题》，载《法律适用》2021年第9期。

理人，信达宁夏分公司在宁夏建筑机械厂的破产程序中申报了债权，该破产程序尚未终结。信达宁夏分公司于2012年9月19日向宁夏回族自治区高级人民法院提起诉讼，请求判令荣恒公司偿还借款本息。信达宁夏分公司承诺，如果该案判令荣恒公司承担保证责任并实际偿付，信达宁夏分公司在宁夏建筑机械厂作为债权人的受偿权可以转让给荣恒公司。一审法院判决，荣恒公司偿还借款本息；荣恒公司履行清偿义务后，取得信达宁夏分公司在宁夏建筑机械厂破产案中作为债权人的受偿权。荣恒不服一审判决，向最高人民法院提起上诉。

关于信达宁夏分公司在宁夏建筑机械厂破产程序中可否单独起诉保证人荣恒公司的问题。最高人民法院认为，《企业破产法》第124条的目的是防止债权人获得双重清偿，本案一审根据债权人承诺若获担保人清偿，则将破产债权的受偿权转让给担保人，进而判决荣恒公司在履行清偿义务后取得债权人在破产案件中的受偿权。该表述虽然欠当，但根据《企业破产法》第51条规定的债务人的保证人或者其他连带债务人已经代替债务人清偿债务的，以其对债务人的求偿权申报债权之法理，在平等保护破产债权人及担保人的合法权利上，体现了立法目的的一致性。故在本案中，担保人通过承担担保责任后，在承担责任范围内，依法向审理破产案件的法院及管理人申报债权，从而获得权利救济。不失为各方当事人摆脱诉累，尽快实现有关权利，减少不当损失的最佳途径。

【案　　号】（2013）民二终字第117号

【审理法院】最高人民法院

【来　　源】中国裁判文书网

2. 中国光大银行股份有限公司嘉兴分行与上海华辰能源有限公司、海丰华城能源有限公司、蔡某化保证合同纠纷再审申请案

关键词：保证合同　停止计息　从属性

裁判摘要：再审申请人中国光大银行股份有限公司嘉兴分行（以下简称光大银行嘉兴分行）因与被申请人上海华辰能源有限公司、海丰华城能源有限公司、蔡某化保证合同纠纷一案，不服浙江省高级人民法院（2017）浙民终767号民事判决，向最高人民法院申请再审。光大银行嘉兴分行申请再审称，《企业破产法》第46条“停止计息”的规定不适用于保证人。最高人民法院经审查认为，第一，担保债务具有从属性。根据《担保法》第5条第1款规定，担

保合同是主合同的从合同。担保人承担的担保责任范围不应当大于主债务是担保从属性的必然要求。《企业破产法》第46条第2款规定，人民法院裁定受理主债务人破产申请后，主债务停止计息。根据担保从属性的原则，担保人的担保责任应以主债务为限，故担保债务亦应停止计息。第二，从担保制度体系来看，其不仅规定了保证人的代偿义务，保障债权人的合法权益，同时也规定了保证人的追偿权，兼顾保证人的合法权益。破产案件受理后对主债权停止计息，债权人受损的仅是利息损失。如果对保证债务不停止计息，将影响保证人的追偿权，对保证人较为不公。因此，二审判决认定主债务人进入破产程序后，保证债务停止计息并不属于法律适用确有错误。

【案　　号】（2019）最高法民申6453号

【审理法院】最高人民法院

【来　　源】中国裁判文书网

第十一章 法律责任

第一百二十五条 企业董事、监事或者高级管理人员违反忠实义务、勤勉义务，致使所在企业破产的，依法承担民事责任。

有前款规定情形的人员，自破产程序终结之日起三年内不得担任任何企业的董事、监事、高级管理人员。

关联规定

一、法律、行政法规、司法解释

1.《中华人民共和国民法典》

第一百七十九条 承担民事责任的方式主要有：

（一）停止侵害；

（二）排除妨碍；

（三）消除危险；

（四）返还财产；

（五）恢复原状；

（六）修理、重作、更换；

（七）继续履行；

（八）赔偿损失；

（九）支付违约金；

（十）消除影响、恢复名誉；

（十一）赔礼道歉。

法律规定惩罚性赔偿的，依照其规定。

本条规定的承担民事责任的方式，可以单独适用，也可以合并适用。

2.《中华人民共和国证券法》

第一百二十四条 证券公司的董事、监事、高级管理人员，应当正直诚实、品行良好，熟悉证券法律、行政法规，具有履行职责所需的经营管理能力。证券公司任免董事、监事、高级管理人员，应当报国务院证券监督管理机构备案。

有《中华人民共和国公司法》第一百四十六条规定的情形或者下列情形之一的，不得担任证券公司的董事、监事、高级管理人员：

（一）因违法行为或者违纪行为被解除职务的证券交易场所、证券登记结算机构的负责人或者证券公司的董事、监事、高级管理人员，自被解除职务之日起未逾五年；

（二）因违法行为或者违纪行为被吊销执业证书或者被取消资格的律师、注册会计师或者其他证券服务机构的专业人员，自被吊销执业证书或者被取消资格之日起未逾五年。

第一百四十二条 证券公司的董事、监事、高级管理人员未能勤勉尽责，致使证券公司存在重大违法违规行为或者重大风险的，国务院证券监督管理机构可以责令证券公司予以更换。

3.《中华人民共和国公司法》

第二十一条 公司的控股股东、实际控制人、董事、监事、高级管理人员不得利用其关联关系损害公司利益。

违反前款规定，给公司造成损失的，应当承担赔偿责任

第一百四十六条 有下列情形之一的，不得担任公司的董事、监事、高级管理人员：

（一）无民事行为能力或者限制民事行为能力；

（二）因贪污、贿赂、侵占财产、挪用财产或者破坏社会主义市场经济秩序，被判处刑罚，执行期满未逾五年，或者因犯罪被剥夺政治权利，执行期满未逾五年；

（三）担任破产清算的公司、企业的董事或者厂长、经理，对该公司、企业的破产负有个人责任的，自该公司、企业破产清算完结之日起未逾三年；

（四）担任因违法被吊销营业执照、责令关闭的公司、企业的法定代表人，并负有个人责任的，自该公司、企业被吊销营业执照之日起未逾三年；

（五）个人所负数额较大的债务到期未清偿。

公司违反前款规定选举、委派董事、监事或者聘任高级管理人员的，该选举、委派或者聘任无效。

董事、监事、高级管理人员在任职期间出现本条第一款所列情形的，公司应当解除其职务

第一百四十七条 董事、监事、高级管理人员应当遵守法律、行政法规和公司章程，对公司负有忠实义务和勤勉义务。

董事、监事、高级管理人员不得利用职权收受贿赂或者其他非法收入，不得侵占公司的财产。

第一百四十八条 董事、高级管理人员不得有下列行为：

（一）挪用公司资金；

（二）将公司资金以其个人名义或者以其他个人名义开立账户存储；

（三）违反公司章程的规定，未经股东会、股东大会或者董事会同意，将公司资金借贷给他人或者以公司财产为他人提供担保；

（四）违反公司章程的规定或者未经股东会、股东大会同意，与本公司订立合同或者进行交易；

（五）未经股东会或者股东大会同意，利用职务便利为自己或者他人谋取属于公司的商业机会，自营或者为他人经营与所任职公司同类的业务；

（六）接受他人与公司交易的佣金归为己有；

（七）擅自披露公司秘密；

（八）违反对公司忠实义务的其他行为。

董事、高级管理人员违反前款规定所得的收入应当归公司所有。

第一百四十九条 董事、监事、高级管理人员执行公司职务时违反法律、行政法规或者公司章程的规定，给公司造成损失的，应当承担赔偿责任。

第一百五十二条 董事、高级管理人员违反法律、行政法规或者公司章程的规定，损害股东利益的，股东可以向人民法院提起诉讼。

第二百一十六条 本法下列用语的含义：

高级管理人员，是指公司的经理、副经理、财务负责人，上市公司董事会秘书和公司章程规定的其他人员。

4.《中华人民共和国证券投资基金法》

第十五条 有下列情形之一的，不得担任公开募集基金的基金管理人的董事、监事、高级管理人员和其他从业人员：

（一）因犯有贪污贿赂、渎职、侵犯财产罪或者破坏社会主义市场经济秩序罪，被判处刑罚的；

（二）对所任职的公司、企业因经营不善破产清算或者因违法被吊销营业执照负有个人责任的董事、监事、厂长、高级管理人员，自该公司、企业破产清算终结或者被吊销营业执照之日起未逾五年的；

（三）个人所负债务数额较大，到期未清偿的；

（四）因违法行为被开除的基金管理人、基金托管人、证券交易所、证券公司、证券登记结算机构、期货交易所、期货公司及其他机构的从业人员和国家机关工作人员；

（五）因违法行为被吊销执业证书或者被取消资格的律师、注册会计师和资产评估机构、验证机构的从业人员、投资咨询从业人员；

（六）法律、行政法规规定不得从事基金业务的其他人员。

5.《中华人民共和国保险法》

第八十二条 有《中华人民共和国公司法》第一百四十六条规定的情形或者下列情形之一的，不得担任保险公司的董事、监事、高级管理人员：

（一）因违法行为或者违纪行为被金融监督管理机构取消任职资格的金融机构的董事、监事、高级管理人员，自被取消任职资格之日起未逾五年的；

（二）因违法行为或者违纪行为被吊销执业资格的律师、注册会计师或者资产评估机构、验证机构等机构的专业人员，自被吊销执业资格之日起未逾五年的。

第八十三条 保险公司的董事、监事、高级管理人员执行公司职务时违反法律、行政法规或者公司章程的规定，给公司造成损失的，应当承担赔偿责任。

6.《中华人民共和国企业国有资产法》

第二十六条 国家出资企业的董事、监事、高级管理人员，应当遵守法律、行政法规以及企业章程，对企业负有忠实义务和勤勉义务，不得利用职权收受贿赂或者取得其他非法收入和不当利益，不得侵占、挪用企业资产，不得超越职权或者违反程序决定企业重大事项，不得有其他侵害国有资产出资人权益的行为。

第七十一条 国家出资企业的董事、监事、高级管理人员有下列行为之一，造成国有资产损失的，依法承担赔偿责任；属于国家工作人员的，并依法给予处分：

（一）利用职权收受贿赂或者取得其他非法收入和不当利益的；

（二）侵占、挪用企业资产的；

（三）在企业改制、财产转让等过程中，违反法律、行政法规和公平交易规则，将企业财产低价转让、低价折股的；

（四）违反本法规定与本企业进行交易的；

（五）不如实向资产评估机构、会计师事务所提供有关情况和资料，或者与资产评估机构、会计师事务所串通出具虚假资产评估报告、审计报告的；

（六）违反法律、行政法规和企业章程规定的决策程序，决定企业重大事项的；

（七）有其他违反法律、行政法规和企业章程执行职务行为的。

国家出资企业的董事、监事、高级管理人员因前款所列行为取得的收入，依法予以追缴或者归国家出资企业所有。

履行出资人职责的机构任命或者建议任命的董事、监事、高级管理人员有本条第一款所列行为之一，造成国有资产重大损失的，由履行出资人职责的机构依法予以免职或者提出免职建议。

第七十三条 国有独资企业、国有独资公司、国有资本控股公司的董事、监事、高级管理人员违反本法规定，造成国有资产重大损失，被免职的，自免职之日起五年内不得担任国有独资企业、国有独资公司、国有资本控股公司的董事、监事、高级管理人员；造成国有资产特别重大损失，或者因贪污、贿赂、侵占财产、挪用财产或者破坏社会主义市场经济秩序被判处刑罚的，终身不得担任国有独资企业、国有独资公司、国有资本控股公司的董事、监事、高级管理人员。

7.《最高人民法院关于适用〈中华人民共和国企业破产法〉若干问题的规定（二）》

第十八条 管理人代表债务人依据企业破产法第一百二十八条的规定，以债务人的法定代表人和其他直接责任人员对所涉债务人财产的相关行为存在故意或者重大过失，造成债务人财产损失为由提起诉讼，主张上述责任人员承担相应赔偿责任的，人民法院应予支持。

第二十条 管理人代表债务人提起诉讼，主张出资人向债务人依法缴付未履行的出资或者返还抽逃的出资本息，出资人以认缴出资尚未届至公司章程规定的缴纳期限或者违反出资义务已经超过诉讼时效为由抗辩的，人民法院不予支持。

管理人依据公司法的相关规定代表债务人提起诉讼，主张公司的发起人和负有监督股东履行出资义务的董事、高级管理人员，或者协助抽逃出资的其他股东、董事、高级管理人员、实际控制人等，对股东违反出资义务或者抽逃出资承担相应责任，并将财产归入债务人财产的，人民法院应予支持。

二、部门规章及规范性文件

1.《国家发展和改革委员会、最高人民法院等 13 个国家机关关于推动和保障管理人在破产程序中依法履职进一步优化营商环境的意见》

（三）建立破产企业相关人员任职限制登记制度。企业董事、监事或高级管理人员违反忠实勤勉义务，未履职尽责，致使所在企业破产，被人民法院判令承担相应责任的，管理人可以凭生效法律文书，通过全国企业破产重整案件信息网向市场监管、金融管理等部门申请对相关人员的任职资格限制进行登记。

2.《非上市公众公司监督管理办法》

第二十一条 公司及其他信息披露义务人应当按照法律、行政法规和中国证监会的规定履行信息披露义务，所披露的信息应当真实、准确、完整，不得有虚假记载、误导性陈述或者重大遗漏。公司及其他信息披露义务人应当及时、公平地向所有投资者披露信息。

公司的董事、监事、高级管理人员应当忠实、勤勉地履行职责，保证公司披露信息的真实、准确、完整。

3.《上市公司收购管理办法》

第八条 被收购公司的董事、监事、高级管理人员对公司负有忠实义务和勤勉义务，应当公平对待收购本公司的所有收购人。

被收购公司董事会针对收购所做出的决策及采取的措施，应当有利于维护公司及其股东的利益，不得滥用职权对收购设置不适当的障碍，不得利用公司资源向收购人提供任何形式的财务资助，不得损害公司及其股东的合法权益。

三、司法指导性文件

1.《全国法院民商事审判工作会议纪要》

118.【无法清算案件的审理与责任承担】人民法院在审理债务人相关人员下落不明或者财产状况不清的破产案件时，应当充分贯彻债权人利益保护原则，避免债务人通过破产程序不当损害债权人利益，同时也要避免不当突破股东有限责任原则。

人民法院在适用《最高人民法院关于债权人对人员下落不明或者财产状况不清的债务人申请破产清算案件如何处理的批复》第3款的规定，判定债务人相关人员承担责任时，应当依照企业破产法的相关规定来确定相关主体的义务内容和责任范围，不得根据公司法司法解释（二）第18条第2款的规定来判定相关主体的责任。

上述批复第3款规定的“债务人的有关人员不履行法定义务，人民法院可依据有关法律规定追究其相应法律责任”，系指债务人的法定代表人、财务管理人员和其他经营管理人员不履行《企业破产法》第15条规定的配合清算义务，人民法院可以根据《企业破产法》第126条、第127条追究其相应法律责任，或者参照《民事诉讼法》第111条的规定，依法拘留，构成犯罪的，依法追究刑事责任；债务人的法定代表人或者实际控制人不配合清算的，人民法院可以依据《出境入境管理法》第12条的规定，对其作出不准出境的决定，以确保破产程序顺利进行。

2.《最高人民法院关于正确审理企业破产案件为维护市场经济秩序提供司法保障若干问题的意见》

14. 人民法院在审理企业破产案件中，要充分调动管理人的积极性，促使其利用法律手段，努力查找和追收债务人财产，最大限度保护债权人利益。对出资不实、抽逃出资的，要依法追回；对于不当处置公司财产的行为，要依法撤销或者认定无效，并追回有关财产；对于违反法律、行政法规等规定，给公司或债权人造成损失的，要依法追究行为人的民事责任；对于发现妨碍清算行为的犯罪线索，要及时向侦查机关通报情况。

条文释义

一、本条主旨

本条是关于董事、监事或者高级管理人员未尽勤勉、忠实义务致使企业破产的法律责任的规定。

二、条文演变

有关破产企业管理层的责任问题，在我国最早见于《企业破产法（试行）》第 42 条，该条规定："企业被宣告破产后，由政府监察部门和审计部门负责查明企业破产的责任。破产企业的法定代表人对企业破产负有主要责任的，给予行政处分。破产企业的上级主管部门对企业破产负有主要责任的，对该上级主管部门的领导人，给予行政处分。破产企业的法定代表人和破产企业的上级主管部门的领导人，因玩忽职守造成企业破产，致使国家财产遭受重大损失的，依照《中华人民共和国刑法》第一百八十七条的规定追究刑事责任。"

2005 年修订的《公司法》相对完善了董事、监事和高级管理人员的民事责任制度。2018 年《公司法》第 147 条规定："董事、监事、高级管理人员应当遵守法律、行政法规的和公司章程，对公司负有忠实义务和勤勉义务。"第 149 条规定："董事、监事和高级管理人员执行公司职务时违反法律、行政法规的和公司章程的规定，给公司造成损失的，应当承担赔偿责任。"考虑到现代企业治理的需求，在《企业破产法》条文中规定了董事、监事或者高级管理人员"违反忠实义务、勤勉义务，致使所在企业破产"的民事责任和对其从业禁止的惩罚规定。

三、条文解读

（一）董事、监事或者高级管理人员的范围

本条规定的义务主体是董事、监事或者高级管理人员。关于高级管理人员的范围，《企业破产法》并没有明确界定，实践中多采用《公司法》第 216 条的规定，即高级管理人员是指公司的经理、副经理、财务负责人，上市公司董事会秘书和公司章程规定的其他人员。董事、监事、高级管理人员执行职务的

行为直接关系到公司利益和股东的利益，影响着企业的存续和发展。企业董事、监事、高级管理人员违反忠实、勤勉义务，致使所在企业破产的，对因违反忠实、勤勉义务给企业造成的损失，应承担民事责任。

（二）董事、监事或者高级管理人员的民事义务

按照本条规定，董事、监事或者高级管理人员违反本条规定的忠实义务、勤勉义务致使公司破产的，依法承担民事责任。本条的重点在于如何理解“忠实义务、勤勉义务”。高级管理人员违反忠实义务可能会涉及利益输送或者侵占公司财务问题，违反勤勉义务可能涉及到怠于行使公司经营权给公司造成损失。《公司法》第六章关于公司董事、监事、高级管理人员的资格和义务的规定明确了其主要的义务。同时《证券法》《企业国有资产法》等也对董事、监事、高级管理人员义务作出了要求。

本条规定的是因违反上述义务致使所在企业破产的行为。那么应当考虑此处的“破产”如何理解。现行《企业破产法》中破产包括破产清算、重整和和解，除破产清算导致企业主体消灭之外，后两种都是破产挽救制度，从机制构建的目的出发，《企业破产法》鼓励出现困境的债务人企业尽早进入破产程序。但是，如果公司进入破产程序，董事、监事、高级管理人员又要承担个人责任的话，就容易产生逆向激励，有关人员就会阻碍企业进入破产，从而错失拯救良机。有观点认为，此处的“破产”应理解为“狭义破产”，即破产清算，或者指“具备破产原因”的情况。[①] 这种观点具有合理性，但我们认为也不宜仅仅限于破产清算。即使企业进行的是重整、和解程序，上述人员违反忠实义务、勤勉义务导致企业陷入债务危机的，同样应当承担相应责任。

（三）任职资格的限制

本条第 2 款是对于企业破产负有个人责任的董事、监事或者高级管理人员的一种行政法律责任，对于违反忠实义务、勤勉义务，致使所在企业破产的董事、监事、高级管理人员，有必要对其实施任职资格限制。

关于任职资格限制，与《公司法》相比《企业破产法》的规定更加严格，《公司法》规定的是不能担任“公司”的董事、监事、高级管理人员，本条第

① 齐明：《中国破产法原理与适用》，法律出版社 2017 年版，第 214 页。

2 款规定的是不能担任“任何企业”的董事、监事、高级管理人员，限制的范围更广。

适用指引

一、关于勤勉义务

勤勉义务又称注意义务，是指董事、监事、高级管理人员应诚信地履行职责，尽到普通人在类似情况下谨慎的合理注意义务，为实现公司利益最大化而努力工作。我国《公司法》《证券法》《企业破产法》等法律对勤勉义务作出了概括性规定，赋予了董事、监事或者高级管理人员承担勤勉义务的法定职责，但并未细化勤勉义务的具体内容。实践中，勤勉义务的内容主要来源于公司章程、内部规章制度以及董事、监事、高级管理人员与公司签订的合同。根据法人内部管理的不同需要和职责范围的不同，不同法人主体所要求的勤勉义务内容存在差异。在公司场合，对于是否违反勤勉义务的认定，主要是从主客观两方面来界定，主观方面要求董事、监事或者高级管理人员依诚信原则竭力处理公司事务，单纯的主观标准难以量化。客观方面要求董事、监事或者高级管理人员尽到与其具有相同知识、经验的“理性人”所应履行的注意程度。衡量是否违反勤勉义务应采取以客观方面为主的综合性标准。

二、关于忠实义务

忠实义务是指董事、监事、高级管理人员经营公司业务时，应毫无保留地为公司利益最大化而努力工作；当自身利益与公司利益发生冲突时，应以公司利益为先。忠实义务要求董事应避免个人利益与公司利益相冲突，应将公司利益置于个人利益之上。我国《公司法》第 147 条规定董事、监事、高级管理人员对公司负有忠实义务，不得利用职权收受贿赂或者其他非法收入，不得侵占公司的财产。第 148 条的规定列举了关于董事、高级管理人员违反忠实义务的具体情形，需注意的是，与第 147 条规定的责任主体相比，第 148 条规定的责任主体虽不包括监事，但这只是考虑到监事工作内容通常不涉及该条规定事项，并不意味着监事可以从事该类行为。

公司董事、监事、高级管理人员首先应受《公司法》关于董事、监事、高级管理人员忠实义务规定的约束，此外，对于在证券、保险、基金等特殊行业以及国有独资企业、国有独资公司、国有资本控股公司等国家出资企业担任董事、监事、高级管理人员亦应根据相应的法律规定履行对公司所负的忠实义务。

三、执业责任保险

公司董事、监事、高级管理人员在履行职责过程中，面临着相当的职业风险，可能会因为自身能力、经验等原因导致企业遭受损失。实践中，为降低公司董事等人员正常履行职责可能引发的风险，职业责任保险应运而生。在域外较为成熟的资本市场，董事及高级职员责任保险被视为一项有效的董事保护机制。

我国对于董事职业责任保险的规定主要存在部门规范性文件中。2001年《中国证券监督管理委员会关于在上市公司建立独立董事制度的指导意见》中规定“上市公司可以建立必要的独立董事责任保险制度”，2002年《上市公司治理准则》规定“经股东大会批准，上市公司可以为董事购买责任保险”，当年中国平安保险和美国丘博更是联合推出了第一份董事责任保单，给国内企业经营者提供了价值500万元的保单。目前已经有越来越多的公司选择投保该险种，作为董事、监事、高级管理人员等职业责任的风险对冲工具。

类案检索

瑞安市海澜贸易有限公司与高某翔、阮某损害债务人利益赔偿纠纷案

关键词：破产　忠实勤勉义务

裁判摘要：高某翔系瑞安市海澜贸易有限公司（以下简称海澜公司）的法定代表人、执行董事兼总经理，阮某系海澜公司的监事。四案外人与海澜公司已就合伙经营国际转口贸易达成合意，华达公司取得的贷款1500万元于2011年11月1日经海诺公司转入海澜公司法定代表人高某翔的账户，该款项实际已经处于海澜公司的控制之下。从海澜公司的法定代表人高某翔于2012年7月11日签署的《决议书》中记载的内容“瑞安市海澜贸易有限公司对现操作

的1125万元”来看，海澜公司在事后对收到投资款的事实亦予以确认。高某翔、阮某于2012年7月11日一致同意以海澜公司名义签署《决议书》，使海澜公司承担巨额债务，后海澜公司被债权人申请破产。高某翔作为海澜公司的法定代表人及执行董事，对海澜公司负有忠实勤勉义务。《企业破产法规定（二）》第18条规定：“管理人代表债务人依据企业破产法第一百二十八条的规定，以债务人的法定代表人和其他直接责任人员对所涉债务人财产的相关行为存在故意或者重大过失，造成债务人财产损失为由提起诉讼，主张上述责任人员承担相应赔偿责任的，人民法院应予支持。”高某翔作为海澜公司的法定代表人，在海澜公司收到涉案的1125万元款项后，没有将该款项用于公司的生产经营等事项，反而将该款用于偿还海澜公司股东及监事阮某的个人债务，严重损害公司利益，应承担赔偿责任。高某翔主张其作为法定代表人未实际控制其名下的银行卡，公司实际控制人是阮某，但该主张并不免除其作为对公司负有忠实勤勉义务的法定代表人应对故意或者重大过失承担的赔偿责任。

【案　　号】（2016）浙03民终816号

【审理法院】浙江省温州市中级人民法院

【来　　源】中国裁判文书网

第一百二十六条　有义务列席债权人会议的债务人的有关人员，经人民法院传唤，无正当理由拒不列席债权人会议的，人民法院可以拘传，并依法处以罚款。债务人的有关人员违反本法规定，拒不陈述、回答，或者作虚假陈述、回答的，人民法院可以依法处以罚款。

关联规定

一、法律、行政法规、司法解释

1.《中华人民共和国民事诉讼法》

第一百一十二条　人民法院对必须到庭的被告，经两次传票传唤，无正当理由拒不到庭的，可以拘传。

第一百一十八条　对个人的罚款金额，为人民币十万元以下。对单位的罚款金额，为人民币五万元以上一百万元以下。

拘留的期限，为十五日以下。

被拘留的人，由人民法院交公安机关看管。在拘留期间，被拘留人承认并改正错误的，人民法院可以决定提前解除拘留。

第一百二十条　采取对妨害民事诉讼的强制措施必须由人民法院决定。任何单位和个人采取非法拘禁他人或者非法私自扣押他人财产追索债务的，应当依法追究刑事责任，或者予以拘留、罚款。

2.《中华人民共和国企业破产法》

第十五条　自人民法院受理破产申请的裁定送达债务人之日起至破产程序终结之日，债务人的有关人员承担下列义务：

（一）妥善保管其占有和管理的财产、印章和账簿、文书等资料；

（二）根据人民法院、管理人的要求进行工作，并如实回答询问；

（三）列席债权人会议并如实回答债权人的询问；

（四）未经人民法院许可，不得离开住所地；

（五）不得新任其他企业的董事、监事、高级管理人员。

前款所称有关人员，是指企业的法定代表人；经人民法院决定，可以包括企业的财务管理人员和其他经营管理人员。

第六十八条　债权人委员会行使下列职权：

（一）监督债务人财产的管理和处分；

（二）监督破产财产分配；

（三）提议召开债权人会议；

（四）债权人会议委托的其他职权。

债权人委员会执行职务时，有权要求管理人、债务人的有关人员对其职权范围内的事务作出说明或者提供有关文件。

管理人、债务人的有关人员违反本法规定拒绝接受监督的，债权人委员会有权就监督事项请求人民法院作出决定；人民法院应当在五日内作出决定。

第八十四条　人民法院应当自收到重整计划草案之日起三十日内召开债权人会议，对重整计划草案进行表决。

出席会议的同一表决组的债权人过半数同意重整计划草案，并且其所代表的债权额占该组债权总额的三分之二以上的，即为该组通过重整计划草案。

债务人或者管理人应当向债权人会议就重整计划草案作出说明，并回答询问。

3.《最高人民法院关于适用〈中华人民共和国民事诉讼法〉的解释》

第四百八十二条　对必须接受调查询问的被执行人、被执行人的法定代表人、负责人或者实际控制人，经依法传唤无正当理由拒不到场的，人民法院可以拘传其到场。

人民法院应当及时对被拘传人进行调查询问，调查询问的时间不得超过八小时；情况复杂，依法可能采取拘留措施的，调查询问的时间不得超过二十四小时。

人民法院在本辖区以外采取拘传措施时，可以将被拘传人拘传到当地人民法院，当地人民法院应予协助。

4.《最高人民法院关于适用〈中华人民共和国企业破产法〉若干问题的规定（一）》

第六条　债权人申请债务人破产的，应当提交债务人不能清偿到期债务的有关证据。债务人对债权人的申请未在法定期限内向人民法院提出异议，或者异议不成立的，人民法院应当依法裁定受理破产申请。

受理破产申请后，人民法院应当责令债务人依法提交其财产状况说明、债务清册、债权清册、财务会计报告等有关材料，债务人拒不提交的，人民法院可以对债务人的直接责任人员采取罚款等强制措施。

二、司法指导性文件

1.《最高人民法院关于推进破产案件依法高效审理的意见》

二、完善债务人财产接管和调查方式

8. 管理人应当及时接管债务人的财产、印章和账簿、文书等资料。债务人拒不移交的，人民法院可以根据管理人的申请或者依职权对直接责任人员处以罚款，并可以就债务人应当移交的内容和期限作出裁定。债务人不履行裁定确定的义务的，人民法院可以依照民事诉讼法执行程序的有关规定采取搜查、强制交付等必要措施予以强制执行。

接管过程中，对于债务人占有的不属于债务人的财产，权利人可以依据企业破产法第三十八条的规定向管理人主张取回。管理人不予认可的，权利人可以向破产案件受理法院提起诉讼请求行使取回权。诉讼期间不停止管理人的接管。

五、强化强制措施和打击逃废债力度

20. 债务人的有关人员或者其他人员有故意作虚假陈述，或者伪造、销毁债务人的账簿等重要证据材料，或者对管理人进行侮辱、诽谤、诬陷、殴打、打击报复等违法行为的，人民法院除依法适用企业破产法规定的强制措施外，可以依照民事诉讼法第一百一十一条等规定予以处理。①

2.《全国法院破产审判工作会议纪要》

十、关于破产纠纷案件的审理

118.【无法清算案件的审理与责任承担】人民法院在审理债务人相关人员下落不明或者财产状况不清的破产案件时，应当充分贯彻债权人利益保护原则，避免债务人通过破产程序不当损害债权人利益，同时也要避免不当突破股东有限责任原则。

人民法院在适用《最高人民法院关于债权人对人员下落不明或者财产状况

---

① 根据2021年12月24日第十三届全国人民代表大会常务委员会第三十二次会议通过的《全国人民代表大会常务委员会关于修改〈中华人民共和国民事诉讼法〉的决定》第四次修正，该111条调整为第114条。

不清的债务人申请破产清算案件如何处理的批复》第 3 款的规定，判定债务人相关人员承担责任时，应当依照企业破产法的相关规定来确定相关主体的义务内容和责任范围，不得根据公司法司法解释（二）第 18 条第 2 款的规定来判定相关主体的责任。

上述批复第 3 款规定的“债务人的有关人员不履行法定义务，人民法院可依据有关法律规定追究其相应法律责任”，系指债务人的法定代表人、财务管理人员和其他经营管理人员不履行《企业破产法》第 15 条规定的配合清算义务，人民法院可以根据《企业破产法》第 126 条、第 127 条追究其相应法律责任，或者参照《民事诉讼法》第 111 条的规定，依法拘留，构成犯罪的，依法追究刑事责任；债务人的法定代表人或者实际控制人不配合清算的，人民法院可以依据《出境入境管理法》第 12 条的规定，对其作出不准出境的决定，以确保破产程序顺利进行。

上述批复第 3 款规定的“其行为导致无法清算或者造成损失”，系指债务人的有关人员不配合清算的行为导致债务人财产状况不明，或者依法负有清算责任的人未依照《企业破产法》第 7 条第 3 款的规定及时履行破产申请义务，导致债务人主要财产、账册、重要文件等灭失，致使管理人无法执行清算职务，给债权人利益造成损害。“有关权利人起诉请求其承担相应民事责任”，系指管理人请求上述主体承担相应损害赔偿责任并将因此获得的赔偿归入债务人财产。管理人未主张上述赔偿，个别债权人可以代表全体债权人提起上述诉讼。

上述破产清算案件被裁定终结后，相关主体以债务人主要财产、账册、重要文件等重新出现为由，申请对破产清算程序启动审判监督的，人民法院不予受理，但符合《企业破产法》第 123 条规定的，债权人可以请求人民法院追加分配。

条文释义

一、本条主旨

本条是关于债务人的有关人员拒不列席债权人会议或者违反说明义务所应承担的法律责任的规定。

二、条文演变

在债务人企业进入破产程序后，列席债权人会议并如实回答债权人的询问是债务人企业高管的一项极为重要的义务。1986 年《企业破产法（试行）》第 13 条第 3 款规定，债务人的法定代表人必须列席债权人会议，回答债权人的询问。该条仅对债务人的法定代表人作出要求，并不包括企业财务管理人员和其他经营管理人员。在 1995 年《企业破产法（草案）》中，第 184 条规定了债务人的有关人员有义务列席债权人会议，具有说明义务。其后企业破产法立法草案的历次稿也都沿用了债务人有关人员拒不列席债权人会议以及违反说明义务应承担法律责任的规定，并最终在现行《企业破产法》中确定下来。

三、条文解读

（一）列席债权人会议的义务

根据本条规定，有义务列席债权人会议的债务人的有关人员，经人民法院传唤，无正当理由拒不列席债权人会议的，人民法院可以拘传，并依法处以罚款。

依据《企业破产法》第 15 条规定，债务人的有关人员是指债务人的法定代表人；经人民法院决定后，可以包括企业的财务管理人员和其他经营管理人员，主要是了解债务人资产负债情况、经营管理情况的人员。无正当理由拒不列席债权人会议的，人民法院可以拘传，并依法处以罚款。这里的“拒不列席”，指能够列席而没有正当理由故意不列席。对于这里的“拘传”，我们认为应以法院传唤一次并拒不列席债权人会议且缺少正当理由为前提条件。这与《民事诉讼法》第 112 条中的法院传唤两次拒不到庭且缺少正当理由而导致的拘传有区别。鉴于召开债权人会议耗费大量人力物力，为推进破产程序高效进行，不必经过两次传唤。这里“并依法处以罚款”指只有法院拘传有关人员的情况下才能对有关人员并处以罚款。

（二）如实回答的义务

根据本条规定，债务人的有关人员违反本法规定，拒不陈述、回答，或者作虚假陈述、回答的，人民法院可以依法处以罚款。

根据《企业破产法》第 15 条规定，自人民法院受理破产申请的裁定送达债务人之日起至破产程序终结之日，债务人的有关人员应当根据人民法院、管理人的要求进行工作，并如实回答询问；列席债权人会议并如实回答债权人的询问。其中对于债权人的询问不仅包括列席债权人会议时回答询问的义务，还包括《企业破产法》第 68 条第 2 款规定的在债权人委员会提出要求对职责范围内的事务作出说明的义务，以及第 84 条第 3 款规定的就重整计划草案作出说明并回答询问的义务。

适用指引

一、关于列席会议的人员确定

需要明确的是，除债务人的法定代表人外，是否企业的所有财务管理人员和其他经营管理人员均需参加债权人会议。我们认为，人民法院在确定列席人员时，应当充分考虑管理人履行职责、债权人知情权与可能给债务人有关人员造成负担间的关系。一方面，管理人应当在对债务人资产、债权债务、财务账册等进行充分调查基础上，提前向债权人披露有关事项，就可能存疑的问题告知债权人，听取债权人的意见，尽可能周延地确定列席债权人会议的人员。另一方面，考虑到债权人会议询问程序的简便，以及尽量少地给列席会议的债务人有关人员造成负担，应当允许列席会议的人员事先了解有关询问的主题和主要内容，使其能够准备好相应的材料以满足债权人的知情权。需要明确的是，不论是管理人提议还是债权人提议，哪些人员列席债权人会议应当由人民法院决定，否则有可能对部分债务人的人员造成不必要的负担。在司法实践中，一般都是由债务人的法定代表人、财务负责人员列席会议，回答债权人提问，这也是基于他们在债务企业中的经营、财务管理角色所决定的。

二、关于罚款金额的确定

债务人的有关人员拒不陈述、回答或者虚假陈述、回答的，人民法院可以依法处以罚款。虽然《企业破产法》对罚款金额未规定，但根据《企业破产法》第 4 条的规定，可以适用《民事诉讼法》第 118 条的规定，即对个人的罚款金额，为人民币 10 万元以下；对单位的罚款金额，为人民币 5 万元以上

100 万元以下。同时，为保障有关人员的合法权益以及处罚程序的正当性，我们认为可以给予其一定的救济途径，在处罚前召开听证程序允许当事人陈述理由，在处罚后允许其提起复议。

类案检索

郑州市豫万农商贸有限公司破产清算案

关键词： 破产清算　债权人会议　罚款

裁判摘要： 河南省郑州市中级人民法院（以下简称郑州中院）审理的郑州市豫万农商贸有限公司（下称豫万农公司）破产清算案中，管理人通过电话及短信方式多次与豫万农公司股东张某会联系，但均未得到张某会任何回复，且张某会无故不到法院接受询问。郑州中院认为，张某会作为豫万农公司股东（持股 50%），拒不配合管理人工作，并且拒不到庭接受法庭询问，应予处罚，决定对张某会罚款 3 万元。后张某会不服罚款决定，向河南省高级人民法院（以下简称河南高院）申请复议。

河南高院经审查认为，根据《企业破产法》第 126 条规定，有义务列席债权人会议的债务人的有关人员，经人民法院传唤，无正当理由拒不列席债权人会议的，人民法院可以拘传，并依法处以罚款。债务人的有关人员违反本法规定，拒不陈述、回答，或者作虚假陈述、回答的，人民法院可以依法处以罚款。张某会作为豫万农公司的股东，经人民法院传唤，无正当理由拒不列席债权人会议，郑州中院对张某会罚款符合上述法律规定，故张某会的复议理由不能成立，决定驳回张某会的复议申请，维持原决定。

【案　　号】（2021）豫 01 司惩 15 号、（2021）豫司惩复 10 号

【审理法院】 河南省郑州市中级人民法院、河南省高级人民法院

【来　　源】 全国企业破产重整案件信息网、中国裁判文书网

第一百二十七条　债务人违反本法规定，拒不向人民法院提交或者提交不真实的财产状况说明、债务清册、债权清册、有关财务会计报告以及职工工资的支付情况和社会保险费用的缴纳情况的，人民法院可以对直接责任人员依法处以罚款。

债务人违反本法规定，拒不向管理人移交财产、印章和账簿、文书等资料的，或者伪造、销毁有关财产证据材料而使财产状况不明的，人民法院可以对直接责任人员依法处以罚款。

关联规定

一、法律、行政法规、司法解释

1.《中华人民共和国民事诉讼法》

第一百一十四条　诉讼参与人或者其他人有下列行为之一的，人民法院可以根据情节轻重予以罚款、拘留；构成犯罪的，依法追究刑事责任：

（一）伪造、毁灭重要证据，妨碍人民法院审理案件的；

（二）以暴力、威胁、贿买方法阻止证人作证或者指使、贿买、胁迫他人作伪证的；

（三）隐藏、转移、变卖、毁损已被查封、扣押的财产，或者已被清点并责令其保管的财产，转移已被冻结的财产的；

（四）对司法工作人员、诉讼参加人、证人、翻译人员、鉴定人、勘验人、协助执行的人，进行侮辱、诽谤、诬陷、殴打或者打击报复的；

（五）以暴力、威胁或者其他方法阻碍司法工作人员执行职务的；

（六）拒不履行人民法院已经发生法律效力的判决、裁定的。

人民法院对有前款规定的行为之一的单位，可以对其主要负责人或者直接责任人员予以罚款、拘留；构成犯罪的，依法追究刑事责任。

第一百一十八条　对个人的罚款金额，为人民币十万元以下。对单位的罚款金额，为人民币五万元以上一百万元以下。

拘留的期限，为十五日以下。

被拘留的人，由人民法院交公安机关看管。在拘留期间，被拘留人承认并改正错误的，人民法院可以决定提前解除拘留。

2.《中华人民共和国刑法》

第一百六十二条 公司、企业进行清算时，隐匿财产，对资产负债表或者财产清单作虚伪记载或者在未清偿债务前分配公司、企业财产，严重损害债权人或者其他人利益的，对其直接负责的主管人员和其他直接责任人员，处五年以下有期徒刑或者拘役，并处或者单处二万元以上二十万元以下罚金。

第一百六十二条之一 隐匿或者故意销毁依法应当保存的会计凭证、会计帐簿、财务会计报告，情节严重的，处五年以下有期徒刑或者拘役，并处或者单处二万元以上二十万元以下罚金。

单位犯前款罪的，对单位判处罚金，并对其直接负责的主管人员和其他直接责任人员，依照前款的规定处罚。

3.《中华人民共和国公司法》

第二百零四条 公司在合并、分立、减少注册资本或者进行清算时，不依照本法规定通知或者公告债权人的，由公司登记机关责令改正，对公司处以一万元以上十万元以下的罚款。

公司在进行清算时，隐匿财产，对资产负债表或者财产清单作虚假记载或者在未清偿债务前分配公司财产的，由公司登记机关责令改正，对公司处以隐匿财产或者未清偿债务前分配公司财产金额百分之五以上百分之十以下的罚款；对直接负责的主管人员和其他直接责任人员处以一万元以上十万元以下的罚款。

4.《中华人民共和国企业破产法》

第八条 向人民法院提出破产申请，应当提交破产申请书和有关证据。

破产申请书应当载明下列事项：

（一）申请人、被申请人的基本情况；

（二）申请目的；

（三）申请的事实和理由；

（四）人民法院认为应当载明的其他事项。

债务人提出申请的，还应当向人民法院提交财产状况说明、债务清册、债权清册、有关财务会计报告、职工安置预案以及职工工资的支付和社会保险费用的缴纳情况。

第十一条　人民法院受理破产申请的，应当自裁定作出之日起五日内送达申请人。

债权人提出申请的，人民法院应当自裁定作出之日起五日内送达债务人。债务人应当自裁定送达之日起十五日内，向人民法院提交财产状况说明、债务清册、债权清册、有关财务会计报告以及职工工资的支付和社会保险费用的缴纳情况。

第十五条　自人民法院受理破产申请的裁定送达债务人之日起至破产程序终结之日，债务人的有关人员承担下列义务：

（一）妥善保管其占有和管理的财产、印章和账簿、文书等资料；

（二）根据人民法院、管理人的要求进行工作，并如实回答询问；

（三）列席债权人会议并如实回答债权人的询问；

（四）未经人民法院许可，不得离开住所地；

（五）不得新任其他企业的董事、监事、高级管理人员。

前款所称有关人员，是指企业的法定代表人；经人民法院决定，可以包括企业的财务管理人员和其他经营管理人员。

第一百三十一条　违反本法规定，构成犯罪的，依法追究刑事责任。

5.《最高人民法院关于适用〈中华人民共和国企业破产法〉若干问题的规定（一）》

第六条　债权人申请债务人破产的，应当提交债务人不能清偿到期债务的有关证据。债务人对债权人的申请未在法定期限内向人民法院提出异议，或者异议不成立的，人民法院应当依法裁定受理破产申请。

受理破产申请后，人民法院应当责令债务人依法提交其财产状况说明、债务清册、债权清册、财务会计报告等有关材料，债务人拒不提交的，人民法院可以对债务人的直接责任人员采取罚款等强制措施。

二、司法指导性文件

1.《最高人民法院关于推进破产案件依法高效审理的意见》

二、完善债务人财产接管和调查方式

8. 管理人应当及时接管债务人的财产、印章和账簿、文书等资料。债务人拒不移交的，人民法院可以根据管理人的申请或者依职权对直接责任人员处以罚款，并可以就债务人应当移交的内容和期限作出裁定。债务人不履行裁定确定的义务的，人民法院可以依照民事诉讼法执行程序的有关规定采取搜查、强制交付等必要措施予以强制执行。

接管过程中，对于债务人占有的不属于债务人的财产，权利人可以依据企业破产法第三十八条的规定向管理人主张取回。管理人不予认可的，权利人可以向破产案件受理法院提起诉讼请求行使取回权。诉讼期间不停止管理人的接管。

五、强化强制措施和打击逃废债力度

20. 债务人的有关人员或者其他人员有故意作虚假陈述，或者伪造、销毁债务人的账簿等重要证据材料，或者对管理人进行侮辱、诽谤、诬陷、殴打、打击报复等违法行为的，人民法院除依法适用企业破产法规定的强制措施外，可以依照民事诉讼法第一百一十一条等规定予以处理。

22. 人民法院要准确把握违法行为入刑标准，严厉打击恶意逃废债行为。因企业经营不规范导致债务人财产被不当转移或者处置的，管理人应当通过行使撤销权、依法追回财产、主张损害赔偿等途径维护债权人合法权益，追究相关人员的民事责任。企业法定代表人、出资人、实际控制人等有恶意侵占、挪用、隐匿企业财产，或者隐匿、故意销毁依法应当保存的会计凭证、会计账簿、财务会计报告等违法行为，涉嫌犯罪的，人民法院应当根据管理人的提请或者依职权及时移送有关机关依法处理。

2.《最高人民法院关于为改善营商环境提供司法保障的若干意见》

17. 严厉打击各类"逃废债"行为，切实维护市场主体合法权益。严厉打击恶意逃废债务行为，依法适用破产程序中的关联企业合并破产、行使破产撤销权和取回权等手段，查找和追回债务人财产。加大对隐匿、故意销毁会计凭证、会计账簿、财务会计报告等犯罪行为的刑事处罚力度。

3.《最高人民法院关于债权人对人员下落不明或者财产状况不清的债务人申请破产清算案件如何处理的批复》

贵州省高级人民法院：

你院《关于企业法人被吊销营业执照后，依法负有清算责任的人未向法院申请破产，债权人是否可以申请被吊销营业执照的企业破产的请示》（[2007]黔高民二破请终字1号）收悉。经研究，批复如下：

债权人对人员下落不明或者财产状况不清的债务人申请破产清算，符合企业破产法规定的，人民法院应依法予以受理。债务人能否依据企业破产法第十一条第二款的规定向人民法院提交财产状况说明、债权债务清册等相关材料，并不影响对债权人申请的受理。

人民法院受理上述破产案件后，应当依据企业破产法的有关规定指定管理人追收债务人财产；经依法清算，债务人确无财产可供分配的，应当宣告债务人破产并终结破产程序；破产程序终结后二年内发现有依法应当追回的财产或者有应当供分配的其他财产的，债权人可以请求人民法院追加分配。

债务人的有关人员不履行法定义务，人民法院可依据有关法律规定追究其相应法律责任；其行为导致无法清算或者造成损失，有关权利人起诉请求其承担相应民事责任的，人民法院应依法予以支持。

此复

4.《最高人民法院关于正确审理企业破产案件为维护市场经济秩序提供司法保障若干问题的意见》

16. 人民法院在审理债务人人员下落不明或财产状况不清的破产案件时，要从充分保障债权人合法利益的角度出发，在对债务人的法定代表人、财务管理人员、其他经营管理人员，以及出资人等进行释明，或者采取相应罚款、训诫、拘留等强制措施后，债务人仍不向人民法院提交有关材料或者不提交全部材料，影响清算顺利进行的，人民法院就现有财产对已知债权进行公平清偿并裁定终结清算程序后，应当告知债权人可以另行提起诉讼要求有责任的有限责任公司股东、股份有限公司董事、控股股东，以及实际控制人等清算义务人对债务人的债务承担清偿责任。

条文释义

一、本条主旨

本条是关于债务人拒不向人民法院提交或者提交不真实的有关文件，拒不向管理人移交有关资料或者伪造、销毁有关材料而使财产状况不明的所应承担法律责任的规定。

二、条文演变

在1995年《企业破产法（草案）》中，第185条规定了债务人向人民法院提交真实的财产状况说明、债务清册、债权清册、有关财务会计报告以及职工工资的支付情况和社会保险费用的缴纳情况的义务。2000年、2001年《企业破产与重组法（草案）》也规定债务人向人民法院提交真实的财产情况说明的义务。之后的草案中都规定了债务人的有关人员拒不列席债权人会议或者违反说明义务所应承担的法律责任。有关内容最终在《企业破产法》的本条规定中确立下来。

三、条文解读

破产法的目的是使全体债权人获得公平清偿，保障各利益相关方的合法权益，合理配置并优化社会资源，维护市场经济秩序。这一目的的实现，要求破产程序中的各参与方严格履行破产法律义务。

根据《企业破产法》第8条第3款规定，人民法院受理破产案件后，债务人有义务向人民法院提交企业财产状况说明、债权债务清册、财务会计报告以及职工工资的支付情况和社会保险费用的缴纳情况。这些文件资料是人民法院审理破产案件，有效开展破产程序的重要保证，债务人不得拒绝提交有关文件资料，不得虚构债务，不得提供虚假的文件资料。如果债务人拒绝提交上述文件资料，或者提交不真实的文件资料，人民法院可以对直接责任人员依法处以罚款。这里所说的“直接责任人员”是指与债务人的行为有直接因果关系的人员，主要包括债务人的法定代表人、财务主管人员以及其他直接责任人员。

根据《企业破产法》规定，人民法院裁定受理破产案件时必须指定管理人接管破产企业，包括接管破产企业的财产和营业事务。债务人应当依法履行配合协助的法律义务，必须依法向管理人移交财产、印章和账簿、文书等资料，不得拒绝，不得隐匿财产，不得伪造、销毁有关财产证据材料。如果债务人违反规定，拒不移交财产、印章和账簿、文书等资料，或者伪造、销毁有关财产证据材料而使财产状况不明，人民法院可以对直接责任人员依法处以罚款。对于债务人的以上行为，人民法院可以依据《民事诉讼法》规定对直接责任人员处以罚款。

适用指引

一、本条第 1 款所确定的债务人提交资料义务与违反义务引发的责任

债务人主要在三种情形下应向法院提交财产状况说明、债务清册、债权清册、有关财务会计报告以及职工工资的支付情况和社会保险费用的缴纳情况等材料的义务：第一，根据《企业破产法》第 8 条第 3 款规定，债务人向法院提出破产申请的，应提交财产状况说明、债务清册、债权清册、有关财务会计报告、职工安置预案以及职工工资的支付和社会保险费用的缴纳情况。第二，根据《企业破产法》第 11 条第 2 款规定，债权人向法院提出破产申请的，自法院受理通知书送达债务人之日起 15 日内，债务人要向法院提交财产状况说明、债务清册、债权清册、有关财务会计报告以及职工工资的支付和社会保险费用的缴纳情况。第三，依法负有清算责任的人按照《企业破产法》第 7 条第 3 款向法院申请破产，应视同债务人提出破产申请，应向法院提交财产状况说明、债务清册、债权清册、有关财务会计报告以及职工工资的支付和社会保险费用的缴纳情况等相关的材料。[①]

对于债务人向法院提出破产申请，但没有提交《企业破产法》第 8 条第 3 款规定的全部资料或者在债权人申请、人民法院裁定受理后没有按规定提交全部资料时如何进行处理的问题。应当看到，当事人提交有关材料能够为人民法院审查应否受理破产申请以及顺利审理破产案件提供有利条件，但是否受理破产申请，主要是对申请人的主体资格、债务人的主体资格和债务人是否具备破产原因等进行审查。债务人申请破产时，虽不能提供《企业破产法》第 8 条第 3 款规定的全部证据材料，但如能根据债务人已提供的证据材料，比如，因未清偿依法成立的到期债务而存在大量涉诉涉执案件等，能够证明债务人具备破产原因的，人民法院应当受理破产申请。

人民法院受理债权人对债务人的破产申请后，债务人拒不提供《企业破产法》第 11 条第 2 款规定的案件有关材料的，不影响人民法院对破产案件的审理，不应以此为由驳回债权人的破产申请。根据《最高人民法院关于适用〈中

① 陈夏红编著：《企业破产法注释》，北京大学出版社 2021 年版，第 531 页。

华人民共和国企业破产法〉若干问题的规定（一）》第6条第2款的规定，人民法院裁定受理破产申请后，债务人拒不提交有关材料的，人民法院可以对债务人的直接责任人员依法采取罚款等强制措施。

二、本条第2款所确定的债务人移交资料义务与违反义务引发的责任

《企业破产法》第25条规定的管理人的职责，包括接管债务人的财产、印章和账簿、文书等资料等。与管理人接管这些资料的职责相对应，债务人应当依法履行配合协助的法律义务，妥善保管并向管理人移交其占有和管理的财产、印章和账簿、文书等资料。

本款对于债务人的相关直接责任人员的处罚，主要针对两种情形：第一，拒不向管理人移交财产、印章和账簿、文书等资料；第二，伪造、销毁有关财产证据材料而使财产状况不明。

三、刑事责任

在适用本条时，需注意与《企业破产法》第131条刑事责任条款做好衔接，如果债务人拒绝提供相关材料，或者提供虚假的相关材料等行为构成犯罪的，还应当依法追究其刑事责任。违反本条规定涉及的刑事责任法律主要是《刑法》第162条规定的妨害清算罪和第一162条之一规定的隐匿、故意销毁会计凭证、会计账簿、财务会计报告罪。（1）关于妨害清算罪。债务人制作资产负债表或者财产清单时，故意采取隐瞒或者欺骗等方法，对资产负债或者财产清单进行虚报，以达到逃避债务的目的。虚报财产有时可能采取少报、低报的手段故意隐瞒或者缩小债务人实际财产数额，有时可能采取夸大的手段多报债务人实际资产，如将厂房、设备、产品的实际价格高估高报，用以抵销或者偿还债务，也有的对债务人财产进行夸张或不实记载。这些行为构成妨害清算罪。（2）关于隐匿、故意销毁会计凭证、会计账簿、财务会计报告罪。①会计凭证是指记录经济业务发生和完成情况，明确经济责任作为记账依据的书面证明。会计凭证包括原始凭证和记账凭证。②会计账簿是指由一定格式、相互联系的账页组成，以会计凭证为依据，用以序时地、分类地、全面地、系统地记录、反映和监督一个单位经济业务活动情况的会计簿籍。按其不同用途和会计法的规定，可以分为总账、明细账、日记账和其他辅助性账簿。③财务会计

报告是指根据会计账簿记录和有关会计核算资料编制的反映单位财务状况和经营成果的报告文书。[①] 破产程序中，债务人如果隐匿或故意销毁上述三类资料，情节严重的，将构成隐匿、故意销毁会计凭证、会计账簿、财务会计报告罪。

类案检索

优立昂（上海）汽车零部件有限公司破产清算案

关键词：接管　限期移交　债务人资料

裁判摘要：优立昂（上海）汽车零部件有限公司成立于2006年3月20日，注册资本319.7万美元，因无法清偿到期债务，经债权人申请，上海三中院于2019年11月13日裁定受理该公司破产清算一案，并指定众华会计师事务所（特殊普通合伙）担任管理人。

管理人接受指定后依法开展工作，但债务人拒不配合移交资产、账簿、债权债务清册、财务会计报告等公司资料，严重影响破产程序推进。管理人多次约谈债务人法定代表人要求移交资料，但始终拖延不予移交。为加快推进案件进程，充分保障债权人合法权益，法院依据《破产案件高效审理意见》第8条的规定依法作出裁定，要求债务人限期移交公司财务报表、会计账簿、存货等资料。裁定当日，该法定代表人被传唤到庭，合议庭当庭宣读裁定书，并对其拒不配合移交行为进行批评教育、告知不履行裁定书义务将承担强制移交、罚款等法律责任。该法定代表人当庭承认错误并向管理人移交现存财务电脑主机及电子账簿，庭后又在规定期限内完成了其他现存资料的移交工作。

【案　　号】（2019）沪03破300号

【审理法院】上海市第三中级人民法院

【来　　源】上海破产法庭2020年度典型案例

① 王爱立主编：《中华人民共和国刑法释义》，法律出版社2021年版，第305~307页。

第一百二十八条　债务人有本法第三十一条、第三十二条、第三十三条规定的行为，损害债权人利益的，债务人的法定代表人和其他直接责任人员依法承担赔偿责任。

关联规定

一、法律、行政法规、司法解释

1.《中华人民共和国刑法》

第一百六十二条之二　公司、企业通过隐匿财产、承担虚构的债务或者以其他方法转移、处分财产，实施虚假破产，严重损害债权人或者其他人利益的，对其直接负责的主管人员和其他直接责任人员，处五年以下有期徒刑或者拘役，并处或者单处二万元以上二十万元以下罚金。

2.《中华人民共和国民法典》

第一千一百六十五条　行为人因过错侵害他人民事权益造成损害的，应当承担侵权责任。

依照法律规定推定行为人有过错，其不能证明自己没有过错的，应当承担侵权责任。

3.《中华人民共和国公司法》

第二十条　公司股东应当遵守法律、行政法规和公司章程，依法行使股东权利，不得滥用股东权利损害公司或者其他股东的利益；不得滥用公司法人独立地位和股东有限责任损害公司债权人的利益。

4.《中华人民共和国企业破产法》

第三十一条　人民法院受理破产申请前一年内，涉及债务人财产的下列行为，管理人有权请求人民法院予以撤销：

（一）无偿转让财产的；

（二）以明显不合理的价格进行交易的；

（三）对没有财产担保的债务提供财产担保的；

（四）对未到期的债务提前清偿的；

（五）放弃债权的。

第三十二条　人民法院受理破产申请前六个月内，债务人有本法第二条第一款规定的情形，仍对个别债权人进行清偿的，管理人有权请求人民法院予以撤销。但是，个别清偿使债务人财产受益的除外。

第三十三条　涉及债务人财产的下列行为无效：

（一）为逃避债务而隐匿、转移财产的；

（二）虚构债务或者承认不真实的债务的。

5.《中华人民共和国合伙企业法》

第一百零二条　清算人违反本法规定，隐匿、转移合伙企业财产，对资产负债表或者财产清单作虚假记载，或者在未清偿债务前分配财产，损害债权人利益的，依法承担赔偿责任。

6.《最高人民法院关于适用〈中华人民共和国企业破产法〉若干问题的规定（二）》

第九条　管理人依据企业破产法第三十一条和第三十二条的规定提起诉讼，请求撤销涉及债务人财产的相关行为并由相对人返还债务人财产的，人民法院应予支持。

管理人因过错未依法行使撤销权导致债务人财产不当减损，债权人提起诉讼主张管理人对其损失承担相应赔偿责任的，人民法院应予支持。

第十八条　管理人代表债务人依据企业破产法第一百二十八条的规定，以债务人的法定代表人和其他直接责任人员对所涉债务人财产的相关行为存在故意或者重大过失，造成债务人财产损失为由提起诉讼，主张上述责任人员承担相应赔偿责任的，人民法院应予支持。

第二十三条　清算组成员从事清算事务时，违反法律、行政法规或者公司章程给公司或者债权人造成损失，公司或者债权人主张其承担赔偿责任的，人民法院应依法予以支持。

有限责任公司的股东、股份有限公司连续一百八十日以上单独或者合计持有公司百分之一以上股份的股东，依据公司法第一百五十一条第三款的规定，以清算组成员有前款所述行为为由向人民法院提起诉讼的，人民法院应予受理。

公司已经清算完毕注销，上述股东参照公司法第一百五十一条第三款的规定，直接以清算组成员为被告、其他股东为第三人向人民法院提起诉讼的，人民法院应予受理。

二、司法指导性文件

1.《最高人民法院关于推进破产案件依法高效审理的意见》

五、强化强制措施和打击逃废债力度

20. 债务人的有关人员或者其他人员有故意作虚假陈述，或者伪造、销毁债务人的账簿等重要证据材料，或者对管理人进行侮辱、诽谤、诬陷、殴打、打击报复等违法行为的，人民法院除依法适用企业破产法规定的强制措施外，可以依照民事诉讼法第一百一十一条等规定予以处理。

21. 债务人财产去向不明，或者债权人、出资人等利害关系人提供了债务人相关财产可能存在被非法侵占、挪用、隐匿等情形初步证据或者明确线索的，管理人应当及时对有关财产的去向情况进行调查。有证据证明债务人及其有关人员存在企业破产法第三十一条、第三十二条、第三十三条、第三十六条等规定的行为的，管理人应当依法追回相关财产。

22. 人民法院要准确把握违法行为入刑标准，严厉打击恶意逃废债行为。因企业经营不规范导致债务人财产被不当转移或者处置的，管理人应当通过行使撤销权、依法追回财产、主张损害赔偿等途径维护债权人合法权益，追究相关人员的民事责任。企业法定代表人、出资人、实际控制人等有恶意侵占、挪用、隐匿企业财产，或者隐匿、故意销毁依法应当保存的会计凭证、会计账簿、财务会计报告等违法行为，涉嫌犯罪的，人民法院应当根据管理人的提请或者依职权及时移送有关机关依法处理。

2.《最高人民法院关于正确审理企业破产案件为维护市场经济秩序提供司法保障若干问题的意见》

六、正确适用企业破产法的各项制度，充分保护债权人合法权益

14. 人民法院在审理企业破产案件中，要充分调动管理人的积极性，促使其利用法律手段，努力查找和追收债务人财产，最大限度保护债权人利益。对出资不实、抽逃出资的，要依法追回；对于不当处置公司财产的行为，要依法撤销或者认定无效，并追回有关财产；对于违反法律、行政法规等规定，给公司或债权人造成损失的，要依法追究行为人的民事责任；对于发现妨碍清算行为的犯罪线索，要及时向侦查机关通报情况。

3.《最高人民法院关于人民法院在审理企业破产和改制案件中切实防止债务人逃废债务的紧急通知》

六、应当严格依据法律及司法解释的规定认真审查并确认破产企业担保的效力。不能仅以担保系政府指令违背了担保人意志，或者以担保人无财产承担担保责任等为由，而确认担保合同无效，更不能在确认担保合同无效后，完全免除担保人的赔偿责任。债务人有多个普通债权人的，债务人与其中一个债权人恶意串通，将其全部或者部分财产抵押给该债权人，因此丧失了履行其他债务的能力，损害了其他债权人的合法权益，受损害的其他债权人请求人民法院撤销该抵押行为的，人民法院应依法予以支持。对于合法有效的抵押，要确保抵押权人优先受偿。

条文释义

一、本条主旨

本条是关于债务人违反《企业破产法》第31条、第32条、第33条损害债权人利益的行为所应承担的法律责任的规定。

二、条文演变

《企业破产法（试行）》第35条规定："人民法院受理破产案件前六个月至破产宣告之日的期间内，破产企业的下列行为无效：（一）隐匿、私分或者无偿转让财产；（二）非正常压价出售财产；（三）对原来没有财产担保的债务提供财产担保；（四）对未到期的债务提前清偿；（五）放弃自己的债权。破产企业有前款所列行为的，清算组有权向人民法院申请追回财产，追回的财产，并入破产财产。"第40条规定："在破产程序终结后一年内法院发现有第三十五条行为造成的财产损失的追回。"第41条规定了破产企业的法定代表人和直接责任人员因实施35条行为的承担的行政和刑事责任后果，但是没有规定法定代表人和直接责任人员的民事赔偿责任。2000年、2001年的《企业破产与重组法（草案）》也没有规定法定代表人和直接责任人员的民事赔偿责任。随着市场经济迅速发展，政企分开改革的推进，落实市场主体的民事责任显得尤为重要。在这种背景下，《企业破产法》强化了民事责任，在本条规定中对违反第31条、第32条、第33条的民事赔偿责任作出了规定。

三、条文解读

《企业破产法》第31条规定了管理人可以请求法院撤销债务人在法院受理破产申请前1年内发生的五类行为，具体包括：无偿转让财产、以明显不合理的价格进行交易、对没有财产担保的债务提供财产担保、对未到期的债务提前清偿、放弃债权。第32条规定，如果债务人在法院受理破产申请前6个月内，具备《企业破产法》第2条所规定的破产原因仍清偿个别债权人的债务，除非个别清偿使债务人财产受益，否则管理人有权请求法院予以撤销。第33条规定涉及债务人财产的两类无效行为：为逃避债务而隐匿、转移财产；虚构债务或者承认不真实的债务。上述三条基本都属于规范债务人处置财产的行为，《企业破产法》对相关行为作出可撤销或者无效的规定。根据本条规定，债务人如果有《企业破产法》第31条、第32条和第33条的行为，不仅这些行为本身可以被撤销或者无效，如果其行为损害债权人利益，债务人的法定代表人和其他直接责任人员需要承担赔偿责任。本条虽规定民事赔偿责任，但结合《企业破产法》第131条，债务人如果有上述三条行为且导致严重后果的，债务人的法定代表人和其他直接责任人员亦可能承担刑事责任。

适用指引

一、债务人民事赔偿责任的成立要件

债务人有本法第31条、第32条和第33条规定的行为，损害债权人利益的，债务人的法定代表人和其他直接责任人员依法承担赔偿责任。承担本条规定的赔偿责任，一般应当具备以下条件：（1）债务人实施了损害债权人利益的行为；（2）债权人利益受到了实际损失；（3）债务人的违法行为与债权人利益受到的损失之间有因果关系。承担的责任应以其破产欺诈行为给债权人造成的实际损失为限。尽管学者认为该条规定仍有待进一步完善，但至少通过该条规定已经确立了《企业破产法》中欺诈或偏颇性清偿行为之民事法律责任制度。应当说，这种民事责任是典型的破产法上的民事责任，它基于破产法撤销权制度的法理设定，是撤销权行使的当然结果，其根本目的在于使债务人财产

恢复原状。撤销权行使的对象行为是破产法规定的法定期间发生的欺诈性和偏颇性行为，这些行为原本仅有利于某一个或某些特定的第三人。如果第三人从以上行为中没有受益，便无破产撤销权而言，本条所规定的民事责任也就不会产生。

根据本条规定，债务人的法定代表人和其他直接责任人员应当就企业破产法中的可撤销行为、无效行为引发的损害结果承担民事赔偿责任。接受赔偿的对象，在债务人因重整或者和解而继续存续的情况下，为债务人。在债务人破产清算的情况下，为该行为造成破产财产减少而致清偿利益受损失的债权人；其中，有担保财产受损失的，受害人为担保权人；债务人的其他财产受损失的，受害人为全体债权人。[①] 如果重整或和解程序终结后发现上述行为的，债权人也可以提起相应的赔偿之诉。

二、诉讼主体

破产案件中管理人全面接管债务人的财产，并秉着向债权人利益负责之宗旨履行管理职责。《企业破产法》第 31 条、第 32 条将提起撤销之诉的权利赋予管理人，在第 34 条赋权管理人追回相关财产。因此，司法实践中，有时会由管理人依据本条的规定向债务人的法定代表人和其他直接责任人员提起损害赔偿之诉。我们认为，实践中的这种做法主要是为了避免债务人作为原告来起诉自己的法定代表人时存在程序上的尴尬。但实际上，因为《企业破产法》对管理人能直接以自己名义提起的诉讼有明文规定，比如，该法第 31 条、第 32 条、第 34 条，除此之外的诉讼，管理人并不当然具有当事人资格。所以，在本条中，管理人还是应当以债务人名义提起。就此，《企业破产法规定（二）》规定："管理人代表债务人依据《企业破产法》第一百二十八条的规定，以债务人的法定代表人和其他直接责任人员对所涉债务人财产的相关行为存在故意或者重大过失，造成债务人财产损失为由提起诉讼，主张上述责任人员承担相应赔偿责任的，人民法院应予支持。"需要注意的是，本条中使用的是"损害债权人利益"的表述，而司法解释中则使用的是"造成债务人财产损失"的表达。这两者表述的文字虽有差异，但实质是相同的，在破产程序中，尤其是在破产清算程序中，造成债务人财产损失，实质就是损害了债权人的利益，两者

① 王卫国：《破产法精义》，法律出版社 2007 年版，第 374 页。

具有同等后果。因此，管理人代表债务人行使诉讼的权利，实质上就是在维护债权人的利益，其获得的财产赔偿也应当归属于债务人财产。

在理解和适用本条时，还应当思考：如果管理人不主动行使诉权来追究相应主体的赔偿责任，个别债权人能否依据本条的规定提起诉讼？首先应当明确，对债务人财产的追收是管理人的重要职责之一，因债务人行为导致债权人利益受损，该损失理论上属于债务人财产，管理人应当依法追回后分配给全体债权人。在管理人未主张赔偿的情况下，一方面根据《企业破产法规定（二）》第13条[①]的规定，可以由个别债权人代表全体债权人提起诉讼，并将因此获得的赔偿归入债务人财产，以保障全体债权人利益，另一方面根据《企业破产法规定（二）》第9条第2款[②]的规定，债权人可以通过追究管理人的责任要求其承担相应的赔偿责任来保障自身权益。在实务中，人民法院可以向债权人行使释明权，让债权人通过债权人会议或者债权人委员会督促管理人履行诉讼职责，或直接代表全体债权人提起诉讼。

三、责任主体

本条规定的责任主体，即债务人的法定代表人和其他直接责任人员。所谓的其他责任人员，《企业破产法》对此未明确规定。在理解上一般可以参考《企业破产法》第15条第2款规定，“前款所称有关人员，是指企业的法定代表人；经人民法院决定，可以包括企业的财务管理人员和其他经营管理人员”。从审判实践看，此处的直接责任人员通常对应的是高级管理人员，如掌握公司财务账册、持有公司70%股份并实际参与经营管理的控股股东，[③]受公司法定代表人委托负责公司日常事务和处理资金往来者；[④]但也包括债务人内部从事上述行为的人员，如为偏颇清偿提供账户通道的公司员工兼股东。[⑤]

---

① 第13条：“破产申请受理后，管理人未依据企业破产法第三十一条的规定请求撤销债务人无偿转让财产、以明显不合理价格交易、放弃债权行为的，债权人依据民法典第五百三十八条、第五百三十九条等规定提起诉讼，请求撤销债务人上述行为并将因此追回的财产归入债务人财产的，人民法院应予受理。相对人以债权人行使撤销权的范围超出债权人的债权抗辩的，人民法院不予支持。”

② 第9条第2款：“管理人因过错未依法行使撤销权导致债务人财产不当减损，债权人提起诉讼主张管理人对其损失承担相应赔偿责任的，人民法院应予支持。”

③ 参见（2020）浙03民终2296号判决书。

④ 参见（2021）湘0321民初780号判决书。

⑤ 参见（2020）皖0802民初1878号判决书。

类案检索

湖南纳新印刷技术发展有限公司管理人与肖某良、刘某慧请求确认债务人行为无效纠纷案

关键词： 破产清算 重大过失 补充赔偿责任

裁判摘要： 2018年9月17日，湖南省湘潭县人民法院（以下简称湘潭法院）裁定受理湖南纳新印刷技术发展有限公司（以下简称湖南纳新公司）破产清算一案。

在管理人调查过程中，发现湖南纳新公司的法定代表人及大股东肖某于2014年9月5日向刘某慧出具了授权委托书，载明："委托单位湖南纳新印刷技术发展有限公司，法定代表人肖某，法人授权责任人刘某慧，湖南纳新印刷技术发展有限公司委托刘某慧作为法定代表人在湖南纳新印刷技术发展有限公司的日常管理上的全权代表，代表法人签署相关文件，处理相关资金往来，行使湖南纳新印刷技术发展有限公司的权利与义务；本授权自2013年6月30日至2015年12月31日。"湖南纳新公司及其法定代表人肖某在该授权书上盖章、签字，刘某慧在法人授权责任人一栏签字。2015年7月8日，刘某慧通过其个人账号向肖某良账号转款48000元。刘某慧通过其个人账号向被告肖某良支付的48000元属于湖南纳新公司的资金。湖南纳新公司与肖某良之间没有签订需要向被告肖某良支付款项的合同或协议，此前也没有其他经济往来。

湘潭法院经审理认为，刘某慧受湖南纳新公司法定代表人肖某的委托管理湖南纳新公司日常事务和处理资金往来，明知肖某良与湖南纳新公司不存在真实的债权债务关系，不当履行支付行为，其行为存在重大过失，造成湖南纳新公司财产减少，损害了湖南纳新公司债权人的利益，湖南纳新公司的法定代表人肖某、直接责任人刘某慧均应当承担肖某良不能履行返还义务的补充赔偿责任。依照《企业破产法》第33条第2项、第128条规定，判决肖某良返还原告湖南纳新印刷技术发展有限公司管理人48000元及利息；肖某、刘某慧对肖某良应当返还的48000元及利息不能返还的部分承担补充赔偿责任。

【案　　号】（2021）湘0321民初789号

【审理法院】 湖南省湘潭县人民法院

【来　　源】 中国裁判文书网

第一百二十九条　债务人的有关人员违反本法规定，擅自离开住所地的，人民法院可以予以训诫、拘留，可以依法并处罚款。

关联规定

法律、行政法规、司法解释

1.《中华人民共和国民事诉讼法》

第一百一十八条　对个人的罚款金额，为人民币十万元以下。对单位的罚款金额，为人民币五万元以上一百万元以下。

拘留的期限，为十五日以下。

被拘留的人，由人民法院交公安机关看管。在拘留期间，被拘留人承认并改正错误的，人民法院可以决定提前解除拘留。

第一百一十九条　拘传、罚款、拘留必须经院长批准。

拘传应当发拘传票。

罚款、拘留应当用决定书。对决定不服的，可以向上一级人民法院申请复议一次。复议期间不停止执行。

2.《中华人民共和国企业破产法》

第十五条　自人民法院受理破产申请的裁定送达债务人之日起至破产程序终结之日，债务人的有关人员承担下列义务：

（一）妥善保管其占有和管理的财产、印章和账簿、文书等资料；

（二）根据人民法院、管理人的要求进行工作，并如实回答询问；

（三）列席债权人会议并如实回答债权人的询问；

（四）未经人民法院许可，不得离开住所地；

（五）不得新任其他企业的董事、监事、高级管理人员。

前款所称有关人员，是指企业的法定代表人；经人民法院决定，可以包括企业的财务管理人员和其他经营管理人员。

条文释义

一、本条主旨

本条是关于债务人的有关人员擅自离开住所地应承担的法律责任的规定。

二、条文演变

1995年《企业破产法（草案）》第191条规定，对违反该法第22条第1款第4项[①]规定的，人民法院可以予以训诫、拘留；并可以处5千元以上5万元以下罚款。后来草案历次修改中均对债务人未经人民法院许可离开住所地作了相应的处罚规定。颁布后的《企业破产法》中删除了具体的罚款数额的规定。

三、条文解读

债务人的有关人员对破产程序推进起着重要作用，他们的配合协助有利于有关方面查明情况，保障破产程序顺利开展。为了确保债务人有关人员随时协助或者到场说明情况，防止债务人有关人员特别是法定代表人逃避责任，《企业破产法》作出本条规定。本条中“违反本法”是指违反《企业破产法》第15条第1款第4项的规定，该项内容是自人民法院受理破产申请的裁定送达债务人之日起至破产程序终结之日，债务人的有关人员未经人民法院许可，不得离开住所地。债务人的有关人员应当坚守岗位，随时接受人民法院的传唤，回答问题，不得擅离职守。如果债务人的有关人员有特殊情况需要离开住所地，必须经过受理破产案件的人民法院许可。未经许可不得离开，如果违反，擅自离开住所地，就要承担相应的法律责任。

适用指引

根据本条规定，债务人的有关人员违反本法规定，擅自离开住所地的，人民法院可以予以训诫、拘留，可以依法并处罚款。但《企业破产法》并未作

① 第22条：“自人民法院受理破产案件之日起，债务人承担下列义务：……（四）未经人民法院许可，不得擅自离开住所地……”

出更为详细的规定，如并未对罚款数额、拘留期限等作出具体的规定。在实务中，人民法院可以参照《民事诉讼法》“对妨害民事诉讼的强制措施”中关于对个人进行罚款拘留、对单位进行罚款的相关规定。破产程序中，人民法院对违反破产法律义务的债务人有关人员进行处罚的时应当考虑如下几个因素：

第一，听取管理人就有关人员在破产程序中行为的意见和被处罚者本人的陈述。管理人是破产程序中最重要的角色之一，管理人对破产案件中实际情况更了解，能够就债务人有关人员行为对破产程序造成的影响进行较为全面的预估，所以管理人的陈述和评价可以作为人民法院作出处罚决定的考量因素。同时，从程序正义角度应当保障有关人员权利，在决定处罚前应允许有关人员对自己行为陈述、申辩，防止处罚行为不当。

第二，考虑有关人员的主观过错。对于有关人员离开住所地的行为要区分其主观过错程度，根据《企业破产法》第 15 条规定，自法院受理破产申请的裁定送达债务人之日起至破产程序终结之日，债务人的有关人员应承担相应法律义务。实践中，有的法院会以公告方式或者由管理人通过谈话方式告知债务人有关人员应承担的义务，有的法院会组织管理人与债务人有关人员进行交接，并向债务人有关人员释明其应当承担的义务，在此情形下，债务人有关人员不能以其不知道该义务为由抗辩。但对于未以合适方式告知该义务导致债务人有关人员不清楚该义务的情况下，则应另行考虑。

第三，处罚方式与有关危害结果相适应。债务人有关人员配合管理人、人民法院的工作，积极履行法律规定的义务，有利于破产程序的顺利推进。债务人相关人员不配合或不履职将给管理人、法院工作带来很大不便。比如，本可以由债务人有关人员直接提供的信息，管理人、法院却要花费更多的时间、成本来获取。人民法院在决定对相关人员适用处罚方式时，应考虑其行为造成的危害后果。对于明显导致破产程序受阻或者增大破产成本的，可以做出更严厉的处罚。

类案检索

1. 周某全拘留案

关键词：破产重整　自离开住所地　拘留

裁判摘要：周某全为四川竹凌房地产开发集团有限公司法定代表人。四川省大竹县人民法院（以下简称大竹县法院）根据债权人的申请，于2017年1月5日裁定受理四川竹凌房地产开发集团有限公司破产重整一案，并于当时向周某全发出（2017）川1724破1—1号通知，告知其承担下列义务：（1）妥善保管其占有和管理的财产、印章和账簿、文书等资料；（2）根据法院、管理人的要求进行工作，并如实回答询问；（3）列席债权人会议并如实回答债权人的询问；（4）未经法院许可，不得离开住所地；（5）不得新任其他企业的董事、监事、高级管理人员；（6）管理人接管时，应向管理人办理移交手续，并答复有关财产及业务的询问。该通知还告知第一次债权人会议于2017年5月31日9时30分在该院一楼会议室召开，要求其准时参加。在案件审理中，周某全未经大竹县法院许可擅自离开了破产重整企业的住所地，大竹县法院经审理，依照《企业破产法》第4条、第129条，当时的《民事诉讼法》第116条第1款、第3款规定，决定对周某全拘留15日。

【案　　号】（2017）川1724司惩3号

【审理法院】四川省大竹县人民法院

【来　　源】中国裁判文书网

2. 袁某拘留案

关键词：合并破产　擅自离开住所地　拘留

裁判摘要：法院在审理（2020）浙0111破38、40号杭州典雅臻品装饰设计有限公司与杭州吾爱吾家装饰工程有限公司合并破产清算一案中，查明债务人的有关人员袁某未经人民法院许可，擅自离开住所地，其行为违反了《企业破产法》规定。依照《企业破产法》第15条第1款第4项、第129条、当时的《民事诉讼法》第115条第2款、第116条第1款、第3款规定，决定对袁某拘留5日。

【案　　号】（2021）浙0111司惩1号

【审理法院】浙江省杭州市富阳区人民法院

【来　　源】中国裁判文书网

第一百三十条　管理人未依照本法规定勤勉尽责，忠实执行职务的，人民法院可以依法处以罚款；给债权人、债务人或者第三人造成损失的，依法承担赔偿责任。

关联规定

一、法律、行政法规、司法解释

1.《中华人民共和国刑法》

第一百六十二条　公司、企业进行清算时，隐匿财产，对资产负债表或者财产清单作虚伪记载或者在未清偿债务前分配公司、企业财产，严重损害债权人或者其他人利益的，对其直接负责的主管人员和其他直接责任人员，处五年以下有期徒刑或者拘役，并处或者单处二万元以上二十万元以下罚金。

第一百六十二条之一　隐匿或者故意销毁依法应当保存的会计凭证、会计帐簿、财务会计报告，情节严重的，处五年以下有期徒刑或者拘役，并处或者单处二万元以上二十万元以下罚金。

单位犯前款罪的，对单位判处罚金，并对其直接负责的主管人员和其他直接责任人员，依照前款的规定处罚。

2.《中华人民共和国企业破产法》

第二十五条　管理人履行下列职责：

（一）接管债务人的财产、印章和账簿、文书等资料；

（二）调查债务人财产状况，制作财产状况报告；

（三）决定债务人的内部管理事务；

（四）决定债务人的日常开支和其他必要开支；

（五）在第一次债权人会议召开之前，决定继续或者停止债务人的营业；

（六）管理和处分债务人的财产；

（七）代表债务人参加诉讼、仲裁或者其他法律程序；

（八）提议召开债权人会议；

（九）人民法院认为管理人应当履行的其他职责。

本法对管理人的职责另有规定的，适用其规定。

第二十七条 管理人应当勤勉尽责，忠实执行职务。

3.《最高人民法院关于适用〈中华人民共和国企业破产法〉若干问题的规定（二）》

第九条 管理人依据企业破产法第三十一条和第三十二条的规定提起诉讼，请求撤销涉及债务人财产的相关行为并由相对人返还债务人财产的，人民法院应予支持。

管理人因过错未依法行使撤销权导致债务人财产不当减损，债权人提起诉讼主张管理人对其损失承担相应赔偿责任的，人民法院应予支持。

第十五条 公司自行清算的，清算方案应当报股东会或者股东大会决议确认；人民法院组织清算的，清算方案应当报人民法院确认。未经确认的清算方案，清算组不得执行。

执行未经确认的清算方案给公司或者债权人造成损失，公司、股东、董事、公司其他利害关系人或者债权人主张清算组成员承担赔偿责任的，人民法院应依法予以支持。

第二十三条 清算组成员从事清算事务时，违反法律、行政法规或者公司章程给公司或者债权人造成损失，公司或者债权人主张其承担赔偿责任的，人民法院应依法予以支持。

有限责任公司的股东、股份有限公司连续一百八十日以上单独或者合计持有公司百分之一以上股份的股东，依据公司法第一百五十一条第三款的规定，以清算组成员有前款所述行为为由向人民法院提起诉讼的，人民法院应予受理。

公司已经清算完毕注销，上述股东参照公司法第一百五十一条第三款的规定，直接以清算组成员为被告、其他股东为第三人向人民法院提起诉讼的，人民法院应予受理。

第三十三条 管理人或者相关人员在执行职务过程中，因故意或者重大过失不当转让他人财产或者造成他人财产毁损、灭失，导致他人损害产生的债务作为共益债务，由债务人财产随时清偿不足弥补损失，权利人向管理人或者相关人员主张承担补充赔偿责任的，人民法院应予支持。

上述债务作为共益债务由债务人财产随时清偿后，债权人以管理人或者相关人员执行职务不当导致债务人财产减少给其造成损失为由提起诉讼，主张管理人或者相关人员承担相应赔偿责任的，人民法院应予支持。

4.《最高人民法院关于适用〈中华人民共和国企业破产法〉若干问题的规定（三）》

第十条 单个债权人有权查阅债务人财产状况报告、债权人会议决议、债权人委员会决议、管理人监督报告等参与破产程序所必需的债务人财务和经营信息资料。管理人无正当理由不予提供的，债权人可以请求人民法院作出决定；人民法院应当在五日内作出决定。

上述信息资料涉及商业秘密的，债权人应当依法承担保密义务或者签署保密协议；涉及国家秘密的应当依照相关法律规定处理。

5.《最高人民法院关于审理企业破产案件指定管理人的规定》

第二十三条 社会中介机构、清算组成员有下列情形之一，可能影响其忠实履行管理人职责的，人民法院可以认定为企业破产法第二十四条第三款第三项规定的利害关系：

（一）与债务人、债权人有未了结的债权债务关系；

（二）在人民法院受理破产申请前三年内，曾为债务人提供相对固定的中介服务；

（三）现在是或者在人民法院受理破产申请前三年内曾经是债务人、债权人的控股股东或者实际控制人；

（四）现在担任或者在人民法院受理破产申请前三年内曾经担任债务人、债权人的财务顾问、法律顾问；

（五）人民法院认为可能影响其忠实履行管理人职责的其他情形。

第三十九条 管理人申请辞去职务未获人民法院许可，但仍坚持辞职并不再履行管理人职责，或者人民法院决定更换管理人后，原管理人拒不向新任管理人移交相关事务，人民法院可以根据企业破产法第一百三十条的规定和具体情况，决定对管理人罚款。对社会中介机构为管理人的罚款5万元至20万元人民币，对个人为管理人的罚款1万元至5万元人民币。

管理人有前款规定行为或者无正当理由拒绝人民法院指定的，编制管理人名册的人民法院可以决定停止其担任管理人一年至三年，或者将其从管理人名册中除名。

二、部门规章及规范性文件

《国家发展和改革委员会、最高人民法院等13个国家机关关于推动和保障管理人在破产程序中依法履职进一步优化营商环境的意见》

二、基本原则

坚持依法保障。相关部门、金融机构应当按照法律规定积极支持和配合管理人依法履行接管、调查、管理、处分破产企业财产等职责。管理人履职涉及相关部门权限的，依法接受相关部门管理和监督。

坚持有效监督。管理人应当勤勉尽责，忠实履职，切实维护职工、债权人、投资者、破产企业及相关利益主体合法权益，切实维护社会公共利益，依法依规向人民法院报告工作，接受债权人会议和债权人委员会等相关方面的监督。

坚持公开透明。管理人应当依法保障债权人、投资者及相关利益主体的知情权，提高破产事务处理的透明度。加大各方信息共享力度，为管理人处理破产事务的信息化、公开化提供便利。

三、司法指导性文件

1.《最高人民法院关于推进破产案件依法高效审理的意见》

五、强化强制措施和打击逃废债力度

21. 债务人财产去向不明，或者债权人、出资人等利害关系人提供了债务人相关财产可能存在被非法侵占、挪用、隐匿等情形初步证据或者明确线索的，管理人应当及时对有关财产的去向情况进行调查。有证据证明债务人及其有关人员存在企业破产法第三十一条、第三十二条、第三十三条、第三十六条等规定的行为的，管理人应当依法追回相关财产。

22. 人民法院要准确把握违法行为入刑标准，严厉打击恶意逃废债行为。因企业经营不规范导致债务人财产被不当转移或者处置的，管理人应当通过行使撤销权、依法追回财产、主张损害赔偿等途径维护债权人合法权益，追究相关人员的民事责任。企业法定代表人、出资人、实际控制人等有恶意侵占、挪用、隐匿企业财产，或者隐匿、故意销毁依法应当保存的会计凭证、会计账簿、财务会计报告等违法行为，涉嫌犯罪的，人民法院应当根据管理人的提请或者依职权及时移送有关机关依法处理。

2.《全国法院民商事审判工作会议纪要》

116.【审计、评估等中介机构的确定及责任】要合理区分人民法院和管理人在委托审计、评估等财产管理工作中的职责。破产程序中确实需要聘请中介机构对债务人财产进行审计、评估的，根据《企业破产法》第28条的规定，经人民法院许可后，管理人可以自行公开聘请，但是应当对其聘请的中介机构的相关行为进行监督。上述中介机构因不当履行职责给债务人、债权人或者第三人造成损害的，应当承担赔偿责任。管理人在聘用过程中存在过错的，应当在其过错范围内承担相应的补充赔偿责任。

条文释义

一、本条主旨

本条是关于管理人未勤勉尽责、忠实执行职务的法律责任的规定。

二、条文演变

关于管理人，《企业破产法（试行）》中使用的是清算组概念，具有浓厚的行政色彩。在组织清算过程中，清算组不领取报酬，也不对清算过程中的违规行为承担法律责任，这使得清算工作任意性较大，也不便于有效约束清算组的行为。《企业破产法》引入管理人制度，明确了管理人的法律责任。

三、条文解读

本法对管理人的组成作了明确规定，但不管管理人如何组成，管理人实质是基于信用接受委托工作，受雇于人，对指定其的人民法院负责，受人民法院和债权人方面的监督。在整个破产程序中，管理人是处于中心地位和起着重要作用的当事人之一。它受人民法院的指派接管破产企业，包括处理破产企业的内部事务，代理债务人处理外部营业事务，管理、处分和分配破产财产，在人民法院与破产人、破产人与债权人、人民法院与债权人之间起到传输信息和协调关系的桥梁作用。可见，管理人的重要作用是显而易见的，因此，管理人应当勤勉尽责，依法忠实执行职务。本法“管理人”专章中对此也有明确规定。如果管理人未依照本法规定勤勉尽责，忠实执行职务，应当承担法律责任。为了明确管理人的法律责任，保护债务人、债权人或者第三人的利益，本条对管理人的法律责任作了规定。根据本条的规定，管理人未依本法规定勤勉尽责，忠实执行职务的，人民法院可以依法处以罚款；给债权人、债务人或者第三人造成损失的，应当依法承担赔偿责任。这里的“依法”处以罚款，是指依据有关管理人身份的相关法律处以罚款，如《律师法》《注册会计师法》等；这里的“依法”承担赔偿责任，是指依据有关法律规定承担民事赔偿责任。

适用指引

《企业破产法》第 25 条、第 27 条规定了管理人应当勤勉尽责，忠实执行职务的职责。由于管理人违背职责的行为表现形式多样，危害后果不一，本条未对罚款的具体数额作出规定。在具体操作中，可以参照《民事诉讼法》有关妨碍诉讼行为的强制措施的规定，实践中有法院对存在重大过失的管理人处以罚款。[①] 管理人违背职责的行为给债权人、债务人或者第三人造成损失的，依法承担赔偿责任。承担本条规定的赔偿责任，应当具备以下条件：

一、管理人未尽到勤勉尽责、忠实执行职务的义务

如何判断管理人是否尽到勤勉尽责、忠实执行职务义务，这需要法院在审理破产案件中根据《企业破产法》关于管理人职责和义务的规定来进行判断。例如，《企业破产法》第 25 条和第 27 条的规定了管理人的职责，《企业破产法规定（二）》第 9 条、第 18 条、第 33 条也对管理人职责、义务和法律责任作了规定。在具体判断时，既要考虑债权人的利益，也要考虑管理人工作的实际情况。

勤勉义务的核心是一般注意义务。管理人注意义务本质上是一种管理性的义务，是管理人在管理破产财产活动时应依法运用自己的才能、技能、知识、判断和经验并达到某种标准的义务。管理人的注意义务与其承担的职责紧密相连。在实践中，管理人的注意义务具体表现为：（1）谨慎接管债务人移交的全部财产和与财产有关的一切账册文件；（2）对破产财产的管理处分，包括保

① 在深圳市中级人民法院受理的深圳市飞马国际供应链股份有限公司破产重整申请案中，管理人中伦律师事务所因重大过失错划多划偿债股票至债务人账户，被法院认定未尽勤勉尽责义务，罚款 30 万元。

管清理破产财产、继续经营债务人事业等；（3）对破产债权的调查审查；（4）对取回权、别除权的标的物的妥善保管义务；（5）尽心处理各种诉讼仲裁活动；（6）依法变价和分配破产财产；（7）向法院、债权人和其他利害关系人报告工作和通告信息；（8）请求召开债权人会议；（9）审慎选择委托提供相关服务的专业人士；（10）与破产程序相关的其他注意义务。管理人除了要承担其作为管理人的注意义务以外，还要承担其他法律上的注意义务。如果管理人继续经营公司业务的，必须遵守公司法上关于公司相关人员注意义务的规定。此时，管理人在经营管理过程中的注意义务则表现为：（1）遵守公司法和其他法律法规规定的注意义务；（2）遵守公司章程规定的注意义务；（3）在授权范围内行为的注意义务；（4）一般的勤勉义务。

管理人的忠实义务具体表现为：（1）管理人不得因自己的身份而受益；（2）管理人不得收受贿赂、谋取私利或所允诺的其他好处；（3）管理人必须严守竞业禁止原则；（4）管理人非经允许不得泄漏破产业务的商业秘密；（5）管理人不得侵吞破产财产及其掌握的其他财产（如别除权的标的财产）；（6）管理人不得利用破产财产的信息和商业机会。管理人的忠实义务采用了客观的标准，无须深入考察管理人的主观意图，违反忠实义务的认定相对简单和直接。

二、债权人、债务人或者第三人利益受到了实际损失

如何判断债权人、债务人或者第三人利益受到了实际损失？法院应当具体情况具体分析。例如，《企业破产法规定（二）》第9条关于管理人撤销权的规定。如果管理人未依法行使撤销权，但债权人依据该司法解释第13条提起了债权人的撤销权诉讼并追回了财产，则应认为并未导致债务人财产受到实际损失。对该债权人因此而发生的合理费用，可以要求管理人予以承担；对管理人未尽职责的行为也要予以处罚，但无需承担对债权人的赔偿责任。只有当管理人未尽到勤勉尽责、忠实义务且实际发生了损失，才有必要进一步考虑赔偿责任。

三、管理人的违法行为与债权人、债务人或者第三人利益受到的损失之间有因果关系

因果关系是指行为人的行为和损害结果之间存在引起与被引起的关系。因果关系作为责任构成要件，主要功能在于：确定责任的成立、排除责任的承担、

确定责任的范围。具体而言，所谓因果关系应当是指“管理人未尽到勤勉尽责、忠实义务”是“债权人、债务人或者第三人利益受到的损失”的必然因素。

类案检索

德宏隆川物资有限责任公司、祥云县跃峰物资有限公司管理人责任纠纷案

关键词：破产清算 管理人责任

裁判摘要：关于4名再审申请人能否代表全体债权人请求赔偿或请求管理人向债务人赔偿的问题。《企业破产法规定（二）》第9条、第33条赋予了债权人在管理人因过错未行使撤销权导致债务人财产不当减损，因故意或重大过失导致他人损害产生共益债务的赔偿请求权；第23条赋予个别债权人在管理人拒绝追收财产时，代表全体债权人向次债务人或债务人的出资人向债务人清偿或返还的诉讼权利。法律和司法解释虽然对个别债权人能否代表全体债权人向管理人提起赔偿请求没有明确规定，但根据上述司法解释的原理，应当视为个别债权人能够代表全体债权人向管理人请求赔偿，赔偿所得纳入破产财产。

关于债权人能否对管理人的财产处置行为提起诉讼的问题。《企业破产法规定（三）》第15条的规定，并未否定债权人针对管理人处置资产不当提起赔偿的权利。管理人处置资产的行为与管理人实施的其他执行职务的行为并无区别，若管理人在处置资产过程中未勤勉尽责、忠实执行职务，给债权人造成损失，债权人仍有权主张赔偿。破产管理人虽扮演“法定受托人”的角色，但仍需对其行为过失承担责任。破产法为了制约管理人的权利，保护债权人利益，赋予债权人对管理人重大财产处分行为的监督权和赔偿请求权，这两项权利互为补充，兼顾了破产程序效率与公正两个方面的价值追求。基于效率方面的考虑，债权人仅享有有限的监督权，且只能通过债权人会议和债权人委员会行使。债权人委员会虽有要求管理人纠正的权利，但并无最终决定权和实施权。而赋予债权人在财产处置后的赔偿请求权，则可以在不影响破产程序推进的情况下追究管理人在财产处分过程中的故意或过失行为责任，实现公正的价值目标。

【案　　号】（2019）最高法民再198号

【审理法院】最高人民法院

【来　　源】中国裁判文书网

第一百三十一条　违反本法规定，构成犯罪的，依法追究刑事责任。

关联规定

一、法律、行政法规、司法解释

1.《中华人民共和国刑法》

第一百六十二条　公司、企业进行清算时，隐匿财产，对资产负债表或者财产清单作虚伪记载或者在未清偿债务前分配公司、企业财产，严重损害债权人或者其他人利益的，对其直接负责的主管人员和其他直接责任人员，处五年以下有期徒刑或者拘役，并处或者单处二万元以上二十万元以下罚金。

第一百六十二条之一　隐匿或者故意销毁依法应当保存的会计凭证、会计帐簿、财务会计报告，情节严重的，处五年以下有期徒刑或者拘役，并处或者单处二万元以上二十万元以下罚金。

单位犯前款罪的，对单位判处罚金，并对其直接负责的主管人员和其他直接责任人员，依照前款的规定处罚。

第一百六十二条之二　公司、企业通过隐匿财产、承担虚构的债务或者以其他方法转移、处分财产，实施虚假破产，严重损害债权人或者其他人利益的，对其直接负责的主管人员和其他直接责任人员，处五年以下有期徒刑或者拘役，并处或者单处二万元以上二十万元以下罚金。

第一百六十八条　国有公司、企业的工作人员，由于严重不负责任或者滥用职权，造成国有公司、企业破产或者严重损失，致使国家利益遭受重大损失的，处三年以下有期徒刑或者拘役；致使国家利益遭受特别重大损失的，处三年以上七年以下有期徒刑。

国有事业单位的工作人员有前款行为，致使国家利益遭受重大损失的，依照前款的规定处罚。

国有公司、企业、事业单位的工作人员，徇私舞弊，犯前两款罪的，依照第一款的规定从重处罚。

第三百零七条之一 以捏造的事实提起民事诉讼，妨害司法秩序或者严重侵害他人合法权益的，处三年以下有期徒刑、拘役或者管制，并处或者单处罚金；情节严重的，处三年以上七年以下有期徒刑，并处罚金。

单位犯前款罪的，对单位判处罚金，并对其直接负责的主管人员和其他直接责任人员，依照前款的规定处罚。

有第一款行为，非法占有他人财产或者逃避合法债务，又构成其他犯罪的，依照处罚较重的规定定罪从重处罚。

司法工作人员利用职权，与他人共同实施前三款行为的，从重处罚；同时构成其他犯罪的，依照处罚较重的规定定罪从重处罚。

第三百一十四条 隐藏、转移、变卖、故意毁损已被司法机关查封、扣押、冻结的财产，情节严重的，处三年以下有期徒刑、拘役或者罚金。

2.《中华人民共和国公司法》

第二百一十五条 违反本法规定，构成犯罪的，依法追究刑事责任。

3.《中华人民共和国企业国有资产法》

第七十五条 违反本法规定，构成犯罪的，依法追究刑事责任。

二、部门规章及规范性文件

1.《国家发展和改革委员会、最高人民法院等13个国家机关关于推动和保障管理人在破产程序中依法履职进一步优化营商环境的意见》

（十）切实保护职工和债权人投资者合法权益。发挥管理人在防范“逃废债”等违法行为中的积极作用。管理人要加强对破产企业财产的追查和管理，有效保护职工劳动报酬、社会保险合法权益，及时向金融机构债权人委员会、债权人会议通报有关情况，破产企业的有关人员可能涉嫌犯罪的，管理人应当及时将犯罪线索报送司法或监察机关。金融机构依法积极支持管理人追查破产企业财产，鼓励将发现的恶意转移破产企业财产的情况通报管理人，有效保护债权人投资者合法权益。

2.《最高人民检察院、公安部关于公安机关管辖的刑事案件立案追诉标准的规定（二）》

第七条 ［妨害清算案（刑法第一百六十二条）］公司、企业进行清算时，隐匿财产，对资产负债表或者财产清单作虚伪记载或者在未清偿债务前分配公司、企业财产，涉嫌下列情形之一的，应予立案追诉：

（一）隐匿财产价值在五十万元以上的；

（二）对资产负债表或者财产清单作虚伪记载涉及金额在五十万元以上的；

（三）在未清偿债务前分配公司、企业财产价值在五十万元以上的；

（四）造成债权人或者其他人直接经济损失数额累计在十万元以上的；

（五）虽未达到上述数额标准，但应清偿的职工的工资、社会保险费用和法定补偿金得不到及时清偿，造成恶劣社会影响的；

（六）其他严重损害债权人或者其他人利益的情形。

第八条 ［隐匿、故意销毁会计凭证、会计帐簿、财务会计报告案（刑法第一百六十二条之一）］隐匿或者故意销毁依法应当保存的会计凭证、会计帐簿、财务会计报告，涉嫌下列情形之一的，应予立案追诉：

（一）隐匿、故意销毁的会计凭证、会计帐簿、财务会计报告涉及金额在五十万元以上的；

（二）依法应当向监察机关、司法机关、行政机关、有关主管部门等提供而隐匿、故意销毁或者拒不交出会计凭证、会计帐簿、财务会计报告的；

（三）其他情节严重的情形。

第九条 ［虚假破产案（刑法第一百六十二条之二）］公司、企业通过隐匿财产、承担虚构的债务或者以其他方法转移、处分财产，实施虚假破产，涉嫌下列情形之一的，应予立案追诉：

（一）隐匿财产价值在五十万元以上的；

（二）承担虚构的债务涉及金额在五十万元以上的；

（三）以其他方法转移、处分财产价值在五十万元以上的；

（四）造成债权人或者其他人直接经济损失数额累计在十万元以上的；

（五）虽未达到上述数额标准，但应清偿的职工的工资、社会保险费用和法定补偿金得不到及时清偿，造成恶劣社会影响的；

（六）其他严重损害债权人或者其他人利益的情形。

三、司法指导性文件

1.《最高人民法院关于推进破产案件依法高效审理的意见》

22. 人民法院要准确把握违法行为入刑标准，严厉打击恶意逃废债行为。因企业经营不规范导致债务人财产被不当转移或者处置的，管理人应当通过行使撤销权、依法追回财产、主张损害赔偿等途径维护债权人合法权益，追究相关人员的民事责任。企业法定代表人、出资人、实际控制人等有恶意侵占、挪用、隐匿企业财产，或者隐匿、故意销毁依法应当保存的会计凭证、会计账簿、财务会计报告等违法行为，涉嫌犯罪的，人民法院应当根据管理人的提请或者依职权及时移送有关机关依法处理。

2.《最高人民法院关于充分发挥审判职能作用切实加强产权司法保护的意见》

二、准确把握、严格执行产权保护的司法政策

4. 依法惩治各类侵犯产权犯罪，平等保护各种所有制经济产权。依法惩治侵吞、瓜分、贱卖国有、集体资产的犯罪，促进资产监督管理制度不断健全。加大对非公有财产的刑法保护力度，依法惩治侵犯非公有制企业产权以及侵犯非公有制经济投资者、管理者、从业人员财产权益的犯罪。对非法占有、处置、毁坏财产的，不论是公有财产还是私有财产，均依法及时追缴发还被害人，或者责令退赔。

5. 客观看待企业经营的不规范问题，对定罪依据不足的依法宣告无罪。对改革开放以来各类企业特别是民营企业因经营不规范所引发的问题，要以历史和发展的眼光客观看待，严格遵循罪刑法定、疑罪从无、从旧兼从轻等原则，依法公正处理。对虽属违法违规、但不构成犯罪，或者罪与非罪不清的，应当宣告无罪。对在生产、经营、融资等活动中的经济行为，除法律、行政法规明确禁止的，不得以犯罪论处。

6. 严格区分经济纠纷与刑事犯罪，坚决防止把经济纠纷当作犯罪处理。充分考虑非公有制经济特点，严格把握刑事犯罪的认定标准，严格区分正当融资与非法集资、合同纠纷与合同诈骗、民营企业参与国有企业兼并重组中涉及的经济纠纷与恶意侵占国有资产等的界限，坚决防止把经济纠纷认定为刑事犯罪，坚决防止利用刑事手段干预经济纠纷。对于各类经济纠纷，特别是民营企业与国有企业之间的纠纷，不论实际损失多大，都要始终坚持依法办案，排除各种干扰，确保公正审判。

3.《最高人民法院关于正确审理企业破产案件为维护市场经济秩序提供司法保障若干问题的意见》

六、正确适用企业破产法的各项制度，充分保护债权人合法权益

14. 人民法院在审理企业破产案件中，要充分调动管理人的积极性，促使

其利用法律手段，努力查找和追收债务人财产，最大限度保护债权人利益。对出资不实、抽逃出资的，要依法追回；对于不当处置公司财产的行为，要依法撤销或者认定无效，并追回有关财产；对于违反法律、行政法规等规定，给公司或债权人造成损失的，要依法追究行为人的民事责任；对于发现妨碍清算行为的犯罪线索，要及时向侦查机关通报情况。

条文释义

一、本条主旨

本条是关于违反本法规定构成犯罪所应承担刑事责任的规定。

二、条文演变

《企业破产法（试行）》第41条和第42条对有关破产犯罪作了规定。本条综合吸收了历次破产法草案中刑罚条款的规定。2000年《企业破产与重整法（草案）》以及《企业破产法（草案）》在破产责任部分涉及的多项条款中，都将民事、行政和刑事责任并列，其中关于刑事责任的规定，均载明“构成犯罪的，依法追究刑事责任”。最终出台的《企业破产法》则删去了各条中均出现的“构成犯罪的，依法追究刑事责任”，单设本条作为总括性条款。[①]

三、条文解读

刑事责任是指具有刑事责任能力的人实施了刑法所规定的犯罪行为所必须承担的法律后果。本法规定的违法行为，如果其行为符合《刑法》规定的犯罪构成要件，则依据《刑法》有关规定承担相应的刑事责任，但不影响承担本法规定的其他法律责任。违反本法规定，可能构成犯罪的主要有：

1. 企业董事、监事或者高级管理人员违反忠实义务、勤勉义务，致使所在企业破产，构成的犯罪。根据犯罪主体和职务的性质不同，国有企业董事、监事或者高级管理人员的刑事责任包括国有公司、企业、事业单位人员失职罪，国有公司、企业、事业单位人员滥用职权罪，徇私舞弊低价折股、出售国有资

① 陈夏红：《企业破产法注释》，北京大学出版社2021年版，第549页。

产罪，贪污罪，挪用公款罪，私分国有资产罪，受贿罪，单位受贿罪。非国有企业董事、监事或者高级管理人员的刑事责任包括：职务侵占罪、挪用资金罪、公司企业人员受贿罪。

2. 债务人拒不向人民法院提交或者提交不真实的财产状况说明、债务清册、债权清册、有关财务报告以及职工工资的支付情况和社会保险费用的缴纳情况，构成妨害清算罪。

3. 债务人拒不向管理人移交财产、印章和账簿、文书等资料的，或者伪造、销毁有关财产证据材料而使财产状况不明的，构成隐匿、故意销毁会计凭证、会计账簿、财务会计报告罪。

4. 债务人通过隐匿财产、承担虚构的债务或者以其他方法转移、处分财产，严重损害债权人或者其他人利益的，构成虚假破产罪。

5. 管理人未依照本法规定勤勉尽责，忠实执行职务的，给债权人、债务人或者第三人造成损失的，构成的犯罪。如果是有关部门、机构的国家工作人员担任管理人构成犯罪的，依法应当承担的刑事责任有滥用职权罪、玩忽职守罪、贪污罪、挪用公款罪、受贿罪、单位受贿罪；如果是社会中介机构的人员担任管理人构成犯罪的，依法应当承担的刑事责任有提供虚假证明文件罪、出具证明文件重大失实罪、职务侵占罪、挪用资金罪、公司企业人员受贿罪等。

除了上述罪名外，如果相关人员的行为违反破产法规定且符合《刑法》相关条款的规定，当事人亦需要承担刑事责任。比如，债务人及其有关人员实施破产违法行为或者管理人在执行职务时有违法行为，构成盗窃罪、诈骗罪、为亲友非法牟利罪、签订（履行）合同失职被骗罪等犯罪的，应当依照刑法中的相应罪名，追究刑事责任。

适用指引

本条将刑事责任单设，体现出对刑事责任的特别强调。在适用本条款时应注意：第一，相关行为应当违反《企业破产法》规定。从主体方面来说，根据《企业破产法》涉及法律责任的第 125 条、第 127 条、第 130 条规定，承担刑事责任的主体包括债务人、企业董事、监事或者高级管理人员、债务人的有关人员、管理人。第二，相关违法行为必须“构成犯罪”，在我国立法体系中，刑事犯罪只能在《刑法》中规定，因而破产违法行为应当与刑法对应。这里对破产有关的主要罪名作出说明：

一、虚假破产罪

《刑法修正案（六）》专门规定了“虚假破产罪”。该罪名主要是“针对在经济活动中出现的采用隐匿、转移财产等欺骗手段，搞假破产、真逃债，严重损害债权人利益，破坏市场经济秩序的行为，拟在《刑法》中增加破产欺诈犯罪的规定”。该罪名构成要注意两个方面：一方面，“公司、企业通过隐匿财产、承担虚构的债务，或者以其他方法转移处分财产”是手段要件或行为要件；另一方面，“严重损害债权人或者其他人利益”是结果要件。只有同时满足这两方面要求才能对相应的主体，亦即直接负责的主管人员和其他直接责任人员判处相应的刑罚，即5年以下有期徒刑或拘役，并处或者单处2万元以上20万元以下罚金。

二、妨害清算罪

我国《刑法》第162条规定：“公司、企业进行清算时，隐匿财产，对资产负债表或者财产清单作虚伪记载或者在未清偿债务前分配公司、企业财产，严重损害债权人或者其他人利益的，对其直接负责的主管人员和其他直接责任人员，处五年以下有期徒刑或者拘役，并处或者单处二万元以上二十万元以下罚金。”这一条中所涉及的清算，不仅是《公司法》中的公司清算，也应包括破产清算。如果债务人及其有关工作人员违反法律规定，拒不履行法律义务，妨害破产清算，严重损害债权人或者其他人利益的，应当依《刑法》第162条，追究妨害清算罪。[①]

对于妨害清算罪的立案追诉标准，最高人民检察院和公安部《关于公安机关管辖的刑事案件立案追诉标准的规定（二）》（2022年5月15日施行）第7条规定：“公司、企业进行清算时，隐匿财产，对资产负债表或者财产清单作虚伪记载或者在未清偿债务前分配公司、企业财产，涉嫌下列情形之一的，应予立案追诉：（一）隐匿财产价值在五十万元以上的；（二）对资产负债表或者财产清单作虚伪记载涉及金额在五十万元以上的；（三）在未清偿债务前分配公司、企业财产价值在五十万元以上的；（四）造成债权人或者其他人直接经

① 蒋黔贵主编：《中华人民共和国企业破产法释义》，中国市场出版社2006年版，第227页。

济损失数额累计在十万元以上的；（五）虽未达到上述数额标准，但应清偿的职工的工资、社会保险费用和法定补偿金得不到及时清偿，造成恶劣社会影响的；（六）其他严重损害债权人或者其他人利益的情形。”

三、国有公司、企业、事业单位人员失职罪、滥用职权罪

我国《刑法》第168条规定：“国有公司、企业的工作人员，由于严重不负责任或者滥用职权，造成国有公司、企业破产或者严重损失，致使国家利益遭受重大损失的，处三年以下有期徒刑或者拘役；致使国家利益遭受特别重大损失的，处三年以上七年以下有期徒刑。国有事业单位的工作人员有前款行为，致使国家利益遭受重大损失的，依照前款规定处罚。国有公司、企业、事业单位的工作人员，徇私舞弊，犯前两款罪的，依照第一款的规定从重处罚。”

类案检索

徐某元职务侵占案

关键词：企业破产　职务侵占罪

裁判摘要：云南证券有限责任公司（以下简称“云南证券”）于2007年5月25日向昆明市中级人民法院申请破产。同年7月24日，昆明中院受理云南证券的破产申请，并依法指定了破产管理人，裁定云南卓承律师事务所主任徐某元担任破产管理人副组长。2011年3月至8月期间，被告人徐某元受云南证券破产管理人委托拍卖云南证券持有的辽宁大连金座广场8900万元债权。在招标拍卖过程中，被告人徐某元利用职务上的便利，违反法律规定，向管理人虚构事实、隐瞒真相，并私下与易某、林某等人串通参与拍卖，以310万元的低价拍得上述债权后又以1000万元的高价转让给辽宁瑞达投资管理有限公司，从中非法获利人民币690万元。

法院裁判认为：第一，云南证券申请破产一案，经依法裁定准许申请人破产后，指定云南卓承律师事务所主任即被告人徐某元担任破产管理人副组长。破产管理人依法设立后，是具有特殊独立性质的组织，对外履行民事义务并承担民事责任。虽然管理人与被告人徐某元所在律师事务所签订《委托代理合同》，被告人徐某元基于委托关系所产生的法律服务工作职责而执行特定职务，

但该委托行为并不影响其身份系云南证券破产管理人副组长。第二，被告人徐某元在履行职务过程中，为谋取私利，多次参与债权处置的相关会议，频繁接触意向竞买人，并在充分掌握该债权的实际价值及市场行情后，向管理人隐瞒该债权的实际情况，又向意向竞买人虚构该债权难以变现的事实，同时积极谋划并安排与其有利害关系的他人参与竞拍，以明显低于市场的价格购得该债权，最终非法获利人民币690万元，其行为严重侵害了云南证券以及全体债权人的合法权益，符合职务侵占罪的主观、客观构成要件，应当以职务侵占罪定罪处罚。综上，被告人徐某元无视国家法律，在担任云南证券破产管理人副组长期间，为谋取个人利益，利用职务上的便利，违反法律规定，向管理人虚构事实，隐瞒真相，擅自低价处置云南证券债权后高价转让，将该公司应收债权转让款项人民币690万元非法占为己有，其行为已构成职务侵占罪，依法应予惩处。

【案　　号】（2016）云刑终198号

【审理法院】云南省高级人民法院

【来　　源】中国裁判文书网

第十二章　附　则

第一百三十二条　本法施行后，破产人在本法公布之日前所欠职工的工资和医疗、伤残补助、抚恤费用，所欠的应当划入职工个人账户的基本养老保险、基本医疗保险费用，以及法律、行政法规规定应当支付给职工的补偿金，依照本法第一百一十三条的规定清偿后不足以清偿的部分，以本法第一百零九条规定的特定财产优先于对该特定财产享有担保权的权利人受偿。

关联规定

一、法律、行政法规、司法解释

1.《中华人民共和国民法典》

第三百八十六条　担保物权人在债务人不履行到期债务或者发生当事人约定的实现担保物权的情形，依法享有就担保财产优先受偿的权利，但是法律另有规定的除外。

2.《中华人民共和国公司法》

第一百八十六条　清算组在清理公司财产、编制资产负债表和财产清单后，应当制定清算方案，并报股东会、股东大会或者人民法院确认。

公司财产在分别支付清算费用、职工的工资、社会保险费用和法定补偿金，缴纳所欠税款，清偿公司债务后的剩余财产，有限责任公司按照股东的出资比例分配，股份有限公司按照股东持有的股份比例分配。

清算期间，公司存续，但不得开展与清算无关的经营活动。公司财产在未依照前款规定清偿前，不得分配给股东。

3.《中华人民共和国企业破产法》

第一百零九条　对破产人的特定财产享有担保权的权利人，对该特定财产享有优先受偿的权利。

第一百一十三条　破产财产在优先清偿破产费用和共益债务后，依照下列顺序清偿：

（一）破产人所欠职工的工资和医疗、伤残补助、抚恤费用，所欠的应当划入职工个人账户的基本养老保险、基本医疗保险费用，以及法律、行政法规规定应当支付给职工的补偿金；

（二）破产人欠缴的除前项规定以外的社会保险费用和破产人所欠税款；

（三）普通破产债权。

破产财产不足以清偿同一顺序的清偿要求的，按照比例分配。

破产企业的董事、监事和高级管理人员的工资按照该企业职工的平均工资计算。

4.《最高人民法院关于适用〈中华人民共和国企业破产法〉若干问题的规定（二）》

第三条　债务人已依法设定担保物权的特定财产，人民法院应当认定为债务人财产。

对债务人的特定财产在担保物权消灭或者实现担保物权后的剩余部分，在破产程序中可用以清偿破产费用、共益债务和其他破产债权。

第二十四条　债务人有企业破产法第二条第一款规定的情形时，债务人的董事、监事和高级管理人员利用职权获取的以下收入，人民法院应当认定为企业破产法第三十六条规定的非正常收入：

（一）绩效奖金；

（二）普遍拖欠职工工资情况下获取的工资性收入；

（三）其他非正常收入。

债务人的董事、监事和高级管理人员拒不向管理人返还上述债务人财产，管理人主张上述人员予以返还的，人民法院应予支持。

债务人的董事、监事和高级管理人员因返还第一款第（一）项、第（三）项非正常收入形成的债权，可以作为普通破产债权清偿。因返还第一款第（二）项非正常收入形成的债权，依据企业破产法第一百一十三条第三款的规定，按照该企业职工平均工资计算的部分作为拖欠职工工资清偿；高出该企业职工平均工资计算的部分，可以作为普通破产债权清偿。

5.《最高人民法院关于〈中华人民共和国企业破产法〉施行时尚未审结的企业破产案件适用法律若干问题的规定》

第十四条 企业破产法施行后，破产人的职工依据企业破产法第一百三十二条的规定主张权利的，人民法院应予支持。

二、司法指导性文件

1.《全国法院破产审判工作会议纪要》

五、破产清算

27. 企业破产与职工权益保护。破产程序中要依法妥善处理劳动关系，推动完善职工欠薪保障机制，依法保护职工生存权。由第三方垫付的职工债权，原则上按照垫付的职工债权性质进行清偿；由欠薪保障基金垫付的，应按照企业破产法第一百一十三条第一款第二项的顺序清偿。债务人欠缴的住房公积金，按照债务人拖欠的职工工资性质清偿。

九、跨境破产

49. 对跨境破产与互惠原则。人民法院在处理跨境破产案件时，要妥善解决跨境破产中的法律冲突与矛盾，合理确定跨境破产案件中的管辖权。在坚持同类债权平等保护的原则下，协调好外国债权人利益与我国债权人利益的平衡，合理保护我国境内职工债权、税收债权等优先权的清偿利益。积极参与、推动跨境破产国际条约的协商与签订，探索互惠原则适用的新方式，加强我国法院和管理人在跨境破产领域的合作，推进国际投资健康有序发展。

2.《最高人民法院关于执行〈最高人民法院关于《中华人民共和国企业破产法》施行时尚未审结的企业破产案件适用法律若干问题的规定〉的通知》

六、人民法院审理企业破产案件适用企业破产法第一百三十二条和《规定》第十四条时，应当注意以下几个问题：

（一）企业破产法第一百三十二条仅适用于企业破产法公布之日前所欠的职工权益，形成于企业破产法公布之日后所欠的职工权益不属本条适用的范畴，该部分职工权益只能从破产企业已经设定担保物权之外的其他财产，或者担保物权人明确放弃行使优先受偿权后的已设定担保物权的财产中受偿；

（二）企业破产法公布之日前形成的职工权益，在按照正常清偿顺序无法得到清偿时，才可从已经设定物权担保的财产中受偿。在债务人尚有其他财产可以清偿时，不得先行从已经设定物权担保的财产中清偿；

（三）在企业破产法公布之日前所欠的职工权益，依法以设定物权担保的财产进行清偿的情况下，对于企业破产案件中因按照正常清偿顺序无法实现的破产费用、共益债务以及职工的其他权益不得优先于担保物权人受偿。

条文释义

一、本条主旨

本条是关于《企业破产法》生效前后职工债权的保护的特别规定。

二、条文演变

保护职工债权是我国破产法的一贯政策，根据《企业破产法（试行）》第37条规定，破产财产优先拨付破产费用后首先清偿破产企业所欠职工工资和劳动保险费用。从《企业破产法》起草开始，国有企业职工安置问题都放在重要位置，1995年的草案曾设专章规定国有企业破产，尤其是职工安置问题。1996年国家经济贸易委员会、中国人民银行联合下发的《关于试行国有企业兼并破产中若干问题的通知》第5条规定："在实施企业破产中，首先要妥善安置破产企业职工，保持社会稳定。企业以土地使用权作为抵押物的，其转让所得首先用于破产企业职工的安置……"1997年《国务院关于在若干城市试行国有企业兼并破产和职工再就业有关问题的补充通知》再次进行了重申。在《企业破产法》起草过程中，关于职工债权和担保债权优先性的争论一直未曾停息，最终《企业破产法》设置了此种方案，即对法律公布之前的职工债权给予优先于担保债权的清偿地位，对公布之后的职工债权，则限于无财产担保范围内享受优先清偿地位。

三、条文解读

本条是为了确保职工债权能够得到妥善处理而作出的特别规定。总体原则是"新债新办法，老债老办法"。即破产人在本法公布之日即2006年8月27日后所欠职工的工资和医疗、份残补助、抚恤费用，所欠的应当划入职工个人账户的基本养老保险、基本医疗保险费用，以及法律、行政法规规定应当支付给职工的补偿金，依照本法第113条规定的债权清偿顺序清偿。而对于《企业破产法》公布之日前所发生的职工债权，则先按照《企业破产法》第113条所定的顺序清偿，不足以清偿的部分，以第109条规定的特定财产优先于对该特定财产享有担保权的权利人受偿。

适用指引

在破产程序中如何协调职工债权与担保权的关系，是企业破产立法的重点也是难点问题。[①] 实践中，债务人进入破产程序后，大部分财产已经被设定担保，而担保债权人行权后破产财产往往所剩无几，导致即使职工享有优先受偿顺位，实际上常常难以获偿。而如果规定职工债权人清偿顺位优于担保债权人，又会损害担保债权人利益，危及交易安全。有鉴于此，本条规定旨在保护职工权益和担保人权益之间做出平衡。在计划经济向市场经济转轨过程中，一些国有企业和集体企业在破产时发现：职工债权与担保人权益在破产法的实施中发生较大冲突，并持续到企业破产法立法审议的过程中。根据本条规定，《企业破产法》公布的时间将成为界定职工债权和担保债权清偿顺序的分水岭。具体来说，根据本条规定，职工债权可以在有担保的特定财产中优先于担保权人受偿，但这一优先权是受限制的，即破产人在本法公布之日前所欠职工的工资和医疗、伤残补助、抚恤费用，所欠的应当划入职工个人账户的基本养老保险、基本医疗保险费用，以及法律、行政法规规定应当支付给职工的补偿金，依照本法第113条的规定清偿后不足以清偿的部分，在本法第109条规定的特定财产中优先于对该特定财产享有担保权的权利人受偿。发生在本法公布后的职工债权不得在担保权人之前受偿。

类案检索

中国银行股份有限公司扬州分行与扬州晶石高科技有限公司等借款合同纠纷执行案

关键词：职工工资执行

① 安建：《中华人民共和国企业破产法释义》，法律出版社2006年版，第182页。

裁判摘要：中国银行股份有限公司扬州分行（以下简称扬州中行）与晶石公司、晶来公司、晶辉公司、格灵公司、钱某平、吴某华、徐某华、金某英借款合同纠纷一案，扬州市中级人民法院（以下简称扬州中院）于2009年9月28日作出（2009）扬民二初字第0009号民事判决书，判决：一、晶石公司偿付原告扬州中行借款本金22445461.45元；二、晶来公司、晶辉公司、格灵公司、钱某平、吴某华、徐某华、金某英对晶石公司的债务承担各自相应的担保责任。

判决生效后，晶石公司等均未履行判决支付义务，扬州中行向扬州中院申请强制执行。经扬州中院强制执行，拍卖被执行人晶石公司固定资产得款项2610万元。扣划担保人钱某平、吴某华银行存款12万元；扣划担保人徐某华、金某英银行存款11.3万元。合计执行得款为2633.3万元。晶来公司、晶辉公司、格灵公司均无可供执行的资产。

被执行人晶石公司于2007年歇业，其法定代表人钱某平因经济犯罪被判刑，晶石公司职工近200人下岗失业。企业自歇业后就未缴纳职工社会保险费用，且拖欠职工工资、无力清退集资款等费用。

根据审计结论，扬州中院从执行款2633.3万元中优先支付下列费用：一、支付扬州职工社保中心晶石公司拖欠社保费用6181508.68元；二、支付拖欠职工工资507453.75元；三、支付向职工个人借款129万元；四、支付16名职工的协保补偿费用8万元；五、支付职工个人已代垫社保资金155844.80元；六、支付留守人员代垫费用43000元；七、支付应退还职工集资款356.4万元（不包括钱某平、徐某华集资款。因钱某平、徐某华承担担保责任，其应退集资款抵充还扬州中行借款）。以上合计11821807.23元（除社保费用直接支付给扬州职工社保中心外，其余费用5640298.55元支付给扬州市邗江区经济开发区管委会，由其发放给晶石公司职工）。

【案　　号】（2010）扬执字第0043号

【审理法院】江苏省扬州市中级人民法院

【来　　源】《人民司法》2012年第24期

第一百三十三条　在本法施行前国务院规定的期限和范围内的国有企业实施破产的特殊事宜，按照国务院有关规定办理。

关联规定

法律、行政法规、司法解释

1.《国务院关于在若干城市试行国有企业兼并破产和职工再就业有关问题的补充通知》

二、《企业兼并破产和职工再就业工作计划》的制订与审批

各试点城市协调小组要在深入调查研究、充分听取主要债权银行意见的基础上，提出兼并、破产和解困企业名单（中央、省属企业要由主管部门商国家经贸委及地方经贸委后提出），按照下达的核销呆、坏帐准备金的预分配规模，制订本市《企业兼并破产和职工再就业工作计划》。各债权银行总行派人或总行授权当地分行参加计划编制，财政部门、银行要对企业兼并破产和职工再就业拟核销的银行呆、坏帐准备金进行审核。

试点城市《企业兼并破产和职工再就业工作计划》每年编制一次。试点城市要在11月底以前将下一年度本市《企业兼并破产和职工再就业工作计划》报省、区协调小组；由省、区协调小组审核汇总后，在12月底以前报全国领导小组。全国领导小组在审核省、区、市《企业兼并破产和职工再就业工作计划》的基础上，统筹研究制订当年《全国企业兼并破产和职工再就业工作计划》，报国务院国有企业改革工作联席会议审议，一般应于2月底以前下达。《全国企业兼并破产和职工再就业工作计划》下达后，由全国领导小组会同有关部门和省、区、市人民政府，对各试点城市计划的执行情况负责检查落实。

各试点城市《企业兼并破产和职工再就业工作计划》批准下达后，在执行中不得突破经过批准的计划规模，需要在计划规模内进行调整的，由省、区、市协调小组审核并汇总后，报全国领导小组审定。

各省、区、市和试点城市协调小组每季度要向全国领导小组报告一次企业

兼并破产和职工再就业工作计划执行情况；中国人民银行总行每季度要向国务院国有企业改革工作联席会议报告一次呆、坏帐准备金核销情况。

三、企业破产预案的制订

各试点城市要依据《全国企业兼并破产和职工再就业工作计划》，由拟破产企业主管部门负责向试点城市协调小组提供制订企业破产预案所需材料。其主要内容包括：企业概况，会计报表及亏损情况说明，债权、债务状况，资产处置方案，职工安置渠道及费用标准，拟核销呆、坏帐准备金数额等。

试点城市协调小组制订企业破产预案后，方可进入破产程序，并报省、区、市协调小组备案。主要债权银行对企业破产预案有异议的，须提请省、区、市协调小组决定，同时将情况报全国领导小组备案。经省、区、市协调小组协调仍不能形成决议的，报全国领导小组决定。

四、资产评估机构资格及破产财产处置

企业破产财产处置前，应由破产清算组委托具有国务院国有资产管理行政主管部门认证的资产评估机构进行评估，并由国有资产管理行政主管部门确认评估结果。其中，涉及以划拨方式取得的土地使用权或涉及改变出让合同条件的土地使用权价格评估的，须由具有土地估价能力的资产评估机构进行评估，并由土地行政主管部门确认评估结果后，并入整体资产评估结果。资产评估及地价评估要努力降低评估费用，不得重复收取评估费用。凡确认有误的，须承担相应的行政和经济责任。

企业破产财产应以评估确认的价格为依据，按国家有关规定确定底价，以拍卖方式为主，依照有关法律、法规转让。转让价格由市确定。

五、妥善安置破产企业职工

各试点城市人民政府要积极推广上海市实施再就业工程的经验，结合劳动就业、社会保障制度的改革和当地具体情况，从上到下建立再就业服务中心，积极开拓就业门路，关心破产企业职工生活，妥善安置破产企业职工，保持社会稳定。

安置破产企业职工的费用，从破产企业依法取得的土地使用权转让所得中拨付。破产企业以土地使用权为抵押物的，其转让所得也应首先用于安置职工，不足以支付的，不足部分从处置无抵押财产、抵押财产所得中依次支付。破产企业财产拍卖所得安置职工仍不足的，按照企业隶属关系，由同级人民政府负担。

职工安置费一律拨付到再就业服务中心，统筹使用。安置费标准，原则上按照破产企业所在试点城市的企业职工上年平均工资收入的3倍计算，试点城市人民政府根据当地实际情况从严掌握，不得随意突破。暂时尚未就业的职工，由再就业服务中心发给基本生活费，再就业后即停止拨付。自谋职业的可一次性付给安置费，标准不高于试点城市的企业职工上年平均工资收入的3倍。

破产企业离退休职工的离退休费和医疗费由当地社会养老、医疗保险机构负责管理。破产企业参加养老保险、医疗机构基金社会统筹的，其离退休费、医疗费由所在试点城市社会养老、医疗保险机构分别从养老保险、医疗保险基金社会统筹中支付。没有参加养老、医疗保险基金社会统筹或者养老保险、医疗保险基金社会统筹不足的，从企业土地使用权出让所得中支付；处置土地使用权所得不足以支付的，不足部分从处置无抵押财产、抵押财产所得中依次支付。

破产企业进入破产程序后，职工的生活费从破产清算费中支付，具体支付办法按照财政部《国有企业试行破产有关财务问题的暂行规定》（财工字［1996］226号）执行。

破产企业财产处置所得，在支付安置职工的费用后，其剩余部分按照《破产法》的规定，按比例清偿债务。

七、破产责任的追究

企业被宣告破产后，政府有关部门应按照《破产法》的有关规定，对企业破产原因和责任进行调查和审计，依据情节轻重严肃处理。对企业破产负有重要责任的法定代表人，不得再担任其他企业的负责人；构成犯罪的，要依法追究刑事责任。对企业破产负有重要责任、情节严重的企业主管部门负责人，也要追究责任。对利用企业破产逃废债务的，一经查实，要依法追究相应责任。对于企业被宣告破产后，企业的组织机构、人员不变，仍在原场地继续生产的，要坚决制止并予以纠正。

九、加大鼓励企业兼并的政策力度

国家鼓励优势企业兼并困难企业，兼并企业要全部承担被兼并企业的债务并负责人员安置，不能搞“假破产、真逃债”的“整体接收”或“整体收购”方式。被兼并企业的富余职工也要实行下岗分流，下岗职工进入兼并企业再就业服务中心。兼并企业承担被兼并企业的全部债务，其中银行债务可按

《中国人民银行、国家经贸委、财政部关于鼓励和支持18个试点城市优势国有企业兼并困难国有工业生产企业后有关银行贷款及利息处理问题的通知》(银发［1995］130号)的有关规定精神，享受免除利息、分年还本的优惠。优势企业(包括国有控股企业)兼并连续3年亏损的企业，经银行核准，可免除被兼并企业原欠贷款利息；被兼并企业原欠贷款本金分5年还清，如5年内还本仍有困难，可给予1至2年的宽限期。在宽限期和计划还款期内，对被兼并企业原贷款本金免息，不能按约定计划还款部分，恢复计息。对免除利息造成的损失，在银行提取的坏帐准备金中核销，坏帐准备金不足，可用呆帐准备金核销。

有关企业兼并政策的适用范围可以扩大到：试点城市内国有内贸、外贸、建筑和安装企业；兼并和被兼并企业有一方属于国务院确定的大中型重点企业或被兼并方属于试点城市的企业。对缺乏兼并条件而又需要进行兼并的企业，须由省、区、市协调小组报全国领导小组审批。借用外国政府贷款或转贷款，偿还任务尚未落实的企业，不适用此项规定。

2.《国务院关于在若干城市试行国有企业破产有关问题的通知》

一、实施企业破产必须首先安置好破产企业职工

《破产法》第四条规定，“国家通过各种途径妥善安排破产企业职工重新就业，并保障他们重新就业前的基本生活需要，具体办法由国务院另行规定”。据此，各有关城市人民政府要按照本通知，在实施企业破产中，采取各种有效措施，首先妥善安置破产企业职工，保持社会稳定。

二、破产企业土地使用权的处置

企业破产时，企业依法取得的土地使用权，应当以拍卖或者招标方式为主依法转让，转让所得首先用于破产企业职工安置；安置破产企业职工后有剩余的，剩余部分与其他破产财产统一列入破产财产分配方案。

三、破产财产的处置

破产财产处置前，应当由具有法定资格的资产评估机构进行评估，并以评估价值作底价，通过拍卖、招标等方式依法转让。

处置企业土地使用权所得不足以安置破产企业职工的，不足部分应当从处置其他破产财产所得中拨付。

企业在破产前为维持生产经营，向职工筹借的款项，视为破产企业所欠职工工资处理，借款利息按照借款实际使用时间和银行同期存款利率计算。职工

在企业破产前作为资本金投资的款项，视为破产财产。

破产企业的职工住房、学校、托幼园（所）、医院等福利性设施，原则上不计入破产财产，由破产企业所在地的市或者市辖区、县的人民政府接收处理，其职工由接收单位安置。但是，没有必要续办并能整体出让的，可以计入破产财产。

四、担保的处理

破产企业作为抵押物的财产，债权人放弃优先受偿权利的，抵押财产计入破产财产；债权人不放弃优先受偿权利的，超过抵押债权的部分计入破产财产。

企业对其同一财产设定两个以上抵押权的，企业破产时，抵押权人按照抵押顺序受偿。

一个企业为另一个企业提供担保的，被担保企业破产后，担保企业应当按照担保合同承担担保责任。但是，偿债期限可以由担保企业与被担保企业的债权人协商确定。

行政机关为企业提供担保的，应当按照国家有关规定确认担保合同无效。

五、破产企业职工的安置

破产企业所在地的市或者市辖区、县人民政府应当采取转业培训、介绍就业、生产自救、劳务输出等各种措施，妥善安排破产企业职工重新就业，并保障他们在重新就业前的基本生活需要。

政府鼓励破产企业职工自谋职业。对自谋职业的，政府可以根据当地的实际情况，发放一次性安置费，不再保留国有企业职工身份。一次性安置费原则上按照破产企业所在市的企业职工上年平均工资收入的 3 倍发放，具体发放标准由各有关市人民政府规定。

破产企业职工失业期间，依照《国有企业职工待业保险规定》享受失业保险待遇。失业保险期满无法重新就业的职工，符合社会救济条件的，由当地民政部门按照规定发给社会救济金。

破产企业离退休职工的离退休费和医疗费由当地社会养老、医疗保险机构负责管理。破产企业参加养老保险、医疗保险基金社会统筹的，其离退休职工的离退休费、医疗费由当地社会养老、医疗保险机构分别从养老保险、医疗保险基金社会统筹中支付。没有参加养老保险、医疗保险基金社会统筹或者养老保险、医疗保险基金社会统筹不足的，从企业土地使用权出让所得支付；处置土地使用权所得不足以支付的，不足部分从处置其他破产财产所得中拨付。

破产企业中因工致残或者患严重职业病、全部或者大部分丧失劳动能力的职工，作为离退休职工安置。距离退休年龄不足5年的职工，经本人申请，可以提前离退休。

破产企业中的劳动合同制职工的安排，依照《国营企业实行劳动合同制暂行规定》等法律、行政法规的规定办理；临时工的安排，依照《全民所有制企业临时工管理暂行规定》办理。

破产企业职工的安置费用来源不足的，按照企业隶属关系，由破产企业所在地的市或者市辖区、县的人民政府负担。

七、破产企业的整体接收

人民法院裁定清算组提出的破产财产分配方案后，执行分配方案前，其他企业整体接收破产企业财产、承担分配方案确定清偿的破产企业债务、安置破产企业职工的，可以按照国家有关规定，享受兼并企业的优惠待遇。

3.《最高人民法院关于审理企业破产案件指定管理人的规定》

第十八条 企业破产案件有下列情形之一的，人民法院可以指定清算组为管理人：

（一）破产申请受理前，根据有关规定已经成立清算组，人民法院认为符合本规定第十九条的规定；

（二）审理企业破产法第一百三十三条规定的案件；

（三）有关法律规定企业破产时成立清算组；

（四）人民法院认为可以指定清算组为管理人的其他情形。

条文释义

一、本条主旨

本条是关于“政策性破产”与《企业破产法》的前后衔接问题，即在国务院规定范围内的国有企业实施破产的特殊安排的规定。

二、条文演变

1986年颁布的《企业破产法（试行）》对国有企业的破产作了规定。1991

年颁布的《民事诉讼法》在第十九章专章规定了“企业法人破产还债程序”，对非国有企业的破产作了规定。1994年第八届全国人大代表大会财政经济委员会起草《企业破产法》时，国有企业破产问题是立法讨论中的重点问题。1995年草案中专章规定了“国有企业破产的特别规定”，其中规定了政府对国有企业破产的主导地位、破产企业职工的安置、“企业办社会”的资产处置等三个方面问题。2000年《企业破产与重整法（草案）》中不再规定国有企业破产特殊问题，而是在附则中规定“我国《公司法》生效前设立的国有企业实施破产的特殊事宜，授权国务院另行规定”。后经过进一步修改，最终形成了本条。

三、条文解读

国有企业在我国经济发展和改革开放中发挥了重要作用，承担了巨大的改革成本。由于体制机制和结构调整等方面的原因，部分国有企业出现经营困难，需要实施关闭破产。因历史原因，这类企业实施关闭破产难度较大，主要难点在职工安置。为解决这一问题，国家对部分实施破产的国有企业，制定了包括破产企业土地使用权的处置、破产企业职工安置方案、破产企业的整体接收、破产财产处置、破产预案制定、实施企业破产的组织领导、银行因企业破产受到的贷款损失处理等相关政策，形成了特殊时期的“政策性破产”。据国务院国有资产管理委员会2004年调查摸底情况，全国需要通过“政策性破产”退出市场的困难企业还有约2800万户。[①] 因此，在《企业破产法》立法过程中，考虑当时情况，国有企业破产特殊政策还要持续一段时间，本条即是给这类国有企业的政策性破产留出的立法空间。由于上述政策措施只适用于特定的国有企业，其范围在国务院文件中已经明确，加之这些政策具有过渡性质，因此，《企业破产法》授权国务院根据具体情况确定特殊政策的实施期限，期限届满后，所有国有企业的破产应完全依照《企业破产法》执行。

适用指引

为了配合试点城市进行企业优化资本结构试点工作，建立和完善企业优胜

① 国务院国有资产管理委员会《关于国有企业政策性破产的基本情况》，全国人大财经委员会《企业破产法草案参阅材料》，2004年6月15日。

劣汰机制，指导和规范这些城市国有工业企业的破产工作，国务院及其所属部委发布了一系列的政策规定，主要包括：《国务院关于在若干城市试行国有企业破产有关问题的通知》（国发〔1994〕159号）、《国家经济贸易委员会、中国人民银行关于试行国有企业兼并破产中若干问题的通知》[国经贸企〔1996〕492号]、《国务院关于在若干城市试行国有企业兼并破产和职工再就业有关问题的补充通知》[国发〔1997〕10号]等。这些文件在国务院优化资本结构试点城市国有工业企业破产时优先适用。

国务院优化资本结构试点城市国有工业企业破产与一般国有企业破产的区别主要在于：

1. 适用法律和政策规定不同。前者适用与《企业破产法（试行）》规定有所不同的国务院有关文件；后者只能按照当时《企业破产法（试行）》以及后来的《企业破产法》规定实施。

2. 职工安置费用及破产企业财产分配不同。对前者，企业处置依法取得的土地使用权所得必须作为安置费用优先安置职工，如有剩余可列入破产财产统一清偿分配，不足以安置部分从处置其他破产财产所得中支付。[①] 后者，破产企业财产处置所得必须用于按比例清偿债务。安置破产企业职工的费用不能从破产财产中支付，只能从当地政府补贴、民政救济和社会保障等渠道解决。

类案检索

海南巨恒房地产开发投资有限公司与国营南江机械厂破产清算案

关键词： 国有企业破产

裁判摘要： 国营南江机械厂（以下简称南江机械厂）已于2006年12月29日被纳入全国企业兼并破产和职工再就业工作领导小组作出的《关于下达九江船用机械厂等201户企业破产项目的通知》所附《二OO六年全国企业关

① 如《国家经济贸易委员会、中国人民银行关于试行国有企业兼并破产中若干问题的通知》（国经贸企〔1996〕492号）规定："五、在实施企业破产中，首先要妥善安置破产企业职工，保持社会稳定。企业以土地使用权作为抵押物的，其转让所得首先用于破产企业职工的安置，对剩余部分抵押权人享有优先受偿的权利；处置土地使用权所得不足以安置职工的，不足部分依次从处置无抵押财产、其他抵押财产所得中拨付。抵押权人未优先受偿部分，参加一般债权的清偿分配。"

闭破产项目表》中，成为“被列入经国务院批准的全国企业政策性关闭破产总体规划并拟实施关闭破产的”国有企业。

最高人民法院再审认为，《企业破产法》第133条规定：“在本法施行前国务院规定的期限和范围内的国有企业实施破产的特殊事宜，按照国务院有关规定办理。”国有企业政策性破产是我国在特殊历史时期给予国有企业破产的特殊政策，其特殊性在于企业债务的核销、职工安置等方面，但在程序上依然应当根据《企业破产法》的相关规定操作。也就是说，《企业破产法》第133条关于“在本法施行前国务院规定的期限和范围内的国有企业实施破产的特殊事宜，按照国务院有关规定办理”的规定，不应当被理解为人民法院不受理被列入全国企业政策性关闭破产总体规划的国有企业的破产清算案件，该条规范的意义在于人民法院处理政策性关闭破产国有企业的破产清算案件时，需要在资产处置、债务清偿、职工安置等方面按照国务院的有关规定办理。因此，在人民法院是否受理债权人提出的破产申请问题上，不能以债务人已被纳入政策性破产计划为由否定《企业破产法》的适用……南江机械厂符合“债务人不能清偿到期债务”的条件，巨恒公司作为债权人，有权向人民法院提出对南江机械厂破产清算的申请，人民法院应予受理……对巨恒公司的再审请求，应予支持。最高人民法院依照当时《民事诉讼法》第207条第1款、第170条第1款第2项、《民事诉讼法解释》第407条第2款、第332条的规定，裁定撤销海南省高级人民法院（2016）琼民终65号民事裁定和海南省海口市中级人民法院（2015）海中法破（预）字第11号民事裁定，由海南省海口市中级人民法院立案受理南江机械厂破产申请。

【案　　号】（2016）最高法民再441号

【审理法院】最高人民法院

【来　　源】中国裁判文书网

第一百三十四条　商业银行、证券公司、保险公司等金融机构有本法第二条规定情形的，国务院金融监督管理机构可以向人民法院提出对该金融机构进行重整或者破产清算的申请。国务院金融监督管理机构依法对出现重大经营风险的金融机构采取接管、托管等措施的，可以向人民法院申请中止以该金融机构为被告或者被执行人的民事诉讼程序或者执行程序。

金融机构实施破产的，国务院可以依据本法和其他有关法律的规定制定实施办法。

关联规定

一、法律、行政法规、司法解释

1.《中华人民共和国企业破产法》

第二条　企业法人不能清偿到期债务，并且资产不足以清偿全部债务或者明显缺乏清偿能力的，依照本法规定清理债务。

企业法人有前款规定情形，或者有明显丧失清偿能力可能的，可以依照本法规定进行重整。

2.《中华人民共和国证券法》

第一百二十二条　证券公司变更证券业务范围，变更主要股东或者公司的实际控制人，合并、分立、停业、解散、破产，应当经国务院证券监督管理机构核准。

3.《中华人民共和国商业银行法》

第六十四条　商业银行已经或者可能发生信用危机，严重影响存款人的利益时，国务院银行业监督管理机构可以对该银行实行接管。

接管的目的是对被接管的商业银行采取必要措施，以保护存款人的利益，恢复商业银行的正常经营能力。被接管的商业银行的债权债务关系不因接管而变化。

第七十一条 商业银行不能支付到期债务，经国务院银行业监督管理机构同意，由人民法院依法宣告其破产。商业银行被宣告破产的，由人民法院组织国务院银行业监督管理机构等有关部门和有关人员成立清算组，进行清算。

商业银行破产清算时，在支付清算费用、所欠职工工资和劳动保险费用后，应当优先支付个人储蓄存款的本金和利息。

第七十二条 商业银行因解散、被撤销和被宣告破产而终止。

4.《中华人民共和国保险法》

第九十条 保险公司有《中华人民共和国企业破产法》第二条规定情形的，经国务院保险监督管理机构同意，保险公司或者其债权人可以依法向人民法院申请重整、和解或者破产清算；国务院保险监督管理机构也可以依法向人民法院申请对该保险公司进行重整或者破产清算。

第一百四十四条 保险公司有下列情形之一的，国务院保险监督管理机构可以对其实行接管：

（一）公司的偿付能力严重不足的；

（二）违反本法规定，损害社会公共利益，可能严重危及或者已经严重危及公司的偿付能力的。

被接管的保险公司的债权债务关系不因接管而变化。

第一百四十八条 被整顿、被接管的保险公司有《中华人民共和国企业破产法》第二条规定情形的，国务院保险监督管理机构可以依法向人民法院申请对该保险公司进行重整或者破产清算。

5.《期货交易管理条例》

第十九条 期货公司办理下列事项，应当经国务院期货监督管理机构批准：

（一）合并、分立、停业、解散或者破产；

（二）变更业务范围；

（三）变更注册资本且调整股权结构；

（四）新增持有5%以上股权的股东或者控股股东发生变化；

（五）国务院期货监督管理机构规定的其他事项。

前款第三项、第五项所列事项，国务院期货监督管理机构应当自受理申请之日起20日内作出批准或者不批准的决定；前款所列其他事项，国务院期货监督管理机构应当自受理申请之日起2个月内作出批准或者不批准的决定。

6.《证券公司风险处置条例》

第三十七条 证券公司被依法撤销、关闭时，有《企业破产法》第二条规定情形的，行政清理工作完成后，国务院证券监督管理机构或者其委托的行政清理组依照《企业破产法》的有关规定，可以向人民法院申请对被撤销、关闭证券公司进行破产清算。

第三十八条 证券公司有《企业破产法》第二条规定情形的，国务院证券监督管理机构可以直接向人民法院申请对该证券公司进行重整。

证券公司或者其债权人依照《企业破产法》的有关规定，可以向人民法院提出对证券公司进行破产清算或者重整的申请，但应当依照《证券法》第一百二十九条的规定报经国务院证券监督管理机构批准。

第三十九条 对不需要动用证券投资者保护基金的证券公司，国务院证券监督管理机构应当在批准破产清算前撤销其证券业务许可。证券公司应当依照本条例第十八条的规定停止经营证券业务，安置客户。

对需要动用证券投资者保护基金的证券公司，国务院证券监督管理机构对该证券公司或者其债权人的破产清算申请不予批准，并依照本条例第三章的规定撤销该证券公司，进行行政清理。

第四十条 人民法院裁定受理证券公司重整或者破产清算申请的，国务院证券监督管理机构可以向人民法院推荐管理人人选。

第四十一条 证券公司进行破产清算的，行政清理时已登记的不符合国家收购规定的债权，管理人可以直接予以登记。

第四十二条 人民法院裁定证券公司重整的，证券公司或者管理人应当同时向债权人会议、国务院证券监督管理机构和人民法院提交重整计划草案。

第四十三条 自债权人会议各表决组通过重整计划草案之日起10日内，证券公司或者管理人应当向人民法院提出批准重整计划的申请。重整计划涉及《证券法》第一百二十九条规定相关事项的，证券公司或者管理人应当同时向国务院证券监督管理机构提出批准相关事项的申请，国务院证券监督管理机构应当自收到申请之日起15日内做出批准或者不予批准的决定。

第四十四条 债权人会议部分表决组未通过重整计划草案，但重整计划草案符合《企业破产法》第八十七条第二款规定条件的，证券公司或者管理人可以申请人民法院批准重整计划草案。重整计划草案涉及《证券法》第一百二十九条规定相关事项的，证券公司或者管理人应当同时向国务院证券监督管理机构提出批准相关事项的申请，国务院证券监督管理机构应当自收到申请之日起15日内做出批准或者不予批准的决定。

第四十五条 经批准的重整计划由证券公司执行，管理人负责监督。监督期届满，管理人应当向人民法院和国务院证券监督管理机构提交监督报告。

第四十六条 重整计划的相关事项未获国务院证券监督管理机构批准，或者重整计划未获人民法院批准的，人民法院裁定终止重整程序，并宣告证券公司破产。

7.《最高人民法院关于审理企业破产案件指定管理人的规定》

第二十二条 对于经过行政清理、清算的商业银行、证券公司、保险公司等金融机构的破产案件，人民法院除可以按照本规定第十八条第一项的规定指定管理人外，也可以在金融监督管理机构推荐的已编入管理人名册的社会中介机构中指定管理人。

二、司法指导性文件

《最高人民法院关于依法审理和执行被风险处置证券公司相关案件的通知》

为维护证券市场和社会的稳定，依法审理和执行被风险处置证券公司的相关案件，现就有关问题通知如下：

四、破产程序作为司法权介入的特殊偿债程序，是在债务人财产不足以清偿债务的情况下，以法定的程序和方法，为所有债权人创造获得公平受偿的条件和机会，以使所有债权人共同享有利益、共同分担损失。鉴此，根据企业破产法第十九条的规定，人民法院受理证券公司的破产申请后，有关证券公司财产的保全措施应当解除，执行程序应当中止。具体如下：

1、人民法院受理破产申请后，已对证券公司有关财产采取了保全措施，包括执行程序中的查封、冻结、扣押措施的人民法院应当解除相应措施。人民法院解除有关证券公司财产的保全措施时，应当及时通知破产案件管理人并将有关财产移交管理人接管，管理人可以向受理破产案件的人民法院申请保全。

2、人民法院受理破产申请后，已经受理有关证券公司执行案件的人民法院，对证券公司财产尚未执行或者尚未执行完毕的程序应当中止执行。当事人在破产申请受理后向有关法院申请对证券公司财产强制执行的，有关法院对其申请不予受理，并告知其依法向破产案件管理人申报债权。破产申请受理后人民法院未中止执行的，对于已经执行了的证券公司财产，执行法院应当依法执行回转，并交由管理人作为破产财产统一分配。

3、管理人接管证券公司财产、调查证券公司财产状况后，发现有关法院仍然对证券公司财产进行保全或者继续执行，向采取保全措施或执行措施的人民法院提出申请的，有关人民法院应当依法及时解除保全或中止执行。

4、受理破产申请的人民法院在破产宣告前裁定驳回申请人的破产申请，并终结证券公司破产程序的，应当在作出终结破产程序的裁定前，告知管理人通知原对证券公司财产采取保全措施的人民法院恢复原有的保全措施，有轮候保全的，以原采取保全措施的时间确定轮候顺位。对恢复受理证券公司为被执行人的执行案件，适用申请执行时效中断的规定。

五、证券公司进入破产程序后，人民法院作出的刑事附带民事赔偿或者涉及追缴赃款赃物的判决应当中止执行，由相关权利人在破产程序中以申报债权等方式行使权利；刑事判决中罚金、没收财产等处罚，应当在破产程序债权人获得全额清偿后的剩余财产中执行。

条文释义

一、本条主旨

本条是关于金融机构实施破产特殊事宜的规定。

二、条文演变

从立法演变来看，《企业破产法》起草中历次草案均就金融机构破产事宜赋权国务院另行制订相关办法。尽管措辞略有改动，但原则一以贯之。《企业破产法》立法过程中，国务院法制办、最高人民法院、中国人民银行、中国证券监督管理委员会等国家机关建议金融机构破产中有一些必须由法律规定的特殊问题，应在本法中作出相应规定，以适应实践需要。建议增加规定：金融机构出现本法规定的破产原因的，国务院金融监督管理机构可以向人民法院提出对该金融机构进行重整或者破产清算的申请。国务院金融监督管理机构依法对出现重大经营风险的金融机构采取接管、托管等措施的，可以向人民法院提出中止以该金融机构为被告或者被执行人的民事诉讼和执行程序。经反复研究，最终形成了本条条文。

三、条文解读

在市场经济条件下，与非金融机构一样，金融机构也面临经营风险，会发生破产倒闭现象。金融机构倒闭或破产涉及社会公众的投资和消费，关系市场经济下金融秩序和社会的稳定，因此《企业破产法》规定金融机构有本法第2条规定情形的，国务院金融监督管理机构可以向人民法院提出对该金融机构进行重整或者破产清算的申请。商业银行、证券公司、保险公司等金融机构确实存在特殊性。例如，首先，这类机构的资产分为自有资产与客户财产两部分，需要对其破产时的客户财产保护作出专门处理；其次，这类机构的破产涉及人数众多，关系到社会稳定，启动破产程序须经监管部门批准；第三，在管理人、债权人会议等具体程序上还需作一些其他特别规定。[①] 因此，规定国务院金融监督管理机构依法对出现重大经营风险的金融机构采取接管、托管等措施的，可以向人民法院申请中止以该金融机构为被告或者被执行人的民事诉讼和执行程序。金融机构破产涉及的法律问题较多而且比较复杂，所以国务院可以依据本法和其他有关法律如商业银行法、保险法、证券法等规定，从金融机构的特殊性出发制定具体的实施办法。

适用指引

本条适用于商业银行、证券公司、保险公司等金融机构的破产。

一、关于金融机构范围的理解

本条对于金融机构表述为商业银行、证券公司、保险公司三类。但实践中金融机构种类繁多，各自的涉众性、风险外溢性各有不同。有关金融机构范围的界定存在于多部规范性文件之中，归纳起来主要有：

1. 根据《金融违法行为处罚办法》规定，该办法所称金融机构，是指在中华人民共和国境内依法设立和经营金融业务的机构，包括银行、信用合作社、财务公司、信托投资公司、金融租赁公司等。

2. 根据《金融机构高级管理人员任职资格管理办法》规定，金融机构是指

① 本书编写组编著:《〈中华人民共和国企业破产法〉释义及实用指南》，中国民主法制出版社2012年版，第315页。

经中国人民银行批准，在中华人民共和国境内依法设立的银行、金融资产管理公司、信托投资公司、企业集团财务公司、金融租赁公司、城市信用合作社及其联合社、农村信用合作社及其联合社以及其他金融机构，但不包括在华设立的外资金融机构。

3. 根据《金融机构信贷资产证券化试点监督管理办法》规定，该办法所称金融机构，是指在中华人民共和国境内依法设立的商业银行、政策性银行、信托投资公司、财务公司、城市信用社、农村信用社以及中国银行业监督管理委员会依法监督管理的其他金融机构。

4. 根据《金融机构反洗钱规定》则将其适用范围列举为在中华人民共和国境内依法设立的下列金融机构：商业银行、城市信用合作社、农村信用合作社、邮政储汇机构、政策性银行；证券公司、期货经纪公司、基金管理公司；保险公司、保险资产管理公司；信托投资公司、金融资产管理公司、财务公司、金融租赁公司、汽车金融公司、货币经纪公司；中国人民银行确定并公布的其他金融机构。

5. 根据中国人民银行、中国银行保险监督管理委员会、中国证券监督管理委员会联合发布的《金融机构客户身份识别和客户身份资料及交易记录保存管理办法》规定，其适用范围为在中华人民共和国境内依法设立的金融机构，包括政策性银行、商业银行、农村合作银行、城市信用合作社、农村信用合作社；证券公司、期货公司、基金管理公司；保险公司、保险资产管理公司；信托公司、金融资产管理公司、财务公司、金融租赁公司、汽车金融公司、货币经纪公司；中国人民银行确定并公布的其他金融机构。

对于除商业银行、证券公司、保险公司以外的其他金融机构是否适用，具体要以相关法律和国务院制定的相关实施办法为准。

二、关于金融机构破产申请主体的理解

1. 国务院金融监督管理机构

根据本条规定，商业银行、证券公司、保险公司等金融机构符合本法第 2 条规定情形的，国务院监督管理机构可以向法院提出破产重整或者破产清算的申请。但根据《商业银行法》第 71 条、《保险法》第 90 条以及《证券法》第 129 条，可以认为经国务院金融监督管理机构同意的破产申请，也符合本条规定的条件。

2. 金融机构、债权人等其他主体

根据本法规定，对于非金融机构的企业法人来说，只要其符合《企业破产法》第2条规定情形，自身或债权人就可以向法院申请破产。对于金融机构、债权人能否直接申请，因《商业银行法》第71条、《保险法》第90条以及《证券法》第122条规定金融机构破产需要经国务院金融监督管理机构同意或核准，按此理解，未经同意或核准时金融机构自身或债权人直接申请金融机构破产的，法院应不予受理。

三、国务院金融监督管理机构对金融机构采取接管、托管等措施的特殊规定

本条规定国务院金融监督管理机构依法对出现重大经营风险的金融机构采取接管、托管等措施的，可以向人民法院申请中止以该金融机构为被告或者被执行人的民事诉讼程序或者执行程序。如此规定原因在于实践中对出现重大经营风险的金融机构，通常是先由金融监管机构依照有关金融法律的规定采取风险处置措施，比如，实施接管、托管等，对通过接管、托管不能恢复正常经营的，采取必要措施依法保障金融机构客户利益，然后再进入破产程序。比如，根据《商业银行法》相关规定，商业银行已经或者可能发生信用危机，严重影响存款人的利益时，国务院银行业监督管理机构可以对该银行实行接管。在接管中，为了防止单个债权人通过向法院提起诉讼和要求强制执行抢先取得金融机构的财产，进而造成金融监管机构采取的接管、托管等措施无法正常进行以致于金融机构无法恢复正常经营，有必要暂时中止以该金融机构为被告或被执行人的民事诉讼程序或者执行程序，最大程度维持金融机构财产的稳定。需要注意的是，以金融机构为原告或者申请执行人的民事诉讼程序或者执行程序，因其系以维护金融机构自身利益而启动，所以该类程序不应中止。

类案检索

包商银行股份有限公司破产清算案

关键词：银行　破产清算

裁判摘要：2020年11月17日，包商银行股份有限公司（以下简称包商银

行）以无法清偿到期债务且资产不足以清偿全部债务为由向北京市第一中级人民法院（以下简称北京一中院）申请破产清算，北京一中院于2020年11月23日裁定受理。同日，银保监会官网公告《关于包商银行股份有限公司破产的批复》，称已收悉《关于包商银行股份有限公司破产申请事项的请示》，经研究，原则同意包商银行进入破产程序。

2021年1月12日召开包商银行第一次债权人会议，会议核查了管理人编制的债权表，并审议通过了《债务人财产管理方案》《关于第一次债权人会议召开后书面召开会议、表决及书面核查债权的议案》两项议案。同年2月3日，包商银行管理人向北京市一中院提出申请，称根据天职国际会计师事务所（特殊普通合伙）于2020年11月20日出具的《包商银行股份有限公司专项审计报告》显示，截至2020年10月31日，包商银行净资产为-2055.16亿元，资产总额为4.47亿元，负债总额为2059.62亿元。包商银行管理人接管包商银行后，经调查审阅，包商银行在破产清算申请前已无任何生产经营，也无任何在职人员，除继续履行合同项下的相关工作，亦无其他业务，其实际资产价值较《审计报告》记载情况进一步降低。因此，包商银行已经明显资不抵债且无实际清偿能力。第一次债权人会议上，无人提出重整申请，而且本案现已无和解之可能。故请求北京一中院依法宣告包商银行破产。2021年2月7日北京一中院经审查后裁定宣告包商银行破产。

【审理案号】（2020）京01破270号

【审理法院】北京市第一中级人民法院

【来　　源】中国裁判文书网

第一百三十五条　其他法律规定企业法人以外的组织的清算，属于破产清算的，参照适用本法规定的程序。

关联规定

法律、行政法规、司法解释

1.《中华人民共和国民法典》

第一百零六条　有下列情形之一的，非法人组织解散：

（一）章程规定的存续期间届满或者章程规定的其他解散事由出现；

（二）出资人或者设立人决定解散；

（三）法律规定的其他情形。

2.《中华人民共和国合伙企业法》

第四十八条　合伙人有下列情形之一的，当然退伙：

（一）作为合伙人的自然人死亡或者被依法宣告死亡；

（二）个人丧失偿债能力；

（三）作为合伙人的法人或者其他组织依法被吊销营业执照、责令关闭、撤销，或者被宣告破产；

（四）法律规定或者合伙协议约定合伙人必须具有相关资格而丧失该资格；

（五）合伙人在合伙企业中的全部财产份额被人民法院强制执行。

合伙人被依法认定为无民事行为能力人或者限制民事行为能力人的，经其他合伙人一致同意，可以依法转为有限合伙人，普通合伙企业依法转为有限合伙企业。其他合伙人未能一致同意的，该无民事行为能力或者限制民事行为能力的合伙人退伙。

退伙事由实际发生之日为退伙生效日。

第九十二条　合伙企业不能清偿到期债务的，债权人可以依法向人民法院提出破产清算申请，也可以要求普通合伙人清偿。

合伙企业依法被宣告破产的，普通合伙人对合伙企业债务仍应承担无限连带责任。

3.《中华人民共和国个人独资企业法》

第二十六条 个人独资企业有下列情形之一时，应当解散：

（一）投资人决定解散；

（二）投资人死亡或者被宣告死亡，无继承人或者继承人决定放弃继承；

（三）被依法吊销营业执照；

（四）法律、行政法规规定的其他情形。

第二十七条 个人独资企业解散，由投资人自行清算或者由债权人申请人民法院指定清算人进行清算。

投资人自行清算的，应当在清算前十五日内书面通知债权人，无法通知的，应当予以公告。债权人应当在接到通知之日起三十日内，未接到通知的应当在公告之日起六十日内，向投资人申报其债权。

第二十九条 个人独资企业解散的，财产应当按照下列顺序清偿：

（一）所欠职工工资和社会保险费用；

（二）所欠税款；

（三）其他债务。

第三十条 清算期间，个人独资企业不得开展与清算目的无关的经营活动。在按前条规定清偿债务前，投资人不得转移、隐匿财产。

第三十一条 个人独资企业财产不足以清偿债务的，投资人应当以其个人的其他财产予以清偿。

第三十二条 个人独资企业清算结束后，投资人或者人民法院指定的清算人应当编制清算报告，并于十五日内到登记机关办理注销登记。

4.《中华人民共和国民办教育促进法》

第五十八条 民办学校终止时，应当依法进行财务清算。

民办学校自己要求终止的，由民办学校组织清算；被审批机关依法撤销的，由审批机关组织清算；因资不抵债无法继续办学而被终止的，由人民法院组织清算。

5.《中华人民共和国农民专业合作社法》

第五十五条 农民专业合作社破产适用企业破产法的有关规定。但是，破产财产在清偿破产费用和共益债务后，应当优先清偿破产前与农民成员已发生交易但尚未结清的款项。

6.《最高人民法院关于对因资不抵债无法继续办学被终止的民办学校如何组织清算问题的批复》

贵州省高级人民法院：

你院《关于遵义县中山中学被终止后人民法院如何受理“组织清算”的请示》〔(2010)黔高研请字第1号〕收悉。经研究，答复如下：

依照《中华人民共和国民办教育促进法》第十条批准设立的民办学校因资不抵债无法继续办学被终止，当事人依照《中华人民共和国民办教育促进法》第五十八条第二款规定向人民法院申请清算的，人民法院应当依法受理。人民法院组织民办学校破产清算，参照适用《中华人民共和国企业破产法》规定的程序，并依照《中华人民共和国民办教育促进法》第五十九条规定的顺序清偿。

7.《最高人民法院关于个人独资企业清算是否可以参照适用企业破产法规定的破产清算程序的批复》

贵州省高级人民法院：

你院《关于个人独资企业清算是否可以参照适用破产清算程序的请示》(〔2012〕黔高研请字第2号)收悉。经研究，批复如下：

根据《中华人民共和国企业破产法》第一百三十五条的规定，在个人独资企业不能清偿到期债务，并且资产不足以清偿全部债务或者明显缺乏清偿能力的情况下，可以参照适用企业破产法规定的破产清算程序进行清算。

根据《中华人民共和国个人独资企业法》第三十一条的规定，人民法院参照适用破产清算程序裁定终结个人独资企业的清算程序后，个人独资企业的债权人仍然可以就其未获清偿的部分向投资人主张权利。

条文释义

一、本条主旨

本条是关于企业法人以外的组织的破产清算对本法适用的规定。

二、条文演变

在《企业破产法(草案)》审议稿中，第2条规定：“本法的适用范围包括企业法人、合伙企业及其合伙人、个人独资企业及其出资人，以及其他依法设立的营利性组织。”但在对草案进行审议、征求意见过程中，全国人大法律工作委员会经同财经委员会、最高人民法院研究，建议删去关于本法适用于企业以外的其他营利性组织的规定。同时对于是否包括“合伙企业及其合伙人、个人独资企业及其出资人”问题，争议也较大，最终全国人大法律工作委员会经同财经委员会、最高人民法院研究，建议将适用范围限定为企业法人（草案二次审议稿第 2 条）。同时在附则中增加规定“合伙企业、个人独资企业的破产对本法规定的适用，由有关法律规定。”（草案二次审议稿第 147 条）。[①] 后经过审议，为了同下一步修改有关法律衔接，最终《企业破产法》将适用范围扩大为“企业法人以外的组织”在有其他法律规定的情况下，也可以参照适用。

三、条文解读

按照《民法典》规定，企业法人属于营利法人，企业法人之外的组织还有事业单位、社会团体、基金会、社会服务机构等非营利法人，机关法人、农村集体经济组织法人、城镇农村的合作经济组织法人、基层群众性自治组织法人等特别法人，个人独资企业、合伙企业、不具有法人资格的专业服务机构等非法人组织。对于上述组织的清算，有的有法律或司法解释明确规定可以适用破产清算程序，有的则没有法律或司法解释的明确规定。比如，《合伙企业法》第 92 条规定，合伙企业不能清偿到期债务的，债权人可以依法向人民法院提出破产清算申请。所以，《合伙企业法》直接赋予了合伙企业以破产能力或破产资格。同样，《民办教育促进法》第 58 条，《农民专业合作社法》第 55 条也赋予了民办学校、农民专业合作社破产能力。最高人民法院《关于个人独资企业清算是否可以参照适用企业破产法规定的破产清算程序的批复》规定在个人独资企业不能清偿到期债务，并且资产不足以清偿全部债务或者明显缺乏清偿能力的情况下可以参照适用企业破产法规定的破产清算程序进行清算。所以，按照该司法解释，个人独资企业也具有破产能力。对于法律、司法解释未明确赋予破产能力的组织是否能够适用破产程序，不能一概而论。

---

① 安建：《中华人民共和国企业破产法释义》，法律出版社 2006 年版，第 314~316 页。

适用指引

一、破产能力的理解

破产能力是债务人能够适用破产程序解决债务问题的资格。[①] 本条规定："其他法律规定企业法人以外的组织的清算，属于破产清算的，参照适用本法规定的程序。"本法第2条规定："企业法人不能清偿到期债务，并且资产不足以清偿全部债务或者明显缺乏清偿能力的，依照本法规定清理债务。企业法人有前款规定情形，或者有明显丧失清偿能力可能的，可以依照本法规定进行重整。"这是对市场主体作出的破产能力要求。

我国市场经济体系中，市场主体呈现出多元化特征。除有限责任公司、股份有限公司等典型的营利法人外，还包括全民所有制企业、城镇集体所有制企业、农村集体所有的乡镇企业、农民专业合作社、民办学校等企业法人、特别法人、非营利法人。另外还有个人独资企业、合伙企业等非法人组织企业。这些市场主体依照法定规则进入市场，参与竞争。当市场主体在竞争中失败而难以继续经营面临淘汰时，应当允许其利用法律上的方法摆脱经济困境，获得重新再起的机会或者退出市场。否则，难以为继的市场主体在市场中将空耗经济资源，透支社会信用。从现代破产制度的功能考察以及从整个经济社会生活的利益权衡，经营失败的市场主体及时进行破产很有必要。一些法律虽然规定了企业法人以外的组织解散或终止时必须进行清算，但对于如何清算没有明确的规定，导致相关组织在清算中实施资产的处置、债权的审查确认、分配方案的制定执行等清算事务时，因清算程序和争议解决机制欠缺极易导致清算僵局或者清算混乱。因此，参照适用《企业破产法》规定的破产清算程序对相关组织进行清算、既可以保障清算程序的有序进行和债务的公平清偿（尤其是职工利益的优先保障），也可以确保企业平稳退出市场，维护社会经济秩序的稳定，具有现实必要性。[②]

在市场主体破产的问题上需要注意的是，破产并不意味着"免债"，即便

---

① 许胜锋：《企业破产法注释书》，中国民主法制出版社2020年版，第735页。

② 最高人民法院民事审判第二庭编著：《最高人民法院关于企业破产法司法解释理解与适用－破产法解释（一）·破产法解释（二）》，人民法院出版社2017年版，第650~651页。

是破产清算也并不等同于其投资人就一定“免责”。市场主体适用破产程序，是从市场主体清理债务的程序和方法上来讲的。也就是说，市场主体可以运用破产程序中的指定管理人、依法中止执行、撤销不当交易行为、申报债权、核定资产、召开债权人会议、同类债权同等对待并按比例清偿等方式来概括性地清偿债务，实现债权人的利益。至于在概括清偿债权人债权后，债权人未获得清偿的部分，并不当然因市场主体的主体资格消亡而当然被免除。该未清偿部分应当如何清偿，取决于该市场主体的性质及其相应实体法的规定，比如，《合伙企业法》第92条第1款规定合伙企业不能清偿到期债务时债权人可以依法向人民法院提出破产清算申请，同时在第2款规定合伙企业依法被宣告破产的，普通合伙人对合伙企业债务仍应承担无限连带责任。这就表明，即使合伙企业破产，其普通合伙人也不免责。同样地，《最高人民法院关于个人独资企业清算是否可以参照适用企业破产法规定的破产清算程序的批复》中规定个人独资企业可以参照适用企业破产法规定的破产清算程序进行清算，同时规定根据《个人独资企业法》第31条的规定，人民法院参照适用破产清算程序裁定终结个人独资企业的清算程序后，个人独资企业的债权人仍然可以就其未获清偿的部分向投资人主张权利。由此可以看出，市场主体适用破产程序与免债或免责不是同一层面的问题。不能因为市场主体或其投资人不能免责进而认为市场主体不能适用破产程序。

一般意义上讲，市场主体不能清偿债务时可以参照企业破产法规定的破产程序来清理债务。但是具体到特定的市场主体，其破产能力即能否适用企业破产程序以及如何适用破产程序，宜由其相应的实体法作出规定。换言之，特定市场主体的实体法应当规定该类主体破产及退出市场的问题。实体法作出规定的，按照实体法的规定适用企业破产程序。实体法没有规定的，则应当在认真研究的基础上妥善处理。

二、自然人破产能力

（一）建立自然人破产制度的必要性

目前，自然人越来越多地参与到市场活动中，相应地出现了大量债权债务，仅仅依靠民事诉讼程序已难以解决这些债权债务问题。实践亟待对自然人破产进行立法。

1. 建立自然人破产制度是完善市场经济法律体系的需要。现代市场经济高度发展，自然人和非法人主体对商事活动的参与度越来越深，商人身份与民法规定的自然人、法人身份已难以截然区分。所以，破产法中给予自然人同等法律地位，为自然人提供容错机制，宽容失败，可以拯救“不幸”和医治创业创伤来保护社会大众创新创业的积极性。自然人破产制度下，债务人的失败风险变得可预期，实践中破产制度“救得了企业却救不了老板”的窘境得到解决，这有利于鼓励企业家持续创造价值，激发其重新投入生产经营的积极性，从根本上保护和激发市场主体活力，完善市场经济法律体系。

2. 建立自然人破产制度是助力解决“执行难”问题的需要。现有的“执行转破产”制度对建立完善合理的执行案件退出机制和公平保护债权人、债务人合法权益具有重要意义，但其仅限于在被执行人为企业法人的执行积案化解中发挥作用，自然人破产制度的建立可以使相当一部分确实无财产可供执行的案件通过破产予以化解。

（二）自然人破产制度的探索

2019 年 6 月 11 日，最高人民法院发布《深化执行改革健全解决执行难长效机制的意见——人民法院执行工作纲要（2019–2023）》中提出“开展与个人破产制度功能相当的试点工作”。2021 年 3 月 1 日，深圳施行全国首个地方个人破产条例——《深圳经济特区个人破产条例》，据统计，截至 2022 年 2 月 22 日，收到个人破产申请 1023 件，启动破产程序 23 件，审结破产案件 19 件，为自然人破产立法积累了重要的司法经验。经最高人民法院批准，江苏开展“与个人破产制度功能相当试点”工作，并逐步扩大试点范围，目前已确定南京、苏州、徐州 3 个市两级法院和无锡锡山、镇江京口、南通海门、泰州医药高新技术产业开发区、盐城经济技术开发区、连云港海州等 6 个基层法院为试点法院。

根据当前的实践情况，自然人破产程序已经探索出包括申请、受理、指定管理人、通知与公告、召开债权人会议、签订债务清偿和解协议、履行债务清偿和解协议、裁定终结类个人破产程序、经过免责考察期、裁定免除债务等多个环节的制度体系。

类案检索

温州市嘉鼎贸易有限公司申请平阳县正大汽车修理厂破产清算案

关键词：个人独资企业　破产清算

裁判摘要：浙江省温州市平阳县人民法院在执行以平阳县正大汽车修理厂（以下简称正大汽修厂）为被执行人的案件过程中，发现被执行人正大汽修厂明显缺乏清偿能力，经申请执行人温州市嘉鼎贸易有限公司申请，将正大汽修厂的执行案件移送该院破产审查。经该院审查，正大汽修厂于2004年2月3日登记设立，企业类型为个人独资企业，注册资本为20万元，投资人为谢中涨。2015年12月14日，该院作出（2015）温平水商初字第841号民事判决书，判令正大汽修厂支付温州市嘉鼎贸易有限公司货款33112元及利息。判决生效后，正大汽修厂未履行债务，温州市嘉鼎贸易有限公司向该院申请强制执行，债权未获清偿。

该院经审查认为，正大汽修厂经执行后仍不能清偿生效法律文书确定的到期债务，且明显缺乏清偿能力，正大汽修厂已经具备破产原因。故温州市嘉鼎贸易有限公司申请正大汽修厂进行破产清算，符合法律规定。依照《企业破产法》第2条第1款、第3条、第7条第2款、第10条第1款、第135条，《企业破产法规定（一）》第1条之规定，裁定受理温州市嘉鼎贸易有限公司对平阳县正大汽车修理厂的破产清算申请。

【案　　号】（2019）浙0326破申38号

【审理法院】浙江省平阳县人民法院

【来　　源】中国裁判文书网

第一百三十六条　本法自 2007 年 6 月 1 日起施行，《中华人民共和国企业破产法（试行）》同时废止。

关联规定

一、法律、行政法规、司法解释

《最高人民法院关于〈中华人民共和国企业破产法〉施行时尚未审结的企业破产案件适用法律若干问题的规定》

为正确适用《中华人民共和国企业破产法》，对人民法院审理企业破产法施行前受理的、施行时尚未审结的企业破产案件具体适用法律问题，规定如下：

第一条　债权人、债务人或者出资人向人民法院提出重整或者和解申请，符合下列条件之一的，人民法院应予受理：

（一）债权人申请破产清算的案件，债务人或者出资人于债务人被宣告破产前提出重整申请，且符合企业破产法第七十条第二款的规定；

（二）债权人申请破产清算的案件，债权人于债务人被宣告破产前提出重整申请，且符合企业破产法关于债权人直接向人民法院申请重整的规定；

（三）债务人申请破产清算的案件，债务人于被宣告破产前提出重整申请，且符合企业破产法关于债务人直接向人民法院申请重整的规定；

（四）债务人依据企业破产法第九十五条的规定申请和解。

第二条　清算组在企业破产法施行前未通知或者答复未履行完毕合同的对方当事人解除或者继续履行合同的，从企业破产法施行之日起计算，在该法第十八条第一款规定的期限内未通知或者答复的，视为解除合同。

第三条　已经成立清算组的，企业破产法施行后，人民法院可以指定该清算组为管理人。

尚未成立清算组的，人民法院应当依照企业破产法和《最高人民法院关于审理企业破产案件指定管理人的规定》及时指定管理人。

第四条　债权人主张对债权债务抵销的，应当符合企业破产法第四十条规定的情形；但企业破产法施行前，已经依据有关法律规定抵销的除外。

第五条　对于尚未清偿的破产费用，应当按企业破产法第四十一条和第四十二条的规定区分破产费用和共益债务，并依据企业破产法第四十三条的规定清偿。

第六条　人民法院尚未宣告债务人破产的，应当适用企业破产法第四十六条的规定确认债权利息；已经宣告破产的，依据企业破产法施行前的法律规定确认债权利息。

第七条　债权人已经向人民法院申报债权的，由人民法院将相关申报材料移交给管理人；尚未申报的，债权人应当直接向管理人申报。

第八条　债权人未在人民法院确定的债权申报期内向人民法院申报债权的，可以依据企业破产法第五十六条的规定补充申报。

第九条　债权人对债权表记载债权有异议，向受理破产申请的人民法院提起诉讼的，人民法院应当依据企业破产法第二十一条和第五十八条的规定予以受理。但人民法院对异议债权已经作出裁决的除外。

债权人就争议债权起诉债务人，要求其承担偿还责任的，人民法院应当告知该债权人变更其诉讼请求为确认债权。

第十条　债务人的职工就清单记载有异议，向受理破产申请的人民法院提起诉讼的，人民法院应当依据企业破产法第二十一条和第四十八条的规定予以受理。但人民法院对异议债权已经作出裁决的除外。

第十一条　有财产担保的债权人未放弃优先受偿权利的，对于企业破产法第六十一条第一款第七项、第十项规定以外的事项享有表决权。但该债权人对于企业破产法施行前已经表决的事项主张行使表决权，或者以其未行使表决权为由请求撤销债权人会议决议的，人民法院不予支持。

第十二条　债权人认为债权人会议的决议违反法律规定，损害其利益，向人民法院请求撤销该决议，裁定尚未作出的，人民法院应当依据企业破产法第六十四条的规定作出裁定。

第十三条　债权人对于财产分配方案的裁定不服，已经申诉的，由上一级人民法院依据申诉程序继续审理；企业破产法施行后提起申诉的，人民法院应当告知其依据企业破产法第六十六条的规定申请复议。

债权人对于人民法院作出的债务人财产管理方案的裁定或者破产财产变价

方案的裁定不服，向受理破产申请的人民法院申请复议的，人民法院应当依据企业破产法第六十六条的规定予以受理。

债权人或者债务人对破产宣告裁定有异议，已经申诉的，由上一级人民法院依据申诉程序继续审理；企业破产法施行后提起申诉的，人民法院不予受理。

第十四条 企业破产法施行后，破产人的职工依据企业破产法第一百三十二条的规定主张权利的，人民法院应予支持。

第十五条 破产人所欠董事、监事和高级管理人员的工资，应当依据企业破产法第一百一十三条第三款的规定予以调整。

第十六条 本规定施行前本院作出的有关司法解释与本规定相抵触的，人民法院审理尚未审结的企业破产案件不再适用。

二、司法指导性文件

最高人民法院关于执行《最高人民法院关于〈中华人民共和国企业破产法〉施行时尚未审结的企业破产案件适用法律若干问题的规定》的通知

一、企业破产法施行后，尚未审结的企业破产案件中，已经开始而尚未终结的有关债务人的民事诉讼案件，分别按照以下方式处理：

（一）以债务人为原告的一审案件，已经移交给受理破产案件的人民法院的，由受理破产案件的人民法院继续审理；尚未移交的，适用企业破产法第二十条的规定。

以债务人为原告的二审案件，由二审人民法院继续审理。

（二）以债务人为被告的案件，已经中止诉讼，且受理破产案件的人民法院对相关争议已经作出裁定的，不适用企业破产法的规定；尚未作出裁定的，依照企业破产法第二十条的规定继续审理。

二、根据企业破产法的规定，破产申请受理后，所有有关债务人的民事诉讼只能向受理破产申请的人民法院提起。尚未审结的企业破产案件中，债权人或者债务人的职工依据企业破产法和《规定》第九条或者第十条的规定，向人民法院提起诉讼的，受理破产案件的人民法院应当根据案件性质和人民法院内部职能分工，并依据民事诉讼法的有关规定，由相关审判庭以独任审判或者组成合议庭的方式进行审理。

三、对于有关债务人的其他民事诉讼，如债务人合同履行诉讼、追收债务人对外债权诉讼、撤销债务人处分财产行为诉讼、确认债务人处分财产行为无效诉讼、取回权诉讼、别除权诉讼和抵销权诉讼等，受理破产案件的人民法院应比照本通知第二条规定处理。

四、为保证破产程序的顺利进行，依据本通知第一条、第二条和第三条的规定审理有关债务人的民事诉讼案件的人民法院，应当在审限内尽可能加快审理有关债务人的民事诉讼案件，避免因拖延审理对相关权利人的权利造成不必要的损害。

五、尚未审结的企业破产案件中有关债务人财产行为的无效认定，适用《中华人民共和国企业破产法（试行）》的有关规定。

六、人民法院审理企业破产案件适用企业破产法第一百三十二条和《规定》第十四条时，应当注意以下几个问题：

（一）企业破产法第一百三十二条仅适用于企业破产法公布之日前所欠的职工权益，形成于企业破产法公布之日后所欠的职工权益不属本条适用的范畴，该部分职工权益只能从破产企业已经设定担保物权之外的其他财产，或者担保物权人明确放弃行使优先受偿权后的已设定担保物权的财产中受偿；

（二）企业破产法公布之日前形成的职工权益，在按照正常清偿顺序无法得到清偿时，才可从已经设定物权担保的财产中受偿。在债务人尚有其他财产可以清偿时，不得先行从已经设定物权担保的财产中清偿；

（三）在企业破产法公布之日前所欠的职工权益，依法以设定物权担保的财产进行清偿的情况下，对于企业破产案件中因按照正常清偿顺序无法实现的破产费用、共益债务以及职工的其他权益不得优先于担保物权人受偿。

七、人民法院审理尚未审结的企业破产案件，对于尚未进行的程序，《规定》未作出规定的，原则上均应适用企业破产法的有关规定。

请各级人民法院将执行企业破产法和《规定》中遇到的问题和情况及时逐级报告我院。

条文释义

一、本条主旨

本条是关于本法施行日期的规定。

二、条文演变

本条规定的是《企业破产法》施行日期及《企业破产法（试行）》的废止。本条在历次审议稿中均没有变化。

三、条文解读

本条明确规定《企业破产法》自2007年6月1日起施行，即自2007年6月1日起产生法律效力。《企业破产法》由第十届全国人民代表大会常务委员会第三十三次会议于2006年8月27日审议通过，其施行日期定为2007年6月1日，相隔9个月的时间。主要是考虑到，其较《企业破产法（试行）》增加了一些新的制度，各方充分熟悉、理解和掌握相关内容需要一定的时间，且需要一定时间制定相关的配套规定。同时，《企业破产法》已经取代了1986年制定的《企业破产法（试行）》，故本条规定，自《企业破产法》施行之日起，《企业破产法（试行）》同时废止。

适用指引

一、《企业破产法》的施行日期

法律的施行日期，是指一部法律制定出来以后从何时开始正式实施，也就是从何时开始正式具有法律效力。一部法律从何时开始生效，需要考虑生效的时机和条件。在《企业破产法》施行前，有关国家机关和部门为规范企业破产行为颁布了一系列规范性文件，这些文件需要时间来进行清理，废除或者修改那些与《企业破产法》抵触的规定，保证该法的顺利施行。此外，也需要时间制定相关配套制度规定。

二、关于新旧法律的适用衔接

《企业破产法》施行前受理的、施行时尚未审结的企业破产案件具体适用法律问题即溯及力问题，需要专门规定。首先，我国法律除非有明文规定，一般不发生溯及既往的效力。《企业破产法》对溯及力问题没有作出规定，说明该法原则上不具有溯及力。该法对于2007年6月1日以前的企业破产行为不予适用，以前的行为适用该法施行之前的《企业破产法（试行）》等法律规定。其次，因破产法多为程序性规范，对尚未进行的程序适用《企业破产法》不存在对原已进行行为的否定。再次，因破产案件的审理是个渐进的过程，《企业破产法》施行后，尚未审结案件已经按照旧的破产法进行的程序，即已经完成的程序性行为不适用《企业破产法》规定的程序重新进行。最后，对于破产法中个别实体性权利的规范，主要是《企业破产法》关于债务人财产行为的无效认定部分，因涉及对《企业破产法》公布前有关民事行为效力的否定，从当事人预期角度考虑，根据法不溯及既往的适用原则，对尚未审结案件中有关债务人行为的无效认定仍然适用《企业破产法（试行）》第12条和第35条的规定。

类案检索

深圳市湘钢实业有限公司等诉深圳市科盛达实业有限公司普通破产债权确认纠纷案

关键词：破产清算　新法优于旧法

裁判摘要：最高人民法院2002年发布的《企业破产规定》，系“为正确适用《中华人民共和国企业破产法（试行）》”所制定的司法解释。2006年8月27日颁布的《企业破产法》第136条规定：“本法自2007年6月1日起施行，《企业破产法（试行）》同时废止。”在《企业破产法（试行）》已经废止的情况下，针对该部法律所制定的《破产案件若干问题规定》原则上应不再适用。尤其是2006年《企业破产法》施行后发布的《企业破产法规定（二）》第2条，对不应认定为破产财产的情形作出了不同于《企业破产规定》第71条的规定。即使在《企业破产规定》尚未明确废止的情况下，根据“新法优于旧法”的法律适用规则，本案亦应适用《企业破产法规定（二）》认定案涉房屋是否属于破产财产，该司法解释第2条规定：“下列财产不应认定为债务人财产：（一）债务人基于仓储、保管承揽、代销、借用、寄存、租赁等合同或者其他法律关系占有、使用的他人财产；（二）债务人在所有权保留买卖中尚未取得所有权的财产；（三）所有权专属于国家且不得转让的财产；（四）其他依照法律、行政法规不属于债务人的财产。”本案所涉房屋，并不符合该条规定之情形，故该房屋属于企业破产法所规定的科盛达公司的破产财产。原判决依据《企业破产规定》认定案涉房屋不符合该司法解释第71条所规定的情形，适用法律虽有瑕疵但结果并无不当。湘钢公司依据《企业破产规定》以所涉房屋已经特定化为由，主张原判决认定的基本事实缺乏证据证明及适用法律错误，本院不予支持。

【案　　号】（2016）最高法民申3384号

【审理法院】最高人民法院

【来　　源】中国裁判文书网

索　引

一、关键词索引

D

F

G

H

J

K

L

M

P

Q

R

S

二、条文索引

《中华人民共和国企业破产法》

三、案例索引

（一）指导案例

（二）典型案例

（三）类案检索

四、参考文献

（一）图书

安建主编:《中华人民共和国企业破产法释义》，法律出版社 2006 年版。

本书编写组编著:《〈中华人民共和国企业破产法〉释义及实用指南》，中国民主法制出版社 2006 年版。

本书编写组编著:《〈中华人民共和国企业破产法〉释义及实用指南》，中国民主法制出版社 2012 年版。

陈夏红编著:《企业破产法注释》，北京大学出版社 2021 年版。

韩长印主编:《破产法学》，中国政法大学出版社 2016 年版。

韩传华:《企业破产法解析》，人民法院出版社 2007 年版。

贺小电:《破产法原理与适用》，人民法院出版社 2012 年版。

蒋黔贵主编:《中华人民共和国企业破产法释义》，中国市场出版社 2006 年版。

李国光主编:《新企业破产法理解与适用》，人民法院出版社 2006 年版。

李浩:《民事诉讼法学》（第三版），法律出版社 2016 年版。

李永军、王欣新、邹海林、徐阳光:《破产法》，中国政法大学出版社 2017 年版。

刘敏:《企业破产派生诉讼案件审理中有关问题的研究》，载最高人民法院民事审判第二庭编:《民商事审判指导》（2009 年第 1 辑），人民法院出版社 2009 年版。

刘明尧:《破产债权制度研究》，中国社会科学出版社 2018 年版。

马俊驹、余延满:《民法原论（第 4 版）》，法律出版社 2010 年版。

齐明:《中国破产法原理与适用》，法律出版社 2017 年版。

全国人大常委会法工委:《〈中华人民共和国企业破产法〉释义》，法律出版社 2016 年版。

沈志先主编:《破产案件审理实务》，法律出版社 2013 年版。

孙鹏主编:《最高人民法院担保法司法解释精释精解》,中国法制出版社2016年版。

汤维建:《破产程序与破产立法研究》,人民法院出版社2001年版,第221页。

王爱立主编:《中华人民共和国刑法释义》,法律出版社2021年版。

王东敏:《新破产法疑难解读与实务操作》,法律出版社2007年版。

王卫国:《破产法精义》(第2版),法律出版社2020年版。

王卫国:《破产法精义》,法律出版社2007年版。

王欣新:《破产法(第三版)》,中国人民大学出版社2011年版。

王欣新:《破产法》,中国人民大学出版社2019年版。

王欣新:《破产法》,中国政法大学出版社2019年版。

王欣新:《破产王道:破产法司法文件解读》,法律出版社2021年版。

王新欣:《破产法(第四版)》,中国人民大学出版社2019年版。

吴高盛主编:《〈中华人民共和国企业破产法〉条文释义与适用》,人民法院出版社2006年版。

许德风:《破产法论——解释与功能比较的视角》,北京大学出版社2015年版。

许胜锋:《企业破产法注释书》,中国民主法制出版社2020年版。

姚彬、孟伟:《破产程序中管理人制度实证研究》,中国法制出版社2013年版。

张卫平主编:《民事诉讼法教程》,法律出版社1998年版。

《中华人民共和国企业破产法》起草组编:《中华人民共和国企业破产法释义》,人民出版社2006版。

最高人民法院民二庭:《上市公司破产重整案件审理情况总结报告》,载最高人民法院民事审判第二庭编:《商事审判指导》2014年第3辑(总第39辑),人民法院出版社2015年版。

最高人民法院民法典贯彻实施工作领导小组主编:《中华人民共和国民法典侵权责任编理解与适用》,人民法院出版社2020年版。

最高人民法院民法典贯彻实施工作领导小组主编:《中华人民共和国民法典总则编理解与适用》,人民法院出版社2020年版。

最高人民法院民事审判第二庭编著:《最高人民法院关于企业破产法司法

解释理解与适用－破产法解释（一）·破产法解释（二）》，人民法院出版社2017年版。

（二）期刊、报纸

蔡人俊：《解读新企业破产法撤销权制度和无效行为制度》，载《华东政法学院学报》2006年第6期。

韩长印、郑金玉：《民事诉讼程序之于破产案件适用》，载《法学研究》2007年第2期。

贺小荣、葛洪涛、郁琳：《破产清算、关联企业破产以及执行与破产衔接的规范与完善——〈全国法院破产审判工作会议纪要〉的理解与适用（下）》，载《人民司法·应用》2018年第16期。

孙晓光：《加强调查研究探索解决之道——就民商事审判工作中的若干疑难问题访最高人民法院民二庭庭长宋晓明》，载《人民司法·应用》2007年第13期。

王欣新：《论破产管理人制度完善的若干问题》，载《法治研究》2010年第9期。

王欣新：《破产费用、共益债务与物权担保债权间的清偿关系》，载《人民法院报》2015年9月2日。

王欣新：《谈重整计划执行中的协助执行》，载《人民法院报》2016年7月13日。

夏群佩、洪海波：《主债务人进入破产程序后连带保证人的责任范围》，载《人民司法·案例》2017年第14期。

徐阳光、殷华：《论简易破产程序的现实需求与制度设计》，载《法律适用》2015年第7期。

许德风：《破产法基本原则再认识》，载《法学》2009年第8期。

杨淑敏、尚晓茜：《逾期未申报破产债权因第三人承诺而恢复请求权》，载《人民司法》，2014年第8期。

郁琳、樊星：《常态化疫情防控中破产审判的法律适用问题》，载《法律适用》2020年第15期。

郁琳、吴光荣：《与破产法有关的几个担保问题》，载《法律适用》2021

年第 9 期。

张可心:《外国破产程序在中国的承认与协助制度——基于韩进海运破产案的思考》，载《人民司法 · 应用》2017 年第 19 期。

（三）网络文献

池伟宏、冷帅达:《破产法司法解释（三）全面解读与分析（程序篇）——以债权人利益保护为视角》，载微信公众号“天同诉讼圈”2019 年 4 月 25 日。

后　记

2022年10月22日胜利闭幕的中国共产党第二十次全国代表大会，是在全党全国各族人民迈上全面建设社会主义现代化新征程、向第二个百年奋斗目标进军的关键时刻召开的一次十分重要的大会，大会制定的行动纲领和大政方针为新时代人民法院审判执行工作指明了方向。编辑出版《中国民法典适用大全》，是最高人民法院深入学习贯彻党的二十大精神，全面贯彻习近平新时代中国特色社会主义思想，全面把握新时代新征程党和国家事业发展新要求、人民群众新期待，助力民法典统一正确实施的有力举措。

习近平总书记指出："民法典实施水平和效果，是衡量各级党和国家机关履行为人民服务宗旨的重要尺度。"[①] 学习好、贯彻好、实施好民法典是人民法院的重要职责和光荣使命。最高人民法院党组深入学习贯彻习近平法治思想，认真贯彻落实党中央决策部署，围绕切实实施民法典这一工作重心，采取系列举措把民法典贯彻实施工作不断引向深入，有效提升了民商事司法审判工作质效。为帮助广大法官牢固树立法典化思维，全面认识民法典各编和谐统一的体系关系，确立以民法典为中心的民事实体法律适用理念，确保民法典在各级人民法院统一正确实施，同时向社会公众宣传普及民法典司法适用知识，最高人民法院民法典贯彻实施工作领导小组组织力量编写了本套丛书。本套丛书以民法典的统一正确适用为中心，结合我国民商合一的立法模式，将有关的商事、知识产权等法律的适用问题一并纳入编辑范围，形成完整体系，旨在凸显民法典在民商事实体法中的基本法地位，进一步统一民商事裁判尺度，更好地辅助

① 习近平：《充分认识颁布实施民法典重大意义 依法更好保障人民合法权益》，载《求是》2020年第12期。

司法办案、便利社会生活。

为贯彻落实习近平总书记关于推动媒体融合发展重要讲话精神，人民法院出版社依托“法信”平台，把《中国民法典适用大全》作为重点融媒体出版项目进行编辑加工，在出版纸质书和手机阅读版的同时，配套推出《中国民法典适用大全》专题库，为读者提供民法典、知识产权与竞争、生态环境、商事、涉外商事海事等审判数字资源检索服务，并推出图书的电子书和“民法典适用大全”小程序，满足读者在各种数字化场景下的阅读需求。

本卷为商事卷企业破产法册。破产法是市场经济重要的基础性法律制度。随着中国特色社会主义进入新时代，在加快形成以国内大循环为主体、国内国际双循环相互促进的新格局下，经济社会实践对破产法治提出了更高要求，破产法律制度重要性更加凸显。《中国民法典适用大全（商事卷·企业破产法）》的编辑工作紧扣《企业破产法》的特点和属性，突出以下特点：一是权威性。在立法机关有关权威释义、最高人民法院民事审判第二庭编著的最高人民法院关于适用企业破产法司法解释（一）（二）（三）理解与适用等著作基础上，结合司法实践优秀成果和最新裁判规则，吸收立法机关、专家学者有关意见，重点对《企业破产法》的具体司法适用进行详细阐述。二是全面性。对涉及破产法有关法律、行政法规、司法解释、部门规章和司法指导性文件进行了系统梳理，就近年来破产法律制度机制的建立健全做了系统论述。三是实用性。紧密结合审判实践，重点对党的十八大以来人民法院充分发挥破产审判工作在完善社会主义市场经济主体拯救和退出机制中的积极作用，办理的有关指导性案例、典型案例和相关类案进行了系统检索和整理，为准确适用相关条文提供了鲜活参照。

参与破产法册编写和审核的人员主要是最高人民法院、有关地方法院的资深法官或业务骨干。编写人员有（按照条文顺序）：胡云红、苏双、张亮、孙德昌、景晓晶、徐一楠、商敏、邹玉玲、庄馥源、刘琦、黄贤华、郝振、朱建军、王锐。核稿人员有：郭锋、杜军、商敏、苏双、庄馥源、王丽菊。案例审核人员有：陈志远、石磊、张乐园、梁颖、唐世银。

《中国民法典适用大全》的编辑出版是有关各方共同努力的结果。感谢全国人大常委会法工委等单位一直以来对人民法院工作的有力指导和大力支持！感谢积极支持人民法院民事审判执行工作的专家学者和其他法律从业人员！感谢有关地方法院对《中国民法典适用大全》编写工作提供的大力支持、所提出的宝贵意见建议！感谢人民法院出版社的各位编辑对本套丛书出版的辛苦付出和不懈努力！

疏漏不周之处在所难免，敬请各位读者批评指正。

编　者

二〇二二年十一月